V&R

Arbeiten zur Kirchlichen Zeitgeschichte

Herausgegeben im Auftrag der Evangelischen Arbeitsgemeinschaft
für Kirchliche Zeitgeschichte von
Siegfried Hermle und Harry Oelke

Reihe A: Quellen

Band 21

Vandenhoeck & Ruprecht

Zustimmung – Anpassung – Widerspruch

Quellen zur Geschichte des bayerischen Protestantismus in der Zeit der nationalsozialistischen Herrschaft

Band 1

Zusammengestellt von

Karl-Heinz Fix

Vandenhoeck & Ruprecht

Bibliografische Information der Deutschen Nationalbibliothek:
Die Deutsche Nationalbibliothek verzeichnet diese Publikation in der Deutschen Nationalbibliografie; detaillierte bibliografische Daten sind im Internet über https://dnb.de abrufbar.

Umschlaggestaltung: SchwabScantechnik, Göttingen
Satz: textformart, Göttingen
Druck und Bindung: Hubert & Co. BuchPartner, Göttingen
Printed in the EU

Vandenhoeck & Ruprecht Verlage | www.vandenhoeck-ruprecht-verlage.com

ISSN 2198-1396
ISBN 978-3-525-56036-5

INHALT

Dokumentation

VORWORT

Die Idee zur vorliegenden Dokumentation entwickelte sich bei einem Gespräch mit Dr. Andrea Schwarz, Leiterin des Landeskirchlichen Archivs der Evangelisch-Lutherischen Kirche in Bayern, dem damaligen Landesbischof Dr. Johannes Friedrich, Prof. Dr. Harry Oelke als Vorsitzendem der Evangelischen Arbeitsgemeinschaft für Kirchliche Zeitgeschichte und dem Bearbeiter. Ich danke den Genannten für das angesichts der Größe des Vorhabens in mich gesetzte Vertrauen und für die finanzielle Unterstützung der Arbeit, der Kommission der Evangelischen Arbeitsgemeinschaft für Kirchliche Zeitgeschichte für die Annahme als Vorhaben der Arbeitsgemeinschaft.

Herrn Kirchenrat – jetzt Dekan – Ivo Huber danke ich als dem zuständigen Referenten im Landeskirchenamt der Evangelisch-Lutherischen Kirche in Bayern für die äußerst angenehme Zusammenarbeit. Den Mitarbeitenden der in Anspruch genommenen Archive und Bibliotheken in Berlin, München und Nürnberg danke ich für ihre engagierte und kompetente Unterstützung.

Konstruktive Kritik und mancherlei Anregungen steuerten die Kommission der Evangelischen Arbeitsgemeinschaft für Kirchliche Zeitgeschichte und das Oberseminar von Herrn Oelke bei. Vor beiden Kreisen konnte ich das Projekt in unterschiedlichen Phasen der Arbeit vorstellen.

Die Kolleginnen an der Forschungsstelle für Kirchliche Zeitgeschichte, München, unterstützten mich auf vielfältige Weise und beantworteten geduldig all' die Fragen, die vom Nebenzimmer aus an sie gestellt wurden. Besonders zu nennen ist Frau Dr. Nora Andrea Schulze, die mich stets an ihrem profunden Wissen über die Geschichte der Evangelisch-Lutherischen Kirche in Bayern und des deutschen Luthertums teilhaben ließ. Frau Tanja Posch-Tepelmann, M. A., hat einen Großteil der Texte mit großer Sorgfalt elektronisch erfasst

Prof. Dr. Harry Oelke und Prof. Dr. Siegfried Hermle, Köln, danke ich für die Aufnahme der Dokumentation in die Reihe der Arbeiten zur Kirchlichen Zeitgeschichte.

München, im April 2020

I. EINLEITUNG IN DIE DOKUMENTATION

Das Verhalten von Führungspersönlichkeiten, Pfarrern und Angehörigen der Evangelisch-Lutherischen Kirche in Bayern gegenüber dem nationalsozialistischen Regime wird nicht zuletzt durch generationelle Wechsel des Erinnerns und Fragens seit Ende der 1990er Jahre zunehmend kritisch betrachtet. Neben den nicht immer erfreulichen gesicherten Ergebnissen der historischen Forschung etablierten sich zwei Positionen, deren Vertreter jeweils danach streben, die vielfach schmerzhaften Ambivalenzen in ihrem Sinn in vermeintliche Eindeutigkeit umzuformen.

In der einen Perspektive wird die Geschichte der Landeskirche in apologetischer Absicht verharmlosend, selektiv und mit einer unreflektierten Vermischung von zeitgenössischen theologischen Positionierungen mit politischem Verhalten betrachtet. Kirchenpolitischer Widerspruch wird dabei oftmals ohne Gespür für damalige Mentalitäten, ohne Blick auf den Forschungsstand und ohne die notwendige sachliche und begriffliche Differenzierung mit politischem Widerstand gegen das NS-Regime in eins gesetzt.

Eine andere Sichtweise legt ebenso gesinnungsstark wie öffentlichkeitswirksam an damaliges kirchenleitendes und seelsorgerliches Handeln in der Gemeinde anachronistische Maßstäbe an. Kontrafaktisch und in z. T. kirchenfeindlicher Absicht wird eine außergewöhnlich frühe Sensibilität gegenüber dem Unrechtsregime und ein theologisch fundierter Wille zum resistenten Handeln der Institution bzw. der ihr verbundenen Individuen eingefordert, ohne zu berücksichtigen, dass im deutschen Protestantismus das theologische Fundament des Widerstandes erst langsam nach dem Ende der NS-Herrschaft entwickelt wurde[1].

Das Verhalten der als ‚Moralagentur' wahrgenommenen und daher besonders hohen Ansprüchen ausgesetzten Kirche kann auf diese Weise schnell auf Unverständnis stoßen und Anlass zu hochemotionalen Debatten geben. Für Bayern ist hier nur auf die medialen Skandalisierungen und die Schlacht um Zitate zu verweisen, wie sie die Erinnerungsbemühungen der Kirchenleitung um Landesbischof Hans Meiser im Jahr 2006 hervorriefen[2].

Mit den in der vorliegenden Dokumentation präsentierten 957 Quellen und Tabellen soll daher mit multiperspektivischem Blick auf möglichst viele kirchliche Handlungsfelder, die z. T. außerhalb des Focus kirchengeschichtlicher Betrachtung liegen, gezeigt werden, weshalb, wie und mit welchen Denkfiguren evangelische Christen die Möglichkeit einer Koexistenz von

1 H.-R. Reuter, Widerstand, S. 768–770.

2 Vgl. hierzu nur: B. Hamm/H. Oelke/G. Schneider-Ludorff, Spielräume; H. Oelke, Wir erinnern uns.

Kirche und Nationalsozialismus bei gleichzeitiger früher Erfahrung einer konsequent antikirchlichen Politik sehen konnten und welche Widersprüche aus dieser Position resultierten. Nämlich die Widersprüche:

- zwischen der Zustimmung zur Politik des Regimes und dem auf den Erhalt der Institution Kirche fixierten Einspruch gegen die staatliche Religionspolitik;
- zwischen dem weitgehenden amtlichen Schweigen und dem individuellen Protest gegen staatliches Unrecht;
- zwischen dem unermüdlichen Einfordern von Rechtstiteln durch die Kirche und der Erfahrung, dass Zusagen von Partei und Staat nur von taktischer Natur und Rechtsbrüche an der Tagesordnung waren;
- zwischen dem mit weltanschaulichem Immunisierungspotenzial verbundenen Beharren auf der kaum hinterfragten bayerischen ‚Normaltheologie' des neulutherischen Konfessionalismus und der zugleich damit verbundenen Konsequenz, dass eine gesamtkirchliche Abwehrfront gegen die NS-Kirchenpolitik nicht gebildet werden konnte, die Fraktionierung der Bekennenden Kirche zementiert wurde und – wie andernorts auch – keine theologisch verantworteten Gegenentwürfe zum Nationalsozialismus entstehen konnten;
- zwischen der Überzeugung, präsentisch-real eine geschichtlich gewachsene, unauflösliche Verbindung von christlichem, d. h. lutherischem Glauben mit Volk und Vaterland verkündigen zu sollen und zugleich eschatologisch-theoretisch den übernationalen Charakter des Christentums betonen zu können.

Der Dokumentation liegt ein weit gefasstes Verständnis des bayerischen Protestantismus zugrunde. Es geht in ihr um die vielfältigen Aspekte der Existenz einer christlichen Kirche bzw. des frommen Individuums unter den Bedingungen einer zunehmend kirchen- und christentumsfeindlichen Diktatur und während eines Krieges von zuvor nicht gekanntem Ausmaß. Das Regime wurde zunächst unkritisch begrüßt, mit Vorschusslorbeeren bedacht und einseitig danach beurteilt, wie es politische und gesellschaftliche Erwartungen der Kirche bediente, zumal es eine von der Kirche ungeliebte und theologisch delegitimierte Republik ablöste.

Die Quellensammlung ist daher weder einseitig auf den sog. Kirchenkampf in Bayern noch allein auf das Handeln der Kirchenleitung fixiert. Vielmehr werden in 12 Themenbereichen und einem Abschnitt zur Nachkriegszeit formal vielfältige Quellen aus den unterschiedlichen Perspektiven von Kirchenleitung, Pfarrern, Laien, Staats- und Parteistellen zu einer Vielzahl kirchlicher Handlungsfelder, zu theologischen und kirchenpolitischen Debatten, zum kirchlichen Alltagsleben sowie zur Haltung gegenüber dem nationalsozialistischen Staat, seinen Repräsentanten und seinen Handlungen dargeboten. Das Verhältnis zur Reichskirche und zu den lutherischen Zusammenschlüssen seit Sommer 1934 wird hingegen nur im innerbayerischen Kontext thematisiert.

Die Quellen werden in einer Mischform aus chronologischer und thematischer Ordnung präsentiert. Nur so können Leserinnen und Leser Kontinuitäten und Wandlungen, aber auch die Verortung des jeweiligen Themas in der zwölfjährigen Herrschaft des Nationalsozialismus erkennen, ohne sich das Material zusammensuchen zu müssen. Dennoch treten zahlreiche thematische Überschneidungen auf, da viele Quellen mehr als ein Thema – mit für Nachgeborene z. T. irritierenden Kombinationen und Schwerpunktsetzungen – zum Gegenstand hatten.

Bei der Quellenauswahl war die Absicht leitend, dass die Texte für sich selbst sprechen und weder einer Kommentierung noch einer längeren Einleitung bedürfen. Indem zu einem Thema nach Möglichkeit mehr als ein Dokument dargeboten wird, kann dem Verdacht der Zufälligkeit oder der manipulativen Quellenauswahl begegnet und statt dessen die quantitative Repräsentanz von Quellen oder Ereignissen abgebildet werden. Der Abdruck eines Dokuments ist zunächst nur eine Dienstleistung, die den Zugang zum Thema erleichtert, aber noch keine Information über die Rezeption enthält. Erst durch die Hinzunahme weiterer Dokumente aus dem entsprechenden Kontext lässt sich die Wirkung in der Praxis erkennen.

Forschungsüberblick

Die institutionell oder privat verantwortete Sammlung von Quellen zur Auseinandersetzung zwischen den evangelischen Kirchen und dem nationalsozialistischen Staat setzte schon bald nach der sog. Machtergreifung ein[3]. Der in der Bekennenden Kirche verwurzelte Kieler Ordinarius für Kirchengeschichte Kurt Dietrich Schmidt, der Ende 1935 wegen politischer und kirchenpolitischer ‚Unzuverlässigkeit' entlassen wurde, legte in den Jahren 1934 bis 1936 drei sich bestens verkaufende Dokumentenbände für die Berichtsjahre 1933 bis 1935 mit dem Titel „Die Bekenntnisse und grundsätzlichen Äußerungen zur Kirchenfrage des Jahres …" vor[4].

Im Vorwort zum ersten Band über das Jahr 1933 definierte Schmidt die kirchenpolitische Orientierung gebende Absicht seiner Sammlung kirchlicher, kirchenpolitischer und akademischer Texte. Da die evangelische Kirche, von Gegnern und Angehörigen dazu gezwungen, vor der Notwen-

3 Zum Gesamtphänomen vgl. C. Spehr, Fixigkeit.

4 Vgl. zu Schmidt: H. Oelke, Kirchengeschichte.

digkeit stehe, verantwortlich „ihr Verständnis des Evangeliums neu auszusprechen“, benötige sie eine Sammlung des „maßlos zerstreuten Materials“ für die „Erfüllung ihres lebensbedingenden Auftrags“. Die jüngsten „kirchlichen Kämpfe“ hätten „bestimmende Kraft für die zukünftige Geschichte des deutschen Protestantismus“ gehabt, weshalb Schmidt „die wesentlichsten Dokumente“ aus der Masse der Publikationen herausfiltern wollte. Diese hätten eine „lehrhafte Bedeutung“, manche gar „Bekenntnischarakter“[5].

Der erste Band enthielt 75 Dokumente, darunter zwei bayerische Beiträge zur Diskussion um die Einführung des sog. Arierparagraphen in der Kirche[6]. Der zweite Band umfasste bereits 89 Dokumente. Die Bayern betreffenden Texte behandelten v. a. die Stellung der Landeskirche in der Deutschen Evangelischen Kirche (DEK) und den Versuch ihrer gewaltsamen Eingliederung in die DEK vom September/Oktober 1934[7]. Der Berichtsband 1935 geriet mit 130 Dokumenten nochmals umfangreicher. Die zehn bayerischen Dokumente hatten v. a. reichskirchliche Belange und Fragen des Luthertums zum Thema. Erstmals hatte Schmidt nicht nur Gedrucktes herangezogen: fünf der bayerischen Quellen waren „Abschriften“[8].

Eine Fortsetzung für die Jahre 1935 bis 1937 fanden die drei Bände in der 474 Dokumente umfassenden Sammlung Schmidts, die 1964/65 erschien[9].

---

5 K. D. Schmidt, Bekenntnisse 1933, S. 3.

6 Ebda., Nr. 71, S. 182–186: Das Erlanger Gutachten über die Zulassung von Christen jüdischer Herkunft zu den Ämtern der DEK; Nr. 72, S. 186–189: Hermann Strathmanns Sondervotum zum Gutachten.

7 K. D. Schmidt, Bekenntnisse 1934, Nr. 19, S. 47–52: Kundgebung [von Landesbischof und Landeskirchenrat, 17. März 1934]; Nr. 22, S. 58 f.: „Abschiedsbrief“ Wilhelm Freiherr von Pechmanns an den Reichsbischof, 2. April 1934; Nr. 34, S. 80: Erklärung der Theologischen Fakultät Erlangen über die Rolle der lutherischen Landeskirchen in der DEK, 18. Mai 1934; Nr. 45, S. 102–104: Ansbacher Ratschlag; Nr. 62, S. 139–142: Lutherische Kirche deutscher Nation oder romfreie deutsche Nationalkirche!; Nr. 63, S. 142–148: „Offener Brief“ von Landesbischof Meiser an Reichsbischof Müller, 2. Oktober 1934; Nr. 66a–e, S. 150–156: fünf dem Versuch widersprechende Dokumente, die Landeskirche in die Reichskirche einzugliedern.

8 K. D. Schmidt, Bekenntnisse 1935, Nr. 1, S. 17–19: Hermann Sasse: Zur zukünftigen Gestaltung der DEK; Nr. 10, S. 33–35: Rundschreiben des Landeskirchenamtes an ihre Geistlichen, 8. Januar 1935; Nr. 22, S. 59–61: Vereinbarung der Landeskirchen von Bayern, Hannover und Württemberg, 12. Februar 1935; Nr. 31, S. 75 f.: Schreiben der Landesbischöfe von Bayern und Württemberg an den Reichsinnenminister; Nr. 37, S. 85 f.: Friedrich Ulmer: Theologische Bedenken um die Union; Nr. 38, S. 86 f.: Schreiben des Landeskirchenrats an das Reichsinnenministerium, 3. April 1935; Nr. 39, S. 87 f.: Beschlüsse des Landessynodalausschusses, 5. April 1935; Nr. 46, S. 103–106: Friedrich Hopf: Die evangelische Kirche, ihre Lehre und ihre Ordnung. Thesen; Nr. 58, S. 136–139: Erklärung des Landeskirchenrats; Nr. 101, S. 279–281: Friedrich Hopf: Die neue Rechtslage der Evangelisch-Lutherischen Kirche in Deutschland, 8. Oktober 1935.

9 K. D. Schmidt, Dokumente.

Die im Vorwort zum ersten Teilband angekündigte „Ergänzung der Quelleneditionen für 1933–1935“[10] erschien wegen des frühen Tods Schmidts nicht. Gemäß der Intention der Dokumentation lag der Schwerpunkt der 15 bayerischen Quellen auf dem Gebiet der Reichskirche.

Von Anfang 1934 bis März 1935 publizierte der theologische Hilfsreferent im Münchner Landeskirchenamt Christian Stoll in sechs Heften über das Gebiet der bayerischen Landeskirche hinausgehende „Dokumente zum Kirchenstreit“ im Christian Kaiser Verlag. Der strenge Lutheraner Stoll wollte mit seiner Publikation Gemeinden und Pfarrer über die Handlungen der Reichskirchenleitung und der bekenntniskirchlichen Opposition informieren und so den Gläubigen zu ihrem Recht verhelfen, „sichere Kunde über die Vorgänge zu erhalten, die zunächst vor aller Welt, dann im Verborgenen die deutsche evangelische Christenheit in innerste Bewegung brachten“[11]. Zugleich wollte Stoll mit Dokumenten und einer Einleitung in das jeweilige Themenheft der antikirchlichen Propaganda der gelenkten Presse entgegentreten[12].

Ebenfalls 1934 publizierte Stoll eine Sammlung von sieben amtlichen Kundgebungen der Landeskirche, die sich mit Fragen des Luthertums und des Verhältnisses der Landeskirche zur Reichskirche befassten und bereits im Amtsblatt abgedruckt waren[13]. Drei davon fanden auch Eingang in Schmidts Dokumente aus dem Jahr 1934[14]. Stoll widmete die Schrift „der lutherischen Volkskirche deutscher Nation“.

Der konfessionellen Selbstvergewisserung auch der bayerischen Reformierten diente ein schmales Heft, das Pfarrer Peter Bockemühl in Wuppertal herausgab. In dieser „Materialsammlung Januar bis Anfang Oktober 1934“ waren Kirchengesetze, innerkirchliche Diskussionsbeiträge, Briefe und Verlautbarungen reformierter Kirchenleitungen vereint[15].

Aus deutsch-christlicher Perspektive stellte der Heidelberger Privatdozent für Praktische Theologie Andreas Duhm die kirchenpolitischen Vorgänge unter Einbeziehung der römisch-katholischen Kirche in einer

10 Ebda., Teil 1, S. V.

11 C. Stoll, Idee, S. 3. Die zweite, überarbeitete und erweiterte Auflage erschien als erstes Heft der sechsteiligen Reihe Dokumente zum Kirchenstreit (München 1934/35) mit einem veränderten Vorwort, in dem die zitierte Passage fehlte.

12 Vgl. zum Ganzen C. Spehr, Fixigkeit, S. 87–89.

13 C. Stoll, Lutherische Kirche; C. Spehr, Fixigkeit, S. 86 f., unterscheidet diese Publikation Stolls als institutionelle von den „Dokumenten“, die er ohne nähere Begründung unter die Rubrik individuelle Sammlungen einordnet.

14 K. D. Schmidt, Bekenntnisse 1934, Nr. 19, Nr. 63 und Nr. 66b: Kundgebung [des Landesbischofs und des Landeskirchenrats, 17. März 1934]; „Offener Brief“ von Landesbischof Meiser an Reichsbischof Müller, 2. Oktober 1934 und „Kundgebung zur ‚Eingliederung‘“, 15. September 1934.

15 P. Bockemühl, Stunde.

Vorlesung im Wintersemester 1933/34 dar. In der bei Leopold Klotz gedruckten Buchfassung gelangte Duhm bis zum Juli/August 1934. Der von Kollegen und Partei gleichermaßen wenig geschätzte Duhm reklamierte für sein zitatenreiches, in Lieferungen erscheinendes Werk „Klarheit" und Sachlichkeit. Zwei der 13 Kapitel enthielten Dokumente, die nur zum Teil Herkunftsnachweise trugen[16].

Karl Koch, Präses der Bekenntnissynoden der DEK und Vorsitzender des Reichsbruderrates der DEK, gab im Januar bzw. April 1935 zunächst 32, dann 42 „Zeugnisse der Bekennenden Kirche" heraus. Diese waren „durch das Büro der Bekenntnissynode" zu beziehen und deckten den Zeitraum seit der Ulmer Erklärung vom 22. April 1934 ab[17].

Der bis 1933 in Bonn lehrender Ostkirchenkundler Fritz Lieb publizierte 1936 in Frankreich eine Sammlung von Quellenstücken zum deutschen Kirchenkampf, die er mit erläuternden Passagen verknüpfte. Hierzu hatte er andere Dokumentationen, kirchliche Zeitschriften und die Tagespresse ausgewertet. Sein Ziel war es, „angesichts der traurigen Haltung des Grossteils der deutschen ‚Geistigkeit' gegenüber der völligen Verwüstung wertvollen Kulturguts" zu zeigen, dass innerhalb der Kirche „in echt reformatorischem Geiste, im Glauben an das Evangelium eine Fahne festgehalten" werde, die bezeuge, dass „trotz Hitler [...] Deutschland nicht verloren ist, weil es Gott selber nicht verloren gibt"[18].

Sofort nach Kriegsende[19] wurden unter führender Beteiligung der bayerischen Landeskirche zwei umfangreiche Dokumentensammlungen auf den Weg gebracht, die inhaltlich und organisatorisch eng miteinander verbunden waren, sich aber in der Zielsetzung unterschieden. Der in Marburg aus politischen Gründen 1935 zwangsemeritierte Ordinarius für Kirchengeschichte Heinrich Hermelink, der dann als Pfarrverweser in den bayerischen Kirchendienst trat, veröffentlichte 1950 die Sammlung „Kirche im Kampf. Dokumente des Widerstands und des Aufbaus in der Evangelischen

16 A. Duhm, Kampf. Zu Duhm vgl. K.-H. Fix, Universitätstheologie, S. 150–154.

17 K. Koch, Zeugnisse.

18 F. Lieb, Christ, S. 21.

19 In seinem Überblick berücksichtigte J. Schmidt, Erforschung, das Thema Quellen nicht. O. Diehn, Bibliographie, S. 38 f., nennt hingegen zeitgenössische Sammlungen und Zusammenstellungen aus der unmittelbaren Nachkriegszeit nicht nur aus dem kirchlichen Bereich. Darüber kündigte er die geplanten Drucke der Protokolle der Reichsbekenntnissynoden von Barmen, Augsburg, Bad Oeynhausen sowie der altpreußischen Synoden in Dahlem, Steglitz und Halle aus dem „Bielefelder Archiv" an. Im Abschnitt über die einzelnen Landeskirchen (S. 129 ff.) nannte er ebenfalls Quellensammlungen. J. Mehlhausen, Nationalsozialismus, S. 73 f., führt zahlreiche evangelische und katholische Quellensammlungen an.

Kirche Deutschlands von 1933 bis 1945“[20]. Der Titel suggerierte, dass die Kirche eine re-aktive Rolle innegehabt hatte und blendete Verfolgung und Unterdrückung aus.

Dieses über 700 Seiten starke „Kirchliche Weißbuch“ entstand auf Anregung der Landesbischöfe Hans Meiser und Theophil Wurm. Schon am 13. Juli 1945[21] war aus München an sämtliche erreichbaren kirchlichen Stellen schriftlich die Bitte ergangen, die notwendigen „kirchlichen offiziellen Dokumente“ zur Verfügung zu stellen. Das Echo auf diesen die Richtung weisenden Aufruf zur Sammlung von „Dokumente[n] des Widerstands gegen die nationalsozialistische Kirchenfeindschaft und gegen die antichristliche Weltanschauung“ war jedoch – u. a. bedingt durch Kriegseinwirkungen – gering: nur die Marburger Theologische Fakultät und der frühere Hamburger Landesbischof Franz Tügel stellten Material zur Verfügung. Daher konnte sich Hermelink fast nur auf württembergische und bayerische Quellen stützen. Letztere stammten zum Teil von Oberkirchenrat Wilhelm Bogner, die dieser als Augsburger Dekan und Mitglied des Landes- und Reichsbruderrats der Bekennenden Kirche gesammelt hatte. Hermelink konnte 260 Dokumente mit Einleitung und knappem Kommentar vorlegen, die er streng chronologisch in acht Kapitel und 43 Abschnitte gliederte.

Hermelink informierte seine Leser auch darüber, dass es sich „als zweckmäßig“ erwiesen habe, „vom historischen Dokumentenwerk eine mehr volkstümliche, für die Gemeinde bestimmte geschichtlich-apologetische Darstellung“ abzutrennen[22]. Landesbischof Meiser beauftragte mit dieser Arbeit den weniger kirchenhistorisch als kirchenpolitisch ausgewiesenen Kirchenrat Heinrich Schmid. Dessen Buch erschien deutlich früher – 1947 – im „Verlag der Evangelisch-Lutherischen Kirche in Bayern“ unter dem die dämonisierende Gesamttendenz des Buches verdichtenden Titel „Apokalyptisches Wetterleuchten“. Der Untertitel „Ein Beitrag der Evangelischen Kirche zum Kampf im ‚Dritten Reich‘“ ist indes erratisch[23].

In seinem Geleitwort vom 29. August 1947 verwies Landesbischof Meiser auf Kirchenkampfdokumentationen der norwegischen, der holländischen und der katholischen Kirche. Ihnen folge nun der Versuch, „Teilausschnitte aus dem Kirchenkampf“ in Deutschland darzustellen. Das Buch sei keine „billige Rechtfertigung“, denn man könne mit ihm auch das „Versagen“ der Kirche in einer Zeit von „endgeschichtliche[m], ‚apokalyptische[m]‘ Gepräge“ nachweisen. Die Kirche erkenne ihr Versagen an, doch habe sie

---

20 Die Literatur zu Hermelink blendete diesen Aspekt seines kirchenhistorischen Wirkens bislang aus (vgl. u.a. K. Hammann, Reformationshistoriker; ders.: Marburg. Eine Ausnahme ist M. U. Hermelink, Hermelink, S. 232.

21 Vgl. Dokument 954 und Kirche im Kampf, S. 5.

22 H. Hermelink, Kirche, S. 5–7, Zitate: S. 6.

23 Zur Titelfindung vgl. unten Dokument 956.

sich „in aller Schwachheit und Fehlsamkeit" im Kampf um ihre Existenz behauptet. Darüber gebe das Buch Auskunft[24].

In der „Rechenschaft" betitelten Einleitung – sie ist fast genau ein Jahr früher datiert als Meisers Geleitwort –, in der Geschichtstheologie und Ökumene eine große Rolle spielten, benannte Schmid den doppelten geschichtspolitischen Zweck des Buches. Eine „vorläufige historische Zusammenstellung der Ereignisse des Kirchenkampfes" sei notwendig, damit die christliche Gemeinde ein „einheitliches Bild davon" bekomme, „was von und in ihr gelitten, gekämpft und auch versäumt worden" sei[25] – also eine Gemeinschaft stiftende Erzählung des eigenen Leidens.

Neben der „chronistisch-historischen Pflicht" sah Schmid in der Apologetik eine weitere Aufgabe des Buches. Es sollte sich an die Gemeinde und zugleich „nach außen" wenden, um der Frage nach der Schuld und ihrer „Unterfrage [...] Wo blieb der Widerstand gegen das Weltverbrechen?" nachzugehen. Diese sah Schmid von berechtigter wie unberechtigter Seite gestellt[26].

Weniger differenziert als der Landesbischof und sicher nicht nur der literarischen Form der Rezension geschuldet war Ernst Kinders Votum. Für den Neuendettelsauer Professor bezeugte das Buch den „stellvertretend für das Volk und die Menschheit" geführten Kampf der „Kirche Jesu Christi" gegen „den [...] Vorstoß titanenhafter, satanischer Mächte [...], die in der Aufrichtung frecher Gottlosigkeit aufs Ganze gingen und [...] die wahre Menschlichkeit entscheidend zerstören mußten." Kinder attestierte dieser „Tiefendeutung des Kirchenkampfes [...] gewissenhaften Tatsächlichkeitsernst und [...] eingehende Gründlichkeit". Schmid zeige, dass „das Geschehen des Kirchenkampfes [...] weit über die Abwehr der besonders krassen und unverhüllten Manifestation dieses Titanismus im Nationalsozialismus" hinausgehe. Es sei eine, ja *die* „Menschheitsfrage und -aufgabe"[27].

Die paradigmatische Deutung der NS-Herrschaft als apokalyptisches Geschehen fand sich vor Schmid bereits in „Der große Abfall", Walter Künneths „geschichtstheologische[r] Untersuchung der Begegnung zwischen Nationalsozialismus und Christentum". Die Gegenwart zu verstehen, bedeute – so der Erlanger Dekan und Theologieprofessor –, „die jetzige Stunde der Weltgeschichte im Wetterleuchten der apokalyptischen Situation

24 H. Meiser, Geleitwort. Mit der norwegischen Dokumentation ist gemeint: L. Wyss, Kirchendokumente; mit der niederländischen: W.A. Visser 't Hooft, Kirchendokumente; mit der katholischen: J. Neuhäusler, Kreuz. Im Evangelischen Verlag in Zollikon/Zürich erschien 1946 in gleicher Aufmachung wie die Arbeiten von Wyss und Visser 't Hooft von W. Jannasch, Kirchendokumente. Dieses Werk erwähnte Meiser nicht.

25 H. Schmid, Wetterleuchten, S. 1.

26 Ebda., S. 3.

27 E. Kinder, Wetterleuchten.

begreifen zu lernen.“ Wenn man „im strengen Sachverständnis von einer apokalyptischen Situation“ spreche, drücke man bewußt eine „innere Nähe zum Urchristentum“ aus[28]. Außerhalb der Theologie benutzte auch Conrad Finkelmeier zeitgleich das Apokalypse-Paradigma. Der Sozialdemokrat berichtete über seine KZ-Haft unter dem Titel „Die braune Apokalypse. Erlebnisbericht eines ehemaligen Redakteurs der Arbeiterpresse aus der Zeit der Nazityrannei. Mit Sonetten von Marga Pfeiffer“ (Weimar 1947).

Die Bücher von Hermelink und Schmid stießen nur auf eine überschaubare Resonanz. In der „Zeitschrift für Kirchengeschichte“ blieben beide Werke unbeachtet. Ein anonymer Kritiker lobte Hermelinks „Urkundensammlung“ als zuverlässig und durchdacht gegliedert. Sie stelle die sonst wenig beachtete bayerische Kirchengeschichte als „Mittelpunkt des ganzen Kampfes“ dar. Als künftige Aufgabe sah der Autor die Offenlegung der „Akten der gegensätzlichen Stellen“ und die Berücksichtigung lokaler Ereignisse an[29]. Der Frankfurter Pfarrer Wilhelm Fresenius rezensierte Hermelinks Werk aus der Perspektive des langjährigen Kirchenkämpfers in führender Bruderratsposition. Fresenius zitierte zunächst ausführlich aus der Einleitung und machte dann keinen Hehl daraus, dass er mit den Urteilen des „geübten und erfahrenen Historikers“, der „den Kampf der Kirche sorgfältig“ beobachtet hatte, aber nicht selbst beteiligt gewesen war, nicht einverstanden war. Jeder urteile so, „wie er es vermag“, und der Liberale Hermelink urteilte offensichtlich nicht im Sinn des Kirchenpolitikers und Mitglieds des Landesbruderrates Fresenius[30]. Jahrzehnte später wandelte sich das Urteil: nun galt Hermelinks Sammlung – neben dem „Kirchlichen Jahrbuch“ – als Beweis für das „früh einsetzende Bemühen, neben die persönlichen Erlebnis- und Erfahrungsberichte objektive Informationen zu stellen“[31]. Eine von Lokalpatriotismus nicht ganz freie Kurzanzeige in den „Blättern für württembergische Kirchengeschichte“[32] setzte die Schwerpunkte bei der Quellengrundlage und der Gliederung der Sammlung. Quellenauswahl und Kommentare zeigten, welche „beherrschende Stellung“ die Bischöfe Meiser und Wurm in den Ereignissen gehabt hätten. Der Wert des

28 W. Künneth, Abfall, S. 310. Im Januar 1942 hatte Landesbischof Meiser die Geistlichen der Landeskirche noch vor einer apokalyptischen Gegenwartsdeutung gewarnt. Das „Aufbrechen apokalyptischer Strömungen in den Gemeinden“ sei „unverkennbar“ und auch angesichts der Zeitlage, wo „vielen so viele Hoffnungen zerbrechen und in denen das Volk von seltsamen und unheimlichen Zeichen erschüttert ist“, nachvollziehbar. Aber die Kirche dürfe sich nicht „auf den Irrweg apokalyptischer Spekulation drängen lassen“, denn gewiss sei „nur das eine, daß die Zeichen aller Zeiten auf das Kommen Jesu hinweisen“ und es darum gelte, „auch jetzt wachsam und bereit zu sein.“ (Dokument 637).

29 ZBKG 21 (1952), S. 114f.

30 W. Fresenius, Rezension, S. 229.

31 J. Mehlhausen, Nationalsozialismus, S. 44.

32 51 (1951), S. 159.

Buches bestehe für die Mehrheit der Leser in den Neuigkeiten über den „staatlichen Vernichtungskampf gegen die Kirche" und über den „Widerstand der evangelischen Kirche".

Schmids Werk wurde weder in der „Theologischen Literaturzeitung" noch in der „Zeitschrift für bayerische Kirchengeschichte" besprochen. Selbst in das „Verzeichnis des Schrifttums zur bayerischen Geschichte der Jahre 1942–1949" wurde die Dokumentation nicht aufgenommen[33]. Die „Nachrichten für die evangelisch-lutherischen Geistlichen in Bayern" vom 15. April 1949 gingen im Rahmen einer Anzeige von Wilhelm Niemöllers „Kampf und Zeugnis der Bekennenden Kirche" (Bielefeld 1948) auch auf Schmid ein und nannten das Buch die „erste umfassende Darstellung des Kirchenkampfes" mit einem Schwerpunkt in Süddeutschland[34].

Zwar von einem bayerischen Autor, aber nur mit wenig Bezug zur Landeskirche waren die „Dokumente zum Abwehrkampf der deutschen evangelischen Pfarrerschaft gegen Verfolgung und Bedrückung" (1946). Herausgeber war der langjährige Vorsitzende des bayerischen Pfarrervereins (seit 1931) und Reichsbundesführer der deutschen Pfarrervereine (seit 1935), der Nürnberger Kirchenrat Friedrich Klingler.

Eine „Arbeitsgemeinschaft katholischer und evangelischer Christen" gab in den Jahren 1946/47 im Furche Verlag, Tübingen/Stuttgart, die Reihe „Das christliche Deutschland 1933 bis 1945. Dokumente und Zeugnisse" heraus. Sechs der zehn Hefte der „Evangelischen Reihe" waren thematisch ausgerichtete Quellensammlungen. Die Dokumentationen hatten als Titel jeweils ein Schriftwort, erst der Untertitel erklärte ihren Inhalt. Anhand ungedruckter oder nur schwer zugänglicher Texte in doppelter ökumenischer Gesinnung nach innen und außen sollte „ein Bild des geistigen Kampfes" der Bekennenden Kirche „gegen die Dämonie des Neuheidentums, der Entchristlichung der Jugend, der Rechtszerstörung und des politischen Machtstrebens" innerhalb der DEK gezeichnet werden[35].

Eine bis heute unverzichtbare frühe Dokumentensammlung ist das „Kirchliche Jahrbuch für die Evangelische Kirche in Deutschland", dessen Erscheinungsverlauf 1933 unterbrochen wurde. Joachim Beckmann, Oberkirchenrat in der rheinischen Kirchenleitung, setzte 1948 das Jahrbuch mit einem die Jahre 1933 bis 1944 umfassenden Band fort. Beckmanns Perspektive war bekenntniskirchlich-reichskirchlich, so dass regionale Quellen nur

33 ZBKG 16 (1951/52), S. 20–215. Hier fanden sich hingegen die „Dokumente zum Abwehrkampf" (s. u.).

34 Nachrichten für die evangelisch-lutherischen Geistlichen in Bayern 4 (1949), S. 63 (15. April). Offenkundig gab es wegen der bald nach der Auslieferung des Buches stattfindenden Währungsreform große Probleme beim Vertrieb des „Wetterleuchtens", das die Pfarreien über den Gemeindeetat erwerben konnten (ebda. 3 [1948], S. 66, 126 und 142).

35 So der in allen Heften wiederkehrende Text auf der Umschlaginnenseite.

aus dem Bereich der ApU und aus Württemberg verstärkt vertreten waren. Aus Bayern war nur die „Kundgebung [des Landesbischofs und des Landeskirchenrats]“ vom 17. März 1934 abgedruckt[36].

Als nach dieser frühen Phase der von den zwei führenden süddeutschen Kirchenleitungen, die den gemäßigten bischöflichen Flügel der BK repräsentierten, angestoßenen Selbstvergewisserung und Selbstrechtfertigung die wissenschaftliche Erforschung des sog. Kirchenkampfes in den einzelnen Landeskirchen begann, standen auch Veröffentlichungen von Dokumenten auf der Agenda. Diese üblicherweise zu Langzeitprojekten gewordenen Quellensammlungen unter der Ägide der Landeskirchlichen Archive und/oder der kirchenhistorischen Vereine waren in ihrer Zielsetzung von kirchenpolitischen Frontstellungen bzw. Interessen belastet, setzten den Kirchenkampf „mit den Mitteln der Historiographie“ fort[37] und vermischten die Gattung Dokumentation mit Quellenexzerpten, Chronologien, Darstellungen etc. Auffällig ist – Spekulationen über die Gründe sind müßig –, dass die Dokumentationen nur westliche Landeskirchen zum Gegenstand hatten bzw. in der Bundesrepublik erschienen.

Den Anfang machte die pfälzische Landeskirche mit drei Bänden „Documenta. Unsere Pfälzische Landeskirche innerhalb der Deutschen Evangelischen Kirche in den Jahren 1930–1944. Berichte und Dokumente“ (Speyer 1960). Diese Sammlung des seit 1933 kirchenpolitisch aktiven Pfarrers bzw. Oberkirchenrats Richard Bergmann erschien 1960. Sie erfuhr von 2004 bis 2006 eine Neubearbeitung mit dem leicht modifizierten Titel „Documenta. Die Pfälzische Landeskirche …“.

Es folgten 1963 die Studie von Johann Bielfeldt zu Schleswig-Holstein, der 21 Dokumente aus dem Besitz von Bruderratsmitgliedern beigegeben waren, da die Akten der Kirchenleitung durch Kriegseinwirkungen vernichtet worden waren[38]. Eberhard Klügel ergänzte seine Darstellung der hannoverschen Landeskirche[39] mit einem Dokumentenband[40]. Erst Jahrzehnte später erschienen mit „Die Wochenbriefe von Landesbischof D. August Marahrens 1934–1947“ und mit „‚Zu brüderlichem Gespräch vereinigt‘. Die Rundschreiben der Bekenntnisgemeinschaft der ev.-luth. Landeskirche Hannovers 1933–1944“ zwei thematisch enger gefasste Quellenausgaben[41].

Die bis heute mit über 6000 Seiten umfangreichste Dokumentation gab die württembergische Landeskirche in Auftrag: „Die Evangelische Landeskirche in Württemberg und der Nationalsozialismus. Eine Dokumentation

36 Kirchliches Jahrbuch 1933–1944.
37 K. Meier, Kirchenkampf 1, S. VII.
38 J. Bielfeldt, Kirchenkampf.
39 E. Klügel, Landeskirche.
40 Ders., Landeskirche ihr Bischof.
41 Hg. von Thomas Jan Kück. 3 Bde. Göttingen 2009 bzw. von Karl-Friedrich Oppermann. 3 Bde. Hannover 2013.

zum Kirchenkampf"[42]. Vorangegangen war aus Anlass des 100. Geburtstags von Landesbischof Wurm die in Aufmachung und Konzeption gleiche Sammlung „Landesbischof D. Wurm und der nationalsozialistische Staat 1940–1945"[43].

15 bzw. 119 Quellen zur Geschichte der schlesischen Provinzialkirchen enthielten die beiden in der Bundesrepublik erschienenen Monographien zum Kirchenkampf bzw. zur Bekennenden Kirche der damaligen Protagonisten Gerhard Ehrenforth und Ernst Hornig[44].

Erst mit Verzögerung, aber parallel in Halle/Saale und Göttingen erschien 1972 die mit 148 Dokumenten ergänzte Göttinger Dissertation von Joachim Fischer zum Kirchenkampf in Sachsen[45].

Für die Landeskirchen von Frankfurt, Nassau, Hessen und Nassau-Hessen erschien zwischen 1974 und 1996 in Darmstadt die neunbändige „Dokumentation zum Kirchenkampf in Hessen und Nassau". Diese wurde zwischenzeitlich mit dem Sammelband „Evangelische Landeskirche Nassau-Hessen und Nationalsozialismus. Auswertungsaspekte der Kirchenkampfdokumentation der Evangelischen Kirche in Hessen und Nassau"[46] – sicherlich nicht abschließend – ausgewertet.

Trotz ihrer äußerst bewegten Geschichte, die monographisch wiederholt untersucht wurde[47], liegen für die damalige rheinische Provinzialkirche nur die „Briefe zur Lage der Evangelischen Bekenntnissynode im Rheinland, Dezember 1933 bis Februar 1939"[48] vor. In der Reihe „Quellen zur rheinischen Kirchengeschichte" wird in Band V (Düsseldorf 1990) das 20. Jahrhundert dokumentiert. Hierin finden sich für die Zeit von 1933 bis 1945 33 von Günther van Norden ausgewählte Schriftstücke.

Die österreichische Evangelische Kirche Augsburgischen und Helvetischen Bekenntnisses gehörte seit 1925 dem Deutschen Evangelischen Kirchenbund an. Nach der Annexion Österreichs 1938 war sie von Juni 1939 bis 1945 in die Deutsche Evangelische Kirche eingegliedert. In der 1989 in Wien erschienenen Sammlung „Quellentexte zur österreichischen evangelischen Kirchengeschichte zwischen 1918 und 1945"[49] sind für die Jahre 1933 bis 1945 insgesamt 250 Dokumente und 67 „Amtsbrüderliche Rundschreiben"

---

42 Hg. von Gerhard Schäfer. 6 Bde. Stuttgart 1971–1986.

43 In Verbindung mit Richard Fischer zusammengestellt von Gerhard Schäfer. Stuttgart 1968.

44 G. Ehrenforth, Schlesische Kirche; E. Hornig, Bekennende Kirche. Ehrenforth gab seine Dokumente ohne Herkunftsnachweis wieder.

45 J. Fischer, Landeskirche.

46 Hg. von Klaus-Dieter Grunwald und Ulrich Oelschläger. Darmstadt 2014.

47 Vgl. hierzu v.a. die einzelnen Bände der „Schriftenreihe des Vereins für Rheinische Kirchengeschichte".

48 Neukirchen-Vluyn 1977.

49 Zusammengestellt und herausgegeben von Gustav Reingrabner und Karl Schwarz.

der Bischöfe Hans Eder und Gerhard May aus der Zeit von 1938 bis 1947 überliefert.

Zwischen 1991 und 2005 erschienen sechs Bände über „Die Evangelische Landeskirche in Baden im Dritten Reich: Quellen zu ihrer Geschichte". Diese mit dem Jahr 1931 einsetzende Dokumentation orientierte sich am Vorbild Württembergs und konzentrierte sich auf das Material, „das der damaligen Kirchenleitung vorlag und Grundlage ihrer Entscheidungen war"[50].

Zur Geschichte der Bekennenden Kirche in Kurhessen-Waldeck wurden zunächst unter dem Titel „Kirche im Widerspruch" die „Rundbriefe des Bruderbundes Kurhessischer Pfarrer und der Bekennenden Kirche Kurhessen-Waldeck 1933–1935" (Darmstadt 1996) herausgegeben. Unter demselben Titel und nun mit Reihenzählung als Bände II, 1–3 erschienen dann 2013 „Texte aus der Bekennenden Kirche Kurhessen-Waldeck".

Für die Evangelisch-Lutherische Kirche in Bayern liegen derartige Dokumentationen noch nicht vor, obwohl ihre Geschichte durch zahlreiche Studien zu Einzelthemen gut erforscht ist. Es fehlt aber auch bis heute eine große, differenzierte Gesamtdarstellung zu ihrer Geschichte im 20. Jahrhundert, die über die einschlägigen Kapitel im 2. Band des „Handbuch[s] der Geschichte der Evangelischen Kirche in Bayern" (St. Ottilien 2000), in Claus-Jürgen Roepkes „Die Protestanten in Bayern" (München 1972) oder über die zu Unrecht wenig beachtete Studie von Paul Kremmel „Pfarrer und Gemeinden im evangelischen Kirchenkampf in Bayern bis 1939" (Lichtenfels 1987) hinausgeht.

Der Leiter des Landeskirchlichen Archivs in Nürnberg, Helmut Baier, gab jedoch seinen beiden Monographien zu den bayerischen DC und zur Geschichte der Landeskirche während des 2. Weltkriegs jeweils umfangreiche Dokumententeile bei[51]. Ebenfalls um Quellen ergänzt ist die Studie zum Mord an den Bewohnern der Neuendettelsauer Pflegeanstalten[52]. Weit mehr als „eine solide Editionsleistung" zur bayerischen Kirchengeschichte – und darüber hinaus für die Reichskirche – war die Edition der Briefe des Münchner Bankiers und Laientheologen Wilhelm Freiherr von Pechmann durch den in Neuendettelsau lehrenden Kirchenhistoriker Friedrich Wilhelm Kantzenbach[53].

---

50 H. Rückleben/H. Erbacher, Einleitung, S. 1. Vgl. zum Gesamtwerk auch das überschwängliche Urteil von R. U. Kunze, Quellenedition: „beispielhaft sorgfältige Edition" [sic!] (S. 576); die für die interdisziplinär orientierte Wissenschaft hilfreiche „Mischung aus wissenschaftlicher Qualität, Authentizität und Aufklärungsanspruch" (S. 581).

51 H. Baier, Die Deutschen Christen, S. 326–427; ders., Kirche, S. 325–427.

52 C.-R. Müller/H.-L. Siemen, Warum, S. 177–236.

53 Widerstand und Solidarität. Das Urteil findet sich bei K. Meier, Rezension, Sp. 448.

In der groß angelegten Studie des Instituts für Zeitgeschichte über „Bayern in der NS-Zeit“ enthält Band 1 Berichte der Kapitelsbeauftragten für Volksmission und Visitationsberichte aus den Jahren 1934 bis 1942[54]. Zum Jubiläum des Amts für Gemeindedienst wurden im Jahr 2000 die Rundbriefe des Sonderbeauftragten der Landeskirche für Volksmission Pfarrer Helmut Kern an die Kapitelsbeauftragten zusammengestellt und unkommentiert publiziert[55].

Unter dem Titel „Verantwortung für die Kirche“ werden seit 1985 an der Forschungsstelle der Evangelischen Arbeitsgemeinschaft für Kirchliche Zeitgeschichte in München die stenographischen Mitschriften Hans Meisers über Sitzungen kirchlicher Gremien auf Reichsebene historisch-kritisch ediert[56]. Bereits 1982 publizierten ein Sohn und eine Tochter Meisers im Vorfeld dazu einen Band mit 37 Texten ihres Vaters aus den Jahren 1926 bis 1955. In vier Kapiteln, die die Existenz der Kirche „im Leben“, „im Kampf“, „im Krieg“ und „im Neuaufbau“ beschrieben, boten sie 37 Ansprachen, amtliche Kundgebungen, Predigten, Synodenberichte und Vorträge aus den Jahren 1926 bis 1955[57].

2011 erschien in erinnerungspolitisch erhitzter Situation die Dokumentation „Glaubensgenossen in Not“ über die Hilfe der bayerischen Landeskirche für aus rassischen Gründen verfolgte „Glaubensbrüder“[58].

Unter den das Alt- bzw. Großdeutsche Reich betreffenden Quellensammlungen sind zu nennen die „Dokumente zur Kirchenpolitik des Dritten Reiches[59]. Unter den insgesamt 703 das Altreich betreffenden Quellen finden sich 20, die entweder die bayerische Landeskirche speziell betreffen oder bayerischer Provenienz sind. Die neueste, von Siegfried Hermle und Jörg Thierfelder verantwortete überregionale Quellensammlung zur Geschichte der evangelischen Kirche in der NS-Zeit[60] enthält 389 Dokumente, die zumeist schon an anderen Orten publiziert worden waren. Nur acht von ihnen sind bayerischer Provenienz bzw. haben Bayern zum Gegenstand.

---

54 Soziale Lage und politisches Verhalten, S. 369–425.
55 H.-G. Kleefeld, An die Herrn Amtsbrüder.
56 Verantwortung für die Kirche 1–3.
57 H. Meiser, Christusglaube.
58 K.-H. Fix, Glaubensgenossen.
59 Fünf Bände. München bzw. Gütersloh 1971–2008.
60 Herausgefordert.

Materialgrundlage

Das Material für die Dokumentation entstammt den Beständen staatlicher und kirchlicher Archive, dem Archiv der Inneren Mission in München, der Sammlung von Originaldokumenten der Forschungsstelle für Kirchliche Zeitgeschichte in München sowie der weltlichen und kirchlichen Presse. Letztere wurde vom Amtsblatt der bayerischen Landeskirche über die Publikationen des Verbandsprotestantismus bis hin zu Dekanats- oder Gemeindeblättern ausgewertet.

Auf die erneute Wiedergabe von Quellen, die bereits in anderen Publikationen nach 1945 gedruckt wurden, wurde weitestgehend verzichtet. Derartige Dokumente werden nur dann abgedruckt, wenn sonst unverantwortbare Lücken im Gesamtzusammenhang entstehen würden.

Darbietung der Quellen

Die dargebotenen Texte sind in Rechtschreibung und Interpunktion behutsam und stillschweigend korrigiert. Seitenumbrüche gedruckter Quellen werden mit „| 123 |" indiziert, die Namen und Wohnorte Dritter werden mit „A* B*" anonymisiert. Abgekürzte Autorennamen wurden nach Möglichkeit ermittelt und in [ ] ergänzt.

Auf Kommentierungen wurde weitestgehend verzichtet. Die zahlreichen, stark variierenden zeitgenössischen Abkürzungen können mit Hilfe des entsprechenden Verzeichnisses[61] aufgelöst werden.

Die Dokumente werden so dargeboten, dass sie in Forschung und Lehre, aber auch in der Schule uneingeschränkt nutzbar sind. Durch Angabe der Originalfundstelle sind sie jederzeit überprüfbar. Offensichtliche Fehler in der Rechtschreibung und der Interpunktion wurden stillschweigend korrigiert. Kürzungen werden nur selten und dann sehr sparsam vorgenommen. Die angegebenen Archivsignaturen entsprechen dem Stand zur Zeit der Quellenrecherche, spätere Umsignierungen konnten nur in geringem Maß berücksichtigt werden.

Die nachfolgende Einführung soll kurz über die dargebotenen Dokumente informieren. Mit ihr ist nicht der Anspruch verbunden, eine alle Aspekte der Zeit umfassende ‚bayerische Kirchengeschichte zwischen 1918 und 1945' zu bieten. Vielmehr sollen sich die Benutzerinnen und Benutzer dieser Sammlung selbst ein differenziertes Urteil bilden. Die der Einführung beigegebenen weiterführenden Literaturangaben sollen hierbei helfen.

---

61 Siehe unten S. 1870 ff.

II. EINFÜHRUNG IN DEN QUELLENTEIL

1. Vorgeschichte

1.1 Neuorientierung – Reaktionen auf die Revolution und ihre Folgen für die Kirche

Nach dem Untergang der Monarchie und dem (in Bayern leicht verspäteten) Ende des Staatskirchentums[1] musste sich die Landeskirche staatskirchenrechtlich, in ihrer eigenen Verfassung und in ihrem Verhältnis zur Politik neu ordnen (→ 1–5). Dabei zeigte sich schnell, dass ein Aufruf zur Mäßigung und Loyalität gegenüber der neuen Obrigkeit gemäß Römer 13, die einen Vertrauensvorschuss verdient habe, die Ausnahme blieb (→ 1). Stattdessen gewann die negative Sicht auf die Revolution als Untergang, „Dolchstoß" und Sieg der Gottlosigkeit die Oberhand (→ 5).

In den innerkirchlichen Beratungen über die zukünftige Gestalt der Kirche und in öffentlichen Voten ging die Kirchenleitung gegenüber der revolutionären Regierung, der sie mit prinzipiellem Misstrauen begegnete, mit taktischem Geschick vor. Änderungen an der kirchlichen Struktur standen nicht zur Debatte (→ 2). Charakteristisch für die Neujustierung des Verhältnisses von Kirche und Staat war auch das sehr selbstbewusste, von Forderungen an den Staat bestimmte Auftreten der Kirche bzw. der Inneren Mission (→ 3).

1.2 Reichspräsidentenwahl 1925

Die unüberwindliche Distanz bayerischer Protestanten zur parlamentarischen Demokratie belegen die Texte aus dem Evangelischen Bund zur Reichspräsidentenwahl 1925 (→ 6–11). Trotz vereinzelter Hinweise auf die angebliche Überparteilichkeit der Kirche polemisierte man gegen den verstorbenen Reichspräsidenten Friedrich Ebert und alle Kandidaten, die nicht die Kriterien ‚evangelisch' und ‚national-konservativ' erfüllten. Dabei geriet sogar die eigene Kirchenleitung in die Kritik, da sie beim Tod Friedrich Eberts die Kirchenglocken habe läuten lassen (→ 6).

1 C. Link, Kirchenregiment.

1.3 „Nationale" Kultur

Wie die „Kirchliche Lebensordnung" und die dazugehörigen „Ausführungsbestimmungen" von 1922[2] im Großen zeigten, dass die Landeskirche sich vielfältig befugt sah, das Privatleben der Gläubigen zu reglementieren, so kam es auch im Kleinen zu kirchlichen Anmaßungen, wie dem Versuch, die Taufe auf einen angeblich undeutschen Namen zu verhindern (→ 12). Zugleich konnte im berufsständischen Organ der bayerischen Pfarrer eine eingangs überraschend positive Besprechung des heftig umstrittenen Anti-Kriegsromans „Im Westen nichts Neues" von Erich Maria Remarque (1928) aus der Sicht eines Kriegsteilnehmers erscheinen. Die Kritik des Verfassers richtete sich nicht gegen Remarques Schilderung des Krieges, sondern gegen dessen unreligiösen Standpunkt, der das in Deutschland herrschende moderne Heidentum repräsentiere (→ 13).

1.4 Die politische Herausforderung von rechts

Seit spätestens 1930 standen Pfarrer und Landeskirche vor der politischen Herausforderung von rechts – die Ablehnung derjenigen von links war so selbstverständlich, dass sie nicht im gleichen Maß thematisiert und kommuniziert wurde. Dargestellt wurden die Probleme, mit denen die Pfarrer konfrontiert wurden, anhand der Frage der Fahnenweihe und des Auftretens uniformierter Nationalsozialisten in Gottesdiensten, wobei diese kirchliche Gepflogenheiten missachten und es an Respekt fehlen ließen. In dieser Situation suchten die Pfarrer Rückendeckung für ihren Widerspruch bei ihrer Kirchenleitung (→ 14–16).

Trotz dieser frühen Warnungen und Negativerfahrungen blieb die inhaltliche Auseinandersetzung mit dem Nationalsozialismus, die nicht in einem verständnisvollen sowohl-als-auch oder mit hilflosen Rückgriffen auf Adolf Stöcker endeten (→ 18, 20), die Domäne von Pfarrer Karl-Heinz Becker, der seine Kirchenleitung über Jahre hinweg immer wieder zum Handeln bewegen wollte (→ 17). Erfolg hatten hingegen Pfarrer, die für den Nationalsozialismus und vor dem Hintergrund kulturell-gesellschaftlicher Untergangsszenarien für ein Bündnis der Kirche mit der auch unter Geistlichen an Bedeutung gewinnenden NSDAP warben (→ 19).

Auch der auf die Politisierung von Pfarrerschaft und Kanzel – auch von rechts – sehr sensibel reagierende Kirchenpräsident Friedrich Veit vermochte sich im Kontext der Reichspräsidentenwahl 1932 und später nur dazu durchzuringen, seine Amtskollegen zur Mäßigung aufzurufen (→ 21,

---

2 ABlELKB 1922, S. 224–226 und 226–231.

22). Ein aktives Eintreten für die Republik war mit seinem Verständnis der öffentlichen Aufgabe der Kirche nicht vereinbar.

2. Der Kampf um Verfassung und Bekenntnis der Landeskirche

2.1 1933

2.1.1 Stimmen zur Lage der Landeskirche nach der „Machtergreifung"

Zwei Monate nach der sog. Machtergreifung war für die Pfarrer die Situation der Kirche noch so unsicher, dass sie von ihrer Kirchenleitung ein orientierendes Wort einforderten. Sicher in der Unsicherheit war den Pfarrern die Definition der Kirche als Volkskirche und die Bejahung des radikalen politischen Wechsels. Veränderungen innerhalb der Landeskirche sollten hingegen von der Kirchenleitung, nicht aber von der Politik noch von einzelnen Geistlichen ausgehen (→ 23).

Die öffentlichen Ausführungen des neu amtierende Landesbischof Hans Meiser zu den „Aufgaben der Kirche im neuen Staat" (→ 24) zeigten seine Zustimmung zur werdenden Reichskirche und ein Verständnis von Kirche, der im nationalsozialistischen Staat die Rolle eines engen Kooperationspartners zukam. Diese Zusammenarbeit erstreckte sich auch auf das weltanschauliche Gebiet, wo der Landesbischof den perhorreszierten Individualismus und den Ideen von 1789 eine Absage erteilte. In dieser gemeinsamen Gegnerschaft lag aber bereits die Wurzel künftiger Konflikte, denn Meisers Überzeugung, dass die Kirchen im neuen Staat für die Schaffung eines sittlich-moralischen Fundaments zuständig seien, erwies sich als Irrtum.

Trotz der staatlichen Gewaltakte gegen die preußischen Provinzialkirchen mittels der Staatskommissare parallel zu den Verhandlungen über die Verfassung der Reichskirche stand der Landesbischof der Reichskirchenverfassung positiv gegenüber (→ 25), da in ihr die bayerischen Hauptanliegen berücksichtigt waren: Sicherung des Bekenntnisstandes und Fortbestehen der Landeskirchen. Als Aufgabe blieb die Stärkung der Position der lutherischen Kirchen gegenüber der altpreußischen Union. Zugleich musste Meiser seinen Geistlichen davon berichten, wie die Kirchenführer durch die Ankündigung reichsweiter Kirchenwahlen[3] überrumpelt wurden und wie entsprechende Bedenken mit Hinweis auf das Ermächtigungsgesetz – einem Instrument des von der Kirche begrüßten autoritären Staates – übergangen wurden. Der daraus entstehende Loyalitätskonflikt sollte durch eine Wahl

3 Vgl. in diesem Abschnitt 2.5.2.

unter „bewusst kirchlichen Gesichtspunkten“ vermieden werden. Wie Meiser jedoch deren Ablauf beschrieb, zeigte seine Vorbehalte gegen eine demokratische Wahl deutlich. Die DC sollten in das Gefüge der Landeskirche integriert und so domestiziert werden. Mit diesem Kurs sollte die Seelsorge auf landeskirchlicher Linie auch an Anhängern der DC sichergestellt werden.

Oberstes Ziel Meisers in dieser bewegten Zeit war das bedingungslose Festhalten der Pfarrer am lutherischen Bekenntnis und deren Loyalität gegenüber ihm und seinem Amt – auch bei einsamen oder nicht breit kommunizierten Entscheidungen. Diesen bekenntnisgebundenen kirchenpolitischen Kurs glaubte Meiser parallel zu einem „vertrauensvollen Verhältnis“ zu Staat und Partei auf Reichs- und Landesebene steuern zu können.

In Meisers Rückblick auf das Jahr 1933 vom 3. Januar 1934 vor einer großen Zahl von Pfarrern (→ 26) wurde das Ende der Weimarer Republik und die „Machtergreifung“ als „Zeitenwende“ mit weit über die Politik hinausreichenden Folgen für alle Lebensgebiete gedeutet. Die Kirche begrüße die Inhalte dieser Wende zum Positiven und habe dies auch öffentlich bezeugt. Auf die aus diesen Ereignissen resultierenden Anfragen an Theologie und

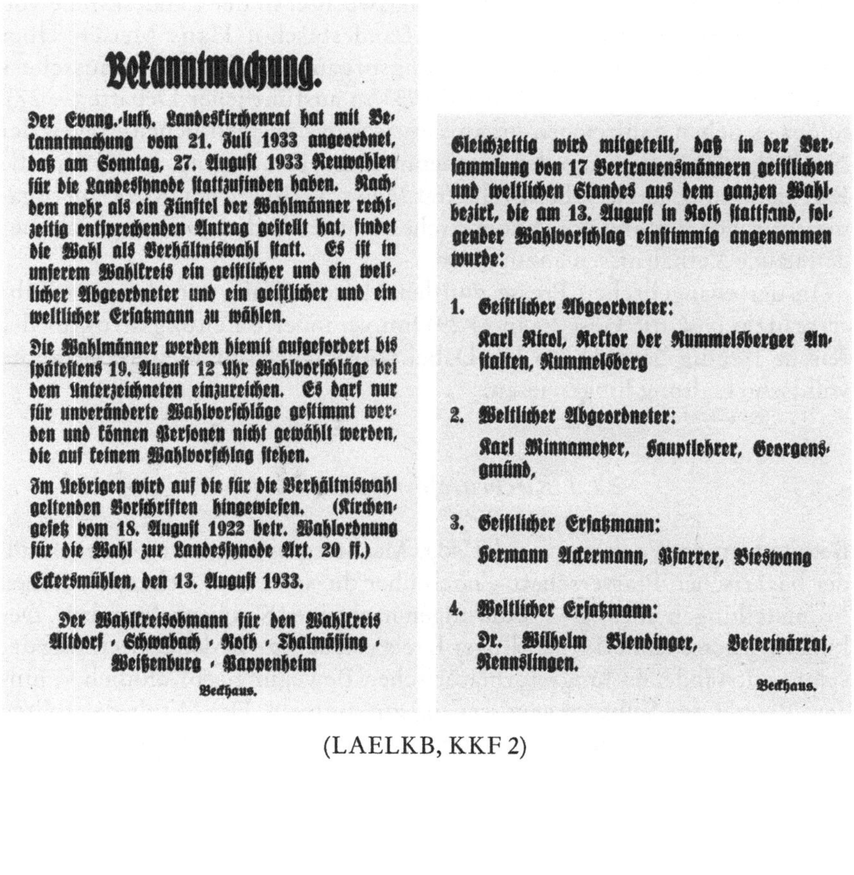

Bekanntmachung.

Der Evang.-luth. Landeskirchenrat hat mit Bekanntmachung vom 21. Juli 1933 angeordnet, daß am Sonntag, 27. August 1933 Neuwahlen für die Landessynode stattzufinden haben. Nachdem mehr als ein Fünftel der Wahlmänner rechtzeitig entsprechenden Antrag gestellt hat, findet die Wahl als Verhältniswahl statt. Es ist in unserem Wahlkreis ein geistlicher und ein weltlicher Abgeordneter und ein geistlicher und ein weltlicher Ersatzmann zu wählen.

Die Wahlmänner werden hiemit aufgefordert bis spätestens 19. August 12 Uhr Wahlvorschläge bei dem Unterzeichneten einzureichen. Es darf nur für unveränderte Wahlvorschläge gestimmt werden und können Personen nicht gewählt werden, die auf keinem Wahlvorschlag stehen.

Im Uebrigen wird auf die für die Verhältniswahl geltenden Vorschriften hingewiesen. (Kirchengesetz vom 18. August 1922 betr. Wahlordnung für die Wahl zur Landessynode Art. 20 ff.)

Eckersmühlen, den 13. August 1933.

Der Wahlkreisobmann für den Wahlkreis Altdorf · Schwabach · Roth · Thalmässing · Weißenburg · Pappenheim

Beckhaus.

Gleichzeitig wird mitgeteilt, daß in der Versammlung von 17 Vertrauensmännern geistlichen und weltlichen Standes aus dem ganzen Wahlbezirk, die am 13. August in Roth stattfand, folgender Wahlvorschlag einstimmig angenommen wurde:

1. Geistlicher Abgeordneter:
   Karl Nicol, Rektor der Rummelsberger Anstalten, Rummelsberg
2. Weltlicher Abgeordneter:
   Karl Minnameyer, Hauptlehrer, Georgensgmünd,
3. Geistlicher Ersatzmann:
   Hermann Ackermann, Pfarrer, Bieswang
4. Weltlicher Ersatzmann:
   Dr. Wilhelm Blendinger, Veterinärrat, Rennslingen.

Beckhaus.

(LAELKB, KKF 2)

Kirche sei man sehr schlecht vorbereitet gewesen, vor allem auf die Themen Volk und Rasse. Diese gelte es im Licht des Evangeliums und damit auch kritisch gegenüber dem Nationalsozialismus zu betrachten. Bei der Definition der „Volkskirche" argumentierte Meiser, dass dies v. a. ein Problem der norddeutschen Kirchen sei, im kirchentreuen Bayern es dagegen eher um Kräftigung durch Volksmission – auch innerhalb der NS-Organisationen – als um Wiederbelebung gehen müsse.

In den Ausführungen zur Reichskirchenreform wurde Meisers simplifizierendes, antipreußisches Geschichts- und Kirchenverständnis überdeutlich: dort die altpreußische Union als Bedrohung bzw. unüberwindliches Problem, hier eine unabhängige Landeskirche innerhalb einer starken lutherischen Kirche als Lösung. Die kirchliche Opposition gegen den Reichsbischof und seine Politik, deren Führung Meiser selbstbewusst für sich reklamierte, suchte er unbedingt vom Verdacht der politischen Opposition freizuhalten.

2.1.2 *Führungswechsel in der Landeskirche*

Im April 1933 vollzog sich der Führungswechsel in der Landeskirche von Kirchenpräsident Friedrich Veit zu Landesbischof Hans Meiser. Über diesen Schritt berieten die Verfassungsorgane Landessynodalausschuss und Landeskirchenrat am 12. April 1933 in ausführlicher Debatte (→ 27), in der es neben zahlreichen organisatorischen und rechtlichen Fragen der Nachfolge Veits auch um den kircheninternen Druck ging, unter dem die Kirchenleitung stand. Oberkirchenrat Meiser verfolgte den Kurs, am organisatorischen Bestand der Landeskirche nichts zu ändern, sich zugleich aber den neuen Verhältnissen anzupassen.

In der evangelischen Presse wurden Meisers Wahl und die zum Führerprinzip (vgl. die Gesetze in → 29) hin veränderte Leitungsstruktur der Kirche freudig begrüßt (→ 28). Dabei wurde auch auf Meisers bekannte völkische Haltung hingewiesen.

2.1.3 *Kirchenreformbestrebungen*

Bereits wenige Wochen nach der sog. Machtergreifung wurden innerhalb der bayerischen Pfarrerschaft – noch über die späteren kirchenpolitischen Frontstellungen hinweg – Forderungen nach einer Kirchenreform laut. Der kurzeitig bestehende Treuchtlinger Kreis versuchte – in der Zielsetzung der später entstandenen Jungreformatorischen Bewegung sehr ähnlich –, jüngere Pfarrer zur Selbstvergewisserung zu sammeln. Die Mitglieder sollten den neuen politischen Verhältnissen gegenüber aufgeschlossen sein, eine

Kirchenreform aber nur von innen heraus und ohne Preisgabe christlicher Propria realisieren wollen (→ 30, 31). Oberkirchenrat Meiser war, ohne dass er der Gruppe angehörte, der Verbindungsmann zur Kirchenleitung. Das programmatische Votum des Kreises vom April 1933 (→ 32) verband Ordnungstheologie mit dem Glauben an die Christianisierbarkeit des Nationalsozialismus und Vorstellungen von einer straff geleiteten Landeskirche mit der Forderung nach einer Verjüngung der Kirchenleitung zur Bearbeitung aktualitätsgeschuldeter Aufgaben sowie einer Modernisierung der akademisch-theologischen Ausbildung in Erlangen.

2.1.4 Diskussion über „Theologische Existenz heute!"

Während auch bayerische Theologen den Spagat zwischen politischer Öffnung hin zum Nationalsozialismus und rein aus der Kirche selbst heraus stattfindender Reform auf traditioneller theologischer Basis versuchten, hatte Karl Barth mit seiner am 1. Juli 1933 erschienenen und dann reißenden Absatz findenden Abhandlung „Theologische Existenz heute!" zur Sache und nicht zur Lage sprechen wollen.

Schon zwei Wochen später erschien im berufsständischen Organ der bayerischen Pfarrer, im „Korrespondenzblatt", ein Referat des Inhalts. Trotz prinzipieller Vorbehalte gegen Barths Position wurde seine Bedeutung auch für die bayerische Landeskirche betont (→ 33). Der national-deutschchristlich bewegte Neuendettelsauer Missionsdirektor Friedrich Eppelein betonte die konfessionelle Scheidelinie zwischen Lutheranern und Reformierten, erkannte aber Barths Warnung vor einer nur politisch-taktisch motivierten Kirchenreform an. Massiven Widerspruch rief Barths Forderung nach der Kirchenzentriertheit bei der Begründung von Wandlungsprozessen hervor. Aus dem Schriftprinzip leitete Eppelein ein schöpfungsmäßiges und damit aktualitätsbezogenes Kirchenverständnis mit einer starken Bindung an das Volkstum ab (→ 34).

2.1.5 Einführung eines kirchlichen „Arierparagraphen"

Mit dem „Kirchengesetz betreffend die Rechtsverhältnisse der Geistlichen und Kirchenbeamten" vom 6. September 1933[4] hatte die deutschchristlich beherrschte Synode der Evangelischen Kirche der altpreußischen Union den sog. Arierparagraphen in Analogie zum staatlichen „Gesetz zur Wie-

4 Kirchliches Gesetz- und Verordnungs-Blatt [Kirche der Altpreußischen Union] 1933, S. 142–145.

derherstellung des Berufsbeamtentums“ vom 7. April 1933 eingeführt. Das Gesetz ermöglichte die Entlassung von Pfarrern und Kirchenbeamter aus politischen und rassischen Gründen.

Eine Gruppe Nürnberger Pfarrer nahm dies zum Anlass, eine Woche später bei ihren Amtsbrüdern um Unterstützung für ihr Ersuchen an den Landesbischof zu werben, gegen das bekenntniswidrige Gesetz zu protestieren (→ 35). Auf entsprechende Anfragen wegen dieser Aktion erklärten die Pfarrer schöpfungstheologisch begründet, dass eine Ausgrenzung von Menschen im öffentlichen Raum aus rassischen Gründen akzeptiert werden müsse und ihr Protest sich nur gegen den Übergriff auf die Kirche wende (→ 36).

Fast zeitgleich zu diesem Brief verfassten die beiden Erlanger Theologieprofessoren Paul Althaus und Werner Elert auf eine Anfrage aus der Landeskirche von Hessen-Kassel hin ein Gutachten zum sog. Arierparagraphen, genauer: über die Zulassung sog. Nichtarier zu kirchlichen Ämtern – nicht zum Ausschluss, wie es das Gesetz vorsah, in dem die rassische Ausgrenzung mit theologischen Argumenten legitimiert wurde[5]. Mit ihrem Votum standen die Erlanger Theologen im diametralen Gegensatz zum parallelen Votum, das die Marburger Theologische Fakultät erstellt hatte[6]. Der Münchner Dekan Friedrich Langenfaß erkannte hingegen im Erlanger Gutachten ein fundiertes Dokument des Luthertums von ökumenischer Bedeutung (→ 37; vgl. auch 44).

2.1.6 Reaktionen auf den „Sportpalastskandal“

Mit der Rede des Gau-Obmanns der DC für Groß-Berlin, Studienassessor Reinhold Krause, im Berliner Sportpalast am 13. November 1933 fand der DC-Vormarsch ein jähes Ende. Danach war die widerchristliche Haltung der DC nicht mehr zu leugnen und zahlreiche evangelische Christen wandten sich von den DC ab, nachdem man tatsächliche Absichten und theologische Defizite zuvor ignoriert oder marginalisiert hatte.

Auf einer Veranstaltung des Evangelischen Bundes in München zur Erinnerung an Luthers 450. Geburtstag würdigte Landesbischof Meiser das Ergebnis der Reichstagswahl vom 12. November 1933 und der gleichzeitig stattfindenden Volksabstimmung über den Austritt Deutschlands aus dem Völkerbund als Zeichen seltener nationaler Einheit. Auch zur Gründung der Deutschen Evangelischen Kirche bekannte sich Meiser freudig, um dann

5 K.-H. Fix, Glaubensgenossen, S. 37, 135–139.
6 K.-D. Schmidt, Bekenntnisse 1933, S. 178–182.

aber in ungewohnt scharfen Worten gegen den Inhalt der Rede Krauses zu protestieren (→ 38)[7].

Kirchengemeinden verabschiedeten in Massenveranstaltungen Protestresolutionen. Diese gingen jedoch am Kern der Sache vorbei, da man sich in der Kritik auf den Reichsbischof berief (→ 39). Kirchentreue langjährige Funktionäre der NSDAP erlebten einen schweren Loyalitätskonflikt und mussten öffentlich eingestehen, dass ihr Vertrauen auf das Parteiprogramm und auf Aussagen Hitlers durch die tatsächlichen Vorgänge in der Kirche zutiefst in Frage gestellt wurde. Bei allem Protest konnten und durften aber weder Hitler noch die Reichsregierung oder die bayerischen DC Schuld sein. Stattdessen suchte man die Schuld in Preußen, wo die DC vom Bekenntnis [sic!] abgefallen seien und sich für Irrlehren geöffnet hätten. Trotz allem galt es weiterhin, das Werk der Reichsregierung durch gleichzeitige Treue zu Luther und zu Hitler zu unterstützen (→ 40). Der Augsburger Pfarrer Wilhelm Bogner sah in Krauses „Irrlehren" einen Angriff auf das Bekenntnis und verknüpfte den Vorfall mit antiökumenischen Äußerungen der DC. Auch für Bogner stellte der Vorfall seine Loyalität gegenüber der Reichsregierung auf eine harte Probe (→ 41). In seiner scharfen öffentlichen Kritik an den DC glaubte auch der Hofer Dekan Wilhelm Wiegel, den Reichsbischof in Stellung bringen zu können (→ 42). Dazu sollte auch eine Petition zahlreicher kirchlich engagierter Laien des Dekanats Hof an den Reichsbischof dienen (→ 43).

2.2 1934

2.2.1 Allgemein

Während im Jahr 1933 Kritik an den Machenschaften der DC noch untrennbar mit Loyalitätserklärungen an den Staat verbunden war und man von einer Kooperation zum Wohle Deutschlands schrieb, mussten sich Kirchenleitung und Gemeinden im Jahr 1934 für den Fall rüsten, dass ein Pfarrer inhaftiert wurde (→ 44, 45). In den hierzu verbreiteten juristischen bzw. liturgischen Formularen vermied man jede Anfrage und jeden Hinweis auf die Gründe der Inhaftierung. Diese waren indes kein Geheimnis und wurden auch von Parteiseite gegenüber missliebigen Pfarrern deutlich kommuniziert (→ 46). Für die Landeskirchenleitung war die Situation Anlass zur Selbstkritik und zur Fürbitte durch die Gemeinden (→ 47), aber auch zur Dokumentation der Erfahrungen „auf dem Gebiete der kirchlichen

---

7 Vgl. auch den Bericht der ALLGEMEINEN RUNDSCHAU, Nr. 275, 17. November 1933, S. 8: „Der Landesbischof D. Meiser zu den Berliner Vorfällen. Ein lautes, freudiges Ja zum lutherischen Bekenntnis".

Auseinandersetzung“ in den Pfarrchroniken (→ 49)[8]. Gleichzeitig versuchte der Staat bis in die Schulen hinein, Diskussionen über die kirchenpolitischen Vorgänge zu unterbinden (→ 48).

2.2.2 *Verhältnis zur Reichskirche und zu den Deutschen Christen*

Das sich immer mehr verschlechternde Verhältnis der Landeskirche zur Reichskirche und zu den DC führte zugleich zu einem immer engeren Schulterschluss zwischen den bayerischen Pfarrern, vertreten durch den Pfarrerverein, und der Kirchenleitung, d. h. mit Landesbischof Meiser. Damit sollte disziplinierenden Schritten des Reichsbischofs gegen bekenntnistreue Pfarrer wie der als „Maulkorberlass“ bekannt gewordenen Verordnung „betreffend die Wiederherstellung geordneter Zustände in der Deutschen Evangelischen Kirche“[9] vom 4. Januar 1934 in Bayern begegnet werden (→ 50, 51).

In einer öffentlichen Erklärung betonten am 17. März 1934 alle Verfassungsorgane der Landeskirche ihr Ja zur Reichskirche in Analogie zur politischen Einigung Deutschlands, d. h. zur Gleichschaltung der Länder mit dem Reich. Dies galt aber nur, wenn auch innerhalb der Reichskirche der lutherische Bekenntnisstand Bayerns und – daraus abgleitet – Kultus und Amt unangetastet blieben. Hierzu bediente man sich einer verklärenden Darstellung der jahrhundertealten fränkischen [sic!] Bekenntnistreue gegenüber allen theologischen Moden, insbesondere der Aufklärung, und stilisierte das überkommene lutherische Bekenntnis zur „objektiven Wahrheit“. Den landeskirchlichen Bekenntnisstand definierte Landesbischof Meiser über die reichsrechtliche Anerkennung der Verfassung der DEK quasi als gesetzlich geschützt (→ 52).

Schon elf Tage später musste der Landesbischof gegenüber seinen Pfarrern eingestehen, dass Reichsbischof Müller kein vertrauenswürdiger Verhandlungspartner sei. Statt innerkirchlicher Verständigung stünden die Zeichen auf rücksichtslose Gleichschaltung der Landeskirche. Undifferenziert setzte Meiser Müllers Vorgehen mit seinem größten ekklesiologisch-kirchenpolitischen Schreckgespenst gleich: mit der Evangelischen Kirche der altpreußischen Union. Meiser protestierte zwar mit dem württembergischen Amtsbruder Theophil Wurm bei Hitler, doch ließ er sich von politischer Seite beschwichtigen und weichte seinen Widerspruch auf, als er mit dem Verdacht des politischen Widerstandes konfrontiert wurde (→ 53).

8 Vgl. auch Dokument 947.
9 GBlDEK 1934, S. 1.

Im August des Jahres wiederholte die Landessynode den prinzipiellen Willen der Landeskirche zur Zusammenarbeit mit der Reichskirche auf der Basis der korrekt angewandten Verfassung der DEK vom Juli 1933. Das bekenntniswidrige Handeln der aktuellen Reichskirchenregierung verbiete aber eine Eingliederung Bayerns. Damit stimmte die Synode Meisers Kurs uneingeschränkt zu (→ 54). Gestützt auf dieses Votum konnte Meiser die Gemeinden zum Befolgen seiner Politik aufrufen (→ 55), doch wurde die Verlesung der Kundgebung im Gottesdienst verboten, was wiederum zu Protesten von Pfarrern und Kirchenvorständen bei Reichsstatthalter Ritter von Epp und anderen Stellen führte[10]. Die Mitglieder der Erlanger Theologischen Fakultät machten zudem mit einem antiunionistischen Votum vom September klar, dass die befürwortete strukturelle Neuformierung der Landeskirchen – anders als bisher realisiert – nur in Form einer lutherischen Reichskirche akzeptabel sei (→ 56).

Mitten im Konflikt um den gewaltsamen Versuch, die Landeskirche in die DEK einzugliedern[11], ermahnte der Landeskirchenrat die Pfarrer zu Frieden, verbaler Mäßigung und ordentlicher Verrichtung des Predigt- und Unterrichtsbetriebes (→ 57). Eine kirchenpolitisch orientierende „Handreichung" der Pfarrerbruderschaft nach dem Ende des Einbruchsversuchs (→ 58) klang dagegen kämpferisch und undiplomatisch. Kompromisse mit dem kirchenpolitischen Gegner würden keine geschlossen, gegen die DC sei konsequent und schnell vorzugehen. Obwohl die scharfe Konkurrenz in der Jugendarbeit zwischen Kirche und Partei angesprochen wurde, glaubte man noch im Ethos Anknüpfungspunkte an die Deutschgläubigen zu finden. Das Verhältnis zum Staat war weiterhin bestimmt von tiefster Loyalität und vom Selbstverständnis der Kirche als „treuester Gehilfin" des Staates in der Funktion der Seelsorgerin.

2.2.3 Ulmer Erklärung, Barmer Theologische Erklärung und Ansbacher Ratschlag

Bei einem von ca. 5000 Menschen besuchten Gottesdienst im Ulmer Münster verlas Landesbischof Hans Meiser am 22. April 1934 eine Erklärung, in der Vertreter der württembergischen und der bayrischen Landeskirchen, der freien Synoden im Rheinland, in Westfalen und in Brandenburg sowie einzelner bekennender Gemeinden erklärten, die „rechtmäßige Evangelische Kirche Deutschlands" zu sein. Das Bekenntnis sei in Gefahr, das Handeln der Reichskirchenregierung entbehre jeder Rechtsgrundlage, es

10 KorrBl 59 (1934), S. 414.
11 Vgl. unten Abschnitt 2.2.5.

herrsche Gewalt und Unrecht[12]. Indem sie der Ulmer Erklärung bereits am übernächsten Tag zustimmten, bekräftigten u.a. die Pfarrer und Kirchengemeinden Augsburgs den Kurs ihres Landesbischofs (→ 59).

Am Tag des Ulmer Gottesdienstes verschickte der Aschaffenburger Pfarrer Friedrich Wilhelm Hopf im Auftrag des Erlanger Praktischen Theologen Friedrich Ulmer Einladungen an neun Pfarrer bzw. Vikare zu einem vertraulichen Treffen, auf dem die Sammlung der „bekenntnistreuen" Lutheraner in Bayern vorbereitet werden sollte. Man berief sich auf eine Aufforderung des Landesbischofs zum selbstständigen verantwortlichen Handeln angesichts der Bedrohung durch die Reichskirche und die DC. Trotz aller Betonung der Treue zu Landesbischof Meiser trug diese Initiative mit ihrer konfessionellen Engführung zur Schwächung der Bekennenden Kirche von Anfang an bei (→ 60).

Vom Ulmer Bekenntnisgottesdienst führte eine direkte Linie zur ersten Reichsbekenntnissynode, die vom 29. bis 31. Mai 1934 in Wuppertal-Barmen tagte. Bereits die Art, wie die Barmer Erklärung von der Kirchenleitung in Bayern bekannt gemacht wurde[13], zeigt aber deren Vorbehalte gegen den Text. Denn man rückte nicht die sechs Thesen, sondern die Ausführungen zur Rechtslage der Deutschen Evangelischen Kirche, das auslegende Referat von Hans Asmussen und den Beschluss der Synode, die Barmer Erklärung müsse erst noch Bekenntniskonventen zur Erarbeitung einer Auslegung vom jeweiligen Bekenntnis aus vorgelegt werden, in den Mittelpunkt. Folgerichtig wurde die Theologische Erklärung nicht im Amtsblatt publiziert. Vollständig erschien die Erklärung erstmals in Christian Stolls Dokumentensammlung zum Kirchenkampf, freilich mit der eindeutigen Aussage, dass Barmen kein Bekenntnis sei und damit auch kein Unionsdokument[14]. Im gleichen Sinn äußerte sich Landesbischof Meiser am 8. Juni 1934 (→ 61). Als die „Vorträge und Entschliessungen" der Bekenntnissynode im Druck vorlagen, war im Hinweis der Kirchenleitung zur Sammelbestellung nur vom Referat Asmussens die Rede (→ 67).

Während die Kirchenleitung sich aus ekklesiologisch-antiunionistischen Motiven heraus zurück hielt, aber zugleich die DC-Theologie eindeutig ablehnte, stellte sich eine Gruppe von Theologen mit dem „Ansbacher Ratschlag" in die Tradition lutherisch-bayerischer Theologie seit dem 16. Jahrhundert. Gegen die christozentrische Theologie Karl Barths interpretierten sie unter dem Deckmantel kirchlicher Selbstbesinnung das lutherische Lehrstück von Gesetz und Evangelium aktualistisch und stellten die Verbindung der Kirche mit der aktuellen Politik, mit deren ideologischem

12 Vgl. hierzu: J. Kampmann, Bekenntnistag.
13 Vgl. hierzu: N. A. Schulze, Weg, S. 42f.
14 C. Stoll, Dokumente III, S. 6; 75–80.

Unterbau und mit Hitler über schöpfungstheologische Aussagen her. Ihr besonderes Gewicht gewann die Erklärung durch die Unterschrift der Erlanger Professoren Paul Althaus und Werner Elert, deren Theologie hier in simplifizierter Weise mit zum Ausdruck kam (→ 62).

Die bayerische Pfarrerbruderschaft widersprach dem Ratschlag nur halbherzig. Man stieß sich weniger am positiven Inhalt als an den fehlenden Verwerfungen aktueller Irrlehren, wie es in lutherischen Bekenntnisschriften üblich sei (→65). Im Kommentar des „Korrespondenzblatts" fand zwar besonders die Betonung von „Gesetz und Evangelium" Zustimmung, kritisiert wurde aber die Aktualitätsbezogenheit wegen der „Abschwächung des Gottesverhältnisses" und wegen des inhärenten Relativismus gegenüber ethischen Ordnungen (→ 66). Aus lutherischer Perspektive kritisierte Wolfgang Trillhaas, Pfarrer und Erlanger Privatdozent, den Ratschlag und dessen ihm kollegial verbundenen Autoren. Er störte sich an der Vereinnahmung dessen, was als wahrhaft lutherisch galt, durch eine kleine Gruppe und an deren engem Gesetzesverständnis, das mit offenkundiger Kritiklosigkeit gegenüber den „weltlichen Ordnungen" und Schweigen zu zentralen theologischen Themen einherging (→72).

Die Barmen-Kritik lutherischer Universitätstheologen traf auch Landesbischof Meiser und gipfelte in Zweifeln an seinem Luthertum. Meiser wiederum sah darin die Gefahr einer sog. „dritten Front" neben BK und DC. Zwischen konfessionalistischen Sonderinteressen und der Versammlung möglichst vieler Lutheraner hinter der lutherischen Barmen-Deutung galt es, sensibel zu vermitteln. Seinen Unmut über die Erlanger Fakultät konnte Meiser indes nicht verbergen (→ 63). Ebenso zeigte sich ein Erlanger Student höchst irritiert über Werner Elerts Kritik in einer Vorlesung am bischöflich-lutherischen Flügel der BK (→ 64).

Paul Althaus musste sich wegen seiner – später wieder zurückgezogenen – Unterschrift unter den Ansbacher Ratschlag – fragen lassen, ob er wisse, mit welchen Personen er sich eingelassen habe. Weiterhin wurde er mit dem Vorwurf konfrontiert, der Text sei nicht „genuin lutherisch" (→ 68, 72). In Althaus' Verteidigung wurde deutlich, dass sein Mitwirken v. a. dem Widerspruch gegen die Theologie Karl Barths entsprang und gegen den Verdacht gerichtet war, die bayerische Pfarrerschaft wende sich vom Luthertum ab und der dialektischen Theologie zu (→ 70). In einem Aufsatz setzte sich Althaus mit den Barmer Thesen – nicht mit der Synode, deren kirchenpolitischen Ziele er vorbehaltlos unterstützte – öffentlich auseinander (→ 73). Zur inhaltlichen Kritik, in der es v. a. um die Themen Offenbarung und Schöpfungsordnung – hier wiederum besonders um die Aspekte Staat und Volk sowie Volkstum – ging, kam erneut die offenkundige Rivalität der theologischen Großdenker Althaus und Barth hinzu.

Zunächst vor Erlanger Studenten, dann an alle Pfarrer gerichtet (→ 71), konnte Althaus seine schon vor dem endgültigen Synodalbeschluss feststehende kritische Haltung zur Barmer Erklärung öffentlich erläutern und betonen, dass mit dem Ansbacher Ratschlag die Front gegen die DC und das theologische Fundament des Abwehrkampfes deutlich verbreitert werden sollte, da die Barmer Erklärung zentrale Fragen ignoriere oder nur einseitig verkürzt darbiete. Damit waren v. a. die Themen (natürliche) Offenbarung, Gesetz, Volk und Staatsverständnis – also die theologischen Hauptdifferenzpunkte zwischen ihm und Karl Barth, ergänzt um persönliche Animositäten, gemeint (→ 73).

Die oben erwähnte Kritik Werner Elerts an den lutherischen Bischöfen fand ihren öffentlichen, polemischen Ausdruck in einem viel beachteten Aufsatz mit dem spöttisch gemeinten Titel „Confessio Barmensis“ (→ 69). Aus dem Übermaß seiner theologischen Gelehrsamkeit schöpfend, rückte Elert im Rahmen einer an seiner Gesetzeslehre orientierten „theologische[n] Prüfung“ die Barmer Sätze in die Nähe antinomistischer Irrlehren der Reformationszeit. Freilich betonte er auch das Defizit der Barmer Erklärung gegenüber dem Alten Testament – wenn auch nur in polemischer Absicht. Elerts Ausführungen riefen innerlutherischen Protest hervor (→ 74). Sein radikal diastatisches Gesetzesverständnis widerspreche dem Schriftbefund und der Theologie Luthers. Auch Elerts Konfessionalismus fand kein Verständnis. Als Lutheraner habe man mit Katholiken und Reformierten gemeinsame Glaubensgrundlagen und in Barmen habe die konkrete Situation ein gemeinsames Reden gefordert.

Die Erlanger Theologieprofessoren Paul Althaus, Friedrich Ulmer und Hans Preuß leiteten eine „Lutherische Arbeitsgemeinschaft Deutscher Studenten“, die in vermeintlicher kirchenpolitischer Unabhängigkeit einen lutherischen Weg zwischen den Fronten zu gehen suchte. Dazu glaubten sie an die Realisierungsmöglichkeit einer Synthese von Bekenntnis zum Nationalsozialismus und Bildung einer staatsunabhängigen lutherischen Reichskirche. Ergänzt wurde ihr ‚Programm‘ durch – z. T. schon 1933 erfüllte – Forderungen nach einer innerkirchlichen Reform (→ 75).

Noch Jahre später betonte Landesbischof Meiser (→ 76), dass Barmen ein fein austarierter Text sei, dem es daher an konfessioneller Eindeutigkeit fehle. Dies sei aber angesichts der damaligen und aktuellen Bedeutung von Barmen kein Grund zur Kritik. Während des Krieges bekräftigte der Landesbischof, welche einheitsstiftende Funktion Barmen über alle Divergenzen der Entwicklung seit 1934 hinweg habe (→ 77).

2.2.4 Diensteid der Geistlichen

In der Debatte über die Barmer Theologische Erklärung war wiederholt die Bindung des Christen an die weltlichen Ordnungen, an den Staat, betont worden. Als jedoch die Nationalsynode vom 9. August 1934 ein „Kirchengesetz über den Diensteid der Geistlichen und Beamten"[15] (→ 78) beschloss, in dem ein Treueid auf Hitler gefordert wurde, musste die Landeskirche ihren Pfarrern mitteilen, dass man das Gesetz als schrift- und bekenntniswidrig ablehne. Deutlich kam auch zum Ausdruck, dass der Wortlaut des Eides die Pfarrer in einen Loyalitätskonflikt zwischen dem Amt der Evangeliumsverkündigung und des Obrigkeitsgehorsams bringe.

2.2.5 Versuch der Eingliederung der Landeskirche in die Reichskirche

Trotz der kirchlichen Opposition in Form der BK hielten Reichsbischof Müller und sein sog. Rechtswalter August Jäger an ihrem Vorhaben fest, den föderativ gegliederten Protestantismus in eine Einheitskirche zu verwandeln, auch wenn äußerlich die Landeskirchen erhalten bleiben sollten. Bis zum Sommer 1934 war der Gleichschaltungsprozess weit vorangeschritten, nur Bayern, Württemberg und die reformierte Landeskirche der Provinz Hannover lehnten die Unterstellung unter die Reichskirche ab. Baden machte im Dezember 1934 seine Eingliederung rückgängig.

Für Bayern war die Reichskirche in Form der Deutschen Evangelischen Kirche keine Utopie, freilich nur als eine DC-freie Vereinigung bekenntnisgebundener Kirchen, deren Glieder sich ohne Zwang und Rechtsbruch zusammenfänden. Für den Weg dahin glaubte Landesbischof Meiser noch im Juli 1934 den Spagat zwischen der Barmer Theologischen Erklärung als Grundlage und dem Reichsinnenminister leisten zu können (→ 79).

Im Fall des Widerstandes gliederte die Reichskirchenregierung Landeskirchen auch zwangsweise ein. Unterstützung fand diese Haltung bei den DC und bei den drei Gauleitern Hans Schemm, Julius Streicher und Adolf Wagner sowie dem stellvertretenden Gauleiter Karl Holz (Mittelfranken). Am 24. Juli 1934 forderte der Synodale und Bürgermeister von Gunzenhausen, Dr. Heinrich Münch, im Namen der NS-Synodalen die Einberufung der Landessynode, um die Eingliederung der Landeskirche in die Reichskirche zu beschließen. Die Kirchenleitung lehnte dieses Ansinnen jedoch als gesetz- und bekenntniswidrig ab. Nachdem die deutschchristlich dominierte Nationalsynode am 9. August 1934 den Führungsanspruch der Reichskirche untermauert hatte, bereitete sich die Landeskirche auf den Zusammenstoß mit der Reichskirche vor. Falls die Kirchenleitung handlungsunfähig werden sollte, sollte ein Bruderrat an ihre Stelle treten und Bezirksbruderräte die Autorität des rechtmäßigen Kirchenregiments wahren.

Am 13. August lehnten Vertreter der bayerischen und württembergischen Landeskirche in Augsburg die Beschlüsse der Nationalsynode als rechtswidrig ab und beschlossen, gemeinsam gegen das Reichskirchenregi-

---

15 GBlDEK 1934, S. 122.

ment zu kämpfen. Die am 23. August tagende Landessynode sprach Landesbischof Meiser ihr Vertrauen aus und lehnte die Eingliederung ab. Zur Unterstützung der Kirchenleitung sammelten sich in München zeitnah und eigeninitiativ Laien, die den Kurs des Landesbischofs unterstützten (→ 80).

Trotz der Abwehrsignale verfügte die Reichskirchenregierung am 3. September 1934 die Unterstellung der bayerischen und der württembergischen Landeskirche unter die Gesetzgebungsgewalt der Reichskirche und die Bindung der Landesbischöfe an die Weisungen des Reichsbischofs. Meiser akzeptierte diese Verfügung jedoch nicht und bekräftigte seine alleinige Leitungsgewalt über die Landeskirche. Die bruderrätlich orientierten Pfarrer warfen den Befürwortern der Eingliederung in Bayern u.a. Illoyalität gegenüber dem Landesbischof und ungerechtfertigte politische Diskreditierung der BK vor (→ 81). Ein Pfarrer und früherer Freikorpskämpfer intervenierte bei Reichsstatthalter von Epp zugunsten Meisers mit einer Mischung aus kirchenpolitischen Argumenten und bayerischem Vorkämpfertum für die Reichskirche. Hinweise auf die drohende Nationalkirche sollten den Katholiken Epp für das Anliegen gewinnen (→ 86).

Die DC setzten in der Folge im Verein mit der mittelfränkischen Gauleitung terminlich geschickt nach dem Reichsparteitag der NSDAP in Nürnberg (5. bis 10. September 1934) zum Angriff auf Meiser an. Karl Holz nannte in zwei Zeitungsartikeln am 15. und 17. September (→ 83, 85)[16] Meiser einen Rebellen gegen Hitler und forderte, publizistisch unterstützt von Parteigängern (→ 88, 89), den Rücktritt des Bischofs. Meisertreue Kirchengemeinden aus ganz Bayern unterstützten ihren Landesbischof durch Protestschreiben an Reichsstatthalter von Epp und thematisierten die einseitige Presselenkung sowie Meisers vaterländische Gesinnung. Zugleich wurde aber stets die Treue zum nationalsozialistischen Staat betont (→ 90–93).

In dieser akuten Krisensituation veröffentlichte die Landeskirche eine antiunionistische ekklesiologische Abhandlung über den Zusammenhang von Kirchengewalt, Bekenntnis und Kultus nach lutherischem Verständnis. Demnach war die anfängliche Intention der DEK wegen der rechtsbrecherischen Politik der Reichskirchenregierung erloschen und die DEK nach lutherischer Definition keine Kirche (→ 82).

Statt zum Rücktritt Meisers kam es zu überfüllten Bekenntnisgottesdiensten als Treuekundgebungen für den Landesbischof (→ 84, 87), in denen die Erklärung gegen die Reichskirche verlesen wurde. Meiser selbst bereiste zahlreiche Gemeinden, um zu den Gläubigen zu predigen, zu sprechen und um ihre Huldigungen entgegen zu nehmen. Zum festen Bestandteil der Veranstaltungen zählten neben Kirchenliedern auch das Deutschland- und das Horst Wessel-Lied.

16 Vgl. Dokument 219.

Gegen Jägers Versuch, die württembergische Kirche im September 1934 zwangsweise einzugliedern, protestierten Meiser und der Landeskirchenrat am 29. September öffentlich[17] und erhoben am 2. Oktober in einem Offenen Brief an den Reichsbischof Klage gegen dessen gesamte Amtsführung[18]. Führende bayerische Geistliche publizierten gleichzeitig ein Flugblatt, mit Forderungen zur Befriedung der kirchenpolitischen Lage, das nicht den Eindruck erweckte, als ob die Unterschiede zwischen kirchenpolitischem Streit und Kampf um die Unabhängigkeit der Kirche von ideologischer Bevormundung restlos klar waren (→ 94).

Kirchlicherseits bereitete man sich nun auf Gewaltmaßnahmen gegen die Landeskirche vor. Kreisdekan Karl Prieser (Bayreuth) informierte am 1. Oktober 1934 seine Pfarrer über entsprechende Planungen für den Fall, dass er selbst nicht mehr amtieren könne. Neben regionalen Vertretern benannte er auch konspirative Kommunikationswege (→ 95). Von deutschchristlicher Seite wurde Rechtswalter Jäger hingegen nochmals zum Handeln aufgefordert, ohne dass aber die wahren Absichten Jägers bekannt waren (→ 96).

Trotz anderslautender Aussagen Jägers und von Staats- und Parteistellen stürmte Jäger am 11. Oktober das Landeskirchenamt in München. Er erklärte den auf Reisen befindlichen Landesbischof für abgesetzt (→ 99), beurlaubte Oberkirchenräte und weitere kirchliche Führungskräfte (→ 97) und verkündete die von der Politik kritisch bewertete Aufteilung der Landeskirche in die Kirchengebiete Altbayern und Franken (→ 103, 104). Als Reaktion auf Jägers Aktion versammelten sich Tausende von Gemeindegliedern mit dem nach München zurückgekehrten Landesbischof zu einem Bittgottesdienst in der Matthäuskirche. Dann trat Meiser den ihm von der Politischen Polizei auferlegten Hausarrest an.

Noch am selben Tag informierte der bayerische „Bruderrat“ Pfarrer und Gemeinden auf vertraulichem Weg[19] über die Lage, sprach Jäger jegliches Recht ab, rief zu Bußgottesdiensten auf und erklärte einen Bruderrat zur rechtmäßigen Kirchenleitung (→ 98). Gegenüber dem DC-Zwangsregiment sollten die Pfarrer äußerste Distanz wahren, ihm kein Geld zukommen lassen und die Unterschriftensammlung gegen Jäger fortführen (→ 111).

In der Folge verfasste zunächst die Erlanger Theologische Fakultät einen von kirchenrechtlichen Argumenten bestimmten Protestbrief an Reichsstatthalter von Epp (→ 101). Landesbischof Meiser protestierte bei der Reichskirchenregierung gegen seine Absetzung (→102). In einem Schreiben

17 ABlELKB 1934, S. 165–169.

18 Ebda., Beiblatt zu Nr. 33.

19 Vgl. den Brief des Kreisdekanats Ansbach an das Dekanat Gunzenhausen vom 12. Oktober 1934 (LAELKB, BD Gunzenhausen 3.7.0016 – 18) und Dokument 100.

an die Pfarrer beschwor er die Fortsetzung der Kampfgemeinschaft gegen die rechtsbrecherische Reichskirchenregierung. Der Kampf um die Kirche dürfe aber keinesfalls politische Züge annehmen (→ 106). Der Augsburger Pfarrkonvent wandte sich mit seiner Beschwerde erstmals auch an Staats- und Parteistellen auf Reichsebene. Neben allem Widerspruch wurde in diesem Votum aber auch die Sorge um das Ansehen des Staates laut (→ 105). Fränkische Bauern fuhren mit Sonderzügen nach München, um ihrer Empörung, die sie zu dem ihnen eigentlich fremden Mittel der Demonstration greifen ließ, sehr emotional Luft zu machen (→ 114). Kultusminister Hans Schemm empfing eine Delegation, die überraschend im Ministerium erschienen war und für mehrere Tausend evangelische Christen sprach. In schonungsloser Offenheit brachten die Bauern ihre Beschwerden über die Aktion Jägers, über die Kirchenfeindlichkeit von Karl Holz und die nationalsozialistische Lügenpresse zum Ausdruck. Dies alles belaste ihre Treue zum Nationalsozialismus. Auf die Klagen, die in der Furcht, der Landesbischof sei tot, gipfelten, vermochte Schemm nur mit Beschwichtigungen und der Auskunft, er habe sich an Reichsinnenminister Frick gewandt, reagieren (→ 115).

Stellvertretend für tausende Protestanten verlangte eine Abordnung von Bauern aus Schwaben und dem Ries in sehr scharfen Worten von Staat und Partei die Rücknahme aller Maßnahmen gegen die Landeskirche und die gleichen Rechte in der Öffentlichkeit, wie sie die DC hatten. Neben den Rechtsbrüchen innerhalb der Kirche thematisierten auch sie den massiven Vertrauensverlust, den der Nationalsozialismus mit seiner Kirchenpolitik selbst unter treuesten Anhängern riskiere (→ 121).

30 Professoren der Ludwig-Maximilians-Universität München, die als Staatsbeamte ein vergleichsweise hohes Risiko mit ihrem Einspruch eingingen (→ 124), verwahrten sich gegen die Disziplinierung des Landesbischofs und die geplante Teilung der Landeskirche. Eine Kundgebung des Reichsbruderrats zielte in die gleiche Richtung (→ 123).

Der Protest gegen Jägers Aktion äußerte sich neben Eingaben und organisierten Solidaritätsfahrten (→ 110) nach München bald in individueller Form. Vikar Siegfried Büttner war bereit, für seinen Einspruch berufliche Nachteile zu erleiden, und versuchte, trotz aller Loyalität zum Landesbischof und zur BK, durch Zusammenarbeit mit den Freikirchen einen dritten Weg zwischen DC und BK zu gehen (→ 107, 108). Pfarrer Hermann Kolb rief zur theologischen Besinnung und zur Sammlung von Geldmitteln auf. Unschwer war an seiner Wortwahl erkennbar, dass er Weltkriegsteilnehmer war (→ 117).

Eine überwachte Versammlung von Theologiestudierenden in der „Hauptstadt der Bewegung" München zeigte, wie groß die Feindschaft gegen die Repräsentanten der Reichskirche war und dass selbst Hitler scharf kritisiert wurde (→ 109). Der bayerische Pfarrerverein brachte seine

Verbundenheit geistlich durch eine gemeinsame Abendmahlsfeier aller meisertreuen Pfarrer in der „Stadt der Reichsparteitage“ zum Ausdruck und machte seinen Mitgliedern zugleich deutlich, dass angesichts polizeilicher Überwachung Vorsicht geboten sei (→ 113).

Bei der politischen Führung Bayerns lösten die Protestaktionen große Betriebsamkeit aus und zwang sie, sich mit den genauen Umständen der Besetzung des Landeskirchenamtes zu befassen. Dabei wurde auch Kritik am unkoordinierten Handeln bayerischer Ministerien laut. Zu deutlich war, wie planlos Braunes Haus, Staats- und Reichsregierung nebeneinander her agierten (→ 119).

Parallel zu diesen Protesten und der politischen Bewältigung des „frommen Volksaufstandes“ (Carsten Nicolaisen) versuchten die „Kommissare“ der Landeskirche Hans Gollwitzer und Hans Sommerer gestützt auf die Macht Jägers eine neue Kirchenverfassung durchzusetzen. Abgesehen von der Aufteilung der Landeskirche in zwei Diözesen fiel sie formal gemäßigt aus und bemühte sich um Kontinuität der Gremien (→ 112). Gegenüber den Pfarrern betonten die Kommissare ihre Bindung an Schrift und Bekenntnis und ihr Streben nach Frieden innerhalb der DEK und der Landeskirche – in ihrem, d.h. nationalsozialistischen Sinn (→ 116). Nationalsozialistisch gesonnene Pfarrer stilisierten sich in ihrer Minderheitsposition zu Opfern und konstruierten aus dem innerkirchlichen Widerspruch eine Feindschaft zum Dritten Reich (→ 122).

Aus dem Hausarrest heraus forderte Landesbischof Meiser in der zweiten Woche der Aktion mit drohendem Ton von Ministerpräsident Ludwig Siebert nicht nur das Ende des Staatseingriffs, sondern auch der herrschenden Reichskirchenregierung sowie aller Einmischung von Staat und Partei (→ 118). Kultusminister Schemm empfing in der Folge des Briefs die Oberkirchenräte Thomas Breit und Karl Baum. Bei dieser Gelegenheit konnten diese ausführlich über den Ablauf der Besetzung des Landeskirchenamtes und über Jägers brutal-ungesittetes Verhalten berichten. Als Vergleichsmaßstab diente die Münchner Räterepublik (→ 120).

Da Jäger mit seinem Vorgehen Reichsstatthalter von Epp und Ministerpräsident Siebert übergangen hatte und der Volkszorn manifest war, versuchten beide, ein Ende des Arrests zu erreichen. Dieser endete am 26. Oktober auf Weisung aus Berlin, da Hitler neben den bayerischen Einwänden u.a. auch auf die kritische Stimmung des Auslandes Rücksicht zu nehmen hatte. Am 30. Oktober wurde Meiser zusammen mit dem württembergischen Landesbischof Wurm und dem hannoverschen Landesbischof Marahrens von Hitler empfangen.

Ministerpräsident Siebert führte am 2. November in längeres Gespräch mit dem Landesbischof über die kirchliche Lage und den Empfang durch Hitler, der den Bischöfen seine neue kirchenpolitische Linie – Desinteresse bei gleichzeitigem Festhalten an Müller – mitgeteilt hatte. Auf die „Rückeroberung“ des Landeskirchenamtes durch Theologiestudenten reagierte die Staatsregierung trotz Aufforderung nicht mehr (→ 125)[20].

Landesbischof Meiser dankte nach seiner Rückkehr ins Amt allen Unterstützern und schuf mit seinen Worten eine enge innere Verbundenheit zwischen sich und den Geistlichen der Landeskirche. Gegenüber den Eingliederungsbefürwortern zeigte sich Meiser versöhnungsbereit. Trotz aller politischen Eingriffe und Beteiligungen blieb er aber dabei, dass der Kampf völlig unpolitisch sei (→ 126). Bei der Reichskirche zeigten sich nach dem Kampf andere Probleme. Die NSDAP-Gaupropagandaleitung Franken hatte den DC die Agitation gegen den Landesbischof finanziert. Nun forderte sie ihre Auslagen vom Reichsbischof zurück (→ 127)[21].

2.2.6 Entlassung Karl Barths

Nach einer Phase der personellen Unsicherheit und einer begrenzten wissenschaftlichen Attraktivität hatte die Bonner Theologische Fakultät seit Ende der 1920er Jahren auch durch die Berufung Karls Barths auf den Lehrstuhl für Systematische Theologie 1930 stark an Anziehungskraft gewonnen. Doch geriet Barth gemeinsam mit dem ebenfalls zur SPD neigenden Neutestamentler Karl Ludwig Schmidt nach der „Machtergreifung“ ins Visier der Nationalsozialisten. Schmidt wurde ebenso aus politischen Gründen entlassen wie Emil Fuchs und der Schweizer Fritz Lieb. Zum Konflikt kam es, als Barth den Hitlergruß in den Lehrveranstaltungen unterließ und den Eid auf Hitler nur mit einem salvatorischen Zusatz leisten wollte. Er wurde im November suspendiert, ein Disziplinarverfahren gegen ihn endete im Dezember mit der Dienstentlassung. Eine Berufungsinstanz änderte im Juni 1935 das Urteil in eine Geldstrafe um, doch versetzte der preußische Kultusminister Barth noch im gleichen Monat in den Ruhestand. Kurz darauf wurde er an die Universität Basel berufen.

Um der BK nach dem Urteil gegen Barth eine Stellungnahme zu ermöglichen, wandte sich Paul Althaus an die Landesbischöfe Meiser und Marahrens. Althaus gestand zu, dass Barth ein Problem aufgezeigt hatte, das viele Theologen mit ihrer Eidesleistung ignoriert hätten, und bewertete Barths Verurteilung auch als Urteil gegen die BK, die daher nicht schweigen dürfe. Aus lutherischer Sicht sei Barths Haltung zum Eid jedoch kritisch zu sehen, auch weil Barth dem Staat und v.a. Hitler den ihnen gebühren-

---

20 Vgl. hierzu das vertrauliche Schreiben des „Kirchlichen Kommissars für Presse und Volksaufklärung“ vom 2. November 1934 „An unsere Freunde“ (EZA Berlin, 1/1237). Darin wurde u.a. über diese Besetzung, deren Unterstützung durch einen „verräterischen Rummelsberger Diakon“ und Pfarrer Baumgärtners Hinauswurf aus dem Landeskirchenamt berichtet.

21 Vgl. auch Dokument 225.

den Vertrauensvorschuss nicht gewährt habe (→ 128). Bei Pfarrern rief die Entlassung Barths und deren Begründung große Irritation hervor, so dass sie eine Stellungnahme ihrer Kirche erwarteten. Die Kirchenleitung lehnte jedoch Einzelaktionen auf Dekanats-, ja sogar Landeskirchenebene ab. Ihrer Meinung nach handelte es sich um eine gemeinkirchliche Aufgabe, für die die VKL zuständig sei (→ 129).

2.3 1935

2.3.1 Allgemein

Das Jahr 1935 begann für die Landeskirche im Zeichen der Erinnerung an den Eingliederungsversuch des Vorjahres. Man folgerte daraus die verstärkte Verpflichtung zur unpolitischen kirchlichen Selbstbesinnung. Dazu sollten in den Gemeinden durch ein wiederbelebtes Priestertum aller Gläubigen und in den Familien Bekenntnisgemeinschaften gebildet werden, die über kurzfristige kirchenpolitische Zielsetzung hinaus volksmissionarisch wirken sollten (→ 130). Aus Sicht der Polizei stellte sich die kirchliche Lage (in Franken) anders dar. Man konstatierte den Übergang der Initiative von den Laien hin zur autoritär agierenden Kirchenleitung. Positiv registrierte man die bekenntniskirchliche Zurückhaltung gegenüber der Politik und die in allzu hellen Farben gezeichnete Entwicklung der DC, der freilich Maßnahmen der Bayerischen Politischen Polizei entgegenstanden. Für ihren Bericht über die kirchenpolitische Lage konnte sich die Nürnberger Polizei auf kircheninterne Dokumente und eine umfangreiche Überwachung der Gottesdienste stützen (→ 131). Insbesondere die Bekanntgabe der staatlichen Maßnahmen gegen Pfarrer in Hessen-Nassau erregte den Unmut der Polizei, die in ihrem Handeln von einer ausgeprägten Verdachtshermeneutik bestimmt war (→ 136).

In einer ausführlichen Stellungnahme vom Februar verwahrte sich die Kirchenleitung gegen alle Polemik, die die Verfechter einer konfessionell gemischten Nationalkirche gegen sie vorbrachten (→ 132). Der Nürnberger Kreisdekan forderte in seiner Anleitung für BK-Redner einen angemessenen Stil im Umgang mit den Gegnern. Inhaltlich sollten die Referenten betonen, dass auf Seiten der DC das restaurative Denken vorherrsche, die BK hingegen die junge Kirche darstelle. Dabei konnte er trotz der Mahnung zur Sachlichkeit Polemik gegen den theologischen Liberalismus nicht unterlassen (→ 133). Vom Widerspruch gegen die kirchenpolitische Bedrohung war die Loyalität gegenüber dem Regime nicht betroffen. Dies zeigt etwa das Telegramm, mit dem die Kirchengemeinde Nürnberg-Gostenhof die Gründung einer BK-Gruppe an Hitler meldete (→ 134). Der Nürnberger Kreisdekan betonte zeitgleich gegenüber der Partei den großen Mitgliederzuwachs der BK innerhalb kürzester Zeit und die radikale Abneigung gegen den Reichsbischof in Nürnberg. Er entwertete seine Mitteilung jedoch durch den Hinweis, dass die Bekenntnisgemeinschaften nur als Reaktion auf die DC entstanden seien (→ 135).

Trotz der Erfolgsmeldungen über die Mitgliederentwicklung plante das Kreisdekanat Nürnberg eine Analyse der Mitgliederstruktur, wobei das Interesse vor allem akademisch gebildeten Freiberuflern, Lehrern und technischen Berufen galt (→ 138). Zugleich versuchte das Dekanat Dinkelsbühl durch Intervention beim Reichsstatthalter und unter Berufung auf einen Erlass Rudolf Heß' zu verhindern, dass der Druck auf Gemeinderäte zum Austritt aus der Bekenntnisgemeinschaft zurückgenommen werde. Naiv deutete man Derartiges immer noch als unverantwortliche Maßnahme Einzelner zum Schaden der Volksgemeinschaft und nicht als offizielle Politik zur Verdrängung der Religion aus dem öffentlichen Leben (→ 139).

Bestimmt war die Auseinandersetzung auch durch diskreditierende Gerüchte über den Landesbischof, der deren Abwehr auch zur scharfen Abgrenzung gegenüber der römisch-katholischen Kirche nutzte (→ 137).

In der Frage, wie sich die Kirche zu dem am 3. Oktober 1935 durch den Reichskirchenminister eingesetzten Reichskirchenausschuss verhalten solle, der die Reichskirche durch Zusammenarbeit von Vertretern der kirchenpolitisch neutralen Mitte sowie gemäßigten Mitgliedern der BK und der DC doch noch verwirklichen sollte, äußerte sich der Nürnberger Kreisdekan Julius Schieder wohlwollend. Als Lutheraner gestand er dem Staat das Recht zu, den Kirchenstreit zu beenden, zumal der Konflikt das Volk belaste. In der kirchenpolitischen Entwicklung sah Schieder zudem eine leichte Besserung zugunsten der BK. Seine prinzipielle Zustimmung verband er jedoch mit der Maßgabe, dass die Ziele der BK nicht in Frage gestellt würden (→ 140).

2.3.2 Gegen die Deutschen Christen

Für das Jahr 1935 befürchtete die Kirchenleitung eine propagandistisch vorbereitete Ausbreitung der DC in Bayern durch Bildung von Gemeinden und Gruppen. Als Gegenmaßnahmen plante man die Beobachtung der DC-Aktivitäten und schnelle Meldung der Erkenntnisse an die Kirchenleitung. Sowohl mit eigenen Veranstaltungen als auch durch Einschalten der Polizei sollten DC-Versammlungen gekontert werden (→ 141)[22]. In einem Informationsblatt des Dekanats Roth wurde das Bewusstsein für die von den DC

22 Vgl. auch das Schreiben des Dekanats München II (Ingolstadt) vom 23. Januar 1935 an die Pfarrämter (FKiZM. A 30. 8).

ausgehenden Gefahren einer Perversion dessen, was Kirche ist, geschärft. Zugleich wurde die unüberbietbare evangelische Obrigkeitstreue betont und Aussagen des Reichsinnenministers zur Bekräftigung der eigenen Position herangezogen (→ 142). Zur Schulung der BK-Mitglieder entstand ein Merkblatt, in dem auf durchaus polemische Art Argumente gegen die synkretistische „Sekte" der DC und den Reichsbischof aufgeführt wurden. Auch hier wurde die angebliche kirchenpolitische Neutralität der Partei zur Bekräftigung der eigenen Position herangezogen (→ 143).

2.3.3 Reichsbischof Müller in Bayern

Nach seiner kirchenpolitischen Niederlage und dem damit verbundenen Bedeutungsverlust setzte Reichsbischof Ludwig Müller seine schon 1934 begonnenen Vortragsreisen fort. In Bayern scheiterte er jedoch an der konsequenten Abwehrarbeit der Landeskirche. Das Kreisdekanat Bayreuth ordnete etwa an, dass ihm die Kirchen verschlossen blieben und dies notfalls auch von der Polizei durchgesetzt werden müsse (→ 144). Die Kirchenleitung erließ eine – dann polizeilich verbotene[23] – Kanzelabkündigung für den 24. März 1935, in der Müller als nicht willkommen bezeichnet wurde (→ 145). Die Dekanate Ansbach und Nürnberg begegneten Müllers Ansinnen mit einem symbolischen Akt, der der Passionszeit entliehen war, mit Fürbittegebeten, mit Gegenmaßnahmen gegen die Berichterstattung der Presse und mit Protesttelegrammen an die NSDAP, die die Stärke der BK in Franken gegenüber den DC zeigen sollten (→ 146). Wenig später berichtete die Presse, dass Müllers Frankenfahrt wegen Krankheit ausfalle[24]. Die Lindauer DC versuchten hingegen in larmoyantem Ton über Ministerpräsident Siebert, Müller die Türen zu öffnen und den Widerstand der Landeskirche sowie der Bayerischen Politischen Polizei gegen seinen Auftritt zu brechen (→ 147).

2.3.4 Augsburger Bekenntnissynode (Juni 1935)

Anders als der Reichsbischof waren die Synodalen der 3. Reichsbekenntnissynode in Bayern willkommen, auch wenn die Vorbereitung der Augsburger Versammlung aus Furcht vor Konflikten mit dem Staat[25] und aus

23 Lagebericht der Polizeidirektion München für die Monate Februar und März 1935 (Die kirchliche Lage I, S. 60).

24 Ansbacher Zeitung, Nr. 76, 29. März 1935, S. 7.

25 Die Synode verabschiedete ein „Wort an die Obrigkeit", in dem es hieß: „Gehorsam leisten wir nicht aus Zwang und äußeren Vorteils wegen, sondern voll Willigkeit aus unserem an Gottes Wort gebundenen Gewissen." Darum weise man den Vorwurf

(von links: Karl Prieser, Heinrich Schmid, Wilhelm Schiller, August Marahrens, Georg Kern, Walter Hildmann) (LAELKB, KKE 56)

konfessionellen Gründen kompliziert verlief (→ 148). Letztere entzündeten sich besonders an der Frage des von den Synodalen zu leistenden Gelübdes, denn mit diesem erklärten die Synodalen auch ihre Bindung an die Barmer Theologische Erklärung (→ 149). Damit konnten sich Paul Althaus und Werner Elert aus unterschiedlich stark gewichteten konfessionellen Gründen nicht einverstanden erklären (→ 150, 151).

zurück, dass der „Kampf um die Geltung von Schrift und Bekenntnis in der Kirche Gleichgültigkeit gegen das Wohl des Volkes und die Ordnung des Staates" oder gar politischen Widerstand decke. Man führe den „aufgenötigten Kampf um die Wahrheit des Bekenntnisses, die Freiheit der Verkündigung und die Würde der Kirche auch um unseres Volkes willen." Beklagte wurde, dass „Volksgenossen [...] um ihres christlichen Glaubens und Bekennens willen" wie Staatsfeinde behandelt würden (W. Niemöller, Bekenntnissynode, S. 82 f.). Auf Veranlassung der VKL schickte der Landeskirchenrat am 29. Juni 1935 ein Exemplar dieses Wortes an Ministerpräsident Siebert (BayHStA, StK 7292).

(von links: Karl Prieser, Heinrich Schmid, Wilhelm Schiller, August Marahrens, Georg Kern, Walter Hildmann) (LAELKB, KKE 56)

2.4 1936

2.4.1 Verhältnis zu den Deutschen Christen

Neben dem Schulkampf und dem immer rigider gehandhabten Versammlungsrecht[26] zu Ungunsten der Kirche, wie es in einem Bericht zur Lage des Nürnberger Kreisdekans an die Pfarrämter deutlich wurde (→ 152), bestimmte immer noch das Verhältnis zu den einzelnen Richtungen der DC stark das Handeln der Kirche.

26 Vgl. die Dokumente 798 und 800.

Der Landessynodalausschuss beschloss am 31. Januar 1936, sich dem Bemühen um die Eingliederung der bayerischen DC in die Landeskirche nicht prinzipiell zu verschließen. Man stellte aber einen Forderungskatalog auf, der der Landeskirche die gleichen Rechte zur öffentlichen Äußerung wie den DC sichern sollte. Aufgrund der bisherigen Erfahrungen mit den DC war die Landeskirche nicht bereit, dem Wunsch des Reichskirchenausschusses zu folgen und den DC einen Vertrauensvorschuss entgegen zu bringen (→ 153). Dass mit den DC keine Einigung zu erzielen war, machte der Verlauf einer mehr als dreistündigen Aussprache zwischen der Kirchenleitung und Laienvertretern der DC am 10. Juli 1936 in Nürnberg deutlich. Landesbischof Meisers Absicht, die Spaltung innerhalb der Gemeinden zu überwinden, konnte jedoch schon nach den ersten DC-Voten, die statt auf die Theologie auf die Politik gerichtet waren, als gescheitert gelten, zumal das Gespräch kaum über gegenseitige Vorwürfe hinauskam und die DC kirchenpolitischen Widerspruch trotz erkennbarer Staatsloyalität als politische Opposition werteten (→ 154).

Gegenüber dem nationalkirchlichen Flügel der DC verfuhr die Landeskirche seit Ende August formal und inhaltlich anders. Vor oder nach der Predigt sollten die Pfarrer eine Kundgebung des Landeskirchenrats gegen die Pläne für eine Nationalkirche verlesen. Die vom Kirchenstreit zerrissene Gemeinde könne ihre Einheit einzig und allein in Jesus Christus finden, sodass eine bekenntnisgebundene Kirchenleitung gegen die Irrlehre der NS-fundierten Nationalkirche protestieren müsse, auch wenn dafür Opfer erforderlich seien (→ 155). Die Bekenntnisgemeinschaft unterstützte diese Maßnahme und rief zum Zeichen setzenden Besuch des Gottesdienstes auf, in dem die Erklärung gegen die Nationalkirche verlesen werden sollte (→ 156). Fast zeitgleich erhöhte die Kirche den Druck auf die deutschchristlichen Pfarrer. Sie sollten angesichts einer verstärkt beobachteten Hinwendung zu den Thüringer Nationalkirchlern von den Dekanen in einem Gespräch zur Umkehr bzw. zur endgültigen Entscheidung über ihre künftige kirchenpolitische Position gebracht werden (→ 157). Die Mitglieder der Bekenntnisgemeinschaft wurden mittels „Merkblatt“ über die Thüringer DC, deren niveaulos-unbiblische „Theologie“ und über neuere theologische Verirrungen des Reichsbischofs aufgeklärt (→ 158).

2.4.2 Spaltung der Vorläufigen Kirchenleitung

Nach den Bekenntnissynoden des Jahres 1934 in Barmen und Berlin-Dahlem waren als bekenntniskirchliche Leitungsorgane der Bruderrat der DEK und aus diesem der Rat der DEK entstanden, zugleich war der Bruch mit dem deutschchristlichen Reichskirchenregiment vollzogen worden. Um der BK eine breitere Basis zu verschaffen, vereinbarten der Reichsbruderrat und die „intakten“ Landeskirchen die Bildung eines vorläufigen Kirchenregiments der DEK, die Vorläufige Kirchenleitung. Diese wurde jedoch vom radikalen BK-Flügel abgelehnt, da er im Reichsbruderrat das alleinige Kirchenregiment sah. Als Kompromiss wurde daraufhin die Vorläufige Kirchenleitung als Kirchenregiment, der Reichsbruderrat als synodales Organ der DEK anerkannt. Auf der Bekenntnissynode in Augsburg wurden beide Organe bestätigt.

Nachdem die Versuche, die „intakten“ Landeskirchen in die Reichskirche einzugliedern, gescheitert waren, wurde im Juli 1935 das Reichskirchenministerium zur Wiederherstellung geordneter Verhältnisse in der DEK etabliert[27]. Die Leitung der Reichskirche wurde Reichsbischof Müller entzogen und einem aus gemäßigten Vertretern der verschiedenen Kirchenparteien zusammengesetzten Reichskirchenausschuss übertragen, die Vorläufige Kirchenleitung der BK und andere bekenntniskirchlichen Organe wurden für illegal erklärt. Die Frage der Zusammenarbeit mit diesen Ausschüssen führte auf der Sitzung des Reichsbruderrats am 3. Januar 1936 zur Spaltung der BK, da die VKL I zu einer bedingten Mitarbeit mit den Ausschüssen bereit war, die Mehrheit des Reichsbruderrats eine Zusammenarbeit aber ablehnte. Auf der Reichsbekenntnissynode in Bad Oeynhausen im Februar 1936 wurde zwar die VKL II bestellt[28], doch konstituierte sich gleichzeitig der „Rat der evangelisch-lutherischen Kirche Deutschlands“ zur geistlichen Leitung der intakten lutherischen Kirchen und einiger lutherischer Bruderräte in der BK. Dieser „Lutherrat“ war zu einer bedingten Zusammenarbeit mit den Kirchenausschüssen bereit.

Über die Spaltung der BK informierte der Landeskirchenrat die bayerischen Pfarrer und Religionslehrer zeitnah mit einem Rundschreiben, in dem die schon länger bestehenden Gründe für die Spaltung dargelegt wurden: zunächst war es die Frage der ekklesiologischen Bedeutung der Barmer Erklärung und der drei Bekenntnissynoden von 1934/35, wobei die Trennlinie zwischen lutherischen Landeskirchen und den preußischen Bruderräten verlief. Hier wurde die lutherische Furcht vor einer neuen Unionskirche, in der die Barmer Erklärung mehr gelte als die Confessio Augustana, überdeutlich. Zweitens war es der Anspruch, dass wahre Kirchenmitgliedschaft nur über die Mitgliedschaft in der BK möglich sei. So werde eine Zusammenarbeit mit der Mitte unmöglich. Dann ging es um das bei der radikalen BK angeblich dominierende reformiert-biblizistische Verständnis von Kirchenverfassung, dem das lutherisch-weltliche gegenüber stehe. Der vierte Streitpunkt war das Verhältnis zum Reichskirchenausschuss und den Landeskirchenausschüssen. Man stimmte zu, dass zur Behebung des Kirchenstreits ein Eingreifen des Staates notwendig sei, freilich nur in

27 H. Kreutzer, Reichskirchenministerium.
28 Vgl. unten S. 51 f.

den sog. zerstörten Landeskirchen und nur als kurzzeitige Notmaßnahme. Daher könne man die Ausschüsse nicht prinzipiell ablehnen, sondern müsse die Sache kritisch prüfen. Aus der unterschiedlichen Beurteilung des Reichskirchenausschusses folge keine Differenz im bekenntniskirchlichen Grundanliegen, auch wenn die Spaltung eine Schwächung darstelle. Vom Reichskirchenausschuss erwarte man die Respektierung der Bekenntnisse ohne jede Unionstendenz oder Nachsicht gegenüber Irrlehren. Weiterhin müsse er der sog. Entkonfessionalisierung des öffentlichen Lebens entgegentreten (→ 159).

Elf südbayerische Pfarrer wandten sich daraufhin mit ihrer Kritik an diesem Schritt an den Landesbischof. Sie erkannten einen Widerspruch zwischen den Kundgebungen der Landeskirche und deren jüngsten, als zu kompromissbereit verurteilten Entscheidungen hinsichtlich des Reichskirchenausschusses. Sie forderten von einer rigoros bruderrätlichen Position aus die strikte Fundierung allen kirchlichen Handelns in Schrift und Bekenntnis, den Verzicht der Kirchenleitung auf Kompromisse im Verhalten gegenüber der staatlichen Kirchenpolitik und die Anerkennung der Beschlüsse von Barmen und Dahlem als „aktualisiertes Bekenntnis“ (→ 160, 161).

Schon im Vorfeld der 4. Bekenntnissynode in Bad Oeynhausen legte die Kirchenleitung den Pfarrern mit Schreiben vom 29. Februar 1936 ihre kritische Haltung dar. Neben organisatorischen Fragen zeigte sich dann zum wiederholten Mal, dass konfessionelle und ekklesiologische Differenzen zwischen bruderrätlicher und bischöflicher BK ein einheitliches Wirken stark erschwerten (→ 162).

2.4.3 Verhältnis zum Reichskirchenausschuss

Innerhalb der bayerischen Pfarrerschaft herrschte eine große Skepsis gegenüber dem Reichskirchenausschuss. Daher übermittelte ihm der Landeskirchenrat einen Forderungskatalog von ca. 600 Pfarrern, von dessen Erfüllung der Aufbau eines Vertrauensverhältnisses abhängen sollte. Demnach sollte er in einer theologischen Verlautbarung seine Bindung an Schrift und Bekenntnis sowie an die „Grundanliegen der Bekennenden Kirche“ erklären. Weiterhin sollte der Reichskirchenausschuss auf seine unbedingte Unabhängigkeit vom Staat bzw. vom Reichskirchenminister achten und die Pläne des Reichskirchenministeriums verhindern, Leitungsorgane der BK durch Landeskirchenausschüsse ohne Bekenntnisbindung zu ersetzen. Die Furcht vor einem Staatseingriff in Bayern speiste sich auch aus dem Fall des DC-Pfarrers Ludwig Beer, dessen Verbleib in der Gemeinde aus Berlin über die bayerische Kirchenleitung hinweg dekretiert wurde (→ 163).

Ein mit der Kirchenleitung im andauernden Konflikt stehender Pfarrer setzte in den Reichskirchenausschuss sehr spezielle Hoffnungen, nämlich die Absetzung der ihm verhassten Kirchenleitung. Den Landeskirchenrat beschuldigte er der Cliquenwirtschaft und diktatorischer Verhaltensweisen gegenüber der „Minderheit“. Dessen Mitglieder wurzelten alle in der liberalen Theologie und seien zutiefst opportunistisch (→ 164). Die Pfarrerbruderschaften forderten dagegen noch 1937 vom Landesbischof, dass er sich für die Landeskirche vom Reichskirchenausschuss distanziere, sich zugleich öffentlich zur bruderrätlichen BK bekenne und auch zur Denkschrift der VKL II an Hitler stehe (→ 165).

2.4.4 Denkschrift der VKL II an Hitler vom 28. Mai 1936

Seit 1935 versuchte das Regime, die Kirchen aus dem öffentlichen Leben zu verdrängen und ihnen jeden Einfluss auf die Gesellschaft zu nehmen. Dazu wurde die Präsenz der Kirchen in Presse und Rundfunk stark beschränkt[29] und der kirchliche Einfluss auf die Erziehung weiter reduziert. Gegen diese Entwicklung hatte die Kirche zwar immer wieder protestiert, doch nie so deutlich, wie es in der Denkschrift der Vorläufigen Kirchenleitung an Hitler von Ende Mai 1936 ausgesprochen wurde. Neben der Religionspolitik wurden auch der Antisemitismus, die Existenz von Konzentrationslagern und die Willkür der Gestapo in für die Kirchenleitungsebene einmaliger Deutlichkeit kritisiert. Der Weg bis zum endgültigen Text war jedoch bestimmt von einem Spagat zwischen nationaler Begeisterung, partieller Übereinstimmung mit den Zielen des Nationalsozialismus und Furcht vor neuen staatlichen Repressalien. Am Ende waren die politischen Aussagen deutlich abgeschwächt worden[30].

Da der direkte Protest bei Hitler jedoch im Sande verlief, plante die VKL II, die eigentlich streng vertrauliche Denkschrift den Kirchengemeinden in einer Kanzelabkündigung bekannt zu machen. Doch bevor es dazu kam, berichtete am 16. Juli 1936 die „New York Herald Tribune“ über die Denkschrift, am 23. Juli 1936 veröffentlichten die „Basler Nachrichten“ sie im vollen Wortlaut, da trotz aller Vorsichtsmaßnahmen ein Exemplar durch eine Indiskretion in den eigenen Reihen ins Ausland gelangt war. Als Folge davon inhaftierte die Gestapo Angehörige der VKL im Konzentrationslager Sachsenhausen. Hier starb deren Büroleiter, der als „Nichtarier“ zwangspensionierte Landgerichtsdirektor Friedrich Weißler, im Februar 1937 nach schwersten Misshandlungen.

Die VKL II war nach den Ereignissen nun selbst innerhalb der Kirche isoliert, der Politik galt sie als Staatsfeind. Dennoch wurden Teile der Denkschrift, die die Kirchenpolitik betrafen, im Sommer 1936 trotz staat-

---

29 Vgl. die Abschnitte 8.3. und 8.4.

30 M. Greschat, Widerspruch, S. 24–145.

lichen Verbots in vielen Gottesdiensten verlesen. Fast einen Monat nach der Publikation informierte die bayerische Pfarrerbruderschaft in Absprache mit dem Landesbischof ihre Mitglieder über den Stand der Dinge. Der Reichsbruderrat wolle die Hauptlinien des Schreibens den Gemeinden bekannt machen. Da der Reichskirchenausschuss den Klagepunkten aufgeschlossen gegenüberstehe und sie nochmals vorbringen wolle, wurde der Reichsbruderrat gebeten, mit der Publikation noch zu warten, da auch der Reichskirchenausschuss und der Rat der Lutherischen Kirchen die Eingabe unterstützten und so eine außergewöhnlich breite Front der BK möglich sei (→ 166). In den Gemeinden scheint das Gerücht in Umlauf gewesen zu sein, dass Landesbischof Meiser für die Veröffentlichung verantwortlich sei. Dem widersprach die Landeskirche mittels Kanzelabkündigung (→ 167)[31].

Vikar Karl Steinbauer beteiligte sich an der Diskussion über die Denkschrift anlässlich eines landeskirchlichen Rundschreibens an die Pfarrer wegen verschärfter antikirchlicher Agitation. Er gab dieses Votum der Kirchenleitung nur in gekürzter Form an die Gemeinde weiter, da er deren Distanzierung von der Denkschrift für peinlich erachtete. Landesbischof und Kirchenleitung deckten den Inhalt doch als ein kirchlich notwendiges Wort. Weiter kritisierte er, dass die Landeskirche in ihrer Verlautbarung auf politische Ereignisse Bezug genommen habe, obwohl ihre Aufgabe allein die von allen politischen Nützlichkeitserwägungen freie Kreuzesverkündigung sei, und sie zur religiösen Inszenierung des Nationalsozialismus schweige (→ 168).

Am Jahresende 1936 informierte das Kreisdekanat Ansbach die Kirchenvorsteher und Gemeindehelfer über die Ereignisse rund um die Denkschrift, v.a. über die Veröffentlichung im Ausland, die man aus nationalen Gründen verurteilte. Ein weiterer Aspekt war, den Landesbischof und die VKL vor jedem Verdacht des Landesverrats wegen des Inhalts der Denkschrift und der Veröffentlichung zu bewahren. Den inhaftierten Friedrich Weißler diskreditierte man hingegen mit äußert ungeschickten Formulierungen (→ 169).

2.4.5 Lutherrat

Im März 1936 entstand als Gründung der Landeskirchen von Bayern, Württemberg und Hannover sowie der Landesbruderräte von Sachsen, Mecklenburg und Thüringen der „Rat der Evangelisch-Lutherischen Kirche Deutschlands" („Lutherrat"). Er löste damit den „Lutherischen Rat" ab, der im August 1934 auf Initiative von Landesbischof August Marahrens zur Profilierung der lutherischen Position innerhalb der BK gebildet worden

31 Vgl. auch Dokument 169.

war. Der Lutherrat unter Führung des bayerischen Oberkirchenrats Thomas Breit wollte die geistliche Leitung derjenigen lutherischen Kirchen und Werke wahrnehmen, die sich für der BK zugehörig hielten. Gemäß seiner kirchenpolitischen Linie lehnte der Lutherrat die Zusammenarbeit mit dem Reichskirchenministerium nicht völlig ab, zu den Bruderräten wahrte man aus Furcht vor einer Union Distanz und plante stattdessen die Gründung einer Lutherischen Kirche Deutschlands.

Von Seiten des bayerischen Bruderrats wurden wiederholt schwere Bedenken wegen der kirchenpolitischen Positionierung des Lutherrats und der weiteren Folgen für den Kirchenkampf laut. Der Bruderrat bekannte sich zwar eindeutig zur konstitutiven Bedeutung des Bekenntnisses für den einzelnen Pfarrer und die Kirche, benannte aber auch Missbrauchsmöglichkeiten und Defizite. Man fürchtete die Wiederholung alter Frontstellungen, eine Tendenz zur selbstgenügsamen Abschottung, die den Kampf gegen die DC aus den Augen verliere oder aber einen Kurswechsel in Richtung der Mitte und des Reichskirchenausschusses. Um geistlich zu leiten, müsse der Lutherrat die Barmer Theologische Erklärung anerkennen, denn das lutherische Bekenntnis reiche hierzu nicht aus. Statt sich aber hier eindeutig zu positionieren, begebe sich der Lutherrat sprachlich in die Nähe der DC, stelle die lutherische Einung über den Kampf gegen die DC und grenze den lutherischen Flügel der bruderrätlichen BK aus (→ 170).

Landesbischof Meiser betonte dagegen in einem im Ton harschen Briefwechsel mit bayerischen Pfarrern, dass er – anders als diese – die Barmer Erklärung niemals den lutherischen Bekenntnisschriften gleichachten oder gar als kirchenbildend anerkennen könne. Barmen sei aber eine Mahnung zum Bekenntnis (→ 171). Pfarrer Karl-Heinz Becker widersprach Meisers Furcht vor einer Unionsbildung über Barmen mit dem Hinweis auf ein Votum des Hallenser Kirchenhistorikers Ernst Wolf, das Becker eingeholt hatte. Demnach habe die VKL nie geplant, den Bekenntnisstand der einzelnen Landeskirchen zu verändern (→ 172).

2.5 1937

2.5.1 Allgemein

Über die Stimmung in der bayerischen Pfarrerschaft zur Jahresmitte 1937 gibt ein anonym überlieferter Brief eines Memminger Pfarrers an einen Dekan beredte Auskunft. Der Pfarrer forderte eine festere Haltung der Dekane gegenüber der Kirchenleitung, da die Gemeinden an der Führungskompetenz der Kirchenleitung zweifelten. In Zeiten der Bedrängung der Kirche und ihrer Mitglieder erlasse die Kirchenleitung Verwaltungsvorschriften, statt klar zu Gemeinden und Pfarrern zu sprechen. Die Kritik betraf auch den Landesbischof, der 1934 gegen Eingriffe in die Organisationsstruktur der Kirche protestierte habe, nun aber prinzipielle Angriffe auf das Christentum aus Rücksicht auf einige Pfarrer hinnehme und so viele Christen verunsichere. Mit Blick auf die Kirchenwahlen[32] sah der Briefschreiber eine Vielzahl von Behinderungen auf eine Kirche zukommen, die dem Staat immer noch über Gebühr vertraue und in der die Selbstbezogenheit dominiere (→ 173).

Am 29. August 1937 erließ das Kasseler Gremium, ein aus Landesbischof Marahrens (Hannover) für die DEK, Friedrich Müller-Dahlem als Vorsitzendem der VKL II und aus Thomas Breit als Vorsitzendem des Lutherrats bestehender Kreis verschiedener BK-Richtungen, eine Verlautbarung[33], in der gegen die sich verschärfende NS-Kirchen- und Religionspolitik protestiert und zahlreiche antikirchliche Maßnahmen benannt wurden. Zur Erläuterung der Kundgebung und zur Fortführung der apologetischen Arbeit versandte die Landeskirche an ihre Geistlichen eine materialreiche Argumentationshilfe, die Anklänge an die Barmer Theologische Erklärung zeigte. Man verwahrte sich darin gegen den ideologischen Anpassungsdruck und die daraus resultierende Selbstaufgabe. Aus der Erkenntnis der „Zeichen der Zeit" folge die Treue zur eigenen Botschaft und deren Verkündigung (→ 174).

In der Handreichung war auch auf einen kirchenpolitischen Vorgang in Sachsen Bezug genommen worden, nämlich dass Mitglieder des Landeskirchenausschusses am 9. August 1937 vom Leiter des Landeskirchenamtes mit einer Schusswaffe davon abgehalten wurden, an ihren Arbeitsplatz zu gelangen. Als Landesbischof Meiser dann beim Jahresfest des Gustav Adolf-Frauenvereins in Dresden predigen wollte, teilte ihm die Gestapo mit, dass er nicht predigen und dieses Verbot nicht publik machen dürfe. Empört war Meiser über die Begründung des Verbots: die Reichstagsbrandverordnung vom 28. Februar 1933, wodurch er sich in eine Linie mit Kommunisten gestellt sah[34]. Gauleiter Mutschmann antwortete mit einem barschen Schreiben, in dem er dem Landesbischof mitteilte, in Sachsen – auch wegen seiner angeblich judenfreundlichen Haltung – unerwünscht zu sein (→ 175).

2.5.2 *Die staatlich geplanten Kirchenwahlen*

Am 12. Februar 1937 trat der Reichskirchenausschuss zurück wegen der immer stärkeren Behinderung der Arbeit durch die Gestapo und der fehlenden Unterstützung durch das Reichskirchenministerium. Am 15. Fe-

---

32 Vgl. unten die Dokumente 176–186.

33 Kirchliches Jahrbuch, S. 194–198.

34 Verantwortung für die Kirche 3, S. 554, 658.

bruar 1937 erging deshalb ein Erlass Hitlers „über die Einberufung einer verfassunggebenden Generalsynode der Deutschen Evangelischen Kirche", in dem explizit das Versagen des Reichskirchenausschusses angesprochen wurde. Nun sollte die Kirche „in voller Freiheit nach eigener Bestimmung des Kirchenvolkes" sich eine Verfassung geben[35]. Die Wahlen kamen nie zustande, da die Erkenntnis siegte, dass sie weitere Unruhe erzeugen würden, ohne die Einigung des Protestantismus herbeizuführen, in dem die Erinnerung an den Wahlkampf 1933 noch wach waren. Die mit dem Wahlerlass verbundene Ermächtigung nutzte das Reichskirchenministerium dazu, die Handlungsfähigkeit der BK und der noch amtierenden Landes- und Provinzialkirchenausschüsse hinsichtlich der Finanzen und der Rechte zur Kirchenleitung einzuengen. Da Reichskirchenminister Kerrl noch zwei Tage vor dem Wahlerlass in einer programmatischen Rede verkündet hatte, dass es keine Wahlen geben werde, wurde deutlich, dass er in Partei und Staat keinen Rückhalt hatte, um sein kirchenpolitisches Programm einer Synthese von Nationalsozialismus und Christentum in einer Reichskirche zu verwirklichen.

Bereits am Tag nach dem Führererlass wies das Reichspropagandaamt Franken die kirchliche Presse an, sich entweder zurückzuhalten oder, im Fall der evangelischen Publizistik, die Wahl positiv darzustellen (→ 176). Im Bericht des Regierungspräsidenten von Ober- und Mittelfranken vom 5. März 1937 war davon die Rede, dass die „Bevölkerung die Ankündigung der Kirchenwahlen mit großer Befriedigung" aufgenommen habe, die Pfarrer sich dagegen „zurückhaltend, ja zum Teil sogar ablehnend" gezeigt hätten. Aus der Überwachung der Gottesdienste am 28. Februar in Nürnberg und Fürth folgerte der Berichterstatter, dass die Pfarrer noch ohne klare Anweisungen seien und sich bis auf „die bekannten Aktivisten" mit Aussagen zur Wahl zurückhielten[36].

Der Bruderrat der Pfarrerbruderschaft erwartete vom Landesbischof eine klare Orientierung der Gemeinden und Pfarrer für die Wahl. Mit seinen Forderungen zum Ablauf der Wahl und zu ihren Folgen (staatsfreie und -unabhängige Wahl; Bekenntnisgebundenheit der kommenden Generalsynode; Fortbestand der Verfassung der DEK; staatliche Rechtshilfe ohne direktes Eingreifen seinerseits) machte er freilich die Intentionen des staatlichen Wahlplanes zunichte (→ 177)[37].

Aus einem Rundschreiben des Dekanats Bamberg an alle Pfarrämter wird deutlich, wie unklar sich die Situation auch für die Kirchenleitung darstellte.

---

35 GBlDEK 1937, Ausgabe A, S. 11.

36 Monatsbericht des Regierungspräsidenten von Ober- und Mittelfranken vom 5. März 1937 (Die kirchliche Lage II, S. 149f.).

37 Ähnlich argumentierte Pfarrer Georg Lanzenstiel in einem Vortragsmanuskript (Dokument 183).

Zum Misstrauen angesichts vieler unrealisierter staatlicher Ankündigungen gesellte sich die Furcht, durch kritische Aussagen als Opposition zu gelten. Klarheit bestand nur über die kirchenfeindliche Haltung des Reichskirchenministers (→ 178). Zur Vergewisserung über die Lage bat die Kirchenleitung die Dekanate, durch die Pfarrer Veröffentlichungen jedweder Art zur Kirchenwahl sammeln zu lassen und nach München zu senden (→ 179). Das Amt für Volksmission veröffentlichte eine Argumentationshilfe, die trotz des noch nicht bekannten Wahltermins und -modus deutschchristliche und kirchenfeindliche Stimmen sammelte und Richtigstellungen bereit hielt (→ 180). Einerseits in Richtung einer Gemeindeorientierung und seelsorgerlichen Gewissensstärkung vor der Wahl, andererseits in Richtung Sammlung von Informationen über deutschchristliche oder politische Maßnahmen zielte ein Informationspapier des Bezirksrüstdienstes Wassertrüdingen (→ 181). Ein Artikel im Ansbacher Gemeindeblatt[38], der stellvertretend für zahlreiche ähnliche stehen kann, spitzte die Entscheidung propagandistisch geschickt auf die Alternative christliches oder christentumsfeindliches Volk zu und rückte die Kirchenwahl sprachlich in die Nähe der im Juli 1933 eingeführten nationalsozialistischen Volksabstimmungen (→ 182).

Der Rüstdienst Nürnberg nutzte ein Wort zur Kirchenwahl und Hitlers Aussage, dass die Kirchen ihre Angelegenheiten in voller Freiheit regeln könnten, dazu, auf die Unfreiheit der Kirche in der Gestalt von Pfarrern und Gemeindegliedern, die aus kirchenpolitischen Gründen aus ihrer Heimat ausgewiesen oder inhaftiert worden waren, hinzuweisen. Daneben wurde aufgelistet, durch welche Repressionen gegen kirchliche Publikationen und Redeverbote die Freiheit der Kirche bedroht werde (→ 184). Aufnahme fand diese Auflistung etwa in einem Aufruf an die Gemeinden des Kirchenkreises Bayreuth zur Fürbitte für die Bedrängten und für die Politik, damit diese der Kirche ihre Freiheit gewähre (→ 185).

Vier Monate nach der Wahlankündigung veröffentlichte die bayerische Pfarrerbruderschaft einen Grundsatztext zur Kirchenwahl (→ 186), in dem Wesen und Funktion des kirchenleitenden und bekenntnisgebundenen Organs Synode definiert und jedwede Unionstendenz abgelehnt wurde. Aus der Bekenntnisbindung folgte auch, dass eine staatliche Beteiligung nur in Form einer organisatorischen Unterstützung in Frage kam und das passive Wahlrecht exklusiv BK-Angehörigen zustand. Aus dem Gesagten ergaben sich eine große Skepsis gegenüber der geplanten Generalsynode und die prinzipielle Ablehnung mehrerer Abstimmungsmöglichkeiten, die für die Durchführung der Kirchenwahl vermutet wurden.

38 Der Inhalt dieses Artikels war dem zuvor genannten Regierungspräsidentenbericht beigegeben.

2.5.3 Informationen zur Lage

Angesichts der immer größeren Schwierigkeiten, die Gemeinden über kirchenpolitische Vorgänge zu informieren und zur Mitarbeit zu motivieren, legte der Nürnberger Kreisdekan den Pfarrern im Februar 1937 die Einführung von „Nachversammlungen" in der Kirche, aber außerhalb des Gottesdienstes und ohne Amtstracht, nahe (→ 187). An Inhalten, über die die Kirchenvorsteher informiert werden sollten, nannte Kreisdekan Schieder im Juli unter Rückgriff auf die Aktion Jägers vom Herbst 1934 das Scheitern des Reichskirchenausschusses, den Schulkampf in Oldenburg, kirchenfeindliche Äußerungen von Parteifunktionären, die Einführung von Finanzabteilungen, Verhaftungen von Pfarrern, vor allem aber die 13. und die 15. „Verordnung zur Durchführung des Gesetzes zur Sicherung der Deutschen Evangelischen Kirche"[39] vom 20. März bzw. 25. Juni 1937 (→ 188). Mit der 13. Durchführungsverordnung hatte Reichskirchenminister Kerrl massiv in die Kirchenleitungen eingegriffen und die Verwaltung der DEK dem juristischen Präsidenten Dr. Werner und die kirchenregimentlichen Befugnisse in den Landeskirchen den im Amt befindlichen Kirchenregierungen übertragen.

In dieser spannungsvollen Situation überreichte der bayerische Pfarrerverein dem Landesbischof eine Erklärung von über 1300 Pfarrern – die Religionslehrer waren nicht befragt worden (→ 189, 190) –, mit der Meiser des Rückhalts durch die Pfarrer versichert werden sollte (→ 191).

2.5.4 Der Kampf gegen das Reichskirchenministerium wegen des Amtsblatts vom 28. Oktober 1937

Auf Anweisung der Gestapo vom 26. Oktober 1937 an die Druckerei enthielt das Amtsblatt der Landeskirche (Nr. 25 vom 28. Oktober 1937) sechs Erlasse und Verordnungen des Reichskirchenministeriums. Die im Amtsblatt sonst üblichen Rubriken fehlten. Veröffentlicht wurden u. a. die 13. bis 16. „Verordnung zur Durchführung des Gesetzes zur Sicherung der Deutschen Evangelischen Kirche", deren Publikation die Landeskirche trotz einer ministeriellen Anordnung verweigert hatte (→ 192). Ein anonym bleibender Pfarrer forderte nach Erscheinen des Amtsblatts seine Amtskollegen auf, dieses an das Reichskirchenministerium zurückzusenden, da die Angabe des Herausgebers – „amtlich herausgegeben vom Evangelisch-Lutherischen Landeskirchenrat in München" – nicht stimme. Die Rückgabe solle mit Begründung und zur Kenntnis der Kirchenleitung erfolgen. Deren Haltung in der Sache sollte mit dieser Aktion ebenso gestärkt werden wie

39 GBlDEK 1937, Ausgabe A, S. 11 f. bzw. 33–35.

die BK in Preußen (→ 193). Der Landeskirchenrat verbot die Aktion jedoch wegen ihrer Anonymität und betonte, dass er beim Reichskirchenministerium unter Aufnahme der Stimmen aus der Pfarrerschaft protestieren werde. Das Kreisdekanat München wies in diesem Zusammenhang auf die nachahmenswerten Erklärungen des Nürnberger Pfarrkapitels und andere Proteste hin (→ 194). Pfarrer Ernst Rochholz aus Stein sandte das Amtsblatt mit Begründung an den Reichskirchenminister zurück (→ 195). Als Reaktion auf diesen Protest wurden im Landeskirchenamt Vervielfältigungsmaschinen und eine Schreibmaschine beschlagnahmt (→ 196).

2.6 1938

2.6.1 Inhaftierung Martin Niemöllers

Am 1. Juli 1937 wurde Martin Niemöller wegen seines kirchenpolitischen Wirkens, das vom Staat als Verstoß gegen das „Heimtückegesetz" gedeutet wurde, verhaftet. Das Gerichtsurteil lautete im März 1938 auf eine Geldstrafe und Festungshaft, die durch die Untersuchungshaft als verbüßt galt. Auf Anordnung Hitlers wurde Niemöller jedoch sofort verhaftet und in das Konzentrationslager Sachsenhausen gebracht. Wenige Tage vor Beginn des Prozesses gegen Niemöller wandte sich Landesbischof Meiser an die Pfarrer der Landeskirche und bat um Fürbitte für den Angeklagten (→ 197), mit dem er sich aus kirchenpolitischen Gründen wiederholt überworfen hatte[40]. Wo es Pfarrer für angemessen erachteten, sollten auch die Gemeinden in die Fürbitte mit einbezogen werden (→ 198).

Am 4. März informierte die Kirchenleitung die Gemeinden über die Pfarrämter über das Urteil gegen Niemöller und deutete die verhängte Festungshaft als Beleg dafür, dass Niemöller „nicht aus ehrwidrigen Beweggründen" gehandelt habe. Die statt der Freilassung erfolgte Inhaftierung nahm man zum Anlass, erneut zur Fürbitte für Niemöller aufzurufen (→ 199).

Zehn Tage nach dieser zweiten Aufforderung wandten sich 15 Augsburger Pfarrer und Vikare an den Reichsjustizminister und drückten das Unverständnis der Gemeinden darüber aus, dass das Gerichtsurteil durch die – nicht genannte – KZ-Haft wertlos werde. Die Argumentation der Pfarrer folgte der Denkfigur, dass der Staat durch derartige Aktionen das Vertrauen der Bevölkerung riskiere und somit die Volksgemeinschaft gefährde,

40 Zum Streit zwischen Meiser und Niemöller vgl. nur Niemöllers Brief vom 17. April 1937, in dem er Meiser eine kirchenpolitische Haltung vorwarf, aufgrund derer „es wohl nie zu einer Befriedung der Kirche und nie zu einer Heilung des Risses" kommen werde, der die Bekennende Kirche trenne (LAELKB, 101/36 – 117).

während die angefeindete Kirche sich für die Volksgemeinschaft engagiere (→200). Bevor sich dieser Augsburger Kreis nach Berlin wandte, hatte er allerdings bereits am 7. März 1938 in fast identischer Zusammensetzung den Landeskirchenrat ersucht, an der Causa Niemöller nicht vorüberzugehen und die „Staatsführung auf die ernste Lage, die sich herauszubilden beginnt", hinzuweisen, da „für den Lebenswillen unseres Volkes Gefahr in Verzug" sei. Die Kirche müsse „auch auf die Gefahr hin" handeln, nicht verstanden zu werden[41]. Im Sommer 1937 verurteilte ein Sondergericht Pfarrer Kurt Frör, Vikar Walter Hildmann und einen Diakonen zu Gefängnisstrafen, weil sie das bereits im April in Nürnberg kursierende Flugblatt „Wer ist Pfarrer Niemöller" weiter verbreitetet hatten (→201)[42].

2.6.2 Eid auf den „Führer"[43]

Die nationale Euphorie im Gefolge des „Anschlusses" von Österreich an das Deutsche Reich wurde von deutschchristlichen Kirchenleitungen dazu genutzt, den 1934 gescheiterten Plan einer Vereidigung der Pfarrer auf Hitler doch noch zu realisieren. Am 14. März 1938, einen Tag nach dem vollzogenen Anschluss, erließ die deutschchristliche Thüringer Kirchenleitung ein Kirchengesetz über die Vereidigung ihrer Pfarrer. Mecklenburg folgte zwei Tage später. Zu Hitlers Geburtstag am 20. April 1938 taten es Sachsen und die Evangelische Kirche der Altpreußischen Union ihnen gleich, andere Landeskirchen folgten trotz zahlreicher Bedenken von Pfarrern. Eidesverweigerern drohte die Entlassung aus dem Dienst. Auch die Landeskirchen von Bayern, Hannover und Württemberg führten den Eid gleichsam in vorauseilendem Gehorsam ein, um nicht als politisch unzuverlässig zu gelten. Man erlag damit freilich dem Irrtum zu meinen, dass der Staat den Eid erwarte. Aber keine zwei Monate nach Erlass des bayerischen Kirchengesetzes über die Eidesleistung am 18. Mai[44] wurde ein Rundschreiben Martin Bormanns an alle Gauleiter bekannt, in dem er das Desinteresse des Staates an der Vereidigung der Pfarrer ausdrückte.

Im Dekanat Ingolstadt wurde die Eidesfrage schon vor Erlass des entsprechenden Kirchengesetzes am 18. Mai 1938 (→203, 204) auf einem Pfarrkonvent diskutiert. Im Sinn der Zwei-Reiche-Lehre versuchte man, zwischen der legitimen Eidesforderung an den „Untertanen" im weltlichen Bereich und der Verneinung eines Eidesgebotes im Raum der Kirche für

41 FKiZM. A 30. 15.

42 Vgl. hierzu den Monatsbericht des Regierungspräsidenten von Ober- und Mittelfranken vom 8. Mai 1938 (Die kirchliche Lage II, S. 281).

43 Vgl. hierzu auch in diesem Kapitel auch Dokument 78.

44 ABlELKB 1938, S. 95f.

die Gläubigen zu unterscheiden. In Bereichen, wo der Pfarrer, etwa als Religionslehrer, „Träger allgemeiner oder besonderer staatlich anerkannter oder verliehener öffentl. Funktionen“ war, sei man zur Eidesleistung bereit. Da es die Geistlichen ablehnten, sich als Inhaber des Verkündigungsamtes mit dem Willen Hitlers zu verbinden, baten sie den Landeskirchenrat, auf die Vereidigung zu verzichten. Zur Bekräftigung seiner Bitte wies Dekan Gottfried Meinzolt auf die Gefahr der Bildung einer radikal bekenntniskirchlichen „Sozietät“ in seinem Amtsbereich hin (→ 202).

Die bayerische Pfarrerbruderschaft fühlte sich bei der Einführung des Treueides von der Kirchenleitung übergangen, da ihre Bitte um vorherige sorgfältigste Diskussion und Prüfung durch die gesamte Pfarrerschaft keine Berücksichtigung gefunden hatte und so die „Verheißung der Gemeinschaft unter dem Wort“ missachtet wurde. Daraus resultiere ein Vertrauensverlust gegenüber dem Landeskirchenrat. Dieser äußerte sich dann in den Forderungen, die die Bruderschaft an die Kirchenleitung in Person des Landesbischofs zur Eidesleistung und deren Kommunikation in den Gemeinden stellte (→ 205).

Pfarrer Rudolf Neunhoeffer aus Miesbach verweigerte die Eidesleistung und begründete dies gegenüber dem zuständigen Dekanat Rosenheim ausführlich. Auch er unterschied biblisch und mit Luther fundiert zwischen einem vom Staatsbürger unmittelbar der Obrigkeit geleisteten Eid in weltlichen Dingen und einem von der Kirche vermittelten Eid und verwies dann auf die unauflöslichen Spannungen, die sich für ihn aus dem Dekalog ergaben (→ 206).

Weitere in der Pfarrerschaft vorhandene schwerwiegende theologische und kirchenpolitische Bedenken gegen den Eid, die die Pfarrer sehr verunsicherten, legte u. a. der Hilpoltsteiner Vikar Hans Bayer gegenüber seinem Dekan differenziert dar (→ 208). Vor allem problematisierte er den Ort der Eidesleistung. Ein Eid auf den Führer müsse vor der Obrigkeit, oder, wenn er wegen der Gemeinde geleistet werde, vor dieser stattfinden und nicht im Amtszimmer des Dekans! Neun Pfarrer des Dekanats Wunsiedel erklärten, dass sie aufgrund ihrer Bindung an das Ordinationsgelübde zwischen äußerlichen „Amtspflichten“ und dem Predigtamt unterschieden. Letzteres sei nicht vor dem Staat zu verantworten. Dem Eid als Einfallstor für Staatseingriffe in die Kirche erteilten sie somit eine klare Absage (→ 209).

Da sich in Bayern deutschchristliche Pfarrer vor einem Beauftragten der thüringischen Kirchenleitung hatten vereidigen lassen, bevor die Landeskirche eine Regelung getroffen hatte, wurden diese von einer Eidesleistung in Bayern ausgeschlossen (→ 207).

2.7 1939

Das Jahr 1939 brachte – bis Kriegsbeginn – keine großen Veränderungen im Verhältnis von Staat und Kirche und auch keine neuen Initiativen der innerkirchlichen Konfliktparteien. Fortgesetzt wurde hingegen die Überwachung der Kirche. Als Landesbischof Meiser im Juni 1939 im unterfränkischen Rügheim einen sehr gut besuchten Gottesdienst hielt, galt das polizeiliche Interesse möglichen staatsabträglichen Äußerungen. Diese unterließ Meiser freilich zur Enttäuschung der Gemeinde bzw. des anwesenden Polizisten (→ 210).

Die Verdrängung der Kirche aus dem öffentlichen Leben und Bewusstsein, die sog. „Entkonfessionalisierung", vollzog sich weiterhin bis hinein in kleinliche Sprachregelungen. So verbot das Reichspropagandaamt Franken der regionalen Kirchenpresse die Verwendung des Wortes „Volk" für die bei kirchlichen Veranstaltung Anwesenden, da das Volk sich nicht über die Konfession, sondern über das „Blut" bestimme (→ 211).

2.8 Verhältnis zum österreichischen Protestantismus

Nach dem auch kirchlicherseits begrüßten „Anschluss" Österreichs an das Deutsche Reich[45] rückte die Situation der dortigen Protestanten in den Blick. Die ca. 340.000 österreichischen Lutheraner und Reformierten mussten ihre kirchlichen Angelegenheiten in finanzieller Not nach einer 1864 von den Synoden angenommenen und bis 1913 stetig veränderten Verfassung regeln; der Oberkirchenrat war bis 1939 eine staatliche Behörde.

Am Tag des Kriegsbeginns machte Paul Althaus den Landesbischof auf die Personalnot in Österreich aufmerksam und berichtete von seiner Idee, junge Theologen für den Dienst in Österreich zu gewinnen (→ 212). Auf diese Anfrage hin berichtete Landesbischof Meiser von einem früheren bayerischen Plan, Österreich personell zu unterstützen, der aber am plötzlich eingetretenen eigenen Personalbedarf gescheitert sei. Prinzipiell wolle Bayern helfen, doch scheine man in Österreich aus kirchenpolitischen Rücksichten auf die Unterstützung verzichten zu wollen (→ 213).

2.9 Pfarrerbruderschaft

Aus einer Pfarrerfreizeit an Ostern 1934 heraus entstand die Idee zur Gründung einer bayerischen Pfarrerbruderschaft, die dann an Pfingsten auf einer Versammlung in Rummelsberg konkrete Formen annahm. Die program-

45 Vgl. unten Abschnitt 4.1.6.

matischen Aussagen der Bruderschaft, die von Anfang an den Charakter einer kirchenpolitischen Gruppierung von sich wies, orientierten sich an der Barmer Theologischen Erklärung und am lutherischen Bekenntnis. Man wollte gegen die Irrlehren der DC ohne Ausgrenzung anderer Rassen die Rechtfertigungsgnade verkünden (→ 214). Am 9. Juni 1934 versandte die Pfarrerbruderschaft eine Art Selbstdarstellung an ihre ca. 100 Mitglieder. Darin wurden das Selbstverständnis als wirkliche Gemeinschaft auch unter Einbeziehung der Pfarrfrauen, der Arbeitsplan innerhalb des Kreises (Exegese und Systematische Theologie) und die Arbeit in den Pfarrgemeinden jeweils in Explikation der ersten Verlautbarung dargelegt (→ 215). Wenige Tage später, also zu einem Zeitpunkt, an dem die kirchenpolitischen Fronten schon als eindeutig geklärt bezeichnet werden konnten, einigte sich die Pfarrerbruderschaft mit dem Nationalsozialistischen Evangelischen Pfarrerbund[46] in einem Akt größtmöglicher Harmonisierung und politischer Rücksichtnahme darauf, dass eine gleichzeitige Mitgliedschaft in beiden Gruppierungen möglich sei und man das „theologische Gespräch" fortsetzen wolle. Wichtig war in diesem Zusammenhang für die Pfarrerbruderschaft die Abwehr des Verdachts, als kirchenpolitische Gruppe zu agieren und die Distanzierung vom Pfarrernotbund (→ 216)[47].

Zur württembergischen Pfarrerbruderschaft, der Sozietät, bestanden zu deren Bedauern nur persönliche, jedoch keine formellen Kontakte. Daher bestanden erhebliche Defizite im Wissen um das Handeln der Nachbarn. Attraktiv für die Württemberger war die strenge Bekenntnisorientierung der Bayern, die sie selbst in ihrer Landeskirche zugunsten kirchenpolitischen Kalküls bedroht sahen (→ 217). Finanzieller Art waren hingegen die Beziehungen zur oldenburgischen Bekenntnissynode. Diese erhielt aus Bayern 1936 eine Zuwendung und musste 1938 erneut und dringlich um Unterstützung bitten (→ 218).

3. Deutsche Christen und NSEP

3.1 Deutsche Christen

Die DC nahmen in Bayern, anders als im Reich, erst 1933 kurz vor den Kirchenwahlen Gestalt an. Landesleiter wurde der Grafengehaiger Pfarrer Friedrich Klein, dem u.a. der Direktor der Hensoltshöhe, Pfarrer Ernst Keupp, zur Seite stand. Eigene Wahlvorschläge konnte man zur Kirchenwahl noch nicht machen, doch waren die DC auf politischen Druck hin auf

46 Vgl. unten Abschnitt 3.2.
47 Vgl. hierzu auch oben Abschnitt 2.2.1 und 2.2.2.

den Einheitslisten prominent vertreten. Ihr organisatorischer Ausbau kam erst nach den Kirchenwahlen in Gang. Im Bündnis mit Partei und Staat errangen sie bei der Wahl zur Landessynode am 27. August 1933 etwa die Hälfte der Sitze, im Landessynodalausschuss hatten sie vier von neun Sitzen inne. Begrenzt wurden ihre Ambitionen durch die Forderung des Landesbischofs, dass sie auf dem Boden des Bekenntnisses bleiben müssten und sie nur als volksmissionarische, jedoch nicht als kirchenpolitische Gruppierung mit eigenen Machtansprüchen gegen den Landesbischof agieren dürften. Damit hatte Meiser die bayerischen DC dem Einfluss der Reichsleitung teilweise entzogen. In der Folge des Sportpalastskandals[48] trennten sich die bayerischen DC von der Berliner Leitung und lösten sich selbst auf.

Die verbleibenden DC radikalisierten sich und betrieben v.a. die Eingliederung Bayerns in die Reichskirche. Unterstützung fanden sie im stellvertretenden fränkischen Gauleiter Karl Holz, der mit dem „Süddeutschen Bund evangelischer Christen“ eine eigene, kurzlebige Organisation zur Propagierung einer Reichskirche leitete und den Landesbischof als ungehorsam und eidbrüchig zu desavouieren suchte (→ 219)[49]. Während der Besetzung des Landeskirchenamtes warben die kurzfristig von Rechtswalters-, Polizei- und SA-Gnaden agierenden „geistlichen Kommissare für Franken und Altbayern“ bei ihren Amtskollegen durch die Betonung ihrer Treue zu Schrift und Bekenntnis sowie ihrer Versöhnungsbereitschaft mit allen Pfarrern um Akzeptanz und für ihr Ziel der Eingliederung Bayerns in die DEK. Eine breite Zustimmung zu dieser Politik werde den bayerischen Einfluss in der DEK stärken (→ 220). Trotz der in diesem Schreiben ausgesprochenen Drohung gegenüber allen sich unbotmäßig verhaltenden Geistlichen gelang es OKR Oskar Daumiller, einen Gottesdienst, in dem sich der kommissarische Bischof für Franken, Hans Sommerer, in Nürnberg-Maxfeld seinen Anhängern präsentieren wollte, nachhaltig zu stören (→ 221).

Der „Kampf“ der DC gegen die „Bekenntnisfront“ war neben allen inhaltlichen Differenzen auch von finanziellen Fragen bestimmt. Aus Laiensicht rief die DC-Landesleitung zum Jahresende 1934 dazu auf, die DC-Pfarrer in ihrem Kampf David gegen Goliath gegen die Kirchenleitung und für eine „Volkskirche“ zu unterstützen. Konkret ging es darum, die Abwanderung bayerischer DC-Pfarrer in andere Landeskirchen aus finanziellen Motiven zu verhindern (→ 222). Die äußerst schlechte Finanzlage der DC und die daraus resultierenden Folgen für die Pfarrer war auch Gegenstand eines Bittbriefes an Reichsbischof Ludwig Müller vom Mai 1935 (→ 225)[50].

Im März 1935 informierte das bayerische Kultusministerium Reichsstatthalter von Epp und den Ministerpräsidenten über die Zahl der zur

48 Siehe oben Abschnitt 2.1.6.
49 Vgl. auch die Dokumente 83 und 85.
50 Vgl. auch Dokument 127.

Reichskirchenbewegung Deutsche Christen gehörenden Gemeindegruppen (mindestens 20), die ihren Schwerpunkt im Raum Nürnberg hatten (→223). Zwei Wochen später konnte das Ministerium unter großen Vorbehalten gegenüber dem Zahlenmaterial melden, dass es in Bayern 73 DC-Ortsgruppen mit 13242 eingeschriebenen Mitgliedern gab, die zusammen mit ihren Familienmitgliedern auf 42251 „Seelen" hochgerechnet wurden. Fast 90% der DC-Anhänger lebten im Regierungsbezirk Ober- und Mittelfranken. Verbunden war der Bericht mit einer bemerkenswert differenzierten und sachkundigen Beschreibung des Verhältnisses von BK und DC in Bayern, wobei auch Unterschiede zur Entwicklung im Reich zur Sprache kamen und als Konsequenz des Anwachsens der DC ein zahlenmäßiges Erstarken der BK weit über die DC-Werte befürchtet wurde (→224). Auch die Landeskirche sammelte Zahlenmaterial zu den DC. Aus dieser Zusammenstellung ging hervor, dass die Zahl der BK-Anhänger die der DC um das 22- bis 33-fache überstieg (→226).

Wortmeldungen der DC zielten immer wieder darauf ab, die gleichen Rechte für sich einzufordern, wie sie landeskirchlichen Gemeinden zustanden (→227). Gegenüber der Kirchenleitung wurde dies im November 1935 mit der Maximalforderung der „Herstellung eines Friedens ohne Sieger und Besiegte auf der Grundlage der gegenseitigen Achtung und der Gleichberechtigung" und der Einführung eines Landeskirchenausschusses laut (→228). Der diese Forderung mit begründende Hinweis auf die Mitgliederzahl wurde von der Kirchenleitung gegenüber dem Reichskirchenausschuss entkräftet und auf die problematische Form der Mitgliederwerbung durch die DC sowie deren konfessionelle Gleichgültigkeit hingewiesen (→229). Aus Ansbach kam die von Enttäuschung über die mangelnde Unterstützung evangelischer Nationalsozialisten geprägte Bitte an den Reichskirchenausschuss, endlich einen eigenen angemessenen Gottesdienstraum zu erhalten und nicht mehr gesellschaftlich marginalisiert zu werden (→230). Auch sollten Kinder aus DC-Familien nur vom Pfarrer des Vertrauens der Eltern, von Stadtpfarrer Fuchs, konfirmiert werden (→231).

Regelmäßige Berichte über das gottesdienstliche Leben und Predigten sollten den Gemeinschaftssinn und Kampfeswillen stärken, die Verbundenheit mit dem Führer hervorheben, die frohe Zukunft beschwören, der die DC entgegen gingen, und die Gnade des aktuellen Erlebens göttlichen Segens betonen (→232, 234, 235). Der glänzenden Zukunft standen aber DC-interne Richtungskämpfe, organisatorische Defizite und die Frage der Kirchensteuer entgegen (→236).

Die geringe theologische Substanz der DC zeigen zwei Tagungsprogramme vom Januar und Februar 1937. Hier überwogen musikalische Darbietungen und selbstvergewissernde Vortragsthemen (→233, 237). Als dagegen der „Stürmer" Ostern 1937 eine Sondernummer über das Thema „Judentum gegen Christentum" veröffentlichte, warben die DC unter ihren

Mitgliedern für das Heft, da dessen Inhalt beweise, wie wichtig der eigene Kampf sei. Die Erkenntnis, dass in der Welt des „Stürmer“ auch für ein DC-Christentum kein Platz war, fehlte noch oder wurde verdrängt (→ 238).

Zum landeskirchlichen Umgang mit den DC gehörte auch die Information der Pfarrer über Konflikte und die Beobachtung von DC-Versammlungen durch Geistliche. Auf diese Art und Weise erfuhren die Pfarrer über die Vorfälle in Mühldorf am Inn, wo nach landeskirchlicher Praxis durch OKR Sammethreuter ein Vikar gegen den örtlichen DC-Pfarrer als Pfarrverweser eingeführt werden sollte, die Veranstaltung aber in Verbalinjurien und Handgreiflichkeiten endete (→ 239). Über die äußeren Umstände, die Atmosphäre und den Inhalt der Reden eines Augsburger DC-Gemeindeabends wurde die Kirchenleitung durch den Bericht von Pfarrer Karl Behringer und Vikar Hans Hacker trotz des Verbots, die Veranstaltung zu protokollieren, informiert (→ 240).

Mit einem Rundschreiben wollte die nationalkirchliche „Landesgemeinde Franken“ ihre Mitglieder über eine DC-Tagung in Weimar, an der sieben bayerische Vertreter teilnahmen, informieren. Tatsächlich ging es aber darum, die eigene Situation gegenüber der Landeskirche beschönigend darzustellen und Optimismus über die eigene Zukunft zu verbreiten (→ 242).

Ein Aufruf der Deutschen Christen. Nationalkirchliche Einung vom 24. November 1938 las sich weithin wie ein politischer Text und benannte nach den außenpolitischen „Erfolgen“ des Jahres 1938 als künftige Ziele die „endgültige[n] Bereinigung der Judenfrage“ und – anscheinend gleichbedeutend – die „Lösung“ der Kirchenfrage im Sinn einer Beseitigung der BK. Die Ausführungen über die Aufgaben in näherer Zukunft, der „Winterfeldzug“ zeigten die Unzufriedenheit mit der eigenen Mitgliedschaftsentwicklung (→ 243).

Von einer der schillerndsten Gestalten der bayerischen DC, dem im November 1934 dienstentlassenen, aber von der Reichskirche als Pfarrer der DC-Gesamtgemeinde Franken nach Nürnberg-Eibach gesandten Ludwig Beer, ist als seltenes Beispiel für diese Gattung die Osterpredigt aus dem Jahr 1940 überliefert. Ohne sonderlichen Tiefgang[51] sprach er über die Auferstehung Jesu und dessen Rolle als treuem Begleiter. In apologetischer Absicht betonte er die Gegenwärtigkeit der Auferstehung als Handeln Gottes in der Geschichte, dessen deutlichster Beweis der Ausgang des Attentats auf Hitler im Münchner Bürgerbräukeller war. Gegenwartsbedeutung des Christentums hieß aber auch Polemik gegen eine an Dogmen und nicht am Volk und dessen Sorgen, gerade im Krieg, orientierte Theologie, d. h. gegen die „Winkelkirche“ BK (→ 244).

51 Dies korrespondiert mit der stark vom Gesang bestimmten und auf klassische Gottesdienstelemente verzichtenden Ordnung einer „Gottesfeier“ im Mai 1937 (→ 241).

1942 kam es zwischen der Landeskirche und den bayerischen DC zu einem Streit über deren Kirchensteuerpflicht[52]. Dies nutzte die Kirchenleitung in einem Schreiben an das Staatsministerium für Unterricht und Kultus dazu, ihre Sicht der DC in organisatorischer (fragwürdiges Personal, durch Richtungsstreitigkeiten gespalten) und kirchlicher Sicht (konfessionell uneindeutig) darzulegen. Man verwies weiterhin darauf, dass die Landeskirche sich gegenüber Pfarrern und Gemeindegliedern, die den DC angehören, korrekt verhalte, die Zahl der Kirchensteuerpflichtigen unter ihnen gering sei und man auf deren Kirchensteuer zu verzichten bereit sei. „Pflichtmäßig", aber eigentlich drohend, wies man darauf hin, dass die Argumentation der bayerischen DC gegen die Kirchensteuer auch von Kirchengliedern in Opposition gegen eine deutschchristliche Kirchenleitung angewendet werden könnte (→ 245). Zur Untermauerung ihrer Forderung und gegen den Vorwurf der Kirchenleitung, die DC seien zahlenmäßig eine vernachlässigbare Größe, stellte die Gesamtgemeinde Franken eine detaillierte Auflistung ihrer ca. 6.400 lutherischen, katholischen und „gottgläubigen" Mitglieder in 17 Gruppen (→ 246).

3.2 Nationalsozialistischer Evangelischer Pfarrerbund (NSEP)

Die Anfänge des NSEP reichen zurück bis in die Zeit nach den Reichstagswahlen 1930. Damals warb der Gauleiter von Oberfranken Hans Schemm verstärkt unter evangelischen Pfarrern für die NSDAP und bemühte sich, diese – ebenso wie katholische Priester – zum Beitritt in den Nationalsozialistischen Lehrerbund zu bewegen. 1931 wurde aus einer lose organisierten Gruppe der Nationalsozialistische Evangelische Pfarrerbund unter Führung des Pfarrers von Grafengehaig bei Kulmbach, Friedrich Klein.

Aus dem „Arbeitsprogramm" der Gruppe vom Juli 1933 wird deutlich, wie sehr man davon überzeugt war, eine Synthese von Politik und Theologie bzw. von Nationalsozialismus evangelischem Christentum leisten zu können und diese auf Parteiseite auch erwünscht sei (→ 247).

Friedrich Pommer, Pfarrer in Deiningen, äußerte sich nach dem sog. Sportpalastskandal[53] aus zwei Gründen dezidiert gegen die Fortexistenz des NSEP: jeder nicht dazu gehörige Pfarrer gerate in den Verdacht der nationalen Unzuverlässigkeit und die kirchenpolitische Lage verbiete jegliche Sonderbündelei (→ 248). Sein Amtsbruder Johannes Götz aus Holzhausen begründete demgegenüber die Berechtigung des NSEP mit der Verwurzelung des Pfarrerstandes in der Volksgemeinschaft und zerstreute Zweifel

---

52 Vgl. unten Abschnitt 7.6.

53 Vgl. Abschnitt 2.1.6.

an der Bekenntnistreue der NSEP-Pfarrer ausgerechnet mit Ausführungen über das Volk (→ 249).

Nach dem Übergang der Führung im NSEP von Pfarrer Ernst Daum auf Pfarrer Friedrich Möbus, Goldkronach, konnte dieser den Kurs des Bundes Mitte Mai 1934 in Abgrenzung gegenüber den DC nur sehr vorsichtig und abhängig von der kirchenpolitischen Lage in Bayern definieren (→ 250). Zwei Wochen vor der Tagung der Landesynode am 8. August 1934 teilte Daum dann dem Landesbischof mit, dass der NSEP, in dieser Haltung unterstützt vom Ansbacher Kreis[54], für eine „freiwillige Eingliederung" der Landeskirche in die Reichskirche eintrete, freilich unter Wahrung von Bekenntnis und Kultus. Zugleich warnte er vor den unabsehbaren Folgen einer zwangsweisen Eingliederung, v. a. für den eigentlich gewünschten Verbleib des Landesbischofs in seinem Amt (→ 251). Aus dem Schreiben, das Landesleiter Möbus drei Tage später an die Mitglieder des NSEP verschickte, wurde dann aber sehr deutlich, dass er für diesen Kurs nicht alle Mitglieder hinter sich wusste und den Vertretern einer abweichenden Position die Mitgliedschaft aufzukündigen gedachte (→ 252).

Nach der Landessynode, auf der der Eingliederung der Landeskirche in die Reichskirche eine eindeutige Absage erteilt worden war, war die Drohung mit dem Ausschluss aus dem NSEP obsolet geworden und Möbus erklärte seinen Rücktritt. Sein entsprechendes Schreiben an die Mitglieder geriet zu einer Selbstrechtfertigung und zum Appell, dass der NSEP sich kirchenpolitisch nicht einseitig festlegen dürfe, auch wenn die größere Nähe zu den DC evident sei (→ 253). Der theologische Hilfsreferent im Landeskirchenamt Eduard Putz bemühte sich zur gleichen Zeit, reichsweit „alte Parteigenossen" zu sammeln, die gegen die Kirchenpolitik des Reichsbischofs opponierten, wie dies eine große Gruppe der bayerischen Synodalen vorgemacht hatte (→ 254).

Gegen derartige Umarmungsversuche setzten sich 44 NSEP-Pfarrer im November 1934 nach dem gescheiterten Eingliederungsversuch zur Wehr und erklärten ihre nur noch bedingte Loyalität zur Führung der Landeskirche. Darüber stehe die Anerkennung Ludwig Müllers als rechtmäßigem Landesbischof (→ 255). Pfarrer Ernst Keup führte diese Position in einem Schreiben an den Landesbischof dann anhand der Scheidung von innerer und äußerer Kirche weiter aus. Indem er den NS-Führerstaat und dessen Gleichschaltungspolitik in Analogie zur Kirchenpolitik setzte, vermochte er wegen seiner Loyalität zu Müller in der Politik der Reichskirchenregierung keine Rechtsbrüche oder Angriffe auf das Bekenntnis zu erkennen (→ 256).

54 Vgl. oben, S. 34.

4. Politik

4.1 Politische Ereignisse

4.1.1 Reaktionen auf die „Machtergreifung"

Die ersten Tage bzw. Wochen nach der nationalsozialistischen Machtübernahme waren evangelischerseits bestimmt von einer Mischung aus Jubel über die Erfüllung lange Zeit gehegter Hoffnungen und der Verklärung des Geschehens zu einem nie dagewesenen nationalen Ereignis, das auch der bislang postulierten parteipolitischen Zurückhaltung der Pfarrer ein Ende setzte (→ 257). In der evangelischen Presse galt die Nichtbeteiligung des Zentrums an der Regierung Hitler als Beweis der Linksorientierung und der fehlenden nationalen Gesinnung der Partei. Die Ziele, Motive und Methoden der Regierung Hitler wurden blauäugig verklärt und zum Gegenentwurf des bisherigen Verfalls seit dem November 1918 erhoben (→ 258). Großes Gewicht hatte in der evangelischen Deutung der Ereignisse auch die Erinnerung an den August 1914 und die Beschwörung der nun einsetzenden Rechristianisierung von Volk und Obrigkeit hin zu einer betenden, bußbereiten Bruderschaft (→ 259)[55].

Sowohl die „Machtergreifung" als auch die kirchliche Reaktion darauf blieben nicht ohne Widerspruch. Pfarrer Karl-Heinz Becker, der langjährige Warner vor dem Nationalsozialismus, wies Reichspräsident Paul von Hindenburg am 6. Februar, wie bereits am 3. des Monats den bayerischen Kultusminister, darauf hin, dass Hitler als Mann ohne sittliche Grundsätze eine Gefahr für Volk und Staat darstelle (→ 260)[56]. Ein Nürnberger Privatmann kritisierte das Läuten der Kirchenglocken anlässlich der Reichstagswahl vom 5. März[57] (→ 261). Die Antwort der Kirchenleitung zeigte, dass sie weder theologische noch politische Mittel besaß, mit der neuen Situation umzugehen (→ 263). Dieses Defizit offenbart auch ein Rundschreiben des Landeskirchenrats an alle Pfarrämter, in dem der politische Wandel prinzipiell begrüßt wurde, zugleich aber die Unabhängigkeit der Kirche von „weltliche[n] Ereignisse[n]" betont wurde. Daher müssten Pfarrer genau prüfen, an welchen außerkirchlichen Handlungen sie teilnähmen. Die Ord-

55 Vgl. hierzu auch das Votum von Pfarrer Siegmund Fries im „Korrespondenzblatt" (Dokument 264) und die Antworten darauf (Dokument 267, 272).

56 Der Text ist bei F. W. Kantzenbach, Der Einzelne, S. 196 f., mit abweichendem Wortlaut überliefert. Das Präsidialamt gab den Brief an das Kirchenbundesamt weiter; dort wurde er nach Beratung ad Acta gelegt. Der Brief an das Kultusministerium findet sich in EZA Berlin, 1/766.

57 Vgl. unten Dokument 283.

nung kirchlicher Handlungen hatte ebenso unangetastet zu bleiben wie die Kirchengebäude (→ 262).

Im April 1933 kommentierte das Blatt des Evangelischen Bundes, die „Fränkische Wacht", die bisherigen Ereignisse positiv: Deutschland erlebe Dank Gottes Hilfe einen Aufschwung; die als Kampf gegen Ungeziefer dargestellte politische Säuberung habe wieder christliche Politiker ins Amt gebracht. Hineinverwoben in diese geschichtstheologische Betrachtung über das Wunder der deutschen Wiedergeburt war die kirchliche Variante des Führer-Mythos: ein einsamer Kämpfer wurde gegen eine Übermacht zum Retter Deutschlands. Dieses Ereignis könne nur der Fromme erfassen, nicht der Rationalist. Nun gelte es mitzuarbeiten an Deutschlands Weg zur ihm gebührenden Größe (→ 265).

Über das Verhältnis von Kirche und Staat aus lutherisch-staatsbejahender Perspektive schrieb Dekan Thomas Breit im „Evangelischen Gemeindeblatt für Hof und Umgebung". Er kontrastierte den virilen nationalsozialistischen Staat mit der schwächlichen, ‚humanen' Weimarer Republik. Bestimmend für Breits Urteil waren ein organologisches Staatsdenken, die Hochschätzung der „Entscheidung", das Volksnomosdenken und Frauenfeindlichkeit. Breit erhob das Vorgehen des NS-Staates, die Schaffung von „Reinheit und Sauberkeit" im privaten wie öffentlichen Bereich zu Zeichen einer rechtmäßig handelnden Obrigkeit, die sich der Zustimmung der Kirche sicher sein könne. Bedingung sei aber, dass der Staat sich seiner religiösen Grundlage bewusst sei und keine Grenzverwischungen mehr dulde, v. a. die zwischen den Geschlechtern und die zwischen Kirche und Staat. Der Tag von Potsdam habe gezeigt, dass das Verhältnis von Kirche und Staat wieder in geordnete Bahnen laufe und der Staat sich wieder seiner nur von Gott abhängigen Hoheit bewusst werde. Zur Wahrung dieses Bewusstseins bedürfe der Staat der Kirche. Im weiteren Verlauf seiner Ausführungen griff Breit den Gedanken wieder auf, dass eine strikte Schranke zwischen Kirche und Staat im Sinn der nie explizit angesprochenen Zwei-Reiche bzw. Regimenten-Lehre beiden am besten diene (→ 266).

Der Orientierung und Vorbereitung weiterer Schritte diente eine in ihrer Form ungewöhnliche Zusammenkunft von Landeskirchenrat, Landessynodalausschuss und den Dekanen am 4. April 1933. Neben dem Austausch über die politische Situation ging es v. a. darum, eine Zersplitterung der Landeskirche in einzelne Fraktionen zu verhindern. In seinem Bericht zur Lage betonte Kirchenpräsident Veit den Unterschied zwischen den Jahren 1918 und 1933 für die Kirche. Heute sei sie in ihrem organisatorisch-rechtlichen Bestand nicht bedroht, der Staat gebe ihr Garantien, mit der neuen bayerischen Regierung habe man gute Erfahrungen gemacht. Zum politischen Umschwung äußerte sich Veit vorsichtig: in die Freude über die neue Konjunktur des Nationalen und seiner Symbole mischte sich leise Kritik an Formen und Methoden der „Machtergreifung" sowie an politisierenden

Pfarrern[58]. Auch dürfe man von der Kirche nicht zu viel erwarten, sie sei unpolitisch und speise sich aus anderen Quellen als die Politik. Schon zu diesem frühen Zeitpunkt verwahrte sich Veit gegen Versuche, das christliche Zeugnis zu germanisieren und die paulinische Theologie zu diskreditieren.

Gegenüber Reichskirchenplänen war Veit skeptisch, für ihn war der DEKB die angemessen Form des landeskirchlichen Zusammenschlusses, ohne selbst Kirche zu sein. Auch bei den Verfassungsorganen der Landeskirche bestehe kein Reformbedarf. Von außen dürfe sich die Landeskirche das Gesetz des Handelns keinesfalls aufzwingen lassen. Daher sei auch das Ansinnen, sozialdemokratische Kirchenvorstände zu entlassen, ebenso ausgeschlossen wie Versuche, Kirchenmitglieder jüdischer Herkunft öffentlich herabzuwürdigen.

In der Schulpolitik war oberstes Ziel der Fortbestand der Konfessionsschule, in der Jugendarbeit galt es, die bisherige Unabhängigkeit gegenüber dem Staat fortzusetzen, zumal man die Erziehung im nationalen Geist schon immer praktiziert habe. OKR Meiser bekräftigte diese Linie und betonte, dass die kirchliche Jugendarbeit jederzeit mit staatlichen Übergriffen rechnen müsse.

Ein von der Politik unabhängiges Problem war das Überangebot an Kandidaten, die nicht untergebracht werden konnten, nach dem Willen des Kirchenpräsidenten aber unbedingt in der Kirche Verwendung finden sollten. Als Optionen galten ihm trotz aller daraus entstehenden Ungerechtigkeiten von der Landeskirche bezuschusste Lehr- oder Hilfsvikariate.

In der Diskussion wurde gegen die Bedenken Veits die Forderung laut, dass die Kirchenleitung öffentlich ein orientierendes Wort zur politischen Lage spreche. Beim Thema politische Äußerungen von Pfarrern überwog aus theologischen Gründen die Mahnung zur Zurückhaltung. In der Frage, inwieweit man Gottesdienste für Parteiformationen abhalten oder Uniformierte im Gottesdienst dulden solle, betonte Veit, dass die Entwicklung unumkehrbar sei. Der betreffende Gottesdienst müsse aber stets Gemeindegottesdienst sein. Die Entscheidung über die Beflaggung kirchlicher Gebäude sollte prinzipiell in Kirchenhand bleiben und flexibel gehandhabt werden. Bei Kirchen hielt man „möglichste Zurückhaltung" für geboten, bei Pfarrhäusern wurde die Option schwarz-weiß-rot statt der Hakenkreuzfahne in Betracht gezogen.

Der Münchner Dekan Friedrich Langenfaß bezweifelte, dass Veits Einheitsappell noch realisierbar sei, obwohl er ihn für überlebensnotwendig hielt. Ebenso wie Veit fürchtete er bei einer vom Staat angeordneten Neuwahl der Landessynode um den Bestand der Kirche, zumal man katholischerseits auf den Niedergang des Protestantismus spekuliere (→ 268).

---

58 Vgl. oben Dokument 21 und 22.

Eine Woche nach dieser Besprechung dankte der bayerische Pfarrerverein nach einem Gespräch seines Vorsitzenden mit Kultusminister Hans Schemm diesem für die Erklärung, dass die neue Regierung diejenigen Ziele verfolgen wolle, die auch die Kirche erstrebe (Kampf gegen Schund und Schmutz, Recht auf Religionsunterricht, Stärkung des Schulgebets). Als weitere Gemeinsamkeit wurde die traditionelle Mitwirkung der Kirche an der Erziehung im nationalen Sinn und deren Bereitschaft zur Errichtung einer wahren Volksgemeinschaft, bzw. „nationalen und religiösen Wiedergeburt" betont, sofern die Kirche auch im autoritären Staat gemäß den Regelungen des bayerischen Konkordats ungehindert amtieren könne (→ 269).

Zum Osterfest 1933 erließ der Landeskirchenrat am 13. April zwei Kundgebungen: eine, die den Gemeinden im Hauptgottesdienst zu verlesen war, und eine an die Pfarrer. Den Gemeinden wurde beschönigend und ohne den auf Veit ausgeübten Druck zu benennen, der Rücktritt des Kirchenpräsidenten mitgeteilt. Dann folgte die wiederholt geforderte Erklärung zur Lage: man habe wieder einen richtigen und starken Staat, der der Unterstützung der Kirche sicher sein dürfe, da er eine Volksgemeinschaft schaffe und in religions-, gesellschafts-, familien- und kulturpolitischer Hinsicht so handle, wie es die Kirche erwarte. Daher könne die Kirchenleitung den Gemeinden empfehlen, die aufbauenden Kräfte im Staat zu stärken. Die einzige Beschränkung dieser Loyalitätserklärung war der Verkündigungsauftrag der Kirche, der das deutsche Volk „zu wahrer Auferstehung führen" solle (→ 270).

Gegenüber den Pfarrern wurde der Rücktritt des Kirchenpräsidenten als großer Verlust für die Landeskirche kommuniziert, die nun in schwerer Zeit führungslos sei. Obwohl die „Machtergreifung" auch in diesem Votum begrüßt und mit positiven Perspektiven für die Kirche verbunden wurde, wurden auch Bedenken laut: die Kirchenleitung befürchtete angesichts der Gleichschaltungspolitik Auswirkungen auf die Kirchenverfassung. Als Antwort auf diese Herausforderung kam den Verantwortlichen der Landeskirche nur der Aufruf zur Geschlossenheit über alle politischen Gegensätze hinweg in den Sinn (→ 271).

In der Predigt des Münchner Pfarrers August Stählin am Sonntag nach Ostern (22. April 1933) klangen leise kritische Töne zur Deutung der „Machtergreifung" an. Das politische Ereignis begrüßte Stählin freudig als Sieg des Glaubens an die Sache des Nationalsozialismus. Doch zwischen dem Regimewechsel, der Aufrichtung der Volksgemeinschaft und der individuellen christlichen Weltüberwindung bestehe ein erheblicher qualitativer Unterschied – der Glaube an Jesus Christus, an dem auch der deutsche Mensch nicht vorbeikomme (→ 273). Im Blatt der Münchner Gesamtgemeinde schrieb Dekan Langenfaß über die Rolle der evangelischen Kirche im neuen Staat und gab am Ende seiner Ausführungen die Kundgebung der Kirchenleitung an die Gemeinden[59] wieder. Langenfaß setze in das Verhältnis von Kirche und Staat aufgrund diverser Äußerungen v. a. von Kultusminister Schemm große Hoffnungen. Zu den staatlichen Maßnahmen, die von der Kirche wohlwollend registriert wurden, zählte der Kampf gegen „Unmoral“ in Kultur und Öffentlichkeit sowie die Neudefinition der Rolle der Frau im Haus und außerhalb der Politik. Hauptgrund der kirchlichen Begeisterung für die neuen Herren war aber die Festlegung des Karfreitags als ganztägigem gesetzlichen Feiertag[60]. Während Langenfaß die Bedeutung des Christentums als sittlich-moralische Grundlage des Staates betonte und für die Kirche Handlungsfreiheit verlangte, forderte er zugleich scharfe Maßnahmen gegen die als Kommunisten denunzierten Zeugen Jehovas (→ 274).

Aus dem Verbandsprotestantismus trat der Evangelische Bund mit einer Kundgebung hervor, in der die Freude über den Sieg über den Bolschewismus und das Entstehen eines starken Staates auf christlicher Grundlage zum Ausdruck kam und ebenfalls die Stärkung des Karfreitags als gesetzlichem Feiertag als Beweis der Kirchenfreundlichkeit des Regimes gewertet wurde (→ 275).

Nach der vielfältig kommunizierten kritiklosen Begeisterung über das Ende der sittlich verwilderten, religionslosen ungeliebten Republik und der Restituierung eines starken, christlich geprägten Staates mit einer wahrhaft obrigkeitlichen Führung musste die Kirche im November 1933 in diese Euphorie hinein Distanz einfordern. Ordinierte Geistliche sollten entgegen den Aufforderungen bis auf Weiteres nicht der SA oder anderen Wehrverbänden beitreten, Theologiestudenten sollten sich ihnen hingegen weiterhin anschließen dürfen (→ 276).

4.1.2 Reichstagsbrand, Reichstagswahl und Reichstagseröffnung 1933

Eine der wichtigsten Stufen auf dem Weg zur uneingeschränkten Macht waren die Maßnahmen gegen zehntausende politischer Gegner in der Folge des Reichstagsbrandes vom 27. Februar 1933. Geschickt deuteten die Machthaber die Tat als kommunistischen Umsturzversuch und setzten mit der „Verordnung zum Schutz von Volk und Staat“ wesentliche Grundrechte außer Kraft. In der Folgezeit wurden die Reichstagsmandate der KPD annulliert und die SPD verboten.

Der Konrektor der Rummelsberger Anstalten Pfarrer Ernst Nägelsbach stellte das Schriftwort einer Predigt und die Predigt selbst unter das Ereig-

59 Vgl. Dokument 270 und 271.
60 Vgl. hierzu auch Abschnitt 7.3.3.

nis. Er deutete den Brand als Angriff des Bösen, der aber dank Gottes Eingreifen scheiterte – so zeige es schon das Kreuz Christi (→ 277).

In seinem Aufruf zur Reichstagswahl setzte der Evangelische Bund auf die Themen Versagen der Parteien und Handeln zum Schaden Deutschlands und als dessen Verdichtung auf Polemik gegen das „internationale“ Zentrum als politischer Arm eines rücksichtslos-egoistischen Katholizismus. Diesem gelte es ein Ende zu bereiten (→ 278). In der Zeitschrift „Freimund. Lutherische Stimme für Kirche und Volk“ wurde der antikatholische Affekt doppelt geschürt: Zum einen dadurch, dass Bolschewisten und Katholiken auf eine Ebene gestellt wurden, zum anderen durch Gerüchte über katholische Pläne zu Lasten des Protestantismus. Verbunden waren die Ausführungen mit einem Untergangsszenario bei einem falschen Wahlausgang (→ 279). Aus der Perspektive des Christlichen Volksdienstes diskutierte der Erlanger Professor für Neues Testament Hermann Strathmann die möglichen Folgen der Wahl für die parlamentarische Arbeit. Eine Koalition aus NSDAP und Zentrum hielt er für möglich, aber keinesfalls für erstrebenswert. Obwohl er in der aktuellen NSDAP-DNVP-Regierung erhebliches Konfliktpotenzial erkannte, sah er keine Alternative zu deren Fortsetzung, da weder eine Rückkehr zum Parlamentarismus noch eine „Parteidiktatur Hitlers“ akzeptabel sei (→ 280).

Nach der Wahl bereitete der Landeskirchenrat die Dekanate darauf vor, dass anlässlich der Reichstagseröffnung von Staats- oder Parteiseite die Abhaltung von Gottesdiensten erbeten werde. Diese wurden unter der Bedingung genehmigt, dass den Pfarren der – so nicht angesprochene – Spagat zwischen nationaler bzw. nationalprotestantischer Euphorie und parteipolitischer Zurückhaltung gelang (→ 281).

Den Wahlausgang kommentierte Hermann Strathmann mit Blick auf die einzelnen Parteien und deren staatliche Behinderung. Während er pro domo das Abschneiden des Volksdienstes beschönigte, bedauerte er das unerwartet gute Ergebnis des Zentrums. Insgesamt begrüßte er das Wahlergebnis, da nun klare Verhältnisse herrschten und die Nationalsozialisten die Verantwortung trügen. Das Ende des Parlamentarismus störte ihn nur bedingt, da er darauf vertraute, dass der Volksbund seine Arbeit als evangelische Stimme in der Politik weiterführen könne (→ 282).

Der Deutsche Christ Adolf Daum beschwerte sich dagegen darüber, dass das „Korrespondenzblatt“ im Stil des „Berliner Tagblatts“, das langjährige Zielscheibe der Rechten war, das gewaltige nationale Geschehen mit Hinweis auf seinen unpolitischen Charakter ignoriert habe. Die dem Nationalsozialismus zuneigenden Pfarrer seien keine Parteipolitiker, sondern Volk und Vaterland verpflichtet. Unter diesem Blickwinkel müsse das „Korrespondenzblatt“ seine Berichterstattung revidieren, zumal die Kirche trotz der gebannten Bolschewismusgefahr schweige und immer noch das gegen den Nationalsozialismus gerichtete Altonaer Bekenntnis verbreite. Nach der Reichstagswahl habe es sogar Proteste gegen das Läuten der Glocken gegeben[61], obwohl die Feinde der Kirche ausgeschaltet seien. Damit beweise sie ihre Entfremdung vom Volk. All' diesen Themen verweigere sich das „Korrespondenzblatt" noch, statt dem Austausch der Pfarrer über nationale Fragen zu dienen (→ 283).

4.1.3 Austritt aus dem Völkerbund 1933

Am 12. November 1933 fand gleichzeitig mit der Reichstagswahl eine Volksabstimmung über den Austritt Deutschlands aus dem Völkerbund statt. Der Bayreuther Pfarrer Ludwig Kelber begrüßte diesen Schritt, den er zur deutschen Existenzfrage erhob, vorbehaltlos. Die Reichstagswahl per Einheitsliste kritisierte er hingegen als Scheinwahl. Ohne Namensnennung bezeichnete er den früheren Reichskanzler des Zentrums Franz von Papen als für einen Protestanten nicht wählbar (→ 284). Vermutlich aufgrund einer Beschwere von NSDAP-Seite sprach der Landeskirchenrat zeitnah Kelber seine Missbilligung über diese Aussagen aus. Sie galten – anders als sein Votum zum Völkerbund – als mit dem geistlichen Amt unvereinbar (→ 286).

An einem Artikel des „Evangelischen Gemeindeblatts für München" zur Volksabstimmung nahm die Kirchenleitung hingegen keinen Anstoß, obwohl hier gegen den Völkerbund und seine Politik gegen Deutschland in Rüstungsfragen agitiert wurde. Um die Berechtigung seiner Wahlpropaganda zu begründen, brachte der Autor die Ehre des deutschen Volkes ins Spiel, dem sich die Kirche trotz ihres überweltlichen Auftrags gerade in der Gegenwart aufs engste verbunden wisse (→ 285).

4.1.4 Reichstagswahl 1936[62]

Wie schon 1933 war auch die Reichstagswahl vom 29. März 1936 mit einem Plebiszit verbunden: es sollte der den Bestimmungen internationaler Verträge widersprechende, aber als Ziel traditioneller Revisionspolitik von großer Zustimmung der Bevölkerung getragene Einmarsch deutscher Truppen in das entmilitarisierte Rheinland nachträglich legitimiert werden.

Neun Tage vor der Wahl rief der Landesbischof in einem vertraulichen – jedoch in der Seelsorge verwendbaren – Schreiben Pfarrer und Religionslehrer dazu auf, trotz aller negativer Erfahrungen und politischer Zweifel an ihrer nationalen Zuverlässigkeit, erneut ihre Treue zu Hitler und seiner

61 Vgl. oben Dokument 261.
62 Vgl. oben Abschnitt 2.8.

Politik unter Beweis zu stellen. Bedenken, dass ein Wahlerfolg auch als Zustimmung zur Kirchenpolitik des Regimes gedeutet werden könnte, glaubte die Kirchenleitung dadurch zerstreuen zu können, dass sie auf ein geplantes Schreiben des Lutherrats an Hitler[63] hinwies (→ 287).

4.1.5 „Anschluss" Österreichs[64]

Mit dem sog. Anschluss Österreichs an das Deutsche Reich waren nach dem Einmarsch in das Rheinland 1936 und der Rückkehr des Saargebiets[65] die Folgen der Revisions- und Expansionspolitik des 3. Reichs bis an die Grenzen der bayerischen Landeskirche herangerückt. Noch bevor es zur ersten kirchlichen Verlautbarung kam, verbot das Reichspropagandaamt Franken der NSDAP der evangelischen Presse Berichte über die konfessionelle Lage in Österreich (→ 288).

Der bayerische Landessynodalausschuss wandte sich mit einem veröffentlichten Schreiben an den Landessynodalausschuss der Evangelischen Kirche in Österreich [A. B.] und begrüßte die Glaubensbrüder in der Hoffnung auf ein noch enger werdendes nachbarliches Verhältnis. Mit den dabei ausgesprochenen Wünschen ignorierte der Landessynodalausschuss die Weisung des Reichspropagandaamtes (→ 289). In einem inhaltlich leicht abweichenden Votum ordnete der Landeskirchenrat an, dass im Gottesdienst des Ereignisses zu gedenken sei und das Kirchengebet um den Dank für die Rückkehr Österreichs, die Leitung des Führers durch Gott, um die Fürbitte für den Führer und Soldaten und um die Bitte um Frieden zu erweitern sei (→ 290). Für den Vorabend der Volksabstimmung gab die Kirchenleitung die Weisung zum Glockengeläut mit der Bitte um Befolgung an die Pfarreien weiter (→ 291).

---

63 Auf seiner Sitzung am 18. März 1936 hatte der Lutherrat beschlossen, dass die Landesbischöfe Marahrens, Meiser und Wurm wegen der Wahl ein seelsorgerliches Schreiben an Pfarrer und Gemeinden verfassen sollten. Das Sekretariat des Lutherrats sollte den Brief „mit einer ernsten Vorstellung über die Gewissensnöte" vieler Kirchenmitglieder an Hitler und den Reichskirchenausschuss senden. In diesem streng vertraulichen Schreiben vom 21. März 1936 war von grundsätzlicher politischer Loyalität, aber auch von Gewissensnöten wegen der immer stärker werdenden Angriffe auf die Kirche die Rede (Verantwortung für die Kirche 2, S. 207).

64 Vgl. oben auch Abschnitt 2.8.

65 Vgl. hierzu die Bekanntmachungen Nr. 29 und Nr. 403 des Landeskirchenrats vom 3. bzw. 17. Januar 1935 zur Saarabstimmung (ABlELKB 1935, S. 1 und 5).

4.1.6 Sudetenkrise 1938 und Angliederung des Sudetenlandes

Nachdem seit Jahresende 1937 Planungen liefen, die Tschechoslowakei als Bündnispartner Frankreichs auszuschalten und das Land aufgrund anhaltender Provokationen der deutschen Minderheit eine Teilmobilmachung vollzogen hatte, griff Hitler die dortige Regierung auf dem Reichsparteitag 1938 scharf an, was zu Unruhen im Sudetenland führte. Dies wiederum veranlasste den britischen Premierminister Neville Chamberlain zu einem Treffen mit Hitler auf dem Obersalzberg am 15. September 1938, das aber ergebnislos blieb. Da die Situation von deutscher Seite weiter angeheizt wurde, kamen England, Frankreich und die Tschechoslowakei Hitler weit entgegen, der die Vorschläge jedoch ablehnte. Frankreich leitete nun nach entsprechenden englischen Zusagen eine Teilmobilmachung ein, Hitler wollte den Einmarsch nur noch bei Erfüllung seines Ultimatums stoppen. Auf internationalen Druck hin konnte Italiens Diktator Benito Mussolini Hitler zu einer Konferenz bewegen. Diese fand am 29./30. September in München mit Beteiligung Frankreichs, Großbritanniens, Italiens und Deutschlands statt. Nach der Zustimmung der Beteiligten zum Anschluss des Sudetenlandes an das Reich besetzten am 1. Oktober deutsche Truppen das Sudetenland.

In dieser Situation ordnete der Landeskirchenrat – ohne die Lage hier oder später selbst zu kommentieren – für Sonntag, den 18. September, ein Fürbittegebet zur Bewahrung des Friedens an (→ 292). Schon am darauffolgenden Montag versandte die Kirchenleitung ein weiteres Fürbittegebet, das bis zur Entspannung der Lage im Gottesdienst wiederholt werden sollte (→ 293). Es war bis auf die Bitte um das Erbarmen mit den Sudetendeutschen mit dem vorherigen identisch.

Sofort nach dem Ende der Konferenz verschickte der Landeskirchenrat den Text eines Gebetes, in dem für den Erhalt des Friedens gedankt wurde. Es sollte im Gottesdienst zum Erntedankfest verwendet werden, dessen Predigt und Gemeindegesang auch dem Dank für den Frieden gewidmet sein sollten (→ 294).

Am selben Tag wandte sich Landesbischof Meiser an den für den Kirchenkreises Asch zuständigen Kirchenrat Georg Held von der Deutschen Evangelischen Kirche in Böhmen, Mähren und Schlesien und begrüßte die der bayerischen Landeskirche eng verbundenen Glaubensbrüder jenseits der gefallenen Grenze (→ 295). Bald darauf berieten die beiden über die Zukunft des Kirchenkreises Asch, dessen Gemeinden sich am liebsten der bayerischen Landeskirche angeschlossen hätten, sowie über den Geldbedarf der nun von Zuwendungen aus Prag abgeschnittenen Gemeinden (→ 296). Wegen der finanziellen Not der Gemeinden im ehemaligen Grenzland ordnete die bayerische Landeskirche im Januar 1939 eine Landeskirchensammlung an (→ 298).

Schwierig gestaltete sich die Frage nach der kirchlichen Zugehörigkeit. Die Kirchenleitung in Gablonz stellte im November 1938 klar, dass man dem Wunsch der DEK und des für die Diaspora zuständigen Gustav-Adolf-Vereins folgen und die Kirche als Ganzes erhalten wolle (→ 297). Sie widersprach damit den Aussagen Helds. Mit der Schaffung des Reichsgaues Sudetenland im April 1939 fielen auch über 500 Gemeinden mir ca. 690.000 Einwohnern an die Gaue Bayerische Ostmark, Ober- und Niederdonau, was wiederum Folgen für die Form der betroffenen Landeskirchen hatte. Der Anfall von 116 Gemeinden aus den vier Landkreisen Prachatitz, Bergreichenstein, Markt Eisenstein und Waldmünchen 1940 an die bayerische Landeskirche erforderte einen hohen organisatorischen und finanziellen Regelungsbedarf zwischen Kirche und Staat sowie zwischen der Landeskirche und der Deutschen Evangelischen Kirche in Böhmen, Mähren und Schlesien (→ 299, 300).

4.1.7 Kriegsbeginn 1939

Auf die beginnende deutsche Generalmobilmachung am 25. August 1939 hin beorderte das Kreisdekanat München die südbayerischen Dekane am 27. August aus dem Urlaub zurück und traf Vorbereitungen, wie der kirchliche Betrieb trotz Einberufungen aufrecht erhalten werden könne. Weiterhin bemühte sich Kreisdekan Daumiller darum – analog zum Beginn des Ersten Weltkrieges – Einberufene nicht ohne Abendmahl in den Krieg ziehen zu lassen und für die Angehörigen (Kriegs-)Betstunden anzubieten (→ 301). Der Rosenheimer Dekan Franz Schmid beschränkte sich in einem Schreiben an die Pfarrer ebenfalls auf den stärkenden seelsorgerlichen Zuspruch (→ 302). Als sich Mitte September 1939 dann der Landesbischof mir einem „Grußwort" an die Pfarrer wandte, ging es nicht um Politik, sondern um die Frage, „wie predigen wir im Krieg?". Meiser riet seinen Pfarrern zu einer aus Besinnung und innerer Sammlung erwachsenen christuszentrierten Predigt, die auch zur Buße und Selbstkritik mahnen müsse, Distanz zur Tagespolitik halte und auf Kirchenpolitik verzichte (→ 303).

4.1.8 Deutsch-russischer Nichtangriffspakt 1939

Ebenso wie beim „Anschluss" Österreichs ergingen beim Abschluss des deutsch-russischen Nichtangriffspakt (24. August 1939) im Oktober 1939, also mit erheblicher Verzögerung, Anweisungen an die kirchliche Presse. Zunächst mussten Irritationen darüber verhindert werden, dass das Reich nun mit dem Staat einen Vertrag abschloss, der jahrelanges Ziel der weltanschaulichen Propaganda gewesen war (→ 304). Kurz danach wurden auch alle Artikel über wirtschaftliche Fragen verboten (→ 305).

4.1.9 Attentat im Bürgerbräukeller auf Adolf Hitler 1939

Nach dem gescheiterten Attentat Georg Elsers auf Hitler im Münchner Bürgerbräukeller ordnete der Landeskirchenrat am nächsten Tag, am 9. November 1939, per Rundschreiben[66] ein Gebet für den Führer an. An die fränkische Kirchenpresse erging am selben Tag eine ähnliche Anweisung vom Reichspropagandaamt Franken mit dem Hinweis, sich argumentativ nach der Tagespresse zu richten und die Vorsehung zu betonen[67]. Das Münchner „Evangelische Gemeindeblatt" veröffentlichte nicht nur das kurze Dankgebet der Kirchenleitung in seiner Ausgabe vom 19. November, sondern ergänzte es gemäß der Anweisung für die Presse (→ 306)[68].

4.1.10 Frankreichfeldzug 1940

Nach dem Angriff auf Polen hatten Frankreich und Großbritannien zwar am 3. September 1939 Deutschland den Krieg erklärt, aber an der deutsch-französischen Grenze herrschte weitgehende Waffenruhe. Am 10. Mai 1940 griff die Wehrmacht dann Frankreich überraschend an und umging die Maginot-Linie, indem sie durch die neutralen Staaten Niederlande und Belgien marschierte. Am 17. Juni bot Frankreich Deutschland einen Waffenstillstand an. Am 22. Juni 1940 wurde der Waffenstillstand dann symbolbeladen im Wald von Compiègne unterzeichnet, wo auch 1918 die Niederlage Deutschlands im Ersten Weltkrieg besiegelt worden war.

Der schnelle Sieg über Frankreich, der vielfach nicht für möglich gehaltenen worden war, markierte den Höhepunkt von Hitlers innenpolitischem Ansehen, er war zugleich das letzte große Ereignis des Weltkrieges, das in der evangelischen Öffentlichkeit vor dem Ende der kirchlichen Presse breit diskutiert werden konnte. Fast durchgängig wurde an den Ersten Weltkrieg und seinen Ausgang erinnert, der nun endlich korrigiert worden sei. Hermann Strathmann, obwohl von den Nationalsozialisten als ihr Gegner betrachtet und bedroht[69], deutete den Sieg als Revanche an Frankreich bis zurück zu Napoleon und den Befreiungskriegen, verklärte Hitler zum

---

66 LAELKB, KKU 103/2–12 II.

67 LAELKB, KKE 103/3–9.

68 Da sich im Nachlass Langenfaß (LAELKB, 101/41 – 116) die maschinenschriftliche Fassung des Textes findet, dürfte er wohl auch der Autor sein.

69 Vgl. K.-H. Fix, Strathmann.

Werkzeug Gottes und verharmloste in seiner Euphorie die Lage der Kirche in Deutschland (→ 307).

In der „Kirchlichen [sic!] Chronik" des „Evangelischen Gemeindeblatts für München" nahm die Berichterstattung über den Frankreichfeldzug breiten Raum ein. Hier wurde der Krieg zum Kampf um die Existenz Deutschlands stilisiert, die „Leistung" der Wehrmacht hervorgehoben, zur weltlichen und geistlichen (durch Gebet) Unterstützung des Führers aufgerufen und die enge Verbundenheit von Volk und Wehrmacht betont (→ 308–310). Unter der Überschrift „Großer Gott, wir loben Dich" beschrieb Dekan Langenfaß ohne jede Distanz den Frankreichfeldzug und die Kämpfe in Norwegen bis hin zum französischen Kapitulationsangebot. Zwischen der Befriedigung über die deutschen Siege und der Aufforderung zur Fürbitte für Führer, Volk und Wehrmacht blieb nur wenig Raum zum Gedenken an die Gefallenen (→ 311). Langenfaß' Bericht im „Gemeindeblatt" über die Dankgottesdienste in München anlässlich des Waffenstillstandes enthielt eine geschichtstheologische Deutung der Zeit seit November 1918 als Weg aus nationaler Erniedrigung zu neuer Höhe und als Dokument französischer Grausamkeit gegenüber deutschem Edelmut. Zugleich vermengte er den Appell zur Glaubensstärke angesichts des Kreuzes mit Durchhalteparolen (→ 312). In der Anweisung der Kirchenleitung zur Abhaltung von wochentäglichen Dankgottesdiensten war neben dem Dank an Führer, Wehrmacht und Gott erstmals auch die Bitte „um einen baldigen Endsieg" enthalten (→ 313)[70].

4.2 Nationale Symbole, Feiertage und Persönlichkeiten

4.2.1 „Deutscher Gruss" und Volksgemeinschaft

Der ca. 1926 in der NSDAP in Anknüpfung an germanische Rituale eingeführte sog. Deutsche Gruß verbreitete sich nach der „Machtergreifung" ohne rechtsverbindliche Anordnung schnell. Er musste nicht nur im Schriftverkehr mit Behörden, sondern auch gegenüber Fahnen der Partei und ihrer Formationen, vor der Feldherrnhalle in München, beim Abspielen der Nationalhymne und des Horst-Wessel-Liedes etc. bezeugt werden. Während das Unterlassen des Grußes als Zeichen der Gegnerschaft zum Regime

---

70 In seinem Lagebericht vom 8. Juli 1940 notierte der Regierungspräsident von Ober- und Mittelfranken, dass die Kirchen die Anordnung zur Feier des Sieges über Frankreich weitgehend befolgt hätten. Der Dankgottesdienst des Landesbischofs am 27. [sic!] Juni 1940 in der Nürnberger Lorenzkirche sei gut besucht gewesen, auch von vielen Wehrmachtsangehörigen in Uniform. Meiser habe den Erfolg der Wehrmacht und die Leistung des Führers gewürdigt und den Sieg darauf zurückgeführt, dass Gott die Gebete erhört und den Erfolg geschenkt habe (Die kirchliche Lage II, S. 354).

gedeutet werden konnte, war die „kultische" Begrüßung von Personen, Gegenständen und Symbolen für Christen durchaus problematisch[71].

Im März 1934 erließ das bayerische Kultusministerium eine Anordnung, gemäß der der Deutsche Gruß von Lehrern und Schülern gegenseitig innerhalb und außerhalb der Schule bezeugt werden musste. Diese Anordnung galt auch für Religionslehrer[72]. Im September 1936 übernahm die Landeskirche dann die differenzierten Regeln des Reichskirchenausschusses für die Grußpflicht der Geistlichen. So war der Deutsche Gruß auch im Ornat zu bezeugen, jedoch nicht „während der Dauer einer gottesdienstlichen Feier" (→ 314).

Ein Element der in Kirche und Theologie weithin abgelehnten modern-westlich-demokratisch-liberalistischen Weltanschauung war der Individualismus. Er wurde kirchlicherseits mit Egoismus, Zerstörung von Verbindlichkeit und Atomisierung gleichgesetzt. Daher öffneten zahlreiche Theologen ihre Überlegungen zur überindividueller Vergemeinschaftung für das schon vor 1933 existente Gegenmodell der mehr verheißenen als realisierten Volksgemeinschaft. Sie erklärten bald nach der „Machtergreifung" anpassungsbereit, am Aufbau der Volksgemeinschaft mitwirken zu wollen. Im sog. Kirchenkampf wurde „Volksgemeinschaft" dann auch gegenüber der Bekennenden Kirchen zum Kampfbegriff, da deren Ablehnung der NS-Kirchenpolitik propagandistisch als Selbstexklusion gedeutet wurde und die Kirche diesem Eindruck vehement widersprach, ja sich als Garantin einer besseren, da christlich fundierten Volksgemeinschaft sah[73].

Im „Evangelischen Gemeindeblatt für München" publizierte Stadtvikar Adolf Schiller (Erlöserkirche) einen mutigen Text, in dem er unter dem Schriftwort „Gebet dem Kaiser, was des Kaisers ist, und Gott, was Gottes ist!" (Matth. 22, 21) trotz eines positiven Blicks auf die Entwicklung der Volksgemeinschaft und trotz der Betonung des kirchlichen Willens, sich in diese einzugliedern – auch wenn ihr Gegenteiliges im Kirchenkampf unterstellt wurde – die prinzipielle Bindung des Christen an Gott und dessen überirdisches Reich hervorhob. Dieser Unterschied zwischen Geburt und Taufe nehme durch die zunehmende Zahl von Glaubenslosen und durch eine antichristliche Propaganda stetig zu, die Volksgemeinschaft sei nicht mehr zugleich Glaubensgemeinschaft. Als Christ müsse man vor der Propaganda des Unglaubens warnen und dem „Totalitätsanspruch" Gottes nachkommen, auch wenn daraus Zweifel an der Loyalität zum Staat und Bedrückung erwachsen könne (→ 315).

---

71 Vgl. hierzu prinzipiell: T. Allert, Gruß.

72 ABlELKB 1934, S, 50.

73 Vgl. die Dokumente 1, 23, 52, 53, 132, 139, 147, 154, 155, 158, 214, 257–277. Vgl. zum Begriff statt vieler Einzelnachweise: F. Bajohr/M. Wildt, Einleitung.

Schiller wurde wegen des Artikel „einvernommen“ und erklärte, dass er seine Ausführungen nicht auf den „Kirchenkampf“ bezogen habe, sondern die Gemeindeglieder auffordern wollte, sich gegen antichristliche Kräfte – gemeint war v. a. Alfred Rosenberg – zu „sammeln“ und zu „erheben“. Schiller wurde „wegen der zu Mißdeutungen anlaßgebenden Stellen“ verwarnt[74].

4.2.2 Beflaggung kirchlicher Gebäude

Anlässlich des 80. und des 85. Geburtstages von Reichspräsident Paul von Hindenburg am 2. Oktober 1927 bzw. 1932 hatte der Landeskirchenrat jeweils angeordnet, im sonntäglichen Kirchengebet des Jubilars „fürbittend“ zu gedenken. Im Jahr 1927 sollten die Geistlichen zudem „in geeigneter Weise auf dieses bedeutsame Geburtstagsfest Bezug nehmen“[75]. Von kirchlichen Reaktionen auf Geburtstage (katholischer) bayerischer Landespolitiker ist nichts bekannt.

Zur Feier des 65. Geburtstages des Reichsstatthalter Ritter von Epp ordnete der Landeskirchenrat im September 1933 keine Fürbitte, sondern die symbolisch und farblich fein differenzierte Beflaggung von Kirchen und kirchliche Gebäuden an (→ 316). Im Februar 1934 äußerte sich der Landeskirchenrat dann prinzipiell zur Frage der Beflaggung kirchlicher Gebäude: die Kirche sollte die Entscheidungshoheit haben und Fahnen nur sparsam gezeigt werden. Dabei sollten die Kirchenfarben Vorrang vor den weltlich-politischen haben (→ 317).

Obwohl der 9. November gemäß einer Anordnung des Reichsinnenministers vom 8. Juni 1935 nicht zu den Tagen zählte, an denen öffentliche Gebäude – auch Kirchengebäude – mit der „Reichs- und Nationalflagge“ zu schmücken waren[76], kam es anlässlich des Gedenk- und Feiertags der Partei zu Polizeimaßnahmen gegen Pfarrer, die ihre Kirchen nicht beflaggt hatten. Die Kirchenleitung betonte jedoch gegenüber der Politischen Polizei, dass kein Vorsatz vorliege und es noch Unklarheiten in der Beflaggungspflicht gebe (→ 318)[77].

Zu den Feiertagen, an denen nach der Regelung des Reichsflaggengesetzes von 1935 auch Kirchengebäude zu schmücken waren, gehörte der „Nationalfeiertag des deutsches Volkes“, der 1. Mai. Der Penzberger exponierte Vikar Karl Steinbauer verweigerte jedoch das staatlich angeordnete Glockengeläut und die Beflaggung sowohl zur am 29. März 1936 stattfin-

74 Lagebericht der Polizeidirektion München für Februar 1935 (Die kirchliche Lage I, S. 56).

75 ABlELKB 1927, S. 86, und 1932, S. 99.

76 ABlELKB 1935, S. 148.

77 Vgl. unten Dokument 324.

denden kombinierten Volksabstimmung und Reichstagswahl über den Einmarsch deutscher Truppen in die entmilitarisierte Zone des Rheinlands[78] als auch zum 1. Mai. Zu diesem Termin hatte die Kirchenleitung das Läuten untersagt. In einem ausführlichen Schreiben an die Gendarmeriestation Penzberg legte Steinbauer seine Motive dar. Gegen das Läuten am 1. Mai sprächen ernsteste theologische Gründe, da der Führer der Deutschen Arbeitsfront Robert Ley verlangt hatte, dazu das Volkslied „Freut euch des Lebens“ zu singen, obwohl die Kirchenglocken nur „zum Wort Gottes und zum Gebet“ riefen[79]. Die Beflaggung verweigerte Steinbauer auch als Reaktion darauf, dass es der Kirche verwehrt wurde, am 1. Mai Gottesdienste zu halten. Darauf aufbauend klagte er über kirchenfeindliche Handlungen und Äußerungen, die für die Christen eine schwere Gewissensbelastung darstellten, und widersprach Ausführungen Leys im „Völkischen Beobachter“. Diese verlästerten die reformatorische Botschaft und seien hinsichtlich des Programms der NSDAP ein Beweis der Unwahrhaftigkeit. Wer so handle, könne von der Kirche keine Beflaggung erwarten (→ 319)[80].

Der nächste Streit um die Beflaggung entbrannte anlässlich der Olympischen Sommerspiele vom 1. bis 16. August 1936 in Berlin, da der Nürnberger Kreisdekan Julius Schieder allen Pfarrämter eine Beflaggung der Kirchen untersagt hatte (→ 320), aber der Senior des Dekanats die Beflaggung anordnete. Dagegen protestierte der Hilpoltsteiner Pfarrer Hans Bayer. Er könne zum einen seine Überzeugung – gegen das Beflaggen – nicht postwendend ändern, zum anderen würde er sonst Karl Steinbauer in den Rücken fallen. Da die Olympischen Spiele zudem von Ursprung und aktueller Inszenierung her heidnisch-antichristlichen Charakters seien, wirkten beflaggte Kirchen auf ausländische Besucher befremdlich (→ 321). Knapp zwei Wochen später rechtfertigte Bayer sein Verhalten gegenüber der Politischen Polizei mit den gleichen Argument wie gegenüber Senior Beckhaus, betonte aber zusätzlich, dass die Kirche nicht habe frei entscheiden können. Sie stehe nicht unter der Verfügungsgewalt des Staates, eine andere Anschauung sei bekenntniswidrig (→ 322). Seine Erklärung gegenüber der Politischen Polizei und dem Bezirksamt brachte Bayer auch Dekan Schieder zur Kenntnis. Er betonte, dass er durch eine staatliche Anweisung zum Läuten der Kirchenglocken in seiner Anschauung bestärkt worden sei und befürchte anlässlich des Reichsparteitages weitere Vereinnahmungsversuche durch den weltanschaulichen Gegner. Statt auf der Ebene von Pfarrämtern und Behörden müsse das Problem an oberster Stelle geklärt werden (→ 323).

78 Vgl. oben Dokument 287.
79 Vgl. unten Dokument 337.
80 Vgl. zu diesem Vorgang auch Dokument 337.

Ein juristisches Nachspiel mit einer Verurteilung hatte der Verstoß der beiden Pfarrer von Thundorf Wolfgang Niederstraßer und Felix Seufert gegen das Reichsflaggengesetz. Der evangelische und der katholische Geistliche hatten entgegen einer Anordnung am 9. November 1935[81] weder ihre Kirche noch das Pfarrhaus „aus Unachtsamkeit" mit Flaggenschmuck versehen (→ 324).

4.2.3 Jahrestag der „Machtergreifung", 30. Januar

Zum Jahrestag der „Machtergreifung" äußerte sich die Kirchenleitung inhaltlich differenziert und formal unterschiedlich. Während man 1934 die Bitte von Reichsbischof Müller, am 30. Januar 1934 Abendgottesdienste mit entsprechender Ausrichtung abzuhalten, unkommentiert an die Pfarrämter weitergab (→ 325), ordnete der Landeskirchenrat 1935 an, „der Machtübernahme" im sonntäglichen Hauptgottesdienst fürbittend zu gedenken und Gott dafür zu danken, was Hitler durch seine Gnade erreicht habe (→ 326). Am dritten Jahrestag 1936 gedachte die Kirchenleitung des Geschehens durch ein im Anschluss an die Predigt zu verlesendes Wort an die Gemeinde. Obwohl der 30. Januar als epochales Ereignis in der deutschen Geschichte bezeichnete wurde und der göttliche Segen für Hitler erbeten wurde, lag der Schwerpunkt auf Gottes Handeln mit dem deutschen Volk und auf der Bitte, dass die Evangeliumsverkündigung in Deutschland auch weiterhin als Kraftquelle möglich sei. Dementsprechend standen Gott und das Volk, nicht aber Hitler im Vordergrund (→ 327). Das in Regensburg erscheinende „Evangelische Gemeindeblatt für den Donaugau" veröffentlichte dagegen 1937 einen Artikel zum Jahrestag, in dem die dankbare Gemeinschaft von Führer und Volk betont wurde. Herausgestellt wurde v. a., dass der Nationalsozialismus Volk und Kirche vor dem Untergang bewahrt und eine wahre Volksgemeinschaft geschaffen habe. Kirchenpolitisch positionierte sich der Verfasser in für Bayern ungewöhnlich deutlicher Form auf der Seite des Reichskirchenausschusses (→ 328)[82].

---

81 Vgl. oben Dokument 318.

82 Das von der Landeskirche angeordnete Fürbittegebet für den 30. Januar 1937 (ABl ELKB 1937, S. 5) wurde im Monatsbericht der Polizeidirektion München für Januar kommentarlos dokumentiert (Die kirchliche Lage I, S. 193).

4.2.4 *Totengedenken: Volkstrauertag und Feldherrnhalle München*

Zum Gedenken an die Toten des Ersten Weltkrieges wurde der Volkstrauertag am 28. Februar 1926 offiziell als Gedenktag begangen, nachdem bereits 1922 im Reichstag eine Feierstunde stattgefunden hatte[83]. Datum des von den Kirchen und jüdischen Vereinigungen unterstützten staatlichen Gedenktages war der Sonntag Reminiscere, der fünfte Sonntag vor Ostern. In Bayern wurde er hingegen abweichend am zweiten Sonntag im November begangen, da sich die Staatsregierung nach einem Beschluss der Freisinger Bischofskonferenz richtete[84]. 1934 wurde der Volkstrauertag zum „Heldengedenktag" benannten Staatsfeiertag und auf Reminiscere festgelegt[85]. Damit trat der NS-Staat mit seiner Deutung von Tod, Trauer und Leben, mit der Verklärung der Opfer des Hitlerputsches sowie mit seinen Feiern und Gedenkritualen in direkte Konkurrenz zu den christlichen Kirchen.

Im Oktober 1933 gab die Landeskirche ihre bisherige Distanz auf und erklärte unter dem Eindruck der Volksgemeinschaftsideologie, dass sie sich an einem reichseinheitlichen Volkstrauertag beteiligen werde (→ 329). 1934 folgte die Landeskirche dann der „Anregung" der Reichskirchenregierung – und der neuen Feiertagsgesetzgebung – und ordnete die Feier des „Heldengedenktages" am 25. Februar an. Die politisch motivierte Umwidmung des Tages fand ungebrochenen Eingang in die Erläuterung der Landeskirche, wo nationales Pathos und die Verklärung des Soldatentodes überwogen (→ 330).

Aufgrund seiner Kritik auf einer Versammlung der Bekennenden Kirche an der religiösen Überhöhung der Feldherrnhalle, die als Angriff auf das „Blutopfer der Toten" des Hitlerputsches gewertet wurde, wurde Kirchenrat Julius Sammetreuther mit einem bayernweiten Redeverbot belegt, von dem kirchliche Handlungen jedoch ausgenommen blieben (→ 331).

4.2.5 *1. Mai*

Der 1. Mai als Tag der internationalen Arbeiterschaft war während der Weimarer Republik nur 1919 ein reichseinheitlicher Feiertag. Seine Verstetigung sollte auf übernationaler Ebene nach Friedensschluss und Verabschiedung der Verfassung erfolgen. Am harten Widerstand der Arbeitgeber, denen

83 1922 hatte sich die Landeskirche gegenüber dem vom Deutschen Evangelischen Kirchenausschuss befürworteten Volkstrauertag noch distanziert gezeigt, da man ihn als Konkurrenz zum landeskirchlichen Buß- und Bettag wahrnahm (Bekanntmachung Nr. 2463 des Landeskirchenrats, ABlELKB 1922, S. 25).

84 ABlELKB 1926, S. 15. Zum bayerischen Sonderweg beim Volkstrauertag vgl. A. Kaiser, Helden, S. 124–135.

85 Gesetz über die Feiertage vom 27. Februar 1934 (RGBl I, 1934, S. 129).

Politik und Rechtsprechung sekundierten, scheiterten Versuche des Allgemeinen Deutschen Gewerkschaftsbundes und der SPD, den Tag weiterhin als Feiertag zu begehen. Ausnahmen waren nur die Länder Braunschweig, Lübeck, Sachsen und Schaumburg-Lippe[86]. Auch in der evangelischen Kirche stieß der 1. Mai wegen seiner Herkunft und Trägerschaft auf fast durchgängige Ablehnung[87], die aber sofort nach der „Machtergreifung" schwand. In Übereinstimmung mit den anderen Landeskirchen sollten auch in Bayern an diesem Montag Predigtgottesdienste stattfinden, für die die Kirchenleitung inhaltliche und formale Vorgaben machte. Das vorgeschlagene Gebet konzentrierte sich auf die Überwindung der Arbeitslosigkeit, enthielt aber auch schon die Topoi Überwindung der gesellschaftlichen Zersplitterung, „Volksgemeinschaft" und Rettung vor dem Untergang (→ 332).

Der Ansbacher Kreisdekan Wilhelm Rüdel publizierte seine Predigt zum 1. Mai, der keine der vom Landeskirchenrat empfohlenen Perikopen zu Grunde lag, im „Evangelischen Gemeindeblatt für den Dekanatsbezirk Ansbach". Er begrüßte den neuen Feiertag und kontrastierte ihn mit dem alten 1. Mai, der spaltend gewirkt habe. Nun diene er dem Ziel der Volksgemeinschaft und anders als vor 1933 sei der Tag religiös begleitet. Vor allem aber entwickelte Rüdel vor dem Hintergrund der Arbeitslosigkeit und der staatlichen Arbeitsbeschaffungsmaßnahmen eine Theologie der Arbeit, in der auch die sozial disziplinierende Aufgabe der Arbeit Platz fand (→ 333). Friedrich Langenfaß verknüpfte die Ankündigung der Gottesdienste in München zum 1. Mai ebenfalls zur politischen Kontrastierung des früheren und des aktuellen Feiertags (→ 334).

Im Jahr 1934 gab die Landeskirche trotz der angespannten kirchenpolitischen Lage die Anweisung der Reichskirchenregierung zum 1. Mai weiter, doch erinnerte sie auch an ihre eigene Regelung vom Vorjahr[88]. Die angefügte kurze theologische Betrachtung über Sinn und Wert der Arbeit hielt sich mit politischen Aussagen auffallend zurück (→ 335).

Nach dem Bericht des „Würzburger General-Anzeigers" über einen Gottesdienst zum 1. Mai 1934 war auch die Predigt von Pfarrer Theodor Reissinger bestimmt vom Gegensatz zwischen dem früheren kämpferisch-

---

86 RGBl I, 1919, S. 90, vgl. zum Thema auch: D. Schuster, 1. Mai.

87 1921 beantragten die Religiösen Sozialisten in der badischen Landessynode – am Ende erfolglos –, dass der 1. Mai in den Gemeinden, die es wünschten, kirchlich begangen werde. Gegen den Antrag führte der zuständige Ausschuss die parteipolitische Neutralität der Kirche an. Die Erklärung, Gottesdienste am Kaisergeburtstag oder zu Ehren des Landesherren habe man mit Rücksicht auf den Staat und den göttlichen Segen für diesen gefeiert, offenbarten aber die politischen Hintergründe. Doch selbst politisch konservative Synodale betonten, dass hier der Wunsch nach einem Gottesdienst vorliege, über den die Kirche froh sein müsse, und befürworteten den Antrag (Verhandlungen der Landessynode 1921, S. 32–34).

88 Vgl. oben Dokument 331.

internationalitischen Feiertag einer Klasse und dem Festtag der Volksgemeinschaft aller Arbeitenden. Hinzu kam die Illusion, dass im Nationalsozialismus das christliche Verständnis von Arbeit als Dienst Realität werde (→ 336).

1936 hob die Landeskirche ihre Verfügung von 1934 zur Feier des 1. Mai auf. Die neue Anweisung lässt vermuten, dass die bisherigen Gottesdienste an Wochentagen schlecht besucht waren, so dass nur noch fakultativ Vorabendgottesdienste angeboten werden sollten. Im Kirchengebet des 3. Mai wurde für die sinkende Arbeitslosigkeit gedankt, um Arbeit für noch Arbeitslose und um den Segen für die Arbeit als Dienst am Nächsten gebeten (→ 337). Dass das Regime nicht daran dachten, den 1. Mai mit gottesdienstlicher Begleitung und theologischer Deutung der Arbeit zu begehen, machten es wenige Tage später deutlich. Aus der Presse erfuhr der Landeskirchenrat, dass der Tag mit dem öffentlich dargebotenen Lied „Freut Euch des Lebens“ beginnen sollte. Da zudem Gottesdienste an diesem Tag (Freitag) verhindert worden waren, wies man das Ansinnen, dass die Glocken läuten sollten, empört zurück (→ 338)[89].

Im folgenden Jahr ordnete der Landeskirchenrat wegen der positiven Resonanz, die Gottesdienste gefunden hatten, an, dass wiederum nach Möglichkeit entsprechende Gottesdienste stattfinden sollten. Dass die Kirchen beflaggt wurden, bedeute keinesfalls, dass die Kirche jeder Deutung des 1. Mai zustimme (→ 339).

4.2.6 Adolf Hitlers Geburtstag

Mit Voten zu Hitlers Geburtstag am 20. April hielt sich die Leitung der Landeskirche bis 1938 zurück. Zuvor war im Jahr 1933 zum 88. Geburtstag Paul von Hindenburgs die Anordnung der „Vorläufigen Leitung der Deutschen Evangelischen Kirche“ weitergegeben worden, dass beflaggt werden solle[90]. In den Jahren 1935 und 1937 veröffentlichte die Landeskirche Gebete für den Führer anlässlich des Jahrestages der „Machtergreifung“[91]. In einem Rundschreiben wies der Landeskirchenrat am 15. April 1935 darauf hin, dass des Geburtstags auch in der Predigt zu gedenken sei. Gottesdienste am 20. April waren möglich, doch sollten sie dem Charakter des Tages – Karsamstag – gerecht werden (→ 346)[92].

---

89 Vgl. oben Dokument 319.

90 ABlELKB 1933, S. 142. Zum Geburtstag des Reichsstatthalters Franz Ritter von Epp vgl. Dokument 316.

91 ABlELKB 1935, S. 9; 1937, S. 5.

92 Die badische Landeskirche verknüpfte 1935 die Feier des 1. Mai mit dem Führergeburtstag und ordnete am 14. April Glockenläuten, Beflaggung und für den Ostermontag (21. April) eine Einfügung „an geeigneter Stelle“ in das „Hauptgebet“ an. Darin wurde

1938 war der 20. April erstmals Thema einer eigenständigen Bekanntmachung im Amtsblatt: der Landeskirchenrat ordnete an, in das Kirchengebet am Ostermontag ein Gebet für den Führer einzufügen. Bestimmt war das Gebet vom Dank für Hitlers politische „Leistung", v. a. den Anschluss Österreichs, von der Fürbitte für die Soldaten der Wehrmacht und die Erhaltung des Friedens (→ 348). Zum 50. Geburtstag 1939 wurde kirchlicherseits des Datums durch Gottesdienst, Gebet und Glockenläuten gedacht, jedoch ohne Kommentar zur Politik (→ 349).

Zum ersten Geburtstag im Krieg 1940 betonte die Landeskirche zwar die Treue zum „Führer", doch der Schwerpunkt der Verlautbarung lag auf der Glaubenstreue der Gemeinde, die „den deutschen Menschen" zu Gott, aber auch zur Opferbereitschaft im Krieg führen sollte (→ 352). Die letzte öffentliche Bekanntmachung der Kirchenleitung aus dem Jahr 1943 fiel gegenüber der Erklärung von 1941 (→ 355) kühler und geschäftsmäßiger aus, auch das Läuten mit den wenigen noch vorhandenen Glocken unterblieb (→ 357).

Weniger zurückhaltend als die Kirchenleitung verhielten sich die Autoren der Kirchenpresse. Dekan Langenfaß publizierte 1933 im „Evangelischen Gemeindeblatt für München" den Fürbittetext und verband diese Information an die Gläubigen mit Ausführungen zur engen Verbindung von Volk und Führer im Kampf um die Volksgemeinschaft (→ 340). Noch offener und ideologisch angepasst warb das Organ des Evangelischen Bundes für Hitler. Er wurde zu der Persönlichkeit stilisiert, die Deutschland in eine frohe Zukunft führe und das alte politische System für immer beseitigt habe (→ 341). Ein in Neuendettelsau entstandenes und dann vertontes Gedicht verklärte Hitler zum Gesandten Gottes, der Deutschlands Befreiung und Wiederauferstehung bewirkt habe (→ 342). Im Kirchenblatt der Gemeinde Nürnberg-Gostenhof[93] fand sich 1934 eine Lobeshymne auf Hitler, der den Typus des Staatsmannes verkörpere wie niemand zuvor. Mit seinen Erfolgen korrespondierten seine persönliche Bescheidenheit und stupende Bildung, die jedem Intellektualismus widerspreche (→ 343). Dieser Artikel stieß bei einem „Alten Kämpfer" auf derartige Zustimmung, dass er Hitlers Chef-Adjutanten Wilhelm Brückner auf den Text und seinen Verfasser Pfarrer Theodor Langenfaß hinweisen wollte. Dieser sei ein früher Sympathisant der NSDAP und verdiene es, Hitler und Reichsbischof Müller persönlich kennenzulernen (→ 344).

In der „Fränkischen Wacht" erreichte die Hitlerverehrung 1934 ungeahnte Höhen: die Stimmung am Geburtstag dieses gottgesandten Retters vor dem Abgrund wurde mit dem „Augusterlebnis" 1914 und er selbst mit Luther verglichen (→ 345). In der Nachfolgezeitschrift „Die Wacht" wurde

um Gottes Treue sowie um den göttlichen Beistand für Führer und Wehrmacht gebeten (Evangelische Landeskirche in Baden III, S. 866).

93 Vgl. zu dieser Gemeinde auch Dokument 134.

1935 diese Linie der religiös-nationalen Hitler-Verherrlichung bruchlos fortgesetzt. Bezugsperson war nun jedoch nicht mehr Luther, sondern Christus (→ 347).

Zu Hitlers 50. Geburtstag 1939 wurde auf einer Feier der Inneren Mission in Rummelsberg die Linie beibehalten, dass Hitler von Gott gesandt sei zur Rettung Deutschlands. Hinzu kam das Motiv der Entsagung und des persönlichen Opfers (→ 350). Im „Evangelischen Gemeindeblatt für Nürnberg" erfolgte Hitlers religiöse Verklärung über den Begriff der „Erfüllung", als politische Leistung wurde die Revision des Versailler Vertrages hervorgehoben (→ 351).

Im ersten Kriegsjahr tat sich das „Evangelische Gemeindeblatt für München" mit einem Geburtstagsartikel hervor, der von der Erinnerung an bzw. der Drohung mit einem neuen Versailles und mit Weimarer Verhältnissen dominiert war und in dem die Fürbitte für Hitler mit dem Aufruf zur Metallspende verquickt wurde (→ 353). Der Evangelische Presseverband betonte in seiner Verlautbarung – ebenso wie viele andere Texte zuvor – die Verbundenheit von Volk und Führer und Hitlers Friedensliebe. Es dominierte der Appell, keinesfalls abseits der Gemeinschaft zu stehen (→ 354). 1941 war der Geburtstagsartikel des Münchner Gemeindeblatts neben allen Hitler-Stereotypen eine Mischung aus Kommentar zum Kriegsgeschehen und Verherrlichung der Wehrmacht (→ 356).

4.2.7 Zum Tod Paul von Hindenburgs (1934) und Erich Ludendorffs (1937)

Bei der Erinnerung an Reichspräsident Paul von Hindenburg und an den Ersten Generalquartiermeister Erich Ludendorff musste die Kirchenleitung einen schmalen Grat zwischen einer eigenständigen Würdigung der beiden auch von den Nationalsozialisten propagandistisch vereinnahmten Weltkriegshelden und der Kritik an Ludendorffs Christentumsfeindschaft beschreiten.

Beim Tod Hindenburgs im August 1934 konnte die Kirche öffentlich die militärischen und politischen Leistungen des frommen Protestanten betonen und ihn zum Vorbild für Pfarrer und Gemeinden erheben (→ 358). Die Anweisung an die Pfarrer beim Tod Erich Ludendorffs im Dezember 1937 war hingegen sehr kühl. In der Fürbitte sollte er gleich jedem anderen Verstorbenen behandelt werden, auch sollten ihm die staatlich angeordneten Ehren erwiesen und „für seine Dienste an Heimat und Volk" im Weltkrieg gedankt werden (→ 359). Im Februar 1938 musste der Landeskirchenrat sich mit der Weigerung von 12 Geistlichen befassen, die aus unterschiedlichen Gründen (Ludendorffs Kampf gegen Christentum, Bibel und Kirche, sein Kirchenaustritt) die Anweisung nicht befolgt hatten. Die Kirchenleitung hatte zwar Verständnis für die Argumente, betonte aber nachdrücklich, dass kein Anlass vorgelegen habe, bei dem sie nach CA 16 dem Staat den Gehorsam hätte verweigern müssen. Man könne daher das Verhalten der Pfarrer nicht billigen und müsse deutlich machen, welche negativen Folgen für die Kirche diese Gehorsamsverweigerung zu einer Zeit habe, in der Kampf gegen die Kirche so scharf sei, dass sie immer wieder Dinge ohne vorherige Diskussion anordnen müsse (→ 360).

5. Antisemitismus, Rassismus und Maßnahmen dagegen

5.1 Zur Rassenfrage

5.1.1 Allgemein

In der bayerischen Landeskirche fand, wie andernorts auch, bald nach dem Ende des I. Weltkrieges eine intensive öffentliche Debatte über die „Judenfrage" statt, an der sich Pfarrer und Theologieprofessoren beteiligten[94]. Für die Jahre seit 1933 finden sich in Kapitel 2 „Der Kampf um Verfassung und Bekenntnis der Kirche" bemerkenswerter Weise mehr explizite judenfeindliche Aussagen als in Kapitel 4 „Politik". Hier enthielt nur Text 345 („Nach dem Hitler-Tag") aus der „Fränkischen Wacht" vom 26. April 1934 eine dezidiert antijüdische Äußerung. Judenfeindliches ist aber selbstverständlich in Begriffen wie Bolschewismus, Marxismus, Zersetzung impliziert.

Besonders in der lokalen kirchlichen Presse wurde die „Judenfrage" nach der „Machtergreifung" zum Gegenstand ausführlicher Betrachtungen mit autoritativer Wirkung[95]. Im Dekanat Ansbach wurde im Juli 1933 die Frage, wie man sich als Deutscher und Christ zur „Judenfrage" stellen müsse, ganz traditionell dahin gehend beantwortet, dass die Juden – zuletzt mit der Verwerfung Jesu – den Bund mit Gott gebrochen hätten und mit der Diasporaexistenz bestraft wurden. Erst ihre Bekehrung werde ihr Schicksal als „Ferment der Dekomposition" beenden. Neben einem glaubens- und „grundsatzlose[n]" internationalen Judentum, das seine Gastvölker ausbeute und unterdrücke und in Deutschland für die Novemberrevolution verantwortlich sei, kannte der Autor auch einige fromme orthodoxe Juden. Diese waren jedoch eine Randerscheinung gegenüber der Zahl der „verderblichen" Juden, die es nach göttlichem Willen durch die Rücknahme

94 Vgl. hierzu die Texte bei K.-H. Fix, Glaubensgenossen, S. 71–125. Zur Geschichte der „Judenfrage" vgl. A. Bein, Judenfrage. Auf die Debatten im evangelischen Bereich geht Bein nicht ein.

95 B. Mensing, Lutheraner, S. 420; M. Kittel, Provinz, S. 373.

der Judenemanzipation in die Schranken zu weisen gelte. Hierzu zog der Autor die Rassenpolitik der USA und die Judenfeindschaft der Antike als Vorbilder heran. Zwar kritisierte er Judenpogrome und mittelalterliche Zwangsbekehrungen, er wies aber zugleich auf den tief verwurzelten Christenhass der Juden hin. Ohne seine Ausgangsfrage über diese Bekräftigung der Judenfeindschaft hinaus tatsächlich zu beantworten, schloss der Autor mit Hinweisen auf die wachsende Zahl von Konversionen und die intensive jüdische Beschäftigung mit dem christlichen Glauben (→ 361).

Nach dem von den DC ausgelösten sog. Sportpalastskandal vom 13. November 1933 forderte der bayerische Pfarrerverein seine Mitglieder auf, auf die Bedrohung des Bekenntnisses mit einer Erneuerung des Ordinationsgelübdes und einer Gehorsamsverpflichtung gegenüber dem Landesbischof zu antworten. Dies war Pfarrer Karl-Heinz Becker zuwenig. Er verlangte eine direkte Antwort auf die Bekenntnisverletzung, d. h. besonders auf den sog. Arierparagraphen in der Kirche. Becker plante, den Landesbischof zum Protest gegen die bekenntniswidrigen Pensionierungen nichtarischer Pfarrer und zum Einsatz für wegen ihrer Kritik am Arierparagraphen amtsenthobene Berliner Pfarrer aufzufordern. Meiser sollte auch den Widerspruch zwischen dem parteiamtlichen Bekenntnis zum sog. positiven Christentum und der ideologische Schulung im Sinne Alfred Rosenbergs ansprechen. Unterstützung suchte Becker beim landeskirchlichen Sonderbeauftragten für Volksmission, Pfarrer Helmut Kern. Der für völkisches Gedankengut offene Kern wiegelte zwar ab, aber Becker beharrte darauf, dass die Gültigkeit von Taufe und Ordination keinen biologisch-zeitbedingten Vorbehalten unterlägen[96].

Diese Erfahrungen veranlassten Becker Anfang 1934 zu einer Ausarbeitung über „Judenchristliche Gemeinden?". Er monierte, dass die deutschchristliche Forderung nach judenchristlichen Sondergemeinden trotz ihrer Ablehnung in der Bevölkerung bislang nicht auf den gebotenen Widerspruch stieß bzw. in Bayern sogar Zustimmung finde. Für Becker waren mit dem Arierparagraphen nicht nur Fragen der Kirchenorganisation, sondern das Bekenntnis berührt. Im Gegensatz zum gängigen Denken definierte er Juden nicht rassisch-national, sondern nur religiös. In Deutschland seien getaufte ‚Juden' nun aus der Volksgemeinschaft ausgeschlossen und gezwungen, quasi als ein zweites deutsches Volk innerhalb der Reichsgrenzen zu leben. Gleichsam im Vorgriff auf die Barmer Thesen erklärte er, dass die Errichtung judenchristlicher Gemeinden ein Verrat am Herrn der Kirche und der Beweis sei, dass die Kirche Anderes höher schätze als das Wort Gottes. Ein Pfarrer, der hier nicht widerstehe, breche sein Ordinationsgelübde (→ 362).

---

96 A. Töllner, Frage, S. 85–88.

Der in Lutherforschung und bayerischer Kirchenpolitik langjährig ausgewiesene Ansbacher Pfarrer Hermann Steinlein informierte 1935 und in einem Nachdruck 1936 die Gemeinden in Augsburg und Umgebung sowie im Dekanatsbezirk Roth über „Luthers wirkliche Stellung zur Judenfrage". Anlass waren Angriffe von Meisers langjährigem Intimfeind, dem stellvertretenden Gauleiter von Franken, Karl Holz, im „Stürmer", die wiederum auf der gewollten Fehlinterpretation einer wiederabgedruckten Aussage Meisers aus dem Jahr 1926 beruhten[97]. Gegenüber 1933 hatte sich die Frontstellung deutlich verändert. Nun glaubte die Kirche nicht mehr, die staatliche Position unterstützen zu müssen – sie war in die Defensive geraten. Steinleins Absicht war der Nachweis, dass die Position des Landesbischofs gegenüber den Juden uneingeschränkt auf Martin Luther basiere und seine Gegner mit entstellten Zitaten und in Verkennung der Motive Luthers operierten. Dieser habe trotz aller Schärfe der Diktion immer auf die Bekehrung der Juden gehofft (→ 363)[98].

Da in der antikirchlichen Agitation immer wieder auf Meisers Aufsatz aus dem Jahr 1926 „Die evangelische Gemeinde und die Judenfrage" Bezug genommen wurde, versandte das Landeskirchenamt den Text im Januar 1937 an die Dekane, um Argumentationsmaterial in Händen zu haben. Welche Haltung der Landesbischof elf Jahre später unter gänzlich anderen politischen Umständen tatsächlich einnahm, konnten die Dekane angesichts der selten unklaren Erläuterung aus dem Landeskirchenamt allenfalls erahnen (→ 364).

Zeitgleich zum Bemühen der Kirchenleitung, die Haltung Meisers zur „Judenfrage" zu klären, suchten auch Pfarrer Orientierung für den Religionsunterricht, da in den Schulen antisemitisches Unterrichtsmaterial verbreitet wurde. Darin wurde – in verkürzter Form – die jüdische Religion auch mit Hilfe neutestamentlicher Passagen angegriffen und die Judentaufe mit politischer Konnotation abgelehnt (→ 365).

Die Vielzahl von Publikationen, die die angebliche arische Abstammung Jesu zum Gegenstand hatten[99], bzw. die kirchliche Reaktionen darauf wurde von Parteiseite als Unruhepotenzial wahrgenommen. Daher erließ das Reichspropagandaamt Franken im Mai 1938 eine Presseanweisung, dass „diese unfruchtbare Debatte" zu beenden sei (→ 366).

---

97 Vgl. hierzu K.-H. Fix, Glaubensgenossen, S. 39. Zeitgleich musste sich Steinlein wegen anders motivierter Angriffe gegen die Kirche über „Luthers Stellung zur Frage der Judentaufe" äußern. Abwägend betonte er die vorsichtige, aber nicht prinzipiell ablehnende Haltung des späten Luther gegenüber der Judentaufe. Wer in der Gegenwart Juden taufe, verrate Luther nicht (S. 846).

98 In einem Rundschreiben des Ansbacher Kreisdekans Georg Kern an die Pfarrer nach dem August 1935 (FKiZM. A 30. 6) wurde Steinleins Text als geeignet „zur Abkündigung und zur Veröffentlichung in den Gemeindeblättern" bezeichnet.

99 Vgl. W. Fenske, Jesus, S. 105–230.

5.1.2 *Das Flugblatt „Kirche und Rasse“*

Als Reaktion auf den Sportpalastskandal vom 13. November 1933[100] war die bayerische Volksmission gezwungen, sich von Forderungen nach einer Arisierung des christlichen Glaubens zu distanzieren. Dies geschah v.a. in Form des Flugblatts „Kirche und Rasse“ (→ 367), das Kurt Frör, Inspektor des Nürnberger Predigerseminars, im Dezember 1933 verfasste hatte und das Anfang 1934 über die Kapitelsbeauftragten für Volksmission an die Dekanate und von dort in die Gemeinden gelangen sollte. Da die meisten Exemplare vorher beschlagnahmt wurden, kam nur ein Bruchteil – die Dekanate Rosenheim und Weißenburg hatte beispielsweise je 3000 Stück bestellt, das Dekanat Neustadt an der Aisch 4910 (→ 368)[101] – in den Gemeinden an. Während Pfarrer mit Unverständnis auf die Polizeimaßnahme reagierten, da sie in dem Flugblatt keine Staatsgefährdung erkennen konnten, verhielt sich die Kirchenleitung passiv[102].

In Frörs Votum verband sich ein rassisch-völkisches Weltbild mit dem Bemühen, einer Verabsolutierung des Rassedenkens innerhalb der NSDAP und der DC entgegen zu treten. Rassen seien elementare Bestandteile von Gottes guter Schöpfung und müssten vor einer weltanschaulich motivierten widerchristlich-internationalistisch-humanistischen Aufhebung geschützt werden. Aus diesem Schutz des Rassedenkens ergebe sich die positive kirchliche Sicht auf die aktuelle Rassenpolitik, zumal der Kampf um die Rassegesundung dem allgemeinen Verständnis des Lebens als Kampf entspreche. Auf dieses laute Ja – eine starke Annäherung evangelischer Theologie und Kirche an die NS-Ideologie – folgte als Nein die Grenzziehung gegenüber der Rassenideologie. Da der Christ anerkenne, dass alle Rassen von Gott seien, wisse er auch, dass keine Rasse aus der menschlichen Gemeinschaft ausgeschlossen werden dürfe. Es gehe um den Kampf gegen Rassenmischung, nicht gegen eine bestimmte Rasse. Auch dürfe das Rassedenken nicht zu einer Religion neben dem Christentum werden. Obwohl Frör zu letzterem Punkt mehrere Beispiele anführte und als Fundamentalargument gegen die Rassenreligion das 1. Gebot nannte, blieb sein Widerspruch inkonsequent, da dieses Gebot mit dem 1. Glaubensartikel konkurrierte.

Da das Flugblatt in kirchenpolitisch erregter Zeit erschien und es bereits entsprechende Erfahrungen damit gab, wie schnell nonkonformistisches Verhalten (Glockenläuten am 30. Januar 1933) als politische Opposition ausgelegt wurde, wurde innerhalb der Pfarrerschaft intensiv über das Für und Wider seiner Verteilung diskutiert und letzten Endes zur Gewissensfrage

---

100 Vgl. oben Abschnitt 2.1.6.

101 Zur Gesamtauflage vgl. die Angabe in Dokument 369.

102 Vgl. hierzu A. Töllner, Frage, S. 131.

erklärt (→ 369). Kurze Zeit später verbot die Bayerische Politische Polizei die Weitergabe ohne Angabe von Gründen (→ 370).

5.2 Abstammungs- bzw. Ariernachweise

Mit Schreiben vom 5. Dezember 1933 entzog das bayerische Kultusministerium beiden Konfessionen die alleinige Verfügungsgewalt über die Kirchenbücher, da diese die einzig zuverlässigen historischen Quellen zur Durchführung „bevölkerungs- und rassenpolitische[r]" Maßnahmen „für den völkischen Wiederaufbau" und „wertvolle[r] Schriftdenkmäler des deutschen Volkes" seien (→ 371). In Ausführung dieses Schreibens informierte der Landeskirchenrat im Februar 1934 die Pfarrämter in einer eng an den Ministeriumsbrief angelehnten Bekanntmachung über die künftig zu beachtenden Punkte, um die Kirchenbücher für „rassenkundliche Zwecke" zu erhalten. Sie sollten in den Pfarrämtern sicher aufbewahrt und nur in Ausnahmefällen im Landeskirchlichen Archiv gelagert werden. Weiterhin musste die Matrikel für kirchliche und staatliche Stellen vollständig verzeichnet werden (→ 372). Zur Klärung der tatsächlichen Mitwirkungspflicht von Pfarrämtern an den Abstammungsnachweisen und der Gebührenfrage erließ der Landeskirchenrat im März 1934 nähere Bestimmungen (→ 373).

Von Seiten der Pfarrer sind vor allem Klagen über die gestiegene Arbeitsbelastung durch die Abstammungsnachweise und Ratschläge für die rationelle Bewältigung des Arbeitsanfalles überliefert. Pfarrer Jakob Sachs aus Frauenaurach sah seine Gesundheit durch die Vielzahl der Anfragen gefährdet. Er entwickelte als Abwehrmaßnahme Informationsblätter für Auskunftssuchende (→ 374). Um die starke Arbeitsbelastung gerade in der Osterzeit nicht noch durch die Recherche in den Kirchenbüchern zu erhöhen, gab Eberhard Hommel in Obermögersheim jüngeren Kollegen Tipps zur Entzifferung von Handschriften und empfahl die Erstellung von Stammbäumen, v. a. in den Landgemeinden. Kritikwürdig erschien ihm nur der Zeitdruck, unter dem die Nachweise vielfach zu erstellen waren (→ 375). Julius Steinmetz – Pfarrer in Azendorf, selbst „Mischling I. Grades" und seit 1932 Redner für die NSDAP –[103], schloss sich diesen Ratschlägen an und betonte den Wert ortsgeschichtlicher Studien für die Erstellung von Abstammungsnachweisen (→ 376). Der Leiter des Landeskirchlichen Archivs Karl Schornbaum gab Anfang 1936 den Münchener Gemeindegliedern und den Pfarrern zur Erleichterung ihrer Recherchen eine historischen Überblick über das bayerische Meldewesen und das Personenstandsrecht samt der zuständigen Behörden und Archive (→ 378).

---

103 Ebda., S. 395.

Ein Schreiben der bayerischen Bischofskonferenz an das Reichsministerium des Innern, an das Bayerische Innenministerium und die Oberste SA-Führung zielte in die gleiche Richtung. Man beklagte, dass durch die Ariernachweise den Pfarrämtern eine unerträgliche „Überlast“ an Arbeit entstehe. Der zusätzliche Arbeitsaufwand belaufe sich auf dem Land auf zwei Stunden pro Tag und Pfarrei, in München seien es sechs bis sogar acht Stunden am Tag. Die Freisinger Bischofskonferenz schlug daher zur Erleichterungen vor, dass Fragesteller über ihre Familie präzise Daten angeben und vorher auf den Standesämtern selbst Auskünfte einholen müssten. Ohnehin sei die Wahrscheinlichkeit einer abstammungsnachweisrelevanten Mischehe auf bayerischen Dörfern sehr gering. Außerdem verlange man bei einem durchschnittlichen Arbeitsanfall von mehr als einer Stunde am Tag eine Vergütung von einer Reichsmark[104].

Zu den technischen Ratschlägen ist auch der Hinweis zu rechnen, dass Anfragen wegen Abstammungsnachweisen an deutsche evangelische Gemeinden in Rußland diese aus politischen Gründen gefährden könnten. Dass der Betreff „Brüder in Not“ nicht nur auf die russischen Gemeinden zutraf, scheint im Landeskirchenamt noch nicht klar gewesen zu sein (→ 377).

Nachdem die Landeskirche im Mai 1937 die Verkartung der Kirchenbücher verfügt hatte[105], veröffentlichte Archivrat Heinrich Gürsching eng an den Erlass anschließende praktische Hinweise, wie die Kirchenbücher durch diese Registerarbeit zur schnellen und v.a. bestandsschonenden Benutzung erschlossen werden konnten. Auf das Warum und Wozu der sprunghaft gestiegenen Auskünfte aus den Kirchenbüchern ging Gürsching, der die Verkartung als „bewußt“ kirchliche Handlung charakterisierte, nicht ein (→ 379).

Sehr zum Unmut der Gestapo nutzte Pfarrer Friedrich Seyboth (Partenstein bei Lohr) 1938 den Versand von Abstammungsnachweisen subversiv und legte seinen Schreiben das beim Amt für Volksmission erschienene und gegen die deutschgläubige Bewegung gerichtete Flugblatt „Kann ein Deutscher ein Christ sein?“ des Münchner Pfarrers Heinrich Hauck aus dem Jahr 1936 bei (→ 380). Ohne Zweifel an der Berechtigung und den Folgen des Handelns wurde aber aus dem Bereich der Rummelsberger Diakonie von der interessanten, aber mühsamen Aufgabe der Familienforschung berichtet (→ 381).

104 Amtsblatt der Erzdiözese München und Freising 1934, Nr. 8 vom 27. April, S. 83–85.

105 ABlELKB 1937, S. 69 f. Vgl. auch Dokumente 461.

5.3 Proteste und Aufforderungen zum Protest

Mit dem „Gesetz zur Wiederherstellung des Berufsbeamtentums“ vom 7. April 1933 schufen die Nationalsozialisten früh ein Gesetz, das der ideologischen Gleichschaltung des Öffentlichen Dienstes und der Verdrängung von „Juden“ aus der Beamtenschaft diente. Am selben Tag wurde der Zugang zum Anwaltsberuf erschwert. Am 22. April kam eine Verordnung über die Zulassung von Ärzten zur Tätigkeit bei den Krankenkassen heraus und auch mit dem „Gesetz gegen die Überfüllung deutscher Schulen und Hochschulen“ vom 25. April wurde die rassistisch motivierte Ausgrenzung vorangetrieben.

Die Kirchenprovinz Mark Brandenburg führte auf Beschluss ihrer Provinzialsynode vom 24. August 1933 als erste Kirche einen sog. Arierparagraphen ein, am 6. September 1933 folgte auch aufgrund des Drucks aus Brandenburg die altpreußische Generalsynode. Ihr folgten die Landeskirchen von Sachsen, Schleswig-Holstein, Braunschweig, Lübeck, Nassau-Hessen und Thüringen.

Angesichts dieser die eigene Lebensplanung bedrohenden Gesetzgebung wandten sich im Juni 1933 drei junge Akademiker (eine Lehramtsstudentin, ein Referendar und ein Arzt) an den Deutschen Evangelischen Kirchenbund und an den Landeskirchenrat. Sie seien durch die neue Gesetzeslage als sog. evangelische Nichtarier diskriminiert und vermissten das öffentliche Eintreten der Kirche für die Betroffenen. Die Kirche müsse dafür sorgen, dass keinem evangelischen Christen wegen seiner Abstammung die berufliche Zukunft und die „Mitarbeit am deutschen Neubau“ verwehrt würden. Aber auch diese drei waren überzeugt, dass die neue Gesetzgebung der berechtigten „Abwehr undeutscher Einflüsse“ im öffentlichen Leben diene (→ 382). Eine Reaktion der Kirche ist nicht überliefert.

Bei anderer Gelegenheit – einer lokalen Boykott-Aktion der NSDAP gegen jüdische Kaufleute, Ärzte und Juristen in Ansbach im März 1934 – reagierte der Landeskirchenrat halbherzig und deutungsoffen: was vordringlicher war, das Wohl der Betroffenen oder das Ansehen des Staates, bleibt unklar (→ 383).

Um den Münchner Verleger Albert Lempp und seine Frau Marie sammelte sich in den 1930er Jahren ein von Karl Barth beeinflusster Kreis, der die kirchenpolitische Linie der bayerischen Landeskirche als zu kompromissbereit kritisierten. Während der als Bibelstunden deklarierten Treffen wurde auch oppositionelle Literatur gelesen. Da zu den führenden Mitgliedern des Kreises auch der aus rassischen Gründen zwangspensionierte Berliner Pfarrer Carl-Gunther Schweitzer zählte und aufgrund persönlicher Erfahrungen mit den Folgen der Rassenpolitik für Freunde und Kollegen, plante der Kreis eine Protestaktion gegen den staatlichen Judenmord. Grundlage hierfür sollte eine von dem württembergischen Pfarrer Hermann Diem verfasste Denkschrift sein, durch die Landesbischof Meiser zum öffentlichen Protest gegen Deportation, Lagerhaft und Ermordung bewegt werden sollte, zumal zu diesem Zeitpunkt die noch einen gewissen Schutz bietenden sog. privilegierten Mischehen – und damit ein genuin kirchliches Interesse – bedroht wurden. Die Kirche müsse zum Bruch fast aller Gebote des Dekalogs durch den Staat endlich reden.

Der Landesbischof stimmte dem Inhalt des ihm von zwei Mitgliedern des Kreises am Mittwoch nach Ostern, am 28. April 1943[106], überbrachten Schriftstück zwar zu, scheute aber dessen Veröffentlichung, da er mit einer Veröffentlichung die ihm anvertraute Landeskirche und ihre Pfarrer gefährden würde. Er gab den Text aber an den württembergischen Landesbischof Theophil Wurm weiter. Durch den Schweizer evangelischen Pressedienst wurde das Papier im Juli 1943 dann doch bekannt. Nachforschungen der Gestapo nach den Verfassern blieben ohne Ergebnis, auch weil Landesbischof Meiser die Urheber nicht benannte[107].

Wohl im Vorgriff auf diesen Vorgang hatte bereits am Gründonnerstag 1943, am 22. April, der mit Landesbischof Theophil Wurm in engem Kontakt stehende Konsistorialrat im Kirchlichen Außenamt in Berlin und Mitglied des Kreisauer Kreises Eugen Gerstenmaier mit unterschiedlichen Briefen an die Landesbischöfe Marahrens, Meiser (→ 384) und Wurm auf eine ihm bekannt gewordene frühere Fassung des Laienbriefs reagiert[108]. Trotz theologischer Vorbehalte gegen den Text nahm ihn Gerstenmaier zum Anlass, ein klares Wort gegen die Judenverfolgung – ein Dokument der „Gesinnung und Haltung" – zu fordern, da die evangelische Kirche bei fortgesetztem Schweigen einen großen Vertrauens- und Ansehensverlust in der eigenen Bevölkerung, im Ausland und bei der katholischen Kirche erleiden werde. Über deren Schritte informierte Gerstenmaier bei dieser Gelegenheit zugleich die Bischöfe[109].

Bis in die Fortbildung der Pfarrer zeigt sich die Tendenz, in der Haltung zum Judentum und zum Alten Testament Divergierendes kompromissbereit zu integrieren. So verteilte am 17. Juli 1944 die Kirchenleitung als „Berufshilfe"[110] einen Vortrag Gerhard von Rads über „das christliche Verständnis

106 Eintrag im Amtskalender von Landesbischof Meiser.

107 Vgl. zum Ganzen E. Röhm/J. Thierfelder, Juden, S. 652–655; W. Höchstädter, Kreis, S. 468–470 (Der Text ist weithin identisch mit: ders.: Strudel, S. 228–230). Zur theologischen Deutung des Briefes: M. Wurster, Laienbrief.

108 In seinem Brief an Landesbischof Wurm vom 22. April 1943 (LKA Stuttgart, D 1, Nr. 387) schrieb Gerstenmaier: „Gerade in diesen Tagen wird mir von einem württembergischen Pfarrer eine Eingabe an Herrn Landesbischof Meiser zugesandt, in der die Bitte um eine entsprechende Verlautbarung der Kirche zur Judenfrage angeblich von Laien dringlich vorgebracht wird". Bereits am 26. März hatte Albert Lempp den Landesbischof aufgesucht.

109 E. Röhm/J. Thierfelder, Juden, S. 265.

110 Vgl. hierzu Abschnitt 9.8.

des Alten Testaments" an die Pfarrer. Von Rad zeigte, dass die Christusbotschaft des Neuen Testaments ohne das Alte Testament unverständlich sei. Ganz anders geartet war die „Berufshilfe" vom 12. August 1944: ein Vortrag des antisemitischen Neutestamentlers Gerhard Kittel „Über die Entstehung des Judentums" vom März 1943. Darin wurden Emanzipation und Assimilation als Zeichen der Schwäche des Christentums kritisiert, das so dem Judentum den Weg zur Weltherrschaft geöffnet habe[111].

Der Erlanger Systematiker Hermann Sasse kritisierte gegenüber dem Landesbischof Ende August 1944 Kittels Text als Dokument einer ideologisierten Theologie schlimmster Sorte, das man den bayerischen Pfarrern nicht zumuten könne. Sasse erinnerte Meiser auch daran, dass die „Mitschuld", die man „an gewissen Vorgängen" habe, schon zu groß sei, als dass man sich auch noch Kittels „Sünden" aufladen sollte. Mit der Versendung der Berufshilfe habe die Landeskirche Kittels Entgleisungen legitimiert (→ 385).

5.4 *„Nichtarische" Pfarrer*

Eine Strategie zur Diskreditierung des Pfarrerstandes und zur Bekämpfung des gesellschaftlichen Einflusses der Kirche war der schon im Jahr 1933 gegen sie erhobene Vorwurf der „Verjudung". Anstatt jedoch nach den sachlich inadäquaten, ideologisch motivierten Hintergründen dieser Vorwürfe zu fragen, ließ man sich kirchlicherseits argumentativ auf diese Debatte ein. Im „Evangelischen Gemeindeblatt für Augsburg und Umgebung" verwies man im November 1933 auf eine zur Abwehr im „Deutschen Pfarrerblatt" veröffentlichte Untersuchung und insbesondere auf die Bereitschaft des Verfassers, die eigentlich anonymisierten Namen der lebenden „jüdischstämmigen" Pfarrer bei berechtigtem Interesse zur Verfügung zu stellen (→ 386)! War in diesem Artikel noch von einem Anteil von 2 Promille „jüdisch Stämmiger" an der deutschen Pfarrerschaft die Rede, so berichtete 1937 das „Evangelische Gemeindeblatt für Schweinfurt und Dekanatsbezirk" in seiner „Umschau" in gleicher Frontstellung, dass der Anteil bei 3 Promille liege (→ 387)[112].

---

111 Vgl. zum Ganzen, v.a. zur kontroversen Debatte um die Motive für den Versand des Kittel-Textes: K.-H. Fix, Kirche, S. 132–134.

112 Aufgrund dieses Artikels wurde das Gemeindeblatt auf Anordnung der Gestapo am 22. Oktober 1937 für die Dauer von drei Monaten verboten. Dekan Wilhelm Fabri wurde die Tätigkeit als Schriftleiter verboten, da er sich versteckt „gegen die Rassengesetzgebung gewandt" habe (Die kirchliche Lage VI, S. 124). Im April 1938 wurde das Gemeindeblatt erneut für drei Monate verboten. Im Regierungspräsidentenbericht vom 9. April 1938 wurde das erste Verbot mit zwei Monaten angegeben (ebda., S. 133 f.).

Obwohl die bayerische Landeskirche keinen „Arierparagraphen" in ihr Dienstrecht einfügte, blieben „nichtarische" Pfarrer nicht unbehelligt. Über das neue bayerische Schulaufsichtsgesetz vom 14. März 1938 erlangte der Staat einen teilweisen Zugriff auf die „nichtarischen" Pfarrer, da er ihnen aus rassischen Gründen die Erteilung des Religionsunterrichts entziehen und damit die Berechtigung zur Verwaltung ihrer Pfarrstelle in Frage stellen konnte[113]. Vermutlich auf Grund einer Denunziation und unter dem Eindruck der „Mordtat in Paris" erkundigte sich das Kultusministerium beim Landeskirchenrat nach der Beschäftigung von „Mischlinge[n] und jüdisch versippte[n] Pfarrer[n]" – konkret wurde Julius Steinmetz (früher: Cohn) in Azendorf genannt (→ 388). Als die Abgabe der für den Religionsunterricht notwendigen Abstammungsnachweise bevorstand, ordnete der Landeskirchenrat, um Herr des Verfahrens zu bleiben, an, dass im Fall „nichtarischer" Vorfahren oder Ehegatten die Unterlagen an die Kirchenleitung und nicht an das eigentlich zuständige Regierungspräsidium gehen sollten (→ 389).

5.5 Reichspogromnacht

Zur sog. Reichspogromnacht äußerte sich die Kirchenleitung nicht. Trotz verbaler und körperlicher Angriffe auf einzelne Pfarrer beschloss der Landeskirchenrat, nicht zu protestieren. Bekannt wurden aber individuelle Aktionen. Von höchster Symbolkraft war es, als sämtliche Nürnberger Pfarrer am Bußtag, dem 16. November, auf Anraten von Kreisdekan Julius Schieder in der Lorenzkirche die Zehn Gebote – also das gemeinsame ethische Fundament von Juden und Christen – laut vorsprachen. Pfarrer Wilhelm Geyer hatte zuvor in seiner Predigt die Vorfälle verurteilt[114]. Pfarrer Karl Steinbauer kritisierte am 19. Dezember 1938 im Zusammenhang mit dem kirchenpolitischen Streit um die Gebetsliturgie der Vorläufigen Kirchenleitung anlässlich der Sudetenkrise Landesbischof Meiser mit prophetischer Radikalität. Meisers Nachgiebigkeit gegenüber der Reichskirchenregierung sei wie das Opfer an einen Moloch. Aus diesem Grund habe Meiser auch zum 9. November geschwiegen[115].

Am 14. November 1938 wandte sich Wilhelm Freiherr von Pechmann an den Landesbischof. Für von Pechmann war der Zeitpunkt für einen gemein-

113 Artikel 16 des Gesetzes über die Schulverwaltung, Schulleitung und Schulaufsicht an den öffentlichen Volksschulen lautete: „Geistliche bedürfen zur Erteilung des lehrplanmäßigen Religionsunterrichts an einer öffentlichen Volksschule der Zulassung durch den [...] Regierungspräsidenten. Die Zulassung ist zu versagen, wenn der geistliche oder sein Ehegatte nicht deutschen oder artverwandten Blutes ist [...]" (Bayerisches Gesetz- und Verordnungsblatt 1938, S. 143).

114 H. Baier, Nürnberg, S. 32; A. Töllner, Nürnberg, S. 10f.

115 http://de.evangelischer-widerstand.de/?#/menschen/Steinbauer/D4125.

samen kirchlichen Protest gekommen. Neben den Ausschreitungen selbst war es der Angriff auf das Palais von Kardinal von Faulhaber am Abend des 11. November 1938, der von Pechmann zu seinem Schritt veranlasste. Am folgenden Tag bekräftigte er seine Forderung: Die Kirche habe unter einer areligiösen Regierung die verstärkte Pflicht zur Mahnung und Warnung, wenn sich Dinge ereigneten, die das Gewissen des Volkes und die innere Entwicklung der Jugend gefährdeten. Ein Wort der Kirche sei für die Seelen der bis zur Unerträglichkeit geprüften Juden ungeheuer wichtig[116].

In Wunsiedel wandte sich der Mob nach der Verhaftung der beiden ortsansässigen Juden und der Erstürmung ihrer Häuser auch gegen die evangelischen Geistlichen Adolf Jäger, Friedrich Jahreis und Hans Meisel. Man griff sie körperlich an und beleidigte sie als volksfeindliche Propagandisten des Judentums. Wohn- und Diensträume wurden erheblich beschädigt. Gleiches widerfuhr dem katholischen Stadtpfarrer Johann Baptist Stuber. Darüber wurde der Landeskirchenrat ausführlich schriftlich (→ 390) und persönlich durch Dekan Jäger informiert[117].

Über die Zerstörung der Synagoge in Öttingen und die Rolle der daran beteiligten Personen (v. a. Lehrer und Schüler) berichtete Dekan Friedrich Felsenstein am 14. November dem Kreisdekan in München, der das Schreiben an den Landeskirchenrat weiterleitete (→ 391).

5.6 Verhalten gegenüber „Nichtariern“

5.6.1 Hilfsmaßnahmen

Durch zahlreiche Hilfsgesuche von Betroffenen an die Kirchenleitung bzw. an Pfarrämter war die Führung der Landeskirche über das Ausmaß der NS-Rassenpolitik gut informiert. Die Reaktionen auf die Hilfsersuchen zeigen aber auch die Ohnmacht der Kirche gegenüber dieser Herausforderung, da man etwa im Fall der Ausweisung der jüdischen Ehefrau eines Gemeindegliedes die Grenze vom seelsorgerlichen Beistand zur juristisch-politi-

---

116 F. W. Kantzenbach, Widerstand, S. 262–264.

117 Vgl. hierzu den Aktenvermerk vom 23. November 1938 (LAELKB, LKR 1758). Mit dem Angriff auf Dekan Jäger wurden wohl auch alte politische Rechnungen beglichen, da er in der Weimarer Republik dem Christlichen Volksdienst angehört hatte. Stuber war Mitglied der Bayerischen Volkspartei gewesen (P. Seisser, November, S. 298–300). Schon im Monatsbericht der Regierung von Ober- und Mittelfranken vom 5. November 1936 hatte es geheißen, dass „die Mißstimmung in der Partei“ gegen Jahreis stetig wachse, da er in Predigten und im Religionsunterricht „versteckte Angriffe gegen die nationalsozialistische Weltanschauung“ führe (Die kirchliche Lage II, S. 117). Im Bericht über den November 1938 fanden die Vorgänge nur eine randständige Erwähnung (ebda., S. 300).

schen Tat nicht überschreiten wollte (→ 392) oder um den Bestand eigener Einrichtungen im Fall der Unterbringung von evangelischen „Nichtariern" in kirchlichen Heimen fürchtete (→ 393). Die Enttäuschung über mangelnde Hilfsmöglichkeiten bzw. -bereitschaft und den fehlenden kirchliche Mut zum deutlichen Protesten bestimmten dann auch ein Gespräch, das Landesbischof Meiser mit dem Leiter der Nürnberger Hilfsstelle, Pfarrer Hans Werner Jordan, im März 1938 führte (→ 394).

Besonders im Bereich der seelsorgerlichen Betreuung zeigten alle Ebenen der Landeskirche Engagement und Findigkeit. Als z. B. in der Gemeinde Forchheim im Jahr 1940 die Gemeinde eine „Nichtarierin" ausgrenzte[118] und Pfarrer Hans Kern mit seinen Hilfsbemühungen für die Frau an seine Grenzen stieß, wandte er sich an den Landesbischof (→ 395), der wiederum den Leiter der Münchner Hilfsstelle für aus rassische Gründen verfolgte Protestanten, Pfarrer Johannes Zwanzger, kontaktierte. In einem weiteren Schreiben teilte Meiser Kern mit, dass Zwanzger Kern beraten werde. Meiser selbst riet zur individuellen Kommunion und trotz der Bedeutung des Gottesdienstbesuchs zu einer privaten gottesdienstlichen Stunde (→ 396, 397).

Seit September 1941 versuchte der bekannte Schriftsteller Rudolf Alexander Schröder den Münchner Dekan Friedrich Langenfaß zur Hilfe für die erste Ehefrau des Schriftstellers Rudolf Borchardt zu bewegen, da der zuständige Gemeindepfarrer der „Nichtarierin" nicht helfe. Schröder konnte zwar ein seelsorgerliches Gespräch zwischen dem zur Hilfe bereiten Langenfaß und Frau Borchardt erreichen, mehr aber auch nicht. Die von ihm angesichts der unmittelbar bevorstehenden Deportation der Frau vehement geforderte konkrete kirchliche Hilfsaktion – etwa im Sinn eines Kirchenasyls – unterblieb jedoch, obwohl auch er betonte, dass die Kirche mit ihrer Passivität jedes Ansehen verspiele (→ 398–400).

5.6.2 Kasualien für „Nichtariern"

Über die Zahl der Konversionen vom Judentum zum Christentum gibt die landeskirchliche Statistik keine Auskunft. Zwei Anfragen aus den Gemeinden noch aus den Jahren 1938 und 1942 zeigen aber, dass selbst zu einer Zeit, als klar war, dass der Religionswechsel keinerlei Besserung der individuellen

118 Erst nach der Einführung des sog. Judensterns im September 1941 verfügten acht deutschchristliche Landeskirchen den Ausschluss aller „Judenchristen" aus der Kirche. Die Kirchenkanzlei der DEK wies die Landeskirchen an, dafür zu sorgen, getaufte Nichtarier vom „kirchlichen Leben der deutschen Gemeinde" fernzuhalten. Der bayerische Landeskirchenrat beschloss im Januar 1942, das Schreiben nicht zu beantworten (K.-H. Fix, Glaubensgenossen, S. 24).

Situation mehr bringen werde, Taufen begehrt wurden. Für die Kirchenleitung war eine Konversion auch noch 1938 ein dem politischen Zugriff entzogener kirchlicher Akt. Als politischer Reflex könnte nur die Maßgabe gedeutet werden, dass der Taufunterricht gründlich und zeitlich ausgedehnt stattfinden müsse – wohl um dem Vorwurf von „Gefälligkeitstaufen" zu entgehen (→ 401, 402).

Die Konversion bzw. die Taufe von Juden wurde von Antisemiten als der Versuch gedeutet, die NS-Rassenpolitik zu unterlaufen. Damit diskreditierten sie diese Kasualie auf das Äußerste. Doch machte die Rassenideologie bald auch vor den Beerdigung als einer Mischform aus Kasualie und privat-familiärem Akt nicht mehr Halt. Wohl ab 1939 durften „nichtarische" Christen nicht mehr auf kommunalen Friedhöfen beerdigt oder in Krematorien eingeäschert werden. Über die beteiligten Pfarrer wurden entsprechende Vorfälle wie eine an zwei Orten verweigerte Einäscherung den Dekanaten und dem Landeskirchenrat bekannt.

Da die Beisetzungen gemäß den „Nürnberger Gesetzen" nur noch auf jüdischen Friedhöfen erlaubt war (→ 406), kollidierte das Hausrecht der Kultusgemeinde mit der evangelischen Beerdigungsliturgie. Daher suchte das Dekanat München nach einer Lösung, die v. a. mit einer liturgisch reicher ausgestalteten Aussegnung im Trauerhaus den Verzicht auf Kreuz, Gebet und Gesang am Grab kompensieren sollte[119]. Zugleich wollte man bei den zuständigen Stellen vorsprechen und sich mit der römisch-katholischen Kirche über das Problem verständigen (→ 403–405, 407).

Zum Gespräch des Landeskirchenrats mit der Stadt München verfasste Pfarrer Johannes Zwanzger eine Argumentationshilfe, in der er das Recht eines jeden Kirchenmitglieds und seiner Angehörigen auf eine würdige kirchliche Bestattung auf einem städtischen Friedhof betonte. Als captatio benevolentiae muss der Hinweis gelten, dass mit dem nun üblichen Verfahren Christen schlechter gestellt würden als Juden. Mit dem Tod ende – anders als dies die politische Regelung sah – jede Feindschaft (→ 408). Da eine persönliche Kontaktaufnahme mit dem Oberbürgermeister nicht möglich war, trug die Landeskirche ihr Ansinnen schriftlich vor. Sie folgte weitgehen der Argumentation Zwanzgers, schwächte jedoch das Argument, dass „nichtarische" Christen die vollen Rechte eines Kirchenmitglieds hätten, ab und erklärt, dass die Taufe die Rassenzugehörigkeit nicht aufhebe (→ 409).

119 Vgl. die Dokumente 396 und 397.

5.6.3 *Einzelfälle*

Auch ohne von den Vorfällen persönlich betroffen zu sein[120], nahmen Pfarrer in Berichten an ihre Vorgesetzten und in Predigten zu lokalen antisemitischen Ausschreitungen kritisch Stellung. So erhielt die Kirchenleitung im März 1934 zeitnah Informationen über ein Pogrom in Gunzenhausen[121] und über die Beratungen im Pfarrkapitel, ob man gegen die Exzesse protestieren solle. Die Furcht vor der viel beschworenen propagandistischen Ausnutzung eines Protests im Ausland und die enge Verbindung von Kirchenvertretern und Repräsentanten des Staates verhinderten einen solchen Schritt. Relativiert wurde die Empörung jedoch durch den Hauptgrund der Kritik: die Störung der Konfirmations- und Osterzeit und die Mitschuld der Juden am Geschehen (→ 410).

Pfarrer Hans Bauer in Reutti kam am sog. Judensonntag 1935 ausgehend von Luthers warnender Predigt von 1529 über die Zerstörung des Tempels auf die Gegenwart zu sprechen. Nach theologisch traditionellen Aussagen über Israels Verstockung, dessen schuldhafte Ablehnung Jesu, die religiöse Verarmung des Diasporajudentums und dessen zersetzenden Geist betonte Bauer nachdrücklich, dass Gott mit Israel nicht am Ende sei (→ 411). Die Predigt erregte über ein Jahr später den Unmut der Neu-Ulmer NSDAP-Kreisleitung[122]. Darauf reagierte Bauer im Dezember 1936 mit der Erklärung, dass man nur mit Böswilligkeit seine Predigt als Eintreten für die Juden verstehen könne.

In der Ausgabe vom Februar 1938 des „Evangelischen Gemeindeblatts für Aschaffenburg und Umgebung" verteidigte Pfarrer Detlev von Walter in einer Andacht über den neutestamentlichen Missionsbefehl vehement die Weltmission gegen rassistisch motivierte Angriffe. Statt dessen erwähnte er den Einsatz der einheimischen afrikanischen Soldaten an der Seite Deutschlands im Ersten Weltkrieg und übte massive Kritik am – nicht namentlich genannten – oldenburgischen Ministerpräsidenten und Gauleiter von Weser-Ems Carl Röver. Dieser hatte 1932 einen Vortrag des togolesischen Pfarrers Robert Kwami im Rahmen einer Deutschland-Rundreise gegen den Widerstand der Pfarrer und der Kirchenleitung zu verhindern versucht[123]. Die nächste Nummer des Gemeindeblatts erschien dann mit zwei Monaten Verspätung im Mai 1938.

Ein Dokument radikalsten Rassenhasses, das sein Autor glaubte biblisch begründen zu können, ist das Schreiben des aus der württembergischen Landeskirche stammenden Pfarrer Wilhelm Auer an den amtsenthobenen

---

120 Vgl. oben Dokument 390.
121 „Was brauchen wir einen Befehl".
122 Die kirchliche Lage III, S. 116f.
123 Vgl. hierzu R. Rittner, Oldenburg, S. 697–701.

fränkischen Gauleiter Julius Streicher aus Anlass der Bombenangriffe auf Nürnberg Ende August 1942. Auer schlug als Vergeltungsmaßnahmen extreme Repressalien gegen Juden vor. Er glaubte auch, mit dem Judenmord die Alliierten zur Kapitulation zwingen zu können (→ 413).

6. ‚Eugenik' und ‚Euthanasie'

6.1 „Erbkranke"

Die theologische Beschäftigung mit dem Thema Volksgesundheit im Sinn einer Steigerung der Bevölkerungszahl bei gleichzeitiger Verringerung der sog. Erbkrankheiten war keine Neuerung des Jahres 1933. Schon in der Weimarer Republik fanden sich entsprechende Aussagen zuhauf, zumal das Ziel des Bevölkerungswachstum mit dem nationalen Wiederaufstieg des durch den Versailler Vertrag gedemüdigten Deutschlands und der Kampf gegen „Erbkrankheiten" mit Zielen der Diakonie (Kampf gegen Alkoholismus und Geschlechtskrankheiten) korrespondierten. Entsprechendes konnte man im Ethik-Lehrbuch von Paul Althaus ebenso lesen wie im bayerischen Religions-Lehrbuch für die höheren Schulen[124].

Neben diesen kirchlichen Öffnungstendenzen hin zu Eugenik-Diskursen, die von den Nationalsozialisten nicht neu geschaffen werden, sondern nur für ihre Zwecke gebündelt und radikalisiert werden musste, gab es auch Kritik an den nationalsozialistischen Aussagen zur Eugenik. Der Erlanger Theologe Hermann Strathmann verwarf 1931 das biopolitische Programm der Nationalsozialisten, das er in Parteischriften gefunden hatte (Ablehnung der Nächstenliebe, Polygamie, Zwangssterilisation, ‚Euthanasie'). Doch auch er bejahte eine „Schärfung des Verantwortungsbewußtseins gegenüber dem Volkstum der Zukunft"[125].

Inhaltlich und intellektuell führend im theologischen Eugenik-Diskurs war Paul Althaus. Schon im April 1933 trat er in Bremen, Hamburg und Hannover gemeinsam mit Ärzten, Biologen und Juristen auf Veranstaltungen der Gesellschaft für Rassenhygiene als Referent auf. Unter dem Titel „‚Unwertes Leben' im Lichte christlichen Glaubens" diskutierte er kritisch

124 P. Althaus, Leitsätze, S. 33; Unterricht in der Christlichen Religion, S. 137–139; 145 f. Ob man den Befund dahin gehend deuten kann, dass schon seit 1923 bayerische Pfarrer sich von den alten schöpfungstheologischen Konzepten ab- und Denkansätzen zugewandt hätten, die mit den „modernen" Konzepten aus Rasenhygiene und Eugenik zusammenhingen (F. W. Graf, Strömungen, S. 268), müsste genauer geprüft werden.

125 H. Strathmann, Weltanschauung, S. 18–22, Zitate: S. 22.

nationalsozialistisches Rassedenken, biologisch-eugenische Phantasien und den Begriff „unwertes Leben". Zur Höherentwicklung der Bevölkerung setzte Althaus auf Maßnahmen der sog. positiven Eugenik und in Einzelfällen auf Sterilisationen, doch eckte er mit dieser Position an. Sein Beitrag zur o. g. Vortragsreihe wurde zwar gedruckt, das Erscheinen eines modifizierten Separatdrucks wurde aber von politischer Seite unterbunden, weitere Vorträge zum Thema wurden Althaus verboten[126].

Auf einer Veranstaltung der Erlanger Studentenschaft referierte Althaus drei Monate später nochmals zusammen mit einem Mediziner. Dieser befürwortete die „Erbforschung" und die daraus resultierenden eugenischen Maßnahmen, v. a. die Sterilisation, als notwendigen Beitrag zur Reinerhaltung der Rasse. Die „Vernichtung lebensunwerten Lebens" lehnte er nur aufgrund der medizinisch-diagnostischen Probleme bei der Entscheidung über Leben und Tod ab. In seinem im Titel im Vergleich zum April unveränderten Vortrag betonte Althaus die Verantwortung des Individuums vor Gott und Volk und rückte die „Erbgesetze" in die Nähe einer Schöpfungsordnung. In der ihm eigenen Dialektik bekannte er sich zur positiven Eugenik, v. a. zur Steigerung der Gebärbereitschaft der Frauen, da das Volk „biologisch abgesunken" sei. Bei der Frage der Sterilisierung wollte sich Althaus aus Skepsis gegenüber deren Überhandnehmen nicht festlegen und wies auf die alternative Möglichkeit der Heimunterbringung hin. Dennoch betonte er, dass christlicher Glaube und prophylaktische Sterilisation zur Verhinderung von Erbkrankheiten und Sexualverbrechen kein Widerspruch seien. Zugleich wies er darauf hin, dass eine rein biologische Sicht auf den Menschen zu kurz greife und Behinderungen Sinn stifteten sowohl für den Glauben als auch für die Gesellschaft (→ 414).

Im „Bayerisches Kirchenvorsteherblatt" wies Ruhestandspfarrer Gustav Sommerer 1934 auf Literatur zur Eugenik mit evangelischer Prägung hin und begründete im biologistischen Jargon die politische Notwendigkeit, die Bevölkerungsentwicklung mit Mitteln der Eugenik zu steuern. Anders als in Osteuropa gingen in Deutschland die Geburten zurück, die deutsche Gesellschaft vermehre sich v. a. durch „Untüchtige", so dass eine durch den Krieg verstärkte „Gegenauslese" hin zur „Entartung" drohe. Sommerers Zustimmung fand dagegen die nationalsozialistische Bevölkerungs- und Rassenpolitik, an der er nur die religiöse Überhöhung von Rasse und Blut kritisierte. Die Kirche habe die Pflicht zur Mitarbeit an allen rassenhygienischen Maßnahmen, die nicht wie Abtreibung, ‚Euthanasie' und Sterbehilfe „die Schranken des Gotteswillens überschreiten". In einer Vermischung von diakonischem Denken und Zustimmung zur NS-Lebenspolitik betonte

126 Vgl. hierzu die sehr freundliche Darstellung von G. Jasper, Althaus, S. 217–222; R. P. Ericksen, Theologen, S. 139.

Sommerer den Wert des kirchlichen Dienstes an Behinderten und verklärte das Schicksal Zwangssterilisierter zum schon im Neuen Testament bekannten Opfer (→ 415).

Fast zeitgleich erhielt der Landeskirchenrat eine Anfrage des Dekanats Gunzenhausen zum Umgang mit dem „staatlichen Sterilisationsgesetz". Die Antwort stand unter der Prämisse, dass die Kirche zu staatlichen Maßnahmen „der äußeren Volkswohlfahrt und der Gesundheitspflege" keine Stellung beziehe. Kritik könne Schaden für die Kirche nach sich ziehen. Aus der Perspektive Egoismus versus Gemeinwohl sei das Gesetz aber positiv zu werten (→ 416).

Im Juni 1934 nannte der in der Arbeit mit Behinderten und Kranken langjährig engagierte sächsische Pfarrer Martin Ulbrich in der „Fränkischen Wacht" das Thema „Kirche und erbkranker Nachwuchs" eine „wenig beachtete Aufgabe für Pfarrer, Lehrer, Kirchenvorsteher". Der 70-jährige Ulbrich sah die Hauptursache von Behinderungen in Alkoholismus, Geschlechtskrankheiten und Inzucht, v.a. beim Adel und bei Bauern, und vertrat die These, dass die Pfarrer vor Ort als Kenner der Familienverhältnisse und als Lehrer der Jugend eine zentrale Rolle innerhalb der positiven Eugenik einnähmen (→ 417).

Im Jahr 1935 publizierte der „Freimund" einen Artikel, in dem die Unterbringung von Behinderten und Kranken in evangelischen Heimen als ein nachhaltiger Beitrag zur positiven Eugenik gewürdigt wurde. In Verkennung der tatsächlichen politischen Beweggründe glaubte der Autor, seine Darstellung anhand von Beispielen für das religiöse Empfinden und die nationale Gesinnung von Heimbewohnern untermauern zu können (→ 418)[127].

6.2 Heirat Zwangssterilisierter

Die Offenheit der Kirche für Maßnahmen der sog. positiven Eugenik, die die Volkskraft stärken sollten, und die gleichzeitige relative Akzeptanz der staatlich angeordneten Sterilisation führte zu einem Widerspruch: konnte das kirchliche Ehe- und Geschlechterverständnis, gemäß dem die Ehe der Ort der auf Fortpflanzung ausgerichteten Sexualität sei und die Würde der Frau sich in ihrer Mutterschaft äußere, fortbestehen, wenn zugleich ein oder beide Ehepartner durch eine staatliche Maßnahme um ihre Fähigkeit zur Fortpflanzung gebracht worden waren?

---

127 Der Schriftleiter des „Freimund" wurde u.a. wegen dieses Beitrags am 15. Oktober 1935 vorläufig aus der NSDAP ausgeschlossen, da er Angriffe auf erbgesundheitliche Grundsätze und Gesetze sowie Beleidigungen der SA zugelassen habe (Verantwortung für die Kirche 3, S. 154).

Im Januar 1937 gab der Landeskirchenrat aufgrund einer Anfrage zum sog. Ehegesundheitsgesetz vom Oktober 1935[128] ein Gutachten Paul Althaus' über die Frage der Eheschließung „eines Sterilisierten mit einer Erbgesunden" vertraulich an die Pfarrer heraus. Althaus stellte klar, dass eine Ehe mit einem unfruchtbaren Partner keine vollwertige sei, die Option der freiwillig gewählten Ehelosigkeit jedoch die Ausnahme bleibe. Obwohl er Verständnis für den Wunsch nach einer Partnerschaft äußerte, überwog eindeutig seine Ablehnung einer derartigen Beziehung. Dies hing mit Althaus' Frauenbild zusammen. Eine Verbindung ohne Aussicht auf Kinder bedeute für die Frau ein die Ehe zunehmend gefährdendes Opfer. Darüber hinaus drohe durch solche Ehen ein nicht zu verantwortender „Ausfall[s] an Fruchtbarkeit für das Volk".

Da rechtliche Regelungen noch fehlten, erachtete es Althaus für möglich, dass die Kirche im Einzelfall der Ehe zwischen „einem Sterilisierten und einer Erbgesunden" zustimme, wenn ein Pfarrer „das erbgesunde Mädchen" auf sein Opfer und die „Unnatur" der Situation hinweise und die Kirche den Staat dazu dränge, „die Gattenwahl der Sterilisierten" zu begrenzen (→ 419).

6.3 Stimmen zur ‚Euthanasie'

In der Rubrik „Schriftenanzeige" des Amtsblatts wies die Landeskirche Ende 1933 auf eine Broschüre des Münsteraner Professors für Systematische Theologie Friedrich Wilhelm Schmidt über „Sterilisation und Euthanasie" als „Beitrag zur angewandten christlichen Ethik" hin. In der landeskirchlichen Inhaltsbeschreibung hieß es stark verharmlosend, dass Schmidt die Sterilisation aus Verantwortung für Volk und Staat bejahe, die ‚Euthanasie' aus Rücksicht auf die „ethische Gesundheit" der Volksseele aber ablehne (→ 421). Im Amtsblatt vom August 1934 wies die Kirchenleitung werbend auf drei im Verlag des Barmen-Synodalen und völkische Propagandisten Julius Friedrich Lehmann erschienene Bücher „zur Vererbungslehre, Rassenkunde und Erbgesundheitslehre" sowie auf „Lichtbildervorträge" aus denselben Themenbereichen hin[129].

Gegen Tendenzen, schwer Behinderte als finanzielle Belastung für die Gesellschaft zu betrachten, argumentierte der Direktor der Pflegeanstalt Bruckberg Hilmar Ratz an. In der reichsweit gelesenen Kulturzeitschrift „Zeitwende" lehnte er im Frühjahr 1939 daher ‚Euthanasie'-Gedanken als Unwissenheit ab. Neben dem religiösen Argument der Heiligkeit des Lebens, das alleine in Gottes Hand liege, führte er v. a. die Erfolge der Be-

---

128 Vgl. Dokument 420.

129 ABlELKB 1934, S. 117.

treuungsarbeit in den Heimen der Diakonie an, die der Volksgemeinschaft dienten (→422).

Im Dezember 1940 berichtete der Schwabacher Dekan Christian Stoll dem Landesbischof über die jüngste Pfarrkonferenz, auf der die auch das Dekanat treffende „schleichende Seuche" der „Anstaltstötungen" diskutiert wurde. Detailliert schilderte Stoll Fälle aus der Tötungsanstalt Sonnenstein bei Pirna sowie die in der Bevölkerung kursierenden Gerüchte. In der Frage, welche Schritte zu unternehmen seien, herrschte unter den Pfarrern Unsicherheit. Stoll scheint jedoch von seinen Landesbischof ein klärendes Wort erwartet zu haben (→423). Meiser betonte in seiner offenkundig im Wissen um die Postkontrolle geschrieben Antwort, dass der Landeskirchenrat von den Tötungen wisse, bisherige Proteste aber erfolglos geblieben seien. An die Geistlichen werde demnächst über die Kreisdekane eine Anweisung ergehen (→424).

6.4 *Kirchliche Beerdigung von Opfern der ‚Euthanasie'-Aktionen*

Der gewaltsame Tod von Heimbewohnern brachte für die Form der kirchlichen Bestattung, die Beerdigungsansprache und das Kirchenbuchwesen bis dahin ungeahnte Herausforderungen, zumal allzu deutliche Hinweise auf die Todesumstände vermieden werden mussten. Da bis Dezember 1940 die Zahl der Fälle deutlich gestiegen war, in denen Angehörige von Behinderten oder Kranken deren Asche zugesandt bekommen hatten und unklar war, ob die Verstorbenen vor der Einäscherung eine kirchliche Begleitung erfahren hatte, setzte die Landeskirche den entsprechenden, die Feuerbestattung ablehnenden Passus der Kirchlichen Lebensordnung von 1922[130] außer Kraft und erlaubte Urnenbeisetzungen wie bei einem am Ort Verstorbenen (→425). Weiterhin verschickte man eine Agende für entsprechende Gottesdienste. Hiernach konnte der Pfarrer nur bei der „Verlesung des Lebenslaufs" auf die Umstände des Todes eingehen (→426). In zwei Rundschreiben klärte die Kirchenleitung dann 1941 unter Aufhebung früherer Bestimmungen[131] die Frage, wo der Tod von auswärts Verstorbenen zu verzeichnen sei (→427, 428).

---

130 Die Landeskirche „legt ihren Gliedern ernstlich ans Herz, die geweihte Sitte des Begrabens der Toten zu bewahren und zu pflegen. Im Falle der Feuerbestattung besteht der Dienst der Kirche in der Aussegnung im Haus, auf Wunsch in einer Trauerfeier auf dem Friedhof. Die [...] Teilnahme eines Geistlichen an der Beisetzung der Aschenreste ist nur in [...] Ausnahmefällen zulässig, namentlich dann, wenn die Überreste auswärts Verstorbener auf andere Weise nicht in die Heimat verbracht werden konnten" (ABLELKB 1922, S. 225).

131 Verordnung betreffend Vorschriften über kirchliche Handlungen und Führung der Kirchenbücher (ABLELKB 1923, S. 7–9).

6.5 *Verhalten einzelner Pfarrer*

Während die Kirchenleitungen in Bayern[132] und Württemberg[133] seit Beginn der Krankenmorde im Herbst 1939 ihren Protest diskret mit Eingaben vorbrachten, gerieten Pfarrer in Konflikt mit dem Staat, weil sie – schon vor den berühmten Predigten des Münsteraner Bischofs Clemens August Graf von Galen im Sommer 1941 – die Verbrechen öffentlich machten. So wurde Pfarrer Detlev von Walter (Amorbach) von der NSDAP-Ortsgruppe vorgeworfen, die Ermordung von Geisteskranken und Schwerkriegsbeschädigten öffentlich gemacht und staatsgefährdende Reden geführt zu haben. Gegenüber der Partei bestritt von Walter die gegen ihn erhobenen Vorwürfe, betonte aber, am Wahrheitsgehalt der Aussagen nicht zu zweifeln (→ 429). Im weiteren Verlauf verhörten die Gestapo auch von Walters Gewährsmann, den Wernecker Anstaltsgeistlichen Friedrich Weitzel. Weitzel wiederum berief sich auf einen nicht genannten Informanten. Während er den Gehalt seiner Mitteilungen an von Walter relativierte, blieb auch er dabei, dass die Berichte über Krankenmorde stimmten (→ 430).

Im Dezember 1941 beendete die Staatspolizeistelle Nürnberg-Fürth das Verfahren und verzichtete auf staatsanwaltliche Ermittlungen aus „grundsätzlichen Erwägungen". Weitzel sollte staatspolizeilich verwarnt werden, gegen von Walter wurde die Zahlung eines Sicherungsgeldes verhängt – eine die Verwarnung übersteigende Strafe (→ 431).

7. Kirchliches Leben

Der Weltanschauungskampf zwischen Nationalsozialismus und Kirche spielte sich nicht nur auf den Schauplätzen Kirchenverfassung oder Lehre ab. Er fand je länger je mehr Eingang in alle Felder des kirchlichen Handelns. Jede lebensbegleitende und lebensdeutende Amtshandlung wurde zu einem Konkurrenzkampf um Menschen, Inhalte, Zeiten und Orte. Eine stetig wachsende Zahl kirchlicher Handlungen erregte bei Staats- und Parteistellen Anstoß. Aus christlicher Weltanschauung, aus christlichem Handeln konnte eine strafbewehrte Tat werden, ohne dass inhaltliche oder formale Veränderungen gegenüber der Zeit vor 1933 vorgenommen worden

---

132 Vgl. oben Dokument 424.

133 Am 6. Juli 1940 protestierte Landesbischof Theophil Wurm erstmals bei Kirchenminister Hans Kerrl gegen Euthanasiemaßnahmen. Es folgten Protestbriefe an Reichsinnenminister Wilhelm Frick vom 19. Juli und 5. September 1940, an Reichsgesundheitsführer Leonardo Conti am 29. September 1940 sowie an den Chef der Reichskanzlei Hans Heinrich Lammers und an den württembergischen Reichsstatthalter Wilhelm Murr (G. Schäfer, Wurm, S. 118, 125–128).

wären. Das kirchliche Selbstverständnis, jedem Gläubigen Gottesdienste und Seelsorge anbieten zu wollen und zu dürfen, kollidierte zudem mit dem Bestreben des Staates, der Kirche zu Orten seines Unrechtshandelns (Konzentrationslager, Gefängnisse) oder zum Reichsarbeitsdienst, der im bayerischen Staatskirchenvertrag noch nicht vorgesehen war, den Zutritt zu verwehren.

Es wird auch deutlich, wie die Kirche gerade im Krieg ein Schwinden ihrer Bindungskraft und der religiösen Bildung befürchtete. Um dem gemäß dem Gleichnis vom verlorenen Schaf (Matthäus 18, 12 f.; Lukas 15, 4–6) gegenzusteuern[134], erinnerte die Kirche ihre Mitglieder in verstärktem Maß an die Kasualien in der eigenen Biographie. Die Geistlichen sollten nicht als ‚Einzelkämpfer' fungieren, die nicht im Stande waren, alle Arbeitsfelder zu erledigen und daher ihnen eher Fremdes vernachlässigten. Um alle Aufgaben der Seelsorge und der kirchlich-religiösen Bildung abzudecken, sollten in stetig steigendem Maß geeignete und entsprechend fortzubildende Laien (v. a. aus dem Kirchenvorstand) die Pfarrer unterstützen. Die damit verbundenen Anfragen an das Verständnis von Amt und Kasualien ging die Kirchenleitung eher pragmatisch als prinzipiell an. Ihre Bereitschaft zur Heranziehung von Laien korrespondierte nicht mit Überlegungen, Frauen zu ordinieren. Hierzu bedurfte es des Drucks des extremen Personalmangels und der Jahre zurückliegenden Initiative von Religionslehrern[135].

7.1 Amtshandlungen

7.1.1 Kirchliche Lebensordnung

Mit der „Kirchlichen Lebensordnung" von 1922 hatte die Landeskirche ein Instrumentarium geschaffen, mit dem sie die Kirchenglieder angesichts schwindender Kirchenbindung, größerer gesellschaftlicher Mobilität und pluralerer Lebensführung eng an Ritus und Bekenntnis binden wollte und von dem sie glaubte, Dissentierende erfolgreich reglementieren zu können. Bereits bevor die ‚Euthanasie'-Verbrechen die Kirche zwangen, die Bestimmungen der „Kirchlichen Lebensordnung" aus seelsorgerlichen Gründen zu flexibilisieren[136], wurde sie 1938 von neuen Regelungen zur Befreiung vom Religionsunterricht herausgefordert. Gegenüber Schülern, die den Religionsunterricht verließen, ohne aber aus der Kirche auszutreten, wollte

134 Ein Kirchenaustritt sollte nicht nur dem Pfarramt des Geburtsortes gemeldet werden, sondern bei Ledigen sollte der Pfarrer auch bei deren Eltern für die Kirchenleitung „bedeutsame Umstände des Austrittes" eruieren (Bekanntmachung Nr. 5225 des Landeskirchenrats vom 29. Mai 1936, ABlELKB 1936, S. 87).

135 Vgl. unten Abschnitt 7.5.5

136 Vgl. oben Abschnitt 6.4.

man nicht die volle Strenge der „Kirchlichen Lebensordnung“ anwenden, sondern sie in der Hoffnung auf ihre Rückwendung zur Kirche seelsorgerlich und ohne Druck begleiten. Auch bei Jugendlichen, die zwar den Konfirmandenunterricht besuchten, dann aber die Konfirmation verweigerten, sollte nicht mit Zwang, sondern mit einem gewinnenden seelsorgerlichen Gespräch reagiert werden (→ 432).

Im Jahr 1941 drängten verschiedene Kreise die Kirchenleitung, die „Kirchliche Lebensordnung“ an Sachverhalte anzupassen, die bei deren Erlass noch unbekannt gewesen waren. Die Kirchenleitung entschied sich gegen dieses Ansinnen, äußerte sich jedoch zu den bei Taufe, Religionsunterricht und Mischehe auftretenden Problemen in konzilianter Form, die auch „Schwankenden“ den Weg zur Kirche nicht verbaute (→ 433).

7.1.2 Taufe

Bei ihren Verlautbarungen zur Taufe ging es der Kirchenleitung seit 1937 u. a. darum zu verhindern, dass durch eine wachsende Zahl von Kliniktaufen die Bedeutung von Taufen am Wohnort der Eltern abnahm und die Taufe nur noch im kleinsten Kreis stattfand (→ 434, 435)[137]. Eine andere Sorge galt im Krieg der möglichen Auflösung der Verbindung von Taufe und christlicher Kindererziehung. Neben den Paten sollten ohne Zwang nochmals die Eltern an ihre Pflicht erinnert werden. Für die Pfarrer galt es, in der Taufansprache die Bedeutung der Taufe zu erklären und den Taufakt nicht in formloser Routine versinken zu lassen (→ 436).

Weitere Probleme ergaben sich durch deutsch-christliche bzw. deutschgläubige Taufen, die nicht im Namen des dreieinigen Gottes vollzogen wurden (→ 437), und durch Versuche, Personen als Taufpaten zu benennen, die aus der Kirche ausgetreten waren. Die Unmöglichkeit dieses Ansinnens sollte den Gemeinden mittels Kanzelabkündigung bekannt gemacht werden (→ 438).

Während es für die Landeskirche 1944 selbstverständlich war, dass das Kind einer ukrainischen Zwangsarbeiterin getauft werde und nur gefragt wurde, ob die Mutter so viel Deutsch verstehe, dass sie dem Pfarrer folgen könne, oder ob die Taufe durch einen russisch sprechenden Missionsinspektor vollzogen werden müsse (→ 439), nahm die NSDAP einen derartigen kirchlichen Dienst zum Anlass, gegen einen Pfarrer vorzugehen. Der Ortsgruppenleiter in Willmars denunzierte Pfarrer Wilhelm Horkel im Juli 1944 bei der Kreisleitung Bad Neustadt/Saale, weil dieser das Kind russischer Zwangsarbeiter im Anschluss an den Hauptgottesdienst vor Gemeindegliedern getauft hatte (→ 440). Zu seiner Verteidigung trug Pfarrer Horkel vor,

137 Vgl. hierzu Dokument 459.

dass er nur eine im Ritus stark reduzierte Taufe gehalten habe, sich aber an die kirchliche Sitte gehalten habe (→ 441). Das Reichssicherheitshauptamt verwarnte Horkel dennoch und drohte mit weiteren Repressalien (→ 442).

7.1.3 Konfirmation

Anders als die in den ersten Tagen des Lebens im familiären Bereich beheimatete Taufe fand die Konfirmation im Alter von ca. 13 Jahren zu einem Lebensabschnitt statt, an dem Staat und Partei die Jugendlichen zeitlich stark beanspruchten und ideologisch-antikirchlich beeinflussten. Zur Vertiefung des Konfirmandenunterrichts legte die Kirchenleitung im November 1938 den Pfarrämtern die Abhaltung von mehrtägigen Rüstzeiten abseits der alltäglichen Ablenkung v. a. in den Städten nahe (→ 443). Im Sommer 1939 betonte die Kirchenleitung die Rolle des zeitlich erweiterten und durch einen Vorunterricht ergänzten Konfirmandenunterrichts als Kompensation zum reduzierten schulischen Religionsunterricht (→ 444).

In der Folge einer Dekanskonferenz beschloss der Landeskirchenrat 1940, dass Eltern und Konfirmanden öffentlich an die Bedeutung der Konfirmation erinnert werden sollten (→ 445). Der Festigung der Kirchenbindung sollten auch Feiern zum Gedächtnis der Konfirmation und der kirchlichen Trauung dienen, für die die Landeskirche eine Gottesdienstordnung erließ (→ 446).

Kreisdekan Julius Schieder widmete sich in einer Abhandlung theologischen Fragen der Konfirmation. Er drängte darauf, den historisch gewachsenen subjektiven Charakter der Konfirmation aufzugeben und wieder lutherisch das Abendmahl, die Vorbereitung darauf und die Rolle der Kirche bzw. der Gemeinde als handelndes Subjekt zu betonen (→ 447).

7.1.4 Trauungen

Bei Trauungen stand die Wiederheirat Geschiedener und die Durchsetzung der entsprechenden Regelungen bzw. Disziplinierungsmaßnahmen der Kirchlichen Lebensordnung im Mittelpunkt des Interesses, insbesondere weil mit dem „Gesetz zur Vereinheitlichung des Rechts der Eheschließung und der Ehescheidung im Lande Österreich und im übrigen Reichsgebiet" vom 6. Juli 1938[138] das Schuldprinzip gelockert worden war (→ 448, 450).

Im November 1939 wurde es mit der „Dritten Verordnung zur Ausführung des Personenstandsgesetzes" möglich, dass Ehen vor dem Standesbeamten in Abwesenheit des im Krieg stehenden Ehemannes geschlossen

138 RGBl I 1938, S. 807–822.

werden konnten[139]. Hierzu erließen die Landeskirchen von Bayern, Hannover und Württemberg eine gemeinsame Ordnung für eine Segnung der Ehefrau in der Heimatgemeinde, die freilich den Traugottesdienst nicht ersetzen konnte (→ 449).

7.1.5 Beerdigungen

Kirchendistanz und -austritte machten es seit 1937 notwendig, die Einhaltung der Beerdigungsliturgie einzufordern und Tendenzen gegenzusteuern, den Abschied auf dem Friedhof rein weltlich zu gestalten (→ 451, 452). Gedächtnisgottesdienste für aus der Kirche ausgetretene Gefallene lehnte die Landeskirche trotz möglicher Konflikte mit Familienangehörigen dezidiert ab (→ 453). Neben dieser willentlichen Abkehr von der Kirche standen Fälle, in denen der Staat Personen aus der „Volksgemeinschaft" verstoßen hatte und der Ausschluss aus der christlichen Gemeinde nachfolgte. Die Landeskirche lehnte im Februar 1943 Gedächtnisgottesdiensten für hingerichtete Deserteure und in Strafkompanien oder durch Selbstmord gestorbene Wehrmachtssoldaten ab. Nur eine Trauerfeier für die Angehörigen in der Sakristei war möglich (→ 454).

Konfessionelle Irenik bestimmte die Antwort auf die Fragen, ob der katholische Partner einer evangelisch getrauten Mischehe evangelisch beerdigt werde und wie man mit dem Wunsch katholischer Angehöriger evangelischer Gefallener umgehe, für diese eine Seelenmesse lesen zu lassen (→ 455).

7.1.6 Einführung in das Amt

Die bewusst nach Nürnberg gelegte Einführung Hans Meisers in das Amt des Landesbischofs fand 1933 als konfliktfreies öffentliches Ereignis in enger Kooperation von Landeskirche, Stadt Nürnberg sowie von Staats- und Parteistellen statt (→ 456)[140]. Zwei Jahre später geriet die Ordination von drei Kandidaten durch OKR Georg Kern zum Politikum, da die Landeskirche diesen Akt mit dem von der Bayerischen Politischen Polizei als politischem Gegner eingestuften Kern in der DC-Hochburg Weißenburg stattfinden lassen wollte. Der Landeskirchenrat gab den Drohungen der DC nach und verlegte die Ordination auf einen anderen Tag im Nachbarort (→ 457).

Angesichts der kirchlichen Furcht vor einem Schwinden ihrer Bindungskraft sollte 1942 auch die Amtseinführung eines Pfarrers dazu genutzt werden, die Verbundenheit unter den Gemeinden zu stärken. Daher sollte

---

139 RGBl I 1939, S. 2163–2167, 2165 f., §§ 13–21.
140 Vgl. unten Abschnitt 8.2.

künftig am Tag der Einführung im jeweiligen Dekanat des neuen Pfarrers und seiner Gemeinde fürbittend gedacht werden (→ 458).

7.1.7 Visitationen

Der Bericht über die Visitation in Euerbach bei Schweinfurt an Pfingsten 1934 hatte neben dem sachlichen Teil einen weiteren Schwerpunkt in der Betonung des guten Verhältnisses zwischen Staat und Kirche und der erzieherischen Bedeutung der NS-Formationen. Unter dem positiven Eindruck der Machtergreifung stellte der visitierende Dekan wenige Tage vor der Barmer Bekenntnissynode der Gemeinde vor allem die Deutsche Glaubensbewegung als Bedrohung dar und forderte unbedingte Treue zum Landesbischof. Neben die Betonung der erfreulichen Kirchlichkeit der Gemeinde trat jedoch die Klage über die zurückgehende Spendenbereitschaft in der Gemeinde und – mit drohendem Unterton – über die Ablehnung des Kirchgeldes (→ 459).

Als drei Jahre später die ebenfalls im Dekanat Schweinfurt gelegenen Gemeinden Zell und Weipoltshausen visitiert wurden, nahmen keine Parteigruppierungen mehr daran teil, nur noch der Lehrer und der Bürgermeister. Neben den klassischen Themen der Visitation kamen die Kirchenpolitik sowie die stark abnehmende Zahl der Taufgottesdienste und der Rückgang der Hausandachten in der spendenbereiten Gemeinde zur Sprache (→ 460).

Die Zwischenvisitation in Sennfeld (Dekanat Schweinfurt) im Oktober 1941 zeigte, dass der Stoff des Religionsunterrichts in zahlreichen Jahrgängen nur bedingt präsent und verstanden war[141]. Die Christenlehre als ergänzender kirchlicher Unterricht war sehr schwach besucht. Religiöse Symbole fanden sich im Schulgebäude nicht mehr. Moniert wurde, dass die für die künftige kirchliche Selbstreflexion wichtige Pfarrbeschreibung nicht fortgeführt wurde (→ 461).

7.1.8 Abkündigungen

Spätestens mit dem Ende der kirchlichen Presse 1940/41 und der bereits vorher erfolgten Verdrängung kirchlicher Meldungen aus der Tagespresse musste die Kirche nach anderen Wegen der Kommunikation gesamtkirchlicher wie gemeindlicher Nachrichten suchen. Hierzu boten sich v.a. die Abkündigungen am Ende des Gottesdienstes an, deren theologische Bedeutung vom Landeskirchenrat durch die Bezugnahme auf das Neues Testament und Wilhelm Löhe betont wurde. Die Abkündigungen sollten

141 Vgl. auch unten Abschnitt 7.2.1.

kein Anhängsel des Gottesdienstes sein, sondern formal und seelsorgerlich durchdacht die Gemeinde als Gemeinschaft festigen. Durch die schriftliche Fixierung der Aussagen sollte sich der Pfarrer zugleich absichern (→ 462).

7.2 Seelsorge und Bildung

7.2.1 Religionsunterricht

Seit 1839 gab es eine innerkirchliche Berichtspflicht „über den Gesamtzustand des Unterrichts, der Übungen und der Erziehung überhaupt, soweit dadurch die religiösen und kirchlichen Verhältnisse berührt werden.“ Die Berichte gingen über die Konsistorien an das Oberkonsistorium, später von den Dekanaten über die Kreisdekane an den Landeskirchenrat[142]. Trotz diverser äußerlicher Modifikationen bestand diese Berichtspflicht ununterbrochen auch nach den politischen und staatskirchenrechtlichen Zäsuren seit 1918 fort. Ein Wandel trat erst 1937 – zur Zeit des Kampfes um die Bekenntnisschule – ein. In den Amtsblättern von 1937 bis 1939 wurden nun Berichte über den Religionsunterricht an Gymnasien für die drei Schuljahre 1935/36 bis 1937/38 veröffentlicht. Im Jahr 1940 wurden die Dekanate nur noch mit Umdrucken informiert, also bereits vor der staatlichen Anweisung, dass während des Krieges „Veröffentlichungen von statistischem Material über Kirchenein-, Aus- und Übertritte“ zu unterbleiben hätten[143].

Beim Religionsunterricht an den Höheren Schulen im Schuljahr 1935/36 wurde positiv der gute Besuch bzw. die geringe Zahl der Abmeldungen und das gute Ansehen der Religionslehrer bei Kollegen und Schulleitungen vermerkt. Der deutschchristliche oder -gläubige Einfluss auf die Schüler wurde als gering erachtet, zumal diese mit zunehmendem Alter die Propaganda durchschauten. Kritisch wurden der Unterrichtsausfall und die daraus resultierende unvollständige Behandlung des Lernstoffes benannt. Ausführlich ging man auf die Indolenz der Schüler gegenüber Kirche und Gottesdienstbesuch ein. Das Alte Testament werde abgelehnt, die Bindung an die Gemeindejugend sei gering. Gefahr drohe der kirchlichen Sozialisation durch die Konkurrenz von Sport- und Freizeitangeboten am Sonntag. Im Unterricht sollte die Kirchenbindung der Schüler durch einen verstärkten Bezug auf das Kirchenjahr gefestigt werden, doch wurde auch die Rolle des Elternhauses in diesem Zusammenhang betont. Der Religionslehrer müsse verstärkt als Orientierung gebender Verkündiger und Seelsorger auftreten. Die Kirchenleitung musste auch feststellen, dass Lehrer noch nach dem überholten Lehrplan von 1907 unterrichteten (→ 463).

---

142 Bestimmungen über den protestantischen Religionsunterricht, S. 58.

143 Vgl. unten S. 210, FN 286.

Die Berichte über den Religionsunterricht in den Volkshauptschulen im Schuljahr 1935/1936 empfand die Kirchenleitung prinzipiell als erfreulich, doch scheint vielfach eine Diskrepanz zwischen geringer innerer Verbundenheit des Lehrers mit dem Stoff und guter pädagogisch-didaktischer Arbeit deutlich geworden zu sein. Dies führe zu Kenntnisdefiziten bei den Schülern. Dieses widersprüchliche Bild zeigte sich auch darin, dass Lehrer das Alte Testament nicht behandeln wollten bzw. aus weltanschaulichen Gründen dagegen polemisierten und andererseits selbst von deutschchristlichen oder deutschgläubigen Lehrern dieses solide unterrichtet würde.

Die Unterrichtsvisitation durch den Dekan sei in den Schulen weithin akzeptiert, durch die Besuche konnten auch Missstände besonders im Personalbereich behoben werden. Neben der Qualitätssicherung – man monierte auch, dass jüngere Pfarrer religionsdidaktisch weitergebildet werden müssten – sollten die Visitationen auch als Signal der Kirche an den Staat verstanden werden, dass sie sich nicht aus der Schule zurückziehe (→ 464).

Der Bericht über den Religionsunterricht an Höheren Lehranstalten im Schuljahr 1937/38 war trotz inhaltlicher Wiederholungen (Rolle der Eltern für die Kirchenbindung der Schüler, Klage über den Verfall der Lernkompetenzen und den hohen Unterrichtsausfall) skeptischer als der über das vorvergangene Jahr. Es dominierte die Furcht, dass eine kirchlich entwurzelte Jugend der Entchristlichung zum Opfer fallen werde bzw. in den weltanschaulichen Auseinandersetzungen ohne Orientierung sei. Die Stellung der Religionslehrer innerhalb des Kollegiums wurde als gut dargestellt, Abmeldungen gab es nur wenige, doch wollten Abgemeldete weiterhin am Abendmahl teilnehmen, was aber durch Nachricht an den Pfarrer verhindert werden sollte. Die Schüler übten zwar Distanz gegenüber den Deutschgläubigen, seine aber gegenüber dem Christentum träge und neigten dazu, sich in der Masse zu verstecken.

Neue Antworten auf die aktuellen Herausforderungen vermochte die Kirche nicht zu geben. Sie beschränkte sich auf die Reformulierung frommer Sätze sowie auf die Beschwörung der Vergangenheit. Auf harsche Kritik stieß die Neigung, Schüler durch eine großzügige Notengebung im Religionsunterricht zu halten. Dies untergrabe die Glaubwürdigkeit des Lehrers. Das Verhältnis zum Staat sollte durch das Abhalten von Schulgottesdiensten – trotz möglicher negativer Folgen – offensiv gestaltet werden (→ 465).

Wegen der erhöhten Arbeitsbelastung und der Verkehrsprobleme wurden im Schuljahr 1939/40 nur ca. 25 % des Religionsunterrichts an Volksschulen visitiert. In der Hälfte der Fälle fand der Unterrichtsbesuch während einer normalen Visitation statt, ein Viertel der Schulen blieb unbesucht. Daher wurde eine Vertretung des Dekans durch geeignete Pfarrer angedacht. Weiterhin wurden eine schwindende Lernkompetenz und die mangelnde Vorbildung der jungen Pfarrer beklagt. Dagegen boten die Schülerzahlen, das

Engagement oder das Niveau der Lehrer keinen Anlass zu Beschwerden. Der nochmaligen Stundenstreichung sollte mit einer Straffung des Stoffs und mit der Vernetzung des Religionsunterrichts mit anderen kirchlichen Angeboten für die Jugend vom Kindergarten an begegnet werden (→ 466).

7.2.2 Gemeindeunterweisung / Christenlehre

Der Kampf um die Jugend war auch ein Kampf um die Zeit. So sah sich die Landeskirche seit Mai 1935 mit dem Verlangen der HJ konfrontiert, die Nachmittagschristenlehre an zwei Sonntagen im Monat zugunsten des HJ-Dienstes auf den Vormittag zu verlegen. Aus Gründen der gottesdienstlichen Tradition und der Arbeitsbelastung der Pfarrer wurde dies aber abgelehnt und die Dekane um ein einheitliches Vorgehen gebeten (→ 467). Da die HJ in Mittelfranken gegenüber einzelnen Pfarrämtern ihre Forderung sehr deutlich formulierte (→ 468), teilte Landesjugendpfarrer Heinrich Riedel den Dekanaten im Juli 1936 mit, dass die HJ[144] trotz einer im Herbst 1935 getroffenen Regelung für ihre Aktivitäten Termine ansetze, die für die Christenlehre vorgesehen seien. Riedel versuchte zwar, dem HJ-Anspruch entgegen zu kommen, doch mahnte er die Pfarrämter eindringlich davor, mit der HJ individuelle Regelungen zu treffen, zumal die HJ gegenüber den Pfarrämtern mit unwahren Behauptungen operiere. Keinesfalls dürften sich Gemeinden in kirchlichen Angelegenheiten von außen bestimmen lassen (→ 469).

Mit Erlass vom 22. Januar 1937 ordnete das bayerische Kultusministerium den Unterricht den Ansprüche der HJ unter und ließ Nachmittagsunterricht nur noch montags zu. Selbst Hausaufgaben wurden nach den Bedürfnissen der HJ geregelt. Die monatlich stattfindenden Wochenendfahrten betrafen auch kirchliche Belange, da Kultusminister Adolf Wagner von den Kirchen verlangte, sonntags „Schülergottesdienste" zwischen 7 und 9 Uhr anzubieten. Im Gegenzug könnten HJ-Mitglieder so Gottesdienste besuchen (→ 470). Im April des Jahres erklärte Wagner dann, dass die Kirchen seinen „Plan, das Verhältnis zwischen Elternhaus, Hitlerjugend, Schule und Kirche klar und einheitlich zu regeln" begrüßt hätten und sie zustimmten, dass die Schülergottesdienste spätestens um 10:30 Uhr endeten[145].

So einvernehmlich, wie Wagner es darstellte, war die Regelung nicht, wie das schon früh auf den Erlass reagierende Protestschreiben der oberfränkischen Kirchengemeinde Benk und die an diverse politische Stellen in

---

144 Vgl. hierzu Abschnitt 7.2.10.

145 Amtsblatt des Bayer. Staatsministeriums für Unterricht und Kultus 1937, S. 45.

Bayern und im Reich gerichtete Erklärung der Gemeinden des Kirchenbezirks München zeigen (→ 471, 472). Man sah den Sonntag entheiligt und das Familienleben sowie die Verbindung von Jugend und Gemeinde gefährdet[146].

Im März 1938 ordnete der Landeskirchenrat für Gemeinden, in denen die Christenlehre werktags stattfand, einen Sonntagnachmittagsgottesdienst an, in dem die Jugend – ohne dass ihre HJ-Verpflichtungen berührt würden – biblisch, kirchenhistorisch, konfessionskundlich und weltanschaulich-kirchenpolitisch unterrichtet werden sollte. Diese freiwillig besuchte „Gemeindeunterweisung" mit nach Geschlechtern getrennten Inhalten sollte sich vom Religionsunterricht der Volksschule und der Berufsschulen unterscheiden. Der biblische Stoff sollte über die in der gesamten evangelischen Jugend Deutschlands geltende Bibellese vermittelt werden und so nicht nur die Bibelfestigkeit stärken, sondern auch Gemeinschaft stiftend wirken (→ 473).

Spätestens nach Beginn des Krieges wurde aber deutlich, dass die unterschiedlichen lokalen Gegebenheiten keine allgemein verbindliche Regelung der Gemeindeunterweisung erlaubten und auch an deren Besuch auf vielfältige Weise erinnert werden musste. Trotz aller kriegsbedingten Belastungen durfte diese Form des kirchlichen Unterrichts aber keinesfalls ausfallen (→ 474, 475).

7.2.3 Jugendarbeit[147]

Nach der Eingliederung der verbandsmäßig organisierten evangelischen Jugend in die HJ im Dezember 1933 richtetet die Landeskirche zur Betreuung der nun innerhalb ihrer Kirchengemeinde versammelten Jugend Ende April 1934 das Amt eines Landesjugendpfarrers ein. Der Amtsinhaber war dem Landeskirchenrat direkt unterstellt (→ 476, 477).

Wie die Kirche ihrer Verpflichtung gegenüber der unter 18-jährigen Jugend neben den klassischen unterrichtlichen und gottesdienstlichen Möglichkeiten ohne die der HJ vorbehaltene Felder (politische Erziehung und körperliche Ertüchtigung) in offener Arbeit künftig nachkommen sollte, erklärte der Landeskirchenrat Mitte Mai 1934. Grundsätzlich galt für die Jugendarbeit als Dienstobliegenheit des Pfarrers das Gemeindeprinzip und eine Hierarchie von der Gemeinde über die Bezirksjugendpfarrer auf Dekanatsebene und sechs Kreisjugendpfarrer hin zum Landesjugendpfarrer. Inhaltlich waren die „Arbeitsmöglichkeiten" wegen des umfassenden Anspruchs der HJ auf die Jugend reduziert auf Gottesdienst, Bibelarbeit,

---

146 Die „verfassungsmäßigen Vertreter" aller Augsburger Kirchengemeinden verabschiedeten eine gleichlautende Erklärung (FKiZM. A 30. 70).

147 Vgl. auch Abschnitt 11.1.6.

Hilfsdienste in der Gemeinde und Musik. Freizeiten und Lager der Gemeindejugend konnten nicht von der Gemeinde allein verantwortet werden, sie mussten dem Landesjugendpfarrer angemeldet werden (→ 478).

Den Geistlichen der Landeskirche legte Landesjugendpfarrer Heinrich Riedel wenige Monate nach Amtsantritt die Jugendarbeit wärmstens ans Herz – freilich nur brieflich und nicht im Korrespondenz- oder Amtsblatt. Die Jugendarbeit dürfe nicht als fünftes Rad am Wagen betrachtet werden, sondern geschehe im Interesse der Jugendlichen und der Kirche, weshalb auch Laien zur Mitarbeit gewonnen werden müssten. Organisatorische Mitteilungen Riedels zeigten, wie schnell Äußerlichkeiten zu Konflikten mit der HJ führen konnten, die unbedingt auf dem Dienstweg und sachlich fundiert zu lösen waren, zumal man mit der HJ auf den zahlreichen bereits veranstalteten Freizeiten und Bibellagern beim Sport kooperierte (→ 479). Wenig später wiederholte Riedel seinen Appell zum Engagement für die Jugendarbeit und zur Ausbildung geeigneten Personals. In diesem Zusammenhang wies er auch auf geeignetes Unterrichtsmaterial hin (→ 480).

Zur Vereinheitlichung der Jugendarbeit entwarf der Landesjugendpfarrer einen nach Geschlechtern getrennten, aber trotz klarer Strukturierung modifizierbaren Werk- bzw. Jahresplan, in dessen Zentrum die Bibellese und deren Gemeinschaft stiftende Funktion standen (→ 481–483)[148].

Musste die Jugendarbeit von Beginn an auf Sport, Geländespiele und jegliche Form von Uniform verzichten, um den Primatsanspruch der HJ nicht in Frage zu stellen, so kamen im Laufe der Zeit weitere Einschränkungen hinzu. 1938 verbot die Gestapo unerwartet das bayernweite Dankopfer der evangelischen Jugend für die Kirche (→ 484). Es konnte durch eine „Jugenddank"-Kollekte in Jugendgottesdiensten zugunsten der Jugendarbeit ersetzt werden (→ 490). Zur Kompensation für einen nicht zustande gekommenen Posaunentag in München warb das für die männliche Jugend über 18 Jahre zuständige Jungmännerwerk wenig später für eine Tagung des Weißen Kreuzes zum Thema Jugend und Sexualität (→ 485). Mit der Begründung der unbedingt notwendigen Hilfe der Jugend bei der Ernte untersagte die Gestapo Anfang August 1939 kurzfristig die geplanten Bibelfreizeiten selbst für unter 14-Jährige (→ 487).

Der kirchlichen Jungmänner- und Jungmädchendienst unter der Leitung des Landesjugendpfarrers sollte als Zwischenglied zwischen Jugendwerk und der Männer- bzw. Frauenarbeit der Kirche stehen. Für die im reichsweiten Kontext der Arbeit mit jungen Männern und Frauen verortete Tätigkeit stand dem Landesjugendpfarrer jeweils eine Dienststelle unter einem Beauftragten des Landeskirchenrats und ein aus Laien bestehender Landesarbeitskreis zur Seite (→ 486).

---

148 Vgl. oben Dokument 468.

Im Februar 1940 verabschiedete der Landeskirchenrat „Grundsätze für die seelsorgerliche Jugendarbeit der Kirche“. Damit sollte die Jugendarbeit, die erneut als elementarer Bestandteil des Gemeindeaufbaus bezeichnet wurde, normiert und vor Fehlern geschützt werden. Daher sollte die Jugend auf die Bibel (Bibelstunden, Bibellese) und in altersgemäßer Form auf das bewusste Leben in der Gemeinde (evangelische Führung) hin erzogen werden. Für die künftige Rolle in der Gemeinde wurde v. a. das Priestertum aller Gläubigen betont (→ 488). Stützten sich die „Grundsätze“ von 1940 auf Werkpläne, dazugehöriges Arbeitsmaterial und darauf aufbauende Jugendzeitschriften, so musste die weibliche Jugendarbeit – und nicht nur diese – seit Juli 1941 ohne Zeitschriften auskommen[149]. Als Ausweg sah Landesjugendpfarrer Riedel nur eine die Gemeinschaft stärkende, noch intensivere Bibellektüre (→ 489). Zum Jahresende 1944 zog Riedels Nachfolger Martin Helbich eine Bilanz, in der die Betonung der Glaubenstreue und -stärkung mit den Hinweisen auf die kriegsbedingt immer schwieriger werdende Lage der Jugendarbeit korrespondierte. Zum Personalmangel kam nun eine erhebliche Einschränkung der verfügbaren Arbeitsmaterialien hinzu (→ 491).

7.2.4 Frauen- und Männerarbeit

Ein Tagungsplan des Amtes für Volksmission für die evangelischen Frauenvereine unter der Leitung von Pfarrer Helmut Kern, Göggingen, im Januar 1934 zeigt, wie stark die Arbeit noch von der Frage nach dem Verhältnis der Kirche zu völkischer Bewegung und Rassenfrage sowie der Suche nach dem Ort der Kirche im NS-Staat bestimmt war (→ 492).

Im Auftrag des Landeskirchenrats warb das Kreisdekanat Bayreuth im Oktober 1937 unter den Pfarrern für den Kirchlichen Männerdienst und wies auf den neu ernannten dritten Männerpfarrer des Kreisdekanats hin. Auch wenn die Männerarbeit in zeitlicher Konkurrenz zur Jugend- und Frauenarbeit stehe, solle ein monatlicher Männerabend stattfinden. Die Zeit erfordere es, dass die Pfarrer auch die Männerarbeit als Mittel zum Gemeindeaufbau ernst nähmen. Auch bei den Visitationen sollte die Männerarbeit angesprochen werden (→ 493). Wenig später lud das Kreisdekanat Nürnberg zu einem Treffen ein, um Teilnehmern der Männerarbeit und Kirchenvorstehern die Möglichkeit der Begegnung zu geben (→ 494). Dieser Sonntagsveranstaltung voran ging eine „Evangelische Männerabendwoche“ mit Vorträgen bayerischer Pfarrer zu Themen aus Kirche, Ehe und Familie sowie einer abschließenden Ansprache Hanns Liljes über „Christus im deutschen Schicksal“ (→ 495).

---

149 Vgl. zum Ende des kirchlichen Publikationswesens nicht nur aus Gründen der Kriegswirtschaft Abschnitt 8.3.

7.2.5 Hausbesuche und -kreise

Im November 1939 appellierte das Kreisdekanat Nürnberg an die Pfarrer, ihre Gemeindeglieder zu seelsorgerlichen Gesprächen zu besuchen. Bei den Hausbesuchen sollten die Pfarrer – wie in der Jugendarbeit – erfahrene Laien, d. h. besonders den Kirchenvorstand mit heranziehen und das Priestertum aller Gläubigen gegenüber der ‚Pastorenkirche' stark machen. Durch ihre Besuche sollten die Pfarrer die Gemeindeglieder zum Gottesdienst und zur Bibelstunde einladen sowie zur regelmäßigen Abhaltung von Hausandacht bewegen (→ 496)[150].

Das Ende der Gemeinde- und Sonntagsblätter sowie der christlichen Abreißkalender aus kriegswirtschaftlichen und antikirchlichen Gründen am Jahreswechsel 1941/42 war ein tiefer Einschnitt in die seelsorgerliche Versorgung derjenigen Gemeindeglieder, denen der Gottesdienstbesuch nicht möglich war. Daher wies der Landeskirchenrat im November 1941 auf die Hausandacht, die häusliche Pflege des Kirchenliedes und die tägliche Bibellese als gegebenen Ausgleich für den Verlust hin. Auch hier kehrte wie in der Jugendarbeit das Motiv wieder, dass der Glaube eine Vertiefung empfange, wenn „das Wort Gottes teuer" werde (→ 497).

7.2.6 Seelsorge an Sterbenden

Im Jahr 1944 publizierte der Landeskirchenrat mehrere Texte zur Seelsorge an Sterbenden und ihrer Angehörigen sowie zu einer christlichen ars moriendi, die in den Gemeinden eine breite Aufnahme fanden[151]. In der im Amtsblatt zweimal abgedruckten Einleitung wurde die Verdrängung des Todes aus der Öffentlichkeit und dessen Beschweigen selbst gegenüber dem Sterbenden scharf kritisiert. Stattdessen müsse der Mensch wieder gestützt auf die Auferstehungsbotschaft, auf Sterbegebete und Sterbelieder lernen, mit dem Tod zu leben (→ 498). Der Leitfaden war unterteilt in eine Handreichung zur „Seelsorge an Sterbebetten", die auch das mögliche Fehlen eines Geistlichen einging (→ 499), und in eine weitere zur Besprechung „mit Kirchenvorstehern, Vertrauensleuten und Gemeindehelfern", damit die seelsorgerliche Begleitung Sterbender gesichert sei (→ 500).

150 Vgl. zu den Hausbesuchen vgl. auch Dokument 574.

151 Vgl. Dokument 501. Im Lagebericht des Regierungspräsidenten von Ansbach vom 8. November 1944 wurde vermerkt, dass dieser Text als Flugblatt kostenlos an Gottesdienstbesucher verteilt werde (Die kirchliche Lage VII, S. 42 f.).

7.2.7 Seelsorge im Gefängnis Stadelheim

Über die Seelsorge an den lutherischen [sic!] Insassen in der Haftanstalt München-Stadelheim schloss im April 1934 deren Direktion einen Vertrag mit dem Pfarramt der Lutherkirche. Damit wurde ein Vertrag aus dem Jahr 1927 abgelöst[152]. In der Vereinbarung wurden arbeitsrechtliche und finanzielle Aspekte der Arbeit ebenso geregelt wie die Zahl der Gottesdienste und Abendmahlsfeiern, die Möglichkeit der Seelsorgebesuche, die Begleitung der zum Tode Verurteilten und die Teilnahme am Verwaltungsbetrieb der Anstalt (→ 502).

Seit 1938 wurden in Stadelheim neben den in Bayern und Coburg verhängten Todesstrafen auch die in Österreich, im Sudetenland und in den zu Bayern angrenzenden Gebieten ausgesprochenen Urteile vollstreckt. Der seit 1934 amtierende Gefängnispfarrer Karl Alt beantragte daher im Mai 1939 wegen der großen seelischen und zeitlichen Belastung durch den Dienst in Gemeinde und Gefängnis beim Landeskirchenrat, dass er bei der Begleitung der zum Tode Verurteilten von den hauptamtlichen Geistlichen in anderen bayerischen Haftanstalten fallweise unterstützt werde. Alts Gesuch stieß bei seinen Vorgesetzten auf Zustimmung, doch lehnte der Generalstaatsanwalt beim Oberlandesgericht München die Beteiligung weiterer Geistlichen ab. Er schlug stattdessen vor, einen „ordentlichen Vertreter“ zu bestellen, der dann in Pfarrer Friedrich Hofmann von der Inneren Mission gefunden wurde (→ 503–505).

Auf einen Tätigkeitsbericht Alts über die Zeit von April 1940 bis März 1941 reagierte das Landeskirchenamt gegenüber dem Dekanat München mit großem Lob für Alt und Hofmann. Den Vorschlag, dass Todeskandidaten, die nach Stadelheim überführt wurden, vom bisher für sie zuständigen Pfarrer begleitet werden sollten, begrüßte der Landeskirchenrat und wollte mit staatlichen Stellen darüber beraten (→ 506). Im Mai 1942 lehnte der Generalstaatsanwalt diese Bitte Alts vom März ab. Daher wandte sich im Oktober 1942 der Landeskirchenrat erneut an den Generalstaatsanwalt und betonte, dass Alt und Hofmann völlig überlastet seien. Das Reichsjustizministerium habe auf Anfrage eine Bewilligung des Antrags bei enger Auslegung der Regelung in Aussicht gestellt. Entstehende Kosten wollte die Landeskirche, die zudem die Verschwiegenheit der Pfarrer zusicherte, übernehmen (→ 508). Aus dem folgenden Berichts Alts über den Zeitraum bis März 1942 konnte

---

152 Artikel 17 des Vertrages zwischen dem Freistaat Bayern und Landeskirche lautete: „Der bayerische Staat wird in seinen Straf-, [...] und Krankenanstalten [...] durch Anstellung eigener Geistlicher oder auf andere zweckmäßige Weise auf seine Kosten eine entsprechende Seelsorge einrichten. Die Seelsorger [...] werden im Benehmen mit dem Landeskirchenrat aufgestellt“ (ABlELKB 1925, S. 6).

die Kirchenleitung präzise Informationen über Gottesdienstbesuch, Seelsorgegespräche, v.a. bei zum Tod Verurteilten, und längerfristige positive Wirkungen der Arbeit entnehmen (→ 507).

7.2.8 Seelsorge im Konzentrationslager Dachau

Mitte April 1933, drei Wochen nach der Einrichtung des Konzentrationslagers Dachau am 22. März, teilte das bayerische Innenministeriums dem Landeskirchenrat mit, dass man einer Anfrage der katholischen Kirche wegen Gottesdiensten für Schutzhäftlinge prinzipiell zustimme, dies dann aber auch – das im Hintergrund stehende Konkordat wurde nicht genannt – für Evangelische gelten müsse. Nach Meinung des Ministeriums konnte ein Gefängnisseelsorger die für den Staat kostenneutral zu gestaltende Aufgabe übernehmen (→ 509). Bald darauf teilte das zuständige Dekanat München I dem Kreisdekanat mit, dass Pfarrer Sammetreuther die Seelsorge in Dachau „versuchsweise" übernehmen wolle. Dekan Langenfaß habe bei einem Besuch in Dachau festgestellt, dass es Möglichkeiten zur Seelsorge gebe. OKR Daumiller wolle die „Schutzhäftlinge" bei der Polizei betreuen (→ 510).

Bald jedoch kam es zum Konflikt, da Pfarrer Sammetreuther keine seelsorgerlichen Einzelgespräche führen durfte[153] und die Häftlinge aus von der Kirche nicht zu verantwortenden politischen Gründen den Gottesdienst bestreikten. Für die Forderung, dass die Landeskirche ihr Recht auf Gottesdienst und Seelsorge durchsetze, erhielt Sammetreuther von seinen Vorgesetzten Rückendeckung – Motiv war der mögliche Ansehensverlust der Kirche, wenn keine Gottesdienste stattfänden (→ 511–513).

Nachdem sich die Spannungen gelegt hatten, musste der Seelsorgebetrieb auch material aufgebaut werden: öffentlich wurde um Gesangbuchspenden geworben (→ 514), der ab Februar 1934 in Dachau wirkende Pfarrer Friedrich Hofmann bemühte sich um den Erwerb eines Harmoniums (→ 515). Im Tätigkeitsbericht über die Jahre 1934/35 für den Landeskirchenrat beklagte Hofmann den Schwund der Gottesdienstbesucher, den er v.a. in der unangemessenen Raumsituation und im Wandel der Häftlingsstruktur begründet sah. Statt politischer Gefangener säßen nun unkirchliche „asoziale Elemente" ein – der Mann der Inneren Mission nahm Dachau in befremdlicher Sicht nur als „Verwahranstalt" wahr (→ 516). Dass in Dachau keineswegs nur sog. Asoziale einsaßen, musste Hofmann spätestens seit der Einlieferung des hessischen Pfarrers und Gießener Privatdozenten Peter Brunner aus kirchenpolitischen Gründen wissen, mit dessen Eltern er wegen des Ergehens ihres Sohnes in Kontakt stand (→ 517–520).

153 Vgl. hierzu auch Dokument 516.

Im Juli 1936 musste Hofmann dem Landeskirchenrat von einer weiteren Verschlechterung des Gottesdienstbesuchs berichten. Mit dem von der SS genannten Grund – schlechtes „Menschenmaterial[s]" – gab sich Hofmann angesichts der Schikanen nicht zufrieden. Neben der an den Sonntagen angesetzten Arbeit vermutete er weitere Gründe, die die Kirchenleitung bei der Politischen Polizei erfragen solle (→ 521). Die Lagerleitung erklärte zwar auf Anfrage, dass niemand am Gottesdienstbesuch gehindert werde, doch wurde aus ihrem Schreiben deutlich, dass man auf weitere Gottesdienste keinen Wert legte (→ 522). Seit Februar sollte Hofmann samstags telefonisch erfahren, ob sich Gefangene zum Gottesdienst gemeldet hätten (→ 523). Als 1941 sich die Landeskirche erneut nach Dachau wandte, da man von evangelischen Gefangenen, sogar Pfarrern gehört habe, erhielt man die Antwort, dass im Lager täglich evangelische und katholische Gottesdienste gehalten würden (→ 524, 525). Trotz dieser Blockadehaltung konnte sich Landesbischof Meiser 1942 für den in Dachau inhaftierten herzkranken Pfarrer Heinrich Grüber einsetzen und diesem sogar das für Abendmahlsgottesdienste Notwendige besorgen (→ 526, 527). 1944 durften Bibeln und DC-Gesangbücher geliefert werden (→ 528), an Weihnachten 1944 gelang es, Lebensmittel für evangelische Pfarrer in das Lager zu bringen (→ 529).

7.2.9 Seelsorge an Angehörigen des Reichsarbeitsdienstes

Im Jahr 1931 hatte die Regierung Brüning – begleitet von kirchlichen bzw. diakonischen Projekten[154] – als öffentlich gefördertes Beschäftigungsprogramm einen Freiwilligen Arbeitsdienst eingeführt. Mit Erlass des Gesetzes über den Reichsarbeitsdienst am 26. Juni 1935 wurden dann alle jungen Männer und Frauen verpflichtet, Arbeitsdienst zu leisten. Zunächst wurden junge Männer, die noch keinen Wehrdienst geleistet hatten, für die Dauer von sechs Monaten einberufen. In den ausführlichen Bestimmungen zu den Rechten und Pflichten der Arbeitsdienst Leistenden war von der Religionsausübung keine Rede[155].

Da Pfarrer bereits vor der gesetzlichen Regelung keine Arbeitsdienstlager betreten durften, wies der Landeskirchenrat die Dekanate im März 1935 an, dass die Pfarrer der in Frage kommenden Orte durch den Aufbau persönlicher Beziehungen zur Lagerleitung versuchen sollten, Zugang zu erhalten, um so unter den Arbeitsdienst Leistenden für Gottesdienste werben zu können. Pfarrer in Gemeinden mit Arbeitsdienstpflichtigen sollten

154 C. Illian, Arbeitsdienst.
155 RGBl I, 1935, S. 769–771.

sich darum bemühen, dass deren Kontakt mit der Heimatgemeinde aufrecht erhalten bleibe (→ 530)[156].

Im Mai 1935 erfuhren die Dekane von der dem Landeskirchenrat über Umwege bekannt gewordenen Regelung, dass Arbeitsdienst Leistende in ihrer Freizeit ihren religiösen Pflichten nur außerhalb des Lagers nachkommen dürften. Wegen des Verbots der konfessionellen Betätigung in den Lagern sei nur der Versand kirchlichen Schrifttums in geringem Umfang erlaubt. Weiterhin wurden die Pfarrer daran erinnert, den Kontakt zwischen Arbeitsdienst Leistenden und der Heimatgemeinde nicht abreißen zu lassen (→ 531). Landesjugendpfarrer Riedel wiederholte im November 1937 die Mahnung, dass die Gemeinden mit den in Reichsarbeitsdienst oder Wehrmacht stehenden kirchentreuen Männern in Verbindung bleiben müssten. Er verwies auf einen seit 1936 bestehenden Meldedienst mehrere Landeskirchen, über den man Standort- und für Arbeitsdienstlager zuständigen Gemeindepfarrern entsprechende Männer zur seelsorgerlichen Begleitung melden konnte (→ 532).

7.2.10 Seelsorge in der HJ[157]

Bereits in der Phase der Euphorie über die „Machtergreifung“ kam es im Bereich der Jugendarbeit zu erheblichen Konflikten zwischen der Landeskirche und der NSDAP. Mit einem vertraulichen Rundschreiben an die Dekane vom 20. Juli 1933 versuchte der Landeskirchenrat, Klarheit in der unübersichtlichen Situation zu schaffen. Zu den bereits bei der Kirchenleitung eingegangenen Klagen über den aggressiv vertretenen Anspruch der HJ, die einzige Jugendorganisation im Reich zu sein, betonte der Landeskirchenrat, dass man Probleme bislang durch Gespräche mit den obersten Dienststellen der HJ habe lösen können und man sich auch weiterhin gegen die HJ mit Hinweis auf die Rechtslage wehren solle. Die Kirche werde trotz aller staatskirchenrechtlichen Unklarheiten auf die für sie lebensnotwendige eigene Jugendarbeit nicht verzichten. Über den kirchlichen Einfluss auf die HJ verhandele man noch mit staatlichen Stellen, notwendig sei aber die Fortführung der eigenen Jugendarbeit, ohne dass es zu Konflikten zwischen ihr und der HJ komme. Die HJ dürfe nicht zu einem Ort ohne Seelsorge und Evangeliumspredigt werden, zumal es in ihr inhaltliche Leerstellen gebe, die die Kirche ausfüllen müsse. Ein landeskirchlicher „Führerstab“ befasse sich mit der Seelsorge in der HJ und habe mit deren Gebietsführern verhandelt. Voller Optimismus forderte der Landeskirchenrat einen sofor-

156 Vgl. auch Dokument 542.
157 Vgl. Abschnitt 7.2.2.

tigen Beginn der Arbeit in der HJ, zumal die katholische Kirche bereits aktiv sei (→ 533).

Im Juli 1936 bat der Landesjugendpfarrer die Schriftleitungen der bayerischen Gemeinde- und Monatsblätter um den Abdruck eines Aufrufs, mit dem die Eltern von HJ-Mitgliedern dazu aufgefordert wurden, darauf zu dringen, dass in Sommerzeltlagern der HJ der sonntägliche Gottesdienst besucht werde, diese Zeit sei freigegeben (→ 534)[158]. Zeitgleich informierte Riedel die mittel- und unterfränkischen Pfarrämter über den Aufruf, damit das Ansinnen auch in Gemeinden ohne eigenes Periodicum bekannt wurde (→ 535).

7.2.11 Seelsorge an Wehrmachtsangehörigen

Vergleichbar den Anweisungen zur Seelsorge an im Reichsarbeitsdienst Stehenden wies der Landeskirchenrat im September 1935 als Reaktion auf die Wiedereinführung der Allgemeinen Wehrpflicht am 16. März sämtliche Inhaber einer Seelsorgestelle an, den Kontakt zu den Einberufenen aufrecht zu erhalten und damit bereits vor dem Gestellungstermin am 1. November zu beginnen. Weiterhin sollte die Kirchenbindung angesichts der weltanschaulichen Herausforderungen durch die enge Bindung der Soldaten an den jeweiligen Standortpfarrer gesichert bleiben (→ 536).

Die im Herbst 1935 begonnene Suche der Landeskirche nach Pfarrern, die bereit waren, als Standortpfarrer zu amtieren, verlief zäh, so dass die Dekanate im April 1936 nochmals an die Dringlichkeit der Aufgabe – nun erweitert um das Werben für Standortvikare – erinnert wurden (→ 537). Pfarrer, die nebenamtlich als Standortseelsorger wirkten, konnten wegen ihrer kirchenpolitischen Position in das Visier von Partei und Gestapo geraten. Ludwig Roth in Rödelsee wurde aufgrund einer Meldung der NSDAP-Kreisleitung an die Gestapo Würzburg von dieser an die Abwehr, den militärischen Geheimdienst, als ein Gegner des Nationalsozialismus gemeldet, der an der Partei vorbei hatte Militärpfarrer werden können (→ 538).

Nachdem Kreisdekan Daumiller von einem Divisionspfarrer über den großen Bedarf an religiösen Schrifttum an der Front informiert worden war, forderte er im Januar 1940 die Gemeinden über die Dekanate dazu auf, jede Möglichkeit zu nutzen, den Soldaten religiöse Schriften zu schicken (→ 539).

158 In den Gemeindeblättern von Hof und Nürnberg erschien kein Aufruf.

7.2.12 Wiedereintritt in die Kirche

Mitte April 1933 erschien im „Korrespondenzblatt" ein kurzer Artikel über die bald steigende Zahl von Kirchenwiedereintritten. Um der „Gefahr" zu begegnen, dass nur äußere Gründe Anlass für den Schritt gaben, schlug der Autor für arbeitslose Eintrittswillige die Abhaltung von Freizeiten über „Grundwahrheiten" des Glaubens vor. Finanzieren sollte diese gegenüber dem Konvertitenunterricht intensiveren Kurse der Landeskirchenrat (→ 540). Fast zeitgleich und inhaltlich nahe beantragte die Evang. Arbeitsgemeinschaft für Rundfunk – ein Werk der Inneren Mission – beim Landeskirchenrat, im Radio einen ständigen Religionsunterricht für Erwachsene durchführen zu dürfen. Diese wöchentliche Unterweisung nach festem Lehrplan sollte die geplanten Kurse für die Eintrittswilligen unterstützen, aber auch ein kirchlicher Beitrag zur Unterstützung des Regimes sein, um ein Abflauen des „aufbrechenden Idealismus" zu verhindern und „politisch heimatlos gewordene[n] Volksteile[n]" zu integrieren (→ 541).

7.2.13 Volksmission

Die volksmissionarische Arbeit der Landeskirche, seit September 1933 unter der Leitung des landesbischöflichen Sonderbeauftragten Helmut Kern, vollführte einen Spagat zwischen Apologetik gegenüber der Kirchen- und Christentumsfeindschaft des Regimes und Zustimmung zu Teilen des politischen Programms. Ein Rundschreiben des Landeskirchenrats vom November 1933 zeigt, dass die Reichskirche und die bayerische Landeskirche über die Verbindungen zwischen der Volksmission und Parteiorganisationen kaum orientiert waren, jedoch auf eine enge Verbindung der Theologen mit der Partei drängten und daher Theologiestudenten in die SA eintreten sollten. Umgekehrt sollte eine groß angelegte volksmissionarische Woche unter der Jugend veranstaltet werden (→ 542).

Auf die veränderte politische Situation nach der „Machtergreifung" reagierte die Landeskirche mit verpflichtenden Schulungsprogrammen für Pfarrer und Kirchenvorstände. Inhaltlich blieben die Kurse für Pfarrer – abgesehen von der Behandlung der „Judenfrage" und anders als diejenige der Kirchenvorstände – theologischen Themen verhaftet (→ 543, 544). Berichte aus den Dekanaten dürften die Kirchenleitung in ihrem vorsichtigen Kurs bestätigt haben. Die Diskussion aktueller Themen, v. a. der „Judenfrage", galt schnell als Kritik an der Politik (→ 546).

Dass auch gebildete Laien die wiedererwachende Volksmission als Auftrag verstanden, zeigt der Aufruf, mit dem sich die im Juli 1933 gegründete „Vereinigung Evangelischer Akademiker in München e. V." an die Öffentlichkeit wandte. Neben der Gemeindebildung wollten sich die Beteiligten besonders in der Arbeit mit evangelischen Studierenden engagieren (→ 545).

Ein Pressebericht über die Münchner Volksmissionswoche im Januar 1934 zeigt deutlich die Verbindung von völkischem Denken und volksmissionarischer Arbeit. Ein Vortrag über Ehe und Familie gelangte nach der Diagnose einer aus der allgemeinen Glaubenskrise und dem Autoritätsschwund erwachsenen Ehenot und einer kirchlichen Definition von Ehe zu den Bemühungen Hitlers „um die Rettung unseres Volkes" durch eine Steigerung der Geburtenrate. Ohne das zu Grunde liegende eugenische Konzept zu hinterfragen, schlug der Referent den Bogen vom kirchlichen Eheverständnis über Modernitätskritik hin zur rassistischen Propaganda und dem Kampf gegen die angebliche Überfremdung Deutschlands aus dem Osten (→ 547). Vier Jahre später war im Programm der Schweinfurter Volksmissionswoche kein Streben nach einem weltanschaulichen Bündnis mehr erkennbar. In sechs Vorträgen wurde danach gefragt, wer Jesus war (→ 548).

7.2.14 Evangelische / kirchliche Woche in Nürnberg

Im Jahr 1935 fand in Hannover erstmals eine Evangelische Woche statt, die die bisherigen, an Studenten und Akademiker gerichteten Tagungen der Deutschen Christlichen Studenten-Vereinigung fortsetzen sollte und zu der reichsweit eingeladen wurde. Mit der Veranstaltung sollte die volksmissionarische Arbeit unter evangelischen Akademikern auf eine breitere Grundlage gestellt werden[159]. Aus dem Bereich der bayerischen Landeskirche waren als Referenten der Leiter der Berliner Apologetischen Zentrale Walter Künneth (Der heroische Mensch und die Botschaft von der Gnade Gottes) und „Oberstaatsanwalt" [sic!] Hans Meinzolt (Die göttliche Sendung des Rechts) vertreten[160]. Es folgten landeskirchliche Evangelische Wochen, etwa im Februar 1936 unter dem Titel „Der Ruf der Kirche" in Essen mit Beteiligung bayerischer Redner[161].

Die erste bayerische Evangelische Woche (1.–5. Januar 1937) in Nürnberg wurde nur erlaubt, weil Pfarrer Helmut Kern dem Nürnberger Polizeipräsidenten zusicherte, dass keine Vorträge mit kirchenpolitischem Inhalt gehalten würden (→ 549)[162]. In einem Empfehlungsschreibungen Nürnberger Juristen an Berufskollegen wurde der apologetische Charakter der Veran-

159 D. Palm, Brüder, S. 36.
160 Wahrheit und Wirklichkeit der Kirche.
161 Vgl. Der Ruf der Kirche.
162 Die Unsicherheit über das Zustandekommen der Evangelischen Woche spiegelt sich auch im Hinweis des Amtsblatts vom 12. Dezember 1936 wider (ABlELKB 1936, S. 181), wo noch kein genauer Termin genannt wurde.

Tagungsort:

Die Veranstaltungen finden hauptsächlich in der Heiliggeistkirche statt. Das Tagungsbüro befindet sich während der „Kirchlichen Woche" in Nürnberg, Lorenzerplatz 10 (Erdgeschoß).

Tagungsbeitrag:

Er beträgt für alle Veranstaltungen RM 2.—, für Ehepaare oder 2 Glieder einer Familie zusammen RM 3.–, für Diakonissen, Studenten und in der Ausbildung Stehende RM 1.– Tageskarten zu RM 1.— und Einzelkarten zu 50 Pfg. werden ausgegeben. Auf besonderen Wunsch kann der Tagungsbeitrag erlassen werden, ebenso werden Tages- und Einzelkarten auf Antrag unentgeltlich ausgegeben.

Quartierfragen:

Bei frühzeitiger Anmeldung können den auswärtigen Teilnehmern Freiquartiere zur Verfügung gestellt werden.

Anmeldung:

Die Anmeldung ist möglichst umgehend, jedoch spätestens bis zum 26. Dezember 1938 an die „Kirchliche Woche" Nürnberg, Hummelsteinerweg 100 zu richten. Fernruf 43310. Postscheckkonto Nr. 2680 Amt Nürnberg, „Kirchliche Woche" Nürnberg. Die Anmeldung erfolgt allenfalls mit gleichzeitiger Einzahlung des Tagungsbeitrages auf obiges Postscheckkonto mit genauer Angabe von Vor- und Zuname, Beruf, Wohnort, Wohnung; gegebenenfalls erbitten wir Nachricht, ob Hotel oder Freiquartier gewünscht wird. Wer heute noch nicht in der Lage ist, sich fest anzumelden, melde sich wenigstens vorläufig an, damit möglichst bald ein Überblick über die zu erwartenden G[illegible] möglich ist. Die vorläufige Anmeldung verpflichtet nicht zum Besuch der „Kirchlichen Woche", ermöglicht aber ein rechtzeitiges Planen.

Für die „Kirchliche Woche" Nürnberg

Landesbischof D. Meiser, München — Kreisdekan Oberkirchenrat Schieder, Nürnberg

Pfarrer Kern
Leiter des Amtes für Volksmission, Nürnberg

Bildschmuck: Erich Neuthner, Bamberg · Druck: Zerreiß & Co., Graphische Kunstanstalt Nürnberg

KIRCHLICHE WOCHE NÜRNBERG

+ VOM 1. BIS 5. JANUAR 1939 +

Fürchte dich nicht, denn Ich habe dich erlöset; Ich habe dich bei deinem Namen gerufen, du bist Mein.

+ JAHRESLOSUNG 1939 + JESAJA 43/1 +

Sonntag, 1. Januar

20.00 Uhr: **Eröffnungsgottesdienst** Landesbischof D. Meiser, München

Montag, 2. Januar

9.30 Uhr: **Bibelarbeit:** Das neue Leben aus Gott (Röm. 8)

10.30 Uhr: **Die Reformationsbewegung in der Ukraine** Pastor Langholf, Neuendettelsau.

14.30 Uhr: **Singarbeit**

17.00 Uhr: **Evangel. Glaubenszeugen in Österreichs Kirchengeschichte** Superintendent D. Eder, Gosau (Oberösterreich)

20.00 Uhr: **Christliches Märtyrertum in Rußland** Pastor D. Steinwand, Dorpat

Abendsegen

Dienstag, 3. Januar

9.30 Uhr: **Bibelarbeit**

10.30 Uhr: **Die seelsorgerliche Verantwortung der Gemeinde** Pfarrer Sch[illegible], Augsburg

14.30 Uhr: **Singarbeit**

17.00 Uhr: **Das Lutherlied** Schriftsteller Dr. Rud. Alex. Schröder, Bergen

20.00 Uhr: **Laienabend** (der Arzt, der Schriftsteller, der Offizier, der Bauer)

Abendsegen

Mittwoch, 4. Januar

9 Uhr: **Bibelarbeit**

10.30 Uhr: **Vom rechten Predigthören** Dr. med. Knorr, Köslin

14.30 Uhr: **Singarbeit**

17.00 Uhr: **Leben in der Kirche und für die Kirche** Professor D. Köberle, Basel

20.00 Uhr: **Die Antwort des Glaubens auf die Not der Ehe** Professor D. Dr. Schreiner, Münster

Abendsegen

Donnerstag, 5. Januar

9.30 Uhr: **Bibelarbeit**

10.30 Uhr: **Gottes Wort in meinem Leben** Professor D. Dr. Schreiner, Münster

14.30 Uhr: **Singarbeit**

16 Uhr: **Das heilige Abendmahl im Leben der Kirche** Professor D Sasse, Erlangen

17.15 Uhr: **Abendmahlsfeier**

20.00 Uhr: **Schlußgottesdienst** Landesbischof D. Wurm, Stuttgart

Die tägliche Bibelarbeit treibt Professor D. Köberle, Basel; die Singarbeit Pfarrer Weck, Diebach

(LAELKB, KKF 8)

staltung[163] mit der politischen Aufgabe verknüpft, die „Volksgemeinschaft" vor kirchenfeindlichen Einflüssen zu schützen, die dem Bolschewismus den Weg bereiteten (→ 550).

Mittels eines hektographierten Briefes warb das Amt für Volksmission nachdrücklich bei den Gemeindegliedern um deren Teilnahme an der Nürnberger „Kirchliche Woche" vom 1. bis 5. Januar 1939 und um deren Mithilfe als Multiplikator. Die Veranstaltung sei frei von politischen bzw. kirchenpolitischen Zielen, es solle nur um Gottes Wort gehen (→ 551). Über das Programm mit einem Schwerpunkt osteuropäisches Christentum konnte das Amt für Volksmission Interessierte nur grob informieren (→ 552)[164].

7.2.15 Gebete

Das Gebet ist neben dem Ausdruck der individuellen oder im Gottesdienst gemeinsam formulierten Gottesbeziehung stets auch ein Mittel der Kontingenzbewältigung des Einzelnen oder der Gemeinde. Es ist damit der Gefahr ausgesetzt, aktualistisch instrumentalisiert oder zum fromm verbrämten politischen Votum zu werden.

Das kirchenunabhängige Wochenblatt „Freimund" aus dem Umfeld der Neuendettelsauer Mission publizierte kurz nach der Verabschiedung des Ermächtigungsgesetzes am 23. März 1933 eine „Aufforderung zu Dank und Bitte", in der der Dank und die Fürbitte für den politischen Umschwung und den Erfolg der Missionsarbeit eng verwoben waren (→ 553). Im September 1934[165] brachte das „Evangelische Gemeindeblatt für Hof und Umgebung" zwei Gebete, in denen vorsichtig und ohne tagespolitische Anklänge der Beistand gegen die theologischen und kirchenpolitischen Herausforderung und Bedrohung durch die – nicht explizit genannten – Deutschen Christen und für den Kurs des Landesbischofs erbeten wurde (→ 554, 555)[166].

---

163 Die Ansprachen sind unvollständig dokumentiert in: DER LEBENDIGE CHRISTUS. Es sprachen Hanns Lilje (Das Lob Gottes in den drei Lobgesängen aus Lukas 1 und 2; Christus das Ja zum Leben); Walter Künneth (Die Offenbarung Gottes in der Heiligen Schrift); Christian Keyser (Erfahrungen mit Zauberern in Neuguinea); Gerhard Schmidt (Gott und die Volksgötter im Alten Testament); Theophil Wurm (Unser Auftrag): Eduard Putz (Der Kampf Jesu gegen die Juden); Julius Schieder (Muß ein neuer Luther kommen); Georg Traar (Gebot und Verheißung christlicher Erziehung) und Richard Otto (Getauft ohne unseren Willen). Nicht abgedruckt wurden: Thomas Breit (Wozu Religion?); Pfarrer Specht (Jugend vor der Kirche); Hans Meiser (Der lebendige Christus im Heiligen Abendmahl).

164 Vgl. KIRCHLICHE WOCHE NÜRNBERG 1939.

165 Das zweite Gebet wurde im Abstand von einer Woche am 7. Oktober nochmals abgedruckt.

166 Vgl. oben Abschnitt 2.2.5.

Nach der Volksabstimmung vom 13. Januar 1935 über die Rückkehr des Saarlandes in das Reich veröffentlichte der „Freimund“ ein Gebet, in dem wie bereits 1933 der Dank über die Entscheidung und die Politik des 3. Reiches mit dem Dank für die Missionsarbeit verwoben war. In die Bitte waren nun aber neben Führer, Frieden, Bestand und Erfolg der Mission auch die Ziele der lutherischen Kirchenpolitik eingeschlossen (→ 556).

7.3 Fest- und Feiertage

7.3.1 Bußtag

Der Buß- und Bettag war im Februar 1934 per Reichsgesetz zum gesetzlichen Feiertag erklärt worden. Angesichts der kirchenpolitischen Ereignisse des Jahres[167] hatte die Landeskirche ihre Geistlichen angewiesen, in der Predigt und in den Gebeten „der großen Nöte und der harten Gerichte“, die über die DEK gekommen seien, zu gedenken[168]. Bereits 1936 wurde die Feiertagsregelung – außer in Coburg – kurzfristig wieder abgeschafft. Dies führte, wie der Landeskirchenrat im Juli 1937 gegenüber dem Staatsministerium des Innern klagte, zu erheblichen Irritationen in der Bevölkerung über Bayern hinaus. Daher wollte die Kirche frühzeitig Klarheit darüber, wie der Tag 1937 begangen werden sollte (→ 557).

Zur sog. Reichspogromnacht[169] im November 1938 äußerte sich die Kirchenleitung trotz verbaler und körperlicher Angriffe auf einzelne Pfarrer[170] nicht. Pfarrer Johannes Zwanzger in Thüngen erklärte jedoch in seiner Bußtagspredigt u. a.: „Wie tief kann doch der Mensch in seiner teuflischen Wut und in seinem satanischen Haß sinken. […] Wie gnädig hat Gott uns und unser Land behandelt: Rückkehr Österreichs, des Sudetenlandes […] Wie wunderbar hat er uns vor den Schrecken des Krieges verschont! Ist ihm dafür gedankt worden?“[171]

Für diese Predigt konnte sich Zwanzger auf eine Anweisung der Landeskirche vom 10. November 1938 zur Begehung des Bußtages stützen. Darin wurde betont, dass Buße nicht pharisäerhaft den anderen, sondern den Pfarrern und Gemeinden gepredigt werden müsse. Es gehe um die Sünden des deutschen Volkes und um seine Undankbarkeit mit Blick auf das Krisenjahr 1938. Auch wenn diese Hilfe wohl vor den Ereignissen entstanden ist, hatten die bayerischen Pfarrer ein bemerkenswertes Dokument in die Hand, das

---

167 Vgl. v. a. Abschnitt 2.2.2.

168 ABlELKB 1934, S. 189.

169 Vgl. Abschnitt 5.5.5.

170 Zu den Ausschreitungen in Wunsiedel vgl. Dokument 390.

171 LAELKB, KKE 138.

vermutlich nicht nur Johannes Zwanzger zu einer Gerichtspredigt nutzte (→ 558). Im Folgejahr nahm das Kreisdekanat Nürnberg in seiner Verlautbarung zur Bußtagspredigt das Motiv der kirchlichen Selbstkritik und der radikalen Bußbereitschaft vom Vorjahr auf (→ 559).

7.3.2 Erntedank

Mit dem Ende September/Anfang Oktober gefeierten Erntedankfest dankte die christliche Gemeinde in langer religionsgeschichtlicher Tradition für die Früchte des Feldes und die irdischen Güter im Allgemeinen. 1933 wurde das Fest auf Anordnung der Reichsregierung zentral am ersten Sonntag im Oktober gefeiert, im Feiertagsgesetz vom 27. Februar 1934 wurde der erste Sonntag nach dem 29. September (Michaelis) als gesetzlicher Feiertag festgelegt. Damit einher ging eine ideologische Überwölbung des Festes weg vom Dank an den Schöpfergott hin zu einem von der Blut-und-Boden-Ideologie bestimmten „Fest des deutsche Bauern“[172].

Schon 1933 sah sich die Landeskirche dem Versuch ausgesetzt, ihr die Gestaltung des Erntedankfestes zu entreißen und es politisch motiviert umzugestalten. Am 27. September informierte der Landeskirchenrat die Dekanate über Pläne des NSDAP-Gaues Mittelfranken, den Festgottesdienst als Feldgottesdienst abzuhalten, während eine Anordnungen der Reichsregierung gerade die Zeit des Hauptgottesdienstes von anderen Veranstaltungen freigehalten habe. Das Erntedankfest sei vielerorts traditionell mit dem Abendmahl verbunden, das bei einem Feldgottesdienst ausfallen müsse. Dieser Abbruch kirchlicher Sitte sei nicht hinnehmbar (→ 560). 1934 empfahl der Landeskirchenrat wegen der „ungestörten“ Durchführung den Gemeinden eine Kooperation mit der Orts- bzw. Bezirksbauernschaft. Trotz dieser Konflikte andeutenden Formulierung blieb sie aber bei der Deutung des Tages auf rein kirchlichem Terrain (→ 561).

In seiner veröffentlichten Erntedank-Predigt des Jahres 1935 nahm Pfarrer Ferdinand Krauß (Fürth) die „Erntenot“ in den Blick. Darunter verstand er ein materialistisches Denken, das nicht mehr Gott hinter dem Erntesegen sehe und unfähig zum Danken sei. Massiv kritisierte Krauß auch die Abkehr von Gott hin zu einer religiösen Überhöhung alles Deutschen (→ 562)[173].

---

172 Vgl. Calwer Kirchenlexikon 1, S. 525.

173 Das „Gemeindeblatt für Fürth und Umgebung“ wurde wegen „den Wehrgedanken beeinträchtigenden Ausführungen“ in einer abgedruckten Erntedankpredigt beschlagnahmt (Die kirchliche Lage II, S. 67).

7.3.3 Karfreitag

Obwohl der Karfreitag als einer der höchsten christliche Feiertage gilt, wurde er in Bayern erst im April 1933 per Verordnung zu einem staatlich geschützten Feiertag erhoben, an dem alle Läden geschlossen bleiben mussten (→ 563). Mit diesem Schritt erwarb sich das Regime, obwohl das Thema bereits von der republikanischen Regierung angegangen worden war, innerkirchlich hohes Ansehen als christliche Obrigkeit[174]. Im März 1935 führte die bayerische Regierung die Regelung der „staatlich nicht anerkannten [...] kirchlichen Feiertage" näher aus. Obwohl die Zeit des Hauptgottesdienstes als besonders schützenwert hervorgehoben wurde, waren Veranstaltungen von Partei und Staat gemäß einer schwammigen Formulierung davon nicht berührt (→ 564).

7.3.4 Lutherjubiläum 1933

Lutherjubiläen sind stets Spiegel ihrer Zeit und der jeweiligen geschichtspolitischen Situation. Dies umso mehr, als die Lutherjubiläen 1917 und 1933 in Deutschland in politisch erregte Zeiten fielen und der Reformator zur Gegenwartsdeutung, zur politisch-kirchenpolitischen Handlungslegitimation und zur eigenen Positionsbestimmung instrumentalisiert wurde[175]. Dass 1933 keine staatsfreie Luthererinnerung möglich war, zeigte sich bereits im Februar, als die bei der Inneren Mission angesiedelte Rundfunkarbeit der Landeskirche die Übernahme einer Gedenkveranstaltung in der Wittenberger Schlosskirche durch den Bayerischen Rundfunk beantragte: die Genehmigung des Kultusministeriums war nur durch die vorherige Vorlage der Manuskripte zu erlangen (→ 565).

Vor dem Hintergrund ihres volksmissionarischen Programms[176] ordnete die Kirchenleitung zur Vertiefung der besonderen Besinnung auf Luther in den Gemeinden den Gesang von terminlich genau festgelegten Lutherliedern an. Auch im Religionsunterricht, den Gesangvereinen sowie in konfessionell homogenen Gemeinden in HJ und BdM sollten Lutherchoräle intensiv gepflegt werden. Bei Visitationen war auf die Durchführung der Vorschrift zu achten (→ 566)[177].

174 Vgl. hierzu oben Dokument 274.
175 D. Wendebourg, Luthers; H. Lehmann, Hans Preuß.
176 ABlELKB 1933, S. 159–163.
177 Eine eigene Publikation der Landeskirche zum Jubiläum gab es nicht. Stattdessen gab der bayerische Pfarrerverein die bereits 1917 in hoher Auflage publizierte Broschüre von W.S. Schmerl, Luther, mit einem verändertem Untertitel („Eine Gabe für das

Mit der politischen bzw. kirchenpolitischen Vereinnahmung Luthers setzten sich mehrere Autoren in der Landeskirche auseinander. Sie gingen indes nicht darauf ein, dass der Festtag nicht am eigentlichen Termin begangen werden konnte, sondern wegen der am 12. November stattfindenden Reichstagswahl und Volksabstimmung über den Austritt Deutschlands aus dem Völkerbund vom Reichsministerium des Innern auf den 19. November verschoben wurde[178]. Kurt Frör, Studieninspektor am Nürnberger Predigerseminar setzte sich im „Korrespondenzblatt“ schroff ablehnend mit dem offiziellen Festartikel des „Völkischen Beobachters“ von Karl Bornhausen, Professor für Systematische Theologie in Breslau, auseinander. Dieser hatte sein Programm eines kirchenfreien deutschen Christentums auf Martin Luther angewandt (→ 567). Der Neuendettelsauer Missionsdirektor Friedrich Eppelein verhehlte als Partei- und DC-Mitglied in einem „Freimund“-Artikel seine Hitler-Verehrung nicht, wies aber auf die Gefahren einer Instrumentalisierung des Jubiläums durch sog. Schwärmer und theologisch oberflächliche Kirchenmodernisierer hin. Obwohl er auf die DC zielte, polemisierte er gegen die historische Union und eine vermeintliche aktuelle Unionsgefahr zugunsten einer lutherischen DEK (→ 568). Otto Ruprecht, Studienrat an der Hofer Oberrealschule, erläuterte die Berechtigung des Lutherjubiläums anhand der religiösen Bedeutung Luthers für Deutschlands Geschichte und Gegenwart. Trotz aller Hitlerbegeisterung und trotz auf Luther gestützter nationaler Parolen betonte er, dass Luther als Künder des Evangeliums wichtiger sei als Hitler (→ 569).

7.4 Krieg

7.4.1 Gottesdienste und Seelsorge im Krieg

Die erste Weisung des Landeskirchenrats nach Kriegsbeginn an die Geistlichen enthielt Richtlinien zur Sicherung der Gottesdienste und der individuellen praxis pietatis sowie die Mahnung – wie bereits im Ersten Weltkrieg –, den Einberufenen ein letztes gemeinsames Abendmahl mit ihren Angehörigen zu ermöglichen und regelmäßige Führer, Heer und Volk fürbittend zu gedenken. Darüber hinaus deutete die Kirchenleitung an, dass auf die nachgeordneten Leitungsämtern künftig ein größeres Maß an Aufgaben und an Verantwortung zukomme (→ 570).

---

deutsche evangelische Volk zu Luthers 450. Geburtstag“), einem anderen „Geleitswort“ und Modifikationen bei den den I. Weltkrieg betreffenden Passagen kostengünstig neu heraus. Das Werk wurde letztmals 1966 aufgelegt.

178 ABlELKB 1933, S. 163.

Der Nürnberger Kreisdekan Julius Schieder kündigte regelmäßige Bibelarbeiten mit den Pfarrern über die Sonntagsperikopen an, da die „Predigtarbeit" so bedeutsam geworden sei, dass gegenseitige Unterstützung hilfreich sei (→ 571). Auch in einem „Positionspapier" des Dekanats Bayreuth vom 13. September spielte neben Informationen zur Lage und einzelnen Anweisungen zur Aufrechterhaltung des Gemeindelebens sowie der Seelsorge unter Einbezug der Laien die Qualität der Predigt eine große Rolle. Trotz der positiven Resonanz der allermeisten Predigten am Kriegsbeginn beim Reichsverteidigungskommissar sollten diese diszipliniert sein und nicht nur allgemeines Gottvertrauen zum Inhalt haben. „Bitterkeit" und Enttäuschungen in der Folge des Kirchenkampfes hätten nun keinen Platz mehr. Abhängig waren Seelsorge und Predigt aber insbesondere von der Personalsituation. Deshalb versuchte der Landeskirchenrat, einen Teil der eingezogenen Pfarrer wieder freizubekommen, und riet von freiwilligen Meldungen ab, zumal bereits 177 Pfarrer an der Waffe dienten (→ 572).

In weiteren Rundschreiben regelte das Kreisdekanat Nürnberg formale und inhaltliche Fragen der Wochengottesdienste und bezog sich dabei dezidiert auf Bestimmungen aus dem August 1914 (→ 573). Wenig später waren Hausbesuche, die Frage von Vertretungskräften und der unbedingt zu pflegende Kontakt zu den Einberufenen Gegenstand der Anweisung (→ 574)[179]. In der November-Ausgabe des Amtsblatts erschienen „Richtlinien für die evangelische Verkündigung im Krieg". Diese dürfe keine andere Grundlage haben als die im Frieden, nämlich die unverkürzte Rechtfertigungsbotschaft ohne Anpassung an Zeitgeist oder Hörerbedürfnis. Angesichts der schlechten Erfahrungen im Ersten Weltkrieg enthielten sie auch eine klare Absage an ein beliebiges Reden auf der Basis des 1. Glaubensartikels, an eine Missachtung der Perikopenordnung und an den Drang, von der „Lage", von Leid, Not und Tod sprechen.

Gemäß dem Ideal der betenden Gemeinde ergingen konkrete Weisungen zur sorgfältigen Vorbereitung der Gottesdienstgebete und des Predigtinhalts. Angesichts der Gegenwartslage dürfe das geschichtliche Denken nicht ignoriert werden, aber es verbiete sich jede geschichtstheologische Spekulation. Obwohl der Krieg das Gericht sei, dürfe der Prediger nicht an Gottes Stelle über Schuld oder Unschuld urteilen oder die alttestamentliche Gerichtspredigt überheblich auf Aktuelles anwenden. Da der Krieg eine Belastungsprobe für das sittliche Leben darstelle, müsse verstärkt der primus usus legis gepredigt werden. Dennoch dürfe der Aufruf zur treuen Pflichterfüllung nicht wie im Ersten Weltkrieg mit Durchhalte-Predigten überspannt werden. Aussagen zur Heilspredigt als der Aufgabe der Kirche schlechthin schlossen diese Ausführungen zur Geschichts-, Gerichts- und Gesetzespredigt ab (→ 575).

179 Vgl. oben Abschnitt 7.2.5.

Im Dezember 1939 verteilte das Kreisdekanat Nürnberg einen bei einer Nürnberger Pfarrkonferenz gehaltenen Vortrag, der auf vielfachen Wunsch hin vervielfältigt wurde. Der Referent ging aus von dem Phänomen, dass die religiöse Stumpfheit der Vorkriegsmonate einem tieferen religiösen Interesse selbst bei Unkirchlichen gewichen sei, ohne sich im Kirchenbesuch niederzuschlagen. Dazu sei dem ‚modernen' Mensch die Kirche und ihrer Botschaft zu fremd geworden und er wiederum zu anfällig für Ersatzreligionen. Die anschließenden Leitlinien für individuelle Seelsorgegespräche benannten wenig sensibel als besonders wichtige Aufgaben die Seelsorge an den Angehörigen von Gefallenen (→ 576).

Am Ende des ersten Kriegsjahres warben die Landesbischöfe von Baden, Bayern und Württemberg für die Tageslese 1940, eine kurze Erklärungen zu den Tagestexten der Schriftenlese. In einem gemeinsamen Neujahrswort setzten sie sich in Abkehr von einem ‚modernen' Arbeits- und Freizeitverständnis für den Schutz des Sonntags als Tag des Gottesdienstes ein (→ 577).

Im März 1941 erließ der Landeskirchenrat eine Verordnung zur Sicherung der kirchlichen Versorgung angesichts der vermehrten Einberufungen von Pfarrern. Die Dekane hatten auf eine gleichmäßige Verteilung von Seelsorge und kirchlichem Unterricht in allen Gemeinden zu achten – insbesondere auf die wöchentlich zu haltenden Gottesdienste. Dazu konnten sie über alle Pfarrer ihres Kirchenbezirks verfügen und über Aushilfskräfte für den Gottesdienst (Lektoren), den Religionsunterricht und die Kasualien entscheiden. Kürzungen wollte man am ehesten bei Christenlehre und Gemeindeunterweisung akzeptieren, beim Religionsunterricht nur bedingt und nur unter der Maßgabe, dass er in den Klassen 3 bis 6 stattfinde. Als Aushilfskräfte außerhalb des Gottesdienstes kamen Gemeindeschwestern, geeignete Gemeindeglieder, für den Besuchsdienst bei Kranken und Alten sogar Jugendliche in Frage (→ 578). Im Februar 1943 passte der Landeskirchenrat die Anordnung aufgrund der inzwischen gemachten Erfahrungen an die veränderte Situation an. Die Dekane wurden nun noch stärker in die Pflicht zur Durchsetzung der Maßnahmen genommen. Diese waren bestimmt von dem Bestreben, alle personellen Ressourcen gerade unter den Laien zu mobilisieren, um die seelsorgerliche Versorgung der Gemeinden und den regelmäßigen Sonntagsgottesdienst, aber auch den organisatorischen Ablauf in der Gemeinde sicher zu stellen. Eine Statusaufwertung erfuhren die Lektoren[180], deren Dienst nun neben dem Haupt- auch den Kindergottesdienst und Bibelstunde umfassen konnte. Die Sakramentsverwaltung blieb zwar Aufgabe des Pfarrers, doch wurden Ausnahmeregelungen für die Abendmahlsfeiern getroffen.

Die Personalnot führte auch zu einer Priorisierung der Aufgaben in der Seelsorge. Während die Zahl der Abendmahlsfeiern nicht verringert

---

180 Vgl. unten Abschnitt 7.5.7.

werden durfte, fielen in die Kategorie ‚eingeschränkt beizubehalten' der Religionsunterricht, die Christenlehre, die Bibelstunden sowie Angebote, die von Laien übernommen werden konnten (Kindergottesdienst, Vorkonfirmandenunterricht, Gemeindejugendarbeit, Männer- und Frauenarbeit). Am ehesten als verzichtbar galten die Sonntagnachmittags- und Wochengottesdienste, Gottesdienste an aufeinander folgenden Feiertagen und die regelmäßige Unterweisung von Kindern in der Diaspora (→ 580).

Zwischenzeitlich waren in einer Bekanntmachung des Landeskirchenrats vom August 1942 die einberufenen Pfarrer dazu ermutigt worden, auf Heimaturlauben die Verbundenheit mit ihrer Gemeinde in Predigt und Seelsorge auszudrücken. Doch mussten sie sich dazu gemäß der Ordnung des geistlichen Amts mit ihrem Vertreter verständigen (→ 579).

Die stetig wachsende Zahl von Vertretungen führte dazu, dass in den Gemeinden nicht mehr nur die gewohnte Gottesdienstordnung verwendet wurde. Daher veröffentlichte der Landeskirchenrat im November 1943 Maßnahmen zur Beibehaltung der in der Agende vorgesehenen Gottesdienstformen und zur Orientierung des Vertretenden darüber (→ 581).

Am 25./26. Februar 1944 wurde Augsburg durch einen Großangriff der US- und der Royal Air-Force v. a. im Bereich der Innenstadt stark zerstört. Über 800 Einwohner starben. Zwei Wochen später wandte sich Landesbischof Meiser in zwei Briefen an die Augsburger Pfarrer und Gemeindeglieder. Meiser dankte den Pfarrern dafür, dass sie geholfen hätten, wertvolles Kirchengut zu bewahren, stellte ihr Handeln auf eine Stufe mit dem Verhalten der Pfarrer an der Front und ermunterte sie für die nun anstehenden Aufgaben in der Seelsorge (→ 582). Ohne Invektive gegen die Alliierten deutete Meiser das Geschehen als gnädiges Heilshandeln Gottes trotz aller individuellen Verluste und Schreckenserfahrungen (→ 583). Am Sonntag Oculi, 14. März 1944, predigte beim Gottesdienst der St. Anna-Gemeinde OKR Thomas Breit. Seine Ansprache hatte trotz der Beschreibung der Verluste an Werten, Gebäuden und Menschen durch ihre theologische Konzentration einen anderen, durchaus politischen Fokus. Deutungen des Geschehens als „menschlicher Wahnsinn" oder als „teuflisch" griffen zu kurz. Gott habe es zugelassen und der Mensch müsse sich seinem Willen beugen. Das Erlebte rufe aber zur Selbstprüfung darüber auf, ob man die Zehn Gebote gehalten habe. Wenn man sich glaubend vor Gott demütige, erfahre man statt menschlicher Demütigung Gnade (→ 584).

Am 2. April 1944 predigte Breit erneut in Augsburg. Nach einer Beschreibung der Entwicklung des Krieges hin zum Vernichtungskrieg kritisierte er die Bildungs- und Aufklärungstheologie des 19. Jahrhunderts mit ihrem Fortschrittsdenken. Der einzige Fortschritt sei der „in der Vernichtung". Das über Augsburg gekommene Leiden gehöre zum Leben, auch wenn der nach Autonomie strebende aufgeklärte Mensch in seinem Ungehorsam gegen Gott dies nicht hören wolle. Der Gegenentwurf zu diesem Denken sei der sich opfernde Christus und die Bitte der vom Gericht heimgesuchten Gemeinde um Gottes Barmherzigkeit (→ 585)[181].

Zur Dokumentation der Haltung der Augsburger evangelischen Gemeinden und der Pfarrer versandte der Landeskirchenrat im Mai 1944 einen Fragebogen, mit dem detailliert die Fakten des Angriffs, die Reaktionen darauf und das Verhalten danach „möglichst anschaulich, farbig und konkret" geschildert werden sollte (→ 586). Zur selben Zeit regelte der Landeskirchenrat auch, wie Gottesdienste und andere kirchliche Handlungen im Fall einer Luftwarnung zu beenden seien: „in würdiger Form mit einem kurzen Wort, kurzem Gebet und Segen" (→ 587).

7.4.2 Kriegsagende 1938 und Gebete im Krieg

Während der Sudetenkrise fand eine Besprechung zwischen der bayerischen Pfarrerbruderschaft und Vertretern der württembergischen Landeskirche in Crailsheim statt, um die Beziehungen zwischen den beiden Kirchen wieder zu vertiefen. Angesichts der Kriegsgefahr kam man überein, dass die Kirchenleitungen frühere Feldgeistliche oder Pfarrer, die am Weltkrieg teilgenommen hatten, damit beauftragen sollte, Weisungen für den Konfliktfall vorzubereiten, um nicht – wie 1914 – unvorbereitet zu sein (→ 589).

Wenig später gelangte die Aufgabe an den erfahrenen Liturgiker Otto Dietz, Pfarrer in Nürnberg, der den Landesbischof über seine Vorstudien und die seiner Meinung nach theologische Untauglichkeit der Agende des Ersten Weltkrieges[182] informierte. Aus den Fragen Dietz' an den Landesbischof wird deutlich, dass weder organisatorische noch inhaltliche Fragen des Projekts geklärt waren (→ 590). Landesbischof Meiser betonte in seiner Antwort den Zeitdruck, unter dem die Kirche stehe. Sie benötige umgehend eine Sammlung von Gebeten etc. sowie eine Ordnung für Kriegsbetstunden (→ 591). Einen entsprechenden Beschluss hatte der Landeskirchenrat auf seiner außerordentlichen Sitzung am selben Tag gefasst[183].

Neben der Dietzschen Sammlung „Gebete der Kirche im Kriege" gab es individuell formulierte und publizierte Gebete. Das „Evangelischen Gemeindeblatt für München" vom 24. September enthielt ein „Gebet für Führer und Volk" im Rahmen einer Hausandacht. Neben der Fürbitten für die Soldaten, die Zivilbevölkerung, für den Führer sowie für der Propaganda entstammende Ziele (Ehre, Freiheit, Lebensraum und Frieden) enthielt das Gebet geschichtstheologische Aussagen zu Gottes Erhaltungshandeln am deutschen Volk durch Hitler (→ 592).

---

181 Zur Situation kurze Zeit später nach den Angriffen auf Nürnberg vgl. Dokument 588.

182 K. Arper / A. Zillesen, Agende.

183 LAELKB, LKR 676.

Deutlich zurückhaltender formuliert waren die fünf Gebete für den Führer und den Kriegserfolg in der landeskirchlichen Sammlung. Hier wurde betont, dass Hitler unter Gottes Führung stehe und „mit gerechtem Regiment und Gericht“ regiere zur Erhöhung des Ruhmes Gottes (→ 593). Die Gebete „Für die deutschen Brüder an den Grenzen“ konzentrierten sich auf die Not der Betroffenen und den Appell zur Hilfsbereitschaft. Das Leiden wurde ohne jede Polemik als Tat Gottes gedeutet (→ 594). Die in der Sammlung enthaltenen zehn Gebete nach dem Sieg enthielten jeweils nur einmal die Bitte um Bewahrung des Führers, den Dank an die militärische Führung und die Bitte um das Gottvertrauen in der Wehrmacht. Es überwog die Aussage, dass die militärischen Erfolge eine Gabe Gottes als Folge von Gebetserhöhung waren. Gott sollte zudem zum Sieg über den Unglauben verhelfen und vor Übermut bewahren (→ 595).

Ohne aktualistische Bezüge kam ein „Fürbittengebet für den sonntäglichen Gottesdienst“ aus, das der Landeskirchenrat 1943 herausgab. Es ging um die Bewahrung in der Not des Krieges trotz aller menschlicher Sünde und Schuld, um den Beistand für alle vom Krieg Betroffenen, die Seelsorge an den Soldaten und zuletzt um den Führer (→ 596).

Unter der Prämisse, dass die Gemeinden betende Gemeinden werden müssten, stellte der Landeskirchenrat im September 1943 Gebete am Abend und im Luftschutzkeller zusammen, die trotz des Papiermangels an die Gemeindeglieder gelangen sollten. Die Abendgebete enthielten eine breite Palette von Fürbitten für Familienangehörige im Krieg, für Bestand und Arbeit der Kirche. In ihnen wurde aber auch die Gefährdungen an der Front und in der Heimat, die Verfolgung aus Glaubensgründen sowie die eigene Sündhaftigkeit thematisiert. Während man für den Führer um Erleuchtung und rechtes Handeln bat, verzichtete man auf das Gebetsanliegen Sieg. Statt dessen war von einem Frieden die Rede, „der der grossen Opfer wert“ sei. Die Gebete im Luftschutzkeller waren angesichts der fehlenden Privatsphäre deutlich allgemeiner gehalten. Die Luftangriffe wurden als Heimsuchung und Gericht gedeutet (→ 597).

7.4.3 Gefallenengedächtnis

In der dritten Kriegswoche, am 16. September 1939, gab der Nürnberger Kreisdekan Schieder den Pfarrämtern das Verfahren bei der Verkündigung der Gefallenen bekannt. Sie sollte dezent, aber in würdiger und stetiger Form vorgenommen werden (→ 598). Im Juli 1940 veröffentlichte der Landeskirchenrat gemeinsam mit der württembergischen Landeskirche eine Anordnung zur Verkündigung der Gefallenen, da das Gefallenengedächtnis und der Trost der Angehörigen schon im Ersten Weltkrieg Aufgabe der Kirche gewesen sei. In den Richtlinien für eine besondere gottesdienstliche

Feier zum Gedächtnis der Gefallenen wurden deren Zeitpunkt und Form festgelegt, auch wenn sich die Kirchenleitung vorbehielt, einen landesweit einheitlichen Gefallenengedächtnissonntag anzusetzen (→ 599).

Der Kriegsverlauf mit einer stetig steigenden Zahl von Gefallenen, die nicht in der Heimat begraben werden konnten, veranlasste den Landeskirchenrat 1941 zur nochmaligen Neuregelung der Gedächtnisgottesdienste. Statt starre Vorschriften zu machen, wies man auf in den Gemeinden eingeführte, nachahmenswerte Riten hin, denen aber ein Beschluss des Kirchenvorstandes zu Grunde liegen müsse (→ 600). Im November 1942 ergänzte der Landeskirchenrat diese Regelung, da das Bedürfnis nach „Zeichen sichtbaren Gedenkens" für die Gefallenen weiter gestiegen sei. Neben Fragen des Geschmacks waren die „Würde des Gotteshauses" und der „evangelische Charakter des Gottesdienstes" zu wahren. Nochmals wurde klargestellt, dass das Gefallenengedächtnis nicht zum militärischen Zeremoniell werden dürfe (→ 602). Kurz zuvor, im Oktober 1942, hatte das Kreisdekanat München den Landeskirchenrat über die Ergebnisse der jüngsten Dekanskonferenz informiert. Man wollte die Wünsche der Hinterbliebenen bei den Gedächtnisgottesdiensten berücksichtigen, sofern diese mit der lutherischen Gottesdienstordnung vereinbar seien. Strikt abgelehnt wurde jede Vermischung des Gedächtnisgottesdienstes mit militärischem Zeremoniell (→ 601).

Aufgrund der zunehmenden Opfer des Bombenkrieges stellte sich die Frage, wer auf den bislang den gefallenen Soldaten vorbehaltenen Kriegergedächtnistafeln genannt werden sollten. Hier verfügte der Landeskirchenrat im Februar 1943, dass nur im militärischen Einsatz Gestorbene aufgelistet würden. Für Bombenopfer sollte es eigene Tafeln geben (→ 603).

7.4.4 Glockenabnahme

Um die für die „Kriegsführung auf lange Sicht erforderliche Metallreserve zu schaffen", erließ Hermann Göring am 15. März 1940 eine „Anordnung zur Durchführung des Vierjahresplans über die Erfassung von Nichteisenmetallen". Demnach war das in Glocken und Gebäudeteilen enthaltene Kupfer zu erfassen und „unverzüglich" der Rüstungsreserve zur Verfügung zu stellen[184]. Das Kreisdekanat Nürnberg teilte daraufhin am 10. April 1940 den Gemeinden Verhaltensregeln bei der Glockenabnahme mit. Der Abschied sollte rein gottesdienstlich mit einer entsprechenden Predigt vollzogen werden. Dem befürchteten Unmut der Gemeinden wurde mit dem Hinweis begegnet, dass der Akt unter der paulinischen Weisung zum Obrigkeitsgehorsam zu stehen habe (→ 604).

184 RGBl I, 1940, S. 510.

Gegen die Glockenabnahme versuchten die evangelische und katholische Kirchengemeinde in Lindau im Dezember 1941 gemeinsam bei Ministerpräsident Ludwig Siebert zu intervenieren. Sie argumentierten gegenüber dem früheren Oberbürgermeister der Stadt mit der historischen Bedeutung der Glocken (→ 605). Wenig später wandte sich der Landeskirchenrat an das Kultusministerium. Ausgehend von kritisch beurteilten Presseberichten verwies man darauf, dass bei fast 3300 abgenommenen Glocken das Argument der Überzähligkeit nicht greife und auch nicht alle künstlerisch oder historisch wertvollen Glocken verschont blieben. Verbunden war die Eingabe mit dem Hinweis, dass derartige Pressemeldungen kirchliche Bemühungen, die Glockenabnahme den Gemeindegliedern zu plausibilisieren, sehr erschwerten (→ 606).

7.4.5 Kinderlandverschickung und Betreuung von Aussiedlern und Evakuierten

Bereits Jahre vor der Aufgabe, die in der Folge des Zweiten Weltkriegs aus ihrer Heimat im Osten vertriebenen Evangelischen auf Dauer in die Landeskirche aufzunehmen, musste die Landeskirche temporär aus anderen Ländern nach Bayern Gekommene seelsorgerisch betreuen. Dies geschah in Spannung zu Staats- und Parteistellen, da die Neuankömmlinge nicht in die Gemeinden integriert werden konnten, sondern in Lagern und speziellen Unterkünften unterbracht wurden, zu denen Pfarrer nicht automatisch Zugang hatten.

Seit 1935 kamen deutsche Kinder aus Polnisch-Oberschlesien nach Bayern zur Erholung. Der Landesverein für Innere Mission legte den Pfarrämtern im Frühjahr 1936 die Unterstützung dieser Kinder aus kirchentreuen Familien auch als Akt der Unterstützung des Deutschtums nahe. An der Kinderlandverschickung[185] wollte sich die Innere Mission aufgrund ihrer schlechten Erfahrungen nicht beteiligen (→ 607).

Neben den aus der Kinderlandverschickung erwachsenden Aufgaben musste sich die Kirche auch um die Bessarabiendeutschen kümmern. In

185 Kinderlandverschickung war anfangs die Bezeichnung für gesundheitlich begründete Ferien von Stadtkindern in ländlichen Regionen. Seit 1940 lag die Verantwortung bei der HJ, die das Programm zusammen mit der NS-Volkswohlfahrt und den Schulen durchführte. Die unter dem Eindruck des Bombenkrieges stattfindenden Massenevakuierungen erhielten die Bezeichnung „Erweiterte Kinderlandverschickung“, um zu suggerieren, dass lediglich die bisherigen Erholungsmaßnahmen erweitert würden. Über deren Schutz hinaus diente die Maßnahme der politischen Beeinflussung und paramilitärischem Ausbildung der Kinder, die z. T. jahrelang in Schullandheimen, Jugendherbergen oder Zeltlagern untergebracht waren (K. SCHILDE, Kinderlandverschickung).

der Folge des Hitler-Stalin-Pakts von 1939 hatten diese ihr – seit 1918 rumänisches – Siedlungsgebiet am Schwarzen Meer im September 1940 fast geschlossen verlassen und waren dem Aufruf zur Umsiedlung „Heim ins Reich“ gefolgt und auch nach Bayern gelangt. 205 dieser ca. 93000 Umsiedler lebten im Oktober 1940 in einem Lager bei Freising, das unter dem Schutz Heinrich Himmlers stand und vom Ortspfarrer nicht betreten werden durfte. Dieser konnte nur erreichen, dass die Lagerbewohner den Sonntagsgottesdienst besuchen durften (→ 608). Zur Finanzierung der Betreuung der Bessarabiendeutschen, aber auch der Rückwanderer aus Wolhynien und der Dobrudscha ordnete der Landeskirchenrat für den 8. Dezember 1940 eine Landeskirchensammlung an (→ 609). Zwei Tage nach dieser Ankündigung teilte das Kreisdekanat München den Dekanaten am 8. November 1940 vertraulich mit, dass eine größere Zahl von Bessarabiendeutschen vorübergehend nach Bayern käme. Einige Pfarrer seien bereits, wie von politischer Seite erwünscht, seelsorgerlich tätig geworden. Die geistliche Betreuung werde die Integration erleichtern und verhindern, dass die Bessarabiendeutschen der NS-Ideologie anheimfielen.

Zugleich wurden die Pfarrer darüber informiert, dass aus Hamburg und Berlin zahlreiche Kinder über die Kinderlandverschickung nach Bayern gekommen seien. Da Hamburg keine Pfarrer abstellen könne, müssten sich die Pfarrer vor Ort um die Kinder kümmern und ihnen auch Konfirmandenunterricht erteilen. Nach bayerischem Verständnis waren die Kinder aus Berlin und Hamburg religiös nur rudimentär gebildet, so dass sie während ihres Aufenthalts in Bayern prägende religiöse Eindrücke erhalten müssten, um zur Kirche zu finden. Das wiederholt angesprochene Thema der notwendigen Religionsschulbücher für die Hamburger Kinder konnten die beiden Kirchen schnell und offensichtlich unbürokratische lösen (→ 613).

Vor dem missionarischen Auftrag stand jedoch die Pflicht der Pfarrer zu ermitteln, ob und wo in ihrem Zuständigkeitsbereich sich Rückwanderer und verschickte Kinder befänden. Die Seelsorge sollte dann ohne großes Aufsehen im Einvernehmen mit staatlichen Stellen beginnen und idealiter auf Initiative der Bessarabiendeutschen erfolgen (→ 610). Mitte Dezember 1940 stand fest, dass es im Kirchenkreis München – v. a. in den Dekanaten Regensburg und Rosenheim – in 51 Gemeinden Lager für Bessarabiendeutsche mit insgesamt 6348 Bewohnern gab. Das größte Lager befand sich im Kloster Schweiklberg bei Vilshofen (→ 614)[186].

Am 13. November 1940 fand eine Besprechung von Pfarrern des südbayerischen Kirchenkreis mit Vertretern des Landeskirchenrats über die seelsorgerliche Betreuung der Bessarabiendeutschen und der Hamburger Kinder statt. Die Berichte über die Hamburger Kindern zeigten, dass die Pfarrer dabei Ungewohntem begegnet waren: areligiösen Kindern bzw. Kindern, die

186 Vgl. B. Liess, Rosenheim, S. 282.

wegen des Krieges längere Zeit keinen Religionsunterricht besucht hatten. Auch wenn die Pfarrer wegen ihrer Arbeitsbelastung die Wissensdefizite nicht ausgleichen konnten, konstatierten sie ein religiöses Interesse bei den Kindern, sogar bei BDM-Führerinnen. Als großes Problem wurde der – in Oberbayern nicht verwunderliche – katholische Einfluss auf evangelische Kinder durch Gastfamilien und Priester angesehen. Weiterhin wurde der massive Anspruch der Partei auf die Kinder genannt, der jede Unterweisung erschwere, zugleich wurde über politische Unterstützung der Arbeit berichtet. Ein anderes Problem war die Konfirmation reformierte Kinder aus dem Rheinland. Trotz aller zu Tage tretenden Probleme beharrte Landesbischof Meiser darauf, dass kein Kind ohne Seelsorge bleiben dürfe. Bei der kirchlichen Versorgung der Bessarabiendeutschen ließ sich keine eindeutige Linie der Politik feststellen. Da sowohl der Zutritt zu den Lagern als auch die Möglichkeit zum Gottesdienstbesuch lokal verschieden geregelt waren, sollten die Pfarrer vor Ort das Mögliche mit Staats- und Parteistellen aushandeln (→611)[187].

Die Frage der Konfirmation verschickter Kinder klärte sich im April 1941 mit einem Erlass des Reichskirchenministers, der die Rückkehr von Kindern an ihren Heimatort zum Zweck von Konfirmation oder Firmung ablehnte und auf die Kriegsnotwendigkeiten verwies[188]. Zugleich erfuhren die Pfarrer von den Bedingungen, unter denen die HJ den Besuch des Konfirmanden- oder Firmunterricht gestattete. Auch die HJ betonte, dass Heimfahrten zum Zweck der Konfirmation unerwünscht seien. Die angebotenen Optionen machten indes die Konfirmation für Heranwachsende uninteressant (→ 615).

Da es in den letzten Kriegsmonaten nicht mehr möglich war, Amtshandlungen an Evakuierten an deren Heimatpfarrämter zur Eintragung in die Kirchenbücher zu melden, sollten die zuständigen vorgesetzten Kirchenbehörden informiert werden. Eine andere Möglichkeit war die Initiative der Kirchenkanzlei der DEK: den Evakuierten sollte eine Bescheinigung über die erfolgten Amtshandlungen ausgehändigt werden (→ 616).

---

187 Bei der Besprechung am 13. November hatten die Pfarrer darauf hingewiesen, dass mit den neuen Aufgaben auch erhöhte Fahrtkosten, ein größerer Benzinbedarf, Mehrausgaben für religiöses Schrifttum und die Notwendigkeit von Hilfspersonal verbunden seien. Vgl. hierzu die Bedarfsanmeldung von Pfarrer Hermann Bürckstümmer aus Mühldorf (→ 612).

188 Dokumente zur Kirchenpolitik V, S. 261 f.

7.4.6 Kriegswirtschaft

Die Rationierung von Energie und Verbrauchsgütern machte weder vor der Kirchenleitung noch vor den einzelnen Pfarrämtern halt. Die deutlich verringerte Kraftstoffzuweisung behinderte gerade in der südbayerischen Diaspora die Seelsorge, doch sah die Landeskirche aus Rücksicht auf den Bedarf der Wehrmacht von höheren Forderungen ab (→ 617). Die Einschränkungen beim Papierverbrauch betrafen nicht nur seit Anfang 1942 die landeskirchliche Verwaltung (→ 618). Das Amtsblatt erschien seit 1941 in einem etwas größeren Papierformat, jedoch mit weniger Ausgaben im Jahr und mit weniger Seiten, das „Korrespondenzblatt" wurde 1939 eingestellt, der „Freimund" und dessen „Hauskalender" 1941. Im Jahr 1942 wurde auch die „Zeitschrift für bayerische Kirchengeschichte" eingestellt. Damit wurde die informative und seelsorgerliche Reichweite der Kirche erheblich eingeschränkt[189]. Weitere Behinderungen der Arbeit durch fehlenden Strom und Heizenergie brachte der Bombenkrieg mit sich (→ 619).

Wohl eher theoretischer Natur war die Frage, wie zu verfahren sei, wenn der Vorrat einer Gemeinde an Abendmahlswein erschöpft war (→ 620)[190].

7. 5 Personal

7.5.1 Theologiestudium, Examen und Kandidaten

Seit der Hochphase des Kirchenkampfes legte die Landeskirche großen Wert auf eine gezielte Beobachtung der Studierenden in den verschiedenen Phasen der Ausbildung. Dementsprechend waren etwa die Themen der Theologischen Aufnahmeprüfungen im Februar und März 1935 und 1936 darauf ausgerichtet, neben den wissenschaftlich-theologischen Fähigkeiten der jeweils ca. 100 Kandidatinnen und Kandidaten auch deren kirchenpolitische und weltanschauliche Position in allen theologischen Teildisziplinen zu überprüfen (→ 621, 623). Darüber hinaus sollte das Proprium der bayerischen Landeskirche auch durch eine größere Präsenz der bayerischen Kirchengeschichte in der Erlanger Lehre und in den Prüfungen vermittelt werden (→ 622).

Um schon vor dem Ersten Examen einen Überblick über die Kandidaten nicht nur in zahlenmäßiger Hinsicht zu haben, machte die Landeskirche seit 1936 die Zulassung dazu von der Aufnahme in eine im Landeskirchenamt geführte Liste abhängig. Die dort aufgeführten Bewerber wurden von Religionslehrern, Pfarrern und Dekanen beurteilt (→ 624).

---

189 Vgl. Dokument 489.

190 Vgl. hierzu auch B. Liess, Rosenheim, S. 282.

Während die Landeskirche noch über die Sicherung der Qualität und theologischen ‚Linientreue' der Kandidaten nachdachte, wurde die Theologenausbildung anderweitig bedroht: am 21. Dezember 1936 ordnete das Staatsministerium für Unterricht und Kultus an, dass ab dem Schuljahr 1937/38 an humanistischen Gymnasien kein Hebräischunterricht mehr erteilt werde[191]. Dagegen protestierte der Landeskirchenrat am 21. Januar 1937. Das Schreiben, in dem zwar die, wie man meinte, nicht im Interesse des Staates liegenden negativen Folgen für die Theologenausbildung und das internationale Ansehen der deutschen Theologie erwähnt und wiederholt der Religionslehrplan von 1933 zitiert wurde, war durchzogen von anbiedernden antijudaistischen Aussagen (→ 626). Nur drei Wochen später rief der Landeskirchenrat mit elitärem Pathos Pfarrer und Religionslehrer dazu auf, unter den Konfirmanden für den kirchlichen Dienst zu werben (→ 627).

Im Jahresbericht des Landesvereins für Innere Mission 1936 berichtete dessen Vorsitzender über das neue Erlanger Studentenheim, das offenkundig in der Tradition der Studentenverbindung Uttenruthia stand. Schwerpunkte der Arbeit, die im Sommer 1936 Helmut Thielicke leitete, waren u. a. Exegese und Systematische Theologie, persönliche Begegnungen mit Erlanger Theologieprofessoren, kunstgeschichtliche und literarische Bildung, aber auch Aspekte der Kirchenpolitik, für die die Pole Emanuel Hirsch, Hans Meiser und Martin Niemöller standen. Die Bewohner des Heims wurden zudem in die Arbeit der Volksmission und der Diakonie eingeführt. Der Pflege des gemeinsam-kameradschaftlichen Lebens dienten neben der Arbeit auch Wanderungen, Unterhaltungsabende, u. a. mit einem persönlichen Bericht über den I. Weltkrieg oder einer gemeinsamen Abendmahlsfeier (→ 625). Auch der Hinweis im Amtsblatt auf das neue Theologische Studienhaus betonte die Förderung der Gemeinschaft unter den Theologiestudierenden (→ 628).

Die Landeskirche publizierte im Amtsblatt regelmäßig eine Liste der Kandidaten, die das 1. Examen abgelegt hatten. Diese Listen enthielten jeweils auch Angaben zum Studium der Kandidaten, wobei auch Studienorte ohne Evangelisch-Theologische Fakultät bzw. ohne Universität (Augsburg, München, Passau, Würzburg) genannt wurden. Hier hatten die Studierenden sehr wahrscheinlich ein philosophisches Propädeutikum absolviert. Erlangen war selbstverständlich der am häufigsten besuchte Studienort. Während Tübingen mit großem Vorsprung die unter bayerischen Theologen zweitbeliebteste Universität war, folgten erst an dritte Stelle mit Leipzig und Rostock zwei – anders als Tübingen – dezidiert lutherische Fakultäten. Als liberal geltende Fakultäten waren für bayerische Studenten offenkundig un-

191 Amtsblatt des Bayer. Staatsministeriums für Unterricht und Kultus 1936, S. 140.

attraktiv. Bonn – noch mit Karl Barth – vermochte dagegen 1934 entgegen der sonstigen Tendenz auch Bayern anzuziehen (→ 629).

Während die Landeskirche 1937 zur Werbung für das Theologiestudium aufrief, stand sie zwei Jahre zuvor vor dem Problem, die Kandidaten des aktuellen Jahrganges nicht einmal als Verweser oder Privatvikare unterbringen zu können. Man suchte daher nach Pfarrern, die bereit waren, gegen Kostenerstattung einen Lehrvikar aufzunehmen (→ 630). 1936 musste man den Appell wiederholen (→ 631). Im Jahr 1936 regelte der Landeskirchenrat die Fortbildung der Kandidaten und das Lehrvikariat. Lehrvikare sollten in allen Bereichen der Pfarramtspraxis und Seelsorge unterwiesen werden und ausreichend Gelegenheit zur Erprobung erhalten (→ 632).

7.5.2 Pfarrer

Schon Jahre vor dem Erlass der „Ordnung des geistlichen Amtes" 1939 erbat das Kreisdekanat Nürnberg von der bayerischen Pfarrerbruderschaft eine Stellungnahme und gab auch zugleich die Tendenz der zu erwartenden Antworten, etwa im Verhältnis zu einem Beamtengesetz oder einem positiv bewerteten „Arierparagraphen", vor (→ 633).

Wohl nicht ohne Bezug zur Zeitlage war die Bekanntmachung der Kirchenleitung vom Oktober 1935, dass die Pfarrer in Fortsetzung eines Beschlusses der Landessynode von 1930 nun noch eindringlicher und häufiger an die Wahrung des Beichtgeheimnisses erinnert werden sollten. Den Gemeinde sollte kommuniziert werden, dass es ein Beichtgeheimnis gibt (→ 634).

Die im April 1939 erlassene „Ordnung des geistlichen Amtes" bestand aus einer grundsätzlichen Einleitung und drei Kirchengesetzen (über das geistliche Amt, über das Dienstverhältnis der Pfarrer[192], über die Rechtsverhältnisse der Predigtamts- und Pfarramtskandidaten). Die grundsätzlichen Ausführungen sprachen dem geistlichen Amt drei Funktionen zu: die von Gott, nicht von der Gemeinde beauftragte Wortverkündigung und Sakramentsverwaltung durch ordentlich Berufene; die Gemeindeleitung als Irrlehre abwehrendes Hirtenamt, das nur auf geistlichen Mitteln basiere; das vom Gemeindeamt nicht wesensmäßig, sondern nur funktional geschiedene Kirchenregiment, das über Aus- und Fortbildung, Berufung, Amtsführung und Lebenswandel der Geistlichen wache. Von den Amtsträgern wurden Selbststudium, Spiritualität, Gemeinschaft mit den Amtsbrüdern, Vorbildcharakter für die Gemeinde, Staatstreue und -loyalität erwartet. Im „Kirchengesetz über das geistliche Amt" wurden die kirchlich-theologischen Voraussetzungen für dessen Übertragung, der Ablauf der Ordination, die

192 H. Meinzolt, Kirchengesetz.

Grundlagen der Amtsführung und die Kriterien für den Verlust des Amtes geregelt (→ 635).

Zwischen April 1940 und Januar 1945 wandte sich Landesbischof Meiser mit sechs Briefen an die Pfarrer in der Heimat und im Feld (→ 636–641). Meiser wollte den Pfarrern Zuspruch geben, sie trotz aller Negativerfahrungen und Anfeindungen zum freudigen Dienst motivieren und zeigen, dass die Kirchenleitung um ihre stetig steigende Belastung wusste. Zugleich mit Informationen über die kriegsbedingte Personalsituation erhielten die Pfarrer die Versicherung, dass die Maßnahmen zur Kompensation des Pfarrermangels ihr Amt nicht in Frage stellten. Probleme der Amtsführung, der Predigt und der zunehmend schwieriger werdenden Seelsorge griff Meiser ebenso auf. Dabei stützte er sich u. a. auf die „Richtlinien für die evangelische Verkündigung im Krieg“[193]. Die wenige Aussagen des Landesbischofs zum Kriegsgeschehen betonten das unergründliche und stets gnädige Handeln Gottes trotz allem erfahrenen Grauen. Dennoch lässt sich eine Entwicklung von einer 1942 offen formulierten Bolschewismusfurcht und der Warnung vor einer falschen Apokalyptik (→ 636) hin zu Endzeitgedanken im Januar 1945 erkennen (→ 641).

7.3.3 Fortbildung von Pfarrern und Pfarrkonvente bzw. -konferenzen

Die von der Kirchenleitung immer wieder betonte geistliche (und kirchenpolitische) Gemeinschaft der Pfarrer und deren Fortbildung im Amt sollte v. a. durch regelmäßig auf Dekanatsebene stattfindende Pfarrkonvente und -konferenzen gefördert werden. Dazu teilte der Landeskirchenrat im September 1936 erstmalig Regeln für Ablauf und Inhalt der eintägigen Zusammenkünfte mit. Im Mittelpunkt stand die Bibelarbeit, die jedoch nicht im Sinn der historisch-kritischen Exegese erfolgen sollte. Bei diesen Zusammenkünften sollten auch Anliegen der Pfarrfrauen in gesonderter Sitzung berücksichtigt werden (→ 642).

Im Juni 1938 blickte die Kirchenleitung positiv auf die stattgefundenen Pfarrkonvente zurück, die die Amtshandlungen zum Thema gehabt hatten. Zugleich kündigte sie an, dass angesichts der Wende weg von der Volkskirche hin zur „Gewinnung und Bewahrung von Einzelseelen“ auf künftigen Zusammenkünften Aspekte der Seelsorge zu besprechen seien (→ 643).

Eineinhalb Jahre später gab der Landeskirchenrat seine Folgerungen aus der bisherigen Arbeit bekannt. Mit neuen Anordnungen zur Gestaltung der Pfarrkonferenzen wollte man einer gewissen Müdigkeit begegnen, auf die sich wandelnde Stellung der Kirche in der Öffentlichkeit reagieren und die in der Ordnung des geistlichen Amtes festgelegte Verpflichtung

193 Dokument 575.

zu Bibelstudium und Fortbildung ernst nehmen. Pfarrern, die diese Form der Gemeinschaft ablehnten, wurde damit gedroht, das Vertrauen der Gemeinde zu verlieren. Die Konferenzen sollten als „Kraftquelle" wirken und den Charakter einer disziplinierenden Bruderschaft tragen. Daher konnte es nicht um Geselligkeit oder die Besprechung äußerlicher Amtsprobleme gehen, sondern um gegenseitige Seelsorge und Weisung im Kampf gegen religiöse Individualisierungstendenzen.

Die üblicherweise monatlichen Zusammenkünfte hatten einen festen Ablauf, in dem gottesdienstliche Elemente neben einem Referat über Themen der wissenschaftlichen Theologie, der Gemeinde- und Bildungsarbeit oder der Spiritualität standen. Die Ausführungen über die auf die Predigt fokussierte Exegese zeigten dann die großen Vorbehalte gegen eine historisch-kritische Exegese und eine prinzipielle anti-intellektuelle Attitüde. Gemäß der gemeinschaftsstiftenden Absicht der Konvente konnten auch die Pfarrfrauen – in separater Runde – beteiligt werden. Deutsch-christliche Pfarrer, die den Konventen bislang fernblieben, sollten brüderlich zur Teilnahme überzeugt werden (→ 644).

Möglicherweise gerade wegen des Bestrebens der Kirchenleitung, die Geistlichen v.a. geistlich zu fördern, entstand der Wunsch innerhalb der Pfarrerschaft, trotz aller Belastungen im Krieg sich auch wissenschaftlich weiterzubilden[194]. In seiner prinzipiell positiven Reaktion setzte der Landeskirchenrat den Schwerpunkt jedoch wieder auf die Gemeindearbeit und die Selbstbesinnung der Pfarrer (→ 645). Wie man sich die Fortbildungen inhaltlich vorstellte, macht die Vortragseinladung des Landesbischofs an Hanns Lilje vom April 1943 deutlich. Der nicht als Neutestamentler ausgewiesene Generalsekretär des Lutherischen Weltkonvents sollte über die historisch-kritische Exegese und über Rudolf Bultmanns Entmythologisierungsprogramm ablehnend sprechen (→ 646). Auch wenn Lilje die historisch-kritische Methode nicht explizit ablehnte, empfahl er doch den schwäbischen Radikalpietisten Johann Albrecht Bengel als Vorbild für das Bibelstudium bayerischer Pfarrer (→ 647).

Bald nach Lilje referierte Georg Merz über das sog. katechetische Minimum: über Inhalte und Zukunftsaussichten des in Schule und Gesellschaft an den Rand gedrängten Religionsunterrichts. Er vertrat dabei die These, dass angesichts immer geringerer religiöser Vorkenntnisse die Unterweisung in dogmatischer, historischer, liturgischer und kultureller Hinsicht nur noch ein Basiswissen zum Ziel haben können und zu dessen Erreichen alle kirchliche Bildungsangebote zusammenwirken müssten (→ 648)

194 Zur schon im Januar 1934 vom Landesbischof geäußerten kirchenpolitischen Notwendigkeit einer wissenschaftlichen Bildung der Pfarrer vgl. Dokument 26.

7.5.4 Kriegsdienst von Pfarrern

Über die Haltung der bayerischen Pfarrer zu ihrem Kriegsdienst und dessen Einbeziehung in Reflexionen über das Amt ist aus zeitgenössischen Quellen wenig bekannt. Eine Ausnahme stellt die Korrespondenz des Thüngener Pfarrers Rudolf Stählin mit dem Wehrbezirkskommando Würzburg und dem Landeskirchenrat dar. Am 25. Mai 1940 teilte Stählin dem Wehrbezirkskommando mit, dass er entgegen der Intention des Landeskirchenrats eine uk-Stellung über den 30. Juni hinaus ablehne (→ 649). Der Landeskirchenrat würdigte zwar Stählins vaterländische Gesinnung, war aber über den Zeitpunkt der Erklärung verärgert (→ 650). Daraufhin legte Stählin seinen Vorgesetzten die Motive seines Handelns ausführlich dar, kritisierte aber auch die landeskirchliche Praxis bei den uk-Stellungen. Der Krieg sei das Alles veränderndes Handeln Gottes, von dem der in einer Krise befindliche kirchliche Dienst nicht ausgenommen bleibe. Nicht nur er hoffe, dass das Erleben des Krieges neue Wege für die Verkündigung eröffne und eine Lebens- bzw. Todeserfahrung vermitteln werde, die weder das Studium noch die bürgerliche Sicherheit des Pfarrhauses zu bieten vermögen. Die Situation der Gemeinden ohne Pfarrer deutete Stählin als Chance (→ 651).

Gemäß einer Verordnung des Ministerrats für die Reichsverteidigung zum „kurzfristigen Wehrdienst“ bei Dienststellen der Luftwaffe konnten noch nicht einberufene Wehrpflichtige der Jahrgänge 1894 und jünger sowie uk-gestellte Wehrpflichtige seit Mai 1942 für begrenzte Zeit zum Dienst in der Heimatflak herangezogen werden[195]. Diese Regelung, über die der Landeskirchenrat die Kreisdekane und Dekane im August 1943 informierte, betraf auch Pfarrer. Deren allgemeine Befreiung von dem die ganze Nacht andauernden Dienst hatte das Luftgaukommando München abgelehnt und nur Ausnahmen in Aussicht gestellt. Der Landeskirchenrat bemühte sich jedoch darum, möglichst für alle betroffenen Pfarrer eine Freistellung zu erreichen (→ 652). Am 15. Oktober 1943 beantragte Landesbischof Meiser beim Chef des Allgemeinen Wehrmachtsamtes im Oberkommando der Wehrmacht, General Hermann Reinecke, die generelle Befreiung der Pfarrer vom Dienst in der Heimatflak bzw. die positive Entscheidung in Einzelfällen. Meiser begründete seine von der Fürsorgepflicht des Vorgesetzten bestimmte Bitte, in der er auch die regionalen Unterschiede im Umgang mit Befreiungsgesuchen ansprach, mit der hohen Arbeitsbelastung der Pfarrer, die die Arbeitszeit am Abend und am Wochenende dringend benötigten (→ 653).

195 A. Nolzen, Assimilation S. 86; R. Absolon, Wehrmacht, S. 12–15, 310f.

7.5.5 Theologinnen

Seit 1903 konnten sich Frauen zum Studium an bayerischen Universitäten immatrikulieren, seit 1919 studierte erstmals eine Frau in Erlangen Evangelische Theologie, 1921 legte sie das I. Kirchliche Examen ab. Bis 1935 legten 15 weitere Kandidatinnen das I. Examen ab, eine das Fakultätsexamen. Die Diskussion über die dienstliche Verwendung setzte erst 1927 auf der Ebene der Bezirkssynoden ein. Von dort gelangte das Thema – um zu versanden – in die Landessynode. Ende September 1935 bildeten dann zehn Frauen den „Konvent bayerischer Theologinnen", um ihre beruflichen Interessen besser vertreten zu können. Ein volles Pfarramt forderten sie noch nicht. Die Frage nach dem Berufsbild sollte die Theologinnen noch mehrere Jahre beschäftigen[196].

Zwei Monate nach der Gründung des Konvents beschloss der Landeskirchenrat am 26. November 1935, künftig keine Studentinnen mehr zu den theologischen Prüfungen zuzulassen. Die bereits studierenden Frauen wurden nur noch dann zur Prüfung zugelassen, wenn sie schriftlich erklärten zu wissen, mit der erfolgreichen Prüfung keinen Anspruch auf Anstellung zu erwerben (→ 654). Die Regelung wurde 1939 wieder aufgehoben.

Auf einer Versammlung der Religionslehrer der Höheren Lehranstalten des Dekanats München im Oktober 1940 wurde auch der theologische Nachwuchs thematisiert. Mit Verweis auf die Berufswünsche qualifizierter Abiturientinnen wurde die Bitte ausgesprochen, dass der Landeskirchenrat seine ablehnende Haltung gegenüber den Theologinnen ändere und ihnen die Anstellung in der Landeskirche ermögliche. Dekan Langenfaß unterstützt das Anliegen gegenüber dem Kreisdekan „aufs wärmste", da sich die Lage seit 1935 geändert habe und Frauen in Unterricht und Gemeindearbeit dringend benötigt würden (→ 655).

Die Beratungen in der Kirchenleitung über den kirchlichen Dienst von Frauen mündeten 1944 in das sog. Vikarinnengesetz, mit dem die Kirche auf den schon länger bestehenden Personalmangel, der mit immer neuen Regelungen[197] – aber stets ohne Frauen – bewältigt worden war, reagierte und Debatten in anderen lutherischen Landeskirche rezipierte. Die Regelung konnte freilich erst nach Kriegsende realisiert werden. Die Landeskirche öffnete mit dem Vikarinnengesetz Frauen, die die Examina bestanden und den Vorbereitungsdienst durchlaufen hatten, den Weg in ein Pfarramt zweiter Klasse, nämlich ohne Befugnis zur Wortverkündigung und Sakramentsverwaltung. Die Pfarrer standen stets über den ‚helfenden' Vikarinnen bzw. Pfarrvikarinnen, deren Tätigkeit auf der Grundlage zeitbedingter Theologumena des 19. Jahrhunderts und althergebrachter bzw. vom

196 Zum Ganzen: A. ZEISS-HORBACH, Neuland; DIES.: Mitarbeit.
197 Vgl. unten Abschnitt 7.5.7.

Nationalsozialismus beförderter Vorstellungen von geschlechtsspezifischen Kompetenzen definiert wurde. Herabsetzungen der Theologinnen über die Amtsbezeichnung, das geringere Gehalt und die Unterwerfung unter den sog. Beamtinnenzölibat, der gerade angesichts des in der bayerischen Landeskirche kultivierten Amtsverständnisses dogmatisch hinterfragbar war, wurden für Jahrzehnte zementiert (→ 656).

7.5.6 Pfarrfrauen und Pfarrbräute

Anders als die Pfarrfrauentagung im Mai 1933 in Neuendettelsau, die noch stark geprägt war von gemeinsamen gottesdienstlichen Leben und Vorträgen, die aus den Neuendettelsauer Arbeitsschwerpunkten Diakonie und Mission herrührten (→ 657), war die Zusammenkunft 1934 deutlich tagesaktueller. Neben den Andachten standen nun auch die Rassenpflege, die kirchenpolitische Lage und die neue Mutterrolle auf dem Programm (→ 658). Das Programm eines im Juni 1937 stattfindenden Wochenkurses für junge Pfarrfrauen und Pfarrbräute war hingegen weitgehend entpolitisiert und auf die Themen Jugendarbeit und Innere Mission ausgerichtet (→ 660).

Zusätzlich zu den Rüstzeiten für Pfarrfrauen bot die Landeskirche seit 1936 Kurse für Pfarrbräute an. Die vom Landesbischof eröffnete Veranstaltung sollte zur Selbstfindung der Teilnehmerinnen dienen, ihnen einen Einblick in den Pfarrhaushalt, die Pfarramtspraxis und das Gemeindeleben vermitteln und auf die Jugendarbeit mit Mädchen vorbereiten (→ 659). Die Kurse stießen offenkundig nicht auf das erhoffte Interesse, so dass die Kirchenleitung 1937 die Dekane nachdrücklich zur Werbung aufforderte und den verbindlichen Charakter der Maßnahme betonte (→ 661). In der Werbung für den Kurs des Jahres 1938 wurde jedoch gerade dieser Kurs als Erfolg dargestellt (→ 662).

Über die bisher im Zentrum stehende Jugendarbeit hinaus mussten die Pfarrfrauen seit Kriegsbeginn wegen der angespannten Personalsituation organisatorische Aufgaben in der Gemeinde übernehmen, auch um den Vertreter des eingezogenen Ehemanns zu unterstützen. Im Mai 1941 erhielten sie dazu die förmliche Ermächtigung durch den Landeskirchenrat, der dieser Mithilfe aber strikte Grenzen setzte (→ 663).

7.5.7 Katecheten und Lektoren

Bereits vor dem v. a. durch den Krieg hervorgerufenen Pfarrermangel ermöglichte die Landeskirche im Mai 1937 per Anweisung an die Dekane die aushilfsweise Heranziehung von Katecheten zum Pfarrdienst (→ 664). Als die Personalsituation immer angespannter wurde, erließ die Landeskirche im März 1941 einen „Aufruf“, überlastete Pfarrer durch Lektoren zu entlasten[198]. Dieser stieß – regional unterschiedlich – auf positive Resonanz. Zugleich sollten die Dekane dafür Sorge tragen, dass das Angebot von den Pfarrern auch angenommen werde. Sie erhielten hierzu genaue Anweisungen über die Einführung und dienstliche Begleitung der Lektoren sowie über deren Verpflichtung, in Liturgie und Predigt keinesfalls eigenmächtig zu handeln (→ 665).

Während in der Pfarrerschaft wohl eine Vergütung des Lektorendienstes begrüßt wurde, lehnte der Landeskirchenrat im Juni 1943 eine Bezahlung ab. Die Lektoren leisteten einen ehrenamtlichen Dienst, der durch eine Bezahlung entwertete werde, falsche Interessenten anlocke und im Bereich anderer kirchlicher Hilfsdienste Begehrlichkeiten wecke. Die Lektoren sollten auch keine Stolgebühren erhalten und nur ihre Auslagen ersetzt bekommen. Bei auswärtigen Diensten war die Zahlung von Tagegeldern denkbar (→ 666).

Eine erste Bilanz der Kirchenleitung fiel positiv aus, doch sollten die Dekane die Motive der Lektoren und deren Haltung zum geistlichen Amt kritisch prüfen. Da die Gemeinden ein Fehlen der Liturgie in den Lesegottesdiensten beklagten, beschloss der Landeskirchenrat, dass einzelne dazu befähigte Lektoren auf Antrag des Dekans Gottesdienste mit vollständiger Liturgie halten dürften, doch sollte die Liturgie gesprochen werden. Der liturgische Gesang war Lektoren vorbehalten, deren Eignung durch einen zuverlässigen Kirchenmusiker festgestellt worden war. Aber trotz der Personalsituation betonte die Kirchenleitung, dass sie nicht an die Zulassung von Frauen denke, und griff Gemeinden an, in denen sich kein Lektor finden ließ (→ 667).

Nach längeren Verhandlungen zwischen der Landeskirche und der Rummelsberger Diakonenanstalt gelang es auch, die Arbeit der Diakone zu institutionalisieren und rechtlich abzusichern. Dies geschah durch das „Kirchengesetz über das Amt des Diakons“ vom 25. Februar 1942[199].

7.6 Finanzen

Dekan Friedrich Langenfaß hatte im „Evangelischen Gemeindeblatt für München“ vom 23. April 1933 betont, „welche große Bedeutung der werdende deutsche Volksstaat seiner evangelischen Kirche“ beimesse, und Zensurmaßnahmen als „Beweise ernsten, christlichen Wollens“ gelobt[200]. Derselbe Staat kürzte jedoch der Landeskirche ohne vorherige Anhörung

198 Vgl. Dokument 578 und die zugehörige Anlage (ABlELKB 1941, S. 22 f.).
199 ABlELKB 1942, S. 25 f.
200 Dokument 274.

und ohne nähere Begründung – die gleichermaßen betroffene römisch-katholische Kirche war zuvor noch gehört worden[201] – im Juli 1933 aus Haushaltsgründen[202] die Gehaltszuschüsse um 16,5 % bzw. um 625.000 RM. Diese Maßnahme zwang die Kirchenleitung zur Kürzung der Pfarrgehälter, da eine Kompensation des Ausfalls durch eigene Mittel der Rechtsgrundlage entbehrte (→ 668)[203]. Über drei Monate später berichtete der Landeskirchenrat dem Staatsministerium für Unterricht und Kultus über die Reaktionen in der Pfarrerschaft auf die Streichungen: Der Einkommensausfall treibe die Pfarrhaushalte in Elend und Verschuldung. Wie bereits beim ersten Schreiben der Kirchenleitung wurde darum gebeten, bei künftigen Kürzungen der Beamtengehälter die Pfarrer zu verschonen, da deren Gehälter unter dem vergleichbarer Staatsbeamten liege (→ 669).

Im Zuge der Besetzung des Landeskirchenamtes im Herbst 1934 veranlasste Rechtswalter August Jäger auch eine Buchprüfung. Der im Sinne Jägers ausfallende Bericht enthielt jenseits der Kritik am der kirchenpolitischen Situation geschuldeten, als flexibel zu bezeichnenden Finanzgebahren der Landeskirche zahlreiche Monita, die vom Schriftbild der Kassenbücher über fehlende Hitler-Bildern in den Amtsräumen bis zu nicht mit „Heil Hitler" ausgeführten Unterschriften und dem Vorwurf reichten, die landeskirchliche Verwaltungszentrale sei ein Hort von NS-Gegner. Die gegenüber dem Vorjahr stark gestiegenen Reisenkosten zur Besprechung der kirchlichen Lage oder zur Barmer Bekenntnissynode, für Druckerzeugnisse und für Personalkosten der Bekennenden Kirche verbuchte der Prüfer als Kampf gegen die Reichskirche, als Vergeudung landeskirchlicher Gelder und als politische Illoyalität, da der landeskirchliche Personalhaushalt zu 86 % vom Staat getragen werde und Zahlungen an die Hitlerjugend, an das Winterhilfswerk und die NSV verweigert wurden (→ 670)[204].

---

201 Vgl. das „Protokoll der Konferenz des bayerischen Episkopates" in Fulda am 30. August 1933 und das Referat des Bamberger Erzbischofs Jakobus von Hauck (Akten deutscher Bischöfe, S. 382 bzw. S. 384–386).

202 Die Maßnahmen reichen zurück bis zur „Verordnung über eine Gehaltskürzung bei den einer Landesaufsicht nicht unterstehenden Körperschaften des öffentlichen Rechts" vom 11. Dezember 1930 (RGBl 1930, S. 610), mit der die Beamtenbezüge, Ruhestands- und Hinterbliebenenversorgungen ab dem 31. Januar 1931 im Reich um 6 % gekürzt wurden. Zu Bayern vgl. v. a. Nr. 22 der „Ausführungsvorschrift zur Gehaltskürzungsverordnung vom 31. 12. 1930" (Gesetz- und Verordnungsblatt für den Freistaat Bayern 1931, S. 5–14, S. 11).

203 Mit einer auf den 13. Juli 1933 datierten Bekanntmachung im Amtsblatt (S. 107) wurden die Pfarrer über die wesentlichen Punkte der Kürzungen informiert. Zugleich wurde ihnen in einem nicht-öffentlichen Schreiben vom gleichen Tag ohne jeden Kommentar zu dem Vorgang mitgeteilt, welche Maßnahmen zum Härteausgleich (Verdoppelung der Wirtschafts- und Erziehungsbeihilfen, Sonderzulage für Kinder) die Landeskirche vorzunehmen gedachte (FKiZM. A 30. 3).

204 Vgl. auch die Kurzfassung des Berichts: Dokument 671.

Aufgrund der Prüfung ordnete Jäger die Auszahlung der bislang zurückgehaltenen bayerischen Umlage für die Reichskirche und die Auslandsarbeit in Brasilien an, er nahm auch eine Anweisung vom 12. September zurück, die den Mitgliedern des Landeskirchenrats den Zugriff auf landeskirchliche Konten ermöglichte.

In Absprache mit dem Reichskirchenministerium kürzte das bayerische Staatsministerium für Unterricht und Kultus seine Zuschüsse für die Kirchen ab dem Rechnungsjahr 1936 erneut. Wichtigstes Anliegen des Reichskirchenministeriums, das zuvor bereits die Finanzen der preußischen Provinzialkirchen unter seine verstärkte Kontrolle gebracht hatte[205], war dabei, dass der Staatseinfluss auf die kirchlichen Etats nicht geschwächt, sondern gestärkt werde. Daher war man auch an der Entwicklung der Kirchensteuereinnahmen seit 1933 sehr interessiert (→ 672). Dass die Maßnahmen auf eine Beschädigung der Kirchen zielten, zeigt u.a. die Berliner Anweisung, dass die Kirchen vor vollendete Tatsachen gestellt bzw. Druck von Seiten der Öffentlichkeit aufgebaut werden sollte. Die Kürzung durfte nicht durch weitere Belastungen der Kirchenmitglieder, sondern nur durch Einsparungen kompensiert werden (→ 673). In seiner kühlen Reaktion betonte der Landeskirchenrat die Erwartung, dass die Pflichtleistungen des Staates nicht gekürzt würden. Den Fehlbetrag von 870000 RM wollte man durch Einsparungen, insbesondere bei Bauvorhaben, ausgleichen, die Gemeinden müssten verstärkt auf das Kirchgeld zurückgreifen (→ 674).

Auch künftig blieb das Verhältnis zwischen Landeskirche und Kultusministerium angespannt, weil etwa der Verdacht bestand, dass der Staat bei der Berechnung der Zuschüsse mit einer zu geringen Zahl von Kirchenmitgliedern operiere (→ 675). Mehr ein Störfeuer denn eine Förderung der kirchenfeindlichen Haushaltspolitik war das Votum des deutschchristlichen Pfarrers und Religionswissenschaftlers an der Universität München Rudolf Franz Merkel. Er begrüßte gegenüber dem Kultusministerium die staatliche Kirchenpolitik, wies aber darauf hin, dass die Kürzungen in erster Linie den ohnehin benachteiligten DC-Pfarrern schadeten und deren Position weiter schwächten. Als Lösung schlug er die Einführung einer Finanzabteilung vor (→ 676).

Neben den gekürzten Staatszuschüssen zum Gehalt beeinträchtigte auch die Besteuerung der Dienstwohnungen die soziale Lage der Pfarrer. Der Pfarrerverein beantragte daher Anfang Januar 1939 beim Landeskirchenrat, dass die deutlich gestiegene sog. Haussteuer auf Dienstwohnungen nicht von den Geistlichen, sondern von den an diesem Punkt widerstrebenden örtlichen Kirchenstiftungen getragen werden sollten. Damit umging der Pfarrerverein freilich das von ihm selbst angesprochene Problem, dass die Besteuerungsgrundlage obsolet geworden war (→ 677).

205 Vgl. H. Marahrens, Staatskirchenhoheit, S. 57–80.

Wohl als Argumentationshilfe verschickte der Landeskirchenrat Anfang März 1939 an die Dekanate detaillierte Informationen über die Haushaltslage der Landeskirche. In dem Schreiben wurde die sich in den letzten Jahren zum Nachteil der Kirche verändernde Rechtsgrundlage der Steuererhebung (v. a. Wegfall von Besteuerungsgründen) und des Kirchgeldes dargelegt, das Kirchensteueraufkommen seit 1934 aufgelistet und über die stetig sinkenden Staatsleistungen ohne Bewertung berichtet[206]. Anschließend wurde über die Verteilung der Einnahmen zwischen Kirchenleitung und Kirchengemeinde, über die Verwendung der Gelder sowie über den kirchlichen Grundbesitz informiert (→ 678).

Obwohl das Kirchensteuergesetz für die Jahre 1938 und 1939 auch noch 1940 fortbestand, befürchtete die Kirchenleitung negative Veränderungen im Bereich des Kirchensteuereinzugs und traf ab Februar 1941 Gegenmaßnahmen. Die Kirchengemeinden wurden aufgefordert, Ausgabendisziplin zu üben und auf Personen zu achten, die für die Arbeit in einer kirchlichen Steuerverwaltung in Frage kämen. Da die Finanzämter entsprechende Mitteilungen verweigerten, sollte kirchliches Personal die einzelnen Lohnsteuerbeträge ermitteln. Wenig später, im März, beantragte Bayern beim Reichskirchenministerium, dass die Finanzämter künftig nicht mehr an der Kirchensteuererhebung mitwirken müssten. Die Landeskirche bemühte sich nun einerseits darum, die Frist für das neue Einzugsverfahren soweit hinauszuschieben, dass trotz des Krieges eine eigene Steuerverwaltung geschaffen werden konnte[207] und andererseits darum, die staatlichen Pläne noch abzuwenden. Deshalb bat der Landeskirchenrat am 6. März 1941 das Kultusministerium nachdrücklich darum, das geltende Kirchensteuergesetz auch 1941 als bewährte und kostengünstige Regelung in Geltung zu lassen. Die Entwicklung der Einnahmen habe trotz der fehlenden Staatszuschüsse zur Konsolidierung der kirchlichen Finanzen und zu größeren Bauinvestitionen geführt. Im Personalbereich stiegen dagegen die Ausgaben, ohne dass die Pfarrer ein den Beamten vergleichbares Einkommen hätten (→ 679).

Bis das neue Kirchensteuergesetz, das den Steuereinzug auf die Kirchen übertrug, aber die Feststellung der Umlagehöhe weiterhin beim Kultus- und Finanzministerium auf der Basis „des [...] nachgewiesenen Bedarfs der umlageberechtigten Religionsgesellschaften" beließ, am 1. Dezember 1941 (→ 680) erlassen wurde, konnte sich die Landeskirche auf die neue Situation einstellen. Sie regelte das neue Verfahren und dessen Organisation mit 19 Kirchensteuerämtern durch ein Kirchengesetz vom 12. Januar 1942 (→ 681). Den Gemeinden sollte die neue Lage über drei gleichlautende

---

206 Besonders zu nennen ist hier das „Gesetz über die Senkung der Staatsleistungen für kirchliche Zwecke" vom 20. Juni 1936 (Bayerisches Gesetz- und Verordnungsblatt 1936, S. 105 f.)

207 H. Baier, Kirche, S. 21 f.

Abkündigungen im Gottesdienst, beginnend am 25. Januar mitgeteilt werden. Zugleich wurden die Gemeindeglieder zu engagierter Mithilfe bei der Steuererhebung und guter Zahlungsmoral aufgerufen (→ 682).

Parallel zum selbstständigen Kirchensteuereinzug ersuchten die katholischen und evangelischen Steuerämter große Betriebe, die Kirchensteuer direkt an sie abzuführen. Dieses Ansinnen stieß bei Beschäftigten und Betrieben auf Zustimmung, das Kultusministerium und die SS sahen hingegen das angebliche Bestreben um Verwaltungsvereinfachung und Entlastung der Betriebe konterkariert (→ 683–685). Letzten Endes beugten sich die kirchlichen Steuerverwaltungen dem Druck und erklärten ihr Vorgehen zu einem Missverständnis (→ 686).

Um die einzelnen Gemeinden trotz der sinkenden Kirchensteuereinnahmen[208] weiterhin finanziell handlungsfähig zu halten, ordnete der Landeskirchenrat im Januar 1943 an, dass vierteljährlich an kollektenfreien Sonntagen eine Kollekte für ortskirchliche Bedürfnisse erhoben werden dürfe. Nach entsprechendem Beschluss des Kirchenvorstandes waren auch weitere Kollekten zu Gunsten der eigenen Gemeinde möglich (→ 687).

7.7 Kirchenbau

7.7.1 Rechenschaftsberichte

Nachdem in den Jahren zuvor im Amtsblatt nur Hinweise zu rechtlichen Fragen des kirchlichen Bauwesens erschienen waren, veröffentlichte die Landeskirche im Februar 1934 angesichts der Finanzlage eine deutliche Warnung an die Gemeinden vor Neu- oder Umbauten (→ 688). Ein Aufruf an die Kirchengemeinden vom August 1935, ihre im vergangenen Rechnungsjahr getätigten Baumaßnahmen aufzulisten, diente auch als Beweis, wie die Kirche mit ihren Baumaßnahmen am Kampf gegen die Arbeitslosigkeit beteiligt war (→ 689). Bei der Bekanntgabe der Ergebnisse im November 1935 konnte die Landeskirche auf bauliche Investitionen von fast 2,2 Millionen Reichsmark und auf eine Steigerung gegenüber dem Rechnungsjahr 1933 von 35 % verweisen (→ 690)[209]. Weitere diesbezügliche Mitteilungen erschienen im Amtsblatt nicht.

---

208 Zum Verteilungsschlüssel zwischen Landeskirche und Gemeinden vgl. Dokument 678.

209 In den Jahren zwischen 1934 und 1941 wurden im Bereich des Kirchenkreises München zehn evangelische Kirchen neu gebaut (B. Schallow-Gröne, Ideologisierung, S. 167 und 228). An anderer Stelle (S. 139) ist von 13 Kirchen die Rede!

7.7.2 Reformations-Gedächtniskirche Nürnberg

Über die von ihm geplante, aber noch nicht in Bau befindliche Reformations-Gedächtniskirche informierte ihr Architekt Gottfried Dauner die Kirchengemeinde Nürnberg-Maxfeld im August 1934 in deren Gemeindeblatt. Neben Auskünften zur baulichen Gestalt gab Dauner auch die Deutung des Gebäudes vor: eine lutherische Burg, die als Zentralbau ein Abbild evangelischer Theologie und v. a. Ekklesiologie war (→ 691).

7.7.3 Kriegsschäden

In einen Sammelband des Evangelischen Bundes aus dem Jahr 1944 mit „Tatsachen und Zeugnisse zum Luftkrieg" findet sich unter den Einzelberichten über das „Ausmaß der Zerstörungen" auch ein Bericht über die Lage in Bayern mit insgesamt 107 betroffenen Kirchen, 60 beschädigten Pfarrhäusern und 52 weiteren kirchlichen Gebäuden, die Schäden in der Folge von Bombenangriffen erlitten hatten (→ 692).

8. Presse und Rundfunk

Die Nationalsozialisten trafen bei der Kirche und beim Verbandsprotestantismus auf eine flächendeckende, formal und inhaltlich breit gefächerte Publizistik: Gemeinde- und Dekanatsblätter, Kalender, Erbauungsschriften, Fachzeitschriften und Tageszeitungen dienten der Information, der Bildung, der Begleitung der individuellen praxis pietatis und der geistig-politischen Formierung. Seit 1924, als der Rundfunk noch in der Hand einer privaten Gesellschaft war, gab es in Bayern auch eine evangelische Rundfunkarbeit. Parallel zur katholischen Kirche konnte man nun auf einer weiteren, moderneren Ebene Menschen seelsorgerlich und weltanschaulich erreichen.

8.1 Allgemein

Dass die kirchliche Publizistik im sog. Weltanschauungskampf der Gegenwart auch nach der „Machtergreifung" weiterhin eine große, wenn auch stark veränderte Rolle spielen sollte, zeigt der Appell vom November 1933 des Beauftragten für das kirchliche Pressewesen an die Bezieher der Presseschau, in dem für den Fortbestand der Zeitungsschau des Evangelischen Pressverbandes für Bayern geworben wurde. Statt der „marxistische(n) Presse" sollten jetzt die Kirchenpolitik und neue religiöse Strömungen beobachtet werden. Bedingungen für den Fortbestand waren aber eine größere Abonnentenzahl und die Mitarbeit der Bezieher (→ 693). Drei Jahre später zeigte sich die andere Seite des Weltanschauungskampfes. Nun sammelte der Evangelische Presseverband für Bayern Material von Betroffenen, um Argumente gegen staatliche Repressionen gegen Schriftleiter kirchlicher Blätter in der Hand zu haben (→ 694).

8.2 Amtseinführung von Landesbischof Meiser[210]

Hans Meiser war der erste in der Reihe der evangelischen Kirchenleiter, die 1933 ins Amt kamen. Da sein Vorgänger Friedrich Veit im Kriegsjahr 1917 nach dem überraschenden Tod Hermann von Bezzel Kirchenpräsident geworden war, bestand 1933 erstmals wieder die Möglichkeit einer groß angelegten, feierlichen Amtseinführung. Diese wurde reichsweit im Rundfunk unter Federführung der Evangelischen Arbeitsgemeinschaft für Rundfunk übertragen. Die Pfarrämter in Nürnberg und Fürth informierte die Arbeitsgemeinschaft am 29. Mai ausführlich über das Ereignis und die Rundfunkübertragung, an der auf Wunsch des Landeskirchenrats alle Kirchengemeinden Bayerns teilhaben sollten. Um dies zu ermöglichen, durfte der Sonntagsvormittags-Gottesdienst auf 7:00 Uhr vorverlegt werden. Das gemeinsame Hören der Rundfunkübertragung sollte – ohne den Gottesdienst zu ersetzen – die Gemeinden „mit ihrem neuen Führer in Feier und Gebet vereinigen", streng diszipliniert und pannenfrei erfolgen. Für die Technik und deren Finanzierung waren die Gemeinden selbst zuständig (→ 695). Inhaltlich ähnlich, jedoch mit der eindringlichen Mahnung, sich an die zeitlichen Vorgaben des Senders zu richten, wurde wenige Tage später auch der Landeskirchenrat informiert (→ 696).

8.3 Evangelische Zeitschriften

Das Lavieren einer Zeitschrift – hier des „Freimund" – im Spannungsfeld zwischen vom Willen zur kritischen Berichterstattung über die (Kirchen-)politik, den Erwartungen der Leser und staatlichem Druck verdeutlicht ein vertrauliches Schreiben Friedrich Eppeleins an Dekan Wilhelm Sperl vom Februar 1934 (→ 697). Welche Folgen die Berichterstattung über den Kirchenkampf haben konnte, zeigt die Anweisung der bayerischen Staatskanzlei an die Polizeidirektion Nürnberg-Fürth vom 18. April 1934 bezüglich des „Fränkischen Kuriers". Dieser hatte über den „Kirchenaustritt" Wilhelm Freiherr von Pechmanns berichtet und dessen Brief an Reichsbischof

210 Vgl. oben Abschnitt 7.1.6.

Ludwig Müller ausschnittsweise veröffentlicht. Da man in diesem Schreiben staatlicherseits Vorwürfe gegen die Politik und damit eine Grenzüberschreitung der Presse erkannte, sollte der Schriftleitung „eine ernste Missbilligung" ausgesprochen und mit Konsequenzen gedroht werden (→ 698).

Gemeindebriefe konnten selbst wegen einer kurzen Meldung über die Amtsenthebung von Pfarrern in anderen Landeskirchen beschlagnahmt werden. Das von der SA angestrebte mehrmonatige Verbot scheiterte aber am Votum des Reichspropagandaministeriums (→ 699). Während offiziöse Publikationen der Landeskirche in der Hochphase der kirchenpolitischen Auseinandersetzungen des Jahres 1934 ohne Angabe von Gründen beschlagnahmt wurden (→ 700, 701), waren die weltanschaulichen Hintergründe polizeilicher Maßnahmen gegen kirchliche Publikationen offensichtlich. Pfarrer Adolf Spranger (Emskirchen) erregte mit seinem traditionell gehaltenen, gemäßigt antijüdischen Aufsatz über das Verhältnis von Kirche und Israel im Sommer 1935 ebenso den Unmut der Regierung von Ober- und Mittelfranken wie zwei Jahre später ein Autor des Nürnberger Gemeindeblatts, der in einem Gedenkartikel für Paul von Hindenburg dessen tiefe Frömmigkeit würdigte (→ 702, 703). Beide Blätter wurden zeitweilig verboten bzw. beschlagnahmt[211].

Das seit 1923 erscheinende „Bayerische Kirchenvorsteherblatt"[212] sollte gemäß einem Schreiben des Evangelischen Presseverbandes für Bayern vom März 1935 zu einem – bereits seit Jahresanfang 1935 – monatlich erscheinenden Instrument der weltanschaulichen, kirchenpolitischen und theologischen Orientierung in der Gegenwart und der Volksmission werden, das alle Kirchenvorstände beziehen mussten. Zur Neuausrichtung des Blattes erkundete der Presseverband mittels Fragebogen die inhaltlichen Erwartungen der Leser und deren bisheriges Leserverhalten (→ 704).

Aus der Frage, ob das „Evangelische Gemeindeblatt für München" verpflichtet sei, auch über die Gottesdienstzeiten der reformierten Gemeinde zu informieren, nachdem deren Pfarrer Deutscher Christ geworden war, entwickelte sich im Herbst 1935 eine Kontroverse, die den Reichskirchenausschuss bzw. das Reichskirchenministerium beschäftigte (→ 705, 706).

Indem er den langjährigen Kampf der „Fränkischen Wacht" gegen Ultramontanismus und Marxismus sowie deren frühe Sympathie für den Nationalsozialismus betonte, versuchte Pfarrer Wilhelm von Loewenich im April 1933, angesichts der Schwäche der evangelischen Presse für das Blatt zu werben. Die aktuelle Berechtigung der Zeitschrift leitete er aus der Exis-

211 Die kirchliche Lage II S. 61, S. 217.

212 Bis 1933 lautete der Titel „Treu im Dienste des Herrn. Zeitschrift für Kirchenvorsteher und für alle evangelischen Christen, welchen die wichtigsten Lebensfragen der evangelisch-lutherischen Kirche am Herzen liegen".

tenz deutschgläubiger Gruppen, der immer noch notwendigen Information über den internationalen Bolschewismus und der Kirchenpolitik ab (→ 707).

Ein Beispiel dafür, wie schnell ein theologischer Text ohne aktuellen politischen Bezug ein regionales Kirchenblatt in Bedrängnis bringen konnte, war 1937 der Fall des „Evangelischen Kirchenbote für die nördliche Oberpfalz“. Dessen Septemberausgabe hatte einen stark vom Topos des Gerichts bestimmten Beitrag des Tirschenreuther exponierten Vikars Ludwig Krämer enthalten, in dem ein weiter Bogen von der Verwerfung der Propheten und Jesu in Israel über Luther zur deutschen Gegenwart geschlagen wurde (→ 708). Daraufhin erschien in der Zeitschrift „SA der Bayerischen Ostmark“ ein radikal kirchenfeindlicher und offen gewaltbereiter Gegenartikel, in dem der Kirche u.a. politische Zusammenarbeit mit dem Weimarer System bzw. dem sog. Weltjudentum vorgeworfen wurde (→ 709). Die Antwort des Schriftleiters des „Kirchenboten“ Pfarrer Paul Schaudig offenbarte die Hilflosigkeit gegenüber der SA. Statt auf die haltlosen Angriffe zu antworten, versuchte er durch eine Aufzählung seiner langjährigen Aktivitäten für die Partei seine „Ehre“ als alter Kämpfer – und damit auch der Kirche – wiederherzustellen (→ 710).

Trotz aller Appelle und Neuausrichtungen setzte sich der politisch gewollte Niedergang der kirchlichen Presse fort[213] und traf im März 1939 auch das „Korrespondenzblatt“. Der bayerische Pfarrerverein kündigte daher seinen Obmännern an, dass man eine – nie realisierte – bayerische Beilage im „Deutschen Pfarrerblatt“ anstrebe[214] und die Pfarrer künftig dieses abonnieren sollten (→ 711).

Am 23. Mai 1941 bereitete der Landeskirchenrat die Pfarrämter darauf vor, an Pfingsten in den Gemeinden das „Verbot“ der kirchlichen Presse aus kriegswirtschaftlichen Gründen mitzuteilen zu müssen, nachdem annähernd alle Verhandlungsmöglichkeiten erschöpft seien (→ 712)[215]. Daran anknüpfend informierte das Kreisdekanat Nürnberg die Pfarrer, wie über das Ende der kirchlichen Presse zu predigen sei. Der Vorgang sollte rein theologisch als Gericht gedeutet und in Analogie zur Glockenabnahme gebracht werden. Vor allem müsse aber vom souveränen Handeln Gottes und von den Alternativen zu den Sonntagsblättern (Gesang- und Gebetbücher, Bibel, „Hauspriestertum“) berichtet werden (→ 713).

---

213 Vgl. auch oben Abschnitt 7.4.6.

214 Seit Juli 1938 gab es bereits eine Westfälische Beilage.

215 Vgl. hierzu das Schreiben des Reichspropagandaministers an den Reichskirchenminister vom 28. März 1941, in dem von einer – nicht nachweisbaren – Anordnung zur sofortigen Einstellung der „gesamte[n] konfessionelle[n] Presse mit Ausnahme der im amtlichen Auftrag erscheinenden Blätter“ die Rede war (Dokumente zur Kirchenpolitik V, S. 265 f.).

8.4 Rundfunkarbeit

Im Jahresbericht des Landesvereins für Innere Mission informierte die Evangelische Arbeitsgemeinschaft für Rundfunk über ihre Arbeit in den Jahren 1933 und 1934. 1933 wurden über den Reichssender München neben der Amtseinführung des Landesbischofs noch 16 weitere evangelische Morgenfeiern übertragen. Hinzu kamen prominent besetzte Vorträge u. a. über Mission, historische Persönlichkeiten der Inneren Mission oder über Martin Luther und seine Zeit – dies besonders im November 1933 – und Übertragungen von Kirchenkonzerten. Offenkundig war aber, dass die Zahl der Sendungen in der zweiten Jahreshälfte 1933 stark zurückging. Im Jahr 1934 wurde zwar mehr Morgenfeiern übertragen, aber nur noch ein Vortrag des Erlanger Kirchenhistorikers Hans Preuß im September 1934 über „400 Jahre deutsche Lutherbibel" (→ 714).

Die Arbeitsgemeinschaft musste im April 1935 den Pfarrämtern und Gemeinden mitteilen, dass die evangelischen Morgenfeiern im Rundfunk auf 35 Minuten verkürzt wurden. Aus „technischen Gründen" dauerte die Übertragung am Karfreitag sogar nur 30 Minuten. Von einer Beschwerde erhoffe man sich weniger als von Protesten aus den Gemeinden, die die Pfarrer befürworten sollten (→ 715). 1937 protestierte dann der Landeskirchenrat beim Reichssender München (zur Kenntnis an die Dekane), weil die Morgenfeier am Karfreitag aus „programmtechnischen" Gründen ausfallen sollte. Man drohte mit einem Sturm der Entrüstung in der Bevölkerung und betonte, dass der Sender in der Bevölkerung und auch im Ausland als Werkzeug der Entchristlichung gelte. Reichlich naiv berief man sich auf kirchliche Rechte und erklärte, das Vorgehen schade der Volksgemeinschaft (→ 716). Eine weitere Eskalationsstufe war im Februar 1939 erreicht, als der Sender München die kirchlichen Morgenfeiern auf je eine katholische und evangelische im Monat kürzte und sogar die Ostersendung gefährdet erschien. Die protestierende Kirchenleitung verstand sich als Sprachrohr der alten und kranken Hörer, die unter der Kürzung der Sendezeit am meisten litten (→ 720). Stark zwei Wochen später informierte die Arbeitsgemeinschaft die Dekanate über den Vorgang und darüber, dass der Protest der Kirchenleitung gegen die von Berlin aus initiierte Maßnahme unbeantwortet geblieben sei. Gemeindeglieder sollten sich daher zu ihrer Information direkt an den Sender wenden (→ 721). Mitte Mai 1939 unterrichtete die Arbeitsgemeinschaft die Dekane über ein Schreiben des Landeskirchenrats an den Münchner Sender, in dem die Kirchenleitung dessen langjährige antikirchliche Praxis als Bruch mit der bisherigen Tradition der kirchlichen Präsenz im Rundfunk darstellte. Mit seinem Verhalten stehe der Sender gegen die Bedürfnisse vieler Gläubigen (→ 722).

Am Ende der zweiten Kriegswoche 1939 unterrichtete die Evangelische Arbeitsgemeinschaft für Rundfunk die Dekanate über eine Eingabe des

Landeskirchenrats an den Reichssender München wegen der Wiederaufnahme der vor Monaten eingestellten Morgenfeiern, da die Menschen im gegenwärtigen „Existenzkampf" der inneren Stärkung bedürften. Besonders Alte, Kranke und Frauen, deren Männer eingezogen waren, erhofften Entsprechendes (→ 723). Gegenüber der Kirchenleitung erklärte der Sender jedoch wenig später am eigentlichen Thema vorbei, dass man wöchentlich eine Morgenfeier „aus tiefster deutscher Religiosität" heraus ausstrahle. Der Titel der Sendung zeige bereits, dass man damit die „höchsten ethischen Werte" vermittele (→ 724).

Wenig überraschend hatten auch die kirchenpolitischen Kämpfe Folgen für die Rundfunkarbeit. Da die Polizei die Broschüre Kurt Frörs „Von der babylonischen Gefangenschaft der Kirche" beschlagnahmt hatte, war er für den Reichssender München im Sommer 1937 nicht mehr als Redner bei Morgenfeiern akzeptabel, sodass die Arbeitsgemeinschaft für Rundfunk eine Lösung finden musste, um den Ausfall von Sendungen zu vermeiden. Der um Hilfe gebetene Landesführer der Inneren Mission, OKR Hans Greifenstein, konnte Mitte Juli 1937 in Erfahrung bringen, dass beim Sender München Proteste gegen Frörs Schrift eingegangen waren und eine Weiterarbeit mit Frör das Ende der ohnehin stark gefährdeten Morgenfeiern bzw. die Öffnung für alle kirchenpolitischen Gruppen bedeuten könnte. Vor diesem Hintergrund und im Wissen um den Ausschluss katholischer Pfarrer als Redner der Morgenfeiern ließ Greifenstein Frör fallen und benannte nach Rücksprache mit der Kirchenleitung drei andere mögliche Sprecher (→ 717–719)[216].

9. Theologische Arbeit

Die wissenschaftliche Auseinandersetzung mit Fragen der Theologie war keine Domäne der Universitätstheologie. Interessierte Pfarrer nahmen in vielfältiger Weise an der Diskussion von Themen teil, die primär dem Erfahrungs- und Denkhorizont der Landeskirche und der eigenen Alltagsarbeit entsprangen. Dementsprechend nahmen Fragen des lutherischen Bekenntnisses und seiner Geltung in der Gegenwart den größten Raum ein.

216 Vgl. auch Dokument 811.

9.1 Theologischer Nachwuchs[217]

Der Förderung und konfessionellen Festigung von Theologiestudierenden und ausländischen Theologen, die als Gäste in Erlangen studierten, sollte ein vom Martin-Luther-Bund getragene Ausland- und Diasporatheologenheim dienen. Dafür warb der Erlanger Professor für Praktische Theologie Friedrich Ulmer 1935 in einem aggressiv-konfessionalistischen Ton (→ 725).

Um ihre künftigen Pfarrer zusätzlich zum universitären Studium bzw. dieses korrigierend „in ein engeres Verhältnis" zur Landeskirche zu bringen, kündigte der Landeskirchenrat als Reaktion auf „mancherlei Zeugnisse[n]" von studentischer Seite eine theologische Rüstzeit unter der Leitung bewährter Pfarrer an. Für diese im August/September 1936 für bis zu 50 Studenten geplante Veranstaltung in Rummelsberg meldeten sich trotz freier Kost und Logis nur 18 Personen an. Den Misserfolg erklärte man mit dem Unverständnis der Studierenden über die Absichten der Landeskirche und drängte die Pfarrer, noch stärker für die Veranstaltung zu werben (→ 726, 727). Ein im Folgejahr für Verweser und Vikare des Kirchenbezirks München stattfindender Kurs scheint hingegen erfolgreich gewesen zu sein. Auf seinem Programm standen theologische, pädagogische und organisatorische Probleme der Pfarramtsführung (→ 728).

Kurz vor Kriegsbeginn versuchte die Landeskirche, die Pflichtsemesterzahl von Theologiestudenten, die Arbeits- und Militärdienstpflicht geleistet hatten, von acht auf sechs Semester zu verkürzen und sich so anderen Berufen anzugleichen. Das dem Plan ablehnend gegenüberstehende bayerische Kultusministerium überließ die Entscheidung dem Reichskirchen- und Reichserziehungsministerium (→ 729, 730).

9.2 Ökumene

9.2.1 Reisen und Konferenzen

Vom 22. September bis 23. Oktober 1936 bereiste Landesbischof Meiser die USA, wo er u. a. an der Sitzung des „Vollzugsausschusses" des Lutherischen Weltkonvents (28. September bis 4. Oktober) in New York teilnahm. In einem Brief berichtete er den bayerischen Pfarrern von seiner Reise. Meiser war zutiefst beeindruckt von der ökonomischen, zivilisatorischen und religiösen Aufbauleistung sowie von der Lebensweise, die er, auch wo sie ihm fremd erschien, nicht abqualifizierte. Fasziniert war Meiser von der ohne jeden Anknüpfungspunkt entstandene Dynamik des Luthertums in den

217 Vgl. auch Abschnitt 7.5.1.

USA, die künftig weltweit relevant werde, von der auffallenden öffentlichen Präsenz der Kirche und ihrer geachteten Stellung (→ 731).

Um die Pfarrer über die Ziele der beiden großen ökumenischen Konferenzen des Jahres in Oxford (Weltkirchenkonferenz des Ökumenischen Rates für praktisches Christentum) und in Edinburgh (2. Weltkonferenz für Glaube und Kirchenverfassung) zu informieren, ordnete der Landeskirchenrat an, dass im ersten Halbjahr 1937 in den Dekanaten ein entsprechender „Konferenzvortrag" gehalten werde (→ 732).

9.2.2 Verhältnis zur Gemeinschaftsbewegung

Mit der Gemeinschaftsbewegung innerhalb der Landeskirche kam es 1941 zum Streit über die konfessionelle Identität, der im Sommer eskalierte, da sich die Münchner Gruppe der methodistischen Kirche angeschlossen hatte und in der Gemeinde nicht deutlich kommuniziert wurde, welche Konsequenzen dies für die Zugehörigkeit zur Landeskirche hatte. Da der Münchner Gemeindeleiter Karl Merz einen gegen die Landeskirche gerichteten Kurs verfolgte, kam es zur faktischen Spaltung zwischen weiterhin der Landeskirche angehörigen Mitgliedern und solche, die sich nun zur methodistischen Kirche hielten (→ 733). Zur Klärung der Differenzen fand am 15. Juni 1942 ein Gespräch zwischen Kreisdekan Daumiller, Dekan Langenfaß und Merz sowie einem Gemeindemitglied statt. Dabei trafen Vorstellungen von ‚Kirche' aufeinandertrafen, die eine Einigung oder auch nur eine Annäherung unmöglich machten. Während für Merz Kirchenmitgliedschaft, Kultus und Organisationsfragen nicht konfessionell definiert waren, betonten die Vertreter der Landeskirche die zentrale Rolle von Schrift und Bekenntnis (→ 734).

9.2.3 Una-Sancta-Bewegung

Seit den 1930er Jahren engagierten sich Christen in der Una-Sancta-Bewegung unter römisch-katholischen Vorzeichen für eine Wiedervereinigung der Konfessionen. Unter der Leitung von Max Joseph Metzger in Meitingen bei Augsburg entstanden lokale Kreise, die sich diesem Ziel verschrieben. Angesichts einer Postwurfsendung an alle Pfarrämter aus Meitingen teilte der Landeskirchenrat den Dekanaten im Juni 1939 jedoch mit, dass man den Verzicht auf jede Verbindung mit der Bewegung voraussetze (→ 735).

Einen Monat nach diesem ablehnenden Votum erstattete der ökumenisch engagierte Münchner Pfarrer August Rehbach dem Landeskirchenrat einen Bericht über die ökumenischen Aktivitäten der „Bruderschaft una Sancta", über Metzger und über die zwischenzeitlich verbotene Zeitschrift „Christkönigsbote". Rehbach charakterisierte die Bestrebungen Metzgers als Vorstoß eines Einzelnen ohne Rückendeckung der Amtskirche. Darüber hinaus schilderte er seine Eindrücke von einer „Einkehrzeit" in Meitingen und betonte den dort gepflegten offenen, irenischen Ton. Er wies nachdrücklich darauf hin, dass es auch Metzger-kritische Kreise gebe, denen an der interkonfessionellen Verständigung gelegen sei (→ 736).

Ein anderer Bericht über eine Una-Sancta-Versammlung im Juni 1940 in Tutzing stammt vom Penzberger Vikar Christoph Simon. Er attestierte den Teilnehmern große Ernsthaftigkeit in ihrem Streben nach konfessioneller Annäherung. Von der Kirchenleitung erwartete er, dass sie an der ökumenischen Verständigung Interessierten eine Wegweisung gebe (→ 737).

Direkte Informationen über Metzger erhielt der Landeskirchenrat durch Kreisdekan Julius Schieder, der im Juli 1940 über ein Gespräch mit Metzger berichtete. Dieser sei ein sympathischer Idealist ohne genauen Plan, der jedoch um die prinzipiellen Differenzen wisse. Konkrete Schritte evangelischerseits lehnte Schieder ab (→ 738). Wenig später berichtete der Augsburger Pfarrer Eduard Ellwein über eine Freizeit der Meitinger Gruppe, an der er nach anfänglichem Zögern und auf persönliche Bitte Metzgers für einen Tag teilgenommen habe. Neben den liturgischen Elementen der mehrheitlich von Katholiken besuchten Veranstaltung galt Ellweins Hauptaugenmerk den Referaten zur Ekklesiologie, er selbst hatte Luthers Lehre von der Kirche besprochen. Kritik übte Ellwein an den polemischen bzw. nicht sachorientierten Voten mehrerer evangelischer Pfarrer. Das Fazit fiel vorsichtig-positiv aus: Man könne sich dem theologischen Gespräch nicht mehr entziehen. Die führenden Männer der Gegenseite hätten lautere Absichten, so dass man selbst menschlich und theologisch kompetente Männer mit Interesse am Thema entsenden müsse (→ 739).

Nach diesen Informationen und Einschätzungen forderte der Landeskirchenrat im Oktober 1940 die Dekanate auf, über interkonfessionelle Arbeitskreise und Treffen zu berichten (→ 740). Nur wenige Tage später äußerte sich das Dekanat München über den lokalen, seit Anfang 1939 bestehenden Una sancta-Kreis. Während man den Wunsch der evangelischen Teilnehmer nach einem ehrlichen interkonfessionellen Gespräch ohne Preisgabe eigener Positionen respektierte, vermochte das Dekanat weder gemeinsame Gottesdienste der Teilnehmer in einer evangelischen Kirche noch eine aktive Beteiligung der Geistlichen zu erlauben. Als Argument hierfür wurde die nicht näher bestimmte „Propaganda", v. a. des kritisch beurteilten Max Joseph Metzgers, angeführt. Dennoch müsse sich die evangelische Kirche stärker positionieren. In der Frage des Gottesdienstes war man nur bereit, den evangelischen Teilnehmern einen Gottesdienst zu halten, von dem Katholiken nicht ausgeschlossen sein sollten (→ 741).

Im April 1941 erschien dann im Amtsblatt ein bereits auf den März datiertes „richtunggebendes Wort zur Una-Sancta-Bewegung" an die Pfarrer.

Darin ließ die Kirchenleitung keine Zweifel daran aufkommen, dass am lutherischen Kirchenverständnis nicht zu rütteln sei. Vom dezidiert betonten Respekt gegenüber anderen Kirchen blieben die im 19. Jahrhundert entstandenen Unionskirchen freilich ausgenommen – obwohl sie in diesem Kontext keine Rolle spielten und allenfalls als historisches Beispiel für die Überwindung von Konfessionsgrenzen in Frage kamen.

Gesprächs- bzw. verständigungsbereite Evangelische erfuhren aus dem „Wort“ keine Ermutigung, denn hinter den Öffnungstendenzen im Katholizismus stünde das Konzept der inakzeptablen Rückkehrökumene. „Gemeinsame Meßgottesdienste“ für katholische und evangelische Christen kämen nicht in Frage, da die katholische Messe eine schriftwidrige „Kultübung“ sei. Möglich sei nur die Fortführung des theologischen Austauschs zwischen den Kirchen, um „Mißverständnisse und falsche Vorstellungen auszuräumen“. Erst in einem weiteren Schritt könne dieses unverbindliche Gespräch eventuell die kirchliche Anerkennung finden, die es für Weiterführendes brauche. Als Zeichen für die „innere Gesundheit“ ihres Strebens sollten die Ökumene-Engagierten Treue und Mitarbeit für ihre Kirche und Gemeinde zeigen (→ 742).

Für Wilhelm Freiherr von Pechmann bedeutete dieses Votum eine herbe Enttäuschung. Er hatte sich von seiner Kirche eine größere Offenheit erwartet (→ 743). Ein Übertritt zur römisch-katholischen Kirche im Sommer 1944, die der Übertretende gegenüber seinem Pfarramt ausführlich begründete, bestätigte die Kirchenleitung trotz der Kritik des Konvertiten an der Una-sancta-Bewegung in ihrer ablehnenden Haltung (→ 744).

9.3 Altes Testament

Die Frage, welche Rolle das Alte Testament für Leben und Verkündigung der Kirche habe, spielte sich primär zwischen den Polen eines exegetisch-religionsgeschichtlichen und eines dogmatischen Zugangs ab. Bereits vor 1933 wurde dieses theologische Problem jedoch zunehmend durch die Aufnahme von völkisch-rassistischem Gedankengut in den Diskurs politisiert.

Im „Kirchenvorsteherblatt“ vom Januar 1934 erläuterte der theologische Hilfsreferent im Landeskirchenamt Christian Stoll, weshalb das Alte Testament als „Buch der Kirche“ dieser allein gehöre und nur sie um seine Auslegung auf Jesus hin wisse. Er stützte sich auf die sog. Substitutionstheorie der Alten Kirche, gemäß der Gott Israel nach Jesu Tod verworfen habe und an die Stelle Israels die Kirche gesetzt habe. Das Volk Israel hatte demnach nur eine auf Jesus als den Messias vorausweisende Funktion. Im apologetischen Teil der Darlegungen wandte sich Stoll v. a. gegen rassisch motivierte Angriffe auf das Alte Testament, die auch die Kirche träfen (→ 745). Der Rektor des Nürnberger Predigerseminars Gerhard Schmidt setzte in einer

Broschüre diese apologetische Linie im Jahr 1936 nachdrücklich fort. Dass er mit seiner These, dass das Alte Testament ein Christusbuch sei, die Juden ihrer Heiligen Schrift beraubte, scheint ihm nicht bewusst gewesen zu sein (→ 746)[218].

Pfarrer Wilhelm Grießbach, seit 1936 theologischer Mitarbeiter beim Nürnberger Kreisdekan, referierte 1938 wiederholt auf Pfarrerkonferenzen über die „Situation auf dem Gebiet des AT" und wies anhand von Psalm 90 und Genesis 32 auf exegetische und dogmatische Probleme (Gesetz und Evangelium) hin. Zugleich fragte er danach, ob und wie man über diese Texte predige. Im sehr viel umfangreicheren ersten Teil lehnte Grießbach den religionsgeschichtlichen Zugang zum Alten Testament vehement ab und diskutierte differenziert die konträren Positionen Wilhelm Vischers und Emanuel Hirschs. Statt sich auf eine der beiden Positionen festzulegen, versuchte er in dialektischen Wendungen und mit Anleihen aus der lutherischen Dogmatik die Bedeutung des Alten Testaments für die Verkündigung der Kirche deutlich zu machen (→ 747).

9.4 Dogmatik

9.4.1 Bekenntnis und Ekklesiologie

Zu Jahresbeginn 1934 enthielt das „Kirchenvorsteherblatt" 15 z.T. zirkelschlüssige „Leitsätze" Christian Stolls über das „Bekenntnis" und seine konstitutiv-regulative Bedeutung für Ordnung und Verkündigung der Kirche. Die Bekenntnisse der Alten Kirche und der Reformationszeit dienten auch im Weltanschauungskampf der Gegenwart der Abwehr völkischer Irrlehren und (im selben Zusammenhang genannt) der Unterscheidung von der römisch-katholischen oder der reformierte Kirche (→ 748).

Die Berechtigung kirchlicher Dogmen gegenüber aktueller, sie als antiquiert abtuender Kritik begründete 1935 ein unbekannter Autor in fränkischen Kirchenblättern erst in zweiter Linie mit Luther oder Jesus. Sein Hauptargument entnahm er „Mein Kampf"! Dort hatte Hitler Dogmenkritik als Zeichen des Verfalls charakterisiert und mit Angriffen auf die Grundlagen des Staates verglichen, die in Nihilismus bzw. Anarchie endeten (→ 749).

In einer Kundgebung vom Februar 1936 betonte die Kirchenleitung die zwingend notwendige Bekenntnisbindung der kirchlichen Verkündigung und v.a. des Kirchenregiments gegenüber den Deutschen Christen unter Berufung auf CA 7 und implizit auf die Barmer Theologische Erklärung. Damit sollten Ansprüche des Staates und der DC auf kirchenleitende Funk-

---

218 Vgl. hierzu auch Dokument 876.

tionen, wie sie bei der Bildung von Landeskirchenausschüssen drohten, abgewehrt werden. Ausführlich legte man nochmals dar, weshalb man die Reichskirche als Bund bekenntnisbestimmter Kirchen begrüßt habe und weshalb trotz der Bekenntnissynoden von Barmen, Dahlem und Augsburg kirchliche Einheit nur innerhalb des Luthertums möglich sei. Die Verpflichtung gegenüber der DEK zwinge zudem dazu, Irrlehre bedingungslos zu benennen. Bemerkenswert an diesen, wie auch an zahlreichen anderen Voten, ist die Vermengung des Kampfes gegen die Deutsche Christen mit Ausfällen gegen die liberale Theologie, hier konkret der Versuch, eine Analogie zwischen dem aktuellen Machtanspruch der bayerischen Deutschen Christen und dem Wirken der Pfarrer Christian Geyer und Friedrich Rittelmeyer vor 1914 herzustellen (→ 750).

Im „Korrespondenzblatt" diskutierten in der Folgezeit Kurt Frör, Pfarrer in München, und Wilhelm Schubert, Pfarrer in Beyerberg, das Votum der Kirchenleitung mit je eigenen Thesen. Frör folgte weitgehend der Position der Kirchenleitung (→ 751), während Schubert die innerprotestantischen Konfessionsgrenzen vorsichtig in Frage stellte und hierzu auf die Gemeinschaft stiftende Rolle der Barmer Bekenntnissynode verwies (→ 752).

Die Diskussion erlahmte auch danach nicht. Im Dezember 1944 verabschiedeten zehn Pfarrer, unter ihnen auch Frör und Stoll, eine erst 1946 veröffentlichte Erklärung über „Kirchenordnung und Bekenntnis". Sie betonten zunächst die zwingende Bekenntnisgebundenheit des Kirchenregiments, definierten dessen weitreichende Aufgaben, und zeigten Perspektiven für das Zusammenwirken bekenntnisverschiedener Kirchen ähnlich dem früheren Deutschen Evangelischen Kirchenbund auf. Die „Schritte zur Überwindung der gegenwärtigen kirchlichen Schwierigkeiten" sahen neben der Beibehaltung der landeskirchlichen Struktur auch den Zusammenschluss bekenntnisgleicher Kirchen vor. Den Kirchen der Union wurde hingegen als Produkt einer überkommenen Epoche die Daseinsberechtigung abgesprochen (→ 753).

9.4.2 „Artgemäßer Glaube"

In § 4 der Richtlinien der Deutschen Christen vom Mai 1932 war davon die Rede, dass sich die Bewegung zu einem „bejahenden artgemäßen Christusglauben" bekenne, der „deutschem Luthergeist und heldischer Frömmigkeit" entspreche. Mit dieser Floskel betraten sie inhaltlich keineswegs Neuland, denn die Idee einer Synthese von deutsch-völkischem Denken und Christentum bzw. von einer „Entjudung" des Christentums fand sich bereits in den völkischen Diskursen vor dem Ersten Weltkrieg[219]. Doch erst

219 U. Puschner, Bewegung, S. 214–222.

als die Deutschen Christen und Deutschgläubige seit Mai 1933 in die Offensive gingen, wurde aus dem bisher eher randständigen Phänomen ein von den Pfarrern intensiv diskutiertes Problem, in dem der Generationenfaktor eine große Rolle spielte.

Hans Frauenknecht, 1910 geboren und seit 1933 exponierter Vikar in Landau an der Isar, begründete das „Vorrecht" der Jüngeren zur Diskussion des Themas mit der frühen Öffnung der Theologiestudierenden für den Nationalsozialismus, der seinerseits starke Wirkung auf das theologische Denken gehabt habe. Da die „Aufeinanderbezogenheit von ‚Christus und Deutschland'" zum Gegenstand im Kirchenstreit geworden sei, nehme er Stellung. Ausgehend von der These, dass der Christusglaube sich niemals abstrakt, sondern durch Sprache und Region geprägt vollziehe, versuchte Frauenknecht sich an einer Definition von „artgemäß", die Luthers Theologie, der Schöpfungsordnung (deutsches) Volk und einer am Nationalsozialismus orientierten Männlichkeitsvorstellung gerecht werden sollte. Frauenknechts von ihm selbst als theologisch sauber bezeichnete Lösung lehnte sich mit der Zuordnung des Sündenbewusstseins in die Sphäre vor Gott und des Ehrbewusstsein in die irdische Sphäre an die Zwei-Reiche-Lehre an, um das vom Verdacht des „jüdische[n] Paulinismus" befreite christliche Sündenbewusstsein für völkisches Denken akzeptabel zu machen (→ 754).

Eberhard Rüdel, Pfarrer in Burkersdorf (Dekanat Kronach) und sechs Jahre älter als Frauenknecht, diskutierte das Problem theologisch reflektierter, vermied jedoch eine Näherbestimmung von deutscher „Wesensart" oder „Charakterwerten des deutschen Volkes". Er betonte, dass der „deutsche Mensch" als „natürliche[r] Mensch[en]" von Gott gegebene „Tugenden" und „Untugenden" habe und es in der christlichen Ethik um göttliche Gebote und deren Erfüllung gehe, nicht um nationale Arteigenschaften oder selbst gesetzte Maßstäbe (→ 755). Der in Erlangen lebende Ruhestandspfarrer Friedrich Sperl (Jg. 1855) ging die Frage von der Gottesebenbildlichkeit des Menschen her an und lehnte Frauenknechts Unterscheidung mit ausführlichen biblischen Belegen zur Person Jesu und zu Paulus ab (→ 756). Pfarrer Werner Beltinger aus Obbach im Dekanat Schweinfurt und als im Jahr 1903 geborener zu den „Jungen" zählend, unterschied zwischen individueller äußerer Form des Glaubens und dem Inhalt. Mit deutlichen Worten erklärte er, dass das einzige Kriterium des Glaubens die Schriftgemäßheit sei und nicht das neue Kriterium der „Art" (→ 757).

9.5 Sozialethik: Kirche und Staat

Zur Orientierung der Kirchengemeinderäte publizierte Christian Stoll im März 1934 26 Leitsätze über das Verhältnis von Kirche und Staat. Grundlagen seiner volkskirchlichen Ekklesiologie und seiner Staatslehre waren die

Kirchendefinition der Confessio Augustana, die Theorie der Schöpfungs- bzw. Erhaltungsordnungen und die Zwei-Reiche-Lehre. Zugleich legte er ausführlich dar, weshalb der biologistisch verstandene Staat zu seiner Sinnstiftung und zu seinem Funktionieren der Kirche bedürfe. Trotz der Erkenntnis, dass Staat und Kirche gemeinsame Schnitt- bzw. Konfliktpunkte etwa in der Schule hatten und jeweils den ganzen Menschen beanspruchten, entwarf Stoll das Bild eines harmonisch-konstruktiven Staat-Kirche-Verhältnisses, da die Kirche in den „Grundsätzen" des NS-Staates „eine Verwirklichung ihrer Staatsauffassung" erkannte. Daher wolle sie „dem Staat mit ihrer Botschaft" dienen, sofern sie keine Staatskirche werde (→ 758).

Kurt Frörs Ausführungen über „Bekenntnis und Bekennen"[220] nahm Pfarrer Karl-Heinz Becker 1936 zum Anlass, die Aussagen der lutherischen Bekenntnisschriften über die Obrigkeit mit den Aussagen der Barmer Theologischen Erklärung zu vergleichen. Einen Dissens konnte er nicht feststellen, jedoch ein Defizit der lutherischen Theologie in der Auseinandersetzung mit der aktuellen staatstheoretischen Diskussion, etwa mit den Schriften Carl Schmitts. Beckers zentrale Frage war, ob die lutherische Lehre von der Schöpfungsordnung Staat und vom Obrigkeitsgehorsam des Christen mit dem weltanschaulichen Absolutheitsanspruch des NS-Staates zusammenpasste oder ob hier nicht ein Wort der Kirche gefordert sei (→ 759). Nur wenige Tage nach Erscheinen dieses Textes im „Korrespondenzblatt" erklärte Becker unter Berufung auf seine Bekenntnisverpflichtung gegenüber dem Landesbischof, dass er die geistliche Leitung des „Rats der Ev.-Luth. Kirche" nicht anerkennen könne. Seine Begründung war eine Mischung aus einer Anklage gegen die gegenüber den staatlich eingesetzten Kirchenausschüssen zu nachgiebige Haltung des Lutherrats und einer rechtstheoretisch weiter ausgeführten Fassung seiner Anfrage im „Korrespondenzblatt", ob der Staat die juristisch fragwürdige bedingungslose Übernahme seiner Weltanschauung verlangen könne und die Kirche dies auch noch untermauere (→ 760).

9.6 Praktische Theologie

Neben seinen ökumenischen Aktivitäten widmete sich Pfarrer August Rehbach intensiv liturgischen Fragen, die er 1935 im „Korrespondenzblatt" zur Diskussion stellte. Für die Liturgie der „werdenden deutschen lutherischen Kirche" schlug er in Anlehnung an altkirchliche Gottesdienstordnungen eine Umstrukturierung vor, um das große Gefälle zwischen der Predigt und dem Rest des Gottesdienstes zu mindern. Diesem Vorhaben lag die Theorie zugrunde, dass Form und Ablauf des Gottesdienstes nicht mehr nur von der

220 Dokument 751.

Predigt her gedacht werden durften, sondern der Ausgangspunkt in der Liturgie liege. Anstelle der bisherigen Dichotomie sollten Predigt und Liturgie zu Gunsten der Liturgie enger aufeinander bezogen werden. Unter dem Leitgedanken der Anbetung und mit Berufung auf Wilhelm Löhe forderte Rehbach mit polemischen Wendungen gegen die Aufklärungstheologie die Integration der Abendmahlsfeier in die Mitte des Gottesdienstes und damit die Rückkehr zur als reformatorisch bezeichneten Ordnung. Rehbachs Begrifflichkeit, sein Abendmahlsverständnis und der der katholischen Eucharistiefeier entlehnte Umgang mit den Nicht-Kommunikanten ließen durchaus katholisierende Tendenzen erkennen (→ 761).

Seine Überlegungen zur Liturgie führten Rehbach auch zum Thema Sakramente, das seiner Meinung nach im evangelischen Bayern mit Desinteresse behandelt werde, obwohl der Niedergang des Kirchengedankens mit der „mangelnde[n] Verbindung zwischen Sakrament und Kirche" und mit der „Verwechslung von Wort Gottes und Predigt" zusammenhänge. Er plädierte daher für die Stärkung der „geistleiblichen Gemeinschaft mit dem erhöhten Christus" durch das Abendmahl. Hier sollten die Pfarrer mit gutem Beispiel vorangehen und bei jeder Abendmahlsfeier sich auch selbst Wein und Brot kommunizieren[221]. Vorbild waren ihm hier die katholischen Pfarrer. Weitere Überlegungen zum Abendmahlsgottesdienst betrafen u. a. die Uhrzeit, die Wiedereinführung der Privatbeichte und das Knien der Gemeinde während des Schuldbekenntnisses und der sog. Konsekration sowie beim individuellen Gebet (→ 762).

Völlig andere Schwerpunkte hatten die an der Kirchen- und Religionspolitik des Regimes orientierten Anweisungen des Kreisdekanats Nürnberg bzw. des Landeskirchenrats zu Ostern und zum Reformationsfest 1937. Kreisdekan Schieder mahnte die Pfarrer nachdrücklich, in ihren Predigten jeden Bezug zur angekündigten Kirchenwahl[222] und zur Kirchenpolitik im Allgemeinen zu unterlassen. Ohne Anpassung an den theologischen Zeitgeist sei von Tod und Auferstehung Jesu zu predigen (→ 763). Die Predigthilfe für das Reformationsfest war bestimmt von der Mahnung, trotz öffentlicher Angriffe Alfred Rosenbergs auf die Kirche sich nicht auf das Feld der Apologetik oder der Weltanschauungsdebatte zu begeben, sondern das Zentrum der Reformation – die „Rechtfertigungsbotschaft aus der Bibel heraus" – zu verkünden (→ 764).

August Rehbachs Forderung nach der Selbstkommunion der Geistlichen fand 1940 eine Realisierung mit der Bekanntmachung des Landeskirchenrats, dass man – wie die Kirchen in Hannover und Württemberg – dieser Form des Empfangs des Abendmahls zustimme. Entsprechend erließ man Anweisungen für die liturgische Gestaltung der Selbstkommunion (→ 765).

221 Vgl. unten Dokument 765.
222 Vgl. Abschnitt 2.5.2.

9.7 Union

Eine Vielzahl bayerischer Voten zu unterschiedlichsten Themen hatte den graduell variierenden Subtext, dass evangelisch identisch mit lutherisch sei. Mit Abstrichen, d.h. mit Betonung vermeintlicher dogmatischer Defizite wurde die kleine Gruppe der Reformierten akzeptiert. Die unierten Kirchen hingegen – egal, ob bekenntnis- oder verwaltungsuniert – wurden bewusst undifferenziert als theologisch-kirchenpolitische bzw. geistesgeschichtliche Fehlentwicklung des 19. Jahrhunderts abgetan, denen die kirchenkonstituierende Grundlage, das „Bekenntnis", fehle. Trotz stetig wachsender Bedrohung durch die Politik verhinderte diese Überzeugung den Schulterschluss innerhalb der Bekennenden Kirche mit den rechtmäßigen unierten Kirchenleitungen oder mit den Landesbruderräten, da jede Berufung auf die Barmer Theologische Erklärung bayerischerseits als Unionsversuch betrachtet wurde. Dennoch enthielt das „Korrespondenzblatt" im Jahr 1936 zwei Debattenbeiträge über die Möglichkeit einer Bekenntnisunion.

Vikar Hans Frauenknecht aus Landau nahm für seine umfangreichen Ausführungen ein Votum des „Deutsche[n] Lutherische[n] Tag[es]" im Juli 1935 in Hannover, in dem sehr vorsichtig „die Möglichkeit einer irgendwie gearteten Union" angedeutet worden war, aber auch Texte Hermann Sasses, Karl Barths und Paul Althaus' zum Anlass für die Feststellung, dass die „Debatte über die Union [...] in Fluß geraten" sei. Dies dürfe freilich nicht zu oberflächlichem Aktionismus führen, auch wenn etwa in der reformierten Dogmatik erhebliche Wandlungen zu beobachten seien, die mit diversen kirchentrennenden Lehren aufgeräumt hätten, und Lutheraner bzw. Reformierte jeweils dogmatische Topoi der anderen Seite aufgenommen hätten.

Die alten trennenden Lehrstücke seien durch neue abgelöst worden, bei denen die Frontstellung nicht mehr lutherisch versus reformiert, sondern rechter gegen linken Flügel der jeweiligen Konfession laute. Das Schwinden der Gegensätze bzw. deren Wandlung führe keineswegs direkt in eine Bekenntnisunion; diese dürfe nicht durch naives Harmonisieren zu Stande kommen, sondern nur in völliger Offenheit. Die zentralen Differenzpunkte (reformierte Prädestinationslehre, lutherische Abendmahlslehre) durften nach Meinung des mit der Literatur zum Thema gut vertraute Frauenknecht jedoch nicht im Sinne eines harmonistischen do ut des verhandelt werden.

Eine konkrete Antwort auf die Frage, wie ein neues Unionsbekenntnis ohne Kompromisse und im Gehorsam gegen die Schrift zustande kommen sollte, vermochte Frauenknecht nicht zu geben. Der Weg dahin sei ein Wagnis, ebenso wie es die Barmer Theologische Erklärung gewesen sei. Klarheit bestand für Frauenknecht jedoch darin, dass ein Unionsbekenntnis kein nationales Thema sei, sondern eine Aufgabe des Weltprotestantismus (→ 766).

Dieses Votum blieb nicht Widerspruch. Dieser kam wenige Wochen später unter anderem vom „Jüngerenkreis der Pfarrbruderschaft". In dessen

Ausführungen verbanden sich Christologie und Abendmahlslehre derart, dass Kritik am einen Topos auch den anderen ins Wanken bringe. Frauenknechts Einwände gegen Luthers Abendmahlslehre seien irrig. Diese folge der Lehre der Alten Kirche (→ 767).

9.8 Berufshilfen

Seit Oktober 1943 versandte die Kirchenleitung sog. „Berufshilfen" (→ 768) an die Pfarrer, um ihnen zu helfen, Anfragen aus der Gemeinde über drängende Gegenwartsfragen „vom Wort Gottes her" zu beantworten[223]. Im Mittelpunkt standen Tod und Sterben, doch wurde auch das Verhältnis zum Judentum in zwei konträren Texten Gerhard Kittels und Gerhard von Rads diskutiert[224].

10. Diakonie, Innere und Äußere Mission

10.1 Reaktionen auf die politischen und kirchenpolitischen Herausforderungen

Im Heft für Juni bis August 1933 der „Blätter für Innere Mission in Bayern" äußerte sich Kurt Halbach, Direktor des Landesvereins für Innere Mission, unter dem Eindruck der „deutsche[n] Revolution" über die Zukunftsperspektiven der Inneren Mission im Gefüge der hoffnungsfroh begrüßten Reichskirche und über die Eingliederung der bayerischen Inneren Mission in die Landeskirche[225]. Mit diesem Schritt habe man die – nicht explizit angesprochenen Probleme – der Inneren Mission in anderen Landeskirchen vermieden, wolle aber zugleich mit der deutschchristlichen Leitung in Berlin zusammenarbeiten (→ 769).

Wilhelm Strohm, Brüderpfarrer an der Diakonenanstalt Rummelsberg, publizierte im Oktober 1933 „Gedanken über das Verhältnis von ‚Deutschen Christen' und Diakonie", da die DC-Forderung nach Volksmission das ureigenste Arbeitsfeld der Diakonie gefährde. Strohm bemühte sich um den Aufweis, dass nur eine im Christentum verwurzelte Arbeit der Volksgemeinschaft diene. Sein optimistisches Programm umfasste die Intensivie-

223 Vgl. das Rundschreiben Nr. 6896 des Landeskirchenrats an die aktiven Geistlichen der Landeskirche vom 31. Oktober 1943 (LAELKB, KKU 12/VI).

224 Vgl. auch die Dokumente 384 und 385.

225 Vgl. hierzu die nach dem Führerprinzip gestaltete Ordnung der Inneren Mission in Bayern vom Juni 1934 (Dokument 771).

rung der Hausbesuche, die Bindung von Kindern und Jugendlichen an die Kirche unabhängig von den Aktivitäten der HJ, die Forderung nach einer besseren personellen Ausstattung der Jugendarbeit, die Einführung von Männerabenden und die Betonung des kirchlichen Kunst- und Kulturangebots. Er musste aber eingestehen, dass SA, SS, HJ und Reichsarbeitsdienst der Volksmission verschlossen seien und er hier auf die Hilfe des Reichsbischofs hoffe (→ 770). Im Juli 1934 zeichnete Strohm im Monatsblatt der Anstalt unter dem Eindruck des Kirchenkampfes ein negatives Bild der Kirche in der Öffentlichkeit. Die Aufgabe der sich künftig auf ihr Kerngeschäft besinnenden Diakonie im Kirchenkampf sei die brüderliche Vermittlung über die kirchenpolitischen Fronten hinweg (→ 772).

Der Landesführer der Inneren Mission in Bayern, OKR Oskar Daumiller, informierte am 7. November 1934 die angeschlossenen Verbände, Anstalten und Einrichtungen über die Loslösung von der Inneren Mission der DEK, da deren Leitung nicht auf (bekenntnis-)kirchlicher Grundlage stehe. Man habe sich im Einvernehmen mit dem Landesbischof der „Arbeitsgemeinschaft der missionarischen und diakonischen Verbände und Werke in der DEK" angeschlossen (→ 773). Einen anderen Weg ging das Diakonissenmutterhaus Hensoltshöhe in Gunzenhausen. Dessen Leiter, Pfarrer Ernst Keupp, verantwortete im Dezember 1934 eine apologetische Erklärung, in der sich die Hensoltshöhe auf Seiten des „Führers" und der Reichskirche positionierte, als zu Unrecht angegriffen inszenierte und in sich in die Tradition der frühen Christen stellte (→ 774).

Als im Juli 1935 der Landesverein für Innere Mission die Pfarrämter um Unterstützung bei der Werbung aller Wohlfahrtspflegeverbände für die Adolf Hitler-Freiplatzspende erbat, über die verdiente Parteigenossen Erholungsplätze in Familien und Kurheimen erhielten, war ersichtlich, wie sehr man innerhalb des Landesvereins erfreut darüber war, in die Maßnahme der NSV einbezogen worden zu sein. Offenkundig erhoffte man sich missionarische Chancen unter den norddeutschen Parteimitgliedern – sofern diese die christliche bayerische Sitte respektierten (→ 775).

10.2 Arbeitsfelder

10.2.1 Mütterdienst, Evangelischer Arbeitsdienst und Trinkerfürsorge

Antonie Nopitsch, promovierte Ökonomin und Dozentin an der Sozialen Frauenschule in Nürnberg, gründete 1933 den Bayerischen Mütterdienst. Noch bevor dieser 1934 von der Kirchenleitung anerkannt wurde, berichtete sie in den „Blättern für Innere Mission in Bayern" ausführlich über dessen Entstehung im April 1933 und dessen Arbeitsgebiete. Weiterhin legte sie die Organisationsstruktur des Mütterdienstes dar: zentral und gemeindebasiert zugleich. Über die Zusammenarbeit mit Staats- und Parteistellen sowie mit dem Katholischen Frauenbund wusste Nopitsch über das Organisatorische hinaus nur Positives zu berichten, zumal der evangelische Mütterdienst mit der Leitung der Nürnberger Arbeitsgemeinschaft für Mütterhilfe betraut wurde. Auch sah sie inhaltliche Übereinstimmung zwischen kirchlicher und staatlicher Mütterhilfe im Kampf für „Mutter, Familie, Volk" und gegen den Marxismus (→ 776).

Auch der Bericht des Münchner Pfarrers Friedrich Hofmann an die Münchner Gemeindeglieder über die vielfältigen Aktivitäten des Evangelischen Arbeitsdienstes[226] war bestimmt von der Überzeugung, dass dieser Einrichtung der Münchner Diakonie im NS-Staat eine zukunftsgestaltende erzieherische Aufgabe für Volk und Staat zukomme, zumal die Angriffe der Linken ein Ende gefunden hätten. Offenkundig als positiven Schritt wertete Hofmann die militärische Ordnung des Tagesablaufs und den Wehrsport unter einem SS-Sturmführer (→ 777).

Als der Vereine für Innere Mission in Nürnberg im Mai 1938 die Pfarrer des Dekanats über die neu begonnene Seelsorge an Alkoholkranken informierte, stand wiederum die Vorgabe leitend, dass die Arbeit dezentral in den Gemeinde mit Laienbeteiligung erfolgen solle (→ 778).

10.2.2 Unterbringung von Südtirolern

Die diakonischen Einrichtungen in Neuendettelsau und ihre Schutzbefohlenen waren nicht nur durch die biopolitischen Maßnahmen des Regimes bedroht[227]. Konkurrierende Ansprüche der Wehrmacht und von Parteiorganisationen auf die Gebäude der Diakonie aus kriegsbedingten bzw. volkstumspolitischen Gründen im Zusammenspiel mit dem Reichsministerium des Innern vergrößerten den Druck nochmals und drängten die Anstalten in eine ausweglose Situation.

Ende März 1941 wurde das Regierungspräsidium Ansbach vom bayerischen Innenministerium über eine Berliner Anweisung informiert, dass acht Häuser der Neuendettelsauer Diakonie zugunsten „gebrechlicher und pflegebedürftiger Südtiroler" zu räumen seien. Über die Konsequenzen für die Neuendettelsauer Pfleglinge äußerte man sich nur vage (→ 779). Dieser Forderung widersprach jedoch die NSDAP-Gauleitung Franken umgehend, da sie die Gebäude für die Kinderlandverschickung benötige und bereits mehrere Häuser nutze. Keinesfalls durften die eventuell einquartierten Südtiroler von der Inneren Mission betreut werden (→ 780). Nach Besprechungen mit Reichs- und Landesbehörden bot die Neuendettelsauer

226 Vgl. oben Abschnitt 7.2.9.
227 Vgl. oben Abschnitt 6.

Anstaltsleitung am 20. April 1940 dem bayerischen Innenministerium an, 550 Südtiroler aufzunehmen, obwohl bereits mehr als 700 Plätze für die Kinderlandverschickung und weiterer Raum für die Wehrmacht bereitgestellt wurden. Die Versorgung der Südtiroler wollte die Diakonissenanstalt selbst übernehmen und dazu auch eigene Pfleglinge einsetzen, deren Eignung extra betont wurde (→ 781).

Nur wenig später beriet der Landeskirchenrat über die Lage in Neuendettelsau. Man ging davon aus, dass die Anstalten bereits zwischen verschiedenen NS-Organisationen aufgeteilt worden waren und Verhandlungen wenig Erfolg versprächen. Dennoch wollte der Landeskirchenrat zugunsten Neuendettelsaus aktiv werden, u. a. indem der Landesbischof persönlich bei den Reichsministerien des Inneren und des Äußeren vorstellig wurde. Das Schicksal der Pfleglinge spielte in der Sitzung – laut Protokoll – nur eine geringe Rolle (→ 782).

Am 11. Juli 1941 fasste Pfarrer Hans Lauerer, seit 1918 Rektor der Diakonissenanstalt Neuendettelsau, die Ereignisse seit dem 20. April 1941 bzw. davor in einem streng vertraulichen Bericht zusammen. Darin beschrieb er den tatsächlichen oder auch nur vorgeblichen Kompetenzwirrwarr der staatlichen Stellen, die Konkurrenz zwischen Partei und Wehrmacht um die Neuendettelsauer Häuser und die anfängliche eigene Überzeugung, zum Zweck der vaterländischen Pflichterfüllung mit Staat und Partei verhandeln zu können. Tatsächlich wurde er vor vollendete Tatsachen gestellt. Zugleich musste er erkennen, dass das Schicksal der Pfleglinge und der Schwestern der anderen Seite gleichgültig war (→ 783).

10.2.3 Berichte über die Arbeit

Über seine vielfältigen organisatorischen, kaufmännischen, diakonisch-seelsorgerlichen, beratenden, arbeitsvermittelnden und lehrenden Aufgaben innerhalb der Münchner Inneren Mission im Jahr 1936 berichtete Diakon Wilhelm Dreher in einem Tätigkeitsbericht. Sein Arbeitsfeld reichte vom Gartenbau bis zum Luftschutz und von der Kirchenmusik bis zu Vormundschaften. Weshalb Dreher letztere niedergelegt hatte, ließ sich aus seinem betont sachlichen Bericht nicht entnehmen. Allenfalls im abschließenden Dank konnten Eingeweihte eine Anspielung auf Drehers Konflikt mit dem Regime im Jahr 1933 erahnen[228], als eine von ihm betreute Frau bei einer Zwangssterilisation starb und er Strafanzeige gegen den verantwortlichen Arzt stellte (→ 784).

228 Vgl. hierzu die Darstellung in http://de.evangelischer-widerstand.de/?#/karte//D1740.

10.3 *Personal*

Der Bericht Erich Sperbers über die Ausbildung zum Gemeindediakon seit Mai 1933 bietet neben Informationen zum Lernstoff und zur Prüfung v. a. einen tiefen Einblick in das Selbstverständnis der Diakone: sie verstanden sich als geistig-geistliche Gemeinschaft (→ 785). Hatte Sperber in seinem Bericht noch von 17 Absolventen seines Jahrgangs berichtet, so musste das Kreisdekanat Bayreuth im März 1938 in einem Rundschreiben an die Pfarrer darum bitten, im Konfirmandenunterricht für das Theologiestudium[229], aber auch für die Meldung zur Diakonenausbildung zu werben (→ 786).

10.4 *Behinderungen der Arbeit*

Während 1933 von Seiten der Frauenarbeit die gute Zusammenarbeit mit Staat und Partei gelobt wurde[230], schloss der Landesverein der Inneren Mission bereits mit der Gauführung der NSV eine Vereinbarung, die in ein Abhängigkeitsverhältnis führte. Die Anstalten der Inneren Mission sollten auf ihre traditionellen Sammlungen im Herbst verzichten und statt dessen vom Winterhilfswerk „vorerst“ die Spendensumme des Vorjahres in bar oder durch Warenlieferungen erhalten. Bereits begonnene Sammlungen waren sofort zu beenden (→ 787).

Das „Gesetz zur Regelung der öffentlichen Sammlungen und sammlungsähnlichen Veranstaltungen“ vom 5. November 1934[231] schränkte die kirchliche Praxis der Sammlung zugunsten der Inneren Mission im Gottesdienst und in den Haushalten stark ein. Die spitzfindige Auslegung des Gesetzes gegen die Sammelnden führte zu Anzeigen: etwa im Dezember 1937 gegen Pfarrer Ludwig Roth in Rödelsee bei Kitzingen (→ 788). Im Jahr 1938 wurde die Sammlung am Opfertag für die Innere Mission von der Gestapo nur noch in einem ganz engen Rahmen zugelassen, sodass das Ergebnis gering ausfallen musste (→ 790).

Die „Evangelische Vorsorge Gemeinnützige Versicherungs-Aktien-Gesellschaft“, die Sterbeversicherung der Inneren Mission, war 1928 sowohl aus sozialen Gründen, als auch als Teil des Weltanschauungskampfes gegen das Freidenkertum gegründet worden. Trotz des wirtschaftlichen Erfolges musste sie sich 1938 von der Inneren Mission trennen und auf den Namensbestandteil „Evangelisch“ verzichten, da die sog. Entkonfessionalisierung des öffentlichen Lebens die konfessionelle Konnotation einer Versicherung

229 Vgl. Abschnitt 7.5.1.
230 Vgl. oben Abschnitt 10.2.1.
231 RGBl I 1934, S. 1086–1088.

nicht mehr erlaubte. Auf Überschüsse aus dem Geschäftsbetrieb der Sterbekasse musste die Innere Mission künftig verzichten (→ 789).

10.5 Äußere Mission

Pfarrer Helmut Kerns Predigt zum Jahresfest der Neuendettelsauer Mission 1933 stand unter dem Eindruck der zur Rettung aus größter nationaler Not verklärten „Machtergreifung" bei gleichzeitiger Sorge wegen einer möglichen Politisierung der Kirche oder eines Staatseingriffs. Seine weiteren Ausführungen voller Pathetik galten dem Kampf gegen das Freidenkertum, der Hoffnung auf eine nach Osten ausstrahlende Erweckung der Ukraine und insbesondere den erst jüngst von Erfolg gekrönten Missionsbemühungen in Papua-Neuguinea, für deren finanzielle und auch künftige ideelle Unterstützung Kern nachdrücklich warb.

Obwohl Kern den vermeintlichen religiösen Aufschwung in Deutschland freudig wahrnahm, kritisierte er die staatliche Kirchenpolitik und beschwor die Gemeinde, fest zu ihrem Landesbischof in seiner landes- und reichskirchlichen Verantwortung zu stehen. Auf wenig Gegenliebe dürften Kerns Sätze über die Treue und Opferbereitschaft einheimischer Missionshelfer auf Papua-Neuguinea gestoßen sein, die er mit dem Aufruf verknüpfte, kirchenfeindliche Aktionen der Partei nicht still hinzunehmen. Dies begründete er mit der vom Landesbischof übernommenen These, dass der Staat für sein Werk eine ihm gegenüberstehende starke Kirche benötige (→ 791).

Im „Gemeindeblatt für den Dekanatsbezirk Hof und Umgebung" bemühte sich 1936 ein ungenannter Autor, gegen die um sich greifende völkische Polemik gegen die Äußere Mission anzuargumentieren. So wollte er den Vorwurf der unsolidarischen Geldverschwendung mit dem Aufweis der Leistungen der Innere Mission, den allgemeinen Ausgaben für Nahrungs- und Genussmittel und dem deutschen Ansehensgewinn im Ausland gegenrechnen. Darüber hinaus verwahrte er sich gegen die rassistisch motivierte Herabsetzung der Bewohner der Missionsgebiete (→ 792).

Im selben Jahr musste die Neuendettelsauer Mission die Pfarrer um dringende finanzielle Unterstützung ihrer Arbeit bitten, da sie wegen fehlender Einnahmen in eine finanzielle Schieflage geraten war und zugleich mit ungeplanten Ausgaben belastet wurde (→ 793).

11. Konflikte der Kirche mit Staat und Partei

11.1 Einzelne Themen

11.1.1 Antikirchliche Polemik und Gegenreaktionen

Obwohl bereits in den bisherigen Kapiteln zahlreiche Konflikte von Kirchenleitung, Pfarrern und Gemeindegliedern mit Staat und Partei dargestellt wurden, werden in diesem Kapitel thematisch und chronologisch geordnet Auseinandersetzungen zwischen der Kirchenleitung, nachgeordneten Stellen und einzelnen Pfarrern mit Staat und Partei dargestellt. Dabei soll es v. a. um die Art der Vorwürfe, die Strategien der Kirche in diesen Konflikten und um das zu Tage tretende Selbstverständnis der Kirche gehen.

Mit einer im „Korrespondenzblatt" veröffentlichten Erklärung verwahrten sich 1934 die Nürnberger evangelischen Pfarrer gegen einen Artikel des „Stürmers", in dem eine direkte Verbindung zwischen christlichem Abendmahl und „jüdischen Ritualmorden" hergestellt wurde. Die rein binnentheologische Argumentation und der im Ungefähren bleibende Aufruf an die Gemeinden zum Protest nahmen der Aktion aber ihre Wirkung (→ 794).

Den nächsten Anlass zum Protest gegen kirchenfeindliche Aussagen gab eine Rede Josef Goebbels' am 2. Dezember 1934 in Stettin[232]. Gegen deren Aussagen versuchte die Pfarrer des Dekanats Bamberg durch inhaltlich verwandte Briefe an Reichsinnenminister Frick und an die lokale Tageszeitung anzugehen. Während man gegenüber dem Minister binnenkirchlich, mit der eigenen Staatstreue und der Sorge um das Ansehen des Dritten Reichs argumentierte, kam gegenüber der Zeitung die Klage über die despektierliche Behandlung alter Gefolgsleute der Partei und die Sorge um die „Volkseinheit" hinzu (→ 795, 796). Zur gleichen Zeit deutete Pfarrer Karl Behringer (Haundorf) die Aussage von Gemeindegliedern, dass ein Verstorbener „in den Sturmbann Horst Wessel eingerückt" sei, als „Einbruch des Heidentums", dem mit Gebet zu begegnen sei (→ 797).

1935 musste sich die Kirche mit feindlichen Äußerungen des bis dahin als relativ kirchennah wahrgenommenen Hermann Görings auseinandersetzen, die dieser auf dem von Julius Streicher veranstalteten Frankentag

232 Goebbels notierte zu seiner Rede: „Beispielloser Erfolg. Ich in Höchstform" (TAGEBÜCHER GOEBBELS, S. 147). Im Bericht des VÖLKISCHEN BEOBACHTERS, Süddeutsche Ausgabe, Nr. 336, 2. Dezember 1936, fehlen die Aussagen zur Kirche. Die BAYERISCHE OSTMARK – BAMBERGER TAGBLATT, Nr. 279, 3. Dezember 1934, S. 1, hob sie hingegen hervor. Goebbels hatte die innerkirchlichen Auseinandersetzungen als das Waschen schmutziger Wäsche und „dogmatische[n] Haarspaltereien" bezeichnet, die nicht öffentlich, sondern innerhalb der Kirche ausgetragen werden sollten und die dem Staat nicht schaden dürften.

gemacht hatte. Hatte Göring 1934 auf dem Hesselberg eine auch im Ausland aufmerksam registrierte antisemitische Rede gehalten, so sprach er 1935 vor großem Publikum und zahlreichen Pressevertretern über die Haltung der Partei zu den Kirchen und wehrte den Vorwurf der fehlenden Achtung vor der Kirche sowie der Etablierung eines neuen Heidentums ab. Indem er die Bedeutung des Christentums durch den Gegensatz Volksgemeinschaft versus „Geschwätz [...] zänkische[r] Pfaffen" relativierte und mit der Frage nach ihrer Haltung während der Weimarer Republik die nationale Zuverlässigkeit der Pfarrer und damit ein konstitutives Element ihres Selbstverständnisses sowie ihrer Legitimation zur politischen Stellungnahme in Frage stellte, provozierte er die Kirche aufs Äußerste[233].

Auf entsprechende Eingaben reagierte der Landeskirchenrat sehr zurückhaltend. Auf einer Sitzung am 26. Juni 1935 bewertete man nur den Begriff „Pfaffengezänk" als diffamierend und sah einen Rundbrief an die Gemeinden, der trotz Görings Aussagen zum Obrigkeitsgehorsam aufrief, als das gegebene Mittel an[234]. Am 29. Juni wandte sich Meiser brieflich an Göring und thematisierte erneut den „Geschwätz"-Vorwurf, der ihn persönlich und alle Pfarrer beleidige. Ausführlich bemühte er sich, Görings Ausführungen zur Bedeutungslosigkeit des Christentums zu widerlegen und die christlich begründete Staatstreue der fränkischen Bauern zu belegen. Antichristliche Polemik sei daher gegen die Interessen des Staates. Zum Kirchenkampf äußerte sich Meiser in einer Art und Weise, die den Spagat zwischen der Verteidigung kirchlicher Ansprüche und Rechte und der begrenzten Anpassung an die NS-Ideologie versuchte (→ 798).

Am 10. Juli wandte sich auch der stellvertretende Vorsitzende der deutschen Pfarrervereine, der bayerische Pfarrer Friedrich Klingler, der die Rede nur aus der Presse kannte, ähnlich obrigkeitstreu wie der Landesbischof an Göring. Er kündigte eine Zusammenstellung darüber an, wie „treudeutsch[en]" evangelische Pfarrer im Krieg und in den Freikorps kämpften. Zur Ehrenrettung der bayerischen Pfarrer und im Glauben, Göring mit nationalem Pathos und Zahlen beeindrucken zu können, führte Klingler im Einzelnen die überdurchschnittlich hohe Zahl der Weltkriegsteilnehmer und der Gefallenen unter den bayerischen evangelischen Pfarrern und Theologiestudenten, die aus Pfarrhäuser stammenden Berufsoffiziere und die große Zahl der in Freicorps kämpfenden Pfarrer auf. Auch die Geiselhaft des späteren Landesbischofs 1919 brachte er vor (→ 799). Eine Woche später sandte der Reichsbund dann die angekündigte Auflistung über den vaterländischen Einsatz der Pfarrer an Ministerpräsident Siebert (→ 800).

233 Der Inhalt der Rede findet sich u.a. in den MÜNCHNER NEUESTEN NACHRICHTEN, Nr. 171, 25. Juni 1935, S. 5, und bei J. GAUGER, Chronik 3, S. 526–530.

234 T. GREIF, Wallfahrt, S. 420–426.

Mitte August 1936 sandte der Landeskirchenrat an den Rat der Evangelisch-Lutherischen Kirche Deutschlands die bis dahin ausführlichste Zusammenstellung kirchenfeindlicher Maßnahmen und Äußerungen von Staat und Partei v. a. aus dem Jahr 1936, die die Berechtigung der – nicht explizit genannten Denkschrift der VKL II an Hitler vom 28. Mai[235] – bestätigten (→ 801)[236].

Gleichsam als Fortsetzung dieser Gravamina kann der Protest der Augsburger Pfarrer beim NS-Gaublatt „Neue National-Zeitung“ wegen dessen Werbung für eine christentumsfeindliche Schrift eines seit Jahren einschlägig publizierenden deutschgläubigen Autors[237] gelten. Argumentativ glaubte man der wiederholt entsprechend aufgefallenen „Nationalzeitung“ durch Hinweise auf die christlichen Wurzeln bedeutender Personen der deutschen Geschichte, durch die Frage nach der Geltung von Artikel 24 des Parteiprogramms und mit dem Hinweis auf die Gefährdung der Volksgemeinschaft begegnen zu können (→ 802).

Zum Reformationsfest 1936 veröffentlichte der Landeskirchenrat eine Kanzelabkündigung und ein Rundschreiben an alle Geistlichen und Religionslehrer, in denen er zu der aktuellen kirchenfeindlichen Propaganda sehr unterschiedlich Stellung nahm. Bei dem Wort an die Gemeinden überwog trotz aller Empörung über die Verächtlichmachung von Geistlichen, Gemeindegliedern und des Landesbischofs im Zusammenhang mit der Denkschrift der VKL II die Betonung des gemeinsamen Kampfes von Kirche und Staat gegen den Bolschewismus (→ 803)[238]. Gegenüber den Pfarrern und Lehrer wurde man deutlicher. Das Schreiben enthielt Informationen über kirchenfeindliche Reden von Gauleitern bzw. deren Stellvertretern, über deutschgläubige Propagandaaktionen und eine ausführliche Abhandlung zur VKL-Denkschrift. Mit ihr sollte jeder Verdacht einer Verbindung der Landeskirche mit dem Text abgewiesen werden (→ 804).

Kurz bevor am 20. November 1936 die Kirchenführerkonferenz unter dem Leitmotiv des gemeinsamen Antibolschewismus eine Klärung der Stellung von Staat und Partei zum Christentum und das Ende der antichristlichen Agitation forderte[239], versuchte der Landesbischof erneut, bei Göring die Störung der im Kampf gegen den Bolschewismus und für den

235 Vgl. oben Abschnitt 2.4.6.

236 Zu Protesten von außerhalb Bayern und zu Gegenstimmen: T. Greif, Wallfahrt, S. 426 f.

237 O. Michel, Christentum.

238 Der Regierungspräsident von Ober- und Mittelfranken wertete am 5. November 1936 diesen Anknüpfungsversuch als Anmaßung. Die Kirche erwecke den Eindruck, „die eigentliche Trägerin des Kampfes gegen den Weltbolschewismus“ zu sein, obwohl ihre Vertreter dem Aufbau der Volksgemeinschaft mit „versteckten Angriffe[n]“ schadeten (Die kirchliche Lage II, S. 117 f.).

239 Vgl. hierzu ABlELKB 1936, S. 179 f.

Vierjahresplan so wichtigen Volksgemeinschaft durch antichristliche Propaganda anzusprechen. Konkret benannte er die Region Franken, wo der stellvertretende Gauleiter Holz zum Unmut der Bevölkerung gegen die Kirche wütete und die SA den Kontakt ihrer Mitglieder zu Kirche und Pfarrerschaft auf dem Befehlsweg zu unterbinden suchte[240]. Nachdrücklich betonte Meiser, wie sehr Kirche und Gemeinden ihre nationale Gesinnung in Krieg und Revolutionszeit opferbereit bewiesen hätten und allen Unterstellungen zum Trotz daran immer noch festhielten (→ 805).

Auf seiner Mitgliederversammlung im Dezember 1936 beschloss der bayerische Pfarrerverein eine an reichskirchliche, staatliche und Parteistellen gerichtet Erklärung gegen die öffentlichen Verläumdungen und insbesondere den o. g. SA-Befehl, ohne aber argumentativ über die Berufung auf das Parteiprogramm, diverse „Zusagen" Hitlers und die Gefährdung der Volksgemeinschaft hinauszugehen (→ 808)[241].

Die Distanzierung der Partei vom Christentum erreichte zum Jahresende 1936 eine weitere Stufe. In einem Gruppenbefehl der SA-Gauführung Franken vom 26. November 1936 war von Weihnachten als uraltem nordischen Fest die Rede, das später christlich „umgefälscht" wurde. Es sollte nun erstmals wieder als Gemeinschaft stiftendes Fest des Lichts und der Familie begangen werden (→ 807).

Im Februar 1937 versuchte der Pfarrerverein auf dem Rechtsweg die Ehre des Pfarrersstandes wiederherstellen zu lassen, die er durch einen äußerst derben, jedoch wohl nicht politisch motivierten Faschingsscherz gemäß § 166 RStG verletzt sah. Die Staatsanwaltschaft stellte das Verfahren jedoch ein, da sie weder den genannten Straftatbestand noch den des groben Unfugs erkennen konnte (→ 809, 810).

Besonders provokant für die Machthaber scheint eine Broschüre Kurt Frörs über die „Die babylonische Gefangenschaft der Kirche" (1937) gewesen zu sein. In der Zeitschrift „Frankens SA", der Regionalausgabe von „Der SA-Mann", erschien im Juni 1937 ein ganzseitiger Artikel, der eine Vielzahl von Beleidigungen gegen den Münchner Pfarrer enthielt und ihn, aber auch die Pfarrer allgemein, persönlich, theologisch-konfessionell und politisch diskreditieren sollte (→ 811)[242].

Neben der parteiamtlichen Polemik musste sich die Kirche weiterhin mit den antichristlichen Lehren des Hauses Ludendorff auseinandersetzen[243]. Daher informierte Pfarrer Wilhelm Koller (Göggingen) im September 1937

240 Vgl. Dokument 806.

241 Vgl. auch Dokument 814. Hier ging es 1938 erstmals um eine kirchenfeindliche Aussage Hitlers in einer Reichstagsrede, die der Landeskirchenrat eigentlich für unvorstellbar hielt, aber wegen der Unruhe in den Gemeinden eine Eingabe des Rats der Evangelisch-Lutherischen Kirche Deutschlands an die Reichskanzlei für angemessen hielt.

242 Vgl. hierzu auch in Abschnitt 8 die Dokumente 717–719.

243 Vgl. hierzu auch in Abschnitt 4 die Dokumente 359 und 360.

Pfarrer und Laien über dessen Propagandatechniken und das Programm der „Deutschen Gotterkenntnis". Zugleich bot er eine Rezension von Alfred Rosenbergs Buch „Protestantische Rompilger". Rosenbergs Beleidigungen konnten Koller nicht mehr empören, anders als die auf einem „katastrophale[n]) Missverständnis" basierende Behauptung der Germanisierung bzw. Entchristlichung Luthers. Die größte Enttäuschung war für Koller jedoch Rosenbergs prinzipielle Christentumsfeindschaft, mit der er sich vom „geistigen und religiösen Ringen der Gegenwart" trenne, da er die gegenwärtige „Begegnung zwischen Christentum und Deutschtum" völlig falsch verstehe (→ 812).

Partielle Übereinstimmung mit der Ideologie – hier mit dem Kunstbegriff – und gleichzeitige Abwehr kirchenfeindlicher, aus diesem Kunstverständnis resultierender Angriffe kennzeichneten den Beitrag von Pfarrer Ludwig Roth in Rödelsee im „Evangelischen Gemeindeblatt für die Dekanate Kitzingen, Rüdenhausen und Markteinersheim" über die Ausstellung „Entartete Kunst" in München 1938 und eine dort ausgestellte Christusfigur, die angeblich aus dem Lübecker Dom stammte. Tatsächlich war die Figur dort nur kurzfristig probeweise zu sehen, der Vorwurf, die Kirche unterstütze „entartete" Künstler, war also falsch (→ 813).

Das Bestreben, die kirchliche Präsenz im öffentlichen und politischen Raum zu minimieren, zeigte sich während des Krieges auch auf einem Feld, das als ureigenste Aufgabe der Kirche gilt: die Sinndeutung und Trauerbegleitung bei einem Todesfall. Im Juli 1940 wies jedoch die NSDAP-Kreisleitung Weißenburg den örtlichen Reichskriegerbund an, sich von Trauer- und Gefallenengedächtnisgottesdiensten fernzuhalten, mit denen die als staatsfeindlich charakterisierten Kirchen ihre Existenzberechtigung nachweisen wollten (→ 815). Zwischen dem Münchner Kreisdekan Daumiller und dem Kreisleiter setzte daraufhin ein kurzer Briefwechsel ein. Daumiller schien überzeugt, dem Vorwurf der staatsfeindlichen Gesinnung der Kirche mit „Tatsachen" begegnen zu können, die die „wirkliche Einstellung zum Kampfe unseres Volkes" beweisen sollten: mit der Zahl der bei der Wehrmacht kämpfenden bzw. gefallenen bayerischen Pfarrer (→ 816).

Aber auch dieser Beweis der vaterländischen Haltung der bayerischen Landeskirche konnte nicht verhindern, dass eine in Eckersdorf bei Bayreuth einquartierte Einheit der Waffen-SS im September 1943 ein weitverbreitetes Lied gegen Juden und Pfarrer provokant vor dem Pfarrhaus sang bzw. in einem kircheneigenen Raum Kirchenlieder grölte. Eine Beschwerde beim zuständigen Hauptsturmführer erbrachte nur die Zusage, dass er den Verantwortlichen bestrafen wolle, ohne dass die Landeskirche jedoch über den Vollzug unterrichtet wurde (→ 817, 818).

11.1.2 Neuheidentum

Neben der Auseinandersetzung mit den Deutschen Christen mussten sich die Landeskirchen bald auch mit völkischen und neuheidnischen Positionen auseinandersetzen, wobei sich besonders letztere nicht mehr mit den gegenüber der marxistischer Religionskritik üblichen Argumenten abwehren ließen. Bereits am 21. Februar 1935 wandte sich die Vorläufige Kirchenleitung der DEK an die Gemeinden und stellte den unüberwindlichen Gegensatz zwischen neuheidnischer Religiosität und christlichem Glauben fest. Zum Schutz vor dem Neuheidentum appellierte sie an die „Obrigkeit", die sich zum Schutz der christlichen Bekenntnisse verpflichtet habe[244]. Am selben Tag beschloss die VKL eine „Grundsätzliche Stellungnahme [...] zur Frage des Neuheidentums", in der sie über deutschgläubige Gruppen informierte und zu deren Abwehr ein vertieftes Bibelverständnis und kirchliche Schulungsarbeit empfahl[245].

Zwei Wochen später verabschiedete die altpreußische Bekenntnissynode ein Wort an die Gemeinden, in dem von der „tödlichen Gefahr" einer neuen Religion und von einer Verabsolutierung des Staates bzw. der NS-Ideologie die Rede war. Diese Erinnerung an das christliche Staatsverständnis war eine politische Provokation, auf die der Staat mit einem Verbot der Verlesung des Wortes reagierte[246]. Mehrere hundert altpreußische Geistliche wurden daraufhin kurzfristig verhaftet, da sie die polizeiliche Anweisung nicht befolgt hatten[247]. Zu diesem Vorgehen nahmen die Landesbischöfe Meiser und Wurm gegenüber dem Reichsinnenminister Stellung. Dabei führten sie zwar eine Reihe kirchenfeindlicher Maßnahmen an, aber die andere Seite ihrer Darlegungen war der Aufweis der positiven Folgen, die ein gedeihliches Auskommen des Staates mit den christlichen Kirchen in sich trage. Der Staat möge daher sein Verhältnis zu den Kirchen nach Artikel 24 des Parteiprogramms und nach der Regierungserklärung vom März 1933 ausrichten[248].

Für den Karfreitag 1935 (19. April) erließ Landesbischof Meiser ein „Hirtenwort", das auf Dienstpflicht verlesen werden musste. Darin wies er auf die bis in die Gegenwart wirksame Bedeutung hin, die die Begegnung von Evangelium und deutschem Volk in der Germanenmission und während der Reformation hatte. Nun entstehe aber ein christentumsfeindliches Neuheidentum, das die „guten Gaben Gottes" vereinnahme und religiös

244 K.D. Schmidt, Bekenntnisse 1935, S. 63 f.
245 Ebda., S. 65 f.
246 Ebda., S. 70 f.
247 Dokumente zur Kirchenpolitik II, S. 274.
248 K.D. Schmidt, Bekenntnisse 1935, S. 75 f. Zum Ganzen vgl. auch K. Meier, Kreuz, S. 93–95.

überhöhe. Ohne die Predigt von Kreuz und Auferstehung sei Deutschland aber einer tödlichen Bedrohung ausgesetzt (→ 819)[249].

In den Folgejahren war die deutschgläubige Agitation wiederholt Gegenstand kirchlicher Betrachtungen im Zusammenhang mit Aussagen zur Kirchen- und Religionspolitik. Aber erst ein Zeitungsartikel über eine deutschgläubige Jugendfeier am Ostersonntag 1941 in Kulmbach in Anwesenheit lokaler Parteiprominenz veranlasste die Kirchenleitung zur Intervention beim Reichskirchenministerium. Man beschwerte sich über die formale Nachahmung einer Konfirmation, was den Ausführungen des „Führers" auf dem Reichsparteitag 1938 widerspreche. Grundsätzlich wurde aber gefragt, ob mit einer derartigen von der Partei durchgeführten Feier diese nicht ihre religiöse Neutralität aufgebe, zumal kirchliche Veranstaltungen ignoriert würden. Falls dies zutreffe, stehe die Partei – dies war offenkundig eine große Sorge – im Widerspruch zur Bevölkerungsmehrheit, was wiederum die „innere[n] Front" schwäche. Reichskirchenminister Kerrl solle daher Sorge tragen, dass Derartiges nicht mehr vorkomme (→ 820).

11.1.3 Gottesdienst / -besuch

Aufgrund diverser Klagen von Pfarrern über Störungen von Gottesdiensten oder kirchlichen Veranstaltungen durch Übungen von HJ und anderer Parteiorganisationen zu diesen Zeiten und wegen der Erfolglosigkeit einzelner Beschwerden, bemühte sich die Landeskirche im September 1933 um eine Erfassung der Vorfälle. Aufgrund dieses Materials wollte man dann – überzeugt, dass Kultusministerium und Parteileitung Gefährdungen der „kirchlichen Sitte" ablehnten – bei den zuständigen Stellen aktiv werden. Doch zugleich sicherte man Gemeinden und Pfarrern Anonymität zu (→ 821)[250].

Um die Verlesung von Erklärungen zur kirchenpolitischen Lage zu verhindern, verbot die Bayerische Politische Polizei wiederholt kurzfristig Gottesdienste. Dagegen protestierten im April 1935 die Pfarrer des Kapitels Nürnberg, denen sich die Kollegen des Kapitels Windsbach anschlossen. Man erfülle mit den Verlesungen nur eine pfarramtliche Pflicht und dabei sei die Kirche gemäß staatlicher Zusicherung frei (→ 822).

In der Hochphase des Wahlkampfes zur am 15. Februar 1937 angeordneten Kirchenwahl[251] demonstrierte der Staat gegenüber Landesbischof Meiser anlässlich eines Pastoralbesuchs an Ostern in Roth bei Nürnberg ungeniert seine Macht, so dass der Landeskirchenrat beim bayerischen Innenministerium wegen der kränkenden Behandlung des Landesbischofs und der Kirche

249 Vgl. auch Dokument 132.
250 Vgl. auch Abschnitt 7.2.2.
251 Vgl. Abschnitt 2.5.2.

Beschwerde einlegte und eine Maßregelung der Verantwortlichen forderte. Meiser sei im Pfarrhaus überwacht und daran gehindert worden, die Kirche durch den Haupteingang zu betreten. Nach dem Gottesdienst sei ein Kontakt der Kirchenbesucher mit Meiser unterbunden worden (→ 823)[252]. Im Monatsbericht der Regierung von Ober- und Mittelfranken wurde ein Motiv für dieses Verhalten deutlich: wegen der „große[n] Unruhe" in der Bevölkerung, die sich „wegen verschiedener Unstimmigkeiten" bei der Abstimmung über die Gemeinschaftsschule ergeben hatte, sollten öffentliche Kundgebungen vermieden werden. Dass Dekan Heinrich Grißhammer den Landesbischof öffentlich mit „Heil Meiser" empfangen hatte, tat ein Übriges[253].

Nur einen Monat später beschwerte sich der Kirchenvorstand von St. Lukas in München namens betroffener Eltern und Gemeindegliedern bei Ministerpräsident Siebert wegen einer großen HJ-Werbeveranstaltung in Anwesenheit des Oberbürgermeisters genau zur Zeit der Konfirmationsgottesdienste. Den Eltern liege viel an der Teilnahme ihre Kinder am kirchlichen Leben (→ 824).

Gleichsam naiv mutet das Schreiben an die Polizei an, in dem Pfarrer Albrecht Köberlin (Wunsiedel) 1941 versuchte, der Störung des Gottesdienstes durch vor der Kirche musizierende Jungvolkgruppen Einhalt zu gebieten. Ein derartiges Verhalten untergrabe prinzipiell die Autorität und zeige, dass die Jugend zum Respekt vor der religiösen Überzeugung der Volksgenossen erzogen werden müsse (→ 825).

11.1.4 *Kirchliche Feiertage*

Weniger als eine Woche vorher verkündete die bayerische Regierung am 13. November 1936, dass der Bußtag (18. 11.) außer in Coburg kein öffentlicher Feiertag mehr sei. Daraufhin teilte die Landeskirche den Pfarrern mit, dass, falls die bei Reichsbehörden eingelegten Beschwerden nicht fruchten sollten, die angeordnete Predigt und Verlesung im Abendgottesdienst oder am folgenden Sonntag vorzutragen seien (→ 826)[254].

Kriegsbedingt wurden im März 1941 die bayerischen Verordnungen zum Schutz staatlich nicht anerkannter kirchlicher Feiertage aus dem Jahr 1935 und über den Fronleichnamstag aus dem Jahr 1934 für die Dauer des Krieges außer Kraft gesetzt (→ 827). Im Mai des Jahres folgte dann eine

252 Im Bericht des Evangelischen Kirchen-Bote für den Dekanatsbezirk Roth b. Nbg. 9 (1937), Nr. 4, S. 7, über Meisers Besuch wurde der Vorfall nicht erwähnt. Vgl. auch Abschnitt 7.3.

253 Die kirchliche Lage II, S. 165f.

254 Zum Protest gegen die Maßnahme vgl. unten Abschnitt 11.2.11.

reichsweite Verordnung über den Himmelfahrtstag und nochmals über Fronleichnam[255]. Beide Feiertage wurden auf den folgenden Sonntag verlegt, kirchliche Veranstaltungen waren auf das Maß von Wochentagen zu begrenzen. Gegen diese Verordnung verstieß laut Anzeige der Gendarmerie (im Auftrag der Gestapo) vom 23. Dezember 1941 [sic!] Pfarrer Johann Rösch in Zell bei Schweinfurt mit zwei Predigtgottesdiensten am Nachmittag bzw. Abend des Himmelfahrtstages. Im Verhör erklärte Rösch, den Anweisungen im Amtsblatt gefolgt zu sein und die beiden zuständigen Bürgermeister informiert zu haben. Mit seinen Gottesdiensten sei er der Sitte der Bauern gefolgt, an diesem Tag die Arbeit ruhen zu lassen. Röschs Ausführungen wurden von der Polizei überprüft und bestätigt (→ 828).

11.1.5 Schule und Religionsunterricht[256]

Elf Tage nach der Regierungserklärung Adolf Hitlers, in der er die Rolle von Kirche und Religion für den Neubau des Staates betont hatte, erließ das bayerische Kultusministerium eine Bekanntmachung „über die religiöse und nationale Haltung“ der Lehrer. Pädagogen mit „freidenkerische[n] und marxistische[n] Grundsätze[n]“ wurde das Ende ihrer Tätigkeit angekündigt. Gleichzeitig wurde als Ziel benannt, dass jedes bayerische Kind eine nationale und christliche Erziehung genießen solle. Während u. a. mit der Betonung des Schulgebets die Erwartungen der christlichen Konfessionen erfüllt werden konnten, lag der Schwerpunkt der Ausführungen auf der Politisierung und Instrumentalisierung der christlichen Erziehung zugunsten des neuen Staates (→ 829).

Schnell wurde auch die Frage der Bekenntnisschule akut, nachdem vor 1933 Lavieren und Taktieren die Schulpolitik der NSDAP dominiert hatte. Im Mai 1933 wurde dann anhand eines Plakats des NSLB deutlich, dass die Partei, ebenso wie zuvor schon viele Lehrer, die Gemeinschaftsschule präferierte. Noch deutlicher wurde dies durch einen Beitrag in der „NS-Lehrerzeitung“ vom August des Jahres[257].

Im Dezember 1933 hieß es in einer allein vom Landesbischof unterzeichneten Kanzelabkündigung, dass der Bestand der Bekenntnisschule gemäß bayerischem Staatskirchenvertrag von 1924 „unangetastet bleiben“ müsse. Zugleich wehrte sich Meiser in apologetisch-konfessionalistischer Manier gegen den Vorwurf, die Bekenntnisschule gefährde die Volksgemeinschaft. Indem er Stimmen gegen die Bekenntnisschule in althergebrachter Art als liberalistisch identifizierte, blieb wider besseres Wissen der wahren Urheber

---

255 RGBl I 1941, S.269.
256 Vgl. auch Abschnitt 7.2.1.
257 A. Tränkenschuh, Erziehung.

ungenannt: die NSDAP (→ 830). Im Januar 1934 wurden diese Ausführungen, die mit dem Aufruf an die Eltern geendet hatten, die Schulanfänger für die Bekenntnisschule anzumelden, fortgesetzt. Die evangelische Tageszeitung „Allgemeine Rundschau" veröffentlichte einen Appell, der die Treue zur Bekenntnisschule anmahnte, deren Rechtmäßigkeit und bisherige nationale Bedeutung betonte und die Bekenntnisfestigkeit als Unterstützung Hitlers deutete (→ 831)[258].

Im Herbst 1934 wurde in Nürnberg anlässlich der Schuleinschreibung offen für die Gemeinschaftsschule agitiert. Kultusminister Schemm und Ministerpräsident Siebert hatten sich aber wegen der Saarabstimmung distanziert, um die katholische Bevölkerung nicht zu verprellen. Im Dezember 1934 wurden die Dekanate zur Verstärkung der Werbemaßnahmen für die Bekenntnisschule angewiesen, die Adressen aller Eltern mit im Jahr 1935 schulpflichtig werdenden Kindern zu erheben. Die Eltern sollten bei Hausbesuchen und Elternabenden über die Bedeutung der Bekenntnisschule „für Kirche und Volksleben" informiert werden (→ 832). Zu diesem Zeitpunkt musste sich die Landeskirche, ohne im Besitz genauerer Informationen zu sein, mit dem vollzogenen bzw. drohenden Wegfall des Religionsunterrichts an den bayerischen Landwirtschaftsschulen befassen (→ 833).

Angesichts einer die Diskussion bestimmenden „bewußt antichristliche Richtung" informierte die Landeskirche am 30. Oktober 1935 die Pfarrer über das Vordringen deutschgläubiger Befürworter der Gemeinschaftsschule, die das Kreuz aus Klassenzimmern entfernten und die Abschaffung des Religionsunterrichts anstrebten. Indem die Kirchenleitung sich über die Gegner nur vage äußerte, vermied sie es, auf die Forderung von Reichsinnenminister Wilhelm Frick auf dem Gautag Westfalen-Nord in Münster (7. Juli 1935) zu reagieren. Frick hatte – noch primär gegen die römisch katholische Kirche gerichtet – die „völlige Entkonfessionalisierung des gesamten öffentlichen Lebens" gefordert[259]. Nur die Bekenntnisschule – so die Kirchenleitung – könne die unangefochtene und umfassende Erziehung der Kinder im christlichen Glauben sicherstellen und zugleich weiterhin der Volksgemeinschaft dienen. Zur rechtlichen Begründung führte man den bayerischen Staatskirchenvertrag und Hitlers Regierungserklärung vom März 1933 an und erklärte, mit der Bekenntnisschule eine „Staatsschule" zu verteidigen. Bei jeder sich amtlich bietenden Gelegenheit sollten die Pfarrer diesen Standpunkt darlegen (→ 834).

258 Unter der Überschrift „Das evangelische Kind gehört in die evangelische Bekenntnisschule. Ein Wort des Herrn Landesbischof D. Meiser an alle evangelischen Eltern!" erschien in derselben Ausgabe (Nr. 12, 13. Januar 1934, S. 16) der als Dokument 830 abgedruckte Text, jedoch ohne Hinweise auf die Kanzelabkündigung. Auf diesen Nachdruck stütze sich wiederum das Evangelische Schulblatt 68 (1934), S. 58f., für seine Veröffentlichung.

259 Dokumente zur Kirchenpolitik II, S. 332.

Im Januar 1936 folgte als Reaktion auf die staatlicherseits deutlich intensivierte Propaganda zugunsten der Gemeinschaftsschule eine weitere Anweisung an die Pfarrer zur Aufklärung der Gemeinden im Schulkonflikt. Allein die Bekenntnisschule garantiere den christlichen Unterricht, in der Gemeinschaftsschule würden die Kinder durch deutschgläubige Agitation verunsichert. Zum wiederholten Mal argumentierte die Kirchenleitung auch damit, dass die Bekenntnisschule – anders als die spaltende Gemeinschaftsschule – eine Analogie zur Volksgemeinschaft sei. Zudem meinte man ernsthaft herleiten zu können, dass der Kampfgeist im Weltkrieg und die frühe evangelische Öffnung für die NSDAP in der Bekenntnisschule wurzele. Neu war hingegen die Legitimation der Stellungnahme mit dem theologischen Topos des „Hüteramtes" der Kirche. Zur Bekräftigung seines Standpunktes berief sich der Landeskirchenrat auf einen Beschluss des Landessynodalausschusses vom 5. April 1935, der die Aufrechterhaltung der Bekenntnisschule zur Aufgabe des Landeskirchenrates erklärt hatte (→ 835).

Auf dieser Linie lag auch ein weiteres Schreiben an die Dekanate vom Mai 1936, in dem der Landeskirchenrat davor warnte, dass der regional unterschiedlich stark ausgeprägte Schulkampf jederzeit auch noch ruhige Regionen treffen könne[260]. Widerspruch habe innerhalb und außerhalb Bayerns Erfolge gezeigt. Neben den Eltern wurden auch die Pfarrer angesprochen, die intensiv für die Bekenntnisschule werben sollten, offenkundig aber auch selbst auf Pfarrkonferenzen überzeugt werden mussten (→ 836).

Zusätzlich zum Kampf um die Gemeinschaftsschulen wurden die Gemeinden durch regional unterschiedlich ausfallende Kürzung der Religionsstunden irritiert. Der Landeskirchenrat bündelte die deshalb an ihn gelangten Zuschriften und bat am 30. Juni 1936 das bayerische Kultusministerium in konzilianter Form um eine Entscheidung, die die Gemeinden wieder beruhige (→ 837). Die wiederholten Eingaben des Landeskirchenrats beim Kultusministerium wegen der Manipulationen und Einflussnahme auf die Eltern bei den Schuleinschreibungen in München und Nürnberg liefen naturgemäß ins Leere. Laut dem Ministerium hätten sich die Lehrer neutral verhalten, an der Schärfe der Debatte trage die Kirche die Schuld, staatlicherseits sei man bei der Umwandlung von Bekenntnis- in Gemeinschaftsschulen rechtmäßig verfahren (→ 838).

Gegen die Anti-Bekenntnisschulbewegung setzte die Landeskirche nun verstärkt auf Plakate und Flugblätter, auf denen die Rechtslage dargelegt sowie die Bedeutung der Bekenntnisschule für Christentum und Volk hervorgehoben wurden (→ 839, 841), und konnte das Ergebnis zunächst durchaus als Erfolg verbuchen (→ 840). Doch schon im April 1937 schlug der Staat zurück und löste die in Nürnberg noch bestehenden beiden Be-

260 Zu den Ergebnissen der Schuleinschreibung in Franken mit 65–85 % für die Gemeinschaftsschule vgl. DIE KIRCHLICHE LAGE I, S. 133, und II, S. 72.

kenntnisschulen auf. Darauf reagierte die Landeskirche mit einer Kanzelabkündigung (9. Mai 1937), in der nach anfänglicher Apologetik wegen der kirchlichen Haltung zur Gemeinschaftsschule die staatlichen Schikanen angesprochen wurden, die in der Schließung gipfelten. Indem jedoch in diesem landesweit verbreiteten Protest auf die „schwere Gewissensnot" der Eltern – zwischen Staats- und Kirchenloyalität – abgehoben wurde, verlor er seine fundamentale Wucht (→ 842).

Nach Einführung der Gemeinschaftsschule versuchte die Landeskirche am 31. Januar 1938 gegenüber dem Staat, die ihr im Staatskirchenvertrag von 1924 zugestandenen Rechte in der Schule und im Religionsunterricht (Unterrichtsbesuch, Stundenzahl, Schulgebet, Choralgesang) und Schutz vor antichristlicher Propaganda einzufordern (→ 844)[261].

Am selben Tag wandte sich der Landeskirchenrat an die Dekanate und Pfarrämter des Kirchenkreises Ansbach und zog ein Resümee der Berichte über die Schulabstimmung. Mit dem Ende der Bekenntnisschule sei ein Stück der Reformation verloren gegangen. Doch wollte man die Sache nicht auf sich beruhen lassen, sondern die Gemeinden über den in der Presse grob verfälschten wahren Sachverhalt informieren. Neben den Wählerbeinflussungen und Manipulationen bei der Stimmabgabe wurden ausführlich die familiären Konflikte und seelischen Nöte benannt, die bei kritischer Nachbetrachtung der Abstimmung zutage traten und eine breite Stimmung zur Rücknahme der Voten hervorriefen, der jedoch sogar mit der Drohung „Dachau" begegnet worden sei. Diese Erfahrung mache Angst vor der Zukunft. Da die Entscheidung der Eltern gegen die Bekenntnisschule gefallen sei, müssten evangelische Eltern sich nun verstärkt um die Erziehung ihrer Kinder kümmern. Aber auch diese deutlichen Worte wurden durch die kirchliche Sorge um die Volksgemeinschaft abgeschwächt, obwohl an bewusst evangelische Eltern appelliert wurde, ihrem im Schulkampf geschärften Gewissen zu folgen (→ 845).

Ein weiteres Mittel zur Verdrängung der Kirche aus der Schule nach der Abschaffung der Bekenntnisschulen war der Entzug der Genehmigung zur Erteilung des Religionsunterrichts[262]. Daher wies der Landeskirchenrat im Juli 1937 das Kultusministerium in zurückhaltendem Ton auf aus Franken, Niederbayern und der Oberpfalz bekannte Fälle hin. Sie seien rechtlich

---

261 Im April 1941 ordnete Gauleiter Adolf Wagner an, dass der Unterricht mit einem Tages- oder Wochenspruch im Sinn der „nationalsozialistischen Erzieherschaft und der Jugend" beginnen müsse. Er hob damit die Verordnung über das Schulgebet vom Mai 1933 auf. Zugleich ordnete er die Entfernung religiösen Bildschmucks in den Schulgebäuden an (→ 852).

262 Gemäß einer Regierungsverfügung vom 10. März 1938 war die Erteilung des Religionsunterrichts an den Volksschulen von der ausdrücklichen Genehmigung des zuständigen Regierungspräsidenten abhängig. In anderen Teilen des Reichs war dies schon seit 1936 der Fall (Die kirchliche Lage II, S. 300).

Deutsche Väter und Mütter!
Deutsche Volksgenossen!

Ihr seid, soweit Kinder von Euch in diesem Frühjahr schulpflichtig werden, **morgen Dienstag, 6. Februar,** zur Entscheidung

für die deutsche Gemeinschaftsschule

aufgerufen.

Die deutsche Gemeinschaftsschule ist nicht die Simultanschule der verflossenen marxistischen Systemparteien, denen die Schule meist nur als Schacherobjekt beim politischen Kuhhandel diente, genau wie ihnen die Religion nur „Privatsache" war.

Die deutsche Gemeinschaftsschule ist die christliche Schule der deutschen Volksgemeinschaft im Staat des dritten Reichs, der „in den beiden christlichen Konfessionen die wichtigsten Faktoren zur Erhaltung unseres Volkstums sieht" (Adolf Hitler am 23. 3. 1933 vor dem Reichstag).

In der deutschen Gemeinschaftsschule, wie sie neben anderen Städten z. B. die **Stadt Bayreuth** seit vielen Jahrzehnten als alleinige Schulform hat, erhalten die Kinder der beiden Bekenntnisse den **Religionsunterricht** getrennt nach **ihrem** Bekenntnis durch Geistliche oder Lehrer **ihrer** Konfession, in allem und jedem genau wie in der Bekenntnisschule. Im **übrigen Unterricht** sitzen sie als Kinder deutscher Väter und Mütter einträchtig beieinander, während die Spaltung in evangelische und katholische Bekenntnisschulen die deutsche Jugend auseinander reißt. Der Jugend selbst ist solche Scheidung fremd: sie empfindet mit dem gesunden, natürlichen, bluthaften Gefühl naiver Menschen, daß sie als Kinder **eines** Volkes zusammengehören.

Und Ihr Eltern reißt sie auseinander? Könnt Ihr das als deutsche Eltern und christliche Erzieher verantworten?

Könnt Ihr das jetzt, — wo der **Nationalsozialismus** (nicht die Kirchen!) Deutschland vor dem Bolschewismus bewahrt und dadurch die christliche Religion überhaupt gerettet hat,

wo im Weltkrieg Millionen Deutscher ohne Scheidung nach Konfessionen nebeneinander gelitten und gestritten, wo 2 Millionen deutsche Helden ihr Leben — nicht für ein evangelisches oder katholisches, sondern **für ein volkseiniges Deutschland** geopfert haben?

Könnt ihr das verantworten in einer Zeit, —

wo unsere Jugend in der H.J. verbunden, nach freudlosen Jahren froh unseres Volkes Einigung mit Begeisterung erlebt,

wo unsere Jung-Mannenschaft einig und geschlossen in der S.A. marschiert oder im Arbeitsdienst schafft und werkt, ob Arbeiter oder Student, ob Handwerker oder Bauer, **alle ohne Unterschied des Bekenntnisses,** einig im Willen für **ein** Ziel und im Schaffen an **einem** Werk,

wo Ihr am 12. November 1933 mit 40 Millionen anderen Deutschen Euch einig zur Treue und Gefolgschaft für Adolf Hitler bekannt habt?

Jetzt, da das Wunder geschah und die Deutschen, das Volk der Zerrissenheit und des Haders endlich zu einem Volk, zur Nation geworden sind, — da wollt Ihr die endlich von Eurem Führer geschaffene Volksgemeinschaft wieder durchlöchern und an ihrer Wurzel abgraben, an der Jugend, wollt diese Jugend, die sich zusammengehörig fühlt, zerreißen, wollt die Verschiedenheit der Konfessionen, um die das deutsche Volk des Kampfes genug gelitten, als Scheidewand aufrichten bei Euren Kindern, wollt auseinanderreißen, was zu **einem** Volk **natürlich** zusammenwachsen will?

Wahrlich — Eure Kinder wollen das nicht und unser Herrgott will es auch nicht, selbst wenn andere es wollen!

Volksschule ist die Schule nur dann, wenn sie lebendiges Abbild der Volksgemeinschaft ist. **Abbild solcher Volksgemeinschaft, ja ihr Herz- und Kernstück, ist die deutsche Gemeinschaftsschule.**

Ihr Ruf ist:

Ein Volk, ein Reich, ein Gott!

In die deutsche Gemeinschaftsschule, die wahre Schule der Volksgemeinschaft gehören Eure Kinder!

Heil Hitler!

Kreisleitung NSDAP. Ansbach-Feuchtwangen.

(LAELKB, KKF 6)

fragwürdig, die Pfarrer hätten kaum eine Chance zur Rechtfertigung und die vorgesetzten Stellen würden vor vollendete Tatsachen gestellt. Erst nachdem der Landeskirchenrat die negativen Folgen dieses Vorgehens für Staat, Schule und den „deutschen Charakter" betont hatte, bat er das Ministerium darum, künftig wieder von der Einleitung von Verfahren gegen Pfarrer unterrichtet zu werden, wie es zuvor der Fall war und wie es Aussagen des Kultusministeriums entspreche, in denen vom Willen die Rede war, die Verständigung zwischen Staat und Kirche zu fördern (→ 843).

Am 14. November 1938 erließ der Nationalsozialistische Lehrerbund die Anweisung, dass die Lehrer den Katechismusunterricht – den Bibelunterricht erteilten die Pfarrer – niederlegen sollten. Zur Begründung wurde der Mord an Legationssekretär vom Rath in Paris und die Wut der Lehrer auf das Judentum angeführt. Tatsächlich gab es solche Pläne bereits seit 1937. Das Vorhaben hatte aber nur teilweise Erfolg, weil die Bevölkerung und das Reichserziehungsministerium ihre Ablehnung äußerten. Erst mit dem Schuljahr 1939/40 durften in Bayern nur noch Geistliche den Religionsunterricht erteilen[263].

Ohne über die Hintergründe der Anweisung des NSLB vollständig informiert zu sein, sandte das Kreisdekanat Ansbach am 22. November 1938 den Pfarrern eine Argumentationshilfe gegenüber noch unschlüssigen Lehrern zu. Viele Lehrer würden der Anweisung nicht folgen, staatlicherseits habe sie keinen Rückhalt. Wo der Unterricht doch von den Pfarrern übernommen werden musste, sollte er v. a. in den „entscheidenden Klassen" 5 bis 7 stattfinden, Pfarrer mit freien Kapazitäten sollten ihre Kollegen unterstützen (→ 846). Doch schon am Jahresbeginn 1939 zeigte sich, dass der Stundenausfall nicht zu kompensieren war. Die Landeskirche übertrug daher die Entscheidung über den Unterrichtsstoff den Religionslehrern, die – „unter Auslassung des nicht unbedingt Notwendigen" – vorrangig Bibelunterricht erteilen sollten (→ 847). Diese Regelung konterte das Kultusministerium wiederum mit der angesichts des Stundenausfalls nicht zu realisierenden Anweisung, dass der gesamte biblische Stoff zu unterrichten sei, da die Stoffauswahl keine Aufgabe von Staat oder Partei sei (→ 848).

Am 25. Juni wurden die Gläubigen mit einer Kanzelerklärung über die aktuellen und erwarteten Schritte gegen den Religionsunterricht informiert und aufgefordert, den Ausfall im Elternhaus eingedenk des Taufversprechens durch Hausandacht und Gebet auszugleichen (→ 849). War in der Kanzelerklärung noch von einer Reduktion der Religionsstunden in der Berufsschule die Rede, so wurde den Regierungspräsidenten Anfang Dezember 1939 ein Erlass des Reichswissenschaftsministeriums bekannt gemacht, dass künftig an den Berufsschulen der Religionsunterricht durch „fachliche und nationalpolitische Erziehung" ersetzt werde (→ 850). Der Versuch der

263 Ebda.

Landeskirche, den Unterrichtsausfall durch ein kirchliches Ersatzangebot zu kompensieren, scheiterte am angeblichen Platzmangel (→ 851).

Erst Ende Februar 1942 informierte der Landeskirchenrat die Pfarrer von einer Anordnung des Reichserziehungsministeriums vom Mai 1941, dass in den Volksschulen die Religionsnote nicht mehr im Zeugnisheft, sondern auf einem separaten Blatt stehen müsse. Da Klassenlehrer, Religionslehrer und Schulleiter unterschreiben mussten, spekulierte der Staat offenkundig darauf, dass auf die Religionsnote wegen des Mehraufwandes verzichtet würde. Die Pfarrer sollten die Eltern dazu anhalten, das Notenblatt aufzubewahren, da es für den Konfirmandenunterricht und die Zulassung zum Patenamt relevant sei (→ 853). Dem Bezirksschulrat in Ingolstadt ging diese Schikane noch nicht weit genug. Er erklärte, dass es den Religionslehrern freistehe, Zensuren zu vergeben oder nicht. Die Formulare für die Noten sollten die Lehrer selbst beschaffen. Dagegen intervenierte der Landeskirchenrat im Juli 1942 beim Kultusministerium und forderte die Bestätigung der Rechtsauffassung, dass der Religionsunterricht ordentliches Lehrfach sei und der Rektor daher die Zeugnisse unterschreiben müsse (→ 854).

Wolfgang Niederstraßer war 1937 aus dem hannoverschen in den bayerischen Pfarrdienst übergetreten. 1938 geriet er erstmals in das Visier des Staates, da er zum Jubiläum des Hitler-Putsches Pfarrhaus und Kirche nicht beflaggt hatte und zu einer geringen Geldstrafe verurteilt wurde. Seit Juli 1940 amtierte er in Warmensteinach im Fichtelgebirge, wo er v. a. mit den kirchenpolitischen Bezügen seiner Predigten und mit der Verweigerung des „Deutschen Grußes“ Anstoß erregte. Als Niederstraßer im Juni 1942 während eines Gottesdienstes scharf gegen die „13 Punkte“ protestierte, mit denen die Kirchen im Warthegau zu einem staatlich kontrollierten Verein herabgewürdigt werden sollten, entzog ihm das Regierungspräsidium Ansbach am 24. November 1942 die Zulassung für den Religionsunterricht. Niederstraßer hielt sich jedoch nicht an das Verbot und erteilte entgegen einem Ministerialbeschluss vom 10. Juni 1942 Religionsunterricht außerhalb der Schule (→ 856)[264].

Als Niederstraßer im Februar 1943 zur Wehrmacht eingezogen wurde, war bereits ein Strafverfahren wegen fortgesetzten Vergehens gegen das Heimtückegesetz und den Kanzelparagraphen gegen ihn anhängig. Der Warmensteinacher Kirchenvorstand protestiere dennoch auch im Namen der Gemeinde gegen das Unterrichtsverbot und drohte mit deutlichem Widerspruch (→ 857). Ein Privatmann beschwerte sich bei der NSDAP-Kreisleitung über antichristliche Propaganda in der Schule und über den Fall Niederstraßer, der im Dorf für große Aufregung, v. a. unter den Frauen, sorge und sogar am „Endsieg“ zweifeln lasse (→ 858).

264 Vgl. hierzu auch Dokument 855.

Der wiederholt für Niederstraßer eintretende Kreisdekan Otto Bezzel erhielt vom Bezirksschulamt die Mitteilung, dass die Rechtslage eindeutig sei und daher der ordentliche Religionsunterricht nur in der Schule stattfinden dürfe. Niederstraßers Vertreter könne, sofern er die Genehmigung habe, den planmäßigen Religionsunterricht in der Schule erteilen (→ 859). Die NS-Justiv verfolgte Niederstraßer weiter und strebte ein Kriegsgerichtsverfahren an, das dessen Einheit abwenden wollte. Im Dezember 1944 wurde er verhaftet, aus der Wehrmacht ausgestoßen und nach Monaten in Gestapo-Haft noch im April 1945 im Konzentrationslager Dachau inhaftiert.

War zur Vertretung Wolfgang Niederstraßers noch die Ehefrau des Pfarrers im Nachbarort eingesetzt, so erließ das Kultusministerium im August 1944 aus Gründen des Arbeitseinsatzes für den totalen Krieg eine Regelung über die Verwendung von Laien im Religionsunterricht der Volksschule. Demnach wurde der Personenkreis weitgehend auf Volltheologinnen und examinierte Religionslehrerinnen eingegrenzt (→ 860).

11.1.6 Kirchliche Jugendarbeit[265]

Angesichts der vielen Maßnahmen der HJ gegen genehmigte Veranstaltungen der kirchlichen Jugendarbeit protestierte Landesjugendpfarrer Riedel unter Hinweis auf seine Parteimitgliedschaft im August 1935 bei Ministerpräsident Siebert. Zur Untermauerung seines Protests wies er auf zwei besonders schwere Fälle in Erlangen und Zwiesel hin, wo die HJ Veranstaltungen gesprengt hatte, aber man von der Justiz keine Unterstützung erwarten konnte. Auch Riedel bediente sich des kirchlicherseits immer wieder angewandten vermeintlichen Kunstgriffs, auf die „Erbitterung" der Jugend gegenüber dem Staat hinzuweisen und zugleich die Sorgen wegen einer Radikalisierung der HJ zu artikulieren (→ 861).

Gegen die Werbung des CVJM für seine Jugendarbeit polemisierte im September 1936 die „Augsburger National-Zeitung" in sehr süffisantem Tonfall. Für alle sportlichen und geselligen Bedürfnisse gebe es die HJ, die Bibelarbeit wurde schwer verunglimpft. Gegen diesen Artikel wandte sich der Augsburger Pfarrkonvent in einer Erklärung, die am 4. Oktober 1936 im Hauptgottesdienst verlesen wurde (→ 862, 863).

Gemäß einer Anordnung der Geheimen Staatspolizei vom Februar 1938, die wiederum auf einen Erlass des Reichsführers SS und Chef der deutschen Polizei Heinrich Himmler vom August 1937 zurückging[266], waren kirch-

265 Vgl. auch Abschnitt 7.2.3.

266 Mitteilungsblatt der Deutschen Evangelischen Kirche 2 (1937), Nr. 5, 24. September, S. 25.

liche Freizeiten nur noch innerhalb engster programmatischer, organisatorischer und räumlicher Grenzen, d.h. nur in Kirchen oder kirchen- bzw. vereinseigenen Räumen als geschlossene Veranstaltungen erlaubt. Diese Regelung ermöglichte bei kleinsten Verstößen oder Nachlässigkeiten ein Verbot der Veranstaltungen (→ 864). Über das Argument der Schulaufsicht verschärfte die Regierung von Ober- und Mittelfranken diese Regelung fast zeitgleich, da nun auch Zusammenkünfte der schulpflichtigen Jugend in Pfarrhäusern der Genehmigung bedurften und zeitlich weiter eingegrenzt wurden (→ 865).

Wohl aufgrund einer Umfrage der Kirchenkanzlei der Deutschen Evangelischen Kirche listete Landesjugendpfarrer Riedel im November 1938 in einem umfangreichen Schriftstück die politischen Maßnahmen gegen die Jugendarbeit, v.a. gegen Freizeiten, zwischen November 1937 und November 1938 penibel auf. Er wies auf die vielfach zu Tage tretende Willkür staatlicher Stellen hin und betonte, dass die immer engere Auslegung des Erlasses jede Planungssicherheit raube und noch Schlimmeres erwarten lasse (→ 866).

11.1.7 Versammlungen

Als Beispiel dafür, dass kircheninterne Veranstaltungen, wenn dort Kritik an der NS-Weltanschauung zu erwarten war, mit Hinweis auf die öffentliche Ruhe und Ordnung abgesagt wurden, kann das Verbot der Augsburger Polizei einer Zusammenkunft der Kirchenvorsteher im März 1935 gelten (→ 867). Hier wie auch bei anderen Gelegenheiten, etwa um das Verlesen einer Kundgebung des Landesbischofs gegen Reichsbischof Müller zu verhindern, stützten sich die staatlichen Stellen auf die sog. Reichstagsbrandverordnung zum Schutze von Volk und Staat vom 28. Februar 1933. Sowohl wegen des Vorgehens gegen die Kirche als auch wegen dieser die eigene Staatsloyalität diskreditierenden Anwendung der Notverordnung protestierte der Kirchenvorstand von St. Matthäus in München bei Ministerpräsident Siebert im März 1935 (→ 868).

Seit Mitte Juni 1936 setzten sich Kirchengemeinden und Kirchenleitung mit einem nicht öffentlich gewordenen Erlass der Bayerischen Politische Polizei auseinander, gemäß dem kirchliche Versammlungen außerhalb des Kirchengebäudes – und damit auch in Gemeindehäusern – verboten waren. Der Kirchenvorstand von St. Lorenz in Nürnberg protestierte beim bayerischen Innenministerium gegen diesen Schritt, da der kirchliche Verkündigungsauftrag beeinträchtigt, in der Bevölkerung Unruhe erzeuge und die Volksgemeinschaft geschwächt werde. Zur Bekräftigung der eigenen Position berief man sich auf Hitlers Aussagen zur Rolle der Kirchen in der Regierungserklärung vom März 1933 (→ 869).

Am 3. Juli 1936 informierte der Landeskirchenrat die Pfarrer und Religionslehrer ausführlich über die Grundlagen des öffentlichen Verkündigungsauftrages der Kirche und über den Erlass der Bayerischen Politischen Polizei vom Mai, der noch immer nicht wörtlich bekannt war, aber trotz seiner nur unvollständigen Anwendung bereits eine Vielzahl von Veranstaltungen, besonders für die Jugend, getroffen habe. Verhandlungen mit dem Innenministerium seien ergebnislos geblieben, so dass große Rechtsunsicherheit bestehe, obwohl der Erlass einer Verfügung des Reichskirchenministers widerspreche (→ 870). Zwei Wochen später forderte die Kirchenleitung die Pfarrämter und exponierten Vikariate dann zur eigenen Information auf, Verbote kirchlicher Versammlungen zu melden (→ 871). Über einen Monat nach dem Beginn des rigiden Versammlungsverbots teilte das Dekanat München seinen Pfarrämtern und exponierten Vikariaten mit, dass man von der Polizei über den Inhalt des Erlasses und die strikten Regeln für die Anmeldung künftiger Veranstaltungen unterrichtet worden sei (→ 872).

11.1.8 Matthäuskirche München

Am 9. Juni 1938 wurde Pfarrer Friedrich Loy, 1. Pfarrer an St. Matthäus in das bayerische Innenministerium zitiert. Dort wurde ihm eröffnet, dass seine Kirche im Zuge der baulichen Neugestaltung Münchens ab dem 13. Juni abgerissen werde, um Parkraum zu schaffen und um der geplanten U-Bahn nicht im Wege zu sein. St. Matthäus hatte als erste evangelische Kirche Münchens, als Ort der Landtagsgottesdienste und Gottesdienststätte dreier bayerischer Königinnen eine außergewöhnlich große symbolische Bedeutung. Während der „Völkische Beobachter" meldete, dass zwischen Gauleiter Wagner und Landesbischof Meiser Einvernehmen über den Abriss bestehe, fiel die Kompensation für die Gemeinde gering aus. Gottesdienste sollte sie künftig im umgestalteten „Weißen Saal" im Polizeipräsidium feiern. Die Zusage, dass den seelsorgerlichen Bedürfnissen der Gemeinde aus Staatsmitteln Rechnung getragen werde, blieb schwammig, eine finanzielle Entschädigung der Gemeinde wurde mit dem Argument verweigert, dass die Kirche vom Staat erbaut worden sei. Anders als beim Eingliederungsversuch Jägers im Herbst 1934 unterblieb trotz des radikal kirchenfeindlichen Aktes ein zweiter „frommer Volksaufstand" gegen diese Willkürmaßnahme, auch weil ein entsprechendes Signal des Landesbischofs ausblieb. Dennoch fanden die Abbrucharbeiten unter dem Schutz der SS statt[267].

Am Entschluss, erstmals in Deutschland eine noch genutzte Kirche abreißen zu lassen, konnten auch Gespräche mit bayerischen Regierungsstellen und der Versuch, Heinrich Himmler gegen Gauleiter Wagner in

---

267 A. L. BÜHLER, Kirchenkampf, S. 161–167.

Stellung zu bringen, nichts ändern. Am Sonntag, 12. Juni fand unter Beteiligung der Kirchenleitung und der Münchner Gesamtgemeinde ein hochemotionaler Abschiedsgottesdienst statt, am nächsten Tag räumte die Gemeinde ihre Kirche im Anschluss an einen Abendmahlsgottesdienst mit ca. 1600 Teilnehmern. Für den darauffolgenden Sonntag versandte die Kirchenleitung eine defensiv gehaltene Kanzelerklärung zum Abbruch der Matthäuskirche, in der die Kompensationsleistungen des Staates betont wurden. Zugleich ließ die Kirchenleitung den Geistlichen eine ausführliche Darstellung der Ereignisse seit dem 9. Juni zukommen. Daraus wurde klar, dass die Kirchenleitung sich ein derart skrupelloses Verhalten des Staates nicht hatte vorstellen können und – sofern sie nicht einen öffentlichen Protest initiiert hätte – keine andere Wahl als die Zustimmung zum Abriss hatte (→ 873).

Eine Monat nach den Ereignissen berichtete der Rummelsberger Diakon Heinrich Schlötterer dem dortigen Rektor Karl Nicol über die Zeit zwischen dem Auszug aus St. Matthäus und dem Einzug in den Weißen Saal. Trotz aller negativen Erfahrungen suchte der „alte Kämpfer" Schlötterer nach einer Möglichkeit, der Partei die Treue zu halten. Künftig wollte er den Weltanschauungskampf gegen die Kirchen ausblenden und zugleich auf die Einsicht hoffen, dass Nationalsozialismus und Christentum „unbedingt" vereinbar seien (→ 874).

Bei Pfarrer Friedrich Loy nahm die Gestapo im Juli 1938 eine Hausdurchsuchung vor, da man ihn u.a. als Mitverfasser eines den Abbruch kritisierenden Flugblatts verdächtigte und ihn mehrfacher staatsfeindlicher Äußerungen bezichtigte (→ 875).

11.1.9 Altes Testament

Die September-Ausgabe des „Stürmer" (Nr. 36) 1936 trug über einem Bild, das einen Zusammenhang antikirchlicher Exzesse im spanischen Bürgerkrieg und Juden suggerierte, die Überschrift „Das Alte Testament. Eine Gefahr in unserer Jugenderziehung". Im redaktionellen Teil wurden „Pfaffen" angegriffen, die den „Stürmer" als jugendgefährdend bezeichnet hatten und damit dessen ‚Aufklärungsarbeit' gefährdeten. Ein Nürnberger Oberschulrat bemühte sich dementsprechend auf zwei Seiten, die „Stürmer"-Sicht auf das Alte Testament zu untermauern und betonte die in der Judenfrage „grundverschiedene[n] Auffassungen" von Kirche und Partei.

Ein Rundschreiben an die Pfarrer mit eher geschäftlichen Mitteilungen nutzte der Ansbacher Kreisdekan im September 1936 zu der Anweisung, wie kirchlicherseits auf die Stürmer-Polemik zu reagieren sei. Die Angriffe müssten in Kirchenvorstand, in Gemeindekreisen, in der Predigt bzw. in einer Nachversammlung thematisiert werden. Nach Möglichkeit sollte auch

Der Stürmer

Deutsches Wochenblatt zum Kampfe um die Wahrheit

HERAUSGEBER: JULIUS STREICHER

Nummer 36	Erscheint wöchentl. Einzel-Nr. 20 Pfg. Bezugspreis monatlich 84 Pfg. zuzüglich Postbestellgeld. Bestellungen bei dem Briefträger oder der zuständ. Postanstalt. Nachbestellungen a. d. Verlag. Schluß der Anzeigenannahme: 14 Tage vor Erscheinen. Preis für Geschäfts-Anz.: Die ca. 22 mm breite, 1 mm hohe Raum-Zeile im Anzeigenteil —.25 RM	Nürnberg, im September 1936	Verlag: Der Stürmer, Julius Streicher, Nürnberg-A, Pfannenschmiedsgasse 19. Verlagsleitung: Max Fink, Nürnberg-A, Pfannenschmiedsgasse 19. Fernsprecher 21 830. Postscheckkonto Amt Nürnberg Nr. 105. Schriftleitung: Nürnberg-A, Pfannenschmiedsgasse 19. Fernsprecher 21 872. Schriftleitungsschluß: Freitag (nachmittags). Briefanschrift: Nürnberg 2, Schließfach 393.	14. Jahr 1936

Das Alte Testament

Eine Gefahr in unserer Jugenderziehung

Den Scheinheiligen ins Stammbuch

Es war immer schon so gewesen: wer selbst Dreck am Stecken hat, zeigt mit dem Finger auf andere. Auch heute noch müßte man – wie Christus es tat – zu Pharisäern und Scheinheiligen sagen: Wer von Euch fühlt sich dazu berechtigt den Nachbarn oder die Nachbarin zu beschuldigen? Der Stürmer hat sich zur Aufgabe gemacht das Volk über die Gefahr aufzuklären, die ihm von den Juden droht. Wer über die Juden Aufklärung schaffen will, muß in einen Haufen Unrat hineinsteigen. Da gibt es nun Pfaffen (Priester machen nicht Knechte des Juden!) die die Stürmerarbeit damit herabzusetzen suchten, daß sie mit frecher Stirne behaupteten, der Inhalt des Stürmers gefährde die Jugend. Ausgerechnet sie, die zu Hunderten vor Gericht geholt werden mußten wegen nachgewiesener Verführung von Kindern zu unnatürlicher Hingabe, brachten es fertig, eine 15jährige Aufklärungsarbeit zu verdächtigen. Eine Aufklärungsarbeit, die sich zum Ziel gesetzt hat, das Volk und damit auch seine Jugend vor der Verjauung durch die Juden zu bewahren. Unser heutiger Leitartikel aus der Feder des Nürnberger Oberschulrates Fritz Fink sagt nicht bloß den abgestempelten Pharisäern, sondern auch denen, die ihr Geschwätz nachplappern, wer die deutsche Jugend schon im frühesten Kindesalter in der Seele verdirbt.

Der Stürmer.

Aus dem Inhalt

Das Schächtmesser über Oran
Ein Frontsoldat schreibt dem Stürmer
Am Juden zu Grunde gegangen
Der Viehjude Grünewald

Lebende Fackeln in Spanien

Mögen sie doch den Völkern auf dem Wege zur Erkenntnis leuchten

Die Juden sind unser Unglück!

bei Reichsstellen und beim bayerischen Kultusministerium protestiert werden (→ 876)[268].

Zwei Tage später gab der Landeskirchenrat sein ausführliches Protestschreiben an das Reichskirchenministerium in der Sache auch den Geistlichen und Religionslehrern bekannt. Sowohl der Betreff „Störung des religiösen Friedens“ als auch die argumentative Auseinandersetzung mit dem Text des Oberschulrats und der religionspolitischen Ausrichtung des „Stürmers“ zeigen, dass man in der Kirche noch davon überzeugt war, sich auf diesem Weg erfolgreich wehren zu können. Beigegeben war dem Schreiben die Verlautbarung „Das Alte Testament. ‚Eine Gefahr in der Jugenderziehung‘“, in der den Ausführungen im „Stürmer“ mit theologischen Argumenten widersprochen wurde (→ 877). Der Pfarrer der Gemeinde Berneck im Fichtelgebirge sah sich als Dekan zur Ehrenrettung seines Berufsstandes verpflichtet und informierte die Gläubigen gestützt auf das genannte Material mit einem Handzettel über den Vorfall (→ 878).

Mitte Dezember 1938 reagierte der Landeskirchenrat mit einer apologetischen Bekanntmachung im Amtsblatt und mit einem gleichlautenden Flugblatt auf Angriffe gegen das Alte Testament durch Religionslehrer. Diese hatten behauptet, dass dort „Juden als Helden und Vorbilder“ gepriesen und eine fremde Rasse verherrlicht würde. Ohne die Hintergründe der Angriffe zu benennen, betonte man, dass es im Christusbuch Altes Testament um die Anbetung und Verherrlichung Gottes gehe und berief sich auf den seit 1933 staatlich anerkannten Lehrplan (→ 879)[269].

11.2 Konflikte von Pfarrern mit Staat und Partei

11.2.1 Allgemein[270]

Die nachfolgenden Fälle zeigen, dass Pfarrer der Landeskirche seit spätestens Juli 1933 mit Partei- und Staatsstellen selten wegen tatsächlicher Vergehen, sondern aufgrund von Denunziationen, lokalen Rivalitäten oder offener Kirchenfeindschaft in ernste Konflikte gerieten und zum Einschüchterungsrepertoire auch früh die Drohung mit „Dachau“ zählte. Bis zum Frühjahr 1934 scheint die Lage auch aufgrund der Verschärfung der kirchenpolitischen Lage soweit eskaliert zu sein, dass Landesbischof Meiser bei Ministerpräsident Siebert wegen der sog. Schutzhaft von Pfarrern vorstellig wurde. Siebert teilte jedoch Meiser auf diese – naive oder realitäts-

268 Vgl. hierzu auch die Dokumente 464 und 746.

269 Das Flugblatt sollte im Silvestergottesdienst ausschließlich im Kirchenraum verteilt werden (→ 880).

270 Vgl. hierzu auch Dokument 44.

blinde – Anfrage hin mit, dass das Innenministerium bei Verhaftungen zwar prinzipiell zu vorheriger Kontaktaufnahme mit der Landeskirche bereit sei, dies aber realiter nur in seltenen Fällen möglich sein werde (→ 881).

Auf die zunehmende Zahl von Beschwerden der Partei bzw. der Bayerischen Politischen Polizei über Predigten reagierte das Kreisdekanat Bayreuth im Juni 1934 mit einem vertraulichen Rundschreiben und erklärte, dass bislang kein tatsächliches Verschulden eines Pfarrers vorliege und die Geistlichen von Kreisdekanat und Landeskirchenrat stets verteidigt worden seien. Da aber Kirchliches immer mehr politisiert werde, sei künftig noch größere Vorsicht notwendig, insbesondere solle jede Predigt zu Beweiszwecken schriftlich niedergelegt werden. Aber trotz dieser Warnung sollten Pfarrer für die Wohltaten des Staates danken (→ 882).

11.2.2 Wilhelm Müller

Aus der Auseinandersetzung des mit dem Nationalsozialismus sympathisierenden Egenhausener Pfarrer Wilhelm Müller mit dem Dorflehrer über die „Judenfrage" und die Kirchenpolitik, die auf zwei Parteiversammlungen im Juli 1933 ausgetragen und von Müller ausführlich dargestellt wurde, entwickelte sich ein öffentlicher Disput zwischen „Stürmer" und Pfarrerverein. Deutlich wurde anhand Müllers Bericht vor allem, dass er von der Radikalität und Brutalität des die Gemeinde dominierenden und von Müller als Parteiredner hochgeschätzten Lehrers überrascht wurde und nicht verstehen konnte, weshalb er in eine Verteidigungsposition gedrängt und als Parteifeind beschimpft wurde (→ 883).

Diese Vorfälle nahm der „Stürmer" auf und griff Müller als „Volksverräter" an, der „reif für Dachau" sei, zumal der „Judenknecht" und seine Frau gegen die NSDAP bzw. den Lehrer im Ort kämpften (→ 884). Trotz aller Drohungen solidarisierte sich der bayerische Pfarrerverein mit Müller und versuchte im Oktober 1933, nachdem man auf einen an alle Pfarrer gerichteten Brief pro Müller verzichtet hatte, in Absprache mit dem Landeskirchenrat diskret bei Ministerpräsident Siebert vorstellig zu werden (→ 885). Der Landeskirchenrat hatte zu diesem Zeitpunkt bereits eigene Schritte bei der Regierung unternommen, wertete die Initiative des Pfarrervereins aber als nützliche Hilfe (→ 886). Dennoch veröffentlichte der Pfarrerverein im „Korrespondenzblatt" eine Erklärung, in der er zur Ehrenrettung von Kirche und Pfarrerschaft eine Klarstellung durch kirchliche und staatliche Stellen forderte, auf die Entrüstung in der Bevölkerung hinwies und deutlich machte, dass man Angriffe auf das Bekenntnis und die Ehre der Pfarrer nicht hinnehmen werde (→ 887). Dies wiederum nahm der Nürnberger Kreisleiter Karl Holz zum Anlass, im „Stürmer" mit pseudotheologischen Argumenten nachzuweisen, dass ein „Judenfreund" wie Müller gegen Jesus,

Luther und Hitler stehe, deren Werk vom Kampf gegen die Juden bestimmt war bzw. noch sei. Auch irre sich der Pfarrerverein, den Holz mit kryptischen Verdächtigungen überzog, mit seiner politischen Einschätzung der fränkischen Bevölkerung vollkommen (→ 888).

11.2.3 Ernst Bezzel

Ebenfalls von der „Stürmer"-Hetze betroffen war Pfarrer Ernst Bezzel in Wald bei Gunzenhausen. In einer Leserzuschrift wurde im März 1934 seine Gemeinde als gut nationalsozialistisch dargestellt, Bezzel hingegen als Gegner der „neuen Zeit" und notorischer Unruhestifter (→ 889). Mit Rücksicht auf seinen Beruf und wegen der Erfolglosigkeit einer möglichen Gegendarstellung wandte sich Bezzel an Ministerpräsident Siebert, da der Artikel gegen eine Verordnung der Staatskanzlei verstoße, wahrheitswidrig sei und ihn mit der Bezeichnung „Judenfreund" zutiefst beleidige. Siebert sollte entsprechend auf den „Stürmer" einwirken (→ 890), zumal ein „Stürmer"-Leser Bezzel auf einer Postkarte mit dem Tod bedrohte (→ 891).

Der erhoffte Schutz blieb jedoch aus. Stattdessen erstattete die aufmerksam gewordene SA-Führung beim Bezirksamt Gunzenhausen an die Regierung von Mittelfranken einen negativen Bericht über Bezzel. Er müsse aus Wald entfernt werden (→ 892). Aufgrund dieses Briefes und da sich auch die Bayerische Politische Polizei mit Bezzel befasste, erkundigte sich das Kultusministerium nach dem Fall (→ 893) und erfuhr, dass Bezzel von der Politischen Polizei am 3. Mai 1934 „verwarnt" worden war, man aber wegen des reichsbischöflichen und des staatlichen Befriedungserlasses auf weitere Schritte verzichte, da keine anderen Klagen bekannt wurden (→ 894). Entsprechend wurde dann auch der Sonderbevollmächtigte des Obersten SA-Führers für das Land Bayern unterrichtet (→ 895)[271].

11.2.4 Julius Kelber

Als Beispiel für die staatliche Überwachung von Pfarrern und den Versuch, in die landeskirchliche Personalhoheit einzugreifen, kann der Bericht der Bayerischen Politischen Polizei an das Kultusministerium vom 10. Dezember 1934 über Pfarrer Julius Kelber in Krögelstein gelten. Kelber ignoriere

---

271 Nach Bezzels Eintritt in den Ruhestand (1. November 1934) konnte die Stelle erst wieder ab April 1937 besetzt werden, da der Landeskirchenrat 1935 die Berufung des vom Patronatsherrn Freiherr von Falkenhausen vorgeschlagenen deutschchristlichen Kandidaten abgelehnt hatte, das bayerische Kultusministerium die Position der Landeskirche bestätigt und von Falkenhausen auch vom Reichskirchenministerium keine Unterstützung erhalten hatte (vgl. hierzu die Korrespondenz in EZA BERLIN, 1/1403).

die Grenze zwischen Kirchenpolitik und Politik und lehne den Nationalsozialismus ab. Trotz wiederholter Ermahnungen beklage Kelber weiter Denunziationen in der Gemeinde und bezichtige die Presse der Lüge. Sein Verhalten habe Kultusminister Schemm zu einem Vermittlungsversuch bewegt, doch sei er von Kelber vor den Kopf gestoßen worden. Zur Aufrechterhaltung von Ruhe und Ordnung müsse Kelber – wie vom Bezirksamt wiederholt gefordert – versetzt werden (→ 896). Der Landeskirchenrat teilte dem Kultusministerium zu dessen Unmut jedoch mit, dass Kelber sich wegen der Vorwürfe gerechtfertigt habe und keine grundsätzlich ablehnende Einstellung zum Nationalsozialismus erkennen lasse. Das Ministerium bewertete die gegen Kelber ausgesprochene „ernste Missbilligung" wegen übermäßiger Kritik und Respektlosigkeit als zu nachsichtig und forderte seine umgehende Versetzung. Zwar betonte die Landeskirche noch am 3. Februar 1935, dass eine ordnungsgemäße Versetzung Zeit brauche (→ 897–899), doch zum 16. März wurde Kelber nach Ulsenheim im Dekanat Uffenheim versetzt[272].

11.2.5 Hermann Söllner

Bei der Verhaftung des seit 1934 in Gülchsheim amtierenden Pfarrers Hermann Söllner wegen Beleidigung Julius Streichers, der „Fränkischen Tageszeitung" und eines Nürnberger Lehrers[273] im Dezember 1934 (→ 900) zeigte sich, wie schnell – noch vor dessen Amtskollegen – und zahlreich die Gemeinde für ihren Pfarrer bei staatlichen Stellen einzutreten bereit war. Seine Kollegen erbaten zudem bei Reichsstatthalter und Ministerpräsident die schnelle Freilassung (→ 901). Im Juli 1935 verwendete sich der Gülchsheimer Kirchenvorstand beim Staatssekretär des Reichsstatthalters für Söllner. Nach einer erfolglosen Anzeige durch Karl Holz drohe diesem nun der Bürgermeister wegen angeblich staatsfeindlicher Predigten anhand windiger Quellen mit „Dachau". Der Bürgermeister mache sich mit seinem Pfarrerhass in der Gemeinde zunehmend unbeliebt und schade dem Ansehen von Staat und Partei (→ 902).

1936 forderte Söllner Staat und Partei durch sein Verhalten im Reformationsfestgottesdienst am 1. November heraus. Nach dem Eingangslied beriet er sich mit dem Kirchenvorstand in die Sakristei und verlas nach einem weiteren Lied eine Kundgebung des Landeskirchenrats sowie den auf der Besprechung gefassten Beschluss, wegen der eventuellen Überwachung auf die Predigt zu verzichten. Dann beendete er den Gottesdienst. In seinem Bericht an das Dekanat polemisierte Söllner gegen die Spitzel und beklagte,

---

272 ABlELKB 1935, S. 32.
273 Vgl. die Dokumente 876–878.

dass die Predigtüberwachung die Gemeinde verstöre (→ 903). Der Dauerkonflikt in der Gemeinde zermürbte Söllner, und Anfang 1940 teilte er OKR Breit seine Absicht mit, sich versetzen zu lassen. Bei dieser Gelegenheit berichtete er nicht nur über seinen neuesten Konflikt mit dem Bürgermeister, sondern machte auch seiner Enttäuschung über die Kirchenleitung Luft, von der er – gerade angesichts der Vorgänge im Herbst 1934[274] – mehr Unterstützung sich erhofft hätte (→ 904).

11.2.6 Friedrich Seggel

Obwohl vor 1933 streng deutschnational und dann Parteimitglied, geriet Pfarrer Friedrich Seggel (1877–1965) wegen seiner naiven Frömmigkeit und seines derb-volkstümlichen Auftretens seit 1934 immer wieder in Konflikt mit Partei- und Staatsstellen, da er sich in seinen Predigten gegen die staatliche Kirchenpolitik und die Rassenideologie aussprach. Am 1. März 1935 beschwerte sich der NSDAP-Ortsgruppenleiter in Seggels Gemeinde Mistelgau bei der Kreisleitung zum wiederholten Mal über „schmutzige[n] Auslassungen über den heutigen Staat“. Anlass war eine Bibelstunde in Seggels Wohnung, während der er der neuheidnischen Propaganda geschuldeten Deutung Karls des Großen als „Sachsenschlächter“ widersprochen und Paralleln zum sog. Röhmputsch gezogen hatte. Für zusätzliche Empörung sorgte, dass Seggel Landesbischof Meiser mit dem NS-Märtyrer Albert Leo Schlageter verglichen hatte. Man müsse daher beim bevorstehenden Besuch des Landesbischofs mit dem Schlimmsten rechnen (→ 905). Trotzdem blieb Seggel unbeeindruckt und verurteilte in einer mehrfach gehaltenen Predigt die Verbrechen des Novemberpogroms vom 9./10. November 1938 öffentlich.

11.2.7 Gerhard Bauer

Pfarrer Gerhard Bauer in Murnau widersetzte sich im Mai 1935 der gegen ihn verhängten Geldstrafe, da er im Gottesdienst durch Fürbitte und in der Abkündigung gemäß Weisung des Landeskirchenrats seine Gemeinde über das polizeiliche Vorgehen gegen hessische Bekenntnispfarrer unterrichtet hatte. Bauer betrachtete den Strafbefehl als widerrechtlichen Eingriff des Staates in kirchliche Belange und strebte einen öffentlichen Prozess gegen sich an (→ 906). Der Kirchenvorstand erklärte gegenüber dem Amtsgericht Weilheim, dass sich Bauer im Gottesdienst korrekt verhalten habe und eine

274 Vgl. oben Abschnitt 2.2.5.

Verurteilung nur Unruhe provozieren werde (→ 907). Über diesen Sachverhalt informierte Bauer auch den Landeskirchenrat (→ 908).

11.2.8 Paul Rehm

Aus der angeblichen Weigerung des Cadolzburger Pfarrers Paul Rehm, ein verstorbenes Partei- und DC-Mitglied durch einen DC-Pfarrer auf dem örtlichen Friedhof beerdigen zu lassen und der teilweisen Verweigerung des Glockengeläuts entstand im September 1935 ein von Parteiseite inszenierter Tumult. In dessen Verlauf wurde Rehm als Staatsfeind diffamiert und – erfolglos – seine Versetzung gefordert. Im Bericht des Bezirksamts Fürth an das bayerische Innenministerium, an die Bayerische Politische Polizei und an den Regierungspräsidenten von Ober- und Mittelfranken wurde zudem deutlich, dass Rehm mit dem Bürgermeister im Zwist lag und seine Neigung, in der Beerdigungspredigt Kritik am Lebenswandel Verstorbener zu üben, Unmut erregte (→ 909). Ein zweiter Bericht des Bezirksamtes, der sich auf die Vernehmung Rehms stützte, brachte v. a. eine Klärung der Umstände wegen der angeblich verweigerten Beerdigung. Daneben wurde deutlich, dass der Streit zwischen Pfarrer und Bürgermeister kirchenpolitischer Natur war (→ 910)[275].

11.2.9 Gustav Lodter

Verläumdungen und zu Anzeigen wegen staatsgefährdenden Verhaltens aufgebauschte Nichtigkeiten bestimmten den Alltag von Pfarrer Gustav Lodter in Oberkotzau bei Hof. Im Dezember 1935 meldete Lodter dem Landeskirchenrat, dass der Chef der Hofer Politischen Polizei ihm mit „Schutzhaft“ gedroht habe, falls er nicht in Ruhestand trete oder sich versetzen lasse. Die vier gegen ihn aktuell laufenden Anzeigen seien nur Vorwände bzw. basierten auf Denunziationen durch Schüler wegen seiner Kritik am „Stürmer“ und wegen des Bemühens um eine annähernd sachliche Darstellung der Geschichte Israels (→ 911). Kreisdekan Karl Prieser in Bayreuth versuchte in einem als privat bezeichneten Brief die Vorwürfe mit Sachargumenten und Angriffen auf den „Stürmer“ zu widerlegen und betonte Lodters nationale Gesinnung. Zugleich ließ er keinen Zweifel, dass die Kirchenleitung zu Lodter stehe (→ 912). Vier Monate später, im April

---

275 Im Juli 1936 erregte eine Predigt Rehms Anstoß. Laut Bericht der Regierung von Ober- und Mittelfranken hatte er erklärt, dass die öffentliche Evangeliumsverkündigung verboten sei, und man „nur noch hinter Mauern und verschlossenen Türen verkünden“ dürfe. Die Kirche sei unfrei und werde erpresst (Die kirchliche Lage II, S. 106).

1936 betonte die Kirchenleitung gegenüber dem Kultusministerium, dass der stramm regimetreue Lodter missverstanden bzw. denunziert worden sei. Eine Versetzung würde wegen seines Rückhalts in der Gemeinde Irritationen auslösen (→ 913). Das Kultusministerium drängte jedoch im Januar 1937 erneut, aber erfolglos, auf eine Versetzung, da Lodter wiederum Anstoß erregt habe, und eine Kleinigkeit genüge, damit er die „Erbitterung der Bevölkerung“ spüren werde (→ 914).

11.2.10 Karl Steinbauer

Karl Steinbauer war der schärfste Kritiker des kirchenpolitischen Kurses von Landesbischof Meiser. Zugleich war er trotz anfänglicher Sympathie für die Partei der größte Gegner der nationalsozialistischen Kirchenpolitik unter den Pfarrern der bayerischen Landeskirche. Letzteres brachten Steinbauer zahlreiche staatliche Disziplinierungen bis hin zur Inhaftierung im KZ Sachsenhausen im Jahr 1939 ein. Pfarrkollegen und Gemeindeglieder erklärten sich wiederholt mit ihm öffentlich solidarisch. Geistliche des Kirchenbezirks Fürth protestierten im Juli 1936 gegen ein über Steinbauer verhängtes Aufenthaltsverbot für Oberbayern, da er nur gemäß seinem Ordinationsgelübde gehandelt habe. Neben dem Angriff auf die Freiheit der christlichen Verkündigung kritisierten sie v. a. die Rechtsgrundlage des staatlichen Vorgehens, die sie als Beleidigung empfanden: die Reichstagsbrandverordnung, die Steinbauer in die Nähe von Kommunisten rücke (→ 915). Als Steinbauer im Pfarrhaus seiner 1938 übernommenen Pfarrstelle Ay-Senden nachts von der SA angegangen und anschließend verhaftet wurde, forderten die Kirchenältesten in einem Brief an Ministerpräsident Siebert namens der ganzen Gemeinde die Freilassung ihres Pfarrers und die Einleitung eines Strafverfahrens gegen den SA-Trupp (→ 916).

11.2.11 Otto Schaudig[276]

Die Abschaffung des Buß- und Bettags in Bayern empörte den Ingolstädter Vikar Otto Schaudig derart, dass er am 14. November 1936 an das bayerische Innenministerium einen erregten Brief schrieb und der Staatsregierung vorwarf, in Feiertagsfragen einen einseitig prokatholischen Kurs zu befolgen, wie ihn Regierungen vor 1933 nicht gewagt hätten. Darüber hinaus vermengte Schaudig Betrachtungen zur Außenpolitik mit Vorwürfen gegen die NS-Religionspolitik zu einem Bußruf an alle politisch Verantwortlichen. Mit prophetischem Zorn erinnerte er die „Obrigkeit“ an ihre Abhängigkeit

---

276 Vgl. die Abschnitte 7.3.1 und 11.1.4.

von der kirchlichen Fürbitte und an die in der Geschichte erkennbaren Folgen religiöser Unterdrückung für die Staaten. Trotz dieses Wutausbruches hoffte Schaudig, dass sein Schreiben nicht öffentlich werde, doch konnte seine Anspielung auf die ungewollte Publikation der Denkschrift der VKL II[277] nur missverstanden werden (→ 917).

Auf Antrag des Reichskirchenministeriums wurde Schaudig am 8. Februar 1937 in polizeiliche „Schutzhaft" genommen. Nach Meinung des zuständigen Dekans waren hierfür keine lokalen Stellen verantwortlich, auch die Überwachung seiner Predigten habe nichts Anstößiges ergeben. Für ein Entlassungsgesuch des Landeskirchenrats sei die Bayerische Politische Polizei in München zuständig (→ 918)[278]. Fast einen Monat später beantragten Pfarramt und Dekanat Ingolstadt beim Reichskirchenministerium Schaudigs Freilassung und begründeten diese u. a. mit der großen Irritation über das vom Reich abweichende bayerische Feiertagsrecht, mit Schaudigs unpolitischem Naturell und seiner beruflichen Überlastung (→ 919). Nach seiner Entlassung sollte Schaudig eine weniger anstrengende Stelle erhalten. Er war dann zunächst Privatvikar in Wildenholz und ab dem 10. Oktober 1937 zu „Studienzwecken" beurlaubt. 1939 wurde er in Erlangen durch Paul Althaus zum Lic. theol. promoviert, später verließ er den Kirchendienst.

11.2.12 Karl Ziegler

Am 15. Juli 1937 teilte Karl Ziegler, Vikar in Mellrichstadt, der NSDAP-Ortsgruppe seinen Austritt aus der Partei mit, der er seit 1930 angehört hatte. Über seine Gründe wollte er auf Nachfrage Auskunft geben bzw. falls er „politische diffamiert" werde (→ 920). Die Anfrage der Kreisleitung kam prompt und Ziegler betonte, einen reiflich überlegten Entschluss gefasst zu haben, den er schriftlich und mit Quellenmaterial angereichert begründete. Der „alte Kämpfer" hatte sich allein wegen Alfred Rosenbergs Christentumsfeindschaft von der Partei abgewandt und fürchtete, dass dieser Kurs zu einer dauerhaften Entfremdung der Bevölkerung vom Nationalsozialismus führen werde (→ 921). Gegenüber der Ortsgruppe nannte Ziegler den „planmässigen Ausrottungskampf" der Partei gegen das Christentum, der sich angesichts der Fülle des von Ziegler gesammelten Materials nicht mehr als vom Parteiprogramm abweichende Einzelmeinung verharmlosen ließ, als Motiv (→ 922). Die Kreisleitung gab Zieglers Ausarbeitung an die Gauinspektion weiter und betonte seine Gefährlichkeit für die Partei (→ 923).

---

277 Vgl. Abschnitt 2.4.6.

278 Im Monatsbericht der Regierung von Oberbayern vom 10. März 1937 wurde berichtet, dass Schaudig für sechs Monate in Schutzhaft genommen worden sei (Die kirchliche Lage I, S. 208).

11.2.13 Karl Hofmann

Die Verteilung eines Flugblatts des Landeskirchenrats in zwei Gemeinden, in dem gegen den Begriff „gottgläubig“ argumentiert und die Rolle evangelischer Christen für die deutsche Geschichte und Kultur betonte wurde (→ 925), führte Mitte Oktober 1937 zu einer Anzeige gegen Pfarrer Karl Hofmann in Remlingen, da er gegen eine Polizeivorschrift aus dem Jahr 1929 über die Verbreitung von Flugblättern verstoßen hatte. Die Gendarmerie des 1100-Seelen-Dorfes unterließ es dabei nicht, ihre Abneigung gegen den „Parteihasser und Staatsfeind“ Hofmann auszudrücken (→ 924). Eine starke Woche später verschärfte die Polizei die Situation durch eine erneute Meldung an das Bezirksamt, die an die Würzburger Gestapo gelangte. Nach den Mitteilungen v.a. des Hauptlehrers habe sich Hofmann in einer Predigt negativ über die staatliche Kirchenpolitik geäußert und bei anderer Gelegenheit kritisiert, dass sich kein Gemeinderatsmitglied im Kirchenvorstand engagiere, von antikirchlichen Polizeimaßnahmen berichtet, Alfred Rosenberg angegriffen und Fürbitte für verhaftete Kollegen geleistet. Da Hofmann als Pfarrer großen Einfluss habe, müsse ihm wegen der Gefahr für Ruhe und Ordnung „das unsaubere Handwerk gelegt“ werden (→ 926).

11.2.14 Helmut Kern

Mit einem Flugblatt polemisierten die radikalen Deutschen Christen im Mai 1938 gegen Oberkirchenrat Helmut Kern. Sie beschimpften ihn stellvertretend für die Landeskirche als Volksfeind und Landesverräter, da er bei der Volkabstimmung zum „Anschluss“ Österreichs zusammen mit seiner Familie nicht mit Ja gestimmt hatte (→ 927)[279]. Kern hatte sich bis dahin trotz einer national-antisemitischen Haltung und nach einer kurzzeitigen DC-Episode zu einem der entschiedensten kirchenpolitischen Gegner des Nationalsozialismus entwickelt, der seit 1936 in einem Dauerkonflikt mit der Gestapo stand.

Dennoch wurde ein 1937 verhängtes reichsweites Redeverbot gegen ihn im Herbst 1938 aufgehoben, im Januar 1939 aber ein neues erlassen. Dagegen wandte sich der Landeskirchenrat mit einem Schreiben an das Geheime Staatspolizeiamt in Berlin, da damit auch ein Predigtverbot bestand

279 Vgl. zu den Angriffen auf Pfarrer wegen ihres Verhalten bei der Volksabstimmung den Bericht des Regierungspräsidenten von Ober- und Mittelfranken über Pfarrer Georg Steinbauer (Altenhann), der trotz Aufforderung durch die SA die Stimmabgabe verweigerte, obwohl er den „Anschluss“ begrüßte (Die kirchliche Lage II, S. 280), und das Rundschreiben Nr. 3304 von Kreisdekan Georg Kern (Ansbach) an die mittelfränkischen Pfarrämter vom 28. Oktober 1938 (FKiZM. A 30. 6).

und der „treudeutsche[r]“ Kern als Leiter des Amtes für Volksmission nur eingeschränkt wirken konnte (→ 928). Gegenüber Kern drang die Kirchenleitung kurz danach darauf, jede Aktion zu vermeiden, die ihn in Konflikt mit dem Redeverbot bringen könnten (→ 929).

11.2.15 Gerhard Günther

Gerhard Günther, der seit 1937 in Murnau amtierte, war von Beginn an ein scharfer Gegner des Systems und sah sich 1938 wegen Kritik an der Kirchenpolitik einem Sondergerichtsverfahren ausgesetzt, das jedoch eingestellt wurde. Wegen Äußerungen zum „Anschluss“ Österreichs geriet er mit dem Kirchenvorstand in Streit, den die Kirchenleitung zwar schlichtete, ihm aber undiplomatisches Verhalten vorhielt. Andere Kontroversen entstanden aus seiner Weigerung, den Treueid auf Hitler abzulegen, und aus der Kritik an der Haltung der Kirchenleitung gegenüber der Gebetsliturgie der 2. Vorläufigen Kirchenleitung anlässlich der Sudetenkrise.

1939 wurde Günther von einem weiblichen Gemeindeglied wegen angeblich „staatsabträglicher“ Äußerungen beim Landeskirchenrat denunziert. Trotz der Fragwürdigkeit der Vorwürfe wurde er am 1. Dezember im Landeskirchenamt eindringlich befragt, zumal die Meldung an staatliche Stellen befürchtet werden musste. Da Günther die von der Kirchenleitung vorgeschlagenen ‚Lösungen‘ (längerer Krankheitsurlaub, Bitte um umgehende Entlassung aus dem Kirchendienst) ablehnte, wurde er mit sofortiger Wirkung bei Belassung seiner Einkünfte des Amtes enthoben (→ 930). Nachdem er die Rechte des geistlichen Standes verloren hatte, kam Günther zunächst als Arbeiter und Seelsorgehelfer in einer Anstalt der Rummelsberger Diakonie unter, 1940 wurde er zur Wehrmacht eingezogen und starb in russischer Kriegsgefangenschaft. In Unkenntnis seines Schicksals verlieh der Landeskirchenrat dem „Pfarrer“ Günther zum 1. April 1945 wieder eine Pfarrstelle.

11.2.16 Rudolf Stählin

Wegen angeblich Hitler-kritischer Aussagen im „Kindergarten“ wurde der Thüngener Pfarrer Rudolf Stählin Ende Januar 1941 von der Gestapo auf der Grundlage des sog. „Heimtücke-Gesetzes“ in „Schutzhaft“ genommen und seine Einweisung in ein KZ beantragt, nachdem bei einer Vernehmung Aussage gegen Aussage gestanden hatte und Stählin den Vorfall als Missverständnis versucht hatte zu erklären (→ 931). In dem Schreiben an die Gestapo, mit dem sich der Landeskirchenrat um Stählins Freilassung bemühte, betonte die Kirchenleitung, dass Stählins unpolitischen Charakter die vorgeworfenen Aussagen unmöglich erscheinen lasse, und die kriegsbedingte Personalnot, die sein Verbleiben in Thüngen erfordere (→ 932).

11.2.17 Hermann Stählin

Am Reformationstag 1941 hielt Pfarrer Hermann Stählin in Königshofen eine Predigt, in der er scharf die nationalsozialistische Kirchenpolitik seit 1934 kritisierte. Diese ziele auf die Vernichtung der Kirche, weshalb die Gemeinde widersprechen müsse. Konkret nannte er die Schul- und Pressepolitik, die Polemik gegen das Alte Testament und die Pläne für den Warthegau. Besonders provokant musste es erscheinen, dass Stählin die These vertrat, eine Ausschaltung des Christentums mache einen Sieg über den Bolschewismus unmöglich, und dass er eine Parallele zwischen dem Kampf an der Front und dem Widerspruch gegen die Religionspolitik zog. Diese Predigt wurde von der Gestapo mitgeschrieben (→ 933).

Obwohl Stählin im Januar 1942 zur Wehrmacht eingezogen worden war, übergab die Nürnberger Gestapo diese und andere Abschriften an das Reichssicherheitshauptamt zur weiteren Entscheidung. Zugleich informierten die Nürnberger die Würzburger Gestapo über Stählins Reformationspredigt 1935. Darin hatte er erklärt, dass die anfängliche Begeisterung für den Nationalsozialismus als Retter vor dem Gottlosentum sich in das Gegenteil gewandelt habe. Christentum und Nationalsozialismus seien unvereinbar. Damals habe die Staatsanwaltschaft eine Anzeige nicht weiterfolgt, ein gegen das Heimtückegesetz verstoßendes Flugblatt gegen den stellvertretenden Gauleiter Karl Holz habe Stählin einige Tage „Schutzhaft“ eingebracht, aber keine Verurteilung (→ 934).

12. Kirchenmitgliedschaft und Kirchlichkeit. Entwicklung, Erhebung und Kommunikation

12.1. Statistische Arbeit und Mitgliedschaftsentwicklung

Nach 1933 scheint die statistische Arbeit der Landeskirche zunächst keinen weltanschaulich bedingten Veränderungen oder Beeinflussungen unterlegen zu haben. Wie auch zuvor wurden die Pfarrer zum Jahresbeginn darüber unterrichtet, dass ihnen die Formulare für die statische Erhebung zum zurückliegenden Jahr zugehen werden und dass diese bis zum 1. März beim zuständigen Dekan vorliegen müssten, der sie wiederum bis zum 1. April dem Landeskirchenrat einzureichen hatte. Die Ergebnisse der statistischen Erhebung erschienen zwei bis drei Jahre nach dem Berichtsjahr. Abgesehen von den Jahren 1930, 1931 und 1933 war den Statistiken eine streng am Zahlenmaterial orientierte ganzseitige Erläuterung beigegeben. Auf Wunsch des kirchenstatistischen Amtes der DEK sollten ab dem Berichtsjahr 1933 die nachgeholten Taufen und Trauungen eigens ausgeworfen werden[280].

Ein Wandel in der kirchenstatistischen Arbeit trat öffentlich sichtbar im April 1936 ein. Schon vor dem üblichen Termin, an dem auf die Statistik hingewiesen wurde, teilte der Landeskirchenrat den Pfarrämtern mit, künftig auch die Kirchenaus- bzw. Übertritte zu deutschgläubigen Gruppen separat zu erfassen (→ 935).

Im Juli 1936 antwortete der Landeskirchenrat auf Eingaben, dass Kirchenaustritte von der Kanzel bekannt gegeben werden sollten. Dem stünden „schwerwiegende grundsätzliche Bedenken" entgegen. Doch sollten die Kirchenvorsteher über die Ausgetretenen informiert werden, um diese von ihrem Entschluss wieder abzubringen (→ 936).

Unter dem Deckmantel der Religionsfreiheit und der Nichteinmischung in innerkirchliche Streitigkeiten hatte der Reichsführer-SS Heinrich Himmler im November 1934 strikte Distanz der SS-Mitglieder zu den Kirchen angeordnet und im September 1935 nur noch eine passive Mitgliedschaft erlaubt[281]. Da 1936 die Kirchenaustritte im Dekanat München deutlich zunahmen – v. a. wegen der Austritte von NSDAP- und SS-Angehörigen – kam es zu einem Briefwechsel zwischen der Landeskirche und dem SS-Oberabschnitt Süd, den das SS-Hauptamt Berlin Mitte September 1936 barsch beendete. Der Kirchenaustritt von SS-Männern sei deren individuelle Entscheidung und keinen Zwängen geschuldet. Statt böswillig gegen den NS-Staat zu agitieren, sollten die Kirchen die Schuld bei sich selbst suchen (→ 937)[282]. Über diese Austrittswelle[283], an der auch führende Parteivertreter beteiligt waren, informierte das Dekanat München im Dezember 1936 das Kreisdekanat (→ 938). Im Juli 1937 berichtete Hermann Endres, exponierter Vikar in Dachau, dem Dekanat München über die vermeintlichen und tatsächlichen Motive („Druck von oben") für den weiterhin bestehenden Trend zum Kirchenaustritt (→ 939).

Für ihr Bemühen, die weitere Religionsbiographie von aus der Kirche Ausgetretenen nachzuverfolgen, fand die Landeskirche in einer seit Anfang 1938 bestehenden entsprechenden Praxis der Standesämter ein willkommenes Argument für ihr bisher bereits angewandtes Vorgehen (→ 940).

Die Kirchliche Lebensordnung[284] aus dem Jahr 1922 sah für den Fall der Verschmähung der kirchlichen Trauung vor, dass den Betreffenden das

280 ABlELKB 1933, S. 190.
281 Dokumente zur Kirchenpolitik II, S. 87f.
282 In einem Schreiben an die Kirchenkanzlei der DEK nahm das SS-Hauptamt im Januar 1936 diese Aussagen wieder auf (ebda., S, 150f.)
283 Vgl. unten Dokument 945.
284 Vgl. oben Abschnitt 7.1.1.

passive Wahlrecht für kirchliche Vertretungen aberkannt werde. Weiterführende Maßnahmen sah die Ordnung – anders als im Fall der dauerhaften Verschmähung der Taufe, wo der Kirchenausschluss möglich war – nicht vor[285]. Dennoch schloss Pfarrer Werner Keller in Mühlfeld (Rhön) mit Zustimmung der Kirchenältesten im Sommer 1939 eine im Ort geboren Frau aus der Kirche aus, da sie und ihr Mann am Pfingstsonntag die Ehe in Form einer SS-Weihe geschlossen hatten. Gegenüber der Gestapo, die wegen politischer Aussagen, die im Zusammenhang mit dieser Weihe von Gemeindegliedern bzw. von Keller getätigt wurden, aktiv geworden war, erklärte Keller, er habe diesen Akt als Provokation empfunden. Daher habe er auch den Ausschluss von der Kanzel herab verkündigt, um weitere derartige Fälle in seiner eigentlich kirchentreuen Gemeinde zu verhindern und um den Zusammenhang von Staatstreue und christlichem Glaube zu zeigen, bzw. dass Treue zum Nationalsozialismus und Kirchenfeindschaft nicht zusammen gehörten (→ 941).

Nach Kriegsbeginn verbot das Reichspropagandaamtes Franken der regionalen Kirchenpresse die Veröffentlichung von Zahlen zur kirchlichen Mitgliederentwicklung[286], während im Gesetzblatt der DEK noch bis 1944 jeweils eine ausführliche „Übersicht betreffend Äußerungen des kirchlichen Lebens“ für die Jahre bis 1940 auch mit den Aus- und Übertrittszahlen erschien[287]. Ein weiterer tiefer Einschnitt in die kirchenstatistische Arbeit erfolgte im Juli 1941, als ohne jeden Hinweis im Vorfeld die Übermittlung der Kirchenaustritte durch das Einwohnermeldeamt auf Anweisung einer „Berliner Vorgesetzte[n] Stelle“ eingestellt wurde. Dank eines leitenden Beamten im Standesamt konnte man die Daten aber noch bis Jahresende 1941 erfassen. Da es aber eine Meldepflicht gebe, wollte man mit der Behörde verhandeln und auch die wohl gleichermaßen betroffene katholische Kirche mit einbeziehen (→ 942).

12.2 Statistiken

Während die Mitgliederzahl der Landeskirche zwischen 1925 und 1941 als Folge der Bevölkerungsentwicklung schwach, aber kontinuierlich und mit Ausnahme einer Delle im Jahr 1937 anwuchs, überwog seit 1936 die Zahl der Kirchenaustritte die der -eintritte deutlich: zwischen 200 % und 1170 %

285 ABlELKB 1922, S. 224–231, 224, 227.

286 Vgl. das Schreiben des Reichspropagandaamtes Franken an die fränkische Kirchenpresse vom 12. Dezember 1939: „Während der Kriegsdauer haben alle Veröffentlichungen von statistischem Material über Kirchenein-, Aus- und Übertritte, auch solche genereller Art, zu unterbleiben“ (LAELKB, KKE 9).

287 GBlDEK 1942 B, S. 29–36.

(1936 bzw. 1942). Das Maximum der Austritte lag jedoch zeitlich deutlich vor dem Minimum der Eintritt (1937 bzw. 1942) (→ 943).

Bei den Indikatoren der Kirchlichkeit zeigt sich gegenüber 1925 ein stetiges Absinken der Taufquote um über 10 Prozentpunkte. Bei der Abendmahlsquote betrug der Rückgang über 17 Prozentpunkte. Dennoch lag die bayerische Abendmahlsquote stets um über 100 % über dem Reichsdurchschnitt bzw. sie lag außer in den Jahren 1938 und 1939 wo „Posen-Pommerellen" diesen Platz einnahm, innerhalb der DEK stets an der Spitze[288].

Aus dem wenigen Zahlenmaterial lässt sich allenfalls für die Zeit ab 1937 eine steigende Neigung zur Taufverschmähung erkennen, beim schwankenden Wert der nachgeholten Taufen ist v. a. der weit überdurchschnittliche Wert in den Jahren 1942 und 1943 bemerkenswert. DC-Taufen erscheinen erst seit 1935 in der Statistik und waren dann nur bis 1937 ein relevantes Phänomen.

Die Zahl der Mischehen lag seit 1933 stets über dem Wert von 1925, ohne dass sich ein klarer Trend benennen ließe. Auch die konfessionelle Option der Mischehen ist uneindeutig. Lässt sich bis 1935 ein Anstieg der evangelisch getrauten Mischehen auf fast 48 % feststellen, so ging der Anteil dann deutlich zurück, um 1943 wieder signifikant anzusteigen. Die Verschmähung der kirchlichen Trauung rein evangelischer Ehen erreichte 1938 ihren Höhepunkt, um dann im Verlauf des Krieges deutlich zu sinken. Ein starker Anstieg gegenüber 1925 ist seit 1933 bei der Versagung kirchlicher Trauungen zu verzeichnen. Seit 1936 ging die Zahl zurück und verharrte seit 1939 deutlich unter dem Wert von 1925. Auch DC-Trauungen erscheinen erst seit 1935 in der Statistik, um nach einer Hochphase 1937/38 wieder auf einen Bruchteil abzusinken. Im zweiten und dritten Kriegsjahr ist jedoch wiederum ein Zuwachs zu verzeichnen (→ 944).

Detailliert lässt sich anhand der Akten die Mitgliederentwicklung und ihre Hintergründe im Dekanat München rekonstruieren. Ab 1935 überwogen die Austritte, die ab 1936 stark anstiegen, wozu insbesondere SA- und SS-Mitglieder sowie Angestellte der Partei einen erheblichen Beitrag leisteten (→ 945). Eine differenzierte Aufstellung über die Ziele der zwischen 1935 und 1937 aus der Kirche im Kirchenbezirk München Austretenden zeigt eine breite Motivlage. Übertritte zu Freikirchen, Sekten und zum Judentum spielten kaum eine Rolle, der Anteil der zur römisch-katholischen Kirche Konvertierenden sank von 14 % auf 2 %, er lag aber immer noch deutlich über den Übertritten zu den Deutschen Christen. Hauptmotiv für den Kirchenaustritt waren die Mitgliedschaft in einer Gliederung der Partei, ein Arbeitsverhältnis mit der Partei oder allgemein weltanschauliche Gründe. Auch wenn die Wanderungsbewegung zu neuheidnischen Gruppen (Deutschgläubige, Ludendorffbewegung) größer war als zur

288 Zahlen für den Gottesdienstbesuch liegen leider nicht vor.

katholischen Kirche, wurden die Neuheiden bald von der Gruppe derer überflügelt, die mit der Kirche unzufrieden waren bzw. die Kirchensteuer vermeiden wollten (→ 946)

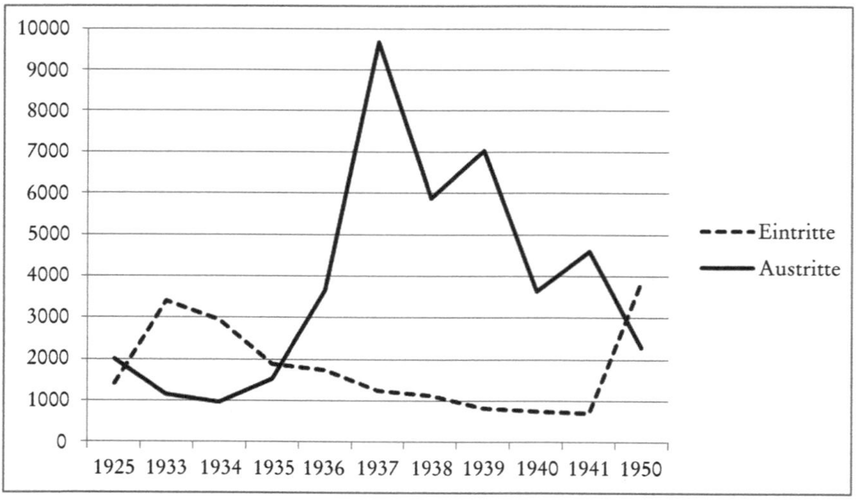

(Kirchenein- und Kirchenaustritte in Bayern 1925 bis 1950)

13. Deutungen und Rechtfertigungen – 1945 bis 1948

Kaum dass amerikanische und in geringem Umfang französische Truppen (in bayerisch Schwaben) Bayern besetzt hatten[289] und das bei realistischer Betrachtung absehbare Kriegsende eingetreten war, begann die Landeskirche damit, die methodischen und inhaltlichen Leitlinien zur Deutung der vergangenen zwölf Jahre und der eigenen Rolle vorzugeben. Zwar hatte Landesbischof Meiser schon im Januar 1945 in einem Brief an die Pfarrer geschrieben, dass „die Schuldverstrickung […] für viele so groß" sei, dass nur eine „Absolution die Grundlage für eine neue Lebensexistenz" schaffen könne[290], aber diese Aussage stand in einem seelsorgerlichen Kontext und hatte noch keine gegenwartsdeutende Funktion[291].

Nachdem die kirchenfreundlich auftretenden amerikanischen Truppen anfänglich als Befreier wahrgenommen worden waren, wandelte sich das Urteil kirchlicherseits aufgrund der bald erhobenen Forderung nach einer Entnazifizierung. Zu dem prinzipiellen Problem des unterschiedlichen Um-

289 P.J. Kock, Bayern; L. Volk, Bayern; W. Zorn, Geschichte.
290 Dokument 641.
291 Gegen M. Renner, Nachkriegsprotestantismus, S. 118.

gangs mit „Schuld“ im religiösen und juristisch-politischen Sinn trat das kirchliche Bestreben hinzu, ‚braune‘ Christen außerhalb der DC als vom Nationalsozialismus getäuschte bzw. verführte Idealisten darzustellen, und aus der kirchenfeindlichen Politik des Regimes im unkritisch-eigennützigen Umkehrschluss zu konstruieren, dass aktive Kirchenmitgliedschaft per se eine widerständige Handlung war. Aus dieser zu kurz greifenden Alternative Christ oder Nationalsozialist folgte dann auch die Haltung, dass es statt um Entnazifizierung um eine Rechristianisierung gehen müsse, da der Nationalsozialismus undifferenziert, aber breit rezipierbar als Abfall vom christlichen Glauben gedeutet wurde.

13.1 Lagebericht und Wort an die Gemeinden

Am 7. Mai 1945, der Tag, an dem Generaloberst Alfred Jodl im Namen des deutschen Oberkommandos morgens in Reims die bedingungslose Kapitulation aller deutschen Streitkräfte unterzeichnete, wandte sich Landesbischof Meiser mit einem Informationsschreiben an die Dekane. Darin ging es zunächst um die Besetzung Ansbachs, des provisorischen Sitzes der Kirchenleitung, durch amerikanische Truppen, um Personalia und Gebäude des Landeskirchenrats sowie um eine Übersicht über die bei den jüngsten Kämpfen zu beklagenden Todesfälle und die entstandenen Schäden an Kirchengebäuden.

Dank der Militärregierung könne das kirchliche Leben in alter Form wieder aufleben. Die Dekane sollten sich v. a. um die Jugend und den Religionsunterricht kümmern, schulpolitisch freilich keine Präzedenzfälle schaffen. Neben der Seelsorge – auch in Form vermehrter Andachten – sollte v. a. die diakonische Arbeit schnellstmöglich beginnen, der den Werken von Staat und Partei entzogenen Besitz zurück gefordert und die frühere Rechtslage wieder hergestellt werden.

Um zu geordneten Verhältnissen zurückzukehren, gab die Kirchenleitungen u. a. Anweisungen zum kirchlichen Pressewesen, zum Verhalten gegenüber den Besatzungsbehörden, zum politischen Engagement von Geistlichen, zum Umgang mit Deutschen Christen sowie mit aus der Kirche Ausgetretenen. Darüber sollten die Pfarrämter und Dekanate die Kriegschronik um die Ereignisse und die Veränderungen in der „inneren Einstellungen“ während des Kriegsendes ergänzen. Grundsätzlich gelte es, nicht rückwärts zu blicken und selbstgerecht zu urteilen, sondern mit dem Wiederaufbau zu beginnen und Seelsorge zu leisten (→ 947).

Am Sonntag, den 26. Mai 1945, wurde in allen bayerischen Gemeinden im Hauptgottesdienst ein Wort des Landesbischofs verlesen, in dem sich dieser über die Gegenwart als Zeit unermesslicher Not und als Gottesgericht über teuflische Taten in der jüngsten Vergangenheit äußerte. Diese Taten hätten ihren Ausgangspunkt im Bruch des ersten Gebot genommen und im Holocaust gegipfelt. Daher müsse sich Deutschland dem göttlichen Gericht beugen, sich für einen Neuanfang Gott zuwenden und ein radikal theonomes und kirchengebundenen Leben führen (→ 948).

13.2 Entnazifizierung und Deutung des kirchlichen Verhaltens

Zur Unterstützung der Pfarrer im Seelsorgealltag gab Landesbischof Meiser im August 1945 einen Brief an sie weiter, den er am 20. Juli gemeinsam mit Kardinal Faulhaber an den Generalgouverneur der amerikanischen Besatzungszone, General Dwight D. Eisenhower, gerichtet hatte. Mit Bezug auf die Prozesse der amerikanischen Besatzungsbehörden gegen NSDAP- und SS-Mitglieder sowie Wirtschaftsvertreter forderten sie eine jeweils individuelle Schuldfeststellung sowie ein faires und humanes Strafverfahren. Andernfalls sahen sie den politischen Neubeginn und die „geistige Umschulung" der Bevölkerung gefährdet, ja sogar den Weltfrieden bedroht. Die Argumente, die die Bischöfe in ihrem als Wahrnehmung des kirchlichen Wächteramtes verstandenen Eintreten für die Betroffenen vorbrachten, ließen die Zahl der Mitläufer stark ansteigen und zugleich die der Schuldigen massiv schrumpfen (→ 949).

Über die Haltung der Landeskirche zur politischen Überprüfung des Pfarrerstandes äußerte sich Landesbischof Meiser im Januar 1946 gegenüber der pfälzischen Kirchenleitung. Man habe bereits seit 1934 die Landeskirche von nationalsozialistischen Einflüssen gereinigt und seit Mai 1945 zahlreiche Pfarrer mit NS- oder DC-Vergangenheit in den Ruhestand versetzt oder beurlaubt. Das Vorgehen der Amerikaner werde kirchlicherseits überprüft und habe nur zweimal disziplinarische Maßnahmen zur Folge gehabt. In anderen Fällen widerlege die BK-Mitgliedschaft der beanstandeten Pfarrer den Vorwurf, aktive Nationalsozialisten gewesen zu sein (→ 950).

Zur Unterstützung der Dekane als Zeugen in diesen Überprüfungen und als Sprachregelung für betroffene Pfarrer verschickte der Landeskirchenrat Mitte September 1946 entlastendes Material. Es sollte beweisen, dass die früh der Partei beigetretenen Pfarrer mit ihrem Schritt eine Rechristianisierung der Gesellschaft hatten erreichen wollen und Opfer falscher Versprechungen der Partei geworden seien. Der anfängliche „Glaubenskampf" sei zum „aktiven Widerstand gegen Staat und Partei" geworden. Dazu deutete die Kirchenleitung die christentumsfeindliche Politik des Staates vorteilsbewusst um zur Re-Aktion auf widerständiges kirchliches Handeln. Ausführlich, mit erheblichem Standesbewusstsein, aber ohne Sinn für das größere Leid anderer widersetzlicher Gruppen erklärte man auch den Pfarrern, welche Kriterien sie erfüllen mussten, um in die Gruppe der „Entlasteten" eingereiht zu werden (→ 951).

Diese Selbstwahrnehmung der Landeskirche fand ihre schnelle, u. a. durch ein Flugblatt, verbreitete Bestätigung durch ein Urteil des Kassationshofs im Bayerischen Staatsministerium für Sonderaufgaben vom 14. Oktober 1946. Die Bekennende Kirche sei als Widerstandsbewegung anzuerkennen, zumal bereits mehrere Spruchkammerentscheidungen in diese Richtung ergangen seien[292]. Dieser Nachricht hatte die Kirchenleitung einen kurzen Abriss über die kirchen- und religionspolitischen Auseinandersetzungen der Jahre 1933 bis 1945 beigegeben, der in schwarz-weiß-Manier den kirchlichen Widerspruch gegen die Verbrechen des Regime in Bayern und im Reich und die eigene Verfolgung aufgrund punktueller Ereignisse stark überhöhte (→ 952).

Mit einem Aufsatz im „Nürnberger Evangelischen Gemeindeblatt" beteiligte sich Landesbischof Meiser an der Memoria zum 400. Todestag des Reformators. Wie andere Theologen[293] auch nutzte Meiser die Gelegenheit dazu, die Deutschen zu Christus zu rufen, wie dies schon Luther getan habe. Dessen Christustreu müsse Vorbild für den Neuanfang von Volk und Kirche sein, damit Deutschland wieder zum „Segen" für die Welt werde (→ 953)

13.3 Geschichtsschreibung

Mitte Juli 1945 wandte sich Landesbischof Meiser an sieben Theologische Fakultäten in den westlichen Besatzungszonen, an kirchliche Persönlichkeiten sowie an die Deutsche Evangelische Kirchenkanzlei und informierte sie über seinen gemeinsam mit Landesbischof Wurm gefassten Plan, in einem „Weißbuch"[294] alle „kirchenamtlichen Kundgebungen und Dokumente des Widerstands gegen die nationalsozialistische Kirchenfeindschaft und gegen die antichristliche Weltanschauung" zu sammeln und zu publizieren. Auch eine spätere Publikation sollte sich mit dem kirchlichen Widerstand und Abwehrkampf beschäftigen. Zu diesem Zweck erging ein Aufruf, entsprechendes Material an das Landeskirchenamt zu schicken (→ 954). Als diese Dokumentation dann im Manuskript vorlag, wurde der kirchenhistorisch versierte frühere Augsburger Dekan Wilhelm Schiller im Januar 1946 mit ihrer konzeptionellen und inhaltlichen Prüfung beauftragt. Details, die das Bild vom widerständigen Verhalten der Kirche hätten trüben können, sollten gestrichen werden[295] (→ 955).

292 Dieses Urteil ließ sich bislang in der staatlichen Überlieferung nicht feststellen.

293 Vgl. P. Meinhold, Luther; H. Preuss, Luther.

294 H. Hermelink, Kirche.

295 Trotz dieses Ansinnens wies Hermelink in der Einführung zu einem Bericht über den Empfang der Kirchenführer bei Hitler am 25. Januar 1934 darauf hin, dass der Neuendettelsauer Rektor Hans Lauerer zeitweilig den DC angehört hatte (ebda., S. 66). Zum Empfang bei Hitler vgl. K. Scholder, Kirchen, S. 59–61.

In einer undatierten Sammlung von Titelvorschlägen für das unter dem Titel „Apokalyptische(s) Wetterleuchten" publizierte Buch dominierte die Deutung des eigenen Verhaltens als Kampf. Dieser Begriff kam in jedem vorgeschlagenen Titel bzw. Untertitel vor. Die letztlich zum Titel gewordene Deutung als apokalyptisches Geschehen wich von der Mehrzahl der Vorschläge erheblich ab. Schuld oder Versagen der Kirche kamen als Interpretament aber auch hier nicht vor (→ 956). Dennoch sah man auf amerikanischer Seite in dem Buch eine wichtige Hilfe in der Re-education gegen den Totalitarismus hin zur Demokratie (→ 957).

14. Weiterführende Literatur

Kapitel 1

Beyschlag, Karlmann: Die Erlanger Theologie (EKGB, 67). Erlangen 1993

Blessing, Werner K.: Erster Weltkrieg und Revolution 1918/19. In: Handbuch der Geschichte der evangelischen Kirche in Bayern. Bd. 2: 1800–2000. Hg. von Gerhard Müller, Horst Weigelt und Wolfgang Zorn. St. Ottilien 2000, S. 203–209

Bühler, Anne Lore: Der Kirchenkampf im Evangelischen München. Die Auseinandersetzung mit dem Nationalsozialismus und seinen Folgeerscheinungen im Bereich des Evang.-Luth. Dekanates in München 1923–1950. Ein Kapitel der Geschichte des Evang.-Luth. Dekanates München (EKGB.F, 5). Nürnberg 1974, S. 5–36

Graf, Friedrich Wilhelm: Die Erlanger Theologie 1870–1918. In: Handbuch der Geschichte der evangelischen Kirche in Bayern. Bd. 2: 1800–2000. Hg. von Gerhard Müller, Horst Weigelt und Wolfgang Zorn. St. Ottilien 2000, S. 121–135

Ders.: Theologische Strömungen. In: Handbuch der Geschichte der evangelischen Kirche in Bayern. Bd. 2: 1800–2000. Hg. von Gerhard Müller, Horst Weigelt und Wolfgang Zorn. St. Ottilien 2000, S. 249–269

Hübner, Hans-Peter: Neuordnung der Evangelisch-Lutherischen Landeskirche und ihres Verhältnisses zum Staat. In: Handbuch der Geschichte der evangelischen Kirche in Bayern. Bd. 2: 1800–2000. Hg. von Gerhard Müller, Horst Weigelt und Wolfgang Zorn. St. Ottilien 2000, S. 211–232

Maser, Hugo: Die Evangelisch-Lutherische Kirche in Bayern rechts des Rheins zur Zeit der Weimarer Republik, 1918–1933. Ein geschichtlicher Überblick. München 1990

Mensing, Björn: Pfarrer und Nationalsozialismus. Geschichte einer Verstrickung am Beispiel der Evangelisch-Lutherischen Kirche in Bayern, 2., durchgesehene Auflage. Bayreuth 1999

Sommer, Wolfgang: Friedrich Veit: Kirchenleitung zwischen Kaiserreich und Nationalsozialismus (AKGB, 90). Nürnberg 2011

Ders.: Friedrich Veit. Ein konservativer Kirchenpräsident in der Weimarer Republik und seine Abwehr des Nationalsozialismus. In: ZBKG 76 (2007), S. 233–269

Kapitel 2

Bühler, Anne Lore: wie Kapitel 2

Fix, Karl-Heinz: Glaubensgenossen in Not. Die evangelisch-lutherische Kirche in Bayern und die Hilfe für aus rassischen Gründen verfolgte Protestanten. Eine Dokumentation (LKGG, 28). Gütersloh [2]2011

Henn, Ernst: Führungswechsel, Ermächtigungsgesetz und das Ringen um eine neue Synode im bayerischen Kirchenkampf. In: ZBKG 43 (1974), S. 325–443

Kremmel, Paul: Pfarrer und Gemeinden im evangelischen Kirchenkampf in Bayern bis 1939 mit besonderer Berücksichtigung der Ereignisse im Bereich des Bezirksamts Weißenburg in Bayern (Studien zur neueren Kirchengeschichte). Lichtenfels 1987

Mensing, Björn: Pfarrer: wie Kapitel 1

Nicolaisen, Carsten: Nationalsozialistischer Herrschaft, in: Handbuch der Geschichte der evangelischen Kirche in Bayern. Bd. 2: 1800–2000. Hg. von Gerhard Müller, Horst Weigelt und Wolfgang Zorn. St. Ottilien 2000, S. 297–330

Schulze, Nora Andrea: Der bayerische Weg nach Barmen. Die bayerische Kirchenleitung und die Barmer Theologische Erklärung nach der Reichsbekenntnissynode in Wuppertal-Barmen. In: MKiZ 8 (2014). S. 147–193 (= Nachrichten für die Evangelisch-Lutherische Kirche in Bayern Sonderausgabe I/2014, S. 41–58)

Schulze, Nora Andrea: „Frommer Volksaufstand" im Zentrum der braunen Macht, in: Evangelische Kirchenleitung am Königsplatz in München. Hg. von Hans-Peter Hübner und Michael Maier im Auftrag des Landeskirchenrates der Evangelisch-Lutherischen Kirche in Bayern. München 2015, S. 80–89

Toellner, Axel: Eine Frage der Rasse? Die Evangelisch-Lutherische Kirche in Bayern, der Arierparagraf und die bayerischen Pfarrerfamilien mit jüdischen Vorfahren im „Dritten Reich" (KoGe, 36). Stuttgart 2007

Kapitel 3

Baier, Helmut: Die Deutschen Christen Bayerns im Rahmen des bayerischen Kirchenkampfes (EKGB, 46). Nürnberg 1968

Mensing, Björn: wie Kapitel 1

Nicolaisen, Carsten: wie Kapitel 2

Kapitel 4

Bühler, Anne Lore: wie Kapitel 2

Mensing, Björn: wie Kapitel 1

Nicolaisen, Carsten: wie Kapitel 2

Kapitel 5

Fix, Karl-Heinz: wie Kapitel 2

Smid, Marikje: Deutscher Protestantismus und Judentum (HUWJK, 2). München 1990

Töllner, Axel: Kapitel 2

Kapitel 6

Honold, Matthias: Die Diakonie Neuendettelsau und die „Euthanasie"-Ereignisse der Jahre 1940/45. In: Hermann Schönauer (Hg.): „Euthanasie" – zum Umgang mit vergehendem menschlichen Leben. Historische Einsichten – ethische Sondierungen. Stuttgart 2013, S. 75–86

Müller, Christine-Ruth/Siemen, Hans-Ludwig: Warum sie sterben mußten. Leidensweg und Vernichtung von Behinderten aus den Neuendettelsauer Pflegeanstalten im „Dritten Reich" (EKGB, 66). Neustadt a. d. Aisch 1991

Nowak, Kurt: „Euthanasie" und Sterilisierung im „Dritten Reich". Die Konfrontation der evangelischen und katholischen Kirche mit dem Gesetz zur Verhütung erbkranken Nachwuchses" und der „Euthanasie"-Aktion (AGK, 12). Göttingen 1978

Kapitel 7

ALT, Karl: Todeskandidaten. Erlebnisse eines Seelsorgers im Gefängnis München-Stadelheim mit zahlreichen im Hitlerreich zum Tode verurteilten Männern und Frauen. München 1946

BAIER, HELMUT: Kirche in Not. Die bayerische Landeskirche im Zweiten Weltkrieg (EKGB, 57), Neustadt an der Aisch 1979

BAIER, Helmut: Liebestätigkeit unter dem Hakenkreuz. Die Innere Mission München in der Zeit des Nationalsozialismus (AKGB, 87). Nürnberg 2008

BRAUN, Hannelore: Innere Mission und evangelisches Vereinswesen. In: Handbuch der Geschichte der evangelischen Kirche in Bayern. Bd. 2: 1800–2000. Hg. von Gerhard Müller, Horst Weigelt und Wolfgang Zorn. St. Ottilien 2000, S. 281–289

KIMMEL, Günther: Das Konzentrationslager Dachau. Eine Studie zu den nationalsozialistischen Gewaltverbrechen. In: Bayern in der NS-Zeit. Bd. II: Herrschaft und Gesellschaft im Konflikt, Teil A. Hg. von Martin Broszat und Elke Fröhlich. München/Wien 1979, S. 349–413

LIESS, Bernhard: Das Dekanat Rosenheim im „Dritten Reich". In: ZBKG 77 (2008), S. 252–287

MÜLLER, Christine: Die geschichtliche Entwicklung des Kirchensteuerrechts in Bayern. Diss. iur. Regensburg 1995

POSCHARSKY, Dieter: Kirche und Kunst. In: Handbuch der Geschichte der evangelischen Kirche in Bayern. Bd. 2: 1800–2000. Hg. von Gerhard Müller, Horst Weigelt und Wolfgang Zorn. St. Ottilien 2000, S. 331–338

SCHWAB, Ulrich: Evangelische Jugendarbeit, In: Handbuch der Geschichte der evangelischen Kirche in Bayern. Bd. 2: 1800–2000. Hg. von Gerhard Müller, Horst Weigelt und Wolfgang Zorn. St. Ottilien 2000, S. 291–296

SCHERF, Rebecca: Evangelische Kirche und Konzentrationslager (1933 bis 1945). Göttingen (AKiZ, B 71) 2018

ZEISS-HORBACH, Auguste: Mitarbeit im geistlichen Amt? Der Dienst der ersten bayerischen Theologinnen. In: ZBKG 81 (2012), S. 307–353

Kapitel 8

MEIER, Gerhard: Chancen kirchlicher Presse. 90 Jahre evangelische Kirchenpresse in Bayern. Geschichte, Inhalt, Gestalt. München 1977

MEIER-REUTTI, Gerhard: Politik der Unpolitischen. Kirchliche Presse zwischen Theologie und Gemeinde. Bielefeld 1976

SCHIEDER, Rolf: Religion im Radio. Protestantische Rundfunkarbeit in der Weimarer Republik und im Dritten Reich. Stuttgart u. a. 1995

Kapitel 9

BEYSCHLAG, Karlmann: Die Erlanger Theologie. Erlangen 1993

GRAF, Friedrich-Wilhelm: Strömungen: wie Kapitel 1

HAUSCHILD, Wolf-Dieter: Konfessionelles Selbstbewusstsein und kirchliche Identitätsangst: Zur Gründung der Vereinigten Evangelisch-Lutherischen Kirche Deutschlands (VELKD) im Jahr 1948. In: Ders.: Konfliktgemeinschaft Kirche. Aufsätze zur Geschichte der Evangelischen Kirche in Deutschland (AKiZ, B 40). Göttingen 2004, S. 366–393

Kapitel 10

Baier, Helmut: Liebestätigkeit: wie Kapitel 7
Braun, Hannelore: wie Kapitel 7
Flierl, Hans: Ein Jahrhundert Diakonie in Bayern. Werk der Kirche und Wohlfahrtsverband. München 1988
Honold, Matthias: Der unbekannte Riese. Geschichte der Diakonie in Bayern (Hefte zur Bayerischen Geschichte und Kultur, 31). Augsburg 2004
Leipziger, Karl: Helfen in Gottes Namen. Lebensbilder aus der Geschichte der weiblichen Diakonie. München 1986

Kapitel 11

Bormann, Lukas: Bibel, Bekenntnis, Gewissensfreiheit – Judentum? Hans Meisers Schreiben an den Reichsfinanzhof vom 17. 9. 1943. In: ZBKG 80 (2011), S. 363–383
Bühler, Anne Lore: wie Kapitel 2
Eine Kirche, die Hitler im Wege stand. Dokumentation der Ausstellung vom 14. Juni 1998 bis 9. Mai 1999 zur Erinnerung an die Zerstörung der alten St. Matthäuskirche in München im Juni 1938. Hg. vom Ev.-Luth. Pfarramt St. Matthäus München. Redaktion Inge Kuller. München 1999
Hamm, Berndt: Die andere Seite des Luthertums. Der bayerische Pfarrer Karl Steinbauer im Widerstand gegen den Nationalsozialismus. In: ZThK 194 (2007), S. 455–481
Kremmel, Paul: wie Kapitel 2
Mensing, Björn: „... nicht nur ein priesterliches, sondern auch ein prophetisches Amt". Von der fränkischen Kanzel ins KZ Dachau – Das „vergessene" Zeugnis von Pfarrer Wolfgang Niederstrasser. In: Frömmigkeit – Theologie – Frömmigkeitstheologie. Contributions to European church history. Festschrift für Berndt Hamm zum 60. Geburtstag. Hg. von Gudrun Litz, Heidrun Munzert und Roland Liebenberg (Studies in the history of Christian traditions, 124). Leiden 2005, S. 763–778.
Rabl, Marlen: Friedrich Karl Seggel – ein Original mit Narrenfreiheit. In: Zwischen Weltanschauungskampf und Endzeitstimmung. Die Evangelische Kirche Bayreuths im Nationalsozialismus. Hg. von Norbert Aas, Bad Berneck. Bayreuth 2010, S. 54–71
Sonnenberger, Franz: Der „neue Kulturkampf". Die Gemeinschaftsschule und ihre historischen Voraussetzungen. In: Bayern in der NS Zeit. III: Herrschaft und Gesellschaft im Konflikt, Teil B. Hg. von Martin Broszat, Elke Fröhlich und Anton Grossmann. München, Wien 1981, S. 235–327

www.evangelischer widerstand.de [Regionalteil Bayern]

Kapitel 13

Mensing, Björn: Pfarrer: wie Kapitel 1
Renner, Michael: Nachkriegsprotestantismus in Bayern. Untersuchungen zur politischen und sozialen Orientierung der Evangelisch-Lutherischen Kirche Bayerns und ihres Landesbischofs Hans Meiser in den Jahren 1945–1955 (tuduv-Studien, Reihe Politikwissenschaften, 46). München 1991
Vollnhals, Clemens: Evangelische Kirche und Entnazifizierung 1945–1949. Die Last der nationalsozialistischen Vergangenheit (Studien zur Zeitgeschichte, 36). München 1989

DOKUMENTATION

VERZEICHNIS DER DOKUMENTE

1. Vorgeschichte

1.1 Neuorientierung – Reaktionen auf die Revolution und ihre Folgen für die Kirche

1 [Thomas] Br[eit]: Ein Wort an unsere Leser über die Umwälzungen in der letzten Woche

EGBl für Augsburg und Umgebung 5 (1918), 17. November, S. 202f.

|202| Als wir unsern letzten Wochengruß ausgehen ließen, lebten wir noch im Königreich Bayern und im Deutschen Kaiserreich. Inzwischen sind über Nacht und wie vom Blitz getroffen diese Schöpfungen und Gebilde vieler Jahrhunderte samt den Kronenträgern und Kronen in den Staub alles Gewordenen und Vergehenden gesunken. Nicht die von außen anstürmenden Mächte, sondern innere Gewalten haben sie überwältigt, entthront und ihr Erbe an sich gerissen. An Stelle des Königreichs Bayern ist der freie Volksstaat getreten. Und durch die ebenfalls unfreiwillige Abdankung des Deutschen Kaisers und der Hohenzollerndynastie vollzieht sich mit dem Reich der gleiche Prozeß von der Monarchie zur Republik. Was an die Stelle des Gestürzten getreten ist, ist nach der eigenen Proklamation der gegenwärtigen Gewalten und Regierungsvertreter ein Provisorium und noch kein Definitivum. Von einem solchen wird man erst reden können, wenn das ganze Volk in freier Abstimmung die Männer seines Vertrauens bezeichnet hat und aus dieser den Volkswillen bekundenden Nationalversammlung wiederum eine ihr entsprechende Regierung hervorgegangen ist. So befinden wir uns also in einem Entwicklungsprozeß, von dem wir nur den Anfang, aber nicht den Ausgang kennen. So mitten im Zergehen und Entstehen, im unfertigen Fluß der Dinge möchten wir dem Neuen und Kommenden gegenüber mit unserem Urteil zurückhalten. Trotzdem erwarten unsere Glaubensgenossen von dem Organ ihrer Gemeinde gewiß ein klärendes und richtunggebendes Wort. Dieses wird sicher in einem Freistaat auch zugestanden.

Als Christen haben wir auch den Ordnungen dieser Zeit und Welt wie Familie und Volksgemeinschaft gegenüber nicht absolute Freiheit der Verwerfung oder Anerkennung, sondern im Gegenteil eine klare göttliche Weisung und absolute Bindung. Unser Herr Christus hat auch in der Obrigkeit eine natürliche Ordnung Gottes gesehen und ihr auch die Seinen als Glieder, Empfänger und Diener unterstellt. Sein Wort, für seine Zeit und sein Volk gesprochen, hat unvergängliche Geltung für alle Zeiten und Völker: „Gebet dem Kaiser, was des Kaisers ist, und Gott, was Gottes ist." Nur darf man daraus nicht irrtümlich ein politisches Programm, ein monarchisches Staatsdogma herauslesen, das diese Staatsform als die allverbindliche über

alle andern stelle. Als Evangelische räumen wir nicht einmal der Kirche eine der weltlichen Obrigkeit übergeordnete Stellung und Freiheit ein. Sie kann ihre Glieder nicht von ihren bürgerlichen Pflichten entbinden. Das „jedermann sei untertan der Obrigkeit" des Apostels Paulus, Röm. 13, macht auch keinen Halt vor dem geistlichen Würdenträger und Apostel. Die Christengemeinde war deshalb von den Zeiten Roms bis in unsere Zeit eine staatserhaltende, Obrigkeits- und Untertanenpflicht und -treue stärkende Macht, eine natürliche Bundesgenossin guter Zucht und Ordnung, aller dienstbaren Staatsbürgertugenden, mit dem einzigen Vorbehalt, daß man Gott mehr gehorchen muß als den Menschen. Ihrer Glieder Streben ist und bleibt es, treueste und dienstbarste Bürger zu erziehen und sich von Herzen mit allen Gaben bis zum Opfer des Leibes und zum Erleiden des Unrechts als solche zu beweisen. Aus solcher inneren Verbundenheit nicht nur natürlichen Verwachsenseins, sondern sittlicher Verpflichtung entsteht ein Gewissens- und Herzensverhältnis, das auch die starke Belastungsprobe bestehen muß, einer nicht auf der Höhe ihrer Aufgaben stehende Obrigkeit in ihrer Amtsübung Ehre und Gehorsam zu beweisen. Wir wollen heute in der Erregung der Gemüter die Frage nur stellen, ohne sie selbst zu beantworten, ob gerade unsere deutschen Fürsten und Regierungen alle zusammen solch kurzen Prozeß und vernichtendes Volksgericht verdient haben. Ist der Krieg und sein schrecklicher Ausgang ein Gottesgericht über Unrecht und Unfähigkeit, haben wir dann ein Recht als Christen, die Wucht des Gerichtes so ungleich zwischen Volk und Führung zu verteilen? Jedenfalls stehen den Millionen derer, die den wie unredliche Diener verjagten deutschen Fürsten noch Fluch und Undank nachsenden, andere Millionen gegenüber, die als aufrechte Bürger auch den Geächteten Dankbarkeit und Treue wahren, als Christen ihnen Gerechtigkeit widerfahren lassen und sie mit dem Segen der Fürbitte in die Verbannung begleiten.
Aber was nun? „Jedermann sei untertan der Obrigkeit, die Gewalt über ihn hat. Denn es ist keine Obrigkeit ohne von Gott; wo aber Obrigkeit ist, die ist von Gott verordnet. Wer sich nun der Obrigkeit widersetzt, der widerstrebet Gottes Ordnung." Wir müssen diese Worte auf die gegenwärtige Regierung beziehen. Sie hat Gewalt über uns. Sie will nach ihren Worten |203| ihre Gewalt in den Dienst des ganzen Volkes stellen. Sie will selbst willkürlicher Gewalt gegen Eigentum, Leben und Ehre ihrer Bürger mit Ernst und Schärfe entgegentreten. Sie will die Riesenaufgabe, ihre Untertanen zu schützen und zu versorgen, unter den furchtbar erschwerenden Kriegsfolgen der nach den grausamen Waffenstillstandsbedingungen weiter verhängten Blockade und Lebensmittelbeschränkung auf sich nehmen. Sie will zu alledem die Erfahrungen und Dienste aller unter der alten Obrigkeit eingearbeiteten bewährten Mitarbeiter vom Polizeipräsidenten bis zum Bürgerwehrmann und Soldaten, vom Verkehrsminister bis zum letzten Bürodiener gerne annehmen. Sie will auch die in deutschen und in

bayerischen Landen noch weit und stark wirksamen Gewissenseinflüsse und religiösen Triebkräfte nicht unterbinden, sondern zur Verhütung des Schrecklichsten und zur Pflichterfüllung aller bis hinaus zum Brot schaffenden und liefernden Bauern mit einschalten. Sie ist unsere Obrigkeit, sie hat Gewalt, sie will diese Gewalt zum Wohle aller gebrauchen. Erfüllen nun wir unsere Christenpflicht im Gehorsam gegen Gottes Gebot und aus Liebe zu unserm armen deutschen Volk und allen seinen Gliedern vom letzten, ärmsten Kriegswaislein und dem in die verstümmelte hungrige wohnungsarme Heimat heimkehrenden Krieger bis zu der schwerkranken Königin und Kaiserin. Helfen wir mit allem, was wir sind und haben, dazu mit, daß der ausgesprochene Wille der neuen Obrigkeit durch die Erfahrung und Leistungen aller zur Tat werde. Erfülle jeder seine Pflicht an seinem Platz zur Erhaltung und Hebung seines Volkes, vermeide jeder, was zur Verletzung der Ruhe und Ordnung reizen könnte, ertrage jeder auch weiterhin unter der neuen Regierung die unerläßliche Einschränkung und erleide jeder als seinen Teil am Gericht, was er mit seinem Verstand und seinem Gewissen nicht als Heil ansehen kann. Besinne sich jeder Christ, was er Gott und seiner Obrigkeit schuldig ist. Denn „jedermann sei untertan der Obrigkeit, die Gewalt über ihn hat".

2 Vertrauliches Rundschreiben des Oberkonsistoriums an alle Dekanate. München, 22. November 1918

LAELKB, Allgemeine Sammlung 103 – 8

Betreff: Die kirchliche Lage.
Das Dekanat wolle nachstehende Mitteilung sämtlichen Geistlichen in vertraulicher Weise zur Kenntnisnahme und zur Besprechung in Pfarrkonferenzen und mit den Kirchenvorständen aushändigen.
Wir versehen uns zu den Geistlichen, daß sie mit der Kirchenleitung und den Gemeinden in Einmütigkeit des Glaubens und der Liebe an den schweren und großen Aufgaben der Zeit mitarbeiten.
München, den 22. November 1918.
Protestantisches Oberkonsistorium. D. Veit.

Am Dienstag, den 19. November ds. Js., fand im Oberkonsistorium eine Besprechung der kirchlichen Lage statt, wie sie sich durch die staatliche Umwälzung ergeben hat, und der Fragen und Aufgaben, die in ihrem Gefolge jetzt und künftig an die Kirche herantreten und herantreten können. Zu dieser Besprechung hatte das Oberkonsistorium Abgeordnete der beiden Konsistorien und die Mitglieder des Generalsynodalausschusses einberufen und einem Mitgliede der theologischen Fakultät in Erlangen die Teilnahme gestattet. Den Kreis der Teilnehmer weiter auszudehnen war erwogen worden;

das Oberkonsistorium hielt es aber doch für geraten, sich bei dieser ersten Besprechung auf die ordnungsmäßig berufenen Faktoren in der Leitung und Vertretung der Landeskirche, zu denen von jeher auch die Fakultät gezählt wurde, zu beschränken. Demnach wohnten ihr außer sämtlichen Kollegialmitgliedern des Oberkonsistoriums an: aus Ansbach die Herren Konsistorialdirektor Castner und die Konsistorialräte v. Ammon und Böhner, aus Bayreuth die Herren Konsistorialdirektor D. Schmetzer und Konsistorialrat Mögelin, vom Generalsynodalausschuß die Herren Dekane Kirchenrat D. Boeckh (Vorsitzender) und Kirchenrat Haußleiter, sowie als weltliche Mitglieder die Herren Geheimer Hofrat Dr. Hartwig, Landesgerichtspräsident Walch, Landesgerichtspräsident Rohmer und Bezirksamtmann Meyer, endlich als Vertreter der Fakultät Universitätsprofessor D. Bachmann. Von den geistlichen Mitgliedern des Gen.-Syn.-Ausschusses waren Geh. Hofrat D. Caspari durch Unwohlsein, Dekan Kirchenrat Zeitler durch Störung in der Bahnverbindung am Erscheinen verhindert. Die Aussprache, die von ½10–½2 Uhr währte, wurde vom Präsidenten des Oberkonsistoriums an der Hand von Richtlinien geleitet, die vom weltlichen Referenten des Kollegiums entworfen und in eingehender Kollegial-Beratung festgestellt worden waren. Diese fanden in allen wesentlichen Stücken die Zustimmung der Versammelten. Über den Verlauf und die Ergebnisse der Besprechung wird Folgendes mitgeteilt:

Zunächst berichtete der Vorsitzende über den dermaligen Stand der Dinge unter der provisorischen Regierung. Das landeskirchliche Summepiskopat ist mit der Monarchie hingefallen und damit der Teil der verfassungsmäßigen Grundlagen unseres Kirchenwesens, der sich unmittelbar auf die Person des Monarchen bezieht. In allen anderen Beziehungen bestehen Religions- und Protestantenedikt fort, und das Oberkonsistorium übt aufgrund des letzteren seine Vollmacht nach wie vor aus. Die an der Person des Königs haftenden Rechte (Stellenerrichtung, Stellenbesetzung, Strafgewalt) werden während der Dauer der provisorischen Regierung von dem zuständigen Staatsminister ausgeübt, worüber ein den Geschäftskreis aller Ministerien betreffender Beschluß der provisorischen Regierung demnächst veröffentlicht werden soll. Aus Zweckmäßigkeitsgründen wird gegen diese Regelung, die wie die ganze Form der Regierung nicht auf einer geradlinigen Rechtsentwicklung, sondern auf der Gewalt beruht, nicht protestiert. Wenn auch die Übertragung dieser Rechte an die Kirchenleitung sachgemäßer gewesen wäre und den eigenen Grundsätzen der gegenwärtigen Regierung mehr entsprochen hätte, so kann die Maßnahme als Provisorium getragen werden, als Definitum dagegen wäre sie abzulehnen. Im Zusammenhange damit wurden die seither getroffenen Änderungen und Vorgänge im praktischen Dienstbetriebe der kirchlichen Stellen und Behörden berührt (Verpflichtung der Beamten, Kirchliches Amtsblatt, stillschweigender Wegfall der Ämter als „Kgl.“ u. s. w.).

Der gegenwärtigen provisorischen Regierung gegenüber nimmt die Kirchenleitung naturgemäß eine abwartende Stellung ein, wie auch sie selbst die Neuregelung des Verhältnisses von Staat und Kirche einer künftigen definitiven Regierung vorbehalten will, deren freier Entscheidung oder Vereinbarung mit der Kirche dadurch möglichst wenig präjudiziert werden soll, daß die bisherigen Verhältnisse so wenig als möglich geändert werden. Bei den weittragenden Interessen, die für die Kirche auf dem Spiele stehen, ist die Initiative zu einer Änderung dem Staate zu überlassen, aber die Kirche hat die Pflicht, unverzüglich sich auf alle an sie herantretenden Möglichkeiten vorzubereiten.

Als solche ist zunächst der Fortbestand des Verhältnisses von Staat und Kirche ins Auge zu fassen. Hierbei bedürfte in erster Linie die Frage der Kirchengewalt, wie sie nach dem Prot.-Ed. dem König als dem summus episcopus zustand, einer neuen Regelung. Denn wenn auch an sich eine republikanische Regierung zur Ausübung der Kirchengewalt nicht unfähig ist, wie der Vorgang unserer alten reichsständischen Republiken beweist, so steht doch in einem modernen, konfessionell gemischten oder religiös indifferenten, wo nicht kirchenfeindlichen Staate die von wechselnden Parlamentsmehrheiten abhängige Regierung dem Leben der Kirche so ferne, daß eine Beeinflussung der Kirche durch den Staat, wie sie nach den Bestimmungen des Prot.-Ed. statuiert ist, weiterhin unerträglich wäre. Es müßte der Kirche auch in diesem Falle eine weitreichende Möglichkeit eigener freier Bewegung eingeräumt werden (Wahl und Zusammensetzung der Generalsynode, Wirksamkeit ihrer Beschlüsse, Dienstordnung u. a.)

Wahrscheinlicher freilich ist, daß es zur Trennung von Kirche und Staat kommt und damit zu einer Umgestaltung unseres ganzen geschichtlich gewordenen Kirchenwesens von Grund aus. Alle Anwesenden waren darin einig, daß für diesen Fall die Erhaltung unserer Landeskirche als Volkskirche und die Überführung ihres Kirchenvolkes als eines Ganzen in die neuen Verhältnisse das so lange als nur irgend möglich festzuhaltende Ziel bilden müsse. So fordert es nicht nur die Sicherung ihres äußeren Bestandes und die Aufbringung ihres Bedarfes, sondern davon ist ihre Stellung im Ganzen des Volkslebens, ihr Einfluß auf die geistigen und sittlichen Mächte im Staat und ihre Behauptung neben der katholischen Kirche abhängig. Gelingt es nicht, unsere Kirche als ein Ganzes zusammenzuhalten, dann ist ihr Ende als Landeskirche gekommen, und viel Segen ginge damit unserem Volke verloren. Aber dieser Einheit wohnt doch nur dann Recht und Kraft inne, wenn sie mit der Wahrheit Hand in Hand geht, an der die Einheit zugleich Maß und Grenze findet. Es war darum ferner die einmütig sich bekundende Überzeugung, daß die Kirche nicht zu einem bloßen Zweckverbande herabgedrückt werden dürfe, sondern lutherische Bekenntniskirche bleiben müsse, wobei das Bekenntnis unserer Kirche (es wurden besonders die Augsb. Konfession und der kleine Katechismus herausgehoben) nicht nur die historische Kontinuität, sondern den, wenn auch in die theologischen Formen der Vergangenheit gefassten, lebensvollen Glaubensbesitz der Gegenwart darstellt, dessen unveräußerlicher Kern das Bekenntnis zu Jesus Christus, unserem Herrn, dem Gekreuzigten und Auferstandenen, unserem Erlöser und Versöhner, ist. Daß sich aus diesem Grunde unsere Landeskirche in der Treue gegen ihre Vergangenheit auch weiterhin um das Zeugnis der geoffenbarten Wahrheit scharen könne, war die Meinung aller, so wenig man sich verhehlte, daß an dieser Frage, mehr als an allen äußeren, das Schicksal unserer Kirche sich entscheiden könne angesichts der Richtungen und Strömungen, die auch unter uns sich finden. Die Stellung der reformierten Gemeinde dachte man sich auf dem Boden eigener freier Vereinigung in einem dem jetzigen Verhältnisse ähnlichen äußeren Anschlusse an unsere Kirche.

Nach diesem Herzstücke wandte sich die Besprechung zur Erörterung der Frage, welches Verfahren bei der Konstituierung der vom Staate freien Kirche einzuschlagen sei. Es bestand darüber kein Zweifel, daß sich die Kirchenleitung, sei es als noch zurecht bestehende, oder als provisorische, an die Gemeinden zu wenden habe, die in ihren innerkirchlichen gesetzlichen Organen (Kirchenvorstand – Diözesansynode) zur Bildung einer General- und Steuersynode heranzuziehen seien, um der Kirche eine neue Verfassung zu geben und die Grundlagen für den Gesamt- und Einzelhaushalt der Gemeinden zu schaffen. Die Bedenken, die gegen den bisherigen Modus des Zustandekommens der Gen.-Syn. bestehen, kamen deutlich zum Ausdruck, aber ein anderer Weg ist vorerst, wenn man nicht revolutionäre Wege gehen will, nicht vorhanden, und zwei Generalsynoden in unmittelbarer Aufeinanderfolge zu halten, von denen die erste sich nur mit der Verbescheidung einer neuen Wahlordnung zu befassen hätte, ist untunlich. Selbstverständlich kämen als erstes Wahlgremium die gegenwärtigen Kirchenvorstände, deren Funktionsdauer längst abgelaufen ist, nicht mehr in Betracht. Die Neuwahlen würden aber gewiß der Lage der Gegenwart und der Stimmung in den Gemeinden so weit Rechnung tragen, daß eine Beengung in der Freiheit der Wahl in hohem Maße als beseitigt anzusehen sein dürfte; auch für die oft berufene Wahl der Dekane dürfte Ähnliches gelten. Aus diesen Erwägungen wurde der Standpunkt der Kirchenleitung gebilligt, daß ein anderer legaler Weg sich z. Z. nicht biete, und der bisherige noch einmal ertragen werden könne.

Den Synoden würde wie bisher die Einberufung der Mitglieder des Gen.-Syn.-Ausschusses, auch in ihrer Eigenschaft als Vertrauensmänner der Steuersynode voranzugehen haben.

Im Rückblick auf beide eingehend besprochene Möglichkeiten für die Zukunft der Kirche faßte man sich dahin zusammen, daß, so lange noch Verbindungslinien möglich sind, die der Kirche nicht mehr Nachteil als Gewinn bringen, eine lose Verbindung der völligen Trennung vorzuziehen sei. Die Erhaltung der theol. Fakultät im Rahmen und Zusammenhang des wissenschaftlichen Gesamtlebens der Universität, die Gestaltung des Religionsunterrichtes der Jugend, die Aufbringung der Mittel für die Erhaltung des Kirchenwesens, die Erhaltung des Kirchengutes, die Einräumung des Rechtes einer wenn auch freiwilligen, so doch unbeschränkten Selbstbesteuerung der Kirchenglieder, allgemeine Schutzrechte, die jetzt das Rel. Edikt sicherte, u.a. sind so wichtige Faktoren für Leben und Gedeihen der Kirche, daß eine Mitwirkung des Staates, der dann freilich auch Rechte des Staates gegenüberstehen würden, nicht ohne weiteres zurückzuweisen wäre.

Jedenfalls aber ist in diesem Fall, vollends in der staatsfreien Kirche mit der Aufhebung des Prot. Ediktes dem reinen Konsistorialsystem der Boden entzogen, und im Aufbau der Kirche verlegt sich das Schwergewicht auf die Seite der gemeindlichen und synodalen Vertretungen und die Selbstverwaltung der Kirche mit vereinfachten Beamtenkörpern ihrer Leitung. Die gesetzgebundene Gewalt würde in verstärktem Maße durch die Synoden ausgeübt, die rechtsprechende (s. Dienststrafordnung) von synodalen Elementen im Vereine mit der Kirchenleitung, die Verwaltung und die vollziehende Gewalt durch die Kirchenleitung, die aus Wahlen der Synode hervorgeht, wenn sich nicht der Staat für Übernahme von Verpflichtungen einen Einfluß darauf sichert.

Im Anschlusse an diese Erörterung gab noch der weltl. Referent des Oberkonsistoriums einen eingehenden Überblick über den derzeitigen finanziellen Bedarf der Landeskirche, die ihr aus Kirchengut, Fonds und Steuern zur Verfügung stehenden Mittel und die ständigen und widerruflichen Leitungen des Staates. Seine Darlegung ließen ersehen, in wie weitgehendem Maße die Kirche beim Wegfalle der letzteren und einem wohl unvermeidlichen Rückgange ihrer Steuerkraft (Austritte) auf die Opferwilligkeit ihrer Glieder angewiesen wäre.

Zum Schlusse wurde die Hinausgabe diese Berichtes an die Geistlichen zur eigenen Kenntnisnahme und Besprechung mit den Kirchenvorständen, sowie eine allgemein orientierte Ansprache an die Gemeinden angeregt und gutgeheißen, während die Aufstellung von Programmpunkten für Wahrung der Interessen unserer Kirche im politischen Wahlkampfe nicht als Sache der Kirche erachtet, sondern der Initiative bewusster Gemeindeglieder anheimgegeben wurde.

Mit der Bitte, daß Gott unserer Kirche, auch wenn sie eine arme Kirche werden sollte, es an dem Reichtum von inneren Gaben und Kräften nicht fehlen lasse, schloß der Vorsitzende die Besprechung.

3 K[arl] W[irth]: Was wird aus unserer bayerischen evangelischen Kirche werden? [64. Flugblatt des Landesvereins für Innere Mission, Nürnberg]

LAELKB, Allgemeine Sammlung 103 – 8

„Das Alte stürzt, es ändert sich die Zeit." Ob wir bei dem plötzlichen Einsturz der Fürstenthrone, bei dem Zusammenbruch der alten Staatsformen im Dichterwort weiterfahren dürfen: „und neues Leben blüht aus den Ruinen"? Wir stehen durch den unglücklichen Ausgang des Krieges und durch die politischen Umwälzungen vor vielen Ruinen. Soll auch unsere Landeskirche bei der geplanten Trennung der Kirche vom Staat ein Trümmerfeld werden? Sie wird es werden, wenn die drei bei dem notwendig werdenden Neuaufbau in Betracht kommenden Kreise versagen. Sie wird neue Schläuche für den gärenden Most des Evangeliums erhalten, wenn Gott ihr sein gnädiges Antlitz weiter leuchten läßt, der neue Staat ihr gegenüber Gerechtigkeit und Billigkeit übt und alle Gemeindeglieder der Verpflichtung der Mitarbeit in der Kirche sich bewußt werden.

Gott muß der Bauherr sein, denn wo der Herr nicht das Haus bauet, da arbeiten umsonst, die daran bauen. Für den Grund- und Eckstein hat der göttliche Baumeister seinen Sohn Jesum Christum, den gekreuzigten und auferstandenen Herrn bestimmt. Einen anderen Grund kann und darf niemand legen, wenn die Kirche zukünftig nicht ein Kartenhaus werden soll. Wirkt Gottes heiliger Geist in rein gepredigtem Wort und treu verwaltetem Sakrament in der Kirche, dann wird sie als Hüterin der evangelischen Wahrheit eine Heimstätte sein für alle, die durch das Evangelium selig werden wollen, eine treue Helferin und Pflegerin der Bedrückten. Selbst die Pforten der Hölle können sie dann nicht überwältigen. –

Der Staat muß Gerechtigkeit und Billigkeit ihr gegenüber üben.

Jahrhunderte hindurch war die Kirche mit dem Staate aufs engste verbunden. Er gab ihr Zuschüsse für die Besoldungen der Geistlichen und zu Kirchenbauten, unterhielt die theologische Fakultät, stattete sie mit Vorrechten wie Schutz ihres Kultus, Feiertagsordnung usw. aus. Er sorgte für die Erteilung des Religionsunterrichtes, ordnete die Militär- und Gefangenen-Seelsorge und noch vieles andere. All das würde bei der Trennung von Staat und Kirche plötzlich bei gewaltsamer Nichtachtung des Rechtes oder allmählich bei dem doch vorauszusetzenden Rechtsbewußtsein des Staatsgebildes aufhören. Warum darf der Staat nicht kirchenfeindlich die Kirche zum Trümmerfeld werden lassen? Der Staat hat moralische und rechtliche Verpflichtungen gegen sie. Einst hat er auf Grund der Einziehung so manchen Kirchengutes die Versicherung abgegeben, für die Bedürfnisse der Kirche sorgen zu wollen. Die Kirche war bis jetzt nicht eine unnütze Fresserin an der Staatskrippe, sondern eine treue Gehilfin. Sie hat ihm die sittlich religiösen Grundlagen gegeben, in dem Haupterziehungsmittel des Religionsunterrichtes ihm christlich-sittliche Persönlichkeiten herangebildet, ohne die ein Staatswesen nicht auskommen kann. Ueber ein Jahrtausend ist die Kirche in Deutschland ein wertvolles Kulturelement, das seine großen Denker, Künstler, Gesetzgeber, soziale Menschenfreunde befruchtete. Wie ist sie doch die Volksfreundin in der Bekämpfung sozialer und sittlicher Notstände durch die Werke der Inneren Mission!

Die evangelische Kirche Deutschlands hat nach den Berechnungen eines Kirchenstatistikers jährlich weit über 100 Millionen Mark für wohltätige Zwecke aufgebracht, d.i. 4–5 mal so viel, als ihre Zuschüsse vom Staate ausmachen. Die Etats unserer Diakonissenhäuser belaufen sich jährlich auf 12 Millionen Mark. 13000 evangelische Schwestern standen während des Krieges in der Verwundetenpflege unserer Feldgrauen. Wird der Staat die Kirche in der Fürsorge für Arme, Kranke, Entgleiste, sittlich Gefährdete, entbehren können in einer Zeit, da die staatlichen Geldmittel überaus knapp werden? Nehmt über Nacht die Kirche vollständig aus dem Staate gewaltsam heraus und ihr raubt dem Staate den barmherzigen Samariter und unserem Volke seine Seele. Dieses Unrecht kann und darf nicht geschehen, darum wird der Staat kirchenfreundlich bei der Trennung verfahren müssen, wenn er noch ein Gewissen hat. Er wird bei der Gewährleistung voller Freiheit in der Religionsausübung der evangelischen Kirche für die Neuordnung ihrer Verhältnisse eine Übergangszeit von einer Reihe von Jahren bewilligen und ihr während dieser Zeit die ihr bisher geleisteten Beiträge als Pauschbetrag weiter zuwenden müssen. Er muß womöglich den Religionsunterricht im Rahmen der Schule bestehen lassen oder der Kirche wenigstens für dessen planmäßige Erteilung ausreichend Zeit und genügend Räumlichkeiten zur Verfügung stellen. Dann aber muß sie das Recht der Gründung eigener evangelischer Schulen haben, ohne daß sie auch Schulabgaben für die staatlichen Schulen zu entrichten hat. Ihr evangelischen Christen wollt doch eure Kinder nicht religionslos aufwachsen lassen?

Wenn der kirchenfreie Staat nach einer Reihe von Jahren seine Zuschüsse aus Staatsmitteln einstellt, muß die Kirche das Recht der Selbstbesteuerung und Selbstverwaltung besitzen, sie darf frei über das vom Staate nicht anzutastende Pfarr- und Kirchenvermögen verfügen, dabei hat der Staat seinen rechtlichen Verpflichtungen nachzukommen oder sie abzulösen. Dem Staate muß es ein Anliegen sein, die theologische Fakultät in Erlangen als wesentlichen Bestandteil wissenschaftlicher Forschung weiter zu erhalten. Es liegt auch in seinem Interesse, die freie Übung der kirchlichen Liebestätigkeit in den Werken der Inneren Mission nicht nur zu gestatten, sondern auch sie mit staatlichen Mitteln zu fördern, da der Hauptsegen neben dem Empfänger der Wohltaten dem Staate zugute kommt, dem finanzielle Einsparungen daraus entstehen. Alle diese Punkte zeigen, daß eine Überstürzung in der Lösung dieser Fragen schädlich für beide Teile wäre. Hier darf nicht der Machtspruch einiger Gewalthaber, sondern der Volkswille ausschlaggebend sein.

Unser Volk aber hat in seinem größten Teil noch christliches Gepräge. An ihm ist es, zu zeigen, ob ihm die Kirche noch etwas wert ist, die den Einzelnen als Predigerin, tröstende Seelsorgerin begleitet vom Taufstein, über Konfirmations- und Traualtar bis zum Grabe. Fragt bei den Wahlen die Parteiredner, ob ihre Wahlkandidaten auch für das Wohl der Kirche eintreten und richtet euere Stimmenabgabe darnach ein!

Von der Mitarbeit der Gemeindeglieder aber hängt es ab, ob der Neubau gelingen wird.

Wollt ihr wehrlos und tatenlos die Zertrümmerung der Kirche, die religionslose Erziehung euerer Kinder mit ansehen? Manche haben bis jetzt das Kirchenregiment und die Geistlichen für die Kirche sorgen lassen, ohne auch nur bei einer Kirchenvorstandwahl ihrer Pflichten sich bewußt zu werden. Es mag in der kirchlichen Verfassung zum Teil die Teilnahmslosigkeit unserer Gemeindeglieder entschuldigt sein, da alles von oben herab geregelt wurde. Künftighin wird es wieder mehr wie in der ersten Christenheit werden, da es noch kein Staatskirchentum gab. Der Mittelpunkt in der kirchlichen Verfassung wird die Gemeinde sein, die Einfluß auf die Ernennung ihres Pfarrers, auf die Wahl des Kirchenparlamentes und damit auf die Zusammensetzung der Kirchenleitung haben wird. Die Einzelgemeinde darf sich nicht selbst genug sein. Wir sind alle Glieder an einem Haupte, darum müssen zur gegenseitigen Hilfe, Förderung und Austausch der Kräfte die Einzelgemeinden zu einer Volkskirche sich verbunden fühlen. In ihr kann sich der opferfreudige Geist bewähren. Oder ist einem wie dem Judas um ein paar Mark seine Kirche und sein Heiland feil? In ihr ist jeder Kirchgang ein Bekenntnis und jede um des Christentums erduldete Schmach unser Stolz im Blick auf Jesus. In ihr wollen wir dem Bruder ein Bruder sein. Die warme Liebe, die sich gegenseitig fördert und hilft, soll das Geisteswehen sein, das durch die Volkskirche und die Einzelgemeinde zieht und die Geistlichen mit ihren Gemeindegliedern verbindet. Eine reiche evangelische Vereinstätigkeit soll der Kirche immer wieder pulsierendes Leben zuführen; aber die Urzelle des Gemeindelebens wird das christliche Haus bleiben, wo die Eltern ihre Kleinen und Großen in Vorbild und Gebet zu dem Heiland hinführen.

Bei aller Anerkennung der Schwierigkeiten und Notstände unserer zukünftigen Kirche, an der bereits die gegenwärtige Kirchenleitung und viele Freunde der Kirche arbeiten, sehen wir doch den kommenden Neubau auch von goldenem Sonnenlicht umflutet. Uns ist bange, aber wir verzagen nicht. Jesus steht am Steuer des Kirchenschiffes. Könige können abgesetzt werden, Staatsformen sich ändern, weltliche Reiche untergehen, aber Jesus bleibt und er schafft sich ein Gefäß für sein Evangelium auch auf Erden. Ihm befehlen wir die Zukunft unserer Kirche täglich mit den Worten: „Herr,

Deine Knechte wollten gerne, daß Zion gebaut werde, zeige ihnen Deine Wege, lehre sie Deine Steige. Dein Reich komme!" Laßt uns die Reihen schließen zum Gebet und gemeinsamer Arbeit. Evangelischer Christ, willst du mitbeten, mithoffen, mitarbeiten? Jeder Glaubensgenosse, aus welchem Stand oder Parteilager er ist, sei in der neuen Zeit willkommen zur Lösung kirchlicher Aufgaben.

4 [Friedrich] Bachmann: [Bericht über eine Versammlung am 18. Dezember 1918]

EGBl für den Dekanatsbezirk München 28 (1919), Januar, S. 6

Zu einem Gedankenaustausch über die gegenwärtige Lage hatte das Oberkonsistorium einen größeren Kreis von Vertretern kirchlicher Organisationen auf den 19. Dezbr. nach München eingeladen. Die Besprechung fand in Gegenwart von rund 40 Teilnehmern statt. Präsident D. Veit stellte ihren Beginn unter die Epistel des vierten Adventssonntags und unter das Gebet um göttliche Führung. Den ersten Gegenstand der Tagesordnung bildete die Frage, in welcher Weise die Generalsynode als eigentliche Vertretung unserer Kirche in die Lösung der großen Aufgaben hineinzustellen sei, die ihrer harren. Der Grundsatz der obersten Kirchenbehörde, in aller der gärenden Erregung der Zeit ihrerseits eine würdige, von Nervosität freie Zurückhaltung zu bewahren und insonderheit fest auf dem Boden des geltenden Rechts sowohl gegenüber der provisorischen Regierung wie gegenüber dem Organismus der Kirche selbst zu beharren, wurde von der Versammlung dankbar anerkannt und gebilligt. Klar liegt aber, daß eine konstituierende Generalsynode sich in naher oder weniger naher Zeit mit der Ordnung wichtiger Grundfragen unserer landeskirchlichen Organisation zu befassen haben wird. Daß die Generalsynode dann nicht nach unserem bisherigen Wahlrecht zu schaffen ist, steht außer Zweifel und ist nicht sowohl durch den allgemeinen politischen Umschwung als durch die Tatsache bedingt, daß das Verlangen nach Abänderung der bisherigen Vorschriften über die Bildung einer Generalsynode schon vor den großen politischen Veränderungen der neuesten Zeit lebhaft und vielfältigst empfunden worden ist. Soll nun auch dafür der gewiesene Weg des Rechtes gegangen werden, so muß jener konstituierenden Generalversammlung eben eine außerordentliche vorausgehen, welche auf gesetzmäßige Weise eine neue Ordnung der Wahl für die künftigen Generalsynoden beschließt und schafft. Die Versammlung war auch ihrerseits wohl einhellig in dem Gefühle, daß die Generalsynoden der Zukunft anders zusammengesetzt sein müßten als bisher, daß z.B. in ihnen wie überhaupt in unsern kirchlichen Gemeindevertretungen ein viel weiterer Raum auch für den Arbeiterstand zu erstreben und zu schaffen sei. Sie erklärte sich aber bestimmt dahin, daß die Berufung der außerordentlichen Generalsynode – den Zeitpunkt hierfür ließ man von vornherein notwendiger Weise noch unbestimmt – auf dem Wege des geltenden Rechts zu erfolgen habe. Zwei Gründe geben dafür den Ausschlag: durch selbsteigene Abweichung von dem bestehenden Recht würde unsere Kirche sich auch dem Staate gegenüber die Berufung auf das Recht unmöglich machen; und es entstünde dabei die Gefahr, daß Glieder der Kirche selbst den Beschlüssen einer solchen durch willkürliche Aufhebung des Rechts gebildeten Generalsynode als nicht rechtsverpflichtend widersprechen. Demgemäß wird, wenn der geeignete Zeitpunkt – voraussichtlich doch bald – erscheint, zunächst nach allen bisherigen Rechtsordnungen eine außerordentliche Generalsynode zusammentreten. Dabei ist aber, wie wir hinzufügen möchten, anzunehmen, daß jedermann wissen wird, diese ao. G.-S. habe es mit der wichtigen und grundlegenden Aufgabe einer neuen Wahlordnung für die Generalsynoden der Zukunft tun. Dieser Umstand wird, wie wir denken, genügen, um die wählenden Diözesansynoden zu veranlassen, die etwaigen Kandidaten nach ihrer Stellung zu jener Aufgabe zu befragen. Auf diese Weise wird dann auch unter den Formen des bisherigen Rechts wohl dafür gesorgt werden, daß jene ao. G.-S. ihre Arbeit sach- und zukunftsgemäß erledigt. Zu weiterer Vorberatung der Dinge, wünschte das Kirchenregiment, möge ein Ausschuß aus der Versammlung bestellt werden; abgeordnet wurden in diesen Ausschuß die Herren Dr. Herbst-Nürnberg, Lang-Neuaubing, Dr. Oeschey-München, Kirchenrat D. Boeckh, Pfarrer Meiser und Pfarrer D. Steinlein.

Natürlich konnte eine solche Versammlung nicht stattfinden, ohne daß man sich auch über die allgemeine Lage unserer Kirche besprach. Dabei handelte es sich nicht um bestimmte Beschlüsse, sondern um freien Gedankenaustausch, der sich denn auch hin- und herbewegte und die verschiedensten Fragen streifte. Wir nennen als eine solche z. B. und natürlich im Grunde zugleich als die entscheidenste die Frage nach der Stellung der Kirche zu ihrer Bekenntnisgrundlage, d. h. also zugleich nach ihrer Stellung zu den verschiedenen theologischen Richtungen.

Höchst erfreulich an der Zusammenkunft war die frische Offenheit, mit der Nichtgeistliche verschiedensten Standes, insonderheit aber aus dem Arbeiterstand in die Erörterung eingegriffen. Wir haben die gute Zuversicht, daß durch die ganze Veranstaltung ein wichtiger weiterer Schritt getan ist im Interesse der Klärung und der Verständigung über die Wege, die wir gehen müssen, wenn wir den Aufbau unserer Landeskirche unter den Erschütterungen der Zeit behaupten wollen.

5 Hans Nägelsbach: Der Gemeinde Gebet bei der Jahreswende 1918/19

EGBl für den Dekanatsbezirk München 28 (1919), Januar, S. 1f.

|1| Psalm 90, 13: „Herr, kehre dich doch wieder zu uns und sei deinen Knechten gnädig!"

In wilder Hast ist das alte Jahr seinem Ende zugestürmt; ungeheuerliche, sich überstürzende Ereignisse hat es uns in seinem letzten Verlaufe gebracht: den Zusammenbruch unserer vaterländischen Hoffnungen, der Einrichtungen, die uns hochstanden, die uns wert und teuer waren, das Hineingerissenwerden in neue Staatsformen, in ungewisse Verhältnisse. „Geschwinde Zeitläufte" nannten es unsere Vorfahren und sie verbanden damit den Gedanken des Unheimlichen und Schwindelerregenden. Fast haben wir das Staunen verlernt, fast sind wir fühllos geworden, ja wir halten nachgerade alles für möglich. Groß ist diese Zeit wahrhaftig nicht mehr zu nennen, soviel uns auch davon in die Ohren geschrieen wird. Seitdem unseren Heerführern – nicht vom Feinde – das Schwert aus der Hand gewunden worden ist, sind wir von Tag zu Tag mehr in das erbarmungswürdigste Elend hineingeführt worden, dem je ein großes Volk anheimgefallen ist. Doch selbst das Erbarmen versagen uns unsere Feinde, sie haben nur mehr Verachtung für uns. Und haben sie nicht ein gewisses Recht dazu? Wie unheimlich wahr ist das alte Dichterwort nun geworden, das manche als Aeußerung eines weltunkundigen Idealismus belächelten: Der Gute räumt den Platz dem Bösen! Betäubt, in der Unkraft einer unwürdigen Entsagung steht der weitaus überwiegende Teil unseres Volkes den Ereignissen gegenüber. Wenn wir wenigstens auf dem Boden des Abgrunds angekommen wären, daß es doch endlich, wenn auch langsam, langsam zu einem Aufstieg wieder käme! Aber was mögen wir bis dahin noch erleben!

Gottes Gemeinde darf nicht in Fühllosigkeit und dumpfe Hoffnungslosigkeit versinken. Wenn sie in ihrer Qual verstummen möchte, gab ihr Gott Kraft – nicht zu sagen, was sie leidet, denn das wäre nur ärmlicher Trost – sondern Kraft und Entschluß vor ihn zu treten: Kehre dich doch wieder zu uns. Herr!

Vielleicht ist in die Worte dieses Gebetes das Geheimnis unseres Falles eingeschlossen. Gott muß sich wieder zu uns kehren, weil er sich von uns gewendet hat. Ein Wort, das wir nicht ohne Zittern aussprechen können und doch aussprechen müssen. Nicht darum hat Gott sich von uns gewendet, weil wir uns unseres Lebens wehrten; nicht die beklagenswerte Unzulänglichkeit unserer Staatsmänner hat den Krieg verschuldet, wir waren seit vielen Jahren vom Haß und von der Bosheit unserer Feinde umgeben. Die wundervolle Begeisterung des Jahres 1914 war kein Trug und kein Schwindel, aber unser Volk ist dem Geist, dem gläubigen und darum so unwiderstehlichen Geist jener Tage nicht treu geblieben. Ob ernste Christen

fürbittend für ihr Vaterland in den Riß traten, das Volk selbst im großen und ganzen versank in jene falsche Sorge, die der Herr in der Bergpredigt bei den Seinen bannen wollte, versank in jenen Mammonsinn, der unedlen Gewinns und schmählichen Wuchers sich nicht schämte, vermochte elender Vergnügungssucht nicht zu wehren, ließ alten verderblichen Hader wieder aufleben, verleugnete Zucht und Ordnung, lauschte auf die dämonischen Lügenworte von außen her und so, mitten im unerhörten Siegeslauf unserer Heere, ward es offenbar, daß Gott sich von uns gekehrt hatte – es |2| fehlt uns fast ein Beispiel in der Weltgeschichte für den plötzlichen und schmählichen Zusammenbruch eines Volkes, das bisher geachtet und gefürchtet dagestanden war und nun zum Spott der geringsten Völker geworden ist.
Daß der Zusammenbruch so plötzlich kam, daß der Umsturz so gar keine Gegenwehr fand, daß kein Staatsmann mit zündenden Gedanken unter uns erstehen will, daß wir so fassungslos und haltlos sind, das alles sind Zeichen göttlichen Gerichts. Beginnt uns das zu dämmern, so bleibt uns als Christen nur das Eine, das Gebet: Herr, kehre dich doch wieder zu uns!
Es darf gesagt werden: Gott wartet darauf, daß unseres Volkes bester Teil sich zu ihm kehre im Gebet. Aber es muß im Sinne Daniels geschehen: Wir liegen vor dir mit unserem Gebet, nicht auf unsere Gerechtigkeit sondern auf deine große Barmherzigkeit. Die falschen Stützen müssen hinweggetan werden. Wir dürfen uns nicht, was so nahe läge, auf unsere frühere Tüchtigkeit berufen: Unser Heer war so leistungsfähig, unsere Streiter in den Lüften und in den Meerestiefen so todesmutig, unsere Frauen hinter dem Pfluge und im Hause so arbeitsfreudig, unsere Pflegerinnen an den Betten der Verwundeten so aufopfernd, unsere Erfolge so unvergleichlich! Das alles waren Gaben Gottes an ein Volk, das zu ihm hielt. In das Vakuum, in den luftleeren Raum, dringt die Luft allgewaltig ein; in die Herzen, die nicht mehr träumen von eigner Herrlichkeit, bahnt Gottes Gnade sich den Weg mit heiliger Kraft: Herr, sei deinen Knechten gnädig!
Wir stehen an der Jahreswende. Eine Wende auch unseres Geschickes kann sich anbahnen und vorbereiten. Der letzte Abend des Jahres weckt in uns tiefernste Gedanken. Gott läßt die Menschen dahinfahren wie einen Strom. So rauschen Reiche dahin, so welkt und fällt, was wir für blühend und festbegründet hielten. Ja wir wollen es glauben, daß Gott zürnt, und uns fürchten vor solchem seinem Grimm. Aber wie heilige Glockenschläge in der Neujahrsnacht klingt Gottes Verheißung: Ich habe mein Angesicht im Augenblick des Zorns ein wenig vor dir verborgen; aber mit ewiger Gnade will ich dich sammeln, spricht der Herr, dein Erlöser!
Mit solcher Verheißung im Herzen richten Gottes Knechte sich langsam vom Falle auf. Ja, Gottes Knechte! Sie wollen ja keine Untergebene mehr sein, die Kinder der neuen Zeit! Da gilt kein Gruß und keine Ehrerbietung mehr; daß im Gehorsam die Kraft sich bewährt und stählt, ist vergessen. Wir wollen uns nicht schämen, Gottes Knechte und Mägde zu heißen, der

Glaube wirkt Zucht und Ordnung und Sitte und eben damit wahre innere Freiheit, eine bessere als die, die wir an brutalen, gewalttätigen Menschen schauen.
Es droht uns noch manche Gefahr. Auch wenn die bevorstehenden Wahlen dem besonnenen Teil des Volkes Erfolg bringen sollten, wird die Dreistigkeit und Zügellosigkeit sich nicht zur Ruhe geben. Ob Bürgerkrieg und Blutvergießen bevorsteht, ob etwa gar der Feind mit Gewalt Ordnung bei uns schaffen muß, wir wissen es nicht. Soviel steht wohl fest, wir werden von keinem „edlen Fried- und Freudenwort“ singen und sagen dürfen. Aber um so entschlossener, wenn auch in der Stille, muß Gottes Gemeinde auf den Plan treten. Im gläubigen Gehorsam geeint und fest zusammengeschlossen muß sie an ihre neuen Aufgaben gehen. Denn die werden ihr in reichem Maße erwachsen. Wenn unsere Kirche Volkskirche bleiben will, so wird sie, da der Staat sie dulden, aber nicht mehr fördern will, große Opfer zu bringen haben. Da werden die Geister sich scheiden. Vordem konnte mancher, wie etwa ein Goethe, der Kirche innerlich fernstehen und sich doch zu ihr zählen lassen und ihr dann und wann ein freundliches Wort gönnen. Jetzt wird das Bekenntnis den Einsatz der Persönlichkeit fordern mit allem, was sie ist und was sie hat. Leise wird mancher der Kirche entgleiten, laut scheltend mancher sich von ihr lossagen. Sollte sich nicht mancher neue Freund und Bekenner finden? Sollte all der ungeheure Todesernst spurlos an unseren heimgekehrten Kriegern vorübergegangen sein? Sollte nicht ein leises und doch dringliches Beten aus ihren Herzen kommen: Herr, kehre dich doch wieder zu uns und sei deinen Knechten gnädig! Ja er schenke Gnade zu kraftvoller Verkündigung des ganzen, ungebrochenen Evangeliums, zu treuem Bekenntnis der Tat, zur Gewinnung unserer vielfach irre gewordenen Jugend, zu neuem Bau auf ewigem Grunde! Und mit neuem Mute, mit neuerwachender Hoffnung darf Gottes Gemeinde im Blick auf das neue Jahr weiter beten: Und der Herr, unser Gott, sei uns freundlich und fördere das Werk unserer Hände bei uns, ja das Wort unserer Hände wolle er fördern!

1.2 Reichspräsidentenwahl 1925

6 Ebert und die Kirche

Fränkische Wacht 1925, Nr. 9, 20. März, S. 69f.

|69| Man schreibt uns: Das vom Evangel.-Luth. Landeskirchenrat in München angeordnete Trauergeläute am 4. März hat durchaus nicht die allgemeine Zustimmung gefunden, wie es nach außen den Anschein hatte. Die kirchliche Anordnung ist vielmehr wiederum ein Beweis der beklagenswerten Tatsache, daß die oberste Kirchenleitung mit der wirklichen Stimmung

in den Gemeinden sehr wenig Fühlung hat. Die Anordnung ging zweifellos über die innerer und äußere Verpflichtung, die sich für das christliche Gewissen aus dem Pauluswort Röm. 13, 1 („Jedermann sei untertan der Obrigkeit, die Gewalt über ihn hat!“) ergibt, hinaus. Diese Verfügung mußte darum in den Gemütern gerade |70| der ernstgesinnten Gemeindeglieder nichts als Verwirrung hervorrufen. Es ist auch nicht richtig, daß Ebert „rite“ das Staatsoberhaupt war. Er ist niemals, wie es die Reichsverfassung vorschreibt, durch das Volk gewählt worden. Der erste Reichspräsident war und bleibt der Revolutionär, als der er von seinen Anhängern übers Grab hinaus gepriesen worden ist. Auch hat in der Arbeiterschaft kein Mensch ernstlich an eine Ehrung Eberts durch die Kirche gedacht, ganz zu schweigen von dem Umstande, daß dieser überhaupt keiner Kirche angehört hat. Wenn ein evang.-luth. Geistlicher an seine nächstvorgesetzte Behörde die Erklärung abgegeben hat, daß er nicht anders könne, denn als Christ, Deutscher und Pfarramtsvorstand sein Bedauern über die kirchenbehördliche Anordnung zum Ausdruck zu bringen – welcher auf kirchliche Ehre und Wahrhaftigkeit haltende Protestant könnte diese Erklärung mit guten Gründen verurteilen? …

Eine andere Sache ist das Tröstamt der Kirche am Grabe. Der evangelische Stadtpfarrer Hermann Maas in Heidelberg ist, wie er uns auf Anfrage mitteilt, von den Kindern und Schwiegerkindern Eberts, die der evangelischen Kirche angehören, gebeten worden, einige Trostworte zu sprechen. Er willfahrte dieser Bitte, das war sein Recht und seine Pflicht. Und daß er seines Amtes charaktervoll und taktvoll waltete, danken wir ihm besonders. Er hat damit eine seelsorgerliche Aufgabe gelöst, die jedenfalls schwieriger war, als die vom grünen Tisch der kirchlichen Oberbehörde in München ausgegangene Anordnung eines allgemeinen Trauergeläutes. Die Trostrede des Geistlichen klang aus in einem schlichten Vaterunser-Gebet und in der Segenserteilung an die Leidtragenden. Die sonst übliche kirchliche Einsegnung des Verstorbenen ist nicht erfolgt und konnte nicht erfolgen, weil der aus der katholischen Kirche Ausgetretene zeitlebens Dissident geblieben war und sich selbst als solcher in das Reichstagshandbuch eingetragen hat. Bemerkenswert ist noch, daß in München, sowie im ganzen Bereich des Münchner Erzbischofs ein Trauergeläute nicht angeordnet worden ist, obgleich man, wie wir vernehmen, von „gewisser Seite“ eine solche Anordnung gern gesehen hätte, obwohl ferner der „Osservatore Romano“, das amtliche Blatt der Papstkirchenleitung, sich bemüht hatte, sogar noch aus der katholischen Herkunft und Erziehung Eberts Kapital zu schlagen und diese als die Grundlage seiner „rühmenswerten Eigenart“ hervorzuheben. Bleibt nur noch die Frage offen, ob nicht jene „gewisse Seite“ auch bei der Anordnung des Evang.-luth. Landeskirchenrats ihre Hand im Spiel hatte; wenn ja, dann in diesem Falle bedauerlicherweise mit Erfolg.

7 Reichspräsidentenwahl!

Fränkische Wacht 1925, Nr. 9, 20. März, S. 70

Wir sind mehrfach dazu angeregt worden, an dieser Stelle zu der Volksentscheidung, die am 29. März erfolgen soll, Stellung zu nehmen. Unser überparteilicher Standpunkt verbietet uns eine nähere Erörterung der Frage, nachdem die Unfähigkeit der führenden „Staatsmänner“ aus einer vaterländischen Angelegenheit eine Parteisache gemacht hat. Wir beschränken uns auf die Feststellung, daß von den für das Reichspräsidentenamt Vorgeschlagenen zweifellos nur der Reichsminister a. D. Jarres erwarten lässt, daß er, falls gewählt, seine Tätigkeit soweit unter den heutigen Umständen möglich, in unserm Sinne ausüben wird. Marx und Held stehen im Dienste Roms, Hellpach, Braun, Thälmann im Dienste der Weltjudenschaft – Theater mit verteilten Rollen! General Ludendorff ist als Parteibewerber aussichtslos. So bleibt dem Deutschen und Protestanten, der nicht durch Stimmenthaltung die üblen Machenschaften der inneren Feinde Deutschlands unterstützen will, kein anderer Weg übrig, als die Wahl des Dr. Jarres, eines Mannes, der sich als Deutscher und als Protestant erwiesen, als Oberbürgermeister wie als Reichsminister des Innern bewährt hat. Im Hinblick auf die außerordentliche Wichtigkeit der Reichspräsidentenwahl geben wir der Erwartung Ausdruck, daß unsere Freunde das Ihre tun werden, um die Wahl von Jarres zu fördern.

8 Zur Reichspräsidentenwahl

Fränkische Wacht 1925, Nr. 10, 27. März, S. 75

Wir wiesen in Nr. 9 auf die am 29. d. M. bevorstehende Wahl hin und gingen dabei von der Voraussetzung aus, daß sich alle vaterländisch gerichteten Kreise auf Dr. Jarres einigen würden, um diesen, wenn möglich, gleich im ersten Wahlgang durchzubringen. Inzwischen haben sich zwar die norddeutschen Völkischen für Jarres erklärt, dagegen die Münchner Nationalsozialisten General Ludendorff endgültig aufgestellt. Beide, Jarres und Ludendorff, sind gute Deutsche und gute Protestanten. Es bleibt deshalb selbstverständlich unseren auf nationalsozialistischem Boden stehenden Freunden unbenommen, für Ludendorff zu stimmen. Wir an unserm Teile halten allerdings an der Auffassung fest, daß es darauf ankommt, nicht nur für einen geeigneten Mann, sondern auch für den Mann zu stimmen, der Aussicht hat, durchzudringen, und das gilt von Jarres, für den inzwischen auch die Hauptleitung des Evangelischen Bundes in einem warmen Aufruf eingetreten ist. Die Ultramontanen pöbeln ihn in der dem Wesen dieser Partei entsprechenden unflätigen Weise an, was in den Augen aller vaterländisch Gesinnten naturgemäß als die wirksamste Empfehlung für Jarres wirkt.

9 Hindenburg!

Fränkische Wacht 1925, Nr. 13, 17. April, S. 97f.

Ein Name und ein Banner! Dieser alte Mann ist das Sinnbild der Treue, der Pflichterfüllung bis zum letzten Atemzug. Er steht hoch über den Parteien, er verkörpert wie kein zweiter die beiden Ideale, die uns in dem Dunkel dieser Zeit leuchten: Christentum und Deutschtum. Jesus Christus sagt uns: „Des Menschen Sohn ist nicht kommen, daß er ihm dienen lasse, sondern daß er diene." Und der Heiland ruft uns zu: „Folget mir nach!" Hindenburg war der Mahnung gehorsam. Sein ganzes, langes Leben war ein treuer Dienst am Vaterlande, und Gottes Segen war mit ihm. Unter seiner Führung wurden viele hunderte von herrlichen, unvergeßlichen Siegen für die deutschen Fahnen errungen, bis Hunger, Zwietracht, Parteisucht und Verrat unserm unbesiegten Heere den Sieg entwanden. Nun ist der treue Mann nochmals zum Führer der Deutschen, zum Träger unseres Banners berufen. Volks- und Glaubensgenossen! Deutsche evangelische Männer und Frauen! Erfüllt eure Pflicht! Von dieser Stunde an bis zum 26. April, dem Tage der endgültigen Reichspräsidentenwahl, arbeitet, soviel ihr nur könnt, jeder in seinem Kreise und wo sich irgend Gelegenheit bietet, für die Wahl Hindenburgs! Helft alle, unsern besten Mann auf die höchste Stelle im Reiche zu bringen! Der Sieg Hindenburgs wird der erste ernsthafte Anfang für den Wiederaufstieg des deutschen Volkes werden. Alles, was in Deutschland noch gut und gesund ist, muß |98| mitwirken, damit Gottvertrauen, Vernunft und Vaterlandsliebe endlich wieder zum Durchbruch kommen. An die Arbeit, Freunde! Vorwärts für Hindenburg und Deutschland!

10 Gegen Marx!

Fränkische Wacht 1925, Nr. 14, 24. April, S. 106

Schwarze, rote und gelbe Internationale schlagen den deutschen Wählern die Wahl des Zentrumsführers Marx zum Reichspräsidenten vor. Das ist eine starke Zumutung. Herr Marx hat in der ersten Zeit der inzwischen im Schmutz versunkenen Lostrennungsbewegung im Rheinland, als ihr schneller Zusammenbruch noch nicht vorauszusehen war, mit ihr geliebäugelt und sie durch ausgesprochen preußenfeindliche Aeußerungen im Reichstage wirksam unterstützt. Herr Marx hat noch im Herbst vorigen Jahres den Bayern französische Besatzung gewünscht und sich dann auf einen Karnevalsscherz hinauszureden versucht, obgleich jener Ausspruch nicht bei einer Faschingsbelustigung, sondern in einer vom Reichskanzler in einer politischen Versammlung gehaltenen Rede gefallen und allseitig ernstgenommen worden war. Herr Marx hat ferner im Beginn des jüngsten Reichstagswahlkampfes auf dem Berliner Zentrumsparteitag erklärt, auch bei Anerkennung der Nichtschuld Deutschlands am Kriege seitens unserer Feinde würden unsere Versailler Verpflichtungen unverändert bestehen bleiben und durch uns zu erfüllen sein. Der Kandidat der Linken für das Reichspräsidentenamt hat sich also angesichts der heute bergehoch aufgehäuften aktenmäßigen Widerlegungen der Kriegsschuldlüge auf einen viel deutschfeindlicheren Standpunkt gestellt als – Lloyd George, der während des Krieges der Hauptführer unserer Feinde war und 1922 in London amtlich erklärte, daß mit der deutschen Kriegsschuld der ganze Vertrag von Versailles stehe und falle. Ein Deutscher, der dem deutschen Volke bei dem Kampfe gegen das Versailler Verbrechen und seine Auswirkung, die Vernichtung Deutschlands, derart in den Rücken fällt, ist der ungeeignetste Reichspräsident, der überhaupt aufgetrieben werden kann. Das liegt so offenbar auf der Hand, daß man wohl annehmen darf, alle Volksgenossen, die sich das Denken noch nicht völlig abgewöhnt haben, müßten es einsehen. Diejenigen Bayern, die für Marx stimmen, bekunden damit, daß auch sie die Besetzung unseres Heimatlandes durch weiße und farbige Franzosen wünschen. Sorgt dafür, daß die von unseren Feinden dringend gewünschte Wahl des Herren Marx verhindert wird! Wirkt alle mit für die Wahl eines deutschen Mannes, für die Wahl unseres Hindenburg!

11 Frenzel: Der Anfang!

Fränkische Wacht 1925, Nr. 15, 1. Mai, S. 114f.

|114| Wir haben Gott für einen Freudentag zu danken, den wir nach sieben Jahren der Schmach, des Schmerzes, der Trauer doppelt zu schätzen wissen. Der 26. April 1925 hat uns nach so langer Zeit wieder den ersten Sieg der Deutschen über die inneren und äußeren Feinde unseres Volkes gebracht. Sechs Jahre lang stand ein deutschfeindlicher, internationaler Umstürzler, dem laut landesgerichtlicher Erkenntnis Landesverrat im strafrechtlichen Sinne nachgewiesen war, an der obersten Stelle des Deutschen Reiches. Diese ist nunmehr auf den Deutschen übergegangen, der der höchsten Ehre, die wir Deutschen zu vergeben haben, so würdig ist wie kein zweiter. Anstatt der Unehrlichen übernimmt der Ehrlichste die Führung. Das ist ein gewaltiger Fortschritt! Der neue Reichspräsident ist freilich kein „zünftiger Politiker“, aber von den „Leistungen“ der „Politiker“ haben wir gerade genug! Hindenburg wird es anders machen als diese Leute, also wird er es besser machen.

Die Stimmenzahl, mit der Hindenburg gewählt ist, erreicht allerdings nicht ganz die Hälfte aller abgegebenen Stimmen. Die Zahl der politischen Kinder, die sich durch die besoldeten und freiwilligen Feindeshelfer wieder und wieder betören lassen, ist leider immer noch erschreckend groß. Darum wird der Sieg der Deutschen über die Undeutschen nur ein Augenblickserfolg ohne dauernde Wirkung sein, wenn nicht endlich von den vaterländische Gesinnten das bisher Versäumte nachgeholt und für durchgreifende, eindringliche Volksaufklärung gesorgt wird. Diese ist selbstverständlich nur dann von ernsthafter Wirkung, wenn dabei die stärkste und tiefste Kraft, die wir haben, nicht vergessen wird, die Kraft der Offenbarung, die, wie Goethe mit Recht sagt, nirgends würdiger und schöner brennt als in dem Neuen Testament!

Das gilt ganz besonders auch für die Bayern. Hier haben bei der Reichspräsidentenwahl die Römischen, die sich „Bayerische Volkspartei" nennen, wieder einmal in ihrer längst bekannten Doppelzüngigkeit geglänzt. Sie haben öffentlich von Partei wegen die Wahl Hindenburgs „empfohlen", weil sie durch Empfehlung des Herrn Marx, des Erkorenen der Barmat-Kutisker-Partei, sich selbst politisch totgemacht hätten. Sie haben aber gleichzeitig teils hintenherum durch persönliche Bearbeitung der Wähler, teils (z.B. in Aschaffenburg) durch Abspaltung einzelner Bezirke, teils durch selbstverständliche Andeutungen in den Parteiblättern ihren Anhängern zu verstehen gegeben, daß sie ruhig „aus Gewissensgründen" für Marx stimmen könnten. Der Erfolg dieser üblen Machenschaften ist nicht ausgeblieben: am 26. April sind in Bayern für Herrn Marx, für den Mann, der uns Bayern französische Besatzung gewünscht hat, fast dreihunderttausend Stimmen mehr abgegeben worden, als am 29. März Held, Braun, Hellpach und Marx zusammen erhalten hatten. Hier haben wir den unanfechtbaren zahlenmäßigen Beweis der tückischen Heuchelei der Römischen vor uns. Zum Glück haben Millionen von „Mühseligen und Beladenen" erkannt, daß sie besser tun, ihr Vertrauen Hindenburg zu schenken, als den üblen Gesellen, die sie bisher zum Narren gehalten haben. Darum war der Zuwachs, den Hindenburg im übrigen Vaterlande über die von Jarres und Ludendorff am 29. März erzielten Stimmen hinaus erhielt, so groß, daß der Linksabmarsch der dreihunderttausend Bayerischen Volksparteiler ohne Wirkung blieb. Vergessen wollen wir aber den Ultramontanen diese neueste Betätigung ihrer jesuitischen Schulung in den Künsten der Falschspielerei nicht, und unsere katholischen Volksgenossen müssen endlich erkennen, daß sie – unbeschadet ihres Glaubens! – von der römischen Geistessklaverei, dem Erbe der fluchwürdigen Gegenreformation, frei werden müssen, wenn unser gemeinsames Vaterland nicht zugrunde gehen soll.

Die Wahl Hindenburgs wird sich, so Gott will, als ein bedeutsamer Anfang einer neuen, besseren Entwicklung erweisen. Sie gibt uns Deutschen wieder ein Recht auf Hoffnung, auf Mut und Zuversicht, vor allem auch ein Recht auf die Achtung aller aufrechten Menschen in der Welt, die nur den zu achten pflegen, der Selbstachtung bekundet. Fast fünfzehn Millionen Stimmberechtigte haben den unerschütterlichen Willen zur deutschen Selbstbehauptung, zum deutschen Wiederaufbau deutlich bekundet. Das einflußreichste Amt in Deutschland ist denen entwunden, welche ständig die Selbstentwürdigung unseres Volkes betreiben, und wird nunmehr von einem deutschen Manne verwaltet, der mit vollem Recht sowohl ein Deutscher wie ein Mann genannt werden darf, und der niemals gleich den meisten deutschen Regierungsmännern seit 1918 seine Hand dazu bieten wird, daß man mit Deutschland Schindluder treibt. Das Weitere wird sich finden. |115| Wir bitten Gott, daß er mit unserm Hindenburg sein möge, daß er ihm und uns seinen Segen geben möge, auf daß unser Volk wieder zu seinem Rechte, zu Ehren, zu Gedeihen komme.

1.3 „Nationale" Kultur

12 Schreiben des Landeskirchenrats an das Dekanat Kreuzwertheim. München, 9. Oktober 1924

LAELKB, KrD Ansbach 184

Betreff: Taufnamen.
Der Name Sonja ist in dem in Rede stehenden Falle von dem Standesbeamten in das Register eingetragen worden, da kein Anlaß gegeben war, ihn als anstößig oder unanständig abzulehnen. Was nun den Namen als Taufnamen anlangt, so erscheint es zweifellos ordnungsgemäß, dass als Taufnamen nur bei den Christen übliche Namen in Verwendung kommen, und angemessen, dass einem Kind deutscher Eltern in einer deutschen evangelischen Kirche kein russischer Name beigelegt wird. Insofern ist es wohl zu verstehen, dass Herr Pfarrer Heller den Eltern des betreffenden Kindes gegenüber Bedenken geltend gemacht hat und es wäre zu wünschen, sich dieser Vorhaltung des Seelsorgers zugänglich zeigen.
Sollten jedoch die Eltern bei dem geäußerten Vorhaben beharren, so mag ihrem Wunsche entsprochen werden, zumal der von ihnen gewählte Name Sonja verbunden mit den beiden allen Anforderungen genügenden Taufnamen Margarete Elisabeth dem Täufling beigelegt werden soll. Dabei ist im Auge zu behalten, dass bei aller Bedeutung, die dem Taufnamen zukommt, die Namengebung nicht einen wesentlichen Bestandteil des Taufaktes bildet. Das Dekanat wolle dies dem Evgl.-Luth. Pfarramt Amorbach eröffnen.
gez. D. Veit.

13 O[tto] R[uprecht]: „Im Westen nichts Neues"

KorrBl 54 (1929), 9. September, S. 353

Wenn man den Bücherbericht einer Monatsschrift aufschlägt, so kann man da erfahren, daß das Neueste vom Neuen auf dem Gebiete der Literatur Kriegsbücher sind und man erfährt auch sogleich, welches das Kriegsbuch

ist, das augenblicklich die Spitze hält: „Im Westen nichts Neues“ von Erich Maria Remarque, 385. Tausend oder schon mehr. Bald darauf kriegt man auch allerlei Rezensionen zu Gesicht, ein Offizier schreibt dagegen, ein Pfarrer dafür; ein berühmter Dichter soll es das Denkmal des unbekannten Soldaten genannt haben. Da wird man neugierig, wenn man selbst draußen gewesen ist. Es gibt doch freundliche Menschen, die einem jungen Landpfarrer, der sich nicht die Bücher, „die man gelesen haben muß“ – wie so schön die Rezensenten sagen – kaufen kann, so doch borgen.
So habe ich mich in das Buch vertieft: die Gegenwart versank, Weib und Kinder, Haus und Hof, Amt und Gemeinde wurden zu leblosen Schemen, zu unglaubhaften Träumen, ich war wieder draußen an der Front. Gottseidank bin ich als Artillerist nicht so tief drin gesessen, wie Paul Bäumer. Aber so wie ers erzählt, so ist es gewesen.
Das ist das unbestreitbar Große an diesem Buch, daß es auch dem, der nicht in der Front war, ein ungeschminktes Bild der Frontwirklichkeit mit lebendiger Anschaulichkeit gibt. Es ist nichts übertrieben, weder die Grauenhaftigkeit des Todes, noch die Unsittlichkeit des Soldaten, die innere Hilflosigkeit des jungen Rekruten in der Unsinnigkeit dieses Massenmordes, wie die unzerstörbare Liebe zum Leben. Es ist ein grausames Buch, denn es zerstört allerlei Illusionen.
Es ist kein Wunder, wenn ein Major entrüstet schreibt: „Von uns Soldaten ist in dem Buch nicht die Rede“. Damit spricht er aber eine Beleidigung aus; ja, gerade das waren die Soldaten, welche die Hauptarbeit draußen leisten mussten und die schwersten Gefahren auf sich nehmen; nicht die vielen, die sich weiter hinten ihre Ideale wahren konnten, nicht die wenigen Führer, die eine Aufgabe, einen Ueberblick und damit eine Distanz hatten; nein, das waren die Soldaten, die die letzten zwei Kriegsjahre den Krieg geführt haben. Wer selbst als 98er mit 19 Jahren ins Feld rückte, dem kann das niemand bestreiten.
Aber dennoch legt man das Buch tief unbefriedigt aus der Hand. Nicht wegen der geschilderten Grässlichkeiten, die gewiß erschüttern, weil sie Unvergeßbares wieder aufwühlen. Das muß sein. Aber wegen seines Geistes. Es will zwar kein Bekenntnisbuch sein, wie der Vorspruch behauptet. Es ist aber ein lautes Bekenntnis! Wovon?
Davon, was in der Hölle der Westfront notwendig aus dem Menschen ohne Gott werden mußte.
Hier liegt der Angelpunkt, nicht bei den fehlenden nationalen Gedanken. Die fehlen eben auch deshalb, weil Gott in dem Buche fehlt.
Ist denn aber Gott mit dem Grauen des Fronterlebnisses überhaupt vereinbar? Der Verfasser sagt ohne Zweifel nein, drum zieht er es vor, von Gott zu schweigen. Die beiden sind auch nicht leicht zu vereinigen: Gott und das Fronterlebnis. Die wenigsten wissen die Brücke hinüber und herüber. Die heißt Buße!

Ich mußte bei diesem Buch an Elerts „Lehre des Luthertums im Abriß“ denken. Das, was mich an diesem starken Büchlein traf, war die kräftige Herausstellung des Zornes Gottes, der sich im „Schicksal“ auswirkt.
Ja, hier liegt die einzige Lösung, um mit dem eigenen Fronterlebnis fertig zu werden – es belastet noch immer wie ein großes Fragezeichen das Gedächtnis und wie ein schwermütiger Bleiklumpen das Unterbewusstsein: bußfertig die Wirklichkeit des Zornes Gottes anzuerkennen. Ungeheure Ausmaße von Menschheitssünde haben diesen Krieg heraufbeschworen, ungeheure Ausmaße an Gotteszorn haben sich in ihm ausgewirkt. Nur zu der notwendigen Folgerung haben wir den Weg nicht gefunden: zu dem entsprechenden Ausmaß an Buße.
Dieses Kriegsbuch können wir unsern Gemeinden, unsern Kriegsteilnehmern nicht empfehlen, weil ihm die Buße fehlt, die Anerkenntnis Gottes in seinem heiligen Zorn. Drum klagt es Gott an (siehe die hässliche Szene mit den betenden Nonnen!) und nennt ihn den grausamen Zufall und entschuldigt den Menschen, dessen Schmutzigkeiten und Rachgefühle es liebevoll ausmalt.
Das Buch ist eine ungeheure Anklage. Aber nicht nur gegen diese und jene Kriegsschuldigen, nicht nur gegen die Sünden der Frontsoldaten, gegen uns alle in unserer Qualität als „Menschen“ und damit Sünder, den Verfasser des Buches nicht ausgenommen. Wer sich aber unter die Anklage des Ewigen beugt und Gott Recht gibt, der würde dieses Buch ganz anders schreiben, nicht mit weniger Realismus, aber mit dem Realismus der Buße. Das ist der wahre Realismus. Nur wer über den zersetzten Leichen der aufgewühlten Erde Flanderns und Frankreichs das Kreuz zu erkennen vermag, der braucht von all diesem Furchtbaren nicht zerstört zu werden, selbst wenn er 98er gewesen ist.
Dies Buch ist mit seiner Massenauflage ein Zeichen der Zeit, ein Beweis dafür, wie heidnisch der moderne Mensch das Leben wertet. Es scheint, daß Deutschland zum größten Teil aus solch modernen Menschen besteht. Armes Vaterland!

1.4 Die politische Herausforderung von rechts

14 [Franz] Schattenmann: Fahnenweihe
KorrBl 55 (1930), 14. Juli, S. 271 f.

|271| Vielleicht dürfte jüngeren Amtsbrüdern ein Weihespruch dienlich sein, den ich am Rogatesonntag 1927 aus Anlaß der Fahnenweihe eines vaterländischen Vereines, welche mit Genehmigung der Kirchenbehörde geschah, am Altare der St. Andreaskirche in Weißenburg hielt. Der eigentlichen Weihe ging eine kurze Ansprache über Psalm 20, 6 voraus, welche in dem

Satze gipfelte: Gerechtigkeit erhöhet ein Volk, aber die Sünde ist der Leute Verderben. Ich schloß: „Daß ein neues, kommendes Geschlecht heranwachse und heranreife und sich deutscher, frommer Art und Sitte nicht schäme, sondern in der Väter Fußstapfen trete, in diesem Geiste, Wollen und Bekennen steht Ihr hier, im heiligen Gelübde: Kommt, wir wollen zum Herrn und bleiben bei ihm! Und nun enthüllet vor dem heimatlichen Gottesaltar diese Fahne, daß sie euch ein Gottespanier sei. Ich übergebe kraft Amtes und Auftrages diese Fahne ihrer guten, vaterländischen Bestimmung!"

Weihespruch:
Fahne, wehe nur da, wo es ehrbar und züchtig hergeht und wo man Gott fürchtet,
Fahne, eine die, welche dir folgen, in dem, was gut und fromm,
Fahne, führe vorbei am Gemeinen und Schlechten, am Verrat des Vaterlandes und an der Verleugnung Gottes,
Fahne, führe hinein in den Dienst der Liebe, in die Verteidigung alles dessen, was deutsch und treu ist,
Fahne, helfe mit, daß deutsches Volk und deutsche Art aus Fall und Schmach aufstehe und aufsteige zu den Höhen der Achtung und Ehrung der Völker und die Aufgaben löse, zu welchen Gott uns berufen und bereitet hat, wehe und flattre in bessere Zeiten hinein, einer neuen, schöneren, gottbegnadeten Zukunft entgegen!
|271| Vereint euch am Betsonntag Rogate in der himmelstürmenden Bitte: Wir lassen Dich nicht Herr, Du segnest uns denn! Wir einen uns in dem Gebete der Christenheit, das der Meister vom Himmel uns lehrte, und sprechen: Vater unser, der Du bist im Himmel!
Weißenburg i. B.

15 Schreiben des Pfarramtes St. Matthäus, München, an den Landeskirchenrat. München, 27. März 1931

LAELKB, LKR XV, 1665a II 1931–1932

Betreff: Beteiligung Uniformierter bei kirchlichen Trauungen.
Es ist in der letzten Zeit zweimal vorgekommen, dass Abteilungen der Nationalsozialistischen Arbeiterpartei in Uniform an der kirchlichen Trauung teilnahmen. Das erstemal rief der Unterzeichnete den Führer der Abteilung vor der Handlung in die Sakristei und bedeutete diesem, dass die Uniformierten sich in keiner anderen Weise in der Kirche benehmen dürften als die anderen Hochzeitsgäste auch. Kommando und ähnliches müssten selbstverständlich unterbleiben. Das gleiche wurde bei der zweiten Trauung dem Bräutigam am Tage vor der Trauung gesagt. Wahrscheinlich hat dieser dem Führer der Abteilung keine Mitteilung davon gemacht. Auf jeden

Fall, als der amtierende Geistliche zum Gebet aufforderte, erscholl laut das Kommando: zum Gebet. Und dann stund die ganze Abteilung mit zum Faschistengruss erhobenem Arme da.
Es ist dem Unterzeichneten kein Zweifel, dass das unerträglich ist und unmöglich geduldet werden kann. Da der gleiche Fall sich jeder Zeit hier und in anderen Kirchen wiederholen kann, glaubt der Unterzeichnete den Fall an den Landeskirchenrat berichten zu sollen mit der Bitte, Anordnungen zu erlassen, wie sich die Geistlichen gegenüber uniformierten Abteilungen zu verhalten haben.
Der Kirchenvorstand St. Matthäus hat sich den von dem Unterzeichneten vertretenen Standpunkt zu eigen gemacht, nämlich:
Die Beteiligung politischer Gruppen in Uniform ist unerwünscht. Es soll nach Möglichkeit versucht werden sie zu verhindern. Sie direkt zu verbieten aber erscheint nicht als angängig, schon aus dem praktischen Grunde nicht, dass heute eine Reihe junger Leute keine andere „gute" Kleidung besitzen als die Uniform. Wenn also Uniformierte teilnehmen, so haben sie sich den anderen Hochzeitsgästen einzuordnen oder anzuschliessen. Jedes Hervortreten ist zu untersagen.
Selbstverständlich muss die Kirche unbedingte Neutralität bewähren, das heisst, wenn sie Uniformierte der einen Partei zulässt, muss sie das gleiche Recht auch anderen Parteien zugestehen.
In diesem Sinne wird bei St. Matthäus verfahren, bis besondere Bestimmungen vom evang.-luth. Landeskirchenrat erlassen sind.
Evang.-luth. Pfarramt St. Matthäus.
I. V. Sammetreuther

16 Schreiben des Dekanats München an den Landeskirchenrat. München, 30. März 1931

LAELKB, LKR XV, 1665a II 1931–1932

Dem Evang.-Luth. Landeskirchenrat
lege ich den vorstehenden Bericht des Pfarramts St. Matthäus vor, der von mir auf Grund einer mündlichen Meldung des Pfarramts veranlasst worden ist. Ich halte es für dringend erwünscht, dass der Landeskirchenrat hier eine einheitliche Regelung trifft, da derartige Fälle sich zweifellos mehren werden und nicht auf eine Partei beschränkt bleiben.
Um wenigstens vorläufig für das Dekanat München I Einheitlichkeit herzustellen, hat das Dekanat an die Pfarrämter und Vikariate eine Anordnung hinausgegeben, dass bis zum Eintreffen einer Verordnung der Kirchenbehörde folgende Richtlinien zu beachten seien:
1.) Die Beteiligung von uniformierten Personen bei kirchlichen Handlungen kann nicht grundsätzlich verboten werden; sie ist aber nicht erwünscht, weil

sie immerhin Anlass zu Störungen geben kann. Sie ist also nach Möglichkeit hintan zu halten.
2.) Unter allen Umständen ist geschlossene Beteiligung uniformierter Gruppen zu untersagen; Uniformierte haben sich einzeln den Hochzeitsgästen anzuschliessen. Gruppierte Aufstellung in der Kirche darf nicht geduldet werden; gegebenenfalls ist der Beginn der betreffenden Amtshandlung so lange auszusetzen, bis den Anordnungen des Pfarramts in dieser Beziehung Folge geleistet ist.
3.) Ebenso sind irgendwelche Kundgebungen in Wort oder Haltung streng zu untersagen. Die betreffenden Brautleute, bezw. Angehörigen sind vorher von dieser Anordnung zu unterrichten; es ist ihnen mitzuteilen, dass gegebenenfalls eine Amtshandlung auch mitten in ihrem Verlauf unterbrochen wird, weil die gegebenen Bestimmungen nicht eingehalten werden.
Langenfass

17 Schreiben von Pfarrer Karl-Heinz Becker an einen Oberkirchenrat. Ezelheim, 30. April 1931

LAELKB, LKR XV, 1665a II 1931–1932

Hochverehrtester hochwürdigster Herr Oberkirchenrat!
Zunächst bitte ich aufrichtig um Verzeihung, wenn ich Ihrer gütigen Hilfsbereitschaft vertrauensvoll eine Angelegenheit unterbreite, die zunächst eine politische ist, die mich aber dennoch zwingt, mich an Sie mit der Bitte um seelsorgerlichen Rat zu wenden.
Ich tue es in dem Gefühl der aufrichtigsten Dankbarkeit, das ich stets für Ihr so gütiges Interesse empfunden habe.
Wohl jeder Christ, auch jeder Amtsbruder leidet zur Zeit unter der ausserordentlichen Schwierigkeit des ganzen Fragenkomplexes, der sich heute an das Wort Nationalsozialismus und dessen Beurteilung vom Christentum aus hängt. Es hat wenig Zweck, sich polemisch mit diesen Fragen zu befassen, da ja niemand vorbehaltlos zu dieser Bewegung Ja oder Nein sagen kann; niemand auch wird behaupten dürfen, schon zu einem endgültigen Urteil gelangt zu sein. Dennoch muss natürlich um Klarheit gerungen werden. Nur in diesem Sinne möchte ich das Folgende als den ganz bescheidenen Versuch eines Beitrags zu dieser unbedingt notwendigen Klärung aufgefasst sehen.
Ich bemerke nämlich mit wirklichem Entsetzen, im Zentralen der Nationalsozialistischen Bewegung, nicht nur an ihrer Peripherie, das völlige Ueberhandnehmen einer Geistesrichtung, die unbedingt in ein sittliches Chaos führen muss, und ich bemerke nun andererseits mit nicht geringerem Erschrecken, dass dies in der kirchlichen Diskussion darüber so viel ich sehe bisher anscheinend noch nirgends die entsprechende Beurteilung erfahren

hat; (ich vermisse sie auch in dem Bericht über die heurige Riederauer Konferenz im Fränkischen Kurier vom 17. 4. 31.) Man spricht wohl von bedauerlichen Auswüchsen der Bewegung, die selbstverständlich zu verurteilen sind, aber hiervon soll jetzt nicht die Rede sein: Was ich feststelle, ist eine Verwirrung der sittlichen Begriffe im Grundsätzlichen des Nationalsozialismus, die m. E. unbedingt der sofortigen Klarstellung von autoritärer, über dem parteipolitischen Streit stehender Stelle aus bedarf.

Ich gehe davon aus, dass daran doch selbstverständlich nie gerüttelt werden kann, dass eine jede Bewegung, die an sich auch vielleicht das Beste will, nichts anderes als nur Schaden anrichten kann, wenn sie sich bei der Verwirklichung dieses ihres an sich guten Wollens nicht der sittlichen Idee unterstellt fühlt. Der Prototyp für diesen Fehler ist für uns die sogenannte Jesuitenmoral „Der Zweck heiligt die Mittel". Ein Lenin könnte der reinste Mensch mit dem idealsten Wollen gewesen sein, – sein Grundsatz: „Sittlichkeit ist nur ein bürgerliches Vorurteil" machte dies reine Wollen eben illusorisch und verwerflich. Wer sich in dieser Weise, sei es auch gutmeinend, ausserhalb der sittlichen Idee stellt, muss eben restlos, d. h. mit allen seinen Bestrebungen, auch den guten, und mit allen seinen Anhängern, auch den gutgläubigen, den persönlich untadeligen und diese „Moral" nicht anerkennenden, abgelehnt werden – und zwar gänzlich, nicht nur zum Teil – und muss von allen Seiten aus mit absoluter Entschiedenheit bekämpft werden.

Das gilt natürlich auch in der Politik und kein Staatsmann, keine Partei und keine „Weltanschauung" hat in diesem Punkte – trotz Macchiavelli! – eine Entschuldigung für sich. Die Stellung der Kirche ist hier natürlich klar: Wer gegen diese sittliche Voraussetzung verstösst, ist unter allen Umständen völlig ungeeignet zur Vertretung christlicher Belange und kann nie etwas für Christus tun. Wo dieser Grundsatz-Fehler von Leuten begangen wird, die für das Christentum öffentlich eintreten wollen, muss ihnen vom Christentum aus, – ebenfalls öffentlich –, absolut eindeutig erklärt werden, dass sie die Finger davon lassen sollen, – dass ihr Eintreten für das Christentum diesem nur schädlich sein kann und daher gar nicht in Frage kommt.

Ich bemerke nun aber eben, dass diese entartete „Moral" in der nationalsozialistischen Bewegung tatsächlich schon die Oberhand gewonnen hat und niemand dort anscheinend mehr etwas dabei findet. Es haben zwar „Säuberungsaktionen" in der Partei stattgefunden, aber sie richteten sich bisher immer nur gegen solche Mitglieder, die nicht „blind" (sic) mitgingen, nie gegen diesen grundsätzlichen Fehler, mit dem die ganze Bewegung arbeitet.

Es lag mir von vornherein völlig fern, jemals „Material" gegen meine nationalsozialistischen Mitmenschen zu sammeln, ich betrachte das auch jetzt nicht als meine Aufgabe. Aber das, was mir zufällig in die Hände fiel, genügt m. E.

Dieser grundsätzliche Fehler tritt in der nationalsozialistischen Bewegung in gröberer und in feinerer Form auf, aber überall gleich naiv unverhohlen: Aufmerksam gemacht wurde ich zunächst durch die (auch von Kirchlichen Blättern m. W. schon abgelehnte) Presseäusserung des nationalsozialistischen Reichstagsabgeordneten Rosenberg, Chefredakteurs des „Völkischen Beobachters" – also eines der wichtigsten Führer der Bewegung – wonach die Ehre des eigenen Volkes allen bisherigen höchsten Zwecken der Menschheit wie z. B. Humanität (und anderen, die mir entfallen sind) grundsätzlich überzuordnen sei.
Dass es sich hier nicht um die Entgleisung eines Einzelnen, sondern um eine bereits weithin vorhandene geistige Einstellung handelt, beweist der Bericht von einer nationalsozialistischen Hochschulreform-Tagung in Marburg, den ich im „Türmer" (Märzheft 1931 S. 578) fand: Man hat sich dort für die Abschaffung des „formalen Wahrheitsbegriffs als letzter konstitutiver Grösse" eingesetzt; diese letzte konstitutive Grösse sei Volk.
Tragen diese Aeusserungen noch mehr „akademischen" Charakter, so bewies mir ein Artikel über das Thema „Rache!", den ich kürzlich in der Beilage zum „Völkischen Beobachter": „Der S.-A. Mann" fand, wie sich diese geistige Einstellung bereits in der Praxis der Partei auswirkt. Dieses blutrünstige Elaborat war überhaupt mit keinem menschlichen Massstab mehr zu messen, am widerlichsten wirkte aber die gefährliche Naivität, mit der der Verfasser seine Anschauungen über dies Thema für durchaus vereinbar mit seinem „Tatchristentum" hielt.
Gänzlich überzeugt von der Berechtigung meiner Befürchtungen wurde ich nun aber durch den beiliegenden Artikel aus den „Münchener Neuesten Nachrichten" vom 28. März 1931 von cand. med. Englert. Die dort wiedergegebene Aeusserung des nationalsozialistischen Landtagsabgeordneten Studentkowski spricht für sich selbst, auch wenn sie wörtlich nicht so gefallen sein sollte. Ausschlaggebend für mich aber war vor allem die – zweifellos auf beweiskräftigen Unterlagen fussende – Mitteilung des Verfassers darüber, dass „die nationalsozialistische Ethik offen Lüge und Vergewaltigung, ja sogar den Bruch des Ehrenwortes fordert, wenn das Wohl des deutschen Volkes dies erfordert." – Da ich die nationalsozialistische Presse nicht verfolge, habe ich mich daraufhin damit begnügt, einen älteren Studenten, der sie verfolgt, zu fragen, ob sich eine derartige „Ethik" tatsächlich aus der nationalsozialistischen Parteipresse würde belegen lassen. Er versicherte mir, dass man derartigen Aeusserungen dort jederzeit begegne.
Da es mir hier nur auf einen Hinweis, nicht auf lückenlose Beweisführung ankommt, darf ich mich mit dem Angeführten begnügen.
Man wartet kirchlicherseits auf eine Klärung der nationalsozialistischen Bewegung und ist auch gewillt, ihr dazu zu verhelfen. Ich fürchte nun: Wenn die evangelische Kirche weiterhin zu dieser Klärung nur jenes – an sich natürlich nicht unberechtigte – „Einerseits … Andererseits …" oder dies:

„Eine erfreuliche Erscheinung mit bedauerlichen Auswüchsen!“ beiträgt, mit dem man sich bis heute begnügt, dann ist m. E. wirklich gar keine Gewähr mehr dafür gegeben, dass sich der verhängnisvolle innere Demoralisierungsprozess, dem diese Bewegung grundsätzlich mit fürchterlicher Notwendigkeit nach meiner Kenntnis der Dinge bereits allerorten unterworfen ist, – er hat schon jetzt Ausmasse angenommen, für die ich in der Geschichte kein Beispiel weiss –, ungehemmt und selbstverständlich unter den verheerendsten Folgen für unser ganzes Volksleben nur immer weiter ausbreitet, – und dass endlich, wenn es sich dann nicht mehr verkennen lassen wird, dass man es hier nur noch mit „Nationalbolschewismus“ zu tun hat, die Jugend dieser Partei den Vertretern der Kirche einmal – immerhin mit einem gewissen Recht – erklären wird: „Was wollt ihr denn? Wir wussten ja in der Tat nicht, dass dieser unser Weg nicht der richtige war, wir hielten uns zu dieser Ethik für berechtigt“ (das ist ja tatsächlich heute der Fall) – „eure Pfarrer haben bei unserer Bewegung mitgemacht oder dazu geschwiegen, ihr habt damit diese unsere Ethik sanktioniert.“ – Ich persönlich sehe diesen Augenblick bereits gekommen. Es liegt mir aber selbstverständlich ganz fern, mit diesen meinen Befürchtungen irgend jemand einen Vorwurf machen zu wollen.

Es ist nun freilich eine schwierige Frage, in welcher Weise gegen diese Entwicklung kirchlicherseits noch vorgegangen werden kann und in welcher Form diese m. E. unbedingt notwendige Feststellung gemacht werden soll, dass die Partei bei solchen Maximen nicht geeignet ist, christliche Belange zu vertreten und eben wegen der grundsätzlichen moralischen Unzuverlässigkeit in diesem einen Punkte auch mit allen ihren anderen Zielen, so berechtigt sie sein mögen, und mit allen ihren Anhängern, moralisch gefestigten und ungefestigten, – so wenig man diesen allen persönlich auch irgend einen dolus vorwerfen kann – als Ganzes vom Christentum und von der evangelischen Kirche aus abgelehnt werden muss; denn halbe Zustimmung und halbe Ablehnung, wie sie heute kirchlicherseits geübt wird, ist einer Bewegung gegenüber, in der diese „Ethik“ ungehindert auftreten darf, ja schon kompromittierend. Ich masse mir natürlich nicht an, besser wissen zu wollen, was zu tun ist, als die hochwürdige Leitung der Landeskirche. Ich konnte nur nicht länger zusehen; mir selbst fällt zunächst kein anderer Weg ein, als der, dass von höchster über den Parteien stehender kirchlicher Stelle aus eingeschritten wird, sei es auf dem Wege öffentlicher Kundgebungen, sei es auch durch anderweitige Versuche, auf die Leitung der nationalsozialistischen Partei direkt oder durch ihr nahestehende Kollegen einzuwirken, um sie zu einer ehrlichen Zurücknahme dieses Kurses zu veranlassen. (Aber was bedeutet Ehrlichkeit bei dieser „Ethik“?!)

Selbstverständlich bestehe ich nicht auf der Meinung, dass ich mit dem allen schon das Richtige getroffen hätte. Ich besitze auch keineswegs einen restlosen Ueberblick über die ganze Frage. Es kann vielleicht auch höheren

Orts für zweckmässiger befunden werden, dass ich als Einzelner zunächst in der Oeffentlichkeit nur auf meine eigene Verantwortung hin die Forderung nach dieser Klarstellung erhebe. Dann müsste ich es natürlich tun, so ungeschickt ich mich dazu auch fühle. Nur gerate ich damit in die mir fernliegende Notwendigkeit, öffentlich Ansichten über das aussprechen zu müssen, was die Kirche zu tun hätte und was nicht. Und dazu fühle ich mich wieder nicht recht berufen. Ausserdem würden sich viele Kollegen, die sich natürlich in gutem Glauben in der Oeffentlichkeit für die nationalsozialistische Partei eingesetzt haben, leicht angegriffen oder blossgestellt fühlen, was ich selbstverständlich auch gern vermieden sähe, da mir derartiges ja ganz fernliegt und ich es niemand verdenke, wenn er in so unerklärten Zeitfragen wie diesen zu anderen Ergebnissen gekommen ist wie ich.
Ich bitte Sie, hochverehrter Herr Oberkirchenrat, deshalb vertrauensvoll um ihre gütige Meinungsäusserung, was ich tun soll, – oder auch um Belehrung, wenn nötig, – und spreche Ihnen im Voraus hiefür meinen aufrichtigsten und herzlichsten Dank aus als Ihr
stets verehrungsvoll ergebener
Karl-Heinz Becker, Pfarrer
Ich stelle Ihnen, hochverehrter Herr Oberkirchenrat, dies Schreiben, das da weiter keine Geheimnisse enthält, selbstverständlich gerne zu jeder beliebigen Verwendung gegenüber Dritten zur Verfügung.
Becker

18 Schreiben des Dekanats Hof an den Landeskirchenrat. Hof, 12. März 1932

LAELKB, LKR XV, 1665a II 1931–1932

Beschluß des evang.-luth. Kirchenvorstandes Hof vom 11. März 1932.
Das Dekanat hat in diesen Tagen einen Pfarrer unserer Gemeinde, von dem bekannt geworden war, daß er im Laufe der Woche vor der Reichspräsidentenwahl an verschiedenen Orten in Parteiversammlungen sprechen wollte, herzlich und dringend gebeten, nicht als Wortführer einer politischen Partei in Wahlversammlungen aufzutreten. Diese Bitte erfolgte im Einvernehmen mit sämtlichen Geistlichen der Stadt und unter Hinweis auf die wiederholten und deutlichen Willenskundgebungen des Kirchenvorstandes, der vor jeder Neubesetzung einer Hofer Pfarrstelle und bei anderen Gelegenheiten die bestimmte Erwartung aussprach, daß die Geistlichen der Gemeinde von jeder aktiven öffentlichen Parteipolitik sich fernhalten.
Der Kirchenvorstand nimmt davon mit Verwunderung Kenntnis. Nachdem mangels entsprechender Kirchengesetze dieser Bitte verpflichtende Kraft fehlt, richtet der Kirchenvorstand an den Landeskirchenrat das dringende Ersuchen, es möchte allen Pfarrern untersagt werden, Parteiversammlungen

zu leiten oder in denselben als Redner aufzutreten, die sich von der Partei haben rufen lassen. „Jeder Geistliche hat zu beachten, daß er für seine ganze Gemeinde da ist. Er ist nicht als Parteipfarrer berufen und am allerwenigsten zum politischen Agitator oder sozialen Reformer bestellt."
Zur Begründung diene folgendes:
Gerade weil die Kirche sich unserem Volke in seinen schweren Lebens- und Daseinskämpfen nicht versagen darf, muß sie sich hüten, die Wirkung ihres Wortes dadurch zu gefährden, daß sie an dem Mißverständnis schuldig wird, als hätte sie dem Sieg oder der Niederlage einer Partei die eigene Existenz und Vollmacht zu verdanken.
Die Formulierung der Parteiziele kann nie die Verkündigung der Kirche bestimmen, die die alle umfassende universale Gnade und das über die ganze unter dem Unglauben beschlossene Menschheit ergehende Gericht gegen alle falschen, in der Politik aber unerläßlichen Vereinseitigungen als Heilsbotschaft ausrichtet und ausschenkt. Es ist klar, daß auch im Herzen der Kirche mehr mitschwingt an innerster Teilnahme, wo in der Aktion einer Partei die der Kirche geschenkte Erkenntnis vom Wesen der Nation und des Staates praktische Geltung empfängt, als da, wo eine kollektivistische Einebnung aller völkischen Besonderheiten erstrebt wird. Aber jede Partei soll ihre eigene Sprache haben, die ihr von der Kirche nicht gewehrt wird, deren Sauberkeit und Recht aber im Licht des Wortes Gottes sich bewähren muß. Wilhelm Stapel hat wohl die Grenze am klarsten gezogen, die zwischen Kirche und Partei liegt: Die Kirche kann nur verkündigen, die Partei ruft auf, fordert und befiehlt. (Stapel spricht hier vom Nationalsozialismus, aber diese Bestimmung darf wohl von allen Parteien gelten.) Die Kirche wird zu einem soziologischen Gebilde deklassiert, wenn sie mehr will und etwas anderes will als die Verkündigung dessen, was ihr anvertraut ist. Der Indikativ ist die Grundform ihrer Verkündigung, seine Allgenugsamkeit aber erweist er darin, daß er, gehört, sittliche Imperative und Entschlüsse in Bewegung setzt. Die Kirche hat die Dinge zu bedenken, die vor aller politischen Arbeit liegen-, die in aller Politik vor falschen Schlüssen und trügerischen Illusionen bewahren und die aller politischen Tat Dauer und Wert geben. Wie Luther das Schwert Huttens und Sickingens verweigert hat, muß die Kirche verzichten lernen auf die Hilfe jeder Macht, und wenn sie vom Schwert des Petrus käme. Das war ja die Größe Luthers und seine Kraft, daß er von seinem Herrn Christus gelernt hatte, nie politisch, auch nicht „sozial" oder organisatorisch zu denken und zu handeln, sondern rein aus dem Glauben heraus.

19 Ernst Daum: Nationalsozialismus und Kirche

KorrBl 57 (1932), 22./29. Februar, S. 68–70, 77–79

|68| Ueber das Thema „Nationalsozialismus und Christentum“ sind mancherlei Schriften zu lesen gewesen. Wenn man sie las, so war das Charakteristische, daß die Grenzen zwischen beiden Größen gezogen wurden. Viele hat das sehr beruhigt. „Dann ist es ja gut; eines Gewissenkonfliktes bin ich nun für einige Zeit wieder enthoben. So wie es jetzt steht, kann der Nationalsozialismus nicht verlangen, daß der Christ, gar der Pfarrer, in seinen Reihen stehen muß.“ So herrscht denn eine seltsame Ruhe in unseren Kreisen. Wenn jene Schriften das erreichten, so haben sie Schaden angerichtet; wenn sie das erreichen wollten, haben sie irrtümlich der Kirche zu dienen versucht. Die Ruhe wird von Monat zu Monat weniger verstanden. Das Kirchenvolk in Stadt und Land sucht in dieser Zeit einzigartiger Entscheidungen nach Führern. Immer noch hält man in den berufenen Kreisen fest an der strengen Neutralität einer Bewegung gegenüber, die das Volk ergreift. Man spricht nicht dagegen, nicht dafür. Einige kurze Worte – damit glaubt man genug getan zu haben. Viele sehen es so an, als ob die Kirche sich für alle Eventualitäten sicher stellen wolle. Führt die Bewegung zum schlechten Ende, so kann man sagen: „Haben wir nicht zur Vorsicht gemahnt?“ Führt sie zum guten Ende, kann man sagen: „Wir haben sie nicht bekämpft.“ Aber diese Haltung wird je länger, je mehr unzulänglich. In der Nummer 4 des „Evangelischen Deutschland“ ist nun ein ernster Mahnruf „Ein Ruf der Stunde“ von Kirchenrat D. Pfennigsdorf-Dessau zu lesen. Hier wird die Kirche lebhaft an ihre Aufgabe erinnert, die aus ihrer schicksalhaften Verbundenheit mit dem deutschen Volkstum entspringt. Und der Satz dünkt |69| mich richtunggebend zu sein: „Darum muß sie aus ihrer oft so ängstlichen Reserve heraustreten ... Das ist das Gebot der Stunde. Mit bloßer Abwehr christentumsfeindlicher Einflüsse auf unser Volk oder mit bloßer Bekämpfung roher unchristlicher politischer Kampfesweise der Parteien ist es nicht getan, auch nicht mit der allgemeinen Verkündigung evangelischer Wahrheiten in der Predigt.“ Diese Worte zu lesen wirkt wie ein Erlöstwerden aus schwerem, unheimlichen Bann. Aber sie sind nur richtunggebend. Verläßt die Kirche einmal ihre Reservestellung, so ist in unserer Gegenwart das dann die eindringlichste Bestimmung: „Welche Aufgabe erwächst der Kirche aus dem Nationalsozialismus?“

Es ist dreierlei zu erkennen: 1. Der Nationalsozialismus ist eine Volksbewegung. D. Kremers-Bonn in seiner Schrift: „Nationalsozialismus und Christentum“[1], geht in vielen Punkten gar nicht fein säuberlich um mit dem Nationalsozialismus. Aber das muß er sagen: Diese Bewegung ist „nicht

1 H. Kremers, Nationalsozialismus.

etwa nur ein letzter Wutausbruch desperater Kleinbürger, sondern ein Aufbruch starker, zielbewusster Willenskräfte, ein Aufwuchs aus dem besten Kernholz aller deutschen Volksschichten und christlichen Konfessionen, ein neuer Weg, ein neues Ziel, ein deutscher Volksfrühling mit Sturm und Brausen. Eine Bewegung von solchem Tiefgang, solcher Breite und solch idealer Höhenlage hat die deutsche politische Geschichte noch nicht erlebt."
Diese Bewegung hat ein Ziel: zu schaffen, was in der deutschen Geschichte noch nicht da war – ein deutsches Volk. Wir waren noch kein Volk, wenn man darunter den einheitlichen Gesamtwillen einer Nation versteht, vor 1871 nicht (das bedarf keines Beweises) und nach 1871 nicht; da setzte ja der Klassenkampf ein, der einen ganzen Stand vom Volkskörper loslöste. Keine Partei konnte das Volk einigen und ihm einen mächtigen Gesamtwillen einflößen: da trat der Nationalsozialismus auf den Plan. Sieben Männer schließen mit Adolf Hitler Bruderschaft und geloben nicht eher zu ruhen, als bis Deutschland erwacht. Ein phantastisches, ein wahnwitziges Beginnen schien es zu sein. Aber was geschah? Aus sieben werden 7 Millionen, aus sieben werden 14 Millionen. Es entsteht trotz verzweifelter Rückschläge, trotz brutalster Bekämpfung eine Volksbewegung größten Stiles. Man sage doch nicht, Millionen Anhänger seien Unzufriedene, die nun eben von Hitler das Heil erwarten. Man täusche sich doch nicht so entsetzlich. Die so denken, haben noch keine Versammlung oder Besprechung von Hunderten von SA.-Führern gesehen, nicht diese aufrechten zuchtvollen Männer, in denen ein herrliches Feuer brennt. Und dieses Feuer brennt nicht nur wie nach den Freiheitskriegen in der deutschen Burschenschaft, sondern hier steht neben der akademischen Jugend die Jugend aller Stände. Eine Volksbewegung ist der Nationalsozialismus. Eine beglückende Erkenntnis ist diese erste.
Aber die 2. Erkenntnis ist darum umso furchtbarer: Es gilt zu erkennen, daß das Ende des Nationalsozialismus ein grandioses, tragisches Verbluten der besten Kräfte unseres Volkes sein muß, wenn es nicht gelingt, ihn zu den religiösen Quellen zurückzuführen, wenn seine religiöse Neutralität nicht zu aktiver Religiosität wird. Solche Bewegungen können keine religiöse Neutralität ertragen. Jede religiösen Neutralität ist ein Ausschalten Gottes und Gott darf nicht ausgeschaltet werden. Hieß es einst: mit König und Vaterland, so muß es jetzt heißen: mit Gott für Volk und Vaterland. Es ist allerdings sehr bedenklich, daß man alle Kräfte zum Gesundungs- und Befreiungskampf aus Eigenem ziehen möchte. „Woher schöpft ihr die gewaltigen Lebenskräfte, daß durch euch die Nation erlöst werden konnte? Woher, als aus der Nation selbst." (Völk. Beobachter vom 26.11.31.) Das geht nicht, nein, das ist falsch. Es ist noch nie dagewesen, daß eine Bewegung, die das Religiöse nicht als Kernstück hatte, zu einem guten Ende führte. Jede derartige Bewegung löst im ersten Gefühl eigener Kraft ungeheure Energie aus. Aber sie muß ermatten. Und was entsteht, ist Enttäuschung, und was

erreicht wird, ist das Gegenteil dessen, das erreicht werden wollte. Nun ist freilich die Stellung Hitlers, des Führers, so, daß eine religiöse Gefahr nicht besteht. Das Hakenkreuz will durchaus nicht das Symbol eines etwa aus dem Germanischen neu sich bildenden Kultus sein. Hitler nennt selbst die Propheten eines solchen Sonnen- und Wotankultes Komödianten und Nachtwandler. Aber wenn auch diese religiöse Gefahr nicht besteht; das genügt nicht. Nicht darum handelt es sich, ob diese Bewegung eine Gefahr in sich bergen könne, nicht darum, daß der Nationalsozialismus uns nicht bekämpft, weil er in den religiösen Bekenntnissen „wertvolle Stützen für den Bestand des Volkes“ sieht, sondern um das Positive, daß man die Energien zur Volksgesundung und Volksbefreiung aus der Religion zieht. Dieser Unterschied muß deutlich gesehen werden. Und hier liegt der Schwerpunkt der 2. Erkenntnis. Denn sie enthält die unabwendbare Tragik, daß die ganze herrliche Bewegung sich verbluten muß, wenn die Forderung nicht erfüllt wird: zurück zu den religiösen Quellen. Was bedeutet das? Nicht mehr und nicht weniger, als daß dieser Einsatz an wertvollsten Volkskräften so groß und durchgreifend ist, daß er für Jahre, für Jahrzehnte, vielleicht für immer der letzte bleibt. Das will keine überschwängliche Sprache sein. Denn was steht auf dem Spiele? Nicht nur das Behaupten des Glaubens gegenüber dem einbrechenden Gottlosensturm, sondern auch die Rettung der Volksseele vor den verseuchten Giftstoffen, die unserem Volkskörper eingeflößt werden. In brutaler, bewusster Weise sind seit Jahren und Jahrzehnten Kräfte am Werk, die Ehe, Sitte, Reinheit, Zucht, Ehre und Volkstum untergraben wollen. Es ist ganz unmöglich, daß wir das auch nur 10 Jahre aushalten. Die Verderbnis in lüsternem Schrifttum, in Kino, Theater und Variete ist trotz des Schund- und Schmutzgesetzes so kraß, daß den Volksfreund ein wilder Zorn packen muss, wenn er beobachtet, wie man diesem Treiben an verantwortungsvoller und maßgebender Stelle tatenlos zusieht. Diese Giftstoffe sind so weit in unser Volk eingedrungen, daß es nur noch kurzer Zeit bedarf und man muß gestehen: jetzt ist es zu spät zur Rettung. Darum sage ich: für Jahre, das bedeutet vielleicht für immer. Wenn darum der Nationalsozialismus sein Ziel der Volksgesundung, ohne die es auch ganz gewiß keine Befreiung nach außen gibt, ohne die auch der einheitliche Gesamtwille, das Zeichen eines Volkes, nicht entstehen kann, nicht erreicht, dann ist ernstlich zu befürchten, daß es auch sein wird. Und er wird es nicht erreichen, er wird verbluten, wenn es nicht gelingt ihn zu den religiösen Quellen zurückzuführen. So ist denn die 3. schicksalhafte Erkenntnis: dieses Zurückführen zu den religiösen Quellen kann nicht geschehen ohne aktive Mitarbeit der Kirche, als der Zusammenfassung aller religiösen Kräfte. Es ist geradezu zum Heulen, wenn beständig von theologischer und kirchlicher Seite auf die Schwächen des Nationalsozialismus hingewiesen wird. Aber es geschieht nichts, um diesen Mangel zu beheben. Und wer soll es denn tun, wer kann es denn, wer ist dazu berufen, wenn nicht wir? Wir schauen zu, mehr oder weniger beunruhigt, |70| und wenn dann aus den Laienkreisen dieser Bewegung Bücher wie das von Rosenberg entstehen, so entsetzen wir uns. Wenn irgend ein nationalsozialistisches Blatt einen Artikel bringt, der auf Religiöses anspielt, so prüfen wir sehr genau geübten Sinnes; finden wir eine Stelle, mit der die Ausdrucksweise der Theologen nicht übereinstimmt, so erheben wir Widerspruch oder lächeln, je nachdem unsere Sympathie oder Antipathie der Bewegung gilt. Man verwehrt uns Pfarrern nicht, nationalsozialistisch zu denken. Wie wenig begreift einer, der nicht Nationalsozialist ist, was es heißt nationalsozialistisch zu denken. Immer wieder verwechselt man Bewegung und Partei. Einer Partei anzugehören, dazu reicht es aus, an der Wahlurne für sie zu stimmen. Einer Bewegung angehören, heißt nicht, für sie Sympathie zu fühlen, heißt auch nicht, in ihre Mitgliederliste sich eintragen zu lassen, heißt auch nicht sie mit Geld zu unterstützen: einer Bewegung anzugehören, heißt sie zu fördern, für sie sich einzusetzen mit allen Kräften, die Gott uns gab. Und einer deutschen Freiheitsbewegung anzugehören zur Rettung vor dem Untergang, vor Knechtschaft, Bolschewismus und innerer gänzlicher Zersetzung: o sag selbst, ob es genügt, Sympathie im Busen still zutragen. Man muß begreifen, daß der nationalsozialistische Pfarrer heute unter der Folter eines schweren Gewissenskonfliktes steht. Wenn allein in unserer bayerischen Landeskirche Hunderte von Pfarrern von der Bewegung erfasst sind, so macht das den Konflikt umso unheimlicher. Und doch ist das gar nicht das Ausschlaggebende. Das Ausschlaggebende ist die Haltung der offiziellen Kirche. Fühlt sie die Aufgabe, die sie an dieser Bewegung zu erfüllen hat? Manch Bedauernswertes hat die Bewegung schon hervorgerufen. Ist die Kirche daran unschuldig? Wer hat sich denn um die religiöse Denkweise gekümmert? Wer hat sich denn der tiefen Sehnsucht nach Wahrheit und Klarheit, nach dem religiösen Unterbau, die gewiß vorhanden ist, angenommen? In einer christlichen Zeitschrift (der Name tut nichts zur Sache) ist in der letzten Nummer zu lesen: „Nein, die Kirche darf nie und nimmermehr abwarten, bis die nationale Bewegung an sie herantritt, sie muß von sich aus sich ans Volk wenden: „Sieh, deutsches Volk, wir beide gehören zusammen … Dein nationaler Lebenswille, der so mächtig jetzt aus den Tiefen deines Volkstums hervorbricht, muß auch in den Reihen der Kirche ganz tief erlebt werden. Aber deutsches Volk, die eine Wahrheit muß dir in aller Unerbittlichkeit gesagt werden: Deine jetzt so mächtig auflodernde nationale Bewegung wird wie ein Strohfeuer auslöschen, wenn du dich nicht in letzter Minute der tiefsten Quelle deines Seins zusammenfindest: zu Gott und seiner Offenbarung in Christus …“ Leider ist von dieser schicksalhaften Forderung in der Kirche wenig zu spüren. Man begnügt sich lediglich damit, von den Beobachtungstürmen das ringsherum flutende Leben, das Ringen nach neuen Formen, die Geburtswehen einer neuen Zeit zu beobachten.“ Muß nicht die Meinung sich festsetzen, daß die Kirche verzichtet

„Volkskirche" zu sein? Daß sie das Volk mit seinem ehrlichen Ringen und Wollen allein läßt?
So erscheint die Lage. Es ist gefährlich, mit verbundenen Augen daran vorbeizugehen. Denn es ist Gefahr, daß wir uns, wie schon einmal in den letzten 50 Jahren, den Weg zum Volke verbauen. Es ist Gefahr, daß wir eine Gelegenheit versäumen, die Botschaft Gottes und Christi in unserer Zeit gestaltende Kraft gewinnen zu lassen. Und es ist Gefahr, daß wir uns schuldig machen am Verbluten und Untergang unseres Volkes.
|77| Soweit die Herausstellung des Problems. Nun handelt es sich um seine Lösung. Hier kann ein Einzelner nur Richtlinien zeichnen, hier muß sie Debatte einsetzen. Nur bitte ich, im Auge zu behalten: es geht dem Nationalsozialismus nicht um eine religiöse, sondern um eine völkische und sittliche Erneuerung des Volkes, die ohne die Mitarbeit der Volkskirche nicht erreicht werden kann.
I. In einem apologetischen Kursus im Spandauer Johannisstift sprach der Herausgeber der Monatsschrift „Deutsches Volkstum", Wilhelm Stapel, über „Die Weltanschauung des Nationalsozialismus und das Christentum". Der Vortrag ist gedruckt erschienen, Das Büchlein hat den Titel: „6 Kapitel über Christentum und Nationalsozialismus". Darin ist Seite 8 der kurze Satz zu lesen: „Es handelt sich nun für Sie darum, dieser Bewegung das Evangelium zu verkündigen." In dem Satze liegt zweierlei: 1. daß das Evangelium verkündigt werde, 2. daß es dieser Bewegung verkündigt werde. Was jenes betrifft, so kann es nicht feingeschliffener ausgedrückt werden. als Stapel es tut: „Ein Prediger hat der nationalsozialistischen Bewegung gegenüber von vornherein verloren, wenn er sein Christentum ‚zeitgemäß' machen will, wenn er das, was er glaubt, den Wünschen und der Vorstellungswelt der anderen angleichen und auf diese Weise eingänglich machen will … Wer nicht weiß, was Sünde und Erlösung ist, wem nicht Jesus von Nazareth der Gottessohn ist von Ewigkeit zu Ewigkeit, wer in der Kreuzigung nur eine bedauerliche und eigentlich überflüssige Hinrichtung sieht und nicht weiß und glaubt, daß hier die Substanz der Schöpfung von Sünde und Tod gereinigt wurde, wem es nur um soziale Güte, um gute Staatsbürgerschaft geht und nicht um das ewige Leben, der soll vor Nationalsozialisten nicht von Christus zu reden anheben. Er mag ein vortrefflicher Mensch sein, aller Achtung wert, er mag auch ein guter Nationalsozialist werden, aber er ist nicht ein kletos tou theou, ein Berufener Gottes" (S. 8, 9.) Das ist so klar, daß es eines weiteren Wortes nicht bedarf.
Aber nun das Zweite: Dieses Evangelium, diese Verkündigung ohne Angleichung und Abstriche muß der Bewegung verkündigt werden. Das haben wir bisher nicht getan. (Denn es geschieht doch nicht dadurch, daß wir im Gemeindegottesdienst das Evangelium verkündigen und uns beruhigen: die Nationalsozialisten können sich ja unter meine Kanzel setzen.) Einzelne nur haben entgegenwirkenden Kräften zum Trotz die Kanzel als einzige

Verkündigungsstätte aufgegeben und noch andere Verkündigungsstätten gewählt. Sie sind „Evangelisten", die das Evangelium verkündigen auch an Stätten, wo keine Orgel erklingt, keine Altarkerzen brennen, keine Gesangbücher vor den Zuhörern liegen und kein Kreuz sie anblickt. Nun ist ja das grundsätzliche Recht auch außerhalb des Kirchengebäudes Verkündigung zu treiben, längst anerkannt; ebenso wie die Pflicht des Predigers an die eigenen Gemeinde sich ausschließlich gebunden zu fühlen, nicht mehr anerkannt wird. Das haben Gemeinschaftsbewegung und Evangelisationsbewegung erwiesen. Aber etwas anderes ist es natürlich, mit der Verkündigung einer Volksbewegung zu dienen, die noch nicht den Sieg errungen hat, um den sie kämpft. Daher kommt es nämlich, daß die Bewegung als Partei auftritt, in den Formen einer Partei sich organisiert und vor die Oeffentlichkeit tritt, und zwar als Partei neben anderen. Wenn sie einmal keine Partei mehr zu sein braucht, weil sie als Volksbewegung sich durchgesetzt hat, wird keine mehr etwas daran finden, sich etwa an den Schulungskursen zu beteiligen, die dann im ganzen Lande gehalten werden, um das Volk mit den Ideen der Bewegung zu durchdringen. In der entgiftenden und volksbildenden Tätigkeit wird selbstverständlich der Pfarrer in vorderer Reihe stehen. Aber heute? Heute kann der nationalsozialistische Pfarrer nicht bestreiten, daß er viele vor den Kopf stoßen würde, wenn er der Bewegung diente. Also ist das Todesurteil gefällt über seine Freiheit, in der Bewegung zu wirken? |78| Wer so folgert, beweist nur, daß er eine der oben dargelegten Erkenntnisse sich nicht zu eigen gemacht hat. Wenn es um das Volk geht und um die Gefahr des Verblutens bester, unersetzlicher Kräfte, darf es nicht hindern, daß manche sich vor den Kopf gestoßen fühlen. Ueberwiegend werden es solche sein, die gar kein Interesse an der Kirche haben, sondern einzig auf Erhaltung des Klassenkampfes und der innehabenden Macht bedacht sind. Alle anderen aber, die der Bewegung nicht angehören, müssen erkennen, soweit sie ihre Kirche liebhaben, daß am Evangelium nichts abgestrichen wird. Wer sich fürchtet, vor den Kopf zu stoßen, muß auf Luther schauen, der in einer Zeit, wo er kaum angefangen hatte Fuß zu fassen im Volke, einen ganzen Volksteil, die Bauern, vor den Kopf stieß, nur um des großen Zieles willen, seinen „lieben Deutschen" zu dienen.

II. Nun einzelne notwendige Folgerungen:

1. Es muß dem nationalsozialistischen Pfarrer die Freiheit gegeben werden, seines Verkündigungsamtes auch außerhalb des gottesdienstlichen Raumes seiner Gemeinde zu walten; es darf ihm nicht verwehrt werden, zumal wenn er gerufen wird, der Bewegung zur Erneuerung und Rettung des Volkstums mit dem Evangelium zu dienen. Ich weiß, daß es da und dort „ungestraft" geschieht. Aber es herrscht völlige Unsicherheit in dieser Frage. Ein solcher nationalsozialistischer Pfarrer oder Hilfsgeistlicher ist sich bewußt, daß er auf nicht ausdrücklich erlaubten Wegen wandelt. Wohlgemerkt, es ist nicht die Angst vor einem disziplinarischen Vorgehen, gar Amtsenthebung. Be-

sonders bei jungen begeisterten Brauseköpfen besteht die Angst nicht. Wenn die Kirche ihre Tätigkeit zum Wohl des Volkes nicht begrüßt, auch nicht billigt, ja nicht einmal erträgt, dann müssen sie eine andere Möglichkeit wählen, als Berufene Gottes, die sie ja bleiben, das Evangelium zu verkündigen. Nicht Angst also ist es, von der sie befreit werden möchten, sondern die Unsicherheit, der Gewissenskonflikt, der darin liegt, daß sie als Aufgabe etwas erkennen, was die Kirche bestreitet. Daß grobe Entgleisungen Angehöriger des geistlichen Standes, wie sie in jüngster Zeit vorgekommen sind, die Bewilligung obiger Forderungen erschweren, muß zugegeben werden. Es liegt ja in der Hand der Kirche entsprechende Maßnahmen zu treffen, um solche Entgleisungen zu verhüten, so weit es irgend geht. Das verdenken wir der Kirche nicht, „daß die ihnen als besorgte, ängstliche Mutter Verhaltungs- und Vorsichtsmaßregeln mit auf den Weg gibt für eine Aufgabe, die so viel Takt und Umsicht in dieser politisch und sozial wild aufgewühlten Zeit erfordert". (Pfennigsdorf a. a. O.). Aber wegen der Möglichkeit von Entgleisungen weiterhin in der Reserve zu bleiben und in der Reserve zu halten, kann das eine Kirche, die die Erkenntnisse von Anfang des Artikels sich zu eigen macht? Wir können es uns nicht noch einmal erlauben, Volksmassen in die Hand von Stümpern oder Kirchengegner zu geben. Diese Gefahr müssen wir bannen.

2. In der Predigt auf der Kanzel der eigenen Gemeinde darf der Pfarrer nichts versäumen, was er als Glied einer Volkskirche zu tun schuldig ist. Die Botschaft vom „Volk" entsprechend dem 1. Artikel muß in unserer Zeit, muß in den nächsten Monaten hervorgehoben werden. Wir haben da ohne Zweifel ein Versäumnis wieder gutzumachen. Nun sagt mir wohl ein Kollege: „Das tun wir ja, das ist selbstverständlich." Aber es ist gar nicht selbstverständlich, wie die Vergangenheit lehrt. Und wo es selbstverständlich erscheint, da ist nur der Beweis gegeben, wie sehr nationalsozialistische Gedanken schon Gemeingut weiter Kreise geworden sind, bezw. wie der Nationalsozialismus Dinge auf den Scheffel stellt, die nie unter den Scheffel hätten stehen dürfen. Trotzdem bringen viele immer noch nicht die Botschaft vom Volk, oder in einer Form, wie sie augenblicklich jede Partei, jedes Regierungsmitglied bringt: Einigkeit! Seid einig! Der Ruf nach Einigkeit ist ein leeres Geschwätz geworden. Mit dem holt man keinen Hund hinter dem Ofen hervor. Volksgemeinschaft ist etwas völlig anderes als „Einigkeit". „Einigkeit" kann besteht trotz der auseinandergehenden Interessen und Anschauungen. Diese Einigkeit kann deswegen jederzeit in Trümmer gehen. Es gab Zeiten, wo das deutsche Volk „einig" war; es ist nicht einig geblieben, weil keine Volksgemeinschaft war. Volksgemeinschaft ist noch nicht da, wo mehrere Willenskomplexe sich vereinigen; sie können leicht wieder auseinander getrieben werden. Volksgemeinschaft ist da, wo ein Gesamtwille ist. An der Errichtung dieser Volksgemeinschaft kann und muß der Pfarrer als Glied der Volkskirche mitarbeiten. Seitdem Gott seinen eingeborenen Sohn

in ein Volkstum eingesenkt hat, ist die Liebe zum Volk geadelt. Diese Liebe muß die Gemeinde heute mehr denn je spüren.

3. Die Kirche darf sich nicht damit begnügen, lediglich Evangelium zu verkündigen. Es ist eine Täuschung seitens der Kirche, zu glauben, mit der Botschaft von der Vergebung der Sünden durch den Glauben an Christum Jesum und vom Reiche Gottes genug getan zu haben. Sie muß auch das Ihre tun um zu verhindern, daß die Aufnahmefähigkeit der Herzen für diese Botschaft gemindert oder vernichtet wird. Das ist nämlich sehr wohl möglich. Es kann der Mensch in einen Zustand kommen, wo eine Aufnahmefähigkeit nicht mehr vorhanden ist, nicht weil das Herz verstockt wäre, sondern weil äußere Vorbedingungen fehlen. Es ist z. B. richtig, daß Menschen in Not und Armut die begierigsten Hörer sein können, aber ebenso richtig ist es, daß hierbei Grenzen gesetzt sind; werden sie überschritten, so geht auch die Aufnahmefähigkeit verloren. Darum hat die Kirche die Pflicht, der Not zu steuern, die Volksgenossen immer wieder zur Barmherzigkeit aufzurufen; aber aus dem gleichen Grunde muß sie auch soziale Ungerechtigkeit im Lande bekämpfen, die das Herz der ungerecht Behandelten unwillig, hart, verbissen macht, nahe einem Zustande, der die Botschaft der Kirche nicht mehr hören will und kann; darum muß sie Volksseuchen bekämpfen, die die Volkssitte untergraben; darum muß sie protestieren gegen Filme, die trotz des Schund- und Schmutzgesetzes, trotz der Filmprüfstelle für „Mucker und Spießer ungeeignet" sind, wie in den Ankündigungen zu lesen ist, gegen Filme also, die den Boden des Herzens verderben, sodaß er nicht Frucht bringen kann. Sind Proteste einer Volkskirche wertlos? Ist die Stellung der Kirche im Staat so schwach geworden? Ist der Staat schon so entchristlicht, trotzdem die Häupter Christen sind? Der Nationalsozialismus führt einen erbitterten Kampf um die Gesundung des todkranken Volkes. Und wir wagen es nicht ihn dabei zu unterstützen, obwohl wir die dafür wirksamsten Kräfte besitzen?

III. Wer von Richtlinien zur Lösung unseres Problems spricht, kann nicht an den Richtlinien vorübergehen, die der Landesbischof D. Rendtorff zur Frage „Politik und Pfarrer" veröffentlicht hat. Mit scheinen sie sehr lückenhaft zu sein. Sie wollen eindeutig und klar sein, aber ihre überspannte Eindeutigkeit schlägt ins Gegenteil um, wenn man an ihre Verwirklichung in der Praxis denkt. „Wir müssen stärkstes Eingehen auf die Grundfragen der Politik verbinden mit strengster Enthaltsamkeit von parteimäßiger Bindung." Rendtorff ist davon überzeugt, daß der Pfarrer heute sich nicht von der Politik ausschließen kann. Wie aber die Verbindung von stärkstem Eingehen und strengster Enthaltsamkeit praktisch zu vollziehen sei, darüber läßt er im Unklaren. Daß heißt, einen praktischen Fall führt er an: „Wir stellen uns mit unserer Predigt |79| zur Verfügung für Festgottesdienst, Feldgottesdienst, Gedächtnisfeier usw., wo immer wir gerufen werden, ob Stahlhelm oder Nationalsozialisten oder Jungdeutscher Orden oder Reichs-

banner oder Religiöse Sozialisten usw." Der Dienst also, den wir leiten, besteht darin, daß wir bei besonders feierlichen Gelegenheiten, bei Anlässen, die für gewöhnlich einmal im Jahre sich bieten, die „Botschaft von Gott an den Menschen" verkündigen.
Ich muß sagen: Dieser Dienst ist kein Dienen einer solchen Organisation gegenüber. Unter Dienen verstehe ich mehr, ein Betreuen, ein ständiges Arbeiten an dieser Organisation. Wenn ich einen Kriegerverein in meiner Gemeinde habe, um den ich mich das Jahr über nicht kümmere, dem ich nur einmal, am Volkstrauertag, einen Feldgottesdienst halte, so kann ich wohl behaupten, daß ich einen Dienst getan habe, aber daß ich ihm diene, kann ich wirklich nicht behaupten. Mit anderen Worten: eine einmalige Diensthandlung ist noch kein Dienen. Wenn ich überhaupt die Verantwortung und die Aufgabe fühle, als Prediger einen Dienst an einer dieser Organisationen auszurichten, dann ist ein Gedächtnisgottesdienst unzureichend.
Aber weiter: „Wir sagen den uns Rufenden von dem ersten Beginn der Verhandlungen an deutlich unsere Bedingungen: a) Wir gehen nicht nur zu einer Gruppe, sondern grundsätzlich zu jeder, die uns ruft! ..." Wer diesen Satz liest und an seine Durchführbarkeit glauben soll und damit an die Erfüllung der obigen Forderung, der muß annehmen, daß wir in einem Staate leben, wo diese verschiedenen Organisationen sehr friedlich nebeneinander bestehen. Nun aber stehen doch einige von ihnen in einem Kampf miteinander, der fast täglich Leben und Blut kostet. Welcher Pfarrer bringt es fertig, etwa am nämlichen Tage für das Reichsbanner und für die Nationalsozialisten Gottesdienste zu halten? Ferner, um sowohl dem Reichsbanner als auch dem Nationalsozialisten dienen zu können, ist es nötig, daß ich keinen inneren Kontakt zu den Zielen dieser Organisation habe. Ist es denn nun möglich, ohne diesen Kontakt erwarten zu können, daß der Kontakt im Religiösen hergestellt wird, ohne welchen der Dienst überhaupt vergeblich wird? Ich glaube wenigstens, daß Nationalsozialisten sehr wohl in einer Gemeindepredigt auch von einem nicht nationalsozialistischen Pfarrer gepackt werden können, daß aber in einer nationalsozialistischen Feier nur eine ungewöhnlich starke religiöse Persönlichkeit den Unterschied des Ideenkreises überbrücken kann. Im allgemeinen wird bei solchen Anlässen ein Dienst nur da nicht vergeblich sein, wo die Flammen gleicher Gluten hinüber- und herüberschlagen. Wer nach den Richtlinien Rendtorffs praktisch handelt, wird heute weder vom Reichsbanner noch von den Nationalsozialisten zum Dienst gerufen werden. Entweder sind also die Richtlinien richtig, dann wird aber der geforderte Dienst praktisch nicht eintreten; oder der geforderte Dienst muß ermöglicht werden, dann sind die Richtlinien zum mindesten – lückenhaft.
Die praktische Durchführbarkeit wäre allerdings dann gegeben, wenn die Richtlinien kollektiv gemeint wären. Die Kirche als solche geht zu allen Parteien. Solange es noch andere Parteien, solange es überhaupt noch Par-

teien gibt, gehören sie alle in den Dienstkreis der Kirche. Das ist aber so selbstverständlich, daß es darüber keiner „Richtlinien" bedurfte. Kollektiv gefaßt handelte etwa ein Pfarrerverein nach ihnen so, daß er Pfarrer N. zu einem Gottesdienst der Nationalsozialisten, Pfarrer X. zum Gedächtnisgottesdienst des Reichsbanners entsendete. Aber so meint Rendtorff es gewiß nicht. Sondern augenfällig handelt es sich um den einzelnen Pfarrer, weshalb auch die Ueberschrift nicht lautet: Kirche und Politik, oder Pfarrerverein und Politik, sondern Pfarrer und Politik. Die Verhandlungen wegen eines etwaigen Gottesdienstes führt die Organisationen ja auch nicht mit der Kirche oder dem Pfarrerverein, sondern mit dem einzelnen Pfarrer, den sie haben will.

Abgesehen davon, daß die Richtlinien nichts von einer Erkenntnis der einzigartigen Sonderstellung der nationalsozialistischen Bewegung verraten, ist also mein Urteil dies: Kollektiv gefaßt sind sie zwar durchführbar, aber selbstverständlich. Individualistisch gefaßt, sehe ich in dieser Form keine Möglichkeit, sie durchzuführen.

Nationalsozialismus und Christentum mag ein Thema sein, das ein Gelehrter ruhigen, kühlen Verstandes bearbeiten kann, wobei das Herz nicht schneller schlagen muß. Nationalsozialismus und Kirche kann kein Thema ruhiger Betrachtung sein, sondern geht in die Tiefen der Verantwortung vor dem Herrn der Kirche selbst. Es wird mit dem Herzen geschrieben: mit großer Freude über die Gnade Gottes, die unserem Volke längst totgeglaubte Lebenskräfte erweckt hat, mit unheimlicher Angst, ob wir unsere Aufgabe an unserem Volk recht und ganz erfüllen, und mit inbrünstiger Bitte, daß der Herr der Kirche uns in dieser schweren, betrübten Zeit mit seinem heiligen Geist nahe sei.

20 Merkel: Pfarrer und Politik

KorrBl 57 (1932), 29. Februar, S. 79

Da sich die politischen Gegensätze so außerordentlich zugespitzt haben, darf doch von einem, der auch einmal am politischen Kampf beteiligt war (1922/23) ein Wort der Mahnung gesagt werden. Es wird unter allen Umständen zu widerraten sein, daß ein Pfarrer bei öffentlichen politischen Versammlungen als Leiter in irgend einer Partei auftritt – namentlich in Gegenden, die politisch stark gemischt sind. Er würde dadurch den Pfarrstand schwer schädigen, da er es nicht in der Hand hat, daß von irgend einer Seite in wüster Demagogie vorgegangen wird. Was der Pfarrer, wenn er sich absolut betätigen will, tun kann, ist das Eine, daß er sich an der Debatte beteiligt, wie ich das stets zu tun pflegte, um auch ein Wort der Versöhnung und des Ausgleichs bei den oft erregten Gemütern zu sprechen. Diese Haltung wird dem Pfarrer niemand verübeln können und ich habe die Erfahrung gemacht, daß dieses Auftreten des Pfarrers von vielen Seiten begrüßt worden ist. Natürlich muß der Pfarrer als Debatteredner geschickt sein und etwaige Einwürfe parieren können. Das ist eine Kunst, die nicht jeder kann, auch wenn er noch so freudiger Politiker ist. – Die Frage wurde darum von mir berührt, weil ich beobachtete, daß einzelne Kollegen sich allzu sehr in den politischen Kampf vorwagen und dadurch auch anderen Kollegen Schwierigkeiten bereiten. Erst jüngst mußte ich einem sehr unschönen, demagogischen Angriff gegen eine Partei entgegentreten, obwohl ich derselben gar nicht angehöre. In dieser Weise kann der Pfarrer klärend und berichtigend wirken. Oder wenn ein Redner einmal behauptet: „die Pfarrer kümmern sich nichts um das Volk, sie halten es mit den Juden“ – so habe ich damals sehr energisch auf Stöcker hingewiesen, den freilich der jugendliche Redner – denn solche stellen immer die gewagtesten Behauptungen auf – gar nicht kannte. Man wird mich also recht verstehen – es geschieht um der Kirche und unseres Pfarrerstandes willen.

21 Vertrauliches Schreiben von Kirchenpräsident Friedrich Veit an die Geistlichen der Landeskirche. München, 18. März 1932

LAELKB, LKR XV, 1665a II 1931–1932

Verehrte Herren und Brüder!
Im Kampfe der Parteien, der unser Vaterland durchtobt, ist eine kurze Atempause eingetreten. Da nötigen mich Amt und Gewissen, mich mit einem Worte seelsorgerlicher Mahnung an die Geistlichen unserer Landeskirche zu wenden.
Kaum ein Tag vergeht, ohne daß ich aus allen Kreisen unserer Kirche, von offiziellen und inoffiziellen Stellen, aus Gemeinden und von Geistlichen Klagen über die politische Betätigung der Geistlichen erhalte und die dringende Bitte, die nicht selten den Charakter des Hilferufes annimmt, diese Betätigung nach dem Vorgange anderer Landeskirchen durch behördliche Anordnungen zu unterbinden. Die Klagen richten sich nach verschiedenen Lagern hin. Soweit sie selber parteipolitisch gefärbt sind, berauben sie sich freilich ihrer Wirkung. Es sind aber unter ihnen solche, die sich davon völlig und bewußt frei halten und die von der ernsten Sorge um das Wohl der Kirche erfüllt sind. Sie können nicht ungehört bleiben und sind bewegende Zeugnisse dafür, wie ernst die Gefahr ist, daß der Streit der Parteien auch auf das Gebiet der Kirche übergreift, das nach seiner Art und Aufgabe ihm entnommen sein sollte.
Daß man über die Wege, auf denen ein Volk aus Erniedrigung und Ohnmacht heraus zu Ehre und Größe geführt werden kann oder die aus Not und Entbehrung zu einer besseren und gerechteren Verteilung der irdischen Güter hinleiten, sehr verschiedener Meinung sein kann, ist verständlich,

ebenso daß Gleichgesinnte sich zu gemeinsamer Arbeit, meinetwegen auch zu gemeinsamem Kampfe zusammenschließen. Auch daß der Geistliche dabei sich seine Meinung bildet und seinen Platz wählt, ist sein Recht; das können und wollen wir nicht ändern. Aber schon dabei wäre es zu wünschen, daß zwischen den sachlichen Gegensätzen und dem Verhältnis von Person zu Person sorgfältiger unterschieden würde, als es gemeiniglich der Fall ist, und der Geistliche, der sich auf den politischen Kampfplatz begibt, gerät leicht in Lagen, die für ihn als Christen verhängnisvoll werden können.
Aber auch wenn es ihm gelingt, die Versuchungen, die sich daraus ergeben, zu überwinden, so bleibt bestehen, daß ihm durch Amt und Stand Schranken gezogen sind, die er nicht ohne Schaden mißachten kann. Durch Amtsgelübde und Vollmacht ist er an die Gemeinde und sie an ihn gewiesen und keine Berufung auf das eigene Gewissen entbindet ihn von der Dienstpflicht und Rücksicht, die er der ganzen Gemeinde schuldet. Nicht relative Wahrheiten, die immer doch auch mit Irrtum gemischt und darum Stückwerk sind, soll er vertreten, nicht für Güter seine letzte Kraft einsetzen, von denen das Wort des Apostels gilt, daß wir sie haben sollen, als hätten wir sie nicht, sondern nach jeder Seite hin innerlich frei soll er mannhaft und treu das ewige Wort verkündigen, das alles unter die Sünde beschließt, damit Gott aller sich erbarme.
Dazu muß der Pfarrer den Weg zu den Herzen, so viel an ihm liegt, sich offen halten und eine schwere Verantwortung lädt der auf sich, der denen, die seinem Dienst sich verschließen, selber die Rechtfertigung an die Hand gibt, daß sie zu einem Seelsorger nicht das persönliche Vertrauen aufzubringen vermögen, der ihnen als der politische Gegner öffentlich gegenübertritt.
Ich weiß, daß das einen Verzicht und eine Selbstzucht bedeutet, zu denen uns der Herr, in dessen Dienst wir stehen, Kraft und Freiheit geben muß. Aber um seinet- und seines Reiches willen müssen wir dies Opfer auf uns nehmen. Und sollte es uns nicht eine Freude und unserem zerrissenen Volke ein Dienst sein, wenn wir ihm eine Stätte bieten, wo die Maßstäbe im Lichte des göttlichen Wortes sich zurechtstellen und Gegensätze in der Kraft christlicher Bruderliebe ihrer Schärfe und Bitterkeit verlieren? Über dem, was irdisch und zeitlich ist, muß uns das stehen, was bleibt, wenn Erde und Himmel untergehen.
Darum geht meine ernste eindringliche Bitte an alle Amtsbrüder ohne jeden Unterschied um des hl. Dienstes willen, den sie sich freiwillig erwählt haben, ihres Amtes im schlichten Gehorsam gegen das Wort Gottes, in behutsamer Schonung der Gemeinden und in amtsbrüderlicher gegenseitiger Rücksichtnahme zu walten und aller öffentlichen parteipolitischen Betätigung, gleichviel im Dienst welcher Richtung es sei, in Wort, Schrift und Auftreten sich zu enthalten. Der Gekreuzigte und Auferstandene gebe uns dazu den Geist der Kraft und der Liebe und der Zucht!

22 Rundschreiben Nr. 6206 des Landeskirchenrats. München, 4. Oktober 1932

ABlELKB 1932, S. 102

Betreff: Politische Betätigung der Geistlichen.
Sehr unliebsame Wahrnehmungen in den letzten Monaten geben uns Veranlassung, mit einem Wort ernstester Mahnung uns an unsere Geistlichen zu wenden. Im Zusammenhang mit den Reichstagswahlen haben nicht nur einzelne Geistliche die gebotene Zurückhaltung in Fragen der Politik in erheblichem Grade vermissen lassen, sogar eine ganze Gruppe hat in dieser Beziehung die unbedingt einzuhaltende Linie weit überschritten, ohne irgendwie zu bedenken, daß der Diener am Evangelium kraft seines Amtes allen Gemeindegliedern ohne Unterschied ihrer Parteistellung gleicherweise verpflichtet ist und darum unbeschadet seiner eigenen politischen Überzeugung in seinem öffentlich Auftreten sich einer streng überparteilichen Haltung zu befleißigen hat.
Wir erwarten von allen unseren Geistlichen, daß sie forthin in dieser Richtung eingedenk ihrer Amtsverpflichtung durchaus alles vermeiden, was geeignet ist, den Dienst der Kirche zu schädigen und die Seelen von dem Einen abzuwenden, was not ist, und hoffen, daß es uns erspart bleibt, gegen Träger des geistlichen Amtes vorgehen zu müssen, die vor tatsächlichen Verstößen gegen die aufrechtzuhaltende kirchliche Ordnung nicht zurückscheuen.
In einer Zeit, die von Zwietracht und Haß erfüllt ist, muß unser Tun sich mit allem Ernst unter das Wort des Apostels stellen: „Die Frucht der Gerechtigkeit wird gesäet im Frieden denen, die den Frieden halten."
München, den 4. Oktober 1932.
Evang.-Luth. Landeskirchenrat. D. Veit.

2. Der Kampf um Verfassung und Bekenntnis der Landeskirche

2.1 1933

2.1.1 Stimmen zur Lage der Landeskirche nach der „Machtergreifung"

23 Erklärung der Augsburger Pfarrerschaft. 7. April 1933
LAELKB, BD Augsburg 3.7.0003 – 407

Angesichts der sich nach allen Anzeichen überstürzenden Entwicklung der Lage hält es die Augsburger Pfarrerschaft für ihre Pflicht, dem Landeskirchenrat folgende Vorstellung ehrerbietig zu unterbreiten:
1. Wir halten es für unbedingt notwendig, daß der Landeskirchenrat alsbald mit einem klärenden und führenden Wort vor die Öffentlichkeit tritt, um der in beängstigendem Maße bei den Pfarrern und in den Gemeinden um sich greifenden Unsicherheit und Verwirrung zu steuern.
Die Kirche muß bekunden, daß sie die nationale Erhebung freudig bejaht, weil sie weiß, es geht dabei um Güter, die auch für uns als Christen von höchster Bedeutung sind. Sie muß sich daher auch zur Mitarbeit am Aufbau der neuen Volksgemeinschaft bereit erklären.
Ebenso muß die Kirche in aller Klarheit aussprechen, worin ihre von Gott gesetzte Aufgabe besteht und daß sie an ihr in selbständiger Verantwortung unbeirrbar festhält.
Diese Aufgabe weist die Kirche an das ganze Volk ohne Unterschied.
2. Außer der Bitte um eine solche Kundgebung erlauben wir uns noch folgendes auszusprechen: Wir stimmen aus vollem Herzen zu, daß der Herr Kirchenpräsident kirchliche Neuwahlen im gegenwärtigen Augenblick so entschieden abgelehnt hat, da es dem Wesen der Kirche widerspricht, politischen Bestrebungen in ihr bestimmenden Einfluß zu gewähren.
Wir halten den Landeskirchenrat für die allein berechtigte und verpflichtete Stelle, in allen die Kirche betreffenden Angelegenheiten mit dem Staat zu verhandeln. Deshalb ist um der Würde der Kirche willen von allen Geistlichen unbedingte Disziplin zu verlangen und jede Einzelaktion Unberufener zu verbieten.
Diese notwendige Führung durch den Landeskirchenrat wird durch eine alsbaldige Heranziehung von Sachverständigen für Einzelgebiete wesentlich gefördert werden.
Die Augsburger Geistlichen.

24 Die Kirche im neuen Staate. Landesbischof D. Meiser über das neue Verfassungswerk der evangelischen Kirche

Fränkischer Kurier, Nr. 193, 14. Juli 1933, S. 6

München, 13. Juli. Vor einem auserlesenen Zuhörerkreis sprach am Mittwoch abend Landesbischof D. Meiser im Auditorium Maximum der Universität über „Die Aufgaben der Kirche im neuen Staat".

Der Redner wies darauf hin, daß die Welle der deutschen Freiheitsbewegung in rapidem Ansteigen nunmehr auch den Raum erreicht habe, den die Kirche bisher als ihr Reservat angesehen habe. Damit sei die Kirche vor eine Fülle neuer Aufgaben gestellt. In erster Linie gelte es eine organisatorische Aufgabe zu erfüllen. Der Redner erläuterte dann, wie es zu dem Gedanken einer Reichskirche gekommen sei. Erst der Staat Adolf Hitlers habe die staats- und kirchenrechtlichen Voraussetzungen dafür geschaffen, daß sich über die Grenzen der einzelnen Länder hinweg die einzelnen Landeskirchen zu einem großen Gesamtbild vereinigt hätten. Die Bestrebungen nach einem engeren Zusammenschluß der Kirche aus dem Gefühl der inneren Zusammengehörigkeit heraus lägen schon weit zurück, um so mehr, als die evangelische Kirche bisher nicht nur territorial, sondern auch in einzelne Bekenntnisgruppen gespaltet gewesen sei.

Eingehend kam der Landesbischof dann auf die Frage des Reichsbischofs zu sprechen. Als der bedrohliche Streit um den Reichsbischof auf dem Höhepunkt angelangt gewesen sei, sei er plötzlich zu einem Konflikt mit dem Staat umgeschlagen und es habe die Gefahr gedroht, daß wir geradewegs in ein Staatskirchentum hineingesegelt wären. In dieser höchst kritischen Lage habe der Reichspräsident das Wort ergriffen und sich an den Reichskanzler gewandt. Es sei erfreulicherweise in der kurzen Zeit gelungen, das Verfassungswerk der vereinten deutschen evangelischen Kirche zustande zu bringen. Damit habe sich ein kirchenpolitisch höchst wichtiger Akt vollzogen, auch insofern, als der Staat durch sein Verhalten völlig eindeutig zum Ausdruck gebracht habe, wie er sein Verhältnis zur evangelischen Kirche geordnet haben wolle. Er habe anerkannt, daß es eine überirdische Macht gebe, in die man mit den Mitteln staatsrechtlicher Zwangsgewalt nicht eingreifen könne. Es stehe der evangelischen Kirche die Freiheit zu, sich selbst zu gestalten und zu verwalten, freilich unter der Voraussetzung, daß auch die Kirche den Notwendigkeiten des Staates Rechnung trage. Damit wäre dem Staat eine Kirche zur Verfügung gestellt, die mit voller innerer Kraft in der Lage sein werde, an dem Neuaufbau mitzuwirken, damit Staat und Kirche in innigster Verbundenheit in die neue Epoche unserer deutschen Geschichte hineingehen.

Neben der organisatorischen harre eine theologische Aufgabe der Erfüllung. Die evangelische Kirche lehre, daß alle staatliche Ordnung Schöpfungsordnung Gottes sei. Schließlich gelte es eine missionarische Aufgabe zu erfül-

len. Die neue Bewegung habe es an sich, daß sie eine ganz neue Geistigkeit in unserem Volk hervorrufe, den neuen Menschentyp, der nicht mehr dem schrankenlosen Individualismus huldige; dem Menschen von 1789 wollten wir restlos den Todesstoß geben. Aber man dürfe nicht vergessen, daß vor 1789 das Jahr 1521 stehe, das Jahr des evangelischen Menschen, der in voller Freiheit und doch immer wieder in innerer Gebundenheit seinen Weg gehe. Damit, daß man den Menschen ein anderes Hemd anziehe, seien sie innerlich noch nicht anders geworden, und darum bewerte es der Staat als besonderen Dienst, daß die beiden Kirchen sich zur Verfügung stellten, daß auch innerlich orientierte Menschen entständen. Es stehe die evangelische Kirche vor der Aufgabe, mit dem Evangelium in das Volk hinein zu gehen. Die evangelische Kirche habe mit dem neuen Verfassungswerk bewiesen, daß sie ihre Aufgaben erkannt habe.
Der Landesbischof schloß seine mit stürmischem Beifall aufgenommenen Ausführungen mit dem Appell, dafür zu sorgen, daß diese Aufgaben verwirklicht werden.

25 Vertrauliches Rundschreiben Landesbischof Meisers an alle Geistlichen der Landeskirche. München, 2. August 1933

FKiZM. A 30. 1/1

Hochwürdige Herren und Brüder!
Nachdem das Verfassungswerk der Deutschen Evangelischen Kirche zum Abschluss gebracht ist und auch die Kirchenvorstandswahlen hinter uns liegen, drängt es mich, mich mit einigen Worten an Sie zu wenden.
Der Abschluss des Verfassungswerkes fiel in die Zeit, in der in den preussischen Landeskirchen überall noch die Staatskommissare ihres Amtes walteten. Damit trotzdem das Werk auf dem Boden kirchlicher Legalität geschaffen werden könnte, wurden von Reichsinnenminister Dr. Frick nicht nur die Vollmachten bestätigt, die Präsident Seetzen, D. Marahrens und Dr. Hesse vom Kirchenausschuss übertragen erhalten hatten, sondern es wurden für die zu führenden Verhandlungen auch die Bevollmächtigten der preussischen Kirchen wieder in ihre Befugnisse eingesetzt, so dass mit Recht behauptet werden darf, dass die neue Kirchenverfassung eine von der Kirche sich selbst gegebene Verfassung ist. Den Verhandlungen über die Verfassung lag der Entwurf zugrunde, der, auf Professor Dr. Heckel-Bonn zurückgehend, von den Bevollmächtigten des Kirchenausschusses in Gemeinschaft mit Pastor von Bodelschwingh erarbeitet war. Dieser Entwurf erfuhr in den letzten Stadien der Verhandlungen eine Zuspitzung in der Richtung auf das Führerprinzip und eine Aenderung in Bezug auf die Verteilung der Gesetz gebenden Gewalt, in die sich nunmehr das Geistliche Ministerium und die Nationalsynode teilen. Im übrigen aber stellt die neue

Kirchenverfassung nur den unwesentlich veränderten, von Anfang an in Aussicht genommenen Entwurf dar.
Wesentlich an der Verfassung ist die Sicherung des Bekenntnisstandes und des Kultus der drei in der Deutschen Evangelischen Kirche vereinigten gesonderten Bekenntnisgruppen, sowie die Aufrechterhaltung der Landeskirchen. Das Problem der altpreussischen Union fand in der Verfassung keine Lösung. Aufgabe der lutherischen Landeskirchen wird es sein, auch unter den neuen Verhältnissen ein charaktervolles Luthertum zu pflegen und die Kräfte des lutherischen Bekenntnisses zum Aufbau des kirchlichen und des Volkslebens zielbewusst zu entfalten.
Die Sitzung, in welcher die Bevollmächtigten der Landeskirchen den vorgelegten Verfassungsentwurf einstimmig annahmen, fand am 11. Juli 1933 statt. Nach der Annahme begaben sie sich in das Reichsinnenministerium, wo in einer sehr würdigen Erklärung Landesbischof D. Marahrens dem Reichsinnenminister das Zustandekommen des Verfassungswerkes anzeigte. Dr. Frick gab seiner Freude über das Gelingen desselben Ausdruck und kündigte gleichzeitig die Zurückziehung der Staatskommissare in Preussen an. Erst im Anschluss daran fand dann im Kirchenbundesamt die feierliche Unterzeichnung der Verfassungsurkunde statt.
Zur nicht geringen Ueberraschung aller Beteiligten wurden die Bevollmächtigten der Landeskirchen am Freitag, den 14. Juli, aufs neue ins Reichsinnenministerium berufen, wo ihnen eröffnet wurde, dass die Reichsregierung durch Reichsgesetz Neuwahlen für alle kirchlichen Körperschaften innerhalb kürzester Frist angeordnet habe. Die sofort erhobenen Rechtsbedenken wurden unter Hinweis auf das der Reichsregierung erteilte Ermächtigungsgesetz zurückgewiesen, dagegen wurde der staatliche Schutz für eine unparteiische Durchführung der Wahl zugesagt.
In einer unverzüglich einberufenen gemeinsamen Sitzung des Landeskirchenrates und des Landessynodalausschusses wurde am Samstag, den 15. Juli, über die Durchführung der Wahl in unserer Landeskirche beraten und wurden die nötigen Anordnungen beschlossen. Dabei wurde der grundsätzliche Standpunkt vertreten, dass bei aller Aufgeschlossenheit unserer Kirche für die neue Bewegung die angeordneten Wahlen doch unter bewusst kirchlichen Gesichtspunkten durchgeführt werden sollten. In einer für Dienstag, den 18. Juli, einberufenen Versammlung des Pfarrervereins sollte Oberkirchenrat Dr. Meinzolt im Auftrag des Landeskirchenrats der Pfarrerschaft bezw. ihren Vertrauensmännern über die Stellung des Landeskirchenrats zu den Neuwahlen berichten und mit ihnen Richtlinien für ein einheitliches Vorgehen besprechen. Die Verhandlung fand am festgesetzten Tag statt und war von ca. 150 Pfarrern besucht.
Ueber den Ausfall der Wahl kann mitgeteilt werden, dass das kluge Verhalten unserer Geistlichen und der gesunde kirchliche Sinn unserer Gemeinden Wahlkämpfe ernsterer Art hat vermeiden lassen. In vielen Fällen wurden

Einheitslisten aufgestellt, so dass ein eigentlicher Wahlakt unterblieb. Aber auch da, wo nach dem System der Mehrheitswahl gewählt wurde, vollzog sich die Wahl in würdigen Formen. In grosser Zahl sind die bisherigen Mitglieder des Kirchenvorstands wiedergekehrt, doch ist im allgemeinen eine merkliche Verjüngung eingetreten. Fast ganz sind die Frauen aus den Kirchenvorständen verschwunden. Bei der weiten Verbreitung, die der Nationalsozialismus von Anfang an gerade in den evangelischen Gebietsteilen gefunden hat, versteht es sich von selbst, dass ein großer Teil der Kirchenvorsteher dem Nationalsozialismus angehört. Die Glaubensbewegung deutscher Christen ist als eigene kirchenpolitische Partei bei den Wahlen kaum in die Erscheinung getreten, dagegen wird da und dort von Versuchen berichtet, auf dem Wege über die Organe der N.S.D.A.P. Einfluß auf die Wahlen gewinnen.

Am 15. Juli war die neue Kirchenverfassung in Kraft getreten. Damit hatten Kirchenbund, Kirchenausschuß und Kirchenbundesamt zu bestehen aufgehört. Zur einstweiligen Führung der Geschäfte bis zur Bildung der Reichssynode und zur Wahl des Reichsbischofs mußte eine vorläufige Kirchenregierung bestellt werden. Die Bevollmächtigten der Landeskirchen haben sich am 20.7. dahin geeinigt, ein Direktorium zu wählen, das aus den Herren Professor Fezer – Tübingen, Präsident Koopmann, (Präsident der reformierten Kirche in Hannover), Wehrkreispfarrer Müller, Landesbischof D. Schoeffel – Hamburg und Professor Schumann – Halle besteht. Der Vorsitz in diesem Direktorium wechselt ab. Von der Ernennung eines provisorischen Reichsbischofs wurde abgesehen. Die nächste Aufgabe dieses Kollegiums wird die Vorbereitung des zwischen dem Staat und der evangelischen Kirche abzuschließenden Vertrages sein.

Um dem Herrn Reichskanzler von dem Fortgang des Verfassungswerkes persönlich zu berichten und ihm zugleich die ernsten Sorgen vorzutragen, die anläßlich mancher Vorgänge bei den Vorbereitungen zu den Kirchenwahlen in die Erscheinung getreten waren, wurden Landesbischof D. Marahrens – Hannover, Präsident D. Tilemann – Oldenburg und ich beauftragt, um eine Audienz bei ihm nachzusuchen. Diese fand am Montag, den 24. Juli in Bayreuth statt und dauerte ungefähr Dreiviertelstunden. Der Herr Reichskanzler betonte hiebei, welchen Wert er auf eine starke, straff organisierte evangelische Kirche lege, die gleichzeitig in engster Verbindung und wirklicher Gesinnungsgemeinschaft mit dem neuen Staat ihr Werk tue. Jeder Eingriff in Glaubensdinge und in die Verkündigung des Evangeliums lehnte er ab und betonte, wie er allen revolutionären Bestrebungen auf dem Gebiet des Glaubenslebens abhold sei. Er stellte in Aussicht, dass der abzuschließende Staatsvertrag für die evangelischen Geistlichen ähnliche Bindungen hinsichtlich ihrer politischen Betätigung bringen werde, wie es das Konkordat den katholischen Geistlichen auferlegt.

Während in unserer Landeskirche bisher alles in bester Ordnung verlief und trotz erheblicher Verschiedenheiten in der grundsätzlichen Beurteilung der Lage unsere Geistlichkeit das Beispiel erfreulicher Einmütigkeit gab, ist plötzlich, wie mir berichtet wurde, eine nicht geringe Unruhe in weiten Kreisen entstanden. Veranlaßt wurde sie im wesentlichen durch den überraschenden Versuch, die Glaubensbewegung der Deutschen Christen auch zu uns nach Bayern hereinzutragen und da und dort mit der Gründung von Ortsgruppen zu beginnen. In einer sofort herbeigeführten Aussprache mit den Beteiligten wurde folgendes festgestellt: Solange die neue Bewegung keine Bedrohung unseres Bekenntnisstandes herbeiführt und solange sie gewillt ist, sich als aufbauender Faktor in unser gesamtkirchliches Leben einzufügen, soll sie auch in unserer Landeskirche Raum haben. Es sind infolgedessen folgende Bedingungen zu erfüllen:

1.) Die unbedingte Wahrung des Bekenntnisstandes ist die unerläßliche Voraussetzung für alle Betätigung innerhalb der Bewegung.
2.) Das Ziel der Bewegung kann nur ein innerkirchlich religiöses sein, nämlich die Verbindung zwischen Kirche und Volk aufrecht zu erhalten und vor allem diejenigen durch die neue Freiheitsbewegung erfaßten Kreise zu gewinnen, welche der Kirche erst wieder nähergebracht werden müssen.
3.) Die Geistlichen, welche in Bayern an die Spitze der Bewegung treten, unterstellen sich meiner Führung. Es ist nicht angängig, dass die Einheitlichkeit unseres kirchenpolitischen Wollens durch Einzelaktionen zerstört wird. Auch ist es nicht zulässig, dass führende kirchliche Persönlichkeiten durch Presseartikel in der Öffentlichkeit herabgesetzt werden.

Die Erfüllung dieser Bedingungen wurde zugesagt. Auf Grund dieser Zusage hoffe ich, dass es möglich sein wird, die in der Glaubensbewegung Deutscher Christen vorhandenen starken Kräfte auch für das Leben der heimischen Kirche nutzbar zu machen und unsere Kirche in die Lage zu versetzen, die Sendung zu erfüllen, die sie gerade den Kreisen gegenüber hat, die sich in der Glaubensbewegung der Deutschen Christen zu aktiver kirchlicher Betätigung sammeln.

Im allgemeinen füge ich noch folgende Bemerkung bei. Es ist in manchen Kreisen die Sorge entstanden, als bedeute die Entwicklung der letzten Zeit eine Preisgabe unseres lutherischen Bekenntnisses. Niemand geht diese Sorge mehr zu Herzen als mir, der ich mich im Innersten dem Bekenntnis unserer Kirche verpflichtet weiß. Für ganz grundlos vermag ich die entstandene Sorge nicht anzusehen. Darum erinnere ich in dieser Stunde alle Geistlichen mit großem Ernst an ihr Ordinationsgelübde und mache ihnen zur heiligen Pflicht, alle ihre Verkündigung stets aufs neue an Schrift und Bekenntnis zu prüfen, nichts zu sagen oder zu lehren, was dem Bekenntnis unserer Kirche widerspricht und allem Bekenntniswidrigen in den Gemeinden mit Nachdruck entgegenzutreten. An der äußeren Gestalt der Kirche

mag sich in dem gegenwärtigen Zeitenwandel vieles ändern und manche Form des kirchlichen Lebens mag ein neues Gesicht bekommen: An der Bekenntnisgrundlage unserer Kirche jedoch darf nicht gerüttelt werden!
Darüber hinaus erinnere ich alle Brüder im Amt an die Einmütigkeit, mit der sie mir in feierlicher Stunde Treue und Gefolgschaft gelobt haben. Ich kann gerade im gegenwärtigen Augenblick auf die Erfüllung dieses Gelöbnisses nicht verzichten. Es ist unmöglich, dass ich den Amtsbrüdern über jeden Schritt, der in dieser entscheidungsvollen Zeit zu unternehmen ist, Rechenschaft gebe; manche Entscheidung reift nur langsam heran und kann oft nur in der Einsamkeit ernsten Ringens vor Gott gewonnen werden. Aber die Amtsbrüder dürfen überzeugt sein, dass ich mich vor Gott und meinem Gewissen stets aufs neue prüfe, ob das, was ich tue, auch vor dem Urteil meiner Amtsbrüder bestehen kann, ob es unserer Kirche frommt und ob vor allem die Substanz unserer Kirche und ihre Verkündigung dadurch nicht verletzt wird.
In den schweren Zeiten, wie wir sie jetzt durchleben, muss ich aber gewiss sein dürfen, dass nicht, während ich oft tage- und wochenlang zu Verhandlungen auswärts weile, zu Hause ohne Not Unruhe und Verstimmung gestiftet wird, wo Geduld und Vertrauen das Feld behaupten sollten.
Die kirchenpolitische Orientierung wird auch in Zukunft in der gleichen Richtung gesucht werden müssen wie bisher: Unsere Landeskirche so zu führen, dass einerseits an ihrem Bekenntnisstand und an ihrem Wesen nichts abgebrochen wird und dass sie andererseits auch weiterhin in dem vertrauensvollen Verhältnis zur neuen Freiheitsbewegung, zum nationalen Staat und zu unserer Staatsregierung erhalten bleibt. Zugleich soll unsere Kirche ein lebendiges und nicht das schlechteste Glied innerhalb der neuen einigen Deutschen Evangelischen Kirche werden.
Ich benütze die Gelegenheit noch zu einem persönlichen Wort an all die vielen Amtsbrüder, an meine ehemaligen Seminarkandidaten insbesondere, die mir zu meiner Wahl zum Landesbischof und zu meiner Amtseinsetzung freundliche und herzliche Wünsche übermittelt haben. Ich hatte gehofft, ich könnte allen, die mir oft in sehr ausführlicher Weise geschrieben haben, mit einem persönlichen Wort danken, muss nun aber einsehen, dass das, bei der Fülle der auf mich einstürmenden Aufgaben und bei der übergrossen Zahl der noch unerledigten Briefe ein unmögliches Vorhaben ist. Ich bitte deshalb alle, die meiner in so warmer und teilnehmender Weise gedacht, die mir ihre Treue und Anhänglichkeit bekundet und mich ihrer Fürbitte versichert haben, auf diesem Wege meinen Dank entgegenzunehmen und es mir nicht zu verargen, dass in diesem Generaldank so manches persönliche Wort, das ich gerne gesprochen hätte, untergehen muss.
Ebenso bitte ich alle Herren Kapitelvorstände, die mir im Namen ihrer Kapitel das Gelöbnis treuer Gefolgschaft und die Versicherung freudiger Dienstbereitschaft zum Ausdruck gebracht haben, die Versicherung ent-

gegenzunehmen, wie sehr ich durch ihre Zuschriften erfreut und erhoben worden bin. Ich bitte auch hiefür meinen Dank durch diese Zeilen erstatten zu dürfen und ersuche, ihn allen beteiligten Kapitularen zu übermitteln.
In Verbundenheit des Glaubens begrüsse ich Sie alle als Ihr
D. Meiser Landesbischof der evang.-luth. Kirche in Bayern.

26 Hermann Dietzfelbinger: Kirchlicher Rückblick und Ausblick [Landesbischof Meisers] bei Jahresbeginn

KorrBl 59 (1934), 8. Januar, S. 11–14

|11| Auf der Steinacher Konferenz, die am 3. Januar stattfand und einen Rekordbesuch von etwa 250 Teilnehmern aufwies, gab Herr Landesbischof D. Meiser eine umfassende Rückschau über die gesamte kirchliche Entwicklung des vergangenen Jahres und verband damit einen Ausblick auf die Aufgaben und Forderungen des neuen Jahres. Wir bringen eine ausführliche Inhaltsangabe seiner Darlegungen:
Wir stehen nicht nur an einer Jahreswende, sondern sind doch wohl in einer Zeitenwende begriffen. Es ist ja im vergangenen Jahr nicht nur ein Wechsel in der politischen Leitung unseres Volkes eingetreten, sondern die Wandlung geht viel tiefer. Die politische Umwälzung hat übergegriffen auf alle Gebiete des öffentlichen und des kulturellen Lebens. Es geht jetzt darum, daß unser Volk in seinem ganzen Wesen, bis in seine Fundamente hinein, neugestaltet werden soll, daß unser Deutschland und der deutsche Mensch ein neues Gesicht bekommen soll. Die Stellung der Kirche zu diesen großen Ereignissen ist in wiederholten Kundgebungen so eindeutig festgelegt worden, daß es nicht notwendig sein sollte, sie noch öfter darzulegen. Die Kirche hat aus vielen Gründen allen Anlaß, sich über diesen Wandel zu freuen und den nationalen Staat mit ihren besten Kräften zu stützen. Es sind gesunde Grundsätze aufgestellt worden, nach denen unser Volk von nun an geführt werden soll; daß Zucht, Sitte, Ehre, Treue, Wahrhaftigkeit wieder zu ihrem Recht kommen sollen, daß der Versuch gemacht wird gleichsam wieder zu den Quellen des Lebens zurückzukehren, daß man das Blut wieder zu werten beginnt und das Volk auch in seinem biologischen Aufbau erzieherisch zu beeinflussen sucht, das kann und darf auch die Kirche begrüßen, und deshalb wäre es ein Unrecht, wenn wir uns in eine politisch oppositionelle Stellung zu dem neuen Staat hineindrängen ließen.
Eine Umwälzung von derartiger Weite und Tiefe mußte fast naturnotwendig ihre Wellen auch in den Raum der Kirche hineinschlagen. Hier hat sie sich zunächst spürbar gemacht in der Theologie, die sich plötzlich vor eine Fülle neuer Aufgaben gestellt sah. Und zwar meldeten sich diese Aufgaben und Probleme mit einer solchen Schärfe und Dringlichkeit an, daß man beinahe meinen mußte, unsere gesamte Theologie sei darauf nicht vorbe-

reitet gewesen; es hat auch lange gedauert, bis sie ein Wort zu den neuen Problemen fand, – wenn wir auch freilich nicht verkennen, daß alle wirklich theologische Erkenntnis aus der Stille und Tiefe reiflicher Besinnung herauswachsen muß und darum der Zeit bedarf. Was nun die neuen Probleme selber anlangt, so waren es vor allem die Fragen des 1. Glaubensartikels: das Rasseproblem, die Fragen des Volkes, der Volkskirche, von Volk und Evangelium, des artgemäßen Christentums usw. Die große Gefahr für die Theologie bestand darin, daß sie ihre Aufgabe falsch auffaßte in der Weise, als handelte es sich darum, daß sie nun einfach eine Metaphysik des Nationalsozialismus zu liefern habe, eine geistige Untermauerung und Verankerung dessen, was der Nationalsozialismus bietet. In Wirklichkeit ist die Aufgabe der Theologie, des kirchlichen Lehramts, gerade umgekehrt: sie hat alle Fragen und geistigen Bewegungen vor das Forum des Evangeliums zu bringen. Es ist hier die Arbeit noch lange nicht abgeschlossen; überall aber, wo sie begonnen wurde und getrieben wird, zeigt sich, daß einerseits unser Erkenntnisbesitz nach vielen Seiten hin noch des Ausbaus und der Vertiefung bedarf, daß aber auch andrerseits die nationalsozialistische Weltanschauung einer genauen Prüfung und manches in ihr einer Korrektur unterworfen werden muß.

Noch einschneidender machte sich der Umschwung bemerkbar auf dem Gebiet der kirchlichen Praxis. Das Volk zur Kirche, die Kirche zum Volk! – Diese Schlagworte tauchten auf. Sie waren wohl vor allem aus den Verhältnissen in Norddeutschland heraus begreiflich, wo wirklich Volk und Kirche weithin entfremdet waren und sind; aber es sollen doch auch uns diese Forderungen zur Besinnung führen: gibt es nicht auch bei |12| uns in Bayern Gründe, die diesen Ruf berechtigt erscheinen und Widerhall finden ließen? Wir dürfen uns nicht damit begnügen das zu erhalten, was wir von den Vätern ererbt haben; wir müssen die Pflöcke weiter stecken, wieder vorstoßen in verlorene Gebiete, Stände und Schichten des Volkes zu erreichen versuchen, die wirklich auf den Weg der Kirchenentfremdung geraten sind. Und auch wo kirchliche Sitte und Gewöhnung vorhanden ist, muß unser Anliegen dies sein, daß aus der Gewöhnung persönliche Ueberzeugung und ein lebendiges Kirchenwesen werde.

Eine besonders laut erhobene Forderung war die der volkstümlichen Predigt. Wir haben da nun freilich allerlei Versuche erlebt, bei denen die Volkstümlichkeit darin zu bestehen schien, daß die Substanz des Evangeliums möglichst zurücktrat oder gar verschwand. Das Problem der volkstümlichen Predigt ist auch nicht damit gelöst, daß die Worte und Methoden der Politik und der politischen Propaganda in die Kirche hineingetragen werden. Der wirklich tiefer grabende und suchende Mensch will in der Kirche gerade nicht noch einmal die gleichen Melodien hören wie draußen, sondern die Klänge aus einer anderen Welt, allerdings nicht in einer volksfremden Theologensprache. Lehren können uns hier neben dem

Umgang mit dem Volk selber die wahrhaft guten Volksschriftsteller und die Werke wirklich volkstümlicher Prediger. Die Richtung, in der unsere Bemühungen zu laufen haben, ist die: der Prediger, der mitten im brausenden Leben der Gegenwart steht, soll gerade darin das ganze Evangelium sagen.

Weil unsere Kirche darum ringt, wirklich Volkskirche zu sein, deshalb erwachte in unserer Zeit auch die Forderung der Volksmission neu. So erging auch an alle Geistlichen unserer Landeskirche der Ruf zu umfassender volksmissionarischer Arbeit. Die Kirche ist sich dessen bewußt, daß der Auftrag Jesu Christi sie nicht nur an einzelne suchende Seelen weist, sondern eben tatsächlich an das ganze Volk! Volksmission bedeutet aber nicht, daß wir nun auf Massenbekehrungen, Massentaufen oder Massentrauungen hinarbeiten, sondern daß wir einfach mit der schlichten Verkündigung des Wortes Gottes nun einmal auch die Kreise zu erfassen versuchen, die bisher draußen standen, während gleichzeitig diejenigen, die schon bei uns sind, mit neuem Ernst und neuer Freudigkeit erfüllt werden sollen. Eine besondere Aufgabe ist hier der Kirche gestellt an den politischen Wehrorganisationen, SA., SS., HJ., – eine Aufgabe, die freilich nicht von heute auf morgen gelöst werden kann, sondern bei der oft ganz klein angefangen werden muß, wo persönliche Beziehungen, besondere örtliche Gelegenheiten aufgegriffen und ausgenützt werden müssen. Wir sind uns dessen bewußt, daß man nicht über Nacht ein Volk christianisieren kann, aber wir sehen die Aufgabe vor uns, neue Wege zu versuchen und zu gehen – und wenn es sein muß, auch als falsch erkannte Wege wieder zu verlassen. Die größte Sünde ist hier, nichts zu tun und alles beim Alten zu lassen. –

Die am deutlichsten sichtbare Umwälzung erfolgte auf dem Gebiet der kirchlichen Organisation und Verfassung. Ein Volk, ein Reich, – eine Kirche! in diesen Ruf klangen die Forderungen des Augenblicks zusammen. Eine Utopie sind zwar die Bestrebungen, die auf Schaffung einer großen deutschen Kirche hinzielen, in der Evangelische und Katholische, Freikirchler und Sektenleute vereinigt sein sollen. Wir wollen uns aber darüber klar sein, daß dieser Gedanke eine starke werbende Kraft hat, und zwar umso mehr, je weniger einer Einblick in die tatsächlichen Gesetze kirchlichen Lebens und Wesens hat, je weiter er vom Zentrum der Kirche entfernt ist. Doch sind die Dinge zunächst auf das rechte Maß zurückgebracht worden und man hat das Erreichbare und Mögliche angegriffen: Die 28 bisherigen evangelischen Landeskirchen zu einer Einheit zusammenzufassen.

Die Schwierigkeiten bei diesem Beginnen ergaben sich vor allem in der Bekenntnisfrage. Die preußische Union lag wie ein Block im Wege. Wenn es möglich gewesen wäre, hier wieder den lutherischen Bekenntnisstand durchzuführen, dann wäre die Bahn frei gewesen zur Schaffung einer starken lutherischen Kirche Deutschlands, an die sich die Reformierten hätten anlehnen können. Aber dieser Weg war versperrt. Ein Versuch entgegengesetzter Art war das sog. Loccumer Bekenntnis, das, wenn es sich durchgesetzt hätte, die Ausdehnung der Union auf das ganze deutsche Reichsgebiet bedeutet hätte. Weil aber damit das Ende der lutherischen Kirchen verbunden gewesen wäre, so war auch diese Lösung unmöglich und es blieb nur der Weg, daß man einerseits den Bekenntnisstand einhielt, andererseits aber zu verfassungsgemäßer Einheit zu gelangen suchte.

Dieser Weg ist auch beschritten worden. Lange Kämpfe wurden geführt, bis schließlich im Juli des vergangenen Jahres die Deutsche Evangelische Reichskirche geschaffen wurde. In ihrer Verfassung wurde der Grundsatz verankert, daß die reformatorischen Bekenntnisse die unantastbare Grundlage der Deutschen Evangelischen Kirche sein sollten in jeder der bisherigen Landeskirchen. So gibt es jetzt zwar nicht eine lutherische Kirche Deutschlands, aber lutherische Bekenntniskirchen innerhalb der Deutschen Reichskirche. Andererseits ist das Bedeutsame an der neuen Verfassung dies, daß vom Rechtsstandpunkt aus gesehen die Deutsche Evangelische Kirche nicht wie der alte Kirchenbund ein freier Zusammenschluß ist, aus dem jede Landeskirche wieder austreten könnte, sondern eine feste Einheit, die zu verlassen nur auf dem Wege des Schismas möglich ist.

Beim Blick auf die Reichskirchenverfassung tauchen mancherlei Schwierigkeiten und Gefahren auf, die kurz zu zeigen sind. Es waren und sind Kräfte am Werk, die die neue evangelische Reichskirche völlig unitaristisch und zentralistisch gestalten wollen, ohne jede Rücksicht auf landeskirchliche Grenzen. Der Zug zur Vereinheitlichung zeigt sich auch deutlich in den Versuchen der gegenwärtigen Reichskirchenregierung, möglichste Rechtseinheit oder -gleichheit zu schaffen. Aber die bisher vorliegenden Gesetze und Beschlüsse lassen erkennen, daß dabei fast immer über die tatsächlichen Verhältnisse vom grünen Tisch aus verfügt wurde. Man müßte sich in Berlin darüber klar sein, daß bei der verschiedenartigen Gestaltung unserer Landeskirchen höchstens Rahmengesetze möglich sind, die im einzelnen verschiedene Füllung bekommen müßten.

Es ist in der Kirchenverfassung das Führerprinzip durchgeführt. Da dies aber zunächst doch auf dem Gebiet des politischen Lebens erwachsen ist, muß man ernsthaft fragen: verträgt es die Kirche in ihrem Wesen, daß ein solches Prinzip ohne weiteres auf das Gebiet des kirchlichen Lebens übertragen wird? Es hängt da das Entscheidende an der Führerpersönlichkeit. Die aber kann nicht geschaffen werden; sie kann nur von Gott geschenkt werden, so wie im Alten Testament dem Volk die Propheten als Führer geschenkt wurden. Wenn die Führerpersönlichkeit aber fehlt, dann muß das Führerprinzip zu allerlei unerwünschten Auswirkungen führen; denn dann wird es einfach zur Diktatur. Kein Gebiet des Lebens aber eignet sich weniger zur Diktatur als die Kirche! – In derselben Linie lag das Bestreben der Väter der neuen Kirchenverfassung, aus dem Raume der Kirche alles zu entfernen, was irgendwie nach Parla|13|mentarismus aussah. Wenn dieses

Bestreben auch teilweise berechtigt war, da die deutschen Kirchenverfassungen nach 1918 viele demokratische Züge mit den Schattenseiten des Parlamentarismus an sich trugen, so hat es sich doch im Laufe der letzten Zeit herausgestellt, daß man in Berlin nicht zu unterscheiden wußte zwischen Parlamentarismus und einem gesunden Synodalismus. Wir haben in den vergangenen Jahren versucht, die Gemeinden lebendig zu machen und zur Mitarbeit heranzuziehen; denn die Gemeinde ist ein Organismus, in dem das Gesetz vom Leib und von den Gliedern herrscht. Wenn aber jetzt jede Mitwirkung der Gemeinde etwa in Form von synodalen Körperschaften schon unter das Verdikt des Parlamentarismus gestellt wird, dann bekommen wir in der Kirche die Pastorenherrschaft mit einer vollkommenen Entrechtung der Gemeinden. Es zeigt sich hier, daß ein auf einem besonderen Gebiet richtiges Prinzip, wenn es auf ein ihm fremdes Gebiet übertragen und noch dazu überspitzt wird, zur Farce wird. Die Gefahr, die an dieser Stelle vorliegt, ist besonders groß, wenn man bedenkt, daß Versuche gemacht worden sind, diese Grundsätze der Reichskirchenverfassung auch in den Verfassungen der Landeskirchen durchzuführen. Diesen Versuchen mit allen Mitteln zu begegnen ist eine unserer wichtigsten Aufgaben. Wir sind stolz darauf, daß es uns weithin gelungen ist, auch unsere Gemeinden zur Mitarbeit heranzuziehen, sodaß hier frisches Leben sich regte und Verantwortung freudig übernommen wurde; das wollen wir uns nicht zerstören lassen. –

Die Geschichte der Entstehung der Reichskirche hat in allen Formen und mit allen Auswüchsen das gebracht, was man Kirchenpolitik nennt. Das erste Stadium dieser Kirchenpolitik war der Streit um den Reichsbischof: Müller oder Bodelschwingh? Dabei war die falsche Voraussetzung die, daß man ein Urteil fällen sollte über eine Person, ehe man wußte, welches Amt diese Person bekleiden sollte. Im Verlauf dieses Streites kam es zu dem bekannten Eingriff der preußischen Staatsregierung in die kirchlichen Verhältnisse in der Form der Einsetzung von Staatskommissaren für die preußischen Landeskirchen. Das zweite Stadium des kirchenpolitischen Kampfes war die Zeit der kirchlichen Neuwahlen nach Zurückziehung der Staatskommissare und Unterzeichnung der Reichskirchenverfassung, – eine Zeit, die für unsere Kirche besonders verhängnisvoll geworden ist. Denn da hat die Glaubensbewegung „Deutsche Christen" sich mit all ihren Machtmitteln in die Kirchenpolitik geworfen. Der Erfolg war der, daß ihr 80 Prozent aller Stimmen zufielen und daß darnach auch die Nationalsynode zusammengesetzt wurde, die den Reichsbischof zu wählen hatte. Nach den Wahlen haben die „Deutschen Christen", oft in der skrupellosesten Weise, alle Machtpositionen in der Kirche erobert und teilweise ein wahres Terrorregiment ausgeübt, in dem von einem Verständnis für das Wesen der Kirche nichts mehr zu spüren war. Daß sie auch in der Lehre den Boden des Bekenntnisses verlassen hatten, zeigte mit erschreckender Deutlichkeit

die Kundgebung im Berliner Sportpalast am 13. November. Denn da wurde doch offenbar, daß das Verständnis für das evangelische Bekenntnis nicht nur bei dem Redner, Dr. Krause, sondern in weiten Kreisen der „Deutschen Christen" überhaupt geschwunden war.
Aber jetzt geschah etwas sehr Bewegendes. Auf die Sportpalastkundgebung hin erhoben sich überall im Land die bekenntnistreuen Pfarrer und Gemeinden. Der Pfarrer-Notbund, der sich schon vorher gegründet hatte, wuchs an. So stark war der Widerstand, der emporflammte, daß sich in manchen Kirchen große Teile der Pfarrerschaft öffentlich gegen ihre Bischöfe wandten; so in Sachsen, Brandenburg, Holstein, Mecklenburg. Die Bekenntnistreuen sammelten sich unter der Führung des bayrischen Landesbischofs in einer starken, breiten Bekenntnisfront, in der heute nicht nur die Mehrzahl der lutherischen Kirchen, sondern auch die reformierten und einzelne unierte Kirchen zusammengeschlossen sind, zu der ferner der Pfarrernotbund und – seit einigen Wochen – auch das Deutsche Evangelische Jugendwerk gehört.
Unter den Aufgaben, die der Bekenntnisfront gestellt sind, ist dies die erste: für die Erhaltung der Bekenntnisse einzutreten; denn sie ist sich dessen bewußt, daß unsere evangelische Kirche nur gebaut werden kann, wenn die Bekenntnisse ihre unantastbare Grundlage bleiben. Ferner kämpft die Bekenntnisfront für Ordnung und Sauberkeit in der Kirche: dafür, daß Pfarrer, die oft unter den nichtigsten Vorwänden abgesetzt worden sind, wieder in ihr Amt zurückkehren dürfen, daß Persönlichkeiten, die auf unkirchlichem u. unchristlichem Wege sich Aemter erobert haben, wieder daraus verschwinden. Eine weitere Aufgabe ergibt sich daraus, daß nicht nur die Geschlossenheit der noch feststehenden Kirchen zu erhalten, sondern auch die Ordnung in den am meisten dem Zerfall ausgesetzten Kirchen wiederherzustellen ist. Diesem Ziele sollte vor allem die Forderung der Bekenntnisfront an den Reichsbischof dienen, daß er nach Entlassung des ursprünglichen Reichskirchenministeriums ein neues bilde, welches von dem Vertrauen der Kreise getragen sei, die eben noch wissen, was Kirche ist, hinter denen noch gewachsene Kirchen, nicht nur kirchenpolitische Parteien stehen.
In diesem Stadium des Kampfes stehen wir jetzt. Es ist bis heute noch nicht möglich gewesen, den Reichsbischof von der Berechtigung der Forderungen der Bekenntnisfront zu überzeugen. Das Kirchenministerium, mit dem er gegenwärtig regiert, entspricht in keiner Weise den Bestimmungen der Reichskirchenverfassung, zumal da es lange nicht vollständig ist. Da alle Verhandlungen, die seit Wochen geführt werden, um Ordnung, Reinheit und Sauberkeit in der Kirche wiederherzustellen, bisher noch zu keinem Ziel geführt haben, da aber auch ein längeres Zusehen und Verhandeln nicht mehr angängig erscheint, stehen wir jetzt mitten in einer Krisis der Reichskirche. Die Bekenntnisfront sucht die Reichskirche, die zu zerfallen droht, wenn irgend möglich, zu erhalten und denkt nicht an ihre Zerstörung; denn

sie weiß um ihre Verpflichtung gegen das große Ganze. Sie weiß: wir können in Norddeutschland die Kirchen nicht sterben lassen und müssen deshalb mit den Brüdern im Norden verbunden bleiben. Darum halten wir fest an der Reichskirche, – aber sie muß wirklich Kirche sein!
Hier aber muß noch einem groben Mißverständnis und manchen Vorwürfen und Verdächtigungen begegnet werden. Diese Vorwürfe und Verdächtigungen kommen einmal vom Ausland her, dann aber auch von seiten der Gegner der Bekenntnisfront im Inland. Das Ausland beobachtet mit gespanntester Aufmerksamkeit die Vorgänge in der deutschen Evangelischen Kirche. Das ist uns einerseits von großem Wert, andrerseits aber ist diese Teilnahme sehr mißlich, weil die ausländische Presse sehr stark an politischen Gesichtspunkten orientiert ist und die Dinge leicht so darstellt, als werde der Kampf der Bekenntnisfront auch aus politischen Motiven heraus geführt. So werden z. B. auch Karl Barths Schriften politisch ausgewertet, was allerdings nach seinen Ausführungen in dem letzten Heft der „Theologischen Existenz heute" nicht mehr möglich sein dürfte. Aber auch den Führern der Bekenntnisfront, die in engster Verbindung mit vielen Männern des neuen Staates stehen und diesen Staat freudig bejahen, liegt ganz allein da| 14 |ran, daß die Kirche Kirche bleibe und das Bekenntnis nicht angetastet werde, und deshalb kämpfen sie.
Aehnliche Versuche, der Bekenntnisfront falsche Motive unterzuschieben, machen ihre kirchlichen Gegner im Inland. Man sucht da ihre Führer dem Staat gegenüber in den Verdacht der politischen Reaktion zu bringen – dem Staat gegenüber, der doch erst neulich durch das Reichsinnenministerium hat erklären lassen, daß er an den kirchlichen Kämpfen nicht interessiert sei. So hat z. B. der sächsische Landesbischof Coch in einem Schulungsbrief für volksmissionarische Arbeit erklärt, die Reaktion benütze jetzt die Kirche dazu, um ihr Geltungsbedürfnis zu befriedigen. Mit solchen Mitteln wird freilich der Kampf leicht gemacht, weil man sich dadurch theologische Auseinandersetzungen, überhaupt Kämpfe auf geistigem Gebiet mit geistigen Waffen erspart. Aber es ist demgegenüber mit aller Offenheit zu sagen: alle Unterschiebung solcher Motive, alle politischen Verdächtigungen sind eine ganz infame Verleumdung! Sollen wirklich alle die 6000 im Notbund zusammengeschlossenen Pfarrer politische Reaktionäre sein? Sollen jetzt, nach dem gewaltigen Ergebnis der Volksabstimmung vom 12. November, noch immer politische Gegensätze hervorgeholt werden, die gar nicht vorhanden sind?
Was können wir sagen, wenn wir nun noch kurz hinausblicken in die Zukunft? Sie liegt ernst vor uns. Unsere Aufgabe ergibt sich klar aus den geschilderten Verhältnissen. Zunächst muß Ordnung in der Reichskirche geschaffen werden dadurch, daß ein regierungsfähiges Reichskirchenministerium zustandekommt, das auch wirklich das Vertrauen der kirchentreuen und bekenntnisbewußten Kreise genießt. Es wird die Aufgabe dieser neuen

Reichskirchenleitung sein dafür zu sorgen, daß nun auch einmal das bisher ganz unklare Verhältnis zwischen Reichskirche und Landeskirchen grundsätzlich geregelt wird. Sehr wichtig wäre hier, daß der sogen. Bischofsrat, in dem die Leiter der Landeskirchen sich zusammengeschlossen haben, als rechtliches Organ eingeschaltet würde. Denn es ist unmöglich, von einer Zentralstelle aus den kirchlichen Verhältnissen in unseren so verschiedenen deutschen Landschaften gerecht zu werden; es muß da Umschaltestationen geben – eben die Landeskirchenregierungen. Ferner ist es notwendig, daß die Reichskirchenverfassung, die an manchen Stellen Brüche und Lücken hat und viele verbesserungsbedürftige Punkte aufweist, nochmals gründlich überprüft wird. Es muß in einzelnen Landeskirchen viel gut gemacht werden, was oft leichtsinnig und unbedacht zerstört wurde; es muß auch wieder ein Verhältnis gefunden werden zwischen den Kreisen der Bekenntnistreuen und den Kreisen, die ehedem „Deutsche Christen" waren, nun aber, nach dem teilweisen Zerfall dieser Bewegung, heimat- und führerlos geworden sind. Unter den Einzelgebieten, auf denen Klarheit geschaffen werden muß, ist gegenwärtig an erster Stelle das Evangelische Jugendwerk zu nennen. Wie da allerdings jetzt, nach dem Vertrag zwischen dem Reichsjugendführer und dem Reichsbischof, die Dinge weiterlaufen werden, ist noch ganz unklar.

Schwere Kämpfe stehen uns bevor, wenn wir denken an alle die religiösen Strömungen und Bewegungen, die gegenwärtig, getragen von begeisterten Rednern und umgeben mit romantischem Zauber, durch unser Volk hindurchgehen: Deutschkirche, deutsche Glaubensbewegung, die Kreise um Bergmann, Hauer, Wirth. Ganz unklar ist vorerst noch die innere Linie, die die Glaubensbewegung „Deutsche Christen" in Zukunft einnehmen wird.

Wir wissen nicht, welchen Ereignissen wir entgegengehen. Eine Aufgabe aber sehen wir hier für uns alle vor uns: daß wir uns für die kommende Zeit mit ihren Auseinandersetzungen und Kämpfen ernstlich rüsten. Die bevorstehenden Kämpfe erfordern ein besonderes wissenschaftliches Rüstzeug, die neuen Aufgaben verlangen neue Wege und Arbeitsweisen, die neu aufgetauchten Fragen neue Besinnung. Mehr und mehr ist in der letzten Zeit das starke Bedürfnis nach gemeinsamer Erbauung aus dem Wort Gottes und nach brüderlicher Gemeinschaft offenbar geworden; daß wir hier lernen und einander helfen, ist auch eine Forderung der Zukunft. Theologische Arbeit ist nötig, aber ebenso auch die in die Tiefe gehende Arbeit am eigenen inneren Menschen. Pectus facit theologum!

Dann ist auch die große Gefahr der Politisierung gebannt, die unserem Pfarrerstand droht. In einem politisierten Pfarrerstand geht die Gemeinschaft verloren, zerbricht die Geschlossenheit, versagt die Kraft – alles zum größten Schaden der Kirche. Die Verantwortung aller der Kollegen, die sich dem nationalsozialistischen Pfarrerbund angeschlossen haben oder noch anschließen wollen, ist hier besonders groß. An einer Klippe sind wir in der Vergangenheit schon vorbeigekommen: die bayerischen „Deutschen Christen“ haben sich nach der Kundgebung im Sportpalast öffentlich von der Glaubensbewegung D. Chr. losgesagt und damit das Versprechen gehalten, das sie auf der Landessynode im September abgegeben hatten. Dafür gebührt ihnen besonderer Dank, Dank sei aber auch der gesamten bayerischen Pfarrerschaft gesagt, daß sie trotz aller Verschiedenheiten und Gegensätze es immer wieder verstanden hat, die Einheit und Geschlossenheit unter sich aufrechtzuerhalten. „Wenn es mir möglich war, in den schweren Kämpfen der vergangenen Zeit meinen Standpunkt zu behaupten,“ so wandte sich der Herr Landesbischof zum Schluß an die versammelten Geistlichen, „dann war es mir nur möglich durch Sie, weil ich wußte: hinter mir steht die Front! Sie haben sich damit ein kirchengeschichtliches Verdienst erworben! Es ist als Tatsache festzustellen, daß unsere bayrische Landeskirche wohl der stärkste Pfeiler in der Bekenntnisfront ist ... Mein Amt ist ein Amt des Dienstes; der Bischof ist der erste Geistliche, der erste Diener am Wort. Er kann aber sein Amt nicht führen, wenn er nicht auf eine treue und vertrauende Gefolgschaft rechnen kann. Ich habe viele reiche Beweise des Vertrauens im vergangenen Jahr empfangen dürfen. Daß diese Treue und dieses Vertrauen auch weiterhin zwischen uns bestehen möge zum Segen unserer gesamten Kirche, das ist mein Wunsch für das neue Jahr!“

2.1.2 Führungswechsel in der Landeskirche

27 Niederschrift über die gemeinsame Sitzung des Landessynodalausschusses und des Landeskirchenrats am 12. April 1933

LAELKB, LKR 3075

Anwesend die Herren des Landessynodalausschusses: Staatsrat von Merkel, Kirchenrat D. Weigel, Dekan Langenfaß, Senior Dr. Schmidt, Dekan Lindner, Oberstudiendirektor Wetzstein, Stadtrat Memmert, Oberregierungsrat Meyer, Oberregierungsrat Bracker,
die Herren des Landeskirchenrates: Vicepräsident Böhner, Oberkirchenrat D. Baum, Oberkirchenrat D.Prieser, Oberkirchenrat Moegelin, Oberkirchenrat D. Rüdel, Oberkirchenrat D. Meiser, Oberkirchenrat Burger, Oberkirchenrat Dr. Meinzolt, Oberkirchenamtmann Pflügel, Schriftführer.
Vizepräsident Böhner teilt nach Eröffnung der Sitzung mit, dass die Veranlassung zur heutigen Sitzung in der Rücktrittserklärung des Herrn Kirchenpräsidenten von seinem Amt liegt. Vizepräsident Böhner bespricht kurz die Vorgänge auf der Versammlung des Ausschusses des Pfarrervereins am Donnerstag, den 6.IV.1933 in Nürnberg, die zu dem Entschluß des

Herrn Kirchenpräsidenten führten, der schon aus Gesundheitsrücksichten so große Aufgaben, die bevorstünden, nicht mehr auf sich nehmen könne und wolle, und dessen Alter es verlange, jüngeren Kräften Platz zu machen.
Vizepräsident Böhner übergibt dem stellvertretenden Präsidenten der Landessynode, Herrn O.Reg.Rat Bracker die schriftlich niedergelegte und begründete Rücktrittserklärung des Herrn Kirchenpräsidenten, die von Herrn Oberregierungsrat Bracker verlesen wird. Vizepräs. Böhner teilt weiter mit, dass Herr Kirchenpräsident wünscht, dass die Landessynode baldmöglichst zu einer a. o. Tagung zusammenberufen wird und erörtert die Frage, ob die Landessynode die geeignete Instanz ist, die Ruhestandsversetzung des Herrn Kirchenpräsidenten auszusprechen. Der Ernennungsausschuß komme hiefür auf jeden Fall nicht in Betracht.
Vizepräsident Böhner gibt bekannt, dass die gleichen Herren, die in Nürnberg am 6. IV. 33. versammelt waren, auf Veranlassung des Landeskirchenrates für Mittwoch, den 19. IV. 1933 nach Ansbach unter Beiziehung der Herren Oberkirchenräte D. Meiser und Meinzolt zusammengerufen wurden, damit die Stellung der Kirchenleitung zu den einschlägigen Fragen bekanntgegeben werden kann.
Vizepräs. Böhner bespricht die Frage der Stellvertretung des Herrn Kirchenpräsidenten. Es sei nicht sicher, ob die a. o. Tagung der Landessynode zu einer Neuwahl eines Kirchenpräsidenten kommen werde; man müsse damit rechnen, dass die Neuwahl der Kirchenvorsteher und Neuwahl der Landessynode gewünscht werde.
Die weltlichen Geschäfte des Herrn Kirchenpräsidenten übernimmt nach der K.Verfassung vertretungsweise der Vizepräsident, die oberhirtliche Tätigkeit des Kirchenpräsidenten gebührt dem dienstältesten geistlichen Mitglied des Landeskirchenrates; dies wäre Oberkirchenrat D. Baum. Frage sei, ob in diesem Fall die Kreisdekane zu den geistlichen Mitgliedern des Kollegiums zu rechnen sind, andernfalls käme die Vertretung in der oberhirtlichen Tätigkeit Herrn Oberkirchenrat D. Meiser zu.
Staatsrat Merkel begrüßt Dekan Lindner als neues Mitglied des L. S. A. anstelle von Dekan Breit, der infolge seiner Ernennung zum Oberkirchenrat seinen Austritt aus dem L. S. A. erklärt hat.
Staatsrat Merkel gibt bekannt, dass sich Herr Kirchenpräsident mit ihm über seine Rücktrittsabsicht ausgesprochen hat und dass er ihn in seinem Entschluß bestärkt hat.
Staatsrat Merkel bespricht die Frage der Neuwahl eines Kirchenpräsidenten und einer evtl. Neuwahl der Landessynode, sowie einer evtl. notwendig werdenden Neuwahl von Ersatzmännern für den L. S. A.
Vizepräs. Böhner teilt mit, dass durch die Einberufung der Landessynode zu einer a. o. Tagung und durch die damit zusammenhängende Arbeit Etatsüberschreitungen in den einschlägigen Titeln notwendig sein werden und bittet im Voraus hiezu um Zustimmung.

Staatsrat Merkel stellt nach Befragung fest, dass der L. S. A. hievon ohne Erinnerung Kenntnis genommen hat.
O.Reg.Rat Bracker gibt seinem tiefsten Bedauern über den Rücktritt des Herrn Kirchenpräsidenten Ausdruck.
O. K. R. D. Baum ist der Auffassung, dass in diesem Fall das dienstälteste geistliche Mitglied des Landeskirchenrates der Kreisdekan von München ist und dass infolgedessen ihm die Vertretung des Kirchenpräsidenten in oberhirtlichen Angelegenheiten zukommt. Im vorliegenden Fall handelt es sich jedoch um einen Notzustand, der eine ständige Anwesenheit des Vertreters des Kirchenpräsidenten in oberhirtlichen Angelegenheiten erfordert; dies sei jedoch einem Kreisdekan nicht möglich.
Staatsrat Merkel schlägt vor, O. K. R. D. Meiser mit der Vertretung des Kirchenpräsidenten in oberhirtlichen Angelegenheiten zu beauftragen.
Vizepräs. Böhner stellt nach Befragung fest, dass sich der Landeskirchenrat mit dieser Regelung einverstanden erklärt.
Nach Vorschlag von Staatsrat Merkel wird beschlossen; Oberkirchenrat D. Meiser erklärt sich zur Übernahme der Vertretung des Kirchenpräsidenten in oberhirtlichen Angelegenheiten bereit.
Vizepräs. Böhner bespricht die Frage des Zeitpunktes der Einberufung der Landessynode zu einer a. o. Tagung und des Ortes der Tagung.
Nach kurzer Besprechung einigt man sich auf Bayreuth als Tagungsort.
Auf Veranlassung von Dekan Langenfaß gibt Kirchenrat D. Weigel einen kurzen Bericht über die Versammlung des Ausschusses des Pfarrervereins in Nürnberg am Donnerstag, den 6. 4. 33. und über die Stellungnahme, die die Versammlung zu der Person des Herrn Kirchenpräsidenten eingenommen hat.
O.Reg.Rat Bracker gibt seinem tiefsten Bedauern darüber Ausdruck, dass von Kreisen, die nicht dazu berufen sind, und die keinerlei Vertretungsvollmacht haben, grundlegende Veränderungen veranlaßt worden sind.
Die Kreisdekane berichten über die Stimmungen in ihren Kirchenkreisen; demnach bestehe kein Anlaß zu besonderer Beunruhigung.
Senior Dr. Schmidt bestätigt, dass die Haltung des Pfarrkonvents in Augsburg sich mit diesen Berichten decke.
O. K. R. Dr. Meinzolt hält den Entschluß des Herrn Kirchenpräsidenten, von seinem Amt zurückzutreten, für richtig; sonst wäre zu befürchten gewesen, dass die gegnerische Pfarrerschaft sich an die Presse gewandt hätte. Die Kirche werde in der nächsten Zeit im Zeichen des Kampfes stehen; dieser Kampf müsse elastisch geführt werden.
Dekan Langenfaß teilt mit, dass auf der Nürnberger Versammlung auch gegen die Ernennung des Dekans Breit zum Oberkirchenrat gegnerische Äußerungen laut geworden sind, die aber augenscheinlich zurzeit nicht weiter verfolgt werden. Dekan Langenfaß hofft, dass es gelingen wird, die besonnenen Elemente unter der Pfarrerschaft zu sammeln und zu zeigen,

dass sie in der Überzahl sind. Wenn es zu einer Neuwahl der Kirchenvorsteher komme, so seien die Folgen nicht zu übersehen.
O. K. R. D. Meiser ist der Ansicht, dass von Seite der Kirche nunmehr alles geschehen müsse, damit man sagen könne, dass sich die Kirche auf die neuen Verhältnisse umgestellt hat. Es sei sonst zu befürchten, dass unter Umständen der Staat gegen die Kirche mobil gemacht werde. Man müsse den Dingen mit vollem Ernst ins Auge sehen; man müsse hoffen, dass es möglich sein werde, auf der Besprechung am nächsten Mittwoch, eine Klärung der Lage herbeizuführen. Gegen eine Auflösung der Kirchenvorstände und gegen eine Neuwahl der Landessynode bestünden die größten Bedenken. Aus diesem Grunde müsse eine Neuwahl, wenn irgend möglich verhindert werden.
O. K. R. Moegelin weist darauf hin, dass die Möglichkeit bestehe, ohne Neuwahl der Kirchenvorsteher eine Neuwahl der Landessynode vorzunehmen. Dieser Gedanke wird nicht weiter verfolgt.
Dekan Lindner spricht sich gegen eine Neuwahl aus und glaubt, dass die Gegner nach dem Rücktritt des Herrn Kirchenpräsidenten durch Neuwahl der Kirchenvorsteher und der Landessynode einen weiteren Vorteil zu erreichen hoffen.
O. K. R. D. Meiser hält eine geistige Vorbereitung der Landessynode für notwendig, damit eine vorherige Willensbildung möglich ist und schlägt als Termin für die a. o. Tagung den 9. Mai vor.
O. K. R. Meinzolt weist darauf hin, dass die Kirche das Gesetz des Handelns bestimmen müsse; der Tagungstermin dürfe nicht zu früh sein, damit eine Bearbeitung der Kreise noch möglich sei.
Stadtrat Memmert weist darauf hin, dass auf der nächsten Tagung der Landessynode auch die Neuwahl des Synodalpräsidenten erfolgen müsse.
O. K. R. D. Rüdel glaubt, dass als Tagungsordnung der a. o. Tagung der Landessynode neben der Neuwahl des Synodalpräsidenten nur die Neuwahl des Kirchenpräsidenten und die Bestimmung des Zeitpunktes für die nächste ordentliche Tagung der Landessynode sein wird.
Dekan Langenfaß hält eine entschlossene Führung seitens der Kirchenleitung für unbedingt notwendig und weist darauf hin, dass der Zusammentritt der Landessynode nicht zu spät erfolgen dürfe, da sonst die Zeit zu einer geschickten Agitation ausgenützt werde.
Dekan Langenfaß hält es für unbedingt notwendig, dass sofort eine Kundgebung, die eine positive Stellung zum neuen Staat enthalten muß, an die Pfarrämter hinausgegeben wird.
O. K. R. D. Meiser schlägt vor, in einer Entschließung an die Pfarrämter den Kirchengemeinden den Rücktritt des Herrn Kirchenpräsidenten anzuzeigen, zugleich mit einem Wort an die Gemeinden; außerdem eine Entschließung an die Pfarrämter hinauszugeben mit dem Bemerken, dass jetzt alles darauf ankommt, dass der Wille zur Kirche lebendig bleibt und dass der Wille zur Zusammengehörigkeit gestärkt wird.

O. K. R. D. Prieser hält ein solches Wort an die Geistlichen für sehr wünschenswert und glaubt, dass eine solche Mahnung seine Wirkung nicht verfehlen wird.
Nach Vorschlag von Herrn O. K. R. D. Meiser wird beschlossen.
O. K. R. D. Meiser weist noch darauf hin, dass es für den Fall einer Neuwahl der Kirchenvorsteher und der Landessynode notwendig sein wird, für diesen Fall schon jetzt die erforderlichen Gesetzesvorschläge auszuarbeiten.
O. K. R. D. Meiser bespricht die Frage, auf welche Weise der Rücktritt des Herrn Kirchenpräsidenten veröffentlicht werden soll und schlägt vor, dass vom stellvertretenden Vorsitzenden der Landessynode die Erlaubnis gegeben wird, dass das Schreiben des Herrn Kirchenpräsidenten an den stellvertretenden Vorsitzenden zum Abdruck gebracht wird mit dem Bemerken, dass der L. K. R. und der L. S. A. in einer gemeinsamen Besprechung beschlossen haben, zum Zwecke der Neuwahl eines Kirchenpräsidenten die Landessynode zu einer a. o. Tagung für Mitte Mai dieses Jahres nach Bayreuth einzuberufen; ferner, dass die Stellvertretung des Herrn Kirchenpräsidenten Vizepräsident Böhner übernommen hat und dass mit der Stellvertretung des Herrn Kirchenpräsidenten in oberhirtlichen Angelegenheiten O. K. R. D. Meiser betraut wurde.
Mit diesem Vorschlag besteht Einverständnis. Als Termin für die a. o. Tagung wird Mitte Mai in Aussicht genommen.
Staatsrat Merkel hält es für wünschenswert, dass die beschlossenen Kundgebungen vom Kirchenregiment ausgehen, nicht gemeinschaftlich vom Kirchenregiment und Landessynodalausschuß.
Vizepräs. Böhner weist darauf hin, dass durch die durch die neuen Verhältnisse bedingte Mehrung der Arbeit und mit Rücksicht darauf, dass die 3. geistliche Referatsstelle schon lange Zeit unbesetzt ist, die Einberufung einer geistlichen Hilfskraft und dadurch eine Überschreitung des Tit. XVII notwendig sein wird.
Vizepräs. Böhner bittet um vorherige Zustimmung hiezu.
Staatsrat Merkel stellt nach Befragung fest, dass der L. S. A. hiezu seine Zustimmung erteilt.
Auf Anfrage von O. K. R. D. Meiser wird beschlossen, von einer bereits früher in Aussicht genommenen Einberufung einer Versammlung von kirchlich gesinnten Laien vorerst abzusehen.
Staatsrat Merkel erklärt mit Rücksicht auf sein Alter seinen Rücktritt als Vorsitzender des Landessynodalausschusses.
Die Versammlung nimmt hievon Kenntnis und ist darüber einig, dass von einer Veröffentlichung dieser Erklärung vorerst Abstand genommen wird.
Vizepräsident Böhner spricht Staatsrat Merkel den Dank des Landeskirchenrates für seine Tätigkeit als Vorsitzender des Synodalausschusses aus und bittet, dass die übrigen Mitglieder des Landessynodalausschusses auf alle Fälle von einem gleichen Schritt absehen.

Kirchenrat D. Weigel dankt Staatsrat Merkel für die treue Führung der Geschäfte des L. S. A.
Schluß der Sitzung 7½ Uhr.
Für den Landessynodalausschuß dessen
Vorsitzender: gez. v. Merkel Vorstand a. D.
Für den Landeskirchenrat Vizepräsident: gez. Böhner gez. Pflügel

28 Fz.: Dem Landesbischof zum Gruß!

Fränkische Wacht, Nr. 20, 11. Mai 1933, S. 154–156

|154| Die bayerische evangelisch-lutherische Landessynode hat in ihrer außerordentlichen Tagung in Bayreuth einstimmig mit 89 Stimmen den bisherigen Oberkirchenrat D. Hans Meiser (aus Nürnberg) zum Nachfolger des in den Ruhestand gegangenen Kirchenpräsidenten D. Veit gewählt und ihm zugleich die Amtsbezeichnung als „Landesbischof" beigelegt, sowie durch ein Ermächtigungsgesetz weithin die Betätigung nach eigenem Ermessen freigegeben. Er erhielt das Recht, Kirchengesetze zu erlassen und Verträge zu schließen oder durch Beauftragte schließen zu lassen. Wir begrüßen dies aufs freudigste und ganz besonders den Ausdruck des Willens, daß der Protestantismus unseres Landes an seiner Spitze einen Führer habe. Wir kennen und schätzen unsern Landesbischof von seiner früheren Nürnberger Tätigkeit her. Wir verstehen es darum, daß sich auf ihn das Vertrauen Aller vereinte, und daß neben dem seinen ein anderer Name überhaupt nicht in Frage kommen konnte. Die allgemeine Zuversicht ist wohlbegründet, daß der Landesbischof D. Meiser das Schiff unserer Landeskirche in dieser stürmereichen Zeit ruhig und sicher durch die hochgehenden Wogen in den Hafen der in der Bildung begriffenen „bündischen evangelischen Kirche deutscher Nation" führen wird. D. Meisers bisherige Wirksamkeit bürgt dafür, daß es der richtige Mann am richtigen Platze und zur rechten Zeit ist. Er hat schon vor Jahren die Fragen, die jetzt in den Vordergrund getreten sind, vom Boden des Evangeliums und des Deutschtums aus maßvoll, aber in entschieden völkischem Sinne öffentlich behandelt und damit die freudige Zustimmung derer gefunden, die den anderwärts zuweilen bemerkbaren Mangel solch eindeutiger Einstellung schmerzlich empfanden. D. Meiser ist eine Führerpersönlichkeit, die in ihrer klaren Bejahung des reformatorischen Christentums fest und sicher gegründet ist. Gottes Segen sei mit ihm und unserer Kirche!

Nachdem die Wahl erfolgt war, hielt der Hochwürdige Landesbischof nachstehende Ansprache:

|155| Wenn ich dem Ruf, der in dieser Stunde aus dem Munde Ihres Herrn Präsidenten und durch die Wahl, die Sie vollzogen haben, an mich ergeht, Folge leiste, so weiß ich, daß ich damit den schwersten Schritt meines Le-

bens tue. Schwer ist der Schritt, wenn ich an die Männer denke, die vor mir dieses hohe Amt verwaltet haben, die zum Teil zu geschichtlicher Größe emporgewachsen sind, und die mir zeigen, was von dem Träger dieses Amtes erwartet wird. Schwer ist der Schritt auch im Blick auf den besonderen Ernst der Stunde, die ein Maß von Verantwortung auferlegt, wie es nicht leicht wieder gefunden werden kann. Und doch möchte ich diesen Schritt freudig tun, weil es ein Schritt sein darf, bei dem ich mich von dem überwältigenden Vertrauen unserer ganzen Pfarrerschaft getragen wissen darf. Ich danke der Pfarrerschaft, daß sie mich durch mancherlei Kundgebungen das hat wissen lassen und ich wünschte mir nichts sehnlicher, als daß ich mit allen meinen Amtsbrüdern – so möchte ich Sie auch weiterhin nennen dürfen – in brüderlicher Gemeinschaft verbunden bleiben darf. Es stärkt mich auch die Einmütigkeit, mit der die Herren Synodalen diese Wahl vollzogen haben, die Synodalen, die ich doch ansprechen darf als die Vertreter unserer Gemeinden im ganzen Lande, an die ich in dieser Stunde denke, und denen zu dienen als der ihnen gesetzte Oberhirte mir eine heilige und ernste Aufgabe sein wird.
Ich gebe mich der Hoffnung hin, daß ich mich in der kommenden Zeit der gleichen Einmütigkeit und Geschlossenheit der Pfarrerschaft und der Synode und der Gemeinden verstehen darf, die mich innerlich bewegt und erhebt.
Es kann niemand verkennen, daß in unserer Zeit ein besonderer Ruf Gottes an unsere Kirche ergangen ist zur Neugestaltung ihres Wesens und Lebens. Wir wissen alle, daß diese Neugestaltung nicht nur auf den äußeren Bau der Kirche sich beziehen darf. Daß das viel größere und wichtigere Anliegen ist, daß unsere Kirche von innen neubelebt wird, um der drängenden religiösen Bewegung unseres Volkes gerecht zu werden, die mit der politischen Bewegung aufgewacht ist.
Unseren Gemeinden zu dienen mit dem ewig alten Wort unseres Gottes, ihnen zu helfen, daß sie durch ihre Hirten seelsorgerisch betreut werden, dafür einzustehen, daß an den unveräußerlichen Grundlagen unserer Kirche, dem Wort Gottes und dem Bekenntnis nicht gerüttelt, daß daran nicht ein Buchstabe geändert werde, das soll mir heilige Aufgabe sein. Und weil in diesen Tagen so viel geredet wird von Kirche und Volk, so lassen Sie mich noch folgendes Bekenntnis ablegen:
Wie ich meine Kirche liebe, so liebe ich meine fränkische Heimat, der ich entstamme, und der ich die Treue halten werde, und so liebe ich mein deutsches Volk, dieses in die Tiefe geführte und gedemütigte, noch in Fesseln der Knechtschaft schmachtende Volk, das doch noch vorwärts und oben, nach Licht und Freiheit drängt. In dieser Liebe zu meinem Volk weiß ich mich auch mit allen denen verbunden, die nicht Glieder unserer Kirche sind. Es geht heute mein Sinn hin zum 12. Dezember 1905, wo ich hier in der altehrwürdigen Hospitalkirche durch Oberkonsistorialrat Beck in mein

geistliches Amt eingesetzt worden bin, und wo mir als Geleitwort mitgegeben wurde das Wort aus dem Propheten Jesaias: „Bereitet dem Herrn den Weg und macht auf dem Gefilde eine ebene Bahn.“ Unserm Herrn Christus den Weg zu bereiten, nicht irgend wohin, sondern hinein in unser deutsches Volk, in deutsche Häuser und Familien, das sei die Aufgabe, zu deren Erfüllung Gott der Allmächtige mir die Kraft gebe.

Im Aufblick zu Ihm, der uns Hilfe zugesagt hat in aller unserer Schwachheit, will ich mein Amt übernehmen und führen und Ihm dereinst auch dafür Rechenschaft geben.

Die Landessynode faßte nachstehende Entschließung:

„Die Synode begrüßt mit Dank gegen Gott den Aufbruch des deutschen Volkes und den kraftvoll erstehenden neuen Staat, sie bekennt sich freudig und mit erneuerter Liebe zu dem Dienst an ihrem Volke in allen seinen Gliedern und zu den neuen Aufgaben, die die Zeit erfordert.

Sie geht an diese Arbeit in Gehorsam gegen Jesus Christus, der der Herr der Kirche ist.

Sie bringt ihrem Volke das Beste, das ihr anvertraut ist, das Evangelium, aus dem die verbindenden Kräfte auch ins Volkstum strömen. Dazu bedarf sie gewissenmäßiger Frei|156|heit und Selbständigkeit ihres eigenen Lebens.

Ihren Dienst am Volk tut die Kirche mit ihrem alten und ihrem neuen Bekenntnis. Das lutherische Bekenntnis ist in Bayern mit den lebendigsten Kräften des Volkstums verwachsen. Das Erwachen der deutschen Einheit, das uns alle im Innersten ergriffen hat, hat in Millionen deutscher Christen die Sehnsucht auch nach einer kirchlichen Geschlossenheit der evangelischen deutschen Christenheit erweckt. Die bayerische Kirche bekennt sich freudig zu diesem Wunsch und ist bereit, an dessen Erfüllung mitzuarbeiten.

Da aber Kirche nur da ist, wo Bekenntnis ist, so wird die erstrebte Geschlossenheit nicht gehindert, sondern gefördert durch Festhalten an dem um unseres Gewissens willen unantastbaren Bekenntnis und an dem mit dem Volkstum innig verwachsenen gottesdienstlichen Leben.

Auf dem hier einzuschlagenden Weg folgt die Synode einmütig und vertrauensvoll dem von ihr gewählten Führer ihrer Kirche.“

Die Worte unseres Landesbischofs und die Kundgebung der Landessynode werden weithin einen starken Widerhall und bei den in Berlin und im ganzen Reiche schwebenden Verhandlungen über die Neugestaltung des deutschen evangelischen Kirchenwesens ernste Beachtung finden. Das Werk, das in gutem Gange ist, wird zu einem ersprießlichen Ergebnis führen, wenn dabei die Wahrheit beherzigt wird, die A. W. Schlegel ausgesprochen hat:

Das echte Neue keimt nur aus dem Alten;
Vergangenheit muß unsere Zukunft gründen.

Mit herzlicher Freude begrüßen wir die tiefempfundenen Worte des Hochwürdigen Landesbischofs, in denen er seine Liebe zu seiner fränkischen

Heimat und zum deutschen Volke ausspricht und Gott bittet, ihm die Kraft zu geben, um Christus den Weg zu bereiten hinein in unser deutsches Volk. In diesem Streben fühlen wir uns ganz eins mit dem verehrten Führer, der nunmehr in Bayern die Arbeit für das Reich Gottes auf dem Boden des lautern Evangeliums leiten wird. Sie ist schwer und verantwortungsvoll und dabei dringlicher als jemals. Aber gerade darin erblicken wir ja als evangelische Christen die Gnade Gottes, daß er uns in eine harte Schule schickt, in der wir unsern Christenglauben, unser Verlangen nach dem gnädigen Gott und unsere Christus-Treue betätigen dürfen. Eben diese Gewißheit gibt uns die erprobte Persönlichkeit und Gesinnung D. Meisers, daß es unsere nunmehrige Führung an der freudigen und verantwortungsbewußten Tat nicht fehlen lassen wird. Das ist, wie wir jederzeit ausgesprochen und die großen Erlebnisse der jüngsten Monate so gründlich gezeigt haben, das, worauf es letzten Endes ankommt. In solcher Zuversicht geloben wir unserm Hochwürdigen Landesbischof treue Gefolgschaft und treue Mitarbeit.

29 Bekanntmachung Nr. 3676 des Landeskirchenrats. München, 8. Mai 1933

ABlELKB 1933, S. 53

Auf Grund des Art. 46 Abs. IV Ziff. 3 K. V. verkünde ich hiermit die folgenden von der außerordentlichen Landessynode der Evang.-Luth. Kirche in Bayern r. d. Rhs. 1933 in der Sitzung vom 4. 5. 33 beschlossenen

Kirchengesetze

über

1. die Bestellung eines Landesbischofs,
2. die Ermächtigung des Landesbischofs zum Erlaß von Kirchengesetzen.
3. den Landessynodalausschuß.

München, den 8. Mai 1933.
Der Kirchenpräsident:
I. V.: Böhner,
Vizepräsident

I. Gesetz
Über die Bestellung eines Landesbischofs.

Die Landessynode hat das folgende Gesetz beschlossen, das hiermit verkündet wird, nachdem festgestellt ist, daß die Erfordernisse verfassungsändernder Gesetzgebung erfüllt sind:

Art. 1.

I. Die in der Kirchenverfassung vorgesehen Rechte und Pflichten des Kirchenpräsidenten werden durch einen Landesbischof wahrgenommen.
II. Die Landessynode kann dem Landesbischof weitere Aufgaben übertragen.

Art. 2.

Als Landesbischof wird der gegenwärtige Kirchenpräsident bestellt.

Art. 3.

Für die Vertretung des Landesbischofs gilt, soweit nichts anderes bestimmt ist, Art. 48 der Kirchenverfassung.

Art. 4.

Das Gesetz tritt sofort in Kraft. Es tritt mit dem 1. Juli 1934 außer Kraft; es tritt ferner außer Kraft, wenn die Kirchenverfassung im Sinne des Art. 1 Abs. I geändert wird oder wenn der gegenwärtige Kirchenpräsident aus dem Amte scheidet.

II. Gesetz
über die Ermächtigung des Landesbischofs zum Erlaß von Kirchengesetzen.

Die Landessynode hat das folgende Gesetz beschlossen, das hiermit verkündet wird, nachdem festgestellt ist, daß die Erfordernisse verfassungsändernder Gesetzgebung erfüllt sind:

Art. 1.

I. Kirchengesetze können außer in dem in der Kirchenverfassung vorgesehenen Verfahren auch durch den Landesbischof nach Anhörung des Landessynodalausschusses erlassen werden.
II. Artikel 28 der Kirchenverfassung bleibt unberührt.

Art. 2.

Die vom Landesbischof nach Art. 1 erlassenen Gesetze können von der Kirchenverfassung abweichen, soweit sie nicht die Einrichtung der Landessynode, des Landessynodalausschusses, des Kirchenpräsidenten und des Landeskirchenrates als solche zum Gegenstand haben.

Art. 3.

Die vom Landesbischof nach Art. 1 erlassenen Gesetze werden im Kirchlichen Amtsblatt verkündet. Sie treten, soweit sie nichts anderes bestimmen, mit dem auf die Verkündung folgenden Tage in Kraft. Die Artikel 31 mit 33 der Kirchenverfassung finden auf sie keine Anwendung.

Art. 4.

Die in Art. 37 Satz 1 der Kirchenverfassung hinsichtlich der Auflösung der Landessynode vorgesehene Beschränkung sowie die in Art. 37 Satz 2 a. a. O. getroffenen Bestimmungen hinsichtlich der Neubildung und Einberufung der Landessynode werden außer Kraft gesetzt.

Art. 5.

Der Landesbischof ist ermächtigt, Verträge mit dem Reich, mit deutschen Ländern oder mit anderen Kirchen abzuschließen. Soweit sich die Verträge auf Gegenstände der Kirchengesetzgebung beziehen, gelten die Art. 1–3 dieses Gesetzes

Art. 6.

Der Landesbischof kann die ihm nach Art. 1 und 5 eingeräumten Befugnisse einem geistlichen Mitgliede des Landeskirchenrates übertragen; eine andere Art der Stellvertretung des Landesbischofs findet nicht statt.

Art. 7.

Dieses Gesetz tritt mit dem Tage seiner Verkündung in Kraft. Es tritt mit dem 1. Juli 1934 außer Kraft, ferner wenn der gegenwärtige Landesbischof aus dem Amte scheidet.

III. Gesetz
über den Landessynodalausschuß.

Art. 1.

I. Der Landessynodalausschuß wird um 6 Mitglieder erweitert; sie werden vom Landesbischof bestellt.

II. Der Landesbischof kann auch Mitglieder bestellen, die nicht Mitglieder der Landessynode sind.

Art. 2.

Die durch den Landesbischof bestellten Mitglieder des Landessynodalausschusses sind vom Zeitpunkt der Bestellung an Mitglieder der Landessynode, soweit, sie ihr nicht bereits angehören.

Art. 3.

Das Gesetz tritt sofort in Kraft.

2.1.3 Kirchenreformbestrebungen

30 Schreiben des Treuchtlinger Kreises an die Pfarrer. Augsburg, 15. März 1933

FKiZM. A 30. 29

Liebe Amtsbrüder!
Die nationale Erhebung hat auch unsere Kirche vor Entscheidungen größten Ausmaßes gestellt. Die Lösung der vordringlichsten Formfragen unserer Kirche ist bereits in Angriff genommenem. Umso wichtiger erscheint uns die Sammlung und Aktivierung aller lebendigen Kräfte in der jungen Generation. Wir sind heute vor anderen ans Werk gerufen.
Wir fordern von der Kirche, dass sie die geschichtliche Stunde unseres Volkes rückhaltlos und freudig bejahe. Mit demselben Ernst fordern wir aber auch, dass die Freiheit des ganzen Evangeliums unter allen Umständen und gegen jeden Angriff verteidigt werde. Kirche muß Kirche bleiben!
Die besondere Not unserer Kirche liegt nach unserer Meinung darin, dass es an einem klaren Gesamtplan und an eindeutigen Losungen fehlt. Wichtiger als alle organisatorischen Maßnahmen ist darum die Besinnung auf Wesen und Auftrag der Kirche und ihre Beziehung zum neuen deutschen Staat. Wir rufen vorab die Männer der Front- und Kriegsgeneration dazu auf, sich unverzüglich zusammenzuschließen und an die Arbeit zu gehen. Herr Oberkirchenrat L. [sic!] Meiser wartet auf unser Votum und ist bereit für die berechtigten Ansprüche der jungen Generation einzutreten.
Unsere Zusammenkunft findet statt am Freitag, den 21. März, vorm. 9 Uhr im Evangelischen Vereinshaus in Treuchtlingen. Kommt alle zu dieser Sondertagung des Treuchtlinger Kreises! Einziger Punkt der Tagesordnung: Die gegenwärtige Lage! Es sprechen Pfarrer Eckstein, Studienrat Ellwein, Stadtvikar Putz.
Die Kosten werden umgelegt!!
Augsburg, am 15. März 1933.
Ernst Fikenscher Wilhelm Bogner Richard Eckstein Theodor Ellwein

31 Schreiben Julius Sammetreuthers an Wilhelm Bogner. München, 8. April 1933

LAELKB, KKE 8

Sehr geehrter Herr Kollege!
Die sich überstürzenden Ereignisse in Staat und an der Kirche lassen die Frage in mir nicht mehr verstummen, ob wir nicht etwas versäumen, wenn wir nicht auf den Plan treten. Wir – wer sind diese wir? Alle Pfarrer, die wissen, was Kirche ist und dass Kirche Kirche bleiben muss. Wenn man

doch glauben könnte, dass dazu alle Pfarrer der bayerischen Landeskirche gehören! Auf jeden Fall habe ich das dringende Bedürfnis, zunächst streng vertraulich im Kollegenkreis eine Aussprache über die heutige Lage der Kirche und unsere Aufgabe herbeizuführen. Ganz vertraulich und inoffiziell soll diese Aussprache sein, wie ich selber einfach als schlichter Pfarrer dazu einzuladen mir erlaube. Für den Fall, dass es notwendig sein sollte, das ausdrücklich zu sagen, bemerke ich, dass ich das ganz von mir aus tue, ohne jede Beziehung zur Kirchenbehörde. Aber mein Gewissen lässt es nicht zu länger dem zuzuschauen, wie wir heute oder morgen vor eine Situation gestellt sein können, die das Ende des äusseren Bestandes unserer Kirche bedeuten kann. Um keine Missverständnisse aufkommen zu lassen, präzisiere ich meinen Standpunkt in aller Kürze:

1. Der äussere Bestand der Kirche kann durch einen anderen abgelöst werden, ohne dass die Kirche darunter leidet. Es kann sein, dass diese Zeit jetzt das Gericht über unsere Landeskirchen bringt und eine neue Form der Kirche schafft.
   Wir dürfen uns dem prinzipiell nicht widersetzen, aber müssen bei dem Neubau mit dabei sein. Nur tumultuarisches und schwarmgeisterisches Wesen muss ferngehalten werden.
2. Die Gehorsamspflicht dem Staat gegenüber besteht unverrückt nach Römer 13.
3. Ueber allem aber darf die Substanz der Kirche nicht angetastet werden. Ihre Substanz aber ist das Bekenntnis. Dass hier die Kirche in diesen Tagen in einer der grössten Gefahren seit der Reformation steht, unter dem Eindruck werden wir alle stehen. Dann aber dürfen wir auf keinen Fall zuwarten, sondern müssen im gegebenen Fall unsere Stimme erheben.

Ueber diese und andere Fragen uns auszusprechen läge mir am Herzen. Ich erlaube mir, Sie zu fragen und um rascheste Mitteilung zu bitten, ob Sie zu einer Zusammenkunft in dem obengenannten Sinn bereit wären. Als Ort der Zusammenkunft käme wohl Nürnberg in Betracht, als Tag der Osterdienstag falls bis dahin nicht auch dieser Plan schon überholt ist.
Ich bitte Sie, dieses Schreiben ganz vertraulich zu behandeln und mir über Ihre Stellungnahme baldigst Bescheid zu geben.
Mit amtsbrüderlichem Gruss
Dein ergebenster Sammetreuther

32 Votum des Treuchtlinger Kreises vom 21. April 1933
LAELKB, KrD Bayreuth 132

Die gegenwärtige Lage stellt die Kirche vor Aufgaben von schicksalhafter Bedeutung. Die durch die geschichtliche Entwicklung neu geschenkte Selbständigkeit und Machtfülle des Staates hat die Kirche als gottgewollte

Ordnung des Volkstums theologisch neu zu begreifen und in ihrer Auseinandersetzung mit dem Staate zu bejahen. Damit der Staat in der Begründung seiner Ordnungen nicht wieder zerstörenden Weltanschauungen (Rosenberg!) ausgeliefert wird, hat ihm die Kirche in dieser konkreten Lage das ihr aufgetragene Wort zu sagen. Darum muß die Kirche in evangelischer Freiheit ihre Eigenständigkeit auch dem neuen Staate gegenüber unbedingt durchsetzen und wahren.

Dieser Lage muß auch die äußere Ordnung der Kirche angepaßt werden. Die verfaßte Kirche muß mehr als bisher Missions- und Kampfkirche werden. Als einen ersten Schritt begrüßen wir die Absicht, das Amt eines Landesbischofs zu schaffen, und erwarten, daß in dem erweiterten Landessynodalausschuß, der dem Landesbischof zur Seite treten soll, auch die junge Generation entsprechend vertreten ist. Wir halten aber zur Herstellung der Schlagfertigkeit und Beweglichkeit der Kirche folgende weitere Maßnahmen für unerläßlich:

I. Stärkung der Autorität und Disziplin in der Pfarrerschaft durch eine entschlossene und verantwortungsfreudige Führung.

II. Zur planmäßigen, raschen und elastischen Durchführung der drängenden Aufgaben schlagen wir vor:

1. Einberufung von Hilfsreferenten als Bearbeiter einzelner Sachgebiete:
   a) Verbindungsmann zum Staat,
   b) Verbindungsmänner nach Berlin und zu einzelnen wichtigen Landeskirchen,
   c) je einen Hilfsreferenten für Presse, Schulfragen und Jugendarbeit.
2. Diese Hilfsreferenten werden durch kirchliches Notgesetz Mitglieder der im Mai zusammentretenden Landessynode.
3. Die Landessynode wird weiterhin auf dem Wege des kirchlichen Notgesetzes durch lebendige Kräfte der jungen Generation von Pfarrern und Laien, um 10 bis 15 Mitglieder ergänzt (z.B. ein Vertreter der Mission!).
4. Um die notwendige Geschlossenheit und Aktivierung der Pfarrerschaft herbeizuführen ist das Amt der Kreisdekane auszubauen.
5. Wir erwarten von der Landessynode die Förderung der kirchlichen Laienschulung.
6. Der theologische Nachwuchs muß sofort in die kirchliche Arbeit eingegliedert werden (kirchlicher Hilfsdienst, diakonischer Dienst).
7. Die theologische Ausbildung an der Universität Erlangen erfordert eine alsbaldige Neuordnung, die uns bei der praktischen Theologie besonders vordringlich erscheint.

Eine Wirkung von solchen Maßnahmen versprechen wir uns nur dann, wenn sie unverzüglich durchgeführt werden. Andernfalls läuft die Kirche Gefahr, von der stürmischen Entwicklung überrannt zu werden.

Treuchtlingen, am 21. April 1933

gez. Ernst Fikenscher-Ansbach; Richard Eckstein-Zirndorf; Wilhelm Bogner-Augsburg; Theodor Ellwein-Augsburg; Lic. Eduard Ellwein-Solln; Friedrich Westermayer-Hochzoll; Friedrich Felsenstein-Oettingen: Helmut Kern-Neuendettelsau; Johannes Schattenmann-Markt Berolzheim; Karl August Nold-Nördlingen; Friedrich Pommer-Deiningen; Karl Geuder-Pommersfelden; Heinrich Schulz-Augsburg; Dr. Karl Burkert-Neuendettelsau; Heinz Seifert-München; Herbert Cramer-Bernstein; Ludwig Bullemer-Lechhausen; Werner Pürkhauer-Pasing; Karl Meyer-Nürnberg (O.Realschule IV); Hans Schmidt-Hof; Otto Gloßner-Nürnberg; Friedrich Greiner-Baldingen; Adolf Rottler-Weißenburg; Christian Stoll-Neuendettelsau; Lic. Karl Behringer-Haundorf; Ernst Henn-Breitenau; Hans Sommerer-Bruckberg; Eduard Putz-München; Heinrich Kübel-Roth; Dr. Wunsiedler-Treuchtlingen.

2.1.4 Diskussion über „Theologische Existenz heute!"

33 Wilhelm Ferdinand Schmidt: Das Votum Karl Barths
KorrBl 58 (1933), 17. Juli, S. 326

Im Chr. Kaiser Verlag erschien in den ersten Julitagen eine am 25. Juni abgeschlossene Schrift Karl Barths mit dem Titel „Theologische Existenz heute". (40 S. 1 M.) Wir können ihren Ergebnissen meist nicht beistimmen. Aber gerade weil wir in den nächsten Nummern einen Aufsatz über die dialektische Theologie zu bringen gedenken, der die positive Bedeutung Karl Barths für unsere Kirche wieder einmal ernstlich in Erinnerung bringt – es wäre ein Verbrechen an der Kirche, wollten wir sie im Drang der Gegenwartsereignisse vergessen – dürfen wir sein Votum zur kirchenpolitischen Lage unsern Lesern nicht vorenthalten. Daß Karl Barth auch hier der unbeirrbarste Kritiker ist, den man sich denken kann, wird niemand wundernehmen, der ihn kennt:

1. Schon die Präambeln der zahllosen kirchlichen Erklärungen, die den neuen Staat kirchlich begrüßen, empfindet Barth als unkirchlich. Wenn das Dreimännerkollegium sagt: „In Gottes Wort gebunden erkennen wir in dem großen Geschehen unserer Tage einen neuen Auftrag des Herrn an seine Kirche", so fragt Barth: „Ist das nicht die Proklamierung eines unerhört neuen Erkenntnis- und Normprinzips in der evangelischen Kirche, wenn man offen erklärt, den ‚neuen Auftrag des Herrn an seine Kirche' nicht etwa in der heiligen Schrift, sondern in dem ‚großen Geschehen unserer Tage' erkannt zu haben?" Der Anlaß des Reformwerks ist also falsch. Möge es wenigstens legitim, d. h. vom Wort Gottes aus fortgeführt werden.

2. Anstößig insbesondere ist Barth der Bischofsgedanke. Wohl hat man früher auch schon davon geredet und auch schon Bischöfe ernannt, aber nur als

eine Art gehobene Generalsuperintendenten. Jetzt dagegen findet Barth den Sieg eines katholischen Bischofsgedankens. Der geistliche autoritäre Führer ist nach seiner Meinung schriftwidrig.*)

3. Daß unter diesen Umständen die Glaubensbewegung deutscher Christen von ihm abgelehnt wird, ist klar. Er verwirft auch die gemäßigten Richtlinien. Die Kirche hat nicht „Alles zu tun", daß das deutsche Volk „auch wieder den Weg zur Kirche" finde, sondern dafür zu sorgen, daß es in der Kirche das Gebot und die Verheißung des freien und reinen Wortes Gottes finde. Die Kirche hat nicht den Menschen, auch nicht dem deutschen Volk, sondern dem Wort Gottes zu dienen. Sie verkündet das Evangelium auch im dritten Reich, aber nicht unter ihm und nicht in seinem Geist. Die Ausbildung der Gemeindepfarrer ist nicht „im Sinne größerer Lebensnähe und Gemeindeverbundenheit" zu reformieren, sondern im Sinne größerer Disziplin und Sachlichkeit in der schriftgemäßen Verkündigung.

4. Mit der Glaubensbewegung der Deutschen Christen werden auch die Jungreformatorischen abgelehnt. Schon die Tatsache, daß sich hier Männer wie Heim, Gogarten, Lilje, Brunstäd, Knak, Lütgert, Schreiner, Stählin zusammengefunden und einen theologischen Burgfrieden vereinbart haben, erledigt die Bewegung. Sie hat zwar dröhnende Ablehnung des Liberalismus, aber keinen echten Kirchenbegriff. „Während uns für den nun vielleicht schon eingetretenen Fall eines Sieges der deutschen Christen eine Art kirchlich theologischer Schreckenszeit (in der im Gotteshaus getrommelt werden**) u. in der Emanuel Hirsch bestimmen wird, was Theologie ist) hervorzutreten scheint, wäre es bei einem Sieg der Jungreformatorischen gewiß nur zu einer neuen dauerhaften Form jener Vermittlung (Schöpfung und Erlösung, Natur und Gnade, Volkstum und Evangelium) gekommen, die dem natürlichen Menschen von jeher als die eigentliche Lösung willkommen war."

5. Ergebnis: Die Kirche und die Theologie können sich auch im totalen Staat keinen Winterschlaf, kein Moratorium, keine Gleichschaltung gefallen lassen. Sie sind die naturgemäße Grenze jedes, auch des totalen Staates. – Notwendig ist ein geistliches Widerstandszentrum. Wenn ein Kampf kommt, dann ein Kampf ohne jede Kirchenpolitik, ohne Kundgebungen usw., aber im unbedingten Gehorsam gegen Gottes Gebot und mit der Zuversicht, daß die Pforten der Hölle die Kirche nicht überwältigen werden. –

* Hier sei dem Referat eine Anregung beigegeben: Könnte nicht ein Kollege einmal für das Korrespondenzblatt genau herausarbeiten, was der moderne (politische) Führergedanke und der Gedanke der geistlichen Leitung im Neuen Testament gemeinsam haben und was sie nicht gemeinsam haben. Ich fühle mich bei dem dauernden Gebrauch des Wortes Führer für geistliche Aemter in meinem neutestamentlichen Gewissen schon lange bedrückt. Der moderne Führergedanke ruht direkt auf dem Sendungsbewußtsein, der geistliche Führergedanke geht durch den absoluten Bruch. Das N.T. würde für solche eine Untersuchung eine Fülle von Stoff bieten.

** Vgl. die evang. Morgenfeier der deutschen Christen im Kölner Rundfunk am 9.3.1933.

34 Theologische Existenz heute! Von Karl Barth. Eine Stellungnahme von Missionsdirektor Dr. Eppelein

Freimund 79 (1933), S. 334f.

|334| Ein lieber Missionsfreund hat mir vor einigen Tagen aus dem Verlag Chr. Kaiser-München 2 Büchlein zugehen lassen, die ich übrigens schon vorher gelesen hatte, nämlich „Theologische Existenz heute!" von Karl Barth und „Glaube und Politik im Handeln Luthers" von Georg Merz. Die Sendung war mit dem Vermerk versehen: „Unberechnet. Absender will nicht genannt sein".

Ich weiß nicht, welches die Beweggründe für jenen freundlichen Absender waren, die Leitung des Neuendettelsauer Missionswerkes und auch die Freimundschriftleitung mit diesen Gaben zu bedenken. Weil ich aber keine andere Möglichkeit habe, zu dieser Gabe Stellung zu nehmen, soll es, was die „Theologische Existenz heute!" anlangt, im Freimund geschehen.

Der Schweizer Theologe Karl Barth in Bonn hat sich ganz gewiß auch mit der Herausgabe dieses Schriftchens ein Verdienst erworben. Auch für uns Lutheraner wird es nur heilsam sein, wenn wir uns von dem reformierten Theologen Karl Barth ins Gewissen rufen lassen: „Wenn doch der deutsche evangelische Theologe wach bleiben, oder, wenn er geschlafen haben sollte, heute wieder wach werden wollte!"

Theologische Existenz bedeutet für Karl Barth Bindung an das Wort Gottes und die Geltung unserer besonderen Berufung zum Dienst am Wort. Barth fürchtet, daß uns Pfarrern diese theologische Existenz dadurch verloren gehen könnte, weil wir auf andere Dinge mehr achten als das Wort Gottes. Diese Befürchtung ist bei Karl Barth dadurch entstanden, daß die evangelischen Kirchen alsbald nach dem großen nationalen Geschehen sich anschickten, nun auch eine Kirchenreform ins Werk zu setzen und diese Kirchenreform nicht aus dem Gehorsam gegen das Wort Gottes abzuleiten, sondern aus politischer und taktischer Klugheit.

Die Wahrheitsmomente an diesem Bedenken Karl Barths müssen auch von uns Lutheranern heute und in alle Zukunft sehr ernst genommen werden. Wenn der Entschluß zu dem kirchlichen Wollen und Tun nur der politischen Begeisterung oder auch der politischen Klugheit entsprungen ist, dann ist dieser Entschluß ein innerlich nicht notwendiger, ein wesentlich unkirchlicher Entschluß, obgleich er in der Kirche und von der Kirche gefaßt worden ist. Wenn dann weiter Karl Barth fordert, daß alles kirchliche Geschehen nur aus der Kirche selbst, d.h. aus dem von der Kirche gehörten Wort Gottes hervorgehe, so erklären wir als deutsche Lutheraner dem Schweizer Reformierten: Wir stimmen dieser Forderung nur so weit zu, als sie bedeuten soll: Die Quelle und Richtschnur unseres Glaubens ist die Heilige Schrift, darum muß unser Handeln im kirchlichen Leben den Forderungen der Heiligen Schrift entsprechen.

Das heißt aber – und damit gehen unsere Wege auseinander: – Wir haben nicht nur vom 2. Glaubensartikel aus, sondern auch vom 1. und 2. Glaubensartikel aus Kirche zu gestalten. Unter den Führungen und Fügungen des allgegenwärtigen Schöpfers und Herrn der Geschichte steht die Kirche innerhalb der einzelnen Rassen und Völker in besonderen geographischen geschichtlichen Räumen. Wir stehen unter Gottes Führung und Fügung vor der Tatsache, daß auch unsere luth. Kirche in Deutschland mit dem deutschen Volkstum schicksalsverbunden ist. Wir Neuguineamissionsleute haben noch auf einem Heidenmissionsfeld die tiefsten Eindrücke davon bekommen, welche Bedeutung Volkstum und Christentum für einander haben. Das Volkstum in seiner geschichtlichen Besonderheit bedeutet Fügung des Schöpfers, bedeutet anvertrautes Pfund, das auch, ja gerade die Kirche als Dienerin Gottes verpflichtet, mit ihm gewissenhaft zu wuchern.

Als Lutheraner haben wir nicht nur ernste Sorge, daß von seiten der Theologie die Heilige Schrift, daß reine lautere Bekenntnis des Evangeliums verraten werde, sondern auch die große Sorge, die Theologie könnte Verrat begehen an der besonderen Gottesgabe deutschen Volkstums, könnte zur Undankbarkeit gegenüber wunderbaren Führungen Gottes in der Geschichte unseres Volkes verführen. Wenn ich auch gerne bereit bin, aus dem Büchlein „Theologische Existenz heute!“ zu lernen, so möchte ich doch nicht verschweigen, daß ich erschüttert gewesen bin über diese „wissenschaftliche Kälte“ gegenüber Führungen unseres Gottes in der Geschichte des deutschen Volkes. Diese „Kälte“ kann man nur damit erklären, daß Karl Barth in der Schweiz sein Vaterland hat und als Reformierter der Schöpfung und der Geschichte anders gegenübersteht als unser D. Martin Luther. Weil in der Bibel nichts von einer nationalen Erhebung des Jahres 1933 zu lesen ist, kann man nach Karl Barth auch nicht aus den Geschehen unserer Tage einen neuen Auftrag unseres Herrn Jesu Christi an die Kirche ableiten. Da trennen uns Welten!

Das Büchlein „Theologische Existenz heute!“ von Karl Barth ist ein schlagender Beweis dafür, daß der tiefe Graben zwischen lutherischem und reformiertem Schriftverständnis, das den deutschen Luther gegenüber den reformierten Schweizern zu dem Bekenntnis trieb: „Ihr habt einen andern Geist wie wir!“ auch heute noch nicht ausgefüllt ist!

Als deutsche Lutheraner freuen wir uns der Worte, wie sie das „Dreimännerkollegium“ gesprochen hat:

„Eine mächtige nationale Bewegung hat unser deutsches Volk ergriffen und erhoben. Eine umfassende Neugestaltung des Reiches in der erwachten deutschen Nation schafft sich Raum. Zu dieser Wende der Geschichte sprechen wir ein dankbares Ja. Gott hat sie uns geschenkt, ihm sei Ehre. In Gottes Wort gebunden, erkennen wir in dem großen Geschehen unserer Tage einen neuen Auftrag unseres Herrn an seine Kirche ...“

Wir danken unsrem bayrischen Landsmann, dem luth. Landesbischof von Hamburg D. Dr. Schöffel, daß er in seiner ersten Rede vor der Synode u.a. erklärte: „Es gibt Augenblicke, in denen man sieht und sehen muß, daß die Zeit ihre Forderungen stellt, und zwar deswegen, weil sie gefüllt ist, gefüllt von dem Willen des lebendigen Gottes selbst. Eine solche Zeit ist angebrochen." Wenn übrigens Karl Barth behauptet, daß die auf Neugestaltung der Kirche zielenden Bestrebungen nur von der staatlichen Neugestaltung ausgingen, so ist das ein kirchengeschichtlicher Irrtum. Wir stimmen wiederum unsrem bayr. Landsmann, dem luth. Landesbischof von Hamburg D. Dr. Schöffel zu, wenn er in seinem Büchlein „Ewige Wahrheit – wandernde Zeit" u.a. schreibt: „Es ist nicht Gleichschaltung mit dem Gange des Staates oder der Politik, die so von der Kirche vollzogen wurde, sondern in der Kirche selbst brach durch und wurde gestaltet, in ihrer Art, was allerdings auch sonst überall, nicht zuletzt im Staate, nach neuer Formung rang: Leben vom Objektiven her!" Der Schweizer Calvinist Karl Barth versteigt sich in der genannten Schrift zu der Behauptung: „Führungsprinzip ist barer Unsinn. Wer es anders sagt, der weiß nicht, wovon er redet."
Unsre luth. Bischöfe wollen ganz gewiß nicht den Krummstab der katholischen Kirche. Landesbischof D. Dr. Schöffel hat in der Antrittspredigt, die wir in der letzten Nummer des „Freimund" abgedruckt haben, ausdrücklich darauf hingewiesen. Das evang. Bischofsamt will nicht ein besonderer Stand sein, der zwischen Gott und den Menschen ein Mittleramt ausübt. Aber Christus hat für seine Herden Hirten verordnet und selbst das Amt der Führung geschaffen. Es ist eine kirchengeschichtliche Binsenwahrheit, daß schon in der ersten Zeit der Kirche Bischöfe gesetzt wurden. Mit Recht sagt der luth. Landesbischof D. Dr. Schöffel: „Im Grunde sind also diese Aemter nicht verschieden, sondern bedeuten dasselbe. Was sie scheidet, ist nur Maß und Umfang der Verantwortung und Führung. So kommt im Bistum im großen zum Ausdruck, sinnbildlich und wirklich, was das Pfarramt im kleinen Umkreise dartut, daß nämlich der Herr seine Kirche nicht ohne Führung lassen will und Menschen setzt, denen er seine Gemeinde anvertraut, von denen er sie wieder fordert."
Wir Lutheraner bitten unseren Gott, daß Er unseren Bischöfen Mut und Freudigkeit verleihe, dafür zu sorgen, daß von allen Kanzeln der Deutschen Evang. Kirche das Evan|335|gelium lauter und rein, wahrhaft lutherischem und darum auch wahrhaft deutschem Verständnis entsprechend gepredigt werde, und damit das geschehen könne, auch dafür mit Ernst sich einsetzen, daß das junge Theologengeschlecht befreit werde von der theologischen Verworrenheit, die es in unseren Tagen der Evang.-Luth. Kirche in Deutschland so furchtbar schwer macht, dem Gebot der Stunde entsprechend zu handeln. Wir Lutheraner erbitten uns von Gott, daß Er unseren Bischöfen die Vollmacht der Führung in reichem Maße schenke, damit die Evang.-Luth. Kirche in heiliger Geschlossenheit und Zielklarheit dem

Teufel entgegentreten könne, welcher die Christenheit und unser geliebtes Volk und Vaterland auch in diesen Tagen mit so viel Macht und List und Lüge bedroht.

Noch ein Wort zu Barths Bemerkungen über die Glaubensbewegung „Deutsche Christen." Ich erkläre zunächst, daß ich selbst, daß Missionsinspektor Dr. Keyßer, daß Missionsinspektor Pfarrer Kern, der ab 1. September 1933 Pfarrer in Augsburg-Göggingen ist, zu dieser Glaubensbewegung als Mitglieder gehören. Wir hätten uns zu solchem Anschluß nicht entschlossen, wenn nicht gerade in Bayern die Treue gegenüber dem luth. Bekenntnis und auch die Treue in der Gefolgschaft gegenüber unserem luth. Landesbischof D. Meiser mit ein Programmpunkt wären. Wir erklären ferner, daß nicht viel dazu gehört, einer solchen jungen Bewegung allerlei Mängel und auch Fehler nachzuweisen.

Aber Neuguineamissionsleute, die durch Gottes Barmherzigkeit Augen- und Ohrenzeugen der Tatsache haben sein dürfen, daß in Neuguinea zum Segen für Volk und Kirche, Volkstum und Christentum ganz anders als bisher in Deutschland mit einander sich haben verbinden dürfen, die können sich der stammelnden Sehnsucht nach einer neuen Verbundenheit von Christentum und deutschem Volkstum nicht verschließen, wie sie uns laut und deutlich aus der Glaubensbewegung „Deutsche Christen" entgegenklingt. Wir wollen auch nicht in denselben Fehler fallen, den man einst von seiten der Pfarrerschaft gegenüber der Gemeinschaftsbewegung gemacht hat. Es hat eine Zeit gegeben, da hätte es unsere Pfarrerschaft in der Hand gehabt, durch schlichtes Dienen dafür zu sorgen, daß die Gemeinschaftsbewegung mit ihren berechtigten Forderungen gegenüber der Kirche für diese eine Quelle des Segens hätte werden können. Da man aber glaubte, in der Hauptsache Zurückhaltung üben zu müssen oder nur zu scharfer Kritik sich verpflichtet fühlte und die Bewegung sich selbst überließ, darum sind wir Pfarrer mit schuld, wenn diese Bewegung sich vielfach in einer Weise entwickelte, daß wir seufzen und Leid tragen müssen. Uns ist mit der „Glaubensbewegung Deutsche Christen" nicht nur der Same des Wortes Gottes heilig, den wir auszustreuen haben, sondern auch das von unserem Gott geschaffene Ackerland deutschen Volkstums, in das wir vor allem diesen Samen auszustreuen haben.

Eine gewaltige volksmissionarische Aufgabe liegt vor uns, die uns Neuguineamissionsleute wohl noch herrlicher erscheint als anderen, weil uns eben Gottes Barmherzigkeit in Neuguinea eine solch einzigartige Verbundenheit von Christentum und papuanischem Volkstum hat erleben lassen. Wenn wir nur auf uns schauen würden, müßten wir verzagen vor der Größe dieser Aufgabe. Aber im Vertrauen auf Gottes unverdiente Barmherzigkeit möchten auch wir – weil wir uns ja mit Christi ganzer Jüngerschaft in diesen Handlangerdienst von Gott selbst gewiesen wissen – nun mit darum ringen, daß nicht nur der Same des Wortes Gottes im Glaubensgehorsam gesät,

sondern auch in Treue gegenüber unserem Schöpfer das Ackerland deutschen Volkstums entsprechend gewürdigt und gepflegt wird.
Die Ausführungen Karl Barths über die Glaubensbewegung Deutsche Christen konnten meine Stellungnahme gegenüber dieser Bewegung nicht im geringsten erschüttern. Ich empfand nur aufs neue: Hier weht ein anderer Geist als der Martin Luthers.
Ich weiß, meine Ausführungen sind schwach und mangelhaft. Darum sollen sie ausklingen in den heißen Gebetswunsch: Du barmherziger Gott und Herr schenke der Deutschen Evang. Kirche Lehrer nach Deinem Herzen, Lehrer nach der Art Martin Luthers!

2.1.5 Einführung eines kirchlichen „Arierparagraphen"

35 Schreiben Nürnberger Pfarrer an ihre Amtsbrüder. Nürnberg, 14. September 1933

LAELKB, 101/63–1 und KKU 9/III

Verehrter Amtsbruder!
Die Preussische Landessynode hat das Staatsgesetz mit dem Arierparagraphen in das kirchliche Leben übernommen.
Der Arierparagraph hat in dieser Art in der Kirche kein Recht. Er widerspricht ihrer Ordnung und ihrem Bekenntnis.
Die Kirche hat ihren Pfarrern durch die Ordination das Predigtamt übergeben. Sie kann es nicht zurückziehen um eines ausserkirchlichen Gesichtspunktes willen. Nach Artikel 8 der Augsburgischen Konfession hat das Predigtamt seine Vollmacht nicht von irgend einer menschlichen Qualität her, sondern von Gott, der Evangelium und Sakrament gibt. (Art. 5 d. Augs. Konf.)
Der Arierparagraph bedeutet, dass in unserer Kirche weder Petrus noch Paulus noch der Herr Christus selbst predigen dürften.
An diesem einen konkreten Punkt ist mit aller Deutlichkeit zutage getreten, dass unsere Sorge berechtigt ist: die offizielle Preussische Kirche weiss an diesem und anderen Punkten nicht mehr, was Bekenntnis ist. Daran ändern die Beteuerungen nichts, dass man an der Bekenntnisgrundlage nicht rütteln wolle.
Es ist anzunehmen, dass die gleiche bekenntniswidrige Haltung bei der Nationalsynode auf der ganzen Linie zutage treten wird.
25 Pfarrer aus Nürnberg und Umgebung haben an den Herrn Landesbischof die ehrerbietige Bitte gerichtet, kraft seines bischöflichen Amtes, das ihn zum Hüter des Bekenntnisses bestellt, gegen diese Bekenntniswidrigkeit zu protestieren, eben vom Bekenntnis aus und haben ihm sagen lassen, dass sie der Überzeugung sein, unter diesen Umständen komme es für die Kirche zum status confessionis.

Wir rufen die verehrten Amtsbrüder auf sich umgehend zu äussern, ob sie mit dem Vorstehenden einverstanden sind. Wir bitten auch andere aufzufordern sich der Erklärung anzuschliessen.
Mitteilungen an Pfarrer Götz, Nürnberg-A, Egidienplatz 37.
gez. Ammon, Dietz, Frobenius, Dr. Gesch, Geyer, Götz, Helbich, v. Loewenich, Merkel, Nörr, Ortloph, Plesch, Rausch, Schieder, Türk, Veit.

36 Schreiben Nürnberger Pfarrer an ihre Amtsbrüder. Nürnberg, 23. September 1933

FKiZM. A 30. 7

Verehrter Amtsbrüder!
Neben einer ausserordentlich grossen Anzahl zustimmender Erklärungen sind auf unser Schreiben vom 14. September hin allerlei Anfragen gekommen. Wir antworten darauf:

1. Unser Protest gegen den Arierparagraphen in der Preussischen Landeskirche hat sich, wie sich aus dem Wortlaut ergibt, nicht gegen seine Anwendung im Volksleben gerichtet. Wir glauben, dass die Kirche vom 1. Artikel her ein Verständnis für die rassenbiologische Reinigung unseres Volkskörpers haben muss.
2. Unser Protest wendet sich in erster Linie dagegen, dass man das staatliche Beamtengesetz sachlich unverändert in die Kirche herübernimmt. Für die Regelung des kirchlichen Lebens gelten auch noch andere Gesichtspunkte als für den Staat.
3. Die Feststellung des status confessionis soll bedeuten, dass wir uns durch diese Vorgänge innerhalb der Preussischen Landeskirche zu einem bekennenden Protest aufgerufen wissen. Wir haben die grosse Sorge, dass die Übernahme des Arierparagraphen in dieser Form nicht nur ein Ja zu den berechtigten Reinigungsbestrebungen in unserem Volk bedeutet, sondern auch einer evangeliumsfremden Rassenreligion die Tür öffnet. Denn wir sehen hier voll Besorgnis Gedanken im Hintergrund stehen, in deren Konsequenz es liegt, dass auch die biblischen Schriften aus der Kirche verschwinden müssten. Sollten diese Gedanken einmal die Herrschaft in der Kirche beanspruchen, dann sehen wir den status confessionis auch im prägnanten Sinne gekommen.
4. Auf Verlangen des Herrn Landesbischofs hat zunächst jede Veröffentlichung des Aufrufs und jede öffentliche Diskussion über diesen Gegenstand zu unterbleiben.

gez. Ammon, Dietz, Frobenius, Dr. Gesch, Geyer, Götz, Helbich, v. Loewenich, Merkel, Nörr, Ortloph, Plesch, Rausch, Schieder, Türk, Veit.

37 Brief Friedrich Langenfaß' an Paul Althaus. 12. Oktober 1933
LAELKB 101/41–9

Hochverehrter, lieber Herr Doktor Althaus!
Endlich komme ich dazu, Ihnen für die freundliche Übersetzung des Gutachtens über den Arierparagraphen herzlich zu danken. Ich habe schöne und erholungsreiche Tage in Südtirol verlebt und darum nicht eher etwas von mir hören lassen.
Ich freue mich über die Klarheit und Nüchternheit des Gutachtens. Auch seine biblische Sicherheit und seine bekenntnismäßige Haltung hat mich befriedigt. Sehr gut finde ich besonders die Art und Weise, wie die Zulässigkeit von Ausnahmen festgestellt ist.
Natürlich wird auch dieses Gutachten viele Kritiker finden; und zwar von beiden Seiten. Aber die Kritik, die etwa erhoben wird, muß sich m.E. dann schon mit den Grundlagen unserer evangelisch-lutherischen Glaubenshaltung auseinandersetzen; denn ihnen entspricht das Gutachten.
Ist wohl dafür Sorge getragen, daß dieses Gutachten im Auslandsluthertum bekannt wird? Von daher droht uns nämlich sowohl kirchlich wie politisch schwere Gefahr. Ich habe wieder neue Belege dafür, daß gerade die lutherischen Kirchen des Auslandes den Zusammenhang mit dem deutschen Protestantismus lockern (Finnland, Schweden, von Nordamerika gar nicht zu reden). Und eine entscheidende Rolle bei diesem Verhalten des lutherischen Auslandes spielt der Arierparagraph, wenn er auch nicht der einzige Stein des Anstoßes ist. Ich sehe überhaupt von unseren ökumenischen Beziehungen her große Schwierigkeiten und ernste Konflikte heraufziehen. Ganz im Vertrauen möchte ich Ihnen persönlich andeuten, daß mir bekannt ist: einer unserer bedeutendsten und einflussreichsten nichtgeistlichen Kirchenführer aus der Zeit vor dem Entstehen der deutschen evangelischen Kirche trägt sich ernstlich mit dem Gedanken des Kirchenaustritts. Wenn er den Austritt vollzöge, würde das geradezu einen Aufruhr nicht nur im Weltluthertum, sondern auch im Weltprotestantismus hervorrufen. Vielleicht ahnen Sie, um wen es sich handelt. Ich werde mein Möglichstes tun, um diesen Schritt zu verhindern; denn es scheint mir, daß zu ihm im gegenwärtigen Augenblick weder Recht noch Pflicht vorhanden ist. Ich bitte sie aber vorläufig von dieser Mitteilung niemandem gegenüber Gebrauch zu machen.
Über Ihren Lutheraufsatz für die Zeitwende habe ich mich herzlich gefreut. Ich danke Ihnen aufrichtig dafür. Er ist gerade das richtige Wort in die augenblickliche Lage hinein und für unsere Leserschaft. Wie froh bin ich überhaupt, daß Sie der Zeitwende so unentwegt die Treue halten und in ihr so freundlich mitarbeiten. Ich werde Ihnen das nie vergessen.
In treuer Verbundenheit und herzlicher Verehrung verbleibe ich

2.1.6 Reaktionen auf den „Sportpalastskandal"

38 [Friedrich] Langenfaß: Unser Ja zu Luther

EGBl für München 42 (1933), 26. November, S. 541 f.

|541| Am 14. November hat die Münchner Gesamtgemeinde in einer großen Lutherfeier, die der Evangelische Bund veranstaltete, ein ergreifendes Bekenntnis zum reformatorischen Glauben abgelegt. Der Vortrag des Reichskirchenministers und Landesbischofs D. Dr. Schöffel: „Luther vor Gott und in der Welt" hat mit heiligem Ernst und seiner Kunst die letzten Tiefen von Luthers Glauben aufgezeigt und seine aus dem Quell dieses Glaubens genährte Haltung im Leben dargelegt. Hier wurde einmal mit allen oberflächlichen Missverständnissen über Luther aufgeräumt. Wir werden noch einen eingehenden Bericht über den ausgezeichneten Vortrag bringen. Er schuf die feste und klare Grundlage zu dem hellen und entschlossenen Ja, das die Versammlung nachher zu Luther und zur Kirche Luthers sprach. Den Anlaß dazu bot das männliche und starke Wort, das unser Herr Landesbischof D. Meiser nach dem Vortrag nicht nur zu dieser großen Versammlung, sondern durch sie zur gesamten deutschen evangelischen Kirche redete. Es lautete so:

„Wir sind am vergangenen Sonntag[1] Zeugen, ja Mitwirkende eines großen geschichtlichen Ereignisses gewesen. Ein ganzes Volk, unser heißgeliebtes deutsches Volk, hat ein eindeutiges, klares Ja zu seiner eigenen Geschichte gesprochen, das Ja eines unbeugsamen Lebenswillens, das Ja der Gefolgschaftstreue, das Ja der Schicksalsverbundenheit. In diesem Ja ist alles zusammengeschmolzen, was sonst unser Volk zerrissen hat. Dieses Ja ist ein Ja des stolzen Trotzes und der Friedensbereitschaft zugleich. Es ist etwas ganz Großes, wenn ein Volk ein solches Ja spricht. Und wir, die wir als evangelische Christen uns als treue Glieder unseres Volkes wissen, können gar nicht anders, als daß wir beim ersten Zusammensein nach diesem denkwürdigen Tag unserer Freude darüber Ausdruck geben, daß unser Volk an diesem Tag so groß und einig erfunden werden möchte, wenn es je gelten sollte die Folgen dieses Ja auf uns zu nehmen.

Ein ebenso freudiges und entschlossenes Ja haben wir evangelische Christen auch gesprochen, als es sich vor wenigen Monaten darum handelte, die geeinte Deutsche Evangelische Kirche aufzurichten. Wir freuen uns, dass wir heute einen der obersten Vertreter dieser Kirche, den Herrn Reichskirchenminister Landesbischof D. Dr. Schöffel, gleichsam als Symbol der gewonnene Einheit zu uns haben sprechen hören dürfen. Wir möchten bei

1 Gemeint ist die Reichstagswahl vom 12. November 1933 und die gleichzeitig stattfindende Volksabstimmung über den Austritt Deutschlands aus dem Völkerbund.

diesem Ja auch weiterhin freudig beharren können. Dann aber darf es nicht sein, daß die bekenntnismäßigen Grundlagen dieser Kirche von einer Seite untergraben werden, die sich der Folgen dieses ihres Tuns schwerlich in vollem Umfange bewußt sein kann. Es sind gestern Abend in einer großen Versammlung in Berlin, die volksmissionarischen Zwecken dienen sollte, so unerhörte Angriffe gegen den Bekenntnisstand unserer Kirche gerichtet worden, daß ich um des Gewissens willen nicht schweigen kann.
Es wurde gesagt, dass die Deutsche Evangelische Kirche keine dogmatischen und keine bekenntnismäßigen Bindungen, weder lutherische noch reformierte, haben sollte. Das Alte Testament sei eines der fragwürdigsten Bücher, es sei ein Viehhändler- und Zuhälterbuch. Auch vor dem Neuen Testament machten die Angriffe nicht halt. Es wurde gefordert, daß die Sünden- und Minderwertigkeitstheologie des Apostels Paulus aus der Kirche verschwinde. Selbst wenn diese Äußerungen nachträglich abgeschwächt werden sollten, stellen sie doch eine so unerhörte Erschütterung der bekenntnismäßigen Grundlagen unserer Kirche dar, daß sie, weil öffentlich gefallen, nun auch in aller Entschiedenheit öffentlich zurückgewiesen werden müssen. Ich rufe alle treu lutherisch Gesinnten innerhalb unserer Reichskirche zu einem flammenden Protest auf! Und ich darf auch der Erwartung Ausdruck geben, daß unsere Reichskirchenregierung, voran unser lutherischer Reichskirchenminister, diese Angriffe in klarer Stellungnahme zurückweise, und das um so mehr, als ja die Reichskirchenregierung die berufene Hüterin der Kirchenverfassung ist und diese Kirchenverfassung die reformatorischen Bekenntnisse als die unantastbare Grundlage der Deutschen Evangelischen Kirche bezeichnet. Wir müssen das deshalb so dringend hoffen und erbitten, damit unser Ja zur Reichskirche ein Ja- und ein freudiges Ja bleiben kann. Denn das Ja zu jeder Kirche ist ein erster Linie ein Ja zu dem Bekenntnis, auf dem sie ruht.
Zu dem lutherischen Bekenntnis aber sagen wir Ja, weil wir Ja zu Luther sagen und weil wir wollen, daß Luthers Geist und Luthers Glaube durch diese unsere Kirche unserem Volke erhalten bleibe. Wir hätten kein Recht mehr Luther so laut zu feiern in unseren Tagen, wenn wir von den Grunderkenntnissen Luthers wieder abweichen wollten. Es bleibt dabei, daß seit den Tagen der Urchristenheit niemand so tief in den Geist des Evangeliums eingedrungen ist, niemand ein so kongeniales Verständnis der ewigen Gotteswahrheiten besessen hat als D. Martin Luther. Er wußte, daß ohne ein klares, festes Bekenntnis keine Kirche bestehen kann, er fußte auf den Schriften des Gesetzes und der Propheten so gut wie auf denen des Neuen Testaments, er hat die Gewissenskämpfe des Paulus so unmittelbar nacherlebt wie kein anderer und er hat mit der Glaubens- und Heilsgewißheit, die ihm geschenkt wurde, unserem Volk einen so festen Halt für das Leben und das Sterben gegeben, daß wir nie wieder davon weichen können.
Ich rufe Sie alle dazu auf: wollen wir uns fest um unser lutherisches Be-

kenntnis scharen! Nie haben Schwankende und Zweifler der Welt genützt. Gerade auch in der Kirche brauchen wir Menschen, die den Mut haben ja zu sagen."

Noch nie hat die Münchner Gemeinde ihren Bischof in solch flammendem Zorn sprechen hören. In den Tageszeitungen ist darüber wenig oder nichts zu lesen gewesen. Aber daß es sich um sehr ernste Vorgänge von weittragender Bedeutung gehandelt hat, haben unsere Leser wohl auch schon aus der Kundgebung des Herrn Reichsbischofs erkannt, die wir in der vorigen Nummer unseres Blattes brachten. Noch zittert die Erregung über die unglaublichen Vorgänge in ungezählten deutschen evangelischen Herzen nach. Am Montag, dem 13. November, hielt der Gau Berlin der Glaubensbewegung „Deutsche Christen" eine Massenkundgebung im Sportpalast ab, der, wie berichtet wird, etwa 20000 Menschen anwohnten. Sie wurde eröffnet von dem unierten Kirchenminister und brandenburgischen Bischof Hossenfelder. Es wohnten ihr eine große Anzahl von führenden Männern der Glaubensbewegung „Deutsche Christen" an, u. a. der Kirchenkanzler Dr. Werner, der Bischof Peter, der Propst Lörzer. Den Hauptvortrag hielt der Gauleiter, Studienrat Dr. Krause. Und in diesem Vortrag fielen jene unerhörten Worte gegen die Heilige Schrift Alten Testaments, gegen den Apostel Paulus, ja sogar gegen das Kreuz unseres Herrn Jesu Christi. Da offenbarte sich eine Gesinnung und eine Haltung, die nichts, aber auch gar nichts mehr mit Luther und seinem Glauben zu tun hat; und dieses ausgerechnet wenige Tage, bevor die deutsche evangelische Kirche das feierliche Gedächtnis von Luthers Geburtstag beging! Vergessen war, welche hohe Schätzung D. Martin Luther dem Alten Testament bis an sein Lebensende entgegenbrachte: die letzte akademische Vorlesung, die er hielt und die sich ununterbrochen über viele Jahre erstreckte, ging über das erste Buch Mosis. Vergessen war auch, daß D. Martin Luther zur Klarheit des evangelischen Glaubens durch die Verkündigung des Apostels Paulus von der Rechtfertigung allein aus Gnaden geführt worden war; dass er noch auf seinem Totenbett sich mit einem lauten und deutlichen Ja zu diesem Glauben bekannt hatte. Vergessen war, daß Luther seine Theologie als eine „theologia crucis" (Theologie des Kreuzes) bezeichnet hatte. Ein böser Geist hat sich in jener Versammlung breit gemacht. Die Entschließung, die am Schluß gegen eine Stimme gefasst wurde, war dieses |542| Geistes würdig. Wer sollte den flammenden Zorn nicht verstehen, in dem unser Herr Landesbischof seinen Protest eingelegt hat? Wir hätten einen Bischof, der des lutherischen Namens nicht wert wäre, wenn er hier nicht in lutherischem Zorn geredet hätte. Wer wollte es nicht verstehen, daß dem Wort unseres Bischofs die laute und anhaltende Zustimmung der großen Versammlung folgte: ein starkes und männliches Ja zu unserem Reformator D. Martin Luther.

Gewiß, der Herr Reichsbischof hat ebenfalls in scharfen Worten Einspruch erhoben. Gewiß, der Redner in jener Sportpalastversammlung Dr. Krause wurde aus seinen kirchlichen Ämtern entfernt. Gewiß, Bischof Hossenfelder hat als Reichsleiter der Glaubensbewegung „Deutsche Christen" denselben Mann seines Gauleiter-Postens enthoben. Aber das, was sich hier zugetragen hat, kann mit solchen Maßnahmen noch nicht erledigt sein. Hier ist ein Geschwür aufgebrochen und hat gezeigt, daß in unserer lieben deutschen evangelischen Kirche etwas nicht in Ordnung ist. Gefühlt haben das viele schon lange. Mitten in dieser Kirche versucht sich ein Geist breit zu machen, der weder mit Christentum noch mit Luthertum auch nur noch das Geringste zu tun hat: ein Geist des Ungehorsams gegen die ewige Wahrheit, ein Geist der Zuchtlosigkeit und der Auflehnung. Kurz, ein Geist, der alles andere ist, nur nicht der Geist, der dem neuen Werden in unserem Volk entsprechen und dienen soll und kann. Er ist vielmehr ein Geist, der ich auch an unserem Volk und seinem Führer aufs schwerste verkündigt. Haben denn diese Leute niemals in dem Buch des Führers „Mein Kampf" gelesen? Wissen sie nicht, welche ernsten und männlichen Worte er dort über die Geltung der reinen, klaren Glaubenslehre in der christlichen Kirche geschrieben hat? Und weiter: ahnen solche Leute überhaupt, was sie unserem Volk mit ihrer zerstörenden Arbeit antun? Es braucht das Wort und das Werk D. Martin Luthers bei seinem Neuaufbau; denn es braucht den Glauben an Jesus Christus, den Gekreuzigten und Auferstandenen, wie Ihn die Heilige Schrift Alten Testamentes verheißen hat, wie Ihn die Heilige Schrift Neuen Testaments verkündigt und wie Ihn die Bekenntnisse unserer reformatorischen Väter bezeugen. Wer unserem Volk diesen Glauben vergiften will, ist ein Schädling. Und um eine Brunnenvergiftung handelt es sich hier. Wenn einer ein Gegner des Christentums ist und es aus innerlicher Überzeugung bekämpft, wie es manche völkische Kreise heute tun – gut: das ist ein wahrhaftiger Mensch. Mit dem kann man zu einer offenen Fehde antreten. Er tarnt sich nicht. Aber unter dem verführerischen Namen der „Deutschen Christen" Irrlehren verkündigen, die dem Bekenntnis ins Gesicht schlagen, das ist Brunnenvergiftung. Und dagegen wehrt sich unser evangelisches Volk, wehren sich ganz besonders unsere lutherischen Kirchen. Hier gibt es nur ein Entweder-Oder: entweder die Kirche stoße solche Schädlinge aus oder der Name Luthers verschwinde aus unserem deutschen Volk. Ein fauler Friede wäre Verbrechen nicht nur am Wort Gottes und an der Kirche, sondern auch an unserem Volk.

Und was werden wohl die hämischen Beobachter im Ausland zum Schaden unseres Volkes und unserer Kirche schreiben und sagen, dass sich so etwas in der deutschen evangelischen Kirche nicht durchsetzen kann. Und unsere Volks- und Glaubensgenossen im Ausland sollen erkennen, dass der deutsche Protestantismus noch stark und klar genug ist um für Gottes Wort und Luthers Lehr einzutreten. Wir sind es schuldig laut und deutlich Zeugnis abzulegen und uns zu dem Ja zu bekennen, das am 14. November in der Lutherfeier laut ausgesprochen wurde.

Wahrhaftig, es geht um viel. Es geht zugleich um das Letzte und Höchste: um unseren evangelischen Glauben und seine Reinheit. Ich weiß, dass unsere Gemeinde bereit ist ihn zu verteidigen und mit ihr unsere bayerische evangelisch-lutherische Kirche und Millionen evangelischer Christen in ganz Deutschland. Aber es mußte auch einmal deutlich ausgesprochen werden.

39 Entschließung der Gemeindeversammlung Augsburg vom 22. November 1933

Kirchenbote vom Altmühltal und Hahnenkamm 14 (1933), Nr. 12, Dezember, (S. 2)

Am 22. November fand im Ludwigsbau in Augsburg ein Gemeindeabend statt, an dem etwa 2000 Personen teilnahmen. Wegen Ueberfüllung wurde in der Ulrichskirche ein Parallel-Gemeindeabend gehalten, an dem gleichfalls rund 2000 Personen zugegen waren.
Im Anschluß an Ausführungen von Pfarrer Helmut Kern, Sonderbeauftragter des Landesbischofs für Volksmission, und von Landgerichtsdirektor Theodor Dörfler, Mitglied d. Nationalsynode der Deutschen Ev. Kirche, wurde die nachstehende Entschließung einstimmig angenommen.

> Die Entschließung der Sportpalastkundgebung vom 13. November 1933 in Berlin bedeutet einen unerhörten Angriff gegen die Heilige Schrift Alten und Neuen Testaments, die nach den Bekenntnisschriften unserer lutherischen Kirche und nach der Verfassung der deutschen evangelischen Kirche unantastbare Grundlage und alleinige Regel und Richtschur unseres Glaubens ist, wonach allein Lehre und Lehrer unserer Kirche zu richten sind. Mit dem Herrn Reichsbischof stellen wir fest, daß „solche Anschauungen und Forderungen nichts anderes sind als ein unerträglicher Angriff auf das Bekenntnis der Kirche“. Wir halten es darum auch für untragbar, wenn das Hirten- und Wächteramt unserer Kirche Männern anvertraut wird, die offenkundige Irrlehren verkündigen oder solchen zustimmen. Wir stehen in einmütigem Vertrauen hinter unserem Landesbischof D. Meiser, wenn er um der bedrohten Einheit von Kirche, Volk und Vaterland willen seinen klaren Weg wie bisher unbeirrt geht.

40 [Ansprache von] Landgerichtsdirektor Theodor Doerfler [auf der Augsburger Gemeindeversammlung]

KorrBl 58 (1933), 4. Dezember, S. 560f.

|560| Meine lieben Glaubensgenossen! Wenn ich als Laie und gerade ich heute vor Ihnen in der für uns so hochbedeutsamen Kirchen- und Bekenntnisfrage kurz das Wort nehme, so glaube ich hiezu eine zweifache Legitimation zu besitzen.

Einmal in meiner Eigenschaft als einziger Laienvertreter unserer bayerischen Landeskirche in der Nationalsynode; hiezu berufen von dem einmütigen Vertrauen der Landessynode und damit des ganzen bayerischen evangelischen Kirchenvolkes, habe ich die für mich allerdings selbstverständliche Aufgabe übernommen, auch darüber zu wachen, dass der in der Reichskirchenverfassung garantierte Schutz unseres Bekenntnisses nicht verletzt und jedem Angriff, von welcher Seite er auch immer komme, energisch begegnet werde.

Nun haben wir solche Angriffe und so finden Sie mich selbstverständlich in der Front derer, die im Kampfe um unser Bekenntnis stehen. Ich bin aber auch Nationalsozialist und deshalb werden Sie begreifen und vielleicht auch erwarten, dass ich mich auch vom nationalsozialistischen Standpunkte aus zu Erscheinungen in unserer Kirche, die gerne mit dem politischen Nationalsozialismus verquickt werden, äußere.

Ich glaube auch ein Recht dazu zu haben, weil ich seit den Jahren 1923/24 ein Mitkämpfer der nationalsozialistischen Freiheitsbewegung und im bayerischen Landtag als Mitglied der Fraktion des Völkischen Blocks, dem Nationalsozialisten und Völkische gemeinsam angehörten, die 25 Programmpunkte der NSDAP. mitprüfte und für die Fraktion als bindend anerkannte. Diese 25 Thesen waren für unsere politische Arbeit maß- und richtunggebend. Einer dieser Programmpunkte sprach sich auch grundsätzlich über die Stellung der Partei zu den christlichen Kirchen aus. Die Partei bekannte sich zum positiven Christentum und versprach den beiden christlichen Kirchen im nationalsozialistischen Staate Schutz und Hilfe. Dieser programmatische Standpunkt ist während aller der Kampfjahre offiziell niemals verlassen worden und wurde von Adolf Hitler, kurz nachdem er Reichskanzler geworden war, in einer seiner ersten Reden aufs neue in einer alle Zweifel ausschließenden Weise betont.

|561| Ich darf daran erinnern, dass er in seiner Rede vom 23. März 1933 eindeutig erklärt hat: „Die Rechte der Kirchen werden nicht geschmälert, ihre Stellung zum Staat nicht geändert.“ Und der preußische Kultusminister unterstrich diese Erklärung in einer Rede vom 7. Mai 1933, wo er versicherte, „daß der Staat sich nicht mit dem kleinen Finger in kirchliche Angelegenheiten mische, die nur die Kirche erledigen kann.“ Unser Reichskanzler hat sich an diesen Grundsatz gehalten. Wenn er an die 29 evangelischen

Kirchen des Reichs den Ruf ergehen ließ, sich zu einer einheitlichen evangelischen Reichskirche zusammenzuschließen, so war das keine Einmischung, sondern für ihn nur eine politische Angelegenheit, für uns freilich eine wertvolle und wohlwollende Anregung. Hitler wollte und kann neben der geschlossenen Macht der katholischen Kirche auf eine geschlossene evangelische Kirche nicht verzichten. Er ist bereit, so wie er mit der katholischen Kirche das Konkordat abgeschlossen hat, auch einen evangelischen Reichskirchenvertrag abzuschließen.

Der Ruf unseres Führers wurde von unseren Kirchenleitungen aufgenommen; der Zusammenschluss ist erfolgt, wir haben eine Deutsche Evangelische Kirche, einen Reichsbischof und an seiner Seite ein Geistliches Ministerium, wir bekamen alsbald eine Kirchenverfassung und die Freiheit und Unverletzlichkeit der Bekenntnisse verfassungsmäßig garantiert.

Alles in schönster Ordnung, sollte man glauben, leider ist dem aber nicht so, wir sind noch weit vom Ziel. Daß dies so ist, daran hat, das soll hier laut und eindeutig erklärt werden, weder der Reichskanzler, noch die Reichsregierung, wie überhaupt der offizielle politische Nationalsozialismus irgend eine Schuld. Ebenso wenig sind, und das soll in diesem Zusammenhang gleich hier betont werden, an diesen Zuständen die Deutschen Christen bayerischer Prägung schuld. Es handelt sich hier um eine rein innerkirchliche, hässliche Erscheinung.

Als zum erstenmal nach Bayern vom Norden die Kunde von einer Glaubensbewegung Deutscher Christen kam, da horchten wir unwillkürlich auf. Was solls? Was ist los, was wollen sie in Norddeutschland? Ist eine neue evangelische Kirche im Werden? Nein! – Die Glaubensbewegung Deutsche Christen war in ihrem Ursprung eine feine Idee, ein zartes Gewächs, das bei richtiger Pflege schöne Blüten treiben konnte. Begeisterte nationalsozialistische Pfarrer erachteten es als eine vornehme Aufgabe der evangelischen Kirche, die ja von jeher dem Staat mit ihrer Hilfe zur Verfügung stand, dem Reiche Adolf Hitlers, das die alten deutschen Tugenden der Einfachheit und Sparsamkeit, der Unbestechlichkeit und Sauberkeit, der Sittlichkeit und Religiosität wieder zur Geltung zu bringen sich bemüht, nicht nur mit einem Lippenbekenntnis, sondern mit einem Herzensbekenntnis zur Verfügung zu sein und durch volksmissionarische Arbeit die der Kirche entfremdeten Volksgenossen zu diesen Tugenden und zur Kirche und damit dem Staate zurückzugewinnen. Allein was aus dieser feingedachten Bewegung in Preußen geworden ist, das hat Ihnen mein Herr Vorredner plastisch geschildert. Religionsfremde Elemente, Ungläubige, Freidenker, unfertige Theologen gewannen die Oberhand in der Bewegung und führten immer mehr zur Abkehr vom Bekenntnis und zum Kampf gegen Kirche, Geistliche und Bekenntnis, wie es unter den Augen von Führern der evangelischen Kirche im Sportpalast zu Berlin am 13. November in aller Oeffentlichkeit vor 20000 Personen seinen Ausdruck fand. Was in dieser Versammlung an

Angriffen gegen Bibel und Bekenntnis sich geleistet wurde, verlangt öffentlichen Protest, nicht nur von unsern Pfarrern, sondern ganz besonders von dem gesamten Kirchenvolk. Auch wir Laien, die wir zum Bekenntnis unserer Väter stehen, rufen diesen Schädlingen ein deutliches „Halt, bis hieher und nicht weiter!“ entgegen. Zurück, ihr jungen Geistlichen, die kaum ihr Examen gemacht und denen die Eierschalen der Theologie noch auf dem Rücken hängen, in Eure Vikariatsstube, zurück zum Studium der Bibel und auf die Kniee mit dem Gebet: Erhalt mich, Herr, bei deiner Lehr! Es geht nicht an, Soldaten Adolf Hitlers sein zu wollen und gleichzeitig das lutherische Ausland vor den Kopf zu stoßen und dem deutschen Reich zu entfremden und damit der Reichsregierung in ihrer an sich nicht leichten Außenpolitik einen Bärendienst zu erweisen. Wir Evangelischen danken dem Herrn Reichsbischof und unserem Herrn Landesbischof, daß sie die Angriffe gegen unsere Kirche als Irrlehren bezeichnet und mit öffentlichem Protest zurückgewiesen haben. Wir dürfen der Hoffnung Ausdruck geben, daß solche Schädlinge, soweit sie sich in unsere Kirche eingenistet haben, alsbald entfernt werden und rufen unserem Reichsbischof vertrauensvoll zu: Landgraf werde und bleibe hart!

Meine Glaubensgenossen! Können sie sich vorstellen, daß nationalsozialistische Katholiken in ihre Kirche einbrechen und gegen Dogma und Kircheneinrichtungen Stellung nehmen? Was der katholischen Kirche recht ist, ist der evangelischen Kirche billig.

Wir verbitten uns, daß ungläubige und unfertige Menschen das Erbe Luthers zu schmälern suchen, wir verbitten uns, daß sie den Versuch machen, ganz gleichgültig, ob bewußt oder unbewußt, die endlich erreichte heilige Einigkeit des deutschen Volkes zu stören. Unsere Treue zu Luther ist ebenso unerschütterlich wie unsere Treue zu Hitler. Aber in der Frage unseres Bekenntnisses gibt es keinen Kompromiß, sondern nur ein Entweder–Oder, ein Ja oder Nein.

Es ist eine Freude, den Umbruch der deutschen Nation mitzuerleben und ein Deutscher zu sein; in unverbrüchlicher Dankbarkeit huldigen wir Hitler für alles, was er nach jahrelangem Kampf uns errungen hat. Es ist aber auch eine Freude, zur Zeit ein evangelischer Christ zu sein; Luther geht durch die Lande, seine Anhänger werden wach und hellhörig; sie fühlen, es geht um die reine Lehre, um Evangelium und Christus.

Wir wollen es mit dem Glauben halten und uns im Kampfe um Luther um ihn scharen.

Und wenn die Welt voll Teufel wär – Das Reich muß uns doch bleiben!

41 [Wilhelm] B[ogner]: Gegen Irrlehren in der Kirche – für Bibel und Bekenntnis!

EGBl für Augsburg und Umgebung 20 (1933), 26. November, S. 393f.

|393| Am Montag, den 13. November, fand im Berliner Sportpalast eine Kundgebung des Gaues Groß-Berlin der Glaubensbewegung „Deutsche Christen“ statt, die eine vollständig neue kirchliche Lage heraufgeführt und über ganz Deutschland hin und weit darüber hinaus wie ein Fanal gewirkt hat. Sie hat eine schwere und nicht mehr tragbare Gefährdung unserer Kirche nach Innen sowohl wie nach dem Ausland hin herbeigeführt. Um unserer evangelisch-lutherischen Kirche willen wie um unseres Vaterlandes willen, die wir beide mit heißem Herzen lieben, können wir zu solchen Vorgängen nicht schweigen.

In jener Sportpalastversammlung hielt zunächst Reichskirchenminister Hossenfelder eine Rede, in der er die Frage des Arierparagraphen in der Kirche behandelte. Der schwedische Erzbischof Eidem hatte einige Tage vorher unseren Herrn Reichsbischof brüderliche und herzlich darauf aufmerksam gemacht, daß die Durchführung eines sogenannten Arierparagraphen in der Kirche das Einheitsband zwischen dem Luthertum Deutschlands und der übrigen lutherischen Welt zerschneide. Hossenfelder erklärte, daß wir deutschen Evangelischen auf eine Gemeinschaft mit den Kirchen des Auslands verzichteten, weil sie uns doch nicht liebten; sie hätten uns immer gehaßt und haßten und auch heute! Diese Aeußerungen aus dem Mund eines Geistlichen Ministers der Deutschen Evangelischen Kirche, die in der Auslandspresse ausführlich wiedergegeben worden sind, haben im Ausland geradezu verheerend gewirkt und die Gefahr eines Bruches mit unseren Glaubensbrüdern in unmittelbarste Nähe gerückt. Soweit darf es aber nicht kommen, um der Kirche willen nicht und um des Staates willen nicht, dem wir gerade im gegenwärtigen Augenblick durch unsere kirchlichen Auslandbeziehungen die größten Dienste leisten könnten und möchten. Wir dürfen es aber dahin auch nicht kommen lassen um der Dankbarkeit willen, die wir z.B. den Lutheranern Schwedens und Amerikas schulden, die uns in der Nachkriegszeit großzügigste brüderliche Hilfe haben zuteil werden lassen sowohl in finanzieller Hinsicht als auch in dem Kampf gegen die Diffamierung unseres Volkes durch den sog. Friedensvertrag von Versailles. Wir deutschen Lutheraner haben das unseren Glaubens- und Volksgenossen in den anderen Ländern nicht vergessen und werden es nicht vergessen. Wir reichen ihnen auch heute die Bruderhand und bitten sie um Jesu Christi, unseres einigen Herrn willen, für das deutsche Luthertum und unser deutsches Vaterland gerade jetzt in ihren Ländern eintreten zu wollen und, wie bisher, mitzuhelfen, dass die internationale Lügenflut über unseren neuen deutschen Staat, zu dem wir Lutheraner Deutschlands stehen mit allem, was wir sind und haben, eingedämmt werde. Wir stellen vor dem In- und

Ausland nachdrücklich fest, dass die Hossenfelderschen Ausführungen nicht die Meinung in unseren Gemeinden wiedergeben. Wir Augsburger Evangelischen, die wir die Bruderschaft mit dem Luthertum der ganzen Welt bei der 400-Jahrfeier der Augsburgischen Konfession im Jahre 1930 in so beglückender und unvergesslicher Weise erlebt haben, halten an dieser Bruderschaft unverbrüchlich fest und freuen uns der Bande, durch die wir uns mit den Glaubensgenossen in aller Welt unverändert und unvermindert verbunden wissen.
In jener verhängnisvollen Sportpalastkundgebung des Gaues Groß-Berlin der Glaubensbewegung „Deutsche Christen" vertrat der Gauobmann, Studienassessor Krause, in Gegenwart und ohne Widerspruch führender kirchlicher Persönlichkeiten, darunter Bischöfen, Auffassungen, die einen schweren Angriff auf die durch die Reichskirchenverfassung geschützten Bekenntnisgrundlagen unserer Kirche darstellten. Er forderte Beseitigung des Alten Testaments, weil es ein Buch „sehr fragwürdigen Inhalts" sei, ein „Viehtreiber- und Zuhälterbuch". Weiter fordert er Streichung „offenbar entstellter oder abergläubischer Berichte des Neuen Testaments". In der deutschen Volkskirche hätten Menschen fremden Blutes nichts zu suchen weder auf noch unter den Kanzeln. Er lehnte das Kruzifix ab. Die „Sünden- und Minderwertigkeitstheologie des Paulus" müsse verschwinden. Außerdem wandte er sich noch gegen unseren Herrn Reichsbischof und dessen Kundgebung zum kirchenpolitischen Frieden.
Im Anschluß an diese Rede, die offenkundig Irrlehren verkündigte, wurde eine Entschließung angenommen, in der diese Irrlehren festgelegt wurden. Unser Herr Reichsbischof hat in einer dankenswerten und in weitesten Kreisen geradezu befreiend wirkenden Weise durch zwei Erlasse gegen diese Vorgänge schärfstens Stellung genommen. Er erklärte: „Solche Anschauungen und Forderungen sind nichts anderes als ein unerträglicher Angriff auf das Bekenntnis der Kirche. Solchen Geist lehnt die Leitung und Führung der Deutschen Evangelischen Kirche mit aller Schärfe ab, wie ich überzeugt bin, daß auch die lebendigen Glieder unserer Gemeinden mit solchem Geist nichts zu tun haben wollen. Ich werde nie und nimmer zulassen, daß derartige Irrlehren sich in der evangelischen Kirche breit machen."
Studienassessor Dr. Krause wurde sofort durch die kirchliche Behörde seiner kirchlichen Aemter und durch den Reichsleiter der Glaubensbewegung „Deutsche Christen" von seinem Amt als Gauobmann enthoben. Diese Maßnahmen wurden von der breitesten Oeffentlichkeit mit Befriedigung und Dankbarkeit begrüßt.
Unsere Gemeinden verstehen es aber nicht, daß Hossenfelder zum Nachfolger Dr. Krauses als Gauobmann einen Pfarrer Tausch ernannt hat, der an jener Sportpalastversammlung teilgenommen und jener häretischen Entschließung zugestimmt hat! Sie fragen ferner, warum jene Bischöfe und sonstigen kirchlichen Führer bis zur Stunde im Amt sind, die im Sportpalast

die genannten kirchenzerstörenden Irrlehren schweigend hingenommen haben. Sie halten es für unmöglich und unerträglich, daß solchen Männern das Hirten- und Wächteramt in der Kirche Jesu Christi anvertraut ist.
Um der Kirche und um des Vaterlandes willen ist eine sofortige Bereinigung aller dieser Dinge unumgänglich. Wir fordern diese Bereinigung, weil wir Christen und weil wir Deutsche sind. Als Christen: weil in der Kirche nur das reine, lautere Evangelium von Jesus Christus gelten darf und seine Missachtung das Gericht Gottes nach sich zieht. Als Deutsche: Weil wir nicht zulassen dürfen, daß unsere Kirche unfähig gemacht werde zu dem großen und unersetzlichen Dienst, den sie unserem Volke schuldig ist, den sie leisten will, aber nur leisten kann, wenn in ihr nicht Verrat getrieben wird am Evangelium von Jesus Christus, dem Gekreuzigten und Auferstandenen. Wir wollen, wie unser Herr Reichsbischof ausführte, „im Glauben allein an Schrift und Bekenntnis gebunden, treu zusammenstehen zum Dienst am Evangelium und zum Dienst an unserem Volk“. Wir wollen stehen in der von unserem Herrn Reichsbischof geforderten Einheitsfront und sind entschlossen, Irrlehren und Angriffe auf die Substanz unserer Kirche keinesfalls weiterhin zu dulden. Darum müssen auch alle unerträglichen Gewissensnötigungen, die von einer gewissen Richtung der Glaubens |394| bewegung „Deutsche Christen“ immer wieder gegen Pfarrer und Gemeinden versucht werden, jetzt sofort und endgültig aufhören. Die ganze bayerische Landeskirche mit dem Herrn Landesbischof an der Spitze, in allen ihren Gliedern einschließlich der Glaubensbewegung „Deutsche Christen“ in Bayern fordert sofortige Bereinigung, Friede in der Kirche und Einsatz aller Kräfte der Kirche an den Aufgaben des Reiches Gottes, an den Aufgaben, die unserem deutschen Volk im Innern und nach außen hin gestellt sind.

42 Wilhelm Wiegel: Die deutsche evangelische Kirche in der Entscheidung

EGBl für Hof und Umgebung 15 (1933), 26. November, S. 390f.

|390| Viel besorgtes Fragen haben auch in unserer Gemeinde mancherlei Zeitungsnachrichten über sehr merkwürdige Vorgänge bei einer Berliner Sportpalastversammlung am 13. November hervorgerufen. Diese Riesenversammlung war eine General-Mitgliederversammlung der Glaubensbewegung „Deutsche Christen“, Gau Groß-Berlin. Seit Wochen hatten in der Reichshauptstadt, einer der wichtigsten Stellen der ganzen Bewegung, Plakate zu ihr eingeladen. Mit Rücksicht auf den 12. November war sie auf den 13. November verlegt worden. Sie war also eine von langer Hand vorbereitete Veranstaltung. Der Sportpalast, der gegen 15000 Menschen fassen kann, war völlig gefüllt. Fast vollzählig anwesend waren die in Berlin weilenden Führer der Glaubensbewegung, unter ihnen Bischof Peter, Präsident

Werner vom Evangelischen Oberkirchenrat, mehrere Oberkonsistorialräte, mehrere Pröpste und Mitglieder des Berliner Konsistoriums, alles deutsche Christen und „neue“ Kirchenführer.
Bischof Hossenfelder, der da ist stellvertretender Landesbischof in Preußen und Kirchenminister der geeinten deutschen evangelischen Kirche, eröffnete als Reichsleiter der Glaubensbewegung „Deutsche Christen“ die Versammlung mit einer Ansprache, nach der er sie verließ, um der Nürnberger Pfarrervereinstagung ein Grußwort zu entbieten und um sich nach München zu begeben. Recht auffallend war, daß Bischof Hossenfelder sich gegen einen „faulen Frieden“ der Glaubensbewegung mit ihren kirchenpolitischen Gegnern, also jenen Pfarrern, die aus innerer Nötigung die Glaubensbewegung ablehnen, aussprach. Hatte doch der Herr Reichsbischof Müller feierlich erklärt, daß der kirchenpolitische Kampf als beendet gelten müsse und daß er niemals zulassen werde, daß irgendein Geistlicher einen Nachteil erleide, nur weil er nicht „Deutscher Christ“ sei. Steht also Bischof Hossenfelders Kampfansage in einem gewissen Gegensatz zu der Friedensbotschaft des Herrn Reichsbischofs, so sind weitere Äußerungen von ihm in jener Ansprache wohl geeignet, die außenpolitischen Bemühungen unseres Führers Adolf Hitler zu beeinträchtigen. Unserem Volkskanzler liegt sehr viel an freundschaftlichen Beziehungen zum rasseverwandten Norden Europas. Uns deutschen Evangelischen bleibt unvergessen, wieviel Beweise glaubensbrüderlicher Verbundenheit durch Wort und Tat in unseren schwersten Jahren uns von daher zugekommen sind. Wer wie ich Erzbischof Soederbloms Predigt über den barmherzigen Samariter in der Münchener St. Lukaskirche 1922 oder seine in deutscher Sprache gehaltene Predigt vor dem Christlichen Jugend-Weltkongreß zu Helsingfors 1926 gehört hat, weiß, wieviel Achtung vor dem geschmähten deutschen Volk, wieviel brüderlicher Helferwille gegenüber unserer Not in diesem edlen Schweden lebendig war. Hat doch auch er 1923 mannhaften Einspruch vom evangelischen Gewissen her gegen den französischen Ruhreinbruch erhoben. Namentlich in den Kreisen der Inneren Mission weiß man es, wieviel brüderliche Durchhilfe unsere in der Inflationszeit schwer gefährdeten Unternehmungen und Anstalten glaubensbrüderlicher Treue amerikanischer, schwedischer und sonstiger ausländischer Glaubensgenossen zu danken haben. Nun war der Herr Reichsbischof vom Nachfolger des verewigten Erzbischof Soederblom gebeten worden, um der Verbindung mit den außerdeutschen evangelischen Kirchen willen den Arierparagraphen in der Kirche fallen zu lassen. Bischof Hossenfelder erklärte nun in seiner Ansprache, er habe vor drei Tagen die Anordnung zur Durchführung des Arierparagraphen in der Kirche gegeben. Er glaubte seine Anordnung damit begründen zu müssen, daß die Kirchen des evangelischen Auslands auch früher für uns nichts übrig gehabt hätten. Dieser aus mangelhaftem Unterrichtetsein geflossene Ausfall Bischof Hossenfelders ist nicht nur eine arge Schädigung

des ökumenischen Gedankens, sondern doch auch eine unverantwortliche Verkennung des außenpolitischen Wollens unseres Führers.
Das Hauptreferat in der Sportpalastversammlung hielt Studienassessor Dr. Krause, der vom Reichsleiter Hossenfelder bestellte Führer des Gaues Groß-Berlin der „Deutschen Christen". Bischof Hossenfelder kennt seit längerem diesen Mann und mußte wissen, daß er eigentlich „Deutschkirchler" ist, also mehr das Germanische, als das Christliche betont. Trotzdem hat er ihm solche führende Stellung anvertraut und hat ihn am 13. Novbr. den programmatischen Vortrag halten lassen, der für die breiteste Öffentlichkeit bestimmt war. Nun, dieser Vortrag, der keineswegs aus dem Stegreif gehalten war, ist auch danach ausgefallen. Einzelne Sätze aus ihm seien wiedergegeben: „Nicht eine Kirche lutherischer oder reformierter Prägung |391| wollen wir, sondern eine gewaltige neue, die deutsche Volkskirche." „Da diese Seele restlos dem neuen Staat gehört, kann der totale Staat auch vor der Kirche, die er aus seinem Geiste gestalten will, nicht Halt machen. Dieser Geist ist Gottes Geist." „Das seelische Erwachen unseres Volkes ist unsere Religion, ist die Ehre der Nation im Sinne eines kämpferischen, heldischen Christentums." „Eine Kirche muß gebaut werden, in der die Deutschen heimisch werden, d.h. Befreiung von allem Undeutschen im Gottesdienst und Bekenntnis. Das bedeutet Trennung vom Alten Testament mit seiner jüdischen Lohnmoral. Das Alte Testament ist eines der fragwürdigsten Bücher, das Buch der Viehhändler- und Zuhältergeschichten. Altes Testament, artgemäßes Christentum; eins schließt das andere aus." „Es ist auch notwendig, das Neue Testament von den abergläubischen Geschichten zu reinigen. Die Sünden- und Minderwertigkeitstheorie des Rabbiners Paulus muß verschwinden." „Der Mensch braucht das Vertrauen zu sich selbst." „Die Vollendung der Reformation Martin Luthers wird den endgültigen Sieg des nordischen Geistes über den orientalischen Materialismus bedeuten." Auch sprach Dr. Krause davon, daß bei der Volksmission „der Gekreuzigte nicht in übertriebener Weise" herausgestellt werden dürfe.
Diese Rede wurde mit lebhaftem Beifall der ganzen Riesenversammlung aufgenommen. Auch die sämtlichen anwesenden deutsch-christlichen Mitglieder der Kirchenleitung haben sich an diesem Beifall beteiligt. Zum Schlusse wurde eine Entschließung angenommen, welche die Forderungen des Redners zusammenfaßte. Diese ist aus den Tageszeitungen bekannt. Ein einziger Versammlungsteilnehmer wollte gegen die Entschließung protestieren, wurde aber sofort zum Schweigen gebracht. Sonstiger Widerspruch gegen sie wurde nicht laut, auch nicht von den anwesenden Mitgliedern der Kirchenbehörden. Auch Pfarrer Tausch, der nach der Rede Dr. Krauses sechzig Fahnen weihte und der vor etlichen Tagen von Bischof Hossenfelder an Stelle des zum Rücktritt genötigten Dr. Krause als Gauleiter bestellt worden ist, versäumte die Gelegenheit, seinerseits von seinem Vorredner irgendwie abzurücken und ein Bekenntnis zu Christus und zur Bibel abzulegen.

Ist jemals der evangelischen Kirche auf deutschem Boden größere Schmach widerfahren? Und das vor dem ersten Luthertag der geeinten deutschen, evangelischen Kirche! Ein Geist ist da laut geworden, der ein Hohn auf den Glaubensgeist unseres Dr. Martin Luther ist. Offenbar ist, daß die germanisch-heidnische Welle, die jetzt über unser Volk dahingeht, auf den Raum der Kirche übergegriffen hat. Dieser Welle hat der Gau Groß-Berlin der „Glaubensbewegung" Deutscher Christen die Schleusen geöffnet, indem er eine Offenbarung Gottes im Volkstum als gleichberechtigt neben der Offenbarung Gottes in Jesus Christus behauptet hat. Er hat damit die „Glaubensbewegung" Deutsche Christen zu einer Irr- und Unglaubensbewegung gestempelt, welche von der deutschen, evangelischen Kirche überwunden werden muß, will sie die Kirche Luthers bleiben, will sie ihre Einheit festhalten. Die deutsche, evangelische Kirche ist in die Entscheidung gestellt worden. Die Entscheidung kann nicht mehr umgangen werden. Der Herr Reichsbischof hat sie zu treffen. Wir hoffen zu Gott und wir beten zu dem ewigen Herren unserer Kirche, Er wolle unserem Herrn Reichsbischof die Kraft und Weisheit schenken, welche not ist, um die neue Reichskirche von Irrlehre zu reinigen und von jener Gewaltherrschaft der „Deutschen Christen" zu befreien, die in den letzten Monaten so viel Not über unsere Kirche gebracht hat.

43 Bitte aus dem Kirchenvolk zur Lage

EGBl für Hof und Umgebung 15 (1933), 26. November, S. 391

180 im Dienste der 41 000 Seelen zählenden Hofer Kirchengemeinde tätige Männer und Frauen (Kirchenvorstände, Sprengelgehilfen, Ausschußmitglieder verschiedener kirchlicher Vereine), am 20. November versammelt zu einem Instruktionsabend über die Praxis der Volksmission, richten im Blicke auf die unerhörten Vorgänge in der Berliner Sportpalastversammlung vom 13. Nov. folgende offene Bitte an den Hochwürdigsten Herrn Reichsbischof:

1. Hochwürdigster Herr Reichsbischof wolle durch entscheidende Taten unter Beweis stellen, daß in der deutschen evangelischen Kirche das evangelisch-lutherische Bekenntnis wirklich gilt.
2. Hochwürdigster Herr Reichsbischof wolle unverzüglich jene Kirchenführer, welche während der erwähnten Versammlung nicht sofort entschiedenen Widerspruch gegen die bekenntniswidrigen und kirchenzersetzenden Darlegungen der Redner erhoben, ihrer kirchlichen Ämter entheben, da jene alle innere Autorität verwirkt haben.
3. Hochwürdigster Herr Reichsbischof wolle die bisherige Führerschaft der Glaubensbewegung „Deutsche Christen" durch eine bekenntnistreue und von innerer Autorität getragene ersetzen oder er wolle sofort die Schirm-

herrschaft über die Glaubensbewegung „Deutsche Christen“ niederlegen und alles Bekenntniswidrige mit allen zu Gebote stehenden kirchlichen Zuchtmitteln bekämpfen.
4. Hochwürdigster Herr Reichsbischof wolle dem Exekutivkomitee des Lutherischen Weltkonvents und namentlich dem hochwürdigen Herrn Erzbischof Eidem von Uppsala feierlich erklären, daß unter deutschen evangelischen Christen der mannhafte Einspruch des verewigten Herrn Erzbischofs Soederblom gegen den französischen Ruhreinbruch (1923) und alle die brüderliche Nothilfe amerikanischer und schwedischer Lutheraner unvergessen ist und bleibt.

2.2 1934

2.2.1 Allgemein

44 Merkblatt der Pfarrerbruderschaft für die Angehörigen bei der Verhaftung von Pfarrern. O. D. [1934]
FKiZM. A 30. 8

Außer allem, was die Angehörigen ohnehin tun können, ist folgendes zu beachten:
1. Sofortige Ausfüllung des Fragebogens in 2 Exemplaren.
2. Aushändigung von Leibwäsche in dreifacher Zahl an das Gefängnis; dazu leichte Schuhe, durchsichtige Seife, Handtuch, Zahnbürste und andere Toilettengegenstände,
3. Aushändigung von Bibel und Gesangbuch; wo es erlaubt wird, auch Fachliteratur.
4. Falls der Verhaftete bei seiner Festnahme kein Geld bei sich hatte, ist bei der Kasse des Gefängnisses Geld einzuzahlen.
5. Sprecherlaubnis nachsuchen, möglichst sofort.
6. Zu alledem einen persönlichen Vertrauten und möglichst orts- und sachkundigen Pfarrer mit zu Rate ziehen.

Es ist dringend erforderlich, daß die Angehörigen bei dem Gefängnis sofort Erkundigungen einziehen, in welcher Weise sie den Inhaftierten Erleichterung aller Art schaffen können, insbesondere wann und wie oft sie ihn besuchen können. Die Erleichterungen sind verschieden, je nachdem es sich um Schutz- oder Untersuchungshaft handelt; grundsätzlich ist aber zu versuchen, das oben Angeführte zu erreichen.
Vor Beauftragung eines Rechtsanwaltes mit der Vertretung ist auf alle Fälle mit dem Landeskirchenrat bezw. Pfarrerverein oder Pfarrerbruderschaft Fühlung zu nehmen.

Fragebogen
1. Vor- und Zuname:
2. Alter:
3. Stand:
4. Wohnort (genaue Anschrift):
5. Tag und Stunde der Verhaftung:
6. Ort der Verhaftung:
7. Schutzhaft oder Untersuchungshaft:
8. Ort des Gefängnisses:
9. Ist schon ein Rechtsbeistand bevollmächtigt?
10. Wenn ja – Name und Anschrift des Rechtsbeistandes
11. Sind bei der Verhaftung Gründe angegeben worden?
12. Wenn ja – welches sind die Gründe?
13. Wenn nein – welches sind die mutmaßlichen Gründe?
14. Eigene Darstellung der Vorgänge, die zur Verhaftung führten:
15. Ist der Verhaftete gesund?
16. Sind besondere Umstände vorhanden, die einen Haftentlassungsantrag begründen könnten? (Krankheit der Frau, des Inhaftierten oder dgl.):
17. Wer sind die nächsten Angehörigen des Verhafteten? (Eltern – Frau – Kinder?) d. h. wer ist nächstberechtigt?
18. Weitere Angaben über den Verhafteten (z. B. ob Kriegsteilnehmer oder dgl.):
19. Treten durch die Verhaftung wirtschaftliche Notstände ein und – wenn ja – inwiefern?
20. Wie groß ist die örtliche Bekennende Gemeinde und ist sie notfalls bereit und in der Lage zu helfen?

Ort: .... ,Datum: ....

....
Unterschrift.

45 Formular [des Landeskirchenrats] für einen Fürbittegottesdienst für verhaftete Pfarrer. O.D.

LAELKB, BD Augsburg 3.7.0003 – 444a

Diese Formular ist in jedem Pfarramt aufzubewahren, daß es bei evtl. Verhaftung des Pfarrers sofort von der Pfarrfrau oder einer anderen geeigneten Person zur Abhaltung eines

Liturgischen Bittgottesdienstes

für den verhafteten Ortspfarrer hervorgeholt werden kann.

Der Gottesdienst soll möglichst am 1. Abend nach der Verhaftung stattfinden, mit schwarzem Altarbehang, ohne brennende Kerzen, und Einladung durch Herumsagen, evtl. ausgiebiges Läuten am Anfang bis zu einer Viertelstunde. Falls kein Nachbarkollege zur Verfügung steht, wird der Gottesdienst von einem der Kirchenvorsteher gehalten. Eine Ansprache ist absichtlich vermieden, um jede Versuchung zur Entgleisung auszuschalten.

Grundgedanke: Die Gemeinde soll ihres verhafteten Pfarrers in einem Gottesdienst fürbittend gedenken.

Der Aufbau ist folgender: Im Mittelpunkt steht die Fürbitte der Gemeinde für den Pfarrer und der Trost, den sie sich aus dem Wort Gottes in ihrer Verlassenheit spenden läßt. (Teil II a u. b). Die Einleitung dazu ist Teil I. Er setzt ein mit dem Ärgernis, das vom Kreuz ausgeht, und zeigt dann die Verfolgung, die die Gemeinde infolgedessen immer wieder erfahren muß. So steht das einzelne Erlebnis der Gemeinde im großen Zusammenhang der Kirche drinnen. An den Trost von IIb schließt sich dann der Aufruf an die Gemeinde, aus diesem getrosten Herzen heraus tapfer zu bekennen. Dazu bittet sie Gott im abschließenden Gebet um Kraft und Festigkeit. Die gewählten Lieder stehen alle in beiden Gesangbüchern. An einzelnen Stellen sind zur Wahl Lieder aus dem neuen Gesangbuch vermerkt.

I. Wir sind im Kampf Tag und Nacht.

Lied (neu) 407 (alt 428), 1–3: Hilf, Helfer, hilf in Angst und Not.

Geistlicher: „Das Wort vom Kreuz ist eine Torheit denen, die verloren werden; uns aber, die wir selig werden, ist's eine Gotteskraft." (1. Kor. 1, 18).

„Die natürliche Art des Evangeliums ist es, daß es mit sich bringe das heilige Kreuz: Wer es in der Welt bekennen will, muß den Hals daran setzen. Willst du das liebe Evangelium haben, so mußt du die höllischen Pforten und Teufel auch haben, daß du das Evangelium nicht mit Frieden habest, sondern mußt alles Unglück und Verfolgung leiden, damit du deinem Haupt Christo gleich werdest". (Luther).

„Ihr sollt nicht wähnen, daß ich gekommen sei, Frieden zu senden auf die Erde. Ich bin nicht gekommen, Frieden zu senden, sondern das Schwert. – Und wer nicht sein Kreuz auf sich nimmt und folget mir nach, der ist mein nicht wert. – Siehe, ich sende euch wie Schafe mitten unter die Wölfe; darum seid klug wie die Schlangen und ohne Falsch wie die Tauben. Hütet euch aber vor den Menschen; denn sie werden euch überantworten vor ihre Rathäuser und werden euch geißeln in ihren Schulen. Und man wird euch vor Fürsten und Könige führen um meinetwillen zum Zeugnis über sie und über die Heiden. Wenn sie euch nun überantworten werden, so sorget nicht, wie oder was ihr reden sollt; denn es soll euch zu der Stunde gegeben werden, was ihr reden sollt. Denn ihr seid es nicht, die da reden, sondern eures Vaters Geist ist es, der durch euch redet. Es wird aber ein Bruder den andern zum Tod überantworten und der Vater den Sohn und die Kinder werden sich empören wider ihre Eltern und ihnen zum Tod helfen. Und müsset gehasst werden von jedermann um meines Namens willen. Wer aber bis ans Ende beharret, der wird selig". – Matth. 10, 34, 38, 16–22)

Gemeinde: Lied Anfang (neu) 297, (alt 320), Vers 2 oder (neu) 290 1 u. 2.

II. a) Ich will den Hirten schlagen und die Herde.

Geistlicher: „Schwert mache dich auf über meinen Hirten und über den Mann, der mir der nächste ist, spricht der Herr Zebaoth. Schlage den Hirten, so wird die Herde sich zerstreuen".

„Wer darf denn sagen, daß solches geschehe ohne des Herrn Befehl, und daß nicht Böses und Gutes komme aus dem Munde des Allerhöchsten? Wie murren denn die Leute im Leben also? Ein jeglicher murre wider seine Sünde! Und laßt uns forschen und prüfen unser Wesen und uns zum Herrn bekehren! Laßt uns unser Herz samt den Händen aufheben zu Gott im Himmel! Wir, wir haben gesündigt und sind ungehorsam gewesen; darum hast du billig nicht verschont" (Sach. 13, 7; Klgld. 37–42)

Gemeinde: Lied (neu) 521, (alt 511), 5–7.

Geistlicher: Gebet: O Herr Jesu Christe, du barmherziger Hohepriester, der du versöhnst die Sünde der Welt, der du wohnest auf den Lobgesängen aller Väter und Bekenner, aller Märtyrer und heiligen Knechte, schau in Gnaden herab auf deine verlassene Gemeinde! Du unser Fürsprecher vor dem Angesicht Deines Vaters, laß dich jammern der Herde, die keinen Hirten hat. Vor dich, Herr bringen wir unsere Not und bitten dich, verschließe dich nicht vor dem Flehen deiner Gemeinde und schweige nicht zu ihren Tränen, wenn wir gleich nicht wert sind, daß dir zu Herzen gehe, was uns das Herz beschwert.

Du hast nach deinem unerforschlichen Rat den Diener und Hirten dieser Gemeinde von uns genommen. Wir bitten Dich, sei Du sein Stecken und Stab in seiner Einsamkeit, tröste ihn mit deinem Wort, stärke ihn mit deinem Geiste, erfreue ihn mit deinem Licht, mache ihn fest im Glauben, gewiß in der Hoffnung und unerschütterlich

in der Liebe. Rüste ihn mit deiner Kraft gegen alle Versuchungen der Finsternis und gegen alle listigen Anläufe des Teufels. Öffne bald sein Gefängnis, wenn es dein Wille ist, und laß ihn wieder mit uns vereinigt werden zu Preis und Ehre deines heiligen Namens.
Wir bitten dich auch für uns selbst und für deine ganze Gemeinde. Laß uns nicht wankend werden in der Treue, erweise in uns heilige Liebe zur Stunde deines Wortes und mache uns zu Bekennern, die schlecht und recht ihres Weges gewiß zu dir und deiner verachteten Kirche stehen. Erhalte deiner Kirche die unverfälschte Verkündigung deines Wortes und laß sie dadurch die Stadt auf dem Berg sein, zu der die Geängstigten verlangen und in der die Verwirrten ihre Zuflucht finden.
Herr Jesu Christe, der du für die zweifelnden, zagenden, ja für die schlafenden und verleugnenden Jünger gebetet hast, daß ihr Glaube nicht aufhöre, erhalte auch uns in dem Glauben, der die Welt überwindet! Halte deine schützende Hand über unsere Kirche, segne sie, die du so reich gemacht hast, mit der Treue gegen dein Wort und mit der Kraft aus deinem Sakrament. Laß sie nicht durch Menschenkraft, sondern durch Geisteswehen bebaut werden. Stärke alle, die sich zu dir bekennen. Schenke Hirten nach deinem Herzen und Lehrer nach deinem Wohlgefallen, gib treue Wächter ohne Menschenfurcht und ohne Verlangen nach Gunst und Gaben dieser Erde und ihrer Größe. Segne unseren Landesbischof und alle, die im Dienst der Verkündigung stehen. Gib Gnade, dass auf allen Kanzeln dein lauteres Evangelium verkündet werde ohne alle Menschensatzung und Irrlehre. Schenke unserer Kirche Einigkeit und Friede. Gib uns aber einen festen und gewissen Geist, daß wir keinen irdischen Frieden suchen, der nicht bestehen kann vor deinem Angesicht. Sei mit deiner Kraft bei allen, die um des Kreuzes willen Verfolgung leiden. Hilf den verlassenen Gemeinden, den einsamen Pfarrfrauen und Kindern, den unschuldigen Gefangenen, Verleumdeten und Verstoßenen. Erbarme dich unser in der Kraft deines Kreuzes und laß uns dahin kommen, wo du abwischen wirst alle Tränen von unseren Augen und kein Leid noch Schmerz noch Geschrei sein wird. Dir Herr Jesu Christe sei Lob und Ehre und Preis und Gewalt von Ewigkeit zu Ewigkeit. Amen.

II. b) Seid fröhlich und getrost!

Geistlicher: „Ihr Lieben, lasset euch die Hitze, so euch begegnet, nicht befremden (die euch widerfähret, daß ihr versucht werdet!) als widerfahre euch etwas Seltsames; sondern freuet euch, daß ihr mit Christo leidet, auf daß ihr auch zur Zeit der Offenbarung seiner Herrlichkeit Freude und Wonne haben möget" (1. Petr. 4, 12 u. 13).

„In allen Dingen beweisen wir uns als die Diener Gottes: In großer Geduld, in Trübsalen, in Nöten und Ängsten, in Schlägen, in Gefängnissen, in Aufruhr, in Arbeit, in Wachen, in Fasten, in Keuschheit, in Erkenntnis, in Langmut, in Freundlichkeit, in dem heiligen Geist, in ungefärbter Liebe, in dem Wort der Wahrheit, in der Kraft Gottes, durch Waffen der Gerechtigkeit zur Rechten und zur Linken, durch Ehre und Schande, durch böse Gerüchte und gute Gerüchte: als die Verführer, und doch wahrhaftig; als die Unbekannten, und doch bekannt; als die Sterbenden, und siehe, wir leben; als die Gezüchtigten, und doch nicht ertötet; als die Traurigen, aber allezeit fröhlich; als die Armen, aber die doch viele reich machen; als die nichts innehaben, und doch alles haben". (2. Kor. 6, 4–10).

„Selig sind, die um Gerechtigkeit willen verfolgt werden; denn das Himmelreich ist ihr". (Matth. 5, 10).

Gemeinde: Lied (neu) 381 (alt 385), 9: Selig, die müssen dulden.

Geistlicher: „Weil denn die Elenden verstöret werden und die Armen seufzen, will ich auf, spricht der Herr; ich will eine Hilfe schaffen dem, der sich darnach sehnet". (Ps. 12, 6).

„Fürchte dich nicht, du kleine Herde! Denn es ist eures Vaters Wohlgefallen, euch das Reich zu geben". (Luk. 12, 32)

„Ich bin bei euch alle Tage, bis an der Welt Ende". (Matth. 28, 20).

Gemeinde: Lied 400 (alt 409), V. 8: Ihn, ihn lass tun und walten …

Geistlicher: „Solches habe ich mit euch geredet, daß ihr in mir Frieden habet. In der Welt habt ihr Angst; aber seid getrost, ich habe die Welt überwunden". (Joh. 16, 33).

III. Von dir laß mich nichts treiben.

Gemeinde: Lied 291 (alt 313), 1–3: Erhalt uns, Herr, bei deinem Wort.

Geistlicher: „Wachet, stehet im Glauben, seid männlich und seid stark!" (1. Kor. 16, 13)

„Was ich euch sage in der Finsternis, das redet im Licht;

und was ihr höret in das Ohr, das predigt auf den Dächern. Und fürchtet euch nicht vor denen, die den Leib töten; und die Seele nicht mögen töten; fürchtet euch aber vielmehr vor dem, der Leib und Seele verderben mag in der Hölle. Wer nun mich bekennet vor den Menschen, den will ich auch bekennen vor meinem himmlischen Vater. Wer mich aber verleugnet vor den Menschen, den will ich auch verleugnen vor meinem himmlischen Vater". (Matth. 10, 27 u. 28, 32 u. 33). „Zuletzt meine Brüder seid stark in dem Herrn und in der Macht seiner Stärke. Ziehet an den Harnisch Gottes, daß ihr bestehen könnt gegen die listigen Anläufe des Teufels. Denn wir haben nicht mit Fleisch und Blut zu kämpfen, sondern mit Fürsten und Gewaltigen, nämlich mit den Herrn der Welt, die in der Finsternis dieser Welt herrschen, mit den bösen Geistern unter dem Himmel. Um deswillen so ergreifet den Harnisch Gottes, auf daß ihr an dem bösen Tage Widerstand tun und alles wohl ausrichten und das Feld beihalten möget". (Eph. 6, 10–13)

Gemeinde: „Lied (alt und neu) 380, 1: Herr stärke meinen schwachen Mut".

Gebet: O Herr, laß uns des Teufels List und Trug von dir und deiner göttlichen Wahrheit nicht abwenden. Laß uns auf den festen Grund Gottes erbaut sein, welcher besteht, dich, Gott, kennen und dein sein und bleiben. Bewahre uns durch deine göttliche Macht zur Seligkeit. Laß uns einhergehen in der Kraft Gottes, stärke uns im Kampf des Lebens. O Gott, bewahre das gute Werk, das du in uns angefangen hast, und vollführe es bis auf den Tag Jesu Christi. Amen!

Vaterunser – Segen.

Möglicherweise noch Schlußlied 294: Verzage nicht, du Häuflein ... oder 196: Ein feste Burg ist unser Gott.

46 Schreiben der NSDAP-Kreisleitung Kulmbach an Pfarrer Julius Steinmetz. Kulmbach, 10. Januar 1934

LAELKB, LKR 51720, Steinmetz, Julius

Der Kreisleitung wird berichtet, dass Sie in Nachbargemeinden Vorträge über die deutschen Christen und Zwistigkeiten, die in der evangelischen Kirchenbewegung vorgekommen sind, halten, wobei Sie nicht zurückschrecken, die Nationalsozialisten als Wotangläubige etc. hinzustellen. Das Abhalten dieser Vorträge wird Ihnen hiemit untersagt.
Weiterhin sollen Sie Führerpersönlichkeiten, wie Baldur von Schirach u. a. öffentlich herabsetzen. Wir machen Sie darauf aufmerksam, dass wir gezwungen sind, bei der nächsten Klage, die der Kreisleitung zugeht, sofortigen Bericht an den zuständigen Sonderbeauftragten ergehen zu lassen, worauf Sie mit einer Abschubung nach Dachau zu rechnen haben.
Wir erwarten, dass diese Hinweise genügen und Sie uns nicht Veranlassung geben, schärfere Schritte gegen Sie zu unternehmen.
Kreisleitung: gez. Hain, stellv. Kreisleiter.

47 Bekanntmachung Nr. 6299 des Landeskirchenrats. München, 12. September 1934

ABlELKB 1934, S. 131 f.

Betreff: Gebet für unsere Kirche.
Unsere Kirche leidet tiefe Not. Ihre Erscheinung vor der Welt bietet das traurige Bild der Zerrissenheit. Der Verkündigung des reinen Evangeliums werden Grenzen gesetzt, wo sie sich in Ordnung und Gestalt der Kirche auswirken will.
Uneinigkeit und Unfriede müssen verstehender Liebe und kraftvoller Gemeinschaft weichen, wenn wir mit unseren schweren Sorgen um die Bedrohung des Bekenntnisses und um die Verwirrung der Gemeinden miteinander vor Gott treten und gemeinsam um Vergebung unserer Sünden und um die Kraft der Treue bitten.
Darum ordnen wir an, daß kommenden Sonntag im Hauptgottesdienst eines der folgenden Gebete verwendet werde:
1. O Vater der Barmherzigkeit, der du dir eine heilige Kirche auf Erden durch dein Wort und deinen heiligen Geist sammelst und erhältst: wir bitten dich, du wollest deine kleine Herde, die dein Wort durch deine Gnade angenommen hat, bei der reinen und allein seligmachenden Lehre, auch bei rechtem Brauch der hochwürdigen Sakramente fest erhalten wider die Pforten der Hölle, wider alles Wüten und Toben des Satans, wider alle Bosheit und Tyrannei der argen Welt. Erhalte dein Schifflein samt deinen Christen mitten auf dem ungestümen Meer, unter allen Wellen und Wasserwogen,

daß es nicht sinke und untergehe. Laß deine Kirche fest und unbeweglich stehen auf dem Grundfels, darauf sie erbaut ist. O Gott Zebaoth, wende dich doch, schaue vom Himmel, siehe an und suche heim deinen Weinstock und halte ihn in Bau. Behüte uns vor allen denen, die da suchen Vertilgung rechter Lehre und Aufrichtung ihrer schändlichen Abgöttereien. Laß uns dein liebes Wort, das helle und unwandelbare Licht, das uns jetzt scheint, nicht unterdrückt und ausgelöscht werden, sondern tue Hilfe durch deinen großen ausgereckten Arm und erhalte deine Kirche und Gemeinde unter so vielen Anstößen, auf daß du unter uns hier auf Erden auch habest ein Volk, das dich erkenne, ehre und anbete. Nimm deines armen Volkes, das um das Bekenntnis zu deinem Kreuze sich schart, gütig wahr, und gedenke unserer Not, da wir unter brausenden Wellen und stürmischen Wogen dahinfahren. Der du den Aufrichtigen es gelingen lassen willst, schenke uns das schlichte einfache Bekenntnis zu deinem ewig bewährten fehllosen Worte, erhebe in uns den Mut des Trotzes und den Ernst der Treue wider Abfall und Spott, wider Zank und Zweifel. Laß unser Bekenntnis in Kraft des Lebens gehen, gib frohe Liebe zu dir und die freudigen Werke des Dankes! Laß unser Leben ein Bekenntnis zu deinem Namen sein und unseren Wandel weithin dich preisen. O Herr Christe! Schenke deiner Gemeinde die Gewissheit deiner Nähe, erwecke aus verborgenen Rüstkammern Diener und Dienerinnen mit Lob und Liebe und laß uns alle in deinem Tode Vergebung, in deinem Siege ewige Gerechtigkeit finden, daß wir mit allen Auserwählten einst ohne Unterlaß anbeten mögen. Amen.
Aus dem Gebetsschatz unserer Kirche.
(Abgedruckt in der Lutherischen Kirche. Erlangen, 15. 4. 1934.)
2. Herr Jesu Christe, du Haupt und König deiner Gemeinde. Wir bringen vor dich alles, was uns für unsere Kirche bewegt. Du kennst die Not, die sie befallen hat, und ihre Gebrechen sind dir nicht verborgen. Wo soll ihr Hilfe herkommen, wenn du dich nicht aufmachst, dich über sie zu erbarmen? Darum rufen deine Kinder zu dir für ihre Mutter, die Kirche, und bitten dich, du wolltest sie mächtig ausrüsten mit deinem Geiste, daß deine Kraft in ihr mächtig bleibe und dein Segen es bezeuge, daß du es dem Aufrichtigen gelingen lässest. Gib dem Worte der Wahrheit, das du deiner Gemeinde anvertraut hast, einen Sieg nach dem anderen. Laß die Deinen auch unter Trübsal und Verfolgung nicht irre werden an deiner ewigen Gegenwart; laß uns vielmehr auch im Kampf deine Nähe |132| verspüren und erkennen, wie du deine Kirche gnädig führst und die Verheißungen deiner Treue wunderbar an ihr erfüllst. Erwecke dir auch in unserer Mitte treue Bekenner deines Namens, die ohne Menschenfurcht zu deinem verachteten Evangelium stehen und die rechte Lehre in Wort und Wandel mutig und freudig bezeugen. Beschirme alle treue Zeugen deines Wortes, vorab unseren Landesbischof und alle Diener deiner Gemeinde in Stadt und Land. Wo wir um solches Zeugnisses willen zu leiden haben, da laß uns dies Leiden

zum Segen werden und gib, daß deine Kirche auch durch die gegenwärtige Heimsuchung geläutert werde. Schenke uns, o Herr, die Gnade, daß durch den Dienst unserer teuren evangelischen, lutherischen Kirche auch ferner in unserem Volke die Starken deine Beute werden und die Schwachen in dir Zuflucht finden, auf daß dereinst in der ewigen Stadt deine Erlösten für alle Treue dir mit neuem Liede danken. Amen.
3. Lieber Vater im Himmel. Wir schwachen Menschen kommen zu dir und bitten dich um Kraft von oben. Gib uns Trost in Trübsal, Licht in Dunkelheit, Klarheit im Zweifel, Festigkeit in allem Zittern und Zagen. Wahrheit ist um dich her, und Licht das Kleid, das du anhast; o, kleide uns in dies dein göttliches Kleid und mache uns durch Wahrheit frei. Wir seufzen unter der Macht der Lüge, unter der Verführung falscher Propheten, unter der Heuchelei der Mietlinge; und in den Anfechtungen von außen, in den Versuchungen von innen fühlen wir unsere Not und Unruhe. Zerbrich du allen bösen Willen, wehre allem Irrtum; laß deine Kirche auf Erden eine Burg der Wahrheit und deine Erlösten Zeugen des Glaubens werden. Laß die Gnade, die uns in Christo erschienen ist, unsere Herzen erleuchten und heiligen, daß sie in deinem Wort gegründet, gestärkt, befestigt und vollbereitet in Frieden und Kraft, Treue halten bis in den Tod. Führe uns nur immer tiefer hinein in die Liebesmacht unseres Heilands, daß in seiner seligen Gemeinschaft alle Schwachheit abgetan und auch der Tod verschlungen werde in den Sieg. Herr Jesu Christe, du hast uns erlöst! Es ist nichts Verdammliches in uns, wenn wir in dir sind. Wir vermögen alles durch dich, der du uns mächtig machst; wir überwinden weit in allem um deinetwillen, der du uns geliebt hast. Amen.
München, den 12. September 1934.
Evang.-Luth. Landeskirchenrat.
D. Meiser.

48 Schreiben des Bayerischen Staatsministeriums für Unterricht und Kultus an die Direktorate der staatlichen und nichtstaatlichen höheren Unterrichtsanstalten und an die Direktionen der Fachschulen. München, 13. Oktober 1934

BayHStA, MK 37069a

Betreff: Organisatorische Veränderungen in der Evangelischen Kirche
Die zur Zeit im Gange befindlichen organisatorischen Veränderungen in der Evangelischen Kirche dürfen im Religionsunterricht an den Schulen weder nach ihrer sachlichen noch nach ihrer persönlichen Seite erörtert werden. Die evangelischen Religionslehrer sind hievon gegen Nachweis zu den Anstaltsakten zu verständigen. Ein Verstoß gegen diese Anordnung hätte dienstaufsichtliches Einschreiten zur Folge.
I. V. Dr. Boepple

49 Bekanntmachung Nr. 9226 des Landeskirchenrats. München, 27. Dezember 1934

ABlELKB 1935, S. 2

Betreff: Pfarrbeschreibung.
Die Ereignisse der jüngst vergangenen Zeit sind für die Geschichte unserer Kirche von ganz besonderer Bedeutung. Wir ordnen daher an, daß über alles das, was in der Kirchengemeinde sich auf dem Gebiete der kirchlichen Auseinandersetzung zugetragen hat, die Pfarrbeschreibung durch eingehende Berichte ergänzt wird. Wir geben anheim, dem landeskirchlichen Archiv in Nürnberg Abschrift des Berichts zu übermitteln.
München, den 27. Dezember 1934.
Evang.-Luth. Landeskirchenrat. I.V.: Moegelin.

2.2.2 Verhältnis zur Reichskirche und zu den Deutschen Christen

50 Schreiben des bayerischen Pfarrervereins an den Landeskirchenrat. Nürnberg, 8. Januar 1934

LAELKB, KKE 18

Betreff: Verordnung des Herrn Reichsbischofs vom 4. Januar 1934.
Ein großer Teil der Pfarrerschaft unserer deutschen evangelischen Kirche steht gegenwärtig in schwerstem Kampf um die letzten Grundlagen der Kirche. Es geht dabei nicht um kirchenpolitische Machtfragen, am allerwenigsten um eine Stellungnahme gegenüber dem neuen Staat, es geht einzig und allein um das Bekenntnis unserer evangelischen Kirche.
Dies Bekenntnis ist in der bekannten Sportpalast-Kundgebung und auch sonst in unerhörter Weise angegriffen worden, ohne daß die Reichskirchenleitung trotz ernstester Vorstellungen durchgreifend eingeschritten wäre. Inzwischen haben maßgebende Kirchenführer in Wort und Schrift das Bekenntnis mißachten und gefährden dürfen, und auch hier ungehindert durch die Reichskirchenleitung.
Der Herr Reichsbischof hat nun unter dem 4. Januar eine Verordnung erlassen, die wohl von der Wiederherstellung geordneter Zustände in der deutschen evangelischen Kirche und von der Verkündigung des lauteren Evangeliums redet; in Wirklichkeit stellt aber diese Verordnung ein Mittel dar, jeden Pfarrer, der getreu seinem Ordinationsgelübde den jetzt notwendigen Kampf um das Bekenntnis unserer Kirche führt, mundtot zu machen und aus seinem Amt zu entfernen.
Die bayer. Pfarrerschaft ist sich dessen gewiß, daß unser Landesbischof D. Meiser sich schützend vor jeden seiner Pfarrer stellen wird, der im Kampf um die Reinheit des Bekenntnisses durch die obige Verordnung in seiner Stellung bedroht ist.

Wir bitten alles zu tun, damit die obige Verordnung so schnell als möglich wieder aufgehoben wird bezw., daß sie vorläufig in der bayer. Landeskirche nicht zur Durchführung kommt, wie ja auch die westfälische Kirche bereits beschlossen haben soll, daß die Verordnung nicht durchgeführt werden kann. Andererseits soll unser Landesbischof wissen, daß die ganze bayer. Pfarrerschaft in treuer Gefolgschaft sich mit ihm verbunden weiß und daß sie die gelobte Treue unter allen Umständen halten wird,

Nicht minder wissen wir uns verbunden mit den um das Bekenntnis in vorderster Linie kämpfenden Brüdern des deutschen Pfarrer-Notbundes.

Fritz Klingler Führer des bayer. Pfarrervereins

51 Vertrauliches Rundschreiben an die Mitglieder des bayerischen Pfarrervereins. Nürnberg, 11. Januar 1934

FKiZM. A 30. 8

Lieber Kollege!

Beifolgende Eingabe[2] wurde von mir am vergangenen Montag an den Landeskirchenrat in München eingesandt. In der Vorstandssitzung des Pfarrervereins am Dienstag, den 9. Januar 1934 wurde diese Eingabe von sämtlichen anwesenden Mitgliedern einstimmig gutgeheißen.

Kurz zuvor, am 3. Januar 1934, hatte eine Versammlung von ca. 250 bayer. Pfarrern auf der Steinacher Konferenz sich im gleichen Sinne einstimmig ausgesprochen.

Heute erfahre ich nun, daß dem Landeskirchenrat aus Kreisen des N.S. Pfarrerbundes mitgeteilt wurde, daß im Falle eines Konfliktes zwischen dem Landesbischof und dem Reichsbischof „ein erheblicher Teil der bayer. Pfarrerschaft auf der Seite des Reichsbischofs stehen werde." Es steht heute schon fest, daß ein großer Teil der Mitglieder des N.S.Pfarrerbundes dieser Erklärung nicht zugestimmt hat und nicht zustimmen wird. Ich bin überzeugt, daß nur eine verschwindend geringe Anzahl von Kollegen hinter dieser Erklärung steht, da ich nicht glauben kann, daß bayer. Pfarrer dem Landesbischof, dem sie so oft feierlich Gefolgschaft versprochen haben, bei einem schweren Kampf um das Bekenntnis in den Rücken fallen.

Jetzt ist der Augenblick gekommen, wo jeder einzelne, Mann für Mann, sich entscheidet. Ich muß Sie darum bitten, daß Sie mir um unserer Verantwortung für die Kirche willen umgehend beifolgende Erklärung zusenden.

In amtsbrüderlicher Verbundenheit

Klingler

Nürnberg-O, Wöhrder Schulgasse 2.

---

2 Dokument 50.

52 Kundgebung [des Landesbischofs und des Landeskirchenrats vom 17. März 1934]
ABlELKB 1934, S. 35–42

|35| 1.

Die Evangelisch-Lutherische Kirche in Bayern r. d. Rhs. ist seit dem 11. Juli 1933 ein Bestandteil der Deutschen Evangelischen Kirche geworden. Sie hat damit den Zusammenschluß der bis dahin selbstständigen Landeskirchen zu einer einheitlichen Kirche bejaht und sich freudig bereit erklärt, wie bisher an der Arbeit des Deutschen Evangelischen Kirchenbundes so nunmehr an dem Aufbau der neuen geeinten Kirche nach Kräften mitzuwirken. Sie konnte das tun, weil sie davon überzeugt war, daß die nationale Einigung des deutschen Volkes auch eine Zusammenfassung aller Kräfte des deutschen evangelischen Kirchentums erfordere und daß die territorialkirchliche Entwicklung des deutschen Protestantismus mit dem Aufgehen der Länder in einem einheitlichen Reich ihr natürliches Ende gefunden habe. Wie das bayerische Staatsvolk den politischen Partikularismus endgültig aufgegeben hat und freudig in die Staatsgesinnung des in einem erneuerten Reich geeinten deutschen Volkes hineingewachsen ist, so bekennt unsere Kirche sich, unbeschadet der Dankbarkeit gegen das Erbe der Väter und in dem Bewußtsein der Verantwortung, die ihre besondere Geschichte ihr auferlegt, freudig zur Gemeinschaft mit allen evangelischen Glaubensgenossen deutschen Stammes und deutscher Sprache. Sie, die stets die politische und nationale Bedrohung der Einheit Deutschlands durch die Aufrechterhaltung der sogen. Mainlinie bekämpft hat, lehnt es mit aller Entschiedenheit ab, eine Art kirchlicher „Mainlinie" zu erhalten oder gar neu aufzurichten.

|36| 2.

Unsere Kirche ist aber nicht nur eine Landeskirche, sondern Kirche eines bestimmten Bekenntnisses. Während ihr äußerer Gebietsumfang ein Ergebnis der territorialen Entwicklung Bayerns ist, ist ihre innere Struktur durch ihr Bekenntnis bedingt. Sie heißt „evangelisch-lutherisch" nicht nur, weil sie lutherischer Herkunft ist oder weil ihre Lehre und ihr Kultus lutherisches Gepräge tragen, sondern weil in ihr das evangelisch-lutherische Bekenntnis rechtlich in Geltung steht und die Norm für ihre Lehre und ihre Arbeit bildet. In den fränkischen Gebieten unserer Kirche sind einst die ersten Bekenntnisse der lutherischen Reformation entstanden. In Augsburg ist im Jahre 1530 die evangelische Kirche Deutschlands mit dem Bekenntnis ihres Glaubens vor Kaiser und Reich hingetreten, und hier wiederum hat sie ein Vierteljahrhundert später die reichsrechtliche Anerkennung gefunden. Franken ist im Zeitalter der Glaubensverfolgungen und der Religionskriege zur Zufluchtstätte für zahllose Evangelische aus den Habsburgischen Ländern geworden, und noch heute ist der Zusammenhang zwischen der Bekenntnistreue unserer Gemeinden und dem Bekennergut der Väter deutlich erkennbar. Die Entstehung unserer Kirche in ihrem gegenwärtigen Umfang fällt zusammen mit dem neuen Erwachen des evangelisch-lutherischen Glaubens im 19. Jahrhundert. Lutherische Lehre in Predigt und Theologie, lutherisches Kirchentum in den Formen des Gottesdienstes und des Gemeindelebens, in der Inneren und Äußeren Mission, in der Fürsorge für die deutschen Glaubensbrüder jenseits der Reichsgrenzen und jenseits der Weltmeere, haben in unserer Kirche ihre Heimat gefunden. Das alles aber sind für uns keine bloßen geschichtlichen Erinnerungen. Wie unsere Kirche es in einer Zeit aufklärerischer Verflachung des Protestantismus bezeugt hat, so bezeugen wir es aufs neue auf Grund der Erfahrungen unserer Geschichte und des gegenwärtigen Lebens unserer Gemeinden: Das Bekenntnis ist für eine lutherische Kirche die Grundlage ihres Lebens und Wirkens. Nicht subjektive religiöse Überzeugungen, nicht fromme Gefühle und edle Gesinnungen konstituieren die Gemeinschaft der Kirche, sondern die objektive Wahrheit, die uns in der Offenbarung der Heiligen Schrift gegeben ist. Das Verständnis dieser Wahrheit, wie und soweit es ihr geschenkt worden ist, spricht die Kirche in ihren Bekenntnissen aus. Sie versucht in ihnen die Wahrheit vom Irrtum, die reine Lehre des Evangeliums von jeder Irrlehre zu unterscheiden. Die Kirche würde zugrunde gehen, wenn sie kein Bekenntnis mehr hätte. Sie würde sich selbst aufgeben, wenn sie auf die Bekenntnisbildung verzichten und wenn sie die Bekenntnisse, in denen sie ihr Verständnis der Offenbarung niedergelegt hat, außer Kraft setzen wollte, ehe ihr ein besseres, volleres, tieferes Verständnis der Offenbarung und damit die Möglichkeit eines neuen Bekenntnisses geschenkt worden ist. Darum kann der Beitritt zur Deutschen Evangelischen Kirche für unsere Kirche niemals bedeuten, daß sie aufhört, evangelisch-lutherische Kirche zu sein. Das Festhalten am lutherischen Bekenntnis, auf das unsere Pfarrer, unsere Kirchenregierung und die Mitglieder unserer Theologischen Fakultät verpflichtet sind, be|37|deutet keinen kirchlichen Partikularismus. Wir bezeugen damit im Gegenteil unsere unlösbare Zusammengehörigkeit in der vollen Einheit der Kirche mit allen Gläubigen, Gemeinden und Kirchen, die sich mit uns an das Grundbekenntnis der deutschen Reformation, die Augsburgische Konfession als die evangelische Auslegung der Hl. Schrift gebunden wissen. Und wir reichen darüber hinaus allen Christen auch in anderen Konfessionen die Bruderhand der christlichen Liebe zu gemeinsamer Arbeit, die mit uns die Hl. Schrift als alleinige Quelle und Norm der Lehre der Kirche anerkennen und sich mit der Kirche aller Zeiten zum Glauben an den dreieinigen Gott bekennen.

3.

Wir stellen fest, daß die Verfassung der Deutschen Evangelischen Kirche vom 11. Juli 1933 in Artikel 2, Ziffer 3, den in der neuen Kirche zusammengeschlossenen Landeskirchen die Selbstständigkeit im Bekenntnis und damit die unveränderte Fortdauer ihres Bekenntnisses garantiert. Indem die Reichsregierung in dem Einführungsgesetz von demselben Tage diese Verfassung bestätigt, hat sie auch ihrerseits diese Verfassungsbestimmung anerkannt. Damit ist sowohl seitens der Deutschen Evangelischen Kirche als auch seitens der Reichsregierung der zuletzt in dem Vertrag zwischen der bayerischen Staatsregierung und der Evangelisch-Lutherischen Kirche in Bayern r. d. Rhs. vom 15. November 1924 öffentlich-rechtlich festgestellte Bekenntnisstand unserer Kirche anerkannt, d. h. es ist festgestellt, daß die Bekenntnisse, die am 11. Juli 1933 in ihr in Geltung standen, auch fernerhin gültig sind und daß die in unserer Kirche geltenden, das Bekenntnis betreffenden Gesetze nur von dieser Kirche selbst durch ihre verfassungsmäßigen Organe, nicht aber durch die Deutsche Evangelische Kirche abgeändert oder aufgehoben werden könnten. Wir sehen darin die Anerkennung, daß die Ungeänderte Augsburgische Konfession von 1530, die durch den Religionsfrieden von 1555 und den Westfälischen Frieden von 1648 zu einem Dokument des alten Reichskirchenrechts geworden und seit dem vorigen Jahrhundert durch das Landeskirchenrecht als geltendes Bekenntnis unserer Kirche anerkannt war, auch in Zukunft der Deutschen Evangelischen Kirche und dem Deutschen Reich gegenüber als Bekenntnis unserer Kirche gelten wird.

4.

Steht aber dies unser Bekenntnis auch fernerhin verfassungsrechtlich in Geltung, dann werden aus dieser Tatsache für das Verhältnis der Evangelisch-Lutherischen Kirche in Bayern r. d. Rhs. zu der Deutschen Evangelischen Kirche bestimmte Folgerungen zu ziehen sein:

a) Da nach der lutherischen Lehre von der Kirche die Form der Verfassung nicht durch ein göttliches Gebot vorgeschrieben ist und nicht zum Wesen der |37| Kirche gehört, wird die Deutsche Evangelische Kirche hinsichtlich der in Artikel 2, Ziffer 4 der Verfassung vorgegebenen Vollmacht, Richtlinien für das Verfassungs- und Rechtsleben der Kirchen zu geben, in den lutherischen Landeskirchen einen verhältnismäßig weiten Spielraum haben. Diese Vollmacht findet aber ihre Grenze am Bekenntnis. Da das Bekenntnis nach lutherischer Lehre der Verfassung unter allen Umständen übergeordnet ist, muß der Satz gelten, daß die aus dem Bekenntnis fließende Rechtssatzung im Konfliktsfalle dem durch landes- oder reichskirchliche Verfassungs- und Gesetzesbestimmungen gesetzten Recht voranzugehen hat, daß also – etwa in der Ordnung des Amtes – keine verfassungsrechtliche Vorschrift als bindend erlassen werden kann, die den Erfordernissen des Bekenntnisses widerspricht. Wird dieser Grundsatz nicht anerkannt und befolgt, so wäre die notwendige Folge eine Aushöhlung des Bekenntnisses, die schließlich mit der Zerstörung des Bekenntnisses überhaupt und damit der in der Verfassung ausdrücklich anerkannten Grundlage der Deutschen Evangelischen Kirche enden müßte. Wird jene Grenze beachtet, so kann die der Deutschen Evangelischen Kirche gegebene Vollmacht von unermeßlichem Segen für den deutschen Protestantismus werden.

b) Die in Artikel 2, Ziffer 3, der Reichskirchenverfassung den Landeskirchen gewährleistete Selbstständigkeit im Bekenntnis schließt es aus, daß die Deutsche Evangelische Kirche oder einzelne ihrer Organe irgendwelche Lehrgewalt in unserer Kirche in Anspruch nehmen. Das Lehramt, d. h. das Amt der kirchlichen Verkündigung in Predigt und Unterricht, kann nur von den Amtsträgern ausgeübt werden, die dazu nach dem Bekenntnis (Conf. Aug. 5, 14, 28) und nach der Verfassung unserer Kirche befugt sind. Alle Verkündigung innerhalb unserer Kirche ist an den ordnungsmäßigen Auftrag des Landesbischofs oder seiner verfassungsmäßigen Vertreter gebunden und unterliegt hinsichtlich ihrer Bekenntnismäßigkeit der Aufsicht unserer Kirche. Letzteres gilt auch für den Lehrinhalt des Religions- und Konfirmandenunterrichts, der Christen- und Jugendlehre usw., der etwa den Landeskirchen von der Reichskirchenregierung vorgeschrieben wird.

c) Mit der Selbstständigkeit im Bekenntnis gehört die ebenfalls in Artikel 2, Ziffer 4, garantierte Selbstständigkeit der Landeskirchen im Kultus zusammen genannt. Soweit der Gottesdienst Wortverkündigung ist, gilt von ihm das unter b) Gesagte. Für die Liturgie muß die Regel gelten, daß sie zwar nach lutherischer Lehre nicht wie nach der Anschauung anderer Konfessionen gesetzlich festgelegt ist, daß sie aber als Dienst der betenden und bekennenden Gemeinde dem Bekenntnis der Kirche zu folgen hat und nur von ihm aus beurteilt und gestaltet werden kann. Eine Auflösung der Ordnung des Kirchenjahres etwa durch Änderung der Festordnung oder durch Aufhebung der bestehenden Perikopenordnungen oder eine Abänderung des lutherischen Altardienstes ohne Zustimmung des für das Bekenntnis verantwortlichen landeskirchlichen Amtes wäre selbst dann untragbar, wenn nicht die Verfassung der Deutschen Evangelischen Kirche dieser das Eingreifen in die Kultusfreiheit ausdrücklich verböte. Daß die Sakramentsverwaltung und die diese betreffen|39|den Ordnungen jedem Eingriff der Reichskirchenregierung entzogen sind, versteht sich nach dem Gesagten von selbst.

d) In ihrer Anschauung vom kirchlichen Amt ist unsere Kirche als eine evangelisch-lutherische an die Lehre unserer Bekenntnisschriften vom Amt gebunden. Danach gibt es in der Kirche nur ein Amt, das von Gott eingesetzt und darum göttlichen Rechtes ist: das Amt der Verkündigung des Evangeliums und der Verwaltung der Sakramente. Auch das bischöfliche Amt ist nur insofern von Gott gesetztes Amt, als es an diesem einen Amt der Kirche teilnimmt. Die über den Dienst an Wort und Sakrament hinausgehenden Funktionen des bischöflichen Amtes sind menschlichen Rechts. Um der Ordnung in der Kirche willen ist den Bischöfen zu dem Dienst am

Wort noch der schwere Dienst der „Superintendentur“, der Aufsicht über einen Kirchenbezirk übertragen. Damit ist jede hierarchische Auffassung des Bischofsamtes in der evangelisch-lutherischen Kirche durch das Bekenntnis ausgeschlossen. Wir sehen mit ernster Sorge, wie heute eine dem Wesen unserer Kirche fremde Hierarchie in den deutschen Protestantismus eindringt und das Wesen des geistlichen Amtes und damit den evangelischen Charakter unserer Kirche zu zerstören droht. Wir erkennen den Gedanken des Führertums in seinem Bereich auf dem weltlich-politischen Gebiet voll an, aber wir können es nur als eine Säkularisation der Kirche betrachten, wenn sie nicht nur den äußeren Aufbau ihrer Verfassung, sondern auch die Funktionen des Amtes einem weltlich-politischen Vorbild entnimmt und dabei vergißt, daß das kirchliche Amt mit keinem weltlichen Amt vergleichbar ist. Denn das kirchliche Amt empfängt seinen Auftrag und seine Autorität nicht aus irgendwelchen menschlichen Bedürfnissen, auch nicht, wie das Amt der Eltern und das Amt der Obrigkeit – aus einer mit der Schöpfung gesetzten Gottesordnung, sondern aus der Sendung Christi: „Weide meine Schafe“, „Gleichwie mich der Vater gesandt hat, so sende ich euch. Welchen ihr die Sünden erlaßt, denen sind sie erlassen und welchen ihr sie behaltet, denen sind sie behalten“. Wir sehen mit tiefem Erschrecken, daß das, was der 28. Artikel der Augustana gegen die Herrschaftsansprüche der römischen Hierarchie über die Kirche sagt, heute fast wörtlich gegen die Theorie und Praxis eines bischöflichen Systems gerichtet ist, das sich im deutschen Protestantismus herauszubilden beginnt. Wir fragen mit tiefer Sorge, ob nicht das konsequent zu Ende gedachte kirchliche Führersystem schließlich in einem neuen Papsttum enden muß, wo ein einzelner Mensch über Lehre und Ordnung der Kirche verfügt.

Die Evangelisch-Lutherische Kirche ist durch ihr Bekenntnis genötigt, das Amt des Landesbischofs auf die schrift- und bekenntnismäßigen Funktionen zu beschränken. Indem sie das tut, sucht sie das evangelische Bischofsamt, das uns verloren gegangen war, wieder aufzurichten und zu Ehren zu bringen. Sie fordert das Recht, das Bischofsamt so zu gestalten, wie es dem lutherischen Bekenntnis entspricht. Auch hier muß es gelten, daß etwaige verfassungsrechtliche Vorschriften der Reichskirchenregierung auf die Forderungen unseres Bekenntnisses Rücksicht zu nehmen haben. Das bedeutet u. a. folgendes:

|40| 1. Der Bischof einer Evangelisch-Lutherischen Kirche kann nur von dieser selbst berufen werden.*

2. Ein Bischof kann nur von der Instanz abberufen werden, die zu seiner Berufung befugt ist.
3. Die Abberufung eines Bischofs wie eines Pfarrers kann nur auf Grund eines geordneten, dem kirchlichen Recht und dem Bekenntnis entsprechenden Verfahrens erfolgen.
4. Der Bischof ist wie der Pfarrer in seiner Amtsführung an das Bekennt-

nis seiner Kirche, auf das er bei seiner Ordination verpflichtet worden ist, gebunden.
5. Der Bischof hat keine Lehrgewalt, die über die des Pfarrers hinausgeht.
6. Es gibt keinen Bischofstitel ohne Bischofsamt, d. h. ohne Sprengel.
7. Die Mitwirkung des Reichsbischofs bei der Berufung von Landesbischöfen muß auf das in Artikel 2, Ziffer 5, der Verfassung bestimmte Maß beschränkt bleiben.

Indem unsere Kirche auf Grund ihres Bekenntnisses diese Forderungen stellt, glaubt sie dem Frieden und der Einheit der Deutschen Evangelischen Kirche zu dienen. Denn der Ausbau der neuen Kirche, der die nächsten Jahre beanspruchen wird, kann nur dann zum Segen für unser Volk werden, wenn wir klar unterscheiden, was göttliches Recht und was menschliche Satzung in der Kirche ist. Von dieser klaren Erkenntnis hängt insbesondere auch die Zukunft des neuen bischöflichen Amtes ab. Dieses Amt in allen seinen Formen wird nur dann eine wirkliche innere Autorität gewinnen, wenn es ein wahrhaft evangelisches Bischofsamt ist.

5.

Das Bekenntnis der Kirche richtet sich nicht nur an die Glieder der Kirche, sondern immer zugleich auch an die Öffentlichkeit. Als unsere Väter vor vierhundert Jahren zum ersten Male ihr Glaubensbekenntnis, das Bekenntnis der Evangelisch-Lutherischen Kirche ablegten, da sprachen sie nicht nur für sich und für ihre Gemeinden den Konsensus des Glaubens aus. Sie legten vielmehr ihr Bekenntnis vor der ganzen Welt ab, vor dem alten Deutschen Reich, vor der Öffentlichkeit ihres Volkes und seiner Obrigkeit. Seitdem ist das Bekenntnis des lutherischen Glaubens, so oft es in der Geschichte Deutschlands wiederholt wurde, immer zugleich ein öffentlicher Akt gewesen und wenn unsere Kirche heute das Bekenntnis der Väter bekräftigt, dann geschieht das wiederum vor der Öffentlichkeit unseres Volkes und seiner Obrigkeit und in dem tiefen Gefühl der Verantwortung, die sie für die Einheit und den Frieden, für Gegenwart und Zukunft dieses Volkes trägt.
|41| Als unser Reformator von der römisch-katholischen Kirche des Abendlandes als Irrlehrer ausgestoßen war, da wurde dieses Urteil durch ein Reichsgesetz bestätigt, in dem ihm und seinen Anhängern nicht nur das Bürgerrecht in Deutschland, sondern auch das Recht der Existenz abgesprochen wurde. Und als Begründung wurde dies angeführt, daß seine Lehre eine „unmenschliche Zertrennung“ der „deutschen Nation“ nach sich ziehen müsse. Gegen diesen schweren Vorwurf der Zerstörung der Volkseinheit hat die Evangelisch-Lutherische Kirche deutscher Nation sich immer wieder wehren müssen und sie muß es heute wieder tun. Wir können ihn hier nicht widerlegen. Es ist oft genug geschehen. Wir wollen nicht näher darauf eingehen, was diese Kirche für das Werden einer deutschen Nation bedeutet hat, was der unerbittliche Wahrheitssinn, mit der sie Deutschland

nach der letzten Wahrheit fragen lehrte, für die Geistesgeschichte unseres Volkes und seine Stellung in der Völkerwelt bedeutet hat. Wir möchten nur dies aussprechen, daß unser Festhalten am Bekenntnis unserer Kirche nichts, aber auch gar nichts zu tun hat mit irgendeinem Widerstreben gegen die Volksgemeinschaft und mit irgendeinem Widerstand gegen den Staat. Wir wissen uns in der Gemeinschaft des Volkstums auch mit denen verbunden, die nicht unseres Glaubens und der Gehorsam gegen den Staat und die freudige Mitarbeit an seinen Aufgaben ist uns eine Glaubens- und Gewissenssache, ist uns Gottes Gebot. Aber wir wissen auch um die Wirklichkeit der Kirche. Die Kirche ist uns kein Verein zur Pflege einer Weltanschauung, keine Religionsgesellschaft, die Menschen gegründet haben und deren Schicksal daher von menschlichem Willen abhängig wäre. So hat die Zeit der Aufklärung und des Liberalismus sie verstanden, die nun zu Ende ist, auch in der Kirche längst zu Ende ist. Weltanschauungen können ein Volk zerreißen, aber die großen christlichen Konfessionen sind noch etwas anderes als theologisch-philosophische Weltanschauungen. Vereine und Gesellschaften können alle Gemeinschaft in einem Volk vernichten, aber die Kirche ist nicht ein frommer Verein, ist mehr als eine „Religionsgesellschaft". Darum behandelt der Staat sie nicht einfach als einen Verein zur Pflege einer bestimmten Weltanschauung. Das kommt ja auch in seiner Gesetzgebung zum Ausdruck. Für jeden Staat ist es, seit die Kirche Christi in die Geschichte eingetreten ist, ein großes Problem, was denn die Kirche sei und wie sein Verhältnis zu ihr geordnet werden müsse. Heute steht der neue deutsche Staat vor der weltgeschichtlichen Aufgabe einer völligen Neuordnung dieses Verhältnisses. Wenn er in dieser Zeit an uns, die Kirche, die Frage richtet, was wir sind und was wir wollen, dann können wir ihm inhaltlich keine andere Antwort geben als die, die unsere Väter dem alten Deutschen Reich und seinen Ständen gaben. Unser Bekenntnis entwickelt die Lehre von Kirche und Staat nicht in abstrakten Wesens- und Grenzbestimmungen. Sondern es weist auf die Wirklichkeit von zwei großen Ämtern hin, die in der Welt existieren. Es gibt ein Amt, das mit der Schöpfung gesetzt ist als Gottes Gabe und Gottes Ordnung für die Menschheit: das Amt der weltlichen Obrigkeit. Und es gibt ein zweites Amt, ganz anderer Art, das Amt der Verkündigung des |42| Evangeliums, das Jesus Christus gestiftet hat. Jedes dieser Ämter hat seinen Bereich, der ihm allein gehört. Keines dieser Ämter soll in den Bereich des anderen eingreifen, wie unser Bekenntnis mit so großem Nachdruck der mittelalterlich-katholischen Vermischung von Kirche und Staat gegenüber lehrt. Der Staat kann nicht Kirche sein wollen; denn der Staat als solcher kann nicht das Gebot Gottes verkünden. Auch besitzt er nicht die Vollmacht der Sündenvergebung. Und die Kirche kann nicht Staat, auch nicht „Staat im Staate" sein und das heißt das irdische Leben der Menschen beherrschen wollen, ohne ihr eigenes Wesen zu zerstören. Die Neuordnung des wechselseitigen Verhältnisses, die uns aufgeben ist, kann nur in einer ganz neuen Abgrenzung der beiderseitigen Funktionen bestehen. Dem Ringen um die Lösung dieser Aufgabe wird die nächste Zukunft gehören. Was immer das Ergebnis sein mag, es wird nur dann zum Segen für unser Volk werden, wenn der neue deutsche Staat, unbeschadet aller Rechte, die er über die äußere Ordnung der Kirche – ähnlich wie über die äußere Rechtsordnung der Familie – hat, dem kirchlichen Amt die Möglichkeit läßt, die Botschaft, die ihm aufgetragen ist, frei und ungehindert zu verkündigen und der christlichen Gemeinde die Möglichkeit, ihr Eigenleben, auf das sie wie die Familie ein Recht hat, ungehindert zu entfalten. Die Freiheit, die die Kirche fordert, hat nichts zu tun mit den „Freiheiten", mit denen wir seit der Verkündigung der Menschenrechte in der Aufklärung überschüttet worden sind. Sie ist grundsätzlich etwas anderes als die Freiheit der Wissenschaft und die Freiheit der Kunst: es ist nicht die Freiheit, unsere persönlichen Meinungen und Weltanschauungen in Wort und Schrift nach Belieben zu verbreiten, sondern die Freiheit für das kirchliche Amt, das zu sagen, was zu verkünden es durch den Auftrag Gottes gezwungen ist, und wovon die Kirche sich in ihrem Bekenntnis Rechenschaft gibt.

Der Landesbischof und der Landeskirchenrat der Evang.-Luth. Kirche in Bayern r. d. Rhs.

D. Meiser

Der Präsident der Landessynode	Der Vorsitzende des Landessynodal-Ausschusses
Oberregierungsrat Bracker	Pfarrer Greifenstein

* Vgl. dazu die Anerkennung der altkirchlichen Ordnung der Bischofswahl bei Luther (W. A. 53, 231 ff.) und in dem in die Bekenntnisschriften aufgenommenen Tractat. de Primatu et Postestate Papae Bek.-Schr. 474 ff.

53 Schreiben des Landesbischofs an alle Pfarrer. München, 28. März 1934

FKiZM. A 30. 1/1

Es ist mir nicht unbekannt, dass viele Amtsbrüder schon seit längerer Zeit auf ein klärendes und richtunggebendes Wort von mir warten. Die Gründe, weshalb ich bisher geschwiegen habe, kann ich im einzelnen nicht darlegen. Ich musste auf jeden Fall abwarten, welche Entwicklung die kirchliche Lage nach dem 27. Januar 1934 nehmen würde. Wir Kirchenführer haben an diesem Tag ein schweres Opfer gebracht, als wir im Vertrauen auf die vom Herrn Reichsbischof gegebenen weitgehenden Zusagen und aus Verantwortungsgefühl gegen den Staat und seinen Führer trotz entgegenstehender ernster Bedenken die Hand zur Verständigung boten. Unsere Bereitschaft zum Frieden wurde übel gelohnt. Nicht nur dass wir in der Presse und in Versammlungen der Deutschen Christen in schwer verletzender Weise öffentlich angegriffen wurden: es hat sich auch alsbald gezeigt, dass unser Opfer umsonst gebracht war, denn man wollte auf der Gegenseite nicht den Frieden, sondern Unterwerfung und Aufrichtung der Alleinherrschaft der Deutschen Christen in der Kirche. Entgegen den gegebenen Zusagen setzte alsbald in einer Anzahl deutscher Landeskirchen eine Gewalt- und Unterdrückungspolitik ein, wie sie in der Geschichte unserer Kirche ihresgleichen sucht. Ohne jede Fühlungnahme mit den verantwortlichen Kirchenführern wurde eine Reihe von Gesetzen so umstürzender Art erlassen, dass die Verfassung der Deutschen Evangelischen Kirche damit praktisch als aufgehoben gelten kann. In unevangelischer Überspitzung des Führerprinzips wurde ein diktatorisches Regiment in der Kirche aufgerichtet, das sich von dem Papalismus der katholischen Kirche nur dem Namen nach unterscheidet. Nicht einmal vor der den Landeskirchen feierlich gewährleisteten Selbständigkeit in Bekenntnis und Kultus macht dieses Regiment Halt. Ganz klar beginnt sich die Linie abzuzeichnen: man will unter Aufhebung der Selbständigkeit der Landeskirchen eine grosse Nationalkirche mit einheitlichem Bekenntnis und einheitlichem Kultus schaffen, also die Union der altpreussischen Kirche auf das ganze Gebiet der Deutschen Evangelischen Kirche ausdehnen. Die Folge dieses Kurses ist allenthalben Verwirrung und Unfrieden in den Gemeinden, die Bildung freier Synoden, Gefährdung der mühsam gewonnenen Einheit der Reichskirche, Entfesselung schwerer Kämpfe um das Bekenntnis, Zerstörung der letzten ohnedies nur noch schwachen Beziehungen zum kirchlichen Ausland.

Ausserstande, diese Entwicklung länger ohne Widerspruch geschehen zu lassen, haben Landesbischof D. Wurm und ich Einspruch an hohen und höchsten Stellen erhoben und haben in einer zweistündigen persönlichen Aussprache mit dem Führer die Mitverantwortung für den weiteren Gang der Dinge abgelehnt. Wir mussten einsehen, dass wir falsch gehandelt hatten, als wir den uns am 27.1.34. gegebenen Zusagen ohne weiteres Glauben schenkten und können uns, nachdem die Grundlagen, auf denen die damalige Verständigung zustandekam völlig zerschlagen sind, um der Reinerhaltung des Wesens der Kirche und um der Aufrechterhaltung des lutherischen Bekenntnisses willen nicht mehr an unsere damalige Erklärung gebunden erachten.

In Verhandlungen, die sich an unseren Empfang beim Führer anschlossen, konnten wir feststellen, dass der gegen die Massnahmen der gegenwärtigen Reichskirchenregierung überall auftauchende Widerstand an höchster Stelle nicht ohne Beachtung geblieben ist. Es wurde uns erklärt, dass es nicht in der Absicht der obersten Führung der NSDAP liege, eine geistige Richtung innerhalb der Kirche mit Gewalt in den Sattel zu heben und die innerkirchlichen Auseinandersetzungen, die sich auf das Wesen der evangelischen Kirche, die Fragen des Glaubens und der rechten Kirchenführung beziehen, zu verhindern. Es findet nicht ihre Billigung, wenn einzelne Gruppen volle Rede- und Versammlungsfreiheit besitzen, Gegenwehr aber als Störung der Volksgemeinschaft unterbunden wird. Nach wie vor liegt es im Interesse des Staates und der NSDAP, dass die am 11.7.1933 geschaffene Einheit der Reichskirche nicht wieder zerschlagen wird und dass nicht innerhalb der Kirche politische Widerstandszentren geschaffen werden. Das war aber in keinem Stadium unserer Kämpfe unsere Absicht oder unser Ziel. Wir betonten im Gegenteil stets und betonen es aufs neue, dass es uns darum ging und geht, dass nicht durch eine verfehlte Kirchenpolitik die Einheit der Kirche zerschlagen und dass nicht durch falsche Behandlung kirchlicher Fragen politische Reaktion erst auf den Plan gerufen wird.

So wie sich die Lage gestaltet hat, sind wir noch nicht am Ende der kirchlichen Auseinandersetzungen angelangt. Sie haben sich durch die Entwicklung der Dinge immer mehr auf letzte und grundsätzliche Fragen zugespitzt und es bleibt auch unserer bayerischen Landeskirche nicht erspart, zu diesen Fragen Stellung zu nehmen. Wie das vom Geiste unseres lutherischen Bekenntnisses her zu geschehen hat, sollte in der den Geistlichen übermittelten Kundgebung vom 17.3.34. dargelegt werden. Wenn die kommenden Wochen und Monate auch unsere bayerischen Geistlichen und Gemeinden vor die Pflicht des Bekennens stellen werden, so bin ich gewiss, dass alle die Kreise innerhalb der Deutschen Evangelischen Kirche, die bereits mitten im Kampf um das Bekenntnis und um das wahre Wesen der Kirche stehen, in unserer von jeher auf klarem Bekenntnis aufgebauten Landeskirche nachdrückliche Unterstützung finden werden. Die Karwoche, in der wir stehen, und das Osterfest, dem wir entgegengehen, zeigen uns, dass es in dem Ringen um die höchste Wahrheit ohne letzten persönlichen Einsatz nicht abgeht, dass aber der bedingungslose Gehorsam gegen Gottes Wort eine herrliche Verheissung hat. Wir wollen in den schweren Kämpfen, die uns auferlegt sind, immer mehr lernen auf Gott allein schauen. Er ist der Erste und der Letzte und der Lebendige. Er wird auch unserer schwer angefochtenen Kirche zu neuem Leben helfen.

D. Meiser Landesbischof.

54 Erklärung der bayerischen Landessynode am 23. August 1934 in München

ABlELKB 1934, S. 124

Die bayerische Landessynode setzt sich für eine starke und in sich einige Deutsche Evangelische Kirche ein. Um dieses Zieles willen ist sie bereit, auf dem Boden der durchs Reich garantierten Kirchenverfassung vom 11. Juli 1933, der von der derzeitigen Reichskirchenregierung willkürlich verlassen wurde, zu arbeiten und positive Vorschläge dafür zu machen, dass die Lan-

deskirchen enger zusammengefasst werden und die Zentralgewalt der Deutschen Evangelischen Kirche verstärkt wird. Sie bedauert aber, dass die völlig unmögliche Haltung der derzeitigen Reichskirchenregierung die kirchliche Einigung der Deutschen Evangelischen Kirche verhindert, weshalb zur Zeit eine „Eingliederung" der bayerischen evang.-luth. Landeskirche nicht in Frage kommt.
Auch der neuerliche Versuch der Reichskirchenregierung, die bisherigen Rechtsbrüche durch die Nationalsynode vom 9.8.34 nachträglich legalisieren zu lassen, kann die Landessynode in ihrer Haltung nicht beeinflussen, da sie bestreitet, dass die Zusammensetzung der Nationalsynode rechtmässig war. Zudem wurden auf dieser Synode Gesetze beschlossen, die dem Wesen der Evangelischen Kirche und des evang.-luth. Bekenntnisses widersprechen und eine unerträgliche Willkürherrschaft eines Einzelnen aufrichtet.
Die Landessynode stellt fest, dass ihr Landesbischof, der unerschütterlich auf dem Boden des Bekenntnisses der evang.-luth. Kirche steht, von Anfang an ehrlich und aufrichtig bemüht war, an dem Bau einer wirklich einigen Deutschen Evangelischen Kirche auf dem Boden der Reichskirchenverfassung in aller Treue und Hingabe mitzuarbeiten.
Sie spricht ihm deshalb aufs Neue ihr vollstes Vertrauen aus.

55 Kundgebung des Landesbischofs [vom 24. August 1934]
ABlELKB 1934, S. 123

Unsere Gemeinden wissen von dem schweren Kampf um das Schicksal der Deutschen Evangelischen Kirche, der alle, die ihre Kirche lieb haben, mit ernster Sorge und tiefem Kummer erfüllt. In diesem Kampfe ist in der vergangenen Woche eine entscheidende Tat geschehen. Die bayerische Landessynode, die in München zu einer a. o. Tagung versammelt war, hat nach ernster Beratung einstimmig eine Erklärung beschlossen, die den unbeugsamen Willen bekundet, für Recht und Ordnung in der Kirche zu sorgen, aller Gewaltübung und allen unkirchlichen Methoden zu wehren und die Kirche im Geiste wahren Bekennertums aufzubauen. Die Synode war sich der hohen Verantwortung bewußt, die sie mit ihrem Beschluß übernahm; aber ihre Einmütigkeit, Entschlossenheit und Freudigkeit war so groß, daß sie glaubte, vom Geiste Gottes selbst getrieben zu sein. In tiefer Bewegung ließ sie ihre Verhandlungen in das Lied „Nun danket alle Gott" ausklingen.
Ich bitte alle Gemeinden, sich in gleicher Einmütigkeit, Entschlossenheit und Freudigkeit hinter die Beschlüsse der Landessynode zu stellen, den Dank, zu dem sie sich getrieben fühlte, aufzunehmen und mit allen Kräften dahin zu wirken, daß durch den einheitlichen Willen unserer Landeskirche

der Anfang zu einer wirklichen Neuwerdung in der Deutschen Evangelischen Kirche geschaffen werde.
Ich beauftrage die Herren Geistlichen, im Hauptgottesdienst des nächsten Sonntags die vorstehende Kundgebung von den Kanzeln der Gemeinde bekannt zu geben.
München, den 24. August 1934.
D. Meiser.

56 Erklärung von Mitgliedern der Theologischen Fakultät der Universität Erlangen zur Gesamtlage der lutherischen Kirche in Deutschland

ABlELKB 1934, S. 139f. = AELKZ 67 (1934), 21. September, Sp. 897–899

|139| Es ist für uns Mitglieder der Theologischen Fakultät selbstverständlich, daß im neuen Staate der nationalen Einigung die bisherigen Landeskirchen nach Beseitigung der deutschen Länder als Hüter kirchlicher Gebietsgrenzen im Verhältnis zur Gesamtkirche neu zu ordnen sind. Die Reichskirchenverfassung vom 11. Juli 1933 hielt in dieser Hinsicht alle Möglichkeiten offen und die Landeskirchen hätten auf Grund dieser Verfassung in der angegebenen Richtung friedlich und frei weiterentwickelt werden können. Wir beklagen es aber aufs Schmerzlichste, daß nun Wege beschritten wurden, die zwar eine äußere Unterordnung herbeiführen konnten, aber nicht zur inneren Einigung geeignet waren. Besonders muß es tief bewegen, daß zahllose Pfarrhäuser in eine Pein von Gewissensentscheidungen geraten sind, wie wir sie bisher nur aus den ernstesten Zeiten der Kirchengeschichte kannten.
Die Unterzeichneten sind ferner der Überzeugung, daß die innere Zerrissenheit, die unter der Decke der äußeren Einigung immer weiter gärt, nur unter einer Bedingung einer wahrhaft befreienden Lösung entgegengeführt werden kann: Es muß der Tatsache mit dem heiligen Ernst voller Konsequenz Rechnung getragen werden, daß der ganz überwiegende Teil der evangelischen Bevölkerung Deutschlands (wie der Gebrauch von Luthers Kleinem Katechismus beweist) einem Bekenntnis angehört, das, auf deutschem Boden erwachsen, die unvergleichlich echteste Form deutscher Fassung des Evangeliums darstellt, nämlich dem lutherischen. Es muß darum von vornherein klar sein, daß dieses Bekenntnis in einer deutschen evangelischen Kirche ein alles bestimmendes und entscheidendes Vorrecht zu beanspruchen hat. Schon im Mai dieses Jahres haben wir betont, daß „ein Aufgehen lutherischer Kirchen in der deutschen evangelischen Kirche dem Kirchengedanken des lutherischen Bekenntnisses widerspricht, solange nicht der lutherische Charakter der D. E. K. gesichert ist“. Die D. E. K. ist bekenntnis-

mäßig unbestimmt. Sie ist keine lutherische Kirche; ihr Reichsbischof und ihr Kirchenregiment sind als solche nicht auf das lutherische Bekenntnis verpflichtet. Es bedeutet keinen Ausweg aus der zugestandenen Schwierigkeit, wenn man die Zuständigkeit der Reichskirchenregierung in den Gebietskirchen auf die Gesetzgebung und die Weisung an die Landesbischöfe, ausgenommen Bekenntnis und Kultus, begrenzt und die Fragen des Bekenntnisses und des Kultus den Gebietskirchen vorbehält. Die gesamte kirchliche Gesetzgebung und Ordnung empfangen fortdauernd Normen von dem Bekenntnis der Kirche her. Eine Trennung der Gebiete, des Bekenntnisses und der Ordnung ist eine Unmöglichkeit. Die bisherigen lutherischen Landeskirchen können daher ihre Vollmacht zu kirchlicher Gesetzgebung grundsätzlich nur auf eine lutherische Kirche Deutschlands übertragen.
Wir haben – wie die Reichskirchenregierung selber – in der Verfassung der D.E.K. vom 11. Juli 1933 von Anfang an nur eine ganz vorläufige Ordnung für weitere Entwicklungen sehen können. In mehrfachen Erklärungen, zuerst im Mai 1933, zuletzt im Mai 1934 haben wir ausgesprochen, daß wir mit dem ganzen deutschen Luthertum das notwendige Ziel der im Gange befindlichen kirchlichen Entwicklung in der Bildung einer umfassenden lutherischen Kirche deutscher Nation erblicken, der die reformierten und bewußt unierten Gemeinden oder Gebiete in Verwaltungsgemeinschaft angegliedert werden können. Die |139| Reichskirchenregierung und der von ihr einberufene Verfassungsausschuß haben – nach dem amtlichen Bericht über die erste Tagung des Verfassungsausschusses der D.E.K. in Erfurt, 6./7. Juli ds. Js. – diesen Weg zur Einheit der D.E.K. zwar auch erwogen, aber ihn doch sogleich als ungangbar abgelehnt. Wir können die Gründe für diese Ablehnung in keiner Weise für durchschlagend halten: daß nämlich die Aufspaltung der altpreußischen Union „zu großen Erschütterungen führen müsse, die der Entwicklung der D.E.K. nicht förderlich sein könnten". Die berechtigte und notwendige Rücksicht auf die besonderen Verhältnisse im deutschen Westen rechtfertigt nicht, die von allen Seiten als kirchliche Fehlgestaltung beurteilte Union von 1817 überhaupt nicht anzutasten. Unter der Wirkung der theologischen Erneuerung, vor allem seit dem Kriege, hat man sich in den lutherischen Gebieten der Union weithin wieder auf sein lutherisches Bekenntnis besonnen und wacht auf zu dem Willen, aufs neue Kirche lutherischen Bekenntnisses zu werden. Die Stunde ist da, dem heute noch in den lutherischen Landeskirchen, der Union, den lutherischen Freikirchen zersplitterten deutschen Luthertum endlich die immer wieder versagte Freiheit zur Einigung in eine lutherische Kirche deutscher Nation zu geben. Eine „Deutsche evangelische Kirche lutherischer Prägung", wie der Verfassungsausschuß sie vorsieht und die Denkschrift der Reichskirchenregierung „Über Kirche und Bekenntnis" sie theologisch als notwendig und als bekenntnismäßig tragbar für das deutsche Luthertum begründen will, ist kein Ersatz für eine „Deutsche Kirche lutherischen Bekenntnisses".

Der Weg zur kirchlichen Einigung, den die Reichskirchenregierung bisher gehen will, bedeutet gegenüber dem Eindrängen der theologischen und kirchlichen Entwicklung zur lutherischen Kirche Deutschlands eine schwer zu verstehende Reaktion, die Ausdehnung der überlebten preußischen Union auf das ganze deutsche Kirchengebiet. Da sich die evangelisch-lutherischen Freikirchen einer so gestalteten D. E. K., wie bisher der Union, auf alle Fälle versagen werden, wird die Einigung des deutschen Luthertums aufs neue verhindert. Das Aufgehen der Landeskirchen lutherischen Bekenntnisses in der D. E. K. gewinnt, solange die D. E. K. nicht Kirche lutherischen Bekenntnisses ist, die Bedeutung, daß das deutsche Luthertum überhaupt nicht mehr als selbstständige Kirche besteht. Damit wird aber seine Geltung und Bündnisfähigkeit für das ökumenische Luthertum, die außerdeutschen lutherischen Kirchen, schwer bedroht. Man hat es im außerdeutschen Luthertum bereits mahnend und warnend ausgesprochen, daß das deutsche Luthertum, in dem bisher der Schwerpunkt des Luthertums der Welt lag, diese Ehre zu verlieren in Gefahr stehe (vgl. die Kundgebung der ungarländischen Kirche vom 10. Juli ds. Js., in der es heißt: „Sollte es – was Gott verhüten wolle – infolge weiterer Zwangsmaßnahmen dahinkommen, daß das lutherische Christentum im Mutterlande der lutherischen Reformation selbst zu einer ihrer Freiheit beraubten, bloß geduldeten Sekte herabsänke, so hätte dies zur Folge, daß wir den geistig-geistlichen Mittelpunkt des ökumenischen Luthertums in der Zukunft außerhalb Deutschlands aufsuchen müßten)".
Wir sind daher dessen gewiß: Der Friede, die Gesundung, die wahrhafte Einigung der D. E. K. kann nur dann kommen und die Weltgeltung des deutschen Luthertums nur dann gewahrt bleiben, wenn die Bekenntnisfrage durch Bildung einer Reichskirche lutherischen Bekenntnisses gelöst wird.
Gez. D. Althaus, D. Elert, D. Preuß, D. Procksch, D. Ulmer, D. Sasse

57 Bekanntmachung Nr. 6792 des Landeskirchenrats. München, 2. Oktober 1934

ABlELKB 1934, S. 171

Betreff: Ermahnung an unsere Geistlichen.
Die ernsten um die innere und äußere Gestaltung der Deutschen Evangelischen Kirche entbrannten Kämpfe zwingen unsere Geistlichen zu verantwortungsvoller Entscheidung. Es wird von ihnen die Besinnung auf die Grundlagen der evang.-luth. Kirche, ihre Lebensgesetze und Ausdrucksformen gefordert. Darum müssen wir uns gewissenhaft um Klarheit über das Glaubens- und Erkenntnisgut bemühen, dessen Hut und Pflege uns zu treuen Händen von den Vätern anvertraut worden ist. Jede leichtfertige Veruntreuung und schuldhafte Verwahrlosung dieses unseres heiligsten

Besitzes würde den Beitrag entwerten, den die evang.-luth. Kirche Bayerns zum Bau der von uns ersehnten lutherischen Kirche des Reiches zu leisten berufen und verpflichtet ist.
Wir verstehen, daß nicht alle Geistlichen aus ihrer Einsicht in Wesen und Aufgabe unserer Kirche zu dem gleichen Urteil über das Gebot der Stunde kommen. Nicht jedem ist dieselbe Schau der Geschichte und der Gegenwart unserer Kirche geschenkt. Und wie sollte der hier recht urteilen können, der noch kaum die Kirche in seine innerste Existenz aufgenommen hat, dem die Kirche ihr Geheimnis im Einsatz und Opfer der eigenen Persönlichkeit noch nicht erschlossen hat!
Darum ermahnen wir unsere Geistlichen, die jüngeren zumal, daß sie, in Wort und Haltung, die Ehre ihrer Brüder im Amt nicht verletzen und den Gemeinden kein Ärgernis geben. Wer kann sagen: Ich bin rein in meinem Herzen und lauter von meiner Sünde? (Spr. 20, 9). Ein Vernünftiger mäßiget seine Rede (Spr. 17/27). Gerade weil wir wissen, daß Gott uns zu Wächtern über sein Haus gesetzt hat, wollen wir vor allem darüber wachen, daß wir nicht selbst verwerflich werden und so den Herrn verunehren, der uns ausgezeichnet hat zum Dienst an seiner Gemeinde. Wir haben nicht empfangen den Geist der Welt, sondern den Geist aus Gott. (1. Kor. 2, 12.) Darum laßt uns geistliche Sachen geistlich richten! Eifer und Zank und Zwietracht sind Zeugnisse menschlicher Weise, die Gottes Reich auf Erden aufhalten. Wenn wir, wie es einem verordneten Diener der christlichen Kirche geziemt, den Schmerz um den irrenden Bruder im Gebet vor Gott tragen und in allen notwendigen ernsten Auseinandersetzungen über die theologische und kirchliche Begründung des vertretenden [sic!] Standpunktes darum besorgt sind, daß Gottes Name geheiligt und Gottes Wille erfüllt werde, dann vermögen wir wahr zu sein in der Liebe und wir kommen nicht in Versuchung zu richten.
Es sind böse Worte von denen gesprochen worden, die eine äußere und innere Einigung der Deutschen Evangelischen Kirche erzwingen möchten. Der Verdacht drängt sich uns auf, als ob hier überholte politische Methoden eindringlicher erkundet worden wären als die Wege, auf die der Herr seine Jünger gestellt hat. Wir wollen nicht Scheltwort gegen Scheltwort setzen, sondern das Wort Gottes gegen das Wort menschlichen Eifers, wenn auch darauf gefaßt: Wo Gottes Wort gepredigt, angenommen oder gegläubt wird und Frucht schaffet, da soll das liebe heilige Kreuz auch nicht außen bleiben. (Gr. Kat., 3. Bitte.)
Für die Predigt aber gelte: In unseren Kirchen warten die Priester recht ihres Amtes, lehren und predigen das Evangelium, predigen Christum, daß wir nicht um unseres Wertes willen, sondern um Christus willen Vergebung der Sünde und einen gnädigen Gott haben. (Ap. XXIV.) Hier entspringt und mündet alle Verkündigung in der Kirche und von da aus allein empfängt auch ein unvermeidbar scharfes und hartes Wort, das der Prediger im Ge-

horsam der Wahrheit sagen muß und in Vollmacht sagen kann, Recht und Nachdruck.
Die kirchliche Unterweisung der Jugend wird nicht außer Acht lassen dürfen, daß es erzieherische Fahrlässigkeit und seelsorgerliche Gewissenlosigkeit bedeutete, wenn der Religionslehrer vor urteilslosen, weder in der Lehre der Kirche gefestigten, noch in der Lebenskunde gereiften Kindern Werturteile abgäbe, die dem Geist nicht zur Klarheit helfen, wohl aber das Gewissen verwirren.
In allen unseren Äußerungen wollen wir dem Apostel nacheifern, der vor dem Landpfleger Felix sprach: Ich übe mich zu haben ein unverletzt Gewissen allenthalben, gegen Gott und gegen die Menschen. Derselbe Apostel konnte vor die Gemeinde in Korinth mit dem stolzen Wort hintreten: Unser Ruhm ist dieser, das Zeugnis unseres Gewissens, daß wir in Einfalt und göttlicher Lauterkeit, nicht in fleischlicher Weisheit, sondern in der Gnade Gottes auf der Welt gewandelt haben, allermeist aber bei euch. (2. Kor. 1, 12.)
München, den 2. Oktober 1934.
Evang.-Luth. Landeskirchenrat.
D. Meiser.

58 Handreichung der Pfarrerbruderschaft für die augenblickliche kirchliche Lage. (abgeschlossen 22. November 1934)

FKiZM. A 30.28

I. Wie müssen wir den gegenwärtigen Augenblick beurteilen?
II. Was ist zu tun?
ad I: Unsere Offensive ist versackt, jetzt ist Stellungskampf. Der ist schwieriger zu führen als der Bewegungskrieg. Zu unterscheiden sind zwei Fronten: 1.) Die Bekenntnisfront: Hier stehen Pfarrer und Gemeinden, die wirklich wissen, um was es geht; ferner solche, die hier einen ersten Protest des Geistes wittern; ferner solche, die Respekt haben vor dem Mut der Bekenner, aber kein inneres Verhältnis zum Bekenntnis haben.
2.) Die Deutschchristliche Front: Hier stehen: die DC-Kommissare mit ihrem Anhang; ferner Parteileute ohne kirchliches Verständnis, die nur die deutsche Einheit im Auge haben; hier stehen brave Kirchenleute, die Nationalsozialisten sind und das Evangelium wirklich wollen, aber nicht durchsehen, um was es heute beim Evangelium geht. Hier stehen radikale Kirchenfeinde, aber auch Hensoltshöhe und Möttlingen, also eine wunderliche Mischung! Wie erklärt sich diese Verbindung von Gemeinschaft und ganz unchristlichen Menschen? Antwort: Viele in der Gemeinschaft sagen: „Endlich ein Schlag gegen die verhasste Kirche" – oder sie haben Angst um das eigene Werk. Oder es liegt geistige Verwandtschaft vor: Schwarmgeisterei hier wie dort! –

Wo steht der Staat, wo Hitler? Das ist unklar und nicht mit kurzen Worten zu sagen.
Wer diese Dinge überschaut, weiss, dass wir keinen endgültigen Sieg errungen haben; wir glauben vielmehr, dass die ganz schweren Kämpfe erst kommen; ein religiöser Bolschewismus rückt hier heran? Ein ernstes Symptom dafür – neben Gestalten wie Jäger, ect. – ist die Verlogenheit, die die Presse in Kirchenfragen offenbart! Darüber müssen wir die Gemeinde unterrichten! Der Teufel wird auch nicht durch Personalwechsel oder „Ordnungsblock" erledigt, sondern nur durch zähen Kampf der ganz Treuen.
Gott aber hat uns heute eine grosse Verinnerlichung in der Theologie geschenkt, mit der wir wohlgerüstet in den Kampf um die Seele des deutschen Volkes gehen dürfen.

ad II: Was ist zu tun?
Friedensverhandlungen zwischen den beiden Fronten sind unmöglich. Möglich aber ist es, alle zu sammeln, die guten Willens sind, auf unserer Seite mitzukämpfen. Nun entstehen verschiedene Fragen:
1. Was tun mit den Amtsbrüdern, die drüben stehen?
Keine Racheaktion, aber eine Reinigungsaktion, und zwar sehr stark betonen, dass das um der Gemeinde willen nötig ist, die sonst unsern Kampf nicht mehr versteht und nicht mehr ernst nimmt (z. B. Fall Nold, Nördlingen). Schnelles Handeln ist geboten, keine langwierigen Disziplinar- oder Lehrzuchtverfahren, sondern autoritatives Handeln. Was ist zu tun mit Kirchenvorstehern, die, schon immer oder als lapsi, DC-Leute sind? Kirchenvorstände, in denen solche sich befinden, nur zu den 4 Pflichtsitzungen des Jahres zusammenrufen und auch da nur externa besprechen!
2.) Was ist zu tun mit der Gemeinschaft? Wo es geht und noch geraten ist, Fühlung nehmen. Der Gemeinschaft sagen, dass sie selbst eigentlich den Anspruch erhebt, Kerntruppe der Kirche zu sein: Jetzt sei Gelegenheit, wirklich zu sein, wovon sie redet. Aber auch nicht vergessen, dass die Kirche hier die Früchte einer mangelhaften Seelsorge erntet! (Bibelstunden vernachlässigt!) Ein Nebeneinander zwischen Kirche und Gemeinschaft wird künftig unmöglich sein! Nur ein Gegeneinander, oder ein Aufgehen der Gemeinschaft in der Bekennenden Gemeinde.
3.) Was ist zu tun mit den entchristlichten Massen, die durch den Kirchenkampf neuen Auftrieb bekommen haben? Sollen wir nur die eigenen Treuen stärker festigen oder sehr ins Weite wirken? Von hier aus ergeben sich von selbst alle Fragen, die mit der ecclesiola in ecclesia zusammenhängen. Im Allgemeinen gilt hier der Satz: Ein Gemeindekern, aber keine Kerngemeinde. Jedoch ist es möglich, dass Gott heute durch unsere Kämpfe uns zur Kerngemeinde führt, und wir gerade so mehr Zugang zum Volke gewinnen. – Für Wählen und Gewähltwerden wird nur die Kerngemeinde in Betracht kommen! Auch die Finanzierung der Bekennenden Gemeinde beachten!

4.) Etwas dringend Nötiges ist die Gemeindehilfe! Sie ist zur Arbeit anzuregen durch Verteilen von Blättern ect.; von da aus ergibt sich weitere Arbeit leicht von selbst. Seelsorge im engeren Sinn freilich nur im äussersten Fall!
5.) Wie ist unsere Stellung zum Staat? Liebe zu ihm, Erbarmen, besonders mit seiner aussenpolitischen Lage. Als eine Selbstverständlichkeit sagen wir: Wir sind und müssen sein des Staates treueste Gehilfen. Die Evangelische Kirche, die treue, aber immer wache Gehilfin des Staates, die aus dem Evangelium heraus ihm sagt, was seinem Besten dient, auch wenn wir falsch verstanden werden, und deshalb ein Gethsemane oder Golgatha erleben müssen. Hier liegt die grösste Schuld des Reibi: dass er nicht Hitlers und der Grossen Seelsorger sein will und nicht sein kann!! – Liebe zum Volk, Dankbarkeit und Ehrfurcht vor dem Führer – aber immer die klare kirchliche Linie einhalten! Für das kirchliche Handeln ist nur Christus der Führer, die Kirche darf nicht zur Dirne des Staates werden. „Ihr seid teuer erkauft, werdet nicht der Menschen Knechte!" Liebe mit der Tat: Für das Winterhilfswerk werben und arbeiten, besonders auf dem Land ist das nötig. Bei solcher rechten Führung ist für das Landvolk aber stets zu beachten: Im Auge behalten seine sippenhafte Verbundenheit; das feine Rechtsempfinden des Bauern richtig leiten und sorgfältig pflegen! – Alle oft bewiesene und weiter geübte Treue zum Staat kann uns freilich bei manchen Kreisen nicht davor behüten, dass die Kirche der Sündenbock sein muss für alles, was im Staat nicht so geht, wie es für das Volk dienlich wäre. Wir wehren uns gegen solche Diffamierungen. – Von dem Ausland distanzieren wir uns bewusst und in allen unseren Handlungen. Es ist uns klar, dass die Auslandpresse heute wohl für die Bekennende Kirche eintritt, aber durchaus nicht immer aus ehrlichen Motiven.
6.) Wie Seelsorge treiben! Und die Gegner so zu überwinden suchen, dass man sie im persönlichen Leben vor die Notwendigkeit des „Christus allein" stellt.
7.) Der Kernpunkt: die Predigt! Sie muss zentral sein; nicht mit Kirchenpolitik die Leute abspeisen!!! Sondern sie zu unseren Ergebnissen führen: Es geht um: Luther (besser noch: um die Bibel) oder Rosenberg. – Wir alle sind „zum Tode gefordert." Diesen Individualismus müssen wir unserer Zeit des Kollektivismus predigen; denn ohne ihn kann keine wirkliche Gemeinschaft gebaut werden.
Wie verhält man sich in der Predigt zu dem Guten des deutschgläubigen Ethos (Manneswort, Ehre, Treue, Opferbereitschaft)? Antwort: „Beide müssen sich bekehren, der Gottlose und der Gerechte." Oder: „gehe deinen Weg, aber geh ihn bis zum Ende. Und wenn dann das Ende kommt, dann denke daran, dass Christus auch für dich da ist."
8.) Sehr wichtig ist die Jugendunterweisung. Wachsam sein gegen die Schulung der HJ ect. im „Rosenbergsinne!" – „Nationalsozialismus ist Politik, aber keine Religion", das muss die Jugend wissen! Auf einer Tagung in

Nürnberg am 11.11.34 fielen dem Sinne nach folgende Worte: „Heute haben wir noch nicht alles, was wir der Jugend bringen müssen. Wir müssen die Jugend von der Kirche lösen. Weihnachtsfeiern und andere christliche Feiern soll die Jugend nur altgermanisch umgedeutet begehen!" Deutliche Sätze! Dagegen stellen wir: Klaren, lehrhaften Unterricht (besonders 2. Glaubensartikel!); denn es ist uns ja nur die Erörterung des Kirchenstreites verboten, nicht aber der Kampf um die Wahrheiten des Evangeliums. Kerntruppe bilden innerhalb unserer evangelischen Jugendgruppen, mit Schulung für den Kampf des Evangeliums von heute und morgen. Mobilmachung der Eltern! Der Jugend gegenüber, wie überhaupt bei der Predigt; ein klares Wort gegen die Sonntagsentheiligung! Wo angängig, Singkreise bilden zur Pflege des alten Choralgutes!

2.2.3 Ulmer Erklärung, Barmer Theologische Erklärung und Ansbacher Ratschlag

59 Schreiben des Dekanats Augsburg an Landesbischof Meiser. Augsburg, 24. April 1934

LAELKB, BD Augsburg 3.7.0003 – 407

Hochwürdigster Herr Landesbischof!
Eine Versammlung der Kirchenvorsteher, Kirchenverwalter und Ersatzleute der Kirchengemeinde St. Anna hat heute Abend nach einem Referat von Pfarrer Bogner und mir über die Vorgänge in der Kirche einstimmig beschlossen zu erklären, daß sie sich einmütig auf den Boden der Ulmer Kundgebung und hinter die Kirchenleitung und ihre Geistlichen stellt.
Ich erlaube mir Ihnen hievon Mitteilung zu machen.
Ehrerbietigst

Anwesenheitsliste 23.IV.34.
Sämtliche Anwesenden Herren verpflichten sich zum gemeinsamen Protest im Falle eines verfassungs- oder bekenntnismäßigen Engriffes in die Leitung der Kirche oder eine Augsburger Einzelgemeinde:

D. Schiller	H. Anthes	A. Jäger
H. Schmid	Ludw. Bullemer	F. Westermayer
Eyermann	H. Kern	Otto Bezzel
Gußmann	Niklas	Werner Limpert
Wilhelm Bogner	Dr. Schmidt	Detzer
P. Stoll	R. Schwarz.	Th. Faulhaber
Dr. Breit	U. Bürgel-Goodwin	Biemüller
L. Hahn	J. Pöhlmann	

60 Schreiben Friedrich Wilhelm Hopfs an Amtsbrüder. Aschaffenburg, 22. April 1934

LAELKB, 101/52–18

Sehr verehrter Herr Amtsbruder,
Herr Professor Ulmer (Erlangen) hat mich gebeten, in Nordbayern zunächst einen kleinen Kreis von bekenntnistreuen lutherischen Pfarrern zu sammeln, um damit auch in unserem Gebiet einen Ansatzpunkt zu schaffen für die jetzt in allen lutherischen Kirchengebieten beginnende Sammlung der Lutheraner. Herr Professor Ulmer betont, daß er vorläufig die in Aussicht genommene freie lutherische Synode nicht einberufen will, sondern daß vorerst in kleinen Kreisen ein zuverlässiger Unterbau geschaffen werden muß. Zu diesem von mir schon seit einiger Zeit verfolgten Plan, allenthalben freie lutherische Konvente zu bilden, möchte ich heute das Folgende bemerken:

I

Bei uns in Bayern ist es unbedingt nötig, daß wir unverzüglich Ansatzpunkte bekommen für zwei Fälle:

1) Wenn in statu confessionis auch bei uns das Schisma in Erscheinung tritt, muß eine Möglichkeit zum Reden und zum Handeln bereits vorhanden sein,
2) Wir brauchen einen Platz, von dem aus wir jetzt schon laut und deutlich auf Grund des zu erarbeitenden Consensus ein Wort an unser Kirchenregiment, an die Pfarrer (und nötigenfalls auch an Gemeindekreise) richten können.

Ich möchte ausdrücklich betonen, daß diese Sammlung in enger Fühlung mit Herrn Seminardirektor Schieder und mit den Amtsbrüdern Stoll und Putz erfolgen wird.
Anläßlich der Riederauer Freizeit hat uns der Herr Landesbischof ausdrücklich dazu ermuntert, jetzt zu handeln in selbständiger Verantwortung. Es ist selbstverständlich, daß alles, was wir in dieser Hinsicht unternehmen (wie auch dieser Brief) dem Herrn Landesbischof zur Kenntnis gebracht wird.

II

Soll diese Arbeit einen Sinn haben, so ist es nötig, daß alle Beteiligten von vornherein über folgendes eines Sinnes sind und dafür eintreten wollen:

1) Vom 7. Artikel der Confessio Augustana aus muß der Begriff der Reichskirche als einer „Kirche“ abgelehnt und bekämpft werden, gerade auch im Hinblick auf die anläßlich der Berufung Jägers ins Geistl. Ministerium angekündigten neuen Folgerungen aus diesem bekenntniswidrigen Kirchenbegriff,

2) Die gegenwärtige Reichskirchenregierung übt ein schrift- und bekenntniswidriges Gewaltregiment und darf deshalb von uns nicht mehr anerkannt werden,
3) Die Bewegung „Deutsche Christen“ in jeder Form fällt unter das damnamus der bekennenden Kirche,
4) Die sich aus diesen Tatsachen ergebenden Folgerungen müssen wir vor unserem Kirchenregiment mit Nachdruck zur Geltung bringen, um unserer Kirche willen und auch um der Treue willen, die wir unserem Herrn Landesbischof gelobt haben und halten wollen.

III
Zur Besprechung über diese Fragen und unsere Verpflichtung zum Handeln bitte ich die Herren Amtsbrüder, an welche dieses Schreiben geht, am Mittwoch, 8. Mai 1934, zu einem freien lutherischen Konvent in Schweinfurt zusammenzukommen. (Treffpunkt und Anfangszeit werden noch mitgeteilt). Um der Bedeutung und des Ernstes der Sache willen bitte ich um ein Dreifaches 1.) für die erste Zusammenkunft muß der Kreis auf die Adressaten dieses Schreibens beschränkt bleiben (jedoch bin ich für jeden Hinweis auf weitere Namen herzlich dankbar), 2.) der hier vorgelegte Plan muß zwar nicht gerade geheimgehalten, aber zunächst mit strenger Vertraulichkeit behandelt werden (das Bekanntwerden für Fernstehende – auch unter Kollegen – muß einem gemeinsamen Schritt vorbehalten werden), 3.) die Teilnahme an der ersten Zusammenkunft muß von allen ermöglicht werden, die zur Mitarbeit bereit sind. (Die Fahrtkosten können vielleicht gleichmäßig verteilt werden).
Ich bitte um möglichst umgehende Mitteilung, ob Sie an unserem Vorhaben teilzunehmen willig sind und am 2. Mai nach Schweinfurt kommen können.
Mit amtsbrüderlichem Gruß!

An die Herren Pfarrer:
K. Geuder – Pommersfelden Ufr.; G. Günther – Weingartsgreuth Post Wachenroth Ofr.; Dr. Kreßel – Schweinfurt; Krodel – Gestungshausen bei Mitwitz Ofr.; Schlier – Kitzingen; Stadtvikar Siburg – Bamberg, Ottostr. 4; Steinlein – Ochsenfurt Ufr.; Wagner – Amorbach; Winter – Schottenstein Ofr.

61 Schreiben Landesbischof Meisers an die Geistlichen der Landeskirche. München, 8. Juni 1934
LAELKB, LKR, XVII 1758

In der Anlage[3] übermittle ich den Geistlichen unserer Landeskirche ein Wort der Bekenntnissynode der Deutschen Evangelischen Kirche, die in Barmen vom 29.–31. Mai 1934 getagt hat. Dasselbe mag in geeigneter Weise an die Kirchengemeinden und ihre berufenen Vertretern weitergegeben werden.
Zum rechten Verständnis der Theologischen Erklärung zur gegenwärtigen Lage der Deutschen Evangelischen Kirche bemerke ich folgendes:
1.) Pastor Asmussen hat die Theologische Erklärung in einem ausführlichen Referat entfaltet und die Beweggründe entwickelt, welche zu der vorliegenden Fassung eines gemeinsamen Protestes gegen den Angriff auf den Verfassungsgrund der Deutschen Evangelischen Kirche führten. Es ist der ausgesprochene und beschlussmässig festgelegte Wille der Barmer Bekenntnissynode, das Referat Asmussen als integrierenden Bestandteil der Theologischen Erklärung der Synode zu achten.
2.) Art. 1 der Verfassung der Deutschen Evangelischen Kirche vom 11. Juli 1933 wurde als theologische Voraussetzung der Vereinigung der gleichberechtigten nebeneinander stehenden Bekenntniskirchen in der D. E. K. anerkannt, weil er nach der Überzeugung der die Verfassung anerkennenden Kirchen nicht zur Preisgabe des Bekenntnisstandes der deutschen Bekenntniskirche führen muss.
Die Bekenntnissynode war nicht zusammengetreten, um die Existenz der D. E. K. unter Kritik zu stellen, sondern um in feierlichem Ernst die deutsche Christenheit und die verantwortliche Führung der D. E. K. daran zu erinnern, dass die Einigkeit der Deutschen Evangelischen Kirche Deutschlands nur werden und wachsen kann aus dem Worte Gottes im Glauben durch den heiligen Geist. Die Führung der D. E. K. ist nicht möglich ohne die Freiheit der Verkündigung des Evangeliums. Die Kraft der D. E. K. ist nicht von der Fülle und Mannigfaltigkeit der in ihr zu einem Bund zusammengeschlossenen Bekenntniskirchen zu lösen.
3.) Die Theologische Erklärung ist sowohl von den lutherischen als auch von den reformierten Theologen in ernster Besinnung auf die Wurzeln der verschiedenen Bekenntnishaltung und in offener brüderlicher Aussprache unter Gebet erarbeitet und gewonnen worden. Sie will nicht vorweg nehmen, was nur von einer lutherischen Synode für die Lutheraner und von einer reformierten Synode für die Reformierten verbindlich gesagt werden kann. Darum will sie verstanden sein als Grundlage für die weitere Arbeit der nunmehr unverzüglich zu bildenden Theologenkonvente. So erklärt sich die einmütige Zustimmung, welche die in den 6 Sätzen ausgelegten

3 Nicht im Akt enthalten.

biblischen Wahrheiten und die daraus gefolgerte Verwerfung von Irrlehren gefunden haben.

„Als Lutheraner, Reformierte und Unierte sind wir in Barmen zusammengekommen. Eine frühere Zeit hat meinen können, dass die zwischen uns noch unerledigten Fragen unwesentlich seien. Wir erachten es als ein Geschenk Gottes, dass wir in den letzten Jahren gelernt haben, wie wesentlich diese Fragen sind. Es seien nur einige dieser Fragen genannt: Wie kann und soll das vor mehr als 300 Jahren abgebrochene Gespräch zwischen Lutheranern und Reformierten über das heilige Abendmahl, über die Lehre von Christus, über die Erwählung wieder aufgenommen werden? – Kann und darf man die Union als Bekenntniskirche parallel den lutherischen und reformierten Kirchen bezeichnen? – Hat die Union überhaupt ein Bekenntnis? – Uns ist bewusst, dass diese und andere Fragen noch ihrer einheitlichen Beantwortung harren und nichts liegt uns ferner, als sie in irgendeinem Sinne zu verharmlosen. Dabei ist uns bewusst, dass die neuerworbenen Erkenntnisse über den Unterschied des genuin Reformatorischen und der später aufkommenden orthodoxen Theologien erheblicher ist, als man lange Zeit meinte. Uns als Schülern der Reformatoren geht es darum, das Gespräch dort wieder anzuknüpfen, wo es im 16. Jahrhundert abgebrochen worden ist, nicht aber darum, den Ausgangspunkt im 17. Jahrhundert zu wählen." (Asmussen).

Ich darf erwarten, dass nunmehr, sobald das Referat Asmussen den Geistlichen zugeleitet ist, in den Kapitelskonferenzen in zuchtvoller theologischer Diskussion und brüderlichem Austausch eine Gemeinsamkeit der Überzeugung erarbeitet werde, welche alle sonst vorhandenen Unterschiede und Gegensätzlichkeiten zu überwinden geeignet ist. Ab integro nascitur ordo

München, den 8. Juni 1934.

D. Meiser

62 Ansbacher Ratschlag, 11. Juni 1934

AELKZ 67 (1934), 22. Juni, Sp. 584–586

|584|Die in der Deutschen Evangelischen Kirche seit ihrer Bildung im Jahre 1933 entstandenen Spaltungen nötigen alle ihre Glieder zur Besinnung auf den Grund und den Umfang ihrer eigenen kirchlichen Bindung. Insbesondere sind alle Träger des Pfarramts dazu verpflichtet, um den fragenden oder irre gewordenen Gliedern unserer Kirche kraft ihres Lehramts antworten und helfen zu können. Daher schließen wir uns im Glauben an die Verheißung unseres Herrn für alle, die sich in seinem Namen versammeln, zu gemeinsamer theologischer Arbeit zusammen.

|585|Wir unterscheiden dabei die Grundlagen und die Aufgaben unserer Arbeit wie folgt:

A. Die Grundlagen.

1. Die Kirche Jesu Christi als Werkstatt des heiligen Geistes ist gebunden an Gottes Wort. Daher sind ihre Glieder dem Worte Gottes zum Gehorsam verpflichtet.
   In den Bekenntnissen unserer evangelisch-lutherischen Kirche erkennen wir die reine Darlegung des Inhalts der Heiligen Schrift. Daher sind die Glieder der Kirche auch ihnen zum Gehorsam verpflichtet.
   Wir stimmen überein mit Löhes Verständnis der Reformation: „Sie ist vollendet in der Lehre, sie ist unvollendet in den Folgen der Lehre."
   Ebenso stimmen wir dem Wort des Erlanger Theologen Gottfried Thomasius zu: „Ich weiß mich überhaupt im Hause meiner Kirche nicht als Knecht, sondern als ein Kind und finde in diesem Stande beides, die Gebundenheit der Pietät und die Kindesfreiheit."
2. Das Wort Gottes redet zu uns als Gesetz und Evangelium. Die kirchliche Verkündigung hat sich danach zu richten. Das Evangelium ist die Botschaft von dem für unsere Sünde gestorbenen und um unserer Gerechtigkeit willen erweckten Herrn Jesus Christus.
3. Das Gesetz, „nämlich der unwandelbare Wille Gottes" (Form. Conc. Epit. VI, 6), begegnet uns in der Gesamtwirklichkeit unseres Lebens, wie sie durch die Offenbarung Gottes ins Licht gesetzt wird. Es bindet jeden an den Stand, in den er von Gott berufen ist, und verpflichtet uns auf die natürlichen Ordnungen, denen wir unterworfen sind, wie Familie, Volk, Rasse (d. h. Blutzusammenhang). Und zwar sind wir einer bestimmten Familie, einem bestimmten Volk und einer bestimmten Rasse zugeordnet. Indem uns der Wille Gottes ferner stets in unserem Heute und Hier trifft, bindet er auch an den bestimmten historischen Augenblick der Familie, des Volkes, der Rasse, d. h. an einen bestimmten Moment ihrer Geschichte.
4. Die natürlichen Ordnungen geben uns aber nicht nur den fordernden Willen Gottes kund. Indem sie in ihrer Verbindung unsere gesamte natürliche Existenz begründen, sind sie zugleich die Mittel, durch die Gott unser irdisches Leben schafft und erhält. Wer im Glauben an Jesus Christus der Gnade des Vaters gewiß wird, erfährt auch in ihnen „lauter väterliche, göttliche Güte und Barmherzigkeit".
   Als Christen ehren wir mit Dank gegen Gott jede Ordnung, also auch jede Obrigkeit, selbst in der Entstellung, als Werkzeug göttlicher Entfaltung, aber wir unterscheiden auch als Christen gütige und wunderliche Herren, gesunde und entstellte Ordnungen.
5. In dieser Erkenntnis danken wir als glaubende Christen Gott dem Herrn, daß er unserem Volk in seiner Not den Führer als „frommen und getreuen Oberherrn" geschenkt hat und in der nationalsozialistischen Staatsordnung „gut Regiment", ein Regiment mit „Zucht und Ehre" bereiten will.

Wir wissen uns daher vor Gott verantwortlich, zu dem Werk des Führers in unserem Beruf und Stand mitzuhelfen.

B. Die Aufgabe.

6. Die Kirche hat zu den natürlichen Ordnungen ein dreifaches Verhältnis. Sie hat erstens das Gesetz Gottes zu verkündigen. In dieser Hinsicht ist ihre Aufgabe zu allen Zeiten die gleiche. Das bedeutet Begründungen der Ordnungen in ihrer Hoheit und Erinnerung an ihre Aufgabe.
Zweitens sind ihre Glieder selbst den natürlichen Ordnungen unterworfen. Indem sie immer einem bestimmten Volk und einem bestimmten Augenblick zugeordnet sind, empfängt ihre Verpflichtung gegenüber ihrem Volk den konkreten Inhalt durch die gegenwärtige völkische Staatsordnung. In dieser Hinsicht unterliegt die Beziehung der Kirchenglieder auf die natürlichen Ordnungen der geschichtlichen Veränderung. Unveränderlich ist dabei nur das Verpflichtetsein als solches.
Drittens trägt die Kirche selbst Ordnungsmerkmale, die auch den natürlichen Ordnungen anhaften. So folgt sie z.B. in der Sprache ihrer Verkündigung der Mannigfaltigkeit der Volkssprachen. In dieser Hinsicht ist ihre Ordnung ebenfalls der geschichtlichen Veränderung unterworfen.
7. Durch die Veränderlichkeit der Beziehungen zu den konkreten Ordnungen im dritten Sinne ist die Kirche vor die Aufgabe gestellt, ihre eigene Ordnung immer aufs neue zu überprüfen.
Der unbedingt gültige Maßstab für diese Überprüfung ist der Auftrag, den sie von ihrem Herrn erhalten hat. Er erstreckt sich auf den Vollzug und den Inhalt ihrer Verkündigung, auf Verwaltung der Sakramente und der Schlüsselgewalt durch das geordnete Predigtamt.
Alle sonstigen Merkmale ihrer geschichtlichen Gestalt, hauptsächlich ihre Verfassung und ihr Kultus, sind zu messen an diesem Maßstab. In diesem Sinne ist die Aufgabe einer Reformation der Kirche in jedem Augenblick neu gestellt.
8. Der Erfüllung dieser Aufgabe in der Kirche unserer Tage soll auch unsere theologische Arbeit und unser kirchlicher Einsatz dienen.

Ansbach, den 11. Juni 1934.

Pfarrer und Direktor Sommerer–Bruckberg, D. Althaus–Erlangen, D. Dr. Elert–Erlangen, Studienrat Fikenscher–Ansbach, Stadtpfarrer Fuchs–Ansbach, Pfarrer Grießbach–Ansbach, Pfarrer Seiler–Wildenholz, Pfarrer Werlin–Kleinhaslach über Ansbach.

63 Schreiben Landesbischof Meisers an Georg Merz. München, 13. Juni 1934

LAELKB, 101/36–115

Lieber Herr Kollege!
Besonders herzlich danke ich Ihnen für die freundlichen Worte des Gedenkens, die Sie Ihrem Briefe vom 8.6. vorausschicken. Ich hätte es vor einem Jahr freilich nicht geahnt, welche Last von Kampf und Sorge das Bischofsamt mir aufladen würde. Ich will die Last willig tragen und nicht bitten, dass sie von mir genommen werde, sondern nur darum, dass ich den Aufgaben, die in meinem neuen Amt an mich gestellt werden, nur einigermassen gewachsen sei.
Eine neue nicht unerhebliche Schwierigkeit ist entstanden. Die Erlanger Theologen, vor allem Elert, dann aber auch Althaus und Sasse und in einigem Abstand Ulmer distanzieren sich in aller Form von der Barmer Erklärung. Sie gingen soweit, dass sie eine Art Gegenerklärung erlassen wollen und stehen zu diesem Zweck bereits in Verbindung mit Sommerlath und Schreiner; letzterer soll von der Barmer Erklärung ganz erschüttert sein. Elert liess durchblicken, dass er mich nach Barmen nicht mehr als Wahrer des lutherischen Bekenntnisses in meiner eigenen Landeskirche ansehen könne. Die Bildung einer sog. dritten Front scheint so gut wie sicher zu sein. Was das auf die Gesamtheit gesehen bedeutet, wissen Sie. An Zuzug wird es dieser Front nicht fehlen. Es sind zu viele da, die auf diese Weise froh sein werden, um eine eigentliche Entscheidung herumzukommen. Ulmer versucht nach Kräften zu vermitteln. Sein jüngster Vorschlag lautet dahin, dass er von der durch ihn berufenen lutherischen Bekenntnisbewegung aus eine lutherische Synode einberuft. Ich soll diese dann als eine willkommene Ergänzung unserer Bekenntnisgemeinschaft erklären. Auf der Synode soll in erster Linie Zöllner sprechen, vielleicht auch Elert. Thema: Das Ja des Luthertums, das Nein des Luthertums. Das Ganze würde dann als eine Art Verlängerung unserer Front erscheinen. Der Gedanke ist nicht von vorneherein abzulehnen, nur müsste alles sorgfältig vorher vorbereitet werden, damit die neue Synode nicht einen Dolchstoss gegen Barmen führt und es müsste in Vorverhandlungen das Verhältnis dieser lutherischen Synode zu dem lutherischen Konvent der Barmer Synode eingehend geklärt werden.
Nach wie vor ist es freilich nach meiner Ueberzeugung das einzig Richtige, dass es gelänge, alle Kreise um die Erlanger, Sommerlath, Schreiner und Zöllner herum, in den lutherischen Konvent von Barmen einzubeziehen. Nach ziemlich eindeutiger Erklärung von Elert und Asmussen aber sei es dazu jetzt zu spät. Man hätte die Fakultät vorher um ihr Gutachten ersuchen sollen, wozu zu bemerken ist, dass es bisher nie gelungen ist, die Erlanger Fakultät als solche zu einer einheitlichen Stellungnahme in irgendeiner theologischen Frage zu bringen. Die Gegensätze innerhalb der Fakultät brechen immer wieder auf.

Ob es einen Sinn hat, wenn Sie von sich aus noch einmal Althaus schreiben, möchte ich bezweifeln, ich möchte aber nicht hinderlich sein, wenn Sie es trotzdem tun wollen. Ganz kann ich mich des Eindrucks nicht erwehren, als wenn hinter der Ablehnung der Barmer Erklärung vor allem der allgemeine theologische Gegensatz der Erlanger gegen Karl Barth, aber auch gegen Asmussen und gegen alle Art von Luthertum steht, das mit dem Erlanger Luthertum nicht konform geht.
Der Kreis um Lütgert ist mit der Barmer Erklärung ganz einverstanden. Man wundert sich dort, wie lutherisch doch die Erklärung trotz der Mitarbeit Karl Barths ausgefallen sei.
Morgen werde ich in Frankfurt sein und mit Asmussen und den übrigen Mitgliedern des Bruderrates die Lage besprechen. Vielleicht findet sich noch ein Weg zur Verständigung. Wenn nicht, muss man eben den Dingen den Lauf lassen und dabei die Gewissheit haben, dass durch die theologischen Auseinandersetzungen allein die gegenwärtige Krise ganz gewiss nicht gelöst wird.
Mit herzlichen Grüssen von Haus zu Haus
Ihr
gez. D. Meiser.

64 Schreiben eines Studenten an Wilhelm Bogner. Erlangen, 18. Juni 1934

LAELKB, KKE 8

Sehr geehrter Herr Pfarrer!
Eben komme ich aus dem Kolleg von Prof. Elert. Dabei bekamen wir beiliegenden Zettel. E. sprach – was er sonst nicht gerade tut – 20 Minuten über die kirchliche Lage. Vielleicht darf ich vorausschicken, daß schon Prof. Sasse nach der Bekenntnissynode sich unzufrieden oder besser betrübt darüber ausgesprochen hat. Er hat sie unter Protest verlassen, weil dabei die Bekenntnisse nicht gewahrt worden seien. Er hält eine „Bekenntnisunion" für unmöglich (Wir kämpfen doch gerade gegen eine solche Vermischung des luth. und reform. Bek.!). Einige Tage später jedoch gab er zu, daß in der in der Presse nachfolgenden schriftl. Erklärung die Sache wieder richtig gestellt sei. (nur „sogenannt" – sehr verächtlich). Nun hat E. an der Bekenntnisfront, vor allem den luth. Bischöfen auszusetzen, daß man auf ihrer Seite jeden Versuch und jede Möglichkeit einer Aussprache, Verständigung und Einigung ausschlage. Z. B. die Einladung der nordischen und luth. Bischöfe nach Erlangen; die Zusammenkunft in Wittenberg von Seiten des Reichsbischofs, u. a. (das kritisierte er mit scharfen Worten). Doch das wäre sehr belanglos, wenn man (Elert, Althaus) nicht den Vorwurf machte, die Barmer Erklärung sei Häresie in höchsten Grade, Punkt für Punkt Irrlehre, z. B. gleich 1.): Die kirchliche Verkündigung muß ein Wort sein, Christus. Das

sei Häresie, denn damit sei der wichtige Bestandteil des Wort Gottes, das aus Gesetz und Evangelium besteht, das Gesetz geleugnet; das sei mit Absicht geschehen, denn das könne man nicht zu den Zwecken der „Bek.-Fr." brauchen. Man leugne den Staat als Gottesordnung, erkenne die Obrigkeit nicht an. Ich finde, wenn wir Christus predigen, so erfassen wir damit zugleich Evangelium und Gesetz, denn Jesus verwarf auch nicht das Gesetz, Mose und die Proph., wie es ihm schon die Juden zum Vorwurf machten, sondern ging sogar darüber hinaus in seiner Forderung und brachte in seiner Heilsbotschaft die Gnade und Erlösung für uns und von unseren Sünden, weil wir ja doch das Gesetz nicht erfüllen können. So habe ich es verstanden, vielleicht war es verkehrt. Wenn man allerdings unter Gesetz nur Blut, Rasse ... versteht, so ist das wohl auch nicht das Rechte. Sonst kann man die Sätze des Ratschlags wohl anerkennen, ich sehe nur nicht den grundsätzl. Unterschied von den Barmer Thesen.
Was uns E. sagte, ist ein einziger Vorwurf der „reaktionären" Gesinnung gegenüber der Bekenntnisfront u. insbes. den luth. Bischöfen. Fangen nun mit diesen Methoden der „Deutschen Christen" auch die Erlanger Theologen an? Es hat bald den Anschein als ob sie sich mit der kommenden Reichskirche der D. C. gut stellen, ihre Posten sichern wollten, was ich mir gar nicht denken kann bei dem guten Ruf und der Beliebtheit Elerts u. Althaus', die sich in dem Protest der Studentenschaft gegen den Angriff der Fränk. Tageszeitung gegen Althaus u. alles Theologische gezeigt hat.
Wenn ich noch Näheres von Althaus privat oder sonst, höre, werde ich es Ihnen mitteilen, wenn Sie es nicht schon vorher erfahren In den nächsten Tagen ist eine große öffentl. Erklärung beabsichtigt.
Ich habe Ihnen hauptsächlich geschrieben aus der Not heraus, daß wir nun nicht mehr wissen, wer eigentlich Kirche ist; wo sollen wir dann stehen, wenn die Bekenntnisfront irrlehrt? Ich meine die Theol. sehen alles von nur wissenschaftlicher Seite an, was man in der Praxis nie völlig durchführen kann. Wenn die Lutherischen und die Reform. zusammenkommen um ihr Bekenntnis zu wahren, sehen die einen eine Zersplitterung, Abspaltung von der Reichskirche, die andern eine Verschmelzung der Bekenntnisse und Preisgabe einzelner Punkte der Lehre und merken nicht, daß dies bestimmt (u. zwar mit Gewalt) eintritt, wenn die Landeskirchen in der Reichskirche völlig aufgehen u. diese neu in Gaue eingeteilt wird.
Entschuldigen Sie bitte, wenn ich jetzt erst am nächsten Tag den Brief wegschicke, es kam ein Befehl der Verbindung und eine Pflichtversammlung der Studentenschaft dazwischen. Von Persönlichkeiten und anderem berichte ich Ihnen später einmal, vielleicht am besten mündlich. Denn die Briefe werden geöffnet.
Es grüßt Sie recht herzlich
Ihr Richard.

65 Bruderrat der bayerischen Pfarrerbruderschaft: Ansbacher Ratschlag und Pfarrerbruderschaft

KorrBl 59 (1934), 25. Juni, S. 299

Es fehlt nicht viel, so könnte auch die Pfarrerbruderschaft die Ansbacher Thesen sich zu eigen machen. Daß sie es jetzt noch nicht tun kann, hängt weniger mit dem zusammen, was dasteht, sondern was nicht dasteht. Das lutherische Bekenntnis geht den Weg, daß es neben die positive Formulierung auch die entsprechende negative stellt, daß es zum Bekenntnis immer auch setzt: „Derhalben werden verworfen ..."

Das fehlt an dem Ansbacher Ratschlag und das macht es uns schwierig zuzustimmen. Würde zur positiven Formulierung auch die negative treten, so würde mancher Ausdruck, der so und anders gedeutet werden kann, eindeutig werden, so daß wir erkennen könnten, ob z.B. nicht nur Art. 16 und Art. 28 der Augsburger Konfession zu ihrem Recht gekommen sind, sondern auch Art. 2.

Die negative Formulierung ist auch darum notwendig: „Kräftige Irrtümer" haben die Kirche heute bis in den Grund hinein krank gemacht. Gegen diese Irrtümer brauchen wir ein Wort, das unzweideutig den Irrtum Irrtum nennt. Jene unklaren Leute, die uns nun seit Jahresfrist immer und immer versichern, daß sie auf dem Bekenntnis stehen, und es doch verletzen und ohne Widerspruch es dulden, daß es verlästert wird, werden in der gleichen Unklarheit zu diesen Thesen sagen können: So denken wir auch. Wir tun unserer Kirche und unserem Volk einen Dienst, wenn wir solche Unklarheit unmöglich machen.

Diesen Dienst vermissen wir am Ansbacher Ratschlag. – kann der Ansb. Kreis seine Thesen in dieser wirklich luth. Weise erweitern, so sehen wir eine gemeinsame theologische Front sich bilden. Und niemand würde sich darüber mehr freuen als wir.

66 Wilhelm Ferdinand Schmidt: Zum Ansbacher Ratschlag von 1934

KorrBl 59 (1934), 25. Juni, S. 299f.

|299| Am 30. September 1524 übergaben einige Ansbacher Theologen auf dem Ansbacher Landtag, den damals Markgraf Kasimir einberufen hatte, den Ansbacher Evang. Ratschlag von 1524. Derselbe vertrat einen Biblizismus von geradezu calvinischer Schärfe. Doch hat ihn Luther nicht, wie es heute Wolf Meyer und Gerh. Kittel tun würden, wegen seines Biblizismus als häretisch verurteilt. Vielmehr urteilten die Wittenberger Theologen von dem Ansbacher Bekenntnis, es „ist auch unser munz und des rechten schlages, domit wir nun bei funf Jaren haben umbgangen und gelert"; nur der Bilderverwerfung der Ansbacher traten sie nicht bei.

Nun, nach 410 Jahren, haben wir einen neuen Ansbacher Ratschlag. Daß derselbe nicht eine Fortsetzung des Ansbacher Biblizismus ist, zeigt sich auf den ersten Blick. Der Hl. Schrift wird nirgends eine exclusive Stellung zugesprochen; bei dem Begriff „Wort Gottes“ ist nicht ausdrücklich gesagt, ob damit das biblische Wort Gottes gemeint ist, oder etwa auch ein Wort Gottes aus anderer Quelle. Lediglich der Hinweis auf die Bekenntnisschriften in Ziff. 1, Abs. 2 redet implicite davon. Man wird es als die eigentliche Signatur des Ansbacher Ratschlages betrachten müssen, daß er bewußt nicht biblizistisch sein will. Diese Feststellung ist kein Vorwurf; denn der schematische Biblizismus bedeutet zweifellos eine Verengung des Luthertums.
Wir sind dem Ansbacher Ratschlag dafür dankbar, daß er die grundlegende Unterscheidung von Gesetz und Evangelium einführt und daß er mit so starker Betonung im Gesetz den unwandelbaren Willen Gottes sieht. Wir stimmen auch dem breit durchgeführten Bemühen des Ansbacher Ratschlages zu, den christlichen Gehorsam in seiner konkreten Existenzgebundenheit zu schildern und so von jedem Idealismus abzuheben.
|300| Wir danken mit den Ansbachern für das gute Regiment, das Gott uns gegeben hat, und wissen entstellte Ordnung mit ihnen vor Gott zu bringen. Besonders begrüßen wir auch, daß im Ansbacher Ratschlag klar und deutlich der Auftrag der Kirche als Maßstab für ihre Ordnungen anerkannt ist. Trotzdem bewegen uns ihm gegenüber ernste Fragen. Der Ansbacher Ratschlag sagt in Ziff. 3: „Das Gesetz, „nämlich der unwandelbare Wille Gottes“, begegnet uns in der Gesamtwirklichkeit unseres Lebens, wie sie durch die Offenbarung Gottes ins Licht gesetzt wird“. In Ziff. 4 heißt es dann wiederholend, daß uns die natürlichen Ordnungen den fordernden Willen Gottes „kundgeben“. Es ist wahr, Gottes Forderung trifft uns nicht in Abstraktion, sondern jeweils in konkreter Situation. Wir können seinen Willen nicht in Zuschauerhaltung betrachten, sondern er fasst uns im nunc et hic. Auch das ist richtig, daß uns die Bibel keine fertigen Rezepte für alle möglichen Lebenslagen verschreibt, sondern daß wir treu und nüchtern auf das schauen müssen, was uns Gottes Führung im nunc et hic vorlegt. Darin entfaltet sich erst Gottes Auftrag. Aber tut nicht der Ansbacher Ratschlag in der Einschaltung des nunc et hic des Guten zu viel? Ist es wirklich so, daß etwa in der Versuchung „die natürlichen Ordnungen“ den „fordernden Willen kundgeben“, oder klingt uns nicht vielmehr im entscheidenden Augenblick das „du sollst“ und das „ich aber sage euch“, das überlieferte „Gebot des Herrn“ (1. Kor. 7, 25) entgegen? Gott hat uns nicht überall den unmittelbaren Befehl in seiner besonderen Offenbarung gegeben. Aber wo er ihn gegeben hat, da sollen wir nicht die „gesamte Wirklichkeit unseres Lebens“ dazwischenschalten. Liegt in der Stellung der Ansbacher nicht eine Abschwächung des Gottesverhältnisses?
Nun reden ja die Ansbacher von der Gesamtwirklichkeit des Lebens, „wie sie durch die Offenbarung Gottes ins Licht gesetzt wird“. Aber gerade die-

ser Ausdruck scheint uns viel zu weitmaschig zu sein. Ist mit der „Offenbarung“ die revelatio specialis allein gemeint oder auch die revelation generalis? Was heißt das „Ins-Licht-setzen“? Könnte das nicht auch Thomas Münzer unterschreiben?
Noch verstärkt werden diese Bedenken, wenn wir aus Ziffer 6 den 2. Absatz dazunehmen. Da wird gesagt, daß der völkischen Staatsordnung gegenüber, „nur das Verpflichtetsein als solches“ unveränderlich sei, während der Inhalt der geschichtlichen Veränderung unterliege. Zweifellos gehört z. B. die monogamische Ehe zum Gebot der völkischen Staatsordnung (vgl. das BGB). Wenn nun der Inhalt dieser Ordnung ganz veränderlich ist, dann gibt es keine theologische Sicherung der monogamischen Ehe. Sie ist vielleicht für unser Volkstum notwendig; aber wenn ein Missionar bei den ostafrikanischen Negern eine andere völkische Staatsordnung, nämlich die Polygamie, vorfindet und dieselbe, wie es manche Missionare tun, als diesem Volkstum für angemessen betrachtet, dann gibt es dagegen nach dem Ansbacher Ratschlag keinen grundsätzlichen theologischen Einwand. Wir sind der Ueberzeugung, daß eine Ordnung, wie die monogamische Ehe für die Kirche auch inhaltlich invariabel ist. Eine grundsätzliche Veränderlichkeit aller Inhalte der völkisch-staatlichen Ordnung halten wir für unvereinbar mit dem geoffenbarten Gesetz der Heiligen Schrift. Sie bedeutet einen Angriff auf den tertius usus legis specialiter revelatae. Rächt sich bei den Ansbachern nicht auch hier die Außerkraftsetzung des direkten göttlichen Gebotes in Ziff. 3?
Mit Absicht hinterlassen wir es, aus den Fragen, die wir an den Ansbacher Ratschlag zu richten haben, nun auch die Folgerungen für die akuten kirchlichen und völkischen Probleme der Gegenwart zu ziehen. Sie sind nach unserer Meinung sehr weittragend. Vielmehr bitten wir die Verfasser des Ansbacher Ratschlages, die Sicherungen irgendwie in ihre theologische Grundlegung noch einzubauen, deren Fehlen uns zu unseren Fragen veranlaßt hat. Ist es wirklich möglich, heute so ohne particulae exclusivae zu reden, wie es der Ansbacher Rathschlag tut? Oder haben wir den Ansbacher Ratschlag missverstanden? Dann wären wir erst recht für ein aufklärendes Wort dankbar.
München Schmidt

67 Bekanntmachung Nr. 4671 des Landeskirchenrats: Sammelbestellung auf: Bekenntnissynode der DEK Barmen 1934. München, 26. Juni 1934

ABlELKB 1934, S. 104

Das in unserem Rundschreiben vom 8. Juni 1934 an die Geistlichen der Landeskirche erwähnte Referat Asmussens zu der theologischen Erklärung der Barmer Synode ist nunmehr in den gesammelten Vorträgen und Entschließungen der Synode erschienen. Wir ersuchen die Dekanate die Broschüre allen Geistlichen und hauptamtlichen Religionslehrern zuzuleiten. Über diesen Kreis hinaus kann sie auch interessierten Laien vermittelt werden. Sammelbestellungen sind durch die Dekanate bis spätestens 16. Juli an den Landeskirchenrat zu richten. Der verbilligte Preis beträgt für das Stück 30 Pf. Die Herren Dekane wollen in ihren Kapiteln darüber Beschluß fassen lassen, ob die Bezahlung durch die Kapitels- oder Bezirkssynodalkasse oder durch die Kirchengemeinden geleistet werden soll. Die Abrechnung erfolgt durch die Dekanate.

68 Schreiben Hermann Steinleins an Paul Althaus. Ansbach, 28. Juni 1934

LAELKB, 101/25–9

Sehr verehrter lieber Bundesbruder!
Vielleicht darf ich im Blick auf unsere langjährigen freundschaftlichen Beziehungen ein ganz offenes Wort über den s. g. Ansbacher Ratschlag und Deine Beteiligung an denselben richten. Ich hatte vor, Dir sofort zu schreiben. Aber ich wollte mir Alles doch möglichst reiflich überlegen. Ich wollte auch die gestrige große Pfarrer-Zusammenkunft noch dazu benützen, um meine Beobachtungen machen und mit dem oder jenem ein Wort sprechen zu können.
Zunächst möchte ich auf den Personenkreis zu sprechen kommen, in den Du Dich mit Deiner Unterschrift hineinbegeben hast. (Ich bitte diese Mitteilungen als vertraulich anzusehen).
Da sind doch verschiedene recht eigenartige Leute dabei. Ich nenne vor allem Christ. Seiler. Er hat gewiß seine guten Seiten. Aber er war je und je schon recht merkwürdig. In der Zeit seiner Aktivität wandte man ein altes Stoßgebet der Bauern auf ihn an. Es wurde da etwa gesungen: Bet Kind, daß Gott den tollen Christian von uns wend.
Oder man hatte die Redensart: „Wo ein Aas ist, sammeln sich die Christian.“ Es kam vor, daß Seiler auf einem Bummel in Badhose und Coulör in eine Stadt einmarschieren wollte.
Er hat aber auch jetzt noch etwas Ungezügeltes an sich. In seiner früheren Pfarrei machte er im Wirtshaus den Hanswursten für seine Bauern. Er machte den Handstand usw. (Vielleicht hängt der schon von ganz verschiedener Seite für Eure Erklärung angewandte Spitzname „Radschlag“ auch etwas damit zusammen. Er ist fortwährend unterwegs. Ich hörte, wie er einem Kollegen renommierend erzählte, daß er 14 Tage lang hintereinander jeden Tag (auch am Samstag) fortgewesen sei. Er tauchte auch hier sehr oft auf, meist in einem sehr merkwürdigen Aufzug. Wann er überhaupt arbeitet und für seine Gemeinde sorgt, ist mir und anderen etwas schleierhaft. Der

Grundsatz Luthers, daß man zunächst seinen Beruf erfüllen und das tun soll, was einem zu Händen kommt, liegt ihm scheints ziemlich fern. Es ist sehr merkwürdig, daß er jetzt auf einmal als Vertreter genuinen Luthertums auftreten will. Von seiner früheren Stelle kam er zwangsweise weg. Wie ich aus Kreisen des Kirchenregiments hörte, kam er dabei noch glimpflich weg. Nicht nur ich, sondern eine ganze Reihe von Leuten können es einfach nicht verstehen, daß Du Deinen Namen ausgerechnet neben seinen setzen mochtest. S. gilt schon weithin so ziemlich als enf[ant] terrible, (auch seine Geschichte mit dem Missionsrundfunk war, auch nach der finanziellen Seite hin, mindestens recht abenteuerlich).

Wesentlich anders steht es mit dem guten Werlin. Aber er ist auch ein eigener Kauz. Man hat den Eindruck, daß er die Originalität seines Vaters kopieren will, und das ist immer eine etwas schwierige Sache. Da äußert sich die Originalität manchmal recht eigentümlich. So rief W. neulich in einer offiziellen Schulungskonferenz der Kapitel Ansb.-Leutershausen einem Kollegen, der ihm eine Zwischenbemerkung gemacht hatte zu, er solle „das Maul" halten. Ich habe schon unzählige Konferenzen mitgemacht und bin sehr weit von steifer Etikette fern. Aber diese Art habe ich noch nicht erlebt und möchte sie auch nicht eingeführt wissen. Die wissenschaftliche Haltung steht bei W. soviel ich es jetzt sah, eher im umgekehrten Verhältnis zu seiner Originalität. Er hielt uns auf der letzten Schulungskonferenz einen äußerst mäßigen Vortrag, dem er ganz unnötigerweise eine Polemik gegen die Universitätsprofessoren anhängte. – Ich machte in der Debatte an der Hand Luthers [...][4]

Nun noch ein paar Worte zur sachlichen Seite!

Als ich das das etwas kühn als „Ansbacher Ratschlag" bezeichnete Schriftstück zuerst ganz flüchtig durchlas, roch ich gleich (um ein Wort Luthers zu brauchen), daß die Sache nicht genuin lutherisch ist. Das bezieht sich weniger auf Einzelheiten, obwohl auch da von Luther aus Einzelnes zu beanstanden wäre. Aber es gilt in Bezug auf das Ganze. Ich skizziere das nur ganz knapp.

1. Luther legte den Akzent immer auf die Stelle, die besonders hervorzuheben war. So betonte er zu Beginn der Reformation sehr scharf das Allg. Priestertum und Recht und Fähigkeit auch des einfachsten Gemeindeglieds (selbst Frau und Kind) über die Lehre zu urteilen. U. s. w. Den Schwarmgeistern gegenüber hat er dann viel stärker die Aufgaben der richtig berufenen Amtsträger hervorgehoben. – Jetzt ist vor allem die Selbständigkeit der Kirche cf. dagegen wie soeben der Reibi die Dinge auf Gedeih u. Verderb. mit dem jetzigen System verband und die einzigartige Abhängigkeit vom christlichen Glauben und der christlichen Erkenntnis von Gottes Wort zu

4 Text bricht am Seitenende ab.

verteidigen. Ihr legt den Akzent eher aufs Gegenteil. Durch falsche Akzentuierung kann etwas an und für sich ganz richtiges ganz verkehrt werden.
2. Durch Eueren Ratschlag geht ein starker Staats- und (wenn der Ausdruck erlaubt ist) Zeit-Optimismus. Für Luther ist die Welt letzten Endes des Teufels Wirtshaus. Der Teufel ist der Welt Gott. Gerade auch jeder Fürst hat seinen Teufel usw. Ich habe, als ich über die Entstehung von „Ein feste Burg" vor fast 2 Jahrzehnten schrieb, fast das ganze Schrifttum Luthers in den 20-Jahren gerade auch auf Luthers Stellung zum Satan durchgearbeitet und auch weiterhin diese Frage immer wieder verfolgt. Ich muß sagen, dass ich aus Euren Ausführungen auch nicht als leisen Hintergrund diesen für Luther maßgebende Gedanken herausfinden konnte. Auch von dem lutherischen Grundgedanken, daß die Welt schon „knackt" und dem Ende entgegeneilt, habe ich gar nichts gespürt.
3. Euer Vorgehen macht, wie ich schon bemerkte, den Eindruck eines Dazwischen-wirkend. Luther hat, wenns zum Kampf kam, nur klare Fronten gekannt. Er forderte da zu rücksichtslosem Vorgehen auf. Ich verweise auf seine Stellung im Bauernkrieg, auf sein Verhalten gegenüber den Schwärmern. Wenn einmal der Kampf entbrannt ist, kann man nicht mehr ausklügeln, ob da oder dort ein kleiner [...] ist; erst recht nicht, ob etwa auch bei den Gegnern Leute sind, die auch ihr Gutes haben. Da gilts feste zufahren. Luther hat sich sogar durch seinen Zuruf, daß man durch Niederstechen der Aufrührer die Seligkeit verdienen könne, sogar dem Verdacht, ja Vorwurf ausgesetzt, daß er seine Rechtfertigungslehre verleugnet habe. Das geniert ihn gar nicht. Es tut mir ungemein leid, daß Du in diesen Ansbacher Kreis, der in unserem Kapitel geradezu als störende Clique empfunden wird, hineingekommen bist. Es tut mir leid um Deiner Person, um Deines Ansehens willen; auch um der Erlanger Fakultät willen. Es ist angesichts der kirchlichen Streitigkeiten mehrfach gesagt worden, dieselbe habe versagt. Und dadurch, daß jetzt 2 ihrer Mitglieder in das „Gemischtwarengeschäft" des Ansbacher Kreises eingetreten sind, würde die Sache nicht besser.
Ich habe den Eindruck, daß Dir doch jede genauere Kenntniß der Lage und Stimmung, besonders auch unter den jüngsten Kollegen fehlte, als Du jenen Schritt tatest.
Ich hielt es für meine Pflicht, Dir ganz offen zu sagen, wie sich die Dinge nach meiner Beobachtung und Beurteilung verhalten. Ich erwarte durchaus keine Antwort.
Schön wäre es ja, wenn wir uns wieder im Urlaub treffen würden. Wir wollen ja wieder in unser altes Quartier in Bad Oberdorf, aber schon vom 12. Juli bis 1. August.
Mit besten Empfehlungen an Deine sehr geehrte Frau Gemahlin und vielen Grüßen an Dich
Dein erg. H. Steinlein

69 Werner Elert: Confessio Barmensis
AELKZ 67 (1934), 29. Juni, Sp. 602–606

|602| Die sog. „Bekenntnissynode der Deutschen Evangelischen Kirche“ versendet ein Blatt „An die Evang. Gemeinden und Christen in Deutschland“, datiert aus Wuppertal-Barmen, den 31. Mai 1934, in dem eine von der Synode beschlossene „Theologische Erklärung zur gegenwärtigen Lage der Deutschen Evangelischen Kirche“ mitgeteilt wird. Eine solche Erklärung einer Synode, die sich selbst den bisher ungebräuchlichen Namen einer Bekenntnissynode beilegt, ist als Bekenntnis der Synode anzusehen.
Die Synode hat damit einen Versuch erneuert, der in der Geschichte der deutschen Landeskirchen bisher nur einmal unternommen wurde, und zwar von der preußischen Generalsynode von 1846. Diese Synode versuchte durch Annahme eines von dem damaligen Bonner Theologen C. I. Nitzsch entworfenen Ordinationsformulars den Schein einer Bekenntniseinheit der reformierten und der lutherischen Kirche hervorzurufen und so das Ziel einer Konsensunion in Preußen zu erreichen. Die Barmer Synode, die aus Gliedern lutherischer, reformierter und unierter Kirchen zusammengesetzt war, hat bei ihrem ähnlichen Schritt zwar ihrer Erklärung den Satz eingefügt, ihre Mitglieder wollten den „verschiedenen Bekenntnissen treu sein und bleiben“. Sie setzt aber hinzu: „Wir befehlen es Gott, was dies für das Verhältnis der Bekenntniskirchen untereinander bedeuten mag.“ Dieser Satz kann nicht anders verstanden werden, als daß die Barmer Synode im Unterschied von jener preußischen Generalsynode die Verantwortung für ihren analogen Versuch einer Bekenntnisunion von sich selbst auf Gott überträgt.
Wir sehen vorläufig davon ab, was das Barmer Bekenntnis vor Menschenaugen „für das Verhältnis der Bekenntniskirchen untereinander bedeuten mag“. Wir beschränken uns vielmehr auf eine theologische Prüfung der in Barmen beschlossenen Bekenntnissätze selber.
Der erste Artikel des Barmer Bekenntnisses lautet: „Jesus Christus, wie er uns in der Heiligen Schrift bezeugt wird, ist das eine Wort Gottes, das wir zu hören, dem wir im Leben |603| und im Sterben zu vertrauen und zu gehorchen haben. Wir verwerfen die falsche Lehre, als könne und müsse die Kirche als Quelle ihrer Verkündigung außer und neben diesem einen Worte Gottes auch noch andere Ereignisse und Mächte, Gestalten und Wahrheiten als Gottes Wort anerkennen“.
Man fragt sich, wo man ähnliches schon gelesen hat. Es wird wohl in der Confessio Antinomorum bei Schlüsselburg gewesen sein. Denn daß dieser Barmer Bekenntnissatz eine geradezu provozierende Wiederholung der antinomistischen Irrlehre der Reformationszeit ist, wird jedem, der nicht auf dem Boden des Barmer, sondern des lutherischen Bekenntnisses steht, sofort einleuchten. Die Barmer Synode verwirft es als Irrlehre, daß

„die Kirche als Quelle ihrer Verkündigung außer und neben diesem einen Worte Gottes (nach dem vorangestellten Satz = Christus) auch noch andere Ereignisse und Mächte, Gestalten und Wahrheiten als Gottes Offenbarung anerkenne". Wir sehen davon ab, daß damit dem gesamten Alten Testament der Offenbarungscharakter abgesprochen wird. Die Barmer Synodalen würden sich vielleicht dahinter verschanzen, daß auch das A. T. „Christum treibe". Keinesfalls aber kann das, was in der Schrift, vor allem auch im N. T. als „Gesetz" bezeichnet wird, als Zeugnis von Christo bezeichnet werden. Wollte man die Autorität der Schrift in einer ganz kurzen Inhaltsbestimmung ausdrücken, so mußte es heißen, die Kirche kenne als Quelle ihrer Verkündigung nur Gesetz und Evangelium! Der Satz, daß außer Christo keine Wahrheit als Gottes Offenbarung anzuerkennen sei, ist Verwerfung der Autorität des göttlichen Gesetzes neben der des Evangeliums.

Diese ausgesprochen antinomistische Häresie, über die in den lutherischen Bekenntnissen das Notwendige gesagt ist, ist nicht ein peripherer Lapsus des Barmer Bekenntnisses. Sie offenbart vielmehr Sinn und Absicht des Ganzen. Die Auseinandersetzungen mit den Antinomern der Reformationszeit begann bekanntlich nach den Visitationen in Kursachsen, die den Anfang des evangelischen Landeskirchentums bildeten. Der „Unterricht der Visitatoren" von 1528 verlangte auch Predigt des Gesetzes und erregte deshalb den antinomistischen Widerspruch. Es ist kein Zufall, sondern im Wesen der Sache begründet, daß sich in demselben Augenblick, wo die Deutsche Evangelische Kirche um ihren Neuaufbau ebenso ringt, wie damals die Reformatoren, auch der Antinomismus hervorwagt. Damals wie jetzt handelt es sich darum, ob die Kirche bei Erfüllung ihrer irdisch-geschichtlichen Sendung berechtigt und imstande ist, das Evangelium ohne das Gesetz zu predigen, wie der Barmer Antinomismus behauptet.

Diese Lehre ist grundlegend auch für die gesamte kirchliche und kirchenpolitische Haltung der Barmer Synode. Der gegenwärtige Kirchenstreit geht um die zukünftige Gestalt der Deutschen Evangelischen Kirche und um die Erfüllung ihrer von Christo befohlenen Sendung. Die Frage ist, ob die Kirche hierbei auch auf die völkisch-staatliche Neuordnung konkret bezogen werden soll oder nicht. Diese Bezugnahme kann sich in der Neuordnung der kirchlichen Verfassung und Gliederung wie auch in der kirchlichen Verkündigung äußern. Die Barmer Synode lehnt beides strikt ab. Für ihre weitere theologische Begründung ist der antinomistische Ausgangspunkt in der Tat entscheidend.

Der zweite Barmer Artikel lautet: „Wie Jesus Christus Gottes Zuspruch der Vergebung aller unserer Sünden ist, so und mit gleichem Ernst ist er auch Gottes kräftiger Anspruch auf unser ganzes Leben; durch ihn widerfährt uns frohe Befreiung aus den gottlosen Bindungen dieser Welt zu freiem, dankbarem Dienst an seinen Geschöpfen."

Der Ausdruck, Christus sei „Gottes kräftiger Anspruch auf unser ganzes

Leben", ist ein Schulbeispiel theologischer Verschleierung. Das kann gemeint sein im Sinne von Eph. 1, 14: Die Christen sind Christi Eigentum, das er sich erworben hat. Es kann auch im Sinne von Gal. 5, 24 verstanden werden: „Die Menschen Jesu Christi (Luther: welche Christo angehören) kreuzigen das Fleisch usw." Es kann auch gemeint sein im Sinne von Matth. 16, 24: „Will mir jemand nachfolgen ..." Es kann aber endlich auch so gemeint sein, als wäre Christus eine neuer Gesetzgeber. Der Ratlosigkeit, |604| in die hier der Leser absichtlich oder unabsichtlich gestürzt wird, kann man allein Herr werden, wenn man in dieser Formel den Versuch erblickt, für die im ersten Barmer Artikel vollzogene Leugnung der göttlichen Offenbarung im Gesetz Ersatz zu schaffen.

Das wird durch die zweite Hälfte des zweiten Artikels bestätigt. Hier ist nämlich von Bindungen dieser Welt und vom Dienst an Gottes Geschöpfen die Rede, also von Dingen, mit denen es nach biblischer Lehre das Gesetz Gottes zu tun hat. Leider setzt sich aber die Verschleierung auch hier fort. Was ist mit den „gottlosen Bindungen dieser Welt" gemeint? Ist „gottlos" hier begleitendes oder bestimmendes Attribut? Sind alle Bindungen dieser Welt gottlos? Oder nur einige? Ist die Bindung an jede Staatsordnung gottlos? Oder nur die an diese oder jene? Daß hier gesagt wird: Befreiung aus den gottlosen Bindungen dieser Welt zu freiem, dankbarem Dienst an seinen Geschöpfen kann nur im Sinn eines sich ausschließenden Gegensatzes gemeint sein. Stünde nicht dabei „gottlos", so könnte man an Sätze der lutherischen Bekenntnisse denken, nach dem der glaubende Christ das, was das Gesetz verlangt, vom Sünder als solchem aber nicht erreichen kann, aus Glauben, „aus freiem lustigen Herzen" erfüllt. Aber dann müßten eben die Bindungen als Bindungen durch das Gesetz Gottes verstanden werden, könnten also nicht „gottlos" heißen.

Wurde hier überhaupt von „Bindungen" gesprochen, so mußte, wenn man überhaupt auf evangelischem Boden bleiben wollte, auch in der Art von ihnen gesprochen werden, wie es Luthers Kl. Katechismus getan hat. Der zweite der Barmer Artikel besagt, wenn man ihn im ganzen nimmt, nichts anderes, als daß hier neben den Bindungen, in die uns das Gesetz Gottes hineintreibt, und im Gegensatz zu ihnen ein spezifisch „christliches" Ethos etabliert werden soll. Das war die Lehre der Waldenser, Hussiten, Mennoniten und Quäker, aber nicht die der Reformatoren. Damit ist jene Frage, ob die Kirche mit ihrer Verkündigung auf die völkisch-staatliche Neuordnung einzugehen hat, verneint. Sie kann es höchstens in der Form tun, daß sie die Befreiung aus den gottlosen Bindungen predigt.

Der dritte Artikel verneint dasselbe auch hinsichtlich der kirchlichen Ordnung. Er handelt von der Kirche und verwirft am Schluß „die falsche Lehre, als dürfe die Kirche die Gestalt ihrer Botschaft und ihrer Ordnung ihrem Belieben oder dem Wechsel der jeweils herrschenden weltanschaulichen und politischen Überzeugungen überlassen".

Die Absicht dieses Artikels ist deutlich. Es soll damit gesagt werden, daß die „Kirche", wie sie in der Barmer Bekenntnissynode verkörpert ist, ihre Ordnung nicht von dem „Wechsel der politischen Überzeugungen" abhängig machen will. Darin liegt erstens der Anspruch, eine kirchliche Ordnung zu vertreten, die jenseits alles „Wechsel der politischen Überzeugungen" steht und also auch entstanden ist. Wenn die reformierten Synodalen von Barmen glauben, ihre rheinisch-westfälische Kirchenordnung sei „rein biblisch" und deshalb in ihrer Entstehung und ihrem Inhalt nicht mit dem Wechsel politischer Überzeugungen behaftet, so ist das ein Glaube, den wir ihnen in brüderlicher Gesinnung lassen wollen, vorausgesetzt, daß sie ihn nicht der ganzen Deutschen Evangelischen Kirche aufdrängen wollen. Wenn aber Glieder lutherischer Kirchen dergleichen mit ihrer amtlichen Namensunterschrift decken, so setzen sie sich mit ihrem Bekenntnis wie auch mit historischen Tatbeständen in glatten Widerspruch. Wer die Augustana und Melanchthons Traktat De potestate Papae kennt, weiß, welcher Spielraum dort innerhalb der Kirchenordnung dem ius humanum gelassen ist.
Zweitens ist an jenem Satz bemerkenswert, daß darin vom Wechsel politischer „Überzeugungen" gesprochen wird. Da das Barmer Bekenntnis trotz des geradezu krampfhaften Bemühens, jede positive Beziehung der Kirche auf das, was unser Volk heute in politischer Hinsicht erlebt, zu unterbinden, eine „theologische Erklärung zur gegenwärtigen Lage |605| der „Deutschen Evangelischen Kirche" sein will, kann man beim besten Willen in der Formel vom „Wechsel der politischen Überzeugung" nichts anderes als einen Hinweis auf die politische Wandlung unseres Volkes erblicken, die ja die letzte Ursache der „gegenwärtigen Lage der D. E. K." ist. Hier wird die praktische Folge der beiden ersten Artikel sichtbar. Weil man dort der Kirche die Verkündigung des Gesetzes abgesprochen und nur von „gottlosen Bindungen" geredet hat, glaubt man im dritten Artikel nur vom Wechsel politischer „Überzeugungen" sprechen zu dürfen. Vollkommen logisch! Hätte man vorher auch von Gesetz gesprochen, das uns die natürlichen Bindungen und Ordnungen hineintreibt, so musste jetzt nicht vom Wechsel politischer Überzeugung, sondern vom Wechsel der Staatsordnung gesprochen werden. Dann aber hätte man die Frage nach dem Verhältnis der Kirchenordnung zum „Wechsel" nicht im Stil des Berliner Tagesblattes von ehedem auf das Verhältnis der Kirchenordnung zu den „politischen Überzeugungen" zuspitzen können. Denn wenn uns in der geltenden Staatsordnung wirklich das Gesetz Gottes begegnet, so bekommt das Verhältnis der Kirchenordnung zu ihr ein viel ernsteres Gesicht, als wenn man darin nur den Ausdruck einer „jeweils herrschenden politischen Überzeugung" erblickt.
Es ist jetzt nicht unsere Aufgabe, zu zeigen, welche Aufgaben der Kirche in ihrer Ordnung tatsächlich aus einer neuen Staatsordnung erwachsen. Es muß nur festgestellt werden, daß die Barmer Synode der theologischen Meinung ist, daß ihr überhaupt keine daraus erwachsen, daß ihre Ordnung

vielmehr aus theologischen Gründen in ihrem gestrigen Zustande bleiben müsse.
Der vierte Artikel spricht von den „verschiedenen Ämtern der Kirche“ und sagt, daß darin „keine Herrschaft der einen über die anderen, sondern die Ausübung des der ganzen Gemeinde anvertrauten und befohlenen Dienstes“ begründet sei. Er verwirft „die falsche Lehre, als könne und dürfe sich die Kirche abseits von diesem Dienst besondere, mit Herrschaftsbefugnissen ausgestattete Führer geben oder geben lassen“. Wenn man sich die Zusammensetzung der Synode vergegenwärtigt, kann man hierin wohl die diplomatische Glanzleistung der Synodalen erblicken. Hier hätte man nun wirklich einmal Farbe bekennen müssen und, wenn man wirklich theologisch so einig war, wie die Kundgebung behauptet, auch bekennen können. Dieser Artikel zeigt die Fingerabdrücke von mindestens drei Autoren: erstens eines reformiert-kirchlichen Theologen – von diesem stammt der Anfang (ein lutherischer Bekenntnistheologe hätte nicht von den „verschiedenen Ämtern“, sondern vom kirchlichen Amt gesprochen); zweitens eines miss[o]urischen Independentisten (ein lutherischer Bekenntnistheologe hätte „Kirche“ statt „Gemeinde“ gesagt); drittens eines Vertreters einer bischöflich verfassten lutherischen Kirche. Die Beteiligung dieses Dritten bestand möglicherweise nur darin, daß man auf ihn Rücksicht nehmen musste. Da auch dieser Artikel „zur gegenwärtigen Lage der D. E. K.“ sprechen will, muß man darin die Stellungnahme der Barmer Synode zur Frage der bischöflichen Verfassung erblicken. Nach der Zusammensetzung der Synode ist anzunehmen, daß die Mehrheit diese Verfassung ablehnt. Um aber den aus bischöflich verfassten Kirchen stammenden Synodalen die Zustimmung zu ermöglichen, bekämpft der Artikel nur die Karikatur dieser Verfassung: „abseits von diesem Dienst“, „mit Herrschaftsbefugnissen ausgestattet“, „geben lassen“ ... Wenn die Einleitung zu den Glaubensartikeln sagt, die Synodalen glaubten, ihnen sei „in einer Zeit gemeinsamer Not und Anfechtung ein gemeinsames Wort in den Mund gelegt“ – so möchte man angesichts des vierten Artikels fragen, wer ihnen wohl nach ihrer Meinung dieses Wort in den Mund gelegt hat!
Hatte der erste Artikel das Zeugnis der Schrift ausdrücklich auf Jesus Christus, als das Eine Wort Gottes beschränkt, so traut man seinen Augen kaum, wenn nun der fünfte in aller Harmlosigkeit mit der Feststellung beginnt: „Die Schrift sagt uns, daß der Staat nach göttlicher Anordnung die Aufgabe hat ...“ Beata, sancta inconsequentia! Die Schrift sagt also doch noch etwas anderes als das Eine Wort Jesus |606| Christus. Hier wäre nun einiges wiedergutzumachen gewesen. Hier konnte und musste in einer „theologischen Erklärung zur gegenwärtigen Lage der D. E. K.“ – zumal angesichts der gegen manche Mitglieder der Barmer Synode erhobenen politischen Vorwürfe, auch wenn oder gerade weil diese unberechtigt sind – mit aller Deutlichkeit gesagt werden, daß die Kirche ihre Glieder zum Gehorsam gegen die

Staatsordnung verpflichtet. Statt dessen heißt es, die göttliche Anordnung des Staates „erinnert an Gottes Reich, an Gottes Gebot. Warum so diplomatisch? Warum ist aus Röm 13 nur das Wort „Anordnung“ übernommen? Warum nicht auch, daß die Obrigkeit Gottes Dienerin ist? Ist sie nämlich dieses, so erinnert sie nicht nur an Gottes Gebot, sondern sie sagt es uns auch. Daß dieser Artikel in seiner Bestimmung der staatlichen Aufgaben hinter die Lehre der lutherischen Bekenntnisse (Gr. Katechismus) auf die mittelalterliche zurückgegangen ist, braucht nur angedeutet zu werden. Der aufmerksame Leser des fünften Artikels weiß genug. Er weiß das meiste aus dem, was das Barmer Bekenntnis hier nicht sagt.

Der letzte Artikel endlich ist unanfechtbar, auch in der Verwerfung der falschen Lehre, „als könne die Kirche in menschlicher Selbstherrlichkeit das Wort und das Werk des Herrn in den Dienst irgendwelcher eigenmächtig gewählter Wünsche, Zwecke und Pläne stellen“. Leider vermisst man aber eine Belehrung über die Kennzeichen, an denen Anfang und Ende menschlicher Eigenmächtigkeiten in der Kirche, z.B. von Synoden erkennbar sein soll. – Auf Wunsch des Herausgebers der Kirchenzeitung lassen wir es hier bei dieser Prüfung des Barmer Bekenntnisses bewenden und verzichten vorläufig auf die kirchlich-konfessionellen Folgerungen.

70 Schreiben Paul Althaus' an Hermann Steinlein. Erlangen, 2. Juli 1934

LAELKB, 101/25–9

Lieber und verehrter Bundesbruder!

Dank für Dein offenes Wort. Die Sorge so vieler von mir verehrter Kollegen in der bayerischen und deutschen Pfarrerschaft ist nicht ohne Eindruck auf mich. Insofern habe ich schwere Tage.

Aber ich muß mich doch ein wenig verteidigen. Zuerst; was führte mich zu den Ansbachern? Nichts als die unglückliche Barmer theologische Erklärung, vor der ich zu Pfingsten leidenschaftlich gewarnt habe. Um aus Deinem Briefe zu citieren: hast Du nicht auch gerochen, daß diese Erklärung unlutherisch ist? Zugegeben daß man jederzeit steif gegen eine bestimmte Front stehen muß – aber sind meine Waffen noch scharf, wenn ich das, was in des Gegners Häresie und Lüge die verborgene, entstellte Wahrheit ist, nicht sehe und ausspreche? Oder anders gesagt: glaubt Ihr im Ernste, daß man der Deutschen Christen innerlich-vollmächtig mit der Theologie Karl Barths und Asmussens Herr werden kann? Ich glaube es nicht!

Du sprichst nun von einzelnen Pfarrern, die sich zu den Ansbachern stellen. Ich stelle fest, daß Du in Deiner Kritik an mehreren vorbeigegangen bist. Ich kann nichts dazu, daß sich auch dieser oder jener Sonderling u. s. w. hinzufindet, das kann ich auch nicht beurteilen. Ich weiß nur, daß der Kreis

mich gebeten hatte, mich der Bitte theologischer Beratung nicht zu versagen. Da bin ich hingegangen, und schäme mich dessen nicht. Es ist wohl ein paradoxer Zustand, daß ich nicht bei der Pfarrbruderschaft, sondern bei den Ansbachern neben Elert theologischer Berater bin. Aber ich bin an der Paradoxie nicht schuld. Hätte sich die Pf. Br. nicht so mit den Rheinländern eingelassen und hätte Bayern nicht die theologische Erklärung unterschrieben, so gäbe es kein Ansbach und ich wäre nicht dabei.
Die Worte vom Dazwischenfunken u. s. w. werden hoffentlich durch meinen Dir übersandten Aufsatz widerlegt. Aber Barmen hat seine Kompetenzen überschritten, indem es ein stark dialektisch beeinflußtes Bekenntnis – denn etwas anders ist es nicht – annahm. Es ist sehr seltsam, daß sich die wegen ihres Luthertums berühmten bayerischen Pfarrer in dieser Hinsicht gar keine Sorge gemacht haben. Sie scheinen Asmussen und Barth theologisch blind zu vertrauen. Diese Sorglosigkeit wollten wir allerdings stören. Alle die bitteren Worte wie „Verräter" werden die Herren und Brüder ja noch einmal zu verantworten haben. Auf den Anwurf: „wie es not war, haben die Erlanger nicht geschossen, und jetzt schießen sie von hinten" werde ich öffentlich antworten.
Auf die sachliche Kritik gehe ich jetzt nicht mehr ein. Der Ratschlag verträgt sowohl Ergänzung wie Kritik. Er ist ja viel bescheidener gedacht als das anspruchsvolle Barmer Bekenntnis; er will nur Arbeitsgrundlage sein. Warum will man das nicht sehen? – Übrigens: ich habe keine Angst vor dem Losungsworte „dritte Front". Das soll nicht heißen: sich zwischen die kirchenpolitischen Parteien stellen; wohl aber: der Ruf nach einer Erlösung aus der theologischen Alternative Barth–D.C. wird immer stärker in Deutschland! Dem will ich dienen. In dieser Hinsicht stehe ich nicht in der Barmer Front. Ich halte es für verhängnisvoll, daß wir dort mit allerlei Leuten zusammenstehen, die weniger für das Bekenntnis, als für Ihre Kirchenordnung kämpfen – warum sollten sie es nicht? Aber ist das alles einfach „Bekenntnis-Front"?!!
Mit herzlichem Gruß aus der [...] meine Empfehlung an Deine verehrte Frau Gemahlin
(wir gehen dieses Jahr an Ostern)
Dein ergebener Paul Althaus

71 Kurt Frör: Ein klärendes Wort zum Ansbacher Ratschlag

KorrBl 59 (1934), 2. Juli, S. 311

Es bedarf keines Hinweises darauf, daß der Ansbacher Ratschlag nicht nur eine theologische, sondern auch eine kirchenpolitische Seite hat, und daß – wenigstens innerhalb des Raumes der bayerischen Kirche – die kirchenpolitische Seite an ihm zunächst als die wesentlichere empfunden wurde.

Ohne und wohl ganz gegen die Absicht seiner Urheber erweckte der Ratschlag weithin den Eindruck einer kirchenpolitischen (nicht nur theologischen) Gegenparole gegen die vom Herrn Landesbischof in Barmen eingenommene Haltung. War doch wenige Wochen vorher aus dem bis vor kurzem noch stockliberalen Jena gegen das in der Bekenntnisfront stehende Bayern der ganz große Bannstrahl geschleudert worden, der den Vorwurf „des Abfalls von der lutherischen Weite, des Vergehens an der lutherischen Tiefe, der unbegreiflichen Preisgabe wichtigster Erkenntnisse an eine sehr geistreiche und doch sehr engstirnige moderne Theologie", „der schlimmsten Union mit der reformierten Renitenz im Rheinland", der „unbegreiflichen Hörigkeit" „unter einer im innersten lutherfremden Theologie" enthielt. Dabei war es jedem klar, daß es sich bei diesem Pamphlet primär nicht um ein theologisches Anliegen, sondern um kirchenpolitische Wühlarbeit und Sabotage handelte.
In welche peinliche Nähe zu diesem theologisch getarnten kirchenpolitischen Pamphlet mußte nun ein Ratschlag treten, der wenige Wochen danach in derselben Kirche verteilt wird und der mit Betonung „in der theologischen und kirchlichen Aussprache endlich die genuin lutherische Stimme zu Gehör" bringen will. Wie auch immer es gemeint war – war er so wie er herauskam wirklich gegen das kirchenpolitische Missverständnis gesichert? War es zu verdenken, wenn in nicht geringen Kreisen unserer Landeskirche die sorgliche Frage auftauchte, ob nicht etwa hinter diesem theologischen Wort ein Ansatz zu einer kirchenpolitischen Antithese gegen Barmen, die Bekenntnisfront und die Haltung des Herrn Landesbischof stehen könnte? Haben die Herausgeber des Ratschlages wirklich alles getan, um ein solches – heute doch geradezu in der Luft liegendes – Missverständnis von vornherein unmöglich zu machen?
Je mehr einen diese Fragen beschäftigen – und wer könnte leugnen, daß auch jede Spur eines Anlasses dazu gefehlt hätte? – desto dankbarer wird man sein, von einem der hauptverantwortlichen Unterzeichner klar und deutlich zu erfahren, wie der Ratschlag gemeint ist und wie er nicht gemeint ist.
Am Dienstag, den 26. Juni abends fand in Erlangen eine Besprechung der kirchlichen Lage statt zwischen Erlanger Dozenten und Studenten und einigen Gästen aus Erlangen und Nürnberg. Dabei erklärte sich Professor D. Althaus ausführlich über das Anliegen, das ihn bei der Unterschrift unter den Ratschlag geleitet hatte. Er führte ungefähr folgendes aus:
Der Ratschlag ist gemeint als ein unerlässliches Wort der Kritik an der Barmer theologischen Erklärung. Es sollte mit ihm verhindert werden, daß die Barmer Erklärung zur unveränderlichen Grundlage der weiteren theologischen Arbeit wird. Das ist deshalb notwendig, weil die Barmer Erklärung eine Art Minimaltheologie darstellt, die aus dem Kampf und der gegenwärtigen Frontstellung heraus geboren ist und der die Universalität fehlt, die auch die heutige theologische Arbeit braucht. Eine theologische

Formulierung mitten im Kampfgewühl kann nicht alles sagen. Darum muß dafür gesorgt werden, daß auch das, was in Barmen nicht gesagt wurde, nicht vergessen wird. Dem soll der Ratschlag dienen. Es ist theologische Kritik an Barmen, aber – und das betonte Prof. Althaus immer wieder aufs eindringlichste – durchaus als ein Wort innerhalb der gemeinsamen Barmer Front! Es geht dabei nicht im geringsten darum, Brücken zu bauen und den Vermittlungsmann (zur Front Gogarten, D.C. usw.) zu machen. Der Ratschlag ist herausgebracht worden nicht um das kirchliche Anliegen der Barmer Bekenntnisfront abzuschwächen oder zu desavouieren, sondern gerade im Gegenteil um dieses Anliegen und diese Front zu stärken. Es ging Professor Althaus dabei nicht darum, der Bekenntnisfront die Waffen aus der Hand zu schlagen, sondern im Gegenteil, sie zu schärfen. Der Ratschlag ist demnach – Prof. Althaus sagte das zunächst nur für seine eigene Person – keineswegs als eine Gegenparole gegen die Bekenntnisfront, sondern als eine Hilfe für sie gedacht. Er soll die Solidarität der Barmer als Front nicht schwächen oder stören, sondern stützen und befestigen.
Wir können nur sagen, daß wir für dieses klärende Wort außerordentlich dankbar sind. Und es wäre sehr zu begrüßen, wenn nur auf dieser Basis das theologische Gespräch ganz ernst aufgenommen würde: auf der Basis des gemeinsamen Kampfes gegen Irrlehre und Gewalttat in der Deutschen Evangelischen Kirche.

72 Wolfgang Trillhaas: Die genuine lutherische Stimme?

KorrBl 59 (1934), 2. Juli, S. 311f = Junge Kirche 2 (1934), S. 745–747

|311| Alle, die nicht nur an der lutherischen Theologie von Berufs wegen arbeiten, sondern auch eine Sammlung der Lutheraner für ein Gebot der Stunde halten, horchen auf, wenn Sätze veröffentlicht werden „in der Überzeugung, dass in der theologischen und kirchlichen Aussprache endlich die genuin lutherische Stimme zu Gehör gebracht werden muß." Denn das heißt doch wohl, daß alle die aus unserer Landeskirche mit guter Schrift- und Bekenntnisgrundlage lautgewordenen Stimmen nicht die genuin lutherischen Stimmen gewesen sind. Das heißt freilich auch, daß der Versuch, das von guten Lutheranern an einer gut und einwandfrei lutherischen Kirche geschehende Liebeswerk zur Erbauung lutherischer Gemeinden aus „grundsätzlichen" Gründen in Frage zu ziehen, noch nicht die genuin lutherische Stimme gewesen ist.
Was nun den „Ansbacher Ratschlag von 1934", für den dieser Anspruch erhoben wird, vor anderen Stimmen auszeichnet, kann nicht in der Versicherung der Bekenntnistreue erblickt werden, da das ein Motiv ist, welches der Reichskirchenregierung ebenso eignet wie dem Jenaischen Theologen Meyer und anderen Gruppen. Es kommt heute in solchen Fällen grundsätz-

lich darauf an, zu hören, was über diese Versicherung hinaus hinzugesagt wird an Zusätzen oder Deutung. Und es kommt darauf an, wahrzunehmen, wozu nicht Stellung genommen wird. Das Bekenntnis selbst ist ja historisch geworden, es ist Etappengebiet, durch das der Siegeszug der Väter ging.
Es ist infolgedessen grundsätzlich richtig, die Unvollendetheit der Reformation hinsichtlich der Folgen der Lehre und gegenüber der Gebundenheit die Kindesfreiheit zu betonen. Es hätte freilich doch die Frage erhoben werden müssen, ob nicht der Sinn der gegenwärtigen Theologie und Kirchengeschichte der ist, dass man sich auf Kindesfreiheit im Raume der Kirche nur zu gut – es kommt ja hiebei immer sehr auf die Artung und Erziehung der Kinder an – verstünde, daß man sich seines Sendungsbewußtseins in Richtung auf die eifrig zu hebende Unvollendetheit der Reformation nur zu sehr bewußt wäre? Löhe und Thomasius haben sich mit den zitierten Sätzen des Vorwurfs des Orthodoxismus erwehrt. Die gegenwärtige deutsche evangelische Kirche unterliegt diesem Vorwurf ganz gewiss nicht! Gegen wen richtet dann der Ansbacher Ratschlag diese Beteuerung?
|312| „Das Wort Gottes redet zu uns als Gesetz und Evangelium." Im ganzen weiteren Verfolg ist dann freilich nur noch vom Gesetz die Rede. Wir unterlassen die Frage, was diese Ausschließlichkeit der Beschränkung beabsichtigt und über alle Absicht hinaus bedeuten könnte und fragen nur, wie hier das Gesetz verstanden ist. In Absatz 2 wird es als Wort Gottes verstanden, also ganz richtig nach FC 5 und 6 als etwas, was nur auf Grund der Heiligen Schrift gepredigt werden kann. Darauf verwandelt sich plötzlich dieses Gesetz in die „Gesamtwirklichkeit unseres Lebens", in die Ordnungen von Rasse, Volk, Familie und in die Stunden der Geschichte. Es ist aber primär nicht daran gedacht, daß nun auf das Wort Gottes sich eine Predigt gründen soll. Keiner bestreitet, dass Gott alle diese Ordnungen als Schöpfer und Erhalter durchwaltet und auch unser Leben – uns freilich sehr verborgen – ganz und gar regiert. Niemand bestreitet in der Kirche, dass Christus in der Wirklichkeit eben dieses Lebens uns besucht hat und Gottes Wort uns als Bürgern dieses Volkes, dieser Rasse und Familie zu seinem Gehorsam ruft. Das aber ist sehr wohl zu bestreiten, dass für uns, die gefallenen Adamskinder, diese Ordnungen an die Stelle des geoffenbarten und nur zu predigenden Wortes treten können und dürfen. In diesen Ordnungen erkennen wir erst auf Grund des Wortes Gottes, nachdem uns die „Augen" des Glaubens aufgegangen sind, allerdings die unser ganzes irdisches Leben erhaltende Gnade, aber doch nur durchs Wort. Ohne Gottes Wort aber predigen diese Ordnungen Materialismus, Pessimismus, Ideologien aller Art und bestätigen so oder so jedenfalls den eigenen Willen des alten Adam. Diesen Willen will (laut FC., Epit. VI, 3) das Gesetz eben gerade brechen und zwingen. Warum spricht davon der Ansbacher Ratschlag von 1934 nicht mehr, nachdem doch die Männer des ersten Ansbacher Ratschlags etwas davon gewusst haben? Seit wann ist diese Gleichschal-

tung von Volksgesetz und Gottesgesetz, die Verkündigung der „genuinen lutherischen Stimme"?
Nun wird wohl in Abs. 6 gesagt, dass die Kirche in diesen Ordnungen das Gesetz Gottes zu verkündigen habe. Also sind doch Ordnungen und Gesetz nicht dasselbe? Aber woher weiß man von vorneherein, daß diese Predigt eine Begründung der Hoheit dieser Ordnungen ist? Hat man das nicht der Kontingenz des göttlichen Wortes zu überlassen? Ist nicht angesichts von Genesis 12, 1 und Galater 3, 27 und 28 noch mit anderen Ordnungen als den bloß natürlichen zu rechnen, von denen doch gerade das alte „genuine" Luthertum auch etwas zu sagen wußte? Warum schweigt der moderne Ansbacher Ratschlag davon?
Er schweigt überhaupt darüber, an welche geschichtlichen Veränderungen der kirchlichen Ordnungsmerkmale gedacht ist. Denn die als Beispiel herangezogene Verkündigung des Evangeliums in den Volkssprachen ist ja nur etwas, was sich nicht ändert, was nicht erst jetzt entdeckt ist und nicht nur eine Eigenart des Luthertums ist. Es ließen sich aber ganz konkrete Punkte nennen, in denen Verfassung und Kultus nach Auftrag des Herrn heute auszurichten wären. Anderwärts wird das auch deutlich gesagt. Aber die „genuine Stimme des Luthertums" begnügt sich mit dunklen Andeutungen. Es stehen heute ganz bestimmte Dinge in Frage: Amt und Gemeinde, Umgrenzung der Rechte einer christlichen Gemeinde, autoritäre Führung in der Kirche, Bekenntnisbindung der Landeskirchen im Verhältnis zur Reichskirche und anderes mehr. Hier ist die theologische Fahne des Luthertums, nach dem Ansbacher Ratschlag zu schließen, noch unbemalt. Die Fahne ist noch weiß. Weiße Fahnen haben in Kriegszeiten einen peinlichen Sinn. Denn dass Kriegszeit in der Kirche und Theologie ist, wird kaum bestritten werden können.
Was in Sachsen, was in Thüringen, was in Berlin als Luthertum heute interpretiert wird, ist deutlich. Muß sich der Ansbacher Kreis erst besinnen, was es diesen Deutungen des Luthertums gegenüber bedeutet, daß die Aufgabe der Reformation in jedem Augenblick neu gestellt ist? Und das kann dann doch nur ernsthaft besagen, daß von den modernen Hypothesen der natürlichen Theologie zurückgekommen werden muß auf das in Christus gesprochene Wort Gottes, wie es in der Heiligen Schrift Alten und Neuen Testaments gesagt ist. Es ist zu spät im Juni 1934, um die Häresien, die heute in ganz Deutschland als „Luthertum" angeboten werden, ein Rad außen herum zu schlagen, als ob man sich „weitere Schritte" (wohin?) vorbehalte. Oder will man am Ende jemand anderen treffen? Hic Rhodus, hic salta!
Erlangen, z. Zt. Halle S. Trillhaas.

73 Paul Althaus: Bedenken zur „Theologischen Erklärung" der Barmer Bekenntnis-Synode

KorrBl 59 (1934), 9. Juli, S. 318–320 = K. Beyschlag, Theologie, S. 258–265

|318| Nicht um die Barmer Bekenntnis-Synode als solche geht es im Folgenden, sondern allein um die „Theologische Erklärung", die sie angenommen und erlassen hat. Zu dem Kampfe um die Reinheit der kirchlichen Lehre, um wahrhaft kirchliches Kirchenregiment, um bekenntnismäßige Gliederung der „deutschen evangelischen Kirche" stehen wir entschlossen. Mit der Gewaltherrschaft in der Kirche gibt es für uns keinen Frieden. Auch wir lassen hier nicht mit uns reden. Wer sich in dieser Hinsicht wegen unserer theologischen Kritik an der Barmer Erklärung etwa Hoffnungen auf uns machen sollte, der wird sich schwer täuschen. Das sei im Voraus allen, die es angeht, deutlich gesagt.

Aber ein kritisches Wort zur Barmer „Theologischen Erklärung" ist freilich nötig. Es öffentlich zu sagen, habe ich die Pflicht. Denn ich habe schon Wochen vor der Barmer Synode, als mir der Entwurf der Erklärung bekannt wurde, an maßgebender kirchlicher Stelle dringend vor der Annahme dieses Entwurfes gewarnt. Leider vergeblich: der Entwurf ist wesentlich in der Gestalt, die ich als Lutheraner für untragbar erkläre, angenommen und auch von den Lutheranern unterzeichnet worden.

Daß in der Erklärung viele Sätze stehen, zu denen wir einfach und vorbehaltlos Ja sagen, bedarf keines Wortes. Aber als theologisches Wort „zur gegenwärtigen Lage der Deutschen Evangelischen Kirche" ist sie unzulänglich. Sie behandelt in ihren Darlegungen und Verwerfungen große Fragen und Aufgaben, die der Theologie und Kirche gestellt sind, als nicht vorhanden. Sie verwirft die Antworten, die die „Deutschen Christen" auf jene Fragen gegeben haben. Diese Verwerfung ist gutenteils auch uns selbstverständlich, aber zugleich doch zu billig, weil sie selber die Frage nicht zu kennen scheint, auf die jene falsch geantwortet haben. In alledem ist die Linie lutherischer Theologie nicht gewahrt. Wie konnte man auch nur glauben, diese Linie einhalten zu können, wenn Karl Barth an der Abfassung der Theologischen Erklärung führend beteiligt war? Seit dem ersten Hefte von „Theologische Existenz heute!" war doch deutlich, daß Barth nicht nur mit den „Deutschen Christen", sondern auch z. B. mit den lutherischen Theologen, die sich damals zur Jung-reformatorischen Bewegung hielten oder ihr wenigstens theologische nahestanden, nichts zu tun haben wollte und will. Was konnte man von maßgeblicher Mitarbeit Karl Barths bei seiner theologischen Eigenwilligkeit, bei der Schärfe, mit der er von seinen einstigen theologischen Freunden wie Gogarten, Merz, Brunner in aller Form Abstand genommen hat – was konnte man anderes erwarten, als daß seine Theologie der Erklärung den klaren Stempel geben werde? So ist es gekommen.

Das zeigt sich schon in der grundlegenden ersten These. Jesus Christus „das eine Wort Gottes“; verworfen wird „die falsche Lehre“ die Kirche könne und müsse „neben diesem einen Worte Gottes auch noch andere Ereignisse und Mächte, Gestalten und Wahrheiten als Got|319|tes Offenbarung anerkennen.“ Wir fragen: wo bleibt das Gesetz Gottes, das er nach Paulus und Luther allen Menschen ins Herz geschrieben und in der heiligen Schrift „fein und klar gefaßt“ hat? Ist nicht auch das Gesetz „Wort Gottes“? Ferner: die These schließt das, was unsere Väter in der alten Dogmatik revelatio generalis nannten, einfach aus. (Unklar ist dabei das Verhältnis der beiden Bestimmungen: „Als Quelle ihrer Verkündigung“ und „als Gottes Offenbarung“. Soll das Zweite nur im Rahmen des Ersten ausgeschlossen werden?) Wie will man das vor der heiligen Schrift, vor den Reformatoren, vor der Lehrüberlieferung unserer Kirche verantworten? Hier geht es übrigens nicht um den Gegensatz von lutherisch und reformiert, sondern um die Sondereigentümlichkeit der dialektischen Theologie Barths. Der Reformierte Emil Brunner schreibt in seiner wichtigen Schrift „Natur und Gnade“, 1934: „Die schwierige Frage ist nicht: ob es zweierlei Offenbarung gebe. Diese Frage ist vielmehr ein für allemal von der Schrift aus bejahend zu beantworten“. Unsere Kirche lehrt, daß es nur eine Heils-Offenbarung gibt, aber wir kennen vor ihr und auf sie hin eine Ur-Offenbarung oder (wenn man diesen Ausdruck bedenklich findet) die Selbstbezeugung Gottes in der Wirklichkeit der Welt und unserer selbst, von der wir jederzeit herkommen, eine vocatio generalis, wie unsere Väter sagten, auf deren Boden es das natürliche Ethos, z.B. das völkische und politische Ethos gibt, die justitia civilis (Conf. Aug. 18), die Gott haben will, obgleich sie vor ihm nicht gerecht macht und unsere Heillosigkeit nicht aufhebt. Warum hat man davon geschwiegen? Um sich möglichst scharf und weit abzusetzen von dem schlimmen Mißbrauche, den die „Deutschen Christen“ im letzten Jahre mit dem Begriffe Offenbarung getrieben haben? Mir scheint, man bekämpft den Mißbrauch des Gedankens der natürlichen Offenbarung nicht dadurch, daß man den Begriff überhaupt preisgibt, sondern dadurch, daß man ihn scharf und klar umgrenzt. Wie der Barmer Satz lautet, kann er kaum anders als im Sinne derer verstanden werden, die jedes Bekenntnis, daß uns in einer geschichtlichen Stunde Gott begegnet sei, als „Kairos-Philosophie“ ächten oder als „geschichtsphilosophische Deutung“, die mit Verkündigung nichts zu tun habe, oder wie die Steckbriefe sonst lauten. In unseren Gesangbüchern steht das Lied Schenkendorfs:

„Du läßt dich wiedersehen,
Des Volkes alter Hort;
Heil allen, die verstehen
Dein Zeichen und dein Wort.“

Das ist Ausdruck der im Freiheitskriege erfahrenen Gottesbegegnung. Ich frage nur: fällt dieses Lied auch unter das Verdikt über alle, die neben dem einen Worte Jesus Christus noch „andere Ereignisse und Mächte“ als „Gottes Offenbarung anerkennen“? – Warum die Kirche gerade heute in ihrer Verkündigung sich leiten lassen muß durch das Wissen um Ur-Offenbarung, habe ich in meiner Schrift „Die deutsche Stunde der Kirche“ 1933 zu zeigen versucht.

Zu These 2. Sie soll wohl die Lehre vom Gesetze Gottes ersetzen. Aber das vermag sie nicht. Es fällt auf, daß weder hier noch sonstwo in der Erklärung ein Wort steht von den Ordnungen, an die Gottes Wille uns bindet. Es ist wohl die Rede von „den gottlosen Bindungen dieser Welt“ (was ist damit gemeint?), aber nicht von den Bindungen, in die Gott uns gesetzt hat. Das unbestimmte Wort „Geschöpfe“ ist kein Ersatz. Warum wird nicht wenigstens gesagt, was unter den „Geschöpfen“ zu verstehen ist? Auch das Volk? oder nicht? Wir haben im Blicke auf manche Erklärungen des letzten Jahres, die den Verfassern der Barmer Erklärung nahestehen, wohl Anlaß und Recht zu dieser Frage. Joachim Beckmann wußte in seiner Antwort auf die Rengsdorfer Thesen vom Volke nichts anderes zu sagen als: „Das Volkstum ist eine geschichtliche Gegebenheit, in der ich stehe. Es gehört ganz und gar zur Welt, es ist Welt und als solches mit ihr gefallene, sündige, von Gott losgelöste Welt“ usw. Gewiß, das Letztere lehren wir auch, aber in dem gleichen Atem, indem wir von dem Volkstum reden als von göttlicher Schöpfung, wie Luther es tat. (Weimarer Ausgabe 31 I S. 193ff.) Bei Beckmann steht kein Wort davon. Er ist Mitglied des Bruderrates der Barmer Synode und hat die Erklärung mit den Lutheranern unterschrieben. Haben wir nicht wahrlich Recht zu theologischer Sorge? Und liegt die Entstellung und Verkürzung des Bekenntnisses unserer Kirche dann wirklich nur auf der einen Seite vor? In der ganzen Barmer Erklärung ist von dem Volke (außer in der biblischen, lehrmäßig-belanglosen Wendung „an alles Volk“ am Schlusse der sechsten These) nirgends die Rede. Warum nicht? Aus Ueberdruß an den heidnischen oder halbheidnischen Theologien, Mythologien, Pseudo-Theologien des Volkes, die wir im letzten Jahre bekommen haben? Aber tut man seine Pflicht gegenüber der Irrlehre, wenn man den Raum, da sie nistet, theologisch leer läßt, statt ihn durch gute Theologie zu besetzen, die Gott als Schöpfer und Herr der Völker verkündigt?

Unbefriedigend ist weiter die Verwerfung bei These 2: „Wir verwerfen die falsche Lehre, als gebe es Bereiche unseres Lebens, in denen wir nicht Jesus Christus, sondern anderen Herren zu eigen wären“. Unwidersprechlich richtig, sobald es sich um die Frage nach dem unbedingten Herrn unseres Lebens handelt – wir haben da nur den einen Herrn. Aber dieses unwidersprechlich Richtige ist nun doch keine Antwort auf die uns heute brennende Frage: wir haben auch irdische Herren und Bindungen, wir sind auch hier zu unbedingter Treue gefordert, zum Gehorsam – wie ist das möglich, was heißt es, Christo gehorsam sein und auch einem irdischen Führer gehorsam sein? Hier fangen die Fragen ja erst an. Durfte eine theologische

Erklärung der Bekenntnis-Synode zur Lage es sich so billig machen? Die „Geschöpfe" – um einmal mit der Erklärung zu reden – nehmen uns, da wir an ihnen dienen sollen, nach ihren eigenen Lebensgesetzen in Anspruch – wie verhalten sich diese Lebensgesetze zu dem Willen Jesu Christi, unseres einzigen Herrn?

Auch die Verwerfung in These 3 macht sich die Sache zu leicht. Sie springt über eine ernste Frage hinweg. „Wir verwerfen die falsche Lehre, als dürfe die Kirche die Gestalt ihrer Botschaft und ihrer Ordnung ihrem Belieben oder dem Wechsel der jeweils herrschenden weltanschaulichen und politischen Ueberzeugungen überlassen." Gewiß, ihrem Belieben darf die Kirche die Gestalt ihrer Botschaft und ihrer Ordnung nicht überlassen. Und sie darf in Botschaft und Ordnung nicht weltanschaulichen oder politischen Moden verfallen – selbstverständlich! Aber innerhalb dieses Selbstverständlichen fangen die Fragen doch erst an – sie verschweigen, heißt, die Lage, zu der man sprechen will, nicht wirklich ernst zu nehmen. Der Gehalt der Botschaft ist unveränderlich, aber die „Gestalt", von der Satz 3 redet, ist geschichtlich-bestimmt und wandelbar, also doch wohl auch durch das Eingeben auf den Wandel der Weltanschauung und des politischen Denkens mitbestimmt, wenn anders dieser Wandel das geistige Schicksal, die Wirklichkeit der Menschen ist, denen ich die Botschaft zu sagen habe. Und die „Gestalt der Ordnung" der Kirche? Für uns Lutheraner ist die Ordnung der Kirche immer auch durch die Ordnung des Volkes, in das die Kirche eingeht, also durch politische Wirklichkeiten (zu denen auch politische Ueberzeugungen gehören können!) mitbestimmt. Nicht das ist die Sünde der „Deutschen Chris|320|ten", daß sie hier Zusammenhänge sehen; sondern: wie sie sie auffassen und vor allem: wie sie sie verwirklichen wollten, nämlich unter Benutzung politischer Mittel, mit Gewalt (s. auch die treffliche Schrift von Siegfried Knak, „Kirchenstreit und Kirchenfriede", 1934, Berlin, Heimatdienst-Verlag). Kein Lutheraner kann meinen, mit der Verwerfung zu These 3 dem Verhältnis von Botschaft und geistiger Wirklichkeit der Menschen, dem Verhältnis von Ordnung der Kirche und Volksordnung gerecht geworden zu sein. Die Barmer Erklärung sieht offenbar die „Gestalt der Botschaft" der Kirche und den geschichtlichen Augenblick, die Ordnung der Kirche und die Volksordnung nur im Abstande, nicht auch in der positiven Beziehung, die für lutherisches Denken und lutherische Kirchengestaltung immer wesentlich gewesen ist. Wir müssen an der Erklärung genau das Gleiche aussetzen, was Siegfried Knak jüngst Karl Barth vorgeworfen hat: sie antwortet „auf die Frage, was die Kirche mit Wort und Tat, also auch mit ihren Ordnungen, auf das Neuerwachen deutschen Volkstums zu antworten hat, gar nicht oder unzureichend".

Schwere Bedenken erweckt z.B. auch These 5. Was für ein unzulängliches Reden vom Staate! Der Staat hat „unter Androhung und Ausübung von Gewalt für Recht und Frieden zu sorgen". Mehr nicht! Kein Wort über den Zusammenhang von Staat und Volk, der nach Gottes Geschichtsführung unser deutsches Schicksal geworden ist; kein Wort über den Dienst des Staates an einem Volke, über den Staat als Ordnung dieses bestimmten Volkes für das Leben in der Geschichte. Mit dem Anspruche, die reine und volle biblische und bekenntnismäßige Wahrheit zu sein, macht sich hier der liberale Begriff des bloßen Rechtsstaates geltend, den wir in den Schriften Karl Barths finden. Luther hat mehr vom Staate zu sagen gewußt, und die Lehrüberlieferung unserer Kirche auch; es sei nur an die ausgezeichneten politischen Abschnitte in der Ethik von Harleß erinnert.

Weil vom Staate so unzulänglich geredet wird, können auch die lebendigen Beziehungen, in die Staat und Kirche durch den ihnen beiden aufgetragenen Dienst an dem einen Volke gewiesen sind, garnicht gesehen werden. Die Erklärung weiß nur von dem Unterschied und der Trennung des staatlichen und kirchlichen Auftrages, aber nichts von der Bedeutung und Verbindung von Staat und Kirche im Dienste an dem Volke zu sagen. Das ist folgerichtig. Es hängt daran, daß die Beziehung sowohl der Kirche wie des Staates zu dem Volke unzureichend bestimmt ist.

Die Sache, um die es der Barmer Bekenntnissynode eigentlich geht, nämlich der Kampf um die Reinigung der Kirche von unchristlicher Verkündigung, vor unkirchlichem Regimente, ist auch die unsere; sie ist gut und ist stark. Wir denken nicht daran, sie irgendwie schwächen zu wollen. Im Gegenteil: wir wollen sie stärken. Sie wäre noch stärker, wenn man sie nicht mit einer unzureichenden, im Reden und Schweigen vielfach irrigen theologischen Erklärung verknüpft und dadurch geschwächt hätte. Wir wollen in theologischen Erklärungen gewiß ganz auf die Notwendigkeit der Stunde achten. Darum kommt es nicht darauf an, immer alles, was an sich richtig und wahr ist, mit gleichmäßiger Betonung zu sagen. Die Stunde, ihre Not und Gefahr setzt die Accente. Aber der Notwendigkeit der Stunde gehorchen heißt nicht, sich so in den Bann der Gegner begeben, daß man aus Abscheu vor ihren Antworten zum Widerspruche gegen sie die Frage, die durch sie hindurch oder hinter ihnen, trotz ihnen, trotz ihrer theologischen und kirchlichen Sünden vor Gott selber in der jetzigen Stunde neu gestellt ist (neu gestellt, denn sie ist jeder Zeit in ihrer Weise gestellt!), übergeht und als nicht vorhanden behandelt. Das wäre auch „Kairos-Theologie", nur mit negativem Vorzeichen. Wir werden erst dann ganz stark, ganz kirchlich sein, wenn wir den kirchlichen Kampf mit einer besseren Theologie führen! So bedürfen wir um des Kampfes willen heute einer neuen theologischen Besinnung, die uns über die Enge und Unzulänglichkeit der Barmer theologischen Erklärung hinausführt. Wir müssen selber die Wahrheit, die in den Forderungen und theologischen Sätzen der anderen häretisch verzerrt wird, sehen, aussprechen, in unserem kirchlichen Willen und Handeln geltend machen. Dann erst haben wir – menschlich geredet – die Vollmacht, die den bisherigen theologischen Erklärungen fehlt: durch unser theologisches

Zeugnis die Gegner entweder mit innerem Rechte aus der Kirche des Evangeliums auszuschließen oder die unter ihnen, die im Ernste an der Kirche Jesu Christi im deutschen Volke dienen wollen, innerlich zu überwinden und uns zur Einheit der Kirche in der Wahrheit zurückzuführen.

Die Schriftleitung des Korrespondenzblatts merkte zu diesem Text an: „Wir freuen uns, daß Herr Professor D. Dr. Althaus (der uns den vorliegenden Artikel ebenso wie der „Lutherischen Kirche" und der „Jungen Kirche" zugeleitet hat) seine Bedenken innerhalb der Suche der Barmer Bekenntnissynode erhebt. Wir hoffen, daß die theologische Einigung der Barmer Lutheraner mit Herrn Professor D. Dr. Althaus im Rahmen des von der Barmer Synode in Aussicht genommenen lutherischen Konventes angebahnt werden kann."

74 Heinrich Seiler: „Confessio Barmensis"
KorrBl 59 (1934), 9. Juli, S. 320f.

|320| Ueber die Absicht des Ansbacher Ratschlages von 1934 war wohl mancher Leser nicht recht klar, besonders weil das vom Bruderrat vermisste „Damnamus" fehlte. Einen wesentlichen Beitrag zur Beseitigung dieser Unklarheit bietet Elerts Artikel „Confessio Barmensis" in der Allgemeinen Evang. Luth. Kirchenzeitung Nr. 26. Hier haben wir ein „Damnamus", allerdings geht es in anderer Richtung als der Bruderrat gewünscht hätte, nämlich gegen die Barmer Erklärung. Die anscheinend vollständige Gleichsetzung von Gesetz und natürlichen Ordnungen im Ansbacher Ratschlag und der in Elerts Aufsatz erhobene, wahrscheinlich manchem Leser verwunderliche Vorwurf des Antinomismus gegen den 1. Satz der Barmer Erklärung beleuchten sich gegenseitig. Elert schreibt: „Daß dieser Barmer Bekenntnissatz eine geradezu provozierende Wiederholung der antinomistischen Irrlehre der Reformationszeit ist, wird jedem, der nicht auf dem Boden des Barmer, sondern des lutherischen Bekenntnisses steht, sofort einleuchten" – also ein „Damnamus" gegen uns alle, denen das nicht sofort einleuchtet, weil wir die 1. Barmer These so auffassen wie sie gemeint ist. Die entscheidenden Sätze, mit denen dieses Urteil begründet wird, lauten: „... keinesfalls aber kann das, was in der Schrift, vor allem auch im N. T. als ‚Gesetz' bezeichnet wird, als Zeugnis von Christo bezeichnet werden ..." „Der Satz, daß außer Christo keine Wahrheit als Gottes Offenbarung anzuerkennen sei, ist Verwerfung der Autorität des göttlichen Gesetzes neben der des Evangeliums." Man vergleiche dazu Röm. 3, 21, wo Paulus sagt, die ohne Zutun des Gesetzes offenbarte Gottesgerechtigkeit sei „bezeugt durch das Gesetz und die Propheten", also wörtlich behauptet, was oben für unmöglich erklärt ist. Ferner sei erinnert an Joh. 1, 45; 5, 46; 19, 36 im Zusammenhang mit Ex. 12, 46. Auch der Schatten (Kol. 2, 17, Hebr.10, 1) zeugt doch vom Körper. In den Stellen, an die sich die 1. Barmer These in ihrer positiven Formulierung wörtlich anlehnt, wird Christus „das

Wort“ (Joh. 1, 1) oder „das Wort Gottes“ (Apok. 19, 13) genannt, also doch wohl nicht ein Wort neben anderen. Hiezu wäre etwa Kol. 2, 3 und 9 zu vergleichen.

Was Luther anlangt, so sei mir gestattet, den gut lutherischen Theodosius Harnack zu zitieren („Luthers Theologie“ 1. Band S. 451 ff. der von Lic. Schmidt besorgten Neuausgabe): „Luther widerspricht sich dabei keineswegs.“ (Nämlich wenn er Gesetz und Evangelium nicht nur unterscheidet, sondern auch in eins zusammenfasst.) „Denn wenn er beide, Gesetz und Evangelium, nicht etwa getrennt, sondern unterschieden haben will, so ist damit schon angezeigt, daß er beide einer und derselben Sphäre, nämlich dem Heilsgebiet, zuzählt, anders könnte von einer Unterscheidung überhaupt nicht die Rede sein. Auch wissen wir ja, daß er dabei an das Gesetz als isoliertes nicht nur nicht denkt, sondern dasselbe aufs entschie|321|denste als einen nach der geschehenen Erlösung gar nicht mehr in Betracht kommenden Faktor hinausweist. Das beide gemeinsam umschließende Gebiet aber, die göttliche Heilsökonomie bezeichnet er in jenen und den verwandten Stellen als Evangelium, zuvörderst, weil dasselbe, indem es Buße und Vergebung verkündigt, ‚eben hierdurch beständig behauptet, daß Alle Sünde haben, auch so allerdings alle als Sünder bestraft.‘ D. h. er bracht hier den Ausdruck Evangelium in dem weiteren Sinne, wonach es das Gesetz als Wort Gottes, als aufs neue und für den Heilszweck geoffenbartes und gepredigtes, in sich einschließt, so daß dasselbe zu ihm gehört, wie Johannes zu Christus und die Buße zum Glauben. Darum lehrt er auch umgekehrt, daß dieses Gesetz, wie ‚das ganze alte Testament‘, auch das Evangelium, Christum, in sich schließe und ‚uns zu Christo schicke‘, ‚der auch im Gesetze Mosis und Dekalogs eingemengt‘ und schon in das erste Gebot ‚mit hinein gefasst ist‘. Wie er denn mit Recht das Strafwort, das Gott gleich nach dem Sündenfall ausgesprochen, als ‚ein Zeichen der höchsten Gnade‘ und dafür angesehen haben will, ‚daß sich Christus auch dazumal als ein Mittler zwischen Gott und den Menschen geschlagen hat‘. Ebenso sieht er in den Eingangsworten des Dekalogs die Verheißung eingeschlossen: ‚Ich bin dein Gott, der dich selig machen will aus lauter Gnaden‘ und übersetzt dieselben neutestamentlich dahin: ich bin der Herr, dein Gott, ‚der Dich erlöset hat durch das Blut seines Sohnes Jesu Christi‘.

Diese Anschauung von dem Ineinandersein des Gesetzes und des Evangeliums, gerichtet gegen die falsche und verderbliche, das Gesetz isolierende (von mir gesperrte) Lehre der Werkgerechten (denn ‚das Gesetz für sich allein‘, ohne Christum, ist ‚eitel Tod und Gift‘) will aber nicht so verstanden sein, noch ist sie von Luther so gemeint, als ob ihm beide einander koordiniert wären. ... Darum sind sie auch beide ‚nicht gleich‘ der Ordnung nach. Seine bezügliche These lautet vielmehr: ‚Christum habere omnia Mosis, sed Mosen non omnia Christu‘ ... Darum ist das Gesetz, nur also zu leiden, daß es unter dem Herrn Christo bleibe‘. Weil ihm also innerhalb der Heils-

ökonomie ... die Gnade der bestimmende, das Gesetz der bestimmte Faktor des Gegensatzes ist, darum vermag er auch unter dem Evangelium beides zusammenzufassen.“ Soweit Th. Harnack.
Die im Ansbacher Ratschlag niedergelegte Auffassung vom Gesetz steht auch hinter Elerts Kritik an den anderen Barmer Sätzen. Es sei darauf nicht weiter eingegangen und nur festgestellt, daß E. im 5. Barmer Satz Inkonsequenz gegenüber dem 1. findet; man wird daraus schließen dürfen, daß seine Kritik den Sinn des 1. Barmer Satzes nicht trifft.
Ein anderes Mitglied des Ansbacher Kreises (Werlin) macht in Nr. 26 zur „Verkehrsregelung“ Weisungen Jesu (Matth. 5, 21 f.) geltend. Nicht um ihm zu widersprechen, sondern zur sachlichen Klärung sei die Frage erlaubt: Sind diese Gebote Jesu ein Stück der natürlichen Ordnungen oder nicht? Wenn nein, wie wäre dann die Beziehung zwischen beiden zu bestimmen? Hier wäre an Luthers Ablehnung des katholischen Begriffes der consilia evangelica zu erinnern.
Hinter dem Anspruch des Ansbacher Ratschlages, endlich einmal die genuin lutherische Stimme zu Gehör bringen zu wollen, mag wohl der Vorwurf des Unionismus gegen die Barmer Synode stehen, den Elert ausdrücklich erhebt (ähnlich Wolf Meyer u. a.). Daß es gewagt ist, mit Reformierten gemeinsam ein theologisches Wort zu sagen, ist nicht zu bestreiten. Wollte man es aber grundsätzlich für verboten erklären, so müßte man auch auf das Apostolikum verzichten, das wir ja nicht nur mit den Katholiken, sondern auch mit den Reformierten gemeinsam haben. Man müßte dann auch von Luther abrücken, der in Marburg nicht nur den Dissensus in der Abendmahlslehre, sondern auch vorher den Konsensus in 14 anderen Punkten feststellte und sich gemeinsam mit Zwingli darüber erklärte. In Barmen gab die geschichtliche Stunde (positiv und negativ) den Anlaß zu solchem Wagnis, das angesichts des gemeinsamen Gegners geboten war.

75 Flugblatt der Lutherischen Arbeitsgemeinschaft Deutscher Studenten Erlangen der Herren Universitätsprofessoren D. Dr. Paul Althaus, D. Dr. Friedrich Ulmer, D. Dr. Hans Preuß

LAELKB, KKF 2

Grundsätze und Forderungen:

1. Volk und Staat erkennt die Lutherische Arbeitsgemeinschaft als höchste irdische, von Gott gegebene Güter an und steht mit vollem Bewußtsein hinter der Aufbauarbeit der Regierung der nationalen Revolution.
2. Auf dem Boden der lutherischen Bekenntnisschriften kämpft die Arbeitsgemeinschaft für eine unbeeinflußt vom Staate gebildete und von diesem unabhängige Lutherische Kirche Deutscher Nation. (Cf. Hitler am 1. Mai).

3. Wir sind uns bewußt, daß dieses Ziel erreicht wird durch echte Besinnung auf das wahrhaft ursprüngliche Wesen der Kirche. Daher fordern wir: Intensives Studium der reformatorischen Schriften und ihre praktische Auswertung.
4. Darum begrüßen wir den Zusammenschluß der luth. Kirchen im neuen Deutschland als ersten Schritt zur Bildung einer lutherischen Kirche deutscher Nation.
5. Im Kampf gegen jegliche bekenntnisfremde Theologie und Kirchenauffassung sind wir uns bewußt, vom Evangelium und Bekenntnis her Antwort auf die Frage der Zeit (z. B. Rasse) geben zu müssen.
6. Wir fordern straffe geistliche Führung aller zum Dienst an der Gemeinde Berufenen und besonders starke Heranziehung der jungen Generation zu solchem Dienst.
7. Wir fordern unbedingte Zusammenarbeit zwischen Gemeinde und Kirche und ein Heranziehen lebendiger Gemeindeglieder zur kirchlichen Mitarbeit.
8. Diesen Kampf wollen wir stets in engster Fühlung mit den Luth. Landeskirchen und den verwandten Bestrebungen innerhalb des Deutschen Luthertums führen.
9. Darüber hinaus legen wir uns in keiner Weise kirchenpolitisch fest.

Auskunft über die Arbeitsgemeinschaft erteilt die Führung:
Erlangen, Ringstraße 12/11
Grundsätze ebenda: 100 Stück zu RM. 1,20 zuzüglich Porto.
Zustimmungserklärungen wollen an die Lutherische Arbeitsgemeinschaft Erlangen gerichtet werden.

76 Schreiben Landesbischof Meisers an Hans von Soden. München, 19. Mai 1937

FKiZM. Nachlass Hans von Soden, Nr. 19

Sehr verehrter Herr Professor!
Ihr Vortrag „Über Artikel 1 der Verfassung der Deutschen Evangelischen Kirche und die Barmer theologische Erklärung" ist eine hochbedeutsame Aeusserung zu den Auseinandersetzungen über Barmen. Beim Lesen desselben ist mir erneut klar geworden, auf einem wie schmalen Grat zwischen reformiert und lutherisch sich die Barmer Erklärung belegt und mit welcher Sorgfalt sie vermeidet, nach einer der beiden Seiten hin zuviel zu sagen. Diese ihre Zurückhaltung ist freilich auch ihre Schwäche. Man möchte als Lutheraner manchmal weitergehen und manches anders sagen, als es in der Barmer Erklärung geschieht. Aehnlich werden die Reformierten von ihrem Standpunkt aus urteilen. Behält man aber stets im Auge, welchem Zweck die Erklärung dienen sollte und heute noch zu dienen hat, so ist es unmög-

lich, sie nachträglich deshalb zu verleugnen, weil von denen, die das ausser acht lassen, harte Kritik an ihr geübt wird. Ich könnte mir denken, dass Ihr Vortrag viel zur Klärung über das Problem Barmen beiträgt, danke Ihnen deshalb herzlich für die Übersendung und wünsche, dass er weiterhin Beachtung findet.
In aufrichtiger Verbundenheit Ihr
D. Meiser

77 Schreiben Landesbischof Meisers an das Presbyterium der evang. reformierten Gemeinde Barmen-Gemarke. München, 18. Dezember 1940

LAELKB, NL Meiser, Hans 101/36–240

Sehr verehrte Herren und Brüder!
Für die Ueberreichung des Büchleins „Unsere evangelisch-reformierte Gemeinde Barmen-Gemarke“ sage ich herzlichen Dank. Das Büchlein und der beigefügte freundliche Gruß rufen in mir die Erinnerung an die Zeit wach, da der Kirchenkampf am heftigsten tobte und in der das eigentliche Anliegen, um das es der bekennenden Kirche ging, am deutlichsten in die Erscheinung trat. Später trübte sich das Bild und man gab uns die Schuld, als ginge es uns in diesem Kampfe nicht um das Letzte und Höchste, sondern als seien auch wir irdischen Zielsetzungen und menschlichen Machtgelüsten verfallen. Da wird der Tag in Barmen immer ein aufgerichtetes Zeichen bleiben, daß unser Wollen rein war und wir nur aus der Bindung an den vom Herrn der Kirche empfangenen Auftrag handelten. Man wird die Geschichte der vergangenen Jahre nicht schreiben können, ohne dabei der Bekenntnissynode von Barmen in besonderer Weise zu gedenken. Aber auch wenn die Geschichtsschreibung ihrer vergäße, in den Herzen derer, die den Tag von Barmen miterlebt haben, wird er in unvergänglichem Gedächtnis bleiben. Und ist die Entwicklung auch andere Wege gegangen als wir es uns damals vorstellten, so wird doch die Verbundenheit, die jener Tag schuf, ein immerwährendes Geschenk an uns alle sein.
In dieser Verbundenheit Grüße ich aufs herzlichste die Brüder!
D. Meiser

2.2.4 *Diensteid der Geistlichen*

78 Bekanntmachung an die Geistlichen der bayerischen Landeskirche über das Kirchengesetz über den Diensteid der Geistlichen und Beamten vom 9. August 1934

ABlELKB 1934, S. 119f.

|119| Die am 9. August 1934 nach Berlin zusammengerufene Nationalsynode nahm gegen den begründeten Protest unserer Abgeordneten eine Reihe von Gesetzen an, deren Vollzug wir für die bayer. Landeskirche als eine lutherische Bekenntniskirche ausschließen müssen. Namentlich das Gesetz über den Diensteid der Geistlichen und Beamten widerspricht so sehr der evangelisch-lutherischen Auffassung, daß wir uns veranlasst sehen, unseren Geistlichen ausdrücklich die Gründe mitzuteilen, die den Landeskirchenrat – wie die bayerischen und andere kirchliche Vertreter auf der Nationalsynode – bestimmt haben das Gesetz abzulehnen.[5]

I.

Die Kirche als Gemeinschaft der Gläubigen kennt nach dem klaren Zeugnis der hl. Schrift keinen Eid als christliches Gebot (Matth. 5, 34ff., Jak. 5, 12). Eingedenk der Worte ihres Herrn hat darum die evangelische Kirche – im Unterschied zur römisch-katholischen Kirche – kein Eidesrecht ausgebildet. Sie hat sich je und je – auch als Volkskirche – gescheut, ihren Gliedern einen Eid aufzuerlegen, obschon sie als eine äußere und rechtlich verfaßte Gemeinschaft das feierliche Gelübde und die ernste Verpflichtung als Hinweise auf bestehende Bindungen kennt und festhält.
Dagegen kann der Staat in seinem Bereich mit Recht von seinen Untertanen einen Eid fordern (Conf. Aug. Art. 16; F. C. Sol. Decl. XII, 20). So verlangt er z. B. den Eid vor Gericht, den Fahneneid auf den obersten Kriegsherrn, den Diensteid seiner Beamten. Der evangelische Christ leistet diesen Eid im Gehorsam gegen die Obrigkeit als die gute Ordnung Gottes (Matth. 22, 21;

5 *Der Diensteid vom 9. August 1934 lautete:* „Ich, N. N., schwöre einen Eid zu Gott, dem Allwissenden und Heiligen, daß ich als ein berufener Diener im Amt der Verkündigung sowohl in meinem gegenwärtigen wie in jedem anderen geistlichen Amte, so wie es einem Diener des Evangeliums in der Deutschen Evangelischen Kirche geziemt, dem Führer des deutschen Volkes und Staates Adolf Hitler treu und gehorsam sein und für das deutsche Volk mit jedem Opfer und jedem Dienst, der einem deutschen evangelischen Manne gebührt, mich einsetzen werde; weiter, daß ich die mir anvertrauten Pflichten des geistlichen Amts gemäß den Ordnungen der Deutschen Evangelischen Kirche und den in diesen Ordnungen an mich ergehenden Weisungen gewissenhaft wahrnehmen werde; endlich, daß ich als rechter Verkündiger und Seelsorger allezeit der Gemeinde, in die ich gestellt werde, mit allen meinen Kräften in Treue und Liebe dienen werde. So wahr mir Gott helfe!“

Röm. 13, 1 ff.). Luther: „Wenn er (der Eid) aus Not geschieht, ist er nicht verboten, ist auch nicht unrecht. Dann geschieht er aber aus Not, wenn die Oberkeit einen Eid erfordert für Gericht usw., wie auch geschieht, wenn man den Fürsten und Herren huldet und schwöret, und ist recht" (E. A. 36, 88). Insofern als der Pfarrer im Dienste der Volkskirche Träger allgemeiner oder besonderer staatlich anerkannter oder verliehener öffentlicher Funktionen ist, kann der Staat einen Treueid von ihm verlangen. Vgl. den Diensteid des früheren Kgl. Pfarrers, vgl. auch den neuerlichen Staatstreueeid der katholischen Bischöfe:
|120| „Vor Gott und auf die Heiligen Evangelien schwöre und verspreche ich, so wie es einem Bischof geziemt, dem Deutschen Reiche und dem Lande ... Treue. Ich schwöre und verspreche, die verfassungsmäßig gebildete Regierung zu achten und von meinem Klerus achten zu lassen. In der pflichtmäßigen Sorge um das Wohl und das Interesse des deutschen Staatswesens werde ich in Ausübung des mir übertragenen geistlichen Amtes jeden Schaden zu verhüten trachten, der es bedrohen könnte." (Konk. Art. 16.)[6]
Wenn aber die Kirche von sich aus einen Treueid auf den Staat fordert, entgeht sie schwer dem Vorwurf, in ein fremdes Amt zu greifen. (Conf. Aug. Art. 16 und 28.)

II.

Das Amt der Verkündigung unterscheidet sich grundsätzlich von allem weltlichen Amt und Dienst dadurch, daß es seinen Auftrag allein von Christus, dem Herrn der Kirche hat. („Gleichwie mich der Vater gesandt hat, so sende ich euch!" Joh. 20, 21.) Deshalb gibt es „im Amt der Verkündigung für den berufenen Diener" keinen anderen Herrn als den Herrn Christus. Aus diesem Grunde bindet das Ordinationsgelübde in der Ausrichtung der kirchlichen Verkündigung weder an einen Menschen, noch an eine kirchliche Organisation (Luther zerbrach die päpstliche Hierarchie und wurde zum Reformator, weil er aus der ausschließlichen Bindung an Christus, den Herrn der Kirche lebte und handelte!), sondern allein an das ewige Wort Gottes, das uns in der hl. Schrift gegeben und durch die Bekenntnisse unserer Kirche in seiner Reinheit zu predigen aufgetragen ist. Das Ordinationsgelübde lautet:
„Willst Du das Amt, das Dir befohlen wird, nach Gottes Willen treulich führen, die geoffenbarte Lehre des heiligen Evangeliums nach dem Bekenntnis unserer evangelisch-lutherischen Kirche rein und lauter predigen, die heiligen Sakramente ihrer Einsetzung gemäß verwalten und mit einem frommen und gottseligen Leben denen vorangehen, die Dir von Gott vertraut sind, so bezeuge das vor dem Angesicht Gottes und dieser christlichen

6 *Gemeint ist das das Konkordat zwischen dem Heiligen Stuhl und dem Deutsche Reich vom 20. Juli 1933.*

Gemeinde mit Deinem Ja! – Ja, dazu helfe mir Gott durch Jesum Christum in Kraft des Heiligen Geistes! Amen!"
Dadurch, daß der Pfarrer an „die geoffenbarte Lehre des heiligen Evangeliums" gebunden ist, weiß er sich auch der rechtmäßigen Obrigkeit in Gehorsam und Treue verpflichtet. Das Ordinationsgelübde schließt diese Verpflichtung ein. (Röm. 13, 1 ff., 2. Petr. 2, 13 f. 17; Conf. Aug. Art. 16.) Es wird in seinem Ernst mißachtet, wenn ein Kirchenregiment von sich aus neben dem Ordinationsgelübde noch einen besonderen Eid auf die Obrigkeit fordert.

III.

Durch Wortlaut und Wortstellung des Diensteides im Gesetz der Deutschen Evangelischen Kirche („... daß ich als ein berufener Diener im Amt der Verkündigung sowohl in meinem gegenwärtigen wie in jedem anderen geistlichen Amte, so wie es einem Diener des Evangeliums in der DEK. geziemt, dem Führer des deutschen Volkes und Staates Adolf Hitler treu und gehorsam sein werde") wird gerade für den Pfarrer, der es sowohl mit der Treue in seinem geistlichen Amt, als auch mit der Treue und dem Gehorsam gegenüber dem Führer des deutschen Volkes und Staates ganz ernst nimmt, eine unerhörte Gewissensbelastung herbeigeführt. Denn die durch die Ordination begründete Eigenschaft eines zum Amt der Verkündigung berufenen Dieners („als ein berufener Diener") wird mit der anderen Eigenschaft, nämlich der eines gehorsamen und treuen Staatsbürgers, in unlutherischer Weise verklammert. Damit unterstellt dieser Eid – wenigstens seinem Wortlaut nach – das Amt der Verkündigung dem Gebot der weltlichen Obrigkeit. Der lutherische Grundsatz, der eine klare Scheidung der beiden Ämter, des Amtes der Kirche und des Amtes des Staates festhält, erscheint hier aufgeben. (Conf. Aug. Art. 16 und 28; vgl. auch die Kundgebung des Landesbischofs usw. vom 17. März 1934, Abschn. 5!.) Eine Auslegung des Eides aber dahin, als sei bei dieser Unterstellung nur an das öffentliche Amt des Pfarrers als eines Dieners der Volkskirche gedacht, (siehe unter I) widerspricht dem Wortlaut der geforderten Eidesformel.
Als besonders hart muß es empfunden werden, daß bei der Durchführung der vorliegenden Eidesforderung alle die, welche gewissensmäßig Einspruch erheben müssen, in den Verdacht kommen, als seien sie keine treuen Bürger des durch den Führer unseres Volkes und Staates verkörperten Reiches. Dem gegenüber stellen wir nachdrücklich fest: Wir sind uns dessen bewußt, daß der Führer von uns als Staatsbürgern und Dienern der deutschen lutherischen Volkskirche einen Staatseid verlangen kann, und wir sind bereit – entsprechend Abschn. I – diesen Eid auch zu leisten.

IV.

Es ist ferner unevangelisch, einen Pfarrer innerhalb der Kirche auf Kirchenordnungen und auf die in die| 121 |sen Ordnungen ergehenden Weisungen zu vereidigen. Die Kirche kann wohl ihre Diener auf Ordnungen verpflichten, doch nur unter der Voraussetzung, daß diese Ordnungen nur die äußere Gestaltung der verfaßten Kirche betreffen und dem Worte Gottes und dem lutherischen Bekenntnis nicht widersprechen. Im Gesetzblatt der DEK. Teil II Nr. 45 S. 130 wird ein Amtseid des Preußischen Staates für die evangelischen Geistlichen zitiert, der aus einer Zeit des ausgesprochenen Staatskirchentums, (1815–1852! Metternich!) das unter den Nachwirkungen der Aufklärung stand, erklärt werden muß. Aber sogar dieser Eid redet nur von den „wohlbekannten Pflichten des anvertrauten Amtes".
Eine Verpflichtung auf Ordnungen in der Kirche wäre nur dann angebracht, wenn diese Ordnungen sich schon bewährt und eine Form gefunden hätten, die Dauer verhieße und dem kirchlichen Leben wirklich diente. Die Deutsche Evangelische Kirche steht aber noch in einer Zeit des Übergangs von einer alten zu einer neuen Ordnung, in der sie um die rechte Gestaltung ihrer Verfassung erst ringen muß.
Vollends unmöglich ist eine Verpflichtung auf Weisungen, die „in den Ordnungen der Deutschen Evangelischen Kirche ergehen" werden. Eine solche Verpflichtung bedeutet die vollkommene Unterwerfung unter alle gegenwärtigen und zukünftigen Anordnungen einer Reichskirchenregierung, bei der die für eine derartige Verpflichtung selbstverständliche Voraussetzung uneingeschränkten Vertrauens keineswegs vorhanden ist und die selbst keine ausreichende Gewähr dafür bietet, daß sie sich in den Ordnungen der Deutschen Evangelischen Kirche und bei den in ihnen ergehenden Weisungen ausschließlich vom Worte Gottes und vom Bekenntnis unserer lutherischen Kirche leiten läßt.
Mit dem vorliegenden Eid wird ein äußerer Friede zu erzwingen gesucht, den innerlich zu begründen man nicht die Vollmacht besitzt. Da dieser Eid durch die unglückliche Verklammerung von Staatstreueid und eidlicher Verpflichtung auf kirchliche Ordnungen allen kirchlich wohlbegründeten Widerstand vereiteln will und alle Gegner des gegenwärtigen Regiments als Rebellen brandmarken kann, wird er zu einem kirchenpolitischen Kampfmittel, das wir ablehnen müssen. Daß ferner in diesem Eide eine Verpflichtung auf kirchliche Ordnungen mit dem Treueid gegen den Staat auf gleiche Stufe gestellt wird, bedeutet eine Abwertung des letzteren, was wir ebenfalls ablehnen müssen.

V.

Es könnte der Versuch gemacht werden, durch einen inneren Vorbehalt oder durch eine besondere Auslegung die Leistung des Eides vor dem Gewissen zu rechtfertigen. Eine Möglichkeit dazu scheint in der Tat der Zwischen-

satz der Eidesformel zu geben: „so wie es einem Diener des Evangeliums in der Deutschen Evangelischen Kirche geziemt." Mit Berufung auf diesen Satz könnte der ganze Inhalt des Eides in Frage gestellt und das Recht in Anspruch genommen werden, in jedem einzelnen Fall selbstständig auf Grund des Evangeliums zu entscheiden, was dem Träger des geistlichen Amtes geziemt.
Nun hat aber der Rechtswalter der Deutschen Evangelischen Kirche in der Nationalsynode am 9. August 1934 ausdrücklich festgestellt, daß der Zwischensatz nicht eine Einschränkung, sondern vielmehr eine Bekräftigung darstellt.
Es widerspricht auch grundsätzlich evangelischer Auffassung, einen Eid zu schwören, dessen Fassung unklar ist und der zu einem Vorbehalte verführen könnte, den die eidfordernde Stelle selbst ablehnt.
Ernster noch ist die Frage nach dem Verhältnis des Ordinationsgelübdes zu dem geforderten Diensteid. Im Kirchengesetz vom 9. August 1934 lautet §3: „Entgegenstehende Bestimmungen finden keine Anwendung. Die Vorschriften über das Ordinationsgelübde werden durch dieses Gesetz nicht berührt." Nun ist der Pfarrer in seinem Amte zuerst und maßgeblich an das Ordinationsgelübde gebunden. Das Ordinationsgelübde wird aber – nach dem Wortlaut – durch das Eidgesetz nicht berührt. Damit scheint anerkannt, daß das Ordinationsgelübde in jedem Fall dem Eide vorangeht, daß also mit Recht in jedem Fall von der Bindung an das Ordinationsgelübde aus die Entscheidung über Gültigkeit bzw. Ungültigkeit des Eides getroffen werden kann. Damit aber ist der Eid wiederum in Frage gestellt. Auch daraus erhellt, daß der Pfarrer durch sein Ordinationsgelübde maßgeblich gebunden ist und dieses Diensteides nicht mehr bedarf, so wenig er auch einer eidlichen |122| Versicherung darüber bedarf, daß er „als rechter Verkündiger und Seelsorger allezeit der Gemeinde, in die er gestellt wird, mit allen seinen Kräften in Treue und Liebe dienen wird". Denn zu diesem Dienst ist er durch sein Installationsversprechen verpflichtet (vgl. Agende für die Evang.-Luth. Kirche in Bayern, II. Teil, S. 8).

VI.

Aus allen diesen Gründen vermögen wir es nicht, den vorliegenden Eid als die umfassende und feierliche Dienstverpflichtung aller deutschen evangelischen Geistlichen anzunehmen. Wir gehorchen darin auch der Mahnung der heiligen Schrift, die uns schon in geringeren Dingen verbietet, die Gewissen zu verwirren (Röm. 14, 1. 7–13; 1. Kor. 8, 9). Denn es ist „weder sicher noch heilsam, etwas wider das Gewissen zu tun".
München, den 21. August 1934.
Landesbischof und Landeskirchenrat der Evang.-Lutherischen Kirche in Bayern.
D. Meiser.

2.2.5 Versuch der Eingliederung der Landeskirche in die Reichskirche

79 Schreiben Landesbischof Meisers an die Pfarrer der Landeskirche. München, 21. Juli 1934

FKiZM. A 30. 1/1

Das Ringen um die rechte Gestaltung der Deutschen Evangelischen Kirche geht fort. Ich glaube den Amtsbrüdern einen Dienst zu tun, wenn ich in der Anlage einiges Material über die Vorgänge der letzten Zeit übermittle. Nach wie vor verfolge ich in dem entbrannten Kampf das Ziel, dem kirchlichen Bekenntnis zu wirklicher Geltung zu verhelfen und einem Auseinanderfallen der kaum geschaffenen Deutschen Evangelischen Kirche zu wehren. Dass dieses Ziel nur in Kampfgemeinschaft mit den vom gleichen Anliegen beherrschten Brüdern aus der Union und den reformierten Kirchen verfolgt werden kann, liegt am Tag. Wenn aus solcher Kampfgemeinschaft heraus eine Erklärung wie die theologische Erklärung von Barmen erwachsen ist, so ist das nur ein Zeichen dafür, dass die Gemeinschaft, die sich gebildet hat, in die Tiefe hinunterreicht; niemand wollte damit einer neuen Union Vorschub leisten, wie ja auch die Bekenntnisgemeinschaft von Barmen in einen reformierten und in einen lutherischen Konvent auseinandergetreten ist. Es wird Aufgabe der lutherischen Theologie sein, die Fragen, die die Barmer Erklärung zur Diskussion gestellt hat, weiter zu klären und einen lutherischen Konsensus, an dem es vielfach noch fehlt, herbeizuführen.

Die Reichskirchenregierung fährt in ihrer sogen. Eingliederungspolitik fort. Durch die an die Öffentlichkeit gebrachten Berichte wird dabei der Eindruck erweckt, als müsse die Einheit der DEK erst geschaffen werden, während sie doch seit der Annahme der Reichskirchenverfassung am 11.7.33 tatsächlich bereits vorhanden ist. Die Reichskirchenregierung hat es nur versäumt, die ihr durch diese Verfassung gegebenen Möglichkeiten auszunützen und von der Grundlage dieser Verfassung aus die Rechtsvereinheitlichung innerhalb der Kirche weiter zu fördern. Was jetzt geschieht, ist nichts anderes als die Aufrichtung eines gewaltsamen Regiments der Deutschen Christen mit dem Ziel, alle zur DEK gehörenden Landeskirchen ihrer Selbständigkeit zu berauben und sie unter die Herrschaft der Deutschen Christen zu bringen. Wie die Eingliederung der einzelnen Landeskirchen teilweise nur durch Rechtsbruch und Vergewaltigung möglich war, zeigt der anliegende Bericht an einzelnen Beispielen. Das erstrebte Ziel: die grössere Vereinheitlichung der DEK, ist dadurch keinesfalls erreicht; denn durch die aufgezwungene Eingliederung ist in den meisten Kirchen der Zwiespalt erst recht aufgebrochen und statt dass die DEK befriedet wird, wird sie in immer grössere Zerrissenheit hineingeführt. Der letzte Eingriff wird sich gegen die süddeutschen Landeskirchen richten, die bisher aufs Ganze gesehen ge-

schlossen und von schwereren kirchlichen Kämpfen verschont waren. Aber nun sollen auch sie dem Kampf und dem Unfrieden ausgeliefert werden.
Was in der Zwischenzeit an Rechtswidrigkeiten begangen wurde, soll offenbar durch eine neue Kirchenverfassung legalisiert werden. Zur Vorbereitung derselben hat die Reichskirchenregierung einen Verfassungsausschuss eingesetzt. Zur Teilnahme an demselben waren neben den süddeutschen Bischöfen eine Anzahl führender kirchlicher Persönlichkeiten eingeladen. Von diesen haben ausser mir die Landesbischöfe Wurm und Marahrens, die Professoren D. Althaus, D. Elert, Fezer, Gogarten, Seeberg, ferner Pastor D. von Bodelschwingh, Generalsuperintendent Zoellner und Präsident Koopmann die Teilnahme abgelehnt. Die Ablehnung erfolgte aus verschiedenen Gründen. Für die in Frage kommenden Kirchenführer war die Erwägung massgebend, dass die Reichskirchenregierung so oft gegen Geist und Inhalt der bestehenden Verfassung verstossen, feierlich gegebene Zusagen gebrochen, protokollarisch niedergelegte Verbindlichkeiten nicht gehalten hat, dass uns jedes Vertrauen zur Amtsführung dieser Reichskirchenregierung verlorengegangen ist. Die Art, wie sie die bisherige Kirchenverfassung behandelt hat, bietet keinerlei Gewähr dafür, dass sie eine neue Verfassung höher achten und gewissenhafter vollziehen wird. Vor jeder Weiterbildung der Verfassung ist soviel begangenes Unrecht gutzumachen und soviel Bedrückung von Pfarrern und Gemeinden aus der Welt zu schaffen, dass der Zeitpunkt für Verhandlungen über eine neue Verfassung noch nicht gekommen erscheint.
Zur Anbahnung wirklich geordneter Zustände in der DEK regte ich in Gemeinschaft mit Landesbischof Wurm eine Aussprache unter neutralem Vorsitz an. Gedacht war an den Herrn Reichsinnenminister oder einen von ihm Beauftragten. Das Reichsinnenministerium war bereit, auf unseren Vorschlag einzugehen; das Zustandekommen der Aussprache scheiterte bis heute an der ablehnenden Haltung der Reichskirchenregierung.
Nun beabsichtigt die Reichskirchenregierung offenbar durch Einberufung der Nationalsynode die alte Verfassung ausser Kraft setzen, eine neue Verfassung noch unbekannten Inhalts an ihre Stelle treten zu lassen und auch die widerstrebenden Kirchen, die freien Synoden und Bekenntnisgemeinschaften zur Anerkennung dieser Verfassung zu zwingen. Da sie auf der Nationalsynode über keine zuverlässige Mehrheit verfügt, wird der aus der Anlage ersichtliche Weg beschritten, um sich dieser Mehrheit zu versichern. Das Vertrauen in die Objektivität der Reichskirchenregierung kann durch solche Massnahmen keinesfalls wachsen. Es ist im voraus zu befürchten, dass durch solche Methoden die Befriedung der Kirche nur immer weiter hinausgeschoben wird. Es muss nach wie vor mit grösstem Nachdruck betont werden, dass eine wirkliche Befriedung der Kirche nur von innen heraus kommen kann, wenn endlich den Anliegen der bekennenden Kirche Rechnung getragen, ein wahrhaft geistliches Kirchenregiment aufgerichtet,

aller Gewalt und Unterdrückung der Abschied gegeben und nur von der Hl. Schrift und vom Bekenntnis her gehandelt wird. Für dieses Ziel mit mir sich einzusetzen, rufe ich alle Geistlichen unserer Landeskirche erneut auf. Es ist falsch, zu meinen, es gehe nur um Verfassungs- und Organisationsfragen. Es geht im Gegenteil um die Wesensfrage der Kirche und um ihre Existenz als Kirche der Reformation, ja man kann sagen als Kirche Jesu Christi. Lassen Sie uns nicht müde werden zu kämpfen und zu beten. Hat Gott uns in eine Zeit der Entscheidung gerufen, so wollen wir uns solcher Entscheidung nicht entziehen, sondern die geschichtliche Aufgabe, die er uns zugewiesen hat, im Glauben und Gehorsam aufgreifen und erfüllen.
Mit amtsbrüderlicher Begrüssung
Ihr
D. Meiser

80 Schreiben des engeren Ausschusses der „evang. Bekenntnisfront München" an Synodalpräsident Robert Bracker. München, 21. August 1934. Den Synodalen und dem Landesbischof zur Kenntnis

LAELKB, BD München I 3.7.0033 – 30

Geleitet von dem Gedanken, dass an den durch die Reichskirchenverfassung vom 11. Juli 1933 und den Vorstoss des radikalen Flügels der Deutschen Christen ausgelösten Fragen in erster Linie unsere Gemeinden interessiert sind, hat sich am 11. April lfd. Jahr. für den Bereich der evang. Gesamtgemeinde München aus dem Kreise der Laien unbeeinflusst durch das Kirchenregiment und die Geistlichkeit eine Bewegung (evang. Bekenntnisfront) organisiert. Sie verfolgt das Ziel, im Rahmen der bestehenden Gesetze rechts- und verfassungswidrige Eingriffe der Reichskirchenführung in das Bekenntnis und die hievon nicht zu trennende äussere Ordnung unserer Kirche abzuwehren, wie sie anderwärts meist gegen den Willen der Kirchenleitung und unter nachdrücklichem Protest der gläubigen Bevölkerung teils durchgeführt teils versucht worden sind (Sachsen, Westfalen, Rheinland, Hessen-Nassau, Baden, Württemberg). Diese Laienbewegung wird vertreten durch einen engeren Ausschuss unter Vorsitz des Unterzeichneten und aus 12 Angehörigen der verschiedenen Stände und Berufe Münchens.
Der engere Ausschuss der Bekenntnisfront hat in seiner Sitzung vom 28. Juli lfd. Jahr. einmütig unseren hochverdienten Herrn Landesbischof D. Meiser seines Vertrauens versichert und ihm Dank und Anerkennung ausgesprochen für die mannhafte und nachdrückliche Abfuhr, die er am 24. gl. Mts., gestützt durch einstimmige Beschlüsse des Landeskirchenrats und des Landessynodalausschusses, dem Rechtswalter des Reichsbischofs, Min.Dir. Jäger, auf dessen Ultimatum vom 17. gl. Mts. erteilt, insbesondere

aber für den Protest, den er gegen den ungeheuerlichen, ja verbrecherischen Versuch des Rechtswalters, die bestgemeinte und massvolle Opposition den Kirchenführern von Bayern, Württemberg und Hannover mit der Röhm-Revolte auf eine Stufe zu stellen, erhoben hat.
In seiner heutigen Sitzung hat sich der engere Ausschuss der Bekenntnisfront auch mit den Beschlüssen der ausserordentlichen Nationalsynode vom 9. August lfd. Jahr, befasst und ist einmütig zu der Auffassung gelangt, dass diese Synode ungesetzlich zustande gekommen und ungesetzlich vorgegangen ist, indem sie u.a. die bisherigen gesetzlichen und Verwaltungsmassnahmen des Reichsbischofs und des Geistlichen Ministeriums, daher wohl auch die früheren gesetz- und verfassungswidrigen Massnahmen, soweit sie in der Zwischenzeit nicht zurückgenommen worden sind, nachträglich mit Rechtmässigkeit umkleidet hat. Die Laienvertretung Münchens erwartet von der Landessynode, dass auch sie sich hinter das Kirchenregiment und seinen Führer, dem Herrn Landesbischof D. Meiser und alle von ihm unternommenen Schritte stellt, gegen die ungesetzliche Bildung und das ungesetzliche Vorgehen der Nationalsynode nachdrücklich Einspruch erhebt und Eingriffe in unser Bekenntnis ablehnt.
Mit deutsch-evangelischem Gruss
Der Ausschussvorsitzende:
gez. Heinrich Zoller Regierungsdirektor a.D.

81 Erklärung der Pfarrerbruderschaft an die deutschchristlichen Pfarrer. Nürnberg, 13. September 1934

LAELKB, KKU 17/V

Liebe Brüder!
Es will uns schwer fallen, diese Anrede zu gebrauchen nach dem, was Ihr getan. Aber um des Herrn willen, der Euch und uns hat Barmherzigkeit widerfahren lassen, der Euch und uns an Sein Werk gerufen hat, wollen wir mit Euch noch einmal reden als mit unsern Brüdern.
Das, was Ihr getan, kann niemand mehr ungeschehen machen. Das geht nun seinen Gang. Gott allein kann es hemmen. Vielleicht hemmt Er es nicht. Er hat so manchmal lange geschwiegen zum Leid, das man Seiner Gemeinde angetan. Vielleicht läßt Er Euch Euren Weg bis an das Ende gehen.
Wir wollen nicht viel davon reden, daß Eure Erklärung uns, die wir die derzeitige Reichskirchenregierung und ihre Pläne ablehnen, neuerdings politisch diffamiert. Wir nehmen an, daß Ihr das nicht gewollt habt. Aber geschehen ist es und Ihr könnt es nicht mehr ändern und Ihr müßt es verantworten.
Ihr habt Euren Kampf in die Presse getragen, Ihr wißt genau, daß uns andern jede Möglichkeit fehlt, an der gleichen Stelle zu antworten. Das ist ein

unmännliches, unritterliches – das ist ein unbrüderliches, ein unchristliches Kämpfen.
Euer Landesbischof hat zur „Eingliederung" Nein gesagt. Ihr müsst ihn kennen. Es sind ja etliche unter Euch, die er im Vorjahr in besonderer Weise an seine Arbeit herangeholt hat. Ihr müßt das zarte, sorgliche Gewissen Eures Landesbischofs kennen. – Die Landessynode hat zur „Eingliederung" Nein gesagt. Woher habt ihr das Recht, so zu handeln? Ist nicht Landesbischof und Landessynode auch eine Obrigkeit, die Anspruch hat auf das 4. Gebot?
Ihr wisst, wie es bei der Landessynode war. Alt und Jung, Parteigenosse und Nicht-Parteigenosse, Pfarrer und Laien, solche, die von Anfang an gegen diese Reichskirchenregierung gestanden sind, und solche, die bis in die letzten Zeiten hinein immer noch suchten, mit der Reichskirchenregierung zusammenzugehen – sie alle haben sich in ihrem Nein zusammengefunden. Ihr habt es gehört, daß die, die bei der Synode waren, sie ein Wunder des Gottes nannten, der die Menschenherzen lenkt wie Wasserbäche. Ist das alles für Euch ein Nichts?
Ihr beruft Euch auf Luther, stellt die Dinge so hin, als hätte Luther zu seiner Zeit so gehandelt, würde heute so handeln, wie Ihr nun gehandelt habt. Ihr wißt so gut wie wir, daß dies Bild von Luther ein verkehrtes ist. Ging es 1521 in Worms, 1524 in Nürnberg 1530 in Augsburg nicht gerade auch darum daß die Einheit des Reiches nicht zerstört werde? Melanchthon ist eben darum schwankend geworden. Und wie hat sich Luther dazu gestellt! Und nun wollt ihr Luther zum Kronzeugen Eurer Sache machen, redet dem Volk ein, das sei Luthertum!
Ihr tut so, als wäre die Eingliederung eine ganz harmlose Sache. Wir wollen wiederum hier nicht viel reden von der ungeistlichen Art, mit der die Reichskirchenregierung in ihrer ganzen Amtstätigkeit und vor allem bei der Nationalsynode gehandelt hat, wie man die schwersten Gewissensbedenken einfach ad acta gelegt hat, wie man die Maßnahmen, die in vielen Prozessen vor den ordentlichen Gerichten als gesetzwidrig bezeichnet wurden, einfach ad acta gelegt hat, hat, wie man über den Eid gesprochen hat, als wäre er ein Kinderspiel, das man heute so herum spielen kann und morgen anders. Sind das harmlose Dinge?
Zur „Eingliederung" Ja sagen heißt zu diesen Dingen Ja sagen. Darf ein Mann – wir reden noch gar nicht vom Christen – darf ein Mann zu solchen Dingen Ja sagen?
Aber es geht ja gar nicht um diese moralische Seite. Ihr wißt abermals so gut wie wir von den vielen bekenntniswidrigen Aussagen und Handlungen dieser Reichskirchenregierung. Ihr wißt, wie diese Reichskirchenregierung das Bekenntnis verletzen und verlästern läßt ohne einzuschreiten. Wollt Ihr Euch berufen auf die Gesetze der Nationalsynode, die doch Kultus und Bekenntnis sicher stellen? So heißt es dort: „Soweit nur Bekenntnis und

Kultus in Frage kommen, ordnen die Landeskirchen ihre Angelegenheiten selbst." Wo gibt es eine Bekenntnissache, bei der nur das Bekenntnis in Frage kommt? Immer spielen auch organisatorische und dergleichen Gesichtspunkte herein. Also hat die Reichskirchenregierung alles in der Hand und kann alles ordnen – diese Reichskirchenregierung, die nicht auf ein Bekenntnis verpflichtet ist, die das Bekenntnis andauernd verletzen läßt. Und zu entscheiden, was nun Bekenntnissache ist und was nicht, hat der Rechtswalter der Deutschen Evangelischen Kirche – der Mann, der jetzt feierlich verkünden läßt: das Bekenntnis ist gesichert und gleich darauf erklärt, daß die Bekenntnisse wandelbar seien, daß die Reichskirche nur eine Etappe sei zur Nationalkirche.
Könnt Ihr wirklich den Eid schwören, den die Nationalsynode den Pfarrern auferlegt hat? Ist der nicht fast in jedem Stück gegen das Bekenntnis?
Und nun redet Ihr dem Volk ein, daß das Bekenntnis nicht in Gefahr sei?
Das sagt Ihr wider besseres Wissen und Gewissen.
Wenn Ihr um des in Gottes Wort gebundenen Gewissens willen etwas sagen mußtet, dann konnte es sich nur darum handeln, daß Ihr den Männern, mit denen Ihr in Nürnberg beisammen wart, sagtet: Ihr mit Eurem ungeistlichen und bekenntniswidrigen Verhalten seid schuld, daß es nicht Friede wird und nicht Friede werden darf.
Ihr beruft Euch auf das Wort Gottes und fordert im Namen dieses Wortes Gottes die Eingliederung.
Wenn Ihr wenigstens geschrieben hättet: wir fordern die Eingliederung im Namen des deutschen Volkes. Das hätte man hören können.
Aber ihr redet vom Wort Gottes.
Das ist Lästerung des Wortes Gottes.
Euer Gewissen ist verwirrt.
Ihr habt Unrechtes in die Gemeinden getragen.
Ihr habt die Gewissen der Gemeinden verwirrt und geärgert.
Brüder, im Namen des Herren, der von uns gefordert hat, daß wir dem irrenden Bruder zurechthelfen, flehen wir Euch an: Laßt ab von Eurem Weg.
Der Bruderrat der bayerischen Pfarrerbruderschaft.
Frör. Helmuth Kern. Putz. Schieder. Schlier. Schmidt-Hof.

82 Kundgebung zur „Eingliederung". Bekenntnisstand und Kirchengewalt

ABlELKB 1934, S. 135–138

|135| I.

Es ist ein unaufgebbarer Grundsatz der Reformation, dass Kirche und Bekenntnis zusammengehören. Die äußeren Grenzen eines Kirchengebietes können sich ändern, Landeskirchen mögen sich zu einer größeren Einheit zusammenschließen, die Gestaltung des kirchlichen Rechtes mag den Notwendigkeiten einer Zeit gehorchen, aber die Gemeinschaft am Bekenntnis muss gesichert sein, wenn die Kirche nicht aufhören will, Kirche zu bleiben, wenn sie nicht ihre Art und den Maßstab für ihre gesamte Arbeit verlieren will. Die wahre Einheit der Kirche wird allein durch die Einheit des gleichen Bekenntnisses verbürgt, nicht aber durch die Einheitlichkeit der äußeren Gestalt und der kirchlichen Gebräuche. (C. A. Art. 7.)

II.

Als die bayerische lutherische Landeskirche am 11. Juli 1933 den Zusammenschluß der deutschen evangelischen Landeskirchen zu einer Deutschen Evangelischen Kirche freudig bejahte und die neugeschaffene Verfassung der Deutschen Evangelischen Kirche annahm, da tat sie das in der steten Hoffnung, daß auf der Grundlage dieser Verfassung das ganze reiche und mannigfaltige Leben des deutschen Protestantismus machtvoll und zum Segen für unser Volk zusammengefasst werden könnte ohne die Zerstörung der aus der Reformation erwachsenen Bekenntniskirchen, deren Bestand überdies in der Verfassung verbürgt war.
Die Reichskirchenregierung war berufen, diese Verfassung, deren Rechtsverbindlichkeit durch die Unterschrift des Führers und Reichskanzlers bestätigt wurde (14. Juli 1933) zu hüten und durchzuführen unter Beachtung des besonderen Bürgschaften, die in den Protokollen zu Verfassung bindend niedergelegt worden waren.

|136| III.

Die Verfassung wurde nicht gehütet, sondern gebrochen. Das Recht wurde in Unrecht verkehrt und das Unrecht zum Recht gemacht. Vor Gott und vor der christlichen Gemeinde bleibt aber das Unrecht bestehen, auch wenn eine zu diesem Zweck umgebildete Nationalsynode es wagt, das geschehene Unrecht für Recht zu erklären.
Durch die Annahme der Verfassung vom 11. Juli 1933 waren die Landeskirchen Glieder der Deutschen Evangelischen Kirche geworden. Die Eingliederung in den „feierlichen Bund der aus der Reformation erwachsenen gleichberechtigt nebeneinanderstehenden Bekenntnisse“ (Präambel der Verfassung) war vollzogen. Trotzdem wurden neuerdings die Landeskirchen „eingegliedert“. Diese „Eingliederung“ der aufgrund der Verfassung zusammengeschlossenen Landeskirchen beraubte alle eingegliederten Kirchen ihrer Kirchengewalt und damit der Vollmacht, durch die eigenen rechts- und verfassungsmäßigen kirchlichen Vertretungen das kirchliche Leben maßgebend zu gestalten. Auf diese Weise wurde dem Reichsbischof eine Macht übertragen, die in einer reformatorischen Kirche unerhört ist. Eine Sicherung gegen den Missbrauch dieser Macht ist nicht vorhanden, da die Deutsche Evangelische Kirche und der Reichsbischof als Landesbischof

der altpreußischen Union an ein klares Bekenntnis und an seine hemmenden und richtenden Kräfte nicht gebunden ist.

IV.

Die gegenwärtige Deutsche Evangelische Kirche als ein Zusammenschluß bekenntnisverschiedener, nämlich lutherischer, reformierter und unierter Kirchen hat selbst kein Bekenntnis. Sie ist darum nicht Kirche im Sinne des 7. Art. der Augsburger Konfession. Kirche in diesem Sinne war bis jetzt vorhanden in den bekenntnisgebundenen Landeskirchen. Eine Landeskirche, die nach der neuen Weise durch die Aufgabe ihrer Kirchengewalt in die Deutsche Evangelische Kirche „eingegliedert" wird, hört auf, Kirche im Sinne der lutherischen Reformation und ihrer Bekenntnisse zu sein. Denn ihre Kirchengewalt wird von einer Kirchenregierung ausgeübt, die nicht ihres Bekenntnisses ist. Hier aber droht stets die Gefahr, sich „bewegen und wiegen zu lassen von allerlei Wind der Lehre durch Schalkheit der Menschen und Täuscherei, damit sie uns erschleichen uns zu verführen" (Eph. 4, 14).

V.

Lutherische Landeskirchen können ihre Kirchengewalt nur einer Reichskirche übertragen, die selbst eindeutig an das lutherische Bekenntnis (die Augsburger Konfession) gebunden ist. Nun aber hat es die gegenwärtige Reichskirchenregierung ausdrücklich abgelehnt, sich an das lutherische Bekenntnis zu binden (Gesetzblatt der D. E. K. Nr. 39 Teil II). Es ist aber lutherischer Grundsatz, dass das Kirchenregiment in der rechten Lehre und Sakramentsverwaltung übereinzustimmen habe mit der Kirche, die es regieren soll. „Es ist unzulässig, Kirchen durch ein gemeinsames Kirchenregiment ohne Übereinstimmung in der Lehre und Sakramentsverwaltung zu vereinigen." (Allgemeine Lutherische Konferenz Hannover 1868.) Auch in der Zeit des landesherrlichen Summepiskopats war dafür gesorgt, dass die Kirche eine Kirchenregierung ihres Bekenntnisses besaß. Denn nach der Augsburgischen Konfession (Art. 28) ist es die klar umrissene Auf|137|gabe eines rechten Kirchenregiments, über der rechten Predigt des Evangeliums und der rechten Verwaltung der Sakramente zu wachen. Woher aber will ein Kirchenregiment, das selbst nicht an das Bekenntnis gebunden ist, das Recht und die Vollmacht nehmen, dieser Aufgabe, der ersten und letzten, die ihm übergeben ist, wirklich gerecht zu werden?

Die Geschichte des deutschen Protestantismus hat schmerzliche Beispiele dafür, daß eine Kirche, die das Bekenntnis gering achtet oder preisgibt, innerlich schwach wird und allen Angriffen unevangelischer und unchristlicher Lehren widerstandslos preisgegeben ist.

Um des uns anvertrauten Hirten- und Wächteramtes willen vermögen wir es nicht, das Kirchenregiment über unsere lutherische Bekenntniskirche in die Hände derer zu übergeben, die vom Bekenntnis gering denken und es durch ihr Handeln verleugnen.

VI.

Die Schaffung einer Einheitskirche als Unionskirche, also unter Aufhebung der bekenntnisgebundenen Landeskirchen als „Kirchen" gemäß Art. 7 der Augsburger Konfession oder gar der Aufbau einer evangelisch-katholischen Nationalkirche mit nordisch-christlicher Mischreligion bedeutet einen Verrat an der Reformation und einen Schritt hinter sie zurück. Denn die Gaben und Güter der Reformation, die Gottes Gaben und Güter sind und die sie durch ihre Bekenntnisse festgehalten wissen will, werden in einer solchen Unionskirche nicht mehr wert gehalten. Auch in der katholischen Kirche, auch in den christlichen Freikirchen und Sekten ist Evangelium da. Damit ist aber keineswegs eine Bürgschaft dafür gegeben, dass das Evangelium auch recht, rein und lauter gepredigt und gegen alte und neue Irrlehre geschützt wird. Zu dieser Aufgabe bedarf die Kirche eines festen und klaren Bekenntnisses. Darum kann unsere Landeskirche auf ihre Kirchengewalt nicht verzichten; denn nur so ist eine Sicherung dafür vorhanden, daß bekenntnismäßig geredet und gehandelt wird.

Luther würde uns, wenn er heute unter uns weilte, des Verrates an seinem Werke zeihen, wenn wir anders stehen würden.

VII.

Die Kirche ist nach Lehre und Handeln ein Ganzes und wird deshalb im ganzen Umfang ihres Lebens durch ihr Bekenntnis bestimmt. Die Unversehrtheit einer Bekenntniskirche ist nur gewährleistet durch die Kirchengewalt der Bekenntniskirche selbst. Kirchengewalt und Bekenntnis sind nicht zu trennen. Wir verwerfen ein Pseudoluthertum, das behauptet, „sichtbare" und „unsichtbare" Kirche könnten geschieden werden, und das sich vermißt, Kirchenregiment und Kirchenverfassung ohne Beziehung zur eigentlichen Aufgabe und zum Wesensgesetz der Kirche auszugestalten, und dadurch verhindert, daß der Dienst der Kirche mit Vollmacht in rechter Weise ausgerichtet wird.

Es ist eine verhängnisvolle Täuschung, wenn man glaubt erklären zu dürfen, Bekenntnis und Kultus blieben unangetastet, wenn auf die Kirchengewalt Verzicht geleistet würde. Die Grenze zwischen dem Gebiet der kirchlichen Verwaltung und dem Gebiet der Obsorge für Bekenntnis und Kultus ist fließend. Die Ausbildung der Geistlichen, die Besetzung der Pfarrstellen, die Gestaltung des Religions- und Konfirmandenunterrichts, die Ausübung der Visitation und anderes sind Aufgaben der Ver|138|waltung und des Bekenntnisses. „Wo in der Kirche ist überhaupt ein Gegenstand, der nicht in irgendeiner inneren Verbindung zum Bekenntnis steht?" (Rede des Landesbischofs D. Meiser auf der a. o. Tagung der bayerischen Landessynode am 23. August 1934).

VIII.

Wir müssen darauf bestehen, dass der Bekenntnisstand der Deutschen Evangelischen Kirche geklärt wird. Nur eine Kirche mit klarem Bekenntnis ist ihren Aufgaben gewachsen. Nur eine Kirche mit klarem Bekenntnis wird auch die rechte Form ihrer Verfassung finden und im Rahmen dieser Verfassung ihrem Volk den Dienst tun können, zu dem sie von Gott gerufen ist. Wir verwerfen eine religiös neutrale Kirche, die nur dem Marxismus genehm sein könnte, aber unserem Volk den besten Dienst schuldig bleiben müßte.
Wir verwerfen alle die als Irrlehrer, die in den Bekenntnissen „wandlungsfähige" Größen sehen und über die Bekenntnisse hinweg eine deutsche „Nationalkirche" mit deutschgläubigem Einschlag erstreben.

IX.

Da sowohl die Verfassung der Deutschen Evangelischen Kirche gebrochen, als auch das Bekenntnis der deutschen Landeskirchen durch die Herrschaft der Deutschen Christen und ihrer Kirchenführer in seiner tatsächlichen Geltung und in seiner Auswirkung aufs schwerste gefährdet ist, erkennt die bayerische Landeskirche die neuerliche „Eingliederung" in die Deutsche Evangelische Kirche nicht an. Sie kämpft dagegen nach wie vor mit ganzem Einsatz um eine Reichskirche, deren Bekenntnisstand eindeutig geklärt und gesichert ist und die Gewähr dafür bietet, daß feierliche geschlossene Verträge mit ganzer Treue gehalten und durchgeführt werden.
München, am 15. September 1934.
Der Landesbischof und Landeskirchenrat der Evang.-Luth. Kirche in Bayern r. d. Rhs.:

D. Meiser

Der Präsident der Landessynode: Der Vorsitzende des Landessynodal-Ausschusses:

Bracker Greifenstein, Pfr.

83 Karl Holz: Fort mit Landesbischof D. Meiser! Er ist treulos und wortbrüchig – Er handelt volksverräterisch – Er bringt die evangelische Kirche in Verruf

Fränkische Tageszeitung, 15. September 1934, S. 3f.

|3| Der Reichsparteitag 1934 ist in einer noch nicht dagewesenen Begeisterung und Einmütigkeit verlaufen. Was Adolf Hitler in allen seinen Reden zum Ausdruck brachte, das konnte jeder Teilnehmer tausendfältig beobachten: Das Volk in allen seinen Schichten und Ständen und auch in den Konfessionen ist sich einig. Um so befremdender und abstoßender muß die Zwietracht, die Zänkerei und das dauernde offene und geheime Wühlen

gegen Staat und nationalsozialistische Weltanschauung anmuten, das in gewissen geistlichen Kreisen unserer evangelischen Kirche zu beobachten ist. In der letzten Zeit zeigt sich diese planmäßige Volksverhetzung und Volksverwirrung immer frecher vor der Oeffentlichkeit. In Gottesdiensten werden Entschließungen und Kundgebungen verlesen und immer unverhüllter wird dem gläubigen evangelischen Kirchenbesucher gesagt: „Die Kirche und die christliche Religion ist in Gefahr!" Die Absicht, die man mit diesem frivolen und verantwortungslosen Treiben verfolgt, ist zweierlei Art. Der evangelische Christ soll auf der einen Seite in seinem Vertrauen zu Staat und Regierung erschüttert werden, auf der anderen Seite will man ihn als Nationalsozialist in Gewissenskonflikte bringen.

Zu dieser Hetze nach außen kommt die Uneinigkeit der Geistlichen nach innen. Sie kommen zusammen und ein Teil von ihnen schimpft und stänkert gegen die deutsche Regierung und gegen die nationalsozialistische Bewegung. Sie pöbeln ihre eigenen nat.-soz. Kollegen an, ja, sie gehen dazu über, diese wegen ihrer aufrechten Gesinnung zu ächten und zu diffamieren. Sie sagen, in Deutschland könne man die Wahrheit nicht mehr sagen und nicht mehr hören. Man müsse die Zeitungen des Auslandes lesen. Tatsächlich nimmt der Pfarrer Käßler, Schriftleiter der Zirndorfer „Allgemeinen Rundschau", Beziehungen zu ausländischen Zeitungen auf. Er gibt in Rundschreiben an die Geistlichkeit Artikel einer Baseler Zeitung (!!) wieder, in denen von der angeblichen Unterdrückung der evangelischen Kirche in Deutschland die Rede ist. Dies geschieht mit dem Einverständnis des Landesbischofs D. Meiser. Die erwähnte Baseler Zeitung ist das Sprachorgan von Juden und Freimaurern, den Todfeinden des nationalsozialistischen Deutschlands.

Vor kurzem fand in Nürnberg in der Moritzkapelle eine Pfarrerkonferenz statt. Dort trat Pfarrer Ruck von Nennslingen, von seinem Gewissen getrieben, gegen dieses staatsfeindliche Treiben auf. „Was sich hier zeigt", erklärte er, „ist geistiges Emigrantentum". Ein aufrechter Deutscher könne nicht mehr mitmachen und er werde sich gegebenenfalls an andere Stellen wenden. Die Wirkung dieser mutigen Worte war ein Radau, der einer ehemaligen Kommunistenversammlung oder einer Synagoge alle Ehre gemacht hätte. Pfarrer Käßler erklärte später dem Redner:

„Wenn sie sich über mich beschweren wollen, dann beeilen sie sich nur, denn in einem halben Jahr ist es zu spät."

Mit diesen Worten ist offen die landesverräterische Gesinnung zum Ausdruck gebracht, von der heute evangelische Geistliche eingenommen sind. Sie erhoffen den erneuten Zusammenbruch unserer aus so unermeßlichem Elend und aus so tiefer Schande wieder aufwärtsstrebenden deutschen Nation. In einem halben Jahre, glauben sie, wäre es so weit. Jedem anständigen Christen muß es die Schamröte ins Gesicht treiben, wenn er sich vor Augen hält, daß für solche gesinnungslose und unwürdige Versammlungen geweihte Räume, wie die Moritzkapelle, mißbraucht werden.

Der Schuldige an diesen Zuständen ist Landesbischof D. Meiser. Er ist der Haupthetzer. Er verfaßt die Kundgebungen, die Rundschreiben und die Entschließungen. Er bringt die ihm unterstellten Geistlichen durcheinander. Er will nun auch noch die Kirchenbesucher in Verwirrung bringen.
Das ist derselbe Landesbischof D. Meiser, dem jeder ehrliebende charakterfeste, deutsche Mann nur mit

Verachtung

gegenüberstehen kann. Landesbischof D. Meiser war Ende Januar 1934 mit den gesamten Führern der Landeskirche zu einer Aussprache mit dem Führer Adolf Hitler und dem Reichsbischof Müller gerufen worden. Die Presse meldete am 29. Januar 1934 hierüber: „Als Ergebnis der längeren in völliger Einmütigkeit verlaufenen Aussprache wurde von den Führern aller deutschen evangelischen folgende gemeinsame

Erklärung

abgegeben:
Unter dem Eindruck der großen Stunde, in der die Kirchenführer der Deutschen evangelischen Kirche mit dem Herrn Reichsbischof versammelt waren, bekräftigen sie einmütig ihre

unbedingte Treue

zum Dritten Reich und seinem Führer. Sie verurteilen aufs schärfste alle Machenschaften der Kritik an Staat, Volk und Bewegung, die geeignet sind, das Dritte Reich zu gefährden. Insbesondere verurteilen sie es, wenn die ausländische Presse dazu benutzt wird, die Auseinandersetzung in der Kirche fälschlich als Kampf gegen den Staat darzustellen.
Die versammelten Kirchenführer stellen sich geschlossen hinter den Reichsbischof und sind gewillt, seine Maßnahmen und Verordnungen in dem von ihm gewünschten Sinne durchzuführen, die kirchenpolitische Opposition gegen sie zu verhindern und mit allen ihnen verfassungsmäßig zustehenden Mitteln die Autorität des Reichsbischofs zu festigen.
Diese Erklärung gab mit den anderen Landesbischöfen auch D. Meiser ab. Er bekräftigte sie durch feierlich abgegebenen Handschlag dem Führer Adolf Hitler gegenüber. In einer darauf einberufenen Pfarrerversammlung im Künstlerhaus zu Nürnberg erklärte Landesbischof D. Meiser noch dazu: Ein scharfer kirchenpolitischer Kampf habe nunmehr durch diese Erklärung sein Ende gefunden. Die Verhandlungen seien sowohl zwischen Reichspräsident von Hindenburg und dem Reichsbischof, als auch zwischen dem Führer und dem Reichsbischof geführt worden. Damit habe der Wandel eingesetzt.
Diese Erklärung und Versicherungen gab der Landesbischof D. Meiser im Januar und Februar 1934 ab. Drei Monate später, im Mai 1934, erließ er zusammen mit anderen Kirchenführern folgende
Botschaft an alle deutschen evangelischen Christen

I.

Wir haben wiederholt die derzeitige Reichkirchenregierung zur Abkehr von ihrem bekenntnis- und verfassungswidrigen Wege aufgefordert. Sie hat unseren aus ernster Sorge um die Kirche und Volk kommenden Warnungen kein Gehör geschenkt, sondern hat weiterhin die Grundlage, auf der der verfassungsmäßige Zusammenschluss der deutschen evangelischen Landeskirchen erfolgt ist, und damit ihre eigene Autorität völlig zerstört. Deshalb sind wir gezwungen, dem jetzigen Reichskirchenregiment den Charakter einer wahrhaft evangelischen Kirchenleitung abzusprechen.

II.

Wir wollen die einige, geistlich geleitete, deutsche evangelische Kirche, klar und fest im Bekenntnis des Evangeliums, gehorsam dem Herrn der Kirche und darum auch treu im Dienst am Volk und Vaterland.

III.

Wir lehnen es ab, uns zu unterwerfen
1. einem ungesetzlichen Machtregiment, das sich auf Willkür, nicht auf die beschworene Verfassung gründet,
2. einer ungeistlichen Führung, die sich nicht an das Wort Gottes, sondern an menschliche Maßstäbe hält,
3. einer unevangelischen Bedrückung der Gewissen, die freie Wortverkündigung zu hindern sucht.

IV.

Wir wissen uns dafür verantwortlich, das Bekenntnis unserer Väter zu hüten und die Verfassung unserer deutschen evangelischen Kirche zu schützen. Dabei sehen wir uns getragen von der Hoffnung und dem Vertrauen aller derer, denen Bestand, Reinheit und Ansehen der deutschen evangelischen Kirche innerstes Anliegen ist. Wir wollen und dürfen die Kirche der Reformation nicht denen überlassen, die sie in ihrem Kern und Wesen ändern.

V.

Wir erklären feierlich, daß wir bekenntnis- und verfassungswidrigen Anordnungen nicht Folge leisten werden. Wir, als die rechtmäßige deutsche evangelische Kirche, können diese Haltung nicht aufgeben, solange nicht Gewähr dafür besteht, daß in der deutschen evangelischen Kirche ausschließlich auf der Grundlage der Verfassung und wahrhaft im Geiste des evangelischen Bekenntnisses gehandelt wir.

VI.

Wir fordern alle evangelischen Christen und Gemeinden auf, sich in Gebet und Handeln hinter uns zu stellen. Wir bitten und ermahnen alle, die mit

uns zu gehen gewillt sind, sich zu örtlichen Bekenntnisgemeinschaften, unter Verbleib in ihrer Kirche zusammenzuschließen. Wenn uns die Zeit gekommen erscheint, werden wir zu einer gemeinsamen Kundgebung des Bekenntnisses aufrufen. Gott segne unser Werk, das unternommen wird allein um seiner Ehre willen!
Kassel, 7. Mai 1934.
Für die Bekenntnisgemeinschaft der Deutschen Evangelischen Kirche: Präses D. Koch, Landesbischof D. Wurm, Landesbischof D. Meiser, Pfarrer Niemöller-Dahlem, Pastor Lic. Dr. Beckmann-Düsseldorf, Pfarrer Lücking-Dortmund, Pastor Lic. Niesel-Elberfeld, Pfarrer G. Jakobi-Berlin, Wilhelm Link-Düsseldorf, Rechtsanwalt Dr. Fiedler-Leipzig, Pfarrer Heilmann-Gladbeck, Pfarrer Müller-Dahlem.

Landesbischof D. Meiser hat damit etwas getan, was weder ein Mann von Ehre und Charakter noch ein wahrhafter Christ je tun würde.
Er hat das dem Führer und dem Dritten Reich feierlich und unter Handschlag abgegebene Treuebekenntnis
schmählich gebrochen.
Er hat gleichzeitig das feierlich und öffentlich abgegebene Treuebekenntnis zum Reichsbischof Müller
gebrochen und diesen schändlich verraten.
Er hat die Kritik an Staat, Volk und Bewegung fortgesetzt und weiter fortsetzen lassen und damit
sich selbst verurteilt.
Er hat die Autorität des Reichsbischofs „mit allen ihm zustehenden Mitteln" nicht gefestigt, sondern
geschädigt und untergraben.
Landesbischof D. Meiser hat sich damit selbst die Ehre genommen. Er ist treulos. Er ist wortbrüchig. Er ist unchristlich. Er volksverräterisch gehandelt. Er hat das Ansehen der evangelischen Kirche aufs Schwerste gefährdet und in Verruf gebracht. Christus sagte:
„Wer im kleinen untreu ist, der ist es auch im Großen."
Landesbischof D. Meiser ist untreu im Großen. Er ist untreu dem Volk und dem Vaterland und damit auch der Kirche gegenüber. Denn ohne Volk und Vaterland kann die Kirche nicht bestehen. Landesbischof D. Meiser hat gehandelt wie jener Verräter, den jeder ehrliche Christ verabscheut. Er hat gehandelt wie Judas Ischariot. Dieser verriet seinen Herrn und Meister mit einem Kuß, Landesbischof D. Meiser verriet seinen Führer mit einem Händedruck.
|4| Landesbischof D. Meiser gründete die sogenannte „Bekenntnisfront". Das Bekenntnis dieser „Front" ist nicht ehrliches und tatbereites Christentum. Das Bekenntnis dieser Front ist
der Wortbruch, der Treuebruch und der Volksverrat.

Das evangelische christliche Volk hat bis jetzt geschwiegen. Es sah mit wachsender Sorge, mit Staunen und mit steigender Verachtung die Entwicklung dieser Dinge. Das evangelische deutsche Volk kann es nicht verstehen, daß in einer so großen und gewaltigen Zeit ein Teil seiner Geistlichkeit so erbärmlich klein sein kann. Die Geduld der evangelischen christlichen Bevölkerung ist nun zu Ende. Sie nimmt den Schutz ihrer Kirche und ihres Glaubens selbst in die Hand. Sie duldet nicht mehr, daß die evangelische Kirche zum Tummelplatz volks- und landesverräterischer Ziele und Machenschaften gemacht wird. Sie duldet nicht mehr, daß unwürdige charakterlose und vaterlandslose Geistliche das Ansehen der evangelischen Kirche schädigen und beschmutzen. Die evangelische Bevölkerung verlangt vor allem

die sofortige Entfernung des wortbrüchigen und
treulosen Landesbischof D. Meiser

Dieser Mann besitzt nicht die moralische Eignung zu dem hohen Amt, das er einnimmt. Er hat durch sein Verhalten nicht nur seine eigene Ehre, er hat auch die Ehre der evangelischen Kirche beschmutzt.

Die evangelische Bevölkerung aber tritt ein und kämpft für

eine einige, geschlossene evangelische Reichskirche,
die keine Landesgrenzen mehr kennt

sie tritt ein und kämpft

für den Reichsbischof Müller und seine unbedingte Autorität über die gesamte evangelische Kirche Deutschlands

sie tritt ein und kämpft

für ein wahrhaftiges Christentum nicht nur des Wortes,
sondern vor allem der Tat

Evangelische Männer und Frauen haltet Wacht über Euren Glauben und über Euer deutsches Vaterland

Süddeutscher Bund evangelischer Christen Karl Holz, Schriftführer

84 Schreiben der Evangelischen Pressestelle Augsburg an alle Dekanate. Augsburg, 16. September 1934

FKiZM. A 30. 41

Betreff: Kundgebung in Augsburg.

Am heutigen Sonntag den 16. September predigte in der Barfüßerkirche zu Augsburg, im Rahmen des herkömmlichen Nachmittagsgottesdienstes, der hochwürdigste Herr Landesbischof D. Meiser, nachdem in sämtlichen Vormittagsgottesdiensten in einer Kanzelerklärung zu den neuesten Vorgängen in Württemberg und Bayern (Artikel der „Fränk. Tageszeitung" vom 15./16. 9.) klar und eindeutig Stellung genommen war.

Die Barfüßerkirche war eine halbe Stunde vor Beginn des Gottesdienstes überfüllt. Es mußte ein Parallelgottesdienst bei St. Anna gehalten werden,

bei dem zunächst Herr Oberkirchenrat Breit, sodann Herr Landesbischof D. Meiser zu der Gemeinde sprach.
Nach beiden Gottesdiensten wurden die Kanzelerklärungen des Vormittags nocheinmal verlesen, wobei in der überfüllten Barfüßerkirche eine laute Erregung durch die Gemeinde ging.
Nach Beendigung des Gottesdienstes in der Barfüßerkirche sammelten sich die Tausende im Freien und sangen einige Choräle (Erhalt uns Herr bei deinem Wort. – Laß mich dein sein und bleiben. – Ein feste Burg). Dann erscholl aus den Reihen der Ruf: Auf nach St. Anna; dort wollen wir den Landesbischof grüßen!
In dem an die St. Annakirche anstoßenden Annahof (Lutherhof), hatten sich inzwischen, nachdem der Gottesdienst in der Annakirche ebenfalls zu Ende gegangen war, bereits große Menschenmassen angesammelt, die den Herrn Landesbischof baten, zu ihnen zu sprechen. D. Meiser sprach von der bekennenden Kirche, die ihrem Volk innerlichst verbunden ist, und mahnte zu der Treue, von der die die Versammlung umgebenden Mauern Augsburger Geschichte so beredtes Zeugnis ablegen. Spontan wurde der Vers „Das Wort sie sollen lassen stahn“ gesungen, wobei unser Landesbischof und mit ihm die Versammlung wie zum Schwur die Hand erhob. Nachdem der Landesbischof noch ein „Siegheil“ auf Volk, Vaterland und Führer ausgebracht hatte, wurde das Deutschlandlied und das Horst Wessellied gesungen. Mit dem Gesang des Liedes „Nun danket alle Gott“ wurde die ergreifende und eindrucksvolle Kundgebung, die ohne jede Vorbereitung zustande gekommen war, geschlossen.
Ungezählte Gemeindeglieder konnten sich der tiefsten Bewegung, ja der Tränen bei diesem schlichten und doch überwältigenden Bekenntnisakt nicht erwehren.
Von den gewaltigen Kundgebungen, die heute vor der Matthäuskirche, vor dem Landeskirchenrat und vor dem Braunen Haus stattgefunden haben, werden die Herren Dekane und Kapitelskonferenzen unterrichtet sein.
Wir erlauben uns diese Augsburger Meldung zu geben, in der Hoffnung, daß es den Herren Amtsbrüdern und ihren Gemeinden eine Stärkung sein wird.
Anzufügen erlauben wir uns, daß von nun an in Augsburg jeden Mittwoch Abend 8 Uhr in sämtlichen Kirchen liturgische Bittgottesdienste gehalten werden. Auf Wunsch sind wir gerne bereit, das von uns ausgearbeitete Formular zur Verfügung zu stellen. Anforderungen wollen an das Evang. Luth. Kirchenregisteramt Augsburg, Volkhartstr. 7/0, gerichtet werden; zur Vereinfachung der Versendung bitten wir allerdings um kapitelweise Bestellung.
Mit amtsbrüderlichen Gruß
ergebenst
gez. Bogner.

85 Karl Holz: Landesbischof D. Meiser rebelliert! Das evangelische Volk verlangt seinen Rücktritt

Fränkische Tageszeitung, Nr. 225, 17. September 1934, S. 1

Zur Zeit sind in Deutschland alle Landeskirchen bis auf zwei in die Evangelische Reichskirche eingegliedert. Führer der Reichskirche ist der Reichsbischof Müller. Dieser hat das Vertrauen des Führers und Reichskanzlers Adolf Hitler. Während der Reichsparteitage in Nürnberg bekundete Adolf Hitler dieses Vertrauen in augenscheinlicher Weise vor aller Oeffentlichkeit. Reichsbischof Müller sieht seine größte Aufgabe darin, die evangelische Kirche in Deutschland zu einigen und zu festigen. Die letzten beiden Kirchenführer, die sich bisher gegen dieses hohe Ziel sträubten, waren Landesbischof Wurm in Württemberg und Landesbischof D. Meiser in Bayern. Landesbischof Wurm wurde dieser Tage beurlaubt. Es wurde ihm nachgewiesen, daß er kirchliche Gelder zu anderen als den dafür bestimmten Zwecken verwendet hatte. Nunmehr ist Landesbischof Meiser der einzige Kirchenführer, der noch abseits steht.

Am Montag, dem 3. September 1934, machte Reichsbischof Müller diesem unerträglichen Zustand ein Ende. Er ordnete die Eingliederung der Landeskirche Bayern in die Evangelische Reichskirche an. Reichsbischof Müller hat damit im Sinne des Führers gehandelt. Der Führer erklärte in seiner großen Rede anlässlich der Eröffnung des Kongresses des Reichsparteitages:

> „Wir haben uns bemüht, die Versöhnung der Konfessionen mit dem neuen Staat herbeizuführen, sind entschlossen, ihre rein organisatorische Zersplitterung – soweit es sich um die evangelischen Bekenntnisse handelt – in einer großen evangelischen Reichskirche zu beenden. Wir sind erfüllt von der Ueberzeugung, daß es nicht angeht, die durch die Not Martin Luther aufgezwungene Rücksichtnahme und Berücksichtigung der Einzelstaaten zu einer Tugend zu machen in einer Zeit, da die Staaten selbst nicht mehr existieren. Und wir wissen: Wenn der große deutsche Reformator unter uns stünde, dann würde er, glücklich der Not von damals entronnen zu sein, so wie Ulrich von Hutten in seinem letzten Gebet nicht an Landeskirchen, sondern an Deutschland denken und an seine evangelische Kirche."

Jeder wahrhaftige evangelische Christ in Bayern begrüßt freudig die von dem Reichsbischof im Interesse der Evangelischen Reichskirche getroffene Maßnahme. Landesbischof Meiser dagegen lehnt ihre Durchführung ab. Im Amtsblatt der evangelischen Landeskirche Nr. 27 vom 7. September 1934 erklärte er die Verordnung des Reichsbischofs nicht für rechtsgültig. Er gab bekannt, daß für die bayerische Landeskirche nach wie vor die Anordnungen des bayerischen Landeskirchenrates und des Landesbischofs (also seine eigenen) verbindlich seien. Daraufhin ließ der Führer selbst die Rechtlichkeit der Maßnahmen des Reichsbischofs nachprüfen. Am 12. September

1934 ließ er dem Landesbischof D. Meiser durch Staatssekretär Meißner von der Präsidialkanzlei mitteilen:

> „Der Führer habe alle mit der Eingliederung der Landeskirchen in die Reichskirche zusammenhängenden Fragen genau prüfen lassen. Er habe sie mit der Verfassung im Einklang stehend gefunden."

Der Landesbischof D. Meiser lehnt trotz dieses vom Führer und Reichskanzler erhaltenen unzweideutigen Bescheides die Eingliederung der bayerischen Landeskirche in die Evangelische Reichskirche ab.

Der Süddeutsche Bund evangelischer Christen stellt fest:

1. Einer der fundamentalsten Grundsätze der evangelischen Kirche heißt: Gehorsam gegenüber der Obrigkeit. Landesbischof Meiser hat gegen diesen evangelischen Grundsatz gröblich und bewußt verstoßen. Er hat damit unchristlich gehandelt.
2. Landesbischof Meiser erklärte am 29. Januar 1934 feierlich vor der gesamten Oeffentlichkeit seine unbedingte Treue zum Dritten Reich und zu seinem Führer. Er bekräftigte diese Versicherung dem Führer gegenüber durch Handschlag. Landesbischof Meiser hat die versicherte Treue abermals schmählich gebrochen.
3. Landesbischof Meiser erklärte in derselben feierlichen Weise, er stehe hinter dem Reichsbischof und sei gewillt, seine Maßnahmen und Verordnungen in dem von ihm (dem Reichsbischof) gewünschten Sinne durchzuführen. Er hat diese von ihm versicherte Gefolgschaftstreue abermals schmählich gebrochen.
4. Landesbischof Meiser versicherte auch dem Führer und der Oeffentlichkeit gegenüber: Er werde die kirchenpolitische Opposition gegenüber den Maßnahmen des Reichsbischofs verhindern und seine Autorität mit allen Mitteln festigen. Landesbischof Meiser hat auch diese Versicherung abermals schmählich gebrochen.
5. Landesbischof Meiser hat durch sein Verhalten gegen die deutsche Auffassung von Ehre, Treue und Wortfestigkeit in schwerster Weise verstoßen. Er hat sich damit zugleich der Rebellion gegen das Kirchenregiment und gegen den Staat schuldig gemacht.
6. Landesbischof Meiser hat durch dieses Verhalten das Ansehen und die Ehre der evangelischen Kirche herabgewürdigt und beschmutzt.

Die evangelische Bevölkerung Bayerns fordert daher den unverzüglichen Rücktritt des Landesbischofs Meiser. Sie fordert die strikte Durchführung der von dem Reichsbischof Müller getroffenen Maßnahmen. Sie fordert absolute Achtung vor dem Willen des Führers. Sie fordert von der gesamten protestantischen Geistlichkeit Gehorsam gegenüber dem Reichsbischof und Anerkennung seiner Autorität. Sie fordert die strenge Bestrafung der Rebellen.

Süddeutscher Bund evangelischer Christen Karl Holz, Schriftführer

86 Schreiben Pfarrer Wilhelm Riegels an Reichsstatthalter Ritter Franz von Epp. Stammbach, 17. September 1934

BayHStA, StK 7295

Hochzuverehrender Herr Reichsstatthalter!
Euer Exzellenz!
Als es mir vergönnt war, mich im April 1919 in Ohrdruf Euer Exzellenz vorzustellen, reichten Sie mir die Hand mit den Worten: „Ich hoffe, daß wir gut zusammenarbeiten werden!" Die Treue, die ich Ihnen daraufhin mit einem Händedruck gelobte, bedeutete damit über den selbstverständlichen Einsatz des Lebens hinaus die Verpflichtung, Euer Exzellenz mein Leben lang mit all meinen Kräften beim Wiederaufbau unseres Volkes und Vaterlandes zu unterstützen. Diese in Ohrdruf eingegangene Verpflichtung berechtigt, ja zwingt mich, Euer Exzellenz in aller Offenheit Vortrag über die gegenwärtige kirchliche Lage zu halten.

1. Wie verläuft die Front? Es ist eine für beide Teile gleich gefährliche Unwahrheit, wenn der Kampf vielfach so dargestellt wird, als verliefe die Front zwischen nationalsozialistischer Bewegung und Kirche. Den Gegenbeweis gegen diese Unwahrheit liefert die Tatsache, daß nicht nur in der bayerischen Landessynode, sondern in ganz Deutschland eine große Zahl alter und ältester Parteigenossen hinter dem Herrn Landesbischof D. Meiser stehen. Wenn es überhaupt anginge, die Partei in diesen Kampf hereinzuziehen (das heißt aber, sie mit diesem Kampf in unverantwortlicher Weise zu belasten!!), so könnte man höchstens sagen, die Front verlaufe zwischen den oben erwähnten alten Kämpfern und dem sattsam bekannten Jahrgang 1933. Es hat fast den Anschein, als dränge sich das in PO und SA zurückgedrängte Geltungsbedürfnis dieses Jahrgangs nunmehr in der Kirche vor. Daß darin sowohl für die Kirche wie für die Partei eine große Gefahr liegt, braucht wohl nicht näher begründet werden.

2. Worum geht der Kampf? Es ist eine für Kirche und Staat gleich gefährliche Unwahrheit, wenn behauptet wird, der Kampf des Herrn Landesbischof D. Meiser und der hinter ihm stehenden Bekenntnisfront richte sich gegen die Einheit und Geschlossenheit der Deutschen Evangelischen Kirche und gefährde so die innerste Geschlossenheit des deutschen Volkes. Das Gegenteil ist wahr! Wie allein schon der von Herrn Landesbischof D. Meiser als Verhandlungsgrundlage vorgeschlagene Entwurf einer neuen Verfassung der Deutschen Evangelischen Kirche unwiderleglich beweist, ist es das heiße Bemühen der Bekenntnisfront, eine in voller Wahrhaftigkeit und eben dadurch innerlichst begründete Einheit aller Evangelischen Deutschlands unter einer starken Führung zu erreichen. Daß bei diesem Bemühen, der Wille, unserem deutschen Volke mit dem geschlossenen Einsatz letzter und höchster Kräfte zu dienen, maßgebend mitwirkt, braucht bei Herrn Landesbischof D. Meiser als einem Manne, der 1919 zu den Geiseln des

Luitpoldgymnasiums zählte, wohl nicht erst betont zu werden, wie es ja wohl auch für all die alten Parteigenossen und Freikorpskämpfer einfach eine Selbstverständlichkeit ist. Selbstverständlich ist ohne Einschränkung zuzugeben, daß auch die derzeitige Reichskirchenregierung von dem gleichen Bemühen um den Einsatz der ganzen, geeinten Evangelischen Kirche für Volk und Staat geleitet ist. So geht der Kampf also allein um die Frage, wie diese Geschlossenheit am sichersten zu erreichen und für die Zukunft zu gewährleisten ist. Die Reichskirchenregierung will die Einheit durch Nivellierung der Bekenntnisse herstellen. Letztes Ziel ist für sie, wie Herr Ministerialdirektor Jäger, der zurzeit in der Reichkirchenregierung maßgebende Mann, erst vor wenigen Tagen in Stuttgart offen aussprach, eine alle Bekenntnisse umfassende Deutsche Nationalkirche, in die auch die katholische Kirche einzubeziehen wäre. Es liegt mir ferne, zu untersuchen, ob sich dieses Ziel mit den in letzter Zeit vonseiten der Reichskirchenregierung beliebten Gewaltmethoden je erreichen läßt. Ich frage vielmehr Euer Exzellenz als, wie ich weiß, frommen und gläubigen Katholiken: „Halten Euer Exzellenz es für möglich, daß ein Mensch, der den Glauben seiner Väter und seiner Kindheit gegen einen Allerweltsvernunftglauben eintauscht oder sich nehmen läßt (denn ganz freiwillig wird keiner, der wirklich etwas glaubt, zu diesem Tausch bereit sein!), hernach noch ein wahrer Christ sein kann?“ Meine Erfahrung lehrt mich, daß wenigstens der von einer Konfession zu einer anderen Hinüberwechselnden zum religiösen Flugsand gehören. Bei diesen Menschen liegt zum mindesten die Gefahr sehr nahe, daß sie auch staatlichen Flugsand darstellen. Und solcher Flugsand soll für unseren Führer ein wertvoller Damm gegen Gottlosentum und Bolschewismus sein?? Man rechne doch mit dem Möglichen! Möglich ist die verwaltungsmäßige Zusammenfassung der verschiedenen Evangelischen Kirchen Deutschlands. Innerhalb dieses, sagen wir einmal Divisionsverbandes aber lasse man doch die Infanterie Infanterie und die Artillerie Artillerie bleiben! Eine Verwischung der Bekenntnisgrenzen kann ebenso wenig von Vorteil sein (von der inneren Wahrhaftigkeit ganz abgesehen!), wie eine Verwischung der infanteristischen und der artilleristischen Ausbildung! Darum scheint mir das Ziel des Herrn Landesbischof D. Meiser das einzig richtige und mögliche zu sein: Eine auf starken, in sich geschlossenen Bekenntnissäulen ruhende, straff zusammengefaßte Deutsche Evangelische Kirche. Wer anderen Zielen nachjagt, folgt Hirngespinsten und zerstört mehr als er aufbaut. Die Ereignisse des letzten Jahres beweisen diesen Satz unwiderleglich: Nie war die evangelische Christenheit in Deutschland uneiniger, als seit die derzeitige Reichskirchenregierung sich mit falscher Zielsetzung und falschen Mitteln um die Einheit bemüht. In diesem Zusammenhang muß um der einfachen geschichtlichen Wahrheit willen mit allem Nachdruck betont werden, daß die überwiegende Mehrheit der wahren, dh. nicht zum Flugsand gehörigen evangelischen Christen in Deutschland in ständig wachsender Zahl in der Bekenntnisfront gegen die derzeitige Reichskirchenregierung steht.

3. Was macht diese Kämpfe so erbittert und darum so gefährlich? Zunächst: Auf seiten der Bekenntnisfront handelt es sich um einen Kampf um das Bekenntnis, um den Glauben ihrer Väter. Glaubenskämpfe aber zählten zu allen Zeiten zu den erbittersten. Oder sind Euer Exzellenz nicht auch davon überzeugt, daß ein von irgend einer Seite geführter Kampf gegen die Unversehrtheit des katholischen Glaubens unübersehbare Kämpfe heraufbeschwören müßte? Heute noch geht der Kampf um die evangelischen Bekenntnisse; morgen wird er, wenn die in Stuttgart angedeuteten Ziele der Reichskirchenregierung überhaupt einen Sinn haben, um das katholische Bekenntnis gehen. Zu diesem innersten Grund kommt leider noch ein äußerer: Die Kampfesweise der Reichskirchenregierung und der hinter ihr stehenden Gruppe der Deutschen Christen. Der erfreuliche Erlaß das Herrn Reichsinnenministers, daß die kirchlichen Kämpfe nicht in der Presse ausgetragen werden sollten, hat durch die selbstverständliche Einschränkung, daß Veröffentlichungen der Reichskirchenregierung davon ausgenommen seien, zunächst dahin geführt, daß die ganze deutsche Presse und damit auch das ganze deutsche Volk nur noch einseitig, vielfach sogar mit Halbwahrheiten bedient wurde. Wie die später erfolgte weitere Einschränkung, daß nur noch gehässige, polemische Kampfesweise verboten sei, von der Gegenseite ausgelegt wird, zeigen am besten zwei Tatsachen der letzten Tage: Einem Herrn Holz in Nürnberg war es erlaubt, in der Fränkischen Tageszeitung (Das Blatt wird wohl mittlerweile schon Euer Exzellenz vorgelegt worden sein.) den Herrn Landesbischof D. Meiser in der unerhörtesten Weise zu beschimpfen: der Hauptschriftleiter der Allgemeinen Rundschau dagegen, Georg Käßler (übrigens auch ein alter Freikorpskamerad, dessen Verhaftung ich geradezu als eine Beleidigung des ganzen Freikorps empfinde), wurde wegen seines mannhaften Eintretens für den Herrn Landesbischof in Schutzhaft genommen! Ein Mann, der trotz seiner schweren Kriegsverwundung nicht nur in München und Hamburg, sondern auch noch 1921 in Oberschlesien dabei war! Wie das evangelische Kirchenvolk zu diesen Vorkommnissen steht, hat sich ja mittlerweile in München deutlich genug gezeigt. Doch war die Erregung in anderen Gauen Bayerns, ja Deutschlands und des Auslandes bestimmt nicht minder groß!

4. Was kann geschehen? Es liegt mir nichts ferner als nach der Hilfe der Staatsgewalt zu rufen. Den traurigen Ruhm, kirchliche Kämpfe mit dem Polizeiknüppel auskämpfen zu wollen, überlasse ich von Herzen gerne der Reichskirchenregierung. Ich beneide auch nicht im mindesten die Herren Beamten, die sich zu solch traurigem Bütteldienst hergeben müssen, obwohl sehr viele unter ihnen, wie ich weiß, innerlich schwer darunter leiden. Und doch liegt hier eine außerordentlich ernste Aufgabe der Staatsgewalt vor: Der Schutz einer überwiegenden Mehrheit gegenüber einer diese ter-

rorisierenden Minderheit. Das evangelische Kirchenvolk Bayerns, das seit Jahrhunderten staatstreu bis in die Knochen war, steht geschlossen hinter seinem Landesbischof. Die paar Leute, die heute gegen ihn auftreten, diese sind die ersten, die in die bisher friedliche bayerische Landeskirche Streit und Unruhe tragen. Wie im Jahre 1919 gerade auch durch das Eingreifen Eurer Exzellenz Bayern zur Ordnungszelle im Deutschen Reiche wurde, so wäre es in der Gegenwart berufen, Ordnungs- und Keimzelle einer wahrhaft starken und geschlossenen Deutschen Evangelischen Kirche zu werden. Ich bin der festen Hoffnung, daß das geschehen wird, wenn es Euer Exzellenz gelingt, nicht nur selbst wie bisher Ihre vornehme und überaus dankenswerte Neutralität zu wahren, sondern auch alle anderen staatlichen Stellen kraft Ihres hohen Amtes zu gleicher Neutralität zu veranlassen.
Gestatten Euer Exzellenz den Ausdruck vorzüglichster
Hochachtung und unverbrüchlicher Treue
Ihrem sehr ergebenem Wilhelm Riegel, Pfarrer

87 Schreiben des Kreisdekanats Ansbach an das Dekanat Roth und einen verabredeten Kreis. Ansbach, 17. September 1934

FKiZM. A 30. 6

Auf Grund der Weisung unseres Herrn Landesbischofs, in besonderen Fällen selbständig zu handeln, ordne ich für sämtliche Dekanate Mittelfrankens an, daß womöglich im Laufe dieser Woche ganz feierliche Bittgottesdienste gehalten werden, die ich mir folgendermaßen denke:
Eingeladen wird durch Handzettel, die geliefert werden. Es wird nur Raum frei gelassen zum Eintrag für die Zeit und den Redner. Sie sind von Haus zu Haus zu geben. Thema des Bittgottesdienstes: „Für eine einige deutsche evangelische Kirche“. Selbstverständlich schließt das die Fürbitte für unsere Kirchenleitung und die Bitte um Brechung allen bösen Rats und Willens ein. Die Redner hoffe ich durch meine Gögginger Namensvetter zu bekommen. Er wird für etliche Tage sein Standquartier hier aufschlagen. Die Bittgottesdienste bestehen in Gesang, Gebet, kurze Ansprachen und liturgischem Schluß. Es wird überall in dem gleichen Text geredet werden. Die Kirche kann man bußtagsmäßig kleiden. Die Gottesdienste setzen in Gunzenhausen und Ansbach ein und verbreiten sich konzentrisch zunächst über Mittelfranken, dann aber auch über den ganzen Kirchenkreis.
In Treue fest
mit amtsbrüderlichem Gruß
Gg. Kern
Schickt Treueste für heute Abend 8 Uhr nach Nürnberg. Vorher bei Schieder melden!

88 Joseph Ruck: Wir evangelischen Pfarrer wollen treu zu unserem Gott und zu unserem Führer Adolf Hitler stehen!

Fränkische Wacht, Nr. 225, 17. September 1934, S. 3

Nennslingen, den 16. Sept. 1934.

Ich bringe zu dem in Nr. 223 224 vom 15./16. September der „Fränkischen Tageszeitung" erschienenen Artikel „Fort mit Landesbischof D. Meiser", soweit er meine Person berührt, folgende Feststellungen und Erläuterungen:

1. In der Versammlung der Geistlichen, die kürzlich in der Moritzkapelle in Nürnberg stattfand, erklärte ich zunächst, daß der Stimmungsumschwung, welcher bei den national-sozialistischen Synodalen, während der Landessynode eintrat, für mich nicht maßgebend sei, und daß jener Stimmungsumschwung keine andere Charakterisierung verdiene, als die ihm vorher von einem Redner der Kirchenführung gewordene, daß er nämlich nur durch ein Wunder von oben zu erklären sei.

Weiter wandte ich mich gegen eine ebenfalls von einem Redner der Kirchenleitung gemachte Aeußerung, daß der von der Nationalsynode beschlossene und von den Geistlichen zu leistende Eid auf den Führer „ein Strick um den Hals der Geistlichen" werden könne, den der Herr Reichsbischof eines Tages in seinem, das heißt des Herrn Reichsbischofs Interesse zuzuziehen würde. Vielmehr, so sagte ich, seien die mehrfachen Bindungen, welche die meisten Pfarrer der bayerischen Landeskirche durch ihre Vertrauenskundgebungen eingegangen haben, einem solchen Strick vergleichbar.

Endlich lehnte ich es entschieden ab, die tausendfach verbreiteten, ehrenrührigen Aeußerungen gegenüber den Mitgliedern des Reichskirchenregiments mir ohne weiteres zu eigen zu machen.

Man konnte meinen Worten wohl anmerken, daß ich Begeisterung und Liebe für die von mir vertretene Sache habe. Doch habe ich durchaus sachlich, taktvoll und versöhnlich gesprochen.

Um so mehr mußte es mich befremden, daß meine Worte häufig einen heftigen, von erbitterten Zurufen begleiteten Entrüstungssturm hervorriefen, während die bedenklichsten Aeußerungen der Gegenseite vorher ruhig hingenommen wurden. Man kann nicht behaupten, daß die Würde des Ortes dabei gewahrt blieb. (Ein Redner hatte von dem „sogenannten" Rechtswalter Jäger gesprochen.) Mich bedünkt vielmehr, daß unter den Versammelten sich in jener Stunde nicht alle als wirkliche Geistliche betätigten.

2. Gegenüber der Verbreitung des Flugblattes Kreßler [sic!] habe ich bei meinem Dekanat und beim Urheber selbst entschiedensten Protest eingelegt und diesen Protest dann auf einer Konferenz meines Kapitels und in der Unterredung vertreten, welche ich nach Beendigung jener Pfarrerversammlung noch in der Moritzkapelle mit dem Urheber führte.

Ich habe die Aeußerung getan, daß das Unternehmen als geistiges Emigrantentum zu kennzeichnen sei, daß es schimpflich sei, Stimmen des Auslandes

als Zeugen und Richter in innerdeutsche Angelegenheiten gelten zu lassen und „Wahrheit und Recht" von dorther sich zu holen.
Ich betonte, daß wir alle deutschen Angelegenheiten nur unter uns Deutschen erledigen müßten. Ich habe es auch von vornherein abgelehnt, das Flugblatt „streng vertraulich" zu behandeln, da hier Schweigen so viel wie Zustimmung und somit großes Unrecht ist.
Am Schluss der Unterredung sagte mir Herr Pfarrer Kreßler:
„Wenn Sie mich hängen wollen, so hängen Sie mich. Aber beeilen Sie sich. In einem halben Jahr ist es zu spät."
Herr Pfarrer Kreßler hat mir auf mein Ersuchen, ganz deutlich zu reden, länger nicht geantwortet, und was er mir dann antwortete, kam erst heute nach meiner Rückkehr von Nürnberg in meine Hände. Er beruft sich auf auch von Parteiseite ihm zugegangene Mitteilungen, denen zufolge für die Zeit nach Ablauf eines halben Jahres „wesentliche Aenderungen in der deutschen evangelischen Kirche zu erwarten" seien, und er will seine Worte nur von diesem kirchlichen Umschwung her verstanden wissen.
Ich überlasse es jedermann, sich hier sein Urteil zu bilden, betone aber, daß es auch nach dem erhofften kirchlichen Umschwung nimmermehr Billigung finden könnte, wenn ausländische Stimmen als Zeugen und Richter in unsern innerdeutschen Angelegenheiten beigezogen würden.
3. Ich billige es durchaus, wenn die „Fränkische Tageszeitung" und im besonderen Herr Pg. Karl Holz die gegenwärtigen Zustände und Verhältnisse nicht nur vom kirchlichen, sondern auch vom politischen Standpunkt aus als überaus traurig, bedauerlich und schädlich bezeichnet und das evangelische Kirchenvolk selbst zur endlichen Besinnung und zur endlichen Vereinigung des Kirchenstreites aufruft. Es muß Einhalt getan werden.
Weiterhin fehlt jedes Verständnis und jeder Dank für den Segen, den Gott durch unseren Führer und seine Bewegung für Volk und Kirche gespendet hat, und das, was sich noch an Verständnis und Dank findet, wird gar verschüttet werden, wenn der Streit sich fortsetzt. Es muß Ordnung und Ruhe geschaffen werden.
Videant consules! Wir evangelischen Pfarrer aber wollen nicht, wie uns geraten wurde, „vorsichtig" sein in der Bezeugung unser nationalsozialistischen Gesinnung, sondern wollen im Gegenteil erst recht offen und treu nicht zur zu unserm göttlichen Herrn und Meister, sondern auch zu unserm Führer und seinem Werk uns bekennen, damit die Wankenden an uns Halt und Stütze finden.
Heil Hitler!

89 „Es war eine wahrhaft befreiende Tat". Ein evangelischer Pfarrer schreibt an Pg. Holz

Fränkische Wacht, Nr. 225, 17. September 1934, S. 3

Von allen Seiten erhielt die „Fränkische Tageszeitung" Zuschriften aus dem Volke, die auf den in der Samstagsausgabe enthaltenen Artikel „Fort mit D. Meiser" Bezug nehmen. Die begeisterte Zustimmung, die darin zum Ausdruck kommt, beweist, wie notwendig dieses Vorgehen war und wie es sich erlösend auswirkte.
Nachstehend veröffentlichen wir die Zuschrift eines evangelischen Pfarrers:

Larrieden, am 15. Sept. 1934
Herrn Schriftleiter Holz!
Haben Sie herzlichen Dank für den herrlichen Artikel über Meiser. Es war eine wahrhaft befreiende Tat und Sie haben sich damit den Dank aller evang. Nationalsozialisten verdient. Die Seelenknechtung durch Meiser hatte geradezu groteske Formen angenommen. Vor etwa einem Jahr wurden die Pfarrer überrumpelt: Sie sollten in eidesstattlicher Versicherung dem Meiser unbedingte Gefolgschaft geloben. Solchen Blankowechsel ließ er den Pfarrern durch seine Vertrauensleute vorlegen. Die meisten, für ihr Brot fürchtend, dazu wohl auch noch auf einsamen Posten stehend, ohne Verbindung mit Gleichgesinnten, unterschrieben. Ich unterschrieb – Gott Lob – nicht; aber in welche Gewissenskonflikte wurden die 1200 hineingetrieben, die, wenn auch schweren Herzens, damals die Unterschrift leisteten! Ueber die Feindschaft Meisers und seines Anhanges gegen das Dritte Reich ist von den Freiheitsliebenden Material gesammelt und wird verwertet. Es wird den betr. Kreisen noch mehr zum Verderben gereichen, als die Schiebereien in Württemberg. Bitte kämpfen Sie weiter und haben Sie nochmals besten Dank dafür, daß Sie für die Sache der Gewissensfreiheit eingetreten sind. Lassen Sie sich nicht irre machen durch das allenfalls einsetzende Haßgeschrei. Bewirken Sie auch, daß die heuchlerische „Allgemeine Rundschau" wegen Beunruhigung der protestantischen Bevölkerung aufgehoben wird. Den Inhalt meiner Zuschrift können Sie in der Presse verwenden.
Mit Heil Hitler grüßt Auer, Pfarrer.

90 Schreiben des Pfarramtes München-Bogenhausen an Reichsstatthalter Ritter Franz von Epp. München, 20. September 1934

BayHStA, StK 7295

Unter der Überschrift: Fort mit Landesbischof D. Meiser ist in der Fränkischen Tageszeitung vom 15./16. September ein gemeiner Hetzartikel erschienen, wie er früher in einer kommunistischen Zeitung nicht schärfer hätte formuliert werden können. Dieser Artikel ist noch dazu an den Plakaten angeschlagen und als Flugblatt nach dem Gottesdienst den Kirchenbesuchern in die Hände gedrückt worden.

Die Folge ist eine ganz ungeheure Erregung in der gesamten Bevölkerung der evangelischen Kirche in Bayern.

In München, Augsburg, Nürnberg sind die Leute in Massen auf die Strasse gegangen, sie spürten, dass mit diesem gemeinen Artikel die Ehre der ganzen evangelischen Kirche in Bayern beschmutzt ist und dass kein evangelischer Christ, der noch einen Funken Ehre im Leib hat, sich solche Niedertracht gefallen lassen kann.

In dankenswerter Weise hat die Reichsregierung die gehässige Polemik im kirchlichen Streit verboten.

Die Erklärung Meiser's, in der nach unserm Empfinden von Gehässigkeit nichts zu finden war, ist untersagt worden. Wir haben bisher nicht gehört, dass die Fränkische Tageszeitung von der Regierung wegen dieses Pamphletes vor aller Oeffentlichkeit zur Rechenschaft gezogen worden wäre. Die Ueberklebung der Plakate in Nürnberg geschah erst, nachdem jedermann den Schmähartikel gelesen hatte.

Nach unserm Empfinden müsste ein solches Blatt mindestens für 6 Monate verboten werden, das Verbot für kurze Zeit ist bekannter Massen nur ein Vorteil für ein solches Blatt; es müsste ferner den Schriftleitern eines solchen Blattes die Erlaubnis, öffentlich zu schreiben für längere Zeit entzogen werden und die verletzte Ehre D. Meisers und der evangelischen Kirche Bayerns dadurch wieder hergestellt werden, dass allen bayerischen Blättern die Aufnahme von Gegenartikeln, die den wahren Tatbestand sachlich darstellen, zur Pflicht gemacht wird.

Wir haben das Vertrauen zur Reichsregierung, dass sie ihre eigenen Verordnungen nach Recht und Gerechtigkeit durchführen wird.

Wir bitten daran zu denken, dass die evangelische Bevölkerung in Bayern die Trägerin der national-sozialistischen Idee in Bayern ist und dass dieselbe evangelische Bevölkerung einmütig hinter Landesbischof D. Meiser steht.

Das Evang.-Luther. Pfarramt
Bogenhausen
Friedrich Bauer

Der Evang. Gemeindeverein
Bogenhausen
[*sechs Unterschriften*]

91 Schreiben der Kirchengemeinde Obermögersheim an Reichsstatthalter Ritter Franz von Epp. Obermögersheim, 12. September 1934

BayHStA, StK 7295

Eine zahlreiche, fast vollständig versammelte Gemeinde aus Männern, Frauen und jungen Leuten hörte mit Entrüstung von den Verleumdungen und Beleidigungen, die gegen Herrn Landesbischof Meiser in der Presse ausgesprochen wurden, und verabscheut die Methoden des Kampfes und der Gewalt, die gegen unsere evangelische Kirche nun angewandt werden sollen, eine Gewalt, gegen die unser Herr Christus, die Apostel und Reformatoren in kirchlichen Dingen sich von jeher ausgesprochen haben, da sie ganz unchristlich und unevangelisch ist, und in der Geschichte auch noch nie dem Staate Gutes gewirkt hat.
Die evang. luth. Gemeinde Obermögersheim, Dekanat Wassertrüdingen, den 21. Sept. 1934
Dr. Hommel, Pfr. [*und 25 weitere Unterschriften*]

92 Schreiben des Kirchenvorstandes der Gemeinde Lauben an Reichsstatthalter Ritter Franz von Epp. Lauben, 24. September 1934

BAyHStA, StK 7295

Betreff: Angriff in der Presse auf den bayr. evang. Landesbischof.
Der unterzeichnete Kirchenvorstand hat in seiner ordentlichen Sitzung vom 23. September 1934 zu den in der „Fränkischen Tageszeitung“ vom 15./16. IX. 1934 erhobenen Vorwürfen gegen Herrn Landesbischof Meiser Stellung genommen und wagt daraufhin Folgendes zu unterbreiten:
An der vaterländischen Stellung unseres Herrn Landesbischofs kann kein Zweifel bestehen. Uns ist z. B. bekannt, daß er während der Zeit der Münchener Räteregierung um seiner Überzeugung willen in Haft war. Wir sind auch gewiß, daß er in der für ihn bitteren Frage des evang. Kirchenstreites nur aus den lautersten Beweggründen heraus handelt, da er die Kirche von ihr wesensfremden Wegen, wie es Gewalt, Unzuverlässigkeit und unevangelische Alleinherrschaft eines Einzelnen in Glaubensdingen sind, fernhalten möchte.
Wir sind auch der Überzeugung, daß gerade auch dem Staate daran gelegen sein muß, seine treuesten Vorkämpfer, was die Entwicklung der nationalen Bewegung in unseren oberschwäbischen evangelischen Orten und die Abstimmungsziffer bis zuletzt wahrhaftig beweist, in ihrer innersten Überzeugung ungekränkt zu lassen, und erbitten für unseren hochwürdigsten Herrn Landesbischof gegen solche bösartige Unterstellungen den Schutz des Staates.

Heil Hitler!
Evangel.-Luth. Kirchenvorstand Lauben bei Memmingen und Gemeindevertretung Babenhausen (Schwab.)

Rehm, Ulrich	Häring, Moritz	Joh. Sommer
Johannes Güthler	Michael Pfandler	Eugen Egg
Georg Müller	Gäble, Peter	

93 Schreiben des Kirchenvorstandes der Gemeinde Wörnitzostheim an Reichsstatthalter Ritter Franz von Epp. Wörnitzostheim, 25. September 1934

BayHStA, StK. 7295

Als Vertreter der evangel.lutherischen Kirchengemeinde Wörnitzostheim sind wir alle innerlich aufgebracht über die schändlichen Lügen, die über unseren Herrn Landesbischof D. Meiser von einer Gruppe verantwortungsloser Hetzer im Frankenland in der Fränkischen Tageszeitung verbreitet worden sind. Wir sind davon überzeugt, dass diese Lügen kurze Beine haben werden.
Unser Vertrauen zum Herrn Reichsbischof Müller-Berlin ist völlig erschüttert; jedoch stehen wir in unerschütterlichem Vertrauen hinter unserem verehrten Landesbischof D. Meiser. Wie unser geliebter Kanzler und Führer uns von Gott geschenkt ist, so ist unser Landesbischof uns von dem Allmächtigen gesetzt zum Segen für eine wahrhaft geeinigte deutsche evangelische Kirche und eben damit auch zum Heil unseres Volkes und Vaterlandes.
Mit deutschem Gruss!
Heil Hitler Fr. Eberle, Pfarrer *[und sechs weitere Unterschriften]*

94 Flugblatt: Ein ernstes Wort an unsere Gemeinden zum Frieden in der Kirche! (30. September 1934)

Druck: KorrBl 59 (1934), 1. Oktober, S. 443

Mit allen unseren Gemeinden leiden wir unter dem schon so lange währenden Unfrieden in der Kirche. Um der Kirche und des Volkes willen möchten wir alles tun, der Kirche den Weg zu einem wahren Frieden zu weisen. Dieser Weg kann aber nur gegangen werden in der Wahrheit und im Gehorsam gegen Gottes Wort.

Deshalb müssen folgende Voraussetzungen erfüllt werden:

1. Die verfassungsmäßig den Landeskirchen gewährleistete Selbstständigkeit in Bekenntnis und Kultus ist im einzelnen klar festzustellen.

2. Die Mitarbeit und Mitentscheidung der Gemeinden und Synoden ist nach Bibel und Bekenntnis sicherzustellen.
3. Den allgemeinen Diensteid von den Geistlichen zu verlangen, ist Sache des Staates. Die Kirche hat sich mit dem Ordinationsgelübde zu begnügen.
4. Zur Unterdrückung von Irrlehren ist ein Lehrzuchtgericht zu schaffen, das für die lutherische Kirche von 2 lutherischen Fakultäten zu bilden ist.
5. Zur Entscheidung der strittigen Rechtsfragen ist als dauernde Einrichtung ein unabhängiges Schiedsgericht zu schaffen.
6. Die neue Verfassung der Deutschen Evangelischen Kirche ist in brüderlicher Beratung aller Beteiligten zu erarbeiten und dem Staat zur Anerkennung vorzulegen. Die Verfassung darf in keinem Stück grundlegenden Erkenntnissen des lutherischen Bekenntnisses widersprechen; bei Meinungsverschiedenheiten hierüber wird ein Gutachten lutherischer Fakultäten eingeholt.
7. Die Maßnahmen gegen disziplinierte Geistliche und Gemeinden werden zurückgenommen, soweit es sich nicht um politische Vergehen handelt.
8. Die schwer angegriffene Ehre der Landesbischöfe von Bayern und Württemberg ist wieder herzustellen.
9. Vom lutherischen Gewissen her muss gefordert werden, daß in den kirchlichen Auseinandersetzungen Polizeigewalt nicht in Anspruch genommen wird.
10. Die Verächtlichmachung des Gegners, sei es persönlicher oder politischer Art, hat in den kirchlichen Auseinandersetzungen zu unterbleiben. Verstöße dagegen sind disziplinarisch zu ahnden.
11. Der Führer sagt: „Politische Parteien haben mit religiösen Parteien nichts zu schaffen." Deshalb ist zu fordern, daß jeder Versuch, Organe der Partei kirchenpolitisch einzusetzen, unterbleibt.

Dies sind die unerlässlichen Voraussetzungen für eine wirkliche Befriedung der Deutschen Evangelischen Kirche. In dieser Überzeugung wissen wir uns eins mit unseren Gemeinden und

unserem Herrn Landesbischof, zu dem wir
in unerschütterlicher Treue stehen.

Wenn diese Voraussetzungen nicht erfüllt werden, dann muß der Kampf um die richtige Kirche bis zum bitteren Ende durchgefochten werden. Die Verantwortung dafür fällt dann denen zu, welche die Gewissen vergewaltigen und dadurch die Gefahr einer Kirchenspaltung herauf beschwören.

Nürnberg, am 30. September 1934

Greifenstein	Klingler	Schieder
Vorsitzender des bayer.	Führer des bayer.	Führer der bayer.
Landes-Synodal-Ausschusses	Pfarrvereins	Pfarrerbruderschaft

95 Rundschreiben des Kreisdekanats Bayreuth an die Dekanate. Bayreuth, 1. Oktober 1934

FKiZM. A 30. 8

Geheim!
Betreff: Kirchliche Lage.
Es ist möglich, ja wahrscheinlich, daß in dieser Woche wichtige Entscheidungen über die nächste, vielleicht auch fernere Zukunft unserer Landeskirche fallen. Sind unsere Informationen richtig, so wird die Reichskirchenregierung mit ihrem Angriff in Nürnberg einsetzen und sich dort zunächst mit den Pfarrern in Verbindung setzen, die sich öffentlich auf ihre Seite gestellt haben. Man spricht bereits von bevorstehenden Beurlaubungen von Mitgliedern des Landeskirchenrats nach dem Württemberger Vorbild. Der Landesbischof und der Landeskirchenrat sind entschlossen, jedem gesetzwidrigen Vorgehen soweit als irgend möglich Widerstand zu leisten, auch um den Preis, daß zeitweilig das Landeskirchenregiment lahmgelegt werden würde. Es ist zu diesem Zweck notwendig, bereits jetzt entsprechende Vorkehrungen zu treffen. Sollte ich an der Ausübung meines Amtes gehindert werden, so übertrage ich zunächst meine Befugnisse an folgende Dekane:

1.	Bayreuth	für die Dekanate Bayreuth, Berneck, Thurnau, Pegnitz.
2.	Coburg	für das Dekanat Coburg.
3.	Hof	für die Dekanate Hof, Kirchenlamitz, Münchberg, Naila, Ludwigsstadt, Wunsiedel.
4.	Bamberg	für die Dekanate Bamberg, Michelau, Eyrichshof, Muggendorf, Münchaurach.
5.	Weiden	für die Dekanate Weiden, Sulzbach, Neumarkt.
6.	Schweinfurt	für die Dekanate Schweinfurt, Rothausen, Rüdenhausen, Rügheim.
7.	Hersbruck	für die Dekanate Hersbruck und Gräfenberg.
8.	Kulmbach	für die Dekanate Kulmbach und Kronach.

Im Falle, daß Post- und Telefongeheimnis aufgehoben werden sollten, gebe ich als Telefonnummer 108 (Jean Paul-Stift) und als Deckadresse: Herrn Pfarrer Eichelroth, Cosima Wagner Str. 19 an. Absender ist nicht zu vermerken. Besondere Anweisungen kann ich zur Zeit nicht erteilen außer der einen, daß sämtliche Zuschriften eines kirchlichen Kommissars uneröffnet zurückgeleitet und keine Zuschriften an ihn geleitet werden mögen. Es wäre auch möglich, daß 2 Kommissare, einer für Nürnberg und einer für München aufgestellt würden. In diesem Fall gilt natürlich das Gleiche. Unsere landeskirchliche Leitung bleibt in Kraft auch im Falle von Beurlaubungen oder Enthebungen, bis von ihr selber Weisung ergeht. Von diesen Maßnahmen bitte ich zunächst den Kollegen nichts mitzuteilen, auch nicht vertraulicherweise, bis auch hiezu Weisung ergeht. Es kann auch sein, daß ich einem der Herren für befristete Zeit Generalvollmacht erteile.

Dieses Schreiben bitte ich nicht zu den Akten zu nehmen, vielmehr so aufzubewahren und gegebenenfalls zu vernichten, sodaß es jedem Zugriff entzogen wird.
Meine Brüder! Lassen Sie uns in solchen außerordentlichen Zeiten, in welchen wir zu einem Widerstand gedrängt werden, an welchen niemand von uns je gedacht hätte, treu auf unserem Posten stehen und freudig die Verantwortung tragen. Gott aber helfe unserer armen Kirche zu einem Frieden, dem wir im Vertrauen auf Recht und Gewissen zustimmen können!
D. Prieser.

96 Schreiben von Stadtvikar Johannes Gewalt an den Rechtswalter der DEK August Jäger. Nürnberg, 10. Oktober 1934

EZA Berlin, 1/1401

Sehr verehrter Herr Ministerialdirektor!
Ich wende mich heute mit der eindringlichen Bitte an Sie, für die baldige Änderung der kirchlichen Verhältnisse in Bayern Sorge zu tragen. Wir Nationalsozialisten, die wir mit ganzem Herzen unserer Kirche und unserem Volke dienen wollen, müssen es erleben, von unserer Kirchenbehörde und nun auch von Stellen der Partei schief angesehen zu werden. Ihnen ist es bekannt, wie hier der kirchenpolitische Kampf in schauderhafter Weise „bekenntnismässig" geführt wird. Am 4. November ist ein grosser „Bibeltag" für Nürnberg vorgesehen, an dem die Hauptvertreter der bekennenden Kirche sprechen werden. Wenn jetzt nicht bald durchgegriffen wird, ist hier der Kampf verloren. Ausserhalb der „Bekenntnisfront" stehend, wird als gleichbedeutend mit Verrat an der Kirche von den aufgepeitschten treuen Kirchgängern empfunden. Umgekehrt wird es Ihnen bekannt geworden sein, dass das Reichsschulungsamt der N.S.D.A.P. Anweisung gegeben hat, Geistliche nicht mit weltanschaulicher Erziehung zu beauftragen. Weil bei uns scheinbar für das Bekenntnis gekämpft wird, so wird angenommen, Dogma der Kirche und Idee des Nationalsozialismus würden sich ausschliessen. Man hält in Kreisen der Partei es nicht für vereinbar, der Kirche und der deutschen Volksbewegung zu dienen. Wir müssen das büssen, was die Opposition verschuldet hat. Lassen Sie diesen Feind der wahren Kirche und des deutschen Volkes nicht länger seine dunklen Pläne verwirklichen. Handeln Sie, es könnte sonst zu spät sein!
Mit halben Massnahmen wird nicht zu helfen sein. Ein grundsätzlich neuer Kurs ist notwendig. Ein Mann wird genannt, der für die verantwortliche Führung in Frage käme, Missionsinspektor Keysser-Neuendettelsau. Er ist mit seinem Herzen wirklich auch bei uns Deutschen Christen. Aber er geniesst auch das Vertrauen der gutkirchlichen Kreise. Sein Name ist über Bayern hinaus im Ausland bekannt. Für die Reichskirche bedeutet diese

Berufung eine Zerstörung der Lügengebilde der unserer Reichskirche feindlichen Auslandskirchen.
In der Hoffnung, dass nun endlich unser evangelisches Kirchenvolk den Frieden findet – um dann wirklich sich seinen ihm gestellten Aufgaben widmen zu können
grüsst Sie
mit Heil Hitler!
Johannes Gewalt, Stadtvikar

97 Generalverfügung des Rechtswalters der DEK August Jäger. 11. Oktober 1934

LAELKB, 101/36–1922

Auf Grund der Verordnung zur Sicherung der Durchführung der Verfassung und der Kirchengesetze der Deutschen Evangelischen Kirche in der Evang.-Luth. Kirche in Bayern r. d. Rheins vom 11. Oktober 1934 verordne ich folgendes:
Mit sofortiger Wirkung werden beurlaubt:
1.) Vizepräsident Karl Böhner, Krailling, Post Planegg, Franz von Eppstr. 8,
2.) Oberkirchenrat D. Karl Baum, München, Renatastr. 50/II,
3.) Oberkirchenrat D. Karl Prieser, Bayreuth, Ludwigstr. 21,
4.) Oberkirchenrat Wilhelm Moegelin, München, Tengstr. 5/I,
5.) Oberkirchenrat Ernst Burger, München, Trogerstr. 17/II,
6.) Oberkirchenrat Dr. Hans Meinzolt, München, Adelhaidstr. 14/II,
7.) Oberkirchenrat Thomas Breit, München, Nikolaiplatz 1,
8.) Oberkirchenrat Oskar Daumiller, München, Herzogstr. 58/I,
9.) Oberkirchenrat Georg Kern, Ansbach, Julius Streicher-Str. 16,
10.) Oberkirchenamtmann Richard Pflügel, in München, Solln, Böcklinstr. 4,
11.) der Direktor des landeskirchlichen Seminars in Nürnberg (Veilhof) Schieder in Nürnberg,
12.) der Inspektor Kurt Frör beim landeskirchlichen Seminar in Nürnberg.
Die Aufträge der theologischen Hilfsreferenten
13.) Pfarrer Christian Stoll, München, Veterinärstr. 8/II,
14.) Pfarrer Eduard Putz, München, Isartorplatz 3/III,
werden für erledigt erklärt.
Die unter 1–14 Genannten haben bis auf weiteres,
1.) sich jeglicher dienstlicher Tätigkeit zu enthalten,
2.) die Residenzpflicht strengstens zu beachten, und zwar so, dass sie jederzeit innerhalb kürzester Frist erreichbar sind,
3.) sich jeglicher Aktionen zu enthalten, die geeignet sind, das Ansehen

der Deutschen Evangelischen Kirche oder von Mitgliedern der Reichskirchenregierung, sowie Beauftragten der Reichskirchenregierung zu untergraben. Damit wird zugleich Redeverbot gegen die Genannten verhängt.

4.) Soweit die Genannten ein geistliches Amt bisher inne hatten, haben sie sich jeglicher Tätigkeit als Geistlicher zu enthalten.

Schriftliche Verfügungen geben den von 1–14 Genannten hierüber zu.

98 Mitteilung und Erklärung des bayerischen Bruderrats [11. Oktober 1934]

FKiZM, A 30. 30

Mitteilung

In unserer Landeskirche ist heute ein rechts- und bekenntniswidriger Eingriff erfolgt.
Die Oberkirchenräte Baum und Breit sind seit heute mittag beurlaubt.
Rechtswalter Jäger sitzt im Landeskirchenratsgebäude.
Sofern unser rechtmässiger Landesbischof in der Ausübung seines Amtes gehindert wird, übernimmt die Kirchenleitung ein Bruderrat, dessen Weisungen unbedingt Folge geleistet wird.
In allen Gemeinden wird sofort ein Bußgottesdienst abgehalten; wir schlagen vor, daß der amtierende Geistliche in diesem Gottesdienst die beifolgende Erklärung verliest.
Sind mehrere Pfarrer an der Gemeinde, so schließen sie sich vor der Gemeinde dieser Erklärung an,

Erklärung

Unsere bayerische Evang. Luth. Kirche ist durch ein bekenntniswidriges Kirchenregiment vergewaltigt. Seit heute (Donnerstag) Mittag ist der Landeskirchenrat in München besetzt. Unser rechtmäßiger Landesbischof wird in der Ausübung seines Amtes gehindert. Auf Grund meines Ordinationsgelübdes erkläre ich vor Gott und dieser Gemeinde:
Ich bin und bleibe an mein rechtmässiges Kirchenregiment gebunden und werde meinen Dienst in dieser Bindung weiterführen.
Ich bitte und ermahne die Gemeinde, sich jetzt so zu verhalten, wie sie es dereinst vor dem ewigen Richterstuhl wird verantworten können.
Gott helfe uns. Amen.
Der Bruderrat.

99 Schreiben des Rechtswalters der DEK August Jäger an Landesbischof Meiser. München, 12. Oktober 1934

LAELKB, 101/36–1922

Ich beehre mich, Ihnen davon Mitteilung zu machen, daß Sie auf Grund der gemäß Artikel 6 der Verfassung der Deutschen Evangelischen Kirche erlassenen Verordnung des Reichsbischofs vom 11. Oktober 1934 aus dem Amte des Landesbischofs der Evangelisch-Lutherischen Kirche in Bayern rechts des Rheins abberufen worden sind.

Die Abberufung ist erfolgt, weil Sie sich geweigert haben, Gesetze der Deutschen Evangelischen Kirche, die gemäss der Verfassung der Deutschen Evangelischen Kirche rechtmässig beschlossen sind, und Anordnungen der Leitung der Deutschen Evangelischen Kirche, die gesetzmässig erlassen sind, durchzuführen, und weil Sie auch die Ihnen unterstellten Geistlichen zum Ungehorsam gegen die Gesetze und die Leitung der Deutschen Evangelischen Kirche aufgefordert haben. Die Verordnung vom 11. Oktober 1934 ist am gleichen Tage in Kraft getreten; sie wird demnächst in den kirchlichen Amtsblättern veröffentlicht werden.

Jäger

100 Schreiben des „Zentralbruderrats" an die Pfarrer. München, 12. Oktober 1934

FKiZM. A 30. 29

Liebe Brüder!

Wir übersenden Euch hiermit beiliegenden Aufruf, den Ihr den bekenntnistreuen Pfarrern bis Samstag Abend in die Hände geben müsst. Die Aufrufe haben unter allen Umständen am nächsten Sonntag von allen Kanzeln verlesen zu werden. Für die Verteilung in den einzelnen Dekanaten müsst Ihr wie vorausgesehen Sorge tragen.

An Nachrichten noch Folgendes:

Der Landesbischof befindet sich in Hausarrest. Es wird gemeldet, dass seine Tochter nicht die Schule besuchen darf. – Der Leiter der evang. Pressestelle Hildmann ist verhaftet. Die Stelle ist in den Händen eines Berliner Pressemannes, der wahrscheinlich jetzt seine Informationen hinausgeben wird. Auch diese Informationen werden nach den Grundsätzen des Aufrufs behandelt. Pf. Halbach hat das Referat von OKR. Daumiller durch Dr. Jäger erhalten, Pf. Fuchs Kreisdekan in Ansbach. – Diese Mitteilungen können offen weitergegeben werden.

Nachrichten und Weisungen sind zunächst an den zuständigen Bruderrat und die rechtmässigen kirchlichen Organe, die noch nicht in der Freiheit beschränkt sind, zu geben. Diese treten zur Information über die Lage und zum Empfang von Weisungen mit dem rechtmassigen Kirchenregiment direkt in Fühlung. Der Vorsitzende des Zentral-Bruderrates ist Pf. Sammetreuther. Der Landeskirchenrat ist in seinen nicht festgesetzten Mitgliedern zu einer Sitzung zusammengetreten und wird seine kirchenregimentliche Tätigkeit fortführen. Wir bitten alle Brüder der zuständigen kirchlichen Stellen gegen den Einbruch der unkirchlichen Machthaber in ihrer Treue zum Bekenntnis und zum Landesbischof zu bestärken. Vor allem dies: Niemand lässt sich aus Amt und Kirche entfernen. Kirchliche Weisungen werden nur von rechtmässigen kirchlichen Stellen entgegengenommen. Das Recht auf die Kanzel darf der Pfarrer nie und unter keinen Umständen aufgeben. – Sorgt dafür, dass für die bekennende Kirche in Bayern Geld gesammelt wird, und sorgt dafür, dass von möglichst vielen Seiten und an die massgebenden staatlichen Stellen Proteste gelangen. Berichtet auch über die Massnahmen, die man in den einzelnen Kreisen gegen die bekennenden Gemeinden trifft. Wo es noch nicht geschehen ist, ist in Bekenntnisgottesdiensten die Gemeinde zu informieren. Vor allem muss der Gemeinde im Einzelnen klar gemacht werden, wer von den Persönlichkeiten zu dem widerchristlichen und bekenntniswidrigen Kirchenregiment zu zählen ist. Der jetzt einsetzenden Vernebelung durch Rundfunk und kirchliche Presse ist möglichst durch Aufklärung entgegenzutreten. Rechtswalter Jäger versucht durch scharfe Massnahmen die Münchner Zentralstellen alle matt zu legen. Darum macht Euch in allen Kreisen möglichst selbstständig und stark. Das ganze Gebäude ist auf soviel Lüge, Betrug und Ungerechtigkeit aufgebaut, dass es in absehbarer Zeit zusammenbrechen muss. Die überwältigende Teilnahme des Kirchenvolks in München bezeugte eine einmütige und entschlossene Abwehr der kirchlichen Fremdherrschaft. – Die Kirchengemeinschaft mit den Kirchenzerstörern muss natürlich aufgegeben werden. –

So habt nun acht auf euch selbst und auf die ganze Herde, unter welche euch der Heilige Geist gesetzt hat zu Bischöfen zu weiden die Gemeinde Gottes, welche er durch sein eigen Blut erworben hat. Und nun, liebe Brüder, befehlen wir euch Gott und dem Wort seiner Gnade, der da mächtig ist, euch zu erbauen.

Mit herzlichem, brüderlichem Gruss!

Im Auftrag des Landesbischofs und des Landeskirchenrats:

Der Zentralbruderrat.

101 Schreiben der Erlanger Theologischen Fakultät an Reichstatthalter Ritter Franz von Epp. Erlangen, 13. Oktober 1934

ABlELKB 1934, S. 139f.; AELKZ 67 (1934), Sp. 993f.

|993|Ew. Exzellenz!

Als Mitglieder der Theologischen Fakultät zu Erlangen, die von Amts wegen die Lehre der evangelisch-lutherischen Kirche zu vertreten hat, unterbreiten wir Ew. Exzellenz folgende Erklärung:

|994|Gegen die Zerspaltung der Evangelisch-lutherischen Kirche in Bayern r. d. Rh. müssen wir aus folgenden Gründen Einspruch erheben:

1. Die von der Reichskirchenregierung am 11. Oktober gegen unsere Landeskirche getroffenen Maßnahmen können nicht als rechtsgültig anerkannt werden, da sie im Widerspruch zu der von der Reichsregierung bestätigten Verfassung der Deutschen Evangelischen Kirche stehen. Die Zerschlagung unserer Landeskirche in zwei Kirchenkörper widerspricht auch dem Geist der Verfassung; denn diese erstrebt die Zusammenlegung von Kirchengebieten gleichen Bekenntnisses, während durch jene Zerschlagung ein einheitliches Kirchengebiet gerade auseinandergerissen wird. Die Zerreißung unserer Kirche lässt sich auch nicht durch den Stammesunterschied von Bayern und Franken begründen, denn unser Kirchenvolk war zu einer völligen Einheit zusammengewachsen.
2. Die von der Reichskirchenregierung ergriffenen Maßnahmen sind auch gegen die Kirchlichkeit; denn sie verwirren die Gemeinden heillos. Unsere Kirche erfreute sich bisher eines geordneten und starken Lebens. Im Unterschied von anderen Landeskirchen gab es bei uns kein kirchliches Parteiwesen. Noch die letzte Synode zeigte das Bild voller Einmütigkeit. Das alles muß durch die neuen Maßnahmen zerstört werden.
3. Diese Maßnahmen verstoßen gegen Bruderliebe, Treue und Wahrhaftigkeit, göttliche Gebote, denen die Kirche Christi gehorchen muß. Außerdem verletzten sie das durch die Bekenntnisse der evangelisch-lutherischen Kirche gesetzte Recht der Berufung und Abberufung rechtmäßiger geistlicher Obrigkeit.

Heil Hitler!

Gez. D. Preuß, D. Procksch, D. Strathmann, D. Elert,
D. Ulmer, D. Althaus, D. Sasse

102 Schreiben Landesbischof Meisers an die Reichskirchenregierung. München, 14. Oktober 1934

LAELKB, 101/36–1922

Durch Mitteilung des „Rechtswalters der Deutschen Evangelischen Kirche" vom 12. ds. Mts. wurde ich davon verständigt, dass ich „aufgrund der gemäss Art. 6 der Verfassung der Deutschen Evangelischen Kirche erlassenen Verordnung des Reichsbischofs vom 11.10.34. aus dem Amte des Landesbischofs der Evang. Luth. Kirche in Bayern r. d. Rhs. abberufen" sei. Die Abberufung wird damit begründet, dass ich mich geweigert hätte, Gesetze der Deutschen Evangelischen Kirche, die gemäss der Verfassung der Deutschen Evangelischen Kirche rechtmässig beschlossen worden seien und Anordnungen der Leitung der DEK, die gesetzmässig erlassen worden seien, durchzuführen und weil ich die mir unterstellten Geistlichen zum Ungehorsam gegen die Gesetze und die Leitung der DEK. aufgefordert hätte.
Ich erkenne diese Abberufung nicht an und lege nachdrücklich Verwahrung gegen sie ein:

1.) Nach der Verfassung der bayerischen Landeskirche kann ich als Landesbischof nur von der Landessynode aus dem Amt abberufen werden: Ein diesbezüglicher Beschluss der Synode liegt nicht vor.
2.) Die Verordnung des Reichsbischofs vom 11.10.34., die im übrigen noch nicht veröffentlicht ist, widerspricht der Verfassung der DEK, da dem Reichsbischof in der Verfassung kein Notverordnungsrecht eingeräumt ist. Meine Abberufung entbehrt daher auch der reichskirchlichen Rechtsgrundlage.
3.) Ich habe mich niemals geweigert, rechtmässige Gesetze der DEK. zu vollziehen und habe auch niemals die Geistlichen zum Ungehorsam gegen rechtmässige Gesetze oder eine wahrhaft geistliche Leitung der DEK. aufgefordert. Mein Widerstand gilt ausschliesslich der Abwehr des Unrechts und der ungeistlichen Leitung der DEK.
4. Ich bin entschlossen, nach wie vor das Bischofsamt in meiner Landeskirche wahrzunehmen und behalte mit alle meine Rechte ausdrücklich vor.

gez. D. Meiser

103 Schreiben des „Verwaltungskommissars der Ev. Luth. Kirche in Bayern rechts des Rheins" an das Sekretariat des Reichsbischofs. München, 15. Oktober 1934

EZA Berlin, 1/1237

Der Pfarrer Hans Sommerer aus Bruckberg ist durch Schreiben des Rechtswalters der Deutschen Ev. Kirche vom Reichsbischof zum geistlichen Kommissar für das Gebiet Ober-, Mittel- und Unterfranken ernannt worden. Er übt als solcher die Befugnisse eines Landesbischofs für die Ev. Luth. Kirche in Bayern rechts des Rheins aus. In der gleichen Weise ist der Pfarrer Hans Gollwitzer aus Mühldorf zum geistlichen Kommissar für das Gebiet Ober- und Niederbayern, Schwaben und Oberpfalz ernannt worden. Es wird hier die Auslegung vertreten, dass auch die Befugnisse des Landeskirchenrats und des Landessynodalausschusses auf die geistlichen Kommissare für ihr Gebiet für die Zeit bis zur gesetzlichen Neuregelung übergegangen sind. Ich bitte, dies durch ausdrückliches Schreiben nochmals zu bestätigen. Gleichzeitig bitte ich, eine vom Herrn Reichsbischof unterschriebene Vollmachtsurkunde über die Ernennung der beiden geistlichen Kommissare übersenden zu wollen.
Heil Hitler!
Im Auftrage [Unterschrift unleserlich]

104 Schreiben von Gauleiter Hans Schemm an die „Verwaltung der Landeskirche Bayern, München". Bayreuth, 15. Oktober 1934

EZA Berlin, 1/1237

Betrifft: Stellungnahme zur Teilung Bayerns in 2 Landeskirchen. Errichtung einer Landeskirche Bayerische Ostmark.
Die Bayerische Ostmark umfasst die ehemaligen bayerischen Regierungsbezirke Oberfranken, Oberpfalz und Niederbayern mit einer Gesamteinwohnerzahl von rund 2200000. Der Führer begründete diesen Gau aus einer Reichsnotwendigkeit heraus: die Grenze im Südosten des Reiches gegen das vordrängende Tschechentum zu festigen und den Ausbau auf kulturellem und gesamtwirtschaftlichem Gebiete durchzuführen, darum ist heute der gesamte bayerische Teil des deutsch-tschechoslowakischen Grenzlandes von Hof bis Passau durch den Gau Bayerischer Ostmark umklammert.
Der Gau Bayerische Ostmark ist der politische und kulturelle Riegel gegen den Osten und den ultramontanen Süden. Ein Gebiet mit einer solchen gesamtdeutschen Sendung muss sich auf eine einheitliche Bearbeitung und auf einen einheitlichen Willen stützen können:
Das gesamte politische und kulturelle Wollen muss sich auch auf kirch-

lichem Gebiet in einem einheitlichen Willen ausdrücken, der nur dadurch gewährleistet ist, dass auch im Gau Bayerische Ostmark eine kirchenpolitische Einheit geschaffen wird, die auf kirchlichem Gebiet dieselbe Mission haben würde wie der Grenzgau Bayerische Ostmark auf politischem.
Eine Teilung des Grenzstriches und damit des Grenzgaues würde eine Nahtstelle schaffen, die vor allem an der Grenze leicht angreifbar ist. Vor allem aber würden an der Grenze verschiedene Kräfte angesetzt, die dadurch dem einheitlichen Charakter der Grenzführung nicht besonders günstig gegenüberstehen würden. Der protestantische Norden würde von dem katholischen Süden getrennt.
Die Grenzziehung der Bayerischen Ostmark umschliesst wie eine Kette den gesamten Teil der bayerisch-tschechoslowakischen Grenze. Im Kampf um die Grenzen, die das Leben eines Volkes umfrieden, ist ein waches Erkennen der Gefahren und eine zielklare Abwehr notwendig. Wie der Körper eines Einzelnen besonders verwundbare gefährdete Punkte („Nervenpunkte") aufweist, so ist auch ein gesamtes Volk, ein Volkskörper an manchen Stellen besonders verwundbar. Die Bayerische Ostmark schweisst daher alle gefährdeten Punkte zusammen:
die Further Senke, das Völkertor zwischen Bayern und Böhmen, die oberpfälzische Durchgangs- und Zerrungslandschaft, das Leidenstal in den Kriegen aus vergangenen Jahrtausenden, die Bruchstelle zwischen katholischer und protestantischer Konfession, eine der verwundbaren Stellen des deutschen Bodens war von jeher die Mainlinie. Der Ausgangspunkt hierzu, das Fichtelgebirge in der Bayerischen Ostmark liegt ganz nahe der Ostgrenze. Es ist kein Wunder, dass auch die Gegner Deutschlands diese gefährdete Stelle erkannt haben. Stets setzten deshalb die Versuche, die deutsche Einheit zu zerstören, gerade hier ein (Napoleons Rheinbund war auf die „Mainlinie" aufgebaut). Immer und immer wieder das gleiche Ziel seit Jahrhunderten: die deutsche Einheit an der engsten Stelle Deutschlands zu zerschlagen – Nord und Süd im Kampf zu trennen. Früher war das Gefüge dieses Grenzlandes ein sehr lockeres. Von einer einheitlichen Zusammenfassung des politischen Willens in der Grenzmark war keine Rede, eher konnte man sprechen von einer Rückzugsstellung. Die Tat des Führers, durch die das gesamte südostdeutsche Grenzgebiet von Hof bis Passau zu einer Einheit, dem Gau Bayerische Ostmark, zusammengefasst

und damit die Main- und Donaulinie überbrückt wurde

hat die Gefahr der inneren Zerfahrenheit beseitigt. Als eine Willenseinheit, die die bedrohtesten Stellen an der Aussenfront und im inneren Gefüge (die Konfessionsgrenzen) überbrückt und vernietet und damit die Absperrung der ultramontanen Einflüsse von Rom und Wien (Faulhaber) darstellt, steht die Bayerische Ostmark heute am Beginn eines erfolgverheissenden Aufbaues. Sie ist in das grenzpolitische Erbe der ehemaligen Markgrafenschaft auf dem Nordgau eingetreten. Fest in der besten Tradition der grossen Ko-

lonialzeit verwurzelt, hat dieser Gau eine Aufgabe übernommen, die richtunggebend in die Zukunft der deutschen Grenzpolitik weist.
Verwaltungstechnisch umfasst die Bayerische Obermark alle bayerischen Landesteile, die dem Main, dem Böhmerwald und der Donau zugewendet sind. Altbayerisches und fränkisches Hinterland – einst durch die Konfessionsgrenze in zwei Teile gerissen – bilden heute das Kräftereservoir, aus dem die Landschaft um Fichtelgebirge und Böhmerwald, den zwei Blockpfeilern des Gaues schöpfen kann.
Im Grossen gesehen ist durch die Zweiteilung der früheren Landeskirche Bayern in eine Landeskirche Franken und eine Landeskirche München eine Trennung in ein katholisches und ein protestantisches Bayern erreicht, wodurch eine Verschärfung der konfessionellen Unterschiede und eine Verdichtung des politischen Katholizismus im Süden des Reiches hervorgerufen wird, was naturgemäss eine zuversichtliche Stimmung in Rom auslösen wird.
Weiterhin geht diese Zweiteilung auf Kosten der jetzigen Gaugebiete und damit der kommenden Reichsgebiete, da sie dieselben vollkommen durchschneidet. Eine Regelung dieser Frage müsste früher oder später doch kommen, was wiederum eine Doppelarbeit auslösen müsste.
Als hauptsächlich betrachte ich folgende Tatsache, dass die Bayerische Ostmark bei 2,2 Millionen Einwohnern eine Zahl von 512402 Protestanten umfasst und somit zahlenmässig die jetzige Landeskirche weit übertrifft.
Zum Schlusse sei nochmals der wichtigste Grund für meinen Antrag wiederholt:
Ich halte es kirchenpolitisch für unmöglich, dass der katholische Süden von dem protestantischen Norden durch eine Wiederbelebung der Main- bezw. Donaulinie durch vermeidbare Organisationsmassnahmen getrennt wird.
So wie die Errichtung und Erhaltung des Gaues Bayerische Ostmark eine aussen- und grenzpolitische Notwendigkeit war, die der Führer eben durch die Zusammenfassung der drei Gaue Oberfranken, Oberpfalz und Niederbayern bestätigte, ist auch für einen gesunden Aufbau des kulturellen und kirchenpolitischen Lebens innerhalb unseres in jeder Hinsicht einheitlichen Grenzgaues Bayerische Ostmark eine von gleichen Gesichtspunkten und Motiven herausgeführte Landeskirche nötig.
Diese Gedankengänge bitte ich bei der neuerlichen Behandlung dieser Frage zu berücksichtigen. Für einen freundlichen, möglichst baldigen Entscheid wäre ich herzlich dankbar.
Ich werde am Mittwoch persönlich in dieser Frage noch vorstellig werden, um eine Lösung zu finden, die ja durch die Bekanntgabe der Dekanatskreise Ostmark schon vorbereitet ist und später vollendet werden kann.
Heil Hitler!
gez. Schemm.

105 Schreiben des Pfarrkonvents Augsburg an den Reichsinnenminister, an das Amt für kulturelle Befriedung, an Ministerpräsident Siebert und an den Reichsstatthalter in Bayern Ritter von Epp. Augsburg, 15. Oktober 1934

FKiZM. A 30. 5

Eure Exzellenz.
Der Rechtswalter der Deutschen Reichskirche hat mit einer brutalen Gewalttat ohne jedes innere und äussere Recht unseren hochverehrten Landesbischof D. Meiser, der rechtmässig gewählt und unter feierlichster Beteiligung der bayer. Staatsregierung eingesetzt worden ist, und unseren rechtmässigen Landeskirchenrat beseitigt.
Landesbischof Meiser wird wie ein Verbrecher in entwürdigender Haft gehalten; die politische Gewalt leistet dazu den Schergendienst.
Unsere Landeskirche soll durch eine sinnlose Zerteilung unter einer unheilvollen Aufrichtung einer Donaulinie zerschlagen werden. Die Brandfackel des Unfriedens ist in unsere friedvolle Landeskirche geschleudert. Unsere bayer. evang. Pfarrerschaft und unsere Gemeinden sind in tiefster Erregung und schwerster Gewissensnot. Die kirchliche Verwüstung vernichtet Treu und Glauben; das öffentliche Vertrauen im Staat wird untergraben. Weit über unsere Konfession hinaus ist die grösste Sorge um die Kirche aufgewacht; die katholische Kirche, mit der wir im ungestörten Frieden leben, sieht in aufgeschreckter Teilnahme das Schicksal der Zerstörung unserer Kirche.
Im Namen unserer evang.luth. Gesamtkirchengemeinde Augsburg, deren Name durch das Konfessiojahr 1930 in allen Weltteilen gilt, erheben wir 17 evangelische Geistliche mit unseren 11 Gemeinden und 34000 Seelen feierlichsten Protest gegen die Zerstörung unserer teueren evang. Luth. Landeskirche und gegen die Gefahrdung des Friedens und klagen vor Gott und der Staatregierung die Ursächer dieser kirchlichen Verwüstung an.
gez.
Dekan D. Schiller Senior Dr. Schmidt.

106 Wort von Landesbischof Meiser an die Pfarrer der Landeskirche. München, 16. Oktober 1934

FKiZM. A 30. 5

Liebe Herren und Brüder im Amte!
Sie stehen mit mir noch unter dem ersten schmerzlichen und erschütternden Eindruck des schweren Unrechts, das durch den Gewaltakt der Reichskirchenregierung an unserer heimatlichen Kirche verübt worden ist. Noch nie, seit wir unserer Kirche dienen, ist solches Leid über sie gekommen und

wir ringen darum, es uns nicht zur Glaubensanfechtung werden zu lassen. Wir nehmen, was jetzt über unsere Kirche ergeht, als eine väterliche Züchtigung aus Gottes Hand und wollen nicht aufhören, Gott um den verborgenen Segen solcher Züchtigung für uns und unsere Gemeinden zu bitten.
Von dem beschrittenen Weg kann uns die Gewaltanwendung und der Rechtsbruch der Reichskirchenregierung umso weniger abbringen, als ja unser Kampf gerade den Gewaltmethoden und den Rechtsverletzungen in der Kirche gilt. Auch sonst ist nichts geschehen, was uns gestattete, das Ziel unseres bisherigen Ringens als erreicht anzusehen. Die Beschwerden gegen die ungeistliche Haltung der Reichskirchenregierung und alle die ernsten Bedenken, die wir vom lutherischen Bekenntnis her gegen das restlose Aufgehen unserer Landeskirche in eine nicht vom lutherischen Bekenntnis bestimmte Gesamtkirche haben müssen, bestehen unvermindert fort. Wir müssten alles, was wir bisher grundsätzlich und mit hohem Ernst gegen Geist, Ziele und Methoden der Reichskirchenregierung gesagt haben, zur Lüge machen, wollten wir dem allem auf einmal kein Gewicht mehr beimessen.
Dass wir durch die Massnahmen der Reichskirchenregierung genötigt sind, unseren Kampf unter erschwerten Umständen zu führen, entbindet uns von der Pflicht des Kampfes nicht. Gott hat noch nie seiner Kirche wahrhafte Erneuerung ohne Kampf geschenkt.
Ich bitte Sie liebe Herren und Brüder nur darum, dass Sie in strenger Zucht über sich und Ihre Gemeinden wachen, dass der Kampf als ein geistiger Kampf allezeit mit geistlichen Waffen geführt wird, und dass Sie alles unterbinden, was auch nur den Anschein erwecken könnte, als ginge es in diesem Kampf ausser um rein kirchliche, auch um politische Ziele.
Im übrigen aber muss gerade jetzt die Ernstlichkeit unseres Wollens und die Unbeugsamkeit unserer Haltung geoffenbart werden. In Fragen des Glaubens und des Gewissens gibt es kein Paktieren. Hier gilt nur der klare Befehl Gottes, wenn wir uns nicht selbst verwerflich machen wollen.
Darum, meine lieben Brüder: „Stehet fest im Glauben, seid männlich und seid stark". Bedenket, dass wir unseren Kampf vor den Augen des ewigen Erzhirten führen, der selbst die Hitze der Anfechtung ertragen und die Pein des Kreuzes erduldet und seinen Jüngern nicht gestattet hat, dass sie über Ihrem Meister seien. War sein Weg ein Weg der Anfechtung und der Bedrängnis, so ist es uns eine Ehre, ihm auf diesem Weg zu folgen.
Ich kann Sie nicht aus dem mir gelobten Gehorsam und der Treue der Gefolgschaft entlassen. Ich würde damit denen Recht geben, die in meiner Abwesenheit mit Gewalt in unseren Landeskirchenrat eingebrochen sind und würde alle Begriffe von Treu und Glauben in Ihnen erschüttern. Es muss sich im Gegenteil gerade jetzt erweisen dass das, was wir uns gegenseitig gelobt haben, mehr als Worte gewesen sind. Soweit meine Person in Frage kommt, kann ich Sie nur aufs neue dessen versichern, dass mich gerade das

Erleben dieser Tage in meiner Überzeug erst recht gefestigt und in meinem Entschluss bestärkt hat, mich für die grosse und heilige Sache, um die es geht, bis zum Letzten einzusetzen.
Dass ich als ein der Freiheit Beraubter Ihnen schreiben muss, kann ich nicht verschweigen. Aber bin ich auch der Freiheit beraubt, so bin ich doch nicht meiner Entschlossenheit und meiner Zuversicht beraubt. Möchte sich an Ihnen das Wort Phil. 1, 14 erfüllen, dass viele Brüder in dem Herrn aus meinen Banden Zuversicht gewinnen und desto kühner werden, das Wort zu reden ohne Scheu.
Viele Worte stärkender Ermunterung, viele Zeichen treuer Anhänglichkeit sind mir in den letzten Tagen zugegangen. Ich danke für das alles herzlich. Lassen Sie uns im Gebet für unsere Kirche nicht erlahmen; Drohungen sollen uns nicht einschüchtern, Bedrückungen nicht mürbe machen. Wenn nur Gottes Wille geschieht und Seine Sache zum Ziele kommt!

Auf Christen, die ihr ihm vertraut,
Lasst euch kein Drohen erschrecken!
Der Gott, der von dem Himmel schaut,
wird uns gewiss bedecken.
Der Herr, Herr Zebaoth
hält über sein Gebet,
gibt uns Geduld in Not
und Kraft und Mut im Tod.
Was will uns denn erschrecken?

München, den 16. Okt. 1934
Landesbischof D. Meiser.

107 Schreiben Siegfried Büttners an Landesbischof Meiser. Neuötting, 16. Oktober 1934
LAELKB, KrD Ansbach 5280

Hochehrwürdiger Herr Landesbischof!
Angesichts der gegenwärtigen Lage unserer Kirche bitte ich den Herrn Landesbischof, mich meines Amtes zunächst auf die Dauer von zwei Monaten bis zum Januar 1935 beurlauben zu wollen.
Der Grund ist nicht Feigheit u. Treulosigkeit, sondern Gewissenhaftigkeit u. Aufrichtigkeit im entschlossenen Kampf gegen das bestehende Gewaltregiment der Deutschen Evangelischen Kirche u. der Deutschen Christen. Persönlich bleibe ich der Bekenntnisfront als Bruder in der Not verbunden. Sachlich muss ich mich aus verschiedenen Gründen von der Bekenntnisfront trennen.
Damit tritt für mich zu der ideellen Not der Verständnislosigkeit die materielle Not der Brotlosigkeit hinzu. Die Korrektheit dieser meiner inneren

Einstellung sagt Ihnen, dass ich nicht aus Feigheit um des Vorteiles willen, sondern aus Gewissenhaftigkeit um des Kampfes willen mich beurlauben lassen möchte.
Persönlich bleibe ich Ihnen als meinem rechtmässigen Herren Landesbischof auch fernerhin verbunden. Von der Lauterkeit Ihres Kampfes bin ich durchaus überzeugt.
Sachlich sehe ich augenblicklich eine andere Aufgabe vor Augen. Die Richtigkeit Ihres Kampfes ist mir zweifelhaft, soweit er sich auf eine Reformation der bestehenden D. E. K. bezieht.
Ich bin mir bewusst, diese Aussage mit grösster Vorsicht anbringen zu müssen. Ich bin mir bewusst, dass die Überzeugung meiner Jugend die Erfahrung Ihres Alters nicht übertreffen wird und dennoch muss ich meiner Überzeugung nach handeln und hoffe damit Ihnen und Ihrer Sache selbst einen Dienst tun zu können.
Ich werde selbstverständlich an meinem hiesigen Posten ausharren bis ich Ihre persönliche Beurlaubung in Händen habe. Ich will nicht über der Treue im Grossen die Treue im Kleinen vergessen. Auch bin ich trotz meiner persönlichen Überzeugung von der Richtigkeit meines Handelns u. trotz meiner sachlichen Trennung von der Richtung der Bekenntnisfront auf einen guten Rat zu hören bereit. Die Korrektheit dieses meines Vorgehens sagt Ihnen, dass ich nicht aus Treulosigkeit handle, sondern nur im Interesse meiner christlichen Kirche kämpfen will.
Im Rahmen dieses Gesuches ist es mir nicht möglich eine nähere Auskunft über mein Vorhaben zu geben. Soviel jedoch mag erwähnt werden, dass ich auf Grund persönlicher Studien, die ich in persönlichen Denkschriften niedergelegt habe, zu der Überzeugung gekommen bin, dass die Bekenntnisfront den Kampf gegen die Deutschen Christen nicht allein wird zu Ende führen können. Es muss eine dritte Front mobil gemacht werden in den noch ausserhalb der D. E. K. befindlichen Freikirchen.
Mit dem Mittel missionarischer Verkündigung hat von dieser Seite aus ein offensiver Kampf in die Wege geleitet zu werden.
Das Mittel theologischer Auseinandersetzung kommt über den defensiven Kampf nicht hinaus.
Die Stunde der Not gebietet es, alle Kräfte einzusetzen im Kampf für die rechte Erneuerung und den richtigen Aufbau unserer christlichen Kirche ohne Rücksicht auf unser persönliches Fortkommen. Ich denke dabei durchaus nicht nur an unsere evangelische Kirche allein, sondern muss bekennen, dass, seitdem ich hier in der Diaspora arbeite, ich den Glauben gewonnen habe, dass auf rein missionarischem Wege auch der katholische Volksteil für eine einheitliche christliche Kirche bekehrt werden könnte. Dem Glaubenden ist nichts unmöglich.
Für uns kann es jedoch zunächst nur darauf ankommen, unsere Kirche in Wahrheit, Freiheit und Einheit aufzubauen, damit in unserem deutschen

Volk endlich auch einmal ein Aufbruch der christlichen Gemeine erlebt wird.
Die Liebe zu meiner christlichen Kirche ist es, welche mich zum Handeln treibt. Ich will versuchen innerhalb einer Freikirche, der ich persönlich als Mitglied angehöre, zu diesem offensiven Kampf aufzufordern.
Mehr liegt mir zunächst nicht am Herzen, weshalb ich vorläufig nur um den genannten Urlaub gebeten haben möchte.
Im vorzüglicher Hochachtung und persönlicher Treue
Ihr Vikar
Siegfried Büttner.
Für eine Erledigung meines Schreibens wäre ich im Interesse der Sache äusserst dankbar.
1 Beilage: Persönliches Schreiben an den Herrn Kirchenkommissar

108 Schreiben Siegfried Büttners an den Rechtswalter der DEK August Jäger. Neuötting, 17. Oktober 1934

LAELKB, KrD Ansbach 5280

Sehr geehrter Herr Kirchenkommissar!
Aus meiner persönlichen Ueberzeugung heraus muss ich Ihnen mitteilen, dass es mir ganz unmöglich ist, mich der gegenwärtigen Reichskirchenregierung zu unterstellen wie auch eine persönliche Eingliederung in die D. E. K. unter den gegenwärtigen Umständen nicht in Frage kommt.
Ich schreibe Ihnen das als Einzelner, weil ich nicht zu denen gehöre, welche hinter dem breiten Rücken der Bekenntnisfront Schutz und Deckung suchen gegenüber dem Gewaltregiment der Reichskirchenregierung. Ich bin nicht ein Mitläufer der Bekenntnisfront, vielleicht aber ein um so grösserer Gegner der Deutschen Christen und aller Unternehmungen, die mit Ihnen zusammenhängen.
Persönlich stehe und falle ich mit der Bekenntnisfront als ein Bruder in der Not. Ich erkenne nur unseren ehrwürdigen Herrn Landesbischof als den rechtmäßigen Bischof an. Wie Sie es wagen können, sich neben Ihn zu stellen, ist mir unbegreiflich. Ihr Regiment vermag ich weder sachlich noch persönlich anzuerkennen.
Sachlich weiss ich mich nun freilich auch in meinem Kampf von der Bekenntnisfront geschieden. In welchen Punkten ist hier nicht zu erörtern. Dass die Bekenntnisfront an die Reformation der bestehenden Verhältnisse glaubt, ist wirklich nach all den erfolgten Gewaltmassnahmen zu bewundern. Dieser kindliche Glaube ist geradezu rührend gegenüber der herrschenden Gewalt der Deutschen Christen.
Vom Standpunkt der Kirche aus gesehen, ist es schwer festzustellen, auf welcher Seite sich die Meuterer befinden. Wer Nationalsozialismus und

Christentum nicht säuberlich zu trennen weiss, befindet sich auf dem Weg eines Synkretismus, von dem nicht nur die Kirche, sondern auch der Staat einen erheblichen Schaden davon tragen wird.
Auch ich bin davon überzeugt, dass es möglich sein wird, eine einige christliche Kirche in Deutschland zu schaffen, jedoch auf dem von der Reichskirchenregierung beschrittenen Wege ist es ganz undenkbar. Das ist der Weg der staatlichen Vergewaltigung, aber nicht der Weg der geistigen Beherrschung.
Das System, welches augenblicklich in der Kirche zur Herrschaft gelangt ist, hat eine grosse Aehnlichkeit mit dem System, welches vor 1933 im Staate herrschend war. Dieses System baut bewusst auf alten Schwächen der Kirche auf, um dadurch die Kirche dem Staate dienstbar zu machen. Eine innere Festigung der Kirche im Interesse der Kirche selbst, hätte allerdings anders vorgenommen werden müssen. Hatte nicht Deutschland vor 1933 auch schon eine einheitliche Verfassung und doch, was war dieses Deutschland für ein erbärmliches Gebilde! Im gleichen Sinne ist auch die gegenwärtige D.E.K. eine erbärmliche Kirche zu nennen, der jedes innere Verständnis für die geistig zu fundierende Einheit einer Kirche fehlt.
Hoffentlich wird bald dieses geistlose und lieblose System der gegenwärtigen D.E.K. sein Ende finden und die geistige EINHEIT in der jetzt vollständig zerrissenen christlichen Kirche hergestellt werden können.
Ich weise mir auch für die Kirche keinen anderen Weg zur Einigung als den Weg einer gewissenhaften Verkündigung, einer ernsthaften Mission auf dem Boden eines einheitlichen Bekenntnisses.
Soviel sollte man doch vom Nationalsozialismus gelernt haben, dass ein Körper, der lebensfähig sein will, eines einheitlichen Gesetzes, Kultus und Bekenntnisses bedarf. Was wäre denn der Nationalsozialismus ohne seine einheitliche Weltanschauung?
Sie hängen als Nationalsozialist mit ganzer Liebe an Ihrer Partei. Ich wage Sie zu fragen, hängen Sie mit der gleichen ausschliesslichen Liebe auch an Ihrer christlichen Kirche?
Prüfen Sie sich bitte in Ihrem Gewissen und hängen Sie Ihre Seligkeit nicht an den Bestand des Staates, welcher auch nur ein sterblicher Körper ist. Der Nationalsozialismus aber wird in dem Augenblick seinem Ende entgegengehen, in welchem er es wagt, das Christentum und mit ihm die Christliche Kirche in ihrem Bestand anzutasten.
Mit gebührender Hochachtung
Heil Hitler!
Siegfried Büttner
Vikar
Beiliegendes Schreiben (v. 13. Okt. 34) sende ich wieder zurück, da ich nur Weisungen vom Herrn Landesbischof entgegennehme.
S. Büttner.

109 Vertraulicher Bericht an das Kultusministerium über eine Versammlung von Theologiestudenten am 17. Oktober 1934, 11:00 Uhr

BayHStA, MK 37069a

Einleitung durch Studentenpfarrer Weber, Vorlesung eines Berichtes des ehemaligen Landeskirchenrates über „ernste und komische" Vorgänge bei Einsetzung der verschiedenen Kreisdekane. Nicht gerade wohlwollende Beurteilung der neuen Persönlichkeiten. Versammlung in Märtyrerstimmung. Man redet von Aushalten bis zum Tod, vom Blut der Christen, das der Same ist ... usw.
Man nennt Engelke (Vikar der DEK), Langmann (Oberkirchenrat der DEK), Dr. Kinder (Reichsleiter der DC) Trottel, weil sie über die Vorgänge in Bayern nicht unterrichtet gewesen seien. Die katastrophale Wirkung der Hetze (gegen die Reichskirchenregierung und das Einigungswerk) wird nicht geleugnet, im Gegenteil wird ausdrücklich betont, dass die Sache auch bis zum Bruch und zur Feindschaft mit dem Führer betrieben werde. Rücksicht auf Staat und Volk würden sie (die Theologiestudenten) nicht nehmen. Zentrale ganz intensiver Wühlarbeit ist das Nürnberger Predigerseminar.
Studentenpfarrer Weber erklärt: Man wird an die Kampfzeit erinnert. Telefon usw. sind gesperrt. Dafür rattern ununterbrochen Motorräder, kommen und gehen für Meiser.
Auf die Nachricht, dass Reichsbischof Müller erkrankt sei: Wenn er nicht mehr käme, der Teufel soll ihn holen.
Dem Führer wird öffentlich Wortbruch vorgeworfen.

110 Schreiben Wolfgang Rohdes an bekenntnistreue Nürnberger. Nürnberg, 17. Oktober 1934

FKiZM. A 30. 7

Sehr geehrter Herr, lieber Bruder!
Am nächsten Sonntag, den 21. Oktober soll ein Sonderzug der Nürnberger bekenntnistreuen Gemeindeglieder nach München fahren, um unsere Verbundenheit mit der Münchener Gemeinde in Bekenntnisgottesdiensten zu beweisen und um unseren Herrn Landesbischof unsere Treuegrüsse persönlich zu überbringen. Die Abfahrtszeit ist gegen 6 Uhr früh, Rückkehr etwa 23,30 Uhr. (Fahrzeit etwa 4 Stunden) Der Fahrpreis beträgt 6,50 Mark. Kinder möchten nur in Ausnahmefällen mitgebracht werden.
Die angefügten Anmeldeformulare müssen bis spätestens Freitagmittag bei den Pfarrämtern oder beim Unterzeichneten abgegeben sein. Die Fahrkarten können dann im Laufe des Samstagnachmittages gegen Vorzeigung der angefügten Quittung ebendort abgeholt werden, wo die Anmeldung erfolgte.

Dort wird auch die genaue Abfahrtszeit und das Programm des Tages bekannt gegeben. Selbstverpflegung und Gesangbücher wären mitzubringen. Wir bitten Sie, in bekenntnistreuen Kreisen für den Sonderzug zu werben. gez. Dr. Rohde.

111 Anweisung des Beauftragten des Landesbischofs an die Pfarrer. München, 18. Oktober 1934

FKiZM. A 30. 5

An die Herren Geistlichen!

Für das Verhalten der Herren Geistlichen gegenüber der unrechtmässigen Kirchenregierung geben wir folgende Anweisungen:

1. Kein dienstlicher oder persönlicher Verkehr mit den derzeitigen Gewalthabern! Schreiben des Landeskirchenrats öffnen, aber nicht beantworten. Dekane erledigen unaufschiebbare Geschäfte in eigener Verantwortung; möglichst selbständig handeln.
2. Die kirchliche Versorgung der Gemeinden ist durch die Dekane sicherzustellen (gegenseitige Aushilfe), nur in dringenden Fällen kann Hilfskraft durch uns zur Verfügung gestellt werden.
3. Kollekten unmittelbar an die bedachten Gemeinden und Anstalten abliefern! Eingehende Pachtgelder vorläufig bei Treuhändern sicherstellen.
4. Unterschriftensammlung fortsetzen: Urschrift in sichere Verwahrung nehmen, zahlenmässige Meldung über Ergebnis unter Hinweis darauf an die höchsten Staatsstellen!
5. Möglichst häufig brüderliche Zusammenkünfte pflegen.
6. Für Dekane, die nicht zur bekennenden Gemeinde gehören, sind kommissarische Vertreter bei uns zu beantragen.

In allem wollen wir uns beweisen als Diener Gottes. Darum lasse unsere Rede und unser Handeln geistlichen Ernst und Würde nie vermissen.

112 Schreiben der Kommissare der Ev.Luth. Kirche Bayerns rechts des Rheins an den Rechtswalter der DEK. München, 18. Oktober 1934

EZA Berlin, 1/1237

In der Anlage überreichen wir den Entwurf eines Kirchengesetzes zur Änderung der Verfassung der Ev.Luth. Kirche in Bayern rechts des Rheins. Zu dem Entwurf wird im einzelnen Folgendes bemerkt:

1.) Es wird vorgeschlagen die Landessynode umzubilden. Dies kann jedoch hinsichtlich der 12 Mitglieder aus der bisherigen Landessynode gemäss dem Verhältnis der auf Grund der Wahl vom 23. Juli 1933 bestehenden Zusammensetzung geschehen, weil die bisherige Landessynode durch Wahl vom 27. August 1933 nicht nach kirchlichen Gruppen und dementsprechenden Listen gewählt ist, sondern es sind in den 12 Wahlkreisen bestimmte Persönlichkeiten gewählt, die nicht ohne weiteres in bestimmte kirchliche Gruppen einzuordnen sind. Es muss deshalb, damit keine Schwierigkeiten entstehen und eine einwandfrei arbeitende Landessynode gebildet werden kann, die Beschränkung der Berufung auf die Wahl vom 27. August 1933 fortbleiben. Es bleibt dann trotzdem der Charakter der Umbildung gewahrt.

2.) Es erscheint notwendig für jeden Bischof einen Landeskirchenausschuss zu bestellen mit der Massgabe, dass für gemeinsame Angelegenheiten die Ausschüsse zu gemeinsamer Beratung zusammentreten.

3.) Das Dienstgericht hatte nach bayrischem Recht die Stellung einer Beschlusskammer (Eröffnungskammer) beim Landgericht. Es war kein Disziplinargericht, sondern ihm stand die Entscheidung zu, nach abgeschlossener Voruntersuchung zu entscheiden, ob eingestellt, Ordnungsstrafe verhängt oder die Sache dem Dienststrafgerichtshof zur Aburteilung überwiesen werden sollte. Eine solche Einrichtung wird für überflüssig gehalten. Ebenso erscheint es zweckmässig, die Entscheidung über die Eröffnung des Disziplinarverfahrens, das bisher dem sogenannten Präsidium zustand, den Bischöfen zu übertragen. Ferner muss der Rügeausschuss fallen, der bisher Ordnungsstrafen zu verhängen hatte. Seine Befugnis geht zweckmässig ebenfalls auf die Bischöfe über. Weiter war der Disziplinargerichtshof auch schon bisher für die Beamten des Landeskirchenrats etc. zuständig, doch war eine Sonderzusammensetzung vorgesehen, die besser wegfällt.

Für eine möglichst umgehende Beschlussfassung über den Kirchengesetzentwurf wären wir besonders dankbar.

Heil Hitler !

Die Kommissare der Ev.Luth. Kirche Bayerns rechts des Rheins

Walzer Gollwitzer zugleich H. Sommerer

Kirchengesetz
zur Aenderung der Verfassung der Evangelisch-Lutherischen
Kirche in Bayern r. ds. Rhs.
Vom 25. Oktober 1934.

Das Geistliche Ministerium der Deutschen Evangelischen Kirche hat folgendes Kirchengesetz für die Evangelisch-Lutherische Kirche in Bayern rechts des Rheins beschlossen:

§ 1

Die Evangelisch-Lutherische Kirche in Bayern rechts des Rheins gliedert sich in die Kirchengebiete Franken und Altbayern. An der Spitze des Kirchengebietes Franken steht ein Bischof mit dem Sitz in Nürnberg, an der

Spitze des Kirchengebietes Altbayern ein Bischof mit dem Sitz in München. Zur Abgrenzung ihrer Befugnisse, sowie Neugestaltung der landeskirchlichen Einrichtungen trifft der Rechtswalter der Deutschen Evangelischen Kirche die notwendigen Anordnungen.

§ 2

Die Landessynode der Evangelisch-Lutherischen Kirche in Bayern rechts des Rheins wird umgebildet.
Die neue Landessynode besteht aus dem Bischof von Franken als Präsidenten, dem Bischof von Altbayern als stellvertretenden Präsidenten, achtzehn Mitgliedern und einem Vertreter der theologischen Fakultät der Universität Erlangen.
Von den achtzehn Mitgliedern werden zwölf aus den bisherigen Mitgliedern der Landessynode bezw. den Ersatzleuten durch den Bischof von Franken im Einvernehmen mit dem Bischof von Altbayern berufen. Die weiteren sechs Mitglieder werden durch den Bischof von Franken im Einvernehmen mit dem Bischof von Altbayern ernannt.
Die Hälfte der Mitglieder müssen Laien sein.
Das Fakultätsmitglied wird von der Fakultät vorgeschlagen und vom Bischof ernannt.
Nach erfolgter Bildung der Landessynode gilt die bisherige Landessynode als aufgelöst.
Das Amt der Mitglieder der Landessynode endet mit dem Ablauf der Amtsdauer der Mitglieder der Nationalsynode.
Für vorher ausscheidende Mitglieder ernennt der Bischof von Franken im Einvernehmen mit dem Bischof von Altbayern Ersatzmitglieder.

§ 3

Der Landessynodalausschuss wird in der Weise umgebildet, dass an dem Sitze jedes der beiden Bischöfe je ein Landeskirchenausschuss gebildet wird. Sie bestehen aus dem Bischof und zwei Mitgliedern, von denen jeder Bischof eines aus der neuen Landessynode ernennt, das dritte Mitglied wird von der Landessynode aus ihrer Mitte gewählt.
Die übrigen Ausschüsse, die nach der Verfassung bestehen, werden aufgelöst. Die ihnen bisher zustehenden Befugnisse gehen auf den Landeskirchenausschuss des betr. Gebietes über.
Zur Regelung gemeinsamer Angelegenheiten können die Landeskirchenausschüsse zu gemeinsamer Beratung zusammentreten, den Vorsitz führt in diesem Falle der Bischof von Franken.

§ 4

Die Vorschrift des § 2 des Kirchengesetzes über die Leitung der Deutschen Evangelischen Kirche und der Landeskirchen vom 9. August 1934 (Gesetzblatt der DEK Seite 121) findet auf die Beratung der Landeskirchenausschüsse und des Landeskirchenrats entsprechende Anwendung.

§5

Verweigern oder vernachlässigen die Kirchenvorstände die Erfüllung der ihnen obliegenden Pflichten, so kann der zuständige Bischof die Körperschaft auflösen und an ihrer Stelle Bevollmächtigte ernennen, die befugt sind, sämtliche Aufgaben der Kirchenvorstände wahrzunehmen.

§6

Der Dienststrafgerichtshof der Evangelisch-Lutherischen Kirche in Bayern rechts des Rheins besteht aus dem durch den Bischof von Franken im Einvernehmen mit dem Bischof von Altbayern ernannten Vorsitzenden, sowie aus 4 weiteren Mitgliedern, von denen der Bischof von Franken im Einvernehmen mit dem Bischof von Altbayern 2 aus der kirchlichen Verwaltung und 2 aus der Landessynode ernennt. Die Mitglieder werden auf die Dauer von 2 Jahren bestimmt.
Für den Vorsitzenden und für jedes Mitglied ist je ein Stellvertreter zu bestimmen, der nur im Falle der Verhinderung des Vorsitzenden oder des Mitgliedes eintreten darf.
Ueber die Stellvertretung des Stellvertreters bestimmt der Bischof von Franken im Einvernehmen mit dem Bischof von Altbayern von Fall zu Fall. Im Falle dauernder Verhinderung ist der Vorsitzende oder ein Mitglied neu zu ernennen.

§7

Das Dienstgericht beim Landeskirchenrat und der Rügeausschuss werden aufgehoben. Ihre Befugnisse, sowie die bisherigen Befugnisse des Präsidiums des Landeskirchenrates in Disziplinarsachen gehen auf den zuständigen Bischof für das betr. Kirchengebiet über.
Der Dienststrafgerichtshof ist auch für die Beamten des Landeskirchenrates und die Kirchenbeamten der Landeskirchlichen Stiftungsverwaltung zuständig.

§8

Solange für die Evangelisch-Lutherische Kirche in Bayern rechts des Rheins geistliche Kommissare für Franken und Altbayern von der Deutschen Evangelischen Kirche bestellt sind, nehmen diese die den Bischöfen zugewiesenen Befugnisse wahr.

§9

Entgegenstehende Bestimmungen der Verfassung und der kirchlichen Gesetze werden aufgehoben.

§ 10
Dieses Kirchengesetz tritt mit der Verkündung in Kraft.
Berlin, den 25. Oktober 1934.
(L.S.)
Der Reichsbischof
gez. Ludwig Müller
gez. Jäger

113 Schreiben des bayerischen Pfarrervereins an seine Mitglieder. Nürnberg, 19. Oktober 1934

FKiZM. A 30. 7

Einladung

Alle diejenigen Amtsbrüder, welche in Herrn Landesbischof D. Meiser ihren nach göttlichem Recht verordneten Bischof sehen, dessen Vollmacht nicht durch die ihm angetane Gewalt aufgehoben ist und die nach wie vor ihm den gelobten Gehorsam und die Treue der Gefolgschaft halten wollen, werden gebeten, am kommenden Montag, den 22. Oktober 1934 um 12 Uhr mittags nach der St. Lorenzkirche zu kommen, um an einer

gemeinsamen Abendmahlsfeier

teilzunehmen. Alle Angehörigen sind hiezu herzlich eingeladen.

Ob es unserem Herrn Landesbischof, der immer noch der Freiheit beraubt ist, möglich sein wird, in unserer Mitte zu erscheinen, kann noch nicht gesagt werden.

Ich bitte, die Herren Religionslehrer, die Anstaltsgeistlichen, und die emeritierten Geistlichen der dortigen Pfarrei zu verständigen und miteinzuladen.

Montag, den 22. Oktober 1934 nachmittags 3 Uhr findet im Künstlerhaus zu Nürnberg (am Bahnhof) ausserordentliche Mitgliederversammlung des Pfarrervereins statt.

Vortrag: Der Weg zum kirchlichen Frieden.
Referent: Pfarrer Klingler – Nürnberg.

Zu dieser Versammlung haben nur Pfarrvereinsmitglieder Zutritt. Für die Pfarrangehörigen ist das Künstlerzimmer und die Künstlerklause reserviert.

Ab 2 Uhr kann im Künstlerhaus Mittagessen eingenommen werden.

Da die Versammlung polizeilich überwacht wird, bitte ich unter allen Umständen Rededisziplin zu halten.

In tiefer Sorge um das kirchliche Leben in unserer bay. Landeskirche grüsst Euch alle herzlich und brüderlich

Klingler, 1. Vorsitzender des bay. Pfarrervereins.

114 „Erklärung übergeben den Staatsbehörden bei dem Besuch am 19.10.34."

LAELKB, BD Gunzenhausen 3.7.0016 – 18

Seitdem die Fränk. Tageszeitung ihren Angriff auf den Landesbischof der Ev.luth. Landeskirche in Bayern eröffnete, geht durch die ev.luth. Kirchengemeinden Mittelfrankens der lebhafte Wunsch, in grossen Scharen mittels Sonderzugs nach München zu fahren, um bei den hohen Reichs- & Staatsbehörden darzulegen, dass die ev. Gemeinden treu zu ihrem Landesbischof stehen & dass die anderslautenden Zeitungsnachrichten der Wirklichkeit nicht entsprechen.

Aber die Ueberlegung, dass ein solches Unternehmen als Störung der Ruhe gedeutet werden könnte, heisst uns davon Abstand nehmen. Zudem ist die Methode einer Massendemonstration dem Wesen unseres Glaubens nicht entsprechend. Um so mehr aber mögen die hohen Behörden gebeten sein, unsere kleine Abordnung als die Stimme unsres ganzen fränkischen Kirchenvolks, zumal unsres Bauernstandes anzuhören.

In das Dienstgebäude unsres Landeskirchenrates drang am 11.10. in unerhört leidenschaftlicher Weise der Vertreter der Reichskirchenregierung mit Hilfe von Berliner Kriminalbeamten ein, entsetzte mit äusserer Gewalt die Mitglieder des Landeskirchenrates von ihrem Amt, riss die Verwaltung unsrer Kirche an sich, setzte etliche Kirchenkommissar ein & errichtete ein Gewaltregiment.

Unser Landesbischof, dem noch im August, also vor etwa 8 Wochen die Vertretung der gesamten Kirche, die Landessynode das einstimmige Vertrauen ausgesprochen hatte, dem in den letzten Wochen überall in ganz Bayern das gläubige Kirchenvolk in überwältigender Weise seine Treue & sein Vertrauen öffentlich bekundete – so waren beispielsweise in Gunzenhausen über 6000 fränkische Bauern versammelt, den Herrn Landesbischof zu hören & zu grüssen, – dem unser Kirchenvolk anhängt, ohne sich durch Lügen, die über ihn ausgestreut werden, irre machen zu lassen, ist seit dem 12.10 in seiner Wohnung von Polizei ständig überwacht. Seine bischöfliche Macht ist ihm genommen, unsre Landeskirche ist zerschlagen & in 2 Teile auseinander gerissen worden. Es droht eine kirchl. Donaulinie aufzubrechen.

Dieses Vorgehen, das Recht & Ordnung mit Füssen tritt, das Charakterlosigkeit & Treulosigkeit geradezu züchtet, ist unerträglich.

Darum klagen wir I[.] um des Rechtes willen. Im vergangenen Jahr wurde für die deutsche evang. Kirche eine Kirchenverfassung geschaffen. Dieselbe ist von der Reichsregierung durch Unterschrift anerkannt. Diese Kirchenverfassung wird nun von der Reichskirchenregierung gebrochen & aufgelöst. Damit wird die Rechtsgrundlage des gesamten Lebens erschüttert. Was steht noch fest, wenn Recht & Gerechtigkeit ins Wanken gerät? Der einfache

Mann aus dem Volk versteht es so wenig wie der gebildete, dass so das Recht verletzt werden darf.
Wir klagen II[.] um des Evangeliums, unsres Bekenntnisses & um unsrer Kirche willen. Selbst wenn nicht die vielen, nur zu deutlichen Aeusserungen des Reichsbischofs & seiner Mitarbeiter vorlägen, selbst wenn er das Wort von der romfreien Nationalkirche in Hannover nicht gesprochen hätte, so würden doch die Taten der Reichskirchenregierung so deutlich davon zeugen, dass das Bekenntnis der ev.luth. Kirche bei Seite gesetzt wird, dass selbst ein Aussenstehender es deutlich erkennen kann. & wie verträgt sich damit das Vorgehen der Reichskirchenregierung gegen die führenden Männer unsrer Landeskirche?
Wir klagen III[.] um der Ehre willen. Den Schimpf, den man unserm Landesbischof angetan hat, hat man uns allen angetan. Tiefe Erbitterung erfüllt die Herzen des Kirchenvolks. So geht man mit der Landeskirche, so mit den Bischöfen um! Die Glieder der Kirche müssten charakterlos sein, sie könnten vor ihren Kindern & Enkeln einst nicht bestehen, wenn sie das ohne ein Wort der Gegenwehr über sich ergehen liessen.
Wir klagen IV. um der Beeinträchtigung der Autorität willen. Nach den Jahren der Autoritätslosigkeit & der Zerstörung jeglicher Autorität in Kirche & Staat ist nun im 3. Reich uns wieder Autorität geschenkt worden. Nun wird durch das Vorgehen der Reichskirchenregierung auf kirchlichem Gebiet die Achtung vor Vorgesetzten & Leitern zerstört. Wird die dadurch hervorgerufene Autoritätslosigkeit sich nur auf das kirchl. Gebiet beschränken? Muss sie nicht, wenn sie einmal von den Menschen Besitz ergriffen hat, sich auch auf die andern Lebensgebiete ausdehnen? Gerade die ernsten Kreise im Volk erkennen die Gefahren, die solches Tun heraufbeschwört. Es ist ein gefährlicher Weg, wenn man Kirche bauen will, mit Gewalt anstatt mit den Grundsätzen des Christentums, wenn man kirchl. Frieden schaffen will dadurch, dass man Gegensätze weckt & das Gefühl des Vergewaltigtseins aufdrängt.
Nicht nur die Kirche, sondern auch der Staat ist in schwerer Gefahr. Eine bittere Enttäuschung geht durch unser Bauernvolk. Wir fordern deshalb um des Volkes willen: Der Vergewaltigung unsrer Kirche muss Einhalt geboten werden. Der furchtbare Schimpf, der unserem Landesbischof angetan wurde, muss wieder aufgehoben werden. Der Reichsbischof & Dr. Jäger müssen unverzüglich verschwinden. Sonst wird kein Friede in Kirche & Volk.
Die Deputation aus dem südlichen Mittelfranken umfasst die Dekanate Dinkelsbühl, Feuchtwangen, Gunzenhausen, Heidenheim, Wassertrüdingen, Weissenburg. Hinter ihr stehen 50000 Volksgenossen, die zum grössten Teil dem Bauernstand angehören.
Lt. U.
Gez. Dr. Schaudig Dekan Dinkelsbühl

Götz rechtsk. I. Bürgermeistr Dinkelsbühl
Dr. Städtler Pr. Arzt Feuchtwangen
Pf. Eichner "
Sperl Dekan Gunzenhausen
Krauss Schreinermstr. "
Bahls Bauer Aha
Reichert Landwirt Heidenheim
Weissbeck Landwirt Unterappenberg
von Aichberger Pfarrer Wassertrüdingen
Bach Bäckermeister "
Schleußinger Professor Weissenburg
Wotschack, Bauinspektor "
Lehnstädt stud. theol. "

115 Vormerkung Hans Schemms über den Empfang einer Abordnung fränkischer Protestanten am 19. Oktober 1934

BayHStA, MK 37069a

Am 19. Oktober 1934 mittags 12 Uhr fand sich unangemeldet eine Abordnung fränkischer Bauern, Gewerbetreibender und Pfarrer unter Führung Dr. Städtlers von Feuchtwangen bei mir ein.
Dr. Städtler führte aus, die Abordnung käme als Vertretung von 60000 Bauern des südwestlichen Franken, um die Wahrheit über die Stimmung der Bevölkerung im evangelischen Kirchenstreit zum Ausdruck zu bringen.
60000 Unterschriften lägen bereit, die zur Verfügung gestellt werden könnten. Die Stimmung der fränkischen Bevölkerung werde in den Pressemeldungen bewußt falsch wiedergegeben. Das protestantische Kirchenvolk habe seit längerer Zeit die Vorgänge in Norddeutschland mit Sorge betrachtet, habe sich aber bisher hier unter Führung Meisers ruhig gefühlt. Als dann die Angriffe gegen Landesbischof Meiser erfolgt seien und insbesondere die Veröffentlichung des stellvertretenden Gauleiters Holz, in der dem Landesbischof Verrat und Eidbruch vorgeworfen und er als Judas Ischariot bezeichnet wurde, in der Fränkischen Tageszeitung erschienen sei, sei die Erregung gewachsen, die sich nun zum höchsten Maß gesteigert habe, als die Absetzung Meisers und die Aufstellung der Kommissare unter Trennung Bayerns in zwei Teile erfolgt sei. Den letzten Anlaß zu ihrem Vorsprechen habe die Zeitungsmeldung gegeben, daß am vergangenen Mittwoch in einer Versammlung von Kirchenvorständen des Dekanats Nürnberg von 112 anwesenden sich 94 Pfarrer für die Anerkennung der vollzogenen Angliederung der bayerischen Landeskirche in die Deutsche Evangelische Reichskirche und für die bisher verfügten Maßnahmen ausgesprochen hätten. Diese Meldung sei eine glatte Lüge, weil tatsächlich die Mehrzahl der

300 Kirchenvorstände des Dekanats den Besuch der Versammlung überhaupt verweigert haben. Ferner sei maßgebend für ihr Erscheinen gewesen die Meldung über die am letzten Sonntag in Gunzenhausen stattgefundene Veranstaltung, bei der der Kreisleiter dem Gauleiter Streicher gemeldet habe, daß 100 % der Bevölkerung hinter dem Reichsbischof Müller stehe. Auch dies sei eine offene Lüge, sie müßten dies sagen, damit nicht ein falsches Bild entstehe.
Von Holz stamme das Wort „der Ritualmord der Juden und das christliche Abendmahl unterscheiden sich nur graduell" und weiter der Ausspruch „ich habe 40 Jahre lang die Kirche von innen nicht gesehen". Ein solcher Mann sei nicht geeignet und nicht berechtigt, im Namen der Protestanten zu sprechen.
Der Rechtswalter Dr. Jäger hätte ihren Landesbischof in einer Weise festgesetzt, wie nicht einmal die schwersten Sträflinge behandelt würden. Er dürfe nicht einmal täglich an die Luft, während der Nacht müsse die Türe seines Schlafzimmers offen sein, im Vorzimmer schlafe ein Kriminalbeamter.
Es werde immer gesagt, daß das Bekenntnis nicht angetastet werde, Jäger sage, „Bekenntnisse seien wandelbar, er sehe als Endziel eine deutsche Reichskirche". Es sei richtig, daß alle einen Gott hätten, wenn es aber an die Sakramente gehe, dann sei es aus.
Die Lage sei nun so für sie, daß alles, was von Jäger ausgehe, von ihnen abgelehnt werde, sie wollten nichts von Müller und von Jäger wissen, sie wollten ihren Landesbischof Meiser wieder haben, man möchte ihnen ihren Nationalsozialismus nicht erschweren, sondern erleichtern. 95 v. H. der Bauernschaft Frankens stünde hinter Meiser; wenn die Frage nicht in Bälde im Sinne ihrer Forderung entschieden werde, könnten die Bauern von einer Rebellion nicht zurückgehalten werden und würden irre auch an ihrem politischen Bekenntnis.
Ich unterhielt mich im Hinblick auf die Erregung der anwesenden Bauern und Arbeit mit ihnen eingehend, um sie zu beruhigen. Ich erklärte ihnen, daß ich ihre Sorgen verstehen könnte, da ich ja selbst lange Jahre in Mittelfranken tätig gewesen sei. Ich hätte immer gesagt, die gegenseitige Achtung vor dem Bekenntnis des anderen sei dann gegeben, wenn jeder in seinem eigenen Bekenntnis verwurzelt sei, ich hätte an allem, was in der evangelischen Kirche vor sich ginge, regen Anteil genommen, hätte aber aktiv nicht eingreifen können, weil die Kirche ihre Angelegenheit selbst regeln solle, hätte aber die letzte Entwicklung mit Sorge gesehen. Ich stünde auf dem Standpunkt, daß die kirchlichen Verhältnisse auch mit dem Nationalsozialismus und seiner Entwicklung in Einklang zu bringen seien und daß ich persönlich auch als Protestant eine einheitliche protestantische Reichskirche für durchaus notwendig hielte, daß ich als Nationalsozialist ihnen sagen müßte, daß sie die kirchliche Frage nicht mit dem Nationalsozialismus und der Treue zu ihm und dem Führer verbinden dürften. Wenn die

Ländergrenzen gefallen seien, sei es der Wille aller Protestanten, auch in der Kirchenorganisation zu einer Einheit zu kommen. In politischen Dingen könne über Nacht eine Umwälzung notwendig werden, in wirtschaftlichen Dingen könnten auch sehr rasch andere Auffassungen kommen, in den ernstesten Fragen des Lebens dagegen könne man nur mit Vorsicht Änderungen vornehmen. Es müsse das Streben sein, auch in kirchlichen Dingen aus der Vielheit der Auffassungen herauszukommen und der politische Entwicklung Rechnung zu tragen. Dem geschlossenen Block der katholischen Kirche müsse als Gegenpol einer gemeinsamen protestantischen Kirche zugestrebt werden. Ich hätte die Entwicklung mit Sorge betrachtet, weil ich sowohl für die Entwicklung des Nationalsozialismus als auch des Protestantismus Befürchtungen hege.
Ich hätte am Montag Reichsinnenminister Dr. Frick angerufen, daß er sich um die Sache annehmen möchte und ihm auch am gleichen Tage einen Eilbrief gesandt. Es werde nun die Entscheidung der Reichsregierung abzuwarten sein.
Ein Erbhofbauer erklärte, die Bauern kennten nur drei Begriffe, den Führer, die Religion und Grund und Boden, ließen sich aber von diesen drei Dingen keines nehmen. Als der Kirchentag in Gunzenhausen gewesen sei, sei dort ein Massenbesuch gewesen wie er noch nie festgestellt worden sei, trotzdem auf dem Lande nicht bekannt gewesen sei, daß das Redeverbot gegen Landesbischof Meiser inzwischen aufgehoben wäre. 6000 Leute hätten Landesbischof Meiser zugejubelt. Wenn es bekannt gewesen wäre, daß er spreche durfte, wären Zehntausende gekommen.
Ein anwesender Geistlicher erklärte, daß er von der SA beurlaubt sei, weil er dem Landesbischof die Treue halte. Viele Parteigenossen mit dem Goldenen Ehrenzeichen lehnen Müller und Jäger rücksichtslos ab und würden rebellieren. Der Bauer gebe teilweise nichts mehr zum Winterhilfswerk bis die Fragen geklärt seien.
Ein Vertreter erklärte, als Streicher in Gunzenhausen gewesen sei, wären in der Versammlung nur diejenigen gewesen, die hineinkommandiert worden wären. Auf der Straße habe man fast kein Publikum gesehen. Streicher habe in Feuchtwangen in öffentlicher Versammlung gesagt, wenn ein SA-Mann zu den Mädchen ans Fenster klopfe, so sollten sie ihn hereinlassen, einem anderen aber die Leiter umwerfen.
Die Anwesenden baten dringend, Landesbischof Meiser sprechen zu dürfen, denn wenn sie zurückkämen und hätten ihn nicht gesehen, würde es heißen, er sei vielleicht schon erschossen.
Die Abordnung entfernte sich darauf mit der Feststellung, daß sie sich durch nichts abhalten lassen werde, ihre Mission zu erfüllen.
München, den 19. Oktober 1934.

116 Schreiben der geistlichen Kommissare für Franken und Altbayern an die Pfarrer. München, 19. Oktober 1934

FKiZM. A 30. 5

Wir sind gebeten, auf eine Reihe von Fragen, die aus dem Kreis unserer Amtsbrüder infolge unserer Bereitwilligkeit, uns der Neuordnung der Evang.-Luth. Kirche in Bayern zur Verfügung zu stellen, an uns gerichtet worden sind, zu antworten.

1.) Wir werden unverrückbar an der Heiligen Schrift alten und neuen Testamentes und an unserem evangelisch-lutherischen Bekenntnis festhalten. Was tatsächlich gegenüber dem Bekenntnis als Irrlehre erwiesen werden kann, wird von uns entschieden zurückgewiesen werden.

2.) Wir haben gerade deswegen den schweren Auftrag übernommen, weil es uns als Christen und Deutsche heiligstes Anliegen ist, die vorhandenen Gegensätze zu überbrücken. Je rascher und vollzähliger sich uns die Amtsbrüder zur Verfügung stellen, desto sicherer kann auf die in der Deutschen Evangelischen Kirche vorhandenen Kräfte der Einfluß gewonnen werden, welcher über die Grenzen der beiden neuen Reichskirchengebiete hinaus die Herstellung eines wahren Friedens in der gesamten Deutschen Evangelischen Kirche ermöglicht.

3.) Wir bitten Gott, dass er uns stets so leite, dass wir unser Amt in geistlicher Weise und ohne Ansehen der Person führen. Wir reichen brüderlich allen Kollegen die Hand u. werden stets bemüht sein, ihnen mit seelsorgerlicher Hilfe beizustehen, soferne sie durch die Ereignisse in unserer Kirche in innere Not geraten.

4.) Die Abberufung des bisherigen Herrn Landesbischofs ist rechtsgültig, da er sich, wie die Abberufungsurkunde ausspricht, den rechtmäßig ergangenen Anordnungen der Reichskirchenregierung versagt und darüber hinaus die Opposition mit allen Mitteln gestärkt hat. Wir sind aber der Überzeugung, dass er persönlich aus ehrenhaften Beweggründen sich zu seinem Handeln bestimmen liess, wenn wir auch diese Handlungsweise nicht billigen können.

Wir bitten die Amtsbrüder, in ihrem Kreise und in den Gemeinden dafür um Verständnis zu werben, dass der Weg der Kirche nur in enger vertrauensvoller Zusammenarbeit mit dem dritten Reich weitergehen kann. Wir können daher keinen Amtsbruder decken, der sich nicht rückhaltslos für den Staat des Führers einsetzt.

Mit amtsbrüderlichem Gruß!

gez. Gollwitzer. gez. Sommerer.

117 Schreiben Hermann Kolbs an alle bayerischen Pfarrer. Zwiesel, 19. Oktober 1934

FKiZM. A 30. 5

Kameraden und Brüder!

Wie Ihr wisst, ist vor 8 Tagen unserer Kirche durch die rücksichtslose Gewaltanwendung in München der Krieg erklärt worden. Der Gegner ist auf Männer gestossen, die in der Kraft des Glaubens stehen und kämpfen. Dass auch unter den bayr. Pfarrern einzelne aus der gemeinsamen Front gebrochen und uns in den Rücken gefallen sind, ist beschämend für uns, wird sich aber selbst richten. Unsere Sache ist es weiter mobil zu machen, was wir erreichen. Diese Mobilmachung besteht in Folgendem:

1. Wahre Kirche muss werden und wachsen! Ihr wisst aus Eurer Schulung an der Schrift, dass echte Kirche dort ist, wo 2 oder 3 in Jesu Namen versammelt sind. Kommt zusammen zu Schriftbetrachtung, Gebet und Lied, im Familienkreis, mit ein paar Jungen. Unser Bibelwegweiser kann uns dabei Führer sein; auch das kurze Schriftchen „Was sagt die heilige Schrift zur kirchlichen Lage" von Herrn Kirchenrat Anthes (bei Gebrüder Reichel Augsburg für 5 Pf.) kann eine gute Grundlage für unsere gemeinsame Besinnung werden. Diese Zusammenkünfte müssen auch die Stätte wirklicher Fürbitte werden. Am 14. Okt wurden in ganz Norddeutschland für die bayr. Landeskirche Fürbittegottesdienste von der Bekenntnisfront gehalten. Auf diese Art und Weise wächst in Deutschland die wirklich einige evangelische Kirche.

2. Wir wollen uns alle auch zu allerlei praktischen kleinen und grossen Diensten in der Kirche zur Verfügung stellen! Also: schriftlich das Ja zur bekennenden Kirche geben und andere dazu ermuntern, die Mitteilungen unserer rechtmässigen Kirchenleitung nach Kräften zu verbreiten (z. B. die Rede unseres Herrn Landesbischofs auf der Landessynode; auch sein Bild, das uns an die Fürbitte erinnern soll), tätige Teilnahme an allen Veranstaltungen der Kirche (z. B. den Männerabenden), freudiges Werben für die Gottesdienste.

3. Es muss daran gedacht werden, für die Bekennende Kirche Geld zu sammeln. Eine Gemeinde im Rheinland, der wegen ihrer bekenntnistreuen Haltung alle Zuschüsse gesperrt worden waren, wurde kürzlich durch die Glaubensgenossen so reichlich unterstützt, dass sie jetzt aller Sorgen los ist. Gelder gehen an Herrn Pfarrer Sammetreuther in München, Postscheckkonto Nr. 12845 Amt München. – Zugleich weise ich sehr eindringlich darauf hin, dass wir gerade in diesen Kampfzeiten zu denen gehören müssen, die mit unentwegter Treue die Arbeit der Aeusseren Mission in unserer Kirche mittragen, auch durch Geldopfer. Neuendettelsau hat jetzt ein Flugzeug für die Arbeit in Neuguinea gekauft (Flugblatt darüber ist von Neuendettelsau zu haben).

Es muss immer deutlicher werden, dass es wirklich um das Beste und Grösste

geht, was unser deutsches Volk hat: um unsere evangelische Kirche, um unseren evangelischen Glauben, um das Evangelium von Jesus Christus.
Treuen Gruss!
gez. Euer Hermann Kolb.

118 Schreiben Landesbischof Meisers an Ministerpräsident Ludwig Siebert. München, 22. Oktober 1934

BayHSta, StK 7291

Hochzuverehrender Herr Ministerpräsident!
Zur Befriedung der kirchlichen Lage ist erforderlich:

1. Meine sofortige Entlassung aus der mir auferlegtes Haft.
2. Meine und des gesamtes Landeskirchenrats unverzügliche Wiedereinsetzung in unsere verfassungsmässigen Rechte und Wiederherstellung des status quo ante in unserer Landeskirche.
3. Ersetzung der gegenwärtigen Reichskirchenregierung durch eine vom Vertrauen des bekenntnistreuen Kirchenvolkes getragenes wahrhaft geistliches Kirchenregiment.
4. Führung der Befriedungsverhandlungen durch Persönlichkeiten, die unserer Konfession angehören und die in gleicher Weise das Vertrauen des Staates wie der bekenntnistreuen Kreise der Kirche geniessen.
5. Zurückziehung der Parteiorgane aus dem kirchlichem Kampf und Unterlassung aller weiteren polizeilichen Eingriffe und sonstiger Gewaltmassnahmen.

Werden diese Forderungen nicht erfüllt, so muß ich jede Verantwortung für die sich daraus ergebenden Folgen ablehnen.
D. Meiser Landesbischof.

119 Vormerkung über eine Besprechung bei Reichstatthalter Ritter Franz von Epp am 22. Oktober 1934 abends

BayHStA, MK 37069a

Anwesend Reichsstatthalter General von Epp, Ministerpräsident Siebert, Staatssekretär Hofmann, Ministerialdirektor Fischer, Ministerialrat Schachinger, Oberregierungsrat von Bezold.
General von Epp führte aus, daß das Gebäude des Evangelischen Landeskirchenrates seit längerer Zeit besetzt sei; man müsse sich vergewissern, wer eigentlich bei Meiser sei und wer die Verhaftung befohlen habe. Nach seinen Informationen sei im Vorderhaus Berliner Kriminalpolizei, im Hinterhaus, wo Meiser wohne, bayerische Kriminalpolizei; die preußische Polizei erlaube nicht, daß die bayerische Polizei an ihre Amtsstellen telefoniere.

Der 2. Punkt der Besprechung sei die Angelegenheit der evangelischen Kirche selbst. Es sei ein unmöglicher Zustand, daß Deputationen einmal zu dieser und einmal zu jener Stelle gingen und dort vorsprächen, es müsse eine Stelle da sein, die die Deputationen empfange, damit auch jeweils die gleiche Antwort erfolge. Eine Reihe von Deputationen würden noch kommen.

Der zuständige Innenminister, der die Polizeimaßnahmen erlassen habe, und der zuständige Kultusminister seien einfach nicht zu erreichen, infolgedessen hätten er und der Ministerpräsident die Verpflichtung, die Amtierung zu übernehmen. Es wäre notwendig, entweder die Minister telefonisch hereinzurufen oder die Anordnungen würden von ihm ausgegeben.

In der Sitzung vom 8. Oktober sei Staatsminister Wagner als Vertreter der Staatsregierung und Regierungsrat Beck als Vertreter der Politischen Polizei anwesend gewesen; davon müsse das führende Haupt der Regierung in Kenntnis gesetzt werden. In der Sitzung vom 12. Oktober sei der Kultusminister und Staatsrat Dr. Boepple anwesend gewesen, Minister Wagner sei gerufen worden.

Eine gegenseitige Verständigung über die geführten Telefonate sei notwendig, bei schriftlichen Berichten herrsche ein Austausch zwischen ihm und dem Ministerpräsidenten. Ministerialrat Schachinger bemerkte, daß er am 18. Oktober mit Ministerialdirektor Nicolai gesprochen und auf die Erregung der Protestanten hingewiesen habe, er habe den Sachverhalt geschildert. Hauptmann von Pfeffer sei die treibende Kraft gewesen und habe angeblich im Auftrag des Führers gehandelt. Es sei zu fragen, ob die gegebenen Befehle die Billigung des Führers fänden. Da er bis heute keine Antwort erhalten habe, habe er heute wieder angerufen und erfahren, daß Nicolai einen Vortrag ausgearbeitet habe, der über den Staatssekretär gelaufen sei, daß aber noch keine Entscheidung gefallen sei. Frick habe zuerst Meiser freilassen wollen, diesen Auftrag aber wieder zurückgenommen, weil er erst mit dem Führer selbst sprechen wollte.

Ministerpräsident Siebert führte aus, daß er am Parteitag längere Zeit mit Reichsbischof Müller gesprochen habe, der ihn fragte, ob er jemand als neuen Landesbischof vorschlagen könne, weil Meiser nicht mehr tragbar sei. Er habe ihm entgegnet, daß die Sache nicht einfach genommen werden dürfe, worauf Müller erwidert habe, das spiele keine Rolle, die Pfarrer, die nicht mittun wollten, sollten gehen, er werde dann fromme geeignete Protestanten in einen Kurs stecken und hinausschicken. Er habe Müller erklärt, daß er niemand vorschlagen könne, der für Meiser in Frage komme. Müller meinte, daß zwei in Frage kämen, Zwörner und Universitätsprofessor Meyer, wozu er (Siebert) bemerkt habe, daß er beide nicht kenne. Müller habe ihm zugesagt, daß nichts geschehen werde, ohne daß man ihn gehört hätte, wenn ein neuer Landesbischof ernannt werde, werde er den nehmen, den er (Siebert) vorschlage. Am 11. Oktober habe er die Teilung der Kirche

und die Abberufung Meisers gelesen. Es sei dann am 12. Oktober Schemm zu ihm gekommen und habe mit ihm vereinbart, sich mit ihm und Staatsrat Dr. Boepple im Finanzministerium zu besprechen, was dann auch geschah. Schemm und Boepple wollten mit Dr. Jäger und den anderen Herren im Unterrichtsministerium zusammenkommen, man bestellte sich aber dann nachmittags in das Braune Haus. Dort sei es hin und her gegangen, es sei mit Pfeffer und Jäger verhandelt worden, dazu sei im Lauf des Nachmittags Minister Wagner gekommen und das Ergebnis sei gewesen, daß sich niemand mehr ausgekannt hätte. Pfeffer habe erklärt, was er getan habe, habe er als Bevollmächtigter des Führers und von Hess getan, er müsse jetzt nach Berlin fahren und sich vom Führer weitere Weisung erbitten. Schemm habe ihm noch gesagt, daß Wagner Pfeffer gebeten habe, den Reichsstatthalter und Ministerpräsidenten zu verständigen. Bei der Besprechung habe auf eine Frage Schemms Pfeffer erklärt, er habe darauf vergessen [sic!]. Pfeffer sei dann nach Berlin gefahren und er habe gedacht, daß der Führer nunmehr sprechen werde und die Sache damit erledigt sei.
Am 13. Oktober habe er Herrn Hess angerufen und ihm mitgeteilt, daß er zu ihm kommen wolle, um verschiedenes zu besprechen. Es sei eilig. Hess habe ihm gesagt, daß er kaum wisse, wie er die Zeit herausbringe, wenn es einigermaßen möglich wäre, bäte er, die Sache zu verschieben. Er habe ihm darauf gesagt, daß er mit ihm über die Kirchenfrage sprechen wolle, worauf Hess entgegnet habe, er habe bisher alles schlankweg seinem Bevollmächtigten, der zugleich Bevollmächtigter des Führers sei, gegeben weil er sich um die Geschichte, die sehr schwer wäre, nicht annehmen wolle. Er, Siebert, habe entgegnet, die Sache sei doch sehr kritisch, auch der Reichsstatthalter habe ihm viele Schreiben herübergegeben. Pfeffer habe vor der Aktion nicht mit ihm gesprochen. Hess habe darauf entgegnet: „Er hat nicht mit Ihnen gesprochen? Er hätte dies tun sollen." Worauf er erwidert habe: „Es wäre besser gewesen, weil ein Weg gewiesen hätte werden können, der besser gewesen wäre."
Am 15. Oktober habe er dann Herrn Frick angerufen und ihm einen Brief geschrieben, in dem er ihm seine Sorgen mitgeteilt habe. Er habe dann nichts mehr gehört und wäre am Donnerstag abends zu einer Besprechung mit Herrn Wagner zusammengekommen. Bei der Besprechung verschiedener Dinge sei die Rede auch auf die Kirchenfrage gekommen. Wagner habe erklärt, er kümmere sich nur darum, soweit polizeiliche Maßnahmen in Frage kämen und habe festgestellt, daß er Pfeffer an ihn verwiesen habe. Seine Macht höre an der Kirchentüre auf, in die Kirche hinein lasse er keine Schutzleute und er erlasse auch keine Verbote für das, was in der Kirche gesprochen werde. Die am Vormittag dieses Tages aufgehobene Haft über Meiser sei inzwischen wieder angeordnet worden. Die Haft sei angeordnet worden durch Pfeffer, weil man angenommen habe, daß Meiser unter Umständen selbst gefährdet wäre und daß andererseits durch sein Auftreten

große Unruhe in der Öffentlichkeit entstehen könnte, eine Auffassung die nicht ganz von der Hand zu weisen sei.
Staatssekretär Hofmann bemerkte, er habe am Samstag Staatsminister Wagner gefragt, wer den Hausarrest über Meiser verhängt habe, worauf Wagner entgegnet habe, daß dies Pfeffer getan habe, der im Auftrag des Führers gehandelt hätte. Er habe dies bezweifelt, weil Pfeffer unmittelbar an die unteren Polizeibeamten Befehl gegeben habe.
Ministerpräsident Siebert berichtete weiter, daß am Freitag eine Abordnung von fränkischen Bauern ihm ihr Herz ausgeschüttet habe (Niederschrift vom 19. Oktober). Am Samstag früh sei Hess zu ihm gekommen, mit dem er verschiedenes besprochen habe, er habe ihm dabei die protestantische Kirchenfrage vorgetragen und darauf hingewiesen, daß die Lage nicht unterschätzt werden dürfe. Der Kreisleiter von Rothenburg habe ihm erzählt, daß seine Tätigkeit darin bestehe, die Bauern vom Austritt aus der Partei zurückzuhalten. Hess habe seine Bedenken geteilt und erklärt, er sei die ganze Zeit dieser Frage abseits gestanden, müsse aber zugeben, daß jetzt etwas geschehen müsse, er hätte die Absicht gehabt, heute mit dem Führer zu sprechen, der aber heute nicht komme, er wolle die Besprechung in der nächsten Woche nachholen.
Gestern habe er wieder einen Brief an Frick geschrieben. Heute sei eine Abordnung aus Nürnberg dagewesen. Während sie gewartet habe, habe Ministerialrat Schachinger angerufen, der mitgeteilt habe, daß er mit Nicolai gesprochen habe. Um ½ 7 Uhr ungefähr habe ihn Frick angerufen, der ihm gesagt habe, er habe eben den Brief bekommen, es müsse etwas geschehen. Er habe am Dienstag dem Führer seinen ersten Brief gegeben, der ihn durchgelesen und ohne Äußerung zurückgegeben habe. Nun habe er heute dem Führer seinen zweiten Brief geben wollen, der Führer sei aber unpässlich und man könne nicht zu ihm, er wolle sehen, ob er morgen zu ihm kommen könne. Er habe außerdem für Donnerstag eine Befriedungsaktion vor, zu der er den Reichsbischof und die 16 Landesbischöfe eingeladen habe. Auf die Frage, ob Meiser dazu komme, habe Frick entgegnet, das wisse er nicht, worauf er erwidert habe, dann käme Meiser nicht hin. Die Überwachung des Landesbischofs sei das Ungeschickteste, was man habe machen können. Frick meinte, man solle sie wegbringen. Frick habe ihn gebeten, Herrn Hess anzurufen und ihm zu sagen, daß sie über die Sache gesprochen hätten und daß dem Innenministerium die Verantwortung überlassen werden müßte. Er halte die Haft aber nicht zur Befriedung geeignet. Im Hinblick auf die Agitation halte er es für das Beste, wenn der Bischof freigegeben würde, man könnte ihm zur Auflage machen, daß er sich jeder Äußerungen enthalte. Er (Siebert) habe dies zur Kenntnis genommen und darauf Hess angerufen und ihm mitgeteilt, was Frick gesagt habe. Er nehme an, daß Hess seiner Auffassung zustimmen und einverstanden sei, daß er Wagner anrufe, damit die Haft aufgehoben werde. Hess habe erklärt, er solle ihn heute aus dem Spiel

lassen, er möchte nicht den Auftrag dazu geben. Er habe sich für morgen 12.15 Uhr beim Führer zum Vortrag angesagt. Vorher möchte er nicht, daß sein Name mit irgend einer Maßnahme genannt werde. Diese Unterredung habe er (Siebert) Frick mitgeteilt, der bemerkte, man müßte den morgigen Tag abwarten. Er habe ihm bei dieser Gelegenheit mitgeteilt, daß gestern 800 Nürnberger dagewesen seien, was auf Frick großen Eindruck gemacht habe. Er habe ihm erzählt, daß die Bauern gesagt hätten, es kommen ihnen auf 5, 10, 20 Tausend nicht an. Frick habe dann erklärt, man müßte bis morgen warten und könne dann vielleicht wieder über die Sache reden.
Er habe dann mit der Abordnung von Nürnberg gesprochen, (siehe Niederschrift vom 22. 10. 1934).
Es sei jetzt in der Sache nichts zu machen, bis morgen, wo man wieder anrufen könne.
Er bemerkte noch, daß nach Vorschlag des Kultusministers Schemm Ministerialdirektor Fischer als Rechtswalter für die Bayerische Landeskirche aufgestellt werden sollte, er habe diesem aber aus verschiedenen Gründen abgeraten, das Amt zu übernehmen.
Reichsstatthalter General von Epp bemerkte, daß die Besprechung morgen keinen Erfolg hervorbringen werde, ebenso wie die Befriedungsaktion des Führers, weil sie auf Grund falscher Anschauungen erfolge. Auf Grund dieser falschen Anschauungen sei bisher falsch gehandelt worden; man habe in Berlin keine Vorstellung von der Struktur der evangelischen Kirche in Bayern und Württemberg. Die Lage sei so, daß ein großer Aufstand der gesamten evangelischen Kirche in ganz Bayern bevorstehe. Das Kirchenvolk stehe fest, in den Berichten der Amtswalter werde gelogen. Es heiße, die ganze Sache sei eine Pfarrersmache, in Wahrheit stünden 90 v. H. hinter Meiser, die restigen 10 % seien die, die überhaupt nicht in die Kirche gingen. Der Aufstand finde die Unterstützung des katholischen Volksteiles. Es bestehe ein ganz großer Irrtum, wenn man glaube, daß man mit einer oberflächlichen Regelung durchkommen könne. Die Leute verlangten die Wiedereinsetzung des Bischofs Meiser. Zwangsmaßnahmen gegen sie würden nichts nutzen. Der Führer glaube, den Reichsbischof halten zu müssen und verliere viele Millionen. In Württemberg wüßten die Leute überhaupt nicht, was sie machen sollten, weil sie gar keine Möglichkeit hätten, etwas vorzubringen, nachdem auch der Reichsstatthalter gegen sie sei. Die Lage sei so ernst, daß dies vorgetragen werden müsse. Es müsse Hess und dem Reichsinnenminister noch telefonisch gesagt werden, daß sie nicht richtig im Bilde seien.
Ministerpräsident Siebert bemerkte, daß er annehmen müsse, daß Frick nach seinen beiden Briefen genau unterrichtet wäre.
Reichsstatthalter General Ritter von Epp bemerkte, die Sache sei eine Angelegenheit der Bayerischen Staatsregierung, die sie weiter behandeln müßte. Der Führer müsse auch die Leute selbst hören. Die Pfarrer müßten ihm die

dogmatischen Gesichtspunkte vor Augen führen und er müsse auch das Kirchenvolk anhören. Auch die bayerische Staatsregierung müsse dazu gehört werden. Auch sie und er seien in dieser Sache mit ihrem Ansehen beteiligt. Die Besprechung war hierauf beendet.
München, den 22. Oktober 1934.

120 Vormerkung des Kultusministeriums. München, 23. Oktober 1934

BayHStA, MK 37069a

Betreff: Evangelischer Kirchenstreit.
Heute Abend 6 Uhr sprachen die Oberkirchenräte Breit und Baum des evangelischen Landeskirchenrates vor und teilten über die Besetzung des Landeskirchenrates am 11. Oktober 1934 das Folgende mit:
Oberkirchenrat Breit erklärte:
„Die ganze Aktion glich einem richtigen Einbruch. Der Vorgang ist nur zu vergleichen mit dem, was im Jahre 1918 von den Soldatenräten und Spartakisten geschah und was sich im Krieg bei der Einnahme einer feindlichen Stadt abspielte. Die Aufführung des Herrn Jäger ist brutal gewesen und der Kirche unwürdig. Wer nicht wußte, daß er hier einem Beauftragten der Reichskirche gegenüber stand und daß der Ort ein Dienstgebäude der bayerischen Landeskirche ist, wäre nicht auf den Gedanken gekommen, daß hier eine kirchliche Angelegenheit spielt und daß einer Landeskirche von der Reichskirche irgend eine Botschaft übermittelt werden sollte. Herr Jäger hat im Sturmschritt die Treppe genommen, gefolgt von einer ziemlich großen Schar von Männern, auch von einem Schreibfräulein, das Bleistift und Block gezückt hatte, bereit alles aufzunehmen. Dieser Schwarm war weiter nicht zu erkennen nach seiner Herkunft. Die Einzelnen, die von mir gefragt wurden, ob sie sich ausweisen könnten und ob sie im Namen des Staats und der Kirche erschienen seien, haben die Auskunft verweigert mit der gleichmäßigen Begründung, daß sie das nicht sagen dürften. Ich vermute, daß an diesem Tag keine Polizei dabei war, daß aber Jäger den Eindruck machen wollte, als ob diese Aktion von der Polizei geschützt wäre. Er hat alle Ausgänge bewachen lassen, er hat uns verhindert, ein Zimmer zu verlassen, in dem wir aus besonderen Gründen nicht länger bleiben wollten. Der Vize-Präsident Böhner und ich traten Jäger im Vorsaal des ersten Stockes entgegen und weil dieses Auftreten eine schamlose Verletzung unserer kirchlichen Ehre darstellte, trat ich ihm entgegen mit den Worten: „Glauben sie so im Namen der Kirche Christi reden und handeln zu können?“ Er erwiderte: „Ich bin hier der Hausherr“. Meine weiteren Worte gingen unter in den turbulenten Sätzen Jägers, als er nach dem Zimmer des Landesbischofs schrie. Ich bat, bevor der Landesbischof käme, von jeder

weiteren Handlung abzusehen, ich sei beauftragt, jedes Gespräch mit ihm abzulehnen, er solle wiederkommen, wenn Landesbischof Meiser wieder da sei; das wurde abgelehnt. Allmählich wurde der ganze Haufe – es hatte sich noch ein anderer Oberkirchenrat zugesellt – abgedrängt in das kleine Beratungszimmer, wo nun Jäger wie ein feindlicher Eroberer mit der Miene des, der hier die Macht hat und dem keiner widersprechen darf, an der Hand einer Liste die im Haus anwesenden Oberkirchenräte zusammenrief. Er wollte auch den Oberkirchenrat von Ammon haben, worauf ich und der Vizepräsident erwiderten, daß der Mann schon lange tot sei.
Dann wurden die Namen der anderen genannt, auch Dr. Meinzolt. Hier forderte er unter Berufung auf den Diensteid von dem Vizepräsidenten eine genaue Auskunft über den Verbleib Meinzolts und über den Zweck seiner Dienstreise. Ich habe dann zwei von den Herren, die dabei waren ohne sich vorgestellt zu haben (auch Jäger tat dies nicht) um ihre Legitimation befragt, sie nannten ihren Namen, Konsistorialpräsident Walzer und ein Jurist namens Klemich. Walzer hatte das Kommissariat für die Landeskirchenverwaltung empfangen. Bei der Frage nach der Legitimation habe ich darauf hingewiesen, daß dieses Verfahren doch nicht zu rechtfertigen sei, nachdem erst ein paar Tage vorher ein Schreiben Jägers vom 5. Oktober die Landeskirche in Bayern angewiesen habe, die Verwaltung im eigenen Namen in dem bisherigen Umfang weiterzuführen und nachdem in einem weiteren Schreiben Jägers vom 5. Oktober unsere Landeskirche daran erinnert worden sei, daß das Streben des Reichsbischofs und des Rechtswalters neben der Wahrung der Ordnung, Versöhnung und Frieden und nichts anderes sei. Herr Jäger stellte darauf fest, er könne sich mit mir in keine dialektische Unterhaltung einlassen und begann seine von ihm etwas länger gedachte, als ausgefallene Rede. Er kam nur zu dem einen Satz:
„Es muß endlich dem Zustand der Meuterei und Rebellion in der bayerischen Landeskirche ein Ende gemacht werden." Darauf bin ich sofort mit den anderen Oberkirchenräten aufgefahren und habe erklärt, daß ich nicht weiter in der Lage sei, seiner Rede zuzuhören, denn das vernichte unsere geistliche Ehre, wir seien keine Meuterer und Rebellen, sondern hätten allezeit in Ehre und Treue die Kirche Christi zu bauen versucht. Als ich das Zimmer verlassen wollte, hat er mich angeschrien: „Sie haben da zu bleiben." Als ich ablehnte, schrie er mich weiter an: „Ich bin Ihr Vorgesetzter." Als ich ihn bat, nicht so zu schreien, sagte er, „sie haben in der Nationalsynode auch so geschrien", worauf ich erwiderte „ich hätte dort lediglich deutlich geredet". Es gab dann ein kleines Hin und Her, ich ging auf die Türe zu, dort stand ein Mann, den ich frug, ob er den Befehl habe, mich einzusperren, worauf er „Nein" sagte; als ich dann hinausgehen wollte, schrie Jäger über mich hinweg diesem Mann zu: „Machen Sie die Türe zu". Zwei andere Oberkirchenräte gingen zu einer nicht bewachten Tür hinaus; der Rest wurde mit einer Pauschale von Beurlaubung bedacht: „Sie sind beurlaubt". Jedem,

den Jäger noch erwischte, hat er die Beurlaubung ins Gesicht geschmissen. Er hat dann noch versucht, im Stehen mir und den anderen zu sagen, daß wir bis auf weiteres im Büro zu bleiben hätten, wenn wir entlassen würden, hätten wir daheim in der Wohnung zu bleiben; dies wurde dann etwas gemildert, wir mußten in kürzester Frist erreicht werden können. Die geistlichen Oberkirchenräte erhielten ein Redeverbot und hätten sich aller geistlichen Handlungen zu enthalten."

Oberkirchenrat Baum berichtete weiter: Ich kam von einer Dienstreise und wollte gerade gehen, als ich den Lärm im Hause hörte und zwar eine sehr laute Stimme, die keinem der Oberkirchenräte gehörte. Ich kam gerade dazu, wie Kollege Breit noch sagte „so baut man die Kirche nicht", ich wollte zum Vizepräsidenten und bin dann von einem der Herrn anständig gefragt worden, ob ich auch Oberkirchenrat sei; er bat mich dann ins Zimmer hinein zu gehen, wo gerade die Auseinandersetzung im Gange war. Jäger schrie auch mich an, es ging dann durcheinander, man schrie „Dableiben, Türe zuhalten", ich habe dann geantwortet: „So lasse ich nicht mit mir reden" und bin dann zu der Türe hinaus, durfte aber nicht aus dem Haus, obwohl ich von aller Frühe an unterwegs war, bis nachmittags um 3 Uhr. Oberkirchenrat Breit fuhr weiter: Inzwischen hat Jäger die Beamten versammelt und von ihnen die Verpflichtung auf das neue Regiment abgefordert unter Hinweis darauf, daß der Landesbischof abgesetzt sei und alle bisherigen Vorgesetzten ihres Amtes enthoben; den Einwand des Gewissens, der von mancher Seite erfolgt ist, hat er abgewiesen mit den Worten, die Sache habe mit dem Gewissen nichts zu tun. Sie müssen entweder ja oder nein sagen.

Nach der Gegenvorstellung einiger Beamten und Angestellten hat er es schließlich dazu gebracht, daß nach etwa 3 bis 4 Stunden alle Beamten außer 4 die abgeforderte Erklärung abgegeben haben. Um 3 Uhr haben die Oberkirchenräte Vorstellungen wegen der versperrten Türen erhoben, sie wollten fortgehen. Ich habe den Herrn Walzer gefragt, wielange wir noch gefangen gehalten würden, vorauf er ärgerlich erwiderte, „fangen sie doch nicht wieder so an." Ich sagte dagegen, daß ich es auch anders formulieren könne, „wielange ich noch meiner Freiheit beraubt sei".

Dann hat er Jäger gehört und Jäger hat dann mit uns beiden gesprochen und hat mir vorgehalten, was ich als beurlaubter Oberkirchenrat zu tun und zu lassen hätte, unter anderem die Ausübung des geistlichen Amtes untersagt unter Berufung darauf, daß er kirchenpolitische Predigten nicht vertragen könne. Ich habe erwidert, daß ich keine kirchenpolitischen Predigten halte, sondern das Evangelium verkünde und weiter, nachdem ich mein geistliches Amt nicht von Jäger empfangen hätte, ließe ich es mir auch nicht von ihm nehmen, darauf drohte er mir mit scharfen Disziplinarmaßnahmen, deren Folgen ich zu tragen hätte.

Oberkirchenrat Baum fuhr fort; „Ich habe seinen Zorn erregt durch etwas Unbewußtes. Ich pflege nämlich manchmal den Daumen in die Ärmel-

löcher der Weste zu stecken; er sagte gleich zu mir „können Sie sich nicht anständig hinstellen“, ich entgegnete „wenn man anständig mit mir spricht, bin ich gewohnt, auch anständig zu handeln“. Ich habe ihm erklärt, daß ich über 40 Jahre predige und nicht gewohnt sei, politische Predigten zu halten; wenn wir in den letzten Zeiten der Gemeinde von der Kanzel manche Dinge hätten sagen müssen, so seien die Machenschaften in Berlin daran schuld. Ich sei ein alter Mann und hätte nicht sehr lange zu leben, ich müsste einmal meine Arbeit vor Gott verantworten und er müßte es auch tun. Ich wäre Gott dankbar, daß ich diese Zerstörung von Werten in der Kirche nicht verantworten müßte, die er zu verantworten habe. Darauf kam die Antwort von ihm: „Ich verantworte es“. Bezeichnend ist folgendes: Wir haben von Jäger eine Anordnung vom 11.10.1934 bekommen, mit der er sich das Recht anmaßt, uns dies alles zu bieten; diese Verordnung ist also vom selben Tag und für den vorliegenden Fall geschaffen und vorher gar nicht bekannt gewesen. So werden Kirchengesetze gemacht. Ich bin nach dem Krieg Konsistorialrat in Ansbach gewesen und habe Schweres mit den Spartakisten durchzumachen gehabt, aber in einem solchen Ton hat noch keiner mit mir geredet. Die Arbeiter- und Soldatenräte waren anständiger.
Oberkirchenrat Breit fuhr weiter. „Die Politische Polizei hat Jäger am nächsten Tag eingesetzt, die Wache hat mir selbst ihren Ausweis vorgezeigt. Die Politische Polizei ist mit einer Ausnahme anständig.
Der Landesbischof ließ uns am nächsten Tag kommen, nachdem er mit Jäger, der eine Erklärung von ihm wollte, gesprochen hatte. Er sagte Jäger, daß er eine Erklärung nur abgeben könne, wenn er sich mit seinem Kollegium benommen hätte; als wir hierauf kamen, war die Polizei da, das Kollegium saß auf der Treppe, durfte nicht hinein, wartete eine Stunde auf Jäger, der nicht kam. Nach unserem Weggang kam dann ein Hilfsreferent und hat die Erklärung mitgebracht, die Meiser nicht unterschrieben habe. Presseberichterstatter, die sich an uns wandten, haben wir konsequent abgewiesen mit einer Ausnahme: ein amerikanischer Generalkonsul kam mit Einverständnis des Auswärtigen Amtes, wir frugen aber trotzdem vorher telefonisch beim Auswärtigen Amt an, ob wir ihn empfangen durften.
München, den 23. Oktober 1934.

121 Entschließung der Abordnung der Rieser- und schwäbischen Bauern. München, 24. Oktober 1934

BayHStA, MK 37069a

In schwerster Sorge um den Bestand unserer Bekenntniskirche und unseres Glaubens stellen wir als Vertreter von etwa 25000 evangelischen Glaubensgenossen aus dem Ries und Nordschwaben folgende Forderung an die höchsten Stellen des Staates und der Partei:

1.) Unser verehrter rechtmäßiger Landesbischof Dr. [!] Meiser, der alleinige Träger unseres Vertrauens, ist alsbald freizulassen und wieder in sein Amt einzusetzen.
2.) Sämtliche Stellen des Staates und der Partei sind aus dem Kirchenstreit sofort zurückzuziehen. Kirchliche Fragen dürfen nur vom kirchlichen Gesichtspunkt aus, ohne Druck von aussen entschieden werden. In dem bisherigen Hineinwirken von staatlichen und Parteistellen sehen wir eine untragbare Beeinträchtigung unserer Glaubens- und Gewissensfreiheit für unseren kirchlichen Kampf.
3.) Wir fordern die selben Rechte, unseren Standpunkt öffentlich zu vertreten, wie sie bis jetzt nur ganz einseitig der anderen Seite zu Gebote stehen: Versammlungs- und Redefreiheit, Presse und Rundfunk.

Unser Kirchenvolk, an der Spitze die treuesten Anhänger der Bewegung, steht fast vollzählig im Lager der bekennenden Kirche. Unsere Gemeinden sind aufs Tiefste erregt, über die schwere Verletzung unseres evang. Luther. Bekenntnisses.
Wir fordern unverzügliche Abstellung dieses schweren Unrechtes, da nach unserer innersten Ueberzeugung nicht nur unsere Kirche, sondern auch das Schicksal des dritten Reiches und unseres deutschen Volkes auf dem Spiel steht.
Eine schwere Vertrauenskrise ist sonst unvermeidbar.
Den oft und gern erhobenen Vorwurf reaktionärer Bestrebungen weisen wir mit aller Entschiedenheit als böswillige Verleumdung zurück. Wir erklären mit aller Deutlichkeit, dass wir ebenso treu zum dritten Reich stehen, wie wir unverbrüchlich an unserer evang. Luth. Bekenntniskirche und unserem Glauben festhalten. Unser Kampf richtet sich nicht gegen die Reichskirche, sondern gegen die derzeitige unevangelische Reichskirchenregierung.
[*es folgen elf Unterschriften*]

122 Kurt Halbach: Jetzt ists genug!
FKiZM. A 30. 5

Nämlich mit der Hetze im Kirchenstreit, die ganz besonders in Nürnberg – nicht gerade zum Ruhm der Stadt der Reichsparteitage – ein Ausmaß angenommen hat, das nicht mehr zu ertragen ist. In den Gottesdiensten am letzten Sonntag wurde eine Kundgebung des bisherigen Landesbischofs D. Meiser verlesen, dessen Abberufung in den letzten Tagen bekannt geworden war. In dieser kam die Rede auch auf die Pfarrer, die sich auf die Seite der Reichskirche gestellt hatten: „Wir wissen uns von ihnen geschieden!“ Das heißt wir sind in Acht und Bann getan, verfehmt und gemieden! Einen sehr einflußreichen Geistlichen habe ich wiederholt telephonisch angerufen, und als es mir endlich gelang, die Verbindung mit ihm aufzunehmen, bat

ich ihn besuchen zu dürfen. Ich wollte ihn bitten, ein Wort des Friedens zu sprechen. Mein Besuch wurde abgelehnt. Zwecklos! Es ist auch nicht weiter zu verwundern: Wer in Acht und Bann ist, den läßt man nicht mehr über seine Schwelle. Wie einen räudigen Hund! Und was in aller Welt ists, was wir Schlimmes getan haben: Wir haben das Wort, das der Führer gesprochen hat, als unbedingt verbindlich und verpflichtend für uns aufgenommen!
Auf dem Ehrenbreitstein hatte er gesprochen:

„Kein Eingriff in die Lehre und Bekenntnisfreihit der Konfessionen hat stattgefunden oder wird jemals stattfinden!"

Und seine Worte bei der feierlichen Proklamation auf dem Reichsparteitag lauteten:
„Wir sind entschlossen, ihre rein organisatorischen Zersplitterungen soweit es sich um die evangelischen Bekenntnisse handelt, in einer großen evangelischen Reichskirche zu beenden."
Es stand damit unumstößlich fest: Der Führer will den Aufbau der Organisation der einheitlichen deutschen evangelischen Reichskirche. Er hat dazu aufgerufen, wir müssen arbeiten. Und wir können es tun mit unverletztem Gewissen. Denn zu den oben angeführten Worten, mit denen der Führer selbst sich für den Schutz der Bekenntnisse verbürgt hat, kommt noch das feierliche Gelübde, mit dem der Reichsbischof bei seiner Einsetzung am 23. September 1934 sein hohes Amt auf sich nahm. Dieses Gelübde hatte folgenden Wortlaut:
„Ich habe unseren christlichen Glauben bekannt, ich gelobe, in der Gegenwart des allmächtigen Gottes, im Namen unseres Herrn Jesus Christus, im Angesicht dieser Gemeinde: Ich bin willens, das Amt des lutherischen Reichsbischofs der Deutschen Evangelischen Kirche dem heiligen Evangelium gemäß zu führen, wie Dr. Martin Luther es uns gedeutet hat, und wie es uns die Bekenntnisschriften unserer Kirche vor Augen halten, zur Ehre Gottes, zum Bau seiner Kirche, zum Wohle unseres Volkes, Gott helfe mir und gebe zum Wollen das Vollbringen!"
Wer das Wort des Führers voll ernst nimmt und ihm das Vertrauen entgegenbringt, das wir ihm tausendfach schuldig sind, wer nicht von der ungeheuerlichen Voraussetzung ausgeht, daß der Mann, in dessen Hände das Vertrauen des Führers das Werk der Einigung der zersplitterten evangelischen Kirche gelegt hat, bei seinem Amtsantritt vor Gott und aller Welt einen teuflischen Meineid leistete: der mußte wissen, daß ihm nunmehr Recht und Pflicht geworden ist, in der geeinten Deutschen Evangelischen Kirche das Wort Gottes zu lehren „wie Dr. Martin Luther es uns gedeutet hat, und wie es uns die Bekenntnisschriften unserer Kirche vor Augen halten," und die heiligen Sakramente gemäß der Einsetzung unseres Herrn Jesu Christi zu verwalten. Er mußte wissen, daß ihm in der Reichskirche Raum gegeben ist sein Amt gemäß der bei seiner Ordination auferlegten Verpflichtung auszuüben.

Trotz dieser klaren und entschiedenen Worte des Führers und des Reichsbischofs hat die evangelische Kirche in Bayern sich geweigert, durch freiwillige Eingliederung in den Organismus der Reichskirche ihrerseits mitzuhelfen an der Vollendung ihres Aufbaus. Wir sehen darin ein Misstrauen gegenüber dem Wort des Führers und dem Eide seines Beauftragten. Auf diesem Weg vermag ich – bei aller persönlicher Verehrung und Hochschätzung für unsern ehemaligen Herrn Landesbischof D. Meiser – der Führung unserer Landeskirche nicht mehr zu folgen. Gab es früher manches Schwanken, da man sich infolge der vielen wild umherschwirrenden Gerüchte über die Reichskirchenleitung kein klares Bild machen konnte, so war durch das Wort der Führers und den Eid des Reichsbischofs für mich der Weg nunmehr eindeutig klar gewesen: Für mich gibt es nur mehr die unbedingte Entschlossenheit zur positiven Mitarbeit am organisatorischen Aufbau der einigen Deutschen Evangelischen Kirche. Nun frage ich: Ist das ein Verbrechen, daß man deshalb behandelt wird als Verräter, Verfehmter, Geächteter?
Ein bayrischer Pfarrer legte dem kommissarischen Bischof von Franken, Pfarrer Sommerer, folgende Fragen vor:

1.) Werden Sie unverrückbar an der Heiligen Schrift Alten und Neuen Testaments und an unserem evangelischen-lutherischen Bekenntnis festhalten? Werden Sie alle Irrlehren entschieden abwehren?
2.) Werden sie alles tun, die in unserer evangelischen Kirche vorhandenen Gegensätze zu überbrücken und auf die Reichskirchenregierung Einfluß zu gewinnen, daß ein wahrer Friede in unserer Deutschen Evangelischen Kirche wieder hergestellt wird?
3.) Werden Sie Ihr Amt in wahrhaft geistlicher Weise und unparteiisch führen? Werden sie den Ihnen unterstellten Pfarrern in ihrer durch die Veränderung in der Kirche entstandenen inneren Not mit seelsorgerlicher Hilfe und Nachsicht beistehen?
4.) Werden Sie für die persönliche Ehrenhaftigkeit des abgerufenen Herrn Landesbischofs D. Meiser eintreten?

Die Antwort ist auf diese Fragen ein uneingeschränktes

„Ja!"

Und nun frage ich: Wenn auf diese Weise den Pfarrern die Freiheit der Verkündigung des Evangeliums, die Treue zum Bekenntnis, die Erfüllung ihres Ordinationsgelübde gewährleistet ist, was gibt ihnen dann das Recht, in fortgesetzten „Bitt- und Bekenntnisgottesdiensten" in Opposition gegen diese Reichskirche zu treten??!
Man spricht in den Kreisen der Bekenntnisfront immer vom Märtyrertum. Da steigt die Erinnerung auf an die Zeit der blutrünstigen Kaiser von Rom wie Nero und Diokletian. Man denkt an die Vertreibung glaubenstreuer Evangelischer aus Frankreich durch sittenlose, bigotte französische Könige oder aus Salzburg durch den scheinheiligen Fürstbischof Firmian. Man denkt an die Ströme von Märtyrerblut, die im bolschewistischen Russland

geflossen sind. Wagt man es wirklich im Ernst unsere Tage im dritten Reich damit in Parallele zu setzen?
Bittgottesdienst werden gehalten, weil man fürchtet um den Bestand unserer Landeskirche. Dankgottesdienst hätte man halten müssen vor einem Jahr und heute noch jeden Tag, weil Gott uns durch den Aufbruch der deutschen Nation unter Führung Adolf Hitlers Land und Volk und die Kirche und ihren Dienst, Wort und Sakrament erhalten, geschützt und bewahrt hat!!
Ich sehe vor mir jetzt nur die eine Pflicht: mitarbeiten, mitschaffen, mitbeten, mitkämpfen, dass der Bau der Deutschen Evangelischen Kirche, zu dem uns Adolf Hitler aufgerufen hat, vollendet werde.
Ich weiß, dass diese meine Stellung weithin nicht verstanden wird unter der Pfarrerschaft. Aber da keine andere Möglichkeit mehr bleibt, rufe ich auf diese Weise den Pfarrern zu, die sich noch nicht ganz haben einnebeln lassen durch die Leidenschaft des Kampfes: Helft mit, da endlich Friede werde! Helft mit, daß der Befehl unseres Führers Gehör und Befolgung finde! Helft mit am Bau der einigen Deutschen Evangelischen Kirche, die unserem Volke das geben soll und will, ohne das es nicht leben kann: Die Siegeskraft des Evangeliums!
Und wenn die Pfarrer nicht hören wollen, dann rufe ich euch Kirchenvorsteher auf den Plan. Sprecht mit euren Pfarrern! Sagt ihnen, dass ihr es nicht wollt, dass das Gotteshaus missbraucht wird zu Kundgebungen kirchenpolitischer Art! Das Gotteshaus soll ein Bethaus sein, und nichts anderes!
Endlich rufe ich allen Gemeindegliedern zu: Bekennt euch mit Wort und Tat zu der Aufgabe, die uns der Führer gestellt hat. Lasst euch nicht davon abwendig machen. Sagt fest entschlossen aller Verhetzung gegenüber:

Wir wollen nicht mehr!

Jetzt ists genug!

Aber einerlei ob ich nun Zustimmung für meine Worte finde oder nicht: Für mich ist der Weg vorgezeichnet. Ich habe gelobt, dass der Inhalt meines Lebens sein soll das Wort Gottes lauter und rein zu verkündigen und die Sakramente zu verwalten, wie sie unser Herr Christus eingesetzt hat. Und ich bin fest entschlossen, dies in der geeinten Deutschen Evangelischen Kirche zu tun, so lange mir Gott Zeit, Kraft, Gnade und Möglichkeit dazu gibt.
Nürnberg, Oktober 1934.
Direktor Pfarrer Halbach

123 Kundgebung des Bruderrats der Bekenntnis-Synode der DEK. O. D.

FKiZM. A 30. 5

Das evangelische Landeskirchenamt in München ist durch die Polizei besetzt. Mit ihrer Hilfe hat der Rechtswalter der Reichskirchenregierung, Dr. Jäger, dort seinen Einzug gehalten. Die rechtmässigen Mitglieder des evangelischen Landeskirchenamtes sind beurlaubt.
Wir klagen an.
In der Kirche, die sich nach dem Evangelium nennt, ist das Evangelium ausser Kraft gesetzt. Willkür und Verlogenheit sind in ihr zur Herrschaft gelangt. Die Reichskirchenregierung zerschlägt die durch Geschichte, Bekenntnis und Verfassung geeinte Kirche Bayerns in zwei Teile; aber sie redet von Einheit.
Die Reichskirchenregierung vergewaltigt ein rechtmässiges Kirchenregiment und eine gläubige Kirche mit all ihren Gemeinden, und sie benützt dazu die politische Macht; aber sie redet von Frieden.
Die Reichskirchenregierung verleugnet die zehn Gebote Gottes. Sie kämpft mit der Lüge gegen die Wahrheit, mit gewaltsamem Raub gegen das Recht; aber sie redet von Bibel und Bekenntnis.
Verantwortlich für solche Verwüstung der Kirche sind der „Reichsbischof" Ludwig Müller und sein „Rechtswalter" Dr. Jäger. Durch sie treibt der Satan sein Werk. Deshalb klagen wir zu Gott. Herr, unser Gott, es herrschen wohl andere Herren über uns denn Du. Doch wir gedenken allein Deiner und Deines Namens.
Wir bitten Ihn, erlöse uns von dem Übel. Im Vertrauen auf Seinen Beistand geloben wir: Wir sind nicht von denen, die da weichen und verdammt werden, sondern von denen, die da glauben und die Seele erretten. Herr, mach uns frei! Amen.
gez. Präses Koch.

124 Erklärung Münchner Professoren zum Fall Meiser. O. D.

BayHStA, MK 37069a

Wir legen schärfstens Verwahrung ein gegen die Abberufung des Landesbischofs D. Meiser und gegen die Aufreissung einer kirchlichen Donaulinie.
Diese Massnahmen stören den Kirchenfrieden in Bayern aufs schwerste, ohne dass irgend eine staatliche Notwendigkeit dazu vorliegt. Der Herr Landesbischof, die evangelische Geistlichkeit, die Bayerische Landessynode haben stets nachdrücklich erklärt, dass ihre Stellungnahme weder Widerstand gegen die Schaffung einer evangelischen Reichskirche noch vollends

Gegnerschaft zum neuen Staat bedeutet. Diese Erklärung machen auch wir uns zu eigen.
Wir bitten, mit allen Kräften für die Wiederherstellung von Recht und Ordnung in der Bayerischen Landeskirche einzutreten.
gez.

Prof. Dr. H. Th. Bucherer
Prof. Dr. Th. Dombart
Prof. Dr. L. Fabricius
Prof. Dr. H. Hausen
Prof. Dr. W. Hengstenberg
Geh. Rat D. Dr. Fr. Hommel
Reg.Rat Prof. Dr. O. Knoblauch
Geh. Reg.Rat Prof. Dr. P. Kulisch
Prof. Dr. P. Lehmann
Prof. Dr. H. Loewe
Geh. Rat Prof. Dr. W. Lotz
Prof. Dr. H. Merkel
Geh. Rat Prof. Dr. Fr. v. Müller
Prof. Dr. A. O. Meyer
Prof. Dr. R. Müller-Erzbach
Prof. Dr. R. Oeschey
Geh. Reg.Rat Prof. Dr. W. Otto
Prof. Dr. J. Paechtner
Geh. Reg.Rat Prof. Dr. O. Perron
Geh. Reg.Rat Prof. Dr. A. Rehm
Prof. Dr. Fr. Reindel
Geh. Rat Prof. Dr. M. Schmidt
Geh. Reg. Rat Prof. Dr. A. Schnider
Geh. Rat Prof. Dr. Ed. Schwartz
Geh. Hofrat Prof. Dr. A. Sommerfeld
Prof. Dr. H. Steinmetz
Prof. Dr. J. Stroux
Prof. Dr. Fr. Wagner
Geh. Rat Prof. Dr. P. Wolters
Prof. Dr. Fr. Zahn.

125 Vormerkung über ein Gespräch zwischen Landesbischof Meiser und Ministerpräsident Siebert. München, 2. November 1934

BayHStA, StK 7292

Gestern kam nach vorheriger fernmündlicher Anmeldung durch Ministerialrat Mezger vom Unterrichtsministerium Landesbischof Meiser zu mir in meine Privatwohnung und erstattete mir eingehenden Bericht über die Lage in der protestantischen Kirche. In einstündiger Darstellung äußerte er sich über die Entwicklung der Angelegenheit in Bayern und das Verhältnis zur Reichskirchenverwaltung. Dabei betonte er, daß gerade der bayerische Protestantismus den Reichsbischof anfangs gestützt habe: habe doch der Reichsbischof nach Hilfe der lutherischen Kirchen Bayerns und Württembergs gerufen, habe doch er – Dr. [sic!] Meiser – der Reichssynode vorgeschlagen, Herrn Müller als Reichsbischof zu benennen.
Dr. [sic!] Meiser gab dann den Inhalt seiner Rücksprachen mit dem Reichsjustizminister und dem Reichsinnenminister bekannt, ferner den Verlauf der Vorladung zum Führer und Reichskanzler am 30. Oktober ds. Js. Das Ergebnis der Aussprache des Führers und Reichskanzlers mit den drei Bischöfen von Bayern, Württemberg und Hannover war nach der Mittei-

lung Meisers das, daß der Führer erklärte, der Plan, auf der vorgesehenen Grundlage eine protestantische Reichseinheitskirche zu errichten, sei als gescheitert zu betrachten. Die Kirchen sollten nun schauen, wie sie selbst zu Streich kämen; er wolle nichts mehr mit der Sache zu tun haben; er werde nun aber auch allen christlichen Bekenntnissen freie Betätigung lassen; die Kirchen müßten aber auch in finanzieller Hinsicht sich klar werden, daß sie auf sich selbst gestellt würden. Eine Abberufung des Reichsbischofs von sich aus lehne er ab; wenn der Reichbischof freiwillig zurücktrete, würde ihn daran niemand hindern.

Die Besprechung sei in Anwesenheit des Reichsinnenministers in zweistündiger Erörterung ruhig verlaufen.

Auf Grund dieser Sachlage und der gegebenen, durch Urteile und einstweilige Verfügungen höherer Gerichte bereits gezeichneten Rechtslage werde die Landeskirchenverwaltung der bayerischen protestantischen Kirche nunmehr wieder ihre Tätigkeit aufnehmen und von sich aus die Sache weitertreiben, da das Reichsinnenministerium hierauf warte.

Dr. [sic!] Meiser betonte immer wieder, daß auch die protestantische Kirchenverwaltung Bayerns die protestantische Reichseinheitskirche anstrebe und für notwendig halte, nur könne dieses Ziel nicht mit dem jetzigen Reichsbischof und seinen Absichten erreicht werden.

Ich nahm von diesen Mitteilungen Kenntnis und erklärte, daß durch den Gang der Dinge das Ziel, eine protestantische Reichskirche auf christlicher Grundlage zu erreichen, nicht aufgehalten werden dürfe; das müsse ich auch als Protestant feststellen.

Gestern Nachmittag rief mich Regierungsrat Herbert vom Innenministerium an und berichtete im Auftrag des Herrn Innenministers, daß mitgeteilt worden sei, 12 Theologiestudenten hätten das Landeskirchenamt für den protestantischen bayerischen Landeskirchenrat besetzt, Oberamtmann N. sei bei ihm gewesen und hätte namens der Reichskirchenverwaltung um polizeiliches Einschreiten gebeten. Das Innenministerium habe aber Bedenken, sich auf Grund der neuen Sachlage in die Angelegenheit einzumischen.

Ich gab am Fernsprecher in wenigen Worten den Inhalt der mir [am] Vormittag von Landeskirchenrat Dr. [sic!] Meiser gegebenen Erklärung wieder und stellte fest, daß ich persönlich bei der gegebenen Sach- und Rechtslage der Ansicht sei, die Bayerische Staatsregierung sollte sich um die Angelegenheit zunächst nicht weiter bekümmern. Landeskirche und Reichskirche sollten ihre Sachen selbst ausmachen. Ich sei auch der Ansicht, daß wegen der Inanspruchnahme der Räume des Landeskirchenamts und des Amtierens in denselben die Polizei gar nichts tun solle.

Nach meiner Auffassung könne sie, wie jetzt die Sache liege, nur dann eingreifen, wenn in der Öffentlichkeit Ruhe und Ordnung gestört oder gefährdet erscheinen. Im übrigen müsse ich es bezüglich der polizeilichen Auffassung dem Innenministerium überlassen, zu tun, was es rechtens

hielte. Ich hätte aber nichts dagegen, wenn sich Regierungsrat Herbert auf diese meine Auffassung berufe.
München, den 2. November 1934.
gez. Siebert.

126 Landesbischof Hans Meiser: An meine Amtsbrüder!
ABlELKB 1934, S. 185–187

|185| Gottes Barmherzigkeit hat es gewirkt, daß ich mein bischöfliches Amt wieder im vollen Umfang ausüben kann. Es ist mir ein herzliches Bedürfnis, meine Amtsbrüder in Stadt und Land im ganzen Gebiet in unserer Landeskirche herzlich zu grüßen und ihnen für die Entschlossenheit und großer Treue zu danken, mit der sie in den hinter uns liegenden Kampfwochen so wirksam für unsere Kirche eingetreten sind. Von dem Verkehr mit der Außenwelt auf ausdrückliche Anweisung der Reichskirchenregierung so gut wie abgeschlossen, empfand ich es als einen starken Trost, wissen zu dürfen, daß meine Amtsbrüder auf ihren Posten standen und sich als rechte Hirten und Seelsorger ihrer Gemeinden bewährten. In den vergangenen Wochen hat die jahrelange, in stiller Treue geschehene Arbeit unserer Pfarrer ihre Frucht gezeitigt und ihren köstlichen Lohn gefunden. Es wurde offenbar, welche Verheißungen auf der geordneten, unermüdlichen Verkündigung des reinen Evangeliums, auf der gewissenhaften Ausübung der Seelsorge und auf der sorgfältigen Unterweisung der Jugend ruht. Wir haben erleben dürfen, daß durch solchen Dienst lebendige Gemeinden entstehen und Kirche gebaut wird.
Wenn ich heute meinen Amtsbrüdern für alles danke, was sie zur Erreichung dieses Zieles und zur Entspannung der Lage in unserer Landeskirche, beigetragen zu haben, so möchte ich in diesen Dank auch unsere studierende theologische Jugend einbeziehen, die es mich hat wissen lassen, mit welch heißer Anteilnahme sie den kirchlichen Kampf verfolgt, und die in ihrer Weise und mit dem ihr Möglichen ihren Beitrag zum Gelingen dieses Kampfes geliefert hat.
Nicht vergessen will ich über dem Dank für das, was zu Gunsten unserer bedrohten und bedrängten Kirche geschehen ist, den Dank für die mancherlei Zuschriften und Kundgebungen, die mir in den letzten Wochen aus den Kreisen der Amtsbrüder, von Einzelnen oder von ganzen Kapiteln, persönlich zugegangen sind. Sie haben mich täglich neu gestärkt und erquickt; über der großen Liebe und Treue, die ich erfahren durfte, ist mir viel Schweres leicht |186| und manches Bittere köstlich geworden. Ich darf gewiß aber auch annehmen, daß die Liebe und Treue, die mir gegenüber zum Ausdruck gebracht wurde, auch allen Mitgliedern des Landeskirchenrates gilt, die in einer in keiner anderen Landeskirche vorhandenen Einmütigkeit meinen

bisherigen Weg mit mir gegangen sind und mit mir entschlossen waren, ohne Rücksicht auf die eigene Person alle Folgerungen auf sich zu nehmen, die ihnen aus dieser Haltung erwachsen konnten.
Die Amtsbrüder wissen, daß der mir aufgezwungene Kampf frei von allen politischen Motiven allein um die unversehrte Geltung des Bekenntnisses und um ein wahrhaft geistliches Handeln innerhalb der Deutschen Evangelischen Kirche geht und daß ich mich allezeit bemüht habe, ihn mit einem reinen und unverletzten Gewissen und so, wie es einem lutherischen Bischof geziemt, zu führen. In dem heißen Ringen um die kirchliche Neugestaltung Deutschlands bin ich auch weiterhin gesonnen, meinen Weg als Bischof unserer Landeskirche in alleiniger Verantwortung vor Gott und vor seinem heiligen Wort zum Heil unseres deutschen Volkes zu gehen.
Daß mir der Kampf, den ich um des Gewissens willen und aus heiliger Notwendigkeit heraus führen mußte, viel Schweres eintragen würde, war mir gewiß, ehe ich ihn begann. Trotzdem war es mir ein besonders bitterer Schmerz, wahrnehmen zu müssen, daß nicht nur da und dort in Kreisen, denen der tiefere Einblick in den Sachverhalt fehlte, sondern auch bei manchen meiner Amtsbrüder mein Kampf mißverstanden oder mißdeutet oder gar in falscher Auffassung der kirchlichen Aufgaben abgelehnt und verlästert wurde. Ich habe dadurch gelernt, was es heißt, um des Evangeliums willen angefochten und entehrt zu sein. Sind in unserer Landeskirche aber nunmehr die verfassungsmäßigen Zustände wieder hergestellt und ist wenigstens bei uns weiterer Zerstörung des kirchlichen Lebens vorerst gewehrt, so ist es nicht meine Absicht, die Vollmachten, in deren Besitz ich wieder getreten bin, zu gewalttätiger Verfolgung derer zu verwenden, die mich und den Landeskirchenrat meinten hart befehden zu müssen. Es soll unter uns kirchlich gehandelt werden. Darum müssen sich die Amtsbrüder, die gegen mich standen, zwar sagen lassen, welch unheilvolle Verantwortung sie damit auf sich genommen haben, daß sie den Frieden in unserer Landekirche gestört und sich zu Werkzeugen einer Gewalt- und Unrechtspolitik gemacht haben, die sich – worauf immer sie sich berufen mag –, nur nicht aufs Evangelium berufen kann. Es soll ihnen aber die Rückkehr in die brüderliche Gemeinschaft nicht versagt sein, wenn sie anzuerkennen bereit und willens sind, daß Kirche nur vom Worte Gottes und Bekenntnis her gebaut werden darf und daß alles Hereinziehen außerkirchlicher Instanzen in die kirchlichen Auseinandersetzungen in Zukunft unterbunden bleiben muß. In dem Bemühen um die Wiederherstellung zerbrochener Gemeinschaft möchten die Amtsbrüder nicht unberücksichtigt lassen, daß mancher Amtsbruder, der glaubte, nicht an meiner Seite und an der Seite der überwiegenden Mehrzahl seiner Amtsbrüder kämpfen zu können, vielleicht nur durch eine nicht restlos geklärte Verbindung von politischen und kirchlichen Beweggründen oder nur durch Unkenntnis der wahren |187| kirchlichen Lage in seiner Haltung bestimmt war oder nur deshalb abseits stand, weil er nicht

die innere Kraft fand, die ihn zu einer klaren Entscheidung und dem damit geforderten letzten Einsatz befähigte. Ich weiß freilich, daß auch Ehrgeiz und Neid, die vor Gott nicht verantwortet werden können und – daraus entspringend – Verleumdung, Denunziation und böser Wille an Werke waren. Es ist dadurch Verwirrung in manche Gemeinde getragen und viel Vertrauen zerstört worden, das schwer wieder zu gewinnen sein wird. Wo solches vorliegt, behalte ich mir vor, mit den Beteiligten im einzelnen zu handeln. Was an Schaden angerichtet wurde, sei Gott anheimgestellt: er kann heilen, was zerschlagen ist und neu aufbauen, was zerstört wurde. Auf keinen Fall wollen wir die aufgebrochenen Gegensätze ohne Not vertiefen, sondern wollen versuchen, uns wiederzufinden in der uns allen gemeinsamen Aufgabe, unser ganzes deutsches Volk mit allem Ernst und ganzer Entschiedenheit zu Christus zu rufen und das Werk der Reformation in unserer Mitte neu zu verankern.

Allen denen, die wähnten, das bisherige verfassungswidrige Vorgehen der Reichskirchenregierung sei dennoch rechtens, kann es eine Hilfe sein zu wissen, daß die zur Anwendung und Hütung des Rechtes berufenen Stellen des Staates den von mir und meinen Beratern geteilten Standpunkt weithin gebilligt haben, und daß die Reichskirchenregierung selbst die Absicht zu erkennen gegeben hat, daß sie in eine Nachprüfung aller Rechtsverhältnisse innerhalb der Deutschen Evangelischen Kirche eintreten wolle.

Was die nächsten Tage bringen werden, ist noch völlig im Dunkeln. Ob der wirre Knoten sich lösen oder ob es in ein neues Ringen hineingehen wird, kann niemand sagen. Es befestigt sich nur in immer weiteren Kreisen die Überzeugung, daß ohne einen grundlegenden Personalwechsel in der Reichskirchenregierung an eine echte Befriedung nicht zu denken ist. Gleichzeitig glaube ich beobachten zu können, daß die Anliegen, für die wir bisher gekämpft haben, bis in die Reihen der Deutschen Christen hinein Verständnis finden und von bestimmten Kreisen derselben aufgenommen werden, so daß eine Überwindung der bestehenden Gegensätze durchaus nicht außerhalb des Bereichs aller Möglichkeit liegt. Aber mag dem sein wie ihm wolle, im Blick auf das, was gewesen ist, und im Blick auf das, was neu werden soll, rufe ich den Amtsbrüdern zu, was uns Paulus schreibt: „Ist nun bei euch Ermahnung in Christo, ist Trost der Liebe, ist Gemeinschaft des Geistes, ist herzliche Liebe und Barmherzigkeit, so erfüllet meine Freude, daß ihr eines Sinnes seid, gleiche Liebe habt, einmütig und einhellig sein. Nichts tut durch Zank oder eitle Ehre; sondern durch Demut achte einer den anderen höher denn sich selbst und ein jeglicher sehe nicht auf das Seine, sondern auf das, was des andern ist.“ (Phil. 2, 1–4.)

München-Berlin, den 8. November 1934.

Der Landesbischof und der Landesbischof: D. Meiser.

127 Schreiben der NSDAP Gau Franken an die Kanzlei des Reichsbischofs. O.D.

LAELKB, 101/36–1922

Die wenigen Geistlichen in Franken, die treu zu ihrem Reichsbischof standen, führten einen schweren Kampf gegen Meiser. Zur Durchführung dieses Kampfes fehlten ihnen jegliche Geldmittel. Deshalb verauslagte die Kosten bis zur Amtsenthebung Meisers die Gaupropagandaleitung Franken der NDSAP.

Die Kosten setzen sich wie folgt zusammen:

Fernsprechgebühren (lt. gesonderter Aufstellung)	75.67	RM
Fahrtkosten München	66.–	"
Strassenbahnauslagen	5.–	"
Wachs-Matritzen	6.–	"
Abzugpapier	8.–	"
zusammen:	160.67	"

Um baldige Ueberweisung dieses Betrages wird gebeten.

Heil Hitler! gez. Schöller stellv. Gaupropagandaleiter.

2.2.6 Entlassung Karl Barths

128 Schreiben Paul Althaus' an die Landesbischöfe Meiser und Marahrens. Erlangen, 22. Dezember 1934

LAELKB, NL Meiser, Hans 101/36–236

Hochwürdige und hochverehrte Herren Landesbischöfe D. Marahrens und D. Meiser!

Verzeihen Sie mir, wenn auch ich noch Ihnen die paar Stunden der Festesstille störe. Aber wir sind ja alle gestört durch die ganze Lage und durch den Verlauf der Angelegenheit K. Barth, und ich kann nicht anders als Ihnen meine Sorgen und Gedanken mitteilen. An die vorläufige R.K.Reg. und die hinter ihr stehenden Kirchen, auch an den Lutherischen Rat wird ja wohl schon in den nächsten Tagen die Notwendigkeit herantreten, ein Wort zu der Kölner Urteilsbegründung zu sagen. Ich habe mir viel Gedanken darüber gemacht, wie ein solches Wort lauten müßte, und ich bitte, Einiges davon hier aussprechen zu dürfen.

Die Haltung Karl Barths, gleichviel wie man sie sonst beurteilen möge, hat uns alle auf alle Fälle in eine sehr unglückliche Lage gebracht. Schon vor dem Prozesse; nämlich dadurch, daß wir anderen alle, die den Eid geschworen haben, als nicht ernst genug, als allzu harmlos in unserer Eidesleistung durch Barths ausdrückliche Anmeldung des evangelischen Vorbehaltes erschienen. Aber durch den Prozeß selbst ist die Lage noch viel schwieriger

geworden. Ich habe durch Bonner Studenten einen genauen Bericht (nach Barths Erzählungen) über den Verlauf der Verhandlung. Barth ist auch auf Grund des an den Rektor von Bonn gerichteten Briefes verurteilt, in dem er sich auf die Erklärung der „Bekenntnisgemeinschaft“ (ist sie identisch mit der Erklärung der vorl. R.K.R.?) bezieht. Man kann also sagen: Es ist implicite auch die Erklärung der Bek.Gem. bezw. der vorl. R.K.R. abgelehnt oder verurteilt worden. Der Staatsanwalt hat ausdrücklich erklärt, der Eid lasse keine Begrenzung zu. Auch der Hinweis auf Gott bedeute keinen Vorbehalt, denn Adolf Hitler tue nichts gegen Gottes Gebot. Das müsse ein n.s. Beamter einfach glauben. (Ich gebe wieder, was die Studenten nach Barths Berichte sich aufgeschrieben haben. Aber die Nachricht in der Presse über den Grund der Absetzung geht ja in der gleichen Richtung).
Ist es so, daß damit auch die Erklärung der vorl. R.K.R. abgelehnt ist, nämlich der selbstverständliche Vorbehalt, so kann diese m.E. nicht schweigen. Wenn sie aber redet, dann kann sie m.E. nicht einfach hinter Barth treten. An Barths Haltung ist zweierlei bedenklich und für die ganze Lage höchst verhängnisvoll geworden:
1) daß er einen Vorbehalt, den jeder evangelische, jeder christliche promissorische Eid zu allen Seiten und in allen Staaten selbstverständlich enthält, meinte jetzt betont aussprechen zu müssen. Das konnte vom Staate nur verstanden werden als Ausdruck eines Mißtrauens, zu dem früher kein Anlaß war. Und doch war das Problem des Eides auch unter den absoluten Fürsten, auch bei dem Fahneneide immer gegeben. Es ist auch bei unseren Auslanddeutschen Brüdern immer wach – wie nun, wenn ihr Staat sie zwingt, gegen ihr Volkstum zu handeln? Aber niemals haben die Lutheraner es für richtig gehalten, solchen Vorbehalt von vorneherein anzumelden; sondern sie haben, wenn der Konflikt kam, gekämpft. Wäre es nicht richtiger gewesen, auch hier so zu handeln? Wenn einige Sorge haben, daß Konflikte kommen können (ich drücke mich in diesem Satze absichtlich theoretisch und zurückhaltend aus), ist es nicht die richtigere Haltung, unseren Staat bei seinen klaren Bekenntnissen dazu, daß er die Kirchen erhalten und das Christentum als Grundlage des Volkslebens achten will, beim Wort zu nehmen, statt so zu tun, als wäre er auf dem besten Wege, uns in die Lage der Christen im römischen Reiche gegenüber der Staatsreligion zu bringen? Deutlicher gesagt: hemmt es nicht unser Ringen um Zusammenarbeit dieses Staates und unserer Kirche, unser Ringen um Volkskirche im dritten Reiche, wenn einer von uns mit betontem Vorbehalte vor aller Welt Mißtrauen bekennt?
2) Noch verhängnisvoller ist, daß Barth den Zusatz nur zu dem Passus über den Führer gemacht hat, daß er inzwischen auf den Zusatz verzichtet hatte, ändert nichts daran, daß er ihn einmal gefordert hatte, nicht auch zu den beiden anderen Passus des Eides: Gesetze des Staates und Beamtenpflichten. Der evangelische Vorbehalt bezieht sich doch auf alle drei Bindungen gleich-

mäßig, jedenfalls auch auf die Gesetze, denn ich kenne ja garnicht die Gesetze, die in einem Staate kommen können, der Vorbehalt ist hier also ebenso am Platze. Auch Conf. Aug. 16 bezieht den Vorbehalt dem Zusammenhange nach deutlich auch auf die leges. Daß Barth den Vorbehalt nur an den Passus über den Führer anschloß, ist, vielleicht ohne seinen Willen, der Wirkung nach betontes Mißtrauen in dieser Richtung. Überhaupt gibt diese konkrete Beziehung des Vorbehaltes dem Vorbehalte einen politischen Ton. Eben den des Mißtrauens gegen den Führer des deutschen Volkes. Der Vorbehalt läuft Gefahr, aus einem jederzeit aktuellen Vorbehalt unter der Hand schon ein fertiges Urteil zu werden. Das ist die peinliche Lage. Und der Staatsanwalt hat ja auch ganz richtig daraufhin gerade von dem Glauben des n.s. Mannes an Adolf Hitler aus den hier angemeldeten Vorbehalt als unerträglich, als Verweigerung des Vertrauens empfunden. Mögen wir theologisch dagegen und dazu sagen was wir wollen – eine theologische Demonstration, in der sich Mangel an Vertrauen zu dem Führer betont ausdrückt, ist im Augenblicke eine politische Handlung.

Wenn die vorl. R.K.R. oder der Lutherische Rat reden will, dann muß er, soll nicht die ganze Bek.Front in die schiefste und schlimmste politische Lage kommen, in dieser Hinsicht von K. Barth deutlich abrücken. Sie bezw. er muß sich des Drängens der Kreise um Barth in ernster Verantwortung für das Verhältnis von Kirche und Staat mit fester Hand erwehren.

Wenn etwas gesagt werden soll, so müßten die Grundgedanken m.E. sein:

1) erneutes Bekenntnis zu den von der vorl. R.K.R. ausgesprochenen Sätzen, mit ausdrücklichem Hinweis auf C.A. 16; Letzteres ist besonders wichtig, denn es entnimmt den Vorbehalt dem Scheine, als sei er eine betont aktuell gemeinte Abstandnahme von unserem Staate, während er doch evangelische Bekenntniswahrheit ist, Anwendung einer vom N.T. und von C.A. 16 uns vorgeschriebenen Haltung.

Also auf alle Fälle Act. 5 und C.A. 16, wenn überhaupt noch geredet wird, anführen!

2) Daneben müßte aber mit starken Worten gesagt werden: die evangelischen Männer, die den Eid geschworen haben, und die Kirche hatte und hat keinen Anlaß, den selbstverständlichen Vorbehalt des an Gott gebundenen Gewissens heute betont auszusprechen. Wir lehnen eine solche Betonung, die als Mißtrauen gegen den Staat und seinen Führer verstanden werden kann, ab und erneuern das Bekenntnis unseres Vertrauens und unserer Treue zu dem Führer und Staate, für den wir Gott täglich bitten.

Dieser zweite Absatz muß unter allen Umständen dem Sinne nach in einer ev. weiteren Erklärung der vorl. R.K.R. zum Ausdruck kommen. Unmöglich kann die Kirche nur erklären: die Haltung, die Barth eingenommen hat, ist unser aller Haltung. Denn ich möchte das sehr stark betonen – wenn auch K. Barth Sätze der Bek.Gemeinschaft bezw. der vorl. R.K.R. angeführt und sich auf sie berufen hat, so gewinnen sie im Zusammenhange seiner Haltung

doch einen anderen Sinn als sie an sich haben. Denn Barth hat den Vorbehalt betont dem jetzigen Staate und seinem Führer gegenüber erhoben, das Wort der Vorl. R. K. R. dagegen nicht.
Ich möchte noch schärfer sagen: eine Erklärung müßte in dem gleichen Atem, in dem sie sich zu dem alle Zeit giltigen und selbstverständlichen evangelischen Vorbehalte von Act. 5 und C. A. 16 bekennt, zugleich aussprechen, daß sie Karl Barths Berufung auf die frühere Erklärung der vorl. R. K. R. oder der Bekenntnisgemeinschaft ablehnt. Denn die Erklärung der vorl. R. K.Reg. unterscheidet sich von der Karl Barths eben dadurch, daß sie den Vorbehalt für etwas Selbstverständliches hält, den heute mit Betonung auszusprechen kein Anlaß vorliegt, während Barth gerade die Betonung wollte. Die Erklärung der vorl. R. K. R. ist durch Barths Berufung auf sie belastet worden, wider ihren eigentlichen Sinn. Barths Erklärung nimmt die Erklärung der vorl. R. K.Reg. für sein eigenes Mißtrauen mit in Anspruch. Dagegen muß etwas geschehen, wenn nicht die Lage der Bekenntnisfront und der vorl. R. K. R. schief werden soll.
Mit herzlichem Weihnachtsgruße und Segenswunsche
in fürbittendem Gedenken Ihr
verehrungsvoll und treu ergebener
P. Althaus

129 Schreiben des Landeskirchenrats an das Dekanat Aschaffenburg. München, 28. Juni 1935

FKiZM. A 30. 1/1

Betreff: Professor Karl Barth.
Das Dekanat fragt an, ob die Kirchenleitung in der Angelegenheit der Ruhestandsversetzung von Professor Karl Barth irgendwelche Schritte zu unternehmen beabsichtige und weist darauf hin, dass sowohl dem Dekanat wie auch der gesamten Kapitelsgeistlichkeit die Begründung der Ruhestandsversetzung so offenkundig und geflissentlich gegen den christlichen Standpunkt gerichtet scheine, dass ein baldiges deutliches und entschiedenes Wort der Kirche als ein dringendes Bedürfnis und als eine Notwendigkeit empfunden werde; Schweigen würde als Verleugnen gedeutet werden müssen.
Wir halten ein gesondertes Vorgehen einzelner Dekanate oder Kapitelskonferenzen für nicht tunlich, wie wir auch Schritte einzelner Landeskirchen nicht für zweckmässig erachten können. Es handelt sich vielmehr um eine Angelegenheit, die alle bekennenden Kirchen Deutschlands berührt und deshalb durch die Vorläufige Leitung der Deutschen Evangelischen Kirche zu behandeln ist. Wir sind bei der letzteren in dieser Angelegenheit vorstellig geworden.
gez. D. Meiser.

2.3 1935

2.3.1 Allgemein

130 Rundschreiben des Landeskirchenrats an alle Geistlichen. München, 8. Januar 1935
FKiZM. A 30. 1/1

Erfüllt von tiefer Dankbarkeit haben wir den Schritt vom alten Jahr in das neue getan. „Eine Zuflucht ist bei dem alten Gott und unter dem Schatten seines Armes." Bewegten Herzens machen wir uns diese Worte Moses zu eigen und bezeugen im Blick auf das vergangene Jahr:

„Der Herr ist noch und immer nicht von seinem Volk geschieden,
er bleibet seine Zuversicht, ihr Segen, Heil und Frieden!"

Das Ringen um die Erhaltung und Erneuerung unserer Kirche hat uns alle unvermittelt vor die elementaren Fragen unseres Christenlebens gestellt. In Ehrfurcht danken wir unserem Herrn für den heilsamen Zwang zu letzter Besinnung, in dem er uns durch mancherlei Not und Heimsuchung rührte; denn aus dieser Not und Besinnung um die letzten Grundlagen unseres Lebens ist viel Segen, viel Kraft, viel neue Wahrhaftigkeit in das Leben unserer Kirche, unserer Gemeinden und wohl auch in unser eigenes geströmt. Der eigentliche Kampf des vergangenen Jahres wurde in unserem Herzen und Gewissen ausgefochten; hier hat der Geist Gottes sein Werk der Läuterung begonnen und uns in mancher Stunde, die uns bitter schien, Scheidungen und Erkenntnisse geschenkt, die wir nun als teueres Gut in uns tragen dürfen. Hier, auf diesem Felde sind die Entscheidungen unseres Kampfes gefallen und werden sie auch weiter fallen, nicht auf der sogenannten „kirchenpolitischen Ebene".

Jede Erkenntnis muß Tat werden, Gott schenkt nicht Kräfte, damit wir sie eigensüchtig bewahren, Gott hat soviel an uns gewandt, es liegt an uns, zu gehorchen und in dem Dienst, dem wir uns in der Ordination angelobt haben, mit neuer Treue, mit neuer Tatkraft, mit neuem Fleiß Frucht zu bringen.

Das Handeln der Kirche ist manchmal mißverstanden worden. Während sie sich mit einem Gewissen, das an den heiligen Gott gebunden ist, bei aller menschlichen Fehlsamkeit, treulich allein um den ihr gegebenen Gottesauftrag mühte, glaubten manche in ihrem Tun versteckte Nebenabsichten politischer und kirchenpolitischer Art am Werk zu sehen. Gerade weil alles evangelische Handeln in der Welt Gefahr läuft, von Unverständnis und Mißverständnis falsch gedeutet zu werden, muß es uns allen ein vornehmes Anliegen sein, mit besonderer Wahrhaftigkeit und Zucht um letzte Lauterkeit unseres kirchlichen Redens und Arbeitens zu ringen.

Auf mancherlei Mißverständnis ist auch der Aufruf zur Bildung von Bekenntnisgemeinschaften gestoßen, den wir in der Weihnachtszeit ergehen ließen. Um jedem Mißverständnis wenigstens in der Pfarrerschaft zu begegnen, sei nochmals nachdrücklich festgestellt: Die Sammlung der Bekenntnisgemeinschaften will nichts anderes als wesentliche Erkenntnisse der letzten Zeit zur Tat werden lassen. So die Erkenntnis, daß die Erneuerung der Kirche von den Gemeinden getragen werden muß; die Erkenntnis, daß die Missionskraft in den Gemeinden neu geweckt, gesammelt und auf die Schultern der Gemeindeglieder selbst gelegt werden muß; die Erkenntnis, daß wieder neues kirchliches Brauchtum in den Häusern wachsen muß; die Erkenntnis, daß die große Zahl unserer Volksgenossen, die nicht von der Predigt der Pfarrer erreicht werden, nicht sich selbst überlassen bleiben darf, sondern von ihren christlichen Arbeits- und Berufsgenossen das Evangelium hören müssen. Dazu braucht es viel Erziehung und Schulung, es sind gewaltige Aufgaben. Aber es ist an der Zeit, zu erkennen, daß das Leben der Kirche nicht durch Rückzug in irgend eine feste Stellung gesichert wird, sondern nur durch Angriff, durch das Hinaustragen des Evangeliums in alle Welt, vorab in die Welt unseres eigenen Volkes. Wie Hausandacht und Tischgebet, so ist auch das Bewußtsein des allgemeinen Priestertums und seiner Verantwortung in unseren Gemeinden weithin geschwunden. Nur in Erziehungsgemeinschaften, die diese Aufgabe neu erkennen, sich gegenseitig verpflichten und helfen, kann diesem Sterben ein neuer Anfang entgegengesetzt werden.

Es wird der sorgfältigen Erwägung des Pfarrers, der die besonderen Verhältnisse seiner Gemeinde kennt, überlassen bleiben müssen, wie weit der Kreis der zunächst in der Bekenntnisgemeinschaft zu Erfassenden gezogen werden soll. Es wird dabei stets vom Vorhandenen aus weiterzubauen sein. So wird man zunächst die Gemeindehilfe, befähigte und getreue Kräfte aus dem Kirchenvorstand, wie auch dem weiteren Kreis der Gemeinde heranziehen. Anfangs wird die Bekenntnisgemeinschaft nicht zu groß sein dürfen, damit eine wirkliche Schulung und Willensbildung erreicht wird. Diese bewußte Beschränkung soll aber nicht zu einer Zertrennung der Gemeinde führen, sondern zu wirklicher Durchsäuerung und Erweckung, das Ziel muß stets die ganze Gemeinde und der Dienst an ihr bleiben. Ebenso wie der Zeitpunkt der unterschriftlichen Verpflichtung wird auch die Frage, wann die Sammlung über die ganze Gemeinde ausgedehnt werden soll, etwa aus dem Anlaß deutsch-christlicher Umtriebe, ganz von den örtlichen Verhältnissen abhängen.

Die Bekenntnisgemeinschaften sollen nicht für einen kurzen, kirchenpolitischen Zweck gebildet werden; ihre Aufgabe soll darin bestehen, gemeinsam mit den Pfarrern mit neuem Ernst missionarische Verkündigung, brüderliche Hilfe und Zucht in unserer Kirche vorwärts zu tragen. Wir denken uns die Bekenntnisgemeinschaften als Kernzelle kirchlicher Zucht und Sitte, als Orden brüderlicher Verbundenheit und als Vortrupp missionarischen Handelns.

Das neue Jahr wird das Seine bringen an Mühen, Nöten und Ängsten in unserem Amte. Aber vergessen wir nicht, daß es ein gar köstliches Amt ist, das wir tragen! Freuen wir uns darüber, daß wir Haushalter über Gottes Geheimnisse sein dürfen! Christus ist unser Friede. Nicht auf eigene Rechnung und Gefahr predigen und lehren wir, sondern in hohem Auftrag. In diesem Auftrag dürfen uns darum auch keine guten Gerüchte oder bösen Gerüchte, keine großen oder kleinen Tagesereignisse unsicher oder kleingläubig machen. Menschlich gesprochen geht es mit unserer Kirche vorwärts, die Führung der DEK liegt bei der Vorläufigen Leitung in getreuen Händen und wir freuen uns, daß ihr mehr und mehr Achtung und Anerkennung gezollt wird. Wir werden nicht müde, das große Ziel des Friedens und der Einigkeit der Deutschen Evangelischen Kirche zu verfolgen und gehen jeden Weg, der uns ohne Preisgabe unserer grundsätzlichen Forderungen diesem Ziele näher bringt. Wir bitten unsere Pfarrer und Gemeinden um Geduld und Vertrauen; die schwebenden Verhandlungen erlauben keine fortlaufende Unterrichtung.
Möge Gott unser Raten und Taten segnen und zu endlichem Frieden für seine Kirche ausschlagen lassen!

Gott ist und bleibt getreu, er weiß, was wir vermögen;
er pfleget nie zu viel den Schwachen aufzulegen.
Er macht sein gläubig Volk von Last und Banden frei,
wenn große Not entstehet: Gott ist und bleibt, getreu!

Der Evang.-Luth. Landeskirchenrat
D. Meiser

131 Streng vertrauliches Schreiben der Polizeidirektion Nürnberg-Fürth an den Bayerischen Ministerpräsidenten. Nürnberg, 15. Januar 1935

BayHStA, StK 7292

Betreff: Evangelischer Kirchenstreit in Franken.
Von einer Bereinigung des Kirchenstreits in der ev. Kirche kann noch keineswegs die Rede sein. Die beiden Gruppen stehen sich in Franken in entschlossener Kampfstellung gegenüber. Die Lage hat sich jedoch insofern verschoben, als augenblicklich die sogen. Bekenntniskirche das Gesetz des Handelns an sich gerissen hat und die Reichsbischofanhänger in die Defensive gedrängt sind.
Nach dem Wiedereinrücken des Landesbischof Meiser in sein Amt und der Aufhebung der kirchlichen Sonderkommissariate konnte eine bemerkenswerte Umstellung der bisherigen Taktik der „Bekenntniskirche“ festgestellt werden. Wenn seinerzeit die Mobilisierung der Laien bezw. der „Gemeinde“ für die Bekenntniskirche im Vordergrund stand, so ist der Kampf

augenblicklich in das Stadium der innerorganisatorischen kirchenamtlichen Gliederung getreten. Das Laienelement tritt fast völlig zurück, dafür macht sich eine straffe autoritäre Führung der Geistlichkeit der Bekenntniskirche deutlich bemerkbar. Hand in Hand damit scheint, wie auch aus den Verhandlungen gelegentlich der Sitzung des bayer. Landessynodalausschusses vom 28. 12. 34 zu ersehen war, die Säuberung der Geistlichkeit von unzuverlässigen bezw. untreuen Elementen zu gehen. So kommt es, dass nach aussen hin zweifellos von einer Befriedung im Kirchenstreit gesprochen werden kann. Die Bekenntniskirche wird durch das Ende November 1934 gebildete „Notkirchenregiment" mit dem sogen. „Vertrauensrat" der Deutsch-Evangelischen Kirche an der Spitze (Leitung: Mahrarens [sic!] – (Nichtmitglied der Bekenntnisgemeinschaft) – Oberkirchenrat Breit-München, Präses Koch-Oeynhausen, Pastor Humburg – (reformiert) –, Rechtsanwalt Fiedler – (Jurist) –) besonders gefördert.
Es muss festgestellt werden, dass in letzter Zeit Ausfälle und Entgleisungen von Geistlichen der Bekenntniskirche gegen Parteiführer und Institutionen der Partei nur noch sehr selten in Erscheinung traten, wie überhaupt – besonders nach den eindeutigen Ausführungen des Reichsinnenministers Dr. Frick – die Bekenntniskirche grössten Wert darauf legt, die in starkem Masse laut gewordenen Vorwürfe, Opposition gegen den Staat zu treiben, zu entkräften. Die Oppositionsclique hat vielmehr ihr Tätigkeitsfeld auf das Gebiet des Abwehrkampfes gegen „antichristliche" Bestrebungen („Mythus ds. XX. Jahrhunderts", Hauer-Bewegung usw.) verlegt, wo bereits seit einiger Zeit die katholische Kirche lebhaft in Aktion ist.
Im Rahmen des innerorganisatorischen Ausbaues der Bekenntnisfront fand, besonders an Neujahr, ein starkes Revirement der geistlichen Stellenbesetzungen statt. Unter anderem wurden in Nürnberg dem Kreisdekan Schieder, der ebenfalls, scheinbar wegen seines zuverlässigen Verhaltens im Kirchenstreit (bei ihm war die Zentrale für die Herstellung und Belieferung mit Informationsblätter usw.), erst neu auf diesen Posten berufen worden ist, 2 Prodekane (Pfr. Merkel und Ortloph) beigegeben. Eine beachtenswerte Verbreiterung der Basis der fränkischen Bekenntnisgemeinschaft. Die Bestallung Schieders zum Kreisdekan gab den Deutschen Christen Anlass, gelegentlich einer stark besuchten Versammlung am 6. 1. 35 im Kolosseum ein Protesttelegramm an Landesbischof Meiser und das Bayer. Innenministerium zu senden.
Am 28. 12. 34 fand in Nürnberg unter persönlicher Leitung des Landesbischofs Meiser eine streng geschlossene Sitzung des bayer. Landessynodalausschusses statt. An Stelle des ausgeschiedenen Oberkirchenrats Greifenstein wurde Kirchenrat Winter-Fürth in den Ausschuss aufgenommen. Als Vorsitzender wurde Pfr. Bogner-Augsburg mit 10 von 12 Stimmen gewählt. Unter Zuziehung des Oberkirchenrats Mögelin und Kreisdekan Kern-Ansbach begann sodann Landesbischof Meiser die kirchenpolitische Aussprache.

Das Tempo der kirchengeschichtlichen Entwicklung sei in den vergangenen Wochen gemässigt worden. Auf Seiten der Reichskirchenregierung sei eine rückläufige Bewegung eingetreten. In rechtlicher Beziehung sei jedoch die Lage nicht bereinigt geworden bezw. könne sie niemals auf dem Wege der völligen Legalität bereinigt werden.
In Preussen sei die Lage durch Ausgliederung der Altpreussischen Union besonders verfahren. Eine weitere Schwierigkeit zur Herstellung der rechtlichen Ordnung, läge bei der Rückgängigmachung der anhängigen Disziplinierungen, soweit auf den Stellen disziplinierter Geistlicher bereits Neuernannte sitzen. Die Reichskirchenregierung befände sich in völliger Auflösung. Die eigenen Leute des Reichsbischofs Müller fingen bereits an, an ihm irre zu werden. Landesbischof Meiser machte dann Ausführungen über Zweck und Gliederung des Notkirchenregiments bezw. des Vertrauensrats der Deutsch-Evangelischen Kirche (D. E. K.). Von allen missionarischen und diakonischen Verbänden von den Landeskirchen Baden, Bayern, Württemberg, Hannover sei das Notkirchenregiment bereits anerkannt. Mit einer Reihe anderer Landeskirchen schweben aussichtsreiche Verhandlungen. Vielfach schalteten sich hiebei Parteieinflüsse dazwischen. Manche würden infolge der Drohungen mit dem 13. Januar 1935 noch abwartend beiseite stehen. Die staatlichen Stellen hätten zwar die Notkirchenregierung nicht anerkannt, verhandelten aber mit ihr.
Meiser sprach dann über die angebahnten Verhandlungen zum Zweck einer Befriedung. Er erwähnte eine Besprechung veranlasst durch Oberpräsident Koch-Königsberg mit Bischof Wurm und ihm (Meiser) in Berlin. Koch erklärte 2 Punkte für undiskutabel: „Wahlen gäbe es nicht; an der Person des Reichsbischofs dürfte nicht gerüttelt werden. Letzteres wurde jedoch von Wurm und Meiser als conditio sine qua non bezeichnet. Koch wollte die Sache dann so umgehen, dass man ein Kabinett von starken Männern bilde, bei dem Müller selbst nichts mehr zu sagen habe. Von Seite der D. E. K. wurden dann die sachlichen Bedingungen schriftlich fixiert und von Koch ohne weiteres angenommen. Es wurde auch bereits über die Besetzung der neuen Kommission (sogen. Entrümpelungskommission) gesprochen. Wegen Abwesenheit des Führers mussten jedoch die Verhandlungen auf Anfang Januar verschoben werden.
Unabhängig von dieser Aktion sei von Dr. Kinder in Unterstützung von Oberpräsident Koch eine weitere Fühlungnahme erfolgt, bei der als Angebot Koch bereit war, die D. C. fallen zu lassen um Müller zu halten, während Kinder bereit war, Müller fallen zu lassen um die D. C. zu erhalten.
Neben diesen halbamtlichen Verhandlungen liefen noch eine Reihe weiterer Verständigungsaktionen, bei denen allen beachtenswert sei, dass man bereit sei, der Bekenntnisfront sehr weit entgegenzukommen.
Innerhalb der Bekenntnisfront selbst seien aus den Kreisen des preussischen Pfarrerbruderrates Schwierigkeiten gemacht worden, welche mit einem ge-

wisse Misstrauen der Bekenntnisgemeinschaft gegenüberstehen und jeden Kompromiss ablehnen.
In Bayern sei die Lage dadurch gekennzeichnet, dass hier plötzlich die D.C. in breitem Ausmass an die Öffentlichkeit treten. Pfarrer Baumgärtner gründe allenthalben Ortsgruppen, welche z.T. sehr unerfreuliche Entschließungen fassen würden, fortwährend die Bekenntnisfront mit Verleumdungen überschütten usw. „Baumgärtner arbeitet ganz stark mit Parteiorganisationen, wie es bisher in Bayern noch nie der Fall war". Besonders empörend sei das Verhalten des Leiters der N.S.Pfarrergruppe Daum von Heiligenstadt, der an den Reichsleiter der D.C. telegraphierte. „Bayer. D.C. Pfarrergruppe protestiert gegen einen Kompromissfrieden mit Staatsfeinden. Daum." Das weitere sei deswegen dienstlich schon im Gange.
Hinsichtlich der kirchl. Disziplinarverfahren in Bayern betonte Meiser, dass sie einen befriedigenden Verlauf nehmen. Schwierigkeiten bereiten nur Fuchs in Ansbach und Dr. Beer in Eibach. Abseits stehe Direktor Keupp-Hensoltshöhe.
D. Lauerer Neuendettelsau bemerkte hier noch, dass er am 27.12.1934 seine Schwestern (Diakonissinnen) aus Eibach zurückrufen musste, da gegen diese ernsthafte Drohungen, z.B. dass das Haus von SA-Leuten besetzt würde usw., erhoben worden seien.
Kreisdekan Kern-Ansbach berichtete noch ergänzend über die „Wühlarbeit" des Pfarrers Fuchs-Ansbach und brachte Vorgänge, aus denen sich überzeugend ergeben sollte, dass „Fuchs mit massgebender Parteistelle in Ansbach unter einer Decke steckt."
Landesbischof Meiser regte am Schlusse seiner Ausführungen an, um die Einbrüche der D.C. möglichst zu parieren, innerhalb der Gemeinden schlagfertige Gruppen in Form von „Bekenntnis-Gemeinden" zu bilden. (Also eine Elite besonders kirchentreuer und entschlossener Mitarbeiter).
Die Deutschen Christen bezw. die Anhänger des Reichsbischofs in Franken haben aus dem Verlauf der seinerzeitigen geistlichen Sonderkommissarszeit erkannt, wie notwendig zur Durchsetzung ihrer Ziele der Rückhalt einer gefolgschaftstreuen Gemeinde ist. War doch die Mobilisierung der Abwehrfront von der Gemeinde heraus mitentscheidend für den Erfolg des Landesbischofs Meiser.
Es wurde deshalb von den Deutschen Christen intensiv an dem organisatorischen Ausbau der einschlägigen Pfarrerorganisation, bisher N.S.E.P. (Nationalsozialistischer Evang. Pfarrerbund) nunmehr B.N.E.G. (Bund Nationalsozialistischer Evang. Geistlicher), gearbeitet. Die Umbenennung erfolgte, nachdem die Zuerkennung der Eigenschaft als offizielle Parteiorganisation mit Rücksicht auf den Kirchenkampf zurückgezogen wurde. Hand in Hand damit begann allerorts, hauptsächlich unter Leitung des bayerischen Landesleiters der Deutschen Christen Pfarrer Baumgärtner-Nürnberg, eine grosszügige Werbe- und Aufklärungstätigkeit, die zur

Gründung zahlreicher Ortsgruppen der Deutschen Christen führte. Die Ortsgruppen haben teilweise über 2000 Mitglieder. Z. Zt. bestehen bereits in Nürnberg über 20 Ortsgruppen. Weniger erfolgreich ist die Werbung auf dem flachen Lande, doch beginnen auch hier die Deutschen Christen fühlbar Fuss zu fassen. Wenn man die Begeisterung und Einsatzfreudigkeit der Versammlungsteilnehmer beobachten konnte, so findet man es verständlich, wenn die Führer der Deutschen Christen Frankens sich zur Parole gemacht haben, von Franken aus den religiösen Umbruch der Evangelischen Kirche in Deutschland einzuleiten. Die Erfolge der Werbeaktion der Deutschen Christen in Franken veranlassten deren Kreisleiter Georg Stadlinger, sich in einem Schreiben (vom 31.12.34) an den Führer und Reichskanzler zu wenden. Unter Hinweis auf das sprunghafte Anwachsen der D.C. und die begeisterte Zustimmung, welche diese im nat. soz. ev. Kirchenvolk erfahren, wurde gegen die Tatsache der Massregelung „alter Nationalsozialisten" durch ein bayer. reaktionäres Kirchenregiment Einspruch erhoben.
Der Brief wurde vervielfältigt und mit den Richtlinien der Reichskirchenbewegung Deutsche Christen in Bayern verbreitet.
Das Verbot der Bayer. Politischen Polizei vom 10. und 21.12., kirchlich-konfessionelle Veranstaltungen in profane, dem Sport oder Vergnügen gewidmete Räume zu verlegen, bedeutet einen äusserst empfindlichen Schlag gegen die obengenannte Werbeaktion der Deutschen Christen. Die weitere Beschränkung auf geschlossene Mitgliederversammlungen wirkt sich zu einer neuerlichen Verschärfung der Entwicklungsbehinderung der Deutschen Christen aus.
Leider musste im Zusammenhang mit der Durchführung dieser Anordnungen von der Polizeidirektion die Wahrnehmung gemacht werden, dass nunmehr auch die Deutschen Christen, mehrfach versuchten, polizeiliche Anordnungen zu umgehen oder gegebene Zusagen nicht einzuhalten, sodass sie unter etwas schärferen polizeilichen Druck gesetzt werden mussten.
Die starke Behinderung der Propagandamöglichkeiten hat in den Laienkreisen der D. C., worunter sich teilweise aktivste Kräfte aus der Kampfzeit der Partei befinden, starke Empörung ausgelöst. Man sieht darin eine einseitige Hilfsstellung für die Bekenntniskirche. Stark deprimierend wirkte auch die Mitteilung des Pfarrers Baumgärtner gelegentlich der letzten Versammlung (6.1.35) im Kolosseum, dass er bei seinem jüngsten Besuch in Berlin den Eindruck gewonnen habe, die Umgebung des Reichsbischofs Müller stehe im hohen Masse unter dem Einfluss der Bekenntniskirche. Man habe das Gefühl, dass selbst die eigenen Mitarbeiter gegen Müller intrigieren.
Die einzige Kirche, welche den Deutschen Christen in Nürnberg zur Abhaltung ihrer Gottesdienste zur Verfügung steht, ist in Eibach, wo Pfarrer Dr. Beer bis vor kurzem rechtmässig amtierte. Dr. Beer wurde seinerzeit vom kirchlichen Sonderkommissar für Franken zum komm. Dekan in Nürnberg berufen. Die Gottesdienste in Eibach wiesen daher einen starken Besuch aus

Nürnberg und der Umgebung durch Anhänger des Reichsbischofs Müller auf. Nach Wiedereinsetzung des Landesbischofs Meiser wurde gegen Dr. Beer ein Disziplinarverfahren eingeleitet, im Verfolge dessen Dr. Beer am 1.12.34 von seinem Amte einstweilen suspendiert wurde. Mit der Amtsverwesung wurde Pfarrer Rupprecht-Nürnberg beauftragt. Beer erklärte jedoch im Auftrag des Reichsbischofs Müller hier zu stehen und ausserdem das Vertrauen der Gemeinde Eibach, welche Eigentümerin der Kirche ist, zu besitzen. Er hielt nach wie vor seine Gottesdienste ab.
Über die dadurch entstandenen Demonstrationen in Eibach habe ich bereits in meinem Bericht vom 3.12.34 eingehend berichtet.
Von Seiten der evang.luth. Landeskirche Bayern wurde nun eine einstweilige Verfügung gegen Beer um Herausgabe der Schlüssel der Kirche usw. sowie des pfarramtlichen Materials, ferner auf Räumung der pfarramtlichen Räume erwirkt. Beer leistete jedoch der einstweiligen Verfügung keine Folge mit der Begründung, dass es sich nicht um Eigentum der Landeskirche, sondern um Eigentum der Gemeinde Eibach, die ja hinter ihm stehe, handle. Ferner erhob er gegen die einstweilige Verfügung Einspruch. Der Einspruch wurde jedoch am 15.1. verworfen und die Verfügung in allen Punkten aufrecht erhalten. Das Einschreiten des Gerichtsvollziehers zur Vollstreckung der einstweiligen Verfügung steht bevor.
Mit Rücksicht auf die Suspendierung Beers musste auch die Abhaltung des Religionsschulunterrichtes in Eibach anderweitig geregelt werden. Da jedoch bei der gefolgstreuen Haltung zu Beer zu befürchten war, dass die Eltern der Kinder eine Durchführung des Unterrichts durch Pfarrer Rupprecht Schwierigkeiten bereiten würden, beschloss die Stadtschulbehörde, den Religionsunterricht bis auf weiteres in Eibach auszusetzen. Die zuständigen Stellen der Landeskirche pflichteten dem bei.

132 Unser Bekenntnis zur Kirche. Unseren Gemeinden zur Lehr und Wehr!

Beilage zum Amtsblatt 1935, Nr. 6, für die Evangelisch-Lutherische Kirche in Bayern rechts des Rheins

|1| Unsere Evang.-Luth. Kirche in Bayern r. ds. Rhs. hat je und je als Kirche des lutherischen Bekenntnisses gelehrt und gehandelt. Sie hat darum auch in dem kirchlichen Kampfjahr 1934 den ihr aufgenötigten Kampf auf der Grundlage des Bekenntnisses und mit den Waffen des Bekenntnisses geführt. Sie hatte wiederholt Anlaß, gegen bekenntniswidrige Lehren der Deutschen Christen in amtlichen Kundgebungen Stellung zu nehmen. Als immer deutlicher wurde, daß als letztes Ziel der damals maßgebenden kirchenpolitischen Kreise in der Deutschen Evangelischen Kirche eine „romfreie deutsche Nationalkirche“ erstrebt werden sollte, in der Katholiken,

Lutheraner, Reformierte und sonstige Gruppen zusammengefaßt werden sollten, da mußte unsere Kirche aus kirchlicher Verantwortung und in der Sorge um die wahre Volksgemeinschaft dazu in aller Offenheit das Wort nehmen. Sie tat es in einer Kundgebung vom 29. September 1934, die überschrieben ist: „Lutherische Kirche deutscher Nation oder romfreie deutsche Nationalkirche?“ Jedem Einsichtigen wird aus dieser Überschrift schon deutlich, um was es hier geht, nämlich darum, ob die Deutsche Evangelische Kirche eine Kirche der lutherischen Reformation sein soll oder ob sie in einer aus Katholiken und Protestanten gemischten Nationalkirche untergehen soll.
Es blieb den Feinden einer starken lutherischen Kirche vorbehalten, seit Anfang 1935 mit dem letzten der zehn Abschnitte der genannten Kundgebung einen Feldzug gegen die lutherische Bekenntniskirche Bayerns zu eröffnen. Wer sind diese Feinde? Einerseits die Kreise, die mit dem kirchenfeindlichen Tannenbergbund und den sogenannten Deutschgläubigen zusammenhängen, andererseits die Deutschen Christen in Bayern und anderwärts. In einem Blatt, das sich gegen die christliche Kirche aller Konfessionen wendet und ganz im Sinne der Freidenker- und Gottlosenverbände arbeitet, in der sogen. „Drehscheibe“, wird der letzte Abschnitt unserer Kundgebung mit anderen „Auszügen“ aus allerlei Blättern unter der Überschrift gebracht „Der Protestantismus und Rom!“, wobei erklärt wird, daß der Protestantismus „scheinbar bereit ist, die Kampfstellung Martin Luthers gegen die unberechtigten römischen Machtansprüche aufzugeben“.
In Versammlungen der Deutschen Christen wurden Blätter mit dem genannten 10. Artikel unserer Kundgebung verteilt, ja sogar Postkarten wurden zu diesem Zwecke hergestellt. Es muß zu denken geben, wenn eine „Bewegung“, die sich rühmt für die Deutsche Evangelische |2| Kirche und zwar auf dem Boden des Bekenntnisses zu kämpfen, sich in Kampfgemeinschaft mit Kreisen findet, die unsere Kirche am liebsten vernichten möchten! Ist es schon ein immerhin merkwürdiges Verfahren, den Schlußabschnitt einer aus zehn Artikeln bestehenden Kundgebung, der eben als letzter von zehn gelesen und verstanden sein will, aus dem Zusammenhang zu reißen und in propagandistischer Berechnung ins Volk zu werfen, so ist es ein betrübendes Zeichen für die mangelnde Kenntnis unserer Bekenntnisschriften und für das völlig unkirchliche Handeln der Verbreiter jener Handzettel und Postkarten, wenn sie ausgerechnet damit glaubhaft machen wollen, der Protestantismus, die lutherische Kirche in Bayern sei auf dem Wege nach Rom.
In jenem Amtsblatt unserer Kirche wird auf Grund der Bekenntnisse gesagt, was lutherische Kirche sei und warum sie nimmermehr in einer „romfreien deutschen Nationalkirche“ aufgehen könne. Darum heißt es in Art. 6:
„Der Bestand und das Dasein der lutherischen Kirche in Deutschland ist in der Gegenwart aufs Schwerste bedroht. ... Die Deutsche Evangelische Kirche soll zur völligen Unionskirche werden. Aber damit nicht genug! Sie soll

darüber hinaus zu einer romfreien Kirche umgebaut werden. (Reichsbischof Müller; der Thüringer Flügel der Deutschen Christen.) Da bis zur Stunde die lutherische Kirche und die reformierte Kirche das romfreie Kirchentum in Deutschland darstellen, so kann die Rede von der romfreien Kirche nur den einen Sinn haben, daß die bisherigen protestantischen Kirchen Deutschlands (lutherische, reformierte, unierte Kirchen) mit den bisherigen katholischen Kirchen (römisch-katholische, alt-katholische Kirche) in eine Kirche zusammengefasst werden sollen. Das kann nur so geschehen, daß entweder das lutherische oder das reformierte Bekenntnis oder das katholische Dogma von der ganzen deutschen Christenheit angenommen oder aber, daß auf jedes Bekenntnis ausdrücklich Verzicht geleistet wird. Sowohl der eine als der andere Weg ist der Kirche unmöglich. Es zeugt von Geschichtslosigkeit und mangelnder Einsicht in das Wesen der römisch-katholischen Kirche, wenn man glaubt annehmen zu dürfen, daß sie irgendwie auf ihre Art, ihr Dogma und ihre hierarchische Ordnung Verzicht leisten würde. Dazu hätte sie in der Reformationszeit Anlaß gehabt. …".
Artikel 7 wehrt eine besondere Form der „Nationalkirche" ab:
„In ein besonderes Licht rückt der Plan für eine romfreie deutsche Nationalkirche durch die Auslassung des Ministerialdirektors Jäger anlässlich der Eingriffe in die lutherische Kirche Württembergs. Seiner Anschauung entsprechend – und sie ist durch sein amtliches Auftreten zu einer amtlichen Anschauung der gegenwärtigen Reichskirchenregierung erhoben! – sind die Bekenntnisse wandlungsfähige Größen und müßten einer Entwicklung Rechnung tragen, an deren Ende eine deutsche Nationalkirche vorhanden sei, in welcher alle Konfessionen aufgehen werden. Der Versuch, eine solche deutsche Kirche zu schaffen, kommt den Erwartungen entgegen, die Alfred Rosenberg und sein Kreis hegt, wenn er erklärt: „Die Sehnsucht, der nordischen Rassenseele, im Zeichen des Volksmythus ihre Form als deutsche Kirche zu geben, das ist die größte Aufgabe unseres Jahrhunderts." (Der Mythus des 20. Jahrhunderts, S. 614.) Zum Programm dieser Kirche gehört allerdings die Entfernung „der fürchterlichen Kruzifixe", die Abschaffung des Alten Testaments, die Verbannung der Predigt über „den Knecht und den Sündenbock als Lamm Gottes", die Verwerfung des „Paulinismus" (S. 603, 615 ff, 701 f.). In einer solchen Kirche ist die Reformation preisgegeben, die Wahrheit verraten, das |3| Evangelium in seiner Fülle begraben. Eine solche Kirche könnte nur geschaffen werden unter der Anwendung von Gewalt und Macht. Um unseres Volkes willen warnen wir mit allem Ernst vor diesem Versuch, der namenloses Leid, dauernden Unfrieden und ein nationales Unglück bedeuten würde …"
In Artikel 9 werden die Folgerungen gezogen, die sich aus den vorangehenden Artikeln ergeben und Artikel 10 schließt mit folgender Feststellung:
„Wir glauben die eine heilige katholische und apostolische Kirche, die Gott der Herr aus allen Völkern und Rassen beruft und harren auf seinen Tag, an

dem alle, die an Jesus Christus glauben, unter ihm als dem einigen Hirten eine Herde werden. Bis dahin aber halten wir unverrückbar fest am Bekenntnis unserer lutherischen Kirche, weil es aus Gottes Wort genommen und darinnen fest und wohl gegründet ist (Vgl. FC. Sol. Decl. 834, 42ff). Wir getrauen uns aber nicht in der romfreien deutschen Nationalkirche selig zu werden!"

Der Artikel schließt sich zunächst fast wörtlich an die Sätze des nicänischen Glaubensbekenntnisses an, das bei festlichen Gottesdiensten auch als das Bekenntnis unserer Kirche im Gotteshaus bekannt wird. Nach der Übersetzung im bayerischen Gesangbuch heißt es da im 3. Artikel: „Ich glaube Eine heilige allgemeine und apostolische Kirche." Zu dieser Kirche bekennt sich nach wie vor auch unsere lutherische Kirche.

Das Wörtlein „allgemein" ist die übliche Verdeutschung des Wörtleins „katholisch". Allgemein oder katholisch ist die wahre christliche Kirche, die das Evangelium und die Sakramente rein und lauter darbietet, da sie auf dem ganzen Erdkreis zu finden ist. Niemals hat unsere Kirche den Anspruch aufgegeben, katholisch, d.h. allgemeine Kirche zu sein. Unsere lutherischen Väter haben auf den Namen katholisch nicht verzichtet, und auch dann, als dieser Name gewohnheitsmäßig auf die römisch-katholische Kirche beschränkt ward, haben sie ihr Recht für die lutherische Kirche den Namen „katholisch" zu gebrauchen niemals aufgegeben. Denn die lutherische Kirche ist die wahrhaft katholische, d.h. die allgemein christliche Kirche, da sie sich verbunden weiß mit der rechtgläubigen Kirche zu allen Zeiten und an allen Orten. In der Apologie, der Verteidigungsschrift des Augsburger Bekenntnisses, heißt es: „Und der Artikel von der katholischen oder gemeinen (= allgemeinen) Kirchen, welche von aller Nation unter der Sonnen zusammen sich schickt, ist gar tröstlich und hochnötig." (Müller 153, 9.) „So ist der tröstliche Artikel im Glauben gesetzt: Ich glaube eine katholische, gemeine (= allgemeine) christliche Kirche, damit niemand denken möchte, die Kirche sei, wie ein ander äußerlich Polizei, an dieses oder jenes Land, Königreich oder Stand gebunden, wie der Papst von Rom sagen will" (Müller 154, vgl. auch S. 178f, 206, 517, 677).

Zu dieser Kirche, zu der sich unsere Väter bekannt haben, bekennen wir uns auch heute und gedenken mit Gottes Hilfe nicht davon zu weichen.

Daß unsere Kirche sich zur „apostolischen" Kirche bekennt, das sollte einem Christenmenschen unwandelbar feststehen, wenn anders er seine Bibel, seinen Katechismus und sein Gesangbuch kennt und gebraucht. Denn worauf anders will unsere Kirche gegründet sein, als auf die Lehre der Apostel, auf die Heilige Schrift?

Wir halten ferner daran fest, daß nach dem Zeugnis der Bibel der Herr Christus als der rechte Hirte seine Kirche vollenden wird, sodaß unter ihm als dem einen Hirten auch die eine Herde ohne Spaltung und ohne Sünde sein wird (Johannesevangelium Kap. 10, 16). |4| Da wir an das Bekenntnis unse-

rer Kirche gebunden sind, das aus Gottes Wort genommen ist und aus Gottes Wort nicht widerlegt werden kann, getrauen wir uns nicht, in der von mancherlei Irrgeistern proklamierten romfreien deutschen Nationalkirche, die dieses unser biblisches Bekenntnis aufheben würde, selig zu werden.
Das Vorgehen der deutschgläubigen Kirchenfeinde und ihrer Kampfgenossen aus den Deutschen Christen richtet sich selbst. Ihre Absicht ist nur zu gut erkennbar. Auch an diesem Punkte wird erschütternd deutlich, daß für weite Kreise der Deutschen Christen unsere Bekenntnisse nur veraltete Urkunden einer vergangenen Zeit sind, die sie nicht kennen, auch nicht kennenlernen wollen, denn sonst müßten sie auf ihrem Irrweg umkehren und Kirche bauen, nicht aber die Gemeinden verwirren und zu verstören trachten.
München, am 27. Februar 1935.
Der Landeskirchenrat
Der Evang.-Luth. Kirche in Bayern r. ds. Rhs.
D. Meiser.

133 Anweisung des Kreisdekans Nürnberg „für die Redner bei den Versammlungen der Bekenntnisgemeinschaft". Nürnberg, 15. März 1935

FKiZM. A 30. 7

Zum Tenor: Bitte, durchaus ernst reden, den Gegner nicht lächerlich machen. Persönliche Angriffe nach Möglichkeit unterlassen. Nicht vergessen, daß auch eine Versammlung der Bekenntnisgemeinschaft den Dämonien unterliegt. Heiliger Zorn, ja; aber keine kleinliche Rauferei. Die Leute sollen spüren, daß unser Kampf nicht aus Rechthaberei, sondern aus einem unbedingten Wir-müssen kommt.
Das Thema: „Unser Kampf um eine junge Kirche" gibt uns Gelegenheit zu betonen, daß wir wirklich nicht zurückwollen, keine Restauration haben wollen. Die vier nachher genannten Punkte sind notwendig für eine junge Kirche. Man kann wohl zeigen, daß bei den Deutschen Christen, weil diese vier Punkte nicht geachtet werden, der alte Liberalismus steckt; also dort ist Restauration. Weil wir eine junge Kirche haben wollen, darum sind gerade diese Punkte notwendig.
Es ist natürlich notwendig, nicht bloß Grundsätzliches zu sagen, sosehr alle unsere Gedankengruppen das Grundsätzliche betonen müssen. Aber es muß auch Aufklärung geschaffen werden. Wenn die Richtlinien für die Vorträge schon öfter gesagte Dinge wieder bringen, soll man sich nicht davor scheuen. Man muß gewisse Dinge immer und immer wieder sagen, wie wir alle schon die Erfahrungen gemacht haben, daß hundertmal gesagte Dinge immer noch nicht verstanden sind.

Gedanken für den Vortrag.

Zur jungen Kirche gehört:

1.) Nicht Einerleiheit – aber Einheit,
2.) Sie ist nicht völkisch – aber sie ist volksverbunden,
3.) In ihr sind notwendig Pfarrer und Gemeinde, Gemeinde und Pfarrer,
4.) Zu ihr gehört Bekenntnis und Bekennen dieses Bekenntnisses.

Zu 1: Damit ist man nicht einig, daß jeder den gleichen Rock anzieht; damit ist die Kirche nicht einig, daß überall das gleiche Gesangbuch, die gleiche Form des Gottesdienstes ist. Gottes Weg geht durch die Vielgestaltigkeit. Es ist ein Reichtum gerade Deutschlands, daß es so verschiedene Stämme hat. Es ist eine Übertreibung, wenn man sagt, die konfessionelle Zerrissenheit sei nur Schade. Der gegenseitige Wettbewerb hat auch viel Gutes ausgelöst. Es ist eben doch im Deutschtum viel mehr Innerlichkeit als sonstwo. Und sicherlich ist nicht zuletzt dieses große geistige Ringen daran schuld, daß es uns immer wieder zwingt, in die Tiefe zu gehen. Veräußerlichung des Protestantismus in den Ländern, die keinen konfessionellen Kampf haben, ebenso des Katholizismus. In dem Ruf nach Einheit liegt auch eine Gefahr, wenn es eigentlich der Ruf nach Einerleiheit ist. Hossenfelders Vorschlag einer „Eintopfpredigt".

Nicht Einerleiheit aber Einheit. Wir sehnen uns darnach, daß die junge Kirche Deutschlands näher und näher aneinanderhin kommt, damit sie mit gesammelten Kräften das Evangelium verkündigt im deutschen Volk. Darum ist auch von uns der Gedanke der Reichskirche aufgenommen worden. Es ist unwahr, Meiser vorzuwerfen, er habe die Reichskirche nicht gewollt. Erst als es nicht mehr anders ging, Widerstand! Die Entwicklung der Reichskirche deutschchristlicher Art hat Meiser und seinen Freunden recht gegeben. Heute nicht 28 sondern eigentlich 56 Landeskirchen, die nicht nebeneinander stehen, sondern in heißestem Kampf wider einander. Wir in Bayern lehnen jede Verantwortung dafür ab, daß es nun auch bei uns so geworden ist. Bayern hatte Frieden bis in den September 1934 hinein, hatte ihn wieder nach dem 1. November, wurde aufs gründlichste in Unfrieden gestürzt durch den neuen Einbruch der Deutschen Christen.

Der Versuch, eine wirklichen Reichskirche zu schaffen, durch die VKL, wer hinter ihr steht! Hier hat auch die Bekenntnisgemeinschaft einzusetzen. Darum hat sie zu beten, daß hier etwas geschehe von einer einigen evangelischen Kirche.

Zu 2: Nicht völkisch, sondern volksverbunden. Es gibt keine Gleichschaltung in der Kirche. Die Kirche ist nicht Volkesstimme, sondern Gottesstimme. Hier gibt es keine nationale Selbstsicherheit: damit daß ich Deutscher bin, bin ich auch Christ. Die Kirche greift hinaus über die nationalen Grenzen, sie ist „katholisch". Hier kräftige Auseinandersetzung mit dem vom Tannenbergbund übernommenen Flugblatt der D.C.

Wenn auch nicht völkisch, so doch volksverbunden. Wir sind es müde, daß

wir immer wieder erklären, daß wir zu unserem Volk und zu seinem Führer stehen. Bezzel: „Wer sein Volk nicht lieb hat, das er siehet, wie kann der Gott lieben, den er nicht siehet." Hier kann man sich auseinandersetzen mit der Frage, wie der Staat zur Bekenntnisgemeinschaft steht. Worte des Führers aus dem „Kampf"; der bekannte Erlaß des Herrn von Detten vom 7.12.34.; Erklärung des Lehrerbundes: „Jeder Parteigenosse ist in seinem Bekenntnis- und Glaubensleben frei"; Entscheidung der Gauleitung Franken (siehe Informationsblatt Nr. 4). Ferner: die Gerichte haben gegen den Reichsbischof entschieden. Auch das Gerichtsurteil gegen Beer hat erklärt, daß Meiser rechtmäßiger Landesbischof ist.
Ob man uns auch immer wieder diffamiert, die Leute der Bekennenden Kirche sind mit ganzem Herzen deutsch!
Zu 3: Pfarrer und Gemeinde: Ausgehen von der D.C.-Parole: Volkskirche-Theologenkirche. Analogie der Reformation: Auch Luthers Kampf begann als theologisches Ringen, vgl. Thesen, Augustana. Und doch wurde es eine gewaltige Volksbewegung. Beispiele aus dem Bekenntniskampf in ganz Deutschland, daß es wirklich eine Volksbewegung ist (Die kleinen Grüpplein der D.C. in Bayern möchten sich auch gerne „Volksbewegung" nennen, sind es aber nicht). Das Kirchenvolk, soweit es noch gläubig ist, steht in der Bekenntnisfront. Einige Zahlen: die Dörfer um Schwabach, wo am ersten die Bekenntnisgemeinschaft entstand, manche zu 99% bei der Bek. Gemeinschaft. Die unkirchliche Masse tut überhaupt nicht mit, auch nicht bei den D.C. Zur Illustration des Themas Volksbewegung bietet Winklers Eilkorrespondenz gute Beispiele, z. B. über Breits Reise durch Mecklenburg.
Zu 4: Bekenntnis und Bekennen: D.C.-Parole: es geht nicht um das Bekenntnis; das haben wir D.C. genau so. Klar sagen, was das Bekenntnis ist. Für unsere Gemeinden einfach der Kleine Katechismus Luthers. Wir verbitten es uns, wenn ein deutschchristlicher Redner in München höhnisch und lächerlich über das Bekenntnis redet. Durch dieses Buch hindurch redet die Stimme des guten Hirten. „Aber predigen das nicht auch die D.C., dieses alte Evangelium?" Sie halten aber Bundesgenossenschaft mit den Deutschen Christen, die offen das Bekenntnis verletzen. Zu ihnen gehört auch der Herr Reichsbischof. Beispiele aus seiner Rede in der Lessingschule zu Berlin (Korresp.Blatt Nr 8, S. 74 f.) Einige Schlagpunkte herausgreifen. Worauf ruht der Glaube? Für uns Röm. 10, 17: „Der Glaube kommt aus der Predigt, das Predigen aber aus dem Wort Gottes." Luthers ganzes Werk: „Fest umklammert er das Bibelbuch". Der Herr Reichsbischof bringt zuerst Zweifel an die Bibel und baut dann seine Botschaft auf auf persönlichen Erlebnissen. – Sein Wort über die Sünde. Am besten im Vergleich dazu Luthers „Nun freut euch lieben Christen gmein!" Endlich sein Wort über die Erlösung. Ein evangelischer Christ wird auf die Frage, was ist Erlösung, antworten mit dem 2. Glaubensartikel. Die Antwort des Herrn Reichsbischof? Mit jenem Geschichtlein: wir machen uns durch unsere Tat frei von der Sünde. Das ist

das genaue Gegenteil von der reformatorischen Botschaft. Damit würden wir unserem Volk den Trost des „erschrockenen Gewissens“ nehmen.
Zum Bekenntnis das Bekennen. Sehr ernst davon reden, was die Bekenntnisgemeinschaft von uns fordert, Wehe, wenn es bloß Gerede, wenn es bloß etliches Gefühl wäre. Die Bewegung, die durchs Land geht, muß zur Erweckung werden.

134 Schreiben der Pfarrgemeinde Nürnberg-Gostenhof an Ministerpräsident Siebert. Nürnberg, 19. März 1935

BayHStA, StK 7294

Wir erlauben uns, das an den Führer und Reichskanzler von unserer Gründungsversammlung gesandte Telegramm ergebenst zu übermitteln:
Die infolge des Eindringens der Deutschen Christen in unsere Nürnberger Gemeinden sich bildende in wenigen Tagen weit über viertausend Mitglieder zählende Bekenntnisgemeinschaft der Dreieinigkeitskirche Nürnberg-Gostenhof grüßt in ihrer Gründungsversammlung am 18. März 1935 mit sämtlichen anwesenden 1600 Mitgliedern in treuer Gefolgschaft den Führer. Sie dankt ihm einmütig und ehrerbietig dafür, daß er dem Deutschen Volke durch Einführung der Wehrpflicht seine Ehre und seine Weltgeltung wieder gegeben hat.
Sie bekennt sich in unwandelbarer Treue zum dritten Reich.
Ebenso unerschütterlich sieht sie aber auch in der Vorläufigen Leitung der Deutschen Evangelischen Kirche (Marahrens) die einzige Möglichkeit zu einer wirklich geschlossenen Deutschen Evangelischen Kirche.
Heil Hitler!
E Kern Der Gemeindegruppenleiter: Pankratz Wittmann

135 Schreiben des Kreisdekanats Nürnberg an das Amt für kulturellen Frieden, Berlin. Nürnberg, 22. März 1935

BayHStA, StK 7294

Betreff: Zur kirchlichen Lage im Dekanat Nürnberg.

1.) Nürnberg hat sich lange Zeit gewehrt gegen die Gründung von Bekenntnisgemeinschaften. Erst als die Deutschen Christen – eine ganz geringe Zahl – mit ungeheurer Diffamierung in unsere Gemeinde hereindrängten, wurden die Gemeinden zur Bildung von Bekenntnisgemeinschaften aufgerufen.
2.) Heute können wir für die beiden Städte Nürnberg und Führt allein 49200 eingeschriebene Mitglieder der Bekenntnisgemeinschaften melden. Dabei ist zu bedenken:

a) diese Zahlen sind zusammengekommen in 14 Tagen;
b) es wurden nur Erwachsene und junge Leute ab 16 Jahren eingeschrieben;
c) in den meisten Gemeinden wurde ganz in der Stille angefangen ohne jede Propaganda;
d) manche Pfarreien haben erst in den allerletzten Tagen begonnen; sie sind noch nicht bei diesen Zahlen dabei;
e) täglich laufen bei den Pfarreien große Zahlen Neuzugänge ein;
f) die Deutschen Christen haben mit allen Methoden die Sammlung zu erschweren gesucht.

3.) Bei den Landgemeinden stehen die Dinge so, daß 80, 90, ja bis zu 99 % der Leute sich eingeschrieben haben. Hier ist zu bedenken, daß ungefähr die gleichen Zahlen erschienen sind bei den politischen Wahlen und Abstimmungen der letzten Zeit.

4.) In sämtlichen Nürnberger Stadtgemeinden wurden in dieser Woche Bekenntnisgemeinschafts-Versammlungen (im ganzen 22) gehalten. Sie waren alle stark besucht. Alle haben dem Führer und Kanzler Telegramme gesandt. Abschriften dieser Telegramme gehen an die einschlägigen Stellen.

5.) Die Nachricht, daß der Herr Reichsbischof nach Nürnberg kommen wolle, hat folgendermaßen gewirkt:
a) als den Mitgliedern der Bekenntnisgemeinschaften diese Nachricht mitgeteilt wurde, erhoben sich in allen Versammlungen stürmische Pfuirufe;
b) die Pfarrer haben einstimmig den Beschluß gefasst+), daß der Herr Reichsbischof keine Nürnberger Kanzel zur Verfügung bekommt. Dabei fehlt lediglich die noch in den Händen des abgesetzten Pfarrer Dr. Beer befindliche Gemeinde Eibach, in der aber auch bereits 1100 Mitglieder der Bekenntnisgemeinschaft vorhanden sind;
c) dieser Beschluß wurde den sämtlichen Kirchenvorständen (Presbyterien) mitgeteilt und angefragt, ob sie sich hinter den Beschluß der Pfarrer stellen. 8 Kirchenvorstände haben sich einstimmig angeschlossen, alle anderen mit überwältigender Mehrheit. Auch hier bildet Eibach die einzige Ausnahme, wo von 12 Kirchenvorstehern nur 4 zur Bekennenden Kirche gehören.

Heil Hitler!
Schieder

+) Abschrift des Beschlusses liegt bei.

136 Schreiben der Polizeidirektion Nürnberg-Fürth an den Leiter der Bayerischen Politischen Polizei. Nürnberg, 1. April 1935

BayHStA, StK 7294

Betreff: Kirchenstreit-Bekenntniskirche.
Beilage: 1 Photo-Kopie.
In der Anlage gestatte ich mir Photo-Kopie einer Anweisung des Bayerischen Landesbischofs D. Meiser an die evang. Pfarrämter in Bayern zur gefl. Kenntnisnahme in Vorlage zu bringen.
Die Verhandlungen gelangten hier auf vertraulichem Wege zur Einsichtnahme.
Es wurde sofort (Samstag, den 30.3.35, abends 20 Uhr) der Bayerischen Politischen Polizei fernmündlich hievon Kenntnis gegeben (Dr. G* an Inspektor W*). Hiebei wurde dahin Stellung genommen, daß aus örtlichen Gründen ein Einschreiten gegen die Verkündung des vorgeschriebenen Gebets nicht für gegeben erachtet wird. Die Zusammenkoppelung der vom Memel Terror-Urteil Betroffenen mit den „in Verkündigung des Gotteswort Bedrängten" birgt schon an sich eine fast an die Grenze des Zulässigen gehende Tendenz in sich. Der in dem Begleitschreiben des Evang. Landeskirchenrates vom 28.3. erteilte Auftrag, den Gemeinden „in geeigneter Form" Mitteilung über die in der Anlage dargestellten Verhältnisse zu machen, mußte jedoch Anlaß geben, ernste Bedenken gegen die sonntägliche Verkündigung zu erheben.
Diese Zusammenstellung der Vorfälle in Hessen-Nassau (siehe Anlage), die sowohl im Inhalt als auch in der Aufmachung stark an die üblichen Veröffentlichungen in den Basler Nachrichten erinnert, ist auch bei nur auszugsweiser Verbreitung unbedingt geeignet, große Beunruhigung unter der Bevölkerung hervorzurufen. Wird die Kommentierung bezw. die „geeignete Form der Mitteilung" wie hier, dem Ermessen des einzelnen Geistlichen anheimgestellt, so ist je nach dem Temperament der tendenziösen Ausschlachtung Tür und Tor geöffnet. Ausführungen, wie sie in Absatz 5 Seite 2 der Anlage (Schlußsatz der Eingabe) wiedergegeben werden, müssen geradezu als Freibrief für seinerzeitige Sabotage polizeilicher Anordnungen gewertet werden. Wie die Ausschlachtung des Falles Schäfer unter Ziffer 8 Seite 3 auf die Zuhörer wirkt („schlechtere Behandlung eines Geistlichen als Häftlinge, die mehrjährige Gefängnis- und Zuchthausstrafen zu verbüßen haben") bedarf keiner weiteren Erörterung. Es wird hierdurch zwangsläufig Haß gegen den Staat und seine Organe erzeugt.
Die Bayerische Politische Polizei trat den vorgebrachten Befürchtungen bei. Auf Grund der gegebenen Weisung wurde den evang. Pfarrämtern noch vor dem Morgengottesdienst die Auflage gemacht, daß bei dem Hinweis auf die Vorgänge in Hessen-Nassau in keiner Weise auf polizeiliche Maßnahmen

(Schutzhaftnahmen usw.) eingegangen werden darf. Die Gottesdienste wurden entsprechend überwacht. Nach den eingegangenen Meldungen wurde von den Geistlichen nur teilweise die Auflage restlos eingehalten. Verschiedentlich wurde bekanntgegeben, daß infolge einer Verfügung der Polizei über die Vorgänge in Hessen-Nassau nicht gesprochen werden darf. Die mehrfachen polizeilichen Beschränkungen der Kanzelabkündigungen in den letzten Wochen wurden hiebei so dargestellt, als ob die Kirche z. Zt. unter Polizeiaufsicht stehe („es vergeht kein Sonntag, wo die Polizei nicht ins Haus kommt“ Pfarrer Schick Heinrich, geb. 27.6.90, Lutherkapelle Nürnberg). Die Tatsache der vertraulichen polizeilichen Überwachung der Gottesdienste ist selbstverständlich längst bekannt. Wenn auch die Überwachung stets in Zivil und in ganz inoffizieller Form durchgeführt wurde, so ist eben doch bei der Vielzahl und Häufigkeit die Geheimhaltung auf die Dauer nicht mehr zu gewährleisten.
Einige Geistliche setzten sich bewußt, teilweise unter ausdrücklicher Betonung dieser Tatsache, über die polizeiliche Auflage hinweg. Auch der „Fall Schäfer“ (Ziffer 8 siehe Anlage) wurde in entsprechender Form ausgeschlachtet. Im einzelnen ist zu berichten:
In der St. Markuskirche verlas gelegentlich des Vormittaggottesdienstes Pfarrer Wolfrum (Ludwig, geb. 26.8.89) von der Kanzel aus die Verfügung der Polizeidirektion Nürnberg-Fürth, um dann trotzdem den Fall Schäfer (Ziffer 8) fast im Wortlaut vorzutragen. Daran anschließend machte er Mitteilung, daß sich bereits 5 Amtsbrüder, die ihres Amtes enthoben worden seien, verborgen in Bayern aufhalten. In der Predigt behandelte er noch den augenblicklichen Streit in der evangelischen Kirche und bemerkte, daß die Deutschen Christen als Neuheiden anzusehen seien.
Pfarrer Sondermann (Hubert, geb. 27.10.91) führte in der Heiliggeistkirche gelegentlich des Vormittaggottesdienstes nach Sprechung der Fürbitte aus, daß einige Amtsbrüder sich in Schutzhaft befänden. Es seien etwa 3 Amtsbrüder in Dachau, weil sie ihre Amtspflicht erfüllt hätten. „Wenn man eine Fürbitte leisten wolle, dann müsse man auch wissen, „was vorgefallen sei. Und das könne keine Macht der Welt verbieten, auch nicht die Obrigkeit und die Polizei. Den Auftrag, die Vorgänge zu verkünden, hätten die Pfarrer von dem Landeskirchenrat und den Kirchenbehörden. Wenn man sie wegen der Verkündung angehen werde, dann werde man sie an diese verweisen.“
In der Sebalduskirche erwähnte Kreisdekan Schieder (Julius, geb. 17.7.88), daß in Hessen-Nassau mehrere Amtsbrüder durch die Polizei in Schutzhaft genommen wurden.
In der Auferstehungskirche, Zerzabelshof, begann Stadtvikar Schmidt (Rudolf, geb. 12.3.06) seine Predigt mit folgenden Worten:
„Der Ernst der Lage unserer Kirche wird immer stärker und unsere Kirche immer mehr bedroht. In Norddeutschland wird unsere Kirche durch das

neue Heidentum sehr bedrängt und es greift auch auf Bayern über. Ganz besonders stark ist es in Hessen-Nassau. Dort hat man die Polizei in Anspruch genommen und ist soweit gegangen, daß der dortige Landesbischof mit den schärfsten Mitteln gegen die verantwortlichen Pfarrer einschreitet und diese mit Haft und Hausarrest belegt. Wir kennen diese Zustände von Jäger her. Ich bin von führenden Männern unserer Kirche beauftragt, diese Kanzelabkündigung bekannt zu geben. Auch wurde mir von führenden Männern der Text der heutigen Predigt vorgeschrieben, in welcher ich den Gemeindemitgliedern vor Augen führen soll, was Christus unter einer Gemeinde versteht."

Nicht unerwähnt sei eine Bemerkung des Pfarrers Rausch (Joh. Ernst, geb. 31.10.77) sen., Schweinau (der im Gottesdienst lediglich darauf hinwies, daß ein Verbot, nichts zu sagen, vorliege) gegenüber dem Beamten, der die Verbotsverfügung der Polizeidirektion überbrachte:

„Jetzt weiß man überhaupt nicht mehr, was man sagen soll, die Wahrheit darf man nicht mehr sagen." Er fragte dann den Beamten, ob er protestantisch oder katholisch sei. Als dieser erklärte, daß er katholisch sei, fuhr Pfarrer Rausch fort: „Wenn jetzt die Sache mit den Protestanten fertig ist, kommen Sie (die Katholiken) dran."

Unter Würdigung der oben geschilderten Vorgänge gestatte ich mir darauf hinzuweisen, daß ich eine Befriedung im Kirchenstreit oder Verhinderung der Aufpeitschung der Leidenschaften mit Hilfe von polizeilichen Auflagen an die untersten Instanzen der evangelischen Landeskirche weder für möglich noch weiterhin für zweckmäßig erachte. Landesbischof D. Meiser hat mittlerweile seine unterstellten Geistlichen durch verschiedene organisatorische und andere Maßnahmen straff gegliedert und fest in seine Befehlsgewalt bekommen. Bei der Einstellung verschiedener Geistlicher ist stets die Möglichkeit gegeben, daß diese die Anordnungen des Landesbischofs in kirchlichen Dingen bedingungslos erfüllen werden, selbst wenn sie sich damit in Gegensatz zu staatlichen Weisungen oder Ungehorsam zu polizeilichen Anordnungen bringen.

Ich halte es daher für unerläßlich, daß Anordnungen und Beschränkungen über Kanzelabkündigungen von der Bayerischen Politischen Polizei als Zentralstelle in erster Linie in unmittelbarem Benehmen mit dem Landesbischof geregelt werden.

I.V. Gez. Greiner

137 Schreiben von Landesbischof Meiser an das Dekanat Gunzenhausen. München, 18. April 1935

LAELKB, BD Gunzenhausen 3.7.0016 – 19

Sehr verehrter Herr Kollege!
Dass alles Gerede über die heimliche Katholisierung der evangelischen Kirche durch mich oder den Landeskirchenrat nichts als Tendenzlüge und böswillige Verleumdung ist, wissen Sie ja selbst. Ich bitte Sie nur, wo es Ihnen möglich ist, diesem Gerede ausdrücklich entgegen zu treten und vor allem die Verdächtigung entschieden zurückzuweisen, als bestände zwischen mir und dem Herrn Kardinal Faulhaber irgendwelche heimliche oder öffentliche Verbindung. Ich habe, wenn mich meine Erinnerung nicht völlig trügt, Faulhaber in meinem Leben überhaupt noch nicht gesehen, trotzdem wir seit Jahren beide in München wohnen. Aus guten Gründen lehne ich jede Verbindung mit der katholischen Kirche grundsätzlich ab.
Mit herzlichen Grüssen
Ihr D. Meiser

138 Schreiben Nr. 2659 des Kreisdekanats Nürnberg an die Pfarrämter. Nürnberg, 19. Juli 1935

FKiZM. A 30. 7

Für die Winterarbeit ist es dringend notwendig, daß unsere Bekenntnisgemeinschafts-Listen statistisch durchgearbeitet werden. Ich bitte, bis 1. September in Listen, die den Namen, die Wohnung und Stand und auch das Alter enthalten, folgende Gruppen zusammenstellen zu lassen:

1.) Juristen (Richter, Verwaltungsbeamte, Rechtsanwälte, Notare u. dgl.)
2.) Ärzte und Ärztinnen
3.) Mittelschullehrer und Mittelschullehrerinnen
4.) Volksschullehrer und Volksschullehrerinnen
5.) Städtische Beamte und Angestellte
6.) Technische Berufe ohne Hochschulbildung (Monteure, Eisenbahner u. dgl.)
7.) Ingenieure, Diplomkaufleute, kleine Fabrikanten
8.) „Prominente“ in Wirtschaft, Industrie u. s. w.

Dringend notwendig für unsere ganze Arbeit ist auch, daß wir wissen, wie in den größeren Betrieben, aber auch in den kleinen, unsere Bekenntnisgemeinschaften vertreten sind.
Gez. Schieder.

139 Schreiben des Dekanats Dinkelsbühl an Reichsstatthalter Ritter Franz von Epp. Dinkelsbühl, 27. August 1935

BayHStA, StK 7292

Betreff: Mitgliedschaft von Bürgermeistern und Gemeinderäten bei der Bekenntnisgemeinschaft.
Wie wir erfahren, wurde in verschiedenen Gemeinden unseres Kirchenbezirkes an die neuen Gemeinderäte des Ansinnen gestellt, ihren Austritt aus der Bekenntnisgemeinschaft zu erklären und sich diesen Austritt von den zuständigen Pfarrämtern schriftlich bestätigen zu lassen; andernfalls wäre es ausgeschlossen, dass sie das Amt eines Gemeinderates bekleiden können. Es ist uns unklar, welche Stelle für diese Anordnung verantwortlich ist. Darnach wäre die Zugehörigkeit zur Bekenntnisgemeinschaft der deutschen evangelischen Kirche etwas Bedenkliches und Unwürdiges, sodass diese Personen die Eignung für die Bekleidung eines öffentlichen Amtes im Dritten Reich, verlieren würden. Das bedeutet eine Degradierung von Volksgenossen.
Wir möchten gegen diese Herabwürdigung der deutschen Volksgenossen, die zur Bekennenden Kirche gehören, in aller Form Verwahrung einlegen. Hier mag darauf hingewiesen werden, dass diese Anordnung, woher sie auch sei, im schroffsten Widerspruch zur Stellung der NSDAP und des Staates steht. In einem Schreiben der NSDAP, Reichsleitung, Abt. f. d. kult. Frieden vom 27. 5. 35. Nr. 2635/35 an Herrn Hilfspredig. Joh. Messerschmidt, Schalach, P. Bruck, heisst es: „Ihre Meinung beruht auf einem Irrtum. Auch Amtswalter der NSDAP dürfen der ‚Bekennenden Kirche' angehören, aber sie sollen sich dort unter den heutigen die Volksgemeinschaft bedrohenden Streitigkeiten nicht führend und aktivistisch betätigen.
Die NSDAP hat ihren Standpunkt nicht geändert. Heil Hitler! gez. Herm. v. Detten."
Diese massgebliche Äusserung deckt sich mit dem Erlass des Stellvertreters des Führers: „Jeder deutsche Volksgenosse hat freien Glauben und Gewissensfreiheit.
Auch andere führende Männer in Partei und Staat teilen diese Auffassung. Entscheidend ist, dass auch die Reichsparteileitung auf diesem Standpunkt steht.
Wir halten es für unsere Aufgabe, darauf hinzuweisen, dass durch solche Massnahmen anscheinend unverantwortlicher Stellen Unruhe in weite Kreise der Bevölkerung hineingetragen wird.
Der Aufbau des Dritten Reiches und das Werk des Führers, an dem wir alle nach Kräften mitarbeiten wollen, könnte dadurch empfindlich geschädigt werden.
Heil Hitler!
Im Namen der Pfarrkonferenz des Kirchenbezirkes Dinkelsbühl.

140 Rundschreiben Nr. 3775 des Kreisdekanats Nürnberg an alle Pfarrämter. Nürnberg, 21. Oktober 1935

FKiZM. A 30. 7

Die Urteile über die augenblickliche Lage schwanken hin und her. Hier größte Freude – dort größte Sorge. Es ist bei dieser ganzen Lage wohl folgendes zu bedenken:

I. Als lutherische Christen bejahen wir das Recht des Staates, in der Sache des Kirchenkampfes etwas zu tun.

1. Durch die Mißwirtschaft in der Kirche ist allerlei Not auch für das deutsche Volk erwachsen. Es ist klar, daß der Staat hier nach dem Rechten sieht.
2. Gewiß kann man sagen: diese ganze Mißwirtschaft mit ihrem Rechtswirrwarr muß von der Kirche in geistiger und geistlicher Weise überwunden werden. Wir müssen uns aber klar sein, daß das eine unendlich schwere Arbeit ist. Unverhältnismäßig große Kräfte, die wir an wichtigerem Platz brauchen, müssen eingesetzt werden, um über den Wirrwarr einigermaßen Herr zu werden. Eine Rechtshilfe des Staates ist wirklich Hilfe für uns.

II. Es ist allerlei geschehen, was wir mit Dank annehmen.

1. Es ist nicht mehr so, daß die Deutschen Christen als die Deutsche Evangelische Kirche angesehen werden. „Der Führerschein ist ihnen entzogen."
2. Die Bekennende Kirche wird als Verhandlungspartner angesehen. Die Diffamierung durch manche Kreise wird auf diesen Schritt des Staates hin nicht mehr so leicht sein.
3. Es ist zugesichert, daß keine Staatskirche angestrebt wird.
4. Es ist zugesichert, daß dieser Zustand nur vorübergehend sein soll.
5. Die sächsischen Pfarrer, denen ihr Landesbischof das Amtieren verwehrte, mußten auf Befehl des Ministeriums Kerrl wieder in ihren Dienst gelassen werden.
6. Die hessischen bekennenden Gemeinden haben ihre Kirche wieder bekommen.

III. Dazu ist aber klar zu sehen:

1. Der Reichskirchenausschuß ist ein Koalitionskabinett.
2. Es ist zu denken an das Sprichwort aus dem politischen Raum: „Die Feder darf nicht verderben, was das Schwert gut gemacht hat". Im Kampf der Bekennenden Kirche ist es darum gegangen, daß im Raum der Kirche nur das Evangelium Jesu Christi Recht hat. Unter keinen Umständen darf das, um was es in diesem Kampf gegangen ist, beim Friedensschluß verletzt werden.

So haben wir beides der gegenwärtigen Lage gegenüber: einmal ein Ja, das die Dinge anerkennt und gerne anerkennt. Daneben bleiben muß aber auch die ernste Wachsamkeit.
Schieder

2.3.2 Gegen die Deutschen Christen

141 Vertrauliches Rundschreiben des Kreisdekanats Bayreuth an alle Geistlichen des Kirchenkreises. Bayreuth, 28. Januar 1935
FKiZM. A 30. 8

Die DC Berliner Richtung, die sich in Pfarrer Baumgärtner-Nürnberg einen Berufsarbeiter angestellt zu haben scheint, entfaltet zur Zeit in unseren Gemeinden eine rege Werbetätigkeit. Es ist dabei auf die Gründung von Ortsgruppen abgesehen, deren bereits 60 in Bayern bestehen sollen. Das allgemeine Versammlungsverbot beeinträchtigt zwar diese Werbetätigkeit, verstattet aber den Besuch solcher Versammlungen gegen Vorzeigung der Mitgliedskarten oder vorläufiger Mitgliedskarten und persönlicher Einladungen. Das Ziel dürfte sein, in möglichst vielen Gemeinden feste Stützpunkte zu schaffen, um bei evtl. Neuwahlen von kirchlichen Vertretungskörpern und Synoden die Gemeinden bereits von unten her ausgehöhlt zu haben und dadurch die Möglichkeit zu gewinnen, das Kirchenregiment und die Verfassung der Kirche zu stürzen. Es liegt ohne Zweifel zu tage, daß dadurch eine neue Zerreißung unserer Gemeinden droht, ein Unfriede und ein Mißtrauen in's Volk getragen wird, die nicht zu verantworten sind. Ich bitte alle Amtsbrüder, die es mit einer geschlossenen und bekenntnistreuen Kirche halten, dringend auf treuer Wacht zu stehen, ihre Kirchenvorsteher rechtzeitig auf die bestehende Gefahr der Zerreißung nicht nur der Kirche, sondern auch unseres Volkes aufmerksam zu machen und zum mindesten die Entwicklung der allgemeinen kirchlichen Lage abzuwarten, bevor aufs neue Haß gesät wird, neue Vorwürfe und Gegenvorwürfe entstehen und die langersehnte Einigung wieder vereitelt wird.
Im einzelnen ergehen folgende Weisungen:
1. Es ist in dreifacher Ausfertigung (Dekanat, Kreisdekan, Landeskirchenrat) zu berichten, ob in den Pfarrgemeinden DC Gruppen bestehen oder in Bildung begriffen sind, (sei es Berliner oder Thüringer Richtung); ferner ob das Blatt „Sonntag in Franken“ oder andere DC Blätter Verbreitung gefunden haben.
2. Es empfiehlt sich gegebenenfalls an leitenden Stellen, auch bei den Behörden, auf die Gefahren aufmerksam zu machen, die durch eine Zerreißung der evangelischen Gemeinden nicht nur für die evangelische Kirche selbst, sondern auch für die Bewegung und für das 3. Reich entstehen.

3. Wo Versammlungen der DC gehalten werden, empfiehlt es sich durch Vertrauensleute sich Bericht zu erholen. Sollte an einem Ort eine öffentliche Versammlung der DC gestattet werden, so ist sofort eine ebenso öffentliche Gegenversammlung anzumelden und dem Landeskirchenrat bezw. Kreisdekan sofort telefonisch Mitteilung zu machen. Wenn nicht anders möglich, kann die Gegenversammlung in der Kirche gehalten werden. Auch hierüber sind die schriftlichen Berichte in 3 facher Ausfertigung zu erstatten.
4. Auf den 14. Rundbrief des Sonderbeauftragten für Volksmission vom 25. Januar mache ich besonders aufmerksam und bitte um seine Bekanntgabe in den Pfarrkonferenzen. Es ist sehr wichtig, daß den Gemeinden an der Hand des beigegebenen Materials in Bibelstunden oder sonstigen Gottesdiensten Aufklärung durch Vorträge wie die dort angeführten gegeben werde: „Meinen Deutschen bin ich geboren; ihnen will ich dienen" und: „Ich glaube eine heilige christliche Kirche". Doch möge dazu nicht der sonntägliche Hauptgottesdienst verwendet werden. Ich bin im allgemeinen dafür, daß mit solchen Vorträgen jeder Pfarrer selbst vor seine Gemeinde zu treten habe. Denn dies gehört zu dem ihm anbefohlenen Hirtenamt. Ich weise aber mit gleichem Ernst auf die Notwendigkeit evangelistischer Vorträge hin und bitte, sich behufs Abhaltung derselben mit den Sonderbeauftragten in Verbindung zu setzen.
5. Wie in meinem Neujahrsgruß bitte ich die Herren Amtsbrüder wiederholt, den uns aufgenötigten Kampf soweit es irgend möglich ist unter Aufrechterhaltung des kollegialen Verhältnisses zu führen und Joh. 17, 21 zum besonderen Gebetsanliegen in unseren Samstag Abenden zu machen. Ich bin gerne bereit, soweit ich irgendwie kann, zu Pfarrkonferenzen, Predigten oder Gemeindevorträgen zu kommen und bitte, sich gegebenenfalls getrost an mich zu wenden.
Mit herzlichem Gruß!
D. K. Prieser.

142 An die Gemeinden des Dekanatsbezirks Roth. Zum Einbruch der Deutschen Christen

Evangelischer Kirchenbote für den Dekanatsbezirk Roth bei Nürnberg 7 (1935), Nr. 6, Juni

In der gegenwärtigen Stunde haben wir den Beweis zu erbringen, ob wir wirklich Kirche, Gemeinde sind. Und das heißt immer: Christliche Kirche, Gemeinde Jesu Christi!
Die Deutschen Christen sind am Werk – nun auch in unserem Dekanatsbezirk. Sie wollen überall Ortsgruppen gründen und glauben damit große Taten zu tun – zum Aufbau der Kirche, zum Wohle unseres Volkes!? Als evangelische Christen wissen wir, daß die Kirche einer Reformation, das

heißt einer Erneuerung vom Ursprung her wohl immer bedarf. Aber niemals kann es in der Kirche Revolution, d.h. Umsturz geben. Da wird das Ganze auf ein anderes Fundament gestellt. Die D.C. wollen Revolution in der Kirche: Sie übertragen ein polit. Prinzip auf die Kirche, wie es die Schwärmer der Reformationszeit mit den polit. Gedanken ihrer Zeit getan haben. Und das ist für jeden klar denkenden, bewußt evang. Christen unmöglich. Denn sie zerstören damit notwendig die Kirche, auch wenn sie es vielleicht selbst nicht merken, und richten damit auch in unserem Volk großes Unheil an!

Freilich nach außen sieht sich die Sache zunächst ganz harmlos an. Aber daß hier Revolution in der Kirche geschieht, ist doch immer wieder offenbar geworden. Zunächst arbeiten sie mit Vernebelung, Verharmlosung, so daß jeder gute biedere Protestant meint, mitmachen zu können. Wir glauben, es ist nun die Zeit gekommen, für eine sehr wichtige und entscheidende Erkenntnis: nämlich, daß es sich für uns nicht letztlich darum handelt, ein biederer Protestant, sondern ein lebendiger evangelischer Christ zu sein, d.h. wirklich aus dem Glauben zu leben und zu handeln. Und das ist etwas ganz anderes! Es ist kürzlich ein Buch erschienen: „An die Dunkelmänner unserer Zeit!" Die D.C. wenden sich an die Biedermänner unserer Zeit, d.h. an die, die ohne weiteres auf den Leim gehen – wir können auch sagen: an die, die bloß Protestanten, aber nicht wirklich evangelische Christen sind. Es gibt nämlich viele, die mit dem höchsten Ausdruck der Ueberzeugung sagen: Ich bin Protestant, aber z.B. mit der Kirche, der Bibel nichts mehr zu tun haben wollen, von einem wirklichen Gebetsleben nichts wissen. Die fallen ihnen natürlich ohne weiteres zu. Insofern bedeutet das Eindringen der D.C. eine Prüfung und Sichtung für unsere Kirche und für unsere Gemeinden!

Wir müssen uns im Hinblick auf die laute, eifrige Werbetätigkeit der D.C. noch einmal fragen: Haben die D.C. nichts Neues zu bringen, wie sie bei uns in Bayern vorgeben, ja warum denn dann diese Propaganda? Wollen sie uns erst zu rechten Christen machen? Kaum! Das erreicht man überhaupt nicht durch Propaganda, sondern durch Mission, Predigt des Evangeliums. Und das ist etwas ganz anderes! Mission geschieht auf den Befehl Jesu Christi, Propaganda aus der Erfolgshascherei und Geschäftigkeit der Menschen. Durch die Predigt des Evangeliums führt man die Menschen zu Christus – durch Propaganda will man sie für sich gewinnen – Mission ist ganz und gar Dienst – Propaganda dient der Eroberung einer Machtstellung und Herrschaft. Sie wollen die Macht in der Kirche, wie sie es auch unverhüllt aussprechen. Sie wollen uns zu deutschen Christen machen. Das ist ihr Programm. Eigentlich eine Selbstverständlichkeit, weil wir das schon sind. Aber wenn man Selbstverständlichkeiten so betont ausspricht, dann will man etwas anderes. Sie wollen, mehr oder weniger offen zugegeben, eine völkische Religion, die aber das Christentum seinem Wesen nach als Kunde von der Offenbarung des einen wahren Gottes niemals sein kann.

Hier, wo es sich um Gott handelt, findet eben die Geltung des Völkischen notwendig seine Grenze. Man ist heute dazu bereit, die Ehre, die Gott gebührt, ihm zu nehmen und sie dem Volk zu geben! Darnach bestimmt sich für sie die Aufgabe der Kirche: sie wird zur Erziehungsanstalt zu guten Staatsbürgern, während ihr Herr Jesus Christus ist, der spricht: Mein Reich ist nicht von dieser Welt. Von diesem letzten Reich zu predigen, ist die Aufgabe der Kirche – für das andere sorgt der Staat selbst. Immer wieder ist gesagt und gefordert worden: Die Kirche hat nichts mit Politik zu tun, sie soll die Hand davon lassen. Nun sind es gerade die D.C., die die Kirche politisieren. Sie wollen, daß die Partei auch in der Kirche regiert. Das geht gegen die Fundamentalsätze des nationalsozialistischen Programms. Reichsinnenminister Frick hat sich sehr energisch gegen die 150-Prozentigen als die eigentlichen Saboteure des Nationalsozialismus gewandt. Das sind die 150-Prozentigen, die auch in der Kirche regieren wollen. Wie sehr sie damit ihrer eigenen Sache schaden, ist gar nicht auszusagen. Sie sind geradezu mit Blindheit geschlagen, daß sie das nicht merken. Es macht sich auch in unserem Dekanatsbezirk solches Verlangen geltend, es tut darum auch hier not, vor ihm zu warnen.
Wir wollen demgegenüber die Kirche, die wirklich ganz und gar Kirche ist. Nur dann kann sie dem Staat den rechten, schuldigen, ihr aufgetragenen Dienst tun. Ihre Glieder sollen rechte Christen werden und sie werden damit auch die besten Staatsbürger sein. Denn für die Christen gilt das Gebot des Gehorsams der Obrigkeit gegenüber aus einer Höhe, wie sie von irgendeiner rein völkischen Weltanschauung und Religion niemals erreicht werden kann. Wir leisten damit Gott Gehorsam, nicht bloß den Menschen. Wir wissen dann allerdings auch, daß der Gehorsam der Obrigkeit gegenüber niemals bedingungslos, blind, ohne Grenzen und Schranken sein kann. Voraussetzung dafür ist, wie auch Reichsinnenminister Frick als Notwendigkeit anerkannt hat, daß der Staat auf dem Boden des Rechts steht. Und in Gewissens- und Glaubensfragen gibt es keinen obrigkeitlichen Befehl. Da gilt für uns die neutestamentliche Entscheidung: Man muß Gott mehr gehorchen als den Menschen!
Das ist die ganz klare Linie, die wir einhalten müssen: Die Kirche muß ganz und recht Kirche sein und bleiben, um dem Staat den ihr aufgetragenen Dienst tun zu können. Der Versuch und die Lösung des Staatskirchentums, d.h. der Vermischung und Vermengung beider, hat sich in der Geschichte immer wieder als unheilvoll erwiesen. Hat man in unserer Zeit ein neues Empfinden für die Notwendigkeit der Reinheit und Reinerhaltung der Rasse bekommen, so müßte man auch Verständnis für die Notwendigkeit der Reinheit und Reinerhaltung der Kirche haben. Es ist grundsätzlich und tatsächlich Verbastardierung der Kirche, was die D.C. betreiben! Wir sollen ganze und echte Christen sein, dann sind wir auch rechte Deutsche. Die D.C. wollen beides halbieren und dann die jeweiligen Hälften zusammen-

setzen. So entsteht das unmögliche Zwittergebilde! Es gibt ein deutsches Christentum, das einfach da ist, weil wir Deutsche und Christen sind und beides ganz. Und es gibt eines, das durch diese Halbierung und Zusammensetzung künstlich gemacht wird und nun mit großem Lärm und Geschrei angeboten werden muß.
Mit dieser Werbung und Propaganda kommen sie nun auch zu uns. Nun kommt es auf Euch, Ihr Gemeindeglieder an, auf Euer Selbstbewußtsein als Christen und Deutsche. Meint Ihr wirklich, daß Euch beides: Christentum und Deutschtum und noch dazu in verdünnter, verfälschter Auflage gebracht werden muß – ja was seid Ihr denn dann bisher gewesen? Sie werden sich alles aufbieten um zu ihrem Ziel zu kommen. Sie werden zunächst ängstlich alles vermeiden, was irgendwie Anstoß erregen könnte. Bei uns in Bayern geben sie sich als Reformbewegung in der Kirche – in Thüringen sind sie ganz klar der Vortrupp der Deutschen Glaubensbewegung. Es kommt nun ganz auf Euch an, ob Ihr Euch betören laßt! Wenn sie kommen, das Eine steht fest: es hat sie niemand gerufen, sie sind ausgezogen, die Gemeinden zu erobern und das Land zu beunruhigen, sie brechen ein in unsere Kirche, sie bringen den Zwiespalt! Erfolg haben sie erst, wenn Ihr hingeht, ihnen nachlauft. Deutliche Ablehnung ist hier eine Pflicht des Bekennens! Hier und jetzt könnte es sich einmal zeigen, daß wir wirklich noch Gemeinde sind. Eine D.C. Ortsgruppe kann ja niemals Gemeinde sein! Der Versuch einer Gründung müßte an der Zucht, der Disziplin, dem entschlossenen Willen zur Treue gegenüber dem Bekenntnis in der Gemeinde scheitern. Neugierde, die vielleicht den einen oder anderen bei aller vorausgesetzten Unverbindlichkeit zum Besuch locken könnte, ist ein ganz und gar unkirchlicher Beweggrund, bedeutet in diesem Fall einfach Disziplinlosigkeit. Es gibt nämlich Disziplin, Zucht auch und erst recht in der Kirche. Der Neugierde oder anders ausgedrückt: dem sogenannten Interesse folgen, heißt hier: nicht wissen, um was es geht!
Wir wollen eine wahre evangelische Kirche auch im heutigen nationalsozialistischen Deutschland. Es geht darum, ob das wirklich möglich ist. Von uns aus ist es möglich. Von der anderen Seite wird es von manchen, nicht von allen, verneint. Das sind die 150-Prozentigen, die gegen jede Konfession überhaupt wettern, die allen ihren Aerger heute auf die Kirche abladen. Wir wollen die Kirche – auch um Deutschlands willen: nicht eine alte, sondern eine junge Kirche, in der gerade auch die Jugend bleibt. Wir wollen nicht reaktionär sein, nicht etwas Altes, was morsch ist und zusammenbrechen will, stützen. Wir glauben, daß die wahre Kirche immer jung sein wird – das kommende Pfingstfest ist uns die Verheißung dafür! – aus der Kraft, die ihr Wesen und ihre Wirklichkeit mitten in der Welt ausmacht: aus der Kraft des heiligen Geistes!
Am Pfingstfest 1935.
Die Geistlichen der Bekenntnisgemeinschaft des Kapitels Roth.

143 Merkblatt für Mitlieder der Bekenntnis-Gemeinschaft

FKiZM. A 30. 20

I. Was muß man von den Deutschen Christen wissen?

1.) Die Deutschen Christen sind eine Sekte. Warum? Merkmale einer Sekte:

a) Sie führt einen neuen Glauben ein;

b) Sie sondert sich von der Kirche ab;

c) Sie eifert mit großem Fanatismus gegen Pfarrer und Kirche.
Solche Sekten sind z. B. die „Ernsten Bibelforscher", die „Adventisten", die „Neuapostolischen", die „Heiligen der letzten Tage".
Die Deutschen Christen sind auch eine solche Sekte:

a) Sie führen einen neuen Glauben ein; einen politischen Glauben, eine Nationalkirche, wo Katholiken, Protestanten und Neuheiden beisammen sind; heldischer Christus; teilweise Ablehnung des Alten Testaments u. s. w.

b) Sie sondern sich von der Kirche ab: eigene Gottesdienste, eigene Trauungen, eigene Taufen, eigene Abendmahlsfeiern u. dgl.

c) Sie schimpfen gegen Pfarrer und Kirche, warnen vor Kirchenbesuch, sabotieren die Sammlung für die Innere Mission, diffamieren die Pfarrer als politische Hochverräter.

2.) Welches ist die Hauptwaffe der Deutschen Christer?
Die politische Angst.
Sehr viele sind nur dabei, weil sie Angst haben für ihr Geschäft, für ihre Stellung, oder weil sie einen Posten wollen. Bei den Deutschen Christen kann man noch „Alter Kämpfer" werden, wenn man es 1933 versäumt hat.
Die wichtigste Aufgabe der Bekenntnisgemeinschaft ist, daß jeder in seinem Bekanntenkreis daran arbeitet, daß diese falsche politische Angst vor den Deutschen Christen überwunden wird. Denn:

3.) Wie steht die Partei in der Kirchenfrage?
Die Partei ist grundsätzlich neutral und will nicht, daß sich Parteistellen für die Deutschen Christen einsetzen.
Heß-Erlaß: „Jeder deutsche Volksgenosse hat freien Glauben und Gewissensfreiheit."
Erlaß der Reichsparteileitung in Berlin: „Seitens der NSDAP bestehen keine grundsätzlichen Bedenken gegen den Anschluß von Parteigenossen an die Bekenntnisfront."

4.) Der Reichsbischof hat kein Vertrauen mehr.
Von den 28 Landeskirchen stehen noch 4 Bischöfe hinter ihm (Hessen-Nassau, Sachsen, Mecklenburg, Oldenburg). Diese Bischöfe werden aber im eigenen Land abgelehnt: in Oldenburg z. B. stehen 75 % der Pfarrer in der Bekenntnisfront, 10 % sind Deutsche Christen; 15 % sind neutral.
Der Reichsbischof hat kein Recht mehr, sich „Reichsbischof" zu nennen. Er ist in Wirklichkeit Sektenbischof der Deutschen Christen. Die Deutschen

Christen haben 1 % des Kirchenvolkes. Die einzige „Reichskirchenbewegung“, die es gibt, ist die Bekennende Kirche.

II. Mit welchen Mitteln kämpfen die Deutschen Christen?
Mit „groß Macht und viel List“.
1.) „Groß Macht“: sie versuchen die Kirche zu erobern mit Brutalität, Gefängnis, Konzentrationslager, Partei, politischer Verhetzung und Einschüchterung. Das widerspricht dem Evangelium: Matth. 20, V. 25 u. 26.
2.) „Viel List“: sie wollten dem entkirchlichten Menschen der Gegenwart entgegenkommen, in dem sie den Christusglauben vermischten mit dem völkischen Heidenglauben: Zerstörung der konfessionellen Eigenart, Rosenbergs Mythos an Stelle der Bibel, arischer Christus, Blut und Rasse als wichtigste Offenbarung Gottes.

III. Stehen die Deutschen Christen auf dem Bekenntnis? Nein! Beweis:
1.) Bei den Deutschen Christen ist es gleichgültig, ob man Katholik oder Protestant ist. Beweis: in vielen Ortsgruppen sind Katholiken Mitglieder.
2.) „Sage mir, mit wem du umgehst, und ich sage dir, wie du bist!“ Die Glaubensgenossen der Deutschen Christen im Reich verkünden weithin pures Heidentum: Altes Testament weg! – Eintopfgericht oder Abendmahl? – Deutsche Märchen im Religionsunterricht.
Die Führer der D.C., voran der Reichsbischof, halten bekenntniswidrige Reden. Man darf die D.C. nicht nach ihren verhältnismäßig bekenntnistreuen Vertretern in Bayern beurteilen, sondern nach ihren Führern im Reich!

IV. Wie steht Hensoltshöhe und Möttlingen?
Die Hensoltshöhe stand zu den Deutschen Christen und verkündet den Zusammenbruch der Bekennenden Kirche.
Möttlingen ist neutral, wagt es aber nicht öffentlich zu sagen. Frau Pfarrer Wirth in Eibach ist eine der schärfsten Vorkämpferinnen der D.C. Wir erkennen darin ein Gericht Gottes über die Gemeinschaftsbewegung.

V. Was wird aus unserer Kirche?
Zwei Möglichkeiten: Winkelkirche und Staatskirche.
1.) Winkelkirche: Es sind Bestrebungen im Gange, die das Ziel haben, die christlichen Kirchen aus dem deutschen Volk zu verdrängen und an die Stelle des Christentums das deutsche Heidentum zur öffentlichen Religion zu machen. Die Kampforganisation, die sich dafür einsetzt, ist die „Deutsche Glaubensbewegung“, Führung: Professor Hauer. Öffentliche Stellen setzen sich für diese Bewegung ein: eine hochstehende Persönlichkeit bezeichnet die Bibel als schlimmste Schundliteratur;

Prof. Hauer hält Massenversammlungen mit dem Thema: „Deutscher oder Christ“ und beruft sich dabei unrechtmäßigerweise auf den Führer; General Ludendorff: „Ich bin Antichrist und Heide und bin stolz darauf.“ Die deutschen Heiden betrachten diese Bezeichnung als Ehrennamen. – Ziel dieser Bewegung: Verdrängung der Kirche und des Christentums aus der Öffentlichkeit, aus der Schule, aus der Presse, aus der gesamten Erziehung, aus Brauch u. Sitte (Bauernkalender!) und dafür Einführung des blanken Heidentums. Die Kirche soll zwar nicht ganz abgeschafft werden (Versprechung der Bekenntnisfreiheit!), aber sie soll in den Winkel gedrängt werden und ohne Einfluß sein auf das Leben des Volkes, organisatorisch verkümmert auf eine nebensächliche Winkelkirche.

2.) Staatskirche: andere wollen den konfessionellen Streit dadurch beenden, daß die Kirche vollkommen vom Staat beherrscht und regiert wird. Falls dabei an eine Wiederherstellung der Macht des Reichsbischofs gedacht sein sollte, würde das für die Kirche eine Periode Jäger bedeuten.

Wie die deutschchristlichen Bischöfe sich eine solche Kirche denken, sieht man in Hessen-Nassau und Sachsen. Dort werden den Bekennenden Gemeinden die Kirchenschlüssel abgenommen, Bekenntnis-Pfarrer abgesetzt und die Kirchen von auswärts herbeigeholten D. C.-Pfarrern geöffnet. Wenn die Gemeinden sich Notkirchen einrichten, werden sie polizeilich versiegelt. Wenn die Gemeinden in ihren Häusern dann Andacht halten wollen, wird es ihnen verboten. Es kommt vor, daß Bekenntnispfarrer nicht einmal Krankenbesuche machen dürfen.

Wenn Gemeinden versuchen, an fremden Orten den Gottesdienst zu besuchen, werden sie daran verhindert. 5 hessische Pfarrer sind im Konzentrationslager in Dachau, 17 sächsische im Konzentrationslager in Sachsenburg, zum Teil mit geschorenen Haaren und in Sträflingskleidern, während ganze Gemeinden in Deutschland ohne Pfarrer, ohne Gottesdienst, ohne Seelsorge sind.

Aus all dem gilt für uns, die wir mit Ernst Christen sein wollen die Mahnung: „Wachet, stehet im Glauben, seid männlich und seid stark!

gez. Frör.

2.3.3 Reichsbischof Müller in Bayern

144 Rundschreiben des Kreisdekanats Bayreuth Nr. 3548 an die Dekanate. Bayreuth, 13. Dezember 1934. In Abschrift den Pfarrämtern zur Kenntnisnahme

FKiZM. A 30. 8

Es wird mir von verschiedenen Seiten mitgeteilt, daß noch vor Weihnachten eine lebhafte Agitation für die Gründung von Ortsgruppen der DC einsetzen soll. Vorträge sind zum Teil schon angekündigt, zum Teil sind sie vorgesehen. Auch höre ich, daß der Reichsbischof vorhabe, an einigen Orten zu predigen. Hiezu ist zunächst zu sagen, daß dem Reichsbischof unsere Kirchen verschlossen bleiben. Nachdem sich unsere Landeskirche von ihm losgesagt hat, hat er kein Recht auf unsere Kanzel. Solche Gottesdienste sind ihm also gegebenenfalles unter Anrufung des polizeilichen Schutzes unter Hinweis auf mögliche Störungen, zu versagen. Sollen Vorträge gehalten werden, so wäre auch da die Polizei darauf hinzuweisen, daß hiedurch nur neuerdings Unruhe und Zwiespalt in die Gemeinden getragen werden, noch dazu unmittelbar vor dem Weihnachtsfest. Was uns selbst versagt bleibt, kann unseren Gegnern im Kirchenstreit nicht gewährt werden. In diesem Sinn bitte ich auch die Kirchenvorstände soweit irgend möglich aufklären und zu festen Beschlüssen veranlassen zu wollen.
gez. D. Prieser

145 Schreiben des Landeskirchenrats an alle Pfarrämter. München, 22. März 1935

FKiZM. A 30. 1/1

Betreff: Besuch des Reichsbischofs in Bayern.
Nachstehende Kundgebung ist am Sonntag, 24.3.1935 von der Kanzel zu verlesen.
Die Lage der Deutschen Evangelischen Kirche zeigt das erschütternde Ergebnis einer aus falscher Lehre und ungeistlicher Führung gewachsenen Entwicklung. Wohl ist der widerrechtlichen kirchlichen Gesetzgebung ein Ende bereitet, aber nach wie vor gehen die verantwortlichen Männer der Reichskirchenregierung an der hohen Aufgabe der Verkündigung des Evangeliums zur inneren Stärkung des Volkes vorüber. Der Kampf um ihre eigene Machtstellung erscheint ihnen wichtiger als die Sammlung der bekennenden Gemeinde zum Neubau der Deutschen Evangelischen Kirche aus dem Evangelium. Mit besonderem tiefen Schmerz gedenken wir der Oktobertage des letzten Jahres, da unserer Landeskirche offen Gewalt geschah.

Darum zwingt uns das an Gottes Wort gebundene Gewissen, die Absage an den derzeitigen Träger des reichsbischöflichen Amtes feierlich zu wiederholen. Wir können ihm bei seinem bevorstehenden Besuch in Bayern nicht willkommen heißen und ihm auch nicht unsere Kirchen öffnen.
Die Bemühungen um den Bau einer starken und im Segen wirkenden Deutschen Evangelischen Kirche bleiben ohne Verheißung, wenn wir einen anderen Grund wählen als den Glauben an unseren Herrn Jesum Christum und den Gehorsam gegen sein Wort. So laßt uns aufsehen auf den Anfänger und Vollender unseres Glaubens; laßt uns Herzen und Hände zu ihm aufheben, daß er uns aus Gnaden schenke, was menschlicher Eigenmächtigkeit versagt ist – eine einige evangelische Kirche in Deutschland!
Der Evang.-Luth. Landeskirchenrat.

146 Rundschreiben Nr. 752 des Kreisdekanats Ansbach an ausgewählte Pfarrämter. Ansbach, 27. März 1935

FKiZM. A 30. 6

Betreff: Stellungnahme der bekenntnistreuen Gemeinden gegen die Frankenfahrt des Herrn Ludwig Müller
Heute steht es nun in der Zeitung zu lesen, dass Herr Ludwig Müller unseren fränkischen Kirchenkreisen einen Besuch abstattet. Man heißt es eine „Volksmissionarische Reise". Die bekennende Kirche aber muss es besonders wegen ihrer Geschlossenheit, wie sie in Bayern vorhanden ist, als eine Tat empfinden, die der Herr Joh. 10, V. 1–5 kennzeichnet. Nach einer Vereinbarung sollen die beiden Kirchenkreise Ansbach und Nürnberg ihre ablehnende Beurteilung dieses Einbruchs irgendwie bekunden. Es wird daher für beide Kirchenkreise angeordnet:
1.) dass alle Glocken der bekenntnistreuen Gemeinden in der Zeit vom Freitag Abend, da Herr Ludwig Müller in Schweinfurt seine Propagandatätigkeit für sich und seine D. C. Kirche beginnen [sic!], bis Montag Abend, wo er in Nürnberg abschliessen will, unbedingt schweigen. Es wird zu gar keiner sonst üblichen Gelegenheit geläutet. Ausgenommen ist nur das Geläute im Falle einer Beerdigung.
2.) Alle betenden Kreise unserer Gemeinden werden raschestens und dringend ermahnt, besondere Fürbitte zu tun für unsere Kirche und für ihre rechte, treue Haltung solchen und anderen Anläufen gegenüber und zu beten, dass Gott doch allen bösen Rat und Willen, der aus anderem denn nur aus dem heiligen Geist geboren ist, hindern und brechen wolle.
3.) Es ist anzunehmen, dass durch die Zeitungen aus jedem Auftreten des Herrn Ludwig Müller ein grosses Ereignis und aus jedem Besuch der Veranstaltungen eine grosse Bewegung gemacht wird. Man kennt das. Darum wird es sich empfehlen, dem dadurch erweckten falschen Eindruck vor-

zubeugen und in der Predigt des nächsten Sonntags auf das durch Joh. 10, V. 1–5 qualifizierte Auftreten des unmöglichen Reichsbischofs, auf die Art und Weise, wie durch äussere, unkirchliche Mittel der Agitation etc. die Versammlungen zustande zu kommen pflegen und auf das Motiv der Neugierde, durch die noch etliche andere hingeführt werden, hinzuweisen. Tiefere Beweggründe können es nicht sein, weil die Zahl der inzwischen überall begonnenen Sammlung der Mitglieder für die Bekenntnisgemeinschaften ein ganz anderes Bild von der wahren Stimmung unseres evangelischen Kirchenvolkes geben. Alle Dekanate und Pfarrämter meines Kirchenkreises, die bisher berichtet haben, mit der Ausnahme nur eines einzigen Pfarramtes, berichten von 60–99 % Anhänger der Bekenntnisgemeinschaft in ihren Gemeinden. Dabei ist sicher, dass der Rest durchaus nicht einhellig D. C. gesinnt ist. Die Neutralität aus Nützlichkeitserwägungen ist stärker vertreten als die D. C. Gesinnung.

4.) Im Namen der örtlichen Bekenntnisgemeinschaften sind „An das Amt für kulturellen Frieden in Berlin“ unter Angabe eventl. der Stellungnahme des Kirchenvorstandes und der Prozentzahl der örtlichen Bekenntnisgemeinschaft kurze Telegramme zu richten, die in Anlehnung an das hier folgende Nürnberger Telegramm verabfaßt werden können.

> „Reichsbischof Müller will Sonntag auf Adolf-Hitlerplatz in Nürnberg sprechen. Reichsbischof kommt nicht als Vertreter geeinter Reichskirche, sondern gerufen von geringer Minderheit meist kirchenferner, kirchenfeindlicher Leute. Von 308 Kirchenvorstehern Nürnbergs haben 268 bei Befragung bekundet, daß Reichsbischof in Nürnberg unerwünscht. Die 25 Gemeindegruppenleiter der in wenig Tagen auf 50000 eingeschriebene Mitglieder angewachsenen Bekenntnisgemeinschaften protestieren. Kommen des Reichsbischofs wird den durch Deutschen Christen an sich schwer gefährdeten Kirchenfrieden in Franken noch schwerer gefährden.“

Mit amtsbrüderlichem Gruss
gez. Gg. Kern.

147 Schreiben der Gemeindegruppe Lindau der Reichskirchenbewegung Deutsche Christen an Ministerpräsidenten Siebert [Juli 1935]

BayHStA, MK 7292

Hochverehrter Herr Ministerpräsident!
Entschuldigen Sie es bitte, wenn wir Ihre so überreichlich mit Arbeit angefüllte Zeit mit einer uns wichtig erscheinenden Angelegenheit auch noch in Anspruch nehmen.
Wir wollen uns möglichst kurz fassen.

Wir Lindauer Deutschen Christen wenden uns an Sie, als an unseren früheren Oberbürgermeister, zu dem wir das grösste und uneingeschränkteste Vertrauen haben und den wir Alle als rechtlich denkenden Mann und echten Nationalsozialisten kennen und verehren.
Die beiliegende Anordnung der bayr. politischen Polizei wird Ihnen bei Ihrer übergrossen Arbeitsbelastung vermutlich bisher unbekannt geblieben sein.
Gegen diese Anordnung wollen wir um Ihre Unterstützung bitten.
Vorausgeschickt sei: Wir haben als Nationalsozialisten vollstes Verständnis für die neutrale Haltung von Regierung und Partei in den religiösen Fragen. Wir billigen insbesondere den von Reichsminister Dr. Frick verkündeten Grundsatz, dass die religiösen Richtungen im Reiche alle gleiches Recht haben sollen.
Wie verhält es sich aber nun mit der Lage der D.C. in Bayern? Haben sie praktisch das gleiche Recht wie andere religiöse Bewegungen? Sehen wir ganz davon ab, dass die deutsche Glaubensbewegung in München im Zirkus Krone eine überfüllte öffentliche Massenversammlung abhalten konnte. Wie steht es mit der sogen. Bekenntnisfront? Ihr stehen zu öffentlichen Versammlungen jederzeit die Kirchen zur Verfügung und sie macht von dieser Möglichkeit reichen Gebrauch, ohne sich mit Rücksicht auf den geweihten Raum in der Wahl ihrer Mittel besondere Beschränkungen aufzuerlegen.
Dagegen sieht die Lage der D.C. in Bayern so aus:
Ihnen sperrt der Landesbischof die Kirchen und die polit. Polizei sämtliche übrigen Räume für öffentliche Versammlungen, sodass sie tatsächlich mundtot gemacht werden. Und diese offenkundige Benachteiligung soll nun sogar auf den Reichsbischof, den obersten Würdenträger der evgl. Reichskirche, ausgedehnt werden.
Der Bekenntnisfront kommt ein solches Verbot freilich gelegen. Sie hat den Reichsbischof besonders in Bayern in unerhörter Weise verleumdet und in den Schmutz gezogen. – Authentische Beispiele aus Grosslindau stehen jederzeit zur Verfügung.
Reichsbischof Müller hat nun den Entschluss gefasst, mit Einsatz seiner ganzen Kraft, nach der Art, wie es der Führer vor der Machtergreifung hielt, überall, wo es in deutschen Landen nötig ist, persönlich hinzufahren und durch die Wirkung seiner Persönlichkeit und die Reinheit seiner Sache der Wahrheit eine Gasse zu brechen.
So hat er im Mai 1935 eine Fahrt durch Württemberg unternommen und dort unbeanstandet und ohne jeden Versuch einer Störung von anderer Seite in verschiedenen Städten „in profanen Gebäuden“ öffentlich gesprochen.
Anlässlich seines Vortrages in Friedrichshafen am 16.5.35 fuhr ein Sonderzug mit 400 Teilnehmern von Lindau hinüber ins benachbarte Württemberg und hörte in der überfüllten Zeppelinwohlfahrtshalle die Rede des Reichsbischofs, während durch Lautsprecher noch eine Übertragung in

einen zweiten Saal stattfinden musste. Die Rede machte in ihrer ebenso tief christlichen wie echt nationalsozialistischen Art bei Allen, die den Abend miterleben durften, den grössten Eindruck. Vor dieser Reise hatten die Anhänger der Bekenntnisfront in Württemberg unermüdlich in Briefen und Telegrammen die Regierung und Partei in Berlin bestürmt, eine Reise des Reichsbischofs nach Württemberg sei völlig unmöglich; die Ruhe und Ordnung werde gestört werden; die wachsende Volksgemeinschaft sei bedroht usw. Man liess sich dadurch nicht beirren, und der Erfolg gab dem recht. Aber die Leute von der Bekenntnisfront wussten, warum sie so schrieen, genau so gut, wie sie jetzt wissen, warum sie eine Fahrt des Reichsbischofs nach Bayern mit allen Mitteln verhindern wollen. Denn mit dem Reichsbischof naht die Stunde, in der das irregeführte Kirchenvolk, soweit es nicht schon hoffnungslos verhetzt ist, erkennt, wie es angelogen worden ist, die Stunde, in der alle Lügen und Märchen wie ein Kartenhaus zusammenfallen. Die Wirkung ist dann ein überraschendes Anwachsen der Zahl der Deutschen Christen. In Marbach versechsfachte sich die Zahl der Deutschen Christen, nachdem der Reichsbischof dort gesprochen hatte!
Dass der Reichsbischof mit Erfolg seinen Verteidigungs- und Aufklärungsfeldzug in deutschen Landen fortsetzt, beweisen die beiden Ausschnitte aus der Frankf.-Ztg., die wir gleichfalls beilegen.
Wir fragen nun: Soll Bayern das einzige Land werden, das dem Reichsbischof die Türen verschliesst? Warum soll hier bei uns der Versuch des Reichsbischofes, sich durch Einsatz der eigenen Person zu rechtfertigen und Verleumdungen die Spitze abzubrechen, unmöglich gemacht werden?
Ein solcher Zustand erscheint um so unverständlicher, als es für jeden, der die Ereignisse der letzten zwei Jahre auf religiösem Gebiet in Deutschland verfolgt, offenkundig ist, dass ausser der deutschen Glaubensbewegung nur die Reichskirchenbewegung der Deutschen Christen ohne jede Einschränkung und bedingungslos hinter dem Führer und zum Nationalsozialismus steht.
Man könnte einwenden: Wenn man dem Reichsbischof das Recht zu öffentlichen Versammlungen in profanen Gebäuden gibt, werden dies auch die Führer der Bekenntnisfront für sich verlangen, ohne dass man es ihnen abschlagen könnte.
Dagegen kann Folgendes gesagt werden:
Wir sind gern bereit, auf die profanen Gebäude zu verzichten, wenn es der Staat ermöglicht, dass dem Reichsbischof für seine Veranstaltungen die Kirchen zur Verfügung stehen.
Kann dies aber nicht ermöglicht werden, so kann sich unseres Erachtens der Staat jederzeit darauf berufen, dass er bei der Weigerung der Bekenntnisfront, dem Reichsbischof die Kirchen zu öffnen, aus Gründen der Gerechtigkeit gezwungen sei, öffentliche Versammlungen mit dem Reichsbischof als Sprecher in profanen Gebäuden zu gestatten, ohne dass deswegen die

Bekenntnisfront für sich aus einer solchen Massnahme weitere Rechte abzuleiten in der Lage wäre.
Nur auf eine solche Art liesse sich unseres Erachtens die in Bayern zur Zeit bestehende ungerechte Benachteiligung des Reichsbischofs und der Deutschen Christen ausgleichen.
Wir möchten nun in vollem Vertrauen zu Ihnen, hochverehrter Herr Ministerpräsident, an Sie die Bitte richten:
Setzen Sie sich mit Ihrem Einfluss und Ihrer massgebenden Persönlichkeit dafür ein, dass hier in Bayern der Kampf der Deutschen Christen, der wahrlich auch ein Kampf für den Führer und unser drittes Reich ist, nachdem er nicht vom Staat unterstützt werden kann, wenigstens nicht unnötig erschwert wird und dass Anordnungen rückgängig gemacht werden, die praktisch auf eine einseitige Bevorzugung der sogen. Bekenntnisfront hinauslaufen.
Herr Kommerzienrat L* K* hat, obwohl er nicht Mitglied der Gemeindegruppe ist, die grosse Freundlichkeit gehabt, sich unserer Bitte anzuschliessen. Sein Schreiben liegt gleichfalls bei.
In herzlichem Vertrauen und aufrichtiger Verehrung grüsse ich Sie, hochverehrter Herr Ministerpräsident, mit „Heil Hitler" zugleich im Namen aller Mitglieder der Reichskirchenbewegung in Grosslindau
E* D* Gemeindegruppenleiter.

2.3.4 Augsburger Bekenntnissynode (Juni 1935)

148 Niederschrift über eine Besprechung am 9. Mai 1935 in München zwischen Landesbischof Meiser und Vertretern von Präses Koch
LAELKB, 101/36–102; Druck: W. Niemöller: Die dritte Bekenntnissynode, S. 28–30

Anwesend: Herr Landesbischof Meiser, Herr Oberkirchenrat Bogner, Herr Pfarrer Stoll, Herr lic. Frör und Herr v. Arnim-Lützlow und Herr Pfarrer Kloppenburg.
Im Verlauf der Besprechung wird festgestellt, dass diese Besprechung der persönlichen Information der verantwortlichen Leitung der bayerischen Kirche dienen soll, die sich über den voraussichtlichen Verlauf einer so wichtigen Synode im bayerischen Kirchengebiet vorher vergewissern muss.
Zu den einzelnen Punkten des Briefes von Herrn Landesbischof D. Meiser an Herrn Oberkirchenrat Breit vom 29.4.1935 wird übereinstimmend festgestellt:
1. Abendmahlsgottesdienst. Es findet kein Abendmahlsgottesdienst als Programmpunkt der Synode statt. Vielmehr wird die Gemeinde Augsburg am Mittwoch, dem 22. Mai, an dem Tage, an dem die Synode beendet sein

soll, einen Abendmahlsgottesdienst der Gemeinde nach der bayerischen Abendmahlsordnung halten, an dem die Synodalen teilnehmen können. Nach dem Gebrauch der Gemeinde Augsburg können auch die reformierten Synodalen als Gäste an diesem Abendmahl teilnehmen.

2. Gliederung der Synode in Konvente. Diese Gliederung soll exact durchgeführt werden. Beim Eintreffen in Augsburg haben sich die Synodalen zu entscheiden, welchem Konvent sie angehören wollen. Auf Grund dieser Entscheidung erhalten sie die Zulasskarten für ihren zuständigen Konvent. Die Zulassung zum lutherischen Konvent ist abhängig von der Anerkennung der Ungeänderten Augsburgischen Konfession und der beiden Katechismen Luthers. Bei der Einladung zur Synode ist in dem Einladungsschreiben mitzuteilen:

1. Die Synode wird in Konvente gegliedert
2. Die Zugehörigkeit zum lutherischen Konvent setzt Anerkennung der Augustana invariata und der beiden luth. Katechismen voraus.

3. Verpflichtungsformel für Synodale. In dem Synodalgelöbnis wird eine allgemeine Anerkennung der Grundlage von Barmen und Dahlem enthalten sein. Es besteht Einverständnis darüber, dass eine solche Abgrenzung der Bekennenden Kirche von den Deutschen Christen und den Neutralen nötig ist, dass diese Abgrenzung der Anerkennung von Barmen und Dahlem im Sinne der Vereinbarung vom 20. November 1934 entsprechen soll, also nicht eine Kanonisierung einzelner Beschlüsse dieser Synoden bedeutet.

4. Beschlüsse der Synode. Es wird festgelegt, dass zu dem beabsichtigten Gespräch zwischen Landesbischof D. Marahrens, Präses D. Koch, Pfarrer Niemöller und Pfarrer Immer ein Vertreter von Landesbischof D. Meiser hinzugezogen werden soll. Im Uebrigen wird zur Kenntnis genommen, dass der vorbereitende Theologen- und Rechtsausschuss an der Erklärung der Synode arbeiten.

5. Redner auf der Synode. Es wird festgestellt, dass Pastor Asmussen durch eine Erklärung im Synodalausschuss des Reichsbruderrats mitgeteilt hat, dass er das theologische Referat nicht halten werde, und dass ebenfalls nicht vorgesehen ist, Herrn Professor Barth um dieses Referat zu bitten. Der endgültige Vorschlag der Redner soll dem theologischen und dem juristischen Ausschuss überlassen bleiben.

Aus Anlass der Frage der Redner wird über die Teilnahme von Herrn Professor D. Barth an der Synode gesprochen. Die Vertreter von Herrn Präses D. Koch geben die Erklärung ab, dass nach einer etwaigen Bestellung von Prof. Barth zum Synodalen durch die zuständige Stelle, die rheinische Synode, über diese Frage grundsätzlich nicht zu diskutieren sei. Ueber diese grundsätzliche Feststellung besteht Einverständnis. Anbetrachtlich der grossen sachlichen Schwierigkeiten, die eine Teilnahme von Professor Barth aber zweifellos bewirken könne, richtet Herr Landesbischof Meiser an Herrn Präses Koch die eindringliche Bitte, die hier vorliegende Frage noch

einmal nach allen Seiten hin durchzuprüfen und gegebenenfalls seinerseits in dieser Sache eine Initiative zu ergreifen.
6. Es wird festgestellt, dass das vorliegende Gespräch ergeben hat, dass die Bekenntnissynode zu dem gedachten Termin, nämlich am 21. und 22. Mai in Augsburg stattfinden kann. Die Vorbereitung soll so geregelt werden, dass

alle örtlichen Vorbereitungen unter der Leitung von Herrn Oberkirchenrat Bogner, München, Arcisstr. 13 stehen,

alle auswärtigen Vorbereitungen, Einladung usw. durch das Präsidium der Bekenntnissynode vorgenommen werden.

Herr Oberkirchenrat Bogner bittet das Präsidium in Oeynhausen um möglichst umgehende Uebersendung eines genauen Tagungsprogramms unter Angabe der für die einzelnen Tage benötigten Räumlichkeiten.
Diese Niederschrift wurde vollzogen durch den Unterfertigten
und Herrn Landesbischof D. Meiser und Herrn Präses D. Koch zugeleitet.
Wilhelmshaven-R[üstringen], den 10. Mai 1935
Kloppenburg

149 Schreiben des Landeskirchenrats an die geplanten bayerischen Teilnehmer der Bekenntnissynode in Augsburg. München, 29. Mai 1935

LAELKB, 101/36–102

Betreff: 3. Tagung der Bekenntnissynode in Augsburg vom 4.–6. Juni 1935.
Die Bekenntnissynode der Deutschen Evangelischen Kirche ist auf Dienstag, den 4. bis Donnerstag, den 6. Juni 1935 nach Augsburg einberufen. Anreisetag ist Montag, 3. Juni.
Wir bitten Sie an dieser Tagung teilzunehmen; die Reisekosten werden von hier aus vergütet, Freiquartiere stehen auf Anforderung (Anschrift: Pfarrer Heinrich Schmid – Augsburg, Maximiliansplatz A 111) zur Verfügung.
Die Synode beginnt mit einem Gottesdienst am Dienstag, den 4. Juni vormittags 9.30 h in der St. Annakirche. Predigt: Oberkirchenrat Schieder-Nürnberg.
Die Teilnahme am Gottesdienst wird allen Synodalen zur Pflicht gemacht; sie sitzen geschlossen auf reservierten Plätzen.
Die Synode tagt in der St. Ulrichskirche, die Ausschüsse in dem daneben liegenden Gemeindehaus St. Ulrich, Kitzenmarkt B 52.
Nach ihrer Ankunft in Augsburg begeben sich die Teilnehmer sofort nach Annahof D 228, wo sie ihre Teilnehmerkarte, Auskunft über Quartier, Wohnungskarte usw. bekommen. Der Annahof ist 5 Min. vom Hauptbahnhof entfernt und mit der Straßenbahn erreichbar.
(Linie 1 und 6 bis Adolf Hitlerplatz).

Das vom theol. Ausschuß vorbereitete, den Synodalen vorzulegende Gelübde hat folgenden Wortlaut: „Ich gelobe mein Amt als Synodaler in der Bindung an die Hl. Schrift und die Bekenntnisse meiner Kirche auszuüben und weiß mich gegenüber den Irrlehren unserer Zeit in Übereinstimmung mit den Erklärungen von Barmen und Dahlem."
Weitere Anfragen die Synode betreffend sind zu richten an Herrn Pfarrer Heinrich Schmid – Augsburg, Maximiliansplatz A 111, Fernruf 4331.

150 Schreiben Paul Althaus' an Landesbischof Meiser. Erlangen, 30. Mai 1935

LAELKB, 101/36–102

Hochverehrter, hochwürdigster Herr Landesbischof!
Dankend bestätige ich Ihnen die Berufung zur Teilnahme an der Bekenntnissynode der Deutschen Evangelischen Kirche.
Ihrem Rufe zu folgen ist mir eine selbstverständliche und gern erfüllte Pflicht. Aber leider macht es mir das von dem theologischen Ausschuß der Synode vorbereitete Gelübde unmöglich, an der Augsburger Tagung der Bekenntnissynode teilzunehmen.
Die Bindung an die Hl. Schrift und die Bekenntnisse meiner lutherischen Kirche ist auch für mich selbstverständliche Voraussetzung der Teilnahme an der Synode. Ebenso bereitet es mir keine Schwierigkeiten, mich ausdrücklich auf den Boden der Erklärung von Dahlem zu stellen, an deren Abfassung und Beschließung ich selber als Abgeordneter der ev. luther. Kirche Bayerns beteiligt war. Dagegen ist es mir unmöglich, auszusprechen, daß ich mich „gegenüber den Irrlehren unserer Zeit in Übereinstimmung mit der Erklärung von Barmen" wisse. Denn ich stimme mit der Erklärung von Barmen nicht überein, auch nicht in ihren Negationen. Das habe ich im Juni 1934 öffentlich ausgesprochen. Ich würde keinerlei kirchliches Vertrauen mehr verdienen, wenn ich durch die Ablegung des Gelübdes meine öffentliche Kritik schweigend zurücknähme. Ich würde damit auch ein Unrecht an der Lehre unserer Kirche tun, in deren Namen ich meine Kritik geübt habe. Es ist mir unmöglich, gleichzeitig für unseren lutherischen Rat ein lutherisches Wort über den Staat abzufassen und nachträglich zu den Barmer Sätzen und Absagen Ja zu sagen. Ich muß feststellen, daß für meine Teilnahme an der Synode von Dahlem keinerlei Bekenntnis zu der Barmer Synode als Vorbedingung gefordert ist. Ich hätte sonst nicht nach Dahlem gehen können. Die Bekenntnissynode hat inzwischen nichts getan, um die theologischen Vorwürfe, die ich ihr gemacht habe, zu entkräften. Insonderheit ist mir auch nicht bekannt geworden, daß ihr lutherischer Konvent zusammengetreten wäre und seinerseits den Barmer Sätzen eine Auslegung gegeben hätte, die meine und anderer Lutheraner Kritik entwaffnete.

Ich kann angesichts alles dessen das Gelübde in dem auf Barmen bezüglichen Passus nicht ablegen. Ich muß es sehr bedauern, daß ein Gelübde in dieser Gestalt vorgesehen ist. In meiner Berufung nach Dahlem glaubte ich den Willen zu erkennen, über die Enge und die Fehler der Barmer Erklärung hinauszuführen und Barmen nicht zu einer Bekenntnisgrundlage für die weitere Arbeit der Bekenntnissynode werden zu lassen. Leider zerstört die vorbereitete Formel des Gelübdes diesen Eindruck. Wir hatten gehofft, die Bekenntnissynode werde ihre Türen weiter öffnen für alle Gegner der D.C., die doch aus ernsten Gründen der Barmer theologischen Erklärung nicht zustimmen können. Das hätte die Erstarrung der Front verhindert. Das neue Gelübde zeigt von solchem Ansatz nichts, sondern macht Barmen auch theologisch zur Grenze der Sammlung.
Das Verhältnis unserer lutherischen Synode zu der Bekenntnisfront wird durch die Festlegung auf Barmen außerordentlich erschwert.
Ich bitte Sie, hochverehrter Herr Landesbischof, um Ihr Verständnis für die Haltung, die ich einnehmen muß. Es ist mir außerordentlich schmerzlich, daß es nicht gelungen ist, die vorliegende Gelübdeformel zu verhindern.
Mit ehrerbietiger Begrüßung
Ihr ganz ergebener D. Althaus

151 Schreiben Werner Elerts an Landesbischof Meiser. Erlangen, 1. Juni 1935

LAELKB, 101/36–102

Hochwürdigster Herr Landesbischof!
D. Althaus machte uns Mitteilung von dem Gelübde, durch das die Mitglieder der demnächst zusammentretenden Bekenntnissynode verpflichtet werden sollen. Die Verpflichtung erstreckt sich auch auf die Erklärungen der Barmer Synode von 1934.
Es kann Ihnen, hochwürdigster Herr Landesbischof, nicht unbekannt geblieben sein, daß diese Erklärungen bei bekenntnistreuen Theologen der lutherischen Kirche Ablehnung erfahren haben. Insbesondere hat die theologische Erklärung von Barmen in der lutherischen Kirche Deutschlands eine Spaltung hervorgerufen. Wenn nunmehr Mitglieder der Bekenntnissynode trotzdem auf diese Erklärung verpflichtet werden, so bedeutet das den Ausschluß aller, die aus theologischen und bekenntnismäßigen Gründen die Erklärung verwerfen müssen. Es bedeutet also in aller Form das Schisma in der lutherischen Kirche Deutschlands.
Ich bitte Sie, hochwürdigster Herr Landesbischof, zugleich im Namen der andern bekenntnistreuen Mitglieder meiner Fakultät alles zu tun, um dies zu verhindern, wenn dies nicht möglich sein sollte, aber selbst die Synode zu verlassen, und die andern bekenntnistreuen Lutheraner zu veranlassen,

das Gleiche zu tun. Ich bitte Sie ferner die Folgen zu überlegen, wenn wir pflichtgemäß die öffentliche Anklage erheben müßten, daß die lutherischen Kirchenführer den durch die Verfassung der DEK vom 11. Juli 1933 garantierten Bekenntnisstand ihrer Landeskirchen verletzt hätten.
Ich bitte Sie, hochwürdigster Herr Bischof, endlich inständigst, meine Worte nicht als einen bloß formellen Protest zu behandeln. Die Zeit drängt so, daß ich auf weiteres im Augenblick verzichten muß. In Ihren Händen liegt jetzt die Entscheidung, ob für einen Aufbau der lutherischen Kirche Deutschlands aus ihrem Bekenntnis wenigstens noch die Möglichkeit offen bleiben soll oder ob die Entwicklung der Bekenntnissynode zu den bisherigen Merkmalen absoluter Unionspolitik auch noch das Schlußstück hinzufügen soll.
Einen Brief gleichen Wortlauts richte ich an Herrn Landesbischof D. Marahrens.
Ehrerbietigst
Ihr sehr ergebener D. Elert

2.4 1936

2.4.1 Verhältnis zu den Deutschen Christen

152 Schreiben Nr. 1823 des Kreisdekanats Nürnberg an die Pfarrämter. Nürnberg, 13. Juni 1936

FKiZM. A 30. 65

Zur kirchlichen Lage:

1) D. C. in Bayern. Hier ist der Bruderkampf im vollen Gang: auf der einen Seite Dr. Beer, offenbar auch Hermes, ob von den anderen Pfarrern noch jemand?; auf der anderen Seite Baumgärtner, Sommerer-Neinstedt i. Harz, der Gauobmann Schön, der „Verbindungsmann" Dr. Bub. Die Unterschiede sind durchaus nicht theologisch, sondern lediglich organisatorisch und vor allem persönlich. Beer will die Führung haben. Er protestiert gegen die Gründung eines D. C. Pfarramts in Nürnberg (Inhaber der Pfarrstelle Baumgärtner). Das einzige „legale" Pfarramt sei Eibach; dort allein sind Kirchenbücher und Amtssiegel. Beer hat eine deutschchristliche „Arbeitsgemeinschaft" gegründet. Er behauptet, daß die Ortsgruppenleiter von Nürnberg-Lichtenhof, -Maxfeld, -Eibach, -Röthenbach, -Gibitzenhof, -Muggenhof, -Altstadt, -St. Johannis, Röthenbach a. Peg., Vach, Cadolzburg, Gebersdorf, Stein, Ettenstadt, Langenzenn, Beroldsheim, Wolkersdorf, Pleinfeld, Memmingen auf seiner Seite stünden. (Die Gegenseite behauptet, daß das nicht der Fall sei; jedenfalls stünde das D. C.-Volk nicht auf der Seite Beers.) Beer, der das

Amt für Aktivierung und Propaganda gehabt hat, ist abgesetzt worden von diesem Amt, wahrscheinlich überhaupt von den bayerischen D. C. ausgeschlossen worden.
In den Versammlungen, soweit sie noch stattfanden, ist es ziemlich tumultuarisch zugegangen. Man wirft sich gegenseitig Verrat vor. In den Verkündigungen bei den Gottesdiensten wird vor dem „Putsch“ Beers gewarnt. Auch aus den Reihen seines Kirchenvorstandes, soweit er bei ihm verblieben ist, hat Beer stärkste Opposition.
Dr. Beer hat Anschluß an Thüringen.

2) Zur Schulfrage. Eine Lehrerversammlung vom 29. Januar 1936 hat folgende Sätze als Erklärung angenommen: „Wir Erzieher erklären der Nürnberger Bevölkerung, daß die Gemeinschaftsschule eine Schule ist, in der die Jugend nicht nur deutsch, sondern auch christlich erzogen wird. Wer neuerdings behauptet, daß das nicht so sei, den erkläre ich als einen Lügner. ... Die Nürnberger Lehrerschaft verwahrt sich gegen den Vorwurf, als sei sie antichristlich und antikirchlich eingestellt. Sie erklärt, daß sie eine christliche und religiöse Erziehung der Jugend für unbedingt notwendig hält und darnach handelt.“ – Dazu einige Sätze aus den Vorträgen der Gautagung des NSLB am 15.–17. Mai ds. J., die zum Teil in „ungezügelter, zum Teil in zurückhaltender Form sämtlich ein Nein gegen Kirche und Christentum gewesen sind:
„Der Glaube an seine eigene Kraft, an seinen Mut, seine Macht bestimmt sein (des nordischen Menschen) Schicksal. – Völlig fremd ist ihm die Trennung seiner Persönlichkeit von der Macht über ihm. Er kennt keine Teilung, daß die eine Macht Schöpfer und er nur Schöpfung sei. Diese Entmächtigung der Persönlichkeit ist dem nordischen Menschen fremd. Ebenso fremd ist ihm aber der Gedanke der Erlösung. Es ist ihm fremd, daß einer kommen muß, der die Vermittlung zwischen Gott und ihm übernimmt. Es ist dem nordischen Menschen fremd, daß man das Heil von oben her erwartet aus Glauben. Das Vertrauen auf sich ist germanisch. Das Wort Gnade kennt er nicht.“ –

3) Versammlungsverbot. Aus dem ganzen Land werden die Verbote gemeldet: Jugendversammlungen bei Bezirksjugendtagen, Bibelfreizeiten, auch Bibelstunden. Alles soll in die Kirche verlegt werden. Näheres darüber ist im Schreiben des Landesjugendpfarrers vom 12. Juni ds. J. In Mittelfranken, besonders in Nürnberg, sind nur vereinzelte Verbote vorgekommen: der Jugendtag des CVJM vom 17. Mai, ebenso die Tagung der Christlichen Arbeitsgemeinschaft deutscher Bäcker. Diese beiden Veranstaltungen konnten nur in der Kirche vor sich gehen. Das „Damoklesschwert“ hängt aber über aller unserer Arbeit. Es ist klar, daß damit die Arbeit der Kirche auf gewissen Gebieten vollkommen unmöglich wird. Es bleibt für uns die Losung von Act. 5, 29. Hier darf die Kirche nicht zurückgehen. Bekenntnisgemeinschaftsversammlungen

mit kirchenpolitischem Charakter mögen davon ausgenommen sein. Bei den anderen Veranstaltungen gibt es nur ein Nein. Soweit wir wissen, ist das auch die Stellung des Landeskirchenrats.
Bei Verboten ergehen sofort klarste Proteste an das Innenministerium in München, an den Reichskirchenausschuß; Abschriften an den Landeskirchenrat und Kreisdekan!

4) In der Woche nach Trinitatis hat der Verband für Kinderpflege (Kinderschulen, Kindergärten u. s. w.) in Nürnberg getagt. Es wurde sehr ernst geredet von den Plänen, auch hier die „Entkonfessionalisierung" durchzuführen. Die Dinge sind wohl augenblicklich etwas abgestoppt, können aber jeden Augenblick neu in Fluß kommen.
Bei dieser Tagung wurde in der Lorenzkirche ein wiederum gewaltig besuchter Gesamtgemeindeabend veranstaltet. Die Gemeinde wird allmählich wach.

5) Es wird gut sein, wenn unsere Bekenntnisgemeinschafts-Versammlungen (besser nicht Gottesdienste, auch, wenn in der Kirche!) wieder aufleben. Eine Skizze, die wir für unsere Nürnberger Versammlungen hinausgegeben haben, liegt bei. Wir haben nicht für jeden Pfarrer ein Exemplar übrig. Ich bitte, daß sich die Kollegen gegenseitig damit aushelfen.

6.) Allerlei gutes Material über die Lage im Reich bringen die Rundbriefe des Württembergischen Oberkirchenrates. Vielleicht kann sie sich der oder jener Kollege bestellen.

7.) Die Pfarrerbruderschaft bittet ein Wort Niemöllers zur Lage beilegen zu dürfen. Auch wenn wir den Weg Niemöllers nicht in allem für richtig halten, so muß doch sein Wort immer wieder gehört werden.

gez. Schieder.

153 Beschluß des Landessynodalausschusses, München, 31. Januar 1936

FKiZM. A 30. 4

Als Ergebnis der heutigen Beratungen, die in Gegenwart des Vorsitzenden des Reichskirchenausschusses, Herrn Generalsuperintendenten D. Zoellner, stattfanden, wurde einstimmig beschlußmäßig Folgendes festgestellt.
Der Landessynodalausschuß ist mit dem Landeskirchenrat einig in dem Bemühen, einen Weg zu finden zur Eingliederung der DC.-Pfarrer und ihrer Anhänger in die Bayer. Landeskirche. Allerdings ist der vom Reichskirchenausschuß dem Landeskirchenrat unter den 17. Januar 1936 überreichte Vorschlag hierzu nicht geeignet.
Ehe überhaupt Verhandlungen mit Aussicht auf Erfolg eingeleitet werden können, müssen folgende Voraussetzungen erfüllt sein.

1. Bei der Auseinandersetzung der DC mit der Landeskirche muß der letzteren dieselbe Möglichkeit öffentlicher Wirksamkeit (Presse, Versammlungen, Rundbriefe usw.) verschafft werden, wie den DC. Als Beispiel verweisen wir auf die Bewegungsfreiheit, deren sich die DC in ihren Blättern („Deutscher Sonntag", „Positives Christentum") erfreuen gegenüber der Tatsache, daß in kirchlichen Gemeindeblättern jede Orientierung der Gemeinde über die kirchliche Lage unmöglich gemacht ist.
2. Der Vorschlag des RKA. sieht vor, daß zuerst Abmachungen mit den DC getroffen werden und dann auf die Einhaltung der von diesen gegebenen Zusagen gewartet wird. Demgegenüber steht die Tatsache, daß bereits mit Bekanntwerden des Vorschlages eine skrupellose Agitation der DC einsetzte, welche ihre bisherige Praxis der Diffamierung, Verhöhnung und Beschimpfung des Landesbischofs und der bekenntnistreuen Diener und Glieder der Landeskirche, sowie die Verhetzung der Gemeinden fortsetzt und überbietet. Wir verweisen zum Beweis auf die Anlage. Deshalb muß auf Grund jahrelanger und bitterer Erfahrungen gefordert werden, daß zunächst die DC. klare und stichhaltige Beweise loyaler Haltung und einfachsten Anstandes erbringen.
Ebenso muß der stichhaltige Beweis dafür erbracht werden, daß die DC. ihre Haltung und ihr Handeln nach rein kirchlichen Gesichtspunkten, d. h. vom Bekenntnis der Kirche her bestimmen lassen.
Es gibt in Bayern Deutsche Christen, denen wir gerne die Hand zur Verständigung reichen. Aber gerade im Hinblick auf die Betätigung der im Vorschlag vom 17. 1. 1936 genannten Männer müssen wir unsere Forderungen mit Nachdruck stellen.
Ein Ausgleich ohne Erfüllung dieser unserer Forderungen kann in unseren Gemeinden nicht zu dem vom Reichskirchenausschuß wie von uns erstrebten Ziele führen, sondern muß notwendig größte Beunruhigung zum Schaden auch des Staates hervorrufen.
Das Vorstehende ist die einstimmige Meinung des Landessynodalausschusses, in dem alle Gegenden und Kreise unserer Landeskirche gleichmäßig vertreten sind.
Der Vorsitzende:
gez. Bogner.

154 Protokoll der Aussprache zwischen Kirchenleitung und DC-Laien am 10. Juli 1936 in Nürnberg, Hummelsteinerweg, abends 8 Uhr

LAELKB, 101/41–115

Anwesend die Herren

Landesbischof D. Meiser	) Mchn.	Schmelzer, Dinkelsbühl
Vizepräsident Dr. Meinzolt	)	Watz, Fürth,
Univ-Prof Liermann, Erlangen		Beierlein, Ansbach
Dr. Bachmann, Hof		Vogel, Fürth,
Landger. Dir. Dörfler, Augsburg		Rurck, Nürnberg
Stud. Rat Zwörner, Weißenburg		Knörl, Bayreuth
Pfr. Baumgärtner, Nürnberg		Dr. Schieder, Bayreuth
Müller, Fürth		Euerl, Nürnberg
Stadlinger. Nürnberg		Hanemann, München
Lederer, Erlangen		Schmidt, München.

Meiser eröffnet. Diese erste Aussprache in der kirchlichen Auseinandersetzung, zusammen mit Mitgliedern des Landessynodalausschusses, zwischen dem Kirchenregiment und DC-Vertretern ist eine bedeutsame Angelegenheit. Herzlich freuen sich alle darüber, daß das möglich ist. Wir werden nicht vermeiden können, daß wir über Dinge der Vergangenheit reden, manche Klage gegenseitig vorbringen. Ich will das nicht verhindern. Auch Kritik ist nötig. Der Zweck ist aber nicht in der Kritik zu verharren, sondern neue Gemeinschaft anzubahnen. So schmerzlich die Spaltung unter den Geistlichen war, so schmerzlich ist die in Bayern im Laufe des Kirchenkampfes eingetretene Aufspaltung der Gemeinden. Tatsächlich ist die Kirchengemeinschaft aufgehoben worden (gesonderte Abendmahlsfeiern!). Die Beweggründe der anwesenden Vertreter sind im einzelnen dem Kirchenregiment nicht bekannt. Darüber ist zu sprechen. Mancherlei neue Perspektive wird diesen Abend gegeben werden. Daß der Kirchenkampf um Wesensfragen der Kirche ging, darüber ist kein Zweifel. Heute stehen wir vor einem rechtlichen Trümmerfeld, das ohne Staatshilfe gar nicht zu bessern ist. Dazu gesellte sich die Personenfrage um Müller. Diese Frage wurde seitens des Staates weitgehendst gelöst durch seine Entmächtigung. Dadurch ist ein starker Konfliktstoff beiseite getan. In grundsätzlichen Fragen ist eine Erleichterung eingetreten durch die theologische Erklärung von Rehm. Auch die Rechtsfrage sollte nicht weiteren Kampf mit sich bringen. Selbstverständlich bestehen aber viele Differenzen, die die Entwicklung mit sich gebracht hat und die bereinigt werden müssen. Das Ziel der Kirchenleitung ist ein positives, die Wiederherstellung der verlorengegangenen kirchlichen Gemeinschaft, damit die Kräfte für die Aufgabe der Kirche

zusammengefasst werden können, besonders auch zum Kampf gegen das mächtig anstrebende Antichristentum.
Um die Reichskirche brauchen wir nicht zu streiten: wir haben stets die Reichskirche gewollt. Bayern hat eifrig daran mitgearbeitet. Gerade in den Zeiten der Rechtszerstörung haben die süddtsch. Kirchen den reichskirchlichen Gedanken hochgehalten. Der Rat der Lutherischen Kirche Deutschlands will nichts anderes sein als Bauarbeit an der Deutschen Evangelischen Kirche, so wie es im Gegensatz zu dem Versuch von Müller und Jäger geschehen muß. Auch auf reformierter Weise [sic!] beginnt man nun in ähnlicher Weise sich zusammenzuschließen (Rat der reformierten Kirche). Wir sind uns klar darüber, daß die Zeit des Landeskirchentums vorüber ist. Aber die Bekenntnisfrage muß bei allen Massnahmen sauber gelöst werden. Wer den Bekenntnisboden verläßt, hat auch rechtlich keinen Anspruch mehr auf Mitgliedschaft in der DEK; er scheidet sich selber von ihr. Ich möchte wünschen, daß die Aussprache ruhig und vornehm sei, aus dem Willen zu einer neuen Gemeinschaft. Wir sind doch Glieder einer Kirche.
Stadlinger. Nürnberg. Unser Gauobmann ist im Krankenhaus, deshalb spreche ich. Wir Laien wollten den Pfarrern, die für den Reichsbischof eintraten, zur Seite springen. Die Bekenntnisversammlungen richten sich gegen das 3. Reich. Deswegen wurden wir DC. Auch meinen Lieblingspfarrer Greifenstein habe ich deswegen bekämpfen müssen. Er war in meinen Augen ein Verräter. Dadurch entstand der Riss. Meine Familienmitglieder sind Bekenntnisleute. Als der Kampf immer schärfer wurde und wir als Irrlehrer angegriffen wurden, wurde die Wut immer stärker. Gerade wir vertriebenen Salzburger waren über den Vorwurf der Irrlehre erregt. Auch gibt es Pfarrer, in denen jüdisches Blut fließt. Ein Jude, der auf der Kanzel ist, kann nicht Christ sein (Jacobin). Niemals kann ein Pfarrer Freimaurer sein. Auf die dogmatische Erklärung legen wir keinen großen Wert. Auf das Zutrauen kommt es an. Wenn man unseren Pfarrern die Kanzel öffnet, dann besteht die Möglichkeit, daß in absehbarer Zeit unsere Leute auch zu den anderen Pfarrern wiederkommen. Wir müssen aber die Möglichkeit haben unsere Gedanken weiter zu entwickeln. Wir würden keine große Agitation machen, sondern im stillen weiterarbeiten, wo wir gerufen werden.
Beierlein. Ansbach. Ich bin seit meiner frühesten Jugend kirchlich. Mein Vater ist Vorstand der landeskirchlichen Gemeinschaft. Ich wurde DC, weil ich in der Kirche Zustände fand, die uns nicht zusagen. Viele der Geistlichen sind keine Nationalsozialisten. Dazu kam die Sache mit Pfr. Fuchs. Dieser hat 6 mal nicht predigen dürfen. Daraufhin haben wir Fuchs um Predigten gebeten. Zu den anderen Ansbacher Geistlichen gehen wir nicht mehr in die Kirche. Wir wurden angespuckt. Mit Kreide wurde angeschrieben: Fuchs verrecke. Koch hat einen Mühlstein um den Hals gewünscht. Im Friedhof wurden wir mit dem Schirm über den Kopf geschlagen. Über uns und Fuchs wurde unendlich viel gelogen. Die Bekenntnisgeistlichen tragen auch den

Kirchenstreit in die Schule (Abmeldung der Bekenntniskinder). Es ist bei unseren ehrlichen Leuten, oft alten Parteigenossen auf dem Friedhof nicht einmal geläutet worden. Wir stehen felsenfest hinter Ludwig Müller. Er hat nichts Unehrliches getan. Er kommt auch wieder. Der Führer entzieht keinem das Vertrauen. Die Geistlichen haben Müller nicht als faulen Apfel zu bezeichnen. Hätte der Landesbischof die DC als Mitkämpfer benützt, es wäre anders gegangen. Jetzt freut sich die Dtsche. Glaubensbewegung. Eine Befriedung für Ansbach gibt es nur, wenn Fuchs wieder eingesetzt wird. Wir werden zum Siege kommen, so wahr ich Beierlein heiße.

Linse. Nördlingen. Seit 12 Jhr. bin ich ein bewusster Christ. Weil ich „des Knaben Sterben“ nicht sehen konnte, deshalb wurde ich DC. Gegen den Artikel von Holz haben wir deshalb nicht protestiert, weil dann auch nicht gegen Müller hätte polemisiert werden dürfen. Ich bin nicht politischer Christ, sondern vom Gewissen wegen. In einer Sitzung wurde ich vom Vorsitzenden des Kirchenvorstandes geschmäht, weil ich als DC die Unruhe in die Gemeinde gebracht hätte. An der Person L. Müllers kam es zum endgültigen Kampf. Auch Boykott wurde angewandt.

Schmelzer. Dinkelsbühl. Mein Konfirmationsspruch lautet: Jesus Christus gestern und heute. Als Kern-Ansbach einen Bekenntnisgottesdienst abhielt, konnte ich das Schimpfen nicht mehr mit anhören. Als Schaudig die Alternative stellte, entweder Meiser oder nicht, da war Schluß. Bei Müller habe ich in Crailsheim gefunden, was ich wollte. Dann ging der Kampf gegen uns los. Nach Dinkelsbühl auf die 3. Pfarrstelle muß ein DC-Pfarrer kommen. Christus muß uns nach deutscher Art ausgelegt werden. Wir suchen unsere Seelsorger von Gott her. Wir haben kein Zutrauen zu solchen Pfarrern, die Brunnacker in den Tod getrieben haben. Meiser bittet um Vorsicht in Aussagen. Euerl bittet um versöhnlichen Ton. Der Erlanger Vertreter sagt: wir reden, wie es uns um das Herz ist.

Schieder. Bayreuth. Die Geistlichen haben einen sehr großen Hochmut gegen Laien. Das habe ich schon im Kindergottesdienst erfahren. Wir wollen der Kirche aus der Verknöcherung heraushelfen. 1933 wurde Meiser unter größter Beihilfe eingesetzt; dann hieß es, die Kirche ist in der Gefangenschaft des Staates. Es kämpfe eine ganz unlutherische Theologie. Alles sei unter der Sünde. Es sei furchtbar, daß das Leben immer wieder erneut werden muß. Das sind hochmütige Bemerkungen über die Schöpfung. Dann kamen Hetzpredigten. Man fragte nach dem Ausland, für Müller wollte man nicht mehr beten. Meine Rundschreiben an die Pfr. haben nichts genutzt. Man hat von Laien nichts annehmen wollen. 1919 hat man gesagt, sei untertan der Obrigkeit, 1933 hat man den Gehorsam verweigert.

Schmidt-München. Es ist unmöglich auf die einzelnen Vorwürfe einzugehen, die von verschiedenen Seiten gemacht wurden. Da muß man auch die Gegenseite hören. Aber über einiges Allgemeines und Grundsätzliches kann gesprochen werden. Es ist nun einmal Tatsache, daß Jesus bei dem

Judenvolk mit all seinen besonderen Eigenschaften Fleisch geworden ist. Kann ein Jude nicht Christ sein, wenn es ihm ernst ist? Ist die Erlösung für alle Völker da oder nur für Deutschland? Zweifellos kennt auch die Bibel die dunklen Seiten des Lebens und der Welt. Wir kämpfen um die biblische Wahrheit. L. Müller hat Irrlehre verkündet. Er hat auch Recht gebrochen. Das Gericht hat ihn, wie ein schlesischer Fall zeigt, gegen den Vorwurf der Lüge nicht schützen können. (Bei diesen Ausführungen von Anfang an wurden viele Zwischenrufe gemacht um ihr Anliegen zu vertreten usw. Sehr scharf wurden die Zwischenrufe beim Folgenden.) Der Deutsche Sonntag, den die DC verteilen, hat sich bereit erklärt, auf höheren Befehl gegebenenfalls selbst das Christentum preis zu geben.

Ruck. Nürnberg. Ich war zu einem DC gemacht worden durch die Bekenntnisfront. Und zwar ausgehend von der Absetzung Baumgärtners. Aufgrund einer Lüge wurde ich aus dem Stadtmissionsverein ausgeschlossen. Ich habe nichts mit Holz' Kirchenpolitik zu tun gehabt. Lediglich meine Frau ist mit seiner Frau bekannt. An sich habe ich vom Kirchenstreit nichts gewusst. Ein Geistlicher hat zu mir gesagt: ich weiß nicht, ob wir uns freuen können, daß Hitler zur Regierung kam. Leib und Seele müssen auf dem einen Schiff Deutschland fahren. Kirche und Staat müssen zusammen sein, das verkündigen die DC. Sie wollen die Zwiespältigkeit nehmen. Unsere Stellung zu den Juden ist die Martin Luthers. Die DC verkündigen ein freudiges Christentum. Der wirtschaftliche Boykott ist gegen mich mit 100 % Erfolg durchgeführt worden. Auch der LKR hat dazu geholfen. Der Angriff auf L. Müller mußte die Autorität auflösen. Jetzt unterstellen wir uns Zoellner aus Disziplin. Das soll auch die bekennende Kirche tun.

Dr. Bachmann. Hof. Ich bin Arzt, Kulturwissenschaftler, Pfarrerssohn, Pfarrersenkel. Die Bekenntnisfront ist erst aus dem Kampf hervorgewachsen. Es geht nicht um einzelne Schicksale, sondern um das dtsch. Volk und Christus, um den lutherischen Glauben. Mit den bisherigen Methoden kommen wir nicht weiter. Die Kirche hat 1918/19 und in der Systemzeit die rote Wirtschaft nicht gedeckt. Ich bin ein lebensfreudiger, nationalsozialistischer Mensch. Aber ich trenne die Kirche vom Staat. Die Predigt hat gegen die Sünde gehandelt, aber nicht gegen das Gebot über die Obrigkeit. Die Kirche hat auch schuld, aber sie war nicht verknöchert. Wir sind dankbar, daß die ganze Frage der Kirche jetzt so gründlich behandelt wird. In der Synode haben auch Nationalsozialisten Meiser das Vertrauen ausgesprochen. Gollwitzer hat dann auch erst den Gegner gemacht. Wir haben all die Fragen (Brunnacker, Fuchs usw.) mit größtem Ernst behandelt. Der Landesbischof hat immer wieder seelsorgerliche Milde walten lassen. Er hat für das ganze gehandelt. Die Aktenlage ist eben doch anders. Es ist falsch zu sagen, so wahr ich Beierlein heiße, muß Müller wiederkommen; oder Fuchs unter allen Umständen zurückzufordern. Die DC sind ein kleiner Haufen. Von so einem kleinen Standpunkt wird die Frage nicht gelöst. Es ist falsch, die

DC als die alleinigen Nat.Soz. in der Kirche anzusehen. Die DC haben sich zersplittert und werden zu einem zersetzenden Ferment. (Das geht zu weit! Machen wir Schluß).
Schieder: Auch wir wollen nichts weiter als Evangelium. Deshalb haben wir unsere Lebensschicksale erzählt. In der Bibel stehen noch allerlei Dinge, die wir auch ablehnen.
Dörfler. Ich begrüsse die Einberufung dieser Versammlung. Als Nationalsozialisten müssen wir den Weg des Herrn Landesbischofs gehen. Wir kennen die Mißstimmung. Da müssen wir sorgen, daß das Volk nicht die Volksgemeinschaft verliert, statt dessen aber eine einige Deutsche Evangelische Kirche hat. Ich habe 1923 das Programm der NSDAP mit unterschrieben. Wir haben unter dem positiven Christentum das bestehende konfessionelle Christentum verstanden. Auch Rosenberg war damals nicht dagegen. Exponenten der Partei haben aber schon vieles andere daraus gemacht und dadurch die Partei geschädigt. Wir sind verpflichtet, in der Partei das ursprüngliche Verhältnis des positiven Christentums zu halten. Stellen wir die kleinen persönlichen Bedenken zurück und unterstellen wir uns dem Herrn Landesbischof. Die Entgleisungen auf beiden Seiten müssen vergessen werden. Sie dürfen nicht mit Ihrer Schärfe die ganze Sache wieder gefährden. Ich verstehe, daß Sie dem Herrn Landesbischof alles sagen wollten. Aber bleiben Sie an dieser Geschichte nicht hängen. Der heutige Ton muß langsam abklingen.
Linse. Nördlingen. Es war ein Unrecht, daß man die Laien in den Kirchenkampf hereingezogen hat, die die Sache nicht übersehen konnten. In dem Ton des Vorredners lasse ich mir die Sache gefallen. Es ist ein Unrecht, wenn man uns Irrlehrer nennt, weil wir Leute haben, die nicht positiv zum Bekenntnis stehen. Solche Leute gibt es auf der anderen Seite auch. Ich habe nie über den Herrn Landesbischof geschimpft. Aber die Mittel, die vielfach angewandt werden, sind unmöglich. Auf Theorien können wir uns nicht einlassen. Gott findet man auf den Knien.
Meiser. So war es doch nicht gemeint, daß jeder Laie ein Irrlehrer sei. Das kann aber nicht geleugnet werden, das aber kann nicht geleugnet werden [sic!], daß massgebende Führer der DC und das Schrifttum bekenntniswidrige Äusserungen getan haben. Selbst der Reichskirchenausschuss hat gegen solche Irrlehrer Stellung genommen und zwar gegen die Thüringer. Einer der größten Irrlehrer ist L. Müller (Zwischenruf: das weise ich zurück!) Deshalb haben wir ihm die Gefolgschaft verweigert, nach Augustana 28. Zum Glück hat jetzt ein Teil der DC die Irrlehre der DC abgelehnt und Müller die Gefolgschaft verweigert. Auch daran kann es Ihnen als glaubwürdig erscheinen, daß es uns wirklich um das Evangelium ging. Wir haben das Wächteramt und haben lange darum innerlich gekämpft. Ich habe selbst mit dem Führer über diese Frage gesprochen. Da sagte der Führer: „Wer hält L. Müller, ich beziehe keine Subvention von ihm. Wenn er zurücktreten will,

kann er es jederzeit tun." Leider können wir Ihnen nicht alles von außerhalb der Landeskirche schildern. Die DC sind 1932 aufgetreten, die bekennende Kirche viel später, nicht zum Angriff, sondern zur Abwehr.
Linse. In Bayern ist es anders. – Meiser: Erst seit Oktober 1934 hat es in Bayern Bekenntnisgemeinschaften gegeben.
Zwörner. Weißenburg. Dort ist es mit den Flugblättern nach dem Bekenntnisgottesdienst, welcher sehr scharf war, angegangen. Dies war vom Bollmann-Verlag in Zirndorf. Es stellte sich heraus, daß ein Oberkirchenrat Verfasser sei. Seit dieser Zeit wurde ich auch von den Geistlichen boykottiert. Ich habe das hingenommen. Wir brauchen in der Kirche neuen Geist durch Gottes Wort, einen Luthergeist gegen alle Teufel der Welt. Nicht die Schlechtesten sind bei den DC. Ein Geistlicher hat in der Kampfzeit die Fränkische Tagespost gebracht, später die Basler Nachrichten. Das macht misstrauisch. Wir können es nicht begreifen, daß die DC-Geistlichen abgelehnt werden. Eine Predigt muß verständlich und freudig sein, nicht Klagelieder. Ein Positives muß in Wort und Werk gegenüber der Schöpfung die Verantwortung übernehmen. Nicht um Judenglauben geht es, um Jakob und Moses, sondern um Christus. Es geht nicht um die außenpolitische Meinung. Wer seiner Sache sicher ist, fürchtet sich nicht vor Bedrohung. Die Kirche muß im Namen des Herrn für Volk und Vaterland und Christus eintreten. Dann haben wir wieder Vertrauen.
Meiser. Auch der Führer weiß, daß man in Glaubensdingen nicht Revolution machen soll. Das hat er uns gesagt. Tatsächlich haben wir uns lediglich dagegen gewehrt, daß man in Glaubensdingen Revolution machen wollte. Wenn die Kirche nicht kräftig und mannhaft kämpft, dann ist sie falsch am Platze.
Knörl. Die DC-Bewegung ist aus den Gemeinden gewachsen. Deshalb muß man die kleine Wirklichkeit des Alltagslebens kennen und aufzählen. Wolfart hat in Bayreuth Jugendgottesdienst abgelehnt, obwohl ich es aus guter Absicht angeregt habe. Prieser hat von dem Führer als von einem entwurzelten Katholiken gesprochen. Wolfart hat von dem Winterhilfswerk als von einem schönen Laster gesprochen. Auch wurde Müller bös verleumdet. (Verheiratung seiner Tochter!) Auch Klein hat Äusserungen getan. Auf Grund dieser Tatsachen sind wir DC geworden. Prieser hat Schemm als Kultusminister als unmöglich erklärt. Solche Geistliche können wir im 3. Reich nicht haben. Wir brauchen eine Kirche, welche Volk und Staat und Reich in ihrem Kampf unterstützt. Ausserdem müssen wir solche Geistliche als Staatsfeinde bekämpfen. Was soll nun wirklich geschehen? Wir laufen nicht winselnd wohin, um in Gnaden aufgenommen zu werden, verlangen allerdings auch keine Unterwerfung der anderen. Ein Kompromiß ist unmöglich. Wie steht die Landeskirche zu der Rehmerklärung?
Euerl. Wo gehobelt wird, fliegen Späne. Sie haben uns nun drei Stunden lang ihre Klagen erzählt. Wir könnten es ebenso machen. Sie hätten auch nicht

deswegen aus der Landeskirche austreten und einen eigenen Verein gründen brauchen (Zwischenruf: wir sind kein Verein!) Bei der Synode in München wurde alles getan, um mit den DC zurecht zu kommen. Wolf Meyer hat das alles über den Haufen geworfen. Die DC haben da der Kirche geschadet. Die Bekenntniskirche hat sich auch wehren müssen. Hätten wir das nicht getan, so wäre die Bayerische Landeskirche auch zerschlagen. Daß Fehler gemacht wurden, erkennen wir an. Es ist gefordert worden, den DC müsse die Möglichkeit gegeben werden, ihr Gedankengut weiter zu entwickeln. Das ist reichlich unklar. In der DEK muß Christus verkündet werden (lachen). Die Personalforderungen wurden schon im vergangenen Jahr vom LKR abgelehnt. Sie berufen sich auf die Erklärung von Rehm, bringen aber immer wieder Dinge vor, welche gegen die Erklärung von Rehm verstossen. (AT fröhliches Christentum). Sie haben nicht immer mit dem nötigen Ernst verhandelt (Darauf verlassen eine Anzahl DC das Lokal.)
Meiser. Es wurde darüber gelacht, daß Euerl die Christusverkündigung in den Mittelpunkt stellte. Da ist es zu verstehen, daß er um Ernst ersuchte. Der Vertreter von Dinkelsbühl drohte: „Wenn ich das daheim erzähle, was hier geschehen ist, so stehen meine Leute morgen in Eibach."
Meinzolt. (Verschiedene DC kehren zurück.) Ich habe zuerst Verständnis für das Anliegen der DC gehabt. Ich bin nicht aus theologischen Gründen von den DC weggegangen, sodern wegen der Verstösse gegen die Ordnung. Das war bei Fuchs der Fall. Er ist ständig in fremde Gemeinden eingedrungen. Jeder Bürgermeister würde sich das verbieten. Diese Missachtung der Ordnung hat mich erschüttert. Ich meine damit nicht Friedhofsruhe. Selten in meinem Leben war ich so erschüttert als damals, als ich 1934 merkte, wie in der Kirche das Recht gebrochen wurde. Wenn in der Kirche wider das Recht gehandelt wird, so ist das Sünde. Beispiel: Die Nationalsynode vom August 1934 wurde vollständig geändert. Dazu kommt, daß Müller als Führer der Kirche so jämmerlich versagt hat. Er hat die Eingliederungsgesetzgebung aufgehoben; da hätte er als Führer zurücktreten müssen. Es ist empörend, wenn er sich trotzdem als Führer geriert. Ich würde mir die Einheit in der Kirche wünschen. Vielleicht hilft doch der heutige Abend dazu, trotz aller Schwierigkeiten. Meine Erwartung war freilich größer. Wenn ich nicht ganz pessimistisch werde, so deshalb, weil ich an eine höhere Führung der Kirche glaube.
Liermann. Die Frage, was geschehen soll, kann heute wohl nicht mehr beantwortet werden. Ich bezwecke doch noch einen Schritt aufeinander zu zu erleichtern. Wo stehen wir? Wir wurden geführt. Die Reichskirche wurde mit einer gewissen Hurrastimmung geschaffen, aber dann kam die Erkenntnis, daß das Haus nicht richtig gebaut war. So kam es zu Panik beim Einsturz. Aber vielleicht ist ein Segen dabei, daß es nicht so leicht gegangen ist. Auch der heutige Abend gehört zum Schweren. Aber doch wurde dadurch das Fragen nach der Kirche wieder verstärkt. Da wir die Reichskirche

bejahen, müssen wir angesichts der nicht funktionierenden Reichskirche neu bauen. Das alte Landeskirchentum ist am Ende. Die reichskirchliche Bewegung eint uns. In diesem Ziel sind wir nicht uneinig. Aber über Weg und Mittel gehen die Meinungen auseinander. Wir werden aber doch zum nämlichen Ziel kommen. Als neue Linie ist das zusammenstrebende Luthertum da, und zwar zur großen Deutschen Lutherischen Kirche. Darauf wird alles hinauskommen, ob wir wollen oder nicht.

Lederer-Erlangen. Wenn wir zu einer Einigung kommen wollen, ist die Ehrlichkeit und Wahrheit Voraussetzung. Die Bekennende Kirche verlangt Unterwerfung. Das ist zu einfach. Wir wollen unsere Belange in der neuen Kirche gewahrt wissen. Wir wurden durch die Geistlichen der Bekenntnisbewegung aus der Kirche hinausgedrängt. Die Stellung der Bekenntnisfront ist zweideutig. Im Frühjahr 1934 hat Kern-Nürnberg in Erlangen evangelisiert. Schier wäre er verhaftet worden. Das unterblieb nur wegen des Nervenschocks seiner Frau. Pfr. Kornacher wurde aus der Stadt verwiesen wegen seiner Hetze. Schöfthaler hat vor 14 jährigen Mädchen erklärt, vor Gott stehen Hitler und Seefeld auf gleicher Linie. Dekan Baum der, weil 22 Geistliche anscheinend nicht genügen, immer noch Religionsunterricht gibt, hat gesagt: „Nun wollten sie mich schon 5 mal verhaften und ich bin immer noch da." Haffner hat im Kirchenboten (die Verweigerung des Glockenläutens am 1. Mai hat großes Kopfschütteln hervorgerufen), aus dem Aufruf von Ley einige Zeilen herausgenommen und dadurch den Artikel gefälscht. Man hört heute, die evangelische Kirche sei die einzige Organisation, die gegen das 3. Reich angeht. Das sind unmögliche Zustände. Wir haben entweder Pfarrer unseres Vertrauens oder gar keine. Das habe ich an das Reichskirchen-Ministerium geschrieben.

Stadlinger: Wenn es nicht gelingt, die vernünftigen Lutheraner und die DC zusammenzubringen, so weiß ich nicht, wie es weitergeht. Ich frage, ob der LKR den DC Gleichberechtigung gibt u. ob Reichsleiter Rehm anerkannt wird.

Baumgärtner. Ich bin nicht so pessimistisch. Unsere Leute haben mit tiefem Ernst teilgenommen. Ich höre es heraus. – Reichel-Fürth. Das Endziel kann nur das sein, daß die DC im Kirchenraum gleichberechtigt anerkannt werden. Sonst gibt es keine Befriedung. Die geschilderten Erlebnisse sind wahr. Wangemann ist zwar in Fürth, aber er bekommt kein Sonderrecht für die DC. Warum wurde er dann hingesetzt? Es ist keine Befriedung, wenn andauernd die DC diffamiert werden.

Hanemann: Der Reichskirchenausschuss hat ein Interesse an unseren Auseinandersetzungen. Ich habe schon den Parteitag 1929 mitgemacht und weiß, was Nationalsozialismus ist. Ich weiß auch, was Kirche ist. Zuerst habe ich auch auf die DC gehört. Aber ich wurde dadurch vom Anschluß abgehalten, daß die Bewegung der DC sich organisatorisch und kirchenpolitisch verhärtete und politische Methoden anwandte. Ich habe vorausgesetzt, daß auf diese Weise nur eine Spaltung zustande kommt. Diese Zerreißung ist ein entsetzliches Unglück im Augenblick des 3. Reiches. Die DC-Organisation und politische Machtmittel sind mit daran schuld. – Lederer: Daran ist die Bekenntnisfront mit ihren staatsfeindlichen Bestrebungen schuld. Meiser: Dann wäre es unerklärlich, daß unzählige Parteigenossen mit und ohne goldenes Abzeichen bei der bekennenden Kirche sind. – Lederer. Wer Parteigenosse ist und zugleich der bekennenden Kirche angehört, ist entweder kein richtiger Parteigenosse oder kein richtiger Christ. – Hanemann. Das muß ich ablehnen. Unter diesen Umständen muß ich es ablehnen weiter zu sprechen. Meiser: Nehmen Sie diese Aussage zurück? – Lederer. Nein, ich nehme nichts zurück. Dann müssen wir die Verhandlung abbrechen. Schluß: 11 Uhr 20 Min.

155 Kundgebung des Landeskirchenrats an die Gemeinden vom 29. August 1936

ABlELKB 1936, S. 129–132 = AELKZ 69 (1936), S. 853–855

|129| I.

So spricht unser Herr: „Es wird eine Herde und ein Hirte werden."

Als unser Herr dies Wort sagte, hat er an das Schicksal seiner Gemeinde, seiner Kirche gedacht. Er hat die Not seiner Gemeinde und den Jammer seiner Kirche gesehen, daß sie nicht immer „eine Herde" ist, daß sie getrennt ist und zerspalten und zerrissen. Aber mit seinem Wort von der einen Herde gibt er die Verheißung, daß diese Not und dieser Jammer nicht bleiben sollen, sondern daß die Zeit kommt, wo alle Trennungen und Spaltungen überwunden werden, wo alle, die Christen sein wollen, einmütig und einstimmig Ihn loben und ehren.

Mit dieser Verheißung hat der Herr uns die starke Sehnsucht ins Herz gelegt nach dieser „einen Herde", hat er uns die Aufgabe gegeben, dass wir arbeiten und kämpfen und beten um die Einheit der Kirche. –

Aber er sagt nicht nur das Wort von der einen Herde, sondern auch das Wort von dem „einen Hirten". Die eine Herde ist nur da, wo der „eine Hirte" ist. Damit ist die klare Linie gezogen: wir sollen arbeiten und kämpfen und beten um die eine Kirche; aber die Einheit der Kirche kann sich nur da gestalten, wo man an den Herrn Christus glaubt – an den wirklichen Christus, nicht an einen erdichteten und erträumten. Nur wo dieser Glaube ist, kann es die eine Kirche geben; nur der Glaube an den, der unser Herr und Heiland ist, kann die Trennungen und Spaltungen aufheben, die durch die Christenheit hindurch gehen. Wo wir aber die „eine Herde" wollen ohne den „einen Hirten", wo wir die Einheit der Kirche schaffen wollen ohne den Glauben an Christus, handeln wir wider den Willen des Herrn. So wird es nie und nimmer zu einer Kirche kommen.

|130| II.

Es geht durch unser Volk zur Zeit ein leidenschaftliches Rufen nach der Einheit der Kirche. Es sind vor allem die Thüringer Deutschen Christen, die diesen Ruf erheben. Sie wollen die sogenannte Nationalkirche. Eine Kirche soll sein, die die ganze Nation umfaßt, deren Mitglied jeder ist, der zur deutschen Nation gehört. Es soll nicht mehr geben Lutheraner und Reformierte, Protestanten und Katholiken; ja, es scheint, als wollten sie ihre Tore auch für diejenigen öffnen, die sich überhaupt nicht mehr zum Herrn Christus bekennen. Der neuen Nationalkirche sollen ohne weiteres alle angehören, die die deutsche Volksgemeinschaft bejahen.
Auf den Kanzeln soll alles gepredigt werden dürfen, was irgendwie der deutschen Wiedergeburt entspricht und sie fördert.
Zur Durchsetzung dieses Zieles in der Kirche soll nötigenfalls die Hilfe des Staates in Anspruch genommen werden.

III.

Es hat den Anschein, als würde der Plan der Nationalkirche dem Wort Jesu entsprechen von der „einen Herde". Aber es ist dabei eben das vergessen, daß der Herr fortfährt „und ein Hirte". Es geht denen, die die Nationalkirche wollen, nicht mehr wirklich um den „einen Hirten".
Man redet wohl bei ihnen vom Heiland; aber es ist nicht mehr der Heiland der Bibel. Man redet wohl vom Christenglauben; aber es ist nicht der Christenglaube, den Gottes Barmherzigkeit durch seinen Knecht Luther dem deutschen Volk wieder geschenkt hat.
Man weiß in diesen Kreisen nicht, daß Christus der Herr ist und daß nichts neben ihm Platz hat. Das Volk ist ihnen so wichtig wie der Herr Christus, ja wichtiger als der Herr Christus. Darum konnte einer der führenden Thüringer Deutschen Christen erklären: um der Einheit des Deutschen Volkes willen sei er bereit, auch den Herrn Christus daranzugeben.
Man weiß in vielen Kreisen nichts von dem tödlichen Ernst, der in der Botschaft Jesu liegt. Vor ihm ist alles menschliche Wesen, auch das edelste, verloren und verdammt. Sie aber verkündigen, daß, wer nur recht deutsch sei, auch ein rechter Christ sei.
Man weiß bei ihnen nichts davon, daß der Herr Christus der Einzige und Einmalige ist und daß sein Erlösungswerk etwas Einziges und Einmaliges ist. Der Herr Christus ist ihnen nur einer von denen, die durch den Einsatz ihres Lebens Erlösung bringen. Vor allem predigen sie, daß auch Deutschland mit seinem Schicksal religiöse Erlösung schaffe. Das Leid Deutschlands seit 1914 wird ihnen zu einem zweiten Golgatha; der Aufbruch Deutschlands seit 1933 wird ihnen zu einem neuen Ostern.
|131| Es sind unter ihnen Leute, die noch weiter gehen. In leichtfertiger Weise reden sie vom Werk Jesu Christi. Opfertod und Blut Christi nennen sie überflüssigen Kram, den der deutsche Mensch von heute nicht mehr brauche.

So steht ihre Lehre in Widerspruch zur Lehre der Lutherischen Kirche und zur Lehre der Bibel. Ihre Lehre ist Irrlehre.

IV.

Eine Kirchenleitung, die sich gebunden weiß an das Evangelium, muß gegen solche Irrlehre aufstehen, muß sich mit aller Kraft, die ihr geschenkt ist, gegen solche Irrlehre zur Wehr setzen. Die Leitung der Bayerischen Landeskirche weiß um diese ihre Pflicht und wird im gegebenen Augenblick das tun, was notwendig ist.

Man wird uns vorwerfen: das ist nichts anderes als Gezänk der Schriftgelehrten und Theologen, die ihren Glauben nur im Kopf haben, aber nicht im Herzen. Man wird uns vorwerfen, daß wir mit dem Kampf gegen diese Lehre lieblos und selbstgerecht die Einheit der Kirche und die Einheit des Volkes zerreißen.

Mag man das von uns sagen, wenn man's nicht lassen kann.

Wir wissen: es gibt nicht allerlei Herren, sondern nur den einen Herrn; darum gibt es nicht allerlei Wahrheiten, sondern nur die eine Wahrheit; darum gibt es auch nicht allerlei Evangelien, sondern nur das eine Evangelium von dem Christus, der da gestorben ist für unsere Sünden nach der Schrift und begraben und auferstanden am dritten Tage nach der Schrift. Wo nicht einzig und allein dieses Evangelium verkündigt wird, da wird die Ehre des Herrn Christus verletzt; denn man hat aus ihm etwas anderes gemacht, als was er selber sein wollte.

Wo das geschieht, da wird unser Volk um den Trost seines Gewissens und um das Heil seiner Seele betrogen. Denn allein das biblische Evangelium rettet unser Volk von Sünde und Tod.

Um der Ehre Christi willen darf die Kirche kein anderes Evangelium verkündigen, darf sie kein anderes Evangelium dulden auf ihren Kanzeln. Um des Heiles unseres Volkes willen muß sie unerbittlich scheiden zwischen Wahrheit und Lüge.

Gott weiß, daß wir nicht mit leichtem Herzen so urteilen und richten und den Kampf kämpfen gegen die falsche Lehre. Aber es ist das Wort Gottes, das da scheidet zwischen Lüge und Wahrheit, zwischen Lehre und Irrlehre, zwischen Glauben und Unglauben.

Wer kann wider das Wort Gottes?

Weil wir gebunden sind an dies Wort Gottes, können wir auf die Versuche, die auf diese Weise die deutsche Nationalkirche schaffen wollen, nur antworten mit einem entschiedenen und entschlossenen Nein. Niemand und nichts kann uns zwingen, daß wir zu einer solchen Kirche Ja sagen.

|132| Man wird uns dann vorwerfen, daß wir nicht zu unserm Volk stehen. Mag man sagen, was man nicht lassen kann. Wir befehlen diese Sache Gott. Er weiß, daß wir bereit sind, unserem Volk jedes Opfer zu bringen. Ein Opfer aber dürfen wir nicht bringen, das ist das Opfer der Wahrheit.

Was wollten wir lieber, als daß es eine Kirche in unserem deutschen Volke gäbe? Wir trauern, daß wir im Heiligtum Gottes nicht gemeinsam stehen können; daß die einen dahin gehen und die anderen dorthin. Aber zur Einheit der Kirche gibt es nur einen Weg: unser deutsches Volk von oben bis unten muß sich bekennen zum Evangelium; unser Volk muß sich Mann für Mann bekehren zu Ihm, der gesagt hat: „Ich bin der Erste und ich bin der Letzte und der Lebendige; ich war tot und siehe ich bin lebendig von Ewigkeit zu Ewigkeit, und habe die Schlüssel des Todes und der Hölle."
Gottes heiliger Geist stehe uns bei, daß wir alle, Kirchenleitung und Pfarrer und Kirchengemeinden, treue Zeugen dieses Herrn werden. Und Er, der Herr der Kirche, wird allen treuen Zeugendienst segnen und schaffen, daß zu Seiner Zeit werde ein Hirte und eine Herde.

* * *

(Diese Kundgebung ist am 13. Sonntag nach Trinitatis als Anfang oder Schluß der Predigt in sämtlichen Gottesdiensten zu verlesen. Die Predigt ist entsprechend kürzer zu fassen.)
München, den 29. August 1936.
Evang.-Luth. Landeskirchenrat.
D. Meiser.

156 Schreiben der Bekenntnisgemeinschaft zur Kanzelabkündigung am 30. August 1936

FKiZM. A 30. 65

Die Glaubensbewegung der Deutschen Christen, die unserer Kirche in den letzten Jahren so viel Not gebracht hat, ist in ihrer Entwicklung in ein neues Stadium getreten. Die radikalen Kreise der Bewegung, zusammengeschlossen in der Thüringer Richtung, gewinnen zusehends die Oberhand. Die Gedanken und Ideen, die von dieser Richtung vertreten werden, nähern sich in weitem Maße der Deutschen Glaubensbewegung. Ihr letztes Ziel ist die Beseitigung der auf das Bekenntnis zu Jesus als alleinigen Erlöser begründeten Kirchen und die Aufrichtung der Nationalkirche. Trotzdem begehrt die Thüringer Richtung Heimatrecht in unserer ev.-luth. Kirche. Wir müssen uns darauf gefasst machen, dass sie in der nächsten Zeit in unseren Gemeinden einzudringen und Boden zu fassen versuchen wird.
Der Evang.-Luth. Landeskirchenrat hat daher angeordnet, dass die Gemeinden auf diese neue Gefahr aufmerksam gemacht und über Wesen und Ziel der Thüringer Richtung unterrichtet werden. Auch andere Landeskirchen haben die gleiche Anordnung ergehen lassen. Darnach soll am kommenden Sonntag in allen Gottesdiensten über das wahre Wesen und den rechten Grund der Kirche gepredigt werden. Ausserdem soll in Versammlungen

der Bekenntnisgemeinschaften weitere Aufklärung über die Thüringer Richtung gegeben werden.
Das Vordringen dieser Richtung kann unseren Gemeinden ein Zeugnis dafür sein, dass der Kampf, den wir nun seit Jahren kämpfen müssen, noch nicht zu Ende ist, ja dass er immer noch ernster wird. Daher rufen wir unsere Gemeinde von neuem zu treuem Mitkämpfen auf. Dazu lasst euch zuvörderst unterrichten über den Feind, der droht. Kommt daher am nächsten Sonntag zu den Gottesdiensten und helft mit, dass dieser Sonntag ein eindrucksvolles Zeugnis dafür werde, dass wir uns die Kirche Jesu Christi nicht rauben lassen. Die Mitglieder der Bekenntnisgemeinschaften fordern wir zur Teilnahme an der Versammlung am … auf. Wer der Bekenntnisgemeinschaft sich noch nicht angeschlossen hat, möge sich besinnen, ob er nicht jetzt beitritt. Ein jeder, der sich heute zur Kirche bekennt, bewähre sein Bekenntnis durch rechten Eifer und durch ganze Treue!

157 Rundschreiben Nr. 8515 des Landeskirchenrats an alle Dekanate. München, 4. September 1936

FKiZM. A 30. 1/2

Betreff: Reichskirchenbewegung Deutsche Christen
Die Entwicklung der Reichskirchenbewegung Deutsche Christen in Bayern scheint in ein neues Stadium treten zu wollen. Nach einem uns zugegangenen Bericht soll Pfarrer Baumgärtner – Nürnberg die von ihm geführte DC-Gruppe neuerdings der nationalkirchlichen Thüringer Bewegung angeschlossen haben; das gleiche wird von dem Geistlichen berichtet, der auf die Bayreuther Ortsgruppe maßgebenden Einfluß hat. Es ist zu vermuten, daß andere DC-Geistliche im Begriff sind, diesem Beispiel zu folgen. Es bedarf keinerlei Ausführungen, welche Folgen sich für die Geistlichen, die diesen Schritt tun und für die von ihnen geführten Gemeindegruppen daraus ergeben. Wir wissen, daß unsere Herren Dekane es schon bisher nicht an Bemühungen haben fehlen lassen, sich in besonderer seelsorgerlicher Weise um die Geistlichen ihres Kapitels anzunehmen, die zu den DC gehören. Der gegenwärtige Augenblick aber scheint es zu fordern, daß unsere Herren Dekane dieses ihr seelsorgerliches Bemühen nicht nur nicht einstellen, sondern einen vielleicht letzten Versuch machen, den DC-Geistlichen das Verantwortungsvolle ihres Tuns vor Augen zu stellen und sie in die Gemeinschaft unserer Kirche zurückzurufen. Kommt auch eine Anerkennung der DC-Bewegung als Ganzes für uns nicht in Frage, so kann doch sehr wohl mit den einzelnen DC-Geistlichen gehandelt werden, von denen keiner zurückgestoßen werden soll, der bereit ist, sich an das Bekenntnis und die Ordnungen unserer Kirche zu binden. Wir haben in großer hoffender Geduld vonseiten dieser Geistlichen bisher vieles getragen, was eigent-

lich unseren Einspruch erfordert hätte. Es liegt am Tage, daß jetzt, wo die Dinge zur Entscheidung reifen und wo es ganz klar um die Frage geht, ob die evangelische Kirche der Zukunft eine „Kirche des Mythus“ und damit keine Kirche mehr oder Kirche des Evangeliums sein soll, kein Pfarrer mehr außerhalb der Entscheidung bleiben kann.
Wir ersuchen deshalb unsere Herren Dekane, daß sie innerhalb einer nicht zu kurz zu bemessenden Frist in ein seelsorgerliches Gespräch mit den einzelnen DC-Geistlichen ihres Kapitels eintreten und ihnen zur rechten Entscheidung zu verhelfen versuchen. Über das Ergebnis der angestellten Bemühungen wolle uns über den zuständigen Herrn Kreisdekan berichtet werden.
D. Meiser

158 Merkblatt der Bekenntnisgemeinschaft Nürnberg zu den Thüringer Deutschen Christen. O.D.

FKiZM. A 30. 29

Die Deutschen Christen haben sich in zwei Gruppen gespalten, die sich aufs schärfste bekämpfen. Die eine Gruppe hat sich den Thüringer Deutschen Christen angeschlossen. Die deutschchristliche Sache soll neuerdings vorwärts getrieben werden, nun ganz im Sinn der „Thüringer“.
Wer sind die Thüringer Deutschen Christen?
Sie sind von jeher die radikalste Gruppe der DC.
Sie setzen den Heiligen Geist gleich dem deutschen Geist, das Reich Gottes gleich dem deutschen Reich.
Sie machen nicht ernst damit, daß Gottes Heiliger Geist etwas anderes ist als der deutsche Geist, daß das deutsche Reich etwas anderes ist als das Reich Gottes.
Das deutsche Leid von 1914 an stellen sie auf die gleiche Linie mit dem Leiden Jesu Christi. Vom Aufbruch Deutschlands seit 1933 sagen sie, daß hier der Herr Christus eine neue Auferstehung halte. Sie machen nicht ernst damit, daß der Herr Christus in seinem Wirken und Leiden und Sterben etwas Einmaliges und Einzigartiges ist. Kein Mensch und mag er der beste sein, darf sich messen mit Christus, kein Menschen- und kein Völkerschicksal, und mag es noch so leuchtend sein, darf sich vergleichen mit dem Herrn Christus. Sie machen nicht ernst damit, daß der edelste Deutsche und das edelste Deutschtum vor Gott verloren ist.
Sie reden von Versöhnung, aber sie sagen nicht, wie es die Bibel tut: „Lasset euch versöhnen mit Gott“, sondern: „Versöhnet euch miteinander“. Man hört bei Ihnen wohl von der Vergebung. Aber es ist nicht die Vergebung, mit der Gott in seiner Barmherzigkeit zu uns Menschen spricht, sondern die Vergebung, die ein Volksgenosse dem andern geben kann.

Ihre glühende Leidenschaft für Deutschland ehren wir. Ihr Wollen, daß eine echte und rechte Volksgemeinschaft werde, teilen wir. Aber: die Predigt, mit der sie dem deutschen Volk helfen wollen, müssen wir verwerfen, denn es ist nicht mehr das biblische Evangelium, das allein helfen kann.
Dazu etliches Einzelne aus der Welt der Thüringer DC:
Leutheuser, einer der Führer der Thüringer DC, redet von der Sehnsucht nach der Einheit Deutschlands. Um diesen Preis würde er „lieber alle Frömmigkeit seiner Kindertage, Protestantismus und Katholizismus, ja Jesus selbst drangeben."
Zu den Thüringer DC gehört auch der württembergische Pfarrer Schneider. Er ist derjenige, der das lästernde Wort über das Heilige Abendmahl geschrieben hat: „In den nächsten Monaten soll an bestimmten Sonntagen in jeder deutschen Familie ein Eintopfgericht gekocht werden ... Wäre ein solch heiliges Mahl nicht viel wunderbarer als das, was wir durch Schuld einer Fehlentwicklung der christlichen Kirche heute als hinterweltliches Zauberwerk haben?"
In den Reihen der Thüringer erscheint wieder der Mann, der so unsäglich viel Schaden nicht nur über die Kirche, sondern über das deutsche Volk gebracht hat: Ludwig Müller, ehedem Reichsbischof. Von ihm zwei Zeugnisse aus letzter Zeit:
Ludwig Müller hat ein Buch herausgegeben mit der Überschrift: „Deutsche Gottesworte". Es will eine Übersetzung der Bergpredigt sein. Wie er übersetzt, dafür ein Beispiel! Matth. 5, 27 u. 28 sagt der Herr: „Ihr habt gehört, daß zu den Alten gesagt ist: Du sollst nicht ehebrechen. Ich aber sage euch: Wer ein Weib ansieht, ihrer zu begehren, der hat schon mit ihr die Ehe gebrochen in seinem Herzen."– Wie deutet Ludwig Müller das Urteil Jesu über die Ehe? – „Nimm es nicht leichtfertig mit der Scheidung. Es geht dabei nicht nur um deine Sache, sondern auch um deines Volkes Sache."
Hätte Ludwig Müller seinem Buch die Überschrift gegeben: „Etliche gute Ratschläge, die Ludwig Müller dem deutschen Volksgenossen gibt", so müßte man sich nicht weiter darüber aufregen. Aber nun nennt Ludwig Müller sein Buch „Gottesworte". Er erhebt also den Anspruch, daß er dem deutschen Volk das Wort des Herrn Christus sage. Das ist grobe Fälschung und frevelndes Spiel mit den Worten Jesu.
Dieser gleiche Ludwig Müller hat kürzlich über das Gleichnis vom verlorenen Sohn gepredigt. Er hat dabei zum Schluß den Satz gesagt: „... Opfertod, Blut und all so'n Kram ist gar nicht nötig". Diesen Mann wagen die Thüringer DC aufs neue auf den Schild zu erheben.
Wer so predigt, steht nicht mehr auf dem Boden des Evangeliums!
Unsere Gemeinden aber mahnen wir mit dem Wort aus dem 1. Joh.-Brief: Ihr Lieben, glaubet nicht einem jeglichen Geist, sondern prüfet die Geister; denn es sind viele falsche Propheten ausgegangen in die Welt!

2.4.2 Spaltung der Vorläufigen Kirchenleitung

159 Schreiben des Landeskirchenrats an die Pfarrer und Religionslehrer. München, 9. Januar 1936
LAELKB, KKU 11/IV

Die Reichsbruderratssitzung am 3. Januar in Berlin hat zu einer schmerzlichen und folgenschweren Entscheidung geführt. Wie aus der Beilage zu ersehen ist, ist es zu einer Spaltung innerhalb des Reichsbruderrates und wohl auch innerhalb der VKL. gekommen. Wir möchten unseren Geistlichen eine Aufklärung über die eigentlichen Gründe der Trennung geben. Denn in Wirklichkeit war es nicht nur der vorgelegte Antrag, dessen Annahme die Trennung herbeigeführt hat, vielmehr lag schon seit mehr als Jahresfrist ein Gegensatz vor, der sowohl die Arbeit des Reichsbruderrats wie auch der VKL. schädigend und hemmend beeinflußt hat. Die beiden Fronten, die sich gegenüber standen, lassen sich ungefähr so bezeichnen: Auf der einen Seite stehen im wesentlichen die Führer der preuß. Bruderräte und die reformierten Vertreter, auf der anderen Seite die Vertreter der Landeskirchen von Bayern, Württemberg, Hannover, Sachsen, Thüringen, Hessen-Nassau, Hessen-Cassel, Schlesien, ein Vertreter von Westfalen.
Der zugrundeliegende Gegensatz kann in folgender Weise ausgedrückt werden:
1. Die verschiedene Wertung der Bekenntnissynoden von Barmen, Dahlem und Augsburg. Auf der einen Seite werden diese Synoden geradezu als kirchenbildend angesehen und gewertet. Es ist für jene Kreise gewissermaßen über die lutherische und reformierte Kirche hinaus „die bekennende Kirche“ entstanden, die Angehörige lutherischer, unierter und reformierter Kirchen unterschiedslos in sich schließt, was besonders deutlich in der Forderung zum Ausdruck kommt, daß sowohl die VKL. wie der Reichsbruderrat nur durch einstimmigen Beschluß ihrer verschiedenen Konfessionen angehörenden Mitgliedern sollen handeln können. Demgegenüber haben wir immer wieder betont, daß wir den Bekenntnissynoden eine solche konstitutive Bedeutung nicht zuerkennen können, daß vielmehr die Bekenntnisschriften unserer evang.-luth. Kirche als allein kirchenbegründend und verpflichtend von uns angesehen würden. Wir bekennen uns auch zu den Bekenntnissynoden, aber wir wissen uns nicht so an sie gebunden, daß ihre Entscheidungen den Rang von Dogmen annehmen dürften, und lehnen die weithin versuchte nachträgliche Kanonisierung der Synodalbeschlüsse als unlutherisch ab. Die von den preuß. Brüdern gemeinte Kirche wäre im vollen Sinne eine Kirche der Union, was unwiderleglich dadurch bewiesen wird, daß man zu dieser Kirche gehören kann, ohne die Confessio Augustana anzuerkennen, daß man aber nicht zu ihr gehören kann, ohne Barmen und Dahlem und Augsburg anzuerkennen. Hier sehen wir eine Entwick-

lung, der wir aus der Bindung an unsere bekenntnisgebundene Landeskirche heraus pflichtgemäß widerstehen müssen.

2. Eine weitere Differenz trat immer wieder zutage in Bezug auf unser Verhältnis und unser Verhalten zu den nicht zur bekennenden Kirche gehörenden Kirchenleitungen und Amtsbrüdern. Hier offenbarte sich ein neuer Begriff von Kirche, der in den Schriften von Hans Asmussen theologisch begründet wird. Weil nach diesem Kirchenbegriff die Zugehörigkeit zur Kirche wesentlich durch das aktuelle Bekennen des Einzelnen begründet wird, wird von den Brüdern auf der anderen Seite keiner zur Kirche gerechnet, der nicht durch einen besonderen äußeren Akt des Bekennens (rote Karte!) seine Zugehörigkeit erweist. Daher wird von ihnen jedes Zusammenarbeiten mit solchen, die sich keiner Seite angeschlossen haben, vor allem ein Zusammenarbeiten mit DC. abgelehnt. Weil wir diesen Kirchenbegriff nicht teilen können und die Zugehörigkeit zur Kirche wesentlich in der Taufe und in der Verkündigung des Wertes Gottes begründet sehen, deswegen konnten wir uns auch mit denen noch verbunden wissen, die aus irgend welchen Gründen äußerlich keine Entscheidung getroffen hatten. Was aber unser Verhalten zu den der Bewegung der Deutschen Christen angehörigen Geistlichen und Gemeindegliedern betrifft, so haben wir es niemals an der Abweisung der Irrlehre, wo sie uns entgegentrat, fehlen lassen, haben aber andererseits auch nicht vergessen zu dürfen geglaubt, daß wir auch eine seelsorgerliche Verpflichtung gegenüber den irrenden Brüdern haben.

Scheidungen und Trennungen fallen uns nicht so leicht wie den Brüdern auf der anderen Seite. Auch deswegen, weil wir nicht so wie sie an die Reinheit der Kirche auch hinsichtlich der Lehre zu glauben wagen, vielmehr der Meinung sind, daß bei allem Bemühen um die reine Lehre doch mancher Irrtum getragen werden muß. In äußeren Angelegenheiten der Kirche gar jedes Zusammengehen mit den nicht zur Bekenntnisfront Gehörenden abzulehnen und zu verbieten, erscheint uns weder als möglich noch als berechtigt. Diese unsere Haltung wurde von den Brüdern in der anderen Front als eine Preisgabe von Barmen und von Dahlem angesehen. Wir dagegen sind der Überzeugung, daß wir damit nur einer Notwendigkeit Folge gegeben haben, ohne das bekenntnismäßige Anliegen selbst preiszugeben.

3. Verschieden ist auch immer die Beantwortung der Frage gewesen, wieweit auch für das Recht und die Ordnung der Kirche klare Weisungen der Hl. Schrift zu entnehmen sind. Wir mußten bei den dissentierenden Brüdern immer wieder beobachten, wie sie nach der Weise der Reformierten Kirche der Hl. Schrift ein äußeres Gesetz für die Ordnung der Kirche entnehmen wollten. Sie meinen für jeden Fall eine bestimmte Weisung Gottes zu haben und darnach die Kirche bauen zu können. Auch wir sind der Meinung, daß Bekenntnis und Ordnung der Kirche nicht getrennt werden dürfen, daß vielmehr alle Ordnung in der Kirche nach dem Bekenntnis ausgerichtet wer-

den muß. Jene gesetzliche Methode aber lehnen wir ab, meinen vielmehr der lutherischen Auffassung entsprechend die jeweiligen Entscheidungen aus unserem durch die Hl. Schrift erleuchteten Glauben in Berücksichtigung der jeweiligen Lage treffen zu sollen. Wir können nicht vergessen, daß die Kirche Kirche in der Welt ist.

Diese Verschiedenheiten und Spannungen theologischer und praktischer Art waren, wie gesagt, schon lange vorhanden. Jetzt sind sie neu zutage getreten in der Frage der Stellung zu dem Reichskirchenausschuß und zu den Landeskirchenausschüssen. Hier ist unsere Meinung zunächst die, daß in der Tat ohne ein Eingreifen des Staates in der Kirche keine Ruhe und Ordnung werden kann, die für unser Volk in der jetzigen Zeit so dringend notwendig sind. Wir haben daher der Einrichtung der Ausschüsse zugestimmt. Freilich vertreten wir den Standpunkt, daß die Berechtigung zur Einrichtung von Ausschüssen nur in zerstörten Kirchengebieten gegeben ist. In anderen Landeskirchen würden die Ausschüsse nicht den Frieden herbeiführen, sondern den Kampf. Es hat sich aber in einzelnen Kirchengebieten wie z. B. in Sachsen und in Hessen gezeigt, daß die Ausschüsse zu positiv kirchlicher Aufbauarbeit helfen können. Die Ausschüsse werden übrigens auch von den Brüdern auf der Gegenseite nicht prinzipiell abgelehnt. Unter der Bedingung, daß die Ausschüsse mit bekenntnistreuen Männern besetzt werden und daß sie nur Rechtshilfe und Aufräumungsarbeit leisten wollen, stimmen auch diese Brüder der Einrichtung zu. Grundsätzlich ist das auch unser Standpunkt. Aber es zeigt sich, daß die Scheidung zwischen bloß rechtlicher Hilfe oder Aufräumungsarbeit und eigentlicher Kirchenleitung nicht so glatt vollzogen werden kann. Wir müssen Verständnis dafür haben, daß angesichts der ungeheuer verworrenen Zustände in einer Reihe von Landeskirchen nicht anders Ordnung werden kann als so, daß die Ausschüsse manche Maßnahmen treffen, die sonst nur einem echten Kirchenregiment zustehen. An dieser Tatsache, wird uns offenbar, daß es sich im Augenblick um einen kirchlichen Notstand handelt, um dessen willen manches getragen werden muß, was unter normalen Verhältnissen abgelehnt werden müßte. Es kann aber auch für kurze Zeit nur getragen werden, wenn wir die Gewähr haben, daß alles geschieht, diesen Notstand möglichst bald zu beendigen und allenthalben wieder echtes Kirchenregiment zu gewinnen. Daher können wir es nicht verantworten, jede Mitarbeit mit den Ausschüssen abzulehnen, wie es die Brüder auf der anderen Seite tun, wobei wir allerdings schon jetzt eine abgrenzende Klärung der Befugnisse und Vollmachten der Ausschüsse für eine Notwendigkeit halten. Der Anfang dazu war durch die VKL. bereits gemacht gewesen, besonders durch ihr Schreiben an den Reichskirchenausschuß vom 19. 12. 1935. Wir bedauern, daß die Brüder die Antwort auf dieses Schreiben nicht abwarten zu können meinten, sondern jetzt den Bruch herbeiführten. Wir konnten das nicht verantworten, ohne das Ergebnis der Bemühungen um Klärung und

Abgrenzung abgewartet zu haben. Es werden auch in dieser Woche noch die Herren Landesbischöfe der drei süddeutschen Landeskirchen Anlaß nehmen, den Reichskirchenausschuß und das Reichskirchenministerium in allem Ernst auf die hier liegenden Gefahren sowie auf die Notwendigkeit einer befriedigenden baldigen Lösung hinzuweisen.
Dadurch ist nun innerhalb der Bekennenden Kirche eine Lage entstanden, die eine neue Belastung für unseren Kampf um eine echte evangelische Kirche in Deutschland bedeutet. Wir dürfen aber die entstandene Lage auch nicht als zu schwer ansehen. Denn in unserem Grundanliegen wissen wir uns dennoch mit den Brüdern, von denen wir uns trennen mußten oder genauer gesagt, die uns in den Bann getan haben, trotzdem eins. Wir werden weiterhin wie bisher gleich wie sie uns mit allem Ernst darum bemühen, daß die Kirche allein nach dem Wort Gottes und nach dem Bekenntnis der Evangelisch-Lutherischen Kirche gebaut werde. Daß wir dabei jetzt verschiedene Wege gehen müssen, ist schmerzlich, schwächt auch einerseits unsere Front, kann aber andererseits auch wieder gewisse Erleichterungen bringen, da ja bisher die Arbeit der VKL. und unsere eigene Arbeit hauptsächlich unter den bestehenden Spannungen gelitten hat. Unsere Verantwortung wird freilich durch diese Spaltung womöglich noch schwerer. Wir haben jetzt noch ernster über der Wahrung des Bekenntnisstandes zu wachen. Das gilt auch hinsichtlich unserer Stellung gegenüber dem Reichskirchenausschuß. Es soll niemand meinen, daß wir jetzt eher zu unverantwortlichen Zugeständnissen bereit seien. Wir müssen vielmehr gerade jetzt dem Reichskirchenausschuß gegenüber unsere Forderungen mit allem Nachdruck vertreten.
Diese Forderungen gehen in folgender Richtung:
1. Auch der Reichskirchenausschuß muß die Bekenntnisanliegen wahren. Es ist uns eine ernste Sorge, daß mit der Einrichtung der Ausschüsse die Union sehr nahegerückt ist. Auch die Verharmlosung oder Verwischung der offenkundigen Irrlehre oder gar deren Gleichberechtigung innerhalb der Kirche ist untragbar.
2. Auch der Reichskirchenausschuß muß den von außen kommenden Versuchen zur Beschränkung der kirchlichen Verkündigung wie der überhandnehmenden christentumsfeindlichen Beeinflussung unseres Volkes mit Nachdruck entgegentreten. Würde er das nicht tun, so würde er sich der gleichen Unterlassung wie die frühere Reichskirchenregierung schuldig machen.
Wir verstehen, daß der Reichskirchenausschuß nicht alles auf einmal tun kann und daß er Zeit braucht, die Fülle der Aufgaben anzugreifen. Aber er muß sich auch dessen bewußt sein, daß unsere Pfarrer und unsere Gemeinden durch mancherlei Erfahrungen und Beschränkungen dadurch auf eine harte Probe gestellt werden, die nicht allzulange ertragen werden kann.
In diesem Sinne suchen wir auf den Reichskirchenausschuß einzuwirken. Der Versuch dieser Einwirkung ist nicht, wie die Brüder, die sich von uns

getrennt haben, sagen, eine Verleugnung des kirchlichen Standpunktes. Wir sehen darin vielmehr eine Verpflichtung. Es wird an dem Verhalten des Reichskirchenausschusses selber liegen, ob und wie lange wir uns dieser Verpflichtung unterziehen können.
Es sei zum Schluß noch einmal betont, daß nicht wir die Trennung vollzogen haben, sondern daß die andersdenkenden Brüder den Schritt vollziehen zu müssen glaubten. Wir können nicht zugeben, daß eine unbedingte Notwendigkeit dazu bestanden hat. Die vorhandenen Spannungen hätten ertragen werden können und müssen und hätten bei rechter gegenseitiger brüderlicher Stellung sich fruchtbar auswirken können. Nun [da] die Trennung vollzogen ist, wollen wir das christlich ertragen und das Unsere tun, daß das Band nicht vollends abreißt. Ob und wann wir wieder zusammengeführt werden, das wollen wir Gott überlassen.
Unsere Herren Geistlichen aber werden verstehen, daß mit diesem Ereignis eine besonders ernste Lage entstanden ist. Wir haben ihnen die Begründung für unsere Entscheidung mitgeteilt in der Hoffnung, daß sie damit das rechte Verständnis für unsere Entscheidung bekommen. Wir müssen ernstlich mahnen und bitten gerade jetzt zusammenzustehen und eigene Schritte zu unterlassen.
Wir werden, sobald es möglich ist, weitere Informationen hinausgeben. Gott der Herr aber segne alle unsere Schritte, die wir jetzt unter oft schwerster innerer Belastung tun müssen!
Evang.-Luth. Landeskirchenrat.

160 Schreiben südbayerischer Pfarrer an Landesbischof Meiser. München, 25. Januar 1936

FKiZM. A 30. 28

Hochwürdigster Herr Landesbischof
In der uns aufgetragenen Sorge um unsere Kirche, deren Bischof Sie sind, wenden wir uns, ein Kreis südbayrischer Geistlicher an Sie, hochwürdigster Herr Landesbischof. Wir tun es in aller schuldigen Ehrerbietung, geleitet von dem Dank für Ihre bisherige Führung unsrer Landeskirche in sturmbewegter Zeit. Wir schreiben diese Zeilen in Kenntnis des Briefes unserer Nürnberger Amtsbrüder vom 14. Jan. 1936, und aus derselben Haltung wie sie.
Unsere Sorgen und Fragen sind erwacht angesichts der mancherlei Entscheidungen des Landeskirchenrates, angesichts der uns dafür in letzter Zeit mitgeteilten Begründungen und endlich der in ihnen zu Tage tretenden grundsätzlichen Beurteilung der kirchlichen Lage. Wir dürfen es um der Wahrhaftigkeit willen nicht verschweigen, dass uns alle diese Mitteilungen aufs stärkste bewegt, ja eben mit grosser Sorge erfüllt haben. Darum hoffen

wir auch den richtigen Weg einzuschlagen, wenn wir uns hiermit erlauben, Ihnen selbst als unserem Oberhirten unsere Sorgen und Bedenken in aller Kürze vorzutragen.

1) Wir sind in Sorge um die Vollmacht der Kirche, der wir dienen. Diese Vollmacht hat sich kundtun dürfen in den kirchlichen Bekenntnissen und ihren Anwendungen für die Gegenwart. Wir denken dabei vor allem an mancherlei Kundgebungen, die Ihren Namen, hochwürdigster Herr Landesbischof tragen, und in denen wir mit Freude und Dankbarkeit eine zeitgeforderte Auslegung und Entfaltung von Schrift und Bekenntnis erblicken. Wir sehen aber nun weithin einen Zwiespalt zwischen diesen Kundgebungen und den kirchenpolitischen Entscheidungen der letzten Zeit. Dadurch erscheint uns die der Kirche geschenkte und sie bindende Vollmacht schwer gefährdet. Von dieser Gefährdung der Vollmacht ist auch unsere Arbeit in Predigt, Seelsorge und Unterricht getroffen. Wir dürfen es einmal aussprechen, dass uns als Prediger der Auferstehung Jesu Christi die Haltung der Kirche zu den Ereignissen des 9. November 1935 in nicht geringe innere Not gebracht hat.

2) Wir sind in Sorge um die Einheit unserer Kirche. In dem Schreiben des Landeskirchenrates vom 9. Jan. ist von dem notwendigen Zusammenstehen der Pfarrer die Rede. Solches Zusammenstehen scheint uns nicht schon durch Ordnung und Friede, durch Kollegialität und Vertrauen auf Menschen gewährleistet zu sein, sondern es kann nur erwachsen aus der eindeutigen Anerkennung der Alleinherrschaft Jesu Christi in der Kirche; kann nur entstehen in einem eindeutig an Schrift und Bekenntnis gebundenen Gehorsam; kann nur gefordert werden in der strengen Bindung unser aller nicht an Personen, sondern an den einen Auftrag, der uns allen zuteil geworden ist. Eine anders begründete Einheit wäre ja nicht die Einheit des Leibes Christi. Sie würde, weil nicht gewonnen in stets neuem Kampf um die Sache Gottes, sich nicht bewähren in der Zeit der Anfechtung: sie würde sein wie der Rohrstab, der zerbricht, wenn wir uns darauf lehnen (Ez. 29, 7).

3) Wir sind in Sorge um den rechten, heute geforderten Dienst der Kirche. Der heute geforderte Dienst der Kirche an der Welt besteht in der unbedingten Wahrhaftigkeit den Mächten unserer Zeit gegenüber. Um der Barmherzigkeit willen darf der Staat nicht im Unklaren gelassen werden darüber, was er von einer sich selbst recht verstehenden Kirche zu erwarten hat. Unser Volk aber darf auch nicht im Unklaren bleiben, wie unmittelbar der Kampf um den christlichen Glauben ihm aufgelegt ist. Solcher rechte, heute geforderte Dienst am Volk und Staat kann nur so geschehen, dass die Kirche nicht mehr um sich und ihren Bestand, ihre Ordnung und ihre Ehre, ihre Wohlfahrt, und ihre Zukunft streitet. Die Kirche wird vielmehr eindeutig in allem den Weg des Täufers Johannes gehen müssen. Wir dürfen unser Volk nicht nur aufrufen zum Kampf um irgend eine Form der Kirche,

sondern müssen es im jetzigen Augenblick hineinführen in den Streit um Gottes Ehre. Würde die Kirche sich diesem Dienst entziehen, so wäre sie ihrem Herrn ungehorsam geworden.
Welche Stellungnahme im Einzelnen hieraus angesichts der Mitteilungen des Landeskirchenrates vom 9. und 13. Januar für uns erwächst, erlauben wir uns gleichzeitig in einem besonderen Schreiben dem Evang.-Luth. Landeskirchenrat darzulegen.
In dem wir uns auch in der gegenwärtigen Stunde zur Mitarbeit und mit Verantwortlichkeit in der von Ihnen geleiteten Landeskirche aufgerufen wissen, bitten wir Sie, hochwürdigster Herr Landesbischof, das Eine noch deutlich aussprechen zu dürfen: Die Not, in der wir uns im Blick auf die gesamte Lage der D. E. K. befinden, scheint uns nicht durch eine blosse Aufforderung zum Vertrauen behoben werden zu können. Sondern, wonach wir mit all diesen unseren Fragen und Sorgen verlangen, ist eine eindeutige strenge Bindung unser aller an Schrift und Bekenntnis. Von daher können wir allein gebunden werden; von daher allein wollen wir uns binden und leiten lassen. Von daher wird in der Kirche wirkliche Autorität und wirkliches Vertrauen uns geschenkt werden.
Weil wir mit unseren Sorgen nicht allein stehen, bitten wir Ihnen noch weitere Unterschriften vorlegen zu dürfen.
In Ehrerbietung!
gez. P. Schattenmann, K. G. Steck.
Zugleich im Namen und Auftrag folgender Amtsbrüder:
Johannes Rupprecht Wilhelm Knappe Ernst Kutter Leonh. Henninger
Kurt Horn Walter Fürst Geyer-Pasing K. Steinbauer Gg. Lanzenstiel.

161 Stellungnahme der südbayerischen Pfarrer zu den Mitteilungen des Landeskirchenrats vom 9. und 13. Januar 1936

FKiZM. A 30. 28

Vorbemerkung: Es werden hier die Äusserungen des Landeskirchenrates und der Vorläufigen Kirchenleitung als zusammengehörig betrachtet und behandelt, einmal weil formal vom L. K. R. auch die Mitteilungen der V. K. L. gedeckt werden; dann, weil in den Dokumenten beider Kirchenleitungen weithin ein und dieselbe Haltung offenbar wird.

I.
Die Bindung an die hl. Schrift.

In den vorliegenden Mitteilungen spielt für die dort eingenommene Haltung in den schwebenden kirchlichen Fragen eine Begründung und Rechtfertigung durch Gedanken und Sätze der Hl. Schrift eine sehr geringe Rolle. Das ist für uns eine schmerzliche Feststellung, da wir in den kirchlichen Fragen

uns allein aus dem Worte Gottes binden lassen können und wahrlich gerne binden lassen möchten.
Freilich wird dafür der Haltung der Mehrheit des Reichsbruderrates vom 3. Januar 1936 – und überhaupt der Haltung der Preuss. Bruderräte – ein gesetzliches Verständnis und eine allzu gesetzliche Bindung an die Hl. Schrift vorgeworfen. So wenig diese, die Konfessionen seit jeher trennende Frage einer Lösung zugeführt werden kann, so müssten wir doch das Eine grundsätzlich dazu sagen: der Vorwurf einer gesetzlichen Bindung könnte nur dann mit einiger Vollmacht erfolgen, wenn er getragen wäre von einer evangelischen Bindung an die Hl. Schrift als an die Stimme des guten Hirten, auf die zu hören sich die Kirche auch für die jetzt schwebenden Fragen nicht wohl weigern kann. Dass wir aber des Eindrucks uns nicht immer ganz erwehren können, als handle unsere Kirche nicht aus einer solchen evangelischen Bindung, macht eben unsere Not recht eigentlich aus.

II. Bekenntnis und reine Lehre

Wir hören die betont ausgesprochene These, es sei durch die Haltung der beiden Kirchenleitungen vom Bekenntnis nichts preisgegebenen. Wir fühlen uns aber doch dabei nicht ganz sicher; denn zweierlei Tatsachen scheinen uns dagegen zu sprechen:
a) Die Stellung zu Barmen und Dahlem.
Es scheint nicht angängig, wie es in den Mitteilungen geschieht, etwa die C. A. gegen Barmen und Dahlem auszuspielen. Denn ausdrücklich wird in der Barmer Theologischen Erklärung auf die reformatorischen Bekenntnisse Bezug genommen, und beide Synodalerklärungen verstehen sich als Auslegung und Anwendung der Bekenntnisse auf die gegenwärtige Häresie hinsichtlich der Lehre und Ordnung der Kirche. Es ist zu fürchten, dass die betonte Ablehnung einer Kanonisierung von Barmen und Dahlem in einem inneren Zusammenhang steht mit jener erstaunlichen Verwendung luth. Kundgebungen zur Frage des rechten Kirchenregiments, nicht, wie zu erwarten wäre, um damit die Untragbarkeit der staatlich eingesetzten Ausschüsse, zu begründen, sondern im Gegenteil ihre Tragbarkeit zu motivieren.
Barmen und Dahlem ist aktualisiertes Bekenntnis. Eine Ablehnung solchen aktuellen Bekennens müssten wir als Preisgabe des Bekenntnisses überhaupt bezeichnen. Ein betontes Festhalten der dann doch nur statisch vorhandenen Bekenntnisse des 16. Jahrhunderts könnte uns darüber weder trösten noch sonst hinweghelfen.
b) Der praktische Verzicht auf die reine Lehre.
In den Mitteilungen wird ausdrücklich auf die praktische Durchführung der reinen Lehre verzichtet, nicht nur für die Beurteilung des RKA. etc., sondern auch für die Gesamt-Neuordnung der D. E. K. (Denn dies bedeutet das in Bethel offenbar gegebene Zugeständnis, auf den Lösungsversuchs

eines „Simultaneums" zu verzichten.) Kirche und Unkirche sollen also doch zusammen gehören. Das „Gruppen"-denken ist damit auch in die Bek. Kirche siegreich eingedrungen. Reine Lehre und Bekenntnis wird damit zum Bekenntnis-Anliegen, das gegenüber der jeweiligen harten Wirklichkeit – in diesem Fall dem Wunsch der Vertreter der Ausschüsse! – sich nicht durchgesetzt hat und sich auch nie durchsetzen kann. Denn Bekenntnis als „Anliegen" hat keine Verheissung, sondern nur bekennendes Handel aus Gehorsam.

Auch die seelsorgerliche Verpflichtung kann nicht bedeuten, dass uns die Reinerhaltung der Lehre nicht mehr geboten wäre. Nicht nur, weil der Gegensatz zu den D. C. als kirchentrennend (auch von den beiden Kirchenleitungen) bereits anerkannt ist, sondern weil eine wahrhaftige Sorge für die Seelen der Irrenden und Irregeleiteten nur in einem unbedingten Beharren auf der reinen Lehre möglich und sinnvoll ist. Es ist eine schmerzliche Beobachtung, dass der Hinweis auf die seelsorgerliche Verpflichtung, die an sich wahrlich nicht in Frage gestellt wird, immer dann erfolgt, wenn es den harten Forderungen standzuhalten gilt, die echtes kirchliches Handeln an uns richtet.

III.
Deutung oder Gehorsam?

Solange der Gegensatz zwischen den auseinandergefallenen Teilen der Bek.Kirche als Gegensatz der Deutungen verstanden und dargestellt wird, muss freilich der Bruch vom 3. Januar eigentlich unnötig und unbegreiflich erscheinen. Die Brüder aber, die an jenem Tage sich für den dort gestellten Antrag entschieden haben – und wir mit ihnen – müssen darum bitten, weder die Haltung der Kirchenleitungen noch unsere als „menschliche Schau" bezeichnet zu sehen. Es geht wie immer in der Kirche nicht um die Frage der rechten Deutung, sondern um die Frage des rechten Gehorsams. Dass wir die Haltung der Kirchenleitungen nicht als Tat des geforderten Gehorsams ansehen können – als solche ist sie auch in den Mitteilungen nicht wirklich bezeichnet – das und das allein macht die Lage für uns so bedrückend. Über Deutungen müsste man sich in der Kirche ja verständigen können.

Weil aber jene in der Kirche unmögliche Kategorie der Schau und Deutung in der Haltung der Kirchenleitung massgebende Verwendung findet, kann es zu jener verhängnisvollen Scheidung von Fragen des Ermessens und menschlichen Urteils auf der einen Seite, und von Fragen der Bekenntnistreue und des Seelenheils auf der andern Seite kommen. Zu dieser Scheidung, die zu unserm Schmerz ein sehr wesentliches Kennzeichen der in den Mitteilungen eingenommenen Haltung ist, können wir nur ein ganz entschlossenes Nein sagen. In den Fragen, um die es hier geht, steht immer Bekenntnistreue und Seelenheil auf dem Spiel. Es gibt kein Vorfeld, in dem wir unbelastet von dieser Entscheidung kirchlich handeln könnten.

Darum gibt es auch nicht jene Haltung des Abwartens und der Bereitschaft bis zum entscheidenden Augenblick; denn es steht nun einmal nicht in unserer Hand zu sagen, wann es „gilt“ und wielange wir noch warten können. Sondern in allem, was wir als Kirche tun, wird immer über uns entschieden, und zwar nicht darnach, ob wir richtig gedeutet haben, sondern ob wir ganz schlicht von Schritt zu Schritt gehorsam gewesen sind. Eine eindeutige Situation zu erwarten, das gerade hiesse vergessen, dass wir als Kirche Jesu Christi auf Erden, in der Welt, und nicht im Himmel sind. Es könnte ja sein, dass wir uns mit jener Haltung der wartenden Bereitschaft in Wirklichkeit eines Tages vor einem Zu spät! finden, und dann haben wir uns und die uns anvertraute Gemeinde Jesu Christi um Erbe und Verheissung Gottes gebracht.

IV.

Der Notstand und seine Erfordernisse.

In den Mitteilungen wird hingewiesen auf den Notstand und das böse Erbe einer langen Vergangenheit. Deswegen könne man nicht so vorgehen, wie es grundsätzlich wünschenswert und gefördert sei. Demgegenüber aber ist zu fragen, ob denn nicht die der Kirche in den letzten Jahren (in Barmen und Dahlem) geschenkten Einsichten entscheidend ins Auge zu fassen sind. Ein Notstand und ein böses kirchliches Erbe können wohl viel erschweren und manches verhindern, können auch einen langsamen und allmählichen Gang der Entwicklung erzwingen. Aber sie können niemals der Kirche ein Recht geben, das wieder aufzugeben, was sie vorher selber erkannt und bekannt hat. Wenn wir uns primär leiten lassen von der Frage, was gerade noch tragbar ist, und nicht von der allein sachgemässen Frage, wie wir mit dem kostbaren, neugeschenkten Pfund wuchern, auf dass Gott es uns nicht wieder nehme, lässt sich kaum einsichtig machen, wie unser Handeln als Kirche dann noch irgend Vollmacht und Verheissung haben könne. Wir müssen vielmehr fürchten, dass der einmal ausgetriebene Geist mit sieben Geistern ärger denn er wieder zurückkehre, oder wir sehen uns vor die allerdings sehr ernste Frage gestellt, ob etwa der böse Geist gar nicht ausgetrieben war, d.h. ob die Einsichten von Barmen und Dahlem den beiden Kirchenleitungen nie wirklich eigen gewesen sind.

V.

Geistliche Deutung und äussere Ordnung.

Wir dürfen wohl mit Recht es als das eine der beiden Grundergebnisse des Kampfes der letzten Jahre bezeichnen: Geistliche, d.h. bekenntnismässige Leitung und äussere Ordnung der Kirche können nicht unabhängig von einander ausgerichtet werden. Darum ging der Kampf. Denn auf dem Wege der Trennung von geistlicher Leitung und äussere Ordnung hatten sich die D.C. der Kirche bemächtigt. Die Kirche hatte aus den üblen Folgen dieser Trennung die Einsicht gewonnen, der sie dann vor allem in Dahlem Ausdruck gab. Es gehört zu den erschütterndsten unter den vielen kaum verständlichen Ausführungen – besonders im Begründungsschreiben der V.K.L., dass diese Grundeinsicht der zweiten Bek.Synode der DEK. hier wieder verloren gegangen ist. Wieder wird geistliche Leitung und äussere Ordnung getrennt, ja die äussere Ordnung wird in kirchenfremde Hände gelegt, der Zugriff dieser kirchenfremden Hände nach der äusseren Ordnung wird als tragbar erklärt, freilich nur für eine Übergangszeit. Aber wann könnte es in der Kirche ein Moratorium der bekenntnis- und schriftgemässen Grundregeln geben.

Es sind vor allem diese Sätze in den uns vorliegenden Miteilungen, die uns zu der ernsten Frage veranlassen: Haben die beiden Kirchenleitungen durch Anerkennung der vollzogenen Trennung von geistlicher Leitung und äusserer Ordnung die von der Kirche als Irrlehre bezeichnete und ausgeschiedene Theorie der D.C. sich zu eigen gemacht? Damit wäre ja die Gemeinde um die Früchte eines zweijährigen Kampfes gebracht!

VI.
Zum Tatsächlichen.

An einigen Punkten erscheint es als geboten, zum Tatsächlichen der in den Mitteilungen behandelten Komplexe zu sprechen.

a) Die Parallele zwischen R.K.A. und Kirchenleitung der D.E.K. nach der Verfassung vom 11. Juli 1933, die ja den Beweis erbringen soll, dass der R.K.A. nicht weniger „rechtmässige" Kirchenleitung als jene verfassungsmässige Kirchenleitung ist, ist deshalb falsch und ungeeignet, weil sie gänzlich übersieht, dass nach den Grundsätzen und der tatsächlichen Funktion jener Kirchenverfassung eine Kirchenleitung nicht vom Staat gesetzt, sondern nur von ihm anerkannt werden könne; es hätte in dem Begründungsschreiben der V.K.L. nicht verschwiegen bleiben dürfen, dass zur Beurteilung des R.K.A. sehr wohl Grundsätze luth. Kirchenordnung massgebend sind, nämlich der entscheidende Satz, dass ein staatliches oder halbstaatliches Kirchenregiment untragbar sei. Über diesen Tatbestand helfen auch die scharfsinnigsten Distinktionen über den Begriff der Rechtmässigkeit nicht hinweg.

b) Wenn Dahlem III, 3 als praktisch nicht durchführbar und darum als preiszugeben bezeichnet wird – kann denn überhaupt die Kirche ihren eigenen Anspruch aufgeben? – so kann das jedenfalls nicht bedeuten, dass der viel wesentlichere Grundsatz Dahlem IV, die Behauptung der Selbständigkeit der Kirche in Sachen ihrer Lehre und Ordnung, auch aufgegeben werden dürfte. Um diesen Grundsatz handelt es sich aber in der am 3. Januar gefallenen Entscheidung. Freilich haben sich die beiden Kirchenleitungen dieser Selbständigkeit für das Gebiet der D.E.K. begeben. Aber man kann nicht sagen, dass ein solches Zugeständnis noch tragbar sei. Vielmehr er-

fordert der inzwischen eingetretene Zugriff des Staates nach der Leitung innerkirchlicher Angelegenheiten gerade, dass man umso unbedingter auf der Selbständigkeit der Kirche (Dahlem IV) beharre, wenn anders der Gehorsam gegen den Herrn der Kirche nicht verletzt werden soll.
c) Wenn in den Mitteilungen offensichtlich ein Erfolg der Kirche darin erblickt wird, dass der Staat eine nicht schematische Handhabung der Kirchenausschüsse zugesagt hat, so müssen wir hier erschrecken vor dem in solcher Sicht und Kennzeichnung der Situation zu Tage tretenden landeskirchlichen Partikularismus. Denn wie können wir anderen Teilen der D. E. K., denen wir uns – auch nach dem 3. Januar – brüderlich verbunden wissen, solche Ausschüsse zumuten, die wir für das Gebiet unserer eigenen Kirche auch im mindesten zu acceptieren bereit sind. Wir vermögen einen solchen Partikularismus nicht in Einklang zu bringen mit den zahlreichen Erklärungen unsrer Kirchenleitung, man wolle eine rechte, einige, nach Schrift und Bekenntnis gestaltete D. E. K. –
Wir vermögen noch viel weniger zu verstehen, wie auf diese Weise eines der kostbarsten Geschenke der jüngsten Vergangenheit aufs Spiel gesetzt wird, nämlich die wirkliche, wachsende, segensreiche Einheit und Gemeinsam der Bek.Kirche in allen deutschen Gauen.
Soll es aber darum gehen, dass die andern Kirchen einen Ausschuss brauchen, Bayern aber nicht, so wäre dazu zu fragen, ob denn die Not der zerstörten Kirchen wirklich durch den „Frieden" wie ihn die Ausschüsse bringen, behoben werden kann. Wir würden es aber schmerzlich gut verstehen, wenn die Brüder in den zerstörten Kirchen über diesen landeskirchlichen Partikularismus ehrlich empört sind.
d) Wir müssen die in den Mitteilungen aufgestellte Alternative „Verfasste Kirche oder Freikirchen" als falsch und unzutreffend ablehnen. Weder die Form der Verfassten Kirche noch der Freikirche sind berechtigte Masstäbe, mit denen wir in den uns aufgelegten Fragen den Gehorsam bewähren könnten. Auch lehnen es die Brüder in den zerstörten Kirchen ab, dass es ihnen um die Freikirche gehe. Man kann sie also auch nicht darauf festlegen. Vielmehr wird als die wirkliche Frage bezeichnet werden müssen, ob wir noch in Glaubwürdigkeit und ohne Preisgabe unseres kirchlichen Auftrages an einem bisherigen Zustand der Kirche festhalten können. Auch da wird es gelten, nicht auf irgend einen entscheidenden eindeutigen Augenblick, auf ein himmlisches Signal zum Aufbruch zu warten, sondern in den kleinen und konkreten Entscheidungen von Tag zu Tag den Gehorsam zu bewahren, der allein von uns gefordert ist und allein Verheissung hat.

162 Schreiben des Landeskirchenrats an alle Geistlichen. München, 29. Februar 1936

FKiZM. A 30. 1/1 = K. D. Schmidt, Dokumente II, S. 430–435

Betreff: 4. Bekenntnissynode in Bad Oeynhausen.
Vom 17.–22. Februar tagte zum viertenmal die Bekenntnissynode der Deutschen Evangelischen Kirche, und zwar in Bad Oeynhausen. Entsprechend der hohen Wertung, die wir Synoden angedeihen zu lassen pflegen, hatten wir geglaubt, auf eine Verschiebung der Synode hinwirken zu müssen, damit Gelegenheit gegeben wäre, wichtige Fragen, deren Behandlung auf der Synode selbst untunlich schien, vorher zu klären.
Dem Versuch dieser Klärung dienten Vorbesprechungen eines kleineren Ausschusses in Kassel. Diese Besprechungen führten zu keinem einheitlichen Ergebnis. Unserer Anregung, mit Rücksicht hierauf die Synode auf einen späteren Zeitpunkt zu verlegen, wurde von den Einberufern der Synode nicht entsprochen. So fuhren wir zu der Synode in dem Gefühl, dass der Verlauf dieser Synode von vorneherein mit gewissen Schwierigkeiten belastet sein würde. Die Mitglieder der bayerisch. Abordnung zur Synode waren: Bogner-Augsburg, Dörfler-Augsburg, Lic. Frör-Nürnberg, Klingler-Nürnberg, Putz-Fürth, Rohde-Nürnberg, Schieder-Nürnberg, Dr. Meinzolt-München, Stoll-München; von der Vorläufigen Leitung: Breit-München; vom Reichsbruderrat: Sammetreuther-München.
Es war bedauerlich, dass die Synode entgegen dem auf der letzten Bekenntnissynode in Augsburg gefassten Beschluss noch in der alten Zusammensetzung zusammentrat; wir hatten dem Präses der Bekenntnissynode unsere Verwahrung dagegen vorher in aller Form mitgeteilt. Unter allen Umständen glaubten wir darauf dringen zu müssen, dass die Einrichtung von Konventen, die bei den früheren Bekenntnissynoden nur unvollkommen in Erscheinung getreten war, diesmal wirklich durchgeführt werde und dass für die Zugehörigkeit zum Lutherischen Konvent im besonderen die am Lutherischen Tag in Hannover aufgestellten Grundsätze massgebend sein sollten. Unser diesbezügliches Anliegen trugen wir vor Beginn der Synode dem Präses der Synode und dem von ihm bestellten Vorläufigen Ordnungsausschuss vor. Es bedurfte langer Verhandlungen, bis hier Klarheit geschaffen wurde; die Verhandlungen bewirkten, dass die Eröffnungssitzung der Synode um einige Stunden verschoben werden musste. Schon bei diesen Verhandlungen war es den Beteiligten klar geworden, dass die Schwierigkeiten, unter denen die Synode stehen würde, nicht gering sein würden; alle Synodalen aber waren entschlossen, mit dem Einsatz aller Kräfte mitzuarbeiten, um ein würdiges, in ganzer Wahrhaftigkeit vertretbares Ergebnis der Synode zu sichern.
In der Vollsitzung vom 19. Februar erstattete der Vorsitzende der Vorläufigen Leitung Landesbischof D. Marahrens seinen Rechenschaftsbericht über

die Tätigkeit der VKL. Im Anschluss an die Erstattung dieses Berichtes erklärte Landesbischof D. Marahrens für sich und seine Mitarbeiter den Rücktritt von der Vorläufigen Leitung um die Möglichkeit zu geben, die Verantwortung für die weitere Gestaltung des Weges der Bekennenden Kirche in andere Hände zu legen. Pfarrer Niemöller, Dahlem, erstattete den Bericht über die Tätigkeit des Reichsbruderrats, wobei die Gegensätze in der Auffassung dargelegt wurden. Die Synode bestellte sodann zur Vorbereitung der dem Plenum vorzulegenden Anträge 3 Ausschüsse: den Ordnungsausschuss, den theologischen Ausschuss und. den Schulausschuss. Die 3 Ausschüsse waren sehr zahlreich besetzt, nach dem Eindruck vieler zu zahlreich; dadurch, dass es auch den Nichtmitgliedern der Ausschüsse gestattet war, an den Ausschussverhandlungen, wenn auch ohne Stimmrecht, teilzunehmen, wurde vermieden, dass ein grösser Teil der Synode unbeschäftigt war. Zur Führung der Geschäfte wurde ein Geschäftsordnungsausschuss bestellt.
Aufgabe des Ordnungsausschusses war, Bestimmung über die Organe der Bekennenden Kirche und ihr gegenseitiges Verhältnis zu treffen, nachdem sich in der Entwicklung der letzten Zeit herausgestellt hatte, dass hier ungelöste Probleme vorlagen, die zu den bekannten Spannungen geführt hatten. Unser Vertreter im Ordnungsausschuss glaubte vor allem Wert auf einen festeren und strafferen Zusammenschluss aller Kräfte der Bekennenden Kirche legen zu sollen, damit dieselben in dem kommenden Neuaufbau der DEK in vollem Maße zum Einsatz gebracht werden könnten. Er hielt es für erforderlich, den Anspruch der Bekennenden Kirche, die rechtmässige DEK zu sein, auf seinen Inhalt und auf seine notwendige sachliche Begrenzung hin zu prüfen. In dem Verhältnis zwischen Reichsbruderrat und Leitung der Bekennenden Kirche glaubte er auf eine möglichst grosse Selbständigkeit der Leitung Bedacht nehmen zu müssen.
Endlich lag es ihm am Herzen, den Leitungen der Landeskirchen, entsprechend ihrer Stellung in der Verfassung der DEK selbst, einen bestimmten Einfluss auf die Entwicklung der Bekennenden Kirche zu gewährleisten. Die Vertreter der anderen Richtung glaubten dem erwähnten Anspruch der Bekennenden Kirche, die rechtmässige DEK zu sein, nach keiner Seite hin begrenzen zu dürfen; sie glaubten ferner, das Hauptgewicht der Entscheidung dem Reichsbruderrat übertragen zu müssen und sahen endlich kein Bedürfnis, den Einfluss der Landeskirchenleitungen in die Ordnung der Bekennenden Kirche besonders einzubauen. Im letzteren Punkt konnte eine Verständigung in dem Sinn erzielt werden, dass festgestellt wurde, dass die der Bekennenden Kirche zugehörenden Landeskirchen gegenüber Beschlüssen und Anordnungen der Organe der Bekennenden Kirche, die das Bekenntnis, den Kultus und die Verfassung der Landeskirchen berühren, selbständig sind, dass die Mitglieder der Bekenntnissynode von den Leitungen der Landeskirchen bestellt und die Mitglieder des Reichsbruderrats

ihrerseits von den Synodalen der einzelnen Landeskirchen vorgeschlagen werden; bei diesen Sicherungen glaubte der Vertreter unserer Abordnung auf den Einbau einer Vertretung der Landeskirchenleitungen als Organ der Bekennenden Kirche verzichten zu können. In der Frage des Verhältnisses von Reichsbruderrat zur Leitung der Bekennenden Kirche wurde festgestellt, dass die Grundlage dieses Verhältnisses unbedingtes Vertrauen sein müsse und dass auf dieser Grundlage die Leitung ihre Anordnungen „im Einvernehmen mit dem Reichsbruderrat" zu treffen habe. In der Frage der „Rechtmässigkeit" der Bekennenden Kirche konnte eine Übereinstimmung nicht erzielt werden; im Plenum der Synode ergab sich, dass die überwiegende Mehrzahl der Synodalen hier den Standpunkt des Vertreters unserer Abordnung nicht teilen zu können glaubte.
Über die Zusammensetzung des Reichsbruderrats wurde in einem Unterausschuss des Ordnungsausschusses verhandelt; sein Vorschlag wurde vom Plenum angenommen. Im Anschluss daran wurde der neue Reichsbruderrat gewählt. Bayern soll in ihm einen von den bayerischen Synodalen aufzustellenden und einen vom Reichsbruderrat nach Benehmen mit der bayer. Kirchenleitung zu berufenden Vertreter erhalten; die Nennung der Namen haben wir uns noch vorbehalten.
Durch den Rücktritt der Vorläufigen Kirchenleitung wurde es notwendig, mit der Führung der Geschäfte einstweilen einen Ausschuss zu betrauen, solange bis eine neue Vorläufige Leitung gewählt sein würde. Zu Mitgliedern dieses Ausschusses wurden Müller-Berlin-Dahlem, Böhm-Berlin-Zehlendorf und Lic. Albertz-Berlin-Spandau vom Plenum der Synode bestellt. Pastor Niemöller sprach der zurückgetretenen VKL den Dank der Synode aus. Im Schulausschuss war die Schulfrage bearbeitet worden. Das von ihm erarbeitete Wort, in das ein tiefgründiger und warmherziger Vortrag von Professor Delekat einführte, machte sich die Synode zu eigen.
In den Verhandlungen des Ordnungsausschusses selbst und in der Stellungsnahme des Plenums zu den vom Ordnungsausschuss behandelten Fragen trat deutlich in die Erscheinung, dass in diesen praktischen Dingen weitgehende Meinungsverschiedenheiten unter den Synodalen bestanden; diese Verschiedenheiten wurden auch deutlich und kräftig ausgesprochen. Über diese Verschiedenheiten hinaus aber wurden doch noch in den Verhandlungen des Ordnungsausschusses die verbindenden Kräfte spürbar, die es verhinderten, dass die vorhandenen Meinungsverschiedenheiten und Spannungen zur Trennung führten.
Über die Arbeit des theologischen Ausschusses erstattet ein bayerischer Teilnehmer dieses Ausschusses folgenden Bericht:
„Da die in der Bekennenden Kirche zusammengeschlossenen Kirchen, Gemeinden und Pfarrer seinerzeit gemeinsam aufgebrochen waren, um gegenüber den Irrlehren der Zeit und der dadurch hervorgerufenen inneren und äusseren Zerstörung der Kirche ein öffentliches bekenntnismässiges Zeug-

nis abzulegen, war es auch den Teilnehmern an dieser 4. Bekenntnissynode gewiss, dass die auf ihr zu leistende theologische Arbeit entscheidend für den weiteren gemeinsamen Weg sein müsse. Das zeigte sich denn auch bald. Nachdem festgestellt war, dass der Lutherische Konvent der Synode daran sein Kennzeichen habe, dass die in ihm zusammengeschlossenen Lutheraner nicht nur für ihre Person das lutherische Bekenntnis bejahen wollten, sondern auch entschlossen seien, die Ordnung und die Leitung der Kirche vom lutherischen Bekenntnis her bestimmen zu lassen, konnte der Theologische Ausschuss an die Arbeit gehen, dem es oblag eine Kundgebung zur Frage der Kirchenleitung aufgrund von Schrift und Bekenntnis auszuarbeiten. In zahlreichen eingehenden und in die Tiefe führenden Aussprachen erarbeiteten die Mitglieder dieses Ausschusses eine gemeinsame Vorlage, die in drei Teilen ausgegeben werden sollte. In einem ersten Teil sollte das schrift- und bekenntnisgemässe Zeugnis über die Kirchenleitung stehen, ein zweiter Teil sollte die überaus wichtige und aktuelle Stellungnahme zu den staatlichen Kirchenausschüssen bringen und ein dritter Teil sollte sich unmittelbar an die Pfarrer und Gemeinden wenden, die heute in mancherlei Not und Verwirrung auf ein klares Wort der Bekenntnissynode warten. Der theologische Ausschuss konnte schliesslich auch dem Lutherischen Konvent eine fertige Vorlage zur Annahme empfehlen, der die Mehrheit des Ausschusses beigetreten war. Doch nun zeigte es sich, dass im Lutherischen Konvent von einem nicht geringen Teil seiner Mitglieder starke Einsendungen erhoben wurden, die eine erneute Rückverweisung an den theologischen Ausschuss notwendig machten.

Die ganze Erörterung ging um den einen Satz der Vorlage: „Es gehört zu dem Amt der von der Bekennenden Kirche berufenen Organe der Kirchenleitung, dass sie die Maßnahmen der Kirchenausschüsse am Bekenntnis prüfen und ihnen notfalls die kirchliche Geltung verleihen“ (ursprünglich Antrag Niemöller).

Über diesen Satz hatte sich die Mehrheit des theologischen Ausschusses geeinigt, nun aber wurde von den einen ebenso entschieden seine Streichung gefordert wie von den andern seine Beibehaltung, wobei letztere betonen mussten, dass mit einer Ausgleichsformel, welche die vorhandenen Schwierigkeiten nur verdeckte, aber nicht überwand, nicht erreicht sei, dass es auch nicht anginge, in einer besonderen Ausführungsbestimmung den Bruderräten Weisungen zu erteilen, die von Fall zu Fall der besonderen Lage Rechnung tragen sollten. Da endlich erklärt werden mußte, dass Nützlichkeitserwägungen, die etwa für die Beibehaltung oder die Streichung des Satzes sprechen konnten, keine wahrhaft kirchlichen Entscheidungen hervorrufen könnten, bei denen vielmehr Schrift und Bekenntnis massgebend seien, blieb zuletzt ein Dissensus stehen, der nicht ausgeglichen werden konnte. Das, was uns abhalten musste, eine Streichung des angezogenen Satzes zu begutachten, wurde in einer Erklärung zusammengefasst, die sowohl dem

theologischen Ausschuss wie dem Präses der Bekenntnissynode zur Weitergabe an das Plenum zur Kenntnis gebracht wurde. Im wesentlichen wurde in dieser Erklärung die folgenden Bedenken ausgesprochen:
1. Sind wir gewillt, als lutherische Kirche zu handeln in der unserer Kirche durch die Heilige Schrift und unsere Bekenntnisse gewährte Freiheit oder erliegen wir der Gefahr, durch Preisgabe dieser Freiheit aus Furcht vor einer der Kirche gegenwärtig drohenden Fehldeutung den Anspruch aufzugeben, dass alles unser ist, wenn wir nur Christi sind? Mit dieser Frage ist aber zugleich die Frage nach dem Verhältnis von Gesetz und Evangelium in unserer Kirche gestellt.
2. Der lutherischen Kirche ist es durch die Heilige Schrift und ihr Bekenntnis verwehrt, verpflichtende Ordnungen aufzurichten, die nicht ganz klar durch Gottes Wort geboten sind (vgl. z. B. C. A. 15). Sie hat vielmehr in diesem Stück die Freiheit zu tun, was nicht gegen die Hl. Schrift ist. Diese Überzeugung darf sie niemals auch nur verschweigen.
3. In der angezogenen Frage geht es um die kirchliche Anerkennung von Handlungen staatlicher Organe, die aus „Männern der Kirche", also – soweit kein Gegenbeweis geliefert wird – im wesentlichen aus rechtsmassig berufenen und ordinierten Dienern des Wortes Gottes bestehen. Selbst unter der Voraussetzung, dass diese Männern im Schisma mit der bekenntnisgebundenen (lutherischen) Kirche leben, können ihre Handlungen (z. B. Sakramentsverwaltung), falls sie rite vollzogen sind, nicht für ungültig erklärt werden. Damit ist uns heute die Frage des Donatismus, den unsere Kirche jederzeit öffentlich als Irrlehre abgelehnt hat, neu gestellt, nicht so sehr im Blick auf die Deutschen Christen, als vielmehr im Blick auf alle diejenigen, die wohl die Irrlehren unserer Zeit ablehnen, sich aber nicht dem Regiment der Bekennenden Kirche unterstellen wollen.
4. Gewichtige Stellen der H. Schrift sind für unsere Frage zu hören und auf sie anzuwenden (z. B. Mt. 21, 28 ff, Mt. 23, 1–3; Lc. 9, 49 f, Act. 15, 24–29; 16, 3); das hat zu geschehen unter gleichzeitiger Bindung an die uns gebotene Bekämpfung der Irrlehre in der Kirche. (z. B. Act. 20, 28 ff.; Gal. 1, 6 ff., Titus 3, 10 f., l. Joh. 4, 1 ff).
5. Aufgabe einer evangelischen Synode ist es, den in der Kirche aufgrund der Hl. Schrift vorhandenen Konsensus in der Lehre bewußt zu machen und zu bestätigen oder den noch vorhandenen Dissensus festzustellen und darum zu erneuter Besinnung unter Schrift und Bekenntnis zu rufen. Eine evangelische Synode bittet um den Hl. Geist, der sie in alle Wahrheit leiten kann, sie verfügt aber aus eigener Vollmacht nicht über den Hl. Geist und kann ihn nicht binden, da sie weiss, dass der Hl. Geist gegeben wird, ubi et quando visum est deo, wann und wo es Gott gefällt.
Die vorstehenden 5 Bedenken enthalten so schwerwiegende und bis jetzt noch keineswegs gründlich bearbeitete Fragen, dass wir nicht glaubten, verantworten zu können, der veränderten Vorlage unsere Zustimmung ge-

ben zu können. Der angezogene Satz war in der Tat zum Angelpunkt der Vorlage geworden.
Es ist nicht an der Zeit, das Ergebnis der Synode im einzelnen schon darstellen und auswerten zu wollen. Ein Ergebnis allerdings dürfte feststehen: es ging auf der 4. Bekenntnissynode um Fragen, die wegen ihres kirchlichen Gewichtes und ihrer bekenntnismässigen Tiefe unter allen Umständen, wie es sich tatsächlich erwies, einer vorschnellen Lösung widerstehen. Sehr bedauerlich bleibt es auch, dass bis zur Schlussitzung der Synode etwa ein Drittel aller Synodalen aus beruflichen Gründen hatte abreisen müssen, sodass ihre Stimmen bei den Abstimmungen ausfielen. Die weitere Behandlung der auf der Synode nicht gelösten Fragen muss vorbehalten bleiben."
Ev.-Luth. Landeskirchenrat
gez. D. Meiser.

2.4.3 Verhältnis zum Reichskirchenausschuss

163 Schreiben des Landeskirchenrats an den Reichskirchenausschuss. München, 9. Januar 1936. Als Abdruck an die Vorläufige Leitung der DEK
LAELKB, KKU 11/IV = K. D. Schmidt, Dokumente II, 1, S. 209–211

Betreff: Kirchliche Lage.
Ein sowohl seinem inneren Wert wie seiner Zahlenstärke nach sehr beträchtlicher Teil der bayrischen Pfarrerschaft – rund 600 Pfarrer – hat uns gebeten, dem Reichkirchenausschuss folgende Darlegung zu übermitteln:

1. Es ist eine Tatsache, dass das erwartete Vertrauen zum Reichskirchenausschuss in dem lebendigen und bekennenden Teil der bayrischen Pfarrerschaft durch Inhalt und Form des Aufrufs an das Kirchenvolk zunächst einmal am Entstehen verhindert worden ist. Der RKA wird daher gebeten, im Interesse einer baldigen Verwirklichung eines positiven Verhältnisses der Bekennenden Kirche zum RKA für die Veröffentlichung von theologischen Richtlinien Sorge zu tragen, die eine zweifelsfreie Bindung an Schrift und Bekenntnis enthalten und die Entschlossenheit erkennen lassen, die Grundanliegen der Bekennenden Kirche unbedingt zu wahren. Dies könnte etwa geschehen durch Veröffentlichung des inhaltlich allerdings noch nicht bekannten theologischen Gutachtens des RKA.
2. Es ist weiter eine Tatsache, dass das erwünschte Vertrauen zum RKA so lange nicht aufkommen kann, als sowohl die Tätigkeit als auch die Aesserungen des Herrn Reichsministers in der kirchlichen Oeffentlichkeit den bestimmten Eindruck erwecken, dass er die Neugestaltung der kirchlichen Verhältnisse im wesentlichen selbst autoritär und diktato-

risch in die Hand genommen habe. Diese Beobachtung bezieht sich sowohl auf grössere Entscheidungen als auch auf Einzelheiten im kleinen. Wir sind uns darüber klar, dass ein Ausschuss, der dem Arm des Staates die Initiative überlässt, den direkten Weg in ein ausgereiftes Staatskirchentum unterstützen würde und als bekenntniswidrig entschlossen abgelehnt werden müsste.
Der RKA wird gebeten, entsprechend dem Wort des Ministers, dass er die Neuordnung durch Männer der Kirche vornehmen lassen wolle, die sämtlichen in Betracht kommenden Aktionen in eigener Initiative durchzuführen. Die positive Wertung des Ausschusses und die Zusammenarbeit mit dem RKA erscheint der an Schrift und Bekenntnis gebundenen Pfarrerschaft nur unter dieser Voraussetzung möglich.

3. Die Verordnung des Herrn Reichministers vom 2. Dezember 1935 über die Möglichkeit der Auflösung der Organe der Bekennenden Kirche steht mit dem Bekenntnis der Kirche in Widerspruch. Wir halten die Uebertragung der kirchenregimentlichen Befugnisse auf einen Landeskirchenausschuss in den zerstörten Gebieten an sich nicht für bekenntniswidrig, solange der Ausschuss die Gewähr dafür bietet, dass er sich in seinen Massnahmen an Schrift und Bekenntnis tatsächlich gebunden hält. Das Gesetz enthält aber die Möglichkeit, die Selbstverwaltung der Bekennenden Kirche auch dort durch gewaltsame Eingriffe zu zerstören, wo sie einem durch den Arm des Staates eingesetzten Ausschuss aus Gewissensgründen, d.h. wegen seiner mangelnden oder unzureichenden Bindung an Schrift und Bekenntnis, die äussere Kirchenleitung nicht überlassen kann. Damit ist die Vergewaltigung der Bekennenden Kirche durch nach völlig ausserkirchlichen Gesichtspunkten getroffenen Massnahmen Tür und Tor geöffnet und die Suspendierung der zentralen, im Kirchenkampf erarbeiteten Grundsätze der Bekennenden Kirche legalisiert.
Es ist für die Anbahnung des Vertrauens zum Reichskirchenausschuss lebensnotwendig, dass er zu diesem Gesetz (auch wenn es nur eine Kann-Vorschrift ist) und zu den Möglichkeiten, die es bezügl. der Vergewaltigung der Bekennenden Kirche eröffnet, eindeutig und öffentlich Stellung nimmt.

4. Es ist bekannt geworden, dass der Herr Reichminister in der Frage des widerrechtlichen Verbleibens des DC-Pfarrers Beer in Eibach eine Entscheidung gefällt hat, bei deren Begründung er sich ausdrücklich auf nichtkirchliche Gesichtspunkte bezog. Im Fall Eibach verteidigt die Kirche einen zentralen Punkt ihrer bekenntnisgebundenen Ordnung und kann daher unter keinen Umständen nachgeben. Nach den bisherigen Verlautbarungen ist das Reichskirchenministerium lediglich zur Befriedigung der zerstörten Kirchengebiete ermächtigt worden. Der Eingriff des Herrn Reichsministers in Eibach bezieht sich aber auf eine

intakte Landeskirche, in der solche Fälle nach den geltenden Grundsätzen einzig und allein nach dem in dieser Landeskirche geltenden intakten recht geregelt werden müssen. Es wäre katastrophal für die Tätigkeit des RKA., wenn die kirchliche Oeffentlichkeit in Bayern den Eindruck erhielte, dass die zur Wiederherstellung des Rechtes in den zerstörten Kirchengebieten eingesetzten Organe nun wider Erwarten zur Zerstörung des bisherig noch glücklicherweise intakt gebliebenen Kirchengebiete beitragen. Dazu kommt, dass es sich auch hier um eine diktatorische Maßnahme unter völliger Ausschaltung des RKA handelt.

5. Derjenige Teil der bayer. Pfarrerschaft, der sich an Schrift und Bekenntnis gebunden weiss, und die kirchlichen Ereignisse bisher mit lebhafter Anteilnahme verfolgt hat, kann sich nicht entschliessen, dem RKA einen Blankowechels des Vertrauens auszustellen. Er sieht sich vielmehr genötigt, den Reichskirchenausschuss ernstlich zu bitten, dem Abgleiten der Entwicklung in ein diktatorisches Staatskirchentum mit Nachdruck zu wehren und in den zu treffenden Ordnungsmassnahmen mit Festigkeit eine Richtung einzuhalten, die die entschlossene Bindung an Schrift und Bekenntnis im ganzen und im einzelnen deutlich erkennen lässt.

Wir beehren uns, dem Reichskirchenausschuss von diesen Anliegen und Sorgen in den Reihen unserer Pfarrer Kenntnis zu geben, und freuen uns anfügen zu können, dass gerade auch diese Geistlichen unserer Landeskirche entschlossen sind, zusammen mit dem Landeskirchenrat der Arbeit des Reichskirchenausschusses jede Unterstützung und Förderung zuteil werden zu lassen, die nicht durch die Bindung unserer Landeskirche, ihre Leitung und ihrer Pfarrerschaft an das Wort der Heiligen Schrift und das Bekenntnis unserer Evang.-luth. Kirche ausgeschlossen bleiben muss.
gez. D. Meiser

164 Schreiben Rudolf Franz Merkels an die Kanzlei der DEK. Streitau, 13. Februar 1936

EZA Berlin, 1/1403

Hochzuverehrender Herr Generalsuperintendent!
Von den Verhandlungen in München mit dem derzeitigen Landeskirchenrat (am 31. Jan. oder später) werden Sie keinen allzu günstigen Eindruck erhalten haben.
Um Ihnen einen völlig objektiven Einblick in das System zu geben, das seit Jahren hier waltet, will ich Ihnen einen Brief senden, den ich vor bald 3 Jahren an den H. Landesbischof geschrieben habe und der so gut wie unbeantwortet blieb. Der derzeitige Landeskirchenrat wird beherrscht

von einer sich selbst ergänzenden Gruppe von Geistlichen, die durch ihre studentischen Beziehungen eng verbrüdert sind und die den H. Landesbischof augenblicklich völlig in der Hand haben. Dabei sind es lauter Herren, die ehemals der Geyer-Rittelmeyer-Richtung angehörten und auch für E. Tröltsch eintraten. Diese Herren vermögen sich dem jeweiligen Kurs geschickt anzupassen und haben keine eigene Überzeugung. Wenn sie heute für das Bekenntnis eintreten, werden sie nach Jahren bei einem anderen Landesbischof für die ‚Deutschen Christen' eintreten – das hat in der letzten Nummer der Christl. Welt H. Prof Mulert sehr treffend in einem anderen Zusammenhang hervorgehoben.
Welcher Fanatismus und Starrsinn hier walten kann, das habe ich zur Genüge selbst erfahren müssen – man hat mir trotz meiner langjährigen Tätigkeit als Dozent an der Universität München ohne jeglichen greifbaren Grund die Versetzung nach oder […] München beharrlich verweigert; im Gegenteil wurde ich in einem der ungerechtesten Verfahren, dessen nur der Landeskirchenrat in München fähig ist, in den hohen Norden Bayerns versetzt, um mir jede Möglichkeit zu nehmen, meine Vorlesungen fortzusetzen. Es war das eine jener Schikanen, die man von einem sog. christlichen Kirchenregiment nicht erwarten sollte, nachdem kein greifbarer Grund vorhanden gewesen ist, wie aus dem Urteil selbst hervorging. Der Vater des H. Bischofs D. Heckel hat mich s. Z. beraten und mir schriftlich bestätigt, dass ein solche [sic!] schikanöses Urteil einfach unwürdig war, da es meine ganze Existenz restlos vernichtete.
Wiederholt habe ich den H. Landesbischof D. Meiser um freundliche Fürsprache – wie in dem vorliegenden Brief – ersucht, aber es war alles vergeblich, obwohl H[err] L[andes]B[ischof] D. M[eiser] seinerzeit mir hat sagen lassen, er wolle am mich denken und mir helfen. Aber es waren Worte – wie sie so oft leider gesagt werden.
In Bayern wird systematisch jede Minderheit unterdrückt, da durch die unglückliche Verfassung Pfarrer und Gemeinden dem Landeskirchenrat restlos ausgeliefert werden und jede Ungerechtigkeit in Besetzungen der Stellen etc., über sich ergehen lassen müssen.
Wenn der Reichskirchenausschuss hier einsetzen und endlich die Omnipotenz des Landeskirchenrats brechen würde, wäre das von ungeheurem Segen für die ganze Landeskirche. Denn das derzeitige Cliquenwesen kann nicht weiter getragen werden. Es ist auch nicht richtig, dass die Gemeinden restlos hinter dem Landeskirchenrat stehen – zu viele wissen bereits, in welch rigoroser Weise man in München gegen Geistliche und Gemeinden seit Jahren vorgeht.
Wenn der Reichskirchenausschuss verantworten kann, dass der geistliche Terror in Bayern so weitergeht, soll er sich ruhig den Beschlüssen der durch Unterdrückung Anderer an die leitenden Stellen gelangten Vertreter beugen – aber die Minderheit hat auch ein Recht zu existieren und kann sich

nicht den heute am Ruder befindlichen Geistlichen Äquilibristen ausliefern lassen. Recht muss Recht bleiben auch bei einer kirchlichen Behörde.
In tiefer Verehrung und Hochachtung
Mit Heil Hitler! ganz ergebenst Lic. R. Merkel

165 Schreiben der Pfarrerbruderschaft des Kapitels Aschaffenburg an den Landesbruderrat. Eschau, 9. Januar 1937

LAELKB, KKE 16

Die am 7. 1. 1937 versammelte Pfarrbruderschaft des Kapitels Aschaffenburg fordert vom Landesbruderrat dringend, daß er bei Herrn Landesbischof D. Meiser sofort und mit allem Nachdruck darauf hinwirkt, daß dieser für die bayer. Landeskirche eine unmißverständliche und öffentliche Erklärung des Inhalts abgibt:

1) Seine Unterschrift unter die Erklärung der Landeskirchenführer vom 20. 11. 1936 bedeutet kein kirchliches Plazet für den Reichskirchenausschuß oder für D. Zöllner.
2) Die Bayer. Landeskirche steht zu den Brüdern in der Bekennenden Kirche, die unter Berufung auf die Unterschrift D. Meisers nun von neuem bedrängt werden von Männern, deren Namen neben dem D. Meisers stehen. – Diese Erklärung möge der Herr Landesbischof umgehend allen beteiligten Stellen (Dahlem, Luther.Rat, Reichskirchenausschuß, Landeskirchenausschüsse) übermitteln und ebenso der gesamten bayer. Pfarrerschaft durch Veröffentlichung im Amtsblatt bekanntgeben, nachdem die Erklärung der Landeskirchenführer ebenfalls im Amtsblatt veröffentlicht wurde.
3) Weiter erwarten wir, daß der Landeskirchenrat in einer offiziellen Erklärung sich zu dem Inhalt der Denkschrift der V. K. L. bekennt, wenn er auch an ihrer Abfassung unbeteiligt ist.

Wir bitten den Landesbruderrat dringend, diesen unseren Antrag sofort zu erledigen. Außerdem bitten wir, ernstlich Vorsorge zu treffen, daß künftighin die Versammlungen der Pfarrbruderschaft oder ihrer Obmänner in solchen wichtigen Fragen nicht ohne Beschlußfassung auseinander gehen.
Mit amtsbrüderl. Grüßen!
Neumann, Pfr.

2.4.4 Denkschrift der VKL II an Hitler vom 28. Mai 1936

166 Schreiben Hans Schmidts an die Mitglieder der Pfarrerbruderschaft. Erlangen, 19. August 1936

FKiZM. A 30. 28

Liebe Brüder!
Nach einem ausführlichen Gespräch, das ich mit Herrn Landesbischof hatte, habe ich folgendes zu berichten:

1. Wie vielleicht schon bekannt, wurde von der V. K. L. versucht, in einem Dokument alle Gravamina an die höchste Staatsstelle zu bringen. Das ist nicht gelungen. Dagegen ist durch die Indiskretion irgend einer Stelle der Inhalt des Schreibens der Auslandspresse bekannt geworden. In dieser besonderen Lage sieht sich der R.br.rat genötigt, den Hauptinhalt des Schreibens demnächst in einem Wort an die Gemeinden herauszugeben.
2. Das Dokument ist inzwischen auf dem Instanzenweg an den R. K. A. gelangt. Z[oellner]. nimmt eine durchaus positive Stellung dazu ein und unternimmt beschleunigt einen neuen Versuch, die Gravamina an höchster Stelle vorzutragen. Damit würde die ganze D. E. K. hinter das Anliegen des Dokumentes treten und eine Solidarität über alle sonstigen Spannungen hinaus erreicht.
3. Herr Landesbischof (ebenso Herr O. K. R. Schieder) ist der Ansicht, dass dieser Schritt unbedingt abgewartet werden muss. Fällt er negativ oder unbefriedigend aus, dann ist mit der vom R.br.rat geplanten Aktion nicht mehr zu säumen.
4. Da es wichtig ist, dass in dieser entscheidenden Frage gemeinsam vorgegangen wird, musste versucht werden, mit Dahlem Solidarität des Vorgehens zu erreichen und Dahlem ev. zu bewegen, nicht vorzubreschen. Mit Einverständnis des Herrn Landesbischofs habe ich darum an Niemöller folgendes geschrieben:
   „Es ist eine schwere innere Not, die mich drängt, an Sie zu schreiben. Wir sind unterrichtet über die geplante Aktion des Reichsbruderrats. Andrerseits wissen wir darum, dass in einem neuen Versuch das Dokument an den Führer gebracht werden soll, und zwar in der Form, dass sich inhaltlich auch Z[oellner] und der R[at] [der] L[utherischen] K[irchen] dazu bekennt, dass also wenigstens in dieser ernsten und entscheidenden Frage eine Front der Solidarität vorhanden wäre. Es ist unsere herzliche und dringende Bitte, es möchte alles getan werden um diese Solidarität zu erzielen und zu wahren. Ich muss es als Senior der B.Pf.Br. aussprechen, dass es uns ein grosses Anliegen ist, in dieser entscheidenden Frage mit den Brüdern im Norden zusammenzureden und zusammenzuhandeln, wenn wir uns freilich auch dem Entscheid

und der begründeten Haltung unserer Bayerischen Landeskirche nicht entziehen können. Soweit wir unterrichtet sind, soll der letzte Versuch so beschleunigt erfolgen, dass die Aktion des Reichsbruderrates höchstens eine kurze Verschiebung erfahren würde. Um der Wichtigkeit der Sache willen bitten wir, alles zu tun, um in dieser Aktion ein gemeinsames Vorgehen uns allen, auch der gesamten Bayerischen Pfarrerschaft zu ermöglichen. -----"

In der gleichen Richtung wurden auch sonstige Versuche gemacht und Verbindungen aufgenommen: Soweit ich unterrichtet bin, auch von Herrn L. B. persönlich.

5. Ich gebe diesen Bericht hinaus mit der Bitte, die Entscheidung im persönlichen Handeln darnach zu bemessen. Meines Erachtens darf die Bruderschaft in ihrem Vorgehen keine Einzelaktionen unternehmen, zumal die Aussicht besteht, dass ihr brennendes Anliegen von einer breiten Front aufgenommen wird.

In treuer Verbundenheit!
H. Schmidt

167 Rundschreiben Nr. 2832 des Kreisdekanats Nürnberg an alle Pfarrämter. Nürnberg, 15. Oktober 1936

FKiZM. A 30. 7

Zur Verkündigung auf allen Kanzeln am kommenden Sonntag:
„In der letzten Zeit sind da und dort Kirchenaustritte erfolgt mit dieser Begründung: Landesbischof D. Meiser habe einen Brief an den Führer geschrieben; dieser Brief sei uneröffnet zurückgekommen; daraufhin habe Landesbischof D. Meiser den Brief an die Auslandspresse gegeben. Diese Nachricht ist von Anfang bis zum Ende eine glatte Verleumdung." Landesbisch. D. Meiser hat weder einen Brief geschrieben an den Führer, noch ist dieser Brief uneröffnet zurückgekommen, noch hat er diesen Brief an die Auslandspresse gegeben.
Schieder

168 Schreiben Karl Steinbauers an den Landeskirchenrat. Penzberg, 12. November 1936

EZA Berlin, 50/185 = K. Steinbauer, Zeugnis, S. 89–91

Betreff: Kundgebung vom 29. Oktober 36
Mir war es nicht möglich, die Kundgebung des L. K. R. vom 29. Okt. in der uns zugeschickten Form zu verlesen. Ich weiß das gleiche auch von andern Kollegen. Ich halte mich aber für verpflichtet, dies nicht stillschweigend zu

tun, sondern dem L. K. R. davon Kenntnis zu geben und mein Handeln zu begründen.

Ich habe gestrichen:

1. „Unser Herr Landesbischof wird im Zusammenhang mit einer Denkschrift, an deren Abfassung und Verbreitung er in keiner Weise beteiligt war, als Hochverräter verleumdet.“

Dieser Satz mußte von dem Hörer dahin verstanden werden, als solle und wolle unsere bayer. Landeskirche und der Herr Landesbischof mit dem kirchlich notwendigen Wort der V. K. L. in keiner Weise im Zusammenhang gebracht werden. Ich habe mich schon als Mensch und erst recht als Pfarrer der Bekennenden Kirche geschämt, diesen Eindruck bei der Gemeinde zu erwecken, die weithin die Denkschrift der V. K. L. kannte. Bei Besprechung der Holzrede habe ich gesagt: Wenn H. behauptet, ein Name fehle bei den Unterschriften, so sei das unwahr. Herr Landesbischof war bei der Abfassung dieser Denkschrift und auch bei deren Verbreitung in keiner Weise beteiligt. Dagegen stimme diese Behauptung insofern, als der Herr Landesbischof den Inhalt zusammen mit unserem Kirchenregiment deckt als ein kirchlich notwendiges Wort. Sollte ich darin falsch unterrichtet sein, werde ich auf Anweisung meiner Gemeinde andere Auskunft geben.

2. „Und das alles geschieht in einer Zeit, wo unsere Kirche mit dem ganzen deutschen Volk im Kampf gegen die blutigen Greuel des Bolschewismus in Rußland und Spanien steht und alle Kräfte zur Durchführung des Vierjahresplanes zusammengefaßt werden müssen.“ Dieser Satz ist so, wie er dasteht, zu sehr ähnlich dem Aufruf D. Zoellners „An die Christen aller Völker“, dem wirklich kirchliche Einsicht und Wahrhaftigkeit mangelte. Wenn wir zur Bezeugung des Kreuzes Christi gerufen sind, haben wir nicht die Existenzberechtigung der Kirche durch ihre Rentierlichkeit als Bolschewistenbekämpfer und Helfer des Vierjahresplanes irgendwie beweisen zu wollen. Wir haben als Kirche Jesu Christi das Amt zu verwalten, das die Versöhnung predigt, das Kreuz als Gericht und Gnade, und sollen uns dessen nicht schämen. – Ganz abgesehen davon, daß doch jeder sich fragt, wer sind denn die Männer, mit denen zusammen wir die Bolschewisten bekämpfen sollten? – und wer sind die Männer, gegen deren antichristliche Agitation wir zur Abwehr gerufen werden? Es verträgt die Klarheit und Wahrheit nicht bei einem kirchlichen Aufruf diese Frage im Zwielicht zu lassen.

3. „Haltet euren Pfarrern die Treue ...“

Dazu aufzurufen, war mir schon aus persönlichen Gründen nicht möglich, aber auch aus sachlichen Gründen. Es geht allein um die Treue und den Gehorsam gegen das Wort Gottes. So selbstverständlich das klingen mag, ist es gar nicht selbstverständlich. Warum nicht, darüber kann die jüngste Kirchengeschichte den Kommentar liefern. Wir haben allen Grund, von Menschen weg zu deuten allein aufs Wort hin. Und wir haben allen Grund, die Gemeinde anzuhalten, alles und jedes unter die Lupe des Wortes zu

stellen, komme es, woher es wolle. Und dazu haben die Pfarrer ihren Gemeinden und die Gemeinden ihren Pfarrern zu helfen, und diesen Dienst haben die Pfarrer einander zu tun, das Kirchenregiment selbstverständlich mit eingerechnet, denn wir sind evang. Kirche.
Solange die Kirche nichts zu sagen hat, etwa zum 9. Nov., wo bewußt neu Auferstehung gesetzt wird, wo neu Ewigkeit gesetzt wird, wo bewußt laut Anweisung des Propag.Minist. Staatskult und Staatsreligion gesetzt wird, so lange wirken solche Kundgebungen peinlich. Es wirkt peinlich, daß die Kirche meist dann redet, wenn die Pfarrer persönlich angegriffen sind, aber erschreckend schweigt, wenn die Ehre der Kirche und die Sache der Kirche angegriffen ist. (Vgl. etwa den Ley-Aufruf zum 1. Mai oder die Tatsache, daß wir die Glocken, die zum Wort der Wahrheit zu rufen haben, zum Geschehen am 29. März gelautet haben und Gott gleichsam haben ja sagen lassen zu dieser Lüge. Es ist nicht unnötig geworden, an solches immer wieder zu erinnern.
Wo die Sache angegriffen wird, heißt es immer wieder, es ist nicht ernst zu nehmen, sie meinen ja auch etwas anderes, wenn sie „Auferstehung“, wenn sie „Ewigkeit“, wenn sie „heilig“ u. s. w. sagen. Geht es aber um persönliche Angriffe, ist man sehr rasch auf dem Plan. Ich sage nicht, daß das nicht möglich und auch nicht nötig wäre, aber eine Gewichtsverschiebung wäre nicht unangebracht, solches soll betont nebenbei geschehen mit nicht so starkem moralischen Akzent, und die Personen sollen nicht so in den Vordergrund treten, das wirkt persönlich und sachlich peinlich. Wenn wir um Seine Ehre eifern, wird uns auch Ehre werden, und wir wollen genug haben an seiner Ehre.
„Die Ehr' und Lehr, Herr Jesu Christ nicht unser, sondern dein ja ist.“
gez. K. Steinbauer, expon. Vikar.
Ein Durchschlag des Schreibens geht auch an die V. K. L.

169 Schreiben des Kreisdekanats Ansbach an die Kirchenvorsteher und Gemeindehelfer. Ansbach, 31. Dezember 1936

LAELKB, Bayer. Dekanat Augsburg 19

Zu der in den letzteren Wochen so viel genannten Denkschrift (auch Brief) ist Folgendes zu sagen:

I.

1. Die sog. „vorläufige Kirchenleitung“ (VKL) in Berlin hat aus der großen Sorge, die die fortschreitende Entchristlichung unseres Volkes uns bereitet, eine Denkschrift geschrieben, in der sie ihre Sorgen um den Fortbestand des Christentums in Deutschland niederlegte. Diese Schrift sollte durch einen uns unbekannten Mann dem Führer unter 4 Augen übergeben werden.

Warum das nicht geschah, wissen wir nicht. Die Schrift kam statt dessen in ein Ministerium, lag dort längere Zeit, wurde dann an den Reichskirchenausschuß hinübergegeben, wo sie wieder Wochen lang liegen blieb, bis der Vorsitzende des Reichskirchenausschusses davon Kenntnis bekam.
2. Plötzlich erschien diese Denkschrift in der Auslandspresse. Niemand kann darüber mehr erschrocken und empört gewesen sein, als wir Leute von der bekennenden Kirche. Denn was wir in dieser Sache unsrer Obrigkeit zu sagen haben, geht niemand im Ausland etwas an. Deshalb war uns auch mit allem Ernst daran gelegen, daß der Schuldige gefunden, verhaftet und bestraft würde.
3. Aber bis zur Stunde ist der Schuldige noch nicht entdeckt. Man tut nur so, als wäre es erwiesen, daß die bekennende Kirche die Denkschrift ins Ausland gegeben hätte. So wurde in Franken die Nachricht verbreitet, Landesbischof D. Meiser habe den Brief an den Führer geschrieben und als der Brief wieder uneröffnet zurückgekommen sei, habe er ihn der ausländischen Presse gegeben. Aber Landesbischof Meiser hat weder diesen Brief geschrieben, noch ihn veranlaßt, erst recht ihn nicht ins Ausland gegeben. Er hat von diesem Brief überhaupt nichts gewußt!
Dann wurde behauptet, die Männer der VKL in Berlin wären es gewesen. Dazu ist zu sagen:
Trotz eingehender Untersuchung der geh. Staatspolizei wurde diesen Männern, die die Denkschrift verfaßt und unterschrieben haben, keine Schuld nachgewiesen. Es ist kein Mitglied verhaftet und erst recht nicht, wie da und dort behauptet wird, erschossen worden.
4. Verhaftet wurde ein Büroangestellter der VKL, ein Jurist, den man ins Büro aufgenommen hatte, weil er abgebaut worden war. Gegen ihn ist der Verdacht erhoben worden, daß er unter Vertrauensbruch und unter Mißbrauch seiner Stellung die Schrift ins Ausland gegeben habe. Aber erwiesen ist auch seine Schuld bis heute nicht.
Wenn wir nun annehmen, daß dieser Verdacht gegen den Büroangestellten sich als wahr erweisen sollte, hat man dann ein Recht, der VKL, ja der ganzen Kirche vorzuwerfen, sie habe Landesverrat getrieben. Das in jedem Amt vorkommen [sic!], daß ein Angestellter ein Schuft ist; deswegen wird man trotzdem nicht behaupten, alle Beamten dieses Amtes seien Landesverräter.

II.

Aber es wird nicht nur gesagt, es sei Landesverrat, daß diese Denkschrift ins Ausland gekommen sei. Es wird schon das als Landesverrat bezeichnet, daß diese Schrift überhaupt geschrieben worden ist. Dazu ist zu sagen: 1. Die Kirche darf sich in besonderen Notfällen an den Führer mit ihren Sorgen wenden. Wenn nun der Kirche von Außen und Innen Gefahr droht, dann hat sie nicht nur das Recht, sondern auch die Pflicht, sich an den Führer zu

wenden ohne daß ihr von einem rechtlich denkenden Menschen das als Unbotmäßigkeit oder gar Landesverrat ausgelegt werden darf.
2. Alles, was in der Denkschrift vorgebracht wird, ist genau belegt und bewiesen.
[3.] Wir haben nur den Wunsch, daß einmal die ganze Schrift in ihrem genauen Wortlaut mit sämtlichen Belegen der Öffentlichkeit bekannt gegeben wird. Dann wird man erkennen, daß in dieser Schrift nichts gesagt worden ist, was nicht wahr ist.
4. Um zu zeigen, in welchem Geist die Denkschrift geschrieben ist, soll hier ihre Einleitung mitgeteilt werden:
„Die Deutsche Evang. Kirche ist mit dem Führer und seinen Ratgebern eng verbunden durch die Fürbitte, die sie öffentlich wie in der Stille für Volk, Staat und Regierung übt. Darum hat die VKL es auf sich nehmen dürfen, die Sorgen und Befürchtungen, die viele Christen im Blick auf die Zukunft des Evang. Glaubens und der Evang. Kirche in Deutschland bewegen und die sie lange und ernstlich durchdacht hat, in dem vorliegenden Schreiben zum Ausdruck zu bringen. Sie übergibt dieses Schreiben im Gehorsam gegen ihren göttlichen Auftrag, vor jedermann, auch vor den Herrn und Gebietern der Völker ungescheut sein Wort zu sagen und sein Gebot zu bezeugen. Sie vertraut darauf, daß Gott ihr selbst die Weisheit schenkt, ihren Auftrag so klar und eindeutig auszuführen, daß dabei ihre Sorge um das christliche Gewissen und ihre Liebe zum deutschen Volk in gleicher Weise unmißverständlich erkennbar werden."
5. Drei Punkte werden aus der Denkschrift immer wieder heraus genommen:
a. Es wird gesagt, die Denkschrift verlange, daß die Kommunisten, z.B. Thälmann, aus dem Konzentrationslager entlassen würden. Das ist nirgends und mit keinem Wort in der Denkschrift gefordert. Das Wort von den Konzentrationslagern steht in der Denkschrift in einem Zusammenhang, der etwas ganz anderes besagt. Es handelt sich dabei darum, daß die Unterbringung in das Konz. Lager immer nur auf dem Recht[s]weg erfolgt.
b. Es wird gesagt, die Denkschrift wende sich gegen den Judenhaß. Das ist richtig! Aber es muß beachtet werden, daß es ein grundlegender Unterschied ist, ob das deutsche Volk die Übergriffe dieses fremden Volkes abwehrt und sich durch seine Gesetzgebung dagegen sichert. – Dagegen sagt die Denkschrift kein Wort! Oder ob ein Haß in die Herzen gesät wird, der nach Christi Gebot jedem verwehrt ist, der ein Christ sein will und der die Herzen auf alle Fälle vergiftet.
c. Es wird der Denkschrift vorgeworfen, sie wolle nicht, daß der Führer vom Volk geliebt und verehrt werde. – Die Denkschrift aber hat nicht allgemein von Liebe, und Verehrung geredet, sondern davon, daß von mancher Seite für den Führer religiöse Verehrung gefordert wird. Daß es vorkommt, dazu nur 2 Beispiele. Ein norddeutscher Gauleiter hat einem gesagt: „Adolf Hitler gestern und heute und derselbe auch in Ewigkeit" und ein SS Ober-

gruppenführer: „Wer war größer. Christus oder Hitler? Christus hatte bei seinem Tode 12 Jünger, die ihm aber nicht einmal treu blieben, Hitler aber hat heute ein Volk von 70 Millionen hinter sich."
Um solcher Dinge willen steht jener Satz in der Denkschrift! Man kann fragen, ob Alles gesagt werden mußte und alles so gesagt werden mußte, wie es die Denkschrift tut. Aber an der Sache ändert sich dabei nichts. Die Schrift ist geschrieben aus Liebe zu Deutschland und aus der Treue zu dem Herrn Christus. Es soll auch unser Anliegen sein, in diesen beiden Stücken uns von niemand übertreffen zu lassen: In der Liebe zu Deutschland und in der Treue zu unserm Herrn Christus!
gez. Gg. Kern.

2.4.5 Lutherrat

170 Stellungnahme des Bruderrats zu der durch die Gründung des Rates der lutherischen Kirche entstandenen Lage. Nürnberg, 25. Juni 1936
FKiZM. A 30. 28

I.

1. Der Abwehrkampf der Kirche gegen Irrlehre und Unordnung hat uns nicht vom lutherischen Bekenntnis weg, sondern vielmehr immer tiefer in das Bekenntnis unserer Väter hineingeführt. Wir haben gerade im Kirchenkampf die Bedeutung, die das lutherische Bekenntnis für die Kirche hat, immer klarer erkannt.
2. Dazu gehört aber auch, daß das Bekenntnis nicht nur maßgebend sein darf für die Amtstätigkeit des einzelnen Pfarrers, sondern daß die lutherische Kirche auch eine vom lutherischen Bekenntnis bestimmte Ordnung, Verfassung und Leitung haben bezw. bekommen muß. Die Bekenntnisgebundenheit des Pfarrers kann den Bekenntnisstand der Kirche nicht ersetzen.
3. Diese Erkenntnis der kirchlichen Notwendigkeit des Bekenntnisstandes ist aber heute im deutschen Luthertum vielfach dem offensichtlichen Mißbrauch ausgesetzt. Nicht nur die Beseitigung, sondern auch der Mißbrauch des Bekenntnisstandes führt zur Zerstörung der lutherischen Kirche. Dies ist der Fall:
   a) wo bei betontem Einsatz für ein genuines Luthertum eine Stellung möglich ist, die der Auseinandersetzung mit den Irrtümern der Zeit geflissentlich ausweicht und mit erheblichem theologischem Aufwand den Widersacher Christi und seines Reiches noch immer dort aufsucht, wo er vor 400 Jahren gestanden ist und nicht da, wo er heute steht;

b) wo man bei hartnäckigem Kampf um die lutherische Kirche eine Stellung einnimmt, die Entscheidungen, die die Bekennende Kirche im Verein mit Gliedern anderer Kirchen gegen die kirchenzerstörende Irrlehre in Barmen getroffen hat, entweder als unwesentlich betrachtet, ignoriert, ablehnt oder sogar offen bekämpft;
c) wo man glaubt, die Bewahrung oder Wiederherstellung des Bekenntnisstandes verbürge das geistliche Leben der Kirche und mache es überflüssig, sich weiterhin um die geistliche Erneuerung der Kirche zu bemühen.

4. Darum kann die Gründung des Rates der Lutherischen Kirche Deutschlands nur dann eine Verheißung haben, wenn der Rat durch seine Arbeit den Beweis erbringt, daß es sich hier nicht nur um eine Behörde der bekenntnisgebundenen, sondern auch um ein Organ der bekennenden, jungen lutherischen Kirche handelt.
5. Dies ist umso notwendiger, als die Gründung des Rates in den lebendigen Teilen der bayerischen Pfarrerschaft zunächst einer sehr abwartenden Haltung begegnet. Gerade im bewegten und aktiven Teil der Pfarrerschaft wird sich der Rat das notwendige Vertrauen erst erwerben müssen. Dies umsomehr, als gerade die Kreise, die den Kampf der Kirche bisher schon als eine unwillkommene Ruhestörung beurteilt haben, von dem Rat eine Art Liquidierung des Kirchenkampfes und die Wiederherstellung von „Ruhe und Ordnung" in einem ganz und gar unkirchlichen und unzeitgemäßen Sinne erwarten.
6. Nach allen Anzeichen werden bestimmte Teile der Bekennenden Kirche gerade jetzt wieder in schwere Konflikte hineingestellt. Sollte die Gründung des Rates darum zu einer Aufspaltung der Bekennenden Kirche führen, so würde das eine Schuld bedeuten, die heute niemand, auf sich nehmen kann. Es wäre für den bekennenden Teil der bayerischen Pfarrerschaft die schwerste Erschütterung, wenn es dahin käme, daß ein Teil der Bekennenden Kirche erneut in schwere Kämpfe eintreten muß und gleichzeitig andere bisher zur Bekennenden Kirche gehörende Gebiete Gewehr bei Fuß stehen müßten. Es wäre die größte Enttäuschung für unsere bayerischen Amtsbrüder, wenn die Existenz des Rates dahin führte, daß ein größer Teil der Bekennenden Kirche sich dem gemeinsam auferlegten Kampf entzieht und zu jener Mittelgruppe abschwenkt, auf die sich die einer bürokratischen Restauration gewidmete Tätigkeit der staatlichen Ausschüsse vor allem stützt. Auf Grund von Äusserungen, die der Rat selbst hinausgibt, ist die Befürchtung nicht abzuweisen, es könnte hier das gute Einvernehmen mit den staatlichen Ausschüssen den Vorrang bekommen vor der Zusammenarbeit mit der Bekennenden Kirche, mit der wir bisher als Brüder in Christo Schulter an Schulter gekämpft haben.

Wir bitten herzlich darum, alles zu tun, daß nicht die Pfarrer und Gemeinden, die bisher innerhalb der Bekennenden Kirche zu stehen glaubten, sich eines Tages in der Gefolgschaft der kirchlichen Mitte und der staatskirchlichen Restauration vorfinden.

II.

Der Rat will die geistliche Leitung für die lutherischen Kirchen und Werke wahrnehmen, die sich der Bekennenden Kirche zugeordnet halten. Voraussetzung einer wirklichen geistlichen Leitung ist Einheit der Lehre nach dem bisher innerhalb der Bekennenden Kirche geübten Verständnis.
Danach ist die Einheit der Lehre noch nicht gewährleistet durch die formale Geltung des lutherischen Bekenntnisstandes in den beteiligten Landeskirchen als solche. Zur Einheit der Lehre gehört vielmehr angesichts der Lage, in der die lutherischen Landeskirchen sich befinden, die Zustimmung zu den Aussagen, die die Bekennende Kirche in der theologischen Erklärung von Barmen festgelegt hat. Daß die Geltung der geschichtlichen Bekenntnisse allein in der gegenwärtigen DEK keine Sicherung dagegen bedeutet, daß bei unangetasteter Fortdauer ihrer Geltung dennoch die Irrlehre Hausrecht genießt und praktisch die Kirche regiert, zeigen die Vorgänge in den lutherischen Landeskirchen von Thüringen, Schleswig-Holstein und anderen zur Genüge. Dieser Sachverhalt ist auch von der Bekenntnissynode zu Bad Oeynhausen in ihrem Wort über Artikel 1 der Verfassung der DEK ausdrücklich ausgesprochen worden. Es ist demnach unbestrittene Überzeugung innerhalb der Bekennenden Kirche, daß der formale Fortbestand des lutherischen Bekenntnisstandes als solcher die Einheit der Lehre innerhalb der lutherischen Kirche der Gegenwart nicht begründet und garantiert.
Darum gibt es keine geistliche Leitung der zur Bekennenden Kirche gehörenden lutherischen Kirche in Deutschland ohne die klare und ausdrückliche Bindung an die in Barmen getroffenen Aussagen.
Die grundsätzliche und praktische Anerkennung von Barmen ist zur Legitimation einer solchen geistlichen Leitung unerlässlich. Sie kann nicht ersetzt werden durch die Berufung auf „das lutherische Bekenntnis" als solches, auf das sich ja auch Deutsche Christen und Nationalkirchler bis zur Stunde unentwegt berufen. Sie kann ebensowenig ersetzt werden durch die Berufung auf die Erklärung des Lutherischen Tages und Rates, an deren Entstehung bekanntlich Vertreter eines Luthertums beteiligt sind, die sich von Barmen grundsätzlich geschieden wissen.
Diese Bindung an Barmen läßt aber das „Wort an die Gemeinden" in augenfälliger Weise vermissen. Das einzige, was darin aber das positiver Verhältnis [sic!] dieser doch „der Bekennenden Kirche zugeordneten" Kirchen zur Bekennenden Kirche gesagt wird, ist der Vorsatz, die künftige Arbeit „in ständiger Fühlungnahme" mit den anderen Organen der Bekennenden Kirche zu tun. Was soll mit dieser Fühlungnahme eigentlich gemeint sein?

Der gewählte Ausdruck ist so unverbindlich, daß er alles einschließen kann bis hin zum vorsetzlichen Austritt aus der Bekennenden Kirche. Die Gemeinde, der dieses Wort vorgelegt werden soll, hat keine Sicherheit, daß hier etwas anderes vorliegt, als eine freundliche Umschreibung der endgültigen Distanzierung von der Bekennenden Kirche. Es ist zu erwarten, daß die Gemeinde zunächst einmal aufs tiefste darüber erschrecken wird, daß die im Rat zusammengeschlossenen Kirchenleitungen für ihr ferneres Verhältnis zur Bekennenden Kirche keine anderen Worte finden, als sie jederzeit auch für ihr Verhältnis zu den staatlichen Kirchenausschüssen gebraucht werden könnten.

Das „Wort an die Gemeinden" spricht davon, daß der Weg zu einer bekennenden lutherischen Kirche in Deutschland freigemacht werden soll, die sich nicht nur an die Bekenntnisse, sondern auch „an den kirchlichen Aufbruch der letzten Jahre gebunden weiß". Das Wort vom kirchlichen Aufbruch ist ursprünglich im politischen und weltanschaulichen Raum zuhause und erst durch die DC in den Kirchenraum hineingetragen worden. Selbst wenn niemand in der Gemeinde ernsthaft zweifeln wird, welcher der beiden einander entgegenstehenden Aufbrüche in der DEK hier gemeint sei, so muß jedenfalls der Eindruck entstehen, daß dies doppeldeutige und abgegriffene Wort an dieser Stelle nicht ohne Grund gebraucht ist. Jedenfalls wäre es sowohl für den geistlichen Charakter und damit für die Legitimation dieser Leitung als auch für ihre Gliedschaft in der Bekennenden Kirche verhängnisvoll, wenn die in dem Gesagten zum Ausdruck kommende Unbestimmtheit ihres Verhältnisses zur Bekennenden Kirche künftig auch in den konkreten Handlungen dieser Leitung sichtbar würde. Denen, die bisher den Kampf der Bekennenden Kirche tätig mitgetragen haben, kann jedenfalls dieses Ja zur Bekennenden Kirche nicht genügen.

Wohl ist davon die Rede, daß „in Einmütigkeit mit der ganzen Bekennenden Kirche" jeder Einbruch der Irrlehre abgewehrt werden soll. Warum lässt aber der Rat nicht erkennen, daß er seine Arbeit eindeutig in Kontinuität mit dem bisherigen Abwehrkampf der Bekennenden Kirche, in dem nun oben einmal die vier Bekenntnissynoden als wegweisende Marksteine stehen, führen will?

In dem Aufruf wird davon geredet, daß die lähmende Zerspaltung der lutherischen Kräfte überwunden werden soll. Sollte damit gemeint sein, daß nunmehr die sämtlichen, die mit mehr oder weniger Recht auf das Luthertum berufenden Gruppen, die diesseits und jenseits der im Kampf der Kirche notwendig gewordenen Scheidungen stehen, wiederum eins werden sollen, so könnte in diesem Unternehmen keine kirchliche Verheißung liegen.

Wenn ein großer Teil der bisher zur Bekennenden Kirche gehörenden Leitungen in so unklarer Weise zu den bisherigen Grundlagen der Bekennenden Kirche Stellung nimmt, ist die Frage berechtigt, ob die Gründung dieses Rates nicht gerade das Gegenteil davon, nämlich die fortschreitende

Lähmung und Zerspaltung der Bekennenden Kirche bewirken muß. Einem aufmerksamen Leser der bisherigen Kundgebungen des Rates wird es ganz von selbst immer fraglicher werden, ob in der Aussage, daß die hier zusammengefaßten Kirchen und Werke „sich der Bekennenden Kirche zugeordnet halten", mehr eine positive Bindung oder mehr eine bewußte Distanzierung enthalten ist.

Das „Wort an die Gemeinden" enthält ferner folgenden Satz „Durch den Rat sprechen nicht einzelne Landeskirchen oder Gruppen, sondern redet die evang.-luth. Kirche Deutschlands". Bekanntlich haben auf der Synode zu Bad Oeynhausen gerade die Vertreter der lutherischen Opposition mit größtem Nachdruck dagegen gekämpft, daß sich die Bekennende Kirche weiterhin als die rechtmäßige DEK und ihre Organe als die rechtmäßigen Organe der Leitung bezeichnet. Sie taten das vor allem mit der Begründung, daß eine Leitung sich nicht als rechtmäßige Leitung von Kirchen, Pfarrern und Gemeinden bezeichnen kann, die sie nicht haben wollen und die sie weder einsetzt noch beauftragt haben. Sie sahen gerade in der Zurückführung des Rechtmässigkeitsanspruches auf sein berechtigtes Maß einen Weg zur Überwindung bestehender Schwierigkeiten bei der Neuordnung der DEK.

Nunmehr erhebt der von derselben Opposition aufgestellte Rat in ganz derselben Weise Anspruch, die lutherische Kirche zu vertreten und für sie zu sprechen. Wir können darin nur eine neue und unheilvolle Verwirrung und Erschwerung der an sich genugsam verfahrenen Verhältnisse in der Bekennenden Kirche erblicken. Kein Hinweis auf bestehende zerfahrene Verhältnisse, etwa in der Hamburgischen oder Schleswig-Holsteinischen Kirche, kann die Tatsache verdecken, daß es unmöglich ist, daß der Rat den Anspruch erhebt, die Bekennende Kirche innerhalb der bekenntnisgebundenen lutherischen Kirchen in Oldenburg, Hamburg und Lübeck zu vertreten, die ihn weder eingesetzt noch mit ihrer Vertretung beauftragt haben.

Der [sic!] Einspruch der VKL und ihrem Anspruch auf die geistliche Leitung der bekennenden lutherischen Kirche kann sich der Rat zwar leicht entziehen mit dem Hinweis darauf, daß die VKL die Vorläufige Leitung der DEK zu sein beansprucht und darum nicht geistliche Leitung sein kann. Umso schwerer wird er sich aber tun, den Einspruch derjenigen Lutheraner abzuwehren, die, gleichviel aus welchen Gründen, bei seiner Bildung nicht herangezogen wurden. Gerade die Tatsache, daß es in Deutschland lutherische bekennende Kirchen in bekenntnisgebundenen lutherischen Landeskirchen gibt, die am Rat nicht beteiligt sind, läßt für jeden erkennen, daß der Rat nicht im Namen der lutherischen Kirchen Deutschlands reden kann und daß gerade das erreicht ist, was man vermeiden wollte, daß er nämlich tatsächlich doch für niemand anders redet, als für eine bestimmte und abgegrenzte Gruppe nicht nur innerhalb des deutschen Luthertums, sondern auch innerhalb der lutherischen Kirche in Deutschland. Damit ist die Gefahr gegeben, daß das sich als genuin betrachtende Luthertum Deutschlands in ein sektenhaftes und konventikelhaftes Dasein, ähnlich den früheren Freikirchen, abwandert, wenn die hier einsetzende Entwicklung sich in der angefangenen Richtung weiterhin zuspitzt. Vor dieser Gefahr muß schon jetzt mit aller Klarheit gewarnt werden.

Der Rat hatte nur eine Möglichkeit unter Beweis zu stellen, daß er für die lutherische Kirche und nicht für eine bestimmte Gruppe spricht. Sie bestand in dem Nachweis, daß alle anderen Landeskirchen, die sich als lutherische bezeichnen, auf die Führung dieses Namens kein Recht haben. Dieser Nachweis wäre mit theologischen Gründen vom lutherischen Bekenntnis aus zu führen. Tatsächlich ist aber der Nachweis, daß die an der Gründung des Rates nicht beteiligten Kirchen keine wahrhaft lutherischen Kirchen seien, bisher mit Gründen des Bekenntnisses nicht geführt worden.

Dieser Nachweis läßt sich aber auch von den Folgerungen, die die Erklärung des lutherischen Tages von Hannover aus dem lutherischen Bekenntnis über das Verhältnis von Bekenntnis und Ordnung der Kirche gezogen hat, nicht führen. Auf der Synode zu Bad Oeynhausen haben ja die Vertreter aller lutherischen Kirchen diesem Grundsatz einmütig zugestimmt. Darunter befanden sich auch die Vertreter derjenigen lutherischen Kirchen, die an der Gründung des Rates nicht beteiligt sind.

Eine kirchliche Verheissung kann auf diesem Unternehmen nur dann liegen, wenn es in völlig anderer Weise als es seine Proklamationen bisher erkennen lassen, unter Beweis stellt, daß es sich hier wirklich um ein lebendiges Glied und nicht um eine lebensgefährliche Amputation der Bekennenden Kirche handelt.

171 Schreiben Landesbischof Meisers an Karl-Heinz Becker und Hans Schmidt. München, 2. März 1937

LAELKB, KKE 169

Sehr geehrter Herr Pfarrer!

Sie haben, zugleich im Namen der Herren Lanzenstiel und Steinbauer, ein Schreiben an mich gerichtet, in welchem Sie Ihre Bedenken hinsichtlich der Aufnahme der Braunschweigischen Landeskirche in den „Rat der Ev.-Luth. Kirche Deutschlands“ zum Ausdruck bringen. Sie stellen die Frage, welche Bedeutung bei dem Zusammenschluss die Barmer Theologische Erklärung gespielt hat. Auf diese Frage antworte ich Ihnen mit dem Hinweis auf die jüngst erfolgte Stellungnahme des Rates der Evang.-Luth. Kirche zur Barmer Theologischen Erklärung, die wir unseren sämtlichen Geistlichen übersandt haben. Diese Stellungnahme mache ich mir völlig zu eigen und ich gedenke nach ihr zu handeln. Ich kann daher niemals anerkennen, dass die Barmer Erklärung unseren Bekenntnisschriften gleichgeachtet und als kirchenbildend angesehen werde. Ich kann es verantworten, dass ein Zusammenschluss von Evang.-Luth. Landeskirchen erfolgt ohne ausdrückliche Verpflichtung auf die Barmer Erklärung, wenn anders die aufzunehmende Landeskirche weiss, „dass sie Ihr Bekenntnis nur dann wirklich ernst nimmt, wenn sie sich in ihrer Lehre, ihrer Gestalt und ihrer Ordnung von der Hl. Schrift und den Lutherischen Bekenntnisschriften bestimmen lässt und damit bezeugt, dass sie durch ihr Bekenntnis, allezeit zum Bekennen aufgerufen ist.“ In dieser Weise wird die Barmer Erklärung, auch wenn sie nicht genannt wird, für die evang.-luth. Kirche fruchtbar gemacht. So war sie auch ursprünglich gemeint, nicht als kirchenbildendes Bekenntnis, sondern als Aufruf und als Verpflichtung zu dem Bekenntnis, das einer Kirche gegeben ist.

Wenn der Barmer Erklärung in gewissen Kreisen eine darüber hinausgehende Bedeutung beigelegt worden ist, so muss ich das ablehnen. Ich möchte Ihnen nur dieses zur Erwägung geben: Sie halten offenbar einen Zusammenschluss von Kirchen mit dem gleichen Bekenntnis ohne ausdrückliche Nennung von Barmen nicht für erlaubt. Dagegen halten sie einen Zusammenschluss mit solchen Kirchen für möglich, die anders lehren als die Bekenntnisschriften der evang.-luth. Kirche lehren, wenn sie nur die Barmer Erklärung anerkennen. Damit wird dieser in Wirklichkeit ein Vorrang vor unseren Bekenntnissen zuerkannt. Ich muss darin eine Verschiebung der Grundlage unserer Landeskirche erblicken, der ich niemals zustimmen werde.

Zu dem letzten Satz Ihres Briefes will ich nur zwei Fragen stellen. Nämlich erstens: auf Grund welcher Beweise getrauen Sie sich zu urteilen, dass der Zusammenschluss der ev.-luth. Landeskirchen „letztlich ein Zutrauen zu Zahlen und Menschen“ sei? Ist es christlich erlaubt, sich so zum Richter über das kirchliche Handeln anderer aufzuwerfen? Und zweitens: sollen wir uns also nicht zusammenschliessen, sondern in der Isolierung bleiben?

Inzwischen ist die Lage so geworden, dass es noch um ernstere Dinge geht, als das Anliegen ist, das Sie mit vorgetragen haben. Ich bin gewiss, dass Gott reichlich Möglichkeit zum rechten Bekennen geben wird.

Mit amtsbrüderlichem Gruss
gez. D. Meiser

172 Abschrift eines Schreibens von Karl-Heinz Becker an Landesbischof Meiser. Ezelheim, 8. März 1937

LAELKB, 101/88–16

Hochwürdigster Herr Landesbischof!

Ihrem gütigen Schreiben vom 2. 3. war unter anderem die persönliche Sorge zu entnehmen, dass gewisse Kreise „einen Zusammenschluss mit solchen

Kirchen für möglich halten, die anders lehren als die Bekenntnisschriften der ev.-luth. Kirche lehren, wenn sie nur die Barmer Erklärung anerkennen". Damit werde dieser Erklärung in Wirklichkeit ein Vorrang vor unseren Bekenntnisschriften zuerkannt. Sie müssten darin eine Verschiebung der Grundlage unserer Landeskirche erblicken, der Sie niemals zustimmen würden.

Wie bereits mitgeteilt, habe ich Herrn Prof. D. Ernst Wolf, Halle, als eine der Vorläufigen Leitung besonders nahestehende vertrauenswürdige Persönlichkeit gebeten, hiezu kurz Stellung zu nehmen. Zu meiner aufrichtigen Freude erhielt ich von ihm folgende Stellungnahme, datiert 6.5., deren wesentliche Sätze – unter Weglassung unwesentlicher Erläuterungen – lauten:

„Es ist niemals von verantwortlicher Seite innerhalb des Preussischen Rates und der Vorl. Leitung daran gedacht worden, von Barmen aus einer konfessionellen deutschen Landeskirche eine Verschiebung ihrer Bekenntnisgrundlage zuzumuten. Im Gegenteil: Die Erklärung des Lutherischen Rats zu Barmen, die mit Ausschluss des ersten Satzes des letzten Absatzes auch von mir gebilligt wird, obschon man mehr hätte sagen können, stellt mit Recht fest, dass Barmen zu einem wirklichen und tätlichen Ernstnehmen der Bekenntnisse der Väter aufruft".

(„Aber eben darum krankt jeder Aufruf dazu, der mehr oder minder betont an Barmen vorbeigeht, zumindesten an dem Anschein, das Ernstnehmen doch nicht so ernst nehmen zu wollen".)

„Auch innerhalb Preussens ist Barmen von den verantwortlichen Stellen immer als verbindlicher Aufruf zum Ernstnehmen der reformatorischen Bekenntnisse verstanden worden. Die Beschlüsse der Breslauer Synode zur konfessionellen Frage tragen dem Rechnung" ...

„Die Auseinandersetzung um Barmen ist durch alle die ... vergiftet worden, die ... dem Preussischen Rat und einzelnen führenden Männern – auch Karl Barth – unterstellten, man wolle Barmen als „kirchenbildendes" Bekenntnis (– als ob es theologisch so etwas gäbe! Auch CA ist nichts Derartiges, wie CA VII unüberhörbar deutlich macht –), als „neues Bekenntnis" einer „neuen Kirche", vor, über, ja gegen die Bekenntnisse der Väter stellen." ...

Ich darf gewiss das Vertrauen hegen, dass die noch etwas polemische Formulierung einzelner Sätze Prof. Wolfs kein Hindernis dafür bildet, dass die damit erfreulicherweise erfolgte Aufklärung des Missverständnisses persönlichen Glauben findet und damit zu einer weiteren theologischen Annäherung und endgültigen Einigung der ganzen Bekennenden Kirche beitragen hilft.

Ich verbleibe Ihr ehrerbietigst ergebener

gez. K. H. Becker, Pfr.

2.5 1937

2.5.1 Allgemein

173 Brief eines Pfarrers an einen Dekan. Memmingen, 21. Juni 1937
FKiZM. A 30. 70

Lieber Hermann!
Ich erfuhr, dass die Dekane in dieser Woche zu wichtigen Beratungen nach München gerufen sind. Ich weiß nicht, wieviele in diesem hohen Rat es wagen werden, die wirklich wunden Stellen anzurühren und einmal ein deutliches Wort zu riskieren. Von Dir aber weiß ich, dass Du es kannst, und ich bitte Dich herzlich es in unser aller Namen zu tun. Wir haben mit unseren Gemeinden das nicht mehr zu unterdrückende Gefühl, an unserm Kirchenregiment im gegenwärtigen Höhepunkt der antikirchlichen und antichristlichen Aktion keine Führung mehr zu haben. Wo man auf der einen Seite mit eiskalter Folgerichtigkeit und Rücksichtslosigkeit gegen die Kirche und ihre Rechte vorgeht, wo das letzte Gemeindeglied sieht, wohin alles zielt, wo unsere besten Leute, Beamte, Offiziere etc unter unerhörtem Gewissensdruck stehen, kommen vom LKR Verordnungen über Verzettelung der Matrikeln, über Offenhaltung der Kirchen und dergl. – aber kein klares Wort, keine Weisung, kein Kommando! Lediglich Blätter mit rein objektiven Informationen, ohne jedes richtunggebende Wort! Unsere Gemeinden sind erbittert über die schmähliche Preisgabe der Christenlehre, die sie selber mit allem Mut verteidigt hätten; über das furchtbare Schweigen zur Schulfrage; über die lähmende Tatenlosigkeit oben; über das schweigende Hinnehmen unserer Beschimpfung in der Antwortrede gegen Mundelein[7]. Wo ist unser „Bischof"??? 1934 hat man noch mit Wort und Tat protestiert gegen die Eingriffe, die damals rein organisatorischer Natur waren. Heute nimmt man die unverfrorensten Eingriffe in die Substanz, in den Lehrauftrag, in den Wahrheitsanspruch der Kirche wortlos hin! Man sagte mir, dass man nicht aller Pfarrer sicher sei. Nun in Gottes Namen: welcher Kommandeur fürchtet sich eine Schlacht anzunehmen, weil er weiß, dass einige Feiglinge im Heer sind? Ist die Rücksicht auf die paar Schwächlinge wichtiger als die Rücksicht auf die tausend anderen, die jeden aufrechten Weg mitzugehen bereit sind, und die Rücksicht auf die uns anvertrauten Gemeinden?? Hat man denn in München keine Ahnung davon, dass unsere

---

7 George Mundelein, Erzbischof von Chicago, war von Joseph Goebbels in einer im Rundfunk übertragenen Rede aus dem Berliner Sportpalast am 28. Mai 1937 angegriffen worden, da Mundelein mit Bezug auf die Sittlichkeitsprozesse gegen katholische Priester Hitler und Goebbels der Lüge bezichtigt hatte (VÖLKISCHER BEOBACHTER, 30. Mai 1937, S. 2).

treuen Gemeindeglieder und viele, die selber durch Beruf und Stellung dem Weltanschauungsdruck ausgeliefert sind, sehnlich warten, dass wenigstens die Kirche den Mut finde zu einem deutlichen und unerschrockenen Wort der Wahrheit all der furchtbaren Entstellung und der jesuitischen Tücke gegenüber? Dass die Eltern erwarten, dass wenigstens die Kirche für die christliche Erziehung ihrer Kinder mit allen Mitteln kämpfe? Dass das Vertrauen der Gemeinden in die kirchliche Führung auch einmal verloren gehen kann? Es ist ohnehin nicht mehr groß. Glaubt man immer noch, dass wir durch Schweigen und Nachgeben uns den Staat zum Freunde machen und ihn womöglich samt Rosenberg zum kirchlichen Christentum bekehren können? Wann kommt denn endlich ein „Hirtenwort" zu all den brennenden Fragen der Gegenwart? Der Laie fragt sich: Soll ich mich immer der Gegenströmung entgegenstellen, soll Zeugnis ablegen für meinen Glauben und dabei Stellung und Existenz riskieren, – wenn sogar der Bischof schweigt zu allem? Wenn sogar die Kirchenleitung nichts riskieren will? – Von uns Pfarrern ganz zu schweigen.
Ich mache Dich auch besonders darauf aufmerksam, dass mit aller Wahrscheinlichkeit, ja Sicherheit die ganze schöne Rednerorganisation für den casus elektionis unterbunden wird, da bei den Ortspolizeibehörden der Befehl vorliegt, dass Reden und Vorträge aller nicht in der Gemeinde angestellten Geistlichen zu verbieten sind. Man wird diesen Befehl jetzt vielleicht nicht allzu peinlich durchführen; aber sicher werden in casu elekt. mit einem Schlag alle Riegel vorgeschoben. Aus einer Gemeinde weiß ich mit Sicherheit, dass der Befehl vorliegt! Schlage doch ja bitte jede vertrauensselige Gutgläubigkeit in Scherben, wenn sie etwa diese Aussicht nicht sehen will! Auf der Gegenseite ist man mit glasklaren Weisungen für diesen casus ausgerüstet, und man wird sie ohne jedes Wimperzucken durchführen, auch wenn man es im LKR nicht für möglich hält, auch wenn man dort die Verhandlungen mit dem Luth.Rat und anderem für viel wichtiger hält als den Gemeinden beizustehen in ihrem schweren Kampf. – Man gebe statt der wunderbaren Organisation viel lieber den Gemeindepfarrern tüchtige Mittel an die Hand, was sie zu sagen haben, wenn die große Überraschung kommt; und gebe ihnen vor allem einen starken Rückhalt an ihrer Führung, damit die sich in ihrem Kampf auf diese Führung berufen können und nicht das Gefühl haben pro se ipso auf verlorenem Posten zu stehen!
Ich bitte Dich dringend einmal, wenn es wieder in dem alten Stil gehen sollte (was sehr zu vermuten ist), einmal klare Luft in den Saal zu lassen, auch wenn es einige Herren etwas dabei frösteln sollte. Die Zeit ist zu ernst, als dass wir uns noch irgendetwas vormachen dürften.
Also alles Gute für diese Tage und herzliche Grüße!
Dein Fr.

174 Schreiben des Landeskirchenrats an alle Pfarrämter und exponierten Vikariate. „Nur durch Boten! oder persönlich!" zu übergeben. München, 7. Oktober 1937

FKiZM. A 30. 2

Betreff: Angriffe auf die Kirche.
Der nachfolgende Entwurf hat den Zweck, die Kundgebung vom 29. Aug. 1937 näher zu begründen und zugleich neuerlich erfolgte Angriffe auf unsere Kirche abzuwehren. Das dargebotene Material ist mit den entsprechenden Erläuterungen im Bekenntnisgottesdienst oder im Anschluss an den Gottesdienst (nach dem Segen) oder sonst bei geeigneter Gelegenheit bekanntzugeben. Wir überlassen es den Geistlichen je nach Umständen Änderungen an der Vorlage vorzunehmen, ersuchen aber, die in dem Entwurf gegebene Grundlinie einzuhalten und die Dinge nachdrücklich zu Gehör zu bringen.
gez. D. Meiser.

Von vielen Leuten wird der bekennenden Kirche der Vorwurf gemacht, sie achte nicht auf die Zeichen der Zeit. Wenn wir diese Leute fragen, was die Zeichen der Zeit nach ihrer Meinung von der Kirche fordern, so geben sie etwa folgende Antwort: „Seid nicht so starr! Versteift euch nicht so auf eure Dogmen! Tragt dem Lebensmut der neuen Zeit Rechnung u. predigt nicht mehr von der Sünde! Nehmt auch auf den Rassengedanken Rücksicht u. stellt das Alte Testament zurück! Seid stolz wie die Gegenwart u. fragt nicht mehr nach einer Erlösung durch einen anderen; wir brauchen keinen Heiland aus Palästina! Verzichtet auf eine eigene kirchl. Ordnung! Übergebt die Ordnung der Kirche der öffentlichen Gewalt! Ihr braucht keine andere Stellung im Staat als andere Kulturorganisationen!
Tatsächlich ist es unsere Pflicht auf die Zeichen der Zeit zu schauen (Matth. 16, 1–3). Aber wehe, wenn wir sie falsch deuten! Die richtige Deutung ist ganz anders, als sie von den Gegnern der bekennenden Kirche gegeben wird. Die Zeit muss auf Grund von Schrift u. Bekenntnis gedeutet werden. Ein entscheidendes Wort dazu stellt die Kundgebung vom 29. August 1937 dar. Wir erinnern uns an ihren Schluß: Vergesst es keine Stunde, dass wir unserem Volk die frohe Botschaft schuldig sind! Der Gehorsam gegen Gott, den Herrn, die Dankbarkeit gegen Christus, den Heiland, die Treue zu unserer Kirche, die leidenschaftliche Liebe zu unserem Volke zeichnen uns den Weg vor, den wir bis ans Ende zu gehen haben: Gehe du aber hin u. verkündige das Reich Gottes!" Das ist die rechte Grundstellung des Christen in unserer Zeit. Wir lesen dazu die Mahnung d. Apostels 2. Tim. 4, 2ff.
Inzwischen ist der Angriff auf den christlichen Glauben und die Kirche weiter vorgetragen worden.

I. Gegen die christliche Lehre
Die Schrift sagt: So wir sagen, wir haben keine Sünde ... (1. Joh. 1, 8)
Am 7. 9. 1937 wurde feierlich erklärt: „Dass das deutsche Volk – entgegen so manchen Behauptungen – nicht erbsündig, sondern erbadelig ist." Damit ist in parteiamtlicher Form der Angriff auf eine Grunderkenntnis des Christentums aller Konfessionen eröffnet. Von diesem Angriff sind alle gläubigen Christen im deutschen Volk getroffen. Es wäre auch uns angenehmer, wenn wir nicht mehr von Sünde u. Erbsünde reden müßten. Aber unser Gewissen überführt uns von der Wahrheit des biblischen Zeugnisses v. der Sünde. Wenn wir uns davon abbringen lassen würden, würden wir die Wahrheit verleugnen. Die Wahrheit richtet sich aber nicht nach uns, sondern wir müssen uns nach der Wahrheit richten.
2. Die Schrift sagt: „Also hat Gott die Welt geliebt ..." (Joh. 3, 16) Der Verfasser jener feierlichen Erklärung, Alfred Rosenberg, schreibt in seinem Buche „Protestantische Rompilger": Den Menschen sündig u. schlecht zu machen, um ihm Gnade spenden zu können, ist das Urmotiv aller Gegnerschaft gegen mein Werk." (S. 57)
Wer die Sünde nicht kennt, der kennt auch keine Erlösung, der kämpft auch gegen die frohe Botschaft von der Gnade Gottes, der kämpft auch gegen Christus.
3. Die Schrift sagt: „Gleich wie Christus ist auferstanden von den Toten, durch die Herrlichkeit des Vaters, also sollen auch wir in einem neuen Leben wandeln." (Röm. 6, 4)
Die Proklamation vom 7. 9. 1937 sagt: „Aus der Gesamtheit dieses neuen Lebenspulses bekennen wir, daß die hohen Werte eines starken Volkes u. seiner Kultur nicht in Unterwürfigkeit, Knechtseligkeit u. oft so überheblicher Demut liegen, sondern im Stolz auf sich selbst u. in der Achtung vor sich selbst begründet sind."
Wer von keiner Erlösung weiß, der kennt auch nicht die Kraft der Erlösung. Darum verunglimpft er die Christen als knechtselig. Wir aber wollen u. dürfen an den großen Werken unseres Volkes mitarbeiten aus Kraft der Heiligung. Wir bestreiten den anderen, die die Erlösung ablehnen, nicht die Fähigkeit grosse Kulturwerke zu tun (Aug. XVIII).
Aber es ist nicht recht, wenn die Christen deshalb aus der schaffenden Kulturgemeinschaft des Volkes ausgeschlossen werden, weil sie ihre Sünde vor Gott bekennen u. ihr Werk kraft der Erlösung tun. Gerade der Mensch, der seine Lebensaufgabe nach dem 3. Glaubensartikel in Kraft des Hl. Geistes angreift, ist alles andere als knechtsselig, unterwürfig u. kriecherisch. Wir greifen unser Werk mit Freuden an, weil wir uns in Gott geboren wissen. (Apg. 5, 41. Röm. 12, 13.15).
4. Rosenberg erhebt auf Grund seiner Ablehnung der christlichen Sündenerkenntnis, des christlichen Erlösungsglaubens u. des christlichen Lebens in der Heiligung politische Anklagen gegen die christliche Kirche. Wir weisen

dieselben restlos zurück. Es ist nicht wahr, dass die Erkenntnis der Sünde ein Minderwertigkeitsgefühl für die Aufgaben d. politischen Lebens nach sich zieht. Es ist nicht wahr, dass der christliche Glaube seine „gefühlte Minderwertigkeit nur mit dem Vorwurf der dauernden Sündhaftigkeit des alles genial Überragenden abzureagieren vermag.“ (S. 27). Es ist eine Diffamierung der bekennenden Kirche, die gerade die Frontkämpfer in ihr mit flammender Entrüstung zurückweisen werden, wenn der bekennenden Kirche die Verächtlichmachung der Großen des deutschen Volkes zum Vorwurf gemacht wird, was viel schlimmer u. gefährlicher sei als die Kriegsschuldlüge der Entente. (S. 27). Nein, wir ehren das Große u. Edle, wo wir es treffen u. kennen die Herrlichkeit menschlicher Leistung auch von solchen, die sich nicht durch Christus erlösen lassen. Jede politische, bürgerliche Abwertung ihrer Leistung liegt uns fern. Aber freilich vor Gott rufen wir auch die Großen u. Gewaltigen unter den Menschen, gerade auch sie. Und vor Gott gibt es auch für sie keine andere Möglichkeit als zu rufen: Gott sei mir Sünder gnädig.

II. Gegen die Ehre der Kirche

1. Es werden der Kirche falsche Beweggründe untergeschoben. Rosenberg sagte in seiner Rede am 8. IX. 1937: „Die evangelischen Kirchenkreise in Deutschland befehlen die Bewegung also nicht vom Standpunkt eines christl. Glaubens aus, sondern bewerten die Dinge nur vom Standpunkt ihrer Herrschaft inmitten der Nation. „Wenn die Kirche hätte mächtig werden wollen, so hätte sie lediglich auf das Alte Testament, die Lehre von der Sünde u. den Glauben an die Erlösung in Jesus Christus verzichten und die 1933 gegründete Kirche Ludwig Müllers fortführen müssen. Aber gerade auf diese Herrschaft u. Macht haben wir verzichtet um den Glaubens willen. Wenn irgendwo, dann kann die evangelische Kirche hier sagen, daß sie dem Beispiel d. Herrn gefolgt ist (Matth. 4, 8 ff) u. die Warnungen der Hl. Schrift befolgt hat (Hes. 34, 4 c, 1. Petr. 5, 3).

Rosenberg beweist die Feindseligkeit der evang. Kirchenkreise gegen die nat. soz. Bewegung mit dem Hinweis auf unseren Kampf gegen das Neuheidentum. Er zitiert zu diesem Zweck aus einem im „Evangelischen Deutschland“ erschienenen Artikel den Satz: „Die Berichte lassen keinen Zweifel darüber, dass der neue Feind (Neuheidentum) weitaus gefährlicher ist, als der alte (die Gottlosenbewegung).“ Um die wahre Tragweite dieses Satzes zu zeigen, brauchen wir nur ein Zitat aus dem übrigen Inhalt d. Artikels zu geben „Wenn nach den Berichten etwas feststeht, dann ist es die Tatsache, daß die evang. Kirche nicht erst mühsam und klüglich Brücken hinüberzubauen hatte zum Dritten Reich, dass sie vielmehr mitten darin ihren Platz hat u. dass sie sich mit den ihr von ihrem ewigen Herrn erteilten Auftrag freudig u. dankbar in den Dienst ihres Volkes u. seines Führers stellt ... daß mit der Begeisterung über d. Wunder der nationalen Wiedergeburt u. mit dem frohen Bewußtsein der stolzen Zugehörigkeit zu dem in neuer Kraft

erstandenen Vaterlande sich die glühende Hoffnung verband, nun müsse sich im religiösen u. kirchl. Leben unseres Volkes Ähnliches vollziehen."
Einen politischen Kampf gegen den Nationalsozialismus führt unsere Kirche nicht. In Wahrheit kämpft d. Kirche lediglich gegen die Herabsetzg. u. Unterhöhlg. ihres biblischen Glaubens. Die Unterschiebung politischer Beweggründe weisen wir zurück.
2. Es werden über die Kirche Behauptungen aufgestellt, die nicht mit den Tatsachen übereinstimmen. Z.B.
Einen Höhepunkt d. Annäherung an die römische Kirche soll die Erklärung d. Landesbischofs u. Landeskirchenrats v. 1.10.1934 darstellen, in der die Kirche Jägers zurückgewiesen wurde (Rompilger S. 16). In Wahrheit kämpft diese Erklärung, wie schon ihre Überschrift zeigt, für eine „Lutherische Kirche deutscher Nation".
Die Tagung des Lutherischen Weltkonvents in Paris (Herbst 1935) soll eine „politische Kundgebung uns gegnerischer Elemente" gewesen sein (Rompilger S. 63). In Wahrheit ist auf dieser Tagung von Politik kein Wort geredet worden. Als angeblicher Beweis dafür, dass alles vergessen ist, was Luther gegen den Antichrist in Rom einzuwenden hatte, wird die Tatsache angeführt, dass der Martin Luther-Bund am 10.10.1935 die Deutsche Messe gefeiert hat (Rompilger S. 75). In Wahrheit stammt diese deutsche Messe von Luther selber. Und der Jesuit Grisar schreibt darüber: „Durch die Einführung der deutschen Messe ... wurde der ganze Papst aus der Kirche hinausgeworfen."
3. Die Kirche wird verspottet: Die fränkische Beilage des SA-Mann, des Kampfblattes der obersten SA-Führung, Ausgabe vom 26.6.1937, stellt es als den Typ des evang. Pfarrers hin, dass er mit dem Rucksack durch seine Gemeinde geht, um sich Geschenke von Schlachtschüsseln u. dergl. zu erbetteln. Wir fragen unsere Gemeinde, ob das auf Grund ihrer persönlichen Erfahrungen das Bild des evang. Pfarrers ist. Weiter wird dem Pfarrerstand nachgesagt, er sei von ehemal. Freimaurern durchsetzt. In Wahrheit gibt es in Deutschland keinen akademisch gebildeten Stand, aus dem weniger Freimaurer hervorgingen als aus dem Pfarrerstand. In Bayern handelt es sich höchstens um einen einzigen unter 1500 Pfarrern. Ebenso steht es mit dem Vorwurf d. Verjudung des Pfarrerstandes. Es gibt keinen akademisch gebildeten Stand in Deutschland, in dem weniger getaufte Juden Aufnahme fanden als im Pfarrerstand; unter 16000 noch keine 50. – Die Fränk. Tageszeitung v. 12.7.1937 zeigt ein Bild von einem Preisschießen der SA., auf welchem katholische Geistliche als Scheiben erscheinen, auf die geschossen wird. Denkt man daran, dass die Schrift Rosenbergs sowohl wie ihre Anzeige im Schwarzen Korps (Anfang Sept. 1937) uns Evangelische geflissentlich mit der kathol. Kirche zusammenbringt, so erweckt solch ein Bild auch bei uns sehr, sehr ernste Gedanken. – Was soll nicht schon d. Herr Landesbischof alles getan haben. Er soll dem Präsidenten Roosevelt für die groß-

zügige finanzielle Unterstützung der bekennenden Kirche gedankt haben, er soll den Führer u. Reichskanzler bei einer Begegnung im Speisewagen nicht gegrüßt haben, sein persönliches Leben wird ebenso angegriffen wie seine vaterländische Ehre. An all dem ist kein wahres Wort. Trotzdem wird ihm keine Gelegenheit gegeben, sich gegen diese Verunglimpfungen öffentlich zu rechtfertigen. – Ausserordentlich niedrigstehender Spott am Heiligen selbst ist es endlich, wenn das Schwarze Korps, Ausgabe vom 1.7.1937, in einer Reihe von Karikaturen der von katholischen Bischöfen erlassenen Kleidungsvorschriften auch einen Hüftformer mit eingearbeitetem Keuschheitsgürtel abbildet[8], dessen Verschluss aus dem Namenszeichen Christi besteht. Die Beschwerde des Ev.Luth. Landeskirchenrates bei der zuständigen Pressestelle wurde mit der Begründung abgewiesen, der LKR habe kein Recht zur Erhebung der Beschwerde. – Wir trösten uns mit Matth. 5, 11–12.

III. Gegen den rechtlichen Bestand der Kirche. Die in den letzten Monaten vom Reichskirchenministerium u. von anderen Stellen erlassenen Verordnungen lassen die Tendenz erkennen, die Kirche ohne Rücksicht auf die innere Eigenart ihrer Verkündigung zu einem Bestandteil der Staatsverwaltung zu machen.

I. Die 13. Durchführungsverordng. bestreitet sämtl. Kirchenregierungen die Selbständigkeit u. möchte dieselben auf die Abwicklg. der laufenden Geschäfte beschränken.

II. Das Verbot der Abkündigg. der Namen von aus der Kirche Ausgetretenen regelt eine Frage, die ohne Zweifel dem kirchl. Bereich angehört.

III. Das Verbot der kirchl. Ausbildungsstätten für Theologiestudenten, die die bekennende Kirche in Norddeutschland geschaffen hat, bestreitet der Kirche das Recht für die rechte Ausbildung des Pfarrerstandes zu sorgen. Gleichzeitig wird es jungen akademischen Lehrern, die aus der bekennenden Kirche stammen, immer schwer gemacht, in freiwerdende Professuren einzurücken. Außerdem wird die Zahl der bekenntnistreuen Professoren ständig vermindert. Gegen Studenten, die trotzdem den Versuch machen, akademischen Unterricht im Sinne d. bekennenden Kirche zu halten, wird mit Entfernung von der Hochschule vorgegangenen (bisher 20–30).

IV. Die Anordnung, nach der auf Verlangen alle Verfügungen u. Kundgebungen des Reichskirchenministers in den kirchl. Amtsblättern ohne Kommentar abgedruckt werden müssen, nimmt den Kirchenleitungen das Recht, die Verkündigungen in ihren Amtsblättern nach den von ihnen beschworenen Bekenntnissen u. Verfassungen zu prüfen.

V. Die Beschränkung des Kollektenrechtes greift in die biblisch begründete Verpflichtung der Gemeinde zum kirchl. Opfer ein. Wie die Kollekten-

8 Vgl. die ausschnittsweise Abbildung am Ende des Kapitels aus: Das Schwarze Korps, Folge 26, 1. Juli 1937, S. 8.

erlasse durchgeführt werden, erhellt daraus, dass der größte Teil der in Norddeutschland verhafteten Geistl. wegen der Verkündigg. der Kollekten der bekennenden Kirche im Gefängnis sitzen. In Weißenburg i. B. wurden selbst die Früchte beschlagnahmt, mit denen der Altar der Kirche zur Feier des Erntedankfestes geschmückt war.

VI. Die Verordnung über die Finanzabteilungen verändert auch die bereits bestehenden Finanzabteilungen wesentlich, indem sie denselben auch kirchenregimentliche Befugnisse gibt. Sie macht nahezu alle, auch die oberhirtlichen Handlungen des Kirchenregiments von dem Entscheid der Finanzabteilung abhängig. Überdies überträgt sie die Vertretung der Kirche von dem ordentlichen Kirchenregiment auf die staatlichen Finanzabteilungen.

VII. Die Verordnung über das Verbot von Versammlungen zur Vorbereitung der Wahl in den Gotteshäusern schränkt die Kirche in der freien Verfügung über die Kirchengebäude ein.

VIII. Die Verordnung des Propagandaministeriums, nach der auch Schreiben an einen beschränkten Personenkreis im evang. kirchl. Raum als politische Zeitschriften anzusehen sind, nimmt weithin die Möglichkeit einer nichtöffentlichen Nachrichtenübermittlung in kirchl. Dingen.

IX. Ein Erlass des Reichserziehungsministeriums sieht die Entfernung der Geistlichen aus dem Religionsunterricht der Volksschule vor, soweit weltliche Lehrkräfte dafür vorhanden sind.

X. Die Evangel. Wochen, die in ganz Deutschland unter grosser Beteiligung im Segen gehalten worden waren, wurden verboten. Als Begründung wurde angegeben, sie häuften sich und störten den kirchl. u. religiösen Frieden, auch seien sie zu Wahlzwecken mißbraucht worden. Tatsächlich haben die zuständigen Beamten nie angeben können, wo der religiöse Friede gestört oder Wahlpropaganda getrieben worden sei. Die Durchführung dieser Verordnungen führte zu ausserordentlich zahlreichen Verhaftungen von Geistlichen, aber auch von Laien. Meist handelt es sich dabei um Verhaftungen wegen Verkündigg. der Kollekten der bekennenden Kirche, oft aber auch um Verhaftungen wegen Bekanntgabe von Kirchenaustritten. Die Zahl der Verhafteten schwankt stark. Sie ist in diesen Tagen seit vielen Wochen zum ersten Mal unter Hundert gesunken. Den bisherigen Höhepunkt stellt die Zahl 146 dar. Zur Zeit sind es 99, davon 62 aus Berlin und Brandenburg. Dazu kommen 25 Redeverbote u. 35 Ausweisungen. Ein Teil der verhafteten Pfarrer wurde ins Verbrecheralbum aufgenommen, d. h. es wurden Fingerabdrücke genommen u. Fotographien in verschiedener Kleidung gemacht. Die Folgen der Verhaftungen für die Versorgung der Gemeinden sind erheblich. Da viele Geistliche mehrere Kirchspiele zu versehen haben und in der Mark Brandenburg Kandidatenmangel herrscht, liegt die Zahl der unversorgten Gemeinden weit höher als die Zahl der verhafteten Geistlichen. Vielfach werden von Lehrern u. Kirchenältesten oder sonstigen Gemeindegliedern Gottesdienste gehalten.

Ein besonderes Wort erfordern die Vorgänge im Freistaat Sachsen. Dort erfreute sich der von Superintendent Ficker geleitete Landeskirchenausschuss fast allgemeinen Vertrauens. Auf Veranlassung des Staatssekretärs im Reichskirchenministerium bemächtigte sich ein deutsch-christlicher Oberkirchenrat unter Drohungen des landeskirchl. Dienstgebäudes, wobei auch sein Revolver eine Rolle spielte. Dann wurde der Landeskirchenausschuss von Berlin aus abgesetzt u. von der neuen Leitung das Verhältnis der sächs. Kirche zum Rat der Ev.Luth. Kirche Deutschlands gelöst. Die Versammlungen der Geistlichen wurden verboten, obwohl sich von 31 Ephorien (Dekanaten) 27 für den Landeskirchenausschuss erklärten, und nach wie vor zum Landeskirchenausschuss stehen. Auf Kirchengemeinden, die sich diesem Gewaltregiment nicht fügen wollen, wird durch Mittel wie Kündigung von Darlehen finanzieller Druck ausgeübt. Selbst in die Regelung ganz ausgesprochen seelsorgerlicher Angelegenheiten erfolgen Eingriffe. So wurde letzthin seitens des Kirchenministeriums die kirchl. Trauung einer evang. Braut mit einem gottgläubigen Bräutigam angeordnet, der aus der Kirche ausgetreten war! So wirkt es sich aus, wenn eine lutherische Kirche in staatlichem Auftrag geleitet wird. Angemerkt sei endlich noch, dass Bischof Johnsen-Braunschweig mit Polizeiauto nach Coburg abtransportiert wurde, als er in Schmalkalden die Jahrestagung des Männerwerkes halten wollte. Er hat, wie D. Meiser u. D. Marahrens ein Redeverbot für Thüringen. Obwohl Schmalkalden in Preussen liegt, wurde er auch dort am Reden verhindert. In Coburg konnte die Tagung stattfinden.

Wenn wir dies alles überblicken, so ist uns klar, warum die verantwortlichen Männer der bekennenden Kirche die Kundgebung vom letzten Augustsonntag erlassen haben. War doch ein Schreiben, das Mitte Juni an die staatl. Stellen gerichtet worden war, unbeantwortet geblieben. Es wurde lediglich bekannt, dass einige Stellen dieses Schreiben, welches eine Bitte um persönliche Verhandlung enthielt, eben an das Reichskirchenministerium gesandt haben, dessen Tätigkeit wir eben gekennzeichnet haben. Wir wissen nicht, ob noch eine Beantwortung dieses Schreibens erfolgt. Wir wissen auch nicht, welche Maßnahmen weiter geplant sind. Wir müssen aber damit rechnen, dass Massnahmen kommen, die noch tiefer in das kirchliche Leben eingreifen. Es geht um den Bestand der Kirche in rechtlicher Beziehung, es geht um ihre Ehre u. es geht um die Verkündigung der Kirche, was das Entscheidende ist. Wir wissen von den Tagen der Apostel her, daß die Zeugen Christi durch böse Gerüchte u. durch gute Gerüchte gehen müssen (2. Kor. 6, 8). Wir wissen, dass der Weg zum Reich Gottes durch viel Trübsal geht (Apg. 14, 22). Wir wissen aber auch das andere, daß all die Angriffe u. all der Widerstand, den wir erfahren, uns nicht müde u. matt machen dürfen. Gerade in einer Zeit wie in der jetzigen gilt es klar u. tapfer zu bekennen. Mögen jene der Meinung sein, „daß einmal die Totenglocken so tief dröhnen, dass das ‚Ehre sei dem Vater u. dem Sohn und dem Hl. Geist‘ nicht

mehr in den Kirchenhallen gehört wird": wir bekennen mit dem Mann, der bis zum Jahr 1916 unsere Landeskirche geleitet hat, D. Hermann v. Bezzel: „Und wenn die Kirchenhallen für dieses Zeugnis sich schlössen, so würden einsame Wanderer, die Mütter an der Wiege des Kindes, die Sträflinge in der Zelle das verhallte Lied aufnehmen, und man würde es aus den Winkeln wieder hervorholen u. aus der Tiefe wieder hervorrauschen u. herauf steigen sehen u. hören aus dem Totengemächern: „Ehre sei dem Vater und dem Sohn und dem Hl. Geist, wie es war im Anfang, jetzt und immerdar und von Ewigkeit zu Ewigkeit."
„Unser Glaube, der Glauben, den uns die Väter überkamen und den wir, nicht um der Väter willen allein, in uns aufgenommen haben, sondern um der Treue und des Gehorsams und des Dankes willen, den wir dem Herrn schulden; unser Glaube, der die Jahrhunderte aneinanderreiht, unser Glaube ist der Sieg. Nicht ist es ein Sieg, nicht eine Etappe in dem Siegeszug, nein unser Glaube ist der Sieg, der die Welt überwunden hat, erstmals in der Stunde, als ein toter Missetäter gerufen hat „Es ist vollbracht", als ein ins Grab Gesenkter seinen Leichnam reden ließ „Du wirst nicht zugeben, dass dein Heiliger verwese!" Unser Glaube, der Glaube, dass aus Niederlagen die Wahrheit siegreich erst erstehe, ist bereits der Sieg, der die Welt überwunden hat." (Bezzel).

175 Schreiben des sächsischen Reichsstatthalters Martin Mutschmann an Landesbischof Meiser. Dresden, 1. November 1937

FKiZM. A 30. 2

Betreff: Verbot der Wortverkündigung
Ich bestätige Ihr Schreiben vom 26. Oktober 1937 und teile Ihnen darauf mit, dass ich auf Ihre Predigt in meinem Gau absolut keinen Wert lege. Wir haben es nicht nötig, uns von Ihnen Ammenmärchen erzählen zu lassen, um so weniger, als Sie im „Lutherischen Missionsjahrbuch" für 1935 durch den Erlaß Ihrer 5 Gebote offen zu erkennen gegeben haben, dass Sie sich auf die Seite der Staatsfeinde stellen.
Ich möchte Ihnen anheimgeben, in Zukunft meinen Gau zu meiden.
gez. Martin Mutschmann.

2.5.2 Die staatlich geplanten Kirchenwahlen

176 Schreiben des Reichspropagandaamtes Franken an die kirchliche Presse. Nürnberg, 16. Februar 1937
LAELKB, KKE 9

Betr.: Die Presse und die Wahlen zur Generalsynode der evangelischen Kirche.
Der kirchlichen Presse wird folgendes mitgeteilt:
Die katholisch-kirchliche Presse hat sich aus dem Wahlkampf fernzuhalten, da es sich um eine Angelegenheit der evangelischen Kirche handelt.
Die evangelische Presse hat bis zum Erlaß der Wahlordnung gleichfalls noch eine gewisse Zurückhaltung in der Auseinandersetzung zu üben. Es wäre gut, zunächst vor allem die Perspektiven zu erörtern, die sich für die Kirche aus der neuen Lage ergeben.

177 Schreiben des Bruderrats der Bayerischen Pfarrerbruderschaft an Landesbischof Meiser. Erlangen, 20. Februar 1937
LAELKB, KKE 16

Hochwürdiger Herr Landesbischof!
Im Blick auf die neueste Entwicklung der kirchlichen Lage soweit sie sich zur Stunde übersehen lässt, erlaubt sich der Bruderrat folgende Stellungnahme vorzutragen:
Die Bayerische Landeskirche weiss sich in all ihren Entscheidungen und Kundgebungen an Schrift und Bekenntnis gebunden. So kann sie auch ihre Entscheidung in der gegenwärtigen Lage nur von dieser Grundhaltung aus und in Kontinuität mit ihren bisherigen Entscheidungen und Kundgebungen vollziehen. Daraus ergeben sich unseres Erachtens folgende Gesichtspunkte und Forderungen, die angesichts der gegenwärtigen Lage dem Staate gegenüber zu betonen sind, von denen die Kirche um ihres Bekenntnisses willen nichts preisgeben kann:

1. Zur Frage der kirchlichen Wahl.
Kirchenwahl ist grundsätzlich Sache der Kirche und nicht des Staates.
Es muss gefordert werden, dass die Wahl in ihrer Ordnung und in ihrem Ablauf eindeutig kirchlich bestimmt und geleitet wird.
So muss die Wahlordnung in all ihren Bestimmungen kirchlich gehalten sein und von der Kirche selbst erlassen werden.
So muss die Garantie gegeben sein, dass die Wahl in voller kirchlicher Freiheit, ohne politische, staatliche und parteiliche Beeinflussung erfolgt. Dazu gehört, dass die kirchliche Presse während der Wahlzeit völlige Pressefrei-

heit erhält, dass dagegen die politische Presse sich von jeder Einmengung fernhält.

2. Zur Frage der Generalsynode.
Es wird notwendig sein, dass von der Leitung unserer Landeskirche ein klares Wort (ev. im Amtsblatt) zum lutherischen Verständnis einer echten Synode gesprochen wird. Es wird sich daraus ergeben, dass von diesem Verständnis aus echte Synode bekenntnisgebunden sein muss und von dieser Bindung her sich von Irrlehre zu scheiden hat. Eine echte Synode kam daher auf ihrem Boden nicht verschiedene Gruppen oder Kirchenparteien vereinen, von denen ein Teil der offenkundigen Irrlehre verfallen ist; sie würde damit ihr Wesen preisgeben.
Für die geplante Generalsynode bedeutet das, dass sie vom lutherischen Verständnis her nicht echte Synode sein kann, da sie nicht nur die verschiedensten Konfessionen, sondern in gleicher Weise Männer der bekennenden Kirchen und der Thüringer D.C. umfassen wird. Demnach ist zu fragen, ob nicht von Anfang an gegen den Namen Generalsynode opponiert werden muss, solange nicht die Garantieen einer echten Synode gegeben sind.
Auf jeden Fall ist klarzustellen, dass die geplante Generalsynode keinerlei Beschlussrecht in Fragen des Bekenntnisses haben und ebenso keine eigentliche Kirchenleitung ausüben oder bestimmen kann. Ebenso ist klar, dass eine derartige Generalsynode keine Kirchenverfassung schaffen und in Kraft setzen kann.

3. Zur Frage der Kirchenverfassung
Es ist darauf zu verweisen, dass die Verfassung vom Juli 1933 noch rechtlich gültig ist. Diese Verfassung wurde nicht von einer Generalsynode, sondern von den Landeskirchen geschaffen. Wird diese Verfassung aufgehoben, so haben die Landeskirchen rechtens volle Verhandlungsfreiheit.
Auf dem Boden dieser Verfassung vom Juli 1933 stehen wir und bleiben wir. Sollte sich die Notwendigkeit einer neuen Verfassung zeigen, so hat das die Kirche festzustellen, sie zu schaffen und nach Einholung des staatlichen Placet in Kraft zu setzen.

4. Zur Frage der staatlichen Rechtshilfe
Die D.E.K. befindet sich in einem Zustand der Verwirrung und Zerstörung. Die Frage, wer diesen Zustand verschuldet hat, möge in diesem Augenblick unerörtert bleiben. In dieser Notlage mag eine Rechtshilfe des Staates eintreten, die aber Rechtshilfe bleiben muss und nicht zu einem unmittelbaren Eingriff des Staates und der Partei in die Kirche führen darf. Nur auf diesem Wege kann von einer Befriedungsaktion geredet werden, jeder direkte Angriff muss Verwirrung und Zerstörung bringen.

Unter diesen Voraussetzungen kann eine Rechtshilfe des Staates angenommen werden, die der Kirche Raum und Freiheit zum Ausbau kirchlicher Ordnung gibt. Wird diese Voraussetzung verletzt, geschieht ein unmittelbarer Eingriff staatlicher oder parteilicher Organe in die geplante Wahl und Formierung der Synode, so muss Kirche sich zur Wehr setzen, indem sie abbricht und an die Gemeinden appelliert.
Neben diesem Wort an den Staat halten wir es für dringend geboten, sofort mit der nötigen Aufklärungsarbeit unter der Pfarrerschaft und in den Gemeinden zu beginnen. Es muss zu einer einheitlichen Willensbildung in der bayerischen Landeskirche kommen.
Die Bruderschaft wird sich intensiv für diesen Dienst einsetzen, wird auch die Amtsbrüder, die sie erreichen kam, zu erfassen suchen. Doch bittet sie die Kirchenleitungen, es um der Dringlichkeit und Wichtigkeit der Entscheidung willen, es in die Hand zu nehmen, dass unter der Pfarrerschaft Bayerns eine einheitliche Willensbildung und ein einheitliches Handeln zustande kommt.
Ebenso bitten wir, die Kirchenvorsteher, Gemeindehilfen und die Gemeinden durch eine klare Wegweisung von dem Grund unserer Kirche her und durch zielbewusste Aufklärung zu einem einheitlichen Handeln zu führen.
Es darf hiezu bemerkt werden, dass die Gemeinden diesen Dienst erwarten; nach dem Widerhall zu schliessen, den der Erlass des Führers gefunden hat, sind unsere Gemeinden, zumal die auf dem Land und in grösseren Städten keineswegs in einem unnüchternen Optimismus befangen. Es ist in unseren Gemeinden noch ein starkes Vertrauen zum Weg der bekennenden Kirche. Umsomehr darf sie erwarten, dass in ihrer Pfarrerschaft und Kirchenleitung der Weg des getrosten und wagenden Glaubens und echter kirchlicher Besonnenheit gegangen wird, der sich ebenso fernhält von falschem Optimismus, wie von lähmendem Pessimismus und Panikstimmung.
Der wesentliche Dienst, der in den Gemeinden zu geschehen hat, ist der, das positiv geredet und bezeugt wird, worin der wahre Grund und die wahre Einheit und das wahre Leben einer Kirche besteht. Wir halten es für notwendig, dass in allen Gemeinden an den drei kommenden Sonntagen einheitlich über den Grund der Kirche Christi in der Wahrheit des Evangeliums, über die Ämter der Kirche und über den rechten Bau der Kirche gepredigt wird und sind gern erbötig hiefür die Meditationen auszuarbeiten. Wir halten es ferner für notwendig, dass den Gemeinden in klarer und schlichter Weise Parolen gegeben werden, die vom Evangelium und Bekenntnis unsere Kirche her ihr Handeln bestimmen.
Als wesentliche Punkte der Aufklärungsarbeit erscheinen uns klare Berichte über die Vorgeschichte und die Hintergründe der derzeitigen kirchlichen Lage, über die Absichten einer kommenden kirchlichen Entwicklung, wie sie etwa aus dem Kommentar des Völkischen Beobachters sprechen:

fernerhin wird es notwendig sein, dass den Gemeinden ein amtliches Bild des Wesens und Wirkens der Thüringer Deutschen Christen gezeichnet wird.
Den Gemeinden muss hiebei klar werden, wo der Weg echter kirchlicher Befriedung gegangen wird, dort, wo die Kirche ihren Herrn und ihr Bekenntnis bezeugt.
Der Bruderrat bittet, diese Vorschläge als ein Wort zu nehmen, das aus der Verantwortung geboren ist, die jeder Pfarrer für seine Gemeinde und das Leben seiner Kirche trägt, und das von dem Vertrauen getragen ist, das wir in dieser schweren Entscheidungsstunde unserer Kirchenleitung entgegenbringen.
Mit ehrerbietigstem Gruss!
Im Auftrag des Bruderrats.
Hans Schmidt

178 Schreiben des Dekanats Bamberg an alle Pfarrämter und Geistlichen des Dekanats. Bamberg, 22. Februar 1937

FKiZM. A 30. 15

Am vergangenen Donnerstag, 18. ds. M., waren die Dekane des Kirchenkreises wieder nach Bayreuth gerufen zu einer Konferenz, veranlaßt durch die jüngsten Ereignisse und den Erlaß des Führers betr. Wahl einer Generalsynode. Im Auftrage des Kreisdekans und des Herrn Landesbischofs habe ich den Herren Folgendes mitzuteilen, was freilich fast selbstverständlich ist. 1.) Optimistisch eingestellten Gemeindegliedern gegenüber muß gesagt werden, daß kein Grund zu einer frohen Gemütsberuhigung gegeben ist; es ist schon oft früher behauptet worden, der Kirchenstreit ist beendet, und wars doch nicht; 2.) die Herren Kollegen möchten sich unter allen Umständen hüten, irgendwo und wie kontra Wahlen zu sprechen; es könnte das als eine Art Sabotage ausgelegt werden.
Das Wort des Reichskirchenausschusses aus dem jüngsten Amtsblatt soll möglichst den Gemeinden bekannt gemacht werden: Ein Verbot, es von der Kanzel zu verlesen, besteht bis jetzt nicht und in einem Teil unserer Gemeinden wurde es verlesen, auch ich befürworte diese Verlesung. Desgleichen möge der Brief des Reichskirchenausschusses an den Herrn Reichsminister Kerrl vom 12. ds. zwar natürlich nicht von der Kanzel, aber sonst auf alle mögliche Weise inhaltlich den Gemeinden möglichst bekannt gemacht werden; das könnte auch in Bekenntnisversammlungen geschehen. Selbstverständlich immer unter den nötigen Erläuterungen.
Im übrigen müssen wir vorerst alle abwarten, welche Anordnungen und Ausführungsbestimmungen zu den geplanten Wahlen wohl in absehbarer Zeit gegeben werden; die Wahlen von vorneherein ganz abzulehnen, würde

wohl sofort den Vorwurf der Sabotage mit sich bringen; man habe die vom Staat dargebotene Hand abgewiesen. Auch das Kirchenvolk hätte weithin wenigstens zunächst kaum ein Verständnis für eine solche Ablehnung.
Es kommt dazu, daß in einem großen Teil der Kirche in Preußen dieses Jahr ohnehin die Wahlen fällig sind. An sich müssen sie uns zunächst freilich als ein Eingriff in die Ordnung der Kirche vonseiten des Staates erscheinen, aber wir müssen versuchen, ob auf diesem Wege gegangen werden kann.
Die Verhältnisse in Berlin sind ja denkbar verwirrt und es haben sich auch in dem Verhalten des Ministers Kerrl innerhalb weniger Tage so viel Wandlungen vollzogen und Widersprüche gezeigt, daß man vorerst noch nicht ganz klar durchsieht, wie alles gekommen ist und was nun werden soll. Unsere Gemeinden selbst sollen aber nicht ins Kirchenpolitische hineingezogen werden, sondern immer tiefer ins Innerlichste, in die Stellung unserer Kirche zu Christus und seinem Wort. Zum Rücktritt des Kirchenausschusses: Dr. Zoellner wollte zur Predigt nach Lübeck und auch zu seelsorgerlicher Besprechung; Kerrl war dagegen. Freitag, 12.2, früh 6 Uhr erscheint bei Zoellner der Vertreter der Geheimen Staatspolizei: im Falle seiner Abreise nach Lübeck würde er mit Gewalt verhindert. Zoellner verzichtet auf die Reise, telegraphiert an den Führer: verwahrt sich gegen diese Eingriffe; Darauf Antwort vom Chef der Reichskanzlei: Das Telegramm wird auftragsgemäß dem Reichskirchenministerium zugeleitet!!! Darauf Beratung im Reichskirchenausschuß, die Kirchenführer nach Berlin berufen und in ihrem Gremium der Rücktritt vollzogen. Die Kirchenführer stellen einen neuen Ausschuß seitens der Kirche heraus: Vorsitzender Lilje. Als lutherischer Vertreter: Die Kirchenkanzlei erklärt hiezu: Wir sind verkauft an den Lutherischen Rat. Samstag, 13.2.: Besprechung bei Kerrl, zu der Vertreter der sog. geordneten Landeskirchen geladen sind, also vor allem der mit Landeskirchenausschüssen versehenen, dabei die Erklärung gegeben: Bayern und Württemberg gelten nicht als geordnet. Große Rede von Minister Kerrl. Voll Schärfe gegen Bayern und Württemberg und auch gegen den abgetretenen RKA. Dieser habe versagt; es habe ihm an der nötigen Härte und an einem klaren Weg durch die beiden Fronten hindurch gefehlt; das positive Christentum sei nicht in der Kirche, sondern in der Partei. Die Kirche habe auch noch immer nicht mit den Juden gebrochen „das Heil kommt von den Juden“; Solche Rede mache den Nationalsozialismus lächerlich. Gott spreche nicht durch das geschriebene Wort, sondern durch Geschichte; Gott habe für einen Künder gesorgt, ohne daß er deshalb den Führer vergöttlichen wolle. Kirche und Volk müßten in Einklang aneinander gebracht werden. Nur die DC arbeiten und kämpfen darum, bei allen übrigem sei es nur ein Ringen um Ansprüche von Gruppen durchzusetzen. „Ich beabsichtige deshalb keine Kirchenleitung mehr einzusetzen; die neue Leitung Lilje werde ich bekämpfen.“ Das alles sind Bruchstücke aus der Rede des Ministers, die ich als vertrauliche Mitteilungen zu behandeln bitte.

Es wäre noch manches zu erwähnen, was aber zu weit führt und morgen vielleicht schon nicht mehr gilt. Man hat jedenfalls aus allem, was gesprochen ist und geplant wird, den deutlichen Eindruck, die Kirche soll unter das Primat des Staates gestellt werden.
Bei sämtlichen Geladenen scheint sich große Entrüstung über die in der Rede zum Ausdruck gebrachten Ziele gezeigt zu haben. Schmidt-Oeynhausen gab dem auch Ausdruck; „Der Staat will offenbar die Substanz der Kirche bestimmen. Die Verkündigung der Kirche ist in Frage gestellt: Das muß uns zu einer eisernen Mauer zusammenschmieden. Hier können wir nicht mit uns spielen lassen."
Alle diese Äußerungen waren aber in der Woche vor dem Erlaß des Führers gesprochen. Dieser Erlaß scheint auch für viele Kerrl nahestehende Kreise und Personen ganz überraschend zu sein. Ob er veranlaßt war durch das einmütige Eintreten unserer Kirchenführer für den Reichskirchenausschuß oder durch Stimmen aus dem Ausland? Niemand weiß etwas. Es sind jedenfalls allerlei vorerst undurchsichtige Ereignisse daran schuld. In hohem Grade bedauerlich ist die viele Unstimmigkeit innerhalb der bekennenden Kirche seitens der Bruderräte.
Diese kurzen Mitteilungen wollte ich den Herren Kollegen nur zukommen lassen, um Ihnen einen ganz kleinen Einblick in die augenblickliche Lage der Kirche zu geben. Wir selbst müssen und wollen umso fester sein in dem Glauben an den Herrn, der alle seine Feinde überwindet.
Mit brüderlichem Gruß
gez. Heller.

179 Rundschreiben Nr. 2568 des Landeskirchenrats an alle Dekanate. München, 2. März 1937

LAELKB, KKU 11/V

Betreff: Wahlen zur Generalsynode
Für die bevorstehenden Wahlen benötigen wir eine genaue Kenntnis alles dessen, was über die Wahl geschrieben und von maßgeblichen Stellen und Persönlichkeiten mündlich geäußert wird. Wir ordnen daher an, daß uns darüber möglichst zuverlässig berichtet werde, Zeitungsartikel, Flugblätter und sonstige Veröffentlichungen raschestens an uns eingesandt werden. Besonders erwarten wir auch genauen Bericht über alles, was als Eingriff in die Freiheit der Wahl angesehen werden muß.
Hiervon wollen sämtliche Geistliche in Kenntnis gesetzt werden.
D. Meiser

180 Allerlei zur Kirchenwahl. Nürnberg, 6. März 1937

FKiZM. A 30. 24

1. Der Zeitpunkt der Kirchenwahl steht immer noch nicht fest. Manchmal wird der 21. März genannt, manchmal der 4. April, manchmal der 11. April.
2. Die Wahlordnung ist noch nicht bekannt. Es kann infolgedessen immer noch nicht gesagt werden, wie sich die ganze Wahl vollziehen wird, wieweit sie wirklich nach kirchlichen Gesichtspunkten durchgeführt wird. Wir stellen nochmals fest: an einer Generalsynode können nur die Leute beteiligt sein, die ihre Hand aufs Bibelbuch legen und vor aller Welt bekennen, daß sie nichts anderes sein wollen als Zeugen des Herrn Christus, des biblischen Christus.
3. Manche Anzeichen deuten darauf hin, daß da und dort die Freiheit der Wahlvorbereitung bedroht ist.

Deutschchristliche Ansichten zur Wahl:

Ludwig Müller hat neulich gesagt, er wolle sich dafür einsetzen, daß auch die seit dem Jahre 1933 Ausgetretenen an der Wahl teilnehmen dürfen.

Das ist selbstverständlich eine Unmöglichkeit!

Ein anderer deutschchristlicher Pfarrer hat gesagt: „Alle dürfen sich an der Wahl beteiligen, die auf dem Boden des Positiven Christentums stehen". – Wir erinnern daran, daß auch die Anhänger des „Mythus" sich zum „Positiven Christentum" bekennen.

Abermal[s] eine unmögliche Sache! Es ist unmöglich, daß ein Anhänger des „Mythus" in der Generalsynode über das Schicksal der Evangelischen Kirche bestimmt.

Ein dritter deutschchristlicher Pfarrer hat gesagt: „Wenn wir DC die Mehrheit bekommen, ist die Synode in 10 Minuten zu Ende. Wir werden beschließen, daß der Staat die Kirche ordnet".

Das ist keine Synode!

Es ist uns aus der bösen Wahlzeit vor 1933 eine wohlbekannte Sache, wie stark Wahlprogramme und Wahlreden möglichst das für sich in Anspruch nehmen, was der Gegner als seine wichtigste Sache ansieht. Es ist darum wohl verständlich, daß die DC gerade das besonders betonen, was der Bekennenden Kirche am meisten auf dem Herzen liegt: die Predigt vom Herrn Christus. Mit stärkster Betonung verkündigen die DC, daß sie nur Christus dem deutschen Volk predigen wollen.

Wie reimt sich aber dazu das Wort des deutschchristlichen Landesbischofs von Thüringen: „Es sei möglich, daß in 50 Jahren der Name Jesu Christi nicht mehr genannt werde. Es komme darauf auch nicht so sehr an wie auf das eine, daß die christliche Haltung bestehen bleibe".

Wahllügen:

„Die Kirche ist verjudet!" Manche wollen wissen, daß 40% der Pfarrer nicht arisch seien.
Es ist nachgewiesen, daß im evang. Pfarrerstand 0,3% nicht-arisch sind und zwar im Sinne des Reichsbeamtengesetzes (also bis einschließlich der Großeltern!)

„Eine Million Dollar ist in Amerika für den Wahlkampf gesammelt worden".
Daran ist kein Wort wahr. Wegen der gleichen Lüge wurde bereits 1935 ein bayerischer deutschchristlicher Pfarrer von einem deutschen Gericht verurteilt.

„Meiser und Faulhaber stecken unter einer Decke, wollen die Kirche nach Rom führen".
Landesbischof Meiser hat den Kardinal noch nie gesehen, hat noch nie ein Wort mit ihm gesprochen, noch nie einen Brief mit ihm gewechselt, noch hat er jemals durch einen Dritten mit ihm verhandelt.

„Meiser war in Amerika, um mit Freimaurern und Juden gegen Deutsch[land] zu hetzen!"
Wiederum eine freche Lüge! Eine hohe politische Stelle hat nach Berlin gemeldet, daß die Reise des bayerischen Landesbischofs außenpolitisch für die deutsche Sache von größtem Wert war.

Fürbittende Gemeinde.

In Lübeck sind die von ihrem deutschchristlichen Bischof Balzer abgesetzten 9 bekenntnistreuen Pfarrer immer noch in Hausarrest (seit dem 1. Januar!). Aus ihrer Gemeinde ausgewiesen sind 13 Pfarrer. In Haft bezw. im Konzentrationslager sind 4 Laien und ein bayerischer Stadtvikar.
Möge die Gemeinde die Fürbitte nicht vergessen für diese Männer und ihre Angehörigen.
Verantwortlich: Rüstdienst, Nbg.-S. Rummelsteinerweg 100.

181 Schreiben des Bezirksrüstdienstes Wassertrüdingen an die Pfarrämter des Kirchenbezirks. Röckingen, 10. März 1937

FKiZM. A 30. 24

Ich stelle hier noch einmal den Herrn Amtsbrüdern zusammen, was ich heute in der Konferenz nach den Anweisungen des Rüstdienstes Nürnberg für eine einheitlich und nachdrückliche Vorbereitung und Durchführung der kommenden Kirchenwahl zur Beachtung mitgeteilt habe.

1. Glaubensmäßige Stärkung der Gemeinden durch die ordentlichen Möglichkeiten (Predigt, Seelsorge, Christenlehre, Ausrichtung aller in der Gemeinde bestehenden Kreise wie Kirchenvorstand, Männerdienst, Mütterdienst, Jugendwerk usw.).
2. Volksmissionarische Ausnützung der besonderen Möglichkeiten dieser Wochen, welche eine dauernde Stärkung der Gemeinden über diese Wochen der Entscheidung hinaus im Auge haben (Belebung der Hausandacht, Einrichtung von Gebetskreisen, Einschaltung im Kirchengebet, „Verleih uns Frieden gnädiglich" als Schluß aller Hauptgottesdienste nach dem Segen in allen Gemeinden).
3. Je nach Anordnung oder örtlicher Notwendigkeit zur Bekanntgabe wichtiger Dinge Nachversammlung nach dem in 2 erwähnten Vers (während dessen der Chorrock abgelegt werden soll), um die Verkündigung zu entlasten. Am kommenden Sonntag „Allerlei zur Kirchenwahl" usw.
4. Außerordentliche Maßnahmen: Einheitliche Predigt nach den für Judica und Misericordias Domini angeordneten Predigttexten mit Verwendung der zugeleiteten Meditationen, die als Hilfsmittel und Anregung angesehen werden sollen. Ähnliches geht für die Passionsgottesdienste zu und ist auch für die Christenlehren in Aussicht gestellt.
5. Durch die Gemeindeglieder, die Verwandte oder Bekannte in DC-Gemeinden haben, diese zu zentralen Kirchentagen und Bekenntnisgottesdiensten einladen lassen.
6. Wenn DC außer den herkömmlichen Gottesdiensten in unseren Gemeinden Wahlversammlungen halten, bitte sofortige Meldung an mich und Rüstdienst Nürnberg-S, Arndthaus, Hummelsteinerweg 100, damit ohne Verzug Bekenntnisversammlungen in DC-Gemeinden gehalten werden können auf Grund des gleichen Rechtes für alle. Üben die DC in diesem Punkt Zurückhalten, so tun wir das Gleiche.
7. Gemeinderüstdienste sind am besten unsere Männerdienste bezw. Vertrauensmänner der Bek. Gem.
8. Jede öffentliche oder geheime Beeinflussung der Entscheidung durch politische Stellen umgehend melden an Landeskirchenrat, Kreisdekan und Rüstdienst Nürnberg (Durchschrift auch mir erwünscht). Wer keine Schreibmaschine hat, braucht nur an den Landeskirchenrat zu berichten, der dann die Stellen verständigt.

M. a. Gr.!
gez. Foertsch.

182 Zur Kirchenwahl

EGBl für den Dekanatsbezirk Ansbach 24 (1937), Nr. 5, 20. März, S. 30

Der Führer hat angeordnet, daß die Evangelische Kirche in voller Freiheit durch eine Generalsynode ihre Angelegenheiten ordnet.

Um was geht's?

Geht's darum, wie viele Sitze und Stimmen die Bekennende Kirche oder die DC haben sollen? Wie die kirchlichen Besitztümer, kirchlichen Rechte dahin – dorthin verteilt werden?

Es geht um viel mehr!

Diese Wahl ist zugleich Volksentscheidung, bei der gefragt wird: Deutschland ein christliches Volk? Deutschland ein antichristliches Volk?

Drei Gruppen werben um Dich:

1. Gruppe:

Die Kirche Jesu Christi!

Sie weiß sich verpflichtet vor Gott und ihrem Volk, mit allen Kräften dafür einzutreten, daß der auferstandene Herr und Heiland das Schicksal des deutschen Volkes weiterhin begleitet, wie er es segnend begleitet hat über ein Jahrtausend lang. Er hat gesegnet sonderlich durch das Evangelium, als er es Luther gewährte, die Bibel Alten und Neuen Testamentes dem deutschen Volk neu zu schenken. Daß dieser Segen nicht von Deutschland weiche, dafür muß und darf die Kirche stehen.

2. Gruppe:

Die Christuslosen!

Sie reden wohl vom Glauben, aber sie glauben nicht an den, der gesagt hat: „Niemand kommt zum Vater denn durch mich."
Sie wollen, daß das deutsche Volk künftig ohne Christus seinen Weg geht.
Sie wollen, daß das deutsche Volk nicht durch Christus erlöst wird, sondern los werde von Christus.
Sie werden zusehends von Tag zu Tag mehr in den Christushaß hineingetrieben.

3. Gruppe:

Die Deutschen Christen!

Sie haben nicht den Mut und nicht den Willen, das Ja zum Auftrag der Kirche zu sagen, das der Herr ihr aufträgt.
Sie haben nicht den Mut und nicht den Willen, ein entschiedenes Nein zu sagen zur Christusfeindschaft der zweiten Gruppe.

Sie sind die Halben, sie sind die, die nicht kalt sind und nicht warm. Sie sind der „Riß in der Mauer", durch den die Christusfeindschaft wie die Sturmwellen des antichristlichen Heeres eindringen will in die Kirche, damit das Christuszeugnis in Deutschland verstumme.
Diese drei Gruppen stehen vor Dir – fragen Dich – fordern von Dir Entscheidung!
Gib Antwort bei dieser Volksentscheidung!
Gib eine laute deutliche Antwort, daß unser Volk es höre!

183 Georg Lanzenstiel: Die Synode nach luth. Lehre. [März 1937]

FKiZM. A 30. 65

1. Bibl. Begründung: biblisch: AT (4. Mose 11, 16; 5. Mose 17, 9; Ps. 122, 15)
   NT (Matth. 18, 17; Apg. 15, 28; 1 Cor. 10, 15; Rm. 14, 12; 1. Joh. 4, 1; Apg. 15, 22 u. 25)
2. Möglichkeit und Notwendigkeit: nicht, wenn Verkündigung und Leitung C.A. 7 erfüllen. Notwendig und hilfreich in Krisen- und Entscheidungszeit.
3. Sinn, Ziel und Zweck: Bereinigung allen Streites durch Herstellung der Einigkeit d. Glaubens u. durch rechte Erbauung der Kirche zu Gottes Ehre.
4. Einberufung: Sie kann und darf durch jede Obrigkeit (auch achristliche) einberufen werden, wenn (!) die Kirche es verlangt um ihretwillen. Die Durchführung kann dagegen nur durch d. Kirche selbst vorgenommen werden; denn es geht immer um d. Glauben, auch in Ordnungsfragen.
5. Zusammensetzung: „Es mußten ... nicht alle Bischöfe, Abte, Mönche, Doktoren u.d. unnützen Hudelmanns Gesindlein u. d. große Geschleppe dahin kommen ..., sondern man mußte aus allen Lande die recht gründlich gelehrten Leute in der Hlg. Schrift fordern, die auch Gottes Ehre, den christl. Glauben, d. Kirche, der Seelen Heil u. der Welt Friede mit Ernst u. von Herzen meinten. Darunter etliche von weltlichem Stande (denn es geht sie auch an), die auch verständig u. treuherzig wären" (Luther, von Konz[iliis] u[nd] K[irchen] 134) = im Glauben u. Bekenntnis gefestigte, in d. Hlg. Schrift gründlich gelehrte, urteilsfähige Männer von kirchlicher Erfahrung, von den einzelnen Gemeinden zum Synodalamt abgeordnet; also Geistliche u. Weltliche; ausgeschlossen: „multitudo promiscua", Vertreter einer Gruppe, von Interessen (politischer Art), der „Masse der deutschen Protestanten", der Summe der Steuerzahler oder des „Kirchenvolkes" im üblen Sinn. Allein dem Herrn der Kirche verantwortliche, sachkundige u. -gebundene

Vertreter der lebendigen „Gemeinde". Nicht juristisch-intakte, sondern im lebendigen kirchl. Bekenntnis intakte Synode; darum Trennung nach Bekenntnissen in der kommenden Reichsbekenntnissynode (!).

6. Leitung: Die oberste Leitung kann allein die des Hlg. Geistes sein. Die sichtbare, äußere Leitung wählt sich die Synode selbst, da eine bekenntnisgebundene Obrigkeit fehlt. An der Spitze ein Kollegium oder ein einzelner Bischof, um der Ordnung willen. Es gibt jedoch niemals ein Führerprinzip, denn nicht die Ordnungsspitze entscheidet, sondern der „magnus consensus", der einmütige Beschluß (Apg. 15.28), d.h. nicht die Majorität.
7. Befugnisse: Leitung der Kirche; Beratung u. Entscheidung aller Streitfragen in Leben u. Lehre, Kirchenleitung, Kirchenzucht, äußere Ordnungen, finanzielle Fragen usw. (z.B. evangeliumsgemäße Neuordnung der Kirche im Dienste der lauteren Wahrheit des Wortes Gottes; Entfaltung der alten Lehre heute gegen neue Feinde; Abgrenzung gegen die Irrlehre der D.C.)
8. Autorität: Die Synode handelt im Namen u. Auftrag der Gesamtheit d. rechtgläubigen Kirche. Ihre Beschlüsse sind verbindlich für die ganze Kirche u. überhaupt, wenn sie mit der Hlg. Schrift in Einklang stehen. Die Hlg. Schrift aber ist u. bleibt auch für die Synode „oberster Richter"; die Wahrheit, nicht die Majorität entscheidet. Darum niemals endgültige u. irrtumslose Beschlüsse, sondern bis Gott neue Einsicht schenkt.

Literatur:

K.G. Steck, Der locus de synodi in der luth. Dogmatik, Festschrift f. K. Barth, 1936 S. 338–52.

Ch. Stoll, Die Stellung der Synode nach luth. Bekenntnis in „Wort u. Tat" 1937, März; daselbst auch: W. Künneth Kirche und Generalsynode.

Lanzenstiel-Nördlingen.

184 Verlautbarung des Rüstdienstes Nürnberg zur Kirchenwahl

FKiZM. A 30. 24

Wir fordern: „Die volle Freiheit"

Der Führer und Reichskanzler Adolf Hitler hat am 15. Februar einen Erlass herausgegeben, der zum Inhalt hat die Einberufung einer Verfassungsgebenden Generalsynode der Deutschen Evang. Kirche. In diesem Erlass wird der Kirche, die nach eigener Bestimmung sich selbst die neue Verfassung und damit die neue Ordnung geben soll,

volle Freiheit zugesichert!

Wenn der Führer dem Kirchenvolk volle Freiheit zusichert, dann können wir fordern, dass die Knebelung der Bek. Kirche aufhört.

Es ist Knebelung der Kirche, wenn jetzt noch folgende Geistliche aus ihren Gemeinden ausgewiesen sind:

1.) Pfr. Wilhelm Wolf, Metzels über Meiningen. Ausgewiesen seit 28. Jan. 1937 aus Thüringen und Schmalkalden.
2.) Pfr. Hechler, Heppenheim,
3.) Pfr. Rinneberg/St. Kilian,
4.) Pfr. Herrfurt-Heegheim,
5.) Pfr. Wolter-Auerstadt-Sa.
6.) Pfr. Mebus-Bielefeld,
7.) Hilfsgeistl. Stein-Bielefeld.
8.) Pfr. Asmussen-Altona,
9.) Pfr. Benckert, Breslau.
10.) Pfr. Romberg-Dotzenheim
11.) Pfr. Benfey-Göttingen.
12.) Pfr. Kühl, Lübeck,
13.) Prof. Dr. Delekat, Professor für Religionswissenschaft an der Technischen Hochschule zu Dresden; wurde am 1. April 1937 in dauernden Ruhestand versetzt.

Was ist der Grund der Ausweisung?
Sie haben das Wort Gottes geredet zur Zeit und zur Unzeit (2. Tim. 4, 2)
Es ist Knebelung der Kirche Christi, wenn Pfarrer, die sich nichts haben zu Schulden kommen lassen – nur weil sie treu gewesen sind in ihrem Amt – in Schutzhaft bezw. Hausarrest genommen werden.
In Schutzhaft bezw. Hausarrest befinden sich folgende Geistliche und Gemeindeglieder:
1.) Pfr. Pautke-Lübeck 2.) Pfr. Greiffenhagen-Lübeck 3.) Pfr. Meyer-Lübeck, 4.) Pfr. Jansen-Lübeck, 5.) Pfr. Richter-Lübeck, 6.) Pfr. Fölsch-Lübeck, 7.) Pfr. Schulz-Lübeck 8.) Pfr. Jensen-Lübeck.
Alle diese Geistlichen wurden von den DC in Lübeck aus ihren Ämtern entfernt und in Hausarrest genommen. An Stelle der Bekenntnispfarrer hat man Leute aus Thüringen geholt, die jetzt auf den Lübecker Kanzeln Irrlehre verkündigen.
Es ist Knebelung der Kirche Christi, wenn Gemeindeglieder, die den Mut haben, den Herrn Christus vor den Menschen zu bekennen, mit Schutzhaft oder mit Hausarrest bestraft werden.
Es handelt sich um folgende Gemeindeglieder:
1.) Organist Bender-Lübeck 2.) Fürsorgerin Laue in Berlin-Moabit gefangen 3.) Reichverbandswart Windel, Wuppertal-Barmen 4.) Rechtsanwalt Bunke, der für eine Evang. Woche warb, büsst dafür im Konzentrationslager.
Es ist Knebelung der Kirche Christi, wenn immer noch Pfarrern und Predigern und Predigern der bekennenden Kirche Redeverbot erteilt wird.
Redeverbot hat Pfr. Wirth in Herbsleben. Dieses Verbot wirkt umso merkwürdiger, als Ludwig Müller allenthalben freies Wort hat. So hat er in jüngster Zeit in Westphalen 25 mal an grösseren Orten Vorträge gehalten.
Es ist Knebelung der Kirche Christi, wenn immer noch eine Reihe von wichtigen Zeitschriften verboten sind.
Es wurden verboten: Die „Theologischen Blätter“, herausgegeben von den Professoren Strathmann-Erlangen und Karl Ludwig Schmidt.

Bis zum 2. IV. ist verboten: Die „Reformierte Kirchenzeitung“ (Organ des reformierten Bundes für Deutschland).
Verboten wurde die Zeitschrift: „Der Kindergottesdienst“, herausgegeben von Pastor Piersig-Bremen für drei Monate.
Und der Grund des Verbotes?
In diesen Zeitschriften wurde nicht geschwiegen von dem Evangelium, das auch unserer Zeit gilt, und von dem wir so wenig schweigen dürfen, als bei einem gesunden Menschen der Puls aussetzen und aufhören darf.
Es ist Knebelung der Kirche Christi, wenn die Arbeit der Inneren Mission, die für das gesamte deutsche Volk geschieht, weithin behindert wird. So ist der Bethelfilm „Ringende Menschen“, der dem grossen Werk auch zur Finanzierung helfen sollte, verboten worden.
Es ist Knebelung der Kirche Christi, wenn auch in Bayern ein Geistlicher, Dr. Schaudig in Ingolstadt, nur deshalb, weil er über der ihm anvertrauten Jugend wachte, ins Konzentrationslager Dachau auf ein halbes Jahr geschickt wurde.
Wir haben zweierlei zu sagen:
I.) Der Führer hat die volle Freiheit für die Wahl zugesagt. Wir können an die Wahlurne nur gehen, wenn die unerhörte Knebelung der Kirche sofort aufhört.
II.) Wir fordern unser Recht, aber wir fordern es als Passionsgemeinde. Wir fordern es nicht unwillig, sondern als solche, die willig sind, mit Christo zu leiden.
1. Petr. 4, 12–14a steht: Ihr Lieben, lasset euch die Hitze, so euch begegnet, nicht befremden, als widerführe euch etwas Seltsames, sondern freuet euch, dass ihr mit Christo leidet, auf dass ihr auch zur Zeit der Offenbarung seiner Herrlichkeit Freude und Wonne haben möget. Selig seid ihr, wenn ihr geschmäht werdet über dem Namen Christi!
Verantwortlich: Rüstdienst Nürnberg.

185 Aufruf an die Gemeinden des Kirchenkreises Bayreuth zur geplanten Kirchenwahl

LAELKB, KrD Bayreuth 5

An unsere Gemeinden!
Seit dem 15. Februar dieses Jahres warten die Gemeinden darauf, dass die Kirche durch eine neue Wahl in voller Freiheit sich die rechte, ihr gemässe Ordnung geben darf. Bis heute ist diese Erwartung nicht erfüllt. Im Gegenteil! Die Freiheit der Kirche ist seitdem durch Verordnungen von schwerwiegender Bedeutung weiter eingeschränkt worden auch auf Gebieten, die unmittelbar Lehre, Leben und Zucht der Kirche berühren. Selbst die kirchlichen Kollekten sollen Einschränkungen unterworfen werden, die

das kirchliche Leben und den Fortbestand von Werken der Inneren und der Äusseren Mission gefährden. Die Kirche darf öffentlich geschmäht werden, aber es ist ihr versagt, sich in derselben Öffentlichkeit zu rechtfertigen. Verdiente Männer der Kirche müssen es sich gefallen lassen wegen ihrer Treue zum Bekenntnis und wegen ihres Eintretens für ein bekenntnismäßiges Handeln als Staatsfeinde bezeichnet zu werden, aber es ist ihnen verwehrt, ihre Ehre vor dem deutschen Volk zu verteidigen. Weit entfernt, der Kirche die zur Erfüllung ihres Dienstes notwendige Freiheit zu geben, hat man sogar eine große Zahl von Pfarrern und Gemeindegliedern aus der Heimat ausgewiesen, mit Redeverboten belegt und in Haft genommen. Führende Männer der bekennenden Kirche Altpreussens sind ins Gefängnis gesetzt, weil sie in der Frage der Kirchenaustritte eine Stellungnahme fanden, die ihnen kirchliche Verantwortung gebot. Alle Versuche mit den massgebenden Stellen in Verbindung zu treten und eine Abstellung der Beschwerden und Nöte der Kirche zu erlangen, waren vergeblich.

Wir ermahnen die Gemeinden zur Geduld, wir rufen sie auf zur Fürbitte für die bedrängten und gefangenen Brüder und Schwestern, wir bitten sie in Treue zur Kirche der Väter zu stehen und ohne Verbitterung die Heimsuchungen zu ertragen, die heute über die Kirche des Evangeliums kommen.

Wir wenden uns an die Obrigkeit unseres Reiches, die feierlich zugesagt hat, die Rechte der Kirche zu schützen, sie möge dem Unrecht Einhalt gebieten, die unschuldig Gefangenen freilassen und der Kirche die Möglichkeit schaffen, sich aufgrund von Schrift und Bekenntnis die Ordnung zu geben, die ihr ein gesegnetes Arbeiten zum Wohle des ganzen Volkes gestattet. Die Kirche des Evangeliums war niemals eine Kirche der Macht oder eines politischen Machtstrebens, sie beansprucht aber aufgrund ihres göttlichen Auftrags die Freiheit, allem Volke das Evangelium unbehindert zu verkündigen; denn ihr Herr hat sie nicht in den Winkel und ins Ghetto, sondern in die Welt gesandt zur Predigt seines Heil an alle Menschen. Wir bitten Gott, er möge den verantwortlichen Männern die Erleuchtung durch Seinen Heiligen Geist senden, damit sie guten Rat und rechte Werke finden zum dauernden Wohl von Kirche und Volk!

186 Grundsätzliches zur Synoden- und Kirchenwahlfrage. Erarbeitet vom Bruderrat der Bayer. Pfarrerbruderschaft (Juni 1937)

FKiZM. A 30. 28

I.

Merkmale einer Synode.

1a. Die Synode ist seit den Tagen der Apostel ein Organ der Kirchenleitung. Sie ist als solches in ihrem gesamten Handeln gebunden an die Heilige Schrift und an das schriftgemäße Bekenntnis der Kirche. Alle ihre Beschlüsse, letztlich auch solche der äußeren Ordnung, müssen der reinen Verkündigung des Wortes Gottes und der einsetzungsgemäßen Verwaltung der Sakramente dienen.

1b. Die Synode kann nicht über das Bekenntnis der Kirche verfügen, sei es, daß sie ihre Bekenntnisgrundlage aufhebt und ihre Verkündigung umbildet oder verfälscht. Sei es, daß sie außerkirchlichen Ereignissen und Mächten, Gestalten und Wahrheiten maßgebenden Einfluß auf ihr Handeln einräumt.

2a. Kircheneinheit ist nur möglich auf Grund der Einheit der Lehre. Es ist nicht möglich, die Einheit der Kirche, in Absehung vom Bekenntnis, durch rein organisatorische Maßnahmen zu schaffen. Die Synode kann darum nur die Synode einer Kirche sein, die dasselbe Bekenntnis in Einmütigkeit bekennt.

2b. Die Synode kann nicht eine Unions-Synode sein im Sinne einer zusammenfassenden Vertretung von mehreren Kirchen, bezw. von Kirchen und sonstigen religiösen Bewegungen.

3a. Auch die Ordnung und Verwaltung der Kirche steht im Dienst ihrer Verkündigung. Da Ordnung und Lehre der Kirche nicht voneinander zu trennen, sondern aufeinander bezogen sind, müssen auch die Entscheidungen der Synode über Fragen der Ordnung und Verwaltung eindeutig im Dienste der Wortverkündigung stehen.

3b. Die Synode kann sich in ihren Entscheidungen über die äußere Ordnung, den Aufbau und die Verwaltung der Kirche nicht von Grundsätzen leiten lassen, die dem Auftrag der Kirche entgegengesetzt sind.

I.

Berufung einer Synode.

1a. Die Beteiligung des Staates an der Berufung.
Die Berufung einer Synode als eines Organes der Kirchenleitung ist grundsätzlich Aufgabe der Kirche und ihrer Organe oder Notorgane. Die Kirche ist dabei ausschließlich gebunden an ihr Bekenntnis und die geltenden Ordnungen. Infolgedessen kann die Form der Berufung, die Voraussetzung einer kirchlichen Wahl und die Feststellung des Wahlrechtes und der Wählbarkeit allein von der Kirche bestimmt werden.

1b. In Zeiten eines kirchlichen Notstandes kann die weltliche Obrigkeit über ihr herkömmliches Aufsichtsrecht hinaus der Kirche dadurch Rechtshilfe leisten, daß sie der Kirche durch besondere Maßnahmen die Berufung und Durchführung einer Synode ermöglicht. Auch im Notstand ist die Kirche nur da zu finden, wo Schrift und Bekenntnis gelten.

2a. Wahlordnung.
Die Wahlordnung muß in jeder Hinsicht ihrem Zweck, nämlich der Berufung einer kirchlichen Synode entsprechen. Bezüglich ihrer Aufstellung gelten sinngemäß die Ausführungen unter II, 1a.

2b. Sie kann daher nicht ohne entscheidende Mitwirkung der an Schrift und Bekenntnis gebundenen Kirche erlassen werden.

2c. Eine unmittelbare Wahl zur Synode wäre höchstens innerhalb einer bekenntnisgebundenen Kirche für den Bereich dieser Kirche zu denken, würde aber auch dort aller bisherigen kirchlichen Übung widersprechen. Im Rahmen der DEK ist sie aus bekenntnismäßigen und rechtlichen Gründen unmöglich.

3a. Aktives und passives Wahlrecht.
Eine Synode besitzt nur dann geistliche Vollmacht und damit das Recht zur Kirchenleitung, wenn alle ihre Glieder an das Wort der Heiligen Schrift und das schriftgemäße Bekenntnis gebunden sind. Darum können ihr weder die Anhänger der nationalkirchlichen Irrlehre, noch die Vertreter jener Richtungen angehören, die unter Ablehnung der in der Theologischen Erklärung von Barmen getroffenen Grundentscheidung auf der Grundlage des Art. 1 der Verfassung der DEK stehen zu können meinen.

3b. Darum ist es erforderlich, daß die Voraussetzung für das aktive und passive Wahlrecht nur von der an die Hl. Schrift und das schriftgemäße Bekenntnis gebundenen Kirche festgesetzt werden.

4a. Durchführung der Wahl.
Der Wahlvorgang muß von Männern, die hiezu durch die Kirche beauftragt sind, durchgeführt und das Wahlergebnis durch sie festgestellt werden.

4b. Im Falle von 1b erfolgt die Feststellung und Prüfung des Gesamtwahlergebnisses unter Mitwirkung des obersten Richters evangelischen Bekenntnisses im Bereich der DEK.

III.

Die sog. Generalsynode.

1. Sollte die geplante Generalsynode nicht nach den vorstehenden Grundsätzen gebildet werden, so wäre sie keine kirchliche Synode, sondern nur eine mit Irrlehrern durchsetzte Versammlung.
2. Infolgedessen muß ihr jedes Beschlußrecht in Bekenntnisfragen abgesprochen werden.

3. Dies bezieht sich wegen der Verflechtung von Lehre und Ordnung auch auf die Fragen des Aufbaues und der Verwaltung der Kirche.
4. Vollends hat sie kein Recht, an die Stelle ihres mangelnden kirchlichen Auftrages einen politischen zu setzen oder zu übernehmen (z.B. die Auslieferung der kirchlichen Lehre und Ordnung an eine politische Weltanschauung oder die Übertragung der sog. äußeren Kirchenleitung an außerkirchliche Stellen).

IV.

Diese grundsätzlichen Erwägungen zwingen zur vorbehaltlosen Ablehnung folgender Möglichkeiten, die für die Durchführung einer Kirchenwahl z. Zt. erwogen werden:

Fall 1:
Es wird nur eine allgemeine Frage gestellt, etwa des Inhalts:
Willst du die christliche Volkskirche im Dritten Reich?
Dadurch würde – auch in Widerspruch mit dem Erlaß vom 15.2.1937 – an die Stelle der Wahl zur Synode ein Volksentscheid treten, gleichzeitig aber durch die offensichtliche Unklarheit der Fragestellung eine wirkliche Entscheidung unmöglich gemacht. Umso stärker würde dann das Schwergewicht auf das politische Gebiet verschoben und dadurch der Abstimmung jeder kirchliche Wert genommen. Mit einer unter politischen Gesichtspunkten vollzogenen Zustimmungserklärung ist für den kirchlichen Neubau kein Nutzen, sondern nur Schaden gestiftet. Die wirklichen Gegensätze würden dadurch nicht geklärt, sondern nur verschärft. Damit würde auch die vom Staat erwartete Beendigung des sog. Kirchenstreites in noch weitere Ferne gerückt. Der sog. Kirchenstreit hat seinen Grund darin, daß kirchenfremde Gedanken und Mächte im Raum der Kirche zur Herrschaft kommen wollten; daß das Evangelium nicht mehr allein Ordnung und Inhalt der Kirche bestimmen sollte. Der Führer erwartet nach seinem Erlaß, daß der sog. Kirchenstreit beendet werde. Das wird nur möglich sein können, wenn die Kirche in die Lage gesetzt wird, unter Ausscheidung aller außerkirchlichen Mächte aus dem kirchlichen Ringen, sich einzig nach Schrift und Bekenntnis auszurichten.

Fall 2:
Es wird eine Einheitsliste aufgelegt, die entweder unveränderlich ist oder aus der nur einzelne Namen gestrichen werden können. Dabei würde die Entscheidung über die Zusammensetzung der Synode der Gemeinde tatsächlich entzogen und von vornherein, sei es durch Machtspruch einer außerkirchlichen Stelle, sei es durch parlamentarische Verhandlungen festgelegt. Auch dadurch würde der wahre Gegensatz zwischen Lehre und Irrlehre verschleiert und dem Wähler eine wirkliche Entscheidung unmöglich gemacht.

Vor allem aber würden mit Hilfe dieser Einheitslisten die Verfechter der Irrlehre gleichberechtigt in die Synode einziehen. Eine solche Synode hätte keine Vollmacht, die Kirche zu ordnen und wäre damit praktisch wertlos.

Fall 3:
Fall 1 und 2 kombiniert: Jafrage und Einheitsliste.
Ablehnungsgründe wie oben.

Fall 4:
Jede „Gruppe" stellt eigene Listen auf, angefangen von der Bekenntniskirche bis zu den Thüringer DC. Die Synode wird nach dem Zahlenverhältnis besetzt, das die Wahl ergibt. Je nach den Majoritätsverhältnissen bekommen dann bestimmte Gruppen die Synode und die Kirche in die Hand. Dabei würden die offenbaren Irrlehrer nicht nur in der Synode gleichberechtigt sein, sondern unter Umständen durch Majoritätsbeschlüsse oder offene Vergewaltigung ihr Ziel erreichen und Bekenntnis und Ordnung der Kirche von Grund auf verändern können. Wir würden dann unsererseits durch die Beteiligung an einer solchen Wahl diesem Vorgehen den Schein der Rechtmäßigkeit verleihen.

Fall 5:
Es wird zu einer Synode gewählt, die vom Staat als „Generalsynode" bezeichnet, von der Kirche aber als eine Generalversammlung von Kirchenmännern betrachtet wird, die die Auflösung der DEK in verschiedene selbständige Gruppen in Vollzug zu setzen haben. Dies widerspricht dem Wortlaut des Erlasses vom 15.2.1937 und wäre überhaupt nur dann in Erwägung zu ziehen, wenn dieser vorher in aller Form entsprechend abgeändert wäre. Aber auch dann wäre folgendes zu sagen: Hier wird eine Verteilung des Kirchengutes angestrebt, die die Kirche um ihres Auftrages willen nie anerkennen kann. Denn rechtmäßig ist und bleibt für alle Zeit nur die Kirche, die das Evangelium lauter und rein verkündigt. Zwingt der Staat die Kirche dazu, Rechte und Besitztümer an eine Gruppe abzugeben, die nicht auf dem Boden des biblischen Evangeliums steht, so muß sie der Gewalt weichen, in aller Form Einspruch erheben und darf nicht aufhören, an ihrem von dem Gehorsam gegenüber ihrem Auftrag begründeten Rechtsanspruch festzuhalten. Denn:

a) Der Besitz der Kirche ist für den Dienst am Evangelium bestimmt und kann von der Kirche nicht preisgegeben werden für einen Dienst, der wider das Evangelium ist.
b) Der Kirche sind auch die Gemeinden anvertraut, die zu solchen, etwa den Thüringer DC ausgelieferten Gotteshäusern gehören. Die Kirche kann nicht die Hand dazu bieten, daß diese Gemeinden der Predigt des reinen Evangeliums beraubt werden.

Wird die Feststellung des Zahlenverhältnisses auf dem Wege einer öffentlichen Wahlveranstaltung getroffen, so besteht von vornherein die Gefahr einer propagandistischen Auswertung im großen Stil unter nichtkirchlichen oder gar antikirchlichen Gesichtspunkten. Damit wird aber das Ergebnis von vornherein verfälscht. Wir könnten in einer solchen Maßnahme nur den Versuch sehen, die gegenchristliche Entwicklung, die in unserem Volk eingesetzt hat, zu beschleunigen. Auf der anderen Seite besteht Grund zu der Befürchtung, es möchte hier mit Hilfe der entchristlichten Massen die Kirche der Majorisierung durch die Irrlehre ausgesetzt werden. Wir würden durch eine Beteiligung an diesem Vorgehen die Hand bieten zur Aufrichtung einer kirchenfremden und kirchenzerstörenden Ordnung unter dem Schein der kirchlichen Legalität. Es bestehen keine Sicherungen dagegen, daß nicht die so erhobenen Zahlenverhältnisse schließlich doch als Legitimation dienen müssen für eine Bereinigung und Neuordnung, die in Wirklichkeit das Ende der verfaßten Kirche in Deutschland bedeutet.

V.

Bei vorstehender Stellungnahme haben wir uns leiten lassen von dem Gehorsam, den wir dem Wort Gottes schulden. Weil wir in manchen Entscheidungen der vergangenen Jahre dem Wort Gottes ausgewichen sind, um menschlicher Erwägung willen, hat die Kirche Schweres erleben müssen. Gottes Bußruf, der in den ernsten Ereignissen der letzten Jahre an die Kirche ergangen ist, muß gehört werden, wir müssen sonst fürchten, daß der Leuchter des Evangeliums weggestoßen wird.

2.5.3 Informationen zur Lage

187 Rundschreiben Nr. 353 des Kreisdekanats Nürnberg an die Pfarrämter des Kirchenkreises. Nürnberg, 1. Februar 1937

FKiZM. A 30. 7

Liebe Amtsbrüder!
In einer Reihe von Gemeinden haben sich die Nachversammlungen eingebürgert und die Gemeinden sind offenbar dafür sehr dankbar. Ich bitte die Amtsbrüder, die sich dazu noch nicht entschlossen haben, es doch künftig auch so zu machen: wenn irgendwelche Mitteilungen zur Kirchlichen Lage da sind, wird die Gemeinde gebeten, soweit sie dafür Interesse hat, da zu bleiben. Nach dem Segen, ohne Talar vor der Gemeinde stehend, verliest der Pfarrer das Mitteilungsblatt oder redet frei darüber. Bitte es nicht zu machen, wie es ein junger Kollege getan hat, der lediglich die Bek.Gemeinschaft da haben wollte und die nicht zur Bek.Gem. gehörenden wegschickte. Wir wollen es den Leuten durchaus freistellen. Es soll nur niemand sich gezwun-

gen sehen dazubleiben. Die Mitteilungsblätter werden selbstverständlich trotzdem noch an die Kirchenvorsteher, Gemeindehelfer und sonst irgendwie verantwortlichen Gemeindeglieder hinausgegeben. Falls ein größerer Bedarf vorhanden ist, bitte ich, es mir über die Dekanate zu melden.
Die Sache ist deswegen so notwendig, weil unsere Leute wissen müssen, um was es geht. Sonst können sie sich nicht einsetzen.
In einer DC-Versammlung wurde in den letzten Tagen gesagt, sie wollten im Februar mit einer Reihe Thüringer DC nach Franken kommen, um die Gemeinden zu bearbeiten. Ich kann mir davon nicht gerade vorstellen, wie sie das machen wollen. Immerhin wird es gut sein, wenn die Kollegen die Augen offen halten.
Noch eine kleine Bitte – ich will es so formulieren: Wenn wir sagen: „Der Friede des Herrn sei mit uns allen", dann greift bei diesem Wort „allen" in Eueren Gedanken nach Jedem in der Gemeinde, greift auch zur Orgelbank hinauf!
Schieder
Nachschrift: [...]

188 Rundschreiben Nr. 1676 des Kreisdekanats Nürnberg an die Pfarrämter des Kirchenkreises. Nürnberg, 6. Juli 1937

FKiZM. A 30. 7

Es wird notwendig sein, die Kirchenvorsteher bald und gründlich über die Lage aufzuklären. Ebenso sollte in Bibelstunden und bei sonstigen Gelegenheiten Aufklärungsarbeit getrieben werden, um die Leute sachlich ins Bild zu setzen. Das wichtigste: die Gemeinden, besonders die Treuen, immer wieder aufrufen zur Fürbitte und die Gebetsgemeinschaft pflegen.
Bei der Aufklärung der Kirchenvorsteher kann man etwa folgenden Weg gehen:

1. Erinnern an den Einbruch Jägers 1934: es sollte nicht nur die Landeskirche vernichtet werden, sondern die Botschaft der Kirche sollte gleichgeschaltet werden. Dieser große Versuch der Deutschen Christen unter Müller und Jäger ist damals an Bayern gescheitert.
2. Die Ausschüsse sollten Ordnung schaffen, der Reichskirchenausschuß dabei die Leitung haben. Dies Unternehmen zerbrach zugegebenermaßen daran, daß der Reichskirchenausschuß die Irrlehre stellte, d. h. der Staat griff durch Reichskirchenminister ein in Fragen des Evangeliums. Daran scheiterte dieses Werk der „Befriedung".
3. Wir sehen in den neuen Verordnungen einen „Fall Jäger Nr. 2". Wir werden das nur dann verstehen, wenn wir den ganzen geistigen Hintergrund überblicken:
   z. B.: Die Kreuze in Oldenburg vorübergehend aus den Schulen ent-

fernt. Gegenstück: Die Kreuze soll man überall anbringen in allen Schulen, in allen Wirtshäusern, um zu zeigen, was das Judentum verbrochen hat. – Wie man im Studentenlager Art. 24 gedeutet hat: so, wie man einem Kranken noch nicht die ganze Wahrheit sagen kann. – Die Rede von Dr. Groß über die Propaganda: „Jesuitischer als die Jesuiten, kirchlicher, triefender als die Pfaffen muß man reden, damit die Leute es nicht merken". – Die Äußerung des Reichskirchenministers vor den Ausschussmitgliedern am 13. Februar: Wenn man behaupte. Die Botschaft vom gekreuzigten Gottessohn sei das Zentrum der kirchlichen Verkündigung, dann könne er nur lachen. Sein Hinweis auf Pfleiderer und dessen Jesusbild! – Der Religionsunterricht in Württemberg nach dem neuesten Erlaß so zu geben, daß alles, was das germanische Artempfinden störe, wegzubleiben habe. – Die Adolf-Hitler-Schulen, die „Spitzenschule des Dritten Reiches", hat überhaupt keinen Religionsunterricht. – Die Angriffe in der Presse, z.B. „Schwarzes Korps", die Verächtlichmachung der Schrift von Studemund in dem Artikel „Gott, laß uns ruhig schlafen" (Mitteilungen des LKR v. 7. Mai 1937). – Der Angriff auf Frör's Schrift und Person im „SA-Mann" der vorletzten Woche – u. a. m. – Die Schulabstimmungen und ihre Methoden im Saargebiet, in Oberbayern! – Ähnliches Material in der „Jungen Kirche" und in den Mitteilungen des LKR lesen, sammeln und verwenden!

Von hier aus ist das ganze Ringen des Staates mit der Kirche zu verstehen.

Die 13. Durchführungsverordnung sollte mit einem Federstrich sämtliche rechtmäßigen Kirchenleitungen absetzen und ihnen nur noch geschäftsführende Vollmacht geben.

Die Kirchenführer haben zur 13. Durchführungsverordnung einmütig, eindeutig nein gesagt.

In den letzten Wochen die auffallende Häufung der Verhaftungen (Steinbauer=Penzberg, Dietz=Hohentrüdingen; Redeverbot für Helmut Kern; Fürbittenliste des letzten Sonntags!).

Dazu: das „Kollekten-Verbot"!

Nunmehr: „Finanzabteilung"!

4. Wir wehren uns nicht gegen den Einblick des Staates in die kirchliche Finanzgebahrung, siehe die bisherige Übung. Aber:
   1. sind unsere Finanzen, gerade in Bayern, in bester Ordnung;
   2. sind unsere verfassungsmäßigen Organe alle intakt.

   Die „Finanzabteilung" nach der neuen Verordnung würde bedeuten, daß alle kirchlichen Entscheidungen der Kirche aus der Hand genommen sind.

   Die entscheidenden Stellen in der Verordnung bekanntgeben, etwa:

   § 2 (1) „Sie vertritt die Kirche".

   § 4 (1) Sie ist befugt, die Rechte der zuständigen kirchlichen Organe auszuüben.

§ 4 (3) „in den Kirchengemeinden ... Bevollmächtigte zu bestellen".
§ 5 (1) Der Vorsitzende auswechselbar.
§ 6 (1) Rechtsverbindliche Anordnung in Bezug auf Dienst- und Versorgungsbezüge der Beamten, Pfarrer und Angestellten.
§ 8 (1) Rechtsverbindliche Anordnung, daß die Vermögensverwaltung einfacher wird.
§ 9 (4) Finanzabteilungen haben durchzuführen, was Reichskirchenministerium anordnet.

5. Das alles bedeutet, daß praktisch die Kirche durch das Reichskirchenministerium geleitet wird bis in innerste Entscheidungen hinein, denn es gibt kaum eine kirchliche Entscheidung, die nicht mit Finanzfragen zusammenhängt. Wie rasch könnte da das Landesjugendpfarramt, das Amt für Volksmission und ähnliche lebenswichtige Einrichtungen der Kirche als überflüssig erklärt und finanziell ausgehungert werden.
   Auf solchen Wegen wäre es dann auch möglich, den Deutschen Christen Gleichberechtigung, Anteil am Kirchenregiment usw. zu verschaffen.
6. Kommt der Einwand: „Wo es ums Geld geht, widersteht die Kirche", so ist zu sagen:
   1. Die Kirche hat ihr Nein schon gesagt bei der 13. Durchführungsverordnung.
   2. Wenn es der Kirche um die Sicherung ihrer Finanzen ginge, dann würde sie jetzt Ja sagen; denn das Nein, das die Kirche jetzt sagen muß, bedroht ihre und ihrer Pfarrer finanzielle Existenz.
7. Dieser neue Versuch der 15. Durchführungsverordnung ist „Jäger Nr. 2". Es geht nach außen hin um rechtlich finanzielle Dinge – in Wirklichkeit um den Lebensatem der Kirche: um das Bekenntnis!

Darum haben wir jetzt zu stehen und im Glauben unseren Weg zu gehen. Nach aller Erwägung müssen wir jetzt im Glauben wagen. Siehe den Glaubensmut des leichtbewaffneten David nach 1. Samuel, 17.
Bezzel: „Einer bekennenden Gemeinschaft wird der Segen nie fehlen".

189 Schreiben des bayerischen Pfarrervereins an seine Obleute. Nürnberg, 30. Juli 1937

FKiZM. A 30. 30

Von vielen Obleuten habe ich schon Mitteilung, dass ein freiwilliges Notopfer für den Monat Juli und August zur Verfügung gestellt wurde. Ich möchte herzlich bitten, den erhaltenen Betrag auf das Postscheck-Konto Nr. 336 51 (Wirtschaftsverband der evang. Geistlichen) Amt Nürnberg für Konto „AHK" baldigst einbezahlen zu wollen und die Liste gleichfalls an den Wirtschaftsverband einzusenden. Aus bestimmten Gründen braucht

für September kein Notopfer mehr erbeten werden, da die Aktion nur für Juli und August durchgeführt wird.
Die Erklärung haben nun über 1100 Amtsbrüder unterschrieben. Falls in einem Kapitel noch Amtsbrüder die Erklärung unterschreiben möchten, auch Emeritierte, würde ich bitten, dies baldmöglichst nachzuholen, da diese Aktion am 15. August 1937 geschlossen wird. Vom 1. August 1937 an bin in Urlaub. Soweit Auslagen entstanden sind, bitte ich dieselben bei der Überweisung der Beträge gleich in Abzug zu bringen und Quittung beizulegen.
Für alle Mühewaltung herzliche und brüderliche Grüsse.
Klingler.

190 Schreiben des bayerischen Pfarrervereins an Landesbischof Meiser. Nürnberg, 23. August 1937

FKiZM. A 30. 30

Hochverehrter Herr Landesbischof!
Im Namen der überwiegenden Mehrheit der Bayerischen Pfarrerschaft bitte ich, die nachfolgende Erklärung der Bayerischen Pfarrerschaft überreichen zu dürfen. Obwohl noch eine Anzahl von Amtsbrüdern sich im Urlaub befindet, die bisher nicht erreicht werden konnten, haben bis heute bereits 1306 Bay. Geistliche die Erklärung unterschrieben, darunter 840 aktive Pfarrer, 301 nichtständige Geistliche und 158 emeritierte Geistliche. Die Herren Religionslehrer wurden nicht um ihre Unterschrift gebeten; es befinden sich aber doch 7 Unterschriften von ihnen darunter. 22 Dekanate haben vollständig geschlossen unterschrieben. In 12 Dekanaten fehlt 1 Unterschrift. In Nürnberg haben 164 Geistliche die Unterschrift geleistet und zwar 48 aktive Pfarrer, 83 nichtständige Geistliche, 32 emeritierte Geistliche und 1 Religionslehrer.
In einer Zeit, in welcher der Herr Landesbischof und der ganze Landeskirchenrat vielfach unter Schmähungen und Verdächtigungen von Kirchengegnern zu leiden haben, möge diese Unterschriftssammlung unserem Kirchenregiment für kommende Zeiten eine Stärkung sein; sie soll ein unwiderlegliches Dokument dafür sein, dass die Bay. Pfarrerschaft in überwältigender Mehrheit nach wie vor treu und geschlossen zu ihrem Landesbischof und Landeskirchenrat steht.
In grösster Ehrerbietung!
gez. Klingler Vereinsführer.

191 [Erklärung des Pfarrervereins für Landesbischof Meiser]
KorrBl 62 (1937), 7. September, S. 329

Angesichts der Angriffe, die gegen unsere Kirchenleitung gerichtet werden, hat der Pfarrerverein eine Erklärung seiner Mitglieder veranlaßt, die in den Worten gipfelt: „Die bayerische Pfarrerschaft setzt sich entschlossen ein für das Bekenntnis und die Geschlossenheit der bayer. Landeskirche. Gebunden an ihr Ordinationsgelübde steht sie treu und geschlossen zu ihrem Landesbischof und Landeskirchenrat".
Diese Erklärung wurde bis 23. August von 1306 bayer. Geistlichen unterzeichnet, darunter 840 aktive Pfarrer, 301 nichtständige Geistliche und 158 emeritierte Geistliche. Eine Anzahl von Amtsbrüdern konnte bis 23. August wegen Urlaub nicht erreicht werden. An die Herren Emeriten und an die hauptamtlichen Religionslehrer wurde nicht herangetreten. Dieses Ergebnis bedeutet für das Kirchenregiment eine erfreuliche Stärkung.
Die Unterschriften wurden in diesen Tagen im Landeskirchenamt übergeben. Amtsbrüder, welche ihre Unterschrift jetzt noch geben wollen, werden gebeten sich mit dem Vereinsführer, Kirchenrat Klingler, Nürnberg O, Wöhrder Schulgasse 2 in Verbindung zu setzen.

2.5.4 Der Kampf gegen das Reichskirchenministerium wegen des Amtsblatts vom 28. Oktober 1937

192 Schreiben der Geheimen Staatspolizei, Staatspolizeistelle München, an den Landeskirchenrat. München, 26. Oktober 1937. Den Kreisdekanen und Dekanen zur Kenntnis
FKiZM. A 30. 80

Beschluß

Auf Grund Art. 21 des Bayerischen Polizeistrafgesetzbuches vom 26. 12. [3]7 ergeht hiemit an die für den Druck des vom Evangelisch-lutherischen Landeskirchenrat in München herausgegebenen „Amtsblätter für die Evangelisch-lutherische Kirche im Bayern rechts des Rheins" [zuständige]

Fa. Paul Müller, München, Hirtenstr. 15

der Auftrag, die nächste Folge des obenbezeichneten Amtsblattes, und zwar am Tag der Zustellung des Beschlusses in der sonst üblichen Auflage herzustellen und nach bisherigem Verteiler erscheinen zu lassen. In bezeichneter Nummer ist der Abdruck folgender Erlasse bezw. Verordnungen vorzunehmen:

1. Runderlaß des RuPrMfdkirchl. An v. 8. 6. 1937 – I 22421/37
2. Dreizehnte Verordnung zur Durchführung des Gesetzes zur Sicherung der Deutschen Evangelischen Kirche v. 22. 3. 37 – RGBl. Teil I, Seite 333–,

3. Vierzehnte Verordnung zur Durchführung des Gesetzes zur Sicherung der Deutschen Evangelischen Kirche v. 10.6.37– RGBl. Teil I, Seite 652–,
4. Fünfzehnte Verordnung zur Durchführung des Gesetzes zur Sicherung der Deutschen Evangelischen Kirche v. 25.6.37– RGBl. Teil I, Seite 697–,
5. Sechzehnte Verordnung zur Durchführung des Gesetzes zur Sicherung der Deutschen Evangelischen Kirche v. 25.6.37– RGBl. Teil I, Seite 698–.

Vorbezeichneter Erlaß des Reichsministers für die kirchlichen Angelegenheiten sowie die Verordnungen gehen mit dem Beschluß zu; sie sind mit 4 Belegexemplaren wieder vorzulegen. Ein Hinweis, daß der Abdruck auf Grund Ersatzvornahme erfolgt ist, darf nicht erfolgen. Für die durch den Druck entstandenen Kosten hat der Evangelisch-Lutherische Landeskirchenrat aufzukommen.

Gründe:

Durch Runderlaß des Reichsministers für die kirchlichen Angelegenheiten v. 8.6.37 – 22421/37 – an die Evangelischen Kirchenbehörden wurde die Veröffentlichung von Gesetzen in den kirchlichen Amtsblättern zur Pflicht gemacht. Der Runderlaß sollte bereits in den Amtsblättern veröffentlicht werden. Weiter wurde durch Erlaß des Reichsministers für die Kirchlichen Angelegenheiten vom 8.7.37 – I 14760/37 der Abdruck der 13. – und aller weiteren Verordnungen zur Durchführung des Gesetzes zur Sicherung der Deutschen Evangelischen Kirche angeordnet. Der Aufforderung ist die Evangelisch-Lutherische Landeskirche in Bayern rechts d. Rheins – Landeskirchenrat in München N 2, Arcisstr. 13 – nicht nachgekommen. Ebenfalls blieb ein am 8.10.1937 mündlich erteilter Auftrag und ebenso eine am 22.10.37 auf Grund Art. 21 des Bayerischen Polizeistrafgesetzbuches ergangene schriftliche Aufforderung erfolglos. Aus den angeführten Gründen war die Ersatzvornahme vorzunehmen.

193 Strahlenbrief
FKiZM. A 30. 70

An alle bayerischen Pfarrer.

Jeder bayer. Pfarrer und Empfänger des unerhörten, den Namen des sonstigen Herausgebers fälschenden Amtsblattes Nr. 25 vom 28. Okt. 37. gibt dasselbe

am 10. November

an den Herrn Minister für die kirchlichen Angelegenheiten Kerrl in Berlin, der den Druck des „Amtsblattes“ mit polizeilichem Zwang veranlaßt hat, zurück.

Die Rückgabe geschieht natürlich unter voller Namensnennung und wird von einem kurzen ehrerbietigen Schreiben begleitet, in dem die Rückgabe des

Blattes in aller Kürze begründet wird. Die Rückgabe kann auch unter Beifügung der kurzen, ungefähren Bemerkung geschehen: „Annahme verweigert, da Inhalt der zwangsweise gedruckten Gesetze kirchenzerstörend wirkt.“ Allenfalls kann man das Schreiben auch von den Kirchenvorstehern unterschreiben lassen. Wo das möglich ist, wird die Wirkung wesentlich erhöht. Eine Abschrift des Briefes an den Herrn Reichskirchenminister schicken wir gleichzeitig an den Herrn Landesbischof.
Der LKR hat in den bisherigen Verhandlungen, um das Erscheinen des Amtsblattes zu verhindern, eine vorbildliche Haltung eingenommen. Nun ist es an uns Pfarrern, daß wir Mann für Mann unsererseits mit voller Namensnennung vor dem Herrn Minister die Haltung des LKR und des Herrn Landesbischofs bekräftigen.
Die ganze Angelegenheit und ihre Behandlung bedeutet auch eine Stärkung der Brüder im Norden.
Leset, was geschrieben steht Jes. 37, V. 14 und tut darnach!
Wir aber sind nicht von denen, die da weichen und verdammt werden, sondern von denen, die da glauben und die Seele erretten.
Regem habemus. Animam salvavi meam.

194 Schreiben des Kreisdekanats München an das Dekanat München. München, 10. November 1937

LAELKB, BD München II/Ingolstadt 3.7.0019 – 1

Die durch den „Strahlenbrief“ veranlaßte Aktion ist, wie bereits telefonisch mitgeteilt, durch den Landeskirchenrat verboten worden. Es geht nicht an, daß ein ungenannter durch einen Brief ohne Unterschrift die Pfarrer zu solchen Handeln aufruft. In der Sache selbst wird der Landeskirchenrat mit einem Protest, der auch die Stimmung der Pfarrerschaft zu dieser Angelegenheit zum Ausdruck bringt, sich an das Reichskirchenministerium wenden.
Das Nürnberger Pfarrkapitel hat folgende Erklärung gefaßt und von sämtlichen Kollegen unterschrieben an das Reichskirchenministerium eingesandt. Das sollen auch die übrigen Pfarrkapitel tun. In einer Gemeinde hat außerdem noch der gesamte Kirchenvorstand einmütig Stellung genommen und einen Protest gegen den zwangsweisen Abdruck der Durchführungs-Verordnung in unserem Amtsblatt wie gegen den Inhalt dieser Verordnung an das Reichskirchenministerium weitergeleitet. Auch das kann von Seiten der Kirchenvorstände anderer Gemeinden geschehen.
Es empfiehlt sich nicht, überall die gleiche Erklärung zu nehmen, sondern sie in den einzelnen Kapiteln und Kirchenvorständen besonders zu fassen.
Evang.-Luth. Kreisdekan.
Daumiller

P.S. Neuendettelsau läßt einen Notruf ergehen, daß es durch die gegenwärtige Lage ab 1. Nov. weder Gehalt noch Löhne auszahlen kann.

195 Schreiben Pfarrer Ernst Rochholz' an den Reichskirchenminister. Stein, 10. November 1937

LAELKB, KKE 47

Ich bedauere, die Nummer 25 vom Amtsblatt für die Evangelisch-Lutherische Kirche in Bayern rechts des Rheins. Amtlich herausgegeben vom Evangelisch-Lutherischen Landeskirchenrat in München, vom 28. Oktober 1937 als gegen das Recht, die Ordnung und das Bekenntnis unserer Kirche verstoßend nicht annehmen zu können und sehe mich deshalb genötigt, diese Nummer des Amtsblattes hiermit zurückzugeben.
Anlage: Ein Amtsblatt Nr. 25.

196 Schreiben des Kreisdekanats München an die Dekanate des südbayerischen Kirchenkreises. München, 30. November 1937

LAELKB, BD München II/Ingolstadt 3.7.0019 – 1

Im Landeskirchenrat sind sämtliche Vervielfätigungsmaschinen enteignet worden. In der vergangenen Woche wurde auch noch eine Schreibmaschine abgeholt, auf der das Schreiben bezüglich des Abdrucks der Durchführungsbestimmungen im Amtsblatt geschrieben worden ist. Infolgedessen ist es dem LKR zur Zeit unmöglich, wie bisher Nachrichten an die Pfarrämter hinaus zu geben. Aus diesem Grunde will ich versuchen, die Dekanate möglichst rasch über die wichtigsten Vorkommnisse zu verständigen.

1. betr. Strahlenbrief: Nachdem das Eingreifen des LKR in dieser Sache nicht überall verstanden wurde, teile ich mit, daß es erst auf die Nachrichten hin erfolgte, die uns von verschiedenen Seiten zugegangen sind und die die Gefahren dieser Aktion uns haben klar werden lassen. Es hat sich gezeigt, daß nur ein Teil der Geistlichen auf diesem Wege erreicht wurde, da die Geistlichen der einzelnen Kapitel sich gespalten haben und ganze Dekanate geschlossen von vornherein diese Aktion aus guten Gründen abgelehnt haben.
2. Ich bitte die Dekane um Mitteilung, ob eine Dekanskonferenz vor Weihnachten noch erwünscht und möglich ist oder ob wir bis nach Weihnachten warten sollen.
3. Ich bitte mir mitzuteilen, ob die gegenwärtige Praxis der Übermittlung zur Zeit noch sicher ist.
4. Von Berlin erfahren wir, daß in der obersten Leitung gegenwärtig eine freundlichere Stellungnahme zur Kirche festzustellen ist. Vermutlich

eine Folge des Besuches von Lord Halifax. – Zur letzten Rede von Reichminister Kerrl in Fulda sei noch zu bemerken, daß, was nicht bekannt gegeben wurde, er sich bereit erklärte, mit den verschiedenen kirchlichem Gruppen zu verhandeln. Die Lage scheint im Augenblick also etwas entspannter zu sein.
Daumiller

2.6 1938

2.6.1 Inhaftierung Martin Niemöllers

197 Schreiben des Landesbischofs an alle Pfarrer. München, 1. Februar 1938
LAELKB, KKE 80

Meine lieben Amtsbrüder!
Am 7. Februar beginnt in Berlin die Verhandlung gegen Pfarrer Niemöller. Für den Prozess sind mehrere Wochen in Aussicht genommen. Es bedarf keiner besonderen Begründung, dass es dabei um mehr als um die Person des Angeklagten geht. Unter Hinweis auf das was in Ap.Gesch. 12 besonders Vers 5 und Vers 12 berichtet ist und was Eph. 6, 18–20 geschrieben steht, bitte ich die Amtsbrüder, in den bevorstehenden Wochen in treuer persönlicher Fürbitte des Bruders zu gedenken, der vor den Schranken des Gerichts zum Zeugnis berufen ist. Vor allem aber wollen wir der Sache gedenken, um die es geht, und Gott bitten, dass durch alles, was bei den bevorstehenden Verhandlungen gesprochen und getan wird, die Ehre Seines Namens gross werde. Es ist selbstverständlich alles zu vermeiden, was auch nur von ferne als eine Beeinflussung des Gerichts gedeutet werden könnte. Es scheint mir damit aber nicht in Widerspruch zu stehen, wenn die Gemeinden mit der Tatsache, dass der Prozess bevorsteht, bekanntgemacht und auch ihrerseits zur Fürbitte aufgefordert werden. Der Landeskirchenrat will in dieser Hinsicht keine bindende Anweisung ergehen lassen, weil die Verhältnisse in den verschiedenen Gemeinden verschieden gelagert sind. Wo aber ein Amtsbruder die erforderlichen Voraussetzungen für gegeben hält, gebe ich anheim, die Bekanntmachung in der beigegebenen Form zu vollziehen und für die Fürbitte das mitfolgende Muster zu verwenden. Von dem vorgelegten Wortlaut abzugehen, kann nicht gestattet werden.
In amtsbrüderlicher Verbundenheit D. Meiser

198 Bekanntmachung an die Gemeinde am 7.2.1938
LAELKB, KKE 80

Morgen beginnt vor dem Sondergericht in Berlin die Verhandlung gegen Pfarrer Martin Niemöller. Es steht uns kein Urteil über ein noch nicht abgeschlossenes Verfahren zu. Aber wir erfüllen eine selbstverständliche Christenpflicht, wenn wir diese Sache fürbittend vor Gott bringen, bei der es auch um Lebensfragen der Christenheit geht.
Wir befehlen sie Gott. Die Gemeinde aber bitten und ermahnen wir, dass sie in den kommenden Wochen in täglicher Fürbitte dieser Sache gedenken möge, damit auch hier Gottes Name geheiligt werde, sein Reich komme, sein Wille geschehe.

Fürbitte für 7.2.1938

Wir bringen vor Dich auch die Sache dessen, der in der kommenden Woche zur Verantwortung gefordert und zum Zeugnis gerufen ist. Du hast Deinen Jüngern für solche Stunden den Beistand Deines hl. Geistes verheissen. Führe Du selber alles hinaus zur Ehre Deines Namens, gib Deinen Knechten die Freudigkeit zu reden Dein Wort und stärke und bewahre uns alle im rechten Glauben und Gehorsam bis an unser Ende.

199 Schreiben des Landeskirchenrats an alle Pfarrämter. München, 4. März 1938
FKiZM. A 30. 15

Wir sehen uns genötigt, unseren Gemeinden folgendes bekannt zu geben.
Pfarrer Niemöller wurde nach achtmonatiger Untersuchungshaft am vergangenen Mittwoch zu 7 Monaten Festungshaft und 2000 M Geldstrafe verurteilt. Damit, dass Pfarrer Niemöller nur zu Festungshaft verurteilt wurde, ist durch das Gericht anerkannt worden, dass er nicht aus ehrwidrigen Beweggründen gehandelt hat. Die Festungsstrafe gilt, wie wir hören, als durch Untersuchungshaft verbüsst. Unter diesen Umständen musste erwartet werden, dass Pfarrer Niemöller seiner Gemeinde und Familie zurückgegeben würde. Stattdessen wird jetzt bekannt, dass er nicht freigelassen, sondern in ein Konzentrationslager überführt worden ist.
Wir haben am 6. Februar, als der Prozess bevorstand, unsere Gemeinden zu ernster Fürbitte für den jetzt Verurteilten aufgefordert.
Nach dem Ausgang, den jetzt die ganze Sache genommen hat, erneuern und verstärken wir unsere Aufforderung zum Gebet. Lasst uns in unserem Gebet nicht müde werden, eingedenk der Verheissung, die uns der Herr gegeben hat: „Sollte Gott nicht retten seine Auserwählten, die zu ihm Tag und Nacht rufen, und soll er's mit ihnen verziehen? Ich sage euch, er wird

sie erretten in einer Kürze." (Luk. 18, 7/8). Er, der treue Gott schütze und stärke unseren Bruder und helfe dazu, dass er, der Haft entledigt, bald wieder seines Amtes walten darf.
München, den 4. März 1938.
Evang.Luth. Landeskirchenrat
gez. D. Meiser

200 Schreiben der Augsburger Pfarrer an den Reichsjustizminister. Augsburg, 14. März 1938

LAELKB, BD Augsburg 3.7.0003 – 407

Betreff: Pfarrer Niemöller
Wir evangelischen Pfarrer Augsburgs klagen Ihnen die tiefe Gewissensnot, in die unsere Gemeinden durch das Schicksal des Pfarrers Martin Niemöller geraten sind. Als unsere Gemeinden, die den Ausgang der Verhandlung Niemöller mit innerster Anteilnahme erwartet hatten, am 2. März von dem Urteil des Sondergerichtes Kenntnis erhielten, ging eine tiefe Bewegung der Dankbarkeit und Freude durch die Bevölkerung darüber, daß der Mann nun wieder seiner Gemeinde und Familie zurückgegeben würde, der in Ausübung seines Amtes als evangelischer Prediger aus bester Überzeugung gehandelt hatte. Umso größer war das Entsetzen darüber, daß er statt in die Freiheit in ein Konzentrationslager überführt wurde. Es ist für das Urteil unseres Volkes einfach unfaßlich, daß das auf Grund von monatelangen Vorarbeiten und wochenlangen Verhandlungen gefällte Urteil eines deutschen Gerichtes nicht mehr bedeuten soll. Es besteht die ernsteste Gefahr, daß das Vertrauen in die deutsche Rechtspflege in weiten Kreisen unseres Volkes schwersten Schaden erleidet. Wir sind in Ausübung unseres seelsorgerlichen Amtes immer wieder Zeugen davon, daß das geradlinige Rechtsempfinden unseres Volkes diese Maßnahme an einem Mann, der im Kriege eine vorbildliche Haltung bewiesen hat, mit tiefer Entrüstung ablehnt.
Wir halten uns für verpflichtet hiervon Kenntnis zu geben, auch auf die Gefahr, dafür wieder als unbotmäßige Störenfriede bezeichnet zu werden. Das Vertrauen auf die Gerechtigkeit ist die unerläßliche Grundlage, auf der unser gesamtes Volksleben ruht. Daher bitten wir inständig, daß Pfarrer Niemöller, nachdem die verhängte Festungshaft durch die Untersuchungshaft abgebüßt ist, unverzüglich seiner Gemeinde und Familie zurückgegeben wird.
gez.: Bogner H. Schmid Henzler H. Schlier Koller Lic. Simon Gußmann Niklas
Limpert Rüdel Preuß Lic. Behringer Hacker Boesenecker Vogel F. Westermayer.

201 Schreiben des Kreisdekanats München an die südbayerischen Dekanate. München, 10. Juli 1939

LAELKB, KKE 33

Am Mittwoch, den 28. Juni cr, wurden vor dem Sondergericht in München Pfarrer Lic. Kurt Frör in München-Neuhausen zu einem halben Jahr Gefängnis, Vikar Walter Hildmann, früher in Gauting, zurzeit beurlaubt, zu 4 Monaten Gefängnis, und Diakon Roth von Neuhausen zu einem Monat Gefängnis verurteilt.

Pfarrer Frör hatte das Flugblatt „Wer ist Pfarrer Niemöller", das ihm von unbekannter Seite zugeschickt worden war, vervielfältigt, Vikar Hildmann nahm bei Frör 100 Stück mit. Ein Schüler sah dieses Flugblatt bei Hildmann liegen, ließ sich eines geben und hat wahrscheinlich Anzeige erstattet. Die Blätter wurden bei Frör und Hildmann beschlagnahmt. – Gegen das Urteil ist keine Berufung möglich, da es vor dem Sondergericht ausgesprochen, sofort rechtskräftig wurde. Auf Wunsch von Frör und Hildmann haben wir ein Gesuch um Begnadigung eingereicht. Wahrscheinlich wird ihnen zunächst etwa 1/4 Jahr Strafaufschub gewährt, weil Pfarrer Frör in Neuhausen jetzt während der Erkrankung von Pfarrer Kutter nicht entbehrt werden kann und weil Vikar Hildmann im September zur Theol. Anstellungsprüfung kommt.

Um das Gesuch wegen Strafaufschub nicht zu gefährden, hat auch die Münchner Geistlichkeit davon Abstand genommen, jetzt eine gemeinsame Kanzelerklärung für Frör zu erlassen.

Sobald das Urteil dem Landeskirchenrat schriftlich zugeleitet ist, wird den Dekanen in Bayern vom Landeskirchenrat direkt Mitteilung gegeben werden.

Daumiller

2.6.2 Eid auf den „Führer"

202 Schreiben des Dekanats Ingolstadt an den Landeskirchenrat. Ingolstadt, 14. Mai 1938

LAELKB, BD München II/Ingolstadt 3.7.0019 – 1

Betr.: Vereidigung der Geistlichen

In Ausführung eines Beschlusses der letzten Dekanskonferenz besprach der Unterzeichnete auf dem Pfarrkonvent für das Dekanat Ingolstadt am Mittwoch, den 11. Mai 38 die Frage des Diensteides der Geistlichen. Zugrunde gelegt wurde die Bekanntmachung des Landeskirchenrats vom 21. VIII. 34, die in Nr. 25 des Kirchl. Amtsblattes von 1934 veröffentlich worden ist; die Bekanntmachung wurde in ihrem gesamten Wortlaut vor dem Pfarrkonvent verlesen.

In der Aussprache wurde festgestellt, daß der Staat, soweit uns Pfarrern bisher bekannt geworden ist, den Kirchenleitungen die Vereidigung der Geistlichen auf den Führer freistellt. Mit der Bekanntmachung des Landeskirchenrats vom 21. VIII. 34 geht unser Pfarrkonvent in dem Punkte einig, daß die Kirche als Gemeinschaft der Gläubigen keinen Eid als christl. Gebot kennt, dagegen kann der Staat in seinem Bereich mit Recht von seinen Untertanen einen Eid fordern. Insofern als der Pfarrer im Dienste der Volkskirche Träger allgemeiner oder besonderer staatlich anerkannter oder verliehener öffentl. Funktionen ist, kann der Staat einen Treueid von ihm verlangen; die Geistlichen des Pfarrkonvents Ingolstadt werden sich nicht weigern, einen solchen Eid zu leisten; eine Anzahl von ihnen hat als Religionslehrer an Höheren Lehranstalten diesen Eid bereits geleistet.
Die jetzt beabsichtigte Vereidigung aller Geistlichen kann nur den Sinn haben, daß die Geistlichen als Inhaber des Amtes der Verkündigung durch einen Eid an den Willen des Führers von Groß-Deutschland gebunden werden soll. Eine solche Bildung lehnen die Geistlichen des Pfarrkonvents Ingolstadt mit dem Landeskirchenrat entschieden ab; sie nehmen dabei wieder Bezug auf die Bekanntmachung vom 21. 8. 34, die die Frage des Diensteides der Geistlichen durchaus von Schrift und Bekenntnis her prüft und in ihren Ergebnissen den Standpunkt der heiligen Schrift und des evang.-luth. Bekenntnisses eindeutig und klar zum Ausdruck bringt.
Auf einstimmigen Beschluß des Pfarrkonvents richte ich an den Evang.-Luth. Landeskirchenrat die ehrerbietige Bitte von einer Vereidigung der Geistlichen Abstand nehmen zu wollen; die Bekanntmachung des Landeskirchenrats vom 21. VIII. 34. muß in der Bayer. Landeskirche auch in Zukunft in Kraft bleiben.
Sollte der Landeskirchenrat die genannte Bekanntmachung widerrufen oder in wichtigen Punkten abändern, so fürchtet das Dekanat ein Auseinanderbrechen der bayer. Pfarrerschaft; die Gründung einer bayerischen Sozietät erscheint dem Dekanat dann nicht mehr zu verhindern zu sein. Das Dekanat hat auf Grund der Aussprache Grund zu der Annahme, daß etwa die Hälfte der Geistlichen des Kirchenbezirks Ingolstadt die Eidesleistung verweigern werden.
Meinzolt

203 Kirchengesetz über den Treueid der Pfarrer. München, 18. Mai 1938

ABlELKB 1938, S. 95

§ 1.

Die Pfarrer der bayerischen Landeskirche haben als Träger eines öffentlichen Amtes folgenden Eid zu leisten:

„Ich schwöre bei Gott dem Allmächtigen und Allwissenden: Ich werde dem Führer des Deutschen Reiches und Volkes, Adolf Hitler, treu und gehorsam sein, die Gesetze beachten und meine Amtspflichten gewissenhaft erfüllen, so wahr mir Gott helfe."

§ 2.

I. Die Pfarrer haben den in § 1 aufgeführten Eid beim Antritt ihrer ersten Dienststelle abzulegen.
II. Für die bereits im Amt befindlichen Pfarrer bestimmt der Landeskirchenrat den Zeitpunkt der Abnahme des Eides.

§ 3.

Die erforderlichen Ausführungsvorschriften erlässt der Landeskirchenrat.

§ 4.

Das Gesetz tritt sofort in Kraft.

204 Ausführungsvorschriften zum Kirchengesetz über den Treueid der Pfarrer vom 18. Mai 1938
ABlELKB 1938, S. 95

Gemäß § 3 des Kirchengesetzes über den Treueid der Pfarrer v. 18. Mai 1938 erläßt der Evang.-Luth. Landeskirchenrat folgende Ausführungsvorschriften:

§ 1.

I. Der Eid ist vor einer Urkundsperson zu leisten.
II. Urkundsperson ist für die Eidesleistung der Pfarrer der zuständige Dekan, für die Eidesleistung der Dekane der zuständige Kreisdekan.

§ 2.

I. Der Eid ist bei der Amtsübergabe durch Nachsprechen der Eidesformel mit gleichzeitiger Erhebung der rechten Hand zu leisten.
II. Über die Eidesleistung ist eine Niederschrift aufzunehmen (siehe Anlage 1), die von dem Vereidigten und der Urkundsperson zu unterzeichnen ist.
III. Je eine Niederschrift ist zu den Personalakten des Vereidigten zu nehmen, die beim Dekan, beim Kreisdekan und beim Landeskirchenrat geführt werden.

§3.

Pfarrer, die den Eid bereits als Träger eines öffentlichen Amtes geleistet haben, sind lediglich an diesen Eid zu erinnern (siehe Anlage 2). §2 Abs. II und III sind anzuwenden.

§4.

I. Die Eidesleistung der bereits im Dienst befindlichen Pfarrer hat möglichst gleichzeitig für das Kapitel zu erfolgen. Das gleiche gilt für die Eidesleistung der Dekane eines Kirchenkreises.

II. Über den Vollzug der Eidesleistung nach Abs. I ist auf dem Dienstweg an den Landeskirchenrat zu berichten.

München, den 18. Mai 1938. Evang.-Luth. Landeskirchenrat. D. Meiser.

Anlage 1
Niederschrift.
.................., den ....
Heute hat sich vor dem unterfertigten Dekan der Pfarrer .... von .... eingefunden.
Er hat, gebunden an sein Ordinationsgelübde, den in §1 des Kirchengesetzes vom 18. Mai 1938 vorgeschriebenen Eid geleistet.
.... Pfarrer,
.... Dekan.

Anlage 2
Niederschrift.
.................., den ....
Heute hat sich vor dem unterfertigten Dekan der Pfarrer .... von .... eingefunden.
Er versichert auf Dienstpflicht, daß er den Treueid auf den Führer in seiner Eigenschaft als .... bereits vor .... abgelegt hat. Er wird an diesen Eid erinnert.
.... Pfarrer,
.... Dekan.

205 Schreiben der Bayerischen Pfarrerbruderschaft an den Landeskirchenrat. Nürnberg, 30. Mai 1938

LAELKB, BD München II/Ingolstadt 3.7.0019 – 1

1. Das Kirchengesetz über den Treueid der Pfarrer vom 18. Mai 1938 stellt die Amtsbrüder unserer Landeskirche vor eine vollendete Tatsache. Wir bedauern, daß die wiederholt (auch in der Besprechung des Bruderrats und des Pfarrervereinsvorstandes mit dem Herrn Landesbischof

am 11. Mai) vorgetragene Bitte, es möchte die Vereidigung erst nach gründlicher Durcharbeitung in der Pfarrerschaft und seelsorgerlicher Klärung bestehender Gewissensbedenken in Gesetzesform vorgelegt werden, unberücksichtigt geblieben ist.
Solche die Gewissen bedrängenden Fragen müssen in der Evangelisch-lutherischen Kirche in einer die ganze Pfarrerschaft umfassenden brüderlichen Aussprache behandelt werden. Es kann hier nicht genügen, wenn die Kirchenleitung nach Anhörung einzelner Vertretungen der Pfarrerschaft abschließend entscheidet. Wir bedauern, daß die Kirchenleitung dadurch sich und die Pfarrerschaft des Segens und der Verheißung der Gemeinschaft unter dem Wort beraubt hat.
Eine notwendige Folge davon ist die Minderung des Vertrauens weiter Kreise der Pfarrerschaft zum Landeskirchenrat als geistlicher Leitung.

2. Zum Eidgesetz selbst halten wir folgende Feststellungen für unerläßlich:
   a) Das Gesetz bedeutet keine Vereidigung im Raum der Kirche, wie sie durch Amtsblatt Nr. 25, 1934 mit Recht abgelehnt wird.
   b) Der Herr Landesbischof handelt bei Herausgabe des Eidgesetzes und Vollzug der Vereidigung in einem opus alienum als Beauftragter und Stellvertreter der Obrigkeit. Die Vereidigung muß daher beim Landesbischof beginnen.
   c) In der Ermächtigung durch § 174 des Deutschen Beamtengesetzes vom 26. 1. 1937 erblicken wir nicht nur eine fakultative Möglichkeit, sondern eine bindende Anordnung des Staates. Der Ausdruck „Ermächtigung" bezieht sich nur auf den „modus procedendi".
   d) Die Vereidigung der Pfarrer schließt darum die unbeschränkte Anwendung des staatlichen Beamtenrechtes auf die Pfarrer nicht ein. In diesem Sinn verstehen wir die Beauftragung der Kirchenleitung mit der Abnahme des Eides.
3. Unbedingt erforderlich vor dem Vollzug der Vereidigung ist eine eingehende öffentliche Eidesbelehrung:
   a) vor den Pfarrern
   b) vor dem Staat
   c) vor der Gemeinde,

   Zu a) Die Pfarrerschaft muß eine ausführliche Darlegung, die u. a. die oben angeführten Punkte enthält, in die Hand bekommen.

   Zu b) Der dem Kultusministerium unter dem 21. Mai überreichte Schriftsatz ist nicht ausreichend. Vor allem bedeutet der Schlußsatz des Briefes eine Verschleierung der tatsächligen Sachlage und geht dem uns gebotenen wahrhaftigen Gespräch zwischen Kirche und Staat in unbarmherziger Weise aus dem Wege. Die an die Pfarrer ausgegebene Eidesbelehrung muß dem Staat zur Kenntnis gebracht werden.

   Zu c) Die Eidesbelehrung an die Gemeinden muß in verständlicher und ausführlicher Form nicht nur den Eid des ordinierten Pfarrers, sondern auch den Eid des Christen nach den 10 Geboten behandeln. Die Verlesung dieses Wortes an die Gemeinden muß den Pfarrern auf Dienstpflicht aufgetragen werden.

4. Wir bitten den Landeskirchenrat als unsere geistliche Leitung, uns den brüderlichen Dienst zu tun, die obigen Maßnahmen beschleunigt zu treffen.
Sollte er sich dazu nicht entschließen können, so wird die Bruderschaft diesen Dienst stellvertretend an allen bayerischen Amtsbrüdern tun.

(Im Auszug an die Brüder mit Zusatz zu 2 d) Unter den Amtspflichten sind daher nur die Funktionen zu verstehen, die sich aus der Eigenschaft der Kirche als einer Körperschaft des öffentlichen Rechts ergeben.)

206 Schreiben von Pfarrer Rudolf Neunhoeffer an das Dekanat Rosenheim. Miesbach, 3. Juni 1938. In Abschrift an den Kreisdekan München und an den Landeskirchenrat

LAELKB, PA Theol. 3525/2: Neunhoeffer, Rudolf

Betreff: Eidgesetz.
Es ist mir leider unmöglich, zu der auf 6. Juli anberaumten Vereidigung zu erscheinen.
Aus inneren Gewissengründen, durch die ich mich an das Wort Jesu: „dass ihr überhaupt nicht schwören sollt!" gebunden fühle, kann ich keinen Eid leisten, den mir die Kirche abverlangt, ohne dass dazu ein klarer unmissverständlicher Befehl des Staates ergangen wäre.
Dass der Staat jederzeit von seinen Untertanen einen Eid verlangen kann und wir als Christen ihm darin gehorsam sein müssen, ist mir klar. Deshalb habe ich auch den Fahneneid am 8. Januar 1938 beim 10. (E) Art.Rgt. N° 27 in Augsburg ohne Gewissensbedenken geleistet. Ebenso würde ich auch einen Eid leisten, den der Staat von mir als Untertan und Träger eines öffentlichen Amtes gebieterisch verlangt. So lange ich aber nur einer „Ermächtigung" des Staates gegenüberstehe, halte ich es für notwendig, dass das kirchliche Anliegen in Wort und Tat zum Ausdruck kommt, dass des Christen Rede „sei ja, ja, – nein, nein; was darüber ist, das ist vom Übel" und dass wir nach dem Wortlaut von Luthers Katechismus handeln, den wir unseren Kindern und der Gemeinde lehren: „Wir sollen Gott fürchten und lieben, dass wir bei seinem Namen nicht schwören!"
Wenn ich im Gehorsam gegen das unzweideutige Wort Christi und des Katechismus mich dem Eidgesetz unserer Landeskirche nicht unterwerfen kann, so könnte es allerdings scheinen, dass ich mich damit gegen das 4. Gebot versündige, weil ich in diesem Punkt meiner kirchlichen Obrigkeit den Gehorsam verweigere und mein Nichtschwören vor allem auch als Unge-

horsam gegen die Obrigkeit des Staates aufgefasst werden kann, der ja von uns Geistlichen die Leistung des Eides „erwartet“ und aus der Nichtleistung „seine bestimmten Folgerungen ziehen würde“.
Das Nichtleisten des Eides kann auch als Lieblosigkeit gegen den Staat und die breite Öffentlichkeit angesehen werden, soferne nämlich die Öffentlichkeit kein Verständnis dafür hat, dass einer, der aus Gewissensgründen den Eid nicht leistet, dem Staat mit ebensolcher Treue dienen kann, wie einer, der ihn leistet.
Weil ich das Eidgesetz unserer Landeskirche so verstehe, dass es aus Gehorsam gegen den Staat und aus Liebe zur Allgemeinheit entstanden ist, um dem Misstrauen, als sei die Kirche nicht staatstreu, mit einem der Öffentlichkeit verständlichen Mittel entgegenzutreten, sehe ich seine auch vor Gott verantwortbare Berechtigung wohl ein. Es steht mit dem 4. und 8. Gebot sicher im Einklang.
Dass ich es trotzdem vor Gott nicht verantworten kann, mich diesem Eidgesetz zu unterwerfen, liegt im 2. Gebot begründet. Im Gehorsam gegen dieses Gebot will ich versuchen, auch ohne Eid meinem Staat und meiner Kirchenleitung allen schuldigen Gehorsam willig und freudig zu leisten und auch ohne Eid meine Liebe zum Nächsten und zur Allgemeinheit begründen. Erst wenn mir vom Staat direkt die Ablegung eines Eides befohlen wird, stehe ich notgedrungen im Konflikt zwischen 2. und 4. Gebot und muss dann als Zeichen dessen, dass wir in einer sündigen Welt stehen, das 2. Gebot übertreten.
Bis dahin aber getraue ich mich, es vor Gott und Menschen, vor Kirche und Staat zu verantworten, durch Nichtleisten des Eides das 2. Gebot zu halten, ohne damit das 4. und 8. notwendig übertreten zu müssen.
R. Neunhoeffer, Pfarrer.

207 Rundschreiben Nr. 7332 des Landeskirchenrats an die Dekanate. München, 20. Juni 1938

FKiZM. A 30. 3/2

Betreff: Treueid der Pfarrer.
Geistliche, die den Treueid vor einem Beauftragten der Thür. Kirchenleitung geleistet haben, werden zu der von uns angeordneten Eidesleistung nicht zugelassen werden. Die Dekanate wollen umgehend feststellen, um welche Geistliche es sich dabei handelt und darüber hieher zu berichten.
gez. D. Meiser.

208 Stellungnahme Hans Bayers zum Eid auf den Führer an Dekan Grißhammer. Hilpoltstein, 4. Juli 1938

LAELKB, KrD Nürnberg 5174, Bayer, Hans

Da ich den Eid mit mehr Überzeugung von seiner Notwendigkeit schwören möchte, habe ich zunächst noch um Bedenkzeit für mich gebeten.
Zunächst war es meinem unmittelbaren Vorgesetzten, dem die Vereidigung vollziehenden Dekan, nicht völlig klar, ob ich als expon. Vikar den Eid überhaupt zu schwören hätte.
Dann haben mich aber vor allem folgende Gründe, aus der Sache und der Lage kommend, bestimmt:
I. Theolog. Bedenken – allgemeiner Natur (Eid im Raum der Kirche, Möglichkeit der Ermächtigung, Wahrung des Unterschieds der Ämter u. s. w.) sind hinreichend erörtert, führen nicht zwingend zu einer Entscheidung. Ich setzte mich deshalb noch einmal mit einer Erklärung des Württembergischen Landesbruderrates auseinander, die mir zur Entkräftung der theol. Bedenken vorgelegt wurde und die nun eine konkrete Entscheidung erzwingen will insofern, als sie den Eid nicht bloss theolog. als möglich rechtfertigt, sondern als notwendig fordert und die Andersdenkenden ins Unrecht setzt. Die Auseinandersetzungen über die Eidesfrage haben uns immer wieder unsere Unsicherheit und Unklarheit allzu schmerzlich spüren lassen, so dass das Pathos dieser plötzlichen Sicherheit nicht überzeugen kann. Es ist mir völlig unerfindlich, wie man jetzt erklären kann: „Wir sehen uns von dem Herrn, der in Schrift und Bekenntnis bezeugt wird, dazu gefordert …"
Ich kann mich unmöglich in das Entweder-Oder hineindrängen lassen: Es sei die einzig ernsthafte Frage: Ist das in der Gelöbnis-(Eides-)formel Geforderte Sünde oder ist die Verweigerung des Geforderten Sünde? Ich denke ja gar nicht daran, es zu verweigern – ich sehe bloss jetzt keine Möglichkeit und Notwendigkeit es in dieser Weise zu versichern.
Es wird dort zunächst den Gründen der Ablehnung nachgegangen:
1. eingegangene Bindungen: „Keine abgegebene Erklärung, und wäre sie noch so feierlich erfolgt, entnimmt uns der Möglichkeit, durch bessere Einsicht zur Busse gerufen zu werden." Ganz gewiss aber müsste das grundsätzlich auch von einer kirchenregimentlichen Kundgebung, einem Kirchengesetz gelten, wie es dann ja auch tatsächlich von den einstigen Kundgebungen zur Eidesfrage behauptet wird.
2. Blick auf die anderen Glieder der BK. Ein gefährlicher Satz! Es muss mit d. Möglichk. gerechnet werden, „dass man bei grundsätzlich gleicher Einstellung zum Evangelium Jesu Christi praktisch sehr verschieden sich verhalten muss". Die Gefahr liegt darin, dass die Entscheidung nicht aus dem Glauben kommt, sondern durch das Gesetz der Situation bestimmt wird. Es wird dann sehr stark betont, dass der Eid um des Bruders willen geschehen muss. Kann nicht aus demselben Grund auch seine Ablehnung oder wenig-

stens Zurückstellung notwendig werden? Denn wir liefern die andern, die in ihrer Lage nicht schwören können, erst recht der Diffamierung aus, wenn wir das Mittel der Reinigung benutzen und uns so weigern, in brüderlicher Solidarität die Not ihrer Lage mit zu tragen.

3. Bindung an frühere Entscheidungen der BK: Selbstverständlich ist immer ihre Überprüfung notwendig, aber es berührt merkwürdig, wenn man nun die kirchliche Entscheidung und ihre theolog. Begründung von einander trennt. Es folgt dann die Befragung der Bekenntnisschriften. Ergebnis: Fern von allen modernen Abstraktionen („Raum der Kirche") im Blick allein auf den Christen schlechthin in der Einheit seiner christlichen Existenz wird der Eid beurteilt von seinem Zweck her. Dient er zur Besserung, zum Guten, ist er nicht bloss erlaubt, sondern geboten. „Quando recte iuramus, quum [sic!] aut necessitas postulat aut a nobis iusiurandum exigitur." Das Letztere scheidet aus, es fragt sich dann nur, ob eine echte necessitas vorliegt. Es wird dann aus der reform. Lehre von der Unterscheidung der geistl. und weltl. Gewalt das Fazit gezogen: „Die Bekenntnisschriften sehen hier also den Fall vor, dass der Staat der Kirche eine weltl. Funktion überträgt, die sie dann kraft einer donata potestas, etwa einer im Beamtengesetz ihr gegebenen Möglichkeit ausübt." Es müsste aber nach dem Sinn der Bekenntnisschriften eine necessitas vorliegen ebenso zwingend wie bei der Bestellung des Notbischofs.

Es wird dann noch hingewiesen auf das, was die Bekenntnisschriften über den Gehorsam gegen kirchliche Weisungen sagen, soferne diese „ohne Sünde mögen gehalten werden." Die Eidesforderung kann doch nicht durch das Gesetz schon ein Stück kirchlicher Ordnung geworden sein, d. h. regelrecht von der Kirche aus zu ihrem Bestand in der Welt gehören. Wir wären ja sonst auf dem besten Weg den Eid zu einem signum ecclesiae zu machen. Es entsteht auch durch das Nicht-schwören keine „Unordnung oder wüstes Wesen" in der Kirche.

Daran schliesst sich die Befragung der Heiligen Schrift als letzter und entscheidender Instanz. Ergebnis: Das Neue Testament kennt nicht unsere begrifflichen Unterscheidungen. Durch Christus ist eine neue Ordnung angebrochen, in der der Eid sich selbst aufhebt. Weil aber wir selbst und die andern, mit denen wir zusammenleben, immer noch unter der alten Ordnung (dem Gesetz) leben, wird der Eid, der zu ihr gehört, praktisch nicht verneint. Der beherrschende Gesichtspunkt ist dabei für den Jünger Jesu der Wahrheit zum Sieg zu verhelfen – in und außerhalb der Kirche. „Wo es die Not erfordert, schwört der Jünger offenkundig auch in der Kirche selbst so gut wie im Verkehr mit der Welt, ... er ist in den Dienst der Wahrheit gerufen und wo sie der Bekräftigung durch einen Eid bedarf, wird er ihr diesen Dienst nicht verweigern. Es ist dabei völlig gleichgültig, ob er dabei einem Heiden oder Juden oder Christen gegenübersteht." – Es soll damit die Möglichkeit des Eids im „Raum der Kirche" vom NT her erwiesen werden. Es

handelt sich aber bei den Eidesbeteuerungen des Paulus vor der Gemeinde um das Verhältnis des Apostels zu ihr, nicht zur weltl. Obrigkeit. Würde es die betreffen, dann stehen Christus und sein Apostel den Heiden und Juden auch wirklich gegenüber.
Es folgt zum Schluss eine Untersuchung der Eides- bzw. Gelöbnisformel. Ergebnis? Wir können an diesem Wortlaut kein Merkmal feststellen, durch welches er uns zur Sünde würde. Steckt in dieser Feststellung nicht ein heimlicher Rückfall in das Denken der Pharisäer und Schriftgelehrten, denen es um den Wortlaut geht, Jesus dagegen um den Eid überhaupt?
Als Gründe für die Ablegung des also geprüften und für „sündlos" erklärten Eides werden genannt: 1. um der kirchlichen Ordnung willen, 2. um „Liebe und Friedens willen", und dann erst an 3. Stelle: „Darüber hinaus sind wir der Obrigkeit um des Gewissens willen als der Dienerin Gottes untertan, und das heisst, dass wir ihr nicht bloss widerwillig geben, wenn sie fordert, sondern ihr entgegenkommen, wenn sie etwas erwartet."
Der Eid wird also zuerst geschworen, weil das Eidesgesetz da ist (um der kirchlichen Ordnung willen). Dieses Eingeständnis ist doch zum mindesten peinlich. Wenn dann der Eid ein Entgegenkommen gegenüber dem Staat bedeuten soll, also aus kirchenpolitischen Gründen geschieht, wäre er auch schon verurteilt. Die allein echte Begründung wäre nach dem Gr. Katech. 2. Gebot: um der Liebe und des Friedens willen. Aber wo ist der Bruder, dem ich aus Liebe damit einen Dienst tun kann? Er bleibt in völliger Anonymität wie der „unbekannte Soldat" des Weltkriegs, an dessen Denkmal bei feierlichem Anlass ein Kranz niedergelegt wird.
Die Erklärung des Württembergischen Landesbruderrates konnte also nicht die erwartete Entkräftung der theologischen Bedenken bedeuten. Ich muss sagen, sie hat mir, wohl vor allem wegen ihrer allzu grossen apologetischen Sicherheit, mehr Freudigkeit genommen als gegeben.
II. Kirchenpolitische Bedenken:
Der Eid steht allzu deutlich in der Reihe der kirchenpolitischen Entgegenkommensakte seit 1933, die weder der Kirche noch dem Staat zum Heil gewesen sind. Der Eid ist durch das Kirchengesetz über den Dienst- bzw. Treueid der Pfarrer zu einer kirchenpolitischen Kollektiv-Entscheidung geworden, die es kaum zu einer personalen Entscheidung des Einzelnen kommen lässt, die doch wesentlich zum Eid gehört. Ich weiss, dass die Kirche durch das Beamtengesetz des Staates auf diesen Weg gedrängt worden ist. Es fragt sich aber, ob es ihrem Wesen nicht mehr entsprochen hätte, ihre Pfarrer von sich aus nur zur Eidesleistung gegenüber dem Staat aufzufordern.
III. Die allgemeine Situation hat sich doch wesentlich dadurch geändert, dass der Herr Landesbischof nicht die Möglichkeit hatte, den Eid in die Hand des Staates abzulegen. Der Reichsstatthalter in Bayern hat sich für nicht zuständig erklärt und an den Reichsminister für kirchliche Angele-

genheiten verwiesen. Als Grund für die Nichtbeschreitung dieses Weges wird die dann zu befürchtende Hinauszögerung angegeben. Es wurde aber nach Erscheinen des Kirchengesetzes von so vielen Stellen um Sistierung des Vollzugs gebeten, dass eine Verzögerung an sich keinen Schaden bedeuten konnte. Das Ministerium Kerrl ist die von uns als solche anerkannte staatliche Instanz in Sachen der Kirche. Seine nicht anerkannten Verordnungen bezeichnen die latente Dauer-Krisis im Verhältnis zwischen Staat und Kirche. Da der Eid doch vor allem ein wesentlicher Beitrag zur Ordnung des Verhältnisses zwischen Staat und Kirche sein soll, müsste es zu einer wirklichen Begegnung zwischen Staat und Kirche und zwar wohl gerade an dieser Stelle kommen. Dann würde es sich zeigen, ob der Staat den Eid der Kirche bzw. ihrer Pfarrer und Beamten und darüber hinaus eigentlich aller ihrer Glieder nicht bloss erwartet, begehrt und fordert, sondern auch tatsächlich nach ihrem christlichen Eidesverständnis annimmt und wir ihn also nicht bloss grundsätzlich, sondern auch praktisch überhaupt leisten können. Nur dann hat doch der Eid überhaupt einen Sinn. Was helfen etwa vor Gericht alle eidesförmigen Versicherungen und Beteuerungen, wenn wir nicht zur Vereidigung zugelassen werden!

Wir können, weniger von der Sache als von der Lage gedrängt, zugestehen, dass der Eid auch im „Raum der Kirche" möglich ist. Da es sich aber doch primär um eine Angelegenheit des Staates handelt, muss der Staat ihn doch selber irgendwo entgegennehmen. Wenn der Herr Landesbischof den Eid in die Hände des Vorsitzenden der Landessynode abgelegt hat, sind wir aber an keiner Stelle aus dem Raum der Kirche herausgetreten. Es kommt bei der ganzen Aktion, nicht einmal an der Spitze, nicht zu einer wirklichen Begegnung zwischen Staat und Kirche. Denn ein Schriftstück über die vollzogene Vereidigung, das dann zum Schluss an eine staatliche Stelle hinübergegeben wird, kann doch nicht als eine wirkliche Begegnung angesprochen werden – sie müsste im Akt der Vereidigung selbst geschehen. Wie kann dann dabei konkret für die Besserung des Verhältnisses zwischen Staat und Kirche etwas herauskommen?

IV. Meine persönliche Situation, in der ich mich bei der Vereidigung befinde, ist nun dadurch entscheidend bestimmt. Es sind nun weniger grundsätzliche Erwägungen, als das Situationsempfinden – ich bin nun auch schon 2 mal bei der Vereidigung dabei gewesen – das mich davor zurückhält. Ich könnte den Eid so für meine Person einfach nicht im letzten Sinn ernst nehmen. Es fehlt dabei die wirklich echte necessitas. Ich spüre nicht die Not und sehe nicht den Nutzen, ohne die man nicht schwören soll. Wir haben nun immer wieder unter uns über den Eid theoretisiert. Es kommt nicht zu der notwendigen Konkretisierung der Situation, wenn wir auch bei seinem Vollzug ganz – und zwar auf der ganzen Linie – unter uns bleiben. Dazu ist unentbehrlich die Anwesenheit des Partners – und wäre es nur beim Ausgang der ganzen Aktion! – dem die Versicherung meiner Treue und meines

Gehorsams gelten soll! Ich kann den Eid nicht einem abwesenden, von mir bloss vorgestellten Partner leisten. Besteht nicht die Möglichkeit des Gespräches, besteht auch nicht die Möglichkeit des Eides. Ist das Gespräch zwischen Staat und Kirche im Grundsätzlichen abgebrochen, dann kann es auch nicht einen von der Kirche an den Staat übermittelten Eid geben. Die Beschränkung auf den schriftlichen Verkehr, die Erledigung über das Büro ist das akute Merkmal des abgebrochenen Gespräches, des gestörten Verhältnisses. So wird also die Vereidigung in ihrem letzten Ergebnis selbst zu einer Dokumentierung der Störung, statt zu einer Anbahnung der Ordnung des Verhältnisses.

Es bleibt so die Vereidigung lediglich eine kirchenpolitische Grossaktion, als deren Ergebnis der Landeskirchenrat eine Summe von zahlenmässig registrierten Eiden dem Staatsministerium schriftlich präsentieren kann. Der Eid steht in den Akten, aber geschieht nicht wirklich in actu! Es fehlt ja gänzlich der, der es hören soll, wenn ich Gott zum Zeugen und Richter anrufe!

Es ist mir am Sonntag bei der Vereidigung der Amtsbrüder als allein ernsthafter Grund entgegengehalten worden: Es besteht doch eine necessitas – nicht im Blick auf den Staat, der mit unserem Eid nicht zu erreichen ist, aber im Blick auf die Gemeindeglieder, die ihn auch geschworen haben. Um unserer Gemeinden willen müssten wir es tun, soviel auch dagegen spricht.

Ich sage darauf nun:

Wenn wir um der Obrigkeit willen schwören, dann müsste das eigentlich auch vor der Obrigkeit geschehen. Ist das aber nicht möglich und schwören wir dann vor allem um der Gemeinde willen, dann müsste und könnte es auch vor der Gemeinde geschehen wie das Ordinations- und Installationsgelübde, das nun allerdings unser Amt in der Gemeinde selbst betrifft. Da würde der Eid nun allerdings wirklich im „Raum der Kirche" geschehen, der durch die tatsächliche Kirche wohl völliger dargestellt wird als durch das Amtszimmer des Dekans, in der Versammlung der Gemeinde völliger als auf der Konferenz der Pfarrer als Amtsträger. Es würde sich damit von selbst die Eidesbelehrung an die Gemeinden, dann allerdings wohl in der Form der Eidespredigt verbinden. Nur dann würden wir uns auf Paulus und die bei kirchl. Handlungen (Taufe, Konfirmation, Trauung) im Raum der Kirche geschehenden Gelübde berufen können. Ich sehe allerdings die Gefahr auch darin, dass der Eid dadurch zum signum ecclesiae, zur Voraussetzung für das geistliche Amt wird. Aber wenn es uns um die Gemeinde zu tun ist, müsste sie dann nicht auch irgendwie Zeuge unseres Eides sein können, zumal angesichts der Abwesenheit anderer Zeugen, eben des eigentlichen Partners, statt bloss von seinem Vollzug Kenntnis zu nehmen. Er würde dann nicht bloss in einem Winkel geschehen, sondern wenn nicht in der staatlichen (politischen) Öffentlichkeit, für die er eigentlich bestimmt

ist, so doch in der kirchlichen. Sein Vollzug könnte sich ja vom Installationsgelübde unterscheiden wie die Nachversammlung, eine nicht zum Wesen der Kirche gehörige, sondern aus ihrer Lage sich ergebende Einrichtung, vom Gemeindegottesdienst. Auch hier werden Dinge verhandelt, die die Gemeinde angehen, ohne dass daran ihr eigentlicher Bestand geknüpft ist. Soll der Eid Reinigungseid sein, so müsste ihm auch die Möglichkeit gegeben, werden sich als solcher in der Öffentlichkeit auszuwirken. Sind die Bedenken zu gross, dies vor dem Forum der ganzen Gemeinde geschehen zu lassen, so könnte es wenigstens vor dem Kirchenvorstand geschehen.
Es geht mir dabei um die Konkretisierung der Situation bei der Eidesleistung – um die Echtheit des Eides, nicht bloss nach der subjektiven, sondern auch nach der objektiven Seite, eben in seinem Vollzug. Es sträubt sich in mir alles gegen die bürokratische – sit venia verbo! – Form der Erledigung dieser Angelegenheit. Es möchte die necessitas wirklich konkret werden, ich möchte sehen, dass und wozu der Eid not und nütz ist.
Wieweit besonders diese letzten Erwägungen, die mir einfach aus dem Empfinden irgendwie einer Unmöglichkeit der Eidessituation heraus gekommen sind, nicht nur für mich selbst Bedeutung haben, weiss ich nicht. Ich habe aus allen diesen angedeuteten Nöten um Bedenkzeit und Aufschub der Eidesleistung für mich gebeten. Wenn mir darüber hinweg geholfen werden kann, so werde ich solche Hilfe dankbar annehmen. Bis jetzt ist dies noch nicht geschehen.
H. Bayer

209 Erklärung von Pfarrern des Dekanats Wunsiedel zum Eid auf Hitler. Wunsiedel, 6. Juli 1938

LAELKB, KKE 92a

Die Bindung an mein Ordinationsgelübde verlangt in der gegenwärtigen Lage über den abgelegten staatlichen Eid und diese Unterschriftsleistung folgende Erklärung:
Die im staatlichen Eid genannten „Amtspflichten“ sind nur die Funktionen, welche sich aus der Eigenschaft der Kirche als einer Körperschaft des öffentlichen Rechts ergeben. Das Predigtamt sowie die davon bestimmte Ordnung der Kirche, einschließlich der äußeren Ordnung, sind nicht vor dem Staat zu verantworten und gehören nicht zu den im Eid genannten Amtspflichten.
Der Eid kann darum nicht zum vorbehaltlosen Gehorsam gegenüber Eingriffen des Staates in die Kirche verpflichten, wie sie z. B. durch das Reichskirchenministerium geschehen und durch staatliche Gesetze und Verordnungen legitimiert werden sollen.
Wunsiedel, am 6. Juli 1938.

gez. A.[lbrecht] K.[öberlin]

Robert Preuß	Pfr.	P. Häffner
Friedrich Nürnberger	"	Fr. Jahreis.
Hch. Peschke	"	Fr. Bauer
Fritz Auerochs	"	Dinkler

2.7 1939

210 Bericht der Gendarmerieinspektion des Landkreises Hofheim an den Landrat des Landkreises Hofheim. Hofheim, 26. Juni 1939
BayStA Würzburg, Gestapo Würzburg 7322

Betreff: Besuch des ev. Landesbischof Dr. [sic!] Meiser in Rügheim.
Am Sonntag, den 25. Juni 1939 stattete der ev. Landesbischof Dr. [sic!] Meiser von München dem Dekanat Rügheim einen Besuch ab u. hielt während des vormittägigen Hauptgottesdienstes in der Kirche zu Rügheim die Predigt. Hiezu waren 20 ev. Geistliche aus den ev. Gemeinden der nahen u. weiteren Umgegend, sowie ein grosser Teil der ev. Bevölkerung aus diesen Gemeinden erschienen. An dem Gottesdienst dürften etwa 1000 Personen teilgenommen haben. Da die Kirche die Besucher nicht alle aufnehmen konnte, so nahmen etwa 150–200 Personen ausserhalb der Kirche auf dem Kirchplatz Aufstellung. Die Predigt, sowie alle gottesdienstl. Handlungen wurden mittels einem Lautsprecher, der an der Kirche angebracht war, an die ausserhalb der Kirche stehenden Personen übertragen. Die Ausführungen, die Dr. [sic!] Meiser in seiner Predigt machte, trugen keinen staatsfeindl. Charakter. Er zog einen Vergleich zwischen Johannes dem Täufer u. Christus u. erwähnte am Eingang seiner Predigt, dass die heutige Zusammenkunft nicht etwa eine Demonstration oder eine Machtprobe der Kirche sei. Weiter führte Dr. [sic!] Meiser aus, dass die Kirche nur den Glauben an Christus habe und forderte zum Schluss der Predigt auf, dass wir uns nur zu Jesus Christus bekennen können bis in alle Ewigkeit.
Ich habe den Eindruck gewonnen, dass viele Kirchenbesucher enttäuscht waren, weil sie eine schärfere Predigt erwartet hatten und es wäre vielen lieber gewesen, wenn sie einen hetzerischen Inhalt getragen hätte.
Nach dem Gottesdienst versammelten sich in der Kirche sämtl. Kirchenverwaltungsmitglieder des Dekanats Rügheim zu einer internen Aussprache. Landesbischof Dr. [sic!] Meiser traf am Samstag, den 24. 6. kurz nach 18.00 in Rügheim ein und wurde von den Kirchenverwaltungsmitgliedern etwa 50 m vor der Kirche empfangen. An keinem Haus war eine Flagge zu sehen, lediglich die Kirche war mit der Kirchenfahne beflaggt. Sonst waren noch verschiedene Häuser mit Tannengrün ohne Rosen oder Fähnchen geschmückt.
Rockelmann Gend. Obermeister

211 Schreiben des Reichspropagandaamtes Franken an die fränkische Kirchenpresse. Nürnberg, 28. Juli 1939

LAELKB, KKE 9

Nicht zur Veröffentlichung! Nur zur Information!
Die Kirchenpresse wird gebeten, die bei einer kirchlichen Veranstaltung anwesenden Gläubigen nicht mehr als „Volk" zu bezeichnen. Das deutsche Volk ist nach der nationalsozialistischen Deutung eine Gemeinschaft, die sich aus Angehörigen der verschiedensten Glaubensbekenntnisse zusammensetzt. Das Merkmal der gemeinschaftlichen Verbindung ist daher nicht die Konfession, sondern einzig und allein das Blut, die Abstammung und die Sprache. Es muß als Mißbrauch des Begriffes „Volk" bezeichnet werden, wenn es auch als Sammelbegriff für die Anhänger einer einzelnen Konfession verwandt wird.
Heil Hitler!
I. A. [Name unleserlich]

2.8 Verhältnis zum österreichischen Protestantismus

212 Schreiben Paul Althaus' an Landesbischof Meiser. Erlangen, 1. September 1939

LAELKB, NL Meiser, Hans 101/36–239

Hochwürdigster, hochverehrter Herr Landesbischof!
Als ich Sie am Sonntag in Ramsau nach dem Gottesdienste nicht sah, wußte ich gleich (und verstand es), daß Sie eilig heimgereist waren. Wir selber waren durch die Rekonvaleszenz unserer Ältesten noch gebunden und konnten erst vorgestern fahren, sind gestern hier angekommen.
Hätten wir uns, wie wir beide hofften, sprechen können, so würde ich vor allem Ihren Rat für eine Sache erbeten haben, die mir sehr am Herzen liegt. In der evangelischen Kirche der Ostmark ist ein Mangel an jungen Pfarrer- oder Vikarskräften. Ein reichsdeutscher Schüler von mir, der zur Zeit als Vikar in Graz steht, hat mir das schon mündlich und schriftlich bewegt geschildert. Vor allem nannte er die Vikarsstelle in Innsbruck, die mit einem theologisch tiefgegründeten Kandidaten besetzt werden müsse. Dazu kommt nun die Vakanz in der Ramsau. Sie bedrückt mich besonders, da ich weiß, wie sehr diese Gemeinde gefährdet ist. Nun bittet mich der Grazer Vikar aufs Neue, doch junge Theologen zu benennen und willig zu machen, daß sie nach Österreich kommen. Zwar ist der gegenwärtige ernste Augenblick recht ungünstig für diese Sache, da ja ein großer Teil unserer jungen Brüder im Heeresdienste sein wird. Aber ich möchte die Angelegenheit doch nicht ganz ruhen lassen und bitte daher um Ihren Rat.

Auf welche Weise wären junge Theologen, die ich etwa gewönne, in den dortigen Kirchendienst zu bringen? Der Weg müßte doch wohl über den Ev. Oberkirchenrat in Wien gehen. Warum rührt dieser sich nicht selber in der dringenden Frage? Ich möchte nichts in dieser Sache tun, ehe ich nicht weiß, wie der OKR zu der ganzen Frage steht und wieweit er helfen kann. Ist der OKR wohl schon einmal an die bayerische Kirche mit der Bitte um Unterstützung durch junge Kräfte herangetreten? Oder an andere deutsche Kirchen?
Bitte verzeihen Sie, daß ich Sie in diesen schweren Tagen mit meinem Anliegen belaste. Fast vermute ich aber, daß Ihnen durch Ihre Eindrücke in den letzten Wochen die Not der Kirche in der Ostmark auch besonders auf der Seele liegt.
Soeben habe ich mich dem Herrn Dekan Haffner zur Verfügung gestellt, falls ein Bedarf an kirchlichen Arbeitern eintritt. Man weiß ja noch gar nicht, ob und wie wir Älteren jetzt herangezogen werden zum nationalen Dienste. Ich kann es mir nur schwer denken, jetzt in der Stille wissenschaftlich zu arbeiten. Auch wir Professoren der Theologie gehören jetzt vor die Gemeinden. Sollten Sie etwa wie einen kirchlichen Vortragsdienst in den nächsten Wochen einrichten, so gehen Sie bitte auch an uns nicht vorüber. Gott der Herr sei uns allen gnädig und zeige uns, was wir zu tun haben!
In herzlicher Verehrung
Ihr ganz ergebener Althaus

213 Schreiben Landesbischof Meisers an Paul Althaus. München, 9. September 1939

LAELKB, NL Meiser, Hans 101/36–239

Sehr verehrter, lieber Herr Professor!
Es hat mir sehr leid getan, daß unser Zusammentreffen in der Ramsau nur ein so flüchtiges gewesen ist. In der Ruhe der Sommerfrische hätte sich vieles, was unser beider Herz bewegt, ungestörter und eingehender besprechen lassen, als es sonst möglich ist. Ich bedauere auch, daß Sie die Nachricht von meiner plötzlichen Abreise, die Ihnen durch einen Boten von der Pension Steiner überbracht werden sollte, offenbar nicht mehr erreicht hat. Die Abreise vollzog sich in solcher Eile, daß ich nicht mehr in der Lage war, Sie davon selbst zu verständigen.
Die Frage, in der Sie sich an mich wenden, hat mich schon wiederholt beschäftigt. Wir hatten schon einmal der evangelischen Kirche in Oesterreich eine Anzahl von Kandidaten in Aussicht gestellt. Dann aber kam die Niederlegung des Religionsunterrichts durch die Lehrer, die uns zwang, 60 jüngere Geistliche als hauptamtliche Katecheten einzustellen. Damit waren unsere Reserven erschöpft. Trotzdem wäre ich nicht abgeneigt, für

besondere Notfälle den einen oder anderen jüngeren Geistlichen freizustellen, wenn es von der österr. Kirche erbeten wird. Nun aber mußte ich bei meinem diesjährigen Aufenthalt in Oesterreich den bestimmten Eindruck gewinnen, daß man unsere Hilfe gar nicht so sehr begehrt, hauptsächlich aus kirchenpolitischen Gründen. Man ist in Wien über die Maßen ängstlich und fürchtet durch ein Zusammengehen mit Bayern für den eigenen guten Ruf, für die Einheit der Pfarrerschaft und was sonst noch alles angeführt wird. Im ersten Stadium der Dinge stand der offizielle Anschluß der österr. Kirche an Bayern ernstlich zur Diskussion und fand vor allem in den Kreisen der bekenntnistreuen jüngeren Pfarrerschaft viel Zustimmung. Dann aber schreckte man doch vor diesem Gedanken zurück und suchte sich in einer gewissen Eigenständigkeit zu erhalten, freilich ohne zu merken, daß man sich durch den sog. Anschlußvertrag in eine Abhängigkeit von Berlin begeben hat, die viel stärker ist als die Abhängigkeit der übrigen Landeskirchen von der Berliner Zentralstelle. Herr Oberkirchenrat Stoeckl, Wien, den ich am Weißensee getroffen habe, versicherte mir übrigens, daß im Augenblick die österr. Kirche ihren Personalbedarf aus eigenen Beständen würde dekken können. – So sehe ich zunächst keine Möglichkeit, weitere Schritte in der von Ihnen angedeuteten Richtung zu tun. Ich habe aber Herrn Oberkirchenrat Stoekl unserer unveränderten Bereitschaft zur nachbarlichen Hilfe versichert und bin überzeugt, daß die Zeit noch kommen wird, wo wir diese Bereitschaft in die Tat werden umsetzen können.

Für Ihr Angebot, sich für die Kriegszeit unserer Kirche zur Verfügung zu stellen, spreche ich ihnen aufrichtigen Dank aus. Ich habe auch Herrn Kreisdekan Schieder davon Kenntnis gegeben. Sollte der Krieg länger dauern, werden wir von diesem wie von manchem anderen uns gemachten Angebot Gebrauch zu machen genötigt sein, und ich freue mich, daß wir dann über solche Reserven verfügen können.

Die Tatsache, daß sämtliche theologischen Fakultäten Süddeutschlands mit Ausnahme von Wien aufgehoben sind, beschäftigt uns stark. Wir überlegen uns den Gedanken, ob es nicht möglich ist, vielleicht im Zusammenhang mit unserem Predigerseminar in Nürnberg einen wenigstens teilweisen Vorlesungsbetrieb aufrecht zu erhalten, und ich will versuchen, in diesem Sinne beim hiesigen Ministerium vorstellig zu werden, wenn es mir, wie ich hoffe, Anfang nächster Woche gelingt, eine persönliche Aussprache mit Herrn Staatsminister Wagner zu erreichen.

In der Hoffnung, dass sich Ihre vorzeitige Abreise aus dem prächtigen Ramsau für die Gesundheit Ihrer erkrankten Tochter nicht ungünstig ausgewirkt hat und in herzlicher Verbundenheit

Ihr gez. D. Meiser.

2.9 *Pfarrerbruderschaft*

214 Erklärung und Thesen der bayerischen Pfarrerbruderschaft
KorrBl 59 (1934), 14. Mai, S. 211f.

|211| Die Riederauer Freizeit hat an Ostern aus der Not unserer Kirche heraus erklärt, daß heute uns nichts so not tue wie eine Pfarrersbruderschaft. Von allen möglichen anderen Seiten ist die gleiche Forderung gestellt worden. Wir wollen in Gottes Namen daran gehen, wahrlich nicht aus Betriebsamkeit, sondern weil wir wissen, daß es sein muß. Unser Plan bedeutet kein Konkurrenzunternehmen gegen verwandte Bestrebungen in unserer Landeskirche. Wir wissen uns ihnen brüderlich verbunden.
Die Grundgedanken dieser Bruderschaft sind zusammengestellt in den unten abgedruckten Thesen.
Wer auf Grund dieser Thesen mit uns gehen will, wird herzlich eingeladen, an Pfingsten nach Rummelsberg zu kommen. Im Mittelpunkt der Freizeit steht ein Referat des Superintendenten Hahn-Dresden. Die Freizeit beginnt am Pfingstmontag, 21.5., abends 19.30 Uhr und endet am Dienstag, 22.5., nachmittags. Anmeldungen an Stadtvikar Luff, Nürnberg O, Waechterstraße.

Thesen der Bruderschaft

I. Die Bruderschaft bayerischer Pfarrer ist gewillt, in der gegenwärtigen Not und Verwirrung der Kirche sich in Lehre und Leben in vorbehaltlosem Gehorsam unter die Heilige Schrift und ihre Auslegung in den lutherischen Bekenntnissen zu stellen.
Die Bruderschaft ist in keiner Hinsicht eine kirchenpolitische Gruppe. Kirchenpolitische Ziele sind aus ihrem Aufgabenkreis ausgeschlossen.

II. Die Bruderschaft steht fest auf folgenden Grundsätzen evangelischer Lehre:

1) Einzige Grundlage für Leben und Lehre der Kirche ist |212| die Heilige Schrift in ihrer unzerstörbaren kanonischen Ganzheit.
2) Eine anderweitige Offenbarung Gottes in Natur oder Geschichte, d. h. in Blut und Rasse oder in Volk und Staat, ist weder als Ersatz noch als Ergänzung neben der einmaligen Offenbarung Gottes in der biblischen Heilsgeschichte eine Grundlage für Lehre und Leben der Kirche.
3) Inhalt der kirchlichen Verkündigung ist die freie Gnade, in der Gott sich durch Jesus Christus der gefallenen Welt annimmt, und nicht irgend eine menschliche Vollkommenheit.
4) Die Gliederung [sic!] der (sichtbaren und unsichtbaren) Kirche Jesu Christi ist nicht an die Zugehörigkeit zu einer bestimmten Rasse gebunden.
5) Wir bejahen die D. E. K. (Reichskirche) als einen Dienst am deutschen

Protestantismus und an der Volksgemeinschaft. Da aber zur wahren Einheit der Kirche die reine Predigt des Evangeliums und die richtige Verwaltung der Sakramente gehört, können wir sie als Kirche nicht im prägnanten Sinn des Bekenntnisses, sondern nur im uneigentlichen Sinn einer äußeren Organisation betrachten.

6) Gestalt und Hirtenamt der sichtbaren Kirche dürfen nicht einfach Kopie der staatlichen Verwaltungsgrundsätze sein (Führerprinzip), sondern unterstehen der Richtschnur und Kritik der biblischen Ordnung des Dienstes und der Liebe.
7) Die Kirche übt in Christo Gehorsam gegen die heilsamen äußeren Ordnungen in Volk und Staat, aber sie bekommt ihren Auftrag nicht von Volk und Staat, sondern vom Herrn der Kirche, Christus.
8) Die Kirche hat von Christus den Auftrag zum Dienst an Volk und Staat, aber ihr Dienst ist wesentlich anderer Art als der des Staatsmannes. Der Pfarrer verkündigt nicht das Kommen eines irdischen Reiches, sondern das Kommen des Reiches Gottes.
9) Die Anschauungen der Bewegung D.C. sind in ihrer Gesamtheit Irrlehre. Die Zugehörigkeit zu dieser Bewegung ist mit dem Ordinationsgelübde nicht vereinbar.

III. Jedes Glied der Bruderschaft verpflichtet sich zur Mitarbeit an folgenden Aufgaben:

1) Gründliche Klärung der die Kirche bedrängenden Aufgaben der Lehre an Schrift, Reformation und Bekenntnis.
2) Gegenseitige Stärkung durch brüderlichen Zusammenschluß, seelsorgerliche Aussprache, Gebet und Fürbitte.
3) Sammlung von Kreisen in den Gemeinden und systematische Laienschulung zu tapferem Bekenntnis der reinen Lehre und zu Besinnung auf Wesen und Not der Kirche.

Kern-Göggingen, Putz, Schieder.

215 Rundschreiben der Pfarrerbruderschaft an die Mitglieder. Nürnberg, 9. Juni 1934

FKiZM. A 30. 28

Liebe Brüder!
Der Bruderrat war am 4.6. zusammen und teilt nun folgendes mit:

I. Allerlei Peripherisches.
Auch das Finanzielle ist notwendig. Wir bitten jeden Bruder Mk. 1,50 einzuschicken an das Postscheckkonto Nürnberg Nr. 45229. Was der endgültige Beitrag sein wird, können wir noch nicht angeben. Wir wissen, dass wir stärkste Sparsamkeit walten lassen müssen.

Angemeldet sind bisher rund 100 Pfarrbrüder. Eine Reihe haben für sich und andere die Thesen angefordert zur Unterschrift. Die Zahl wird sich also noch stark vermehren. Wir bitten wohl von der Bruderschaft zu reden, aber nicht zu werben. Wer kommen will, muss von sich aus kommen.
Es hat sich notwendig erwiesen, eine gewisse Unterorganisation zu schaffen. Darüber wird ein andermal berichtet werden.

II. Die seelsorgerliche Seite der Bruderschaft.
Darum muss die Bruderschaft ringen, dass niemand in der Pfarrerschaft sagen kann: Ich habe keinen Amtsbruder, der mir zur Seite steht in meinen beruflichen und persönlichen Nöten. Wir brauchen die „mutua consolatio fratrum". Sie entsteht aber nicht nur dadurch, dass jeder für den einsamen Bruder bereitsteht, sondern und vor allem auch dadurch, dass der Einsame den andern aufruft. Auch deswegen ist so wenig Gemeinschaft, weil so mancher – verzeiht! – sich auf sein Stühlchen setzt und sagt: Ich sitze hier und schneide Speck und wer mich lieb hat, holt mich weg. Hier liegen ganz ernste Verpflichtungen.

III. Die Arbeit
A. Die Zusammenkünfte.
Wo zusammenkommen, wie oft, das kann nur vom einzelnen Fall aus entschieden worden. Der Bruderrat ist der Meinung, dass eine Zusammenkunft alle 3 Wochen das Mindeste ist. Wo es möglich ist, einen ganzen Tag zusammenzusein, so soll das ja geschehen. Es gibt genug Arbeit. Ein ehernes Gesetz muss es aber dabei sein, dass die dadurch notwendige Verpflegung sich in den einfachsten Formen gestaltet. Die Pfarrfrauen mögen hier tapfer sein. Die Zusammenkünfte müssen unbedingt unter strenger Selbstzucht stehen. Auch die unter uns, die „rauchen", sind der Meinung, dass jedenfalls die Arbeitszeit ohne Rauch sein müsse.
Es ist überall zu überlegen, ob nicht doch wenigstens zu manchen Arbeiten die Pfarrfrauen beizuziehen sind. Die Pfarrfrauen müssen wissen, um was es geht, nachdem sie unter Umständen die Last der Zeit am stärksten verspüren.
Es darf keine Zusammenkunft sein ohne gemeinsame Andacht. Ob nur Lesung eines Bibelwortes oder eines Lutherwortes oder richtige freie Andacht – das ist nicht das Entscheidende. Aber was geschieht, muss aus dem seelsorgerlichen Ernst erwachsen, der die Seele des Bruders sucht und die eigene Seele suchen lässt vom Herren.

B. Der Arbeitsplan.
Der Bruderrat schlägt folgendes vor:
a. Exegetische Arbeit. Sie soll sich so vollziehen, dass eine gerade in Frage kommende Perikope behandelt wird. Ob diese Reihe oder eine andere, ob

immer die gleiche Reihe, das steht im Belieben des einzelnen Kreises. Die Arbeit soll möglichst nach Richtlinien getan werden, die wir nächstens im Korrespondenzblatt veröffentlichen werden.
Diese Perikopenarbeit soll der Gesamtheit der Pfarrerschaft zu gut kommen. Reihum wollen wir das Ergebnis unserer Arbeit im Blatt veröffentlichen. Der Bruderrat wird, sobald wir den Überblick über die Kreise haben, die Arbeit verteilen.
b. die systematische Arbeit. Wir haben eingehend darüber geredet, was der Ausgangspunkt dieser Arbeit sein soll. Soll man von den Zeitfragen ausgehen oder von einem aktuellen Buch oder von einer Lutherschrift oder einfach vom Bibelwort, das fortlaufend gelesen wird und mit dem immer wieder die Zeitlage zu konfrontieren ist? Wir haben uns jedenfalls für den Anfang so entschieden: es ist dringend wichtig, dass die Frage der natürlichen Theologie gründlichst von uns durchdacht wird. Dazu ist zuerst die Exegese der betreffenden Stellen Röm. 1, Röm. 2, Apg. 17 zu treiben. Von hier aus wollen wir uns in die moderne Fragestellung hineinarbeiten und dabei auch Lutherstudium treiben. Etliche Richtlinien zunächst zu dieser exegetischen Arbeit werden mit dem Rundbrief hinausgehen. Weiteres wird folgen.
Jeder Abschnitt dieser systematischen Arbeit muss um der heilsamen Zucht willen zusammengefasst werden in Thesen.

C. Die Arbeit an der Gemeinde,
1. Der Weg. Dem Bruderrat ist es klar, dass, wie immer, erst die normalen Wege gegangen werden müssen. Wir wollen nichts Neues anfangen, wenn das Vorhandene einigermassen unsern Zwecken entspricht. Erst wenn diese normalen Wege untauglich sind, darf nach neuen Wegen gesucht werden. Im allgemeinen ist bei dem Bruderrat das Urteil so: Vereine sind selten tauglich, vielfach auch nicht die Kirchenvorstände. Besser eignen sich freie Kreise: Kindergottesdiensthelfer, Gemeindehilfen, ältere Jugend. Unter Umständen müssen einzelne Häuflein sich im Pfarrhaus zusammenfinden. Wir wissen, wieviel Schwierigkeiten hier vorliegen. Aber wir wollen vor lauter Bedenken nicht in das Nichtstun hineinkommen. Es ist doch etwas Wahres dran: besser einmal etwas Verkehrtes tun als nichts tun.
2. Der Arbeitsstoff. Der Bruderrat schlägt für die Arbeit an der Gemeinde das vor: gewiss muss dieses Gemeindehäuflein auch etwas hören von dem, was man Kirchenpolitik nennt. Für diese Zwecke empfehlen wir dringend die „Junge Kirche“ (Vandenhoeck u. Rupprecht, Göttingen). Aber viel wichtiger ist wirkliche zentrale Arbeit. Dafür ist der Kleine oder der Grosse Katechismus die allerbeste Grundlage. Natürlich sollen wir nicht unsere Schulkatechesen wieder vorexerzieren. Aber andererseits kann man sagen: wer seinen Religionsunterricht gut vorbereitet hat, hat hier allerlei wertvolle Grundlagen. Nur muss eben alles Aug in Aug gestellt werden mit den Fra-

gen der Gegenwart. Wir hoffen auch hier Richtlinien geben zu können für Inhalt und Methode.

IV. Die Verbindung zwischen Bruderrat und Bruderschaft.
Diese Verbindung muss ganz eng, ganz lebendig sein. Der Bruderrat wird zunächst jedenfalls jeden Monat einen Rundbrief hinausgeben: ein seelsorgerliches Wort, ein kurzer Bericht über die kirchlichen Vorgänge – Richtlinien für die Arbeit.
Mindestens eben so wichtig ist aber, dass ein Echo von draussen hereinkommt. Wir sind dankbar für jede ernste Anregung, für jede ernsthafte Kritik. Daneben bitten wir um Folgendes: die von den Arbeitskreisen erarbeiteten Thesen sollen an den Bruderrat gesandt werden. Sie sollen gegenseitig ausgetauscht werden, sollen gegebenenfalls verwendet werden für Berichte aus der Bruderschaft im Korrespondenzblatt. Alle Vierteljahre soll ein kurzer Bericht über die Arbeit des Kreises eingeschickt werden.

V. Bedenken, Klagen, Anklagen gegen uns gibt es allenthalben. Der N. S. E. P. hat seinen Mitgliedern verboten, sich an der Bruderschaft zu beteiligen, weil wir uns als kirchenpolitische Gruppe erklärt hätten. Dagegen können wir uns nur wehren, indem wir ganz ernst und ganz echt arbeiten.
Darum in Gottes Namen an die Arbeit!
Im Auftrag des Bruderrates. Schieder.

216 NSEP. und Pfarrerbruderschaft
KorrBl 59 (1934), 2. Juli, S. 312

1. NSEP. zusammen mit dem Ansbacher Kreis hat die Anordnung herausgegeben, daß eine Mitgliedschaft bei beiden Gruppen nicht möglich sei, weil sich die PB. „als kirchenpolitische Gruppe erklärt habe". Wir haben diese Erklärung schmerzlich empfunden, weil es uns darum geht, daß nicht ohne dringende Not die bayerische Pfarrerschaft zerrissen wird.
2. Wir haben deswegen den NSEP. um eine Aussprache gebeten. Diese Aussprache war am 18.6.
3. Die Brüder vom NSEP. haben zugestanden, daß man nicht sagen könne, wir hätten uns als kirchenpolitische Gruppe erklärt; das beruhe auf einem Mißverständnis.
4. Im Verlauf der Aussprache wurde klar, daß viel Mißverständnis daher rührt, daß man das Wort „kirchenpolitisches Handeln" ganz verschieden deuten kann.
   a) man kann alles Handeln, das über die Studierstube hinausgeht, kirchenpolitisch nennen.
   In diesem Sinn ist die Gründung der PB. ohne Zweifel kirchen-

politisch. Wir wollen mit unserer Arbeit (seelsorgerliche und theologische Hilfe) auf das innere Wesen unserer Kirche einwirken.

b) man nennt kirchenpolitisches Handeln das Handeln, das die Kirche noch mit anderen Mitteln gestalten will als durch die Arbeit am Wort. Man tritt an die Kirchenleitung mit bestimmten Forderungen heran. Man bildet Gruppen, schließt sich an andere Gruppen an. Man formt Fraktionen in den kirchlichen Körperschaften und dergleichen.
In diesem Sinn ist die PB. keine kirchenpolitische Sache. Gewiß kann es sein, daß die PB. auch einmal über diese ihre jetzige Linie hinausgedrängt wird. Heute haben wir jedenfalls keinen anderen Plan als durch diese innerliche Arbeit uns und der bayerischen Pfarrerschaft zu helfen, daß wir rechte Pfarrer werden.
Weil man gemeint hat, wir seien eine Zweigstelle des Notbundes, so soll hier gesagt werden, daß wir kein Glied des Notbundes sind und unsere Leute nicht für den Notbund werben.

5. Ueber diese Dinge wurde in jener Aussprache offen brüderlich geredet. Die Brüder des NSEP. haben unsere Haltung verstanden.
6. Das eine Resultat der Aussprache war die unten abgedruckte gemeinsame Erklärung.
7. Das wohl noch wichtigere Resultat war, daß beide Gruppen bereit sind, das begonnene theologische Gespräch fortzusetzen.

Nürnberger Aussprache am 18.6.1934.
Nachdem die anwesenden und unterzeichneten Vertreter der Pfarrerbruderschaft Aufklärung darüber geschaffen haben, daß die Bruderschaft weder eine ausgesprochen kirchenpolitische Gruppe sein will noch ihre Glieder kirchenpolitisch bindet, sieht der Landesleiter des NSEP. die gleichzeitige Mitgliedschaft bei NSEP. und PB. als zur Zeit möglich an.
Möbus, Sommerer, Fuchs, Grießbach, Werlin, Frör, Kern, Schieder, Schlier.

217 Schreiben Hermann Diems an die Pfarrerbruderschaft. Eberbach, 14. Januar 1937
LAELKB, KKE 16

Sehr geehrter Herr Amtsbruder!
Leider kann ich nun morgen doch nicht nach Würzburg kommen, da es mein Dienst nicht erlaubt. Wie ich hörte, wird der württ. Landesbruderrat vertreten sein. Sehr gern hätte ich einmal mit Ihnen und den Bruderratsvertretern aus den lutherischen Kirchen Fühlung genommen. Gerade nach Bayern hinüber haben wir außer einigen persönlichen Beziehungen wenig Fühlung; und es ist für uns, die wir eben nur die offiziellen Äußerungen der Landeskirche hören, immer schwer, uns ein richtiges Bild zu machen.

So waren wir damals sehr erstaunt über die Erklärung der Bayerischen Pfarrbruderschaft zum „Luth. Rat“. Wir hatten das gerade aus Bayern nicht erwartet, und unsere Sozietät hat sich mit Freuden die Erklärung zu eigen gemacht. Wir müßten gerade mit Ihrem Kreis mehr Fühlung haben, denn in Württemberg stehen wir in einer eigenartigen Frontstellung: wir sind wohl diejenigen, die sich allein in Württemberg „Lutheraner“ nennen könnten, und müssen uns dabei gegen die Leute vom Luth Rat bei uns wehren, die vom luth. Bekenntnis überhaupt keine Ahnung haben und nur ihre kirchenpolitischen Interessen verfolgen. So wird eine echte Bekenntnisbindung bei uns durch den Anschluß an den luth. Rat nur erschwert, und die theologischen und kirchenpolitischen Fronten gehen so eigenartig durcheinander, wie Sie es sich vielleicht aus der Ferne kaum vorstellen können. Verweisen wir auf Barmen, so beruft man sich auf die reform. Bekenntnisse, denen man in erster Linie verpflichtet sei; wollen wir die Leute bei diesen Bekenntnissen behaften, dann betont man, daß man auch innerhalb des luth. Rates seine Vorbehalte mache und den „Konfessionalismus“ ablehne. Die herrschende württembergische Normaltheologie ist dadurch gekennzeichnet, daß sie keine sichtbare Kirche kennt, bezw. in jedem konkreten Fall, in dem sie durch das kirchliche Amt und das Bekenntnis gebunden wäre, sich in die unsichtbare Kirche zurückzieht. Daß damit kein verbindliches kirchliches Handeln entstehen kann und jeder Entscheidung nur ausgewichen wird, ist klar.
Vielleicht ergibt sich sonst einmal Gelegenheit zu einer Aussprache und engeren Fühlungnahme. Mit allen guten Wünschen für die Arbeit in Würzburg grüße ich Sie brüderlich
Ihr Hermann Diem

218 Schreiben des Präsidiums der oldenburgischen Bekenntnissynode an die Pfarrerbruderschaft. Wilhelmshaven, 26. Februar 1938

LAELKB, KKE 16

Liebe Brüder!
Die Bayerische Pfarrbruderschaft hat uns vor etwa anderthalb Jahren einmal mit einer Geldsumme brüderlich geholfen.
Wir müssen heute bei Ihnen anfragen, ob Sie uns wiederum mit einem grösseren Betrage helfen können.
Es ist Ihnen bekannt, dass unsere kleine lutherische Landeskirche, die sich nicht dem Lutherischen Rat anschliessen konnte, da als Bedingung für diesen Anschluss die Trennung von der Vorläufigen Leitung gefordert war, erneut in Bedrängnis geraten ist. Das Vorgehen gegen den Unterzeichneten, der ja amtsenthoben ist, Predigt- und Redeverbot hat und gegen den jetzt Räumungsklage im Bezug auf das Pfarrhaus schwebt, ist nur ein Zeichen

des allgemeinen Vorgehens unseres DC-Bischofs gegen die Bekennende Kirche. Insbesondere sind die von uns geprüften und eingesetzten Kandidaten erneut schwer bedroht. Dabei beträgt die Zahl der Kandidaten, die auf unserer Verantwortung stehen, etwa 20 bei etwa 100 Pfarrstellen in der ganzen Landeskirche. Praktisch bedeutet das, dass die Verantwortung für den Pfarrerstand der Zukunft bei der Bekennenden Kirche liegt.
Unsere monatlichen laufenden Einnahmen und Ausgaben setzen sich z. Zt. etwa wie folgt zusammen:

1. Bürokosten einschl. Gehalt für eine Sekretärin und eine Vikarin etwa	RM 420.–
2. Reisekosten des Präsidiums	RM 180.–
3. Zuschüsse zur Vikarsbesoldung	RM 1000.–
4. Ausbildung und Vorträge	RM 150.–
5. Drucksachen und Broschüren	RM 100.–
6. Matrikularbeiträge	RM 100.–
	RM 1950.–
demgegenüber stehen laufende Einnahmen aus den Gemeinden von	RM 1650.–

sodass wir einen monatlichen Zuschussbedarf von RM 300.– haben. Ausserdem aber hatten wir am 1. Januar 1938 an Schulden etwa RM 1000.–. Wie bedrängt unsere Lage ist, können Sie daraus ersehen, dass wir nach der letzten Beschlagnahme unserer Schreibmaschine für unser Büro keine brauchbare Maschine mehr haben, sodass unsere Sekretärin bei einzelnen Leuten in der Stadt unsere Briefe schreiben muss.
Die Württembergische Pfarrbruderschaft hatte beabsichtigt, uns für längere Zeit einen monatlichen Zuschuss von RM 100.– zu geben, kann das aber nicht, da sie z. Zt. keine Gelder dafür zur Verfügung hat.
Wir wissen, dass auch an Sie in Bayern grosse Anforderungen gestellt werden. Wir glauben aber, dass wir um des Fortbestandes unserer Landeskirche willen und mit der Bitte um brüderliche Hilfe an Sie wenden dürfen. Wir bitten Sie auch darum, uns etwa Ende April oder im Mai einmal einige Brüder zu Besuch in unsern Gemeinden zu entsenden, damit Sie auch einen eigenen Eindruck davon bekommen, wie die Dinge bei uns liegen. Wir hoffen von Herzen, dass es Ihnen möglich ist, uns in beiden Dingen, durch Besuch und auch finanziell zu helfen und dürfen noch einmal sagen, wie dringend das Letzte gerade bei den neueinsetzenden Bedrohungen bei uns ist.
Mit brüderlichen Grüssen
Im Auftrage der Leitung der Bekennenden Kirche in Oldenburg
Ihr H. Kloppenburg
N. S. Anliegend geben wir 2 Verfügungen des Oldenburger Oberkirchenrats in Abschrift.

Modische Kleinigkeiten

Hüftformer mit diskret eingearbeitetem, gut sitzendem Keuschheitsgürtel. DRP. 1937. (Extrastarke, strapazierfähige Spezialausführung für Pfarrerköchinnen!)

Zeichnungen: Waldl

Schickes Schweißtuch

mit dem neuesten Originalabzug des bitterlich weinenden hl. Franziskus

Katholisches Beichtkleid

Wenn wir in die Kirche gehen, müssen wir uns immer vor Augen halten, daß uns der liebe Gott nicht so sehen will, wie er uns erschaffen hat. Dieses aparte und doch so zuchtvolle Kleid verhüllt nun in bester Weise alles, was die Augen des Allmächtigen beleidigen könnte. Nur dem Priester dürfen wir einen Einblick in unser Inneres gestatten, ja, die Kirche schreibt dies sogar ausdrücklich vor. Dieses kanonische Recht wird auf unserem Beichtkleid in edler und symbolischer Weise durch einen durchgehenden Reißverschluß (der in einer Ablaßmedaille endet) angedeutet

Apartes Spielhöschen für die Kleinen

Das Höschen ist aus Nirosta-Stahl angefertigt und in geschmackvoll angesetzten Scharnieren beweglich. Es ist unverwüstlich und nimmt so manche Sorge vom Herzen der Mutter. Einen schicken Abschluß bildet das neuartige „Koppelschloß" (den dazugehörigen Schlüssel besitzen die Eltern)

Modell: Eremit

Weiter, bequemer katholischer Hausanzug aus Drillich mit kapriziösen schwarzen Querstreifen. Statt des Monogramms wird neuerdings auf der linken Brusttasche eine Nummer getragen

Für die warmen Tage

Wenn es heiß wird, kommt die schöne Urlaubszeit! Man geht auf Reisen! Jener macht diese Tour und jener — die andere. Natürlich in einem Kostüm, das mehr Bewegungsfreiheit gestattet. Die Augen Unberufener sollen aber den wahren Katholiken niemals so sehen, darum wurde der abgebildete „Mantel der Nächstenliebe" geschaffen, der so umfangreich ist, daß er sich im gegebenen Augenblick leicht über alles breiten läßt. Selbstverständlich mit oberhirtlicher Gebrauchsanweisung

3. Deutsche Christen (DC)

3.1 Deutsche Christen

219 Schreiben des Süddeutschen Bundes evangelischer Christen [September 1934]
FKiZM. A 30. 26

Damit über Landesbischof Meiser völlige Klarheit herrscht, teilen wir Ihnen folgendes mit:
Landesbischof Meiser hat Ende Januar 1934 bei der Besprechung in Gegenwart des Führers und des Reichsbischofs folgende feierliche Versicherung abgegeben:
„Unter dem Eindruck der grossen Stunde, in der die Kirchenführer der Deutschen evangelischen Kirche mit dem Herrn Reichsbischof versammelt waren, bekräftigen sie einmütig ihre unbedingte Treue zum Dritten Reich und seinem Führer".
Diese Erklärung wurde am 29. Januar 1934 durch die Presse im Einverständnis mit den Beteiligten veröffentlicht.
Der von dem Führer des Reiches anerkannte Führer der evangelischen Kirche ist Reichsbischof Müller. Reichsbischof Müller hat gemäss dem Willen des Führers Adolf Hitler (Kongressrede vom 5. September 1934) die Eingliederung der Landeskirchen in die Reichskirche angeordnet.
Landesbischof Meiser weigerte sich laut Amtsblatt der evangelischen Landeskirche Nr. 27. vom 7. September 1934 diese Eingliederung vorzunehmen.
Der Führer liess darauf hin dem Landesbischof Meiser am 12. September 1934 mitteilen:
„er habe alle mit der Eingliederung der Landeskirchen in die Reichskirche zusammenhängenden Fragen genau prüfen lassen. Er habe sie mit der Verfassung im Einklang stehend gefunden".
Der Führer hat damit zum Ausdruck gebracht, dass die Handlung des Reichsbischofs gesetzmässig sei und dass er sie nicht nur billige, sondern selbst verlange. Landesbischof Meiser beharrte auf seinem Weigerungsstandpunkt.
Es steht damit fest:

1.) Landesbischof Meiser hat die dem Führer vor der Oeffentlichkeit feierlich versicherte „unbedingte Treue" gebrochen.
2.) Er hat den Gehorsam gegen die Obrigkeit verweigert.

Ausserdem sei Ihnen mitgeteilt, dass in der Gauleitung Franken der NSDAP die eidesstattliche Versicherung eines Pfarrers vorliegt, welche lautet:
„Landesbischof Meiser sagte im Frühjahr ds. Js. mir gegenüber folgendes: Wenn Streicher noch länger Gauleiter in Franken ist, dann geht noch ganz Franken der Bewegung verloren."

Landesbischof Meiser hat damit seine wahre Gesinnung zum Ausdruck gebracht, sie richtet sich gegen den Nationalsozialismus und gegen dessen bewährteste Führer und Vorkämpfer.
Heil Hitler!
Karl Holz
Schriftführer.

220 Schreiben der geistlichen Kommissare für Franken und Altbayern an die „Herren Amtsbrüder". München, 19. Oktober 1934

FKiZM. A 30. 5

Wir sind gebeten, auf eine Reihe von Fragen, die aus dem Kreis unserer Amtsbrüder infolge unserer Bereitwilligkeit, uns der Neuordnung der Evang.-Luth. Kirche in Bayern zur Verfügung zu stellen, an uns gerichtet worden sind, zu antworten.
1.) Wie werden unverrückbar an der Heiligen Schrift alten und neuen Testamentes und an unserem evangelisch-lutherischen Bekenntnis festhalten. Was tatsächlich gegenüber dem Bekenntnis als Irrlehre erwiesen werden kann, wird von uns entschieden zurückgewiesen werden.
2. Wir haben gerade deswegen den schweren Auftrag übernommen, weil es uns als Christen und Deutsche heiligstes Anliegen ist, die vorhandenen Gegensätze zu überbrücken. Je rascher und vollzähliger sich uns die Amtsbrüder zur Verfügung stellen, desto sicherer kann auf die in der Deutschen Evangelischen Kirche vorhandenen Kräfte der Einfluß gewonnen werden, welcher über die Grenzen der beiden neuen Reichskirchengebiete hinaus die Herstellung eines wahren Friedens in der gesamten Deutschen Evangelischen Kirche ermöglicht.
3.) Wir bitten Gott, dass er uns stets so leite, dass wir unser Amt in geistlicher Weise und ohne Ansehen der Person führen. Wir reichen brüderlich allen Kollegen die Hand [und] werden stets bemüht sein, ihnen mit seelsorgerlicher Hilfe beizustehen, soferne sie durch die Ereignisse in unserer Kirche in innere Not geraten.
4.) Die Abberufung des bisherigen Herrn Landesbischofs ist rechtsgültig, da er sich, wie die Abberufungsurkunde ausspricht, den rechtmäßig ergangenen Anordnungen der Reichskirchenregierung versagt und darüber hinaus die Opposition mit allen Mitteln gestärkt hat. Wir sind aber der Überzeugung, dass er persönlich aus ehrenhaften Beweggründen sich zu seinem Handeln bestimmen liess, wenn wir auch diese Handlungsweise nicht billigen können.
Wir bitten die Amtsbrüder, in ihrem Kreise und in den Gemeinden dafür um Verständnis zu werben, dass der Weg der Kirche nur in enger vertrauensvoller Zusammenarbeit mit dem dritten Reich weitergehen kann. Wir

können daher keinen Amtsbruder decken, der sich nicht rückhaltslos für den Staat des Führers einsetzt.
Mit amtsbrüderlichem Gruß!
gez. Gollwitzer. gez. Sommerer.

221 Schreiben der Pressestelle des „Evang.-Luth. Landeskirchenrats" an „alle Geistlichen der Kirchengebiete Franken und Altbayern". München, 22. Oktober 1934

FKiZM. A 30. 5

Entweihung des Gotteshauses!
Im Sonntagsgottesdienst in der Maxfelder Lutherkapelle in Nürnberg am 21. Oktober ds. Js. sollte auf vielfachen Wunsch von Gemeindegliedern und des Kirchenvorstandes von Maxfeld der geistliche Kommissar für Franken Pfarrer Sommerer zur ordnungsgemässen Zeit ½ 10 Uhr predigen. Viele Nürnberger Evangelische begrüssten dies, da sie einen Eindruck von dem neuen Kommissar gewinnen und sich persönlich auch von seiner bekenntnistreuen Haltung überzeugen wollten. Die erwartungsfrohe Gemeinde erlebte nun eine Szene, die für das evangelische Empfinden schlechthin untragbar ist und von schweren inneren Folgen begleitet sein wird. Von dem beurlaubten Oberkirchenrat Daumiller war Pfarrer Schick zu dem gleichen Gottesdienst von Rothenburg telegrafisch berufen worden mit dem Auftrag, den Gottesdienst bereits ½ Stunde früher als normal angesetzt, also um 9 Uhr zu beginnen, um zu verhindern, dass Pfarrer Sommerer zu Worte kommen könne. Der geistliche Kommissar liess Pfarrer Schick beim Vorgottesdienst ruhig amtieren, obwohl Stadtvikar Fischer den Altargottesdienst hätte halten sollen, und betrat während des einsetzenden Orgelspiels die Kanzel. Trotz Aufforderung, den Altar zu verlassen, blieb Pfarrer Schick an diesem und wollte während des Gemeindegesangs dazwischenreden. Da dies wirkungslos blieb, unterbrach er dann Pfarrer Sommerer, während dieser den Text des Gotteswortes vorlas, um ihn an der Verlesung der heiligen Schrift zu hindern und deren Auslegung zu vereiteln. –
Der Vorgang ist geradezu grotesk: an heiliger Stätte ein Pfarrer verhindert [sic!] den ordnungsgemäss beauftragten Prediger an der Verkündigung im Angesicht einer grossen versammelten Gemeinde von ca. 700 Zuhörern. Begreiflicherweise entstand in der Kirche ein ungeheurer Tumult. – Der geistliche Kommissar verliess daraufhin das Gotteshaus und predigte vor der mächtigen Gemeinde auf dem freien Platz vor der Kirche – ihm folgte die ganze Gemeinde bis auf etwa 30 Personen, vor denen dann Pfarrer Schick seine Predigt hielt. – Es ist unsagbar schmerzlich, dass nun der Kampf in das Gotteshaus in dieser Weise getragen wurde, und wir können nur sagen, dass hier der so oft von der Seite der Bekenntnisfront erhobenen Forderung:

„Geistliche Dinge müssen geistlich gerichtet werden" Hohn gesprochen wurde. Das lutherische Bekenntnis, die lutherische Glaubenshaltung erscheint uns durch die Bekenntnisgottesdienste schon längst gefährdet, hier wurden sie entweiht. Wenn man die Kirche nicht ganz ruinieren will, nehme man Rücksicht auf die Gemeinde, und zwar auf die ganze Volksgemeinde. Wir fragen: wer handelt nun bekenntniswidrig? Eine Reichskirchenregierung, die eine völlig widersetzliche Landeskirchenregierung abberuft und beurlaubt und an ihre Stelle Männer beruft, die Ihre lutherische Haltung nie verleugnet haben oder die Bekenntnisfront, die einen Gottesdienst zum Kampfplatz der Kirchenparteien erniedrigt? –
I. A. gez. Pfarrer Baumgärtner.

222 Aufruf der Landesleitung der Deutschen Christen „An die reichskirchentreuen Pfarrer Bayerns!". Nürnberg, 31. Dezember 1934

LAELKB, KKE 38a

Seit mehr als einem Jahr kämpft ein kleines Fähnlein tapferer Pfarrer in Bayern den aussichtslos erscheinenden Kampf für den Reichsbischof gegen die Übermacht der „Bekenntnisfront".
Wir Laien danken diesen standhaften Männern und stellen uns ihnen als Kampfgenossen zur Seite. Es geht ja um mehr als Theologenstreit, es geht nicht um die Pastorenkirche, sondern um die Volkskirche und da muß das Volk mittun. Und wir Laien wollen die Entscheidung bringen. Allen treuen Pfarrern wollen wir Weggenossen sein und mit ihnen die Lasten des Kampfes tragen, die seelischen und wirtschaftlichen Lasten.
Es ist uns ein großes Anliegen, daß wirtschaftliche Sorgen unsere reichskirchentreuen Pfarrer nicht in Landeskirchen ausserhalb Bayerns drängen. Uns Laien ist nicht damit geholfen, daß unsere Pfarrer ausserhalb Bayerns eine Existenzmöglichkeit finden. Damit werden wir Laien führerlos und der „Bekenntnisfront" total ausgeliefert. Bayern wird auch nicht in Thüringen, Sachsen oder Preußen verteidigt, sondern nur in Bayern. Hier tobt der Kampf am stärksten und hier in Bayern brauchen wir jeden Kämpfer. Es wird ja auch einen Pfarrer nicht befriedigen, wenn er dem Landesbischof Meiser den Gefallen tut und aus Bayern verschwindet. Es wird ihn immer dasselbe Gefühl drücken, wie den Hirten, der seine Herde verlassen hat.
Darum bitten wir Laien unsere reichskirchentreuen Pfarrer unter Dank für die bisherige Treue, um Treue im Neuen Jahr 1935.
Dieses Jahr wird uns den Sieg bringen!
Heil Hitler!
„Deutsche Christen"
Landesleitung Bayern
i. A. gez. Ruck.

223 Schreiben des Bayerischen Staatsministeriums für Unterricht und Kultus an Reichsstatthalter Ritter Franz von Epp. Dem Ministerpräsidenten zur Kenntnisnahme. München, 28. März 1935

BayHStA, StK 7292

Betreff: Reichskirchenbewegung „Deutsche Christen" in Bayern. Zum fernmündlichen Auftrag vom 22. März 1935.

1.) Bis jetzt ist dem Bayerischen Unterrichtsministerium die Gründung einer Ortsgruppe innerhalb der „Reichskirchenbewegung Deutsche Christen, Landesleitung Bayern" für folgende Pfarreien angezeigt werden:

1. Nürnberg St. Peter	11. Nürnberg Reichelsdorf
2. " Lichtenhof	12. "Gebersdorf (Tochterkirchengemeinde)
3. " Steinbühl	13. Stein b. Nürnberg (Dekanats Fürth)
4. " St. Paul	14. Fürth (Stadtbezirk)
5. " Maxfeld	15. Cadolzburg (Dekanats Fürth)
6. " Wöhrd	16. Veitsbronn (Dekanats Fürth)
7. " St. Jobst	17. Gunzenhausen
8. " Ziegelstein (exp. Vikariat)	18. Burgsalach (Dekanats Weißenburg)
9. " St. Lukas (Tochterkirchengem.)	19. Weiden
10." Zerzabelshof (exp. Vikariat)	20. Sonthofen.

Ferner hat eine Gaugruppe „Hochland" mit dem Sitz in München die Aufnahme ihrer Tätigkeit angezeigt.

2. Die Liste der Ortsgruppen nach Ziff. 1 dürfte nicht vollständig sein. Es bestehen nach Aktenlage Anhaltspunkte dafür, daß weitere Ortsgruppen bestehen für folgende Nürnberger Pfarreien:
Gibitzenhof, Mögelsdorf, Gartenstadt, St. Johannis, St. Matthäus. Außerdem ist damit zu rechnen, daß in Nürnberg wie in den übrigen evangelischen Gebieten Bayerns noch einzelne Ortsgruppen entstanden sind, von denen das Ministerium keine amtliche Kenntnis hat.

3. Verlässige Zahlenangaben über die (eingeschriebenen) Mitglieder der Ortsgruppen und über die durch sie in den betr. Pfarreien erfaßte Seelenzahl stehen z. Zt. nicht zur Verfügung.

4. Erhebungen über die bestehenden Ortsgruppen und ihre Mitgliederzahl sind eingeleitet.

5. Alsbald nach Eingang der beschleunigt eingeforderten Unterlagen werde ich weiteren Bericht erstatten.

I. V. gez. Dr. Boepple

224 Schreiben des Bayerischen Staatsministeriums für Unterricht und Kultus an Reichsstatthalter Ritter Franz von Epp. München, 15. April 1935. Abdruck an den Ministerpräsidenten

BayHStA, StK 7292

I.

Im Anschluß an Ziff. 5 meines Schreibens vom 28. vor. Mts. Nr. II 15400 beehre ich mich, das Ergebnis meiner Erhebungen über die Stärke der Deutschen Christen im rechtsrh. Bayern zu unterbreiten, wie es sich den inzwischen eingelaufenen Meldungen der Bezirksverwaltungsbehörden entnehmen läßt:

Regierungsbezirk	Ortsgruppen	eingeschr. Mitgl.	Seelenzahl
Oberbayern	1	300	300
Niederbayern/Opf.	4	199	530
Oberfranken/Mtfr.	58	11.615	38.763
Unterfranken	5	765	1.878
Schwaben	5	363	780
Bayern r. d. Rhs.	73	13.242	42.251

II.

Zu diesem Ergebnis darf ich im Einzelnen bemerken:

1. Die Zahl der „eingeschriebenen Mitglieder" ist von vielen Bezirksverwaltungsbehörden in runden Ziffern gemeldet worden, die den Eindruck erwecken, daß die Angaben vielfach auf Auskünften beruhen, die auf absolute Genauigkeit keinen Anspruch erheben können.
2. Unter der Rubrik „Seelenzahl" sind die Angehörigen des evang.-luth. Bekenntnisses erfaßt, die nach Schätzung der berichtenden Behörde der Reichskirchenbewegung deshalb zugerechnet werden können, weil das Familienhaupt als eingeschriebenes Mitglied einer Ortsgruppe dieser Bewegung angehört. Bei dieser Schätzung haben die berichtenden Behörden, wie nicht anders zu erwarten, stark voneinander abweichende Maßstäbe gewählt, so daß das Gesamtergebnis in dieser Richtung nur als allgemeiner Anhalt für die Gesamtstärke der „Deutschen Christen" im rechtsrh. Bayern gewertet werden kann. Zur Frage der Zurechnung von Familienangehörigen hat eine Bezirksverwaltungsbehörde wohl zutreffend bemerkt, daß „in vielen Fällen die Frauen einen anderen Standpunkt einnehmen als die Männer".
3. Am stärksten ist die Bewegung der „Deutschen Christen" im Regierungsbezirk Oberfranken und Mittelfranken vertreten. Von den für diesen Regierungsbezirk mitgeteilten Zahlen treffen auf Nürnberg allein 20 Ortsgruppen mit 7.700 eingeschriebenen Mitgliedern; die Seelenzahl wird von der Polizeidirektion Nürnberg-Fürth für Nürnberg auf rund 27.000 geschätzt.

4. Die ermittelten Zahlen ergeben wohl nur ein Bild für den Augenblick, da die Organisationsarbeit der Bewegung noch im Flusse ist und besonders außerhalb Frankens noch weitere Fortschritte erzielen dürfte. So bestehen Anhaltspunkte dafür, daß in Oberbayern neue Gruppen in Bildung begriffen sind, auch für Günzburg ist heute die Gründung einer Gemeindegruppe (ohne nähere Zahlenangaben) angezeigt worden.
5. Die berichteten Zahlen im Einzelnen nachzuprüfen, ist das Staatsministerium für Unterricht und Kultus nicht in der Lage. Daß dem Ergebnis gegenüber einige Vorbehalte zu bestellen sind, möge folgendes Beispiel zeigen:
Die Polizeidirektion Nürnberg meldet für Nürnberg-Eibach und Nürnberg-Reichelsdorf zusammen eine Ortsgruppenstärke von 2.700 Mitgliedern und schätzt die Seelenzahl auf „etwa das 3½ fache", d.i. auf rund 9.450 Seelen. Nach der „Statistischen Beschreibung" der evang.-luth. Pfarreien von 1929 (aufgebaut auf der Volkszählung von 1925) umfaßt die Pfarrei Nürnberg-Eibach 4.105 Seelen und das exponierte Vikariat Nürnberg-Reichelsdorf 2.700 Seelen, zusammen demnach 6.800 Seelen. Auch wenn man etwa den weiteren Zuwachs der beiden Vorortgemeinden seit 1925 in Rechnung zieht, erscheint die Schätzung der Polizeidirektion hinsichtlich der Seelenzahl der Deutschen Christen stark überschätzt, zumal nach einer beim Landeskirchenrat eingezogenen Erkundigung in der Pfarrei Eibach allein eine „bekennende Gemeinde" mit über 1.100 eingeschriebenen Mitgliedern besteht. Vielleicht hängen die Zahlendifferenzen damit zusammen, daß sich zur Ortsgruppe der Deutschen Christen in Eibach als einem Hauptstützpunkt der Bewegung auch Angehörige anderer Nürnberger Pfarreien halten. Im allgemeinen möchte ich die für die „Deutschen Christen" geschätzte Seelenzahl eher für zu hoch als zu niedrig gegriffen bezeichnen.

III.

Zur Würdigung des Zahlenergebnisses sind folgende Gegenüberstellungen dienlich:

1. Bayern r.d.Rhs. zählte 1925 rund 1,6 Millionen Angehörige des evangelischen Bekenntnisses. Nach der geschätzten Seelenzahl der „Deutschen Christen" (rund 42.300) würden sich etwa 2,64 % zur Reichskirchenbewegung der Deutschen Christen halten. Für Oberfranken und Mittelfranken allein beträgt der entsprechende Hundertsatz rund 3,4 %, für Nürnberg-Stadt rund 10,5 %
2. Auf Anfrage hat ein Kollegialmitglied des Evang.-Luth. Landeskirchenrates mitgeteilt, daß nach den dort vorliegenden Dekanatsberichten die Stärke der Deutschen Christen auf 2 bis 5 % der Gesamtseelenzahl geschätzt werde; die weitere Organisationsarbeit der Deutschen Christen könne diesen Satz auf vielleicht 7 bis 8 v. H. steigern.

3. Die Werbearbeit der Deutschen Christen in den einzelnen Gemeinden hat starke Abwehr im Sinne eines ähnlichen Zusammenschlusses derer gezeitigt, die sich zur sogen. „Bekenntnisfront“ halten; vielfach sind innerhalb der Pfarrbezirke in der letzten Zeit sogen. „bekennende Gemeinden“ entstanden oder in Entstehung begriffen, für die Einzelunterschriften unter den Gemeindeangehörigen gesammelt werden. Im Stadtbezirk Nürnberg soll nach Auskunft eines Kollegialmitgliedes des Evang.-Luth. Landeskirchenrates die „bekennende Gemeinde“ zur Zeit fast 70.000 eingeschriebene Mitglieder umfassen, ohne daß die Werbetätigkeit der Bekenntnisfront noch erschöpft wäre. Dieser Zahl wäre die Zahl der Ortsgruppenmitglieder der Deutschen Christen in Nürnberg mit 7.700 (s. oben Ziff. II,3) gegenüberzusetzen.

IV.

Es besteht der Eindruck, daß die Bewegung der Deutschen Christen seit der Jahreswende im rechtsrh. Bayern festen Fuß gefaßt hat und im zähen Kampf vorab in Franken allmählich Boden gewinnt. Es ist dies umso auffälliger, als die gleiche Bewegung im Norden des Reiches ihren Höhepunkt seit geraumer Zeit überschritten hat, und als die evang.-luth. Kirche in Bayern r. d. Rhs. bis dahin eine Geschlossenheit aufwies wie kaum eine andere Landeskirche. Die Bewegung der Deutschen Christen in Bayern wird zur Zeit von einem relativ kleinen Kreis ehemals landeskirchlicher oder aus der Landeskirche hervorgegangener Geistlicher getragen, die während des „Reichskirchenregiments“ im Oktober 1934 teilweise in führender Stellung hervorgetreten waren und die seit der Wiedereinsetzung des Landesbischofs D. Meiser am 2. November 1934 in Oppositionsstellung zur amtlichen Leitung der Landeskirche stehen. Der ausgebrochene innerkirchliche Streit fand Nahrung an disziplinären Maßnahmen und Verfahren, die die kirchliche Oberbehörde um ihrer Autorität willen gegen einige in der Bewegung führende Geistliche wegen angeblicher Unbotmäßigkeit gegen die Kirchenleitung und wegen behaupteter Verstöße gegen die Dienstpflichten der geistlichen Amtsträger glaubte durchführen zu müssen. Über die dadurch hervorgerufenen Spannungen mehr personeller und örtlicher Art hinaus dreht sich der Meinungskampf hauptsächlich um die Haltung der rechtsrh. Landeskirche gegenüber der in der Person des Reichsbischofs Müller verkörperten Leitung der Deutschen Evangelischen Kirche und gegenüber der von Bischof Marahrens geführten „Vorläufigen Kirchenregierung“. Dem von der kirchlichen Oberbehörde und von den Anhängern der Bekenntnisfront den Deutschen Christen gegenüber mit größtem Nachdruck erhobenen Vorwurf der „Bekenntniswidrigkeit“ der Lehre und der Bestrebungen der Deutschen Christen setzen diese in Bayern die Behauptung entgegen, daß sie selbst fest auf dem Boden des kirchlichen Bekenntnisses stünden. Verschärft werden die Gegensätze zwischen den beiden Lagern besonders

durch die von den Deutschen Christen vielfach erhobene Beschuldigung, daß sich hinter der Haltung der Bekenntnisfront staatsfeindliche Bestrebungen reaktionär gesinnter Kreise und ein bewußter Kampf gegen die weltanschaulichen Grundlagen der NSDAP. verberge.
Vom staatspolitischen Standpunkt aus verdient die Wahrnehmung besondere Beachtung, daß die starke Werbetätigkeit, die die Deutschen Christen in letzter Zeit in Bayern entfalten, je länger je mehr eine Abwehrbewegung in den Kreisen der kirchentreuen Bevölkerung hervorruft, die sich gelegentlich zu Vorwürfen gegen die Kirchenleitung wegen ihrer als zu duldsam empfundenen Haltung verdichtet und die Gefahr einer weiteren Verschärfung der Gegensätze in sich schließt.
Mögen auch die ermittelten Ziffern beweisen, daß zur Zeit die Deutschen Christen im rechtsrh. Bayern noch eine bescheidene Minderheit darstellen, so darf doch die tiefgehende Zerklüftung, die durch die Auseinandersetzungen zwischen den gegnerischen Lagern in vielen Gemeinden hervorgerufen wurde und die sich bis in den Familienverband hinein erstreckt, in ihrer Tragweite nicht unterschätzt werden. Eine Bereinigung der Gegensätze ist, soweit die evang. luth. Kirche in Bayern in Frage kommt, nur von einer Gesamtlösung der sogen. evangelischen Kirchenfrage für das Reichsgebiet zu erwarten.
I. V. gez. Dr. Boepple.

225 Schreiben der Landesleitung Bayern der Reichskirchenbewegung Deutsche Christen an Reichsbischof Ludwig Müller. Nürnberg, 15. Mai 1935

EZA Berlin, 1/1807

Hochverehrten Reichsbischof
Leider war es unmöglich, unser ernstliches bayerisches Finanzanliegen für unsere dienstentlassenen Pfarrer noch näher mit Ihnen zu besprechen. Sie hatten die Liebenswürdigkeit Pfarrer Beer-Eibach, Pfarrer Hormess-Pfäfflingen und mir je RM 500.– als einmalige Zuwendung zuweisen zu lassen. Dafür danken wir Ihnen aufs Herzlichste. Die schwere Situation aber ist dadurch nicht behoben. Es muss angestrebt werden, dass die dienstentlassenen Pfarrer eine laufende Entschädigung erhalten. Mit Herrn Landesbischof Coch habe ich seinerzeit in Bayreuth verhandelt und er hat mir erklärt, dass er von Ihnen beauftragt sei, die finanziellen Angelegenheiten mit in die Wege zu leiten. Wir rechneten eine Vierteljahressumme von etwa RM 23.000.–, die von den verschiedenen Kirchen à conto des Herrn Reichsbischof zu dessen Verfügung gestellt werden könnten. Landesbischof Coch erklärte mir, dass allein Sachsen vierteljährlich ca. RM 14.000.– abliefern werde. Auf Grund dieser Überlegungen waren wir in unserem bedrängten

Bayern nun sehr froh, dass dadurch die Hauptkämpfer vor einem finanziellen debacle bewahrt bleiben. Ich persönlich habe seit 1. Jan. kein Gehalt mehr bekommen und müsste in der nächsten Zeit in ernste Schwierigkeiten geraten. Pfarrer Dr. Beer ist seit 1. April ohne Gehalt und muss mit diesem Dauerzustand rechnen. Pfarrer Hormess Pfäfflingen hat seit 1. Mai keinen Verdienst mehr. Pfarrer Sommerer muss ab 1. Juli, spätestens 1. August 1935 versorgt werden. Pfarrer Fuchs ist z. Zt. in Ruhestand; es ist nicht ausgeschlossen, dass man auch noch gegen ihn schärfer vorgeht. Stadtvikar Arndt ist seit 1. Nov.1934 ohne Gehalt und wurde bisher von der Landesleitung mit einem sehr bescheidenen Gehalt versorgt. Da wir wohl damit rechnen müssen, dass eine durchgreifende Änderung in nächster Zeit nicht geschehen wird, müssen wir einen klaren, grundlegenden Etat aufstellen. Die Beiträge und Opfergaben unserer Mitglieder ermöglichen lediglich die Ausgaben für die Geschäftsstelle, Personal, Druckkosten, Porti, Telefon etc. zu bestreiten. Das ist umso schwerer, da noch ca. RM 4.000.– Schulden abzuzahlen sind. Die Landesleitung kann also für die Besoldung der Geistlichen nicht in Frage kommen. Wir bitten daher um folgende Regelung: für die dienstentlassenen Pfarrer wird der Landesleitung Bayern bis auf weiteres monatlich ein Betrag von RM 3.000.– überwiesen. Für die Verwendung der Gelder geschieht an den Herrn Reichsbischof Nachweis.

2.) Hinsichtlich der Kirchenpolitik von Bayern gestatten wir uns folgende Klarstellung. Von unserer bayerischen und süddeutschen Lage und Haltung her suchen wir gerne und bewusst Anlehnung an Kirchenregierungen, die bewusst reichskirchlich und für den Reichsbischof eingestellt sind. Wir waren daher sehr froh, als sich uns diese Möglichkeit in Herrn Landesbischof Coch-Sachsen geboten hat. Wir versprechen uns durch eine engere Arbeitsfühlung mit der sächs. Landeskirche manchen Auftrieb und manche Stärkung für unseren bayerischen Kampf. Wir möchten auch erreichen, dass unsere Reichsleitung auch wieder mehr Fühlung nimmt zwischen den reichskirchlich eingestellten Kirchenregierungen in Deutschland, damit wir mehr und mehr zu einem grossen Reichskirchenblock kommen. Dieser muss gebildet sein aus der Reichsbewegung der Deutschen Christen (in Bayern Reichskirchenbewegung), den reichskirchlich eingestellten Kirchenregierungen und sonstigen reichskirchlich eingestellten Gruppen und Kreisen, die hin und her im Deutschen Lande noch ohne Anschluss sind. Bei letzteren denke ich z. B. an die Hensoltshöhe.

3.) Darf ich mir wohl die Anfrage gestatten, wann wir nun mit Ihrem Besuch in Bayern rechnen dürfen und welche Vorbereitungen dazu zu treffen sind. Seinerzeit hat Herr Oberbürgermeister Liebel mir für zweckmässig erklärt, dass Sie und ich beim Innenminister Wagner vorstellig werden sollen, wegen Ihres Besuches und eines evtl. Antrages auf Überlassung einer Kirche. Ich möchte Ihnen das nur mitteilen; ich persönlich halte eine Kirche nicht für notwendig, nachdem es ja auch in Württemberg sehr gut vonstatten ging.

Wir Bayern, die wir mit etwa 1000 Mann uns an den Kundgebungen in Württemberg beteiligten, warten mit grosser Sehnsucht darauf, dass die Reichsbischoffahrt nun bald Wirklichkeit wird.

4.) Dr. Kinder und Rehm werden Ihnen berichtet haben; er hat hier in einem Amtswalterkreis gesprochen und wir haben uns gut verstanden. Auch unsere Leute waren recht befriedigt. Freilich betonen wir im Süden mehr und mehr die Reichskirchenbewegung.

Mit der herzlichen und dringenden Bitte um baldigen Bescheid, besonders auch wegen der dringenden finanziellen Angelegenheit, grüsst Sie ehrerbietigst!
Heil Hitler!
Pfr. Baumgärtner

226 Statistische Erhebung über die Mitgliederzahl der Bekenntnisgemeinschaft und der D.C. in Bayern (Stand vom Juni 1935)

LAELKB, BD Augsburg 3.7.0003 – 444a

A. Kirchenkreis Ansbach.

Dekanat	Seelenzahl	B.G.	D.C. (vermutlich)	D.C. (bestimmt)	Bemerkungen
					Für den Kirchenkreis Ansbach sind nur die Gesamtzahlen angegeben (s. unten)
Ansbach	38484				
Burghaslach	6177				
Dinkelsbühl	13678				
Markt Einersheim	5912				
Mkt. Erlbach	11562				
Feuchtwangen	13648				

Gunzenhausen	16024				
Heidenheim	7923				
Insingen	6446				
Kitzingen	18622				
Kreuzwertheim in Aschaffenbg.	13573				
Leutershausen	8789				
Lohr a. M.	8474				
Neustadt a. A.	20957				
Rothenburg o. T.	14331				
Rothausen	6997				
Rüdenhausen	7258				
Schweinfurt	29908				
Uffenheim	12715				
Wassertrüdingen	9393				
Weißenburg	12558				
Windsbach	14206				
Windsheim	15339				
Würzburg	31056				
	344066	140227	4253		

B. Kirchenkreis Bayreuth

Dekanat	Seelenzahl	B. G.	D. C. (vermutlich)	D. C. (bestimmt)	Bemerkungen
Bamberg	16718	3414	115		
Bayreuth	53745	18886	645		
Berneck	15214	11200	685		

Coburg	74757	1300+	3++		+ Zahlenmäß. nur in Coburg zus.gefaßt; in and. Gden. noch keine k. B. G., da auch keine k. D. C. Gruppen gegründet. ++ gesinnungs-mäß. jedoch mehr. In e. Gde. 4–5 D. Gl. Bew.
Eyrichshof	7767				B. G. zahlenmäß. nicht vorh. Vermutl. 75 %. Gesinnungs-D. C. vorhanden.
Gräfenberg	8938	600+	210		+ in Gräfenberg; in d. and. Gden. noch nicht.
Hof	67235	16000		1+	+ Lehrer in Berg; sonst zahlenmäßig nicht festgestellt.
Kirchenlamitz	31021			50+	+ in Selb; Mitgl. Slg. d. D. C. wenn Gründung v. B. G.
Kronach	15584	6900 (rund)	8		2 D. C.-Pfarrer
Kulmbach	32374	1180+	3?		+ nur Grafengehaig. Gesinnungsgenossen d. D. C. wohl vorhanden.
Ludwigstadt	6977	233	20		Bek. Gem. zahlenmäßig nicht festgestellt.
Michelau	15742	4000+ rd.			+ doch gesinn. mäßig viel mehr, nicht überall festgestellt. Gesinnungs-D. C.

Münchberg	33990	2155	109		
Muggendorf	6374	1300 rd.	75		B. G. gesinn. mäßig weil mehr; nicht überall zahlenmäßig festgestellt. D. C. Gruppen: Muggendorf, Streitberg, Wüstenstein; 2 D. C.-Pfarrer
Naila	28147				B. G. zahlenmäßg. nicht vorh. doch bekenntnistreu. D. C. Gesinnung da u. dort vorh. 1 DC -Pfarrer
Neumarkt i. Opf.	4726	750+	35		+ 620 ohne rote Karte, BG. gesinnungsmäßig mehr.
Pegnitz	13548	20+			+) in Plech B. G. zahlenmäß. nicht vorh., doch Bek. Gden vorhanden. D. C.-Pfarrer
Rügheim	11288		100		B. G. im Bezirk nicht gegründet, dagegen bek. treue Gden.
Sulzbach	20396	5522	50		B. G. in verschied. Gden. in Bildung begriffen. Unter 5522 sind 17 Familien.
Thurnau	9823				B. G. nicht gesammelt, deckt sich jedoch fast mit der dzt. S. Zahl 9620. Gesinnungs D. C. vorhanden.

Weiden	15880	3180	230		B. G. nur in Gemeinden wo D. C.-Gefahr. 2 DC-Pfarrer.
Wunsiedel	323042		72		B. G. nicht gebildet. Nach Ansicht des Dekans keine Veranlassung vorerst.
	522368	76620	2380		

C. Kirchenkreis München

Dekanat	Seelenzahl	B. G.	D. C. (vermutlich)	D. C. (bestimmt)	Bemerkungen
Augsburg	40794	7069	200		B. G. nicht in allen Gden zahlenmäßig festgestellt, doch innerlich bek. treu. Die Zahl der D. C. wird als durchschn. Teilnehmerzahl b. Vers. angenommen.
Ebermergen	9665	1934	74		Auch wo k. B. G., doch z. größten Teil bek.treu. 1 DC-Pfarrer, 3/4 Gemeinde hinter ihm.
Kempten	14649	4177	169		
Leipheim	16393	1930	75		Slg. d. BG. geht weiter, D. C. gesinn.mäßg. vielleicht etwas mehr.
Memmingen	12752	5368	50+)		+ nur in Memmingen

München I	114.165	17000 rd.	600 rd.		
München II	22170	1476	81		
Nördlingen	12732	3543	144		B. G. noch in Bildung begriffen. Ortsgr. D. C. soll in Nördlingen v. 32 auf 130 gestiegen sein.
Oettingen	5763	2433	59		
Pappenheim	14982	1433	100		Bekenntnisgemeinschaft noch in Bildung begriffen.
Regensburg	16088		40		B. G. nicht gebildet, doch bek. treue Gden.
Rosenheim	11669	1981+	79++		+) aus 7 Gemeinden, ++) aus 8 Gemeinden, inzwischen, wohl einige mehr.
	291822.	48324.	1671.		

D. Kirchenkreis Nürnberg

Dekanat	Seelenzahl	B. G.	D. C. (vermutlich)	D. C. (bestimmt)	Bemerkungen
					Für den Kirchenkreis Nürnberg sind nur die Gesamtzahlen angegeben (s. unten).
Altdorf	16726				
Erlangen	31832				
Fürth	90124				
Hersbruck	31952				

Münchaurach	4145				
Nürnberg	265585				
Roth	10233				
Schwabach	25076				
Thalmässing	6173				
	481844.	133000.	6000.		

ZUSAMMENSTELLUNG

Kirchenkreis	Seelenzahl	Bek. Gem.	D.C.
Ansbach	344066	140227	4253
Bayreuth	522386	76620	2380
München	291822	48424	1671
Nürnberg	481844	133000	6000
Gesamtzahl	1640118	398171	14304

227 Entschließungen der bayerischen Deutschen Christen (November 1935)

BayHStA, StK 7292 = H. Baier, Deutsche Christen, S. 484–786

Auf der Jahrestagung der Deutschen Christen Bayerns in Nürnberg vom 1. bis 3. November wurden folgende Entschliessungen gefasst.

I.

Die Deutschen Christen Bayerns sind in diesen Tagen in Nürnberg versammelt. Sie erheben schärfsten Protest gegen die für sie noch immer bestehende kirchliche Rechtlosigkeit innerhalb der bayerischen Landeskirche. Ihre Pfarrer sind nach wie vor zum Teil aus dem Amte entfernt, zum Teil schweren Bedrückungen ausgesetzt; die Kirchen werden ihnen verweigert, ihre Anhänger sind zum Teil noch aus den Kirchenvorständen und -Verwaltungen entfernt. Dagegen können am 10. November prominente Vertreter der Bekenntnisfront aus dem ganzen Reich auf den Nürnberger Kanzeln predigen. Die Deutschen Christen Bayerns fordern daher:

1. Die völlige Wiederherstellung ihrer kirchlichen Rechte, indem die abgesetzten und gemassregelten Pfarrer unter Wiederherstellung ihrer Ehre in ihre Ämter wieder eingesetzt werden und den entfernten Mitgliedern aus den kirchlichen Körperschaften wieder zu ihrem Rechte verholfen

wird. Die Deutschen Christen müssen in den kirchlichen Körperschaften der bayerischen Landeskirche vertreten sein.

2. Die Freiheit und Anerkennung ihrer Bewegung, indem auch der Deutschen Christen, die als Glieder der bayerischen evang. Kirche ihre Kirchensteuern bezahlen, innerhalb der bayerischen Landeskirche für ihre gottesdienstlichen Bedürfnisse zu Feierstunden und Gottesdiensten an Sonn- und Wochentagen Kirchen, und kirchliche Gebäude zur Verfügung gestellt werden, indem an den Hauptpunkten des kirchlichen Lebens deutsch-christlichen Pfarrern Pfarrämter eingeräumt und indem ihnen für Schulungs- und Sprechabende die Gemeindesäle geöffnet werden.

Die Deutschen Christen Bayerns bitten und erwarten, dass den dringenden Bitten für die Befriedung des kirchlichen Lebens in Bayern von den verantwortlichen Stellen nunmehr entsprochen wird.

II.

Die zur Jahrestagung in Nürnberg versammelten Tausende Deutscher Christen Bayerns begrüssen freudigen Herzens die grundsätzliche Regelung der Judenfrage durch die „Nürnberger Gesetze“.

Sie erwarten es als eine Selbstverständlichkeit, daß diese Gesetze auch im Kirchenraum der Deutschen Evangelischen Kirche rückhaltlos zur Durchführung kommen.

Der zu dem artbewussten deutschen Wesen in schroffstem Gegensatz stehende jüdische Geist darf in einer Deutschen Evangelischen Kirche nicht die geringste Heimstätte mehr haben. Dem artbewussten mit Blut und Boden verbundenen deutschen Menschen kann unter keinen Umständen zugemutet werden, daß er sein Heiligstes, seine deutsche Seele einem rassisch anders gearteten Seelsorger anvertrauen muß, der eben aus dieser anders gearteten Rassenseele heraus den deutschen Menschen nie verstehen wird und verstehen kann.

Wir fordern deshalb um unseres Volkes und um unserer Kirche willen:

1. Rückhaltlose Durchführung des Arierparagraphen für Beamte und Geistliche auch innerhalb der Deutschen Evang. Kirche, d.h. Zurückziehung aller nichtarischen und jüdisch versippten Geistlichen und Kirchendiener vom Dienst am deutschen Menschen. Diese Forderung gilt gleicher Weise auch für alle Einrichtungen, die unmittelbar oder mittelbar in Zusammenhang mit der Deutschen Evang. Kirche stehen.
2. Wir fordern ferner die Bildung eigener judenchristlicher Gemeinden. Wir verwehren dem Juden nicht das Kommen zu Christus, wenn es ihm wirklich Ernst darum ist, aber wir wollen Gott in unserer Art dienen und können nicht um unserer Deutschen Evangelischen Kirche und unseres deutschen Volkes willen Artfremdes als störendes Element tragen.

Leitung der Deutschen Christen Bayerns
Pfarrer Baumgärtner

228 Forderungen der „Deutschen Christen" an den Evang.-Luth. Landeskirchenrat München. Überreicht am 13. November 1935 durch Dr. Bub

FKiZM. A 30. 26

1. Herstellung eines Friedens ohne Sieger und Besiegte auf der Grundlage der gegenseitigen Achtung und der Gleichberechtigung. Die „Deutschen Christen" in Bayern sind als eine gegebene Größe anzuerkennen, so wie sie das bayer. Kirchenregiment als rechtmäßige Kirchenbehörde anerkennen. Der Arbeit der „Deutschen Christen" in Bayern ist freie Entfaltung und ihren Pfarrern dementsprechende Betätigung zu gewährleisten.
2. Rehabilitierung und Wiedereinsetzung der im Verlaufe der kirchenpolitischen Kämpfe gemaßregelten Geistlichen und Kirchenvorsteher und Wiedergutmachung an ihnen.
3. Berücksichtigung der Deutsch-Christlichen Angehörigen der Bayer. Landeskirche und ihre Betreuung durch Geistliche ihres Vertrauens.
4. Bildung eines Kirchenausschusses in Bayern, in dem die „Deutschen Christen" vertreten sind, denn auch die bayer. Landeskirche ist entgegen der Auffassung des bayer. Landeskirchenrates nicht intakt, zumindest aber Bestimmung eines Verbindungsmannes der „Deutschen Christen" in Bayern zum bayer. Landeskirchenrat. Dem Verbindungsmann steht bei Maßnahmen, die nach seiner Auffassung nicht zur Befriedung dienen, Einspruchs- und Beschwerderecht zum Reichskirchenministerium und zum Reichskirchenausschuß zu.

229 Schreiben des Landeskirchenrats an den Reichskirchenausschuss. Den Dekanaten mit Rundschreiben Nr. 138, München, 6. Januar 1936, zur Kenntnis gebracht

FKiZM. A 30. 1/1

Betreff: Unterschriftensammlungen der D. C.
Die Landesleitung der Reichskirchenbewegung-Deutsche Christen in Bayern, Pfarrer Baumgärtner in Nürnberg, Lorenzerplatz 14, hat dem Reichskirchenausschuß und dem Herrn Reichsminister Kerrl wiederholt Unterschriftensammlungen der D. C. und Schriftstücke über die zahlenmäßige Stärke der D. C. in Bayern zugeleitet. Wir waren bisher in jedem einzelnen Fall in der Lage, die Unrichtigkeit der aufgestellten Behauptungen nachzuweisen.
Gegenwärtig treiben die D. C. in Bayern, ungeachtet des ausdrücklichen und ausgesprochenen gegenteiligen Willens des Herrn Reichsministers für die kirchlichen Angelegenheiten, eine verstärkte Propaganda. Sie benutzen

die von uns im Sinne der angebahnten Befriedung geübte Zurückhaltung dazu, ihre geringen Mitgliederzahlen zu erhöhen und so Tatsachen zu schaffen, die sie bei einer kommenden endgültigen Bereinigung der Verhältnisse in unserer Landeskirche entscheidend in die Waagschale werfen wollen.
Wir machen den Reichskirchenausschuß sowohl auf diese unzulässige, einer kommenden Bereinigung der Verhältnisse höchst abträgliche, Propaganda aufmerksam, wie auch auf die dabei geübten Methoden, die wir als fahrlässig, ja als irreführend bezeichnen müssen.
So wird uns aus Augsburg gemeldet, daß dort eine Unterschriftensammlerin der D. C., die von Haus zu Haus geht, folgendes erklärt hat: „Wir sind noch zu wenig Mitglieder in Augsburg, um eine Kirche beanspruchen zu können, darum brauchen wir Unterschriften; die Unterschrift verpflichtet zu nichts weiter, es haben auch schon Katholiken unterschrieben."
Aus Fürth wird gemeldet, daß festgestellt worden ist, daß der dortigen Ortsgruppe der D. C. auch eine Reihe von Katholiken angehören. Man sucht auch dort mit allen Mitteln zu hohen Zahlen zu kommen, um in absehbarer Zeit eine Kirche beanspruchen zu können.
Auf diese Tatsachen beehren wir uns den Reichskirchenausschuß heute schon hinzuweisen, damit er etwa einlaufende Unterschriftensammlungen oder Zahlenangaben entsprechend zu werten in der Lage ist.
gez. D. Meiser

230 Schreiben der Gemeindegruppe Ansbach der Reichskirchenbewegung Deutsche Christen an den Reichskirchenausschuss. Ansbach, 11. Februar 1936

EZA Berlin, 1/1395

Entschließung.
Wir deutschen Christen in Ansbach (über 2000 abendmahlsberechtigte Mitglieder in der Stadt selbst, über 3000 im Bezirk, dazu Tausende von Anhängern) sind auf das Wort des Führers zur Schaffung einer deutschen evangelischen Reichskirche aufgesprungen, um dem Nationalsozialismus in die Kirchenmauern Eingang zu verschaffen, in der Überzeugung, daß eine volksverbundene Kirche von dem gewaltigen Geschehen in unserem Volk nicht unberührt bleiben kann. Wir sind bewußt ganze evangelisch-lutherische Christen, die auf heiliger Schrift und Bekenntnis der Väter unverrückt stehen.
Wir sind aber auch ganze nationalsozialistische Deutsche, die in dem Führer und seinem Werk Gottes wunderbares Walten über unserem Volke sehen.
Trotz unserer nationalsozialistischen und durchaus bekenntnismäßigen Haltung werden wir seit über 1¼ Jahren hier in Ansbach als Christen 2. Klasse behandelt; wir werden von den Kanzeln und in Flugschriften als

Sekte, als Neuheiden, als Gottlose, als Irrgläubige, als Ketzer diffamiert; wir müssen unsere überfüllten Gottesdienste, zu denen nicht selten 1200 und mehr „Deutsche Christen" und auch viele andere Christen erscheinen, seit 1¼ Jahren einer unzureichenden Turnhalle abhalten, während in den hiesigen 3 großen Kirchen die Gottesdienste sich nicht immer durch glänzenden Besuch, sondern manchmal durch gähnende Leere auszeichnen, wenn nicht gerade einer der beliebten zugkräftigen Bekenntnis- oder Hetzgottesdienste stattfindet. Wir werden gesellschaftlich und wirtschaftlich boykottiert, angespieen, verleumdet, verhöhnt, beschimpft, geschlagen. Bei unseren Beerdigungen darf keine Friedhofsglocke ertönen, Kreuz und Grabgesang wird uns verweigert. Unser Herr Stadtpfarrer Fuchs, dem allein wir unser volles Vertrauen schenken, weil er sich nie an der oft unglaublichen Hetze gegen Staat und Nationalsozialismus beteiligt hat, wird ohne jeden ersichtlichen stichhaltigen Grund, sondern einzig und allein aus persönlichem Neid und Eifersucht von seinem Amte ferngehalten, während wir von den anderen Kirchengebieten hören, daß dort Bekenntnispfarrer wieder längst in ihr Amt eingesetzt sind. Warum wird da mit zweierlei Maß gemessen? Warum soll bei uns eine Befriedung nichts anders als eine Unterwerfung und Demütigung bedeuten? Wir haben das oftmals wiederholte feierliche Versprechen des Herrn Reichministers Kerrl auf Wiedergutmachung des uns und unserem Herr Pfarrer zugefügten großen Unrechts. Darauf berufen wir uns und bitten nicht, sondern fordern: vollständige Rehabilitierung unseres Herrn Pfarrers und freie Übung unseres Glaubens. Unsere Geduld, die wir bisher aus nationalsozialistischer Disziplin in geradezu selbstverleugnender Weise g[...] [...]ben, ist zu Ende. Die Zeit des Stillschweigens ist vorbei, wir werden handeln! Aber es liegt dann nicht an uns, wenn es in Ansbach zu einem geistlichen Kirchenfrieden nicht kommen kann. Wir lehnen die Verantwortung für alles weitere Geschehen ab, wir haben bis an die Grenze der Selbstaufgabe geschwiegen.

Heil Hitler!

Reichskirchenbewegung Deutsche Christen

Gemeindegruppe Ansbach

Beierlein

231 Schreiben Georg Helds an den Reichskirchenausschuss. Ansbach, 11. Februar 1936

EZA Berlin, 1/1395

Wir Eltern der 57 DC-Konfirmanden von Ansbach und Umgebung fordern unser Recht. Wir lassen uns nicht mehr länger von reaktionären Hetzpfaffen, die ganz offen den Staat Adolf Hitlers bekämpfen und die nationalsozialistische Weltanschauung verneinen, als Christen 2. Klasse betrachten

und beschimpfen. Der Geistliche unseres Vertrauens ist Herr Stadtpfarrer Fuchs Ansbach. Bei ihm besuchen auch unsere Kinder den Konfirmandenunterricht. Sollen junge Christen ihren Ehrentag, den Tag ihrer Konfirmation, in einer Turnhalle feiern? Wie lange will man noch dulden, dass nationalsozialistischen Staatsbürgern, die auch ihre Kirchensteuern bezahlen, von der soge. „bekennenden Kirche" die Gotteshäuser vorenthalten werden? Wer Pflichten hat, hat auch Rechte, im nationalsozialistischen Staate mehr dann je. Darum fordern wir, dass uns in bäldester Zeit die Gumbertuskirche in Ansbach für unsere Gottesdienste zur Verfügung gestellt, dass Herr Stadtpfarrer Fuchs wieder in sein Amt eingesetzt und die Konfirmation unserer Kinder von genannten Geistlichen in der Kirche vorgenommen wird. Unsere Geduld ist zu Ende. Wir DC haben lange genug gebeten, nun fordern wir unser Recht.
Heil Hitler
Georg Held
für die Eltern der 57 DC-Konfirmanden.

232 St.: Ortsgemeinde München
Deutscher Sonntag 1 (1933), Nr. 1, 6. Januar 1937

Am 13. Dezember 1936 hatten wir das Glück, in unserm ständigen Versammlungssaal eine Feierstunde mit Pfarrer Schneider-Stuttgart, erleben zu dürfen. – Es war eine überaus sinnige Betrachtung des Advents-Geheimnisses, die uns der Redner vorführte: er hat es verstanden, mit frommen schlichten Worten den Glauben an den Vater im Himmel, die Hoffnung auf das Heil durch den menschgewordenen Erlöser und die Liebe Gottes zu seinen Kindern in uns zu verankern. Ein einziges großes Bekenntnis zum Glauben an den Gott des Lichtes und der Liebe war dieser Abend! – Der Redner hat dann auch des Heiles gedacht, das unserm Volke widerfahren ist, indem Gott ihm den Führer sandte, dass er es befreite aus den Gefahren und Schrecken des Bolschewismus, wobei er auf die Zustände in Spanien verwies. Es ist uns Deutschen Christen heute ein Herzensbedürfnis, mit dem starken Christglauben auch den Dank für das große sittliche Werk unseres Führers zu verbinden. – Wir sind dem Redner für seine tiefgründigen Ausführungen dankbar und fühlen in uns die heilige Verpflichtung, nichts zu wollen als „Christus und Deutschland!"
Ferner hielt uns am 25. Dezember Pfarrer Griesinger-Ulm eine Christfestfeierstunde. Mit feinstem Verständnis für deutsches Wesen und Empfinden führte der Vortragende uns in das altdeutsche Brauchtum des Weihnachtsbaumes mit brennenden Kerzen, Geschenkkringeln usw. ein und verstand es glänzend, diese schönen Bräuche in religiöse Bedeutung überzuleiten. Er verglich das Lukasevangelium von der Geburt des Christuskindes mit

dem Evangelium des Johannis: das Licht kam in die Finsternis und die Finsternis hat es nicht begriffen; Gott kam in sein Eigentum, und die Seinen nahmen ihn nicht auf, jenen aber, die ihn aufnahmen, gab er Macht, Kinder Gottes zu werden. Wer es nicht fühlt, wird es nie erjagen, wer den Sinn nicht hat für die Bedeutung des Höchsten und Schönen, wird auch nie den Glauben haben.
Auch Pfarrer Griesinger appellierte an die Dankbarkeit des Volkes zum Führer, der uns die Möglichkeit gegeben hat, in einer von wilden Stürmen umbrausten Welt solch schöne Feste in Frieden feiern, glauben und hoffen zu können. Wer will, kann glauben und wer nicht will, dem ist nicht zu helfen.
Mit Gesang und Gebet endete in beiden Feiern der Abend.

233 Programm der Schulungstagung der Volkskirchenbewegung Deutsche Christen, Kreis Ulm, Neu-Ulm am 9. und 10. Januar 1937, Ulm, „Dürftige Stube"

LAELKB, KKE 38c

Reihenfolge:

9. Januar, 1937.	Ab 15.00 Uhr. Meldung der auswärtigen Gäste beim Quartieramt „Dürftige Stube" unterhalb der Dreifaltigkeitskirche. Es wird soweit es irgendwie möglich, Freiquartier gewährt.
19.00 Uhr:	Eröffnung der Tagung in der Dürftigen Stube. Kreisgruppenführer Pg. Rudolf Lechler, Ulm.
20.00 Uhr:	Pg. Pfr. Häcker, Uhingen, spricht über: Verkünder des kirchlichen Umbruchs (Chamberlain)
21.30 Uhr:	Tagesausklang. Pg. Stpfr. Griesinger, Ulm.
10. Januar, 1937.	
8.30 Uhr:	Tagesbeginn. Pg. Stpfr. Griesinger, Ulm.
9.00 Uhr:	Kampfliedersingen.
10.00 Uhr:	Pg. Stpfr. Griesinger, Ulm, spricht über: Verkünder des kirchlichen Umbruchs. (Lagarde)
12.00 Uhr.	Gemeinsames Eintopfessen. (60 Pfennig)
14.00 Uhr.	Stadtrundgang.
16.00 Uhr.	Dekan Dr. Megerlin, Neuenbürg, spricht über: Verkünder des kirchlichen Umbruchs. (Joh. Müller, Erich Winkel)
18.00 Uhr:	Pg. Landesbischof Coch, Dresden spricht zu der Schulungstagung.
19.45 Uhr.	Tagungsausklang. Pg. Pfr. Minia, Augsburg.

Tagungskarten zu allen Vorträgen	50 Pfennig.
einzelne Vorträge	20 Pfennig.

H.J. und B.D.M. halbe Preise, ebenso Kleinrentner, Kinderreiche und Arbeitslose.
Heil Hitler.

234 Nachrichten aus Bayern. Deutsche Kameradschaft in Gott

Deutscher Sonntag 5 (1937); Nr.3, 26. Januar, S. 22

Gottesdienst in Augsburg am 1., 9. und 10. Januar. Landesbischof Coch-Dresden und Kamerad Minia predigten. Das Opfer betrug 188.10 RM. und 255.95 RM.
Inmitten einer sturmvollen Zeit hat Kamerad Minia-Berlin seinen Sitz in Augsburg genommen, um von hier aus den Durchbruch der frohen Botschaft in Treue mit uns allen vorzubereiten! Augsburg hat gesundes deutschchristliches Leben, was nicht zuletzt durch die Arbeit des Kameraden Griesinger aus Ulm unter der Leitung von Pg. Engel angefacht ist. Beide Tage waren somit Erleben Gottes in unserer Zeit. Denn wo sein Wort als siegesfrohes lebt, da ist der Herr selber. Und diesen Segen fühlte auch unser lieber Landesbischof Pg. Coch, Dresden, der einmal über unser Wollen sprach, zum andern uns das Wort des Heilandes auslegte:
„Meine Last ist leicht!"
Wiederum folgte der überfüllte Börsensaal mit seinen begeisterten Anhängern der Predigt. Und wenn unsere Gegner einmal Herz hätten, uns zu verstehen, dann müssten sie hören: hier ist mehr als menschliche Leidenschaft, hier beginnt ein Volk über das Ereignis der deutschen Kameradschaft zu Gott aufzubrechen!
Beglückt wurden wir auch alle durch das von Frl. Unger seelenvoll gesungene „Vaterunser".
Am Mittag saß der Landesbischof Pg. Coch unter uns (wir waren etwa 100 Teilnehmer beim Eintopfgericht in einem Gasthaus). Wir fuhren nachmittags mit 30 Fahrgästen in einem Omnibus nach Ulm, um daselbst die schwäbischen Kampfkameraden zu begrüßen.
Die genannten Tage waren reich innerlich gesegnet – und wenn man dazu den neuen Kelch und die Silberkanne und den Teller zum Abendmahl aus einer Privathand gespendet, sieht, dann begreift man: Der Weg dieser neuen Zeit ist recht; denn wo aus echtem Glauben die Liebe so reichlich schenkt, da kann nur Gott – niemals aber der Teufel im Spiele sein.

235 Günter Minia: Vom Wagnis unseres Glaubens

Deutscher Sonntag 5 (1937), Nr. 4, 31. Januar, S. 30

Wie kurz ist jener Bericht des Evangeliums, wo ein Vater um sein krankes Kind mit dem Heiland ringt. Jesus will helfen unter einer Bedingung: „Wenn du doch glauben könntest! Alle Dinge sind möglich, dem der glaubt."
Und der Vater des unglücklichen Kindes ruft:
„Ich glaube, lieber Herr; hilf meinem Unglauben!"
Wie kurz ist dieser Bericht, und wie viel hat er gerade unserer Bewegung zu sagen und dir: Woher du auch kommst im Kampf um Deutschland und wohin du auch gehst. Ob du den Bericht mit Kinderaugen liest und den Himmel offen siehst, oder ob du die Schrift mit den Maßen deiner Rasse, deines Blutes und deines Heimatboden siehst. Immer wird nur Israel fallen. Immer wird anstatt des himmlischen Jerusalem die feste Burg aufleuchten. Der Bericht des Evangeliums aber wird bleiben, was er ist: frohe Botschaft in allem Wagen. Einer versteht uns, der die Geschichte der Welt und uns geborgen hält.
Warum wurden wir Deutsche Christen? Weil die bürgerliche Unehrlichkeit der alten Kirche uns nicht inneren Frieden gab. Weil wir wieder um unser deutsches Korn beten wollten. Weil wir unsere Reichsfahne weder in violett noch in schwarz-rot-gold sahen. Weil wir, ja weil wir Gott für uns und unser liebes Volk gebrauchen: als Brot im öffentlichen Wort, als Quell in der Feier, als Segen in Leben und Sterben! Darum verstanden wir den Ritter, Tod und Teufel so:
Unbarmherzig das Leben, wie es ist.
Sich durchschlagen bis zur Krone der Treue!
In der Liebe selbst neues Leben finden.
Und aus vergebender Liebe andere entflammen!
Auf deutschem Boden ernst machen mit Christus für Jedermann! Das war unser Programm. Nicht kuschen, sondern tapfer sein. Nicht zerstören, sondern innerlich aufbauen! Anders gesagt: Wie bei einer Muschelschale zwei Seiten zu einander gehören, so wollten wir zum erwachenden Deutschen den tapferen Christen gesellen. Denn beide befruchten einander: der Kampf im Leben und der Kampf um das Leben. Und was dabei herauskommt: ein schaffendes Volk und ein neugeborener, dankbarer, zufriedener Mensch!
Das Leben sehen, wie es ist! Kampf ansagen, wo man muß! Ein reines Gewissen haben – und das alles in diesen kleinen Bibelberichten finden und aus ihnen heraus lesen mit der Not des eigenen Herzens, das nenne ich deutsches Christentum! Wir glauben, Herr, an dich! Hilf doch unserm Unglauben. Gib uns doch recht Erkenntnis des Weges, den wir wandern müssen; gib uns rechte Tragkraft für jede eigene Versuchungsstunde.
Stehen wir so, dann empfinden wir das Wagnis unseres Glaubens! Uns kann

niemand helfen! Wir lassen den Reichskirchenausschuß, weil er Diplomatie trieb, statt froher Botschaft. Wir sehen die Bekenntniskirche als das, was sie ist: Kirche einer versunkenen politischen Ordnung. Wir sehen die Kämpfe des Hauses Ludendorff als das, was sie sind: Kampf, sicherlich ehrlicher Kampf um einen deutschen Gott. Aber um das, was hinter dem allein steht, geht es uns: um die aufgebrochene deutsche Seele!

Spürt die schon unser Wagnis? Wir sehen, sehen sog. Glauben – und hören doch so viel Sehnsuchtsschreie: „Hilf unserm Unglauben!" Ja, es ist das uralte Wagnis, der eigenen Seele nachzugehen und an die Schrift zu klopfen. Ihr zu vertrauen. Und durch lange Nacht und Opfer mutig dem entgegenzuschreiten, der als Ziel dasteht: Christus! Wagnis heißt also: zwischen zwei Ufern auf den Wellen schreiten! In der Luft hängen, vorübergehend! Ohne Professor, akademisches Urteil, liebes Wort der Eltern – wissen, dass es so und nicht anders sein kann.

Haben wir denn nun Maßstäbe, daß unser Weg der rechte ist? Sind wir deutsche Christen nicht Menschen mit Fleisch und Blut? Sind nicht auch wir wankend im Sturm der Zeit? Zittert nicht auch die Eiche in ihren Ästen, wenn die Elemente beben? Aber bleibt nicht ihr Stamm?

Unsere Antwort ist klar: 1. Wir entwickeln die Frohe Botschaft weiter, wie sie von Ahn zu Ahn weitergegeben wurde. 2. Ihre Ausdrucksform in Wort und Lied gibt das Herdfeuer der eigenen Seele. 3. Dabei gilt als Ziel der deutschen Geschichte: die alles umfassende Volkskirche, die allen Deutschen Dach und Heimat geben soll.

Ist das kein Wagnis, diesen Strom der Geschichte anzuschlagen? Nicht Wagnis: sein Herz reden zu lassen in Ehrfurcht vor dem Allmächtigen? Nicht Wagnis: trotz allem und trotz allen die deutsche Kirche zu sehen? Laßt alles Kuhhandeln, Programm machen, Bündnisse schließen. Wir wollen unentwegt unser Programm: Christus, abermals Christus und zum letzten Christus zu nennen. Dabei unsere Füße in die deutsche Erde stemmen und den Geist der Ich-sucht und des Genießens ablösen durch hingebende opfernde Entsagung. Das nenne ich Dienst!

Der Führer der Deutschen ist unser Vorbild: So leben, wie man spricht.

236 Rundschreiben der Landesleitung Bayern der Deutsche Christen. Nürnberg, 11. Februar 1937

LAELKB, KKE 38c

Liebe Kameraden!

Seit der Audienz bei Herrn Staatsminister Adolf Wagner ist die Sache unserer Bewegung in ein neues Stadium getreten. Kamerad Baumgärtner hat auf Einladung des bayer. Staatsministeriums für Unterricht und Kultus am Montag den 8. Februar eine mehrstündige Aussprache mit dem Ministeri-

alreferenten gehabt, der staatliche Förderung unseres deutsch-christlichen Anliegens in Aussicht stellte.
Eine große Zahl unserer Mitglieder sind durch die Aufspaltung in die Thüringer Richtung verwirrt worden, auch die innere Krisis hat geschadet. Wir blasen zum Sammeln. Notwendig ist, daß alle Ortsgruppen und Stützpunkte in Ordnung kommen. Nach den Ausführungen des Ministeriums kann als deutsch-christliches Mitglied nur angesprochen und durch den Staat berücksichtigt werden, wer

1. im Besitz einer Mitgliedskarte ist
2. seiner Beitragspflicht genügt, soweit er nicht ausdrücklich davon befreit ist.

Die Frage der Kirchensteuern wurde bei der Besprechung ebenfalls behandelt. Sie soll allgemein auf Grund der ordentlichen Mitgliederlisten eine sinngemäße und für unsere Bewegung günstige Regelung finden. Die Besprechung mit dem Ministerium wird fortgesetzt. – Sonderaktionen bitten wir zu unterlassen.
Die Regelung betrifft alle „Deutschen Christen" Bayerns, soweit sie die bayerische Staatsangehörigkeit besitzen.
Beiliegendes Formblatt ist so rasch als möglich auszufüllen und bis spätestens 25. Februar 37 an die Landesleitung Nürnberg-Lorenzerplatz 14 zurückzusenden.
Heil Hitler!
gez. Pfarrer Ruck

237 Programm der Deutsch-Christlichen Aufbautagung vom 12. bis 14. Februar 1937 in Augsburg

LAELKB, KKE 38c

Vortragsfolge

1.) Tag: 12. Februar 1937 (Freitag) Beginn 20^{00} Uhr (8^{00} Uhr abends)

Gesang.

I. Teil:	Es spricht:	Pfarrer Griesinger, Ulm
		„Gott und Du"
		„Die frohe Botschaft an uns"
	Sologesang:	Frl. Elise Unger.
II. Teil:	Es spricht:	Pfarrer Minia, Augsburg
		„Du und Gott"
		„Wie wir in deutschen Landen Kirche bauen"

2.) Tag: 13. Februar 1937 (Samstag) Beginn 20^{00} Uhr (8^{00} Uhr abends)

Gesang.

I. Teil:	Es spricht:	Pfarrer Griesinger, Ulm

		„Volk und Gott“
	Violinsolo:	Kg. Unger
II. Teil:	Es spricht:	Pfarrer Minia Augsburg
		„Warum ‚Deutsche Christen?‘“

3.) Tag: 14. Februar 1937 (Sonntag) Beginn 9⁰⁰ Uhr vormittags
Feierstunde der „Deutschen Christen“
Pfarrer Minia: „Das Reich muß uns doch bleiben.“
Nachmittags 15⁰⁰ Uhr: Pfarrer Minia, Augsburg
„Das deutsche Frauenschicksal im Lichte der frohen Botschaft“
Sämtliche Veranstaltungen finden im Börsensaal gegenüber dem Rathaus statt.
Saal geheizt. Eintritt frei!

238 Schreiben der Landesleitung Bayern der Deutsche Christen an die Mitglieder. Nürnberg, 22. März 1937

FKiZM. A 30. 26

Liebe Kameraden und Kampfgenossen!
Mehr und mehr wurde in den letzten Jahren deutlich, daß der Kampf um und für das deutsche Christentum nicht zu trennen ist von der scharfen Auseinandersetzung mit dem Judentum und dessen Geisteshaltung, die – im letzten Grunde christus- und damit christentumsfeindlich ist. –
Der „Stürmer“, die weltbekannt antisemitische Wochenzeitschrift gibt eine Sondernummer:

Judentum gegen Christentum

zu Ostern heraus, die ein umfangreiches, ausgezeichnetes und vor allem historisch einwandfreies Material enthält, das mit größter Schlagkraft die Wahrheit auch über unseren Kampf enthüllt und unseren Mitgliedern von größtem Interesse sein wird.
Je tiefer wir in die Idee unseres Kampfes eindringen, umso klarer wird es uns allen: es geht im Kirchenkampf Deutschlands nicht um Glaube und Bekenntnis zu Christus, sondern im letzten Grund um Christentum oder Judentum, Geist Jesu Christi oder jüdischen Geist. –
Wir möchten alle unsere Kampfgenossen auf diese hervorragende Sondernummer des „Stürmers“ aufmerksam machen. Da der Stürmer auch in den folgenden Nummern die Aufklärung fortsetzen wird, so halten wir es für dringend notwendig, wenn unsere Kameraden durch unsere Gemeindegruppen immer wieder auf den Stürmer im allgemeinen und auf diese hervorragende Sondernummer im besonderen hingewiesen werden.
Verteilen Sie bitte die uns vom Stürmer überlassenen Flugzettel und Bestellscheine.

Ihren Bedarf an der Sondernummer wollen Sie mit beiliegender grüner Bestellkarte dem Stürmer-Verlag eiligst mitteilen. Desgleichen sind auch die ausgefüllten Bestellscheine dorthin zu senden.
Heil Hitler!
gez. Ruck

Beilagen: Flugzettel Bestellscheine Bestellkarte.

239 Rundschreiben Nr. 3374 des Landeskirchenrats an die Geistlichen, Religionslehrer und Geistlichen im Ruhestand. München, 23. März 1937
FKiZM. A 30. 65

Betreff: Deutsche Christen in Bayern.
Seitdem die DC unserer Landeskirche das Abkommen abgelehnt haben, das ihnen im Frühjahr 1936 in Übereinstimmung mit dem Reichskirchenministerium angeboten worden war, und seitdem die Verhandlungen gescheitert sind, die im Sommer 1936 auf Veranlassung von D. Zoellner mit den DC geführt wurden, ist es eine ständige Sorge des Landeskirchenrates gewesen zu verhindern, daß die von DC Geistlichen versehenen Gemeinden die Verbindung mit der Landeskirche verlieren. Wo die Verhältnisse es als unvermeidbar erscheinen ließen, wurden besondere Maßnahmen getroffen. Noch im Jahre 1936 wurde dem Dekan von Weiden ein Vikar mit dem Sitz in Etzenricht beigegeben. Derselbe amtiert in Etzenricht und Rothenstadt zur Freude fast der ganzen Gemeinde, die die von ihm gehaltenen Gottesdienste eifrig besucht. Neuerdings wurde dem Pfarramt Rohr ein Auftrag gegeben, sich um die kirchentreuen Glieder der Gemeinde Gustenfelden anzunehmen. Die erste kirchliche Veranstaltung fand vor einigen Wochen unter starker Beteiligung der Gemeinde in der Kirche zu Kottensdorf statt.
Besondere Schwierigkeiten liegen in Mühldorf vor. Für diese Pfarrei wurde im Herbst 1936 ein nebenamtlicher Pfarrverweser ernannt, der trotz aller Schwierigkeiten Beziehungen zu den Gemeindegliedern aufnehmen konnte. Als Herr Gollwitzer das Amt eines Bürgermeisters von Mühldorf erhielt und ein Thüringer DC namens Wolf die Gemeinde übernehmen sollte, baten wir die staatlichen Stellen um ihre Mitwirkung bei Wiederherstellung der zerstörten kirchlichen Ordnung. Der Bitte wurde nicht entsprochen. Nunmehr wurde Vikar Gutmann aus dem Münchener Predigerseminar zum hauptamtlichen Verweser von Mühldorf ernannt. Am Sonntag, 21. März wurde er von Oberkirchenrat Sammetreuther in sein Amt eingeführt. OKR. Sammetreuther und Vikar Gutmann nahmen zunächst an dem ersten Gottesdienst des Herrn Wolf teil, welcher der Gemeinde bekanntgab,

daß ihm durch Beschluß des Kirchenvorstands Mühldorf die Versehung der Pfarrei vom 1. März ab übertragen worden sei. Der Geistliche hielt sich an die in unserer Landeskirche vorgeschriebene Form der Diaspora-Liturgie. Der Inhalt seiner Predigt war jedoch mit den von ihm gesprochenen Worten des Glaubensbekenntnisses nicht zu vereinbaren. In der Kanzelabkündigung bat Wolf die Gemeinde, daß sie nach Schluß des Gottesdienstes zur Entgegennahme einiger Erklärungen noch da bleiben wolle. Nachdem er den Gottesdienst mit dem Segen geschlossen hatte, ging er in die Sakristei. Da trat OKR. Sammetreuther mit Vikar Gutmann an den Altar und sprach zur anwesenden Gemeinde.

Er redete von der Not, in der gerade die Gemeinde Mühldorf stehe, dadurch, daß in ihr das Evangelium nicht mehr nach dem Bekenntnis unserer Kirche verkündigt werde. Er suchte das der Gemeinde auf Grund der eben gehörten Predigt klarzumachen und erklärte dann, daß sich Herr Wolf wider das Recht und die Ordnung unserer Kirche das Amt angemaßt habe. Nach dem Bekenntnis unserer Kirche dürfe nur der predigen und Sakramente verwalten, der rite vocatus sei; auch habe ein Kirchenvorstand niemals das Recht, einen Geistlichen zu berufen. Der rechtmäßige Geistliche der Gemeinde sei der von uns ernannte Pfarrverweser Gutmann.

Zu Beginn dieser Ansprache wollte ein Teil der Gemeinde das Gotteshaus verlassen. Es trat dann aber Ruhe ein und die anwesende Gemeinde hörte der Ansprache aufmerksam zu. Da wurde plötzlich an der Kirchentüre laut gerufen: „Der Autobus nach Töging fährt ab, alle einsteigen." Es war klar, daß das eine Täuschung war, darauf berechnet, die Gemeinde zum Verlassen des Gotteshauses zu bewegen. Von da ab entstand eine sich immer mehr steigernde Unruhe. Es wurden Rufe gegen OKR. Sammetreuther laut, vor allem von Frauen her. Dann stand der größte Teil der Gemeinde auf und drängte sich in den Gängen. Ein Mann, wahrscheinlich der Kirchenpfleger, trat direkt vor OKR. S. hin und rief: „Im Namen des Kirchenvorstandes fordere ich Sie auf, die Kirche zu verlassen." Der Lärm und die Unruhe steigerten sich schließlich so, daß Oberkirchenrat Sammetreuther, um es nicht noch zu Tätlichkeiten kommen zu lassen, früher, als er beabsichtigt hatte, seine Rede schloß und mit dem Vikar das Gotteshaus verließ. Im Hinausgehen wurde er von allen Seiten mit Zurufen aller Art bedacht. Vor allem ein junger Mann, der ihn schon vorher am Altar angeschrieen hatte, verfolgte ihn auch beim Hinausgehen noch mit seinen Schmähreden.

Nachträglich schlossen sich in und vor der Kirche noch lange Auseinandersetzungen zwischen den bekenntnistreuen Gemeindegliedern und den Anhängern der DC.Bewegung an, bis schließlich die Bekenntnistreuen aus der Kirche hinausgedrängt waren, Herr Gollwitzer hatte an dem Gottesdienst nicht teilgenommen.

Welche Möglichkeiten sich Vikar Gutmann für seine Wirksamkeit in Mühldorf bieten werden, bleibt abzuwarten.

Die Weitergabe dieser Nachrichten an die Presse und ins Ausland ist verboten.
Evang.-Luth. Landeskirchenrat.

240 Bericht von Pfarrer Karl Behringer und Vikar Hans Hacker über den D.C.-Gemeindeabend am Sonntag, 9. Mai 1937 im Augsburger Börsensaal

FKiZM. A 30. 26

Trotz schönen Wetters Besuch gut, Saal voll, wenn auch nicht überfüllt, etwa 400 Teilnehmer, sicherlich nicht lauter D.C.
Ich war mit Stadtvikar Hacker zugegen.
Der Vorsitzende spricht in scharfem Ton, begrüßt Gäste und Redner, verbietet jedes Mitschreiben, die Saalordner seien angewiesen, Mitschreibende sofort zu entfernen und ihnen das Mitgeschriebene abzunehmen.
Man singt als erstes Kampflied: Kamerad wer Ehre im Blute hat.
Der Redner ist Lic. Eisenhuth, Dozent in Jena. Thema: Christus und die Deutschen.
Der Vortr. leitet zur Verstärkung der Eindringlichkeit seiner Worte so ziemlich jeden zweiten Satz mit dem mahnenden „seht" ein. Der Beifall wurde stark beim Lob des gegenwärtigen politischen Lebens und sehr stark bei gut gelungenen Hieben auf die Bekenntniskirche.
Inhalt des Vortrags:
Aus Morgenstern die Fürbitte als tiefster Gedanke für den Nächsten. Aus L. Tügel wird eine Geschichte erzählt, in der sich ein Dorfpfarrer in der Fürbitte schützend vor seine Gemeinde stellt. So gehören Pfarrer und Gemeinde zusammen. (Hier wie anderswo sehr anerkennende Worte für das evang. Pfarrhaus). Dieses Buch hat jüngst den N.S. Buchpreis erhalten.

I. Auseinandersetzung mit der „Deutschen Glaubensbewegung".
Bei Frenssen Gott ohne Christus, genügt nicht. In Jena jüngst Tagung von H.J. Führern, auch hier sprach man über Gott ohne Christus. Die B.K. bricht hier rasch die Brücken ab. D.C. stehen mit Christus wartend dazwischen. Unser Gott nicht das Volk, nicht das Blut, sondern der, der uns vor dem Untergang bewahrt hat, der uns aus Gnaden in die Gegenwart einen Wundermann gesandt hat. Ohne Christus und Christentum ist das deutsche Volk dem Untergang preisgegeben.
Dennoch gilt es für die D.C., in Ehrfurcht heilig zu halten, was den deutschen Nichtchristen heilig war und ist. E. erzählt ausführlich ein Erlebnis im Dom zu Bamberg, wo man in der sehr reichen Schatzkammer eine altheilige Figur unachtsam hinter einer Tür stehen ließ. E. jüngst im Dom zu Naum-

burg, dort am Turm eine alte Figur: Aus einer Blume wächst ein Kreuz heraus, so die Verbundenheit von Deutschtum und Christentum.

II. Auseinandersetzung mit der B.K.
Die B.K. hat Christus, aber sie hat nicht den deutschen Bruder. Sie urteilt zu rasch und errichtet damit zu enge Schranken. In den ersten Jahren von 1933 ab ging die S.A. in Uniform am 30. Jan. in das Gotteshaus. Heuer noch bringt es ein Pfarrer am 30. Jan. fertig, über ein atl. Wort zu sprechen. Ausgiebig wird Theol. Existenz Nr. 42: Abraham und Sara in Ägypten behandelt. Spott über Abraham als Vorbild jüdischer Denkart. Der Verf. bringt es fertig, Sara als Braut Christi hinzustellen und Pharao als den begehrlichen N.S. Staat. E. will Erregung über diese Verwendung des A.T. und über die Gruppe um die Theol. Existenz schaffen (auf das eigentliche Problem geht E. gar nicht ein, hier in Sätzen, die eine Verunglimpfung der B.K. enthalten, lautester Beifall). Wir bewundern den Staat, der sich das alles gefallen lässt. Zum A.T. bemerkt E.: Die D.C. halten es mit Luther: Das A.T. gilt, soweit es Christum treibet. Von Messianischen Weissagungen kann im A.T. keine Rede sein. Die B.K. ist Dogmenkirche. Dogmen sind zeitgebundene menschliche Satzungen z.T. auch unter Einmischung eines Kaisers entstanden. E. spricht ausführlich über die Jungfrauengeburt, sie ist von Joh. u. Pl. ungekannt, die Aussage aus dem asketischen Ideal der frühen Kirche, entsprechend Josef immer als Greis dargestellt. Die natürliche Entstehung des menschlichen Lebens ist schon an sich ein so großes Wunder, daß man nicht mehr die Lehre der Kirche bräuchte. Häufig hier und anderswo spricht E. von A. Schlatter, bei dem er studiert habe; Schlatter habe zu E. und seinen Bedenken zur Jungfrauengeburt geäußert: Luk. 2 ist ein Kunstwerk. E. empfiehlt: So soll man es beibehalten und auch am hl. Abend daheim lesen (jeder mußte merken, daß die Frage nach der Wahrheit durch das Urteil der Schönheit ersetzt wird.) Die BK bringt es fertig, in der Gegenwart Kandidaten mit der Frage nach dem Zustand nach dem Tod zu prüfen, ein Tun, das der Gegenwart ins Gesicht schlägt. E. erzählt, wie Schlatters sterbender Vater alle christl. Lieder über den Zustand nach dem Tod abgelehnt habe, es genüge ihm, am Halse des Vaters zu hängen. Das genügt auch E. und den D.C.E. empfiehlt seine Examensthemen z.B. die Verschmelzung von Christentum und Hellenismus bei dem in Superlativ rühmenswerten Hölderlin, oder die Christusbilder bei Uhde und Klinger als Zeugnisse deutscher Christusauffassungen. Die Themen müßten aus der Zeit genommen werden und dem Dienst am Volk gelten. E. erzählt, er fragte einmal einen Kandidaten nach der Aufgabe der Theologie, dieser redete von der Reinerhaltung der Lehre und wußte nicht, daß sie dem Volk zu dienen habe. Ein Kandidat müßte auch unbedingt Chamberlain studiert haben. E. kommt auch auf die Jugenderziehung zu sprechen und befürwortet die Gemeinschaftsschule.

Den Schluß bildet die Frage nach der geeinten Kirche des Deutsche Volkes. Die eine Nationalkirche braucht man nicht erst zu schaffen, sie ist schon da, mit der deutschen Volkwerdung 1933. Die Konfessionen hätten lange genug Trennungen und Kriege verursacht. E. geisselt die kirchl. Mischehenpraxis, D. C. würden nicht nach der Konfession fragen, Christus gehöre dem ganzen Volk. Der Ausklang lautet: Ein Volk, ein Führer, ein Gott!
Dauer des Vortrags etwa 1½ Stund, am Schluß zweites Kampflied: Herr das ist alles deine Huld.
Gez. Lic. Behringer gez. Hacker

241 Ordnung der Gottesfeier am 23. Mai 1937 der Kirchenbewegung „Deutsche Christen" (Nationalkirchl. Bewegung) im Bund für Deutsches Christentum, Gau Hochland, Kreisgemeinde München, Pfarrer Oskar Lehnert

LAELKB, KKE 38c

Lied Nr. 7 V. 1–3
1. Nun danket all und bringet Ehr, ihr Menschen in der Welt,
dem, dessen Lob der Engel Heer im Himmel stets vermeldt.
2. Ermuntert euch und singt mit Schall Gott, unserm höchstem Gut,
der seine Wunder überall und grosse Dinge tut,
3. Der uns von Mutterleibe an frisch und gesund erhält und,
wo kein Mensch nicht helfen kann, sich selbst zum Helfer stellt.

I. Lesung.
Lied: V. 5 Er gebe uns ein fröhlich Herz, erfrische Geist und Sinn
Und werf all Angst, Furcht, Sorg und Schmerz ins Meeres Tiefe hin.

II. Lesung
V. 6: Er lasse seinen Frieden ruhn auf unserm Volk und Land;
er gebe Glück zu unserm Tun und Heil zu allem Stand.

III. Lesung
V. 7: Er lasse seine Lieb und Güt um, bei und mit uns gehn,
was aber ängstet und bemüht, gar ferne von uns stehn.

IV. Lesung:
Lied Nr. 35
V. 1 Geht hin, ihr gläubigen Gedanken, ins weite Feld der Ewigkeit,
erhebt euch über alle Schranken der alten und der neuen Zeit;
erwägt, dass Gott die Liebe sei, die ewig alt und ewig neu.
V. 4 O Wunderliebe, die mich wählte vor allem Anbeginn der Welt

und mich zu ihren Kindern zählte, für welche sie das Reich bestellt!
O Vaterhand, o Gnadentrieb, der mich ins Buch des Lebens schrieb!
V. 5 Wie wohl ist mir, wenn mein Gemüte empor zu dieser Quelle steigt,
von welcher sich ein Strom der Güte zu mir durch alle Zeiten neigt,
dass jeder Tag sein Zeugnis gibt: Gott hat mich je und je geliebt!
V. 13 Ach könnt ich dich nur besser ehren, welch edles Loblied stimmt ich an!
Es sollten Erd und Himmel hören, was du, mein Gott, an mir getan;
nichts ist so köstlich, nichts so schön
als, höchster Vater, dich erhöhn.

Ansprache
Lied (Thür. Gesangbuch Nr. 452) V. 2 u. 3.
V. 2: Es schall empor zu seinem Heiligtume aus unserm Chor ein Lied zu seinem Ruhme: ./. Lobt froh den Herrn! ./.
V. 3: Vom Preise voll lass unser Herz dir singen! Das Loblied soll zu deinem Throne dringen. Lobt froh den Herrn, lobt froh den Herrn!

Abkündigung. Vater Unser. Segenswünsche.
Schlusslied: V. 5: Einst kommt die Zeit, wo wir auf tausend Weisen, o Seligkeit!, dich unsern Vater preisen von Ewigkeit zu Ewigkeit.

242 Rundschreiben der Landesgemeinde Franken der Deutschen Christen (nationalkirchliche Einung). Nürnberg, 27. Juni 1938 [Abschrift]

FKiZM. A 30. 26

Liebe Kameraden!
Als Großereignisse, die wie Marktsteine [sic!] am Wege des Deutschen Christentums stehen, liegen Sportpalastkundgebung in Berlin und Pfarrervereidigung hinter uns. Sie haben unser Selbstbewußtsein gestärkt und auf weite Kreise tiefen Eindruck gemacht.
Gestern und vorgestern tagten in Weimar 700 führende Kameraden aus dem ganzen Reich. Auch wir aus der Landesgemeinde Franken waren mit 7 Vertretern erschienen und kehrten gestern Nacht begeistert und mit neuen Aufgaben erfüllt wieder zurück. Unser Wille und die Wahrheit unserer Sache drängt unaufhaltsam vorwärts. Zur selben Zeit wird die Lage bei den Bekennern immer hoffnungsloser. Die Predigt, die Landesbischof D. Meiser am vergangenen Dienstag in Nürnberg-Lorenzkirche hielt, war ein deutlicher Gradmesser für den Jammer und die Zuversichtslosigkeit bei den „Rechtgläubigen" (Von uns durchschossen! Dabei ist das allgemeine Urteil: wir haben noch selten eine solch kraftvolle Predigt gehört!) Sie zerbrechen sich augenblicklich mit den spitzfindigsten und unglaublichsten Einwänden

den Kopf, wie sie mit der Frage des Eides auf den Führer fertig werden sollen. Die Meldungen, die hierüber aus dem ganzen Reichsgebiet einlaufen, sind erschütternd und werfen wieder ein neues Licht auf die Lebensfremdheit und Feindschaft dieser entarteten und morschen Konfessionskirche. Was dem natürlichen Menschen selbstverständlich und ehrenvoll ist, das wird in dieser Kirche zu einem Unglück gestempelt und den armen „Gläubigen" zu einer Qual gemacht. Wir möchten diesen Volksgenossen gerne helfen! Sie brauchen ja nur endlich einmal hören, was wir seit Jahren sagen! Kameraden, helft alle mit, die anderen mit Liebe zu überzeugen und sie für die Kirche des deutschen Volkes zu gewinnen!
Nun rüsten wir zur Jahrestagung 1938 unserer Landesgemeinde, die bereits in wenigen Tagen stattfindet. Der 3. Juli muß auch für unsere Arbeit in Franken ein Tag des Lebens und der neuen Kraftentfaltung werden. An diesem Tage ist Gelegenheit gegeben, viele, bisher abseits Stehende an unsere Sache heranzuführen. Ich mache es jedem Mitglied zur Pflicht, unter seinen Bekannten zur Teilnahme an den Veranstaltungen des 3. Juli 38 zu werben!

10 Uhr Gottesfeier	im Deutschen Hof mit Predigt des Herrn Reichsbischofs
17 Uhr Kundgebung	im Deutschen Hof mit Ansprache des Herrn Reichsbischofs.

Kameraden! Sorgt auch Ihr dafür, dass an diesem Tage die Kraft unseres einigenden Willens stark zum Ausdruck kommt und dass es dann mit unvermindertem Siegeswillen weiter geht!
Und denkt auch bitte heute schon an die diesjährige Reichstagung in Eisenach, die am 8. und 9. Oktober stattfindet. Wir werden mit Sonderzug hinfahren und müssen unter allen Umständen mit einem starken Aufgebot erscheinen. Die Fahrt kostet 10.– RM. pro Person. Fangt schon jetzt an zu sparen. Waren im vorigen Jahre 15.000 in Eisenach, so müssen es in diesem Jahre 30.000 Teilnehmer werden. Wir werden und müssen uns durchsetzen – nicht für uns, sondern um der Wahrheit und des Friedens willen.
Und nun für die Reichsbischofskundgebung am kommenden Sonntag:
„Alle Mann am Werk!"
Heil Hitler! Th. Eyermann.

Anmerkung des Dekanats:
Ludwig Müller ist wieder nicht gekommen. Er ist wieder krank geworden. Aus DC-Kreisen hört man, er wollte nicht kommen, weil er nicht nur vor ein paar hundert Leuten reden wollte. Bei der „Großkundgebung" wurde nun ein anderer Redner geholt. Besuch nicht ganz 200 Leute!

243 Aufruf der Deutschen Christen. Nationalkirchliche Einung. Landesgemeinde Bayerische Ostmark. Bayreuth, 24. November 1938

FKiZM. A 30. 1/1

An unsere Mitglieder!
Die Gesamtbewegung der Deutschen Christen (Nationalk. Einung) hat mit dem Einsatz aller Kräfte ihren Winterfeldzug begonnen, überall im Reich sind tausende unserer Redner Abend für Abend eingesetzt, um in Versammlungen, Tagungen, Kameradschaftsabenden und Gottesfeiern das Volk für unsere Idee, die religiöse Einigung der Deutschen, zu erobern. Wir können auch in der Bayer. Ostmark bei der Durchführung unserer Winterarbeit die erfreuliche Tatsache feststellen, daß in weitesten Volkskreisen in Stadt und Land das Interesse für die kirchliche Frage aufs neue erwacht ist.
Nach der Erledigung der dringendsten außenpolitischen Probleme muß nun auch neben der endgültigen Bereinigung der Judenfrage die kirchliche Frage einer Lösung zugeführt werden.
Die Leitung der Bekenntnisfront ist, wie durch Rundfunk und in den Zeitungen bekannt gegeben wurde, vom Staat aufgelöst worden. Damit ist ein erster Schritt zur weiteren Klärung getan.
Jetzt müssen wir mit allem Einsatz vorstoßen.
Die meisten Volksgenossen haben den unfruchtbaren Streit, den die Bekenntnisfront angezettelt hat, längst satt. Sie sind mit uns innerlich darin eins, daß im 3. Reich der Konfessionsstreit überwunden werden muß.
Nun da die Bekenntnisfrontleitung wegen ihrer staatsfeindlichen Haltung aufgelöst ist, werden viele den Weg zu uns finden und auch offen für uns eintreten.
Ich rufe jetzt alle Kameraden und Kameradinnen an die Front! Jeder von Euch kann mithelfen.
In der ganzen Bayer. Ostmark wird vom 5.–12. Dezember 1938 eine Mitgliederwerbewoche durchgeführt. Das Ziel dieser Werbewoche ist; Jedes Mitglied wirbt in dieser Woche wenigstens einen Volksgenossen für unsere Bewegung. Wenn jeder den festen Willen dazu hat, werden wir das gesteckte Ziel erreichen und die Kraft unserer Bewegung verdoppeln.
Wer fünf neue Mitglieder bis zum 12. Dezember gewinnt, erhält von der Landesgemeinde ein Geschenk im Wert von RM 1.–
Zur Auswahl steht 1.) der Jahrweiser der Deutschen Christen 1939
oder 2.) eine Sammlung von Kurzgeschichten aus unserem Verlag in Weimar,
oder 3.) einen Gedichtband aus unserem Verlag i. Weimar.
Nun tue jeder seine Pflicht!
Kameraden, Kameradinnen, ihr seid aufgerufen! Ans Werk!
Heil Hitler!
gez. Adolf Daum Leiter der Landesgemeinde Bayer. Ostmark.

244 Ostern 1940. Predigt von Pfarrer Ludwig Beer über Matth. 28, 1–14

LAELKB, KKE 65/II

Ostern! Wir freuen uns schon darüber, dass Kälte und Schnee vergangen sind, dass die Tage wieder länger werden und die Dunkelheit uns nicht mehr bedrückt. Bald werden die Blumen sprießen und wir dürfen dann sagen: Die Welt wird schöner mit jedem Tag! Neues Leben ist das, wieder erwacht in Gottes Schöpfung!

Ja, neues Leben! Wenn wir hinschauen über die Krankenlager hier und dort, wie warten sie, die Jungen und Alten, dass bald wieder die Sonne durchs Fenster leuchte, dass der Frühling ihnen neue Kraft, neues Leben bringe! Wie viel Sehnsucht liegt in diesem Warten, in diesem Hoffen! Sehnsucht nach Gesundheit und Kraft! Wir wissen, wie viel die Kräfte der Natur, Licht, Luft und Sonne beitragen können zu neuer Kraft und neuem Leben des Körpers. Die wiedererwachende Natur ruft uns zur Freude, auch uns, die wir in der Kraft des Lebens stehen.

Das ist der Frühling!

Mitten in diesen Frühling hinein hallt der gewaltige Ruf: Ostern! Der Herr ist auferstanden! Lasst uns aufhorchen bei diesem Ruf! Es lohnt sich, still zu stehen vor dem kühnen Wort: Ostern! Der Herr ist auferstanden!

Unerhörtes Wort! Auferstanden, aus dem Tode zum Leben! Das ist etwas ganz anderes, als was alle Natur uns im Frühling zeigt. Oder hast Du schon eine erstorbene Blume, einen erfrorenen Baum gesehen, die im Frühling zu grünen begännen? Darauf zu warten, fiele nur einem Narren ein. Was tot ist, bleibt tot! Aus dem Tode entsteht kein Leben! Das ist Grundgesetz aller Natur!

Und doch: Ostern! Der Herr ist auferstanden! Hier zerbricht das Naturgesetz. Hier schreitet einer darüber hinweg, der stärker ist als alle Naturgewalt, der sein Leben nicht nimmt aus ihr, der aller Erdenmacht zu trotzen vermag, alle Fesseln – auch die des Todes – zersprengt, die uns gebunden halten. Das ist Ostern, Freunde! Christ ist erstanden! Das Wunder Christi, ist das!

Die Botschaft kennen wir lange, auf sie baut sich unser Glaube. Der Name des Auferstandenen durchdringt seit Jahrtausenden Völker und Menschen, ihre Kulturen und ihr Wirken. Auch in unserem Leben ist das so!

Wie haben wir doch schon in den Kindertagen, mit Kindermund und Kinderherzen froh und freudig gesungen: Schönster Herr Jesu, dich will ich lieben, will ich ehren. Und unsere Kinderaugen leuchteten dabei, es ging ein Freuen durch unsere Seele, als hätte uns die Hand dessen angerührt, der einst sagte: Lasset die Kindlein zu mir kommen und wehret ihnen nicht; denn solcher ist das Reich Gottes! Reich Gottes, das ist mehr als alles Erdenreich, das steht darüber, von dort kommt die Kraft. Schon über unserem Taufstein stand das Wort von ihm: Liebster Jesu, wir sind hier, deinem

Worte nachzuleben. Dieses Kindlein kommt zu dir, weil du den Befehl gegeben, dass man sie zu dir hinführe, denn das Himmelreich ist ihre. Ja, das Himmelreich, wenn das Erdenreich zerbricht!
Von diesem Christus zu sagen und von dem Vater im Himmel, den sein Wort uns zeigt, das war unsere Aufgabe bei unseren Konfirmanden und sie haben selber bekannt: Ich glaube, dass Jesus Christus sei mein Herr. Und haben ihn gebeten: Von des Himmels Thron sende, Gottes Sohn, deinen Geist, den Geist der Stärke!
Wir alle kommen zu diesem Christus. Sind wir uns klar, dass er unser vertrautester Freund ist, wie niemand sonst? Mit ihm halten wir Zwiesprache über das, was wir keinem Menschen mehr sagen können, zu sagen wagen, wo uns kein anderer mehr versteht. Wo Menschen uns nicht mehr hören oder sehen wollen, da kommen wir zu ihm. Das ist der beste Freund! Ist es nicht so im Leben: Wenn uns kein Mensch mehr helfen kann, rufen wir ihn um Hilfe an? Suchen ihn, weil wir von ihm allein wissen: Zu dem darf ich allemal kommen! Zu dem, dem wir in seinem Nachtmahl singen: Herr Jesu Christ, du höchstes Gut, du Brunnquell aller Gnaden!
Freunde, was ich hier sage, zeigt uns nicht flüchtige Stimmungsbilder, sondern Wirklichkeiten des Lebens, in den härtesten Stunden. Wirklichkeiten des Lebens, wo wir uns anlehnen möchten, festhalten möchten an einer stärkeren, an der allmächtigen Hand.
Diesen Wunsch des Herzens geben wir den Brautpaaren mit: Jesu geh voran auf der Lebensbahn und wir wollen nicht verweilen, die getreulich nachzueilen …! Soll's uns hart ergehn, lass uns feste stehn …!
So erfüllt dieser Christus mit seinem Geist unser Leben. So steht er an den entscheidenden Plätzen auf unserem Weg: „Ich bin der Weg!" Lasst mich einmal so fragen: Hat er uns schon einmal in die Irre geführt? Hat er uns schon die Treue gebrochen? War seine Wegweisung nicht immer die Sicherste, auf weiter Sicht? Aufs Ziel gesehen!
Aber: Dieser Christus hat es nicht nur mit dem Einzelnen zu tun. Er geht auch mit den Völkern, mit der Menschheit um. Ihm haben sie ihre Dome gebaut, sein Geist hat die Kulturen der Jahrtausende durchdrungen, ihm haben sie die Kreuze als Denkzeichen aufgerichtet über die Erde hin. Wie viele Kreuze stehen wohl heute auf dieser Erde, über alle Weltteile hin? Wie viele sind aufgestellt worden in den 2000 Jahren? Sie sind nicht zu zählen. Wenn eines vermoderte, setzte das Leben ein anderes an seiner Stelle. Das ist Christus!
Von diesem Empfinden waren auch die Frauen erfasst, die am Ostermorgen zu seinem Grabe gingen. Sie hatten unter seinem Kreuz gestanden und hatten sein bitteres Sterben gesehen, zu tiefst erschüttert. Aber sie konnten sich doch nicht lösen von den Erfahrungen der vergangenen Jahre. Darüber lag so herrliches Leuchten von helfender, suchender Liebe, von sieghaftem Leben, vom Vater im Himmel und seinem ewigen, himmlischen Reich. Das

trieb diese Frauen trotz der Verzweiflung des Karfreitags am Ostermorgen hinaus zum Grabe ihres Herren. Er war ja tot, unbestreitbar, sie hatten ihn selber sterben sehen und kläglicher konnte keiner sterben wie er. Der Tote ist bei den Toten! Nur den letzten Liebesdienst wollten sie ihm erweisen. So weit ging noch ihr Denken und daraus entsprang ihre bekümmerte Frage: Wer wälzt uns den Stein von des Grabes Türe?
Da bricht der Ostermorgen an! Erschütternd, sieghaft! Was suchet ihr den Lebendigen bei den Toten? Er ist auferstanden! Versetzt Euch in dieses Erleben! Nicht neues Leben aus Schlummer oder Betäubung der Natur. Der so am Kreuze starb, war nicht eingeschlafen! Ostern ist kein natürlicher Vorgang! Hier hat Gott gewirkt, vom Tode zum Leben! Das kannte die Menschheitsgeschichte vor Christus nicht und nach ihm auch nicht mehr. Es hat viele Religionsstifter und mächtigste Gestalten der Menschheit gegeben. Sie sind gestorben. Darüber hinaus reichte es höchstens bis zu den Grabmälern der Pyramiden, aus denen man in der Jetztzeit die Mumien ägyptischer Könige holte, als sichersten Beweis dafür – dass sie tot sind! Nur von einem kann gesagt werden: Er ist auferstanden! Das ist Christus!
Ich möchte hier nicht reden von den Erfahrungen der Jünger, die den Auferstandenen gesehen haben mit ihren Augen, die ihn betastet haben mit ihren Händen, die die Verkündigung seiner Auferstehung besiegelt haben mit hartem Sterben. Noch weniger möchte ich heute reden von den Einwänden gegen die Auferstehung. Sie sind aus der Vergangenheit so zahlreich, dass heute keine neuen mehr gefunden werden können, nur alte da und dort aufgewärmt werden. Es wäre zu schade, das Gewaltige und Sieghafte der Osterbotschaft in das Gezanke der Menschenmeinungen zu zerren. Die ersten und auch die meisten Einwände gegen den Auferstandenen stammen von den Juden und ihren Genossen, angefangen von jener ersten, echt jüdischen Tat, dass sie den Wächtern am Grabe die Lüge abkauften: Der Leichnam ist gestohlen. Und wenn der Schwindel aufkommen würde beim Landpfleger, würden sie ihn schon stillen, damit die Wächter sicher wären. Das ist die jüdische Lösung des Geheimnisses um den Auferstandenen! „Sein Blut komme über uns und unsere Kinder!" Das ist wahr geworden an den Juden bis heute. Und wer das Geheimnis des Auferstandenen so löst, muss diesen Fluch auf sich nehmen.
Uns geht es heute um etwas anderes: Jene Frauen gingen am Ostermorgen zum Grabe, weil die Sehnsucht des Herzens sie dorthin trieb. Da begegnet ihnen Jesus! Da grüßt sie der Auferstandene! Da ward ihnen selbst der Stein weggewälzt von des Grabes Türe. Nun haben sie persönlich Ostern erlebt! So schafft Gott seine Beweise, zwingender als mit Worten und Berechnungen menschlich-natürlichen Denkens. Das müsste auch uns die Lebenserfahrung schon gezeigt haben. Gottes Wirklichkeit und Wirken erfährt man, erlebt man! Das wurde uns wieder klar bei der Errettung unseres Führers im vergangenen November in München. Da hatte der Verstand nichts zu

rechnen, da war nichts zu reden! Da war Gottes Tat! Und uns blieb am Ende nur die staunende Gewissheit und der Dank aus bewegtem Herzen.
Wir können heute nicht zum Grabe gehen und sehen, was jene Ersten sahen. Das liegt schon weit zurück. Wohl ist es wahr, dass Christus und das Wort von ihm unser Leben erfüllt. Ja, wir wollen ihn! Andere stehen zu ihm noch aus Gewohnheit, haben noch christliche Haltung gleichsam im Unterbewusstsein.
Aber das Christsein unserer Zeit hat oft so wenig Kraft und Leben, ist oft so müde, so vertrauenslos. Warum denn das? Weil wir uns oft zu wenig auf das besinnen, was der Herr Christus uns heute bedeutet, was er heute kann und was er heute von uns will! Die Kirche redet in ihrer Verkündigung oft viel zu sehr von dem, was einmal war um Christus, und viel zu wenig von der freudigen Gewissheit dessen, was er uns heute ist. Und unser Christentum hängt sich daran: er ist einst auferstanden. Wenn das alles ist, dann ist es gar nichts wert. So wenig, wie die schönen Schokoladepackungen in den Auslagen, die einst gefüllt waren, jetzt ist aber nichts drin! Darum höret:
Heute, in unsere Gegenwart bricht Ostern wieder herein! Wer wälzt uns heute den Stein von des Grabes Türe, damit es Dein, mein Ostern werde in der Gewissheit: Christus lebt für mich, er geht mit mir, ist meine Kraft, mein Licht, mein Weg, mein Leben! Wer wälzt uns heute den Stein von des Grabes Türe? Der Herr tut das, dem, der ihn liebt und sucht!
Tue das, dann bist Du Salz und Licht! Dann braucht es weniger Worte, Du selbst bist der Beweis: Er lebt!
Freunde, hier liegt ein Stück der Not der heutigen evang. Kirche in Deutschland. Geredet und geschrieben wird genug, zu viel! Es gibt auch solche, die bauen emsig an einer bekennenden Kirche, auch wenn es eine Winkelkirche wird mitten in der Masse des Volkes, auf Lehrsätze gebaut! Wo waren die Lehrsätze bei denen, die einst des Auferstandenen gewiss wurden? Lehrsätze, das ist längst nicht das Erste und Wichtigste. Nicht christliche Kirche, nein christliches Volk, darum geht es! Menschen, die um den Auferstandenen und Lebendigen in ihrer Mitte wissen, an denen er sein Werk getan hat: Ich bin gekommen, dass ich ein Feuer anzünde! Auch heute in Deutschland! Der Lebendige schafft Leben, Menschen, die Salz und Licht sind, Reben am Weinstock. Wo solche Menschen sich finden, schreibt er mit leuchtenden Buchstaben vor ihre Augen: Sorget nicht! Wer möchte in dieser Zeit nicht manchmal bange sein um unseren Führer, um die Soldaten draußen, um anderes auf Deinem Weg? Sorget nicht! Er schreibt das über die Türe Deiner Stube, auch über die Särge und Gräber. Und dann hebt er uns weit hinaus über alle Sorge, macht uns stark zu gesegnetem Wirken und Leben, zuletzt zu seligem Sterben.
Das ist die Kraft vom Auferstandenen her. Heute! Wenn Du Ostern erlebst. Wer wälzt Dir den Stein von des Grabes Türe?
Das tut der Fürst des Lebens!

245 Schreiben des Landeskirchenrats an das Bayerische Staatsministerium für Unterricht und Kultus. München, 5. Juni 1942

BayHStA, MK 36986

Betreff: Kirchensteuern der Deutschen Christen in Franken.
– Auf d. Ers. v. 11.5.42 Nr. II 21951.

1. Die „Gesamtgemeinde Franken“ der Deutschen Christen ist die Gruppe um den ehemaligen Pfarrer Dr. Beer. Dr. Beer hat, wie dem Ministerium bekannt sein dürfte, das Evang.-luth. Pfarramt Eibach und das Pfarrhaus ordnungsmäßig schon vor Jahren an uns übergeben und ist in den Dienst der Preuß. Evang. Landeskirche getreten. Die von ihm betreute deutschchristliche Gemeinde wird seitdem von einem früheren Diakon Weidenmüller geführt. Er bedient sich der Bezeichnung „Deutsche Christen, Gesamtgemeinde Franken, Pfarramt: Nürnberg-Eibach“ und führt wohl widerrechtlich den Titel „Pfarrer“. Die „Gesamtgemeinde Franken“ hat sich dem Landesbischof Dr. Weidemann in Bremen angeschlossen, der mit Billigung des Herrn Reichsministers für die kirchl. Angelegenheiten vom Amte suspendiert ist und gegen den z. Zt. ein Verfahren des Oberstaatsanwalts in Bremen läuft.

Die Bezeichnung „Gesamtgemeinde Franken“ möchte vermuten lassen, daß es sich dabei um einen Zusammenschluß aller Deutschen Christen in Franken handelt. Das ist aber nicht der Fall. Es gibt neben der „Gesamtgemeinde“, die aus 26 Gemeindegruppen besteht, hinter denen u. W. zahlenmäßig nur ganz wenig Gemeindeglieder stehen – in einzelnen Gemeindegruppen wohl keine 10 – die „Nationalkirchliche Einung, Deutsche Christen, Landesgemeinde Franken“, die sich der nationalkirchlichen Thüringischen Kirchenleitung angeschlossen hat und z.T. die Parole des Kirchenaustrittes ausgegeben hat. Wie aus uns vorliegenden Schreiben ersichtlich ist, bekämpfen sich die beiden Gruppen gegenseitig.

Zu den Deutschen Christen beider Gruppen gehören neben Gottgläubigen u. W. auch Katholiken und aus der Kirche ausgetretene Personen.

Wenn die Antragsteller nun behaupten, daß ihre „Gemeindeglieder nicht mehr willens sind, an die ihren Verpflichtungen nicht nachkommende Bekenntniskirche noch Kirchensteuern zu leisten“, so müßten sie doch wohl erst dartun, worin unsere Landeskirche ihren Verpflichtungen ihnen gegenüber nicht nachgekommen sein soll und es müßte uns Gelegenheit zur Stellungnahme dazu gegeben werden.

Tatsache ist, daß sämtliche DC-Pfarrer unserer Landeskirche unangefochten ihren Dienst versehen und von uns besoldet werden und daß z.Zt. kein einziger vorhanden ist, der sich völlig außerhalb der landeskirchlichen Ordnung und Aufsicht gestellt hätte. Jeder einzelne Deutsche Christ wird, wenn er sich der in der Landeskirche geltenden Ordnung einfügt, behandelt

wie jedes andere Gemeindeglied. Gerade der Eibacher Gruppe haben wir bewiesen, daß wir ihr Eigenleben nicht hindern. Im Zusammenhang mit dem Weggang Dr. Beer's haben wir der Eibacher Gruppe vertragsmäßig einen Betsaal zur Benützung überlassen und dem Herrn Weidenmüller in einem Gebäude der Gesamtkirchengemeinde Nürnberg Wohnung verschafft. Außerdem sind gerade in Nürnberg die Deutschen Christen, wenn sie ihre Mitgliedschaft bei den Deutschen Christen nachgewiesen haben, von der Zahlung des Kirchgelds entbunden worden.
Wir glaubten, dem Ministerium diesen kurzen Überblick zur Unterrichtung geben zu sollen.
2. Wenn man von den Angehörigen der „Gesamtgemeinde" diejenigen ausscheidet, die nach dem staatl. Kirchensteuergesetz gar nicht umlagepflichtig sind, dann bleibt keine nennenswerte Zahl von Pflichtigen übrig. Auch die Finanzkraft dieser Gemeindeglieder ist, wie wir nach der Schichtung der Eibacher Bevölkerung annehmen, nicht sehr groß. Wir haben daher kein Interesse an den Kirchenumlagen dieser Leute und sind durchaus bereit, sie bei der Erfassung der Umlagepflichtigen auszuscheiden. Erforderlich wäre jedoch, daß die „Gesamtgemeinde" die Namen und Anschriften ihrer z. Zt. vorhandenen Mitglieder mitteilt. Es müßte allerdings ausgeschlossen werden, daß jetzt mitten im Krieg eine Agitation seitens der „Gesamtgemeinde" begonnen wird mit dem Ziele der Gewinnung von neuen Mitgliedern. Es würde sonst eine Unruhe in die Gemeinde getragen, die dem Staat nicht gleichgültig sein kann.
Wir würden vorschlagen, daß die Mitglieder-Listen der 26 Gemeindegruppen über das Ministerium an uns geleitet werden. Das Ministerium vermag sich dann selbst zu überzeugen, wieviel Steuerpflichtige hinter den 26 Gemeindegruppen, mit denen man groß tut, stehen.
Pflichtmäßig weisen wir auch darauf hin, daß die Freistellung von Deutschen Christen von der Zahlung der Kirchenumlage sich auch außerhalb Bayerns auswirken wird. Die auf dem Boden des Bekenntnisses stehenden Steuerpflichtigen in den Landeskirchen mit Deutsch-Christlichen Kirchenleitungen werden voraussichtlich ebenfalls den Antrag stellen, daß sie nicht mehr Kirchensteuern an die deutsch-christlichen Kirchenleitungen entrichten müssen.
3. Eine Finanzabteilung ist in unserer Landeskirche, wie in einer Reihe von Landeskirchen, nicht eingerichtet. Dazu besteht auch keinerlei Anlaß. Das Ministerium dürfte selbst darüber im Bilde sein, daß die Folgen der Einrichtung einer Finanzabteilung, die wohl nicht einseitig gegenüber der Evang.-luth. Kirche im rechtsrheinischen Bayern erfolgen könnte, im gegenwärtigen Augenblick, wo die Zusammenfassung und Ausrichtung aller Kräfte auf den Sieg erforderlich ist, nicht tragbar sein dürften.
I. V. Moegelin

246 Schreiben der Deutschen Christen, Gesamtgemeinde Franken, an das Bayerische Staatsministerium für Unterricht und Kultus. Nürnberg-Eibach, 23. Juli 1942

BayHStA, MK 36986

Betreff: Ihr Schreiben Nr. II 27774.

In der nachfolgenden Aufstellung teilen wir Ihnen die Mitgliederzahlen unserer Gemeindegruppen nach dem Stand vom 1.4.1942 mit und bemerken hierzu ausdrücklich, daß die sich noch innerhalb der evangel.-luth. bezw. katholischen Kirche befindlichen Mitglieder nicht länger mehr gewillt sind, ihre Kirchensteuer diesen Kirchen zugehen zu lassen. Unsere Mitglieder setzen sich ziffernmäßig wie folgt zusammen:

Gemeinde	Nürnberg-Stadt:	ev.-luth. 1735	kath. 57	gottgl. 316
	Nürnberg-Eibach:	2662	78	114
	Nürnberg-Schweinau:	155	4	5
	Gebersdorf:	99	–	5
	Stein b. Nürnberg:	393	3	–
	Reichelsdorf-Mühlhof:	98	4	6
	Schwabach	164	2	13
	Vach	125	2	9
	Zirndorf	173	1	14
	Fischbach-Altenfurth	59	–	–
	Kalchreuth	13	–	5
	Streitberg	19	1	3
	Muggendorf	16	–	3
	Steinhart	6	–	2
	Weißenburg	10	–	1
	München	18	–	3
	Starnberg	13	–	–
Mitglieder insgesamt		ev.-luth 5758	kath. 152	gottgl. 499

Zu der obigen Aufstellung ist noch zu bemerken, daß die unter gottgläubig angegebenen 499 Mitglieder alle aus der evang.-luth. Kirche ausgetreten sind. Angehörige der „nationalkirchlichen Einung Deutsche Christen Landesgemeinde Franken“ befinden sich unter unseren Mitgliedern nicht, da diese DC-Gruppe hier in Franken ja eigene Gemeinden unterhält.

Im Hinblick auf die Tatsache, daß unsere Gemeindeglieder keinesfalls mehr willens sind, an die sie nicht betreuende Bekenntniskirche noch Kirchensteuern zu leisten und in Anbetracht der für unsere Gesamtgemeinde regelmäßig anfallenden finanziellen Verpflichtungen, erlauben wir uns, Ihnen die Bitte um bevorzugte Erledigung unseres Antrages zu unterbreiten.

Heil Hitler!

Deutsche Christen, Gesamtgemeinde Franken:

Gesamtgemeindeleiter	
Kassenverwaltung:	Pfarramt
Karl Müller-[...][9]	Weidenmüller
A Lottes	Karl Matthauer

3.2 Nationalsozialistischer Evangelischer Pfarrerbund (NSEP)

247 Arbeitsprogramm der Arbeitsgemeinschaft nationalsozialistischer evangelischer Geistlicher. Juli 1933

FKiZM. A 30. 27

Die Arbeitsgemeinschaft nationalsozialistischer evangelischer Geistlicher will die auf dem Boden der NSDAP stehenden evangelischen Geistlichen zu fruchtbarer und wirkungsvoller Arbeit an Volkstum und Kirche zusammenfassen.

Wir nationalsozialistischen Geistlichen sehen in der NSDAP den gottgeschenkten Aufbruch der Nation aus den tödlichen Umschlingungen des Liberalismus, Marxismus, Bolschewismus, des Internationalismus, der inneren Zerrissenheit und verantwortungslosen Vereinzelung zur endlichen, organischen, gottgewollten Volkwerdung der Deutschen. Darum stehen wir freudigen und dankbaren Herzens in unbedingter Treue hinter dem Schöpfer der NSDAP, Adolf Hitler, und fühlen uns im Gewissen zur Mitarbeit innerhalb der NSDAP verpflichtet.

Wir sind überzeugt, dass das Deutschtum seine letzte Vertiefung und Erfüllung erst durch und in Christus findet. Das ist auch der Standpunkt der NSDAP, wie er in Punkt 24 des Programms in der Zurückhaltung, die in religiösen Fragen einer politischen Partei geziemt, niedergelegt ist. Wir kämpfen also im Sinne der Partei und der evangelischen Kirche für die untrennbare Einheit von Deutschtum und Christentum.

Wir wissen, dass das Erwachen des Volks- und Rassenbewusstseins uns wertvolle neue Erkenntnisse geschenkt hat, an denen wir nicht vorübergehen dürfen, und uns vor neue Aufgaben stellt, die der Lösung harren. Wir ringen darum, in der Verkündigung des Evangeliums das Wort zu finden, das uns von Christus her die deutsche Seele in Aufruhr versetzt, damit Christus in ihr Gestalt gewinne.

Daraus ergibt sich als Arbeitsprogramm:

1. Unbedingte Mitarbeit an der grossen Aufgabe der NSDAP. Vertretung nationalsozialistischer Anschauungen innerhalb der Kirche.

9 Name teilweise unleserlich.

2. Beratung der NSDAP in evangelisch-kirchlichen Fragen.
3. Theologische Bearbeitung aller durch das Erwachen des Volkstums und Rassenbewusstseins gestellten Fragen und Aufgaben.
4. Mitarbeit an der Neugestaltung des Kirchenwesens und des Verhältnisses zwischen Staat und Kirche.

Arbeitsgemeinschaft nationalsozialistischer evangel. Geistlicher
I. A. der Reichsführung: Dr. Beer, Pfr. Nürnberg-Eibach.

248 Friedrich Pommer: Zur Erklärung des Kollegen Dr. Daum

KorrBl 58 (1933), 25. Dezember, S. 600

Ich habe nicht die Nürnberger Versammlung vom 8. 12. mitgemacht, wußte auch nichts von dem dort geäußerten Wunsch bez. der Auflösung des nat.-soz. Pfarrerbundes. Ich habe aber, von keiner Seite beeinflußt, beim Lesen des Aufrufes von Dr. Daum und Schmidt v. 28. 11. denselben Wunsch lebhaft empfunden und auch in einer Konferenz zum Ausdruck gebracht, obwohl ich vor ein paar Monaten selbst nahe daran gewesen war, dem Bunde beizutreten. Die in Nürnberg angegebenen Gründe, welche für die Auflösung des Bundes sprechen, bestehen trotz des Appells Dr. Daums an eine vornehmere kollegiale Denkart. Man sollte doch ein Gefühl dafür haben, daß in unserer Zeit, nach den kirchenpolitischen Erfahrungen der letzten Wochen, einfach kein Raum mehr für solche Sonderbünde besteht. Wir haben jetzt nicht anderes zu tun als eine geschlossene Front zu bilden. Kein Pfarrerbund, mag er sich nennen wie er will, hat in dieser Kampfzeit eine Berechtigung. Mag es der Kollege Daum wahr haben oder nicht: diejenigen, welche sich nicht dem nat.-soz. Pfarrerbund anschließen, kommen von selbst in das Ansehen oder Verdacht, daß sie nicht oder weniger nat.-sozialistisch gesinnt seien als die dem Bund Zugehörigen. Wir möchten nicht wieder die Verdächtigungen der nationalen Gesinnung erleben, wie wir solche auf einer Pfarrervereinsversammlung trotz aller „Kollegialität" erlebten. Wozu noch einen solchen Bund, jetzt nach dem 12. November? Ist es nicht selbstverständliche Pflicht eines jeden Pfarrers, über die Fragen Volk, Blut, Gott, Evangelium und Kirche sich klar zu werden?

Lassen wir doch endlich einmal alle Eigenbröteleien, die, ob man es auch nicht will, doch Gegensätze hervorrufen, und die in einer so gespannten Zeit wie der unsrigen doppelt gefährlich sind.

Die Gefahr der Sonderbündelei besteht vor allem für die Geschlossenheit der Pfarrer; mittelbar kann damit auch für die Kirche eine Gefahr entstehen. So wie Dr. Daum in seiner Erklärung von Gefahr der Kirche redet, sieht es aus, als ob der nat.-soz. Charakter des Pfarrerbundes als die Gefahr für die Kirche angesehen werde. Diese allerdings „peinliche" Ausdrucksweise muß entschieden zurückgewiesen werden.

Ich gebe mich der Hoffnung hin, daß sich Kollege Dr. Daum sich diesen offenen Wünschen und Hoffnungen auf Auflösung des nat.-soz. Pfarrerbundes nicht gänzlich verschließt.
Deiningen, 21. Dezember 1933.

249 Johannes Götz: Die Berechtigung des N.S. Pfarrerbundes

Mitteilungen des nat.-soz. evang. Pfarrerbundes (N.S.E.P.), 22. Januar 1934

Es ist gesagt worden, daß unser Bund gegenwärtig nicht nur ein höchst überflüssiges, sondern sogar ein höchst gefährliches Gebilde sei, gefährlich deshalb, weil durch das Bestehen dieser Organisation die Geschlossenheit der bayerischen Pfarrerschaft gesprengt werden könnte; gefährlich aber auch deshalb, weil man in dem N.S. Pfarrerbund eine Gefahr für das Bekenntnis zu sehen vermeint.
Beide Anschauungen sind nicht nur unrichtig, sondern sie sind häßlicher Verleumdung gleichzuachten. Die Pfarrerschaft besteht nicht nur für sich, auch nicht nur für die Kirchenleitung, sondern sie ist ein sehr wesentlicher Faktor des Volkes, sie ist Glied am Leibe des Volkes. Deshalb kann gerade der N.S. Pfarrer nichts lieber tun, als dieses Glied gesund zu erhalten, indem er den Pfarrerstand in die Volksgemeinschaft hineinbaut und hineinverankert, deswegen kann er gerade nicht dulden, daß hier Zerfall und Streit entstehen. Daß aber die Pfarrerschaft mit verantwortlich ist für die Neuwerdung des Volkes, das gilt es für manchen noch zu lernen.
Und das andere Bedenken: Bekenntnistreue innerhalb der N.S. Pfarrerschaft? Das Bekenntnis ist ebenso nicht Privileg der Pfarrerschaft allein, sondern schicksalhaftes Gemeingut des Volkes. Darum kann der N.S. Pfarrer gar nicht anders, als daß er mit aller Macht sich einsetzt für das Bekenntnis, damit das Gut der Väter bleibe und wirke auch im neuen Staat.
Nun könnte gesagt werden: „Beides wollen ja die außerhalb des N.S. Pfarrerbundes Stehenden auch." Wir bezweifeln das nicht. Aber wo nur Vergessen der bedrohlichen Vergangenheit, wo nur Kritik an der schaffenden Gegenwart, wo nur bange Furcht vor der werdenden Zukunft spricht, da ist nicht nur Lähmung, sondern da ist der Tod des Glaubens auch an den Allmächtigen, der Tod des Bekenntnisses.
Wir N.S. Pfarrer aber wollen, daß lebendig bleibe im Volk und für das Volk, was einst und jetzt lebenswarm und lebenswahr geworden und geblieben. Daraus aber leiten wir ab unser Daseinsrecht, daß Gott uns, namentlich die alten einst noch politischen Kämpfer unter uns, auch jetzt gelten läßt als Diener seines Volkes, seiner Kirche, seines Reiches.

250 Flugblatt der Landesleitung des NSEP an seine Mitglieder. 16. Mai 1934

FKiZM. A 30. 27

An unsere Mitglieder!

1. Nach der Mitgliederversammlung am 24. April trug mir der Reichsleiter die Stelle des Landesleiters an; ich sagte zu. Eine Bestallung ist bis jetzt noch nicht erfolgt, doch übernehme ich im Einverständnis mit dem Führerrat vorläufig die Landesleitung.
2. Die genannte Versammlung gelangte zur Uebereinstimmung über folgende Punkte:
   a) Der NSEP darf nicht identifiziert werden mit den „Deutschen Christen"
   b) Der NSEP lehnt einen Neuaufbau der D. C. bei der gegebenen Lage in Bayern ab.
   c) Der NSEP erwartet, dass der Kampf um die Reichskirche im Blick auf die notwendige Einheit der Deutschen Evangelischen Kirche geschieht.
3. Der NSEP ist in Neukonstituierung begriffen. Die Mitglieder, die gestrichen werden wollen, mögen dies umgehend dem zuständigen Gauführer mitteilen; ich ersuche die Gauführer, mir bis zum 26. Mai die betr. Namen zu übermitteln.
4. Im Anschluss an eine Führerratssitzung erfolgt folgende Bekanntgabe: Der NSEP wird zu der gegenwärtigen Lage erst nach der am Pfingstdienstag beginnenden Landessynode Stellung nehmen und legt den Mitgliedern nahe, vorher (mit Ausnahme von Ziffer 3) keine persönlichen Entscheidungen zu treffen.
5. Für Juni ist eine Mitgliederversammlung vorgesehen; Koll. Dr. Johannes Sperl wird über das aktuelle Thema sprechen: „Die Weltanschauung des Nationalsozialismus im Lichte der evangelischen Theologie unter besonderer Berücksichtigung der dialektischen".

Goldkronach, den 16. Mai 1934
I. V.: Fr. Möbus

251 Schreiben des NSEP an Landesbischof Meiser. Goldkronach, 8. August 1934

FKiZM. A 30.27

Hochwürdigster Herr Landesbischof!
Am 30. Juli hat in Nürnberg eine Aussprache des Führerrates des NSEP stattgefunden. Es waren 4 weltliche Abgeordnete der Landessynode zugegen. Vertreter des Ansbacher Kreises konnten wegen Urlaubsabwesen-

heit der zunächst eingeladenen Herren nicht teilnehmen, doch ist der Ansbacher Kreis dem Vernehmen nach mit dem Ergebnis der Aussprache einverstanden.

Dieses Ergebnis besteht darin, dass der NSEP sich für eine freiwillige Eingliederung der bayr. Landeskirche in die Deutsche Evang. Kirche ausspricht. Diese Eingliederung in der von der Reichskirchenregierung geplanten Rechtsform ist dem NSEP eine sich schon aus der geschichtlichen Entwicklung ergebende Notwendigkeit. Die Arbeit um die Verkündigung des reinen Evangeliums kann nach unserer Ansicht von unserer Landeskirche besser geleistet werden, wenn sie nicht organisatorisch eine Sonderstellung in der DEK einnimmt.

Im Eingliederungsvertrag ist nach unserem Vorschlag die Selbstständigkeit der Landeskirche im Bekenntnis und Kultus zu wahren; dabei ist zu fixieren, was in der praktischen Auswirkung unter diese Begriffe fällt, also z. B. Agende, Gesangbuch, Rel.-Lehrplan, Rel.-Lehrbücher usw. Es ist zu erwarten, dass in der Vertretung dieser Belange eine fast restlose Einigung unserer Pfarrerschaft zu erzielen ist, während im Widerstand gegen Verhandlungen über eine freiwillige Eingliederung die Geschlossenheit nach unseren Beobachtungen nicht oder doch nur äusserlich vorhanden sein würde.

Nach unserer Beurteilung der Sachlage ist bei Ablehnung des Verhandlungsweges die zwangsweise Eingliederung unvermeidlich. Um der Aufgabe willen, die gerade Herr Landesbischof in Wahrung des Bekenntnisses haben, ist es unser dringender Wunsch, dass Herr Landesbischof im Amte bleiben könnten; dies wäre nicht möglich, wenn die zwangsweise Eingliederung Tatsache würde. Zu bedenken ist auch, dass äusserster Widerstand bis zum letzten Augenblick in der bayr. Pfarrerschaft weithin eine Stimmung gegen die Leitung der DEK hervorruft, die auch nach geschehener Eingliederung für die Arbeit der ev. Kirche nach innen u. aussen zunächst eine Hemmung bedeuten wird.

Wir sind uns dessen vollauf bewusst, dass uns die Vertretung unseres Standpunktes wegen des Auseinanderfallens von Idee und gegenwärtiger Erscheinung der Reichskirche erschwert ist; wir wissen deshalb auch die Bedenken des Herrn Landesbischofs zu würdigen. Doch können uns nach ernsthafter Erwägung die vielfachen Mängel der gegenwärtigen Erscheinung nicht hindern, aus der Idee jetzt schon die praktischen Konsequenzen zu ziehen. Wir wissen uns mit dem Herrn Landesbischof verbunden im Gebet zum Herrn der Kirche, dass er alle aufrichtige Arbeit um sie segne.

In Ehrerbietung bin ich Euer Hochwürden sehr ergebener

gez. Möbus.

252 Schreiben der Landesleitung Bayern des NSEP an die Mitglieder. Goldkronach, 11. August 1934

FKiZM. A 30. 27

An die Mitglieder des NSEP.
Im Anschluss an den beiliegenden an den Herrn Landesbischof gerichteten Brief bitte ich diejenigen unserer Mitglieder, die mit dem Inhalt nicht einverstanden sind und die darin ausgesprochene kirchenpolitische Tendenz nicht teilen, dies mir gegenüber spätestens innerhalb 8 Tagen zum Ausdruck zu bringen; dies ist notwendig zur Feststellung, wie weit unsere Mitgliederschaft kirchenpolitisch hinter der Führung steht.
Zugleich stelle ich fest, dass diejenigen Kollegen, welche die in dem gen. Brief ausgedrückte Auffassung der Führung ablehnen, als aus dem NSEP ausgeschieden anzusehen sind. Die Erfahrung der letzten Zeit zeigt, dass diese Massnahme notwendig ist. Es geht auf die Dauer nicht an, dass der Landesleiter in wichtigen Augenblicken die Frage, wie weit er im jeweiligen Fall auf die Unterstützung der Mitglieder rechnen könne, unbeantwortet lassen muss. Besser ist zur Erfüllung unserer Zwecke eine geschlossene, wenn auch zunächst kleinere Schar, als ein grosser Mitgliederstand, dem diese Geschlossenheit fehlt.
Die notwendige Scheidung bedeutet kein rücksichtloses „Hinauswerfen"; sie wird von mir eingeleitet in dem tiefen Gefühl amtsbrüderlicher Verbundenheit allen denen gegenüber, die bisher dem NSEP angehörten, aber seinen kirchenpolitischen Weg nicht weiter mitgehen zu können glauben. Die Aufgaben, die unserer Deutschen Evangelischen Kirche gesetzt sind, sind so gross und schwer, dass Trennungen innerhalb einzelner Organisationen nicht zur Scheidung im Amt schlechthin führen dürfen. Gerade um der bestehenden und bevorstehenden Aufgaben willen streben wir ja an unserem Teile in der DEK die organisatorische Einheit an, die mit der Einigkeit im Geist durchaus nicht in Widerspruch zu stehen braucht, sondern ihr vielmehr zeitgeschichtlich die Wege zu ebnen geeignet ist.
Mit amtsbr. Gruss und Heil Hitler!
gez. Möbus.
PS 1.) Auf das kleine Schriftchen von Rektor Keupp „Grundsätzliches zur Frage der Eingliederung. Ein Wort zum Frieden. Herausgeber: Kirchenamtl. Pressestelle, Verlag: Gesellschaft für Zeitungsdienst, Berlin SW 11, Hafenplatz 5" wird empfehlend hingewiesen.
PS 2.) Dem Vernehmen nach sollen wieder Unterschriftsammlungen im Gange sein; es wird Vorsicht und Zurückhaltung empfohlen!
M.

253 Schreiben der Landesleitung Bayern des NSEP an die Mitglieder. Goldkronach, 31. August 1934

FKiZM. A 30. 27

Sehr verehrte und liebe Amtsbrüder!
Durch den einstimmigen Beschluss der Landessynode in Sachen der Eingliederung, der unter Mitwirkung meiner engeren kirchenpolitischen Gesinnungsfreunde zustandekam, ist mein Schreiben vom 11.8.34 überholt. Dort hatte ich die Stellung in der Eingliederungsfrage zum Kriterium für die Zugehörigkeit zum NSEP gemacht. Dieser Standpunkt ist m.E. nicht mehr aufrechtzuerhalten. Ich ziehe deshalb meine Aufforderung, aus ablehnender Haltung zur freiwilligen Eingliederung die Konsequenzen des Austrittes zu ziehen, zurück. Zugleich stelle ich mein Amt als Landesleiter der Reichsleitung zur Verfügung. Ich werde die Reichsleitung bitten einen Nachfolger zu bestellen; wenn ich auch dem von beiden Seiten her geäusserten Wunsch, ich möchte die Landesleitung beibehalten, nicht entsprechen kann, so führe ich doch bis zur Neubesetzung die Geschäfte weiter.
Trotz meiner Rücktrittserklärung wird man von mir erwarten, dass ich vor der Mitgliederschaft Stellung nehme. Ich will das im Nachfolgenden tun.
Meinem Verlangen, die ablehnende Stellung zur freiwilligen Eingliederung mir durch Zuschrift kund zu tun, ist von 64 unserer Mitglieder entsprochen worden; einige wenige äusserten sich unentschieden. Dazu sei bemerkt, dass unser Mitglieder-Stand 268 ist. Eine kleine Zahl von Briefen, die ich nach der Synode erhielt, ist nicht mehr in Rechnung gestellt. Zwei von den Zuschriften sind als allgemeine Rundschreiben an die Mitgliederschaft gegangen. In Anbetracht der besonderen Lage und meines Rücktrittes will ich mich damit begnügen, dem disziplinären Bedenken gegen diese Art hiemit Ausdruck zu geben.
Bei der grossen Zahl der Zuschriften kann eine Einzelbeantwortung natürlich nicht stattfinden. Es sei versucht, mit einer allgemeinen Erwiderung das Wesentliche und jetzt noch Notwendige zu sagen.
Hinsichtlich der Tätigkeit des NSEP wurde s. Zt. folgendes Arbeitsprogramm aufgestellt: 1.) Unbedingte Mitarbeit an der grossen Aufgabe der NSDAP; Vertretung nationalsozialistischer Anschauungen innerhalb der Kirche. 2.) Beratung der NSDAP in evang. kirchl. Fragen. 3.) Theologische Bearbeitung aller durch das Erwachen des Volkstums- u. Rassenbewusstseins gestellten Fragen und Aufgaben. 4.) Mitarbeit an der Neugestaltung des Kirchenwesens und des Verhältnisses zwischen Staat und Kirche.
Wie weit dieses Programm durchgeführt wurde und seither durchführbar war, kann in irgend einem Umfang jeder sich selbst beantworten. Auf jeden Fall wird dieses Programm für die Zukunft richtunggebend bleiben, wenn es auch andere Formulierungen finden sollte. Das, was noch nicht in seinem Sinn geschehen konnte, soll gerade durch eine neue Organisations-

form ermöglicht werden. Zu Ziff. 1 und 4 möchte ich besonders bemerken, dass es sich bei den Bestrebungen weithin um eine Frage des menschlichen Typus handelt; in der Kirche ist vielfach nicht derselbe Typ massgebend, der im Staate bestimmend geworden ist. Es liegt nahe, dass sich daraus vermeidbares Misstrauen und überflüssige Spannungen ergeben. Ich stelle ausdrücklich fest, dass ebenso wie im Staate, so auch in der Kirche jede Art ihre Berechtigung und Notwendigkeit hat; das ändert aber nichts an dem vom NSEP zu vertretenden Verlangen, dass in der Kirche der neue Mensch des dritten Reiches führend sei und werde. Diese Gedanken näher auszuführen wäre Aufgabe einer eingehenderen psychologischen Darlegung; dazu ist hier nicht der Raum gegeben, auch sind andere für diese Aufgabe geeigneter als ich.

Mit dem oben bezeichneten Arbeitsprogramm ist die Notwendigkeit der Kirchenpolitik gegeben. Der NSEP war aber nach meiner Meinung unter dem Druck der Verhältnisse zu einseitig kirchenpolitisch geworden. Deshalb wünschte ich, wie ich ausdrücklich äusserte, den NSEP „nach Möglichkeit" aus der Kirchenpolitik herauszuführen. Dies war um so mehr zu wünschen, als der NSEP vorerst noch nicht den Rückhalt der Bewegung hinter sich fühlte. Diese Einschränkung „nach Möglichkeit" schloss die Erkenntnis ein, dass der Bund in gewissen Fällen kirchenpolitisch handeln müsse. Dieser Umstand musste es auch ausschliessen, dass Mitglieder durch eine Organisation mit kirchenpolitischer Eigenbewegung in anderer Richtung gebunden seien.

In jeder Art von Politik, also auch der Kirchenpolitik, müssen praktische Zweckmässigkeiten eine Rolle spielen. Die Annahme ist irrig, dass das Zweckmässige gegen das Gewissen gehen müsse; gerade das Gewissen wird die Durchführung des Zweckmässigen verlangen. Das hindert nicht, dass Konflikte entstehen können. Diese werden aber nicht durch eine mechanische Imitation des Reformators gelöst. Wer das versuchte, ist kein Luther, sondern erscheint meist nur als ein kümmerliches Lutherlein.

Hinsichtlich der Ziff. 3 des obigen Arbeitsprogramms ist auf Veranlassung des Reichsleiters durch Veröffentlichungen und, wenigstens bei uns in Oberfranken, durch Vortragsveranstaltungen immerhin einiges getan worden. Die Bildung des Ansbacher Kreises sollte den Beginn weiterer Arbeit bedeuten. Seit der Uebernahme der Landesleitung durch mich fand eine dementsprechende Mitgliederversammlung am 10. Juli in Nürnberg statt. Mehr konnte in Anbetracht der kurzen Zeit und der Ferien- u. Urlaubszeit bisher nicht sein. In diesen Dingen kann berechtigterweise gute Hoffnung auf die Neuorganisation gesetzt werden, wenn sie auch bis zum intensiven Einsetzen ihrer Tätigkeit Zeit zum Ausbau und zur Konsolidierung notwendig hat.

In den genannten Punkten wird sich die neue Organisation so wenig wie die bisherige an eine der zwei kirchlichen Hauptrichtungen binden dürfen.

Sie hat von ihrem selbständigen Standpunkt aus zusammenzuführen, was sich zusammenführen lassen will. Mängel und Vorzüge sind auf beiden Seiten. Zu bekämpfen ist angesichts der äusseren Gegner auf allen Seiten die in einem der beiden Rundschreiben erwähnte „Frontendämonie", die nur unter dem Gesichtspunkt der Frontenzugehörigkeit annimmt oder ablehnt. Ich verhehle mir allerdings nicht, dass bei alledem uns die positiv gläubigen Kräfte unter den D.C. in der Regel am nächsten stehen dürften; auch mit dieser Feststellung soll jedoch keiner Voreingenommenheit und Bindung das Wort gesprochen sein.

Die Leitung des NSEP hat sich in ihren kirchenpolitischen Beurteilungen bemüht, Personen und Sache zu trennen. Das gilt besonders in der Eingliederungsfrage. Es wurde deshalb die Eingliederung erstrebt ohne Rücksicht auf die personellen Mängel, die in der Reichskirchenleitung zu konstatieren waren; die Bereinigung auf diesem Gebiete wurde als unabhängig von der Eingliederung durchführbar angesehen. Es ist jetzt dadurch eine neue Situation eingetreten, dass gerade die Mitglieder der Landessynode, die meine Ansicht teilten, in der Landessynode die Initiative zur Herbeiführung der einstimmig angenommenen Erklärung ergriffen. Sie gingen dabei offensichtlich von der Erwägung aus, dass sich die Reichskirchenregierung so sehr belastet habe, dass weiterhin eine Trennung von Sache und Personen als krampfhaft erscheinen müsste. Dieser Ansicht kann auch ich mich nicht verschliessen.

Mit Genugtuung kann festgestellt werden, dass in den Vorschlägen des Herrn Landesbischofs zum Ausbau der DEK weite Schritte getan werden, die in unserem Sinne gelegen sind. Es wird unsere Aufgabe sein, diese Schritte im Hinblick auf das oben festgestellte Arbeitsprogramm mitzutun. Ich glaube nicht fehlzugehen in der Annahme, dass gerade der Kampf um die Reichskirche bei uns in Bayern den Blick von Pfarrern und Gemeinden zur Reichskirche hingewendet hat. Unser Bestreben gehe dahin, dass mehr u. mehr die Reichskirche über die Landeskirchen den Vorrang erhalte und es schliesslich als selbstverständlich angesehen werde, dass ein rechter Reichsbischof für die Landes- oder Gebietsbischöfe das ist, was jetzt ein rechter Landesbischof etwa für seine Dekane bedeute. Dass auch der Kampf um die deutsche evang. Kirche dem Volke zum Segen werde, dazu helfe uns der HErr!

Mit amtsbrdl. Gruss u. Heil Hitler! gez. Möbus.

PS. 1.) Die im vorigen Rundschreiben erwähnte Schrift „Grundsätzliches zur Eingliederung" ist im Abdruck versehentlich als Arbeit des Herrn Rektor Keupp bezeichnet worden.

2.) Herr Dekan Hanemann wird sich noch an die Mitglieder über die Stellung der Arbeitsgemeinschaft der NS Synodalen in der letzten Landessynode wenden.

3.) Die verspätete Versendung obigen Briefes wolle damit entschuldigt werden, dass die Vervielfältigung einige Schwierigkeiten bereitete.

M.

254 Schreiben Eduard Putz' an die Mitglieder des NESP. München, 7. September 1934
FKiZM. A 30. 27

Sehr geehrte Herren und Brüder!
In der bayer. Landessynode hat sich ein Kreis von alten Parteigenossen zusammengeschlossen. Dieser Kreis hat ganz außerordentlich dazu beigetragen, daß die Landessynode einstimmig die Reichskirchenregierung ablehnt. Derselbe Kreis hält es für unbedingt notwendig, daß in allernächster Zeit in ganz Deutschland alte Parteigenossen, die auf unserem kirchenpolitischen Standpunkt stehen, gesammelt werden und daß eine Versammlung von derartigen Vertretern in der nächsten Woche zusammentritt. Die Betreffenden sollen sich der Unterschrift und der Beauftragung möglichst anderer Parteigenossen versichern. Die Vertreter sollen angeben, wie lange sie bei der Partei sind; außerdem sollen es Parteigenossen aus allen Ständen sein, womöglich auch Landwirte. Wir müssen unter allen Umständen versuchen, mit einer größeren Abordnung aus diesem Kreise unsere Auffassung von der Lage höheren Orts durchzubringen.
Ich bitte Sie umgehend, die Namen solcher älterer Parteigenossen, die als Vertreter in Betracht kommen, an meine hiesige Adresse zu senden.
Die Kosten der Teilnahme an der geplanten Tagung müßten die entsendenden Kreise tragen.
Eduard Putz

255 Schreiben der Landesleitung Bayern des NSEP an den Landeskirchenrat. Nürnberg, 13. November 1934
FKiZM. A 30. 26

Betreff: Zum Schreiben des Herrn Landesbischof D. Meiser, Amtsbl. No. 37 vom 9. 11. 34 „An meine Amtsbrüder"
Erklärung:
Die unterzeichneten Geistlichen geben für ihre Amtsführung folgende Erklärung ab:
Wir werden wie bisher unser Amt getreu unserem Ordinationsgelübde und der bei unserer Amtseinsetzung in unsere Gemeinde übernommenen Verpflichtung führen.
Wir werden die dienstlichen Anweisungen der bayerischen Kirchenregierung zur Durchführung bringen, soweit sie nicht den Weisungen der Reichskirchenregierung widersprechen.
Als Mitglieder des N. S. E. P. halten wir uns gebunden an nachstehende Verpflichtung:
„Der N. S. E. P. steht auf dem Boden der deutschen evangelischen Kirche

und erkennt Reichsbischof Müller als den rechtmäßigen Reichsbischof an. Er bejaht freudig das Wort des Reichsbischofs an die Gemeinden und Pfarrer vom 8.11.34. Der N.S.E.P. macht seinen Mitgliedern zur Pflicht, für diese deutsche evangelische Kirche sich einzusetzen."

Außerdem betonen wir nachdrücklich, daß wir die uns von den Geistlichen der Bekenntnisfront gewordene Verächtlichmachung und Schuldbelastung entschieden ablehnen. Es widerspricht dem christlichen Gewissen, wenn unter Führung des bayerischen Landesbischofs uns Geistlichen gegenüber, die wir unerschüttert auf dem Boden von Schrift und Bekenntnis stehen, die Amtsbrüderlichkeit zerbrochen wird.

Goldkronach:	Möbus	Fürth i. B.:	Willy Wangemann
Ahornberg:	Brüderlein	Löpsingen:	Karl Will
Nürnberg:	Dr. Beer	Mönchsroth:	Brunnacker
Bruckberg über Ansbach:	Hans Sommerer	Larrieden:	Auer
Mühldorf:	Gollwitzer	Thalmannsfeld:	Griebel
Gärtenroth:	Dr. Hofmann	Wallesau:	Brather
Ebersdorf:	Lochner	Weidenberg:	Hoffmann
Sondheim i. Gr.:	A. Wolpert	Weißenburg i. B.:	Kalb
Nennslingen:	Ruck	Höttingen:	K. Pfaffenberger
Burgsalach:	Bestelmeyer	Heiligenstadt:	Daum Sr.
Günzburg a. D.:	K. Hennersdorf	Nürnberg:	Dr. Gustav Bub
Kleinhaslach:	Karl Werlin	Birk:	R. Lehner
Gerolfingen:	Stadelmann	Wüstenstein:	Bauer
Gefrees:	Heim	Busbach:	R. Schmidt
Nürnberg:	J. Gewalt	Nürnberg:	Adolf Linke
Nürnberg:	Fr. Löblein	Nürnberg:	Halbach
Segnitz:	Karl Danner	Nürnberg:	Hans Baumgärtner
Plech:	Schramm	Büttelbronn:	H. Loew
Gustenfelden:	W. Wolfrum	Nürnberg:	Preiß
Rothenstadt:	J. Hatz	Schnabelwaid:	B. Koch
Königshofen:	Gg. Bräuninger	Oberhohenried:	Dr. Daum
Pfäfflingen:	Fr. Hormeß		
Gunzenhausen:	Dietrich		

256 Schreiben Pfarrer Ernst Keupps an Landesbischof Meiser. Gunzenhausen, 15. Dezember 1934

FKiZM. A 30. 1/1

Betreff: Dienstleistung.
Von dem Herrn Landesbischof wird die Erklärung der N.S.E.P. vom 13. 11. mit ihrer unbotmässigen „Feststellung“ mit Ernst und Nachdruck zurückgewiesen.
Das veranlasst mich, für meine Person folgendes zu erwidern:
Die Forderung, mich unter der heutigen Lage der bayerischen Landeskirche ohne Rücksicht auf ihre Zugehörigkeit zur Deutschen Evangelischen Kirche zu unterstellen und dem Herrn Landesbischof auch da Gefolgschaft zu leisten, wo er sich im Gegensatz zu den Ordnungen der D.E.K. befindet, kann ich nicht erfüllen, weil mich dieser Schritt in eine unerträgliche Gewissensnot bringt.
Schon am 10. November 1933 habe ich dies klar und deutlich in meiner damaligen Erklärung und dem beigefügten Brief zum Ausdruck gebracht. In all den folgenden schriftlichen Aeusserungen, die ich in Sachen des Kirchenstreites an den Herrn Landesbischof und an den Evang.-Luth. Landeskirchenrat im Laufe des letzten Jahres gerichtet habe, tat ich diese gewissensmässige Stellungnahme kund.
Diese ist in der Hauptsache darin begründet, daß ich nach meiner aus dem Worte Gottes gewonnenen Erkenntnis scharf unterscheiden muß zwischen der Kirche des Glaubensbekenntnisses und der menschlich verfassten Kirche.
Sowohl Artikel VII (Evangelium rein gepredigt, die hlg. Sakramente laut des Evangelii gereicht, ist genug zu wahrer Einigkeit der christlichen Kirche.) als auch Artikel XXVIII (das Kirchenregiment hat über die Predigt und die rechte Verwaltung der Sakramente zu wachen) der Augustana sind mir maßgebend und bindend. Aber daneben stehen auch Artikel VIII (Wiewohl die Kirche nichts anderes ist, denn die Versammlung aller Gläubigen und Heiligen, sind die Sakramente gleich wohl kräftig, obschon die Priester nicht fromm sind.) und XV (Kirchenordnungen, von Menschen gemacht, zu halten, so ohne Sünde mögen gehalten werden und zu Frieden und guter Ordnung dienen) deren Beachtung in der Gegenwart sehr zu empfehlen ist.
Bei dem Kampf, in dem wir stehen, handelt es sich nur teilweise um die Wahrung des Bekenntnisses allen christusfeindlichen Mächten und Strömungen gegenüber und damit um die Belange des Reiches Gottes, für welche einzutreten ich mich verpflichtet weiß mit allen gläubigen Gliedern unserer Kirche, welche die Bekennergemeinde darstellen.
Es handelt sich aber auch um die rechtlich verfasste Volkskirche, die sich nicht mit der Bekennergemeinde decken kann, weil sie vielleicht zu 80% aus Ungläubigen oder kirchlich Unwissenden besteht. Diese Volkskirche

deckt sich weitgehend mit den vom Staate regierten Volksteilen. Darum hat an dieser Kirche der Staat ein berechtigtes Interesse und trägt darum für sie einen Teil der Verantwortung infolge einer 400-jährigen geschichtlichen Entwickelung.
Das lutherische Bekenntnis hält die daraus entspringenden Rechtsverhältnisse genau auseinander und scheidet Geistliches und Weltliches in der Kirche. Es sieht in der Vermengung dieser beiden Faktoren eine Schädigung der wahren Kirche.
Die Schlussfolgerung, die in Absatz 2 der Bekanntmachung im Amtsblatt Nr. 42 vom 14. Dezember 1934 gezogen wird, berücksichtigt nach meiner Ueberzeugung zu wenig die wirklichen Verhältnisse und enthält infolgedessen eine Uebertreibung, die nicht der Gerechtigkeit entspricht.
Nicht zu leugnen ist, daß die Verfassung der D.E.K. vom 11. Juli zurecht besteht und daß sie durch Reichsgesetz vom 14. Juli 1933 anerkannt wurde, daß ferner die Rechte und Pflichten des Deutschen Evangelischen Kirchenbundes auf die Deutsche Evangelische Kirche übergegangen sind. Endlich ist nicht zu leugnen, daß der einstimmig von den Landeskirchen gewählte Reichsbischof von der Reichsregierung das Placet erhalten hat, darum rechtmässiger Reichsbischof ist und den Landes- und Provinzialbischöfen übergeordnet ist, solange er sich in dem ihm übertragenen Amte befindet.
Es ist bedauerlich und war sicherlich für die D.E.K. ein großer Schade, daß unter der Leitung des Reichsbischofs rechtliche Fehlwege eingeschlagen worden sind. Aber es ist auch nicht zu verkennen, daß die Opposition ihm die Erfüllung seiner Aufgaben, die ihm auf Grund von Artikel 6 der Verfassung oblag, ausserordentlich erschwert hat. Es ist tatsächlich ein Mangel der Verfassung, daß in ihr keine Stelle vorgesehen ist, die zur Sicherung verfassungsmässiger Rechte berufen ist. Aber eine Instanz ist doch vorhanden. Das ist das Deutsche Reich, dessen Regierung die Verfassung durch Gesetz vom 14. Juli 1933 anerkannt, die Neuwahlen vom 23. Juli 1933 angeordnet, sodann die aus denselben hervorgegangene Nationalsynode und schliesslich den von dieser präsentierten Reichsbischof angenommen hat. Ob dies alles den kirchlichen Ordnungen und Wünschen entsprach, ist hier nicht zu prüfen. Hier müssen nur die grundlegenden Tatsachen festgestellt werden, nach welchen das christliche Gewissen, das an Römer 13, Tit. 3, 1 und 1. Petr. 2, 13 u.14 gebunden ist, zu entscheiden hat, so lange noch nicht Act. 4, 19 zum Ungehorsam gegen menschliches Gebot zwingt und berechtigt.
Die Reichskirche besteht, die Landeskirchen sind der D.E.K. eingefügt. Dazu haben weitere Reichsgesetze die Länder-Parlamente beseitigt und damit auch die Landeskirchen in ihren früheren Rechten beschnitten. Das übt seine Wirkungen auch auf die Gestaltung der Deutsch.-Evang. Kirche aus. Jeder deutsche evangelische Geistliche, der ein Kirchenamt hat, ist dem

Reichsbischof unterstellt, ob es ihm gefällt oder nicht, ob der Reichsbischof Müller heißt oder einen andern Namen trägt. Nicht die Person ist hier entscheidend, sondern allein das Amt und dessen Träger.
Macht dieser Amtsträger sich ungesetzlicher Handlungen schuldig, so hat er diese schliesslich selbst zu verantworten. Aber das entbindet den Untergebenen oder Untertanen noch nicht vom Gehorsam, solange das Gebot, das erfüllt werden soll, nicht gegen das göttliche Gebot geht.
Wie weit der Reichsbischof oder das von ihm bestellte Kirchenregiment Ungesetzlichkeiten im Sinne des weltlichen Rechts begangen hat, ist in den Zeiten des Umbruches und der staatlichen Revolution durchaus nicht so leicht festzustellen.
Wer sich auf die Gesetze des früheren Staates und der von ihm abhängigen Kirche stützt, sieht noch Rechtsbruch, wo schon ein neues Gesetz bestimmend wirkt.
Auch die weltlich verfasste Kirche befindet sich noch in der Revolution. Wer durch eine Revolution zum Sieger geworden ist, bestimmt die Geschicke des Landes, wenn er dazu die Macht besitzt. Das „vorläufige Kirchenregiment" ist bemüht, sich auf dem Wege der Revolution durchzusetzen. Wenn es ihm gelingt, die Macht an sich zu reissen, oder wenigstens die Anerkennung des Führers und Reichsoberhauptes zu erlangen, wenn der von ihm präsentierte Reichsbischof die Zustimmung des Reichsoberhauptes empfangen hat, dann kann es in der Deutschen Evangelischen Kirche Gesetze schaffen und Befehle erteilen. Solange dies nicht der Fall ist, muß es dem Gewissen der Kirchenglieder und Geistlichen überlassen bleiben, ob sie sich an der Revolution beteiligen können oder nicht. Ein Verbrechen kann ihnen nicht draus konstruiert werden, wenn die den Weg der Ordnung gehen und die Sache Gott anheimstellen.
Ich bin – wie ich so oft dem Herrn Landesbischof ausführlich berichtet habe – der festen Ueberzeugung, daß die bayerische Landeskirche einen anderen mehr auf Volk und Staat Rücksicht nehmenden und das Heil der Seelen besser im Auge behaltenden Weg zu dem gleichen Ziel hätte einschlagen sollen. Ich sehe auf dem betretenen Wege gerade das Gegenteil von dem kommen, was der Herr Landesbischof nach seinem Zeugnis auf der Kanzel der Lorenzerkirche am Reformationsfest dem Führer des Deutschen Reiches versprach. Er erklärte:
„Dem Führer habe ich feierlich versichert, daß uns nichts ferner liegt, als eine Trennung von der Reichskirche, als separatistische, partikularistische Bestrebungen."
Die Befriedung der D.E.K. kann so nicht hergestellt werden. Der Bau des Reiches Gottes wird so schwerlich gefördert. Darum kann ich eine andere Stellung mit bestem Willen nicht einnehmen.
In Ehrerbietung
gez. Er. Keupp, Pfarrer

4. Politik

4.1 Politische Ereignisse

4.1.1 Reaktionen auf die „Machtergreifung“

257 Kundgebung in Feuchtwangen [Zeitungsbericht über eine Ansprache von Pfarrer Günther Eichner]
Fränkische Zeitung, Nr. 29, 3. Februar 1933, S. 3

[...] Eine gewaltige Kundgebung veranstaltete Dienstagabend die Reichsflagge und die NSDAP Feuchtwangen. Schon vor Beginn umsäumte eine große Menschenmenge die Straßen, um den Aufmarsch dieser Formationen anzusehen. Punkt ½ 9 Uhr bewegten sich vom Lagerhaus mit Musik und Trommlern die SA.-Stürme von Feuchtwangen und Umgebung, die Reichsflagge sowie die Jungschar durch die Straßen der Stadt, um beim alten Kriegerdenkmal die Kundgebung für den ergrauten Reichspräsidenten und für den nunmehrigen Reichskanzler Adolf Hitler mitzufeiern. Nach einem schneidigen Marsch ergriff Pfarrer Dr. Eichner das Wort und gab seiner Freude Ausdruck, daß nach 14jähriger Knechtschaft endlich der Tag angebrochen sei, an dem alle deutschgesinnten Männer und Frauen zusammenstehen, um dem deutschen Volke wieder inneren Frieden, Brot und Arbeit zu verschaffen. Mit dem Treuschwur, daß wir ein einig Volk von Brüdern sein wollen, schloß Redner seine markige Ansprache, worauf die Anwesenden entblößten Hauptes das Deutschlandlied anstimmten. Hierauf ergriff Egerer-Ansbach das Wort, um in erster Linie dem Herrn Reichspräsidenten zu danken, daß er sich entschlossen habe, den Führer der größten Partei, Adolf Hitler, zum Reichskanzler zu ernennen. Hitler werde mit der gesamten Reichsregierung dahin wirken, Brot und Arbeit zu schaffen. Im weiteren Verlauf gedachte Redner auch der Helden, welche im Kampfe um die deutsche Freiheit ihr Leben lassen mußten. Zum Zeichen der Ehrung für die Gefallenen ertönte das Horst-Wessel-Lied durch die Nacht. In seiner weiteren Ansprache erflehte der Redner den Segen für den Reichspräsidenten, daß dieser noch recht lange zum Wohle des deutschen Volkes regieren und die gesamte jetzige Regierung zum Wohle des Vaterlandes ihre schweren Pflichten erfüllen möge; damit der langersehnte Aufstieg in allen Volksschichten in Erfüllung gehe. Mit einem Musikstück fand die eindrucksvolle Kundgebung ihr Ende. Die SA.-Formationen zogen nach Ablöschen ihrer Fackeln in das Hotel Post zu einer kleinen Nachfeier, während die auswärtigen Sturmtruppen den Heimweg antraten. Die ganze Veranstaltung fand in musterhafter Ordnung statt und verlief ohne jede Störung.

258 Nationale Erneuerung
Allgemeine Rundschau, Nr. 29, 3. Februar 1933

Das Zentrum hat es nicht über sich gewinnen [!] können, in das Kabinett einzutreten, das unter dem Jubel aller väterlichen Kreise nun endlich zustandegekommen ist. Ja, es hat sich nicht einmal dazu entschließen können, das Kabinett der nationalen Erneuerung zu „tolerieren". Damit ist die irreführende Behauptung, daß das Zentrum eine Mittelpartei sei, von dieser Partei selbst Lügen gestraft. Sind sich die Führer des Zentrums klar darüber, daß sie mit ihrer Absage an das Kabinett Hitler in eindeutiger Weise Farbe bekannt haben, daß sie nicht zu dem nationalen Deutschland gehören wollen? Man stelle sich die Lage nur deutlich genug vor. Dasselbe fromme Zentrum, das nichts dahinter fand, jahrzehntelang mit den gottesleugnerischen Parteien der Linken in Kabinetten und auch sonst zusammenzuarbeiten, bringt es nicht übers Herz eine Regierung zu ertragen, die national ist und die sich in ihrem ersten Aufruf in unmißverständlicher Weise zum Christentum bekennt.

Wir sind aber weit davon entfernt, die Nichtbeteiligung des Zentrums an der Regierung als ein Unglück anzusehen. Wir sind vielmehr froh, daß nun das Zentrum durch seine eigene unklare Politik sich aus seiner Schlüsselstellung selber hinausmanövriert hat. Das Zentrum hatte das unerhörte Glück, in den letzten 14 Jahren immer die Partei zu sein, die das Zünglein an der Waage bilden konnte und die auf der Wippschaukel der politischen Entwicklung zwischen Links und Rechts immer die Möglichkeit hatte, der einen oder der anderen Seite den Ausschlag zu geben. Diesmal haben die klugen Taktiker des Zentrums sich in ihrer eigenen Taktik gefangen und es ist nur zu gut verständlich, wenn aus ihrer Presse das Wutgeschrei derer erklingt, die sich in ihrer eigenen Schlinge gefangen haben. Man wollte ja dem Kabinett nicht nur eine Falle stellen, sondern ihm von vorneherein Fesseln anlegen, die der nationalen Regierung absolut die Hände gebunden hätten. Der Brief mit den Forderungen des Zentrums, den Kaas an Hitler richtete, ist, wenn man sich der Tragweite der Forderungen bewußt wird, nichts anderes als der Versuch, den Riesen des Nationalismus, der sich im neuen Kabinett bedrohlich für die Kräfte des November 1918 aufrichtet, in unzerreißbare Fesseln zu legen. Wäre das Kabinett auf diese Forderungen eingegangen, dann hätte in Wirklichkeit das Zentrum regiert, ohne die Verantwortung für irgendwelche Regierungsmaßnahmen zu tragen.

Wenn man das Regierungsprogramm, das der Reichskanzler persönlich am Rundfunk bekanntgab, ansieht, so stellt man einen grundlegenden Unterschied zu den bisherigen Regierungsprogrammen der letzten 14 Jahre fest: Dieses Regierungsprogramm ist nicht ein Kompromiß aus den verschiedenen Parteidoktrinen, nicht einen Art mittlere Linie voll Mittelmäßigkeit und halben Maßnahmen, sondern es ist der klare Ausdruck des entschiedenen Willens zur Erneuerung Deutschland. Jeder, der auch nur ein geringes Gefühl von Volksverbundenheit in seinem Herzen trägt, spürt es, daß hier eine heiße Liebe zu Volk und Vaterland spricht und daß der geballte Wille aller nationalen Kräfte sich anschickt, aufzustehen zur Rettung Deutschlands aus tiefer Not. Erfreulich ist, daß einmal die innersten Gründe unseres äußeren politischen und wirtschaftlichen Verfalls erkannt werden, nämlich der „Verfall der geistigen und willensmäßigen Einheit unseres Volkes". Deutlich wird gesagt, daß das erschütternde Schicksal seit dem November das Ergebnis eines vorausgehenden inneren Verfalls ist. Daraus ergibt sich, daß erst die inneren und geistigen Werte neu gepflanzt werden müssen, ehe man an eine äußere Erhebung denken kann. Darum wird dem Christentum und der Familie der hohe Wert zugebilligt, den sie für ein Volk haben. Darum wird auch die Geschichte aufgerufen als eine Erzieherin zum Volksbewußtsein und zur Ehre. Es sind nicht gerade Schmeicheleien, was die neue Regierung den Kräften zuruft, die seit 14 Jahren dem Volk ein Leben in „Schönheit und Würde" versprachen und es dabei immer tiefer hineinführten in Not und Schmach. Ein Vierjahres-Plan soll die beiden wichtigsten Stände des deutschen Volkes, den Bauern und den Arbeiter aus der nächsten und dringendsten Not herausführen. Es ist selbstverständlich, daß man zur Arbeit Ruhe braucht und daß der dauernde innenpolitische Streit, der dauernde Wechsel von Kabinetten, einer positiven und zielklaren Arbeit im höchsten Maße abträglich ist. Deswegen verlangt die Regierung Vertrauen und es ist bezeichnend, daß sie dieses Vertrauen nicht so sehr vom Reichstag, sondern vom Volk haben will.

An praktischen Maßnahmen wird die Arbeitsdienstpflicht, die Wehrpflicht und der Kampf gegen den Bolschewismus angekündigt. Wie diese Maßnahmen im einzelnen aussehen werde, darüber läßt sich heute noch nichts sagen. Vermutlich wird nicht die KPD. als solche verboten werden. Man wird sich vielmehr zunächst mit lokalen Verboten und evtl. einem Verbot der Kampforganisationen begnügen. Ausdrücklich ist für die allenfalls in Aussicht stehende Reichstagswahl den Parteien volle Freiheit in ihrer Wahlpropaganda zugesagt worden. Auch soll an dem Reichstagswahlgesetz nichts wesentliches geändert werden.

Außenpolitisch bringt die Kundgebung nur die etwas allgemein umschriebene Feststellung, daß man den in jüngster Zeit eingeschlagenen Weg zur Freiheit, Gleichberechtigung und Wehrhoheit weiter beschreiten will mit der ausdrücklichen Versicherung, daß wir nur dann zu einer Aufrüstung gezwungen sind, wenn die übrige Welt nicht an Abrüstung denkt.

Es ist kein Zweifel, daß die klare Entschiedenheit der Regierungserklärung ebenso wie ihre maßvolle Zurückhaltung in parteipolitischer Hinsicht auch auf die Kreise großen Eindruck machen wird, die dem Kabinett an und für sich nicht besonders freundlich gegenüberstehen. Die professionellen Vertreter der Links- und sogenannten Mittelparteien werden freilich genug zu beanstanden haben und werden sich wohl fühlen, endlich wieder einmal richtig hetzen zu können. Auch die Parteiblätter der Weimarer Observanz werden sich in Verdächtigungen und Verhöhnungen gegenseitig überbieten. Ueberdies kann ruhig behauptet werden, daß gerade die Presse des Zentrums ihren Kampf gegen „das erneuerte Kabinett Papen“ mit besonderer Schärfe führt. Sie können es nicht vergessen, daß der von Ihnen bestgehaßte Papen wieder auftaucht, dessen Sturz sie seinerzeit so zielbewußt herbeiführten.

Wir sind aber überzeugt, daß das breite Volk vernünftigen Instinkt genug besitzt, um das Geschrei der mißvergnügten Professionellen in Parteien und Presse allzu ernst zu nehmen. An den großen Wendepunkten unserer deutschen Geschichte hat sich ja das breite Volk immer als klüger, tapferer und ehrlicher erwiesen, als die, welche die Führerschaft über dies Volk in Anspruch nahmen. Und so hoffen wir, daß das gute Wort und der gute Wille des Kabinett der nationalen Erneuerung auch im Volk einen guten Ort findet, einen weit besseren, als mißvergnügte Nur-Parteiführer haben wollen.

259 Politische Wochenschau

Freimund 79 (1933), S. 41

Das Ziel jahrelangen Mühens, nämlich Bildung einer geschlossenen deutschen nationalen Front wurde am Montag, den 30. Januar 1933 erreicht. Der Führer der NSDAP. Adolf Hitler wurde vom Reichspräsidenten von Hindenburg zum Reichskanzler ernannt, von Papen wurde Stellvertreter des Reichskanzlers und Reichskommissar für Preußen, Freiherr von Neurath blieb Reichsminister des Aeußern, desgleichen blieb Graf Schwerin-Krosigk Reichsminister der Finanzen, Reichsminister des Innern wurde Staatsminister a.D. Dr. Frick, Generalleutnant Freiherr von Blomberg (bisher Wehrkreis-Kommandeur von Ostpr.) wurde Reichswehrminister, der Führer der Deutschnationalen Volkspartei, Geheimer Finanzrat Dr. Hugenberg wurde Reichswirtschaftsminister und Reichsminister für Ernährung und Landwirtschaft, der Führer des „Stahlhelm“ Franz Seldte wurde Reichsarbeitsminister, Freiherr von Elz-Rübenach Reichspostminister und Reichsverkehrsminister, Reichstagspräsident Göring, Reichsminister ohne Geschäftsbereich, Reichskommissar für Luftverkehr zugleich mit der Führung der Geschäfte des preußischen Innenministeriums beauftragt, der Reichskommissar für Arbeitsbeschaffung Dr. Gereke wurde in seinem Amte bestätigt. Der Reichsjustizminister ist noch nicht ernannt. Für die bisher noch offengebliebene Stelle des Staatssekretärs in der Reichskanzlei ist Ministerialrat Dr. Lammers aus dem Reichsinnenministerium vorgesehen, der seit 1921 als Oberregierungsrat und seit 1922 als Ministerialrat im Reichsinnenministerium und als Referent für Staatsrecht tätig ist.

Reichspressechef wird der bisherige Wirtschaftsberater Adolf Hitlers und frühere Schriftleiter der „Berliner Börsenzeitung“ Walter Funk werden. Der Reichskanzler wird im Laufe des Dienstag mit dem Zentrum und der Bayerischen Volkspartei Fühlung nehmen und festzustellen versuchen, ob die beiden Parteien bereit sind, das neugebildete Kabinett zu unterstützen. Am Montag, den 30. Januar, abends 5 Uhr fand die erste Sitzung des neuen Kabinetts statt. Am Montag abend bewegte sich in Berlin „zu Ehren des Herrn Reichspräsidenten und des Herrn Reichskanzlers“ ein gewaltiger Fackelzug der Berliner und Brandenburger SA. der Nationalsozialisten und des Stahlhelms vom großen Stern am Tiergarten über die Charlottenburger Chaussé durch das Brandenburger Tor zur Wilhelmsstraße. In der Wilhelmsstraße und in den andern Straßen des Regierungsviertels hatte sich eine nach Tausenden zählende Volksmenge angesammelt, die den Aufmarsch der SA. und Stahlhelmformationen mit lauten Sympathiekundgebungen begleiteten. Es soll überall eine Stimmung vorgeherrscht haben, wie man sie seit den Augusttagen 1914 in Berlin noch nicht wiedererlebt hat. Wir wollen keine politischen Miesmacher sein und darum wollen wir für jeden kraftvollen vaterländischen Pulsschlag am kranken deutschen Volkskörper, wie er am Montag deutlich zu verspüren war, Gott von ganzem Herzen danken. Um aber nun vor gefährlichen Enttäuschungen und vor neuen Verkehrtheiten bewahrt zu bleiben, muß es von vornherein als Selbstverständlichkeit hingenommen werden, daß der kranke, von andern Völkern immer wieder aufs neue verletzte deutsche Volkskörper nicht von heute auf morgen voll und ganz gesund sein kann. Es wird uns auch in den kommenden Tagen noch schwere Not drücken und es wird noch viel ausharrende Geduld und großes Vertrauen von den einzelnen Gliedern des Volkes gefordert werden müssen. Man darf auch von der neuen Regierung nichts Unmögliches verlangen. Möge es ihr von Gott geschenkt werden zum Heil unseres ganzen Volkes, daß sie in gerechter Weise einer unfähigen Massen- und Durchschnittsmenschenherrschaft die Autorität einer von Gott berufenen und vor allem Gott verantwortlichen Obrigkeit entgegenzustellen versteht, die zersetzende Parteiwirtschaft ersetzt durch den organischen Aufbau deutscher Volksgemeinschaft, eine durch Selbstsucht entartete Wirtschaftsgesinnung, die nur den persönlichen Profit als Maßstab für wirtschaftliche Maßnahmen rücksichtslos gelten lassen will, überwinden hilft durch die Betonung wahrer Bruderschaft unter allen Ständen und Einzelgliedern des Volkes, und den Willen zum Dienst am Volke herrschen läßt über die Sucht nach persönlichem Verdienst. Die Wurzel der deutschen Volksnot, wie der Völkernot, liegt nicht in den Verhältnissen – wie könnte es bei dem großen Ueberfluß an Nahrungsmitteln in der Welt so viel Hungersnot geben – sondern in einem falschen Verhalten, in einer durch die Sünde entarteten Innerlichkeit der Herzen und Gewissen. Würde es der neuen Regierung geschenkt sein, Handlangerdienste zu leisten, daß neuer Gewissensernst, neues Verantwortungsbewußtsein vor Gott, neuer Wille zu dienender Bruderschaft in unserem Volke einziehen, dann könnte dem deutschen Volk von Gott ein neuer Aufstieg beschert werden, der auch andern Völkern zum Segen würde. Ohne diese innerliche Erneuerung wäre aber der 30. Januar 1933 nur ein schöner Traum, ein sehr vorübergehender Rausch nationaler Begeisterung, auf den nur um so bittere Enttäuschung bei Millionen unter Not und Ungerechtigkeit leidenden Volksgenossen – und ein entsetzlicher Verzweiflungsschritt, ein nationaler Selbstmordversuch – nämlich die Hingabe an den asiatisch-russischen Bolschewismus wohl folgen würden. Je mehr wir als evangelische Deutsche uns innerlich getrieben fühlen, Gott für jeden kräftigen, von Leben zeugenden Pulsschlag am kranken Körper des deutschen Volkes zu danken, um so mehr laßt uns bedenken, daß die wirkliche Genesung von einer durchgreifenden Erneuerung des Volksgeistes und damit von radikaler Hinkehr des Volkes zum lebendigen Gott abhängt! Darum laßt uns als evangelische Deutsche täglich vor allem persönliche Buße tun und uns aufraffen zu weit größerer Gebetstreue dem deutschen Volk und seiner Obrigkeit gegenüber!

Ernst bleibt die Lage unseres Volkes und die der ganzen Welt. Die Arbeitslosigkeit in Deutschland steigt weiter; auf den Arbeitsämtern waren am 15. Januar registriert 5996000 Arbeitssuchende. Immerhin ist der Zustrom geringer als in den Vorjahren, erstmalig seit 5 Jahren war an einem Stichtag die Zahl nicht höher als zum gleichen Stichtag des Vorjahres. Darum schon sinds ernste Zeichen der Zeit, daß das Feuilleton der kommunistischen „Roten Fahne“ (1933, 17) ganz ruhig und offen in Erzählungsform Anweisungen für Ladenplünderungen geben kann, daß die kommunistische Literaturvertriebs-Reichsleitung ihre „Lit-Obleute“ angewiesen hat, nicht auf Gründung eigener kommunistischer Leihbüchereien zu dringen, sondern einen Teil der 30000 freien Leihbüchereien zu veranlassen, auch die „marxist-leninistische“ Literatur in den Verleih zu nehmen. Augen auf! Die zersetzende Wühlarbeit Moskaus wird, wenn auch in anderer taktischer Form, künftig weiter gehen! Was bedeutet die Abrüstungskonferenz in Genf, die nun wieder beginnt, wenn ein Staat wie Polen auch in seinem neuen Haushaltsplan ein Drittel seiner gesamten Staatseinnahmen für Heer und Marine ausgeben will? Der Krieg zwischen Japan und China geht weiter. Japan will ein großes Nordchinesisches Reich aufrichten, das ihm Vasallendienste leistet. Um der Vorherrschaft im fernen Osten willen kann Japan, wenn nötig, auch den Austritt aus dem Völkerbund in Kauf nehmen. Was werden Nordamerika und Rußland unternehmen, wenn Japan wirtschaftlich und politisch Alleinherr im fernen Osten sein will? Der schwelende Konflikt im fernen Osten wird allem Anschein nach den Gang den Gang der weltpolitischen Entwicklung bestimmen.

260 Offener Brief von Pfarrer Karl-Heinz Becker an Reichspräsident Paul von Hindenburg. Ezelheim, 6. Februar 1933

EZA Berlin, 1/766

Hochverehrter Herr Reichspräsident!
Der derzeitige Herr Reichskanzler A. Hitler tritt in dem für seine Politik maßgeblichen Buch „Mein Kampf" für „Brutalität" (S. 44), „Terror" (S. 46), – für das Recht etwas zu verbreiten, „selbst wenn es so dem wahren Hergang nicht entsprochen hätte" (S. 200), (das Volk sei ja „feminin" (S. 201) –) und für parteipolitische Rachegesichtspunkte in der Rechtspflege (S. 610) ein und proklamiert einen durch ein „Machtinstrument" (S. 620) „im Geiste infernalischer Unduldsamkeit" (S. 506) mit Gewaltanwendung zu führenden „Weltanschauungskampf" mit allen Mitteln (S. 508). Die „nationalsozialistische Weltanschauung", die „niemals bereit ist mit einer zweiten zu teilen" (S. 508), soll dabei in einem teils „rein zersetzenden", teils „positiven" Kampf (S. 508) allen Menschen „wenn notwendig, aufgezwungen werden" (S. 654).
Es kann nicht der geringste Zweifel darüber bestehen, dass diese Grundsätze, (– nach denen ein grosser Teil der deutschen Jugend bereits seit Jahren systematisch ausgebildet wird –) mit dem gleichzeitigen Eintreten des Herrn Reichskanzlers für die christliche Weltanschauung unter gar keinen Umständen zu vereinigen sind. Ein politischer Führer muss sich aber an sittliche Grundsätze, für die er in seinem Programm eintritt, auch für seine Person gebunden fühlen (vgl. Oncken, Die Staatsraison, u. a.). Die öffentliche Herrschaft einer derartigen sittlich unhaltbaren Auffassung vom Christentum wie der des Herrn Reichskanzlers kann nur als eine nicht erträgliche moralische Belastung unseres gesamten Volks- und Staatslebens bezeichnet werden, aus der sich die allerschwersten Gefahren für die Grundlagen unseres völkischen Daseins ergeben.
„Man empfindet nicht mehr die Verunehrung der Nation, die ein politischer Führer begeht, wenn er die Verantwortung für ein unlauteres Handeln im Dienst des Vaterlandes nicht auf seine eigene Kappe nimmt, sondern sie auf das Vaterland abwälzt, indem er sich durch die Aufstellung neuartiger Weltanschauungen zu rechtfertigen versucht, die ihm dies unlautere Handeln grundsätzlich erlauben sollen." („Glaube und Volk", hrsg. von Univ.-Prof. Landesbischof D. Rendtorff-Schwerin, Prof. D. Althaus-Erlangen, Hirsch-Göttingen u. a., 1932 Heft 12, S. 190).
Ich weiss, hochverehrter Herr Reichspräsident, dass dieser zuletzt angeführte Satz auf Ihr sittliches Empfinden und Denken in dieser Frage nicht angewandt werden darf. Aber gerade weil ich darauf baue, darf ich vielleicht auch als deutscher evangelischer Geistlicher die vertrauensvolle Bitte um entsprechende öffentliche Bekundung dieses Ihres unbestechlichen Emp-

findens gegenüber dem gegenwärtigen Herrn Reichskanzler und seiner für einen Träger dieses Amtes zweifellos nicht zu verantwortenden weltanschaulichen und politisch-ethischen Einstellung wagen.
In tiefster Verehrung und aufrichtigster Ergebenheit
K.-H. Becker

261 Schreiben von Hermann Serz an den Landeskirchenrat. Nürnberg, 10. März 1933

LAELKB, LKR XV, 1665a, 1933–1944

Ich erlaube mir, den verehrlichen protestantischen Landeskirchenrat um Aufklärung über folgende Angelegenheit zu bitten:
Bei der Hissung der nationalsozialistischen Parteifahne auf den öffentlichen Gebäuden in Nürnberg läuteten die Glocken der protestantischen Kirchen. Natürlich war mein erster Gedanke, hier liege einer der üblichen Gewaltakte vor und man habe den Messner zu dieser jeden religiös gesinnten Menschen empörenden Handlung mit Gewalt gezwungen.
Zu meinem grenzenlosen Erstaunen erfuhr ich heute auf meine telefonische Anfrage vom Pfarramt St. Sebald, das Geläute sei vom Dekanat angeordnet worden. Trotzdem ich immer noch hoffe, hier das Opfer einer falschen Information geworden zu sein, bitte ich um Aufklärung, ob das Geläute wirklich vom Dekanat angeordnet worden ist und ob dies den Vorschriften und der Meinung der kirchlichen Behörden entspricht.
Ich könnte jedenfalls einer kirchlichen Gemeinschaft, die sich die Gesinnung einer Partei zu eigen macht, deren Mitglieder durch Absingen von Liedern zum Mord an Andersgläubigen auffordern, keinesfalls länger angehören und müsste meinen sofortigen Austritt aus dieser Kirche erklären, wenn nicht von massgebender Seite öffentlich und einwandfrei festgestellt wird, dass hier ein Missgriff unkirchlich gesinnter Elemente, die leider in die evang. Kirche Eingang gefunden haben, vorliegt und wenn nicht die Schuldigen entfernt werden, um derartige Demonstrationen unmöglich zu machen.
Mit vorzüglicher Hochachtung!
Dr. H. Serz

262 Rundschreiben Nr. 2142 des Landeskirchenrats an alle Pfarrämter und exponierten Vikariate der Landeskirche. München, 13. März 1933

LAELKB, LKR XV, 1665a III

Die Ereignisse des politischen Geschehens wandeln sich in schneller Folge ab. Die in diesem Geschehen wirksamen starken vaterländischen Kräfte sind nicht zu verkennen. Das entbindet jedoch die Kirche nicht von der Pflicht, sich darauf zu besinnen, daß sie das Gesetz ihres Handelns nicht aus der Entwicklung des zeitlichen Geschehens, sondern aus dem Grunde ihres Wesens und dem unverrückbaren Ziel ihres Wirkens zu nehmen hat. Diese Besinnung verlangt von jedem Geistlichen, dessen Mitwirkung zu einer außerkirchlichen Handlung begehrt wird, die ernste, verantwortungsvolle Prüfung, ob Form und Zweck der Veranstaltung derartig sind, daß sie dem Wesen der Kirche, den Verhältnissen der Einzelgemeinde und der Stellung des geistlichen Amtes entsprechen. Wird der Dienst des Geistlichen zu einer kirchlichen Handlung begehrt, so kann er nur in einer Form dargeboten werden, die den bestehenden kirchlichen Ordnungen entspricht und grundsätzlich allen Gemeindegliedern die Teilnahme ermöglicht. Daß die Darbietung des Wortes selbst nur in einer Weise geschehen darf, die dem Wesen der Kirche als einer allen Menschen dienenden Heilsanstalt entspricht, bedarf keiner Hervorhebung. Auch die den Zwecken des Gottesdienstes gewidmeten Gebäude einschließlich ihres Zubehörs sind grundsätzlich einer Verwendung zu außerkirchlichen Zwecken entzogen, soferne nicht besondere Vorschriften bestehen oder im Einzelfalle Verfügungen der kirchlichen Oberbehörde erlassen werden. Wir behalten uns vor, nötigenfalls weitere Anordnungen zu treffen.

Wir erwarten, daß unsere Geistlichen in der gegenwärtigen bewegten Zeit nicht vergessen, daß ihr erster Dienst ihrer Kirche und ihrem Amte zu gelten hat; sie dürfen gewiß sein, daß sie damit auch unserem Volke am besten dienen. Der Herr der Kirche wird solches Bemühen nicht ungesegnet lassen.

Veit

263 Konzept eines Schreibens des Landeskirchenrats an Hermann Serz. München, 20. März 1933

LAELKB, LKR XV, 1665a, 1933–1944

Euer Hochwohlgeboren!

Auf Ihre an den Landeskirchenrat gerichtete Anfrage vom 10. ds. Mts. teile ich Ihnen mit, dass das Dekanat Nürnberg angesichts der an dem in Frage stehenden Nachmittag noch völlig ungeklärten Lage von uns die Weisung hatte, das Geläute mit den Kirchenglocken anläßlich des Demonstrations-

zuges auf dem Hauptmarkt nur zuzulassen, wenn größerer Schaden auf andere Weise nicht verhütet werden könnte und das Geläute auf die dem Marktplatz zunächst gelegenen Kirchen zu beschränken. Nach der Mitteilung des Dekanats war die Haltung der Menge, die sich zur Demonstration eingefunden hatte, eine derartige ultimative, dass es zu den unliebsamsten Weiterungen geführt hätte, wenn das Geläute verweigert worden wäre. Der Wunsch, dass mit den Kirchenglocken geläutet werde, mag sich daraus erklären, daß auch bei der Staatsumwälzung im Jahre 1918/19 die Kirchenglocken von den damaligen Machthabern in ausgedehntestem Maße in Anspruch genommen wurden.
Mit vorzüglicher Hochachtung!

264 Siegmund Fries: Das Gebot der Stunde an uns Pfarrer

KorrBl 58 (1933), 20. März, S. 118f.

Liebe Amtsbrüder!
Es ist eine kostbare Zeit, in der wir leben. Gewiß, der verlorene Krieg liegt hinter uns. Es waren einst Zeiten voll Tatkraft und Schaffensmut, voll Könnens und Gelingens. Aber die Zeit, in der wir jetzt leben, ist noch größer. Es liegt vor uns das ganze Trümmerfeld unseres Volkes. Wir sind wie an den Fuß eines hohen Berges getreten. Wir haben den ersten Schritt getan, um den hohen Berg zu besteigen. Da ist es unsere, liebe Brüder in Christo, gewaltige, schlichte Aufgabe, unserem Volke mit dem besten Beispiele in Mut und Tapferkeit, in Opferfreudigkeit und Demutssinn voranzugehen auf der dornenvollen, aber köstlichen Bahn.
Gott hat uns auf diesen Posten gestellt. Daran uns alle zu erinnern, möchte ich mir erlauben, vor Euch hinzutreten und Euch etwas zu sagen, was Ihr euch vielleicht selbst schon im Herzen gesagt habt, oder was vielleicht erst als schwacher Funke in Euch aufgekommen ist: „Es ist eine große Zeit, in der wir leben. Gott blickt auf uns und hat uns eine große Aufgabe anvertraut."
Laßt mich, liebe Brüder, zu Euch reden, wie ich die Dinge sehe. Unser Volk steht am Anfang der Bewegung zur Freiheit. Das Volk ist aufgebrochen. Die Seelen sehnen sich nach der vollständigen Erfüllung ihrer von Gott gesetzten Bestimmung. Es ist ein Durst nach Ewigkeit unter uns aufgewacht. Horcht nur hinein in Eure Gemeinden. Ihr werdet den Pulsschlag der Ewigkeit in ihnen verspüren. Vielleicht durftet Ihr ihn schon wahrnehmen am vergangenen Buß- und Bettag. Das war ein Sichbeugen voll Verlangen nach Kraft und Trost aus der Höhe. Wo es in Gemeinden nicht so war, da muß es durch unsere, der Brüder Arbeit dahin kommen.
Liebe Brüder! Wir müssen ein Volk werden, das in Buße und Anbetung vor Gott stille steht. Bevor dieses Ziel an unserem Volke nicht erreicht ist,

will ich, wenn Gott mir nicht die Waffen vorher aus der Hand nimmt, nicht ruhen und rasten. Es muß mit Seiner Hilfe gelingen, ein deutsches Volk zu schaffen, das in Einigkeit „Ihn" anbetet.
Liebe Brüder! Diesen Schwur möchte ich Euch mit diesen Zeilen vorlegen. Wollt Ihr in diesen Schwur mit einstimmen?! Er ist ernst und heilig gesprochen.
Damit wir ihn aber durchführen können, müssen wir täglich zusammenstehen im stillen Gebet. Wer von uns an diesem Schwur teilhaben will, möge jeden Morgen, wenn er sein Morgengebet betet, und jeden Abend, wenn er sein Abendgebet betet, – Ihr tut es ja so wie so – sich über seine und seines, unseres Volkes Sünde beugen. Wir wollen eintreten in den Riß für unser Volk. Ihr tut dies vielleicht schon von Euch aus, jeder an seiner Stelle, an die ihn Gott gestellt hat. Laßt es uns aber nur tun im Ausblick auf das große Ziel, das wir uns mit allen Brüdern – das soll die Sehnsucht sein – in unserem großen deutschen Vaterland stecken: „alle wollen wir zusammenstehen für unser Volk im Gebet und uns beugen miteinander vor dem gewaltigen Gotte". –
Und das zweite, um das ich Euch bitten möchte: führt in Euren Gemeinden eine Zeit ein, in der Ihr Euch mit der ganzen Gemeinde von Gottes Angesicht über dem schweren Schicksal unseres Volkes beugt. Es ist wunderbar, mit welcher Ergriffenheit sich jung und alt beugt unter die züchtigende Hand unseres großen Gottes. Ja, Gott hat unser Volk angerührt und „er" erwartet, daß wir Pfarrer ihm den Weg weiter zeigen.
Um dies bittet Euch einer der Eurigen, in Gottes und unseres Heilandes Namen. Amen!
Siegm. Fries, Buch a. W. bei Leutershausen (Mittelfr.)

Nachschrift der Schriftleitung: Es ist uns, um nur das Wichtigste zu sagen, außerordentlich zweifelhaft, ob man in der Weise einen Bindestrich zwischen der nationalen Freiheitsbewegung und dem „Durst nach Ewigkeit" ziehen kann und soll, wie es Herr Kollege Fries tut. Doch sei um des Ernstes der in ihr enthaltenen Mahnung seine Einsendung unseren Lesern nicht vorenthalten. Schmidt.

265 Fz.: Ps. 126, 3: Der Herr hat Großes an uns getan; des sind wir fröhlich

Fränkische Wacht, Nr. 14, 1. April 1933, S. 105

Es ist erst wenige Monate her, da schrieb mir ein oberfränkischer Führer im Evangelischen Bunde, ich möchte doch in der „Fränkischen Wacht" nicht immer nur von Schmerzlichem und Betrüblichem reden, sondern auch von dem, was Freude macht. Ich bemühte mich, dem leicht begreiflichen Wunsche zu entsprechen, konnte es aber leider nur in sehr geringem Maße, denn ein ehrlicher Wächter hat zu melden, was er von seinem Wachtturm aus sieht, darf also, wenn weithin schwarze Wolken den Himmel bedecken und wilde Wetter drohen, seinen Freunden nicht die ernste Wahrheit verschleiern.

Der deutsche Frühling aber, den Gott uns in diesem Jahr beschieden hat, bringt von Tag zu Tag immer mehr Erfreuliches. Lasten auch Arbeitslosigkeit, Wirtschaftsnot, weltpolitische Ohnmacht noch immer schwer auf uns – der Herr hat doch schon so Großes an uns getan, daß wir des wahrlich fröhlich sein dürfen. Der amerikanische Botschafter Sackett reiste am Tag nach der nationalen Feier in Potsdam nach Hause und sagte vor der Abfahrt zum Vertreter der „Bayerischen Staatszeitung": „Ihr seid eine große Nation. Denn was ich in den letzten zwei Monaten erlebte, ist so gewaltig, daß andere Völker Jahre dazu brauchen, um sich ihrer Kraft so bewußt zu werden." In der Tat ist schon vieles neu geworden, sind zahlreiche einer Amtsstellung Unwürdige verschwunden, können die Berliner Karl-Marx-Schule, der Reichskunstwart, die preußische Dichterakademie, die Umsturzblätter, die Braun, Severing usf. kein Unheil mehr anrichten, wehen allerorten die ruhmreichen deutschen Fahnen. Die heute an der Spitze des Reiches stehen, verdienen unser Vertrauen, denn sie wollen als christlich-deutsche Männer „Deutschland hoch in Ehren" wiederherstellen und haben den Vernichtungskampf gegen die Gottesleugner zielbewußt aufgenommen, mit denen die nunmehr aus der Regierung beseitigten Schädlinge seit 62 Jahren verbündet sind. Das ist ein so gewaltiger Umschwung, daß wir dafür dem Geber alles Guten auf den Knien zu danken haben.

Ein Mann, der aus seiner österreichischen Heimat wenig mehr als einfache Volksschulbildung mitbrachte, hat, nachdem er im deutschen Heer mitgekämpft, trotz der denkbar stärksten Hemmnisse den schier unüberwindlichen Marxismus vernichtend geschlagen, so daß er der unbestrittene Führer Deutschlands wurde und nunmehr, so Gott will, gemeinsam mit seinen tüchtigen Arbeitsgenossen bald der Retter Deutschlands werden wird. Das können diejenigen, die in der Welt nur Kraft und Stoff sehen, nie und nimmer begreifen. Die reinen Verstandesmenschen, für die es nur „Berechenbares" gibt, sind von der Verblüffung durch das ganz Außerordentliche, aller Regel Spottende, was wir erleben, noch gar nicht wieder zu sich gekommen. Allein Gottes Walten in der Geschichte läßt das Geschehene verstehen. Der Zweifler, der etwa durch unser hartes Geschick im Gottesglauben wankend geworden, muß jetzt erkennen, daß der fromme Sänger mit Recht sagt: „Gütig ist der Herr; seine Gnade währt ewig und seine Treue für und für."

Nun haben wir lange Jahre schwerer Arbeit vor uns, in denen wir endlich ein Volk im vollen Sinne werden, uns wieder „großhungern" und den uns gebührenden Platz in der Welt erringen wollen. Wir bitten Gott, ohne dessen Gnade das unsäglich mühsame Werk nicht gelingen kann, um seinen

Schutz und seinen Segen, für die Männer, die es übernommen haben, und nicht minder für die deutsche Ernte, in diesen Jahren, die darüber entscheiden werden, ob Deutschland am Leben bleibt. Noch stehen wir erst am Anfang des deutschen Neuaufbaues. Daß uns aber durch Gottes Gnaden auch dieser unter der nunmehrigen tatkräftigen Führung gelingen wird, dürfen wir zuversichtlich hoffen. Schon das bisher Erreichte, das, zumal binnen so kurzer Frist, nur sehr wenige für möglich gehalten hatten, ist ein Wunder von Gott, für den nichts unmöglich ist. Darum wird uns auch, so Gott will, noch das weitere Wunder zuteil werden, dessen es zu Deutschlands Wiedergeburt noch bedarf. So sagen wir auf Grund dessen, was wir in den jüngsten Wochen an Segen erfahren haben, mit dem Apostel Paulus (Röm. 5, 4, 5); „Erfahrung bringt Hoffnung, Hoffnung aber läßt nicht zu Schanden werden."
Fz.

266 Thomas Breit: Staat und Kirche

EGBl für Hof und Umgebung 15 (1933), Nr. 14, 2. April, S. 107–110

|107| Staat und Kirche
Ein Wort der Kirche zu dem großen Geschehen dieser Tage. Es kann der Kirche nicht schwer fallen, die von Luther herkommt, der sich seinem Volk verpflichtet wusste wie wenige seiner größten Kinder. „Für meine Deutschen bin ich geboren, ihnen will ich leben", so sagt er. Und wiederum: „Wo ein Staatswesen ist, da ist es ein großes Geschenk, das ohne Gottes Wort nicht sein kann. – Wo ein Staatswesen ist, geschieht ein Wunder. Es gibt nichts Größeres auf dem ganzen Erdenkreis als ein Staatswesen. Es hat aber vor der Sünde keinen Staat gegeben. Es war auch keiner nötig. Das Staatswesen ist nämlich ein notwendiges Heilmittel gegen die verderbte Natur."

Der Staat.
In dieser Stellung zum Staat ist die tiefe, leidenschaftliche Teilnahme begründet, die die Kirche, unsere Kirche zumal, an der großen Bewegung nimmt, deren Ziel der gesunde, der starke Staat ist. Mit Schmerz und Scham hat die Kirche nach dem großen Krieg den festgegründeten, aus Treue und Gehorsam gebauten Staat wanken sehen, seine Fundamente unterwühlt. Sie hat erfahren müssen, wie der äußere Bestand der Kirche schicksalhaft verbunden ist mit dem Bestand des Staates. Sie ist dem wankenden Staate ihr Zeugnis nicht schuldig geblieben, aber ihre Warnungen verhallten, ihr Wort wurde verfemt, bevor es gesprochen war. Darum dankt sie jetzt Gott für die Obrigkeit, die wieder den Mut hat, das Schwert zu führen. Und sie segnet dieses Schwert. Die Kirche freut sich über den entschlossenen Willen, in allen Beziehungen des öffentlichen und persönlichen Lebens Reinheit und

Sauberkeit zu schaffen. Sie hat mit Genugtuung davon gehört, daß die Männer, die uns regieren, in diesem Entschluß auch nicht halt machen vor denen, die das ihnen geschenkte Vertrauen zu eigenem Vorteil mißbrauchten. Es war unter uns dazu gekommen, daß der Unterschied zwischen Muttertum und Kokottentum verblaßte. Auch die Frauen unserer führenden Stände haben in der äußeren Haltung den Dirnen nachgeeifert. Der Staat war mitleidig human und darum schwach geworden. Ein humaner Staat muß zu Grunde gehen. Dem Genuß des Einzelnen ist bei uns die Existenz der Generation geopfert worden, und die Willkür des Einzelnen wurde sanktioniert vom Staat. Die Kirche weiß darum vielleicht besser und tiefer als der Staat selbst, daß er in erster Linie um seine Existenz, um die Gesundheit und Kraft seiner Existenz besorgt sein muß, er muß den Mut haben, den Einzelnen zu opfern an die Gesamtheit. Liebe ist nicht sein Wesen, sondern seine Wirkung. Vergebung ist kein Mittel seiner Selbstbehauptung und Selbstdarstellung. Jakob Burckhardt sagt: ein Staat beweist nur Lebensfähigkeit, indem er sich aus Gewalt zur Kraft wandelt.

Die Kirche freut sich über den entschlossenen Willen, die großen Kräfte der Pietät einzubauen in das Werk des neuen Staates. Auf der Geschichte unseres Volkes liegen soviel leuchtende Verheißungen, deren Erfüllung aber nur einem Geschlecht geschenkt wird, das das Opfer seiner Existenz an diese Verheißung wagt. Untreue schlägt immer ihren eigenen Herrn, nicht nur in der Geschichte eines Menschenlebens, sondern auch in der Geschichte eines Volkes. Und unser Volk ist treulos geworden. Die Grundlagen eines Volkes und eines Staates bleiben immer dieselben. Mögen die Führer wechseln, mögen wir sehen, wie die Formen der Verfassung, die sich ein Volk gibt, dem Gesetz der Veränderlichkeit und der Vergänglichkeit unterliegen, Volk und Staat bestehen immer aus den Kräften heraus, die sie einst gegründet. Unter uns hat sich allmählich eine Geschichtsschreibung breit gemacht, die einer grandiosen Geschichtserzählung gleichkam. In dieser Geschichtsfälschung verbündeten sich Rom und Moskau. Die Kirche freut sich über den entschlossenen Willen, zu handeln. Wo nicht gehandelt wird, geschieht nichts. Die Weltgeschichte kennt nur eine Sünde: Der Tat ausweichen! Es ist nicht entscheidend, ob immer recht gehandelt wird. Man muß den Mut haben, falsch zu handeln, |108| wenn es nur ein Handeln an einem Gott gebundenen Gewissen ist. An der Tat entwickelt und enthüllt sich die Wahrheit. Auch in diesem Zusammenhang gilt das Sprichwort: Müßiggang ist aller Laster Anfang. Die Obrigkeit soll sich daran erinnern, daß sie das Schwert nicht umsonst trägt. So gewiß der Kirche das Wort gesagt wird: „Wer das Schwert nimmt, der soll durch das Schwert umkommen", so gewiß gilt: wer dem Staat das Schwert nimmt, zerstört den Staat und wird mit diesem zerstörten Staat umkommen.

Die Kirche segnet die machtvolle Wiederherstellung aller in den letzten Jahren mit Bewusstsein und Willen verwischten Grenzen. Die Grenze zwischen Freund und Feind verblaßte, damit aber war unsere Existenz gefährdet. Nur wo diese Grenze erkannt wird, ist politisches Handeln möglich; denn das, so wird uns von einem großen Rechtslehrer unsere Tage überzeugend gesagt, ist das Wesen des politischen Handelns, daß das Freund-Feind-Verhältnis richtig begriffen wird. Auch die Grenzen innerhalb unseres Volkes wurden mehr und mehr verwischt, die Grenzen zwischen den verschiedenen Ständen und Berufen. Die Gleichheit ist wider die Natur. Organisches Leben in einem Volke wird nur da sich entfalten können, wo jedes, den Organen des menschlichen Körpers gleich, seine bestimmte Funktion, seinen bestimmten Ort hat. Es geht nicht an, daß jeder alles verstehe und alles schaffe. Einem jeden Volk aber ist sein bestimmter Auftrag von Gott gegeben, daß es ihn erfülle in seinem geschichtlichen Schicksal. Und jedem Menschen, der mit besonderen Gaben, Anlagen und Kräften ausgestattet ist, ist ein bestimmter Platz angewiesen, sein Posten, auf dem er Treue zu bewahren hat.

Ich erinnere daran, wie die Grenzen zwischen den Geschlechtern verwischt worden sind. Der Mann sitzt heute daheim und pflegt die Kinder, die Frau ist in der Fabrik. Männer verleugnen in ihrer Haltung die Würde des Mannes. Und Frauen geizen nach dem Ruhm der Männer. Noch eines: Auch die Grenze zwischen Kirche und Staat ist verwischt. Der Staat wollte Kirche werden. Und die Kirche hat da und dort vergessen, daß sie in einem größeren Raum steht und lebt, in einem weiteren Horizont wirkt wie der Staat.

Staat und Kirche

Wenn Kirche und Staat so zueinander stehen ihrer Natur nach, dann ist es wohl verständlich, daß der Staat, indem er sich zu seinen Grundlagen bekennt, sein Wesen ausspricht, seine Ziele beschreibt, sich zu der Kirche bekennt. Es war nicht zufällig, daß die Männer, die heute an der Spitze des Deutschen Reiches stehen, vor Beginn der ersten Tagung des neugewählten Reichstages zu einem feierlichen Staatsakt zusammenkamen, in der Garnisonskirche zu Potsdam. Nicht als ob der Staat einer Sanktionierung durch die Kirche bedürfte, nein, der Staat lebt aus eigenem Recht, er hat seine eigene, ganz und gar nicht abgeleitete Hoheit. Und diese Hoheit des Staates wird auch nicht aus dem Nationalen begründet. Auch das Nationale kann dem Staat nicht übergeordnet werden. Wir verstehen, daß der Staat in dem feierlichen Augenblick, wo er dem Volk sein Wesen proklamiert, der Kirche bedarf, daß er von ihr die Versicherung göttlicher Würde empfange und darin seine Weihe habe und genieße. Es ist nicht so, daß Staat und Obrigkeit ihr Recht aus dem Willen des Volkes beziehen und ihre Selbstbehauptung von diesem Willen abhängig machen müssen. Der Staat ist nicht aus der Überlegung gewachsen, daß es doch vernünftig sei, eine Obrigkeit einzusetzen, weil sonst am Ende einer dem andern in seinen Interessen und in der Durchführung seiner Interessen im Wege stehen könnte. Der Staat verdankt seine Entstehung nicht dem Übereinkommen derer, die da fürchten, daß der Missbrauch der Freiheit des einzelnen zum Ruin aller führen könnte und daß das Lebensrecht der einzelnen damit in das Chaos der Unordnung und des Bruderkampfes stürzen möchte. Der |109| Staat, ich wiederhole – es wissen's wenige auch in unserer Gemeinde –, hat seine eigene Hoheit, besitzt sein eigenes Recht. Und dieses Recht braucht er nicht von den Händen einer Kirche, auch nicht von der Hand eines Papstes, wie im Mittelalter, sich geben zu lassen, sondern dieses Recht hat er, ein schöpfungsmäßiges Recht, aus der Hand des Schöpfers. „Wo Obrigkeit ist, die ist von Gott verordnet."

Wenn der Staat zum stolzen Bewusstsein seines Wesens aufgewacht ist, wenn er – mit Luther zu reden – der Wunder gegenwärtig ist, die aus seinem Schoße brechen, dann schaut er nach der Kirche aus, daß sie ihm göttliche Weihe schenke und daß sie ihn vor den Versuchungen bewahre, die auf ihn lauern, wenn er allmächtig werden will und die ihm gezogenen Grenzen überschreitet. Und dazu bedarf der Staat der Kirche, daß sie alle suche und zu ihm führe, die der Staat mit Gewalt nicht gewinnen kann. Der Staat bedarf der Kirche dazu, daß sie rette, wo er richtet. Darum wehe der Kirche, die sich zum Büttel des Staates erniedrigen läßt, wehe dem Staat, der sich unter den Hirtenstab der Kirche beugen und zwingen läßt. Welch große und für die Geschichte des deutschen Staates und der deutschen Kirchen verhängnisvollen Niederlagen in der Auseinandersetzung zwischen Staat und Kirche im Mittelalter sind darin begründet, daß beide ihre Grenzen nicht erkannten. Wo Grenzen fallen, werden immer Kräfte in unfruchtbarem Kampf verzehrt.

Kirche und Staat

Die Kirche dient dem Staat am besten, indem sie Kirche ist. Ich stelle mit Freude und Dankbarkeit fest, daß der Nationalsozialismus, der im deutschen Volk und in der Regierung des Deutschen Reiches zu entscheidender Bedeutung emporgewachsen ist, die Kirche und das geistliche Amt unverworren wissen will mit dem politischen Geschäften des Staates. Es soll keinem Prediger des Evangeliums verwehrt sein, daß er sich um die politischen Dinge und Sorgen seines Volkes mehr kümmert als um die Verkündigung des Evangeliums, daß er lieber arbeitet an der Gestaltung des Deutschen Reiches als an der Ausbreitung des Reiches Gottes, aber wenn er das tun will, dann lege er sein Amt nieder, sonst tritt die Gefahr einer neuen Grenzverwirklichung ein zwischen Staat und Kirche. Wir danken es Luther, daß er in unvergleichlicher Klarheit die Trennung aufgezeigt hat zwischen den beiden Gewalten dieser Welt, der weltlichen und der geistlichen. Und wir wollen, wenn der Staat die Grenze wieder aufgerichtet hat, nicht von der Kirche her sie wieder zudecken, sonst möchte die Gefahr bestehen, daß wieder einmal, wie so manches Mal in der Geschichte der christlichen Kirche Christus verraten wird an Cäsar.

Die Kirche dient dem Staat am besten, indem sie Kirche ist. Eine Kirche, die an das Recht und die Würde der eigenen Existenz nicht mehr glauben kann, hat alles Recht verloren. Und eine Kirche, die ihre Hoffnung auf den Staat setzt, hat ihren Auftrag vergessen. Zu dem preußischen Kronprinzen Friedrich Wilhelm, dem späteren Kaiser Friedrich, kam einst eine Abordnung der evangelischen Kirche Preußens und sagte: „Die einzige Hoffnung unserer Kirche ruht auf dem Haus Hohenzollern." Der Kronprinz erwiderte: „Dann tun Sie mir leid." Eine Kirche, die vom Staat mehr hofft und fürchtet, als von ihrem Herrn, vermag auch die Fundamente des Staates nimmermehr zu stärken.

Die Kirche erfüllt nur dann ihren Beruf, wenn sie sich weiß und versteht als die aus der Welt herausgerufene, mit dem Wort von Sünde und Gnade, mit der Botschaft von dem um unserer Sünde willen gekreuzigten und um unserer Gerechtigkeit willen auferstandenen Herrn Christus dem ganzen Volk verpflichtet. Die Kirche, die hineingestellt ist in die Welt der Sünde, die uns alle eint, die Machthaber und Widersacher, ob auch die Sünde derer ein furchtbarer Fluch für unser Volk geworden ist, die sich von Russland und von Rom her haben sagen lassen, was sie dem deutschen Volk schuldig blieben, diese Kirche |110| muß wissen, daß sie in einer Welt lebt, deren Ordnungen nicht bloß von Gottes Schöpfung Zeugnis geben, sondern auch von dem sündigen Willen der Menschen, diese Ordnungen zu mißbrauchen im Dienst selbstgewählter Ziele. Die Kirche muß sich verstehen als Kirche ihres Herrn, der je und je in der Welt geopfert worden ist und der sein Volk auf Erden unbewehrt zurückgelassen hat, ausgesetzt allen Missverständnissen und Angriffen und Verfolgungen dieser Welt, vertröstet auf die Wiederkunft dessen, der ihr als der erhöhte Herr einwohnt und sie doch vor seinem Schicksal nicht bewahrt.

Diese Kirche muß heute ihr Wort sagen. Und mit diesem ihrem Wort tut sie dem neuen Staat, der da werden will und der aus reinstem Willen heraus wuchs, den besten, aber auch den unentbehrlichsten Dienst. Damit hilft die Kirche dem Staat sein eigenes Geheimnis zu verstehen. Was heißt das? Der Staat ist ein Rätsel und gleicht darin dem Menschen, er zeigt ein Doppelgesicht. Der Urgegensatz alles irdischen Lebens erscheint im Staat: Schöpfung und Vernichtung. Gottes Ordnung und der Menschen Eigenmächtigkeit. Der Staat ist geistiges Ereignis und Naturereignis; ein sittliches Wesen und ein schicksalhaftes Wesen. Er ist eine Tatsache, deren Werden und Sein jeder sittlichen Würdigung spottet, er ist aber auch Hüter der Gerechtigkeit und Menschlichkeit. So verstehen wir, daß man schon im 17. Jahrhundert von dem großen Leviathan-Staat sprach, von dem Ungeheuer, das jegliches Leben unter seine Macht zwingt (Carl Schmitt).

Hier hat die Kirche einen hohen Beruf. Sie hat auch dem Staat die 10 Gebote zu predigen, das Grundgesetz aller sittlichen Ordnung. Und sie hat auch die Fiktion zu zerstören, als ob es einen christlichen Staat gebe. Es gibt keinen christlichen Staat, es gibt nur einen christlichen Staatsmann. Die Bergpredigt enthält kein Staatsprogramm. Es bleibt ein doppeltes, dem Reiche Gottes zu dienen und dem irdischen Staate zu dienen (Stapel). Die Kirche hat mit mutigem Ernst daran zu erinnern, daß die Geschichte immer göttliches und zugleich menschliches Handeln ist. So achtet sie den Willen der Obrigkeit, auch wenn sie in ihrem äußeren Bestand Bedrängnis fürchten muß. So wagt sie aber auch, wenn ihr das Recht verkürzt wird, vor allen und für alle die Botschaft von Christus aufzurichten, das Wort der Apostel: man muß Gott mehr gehorchen als den Menschen. Die Kirche müßte dem Staat in heiligem Zorn wie der Täufer dem König entgegentreten: „es ist nicht recht", wenn er sich selbst für sündlos erklärte in allen seinen Handlungen und damit göttliche Rechte für sich in Anspruch nähme. Darin ist die Obrigkeit sündlos, daß sie des Schwertes gebraucht, das Gott ihr gegeben hat, aber wie sie dieses Schwertes gebraucht, darüber muß sie sich den Einspruch eines an Gottes Wort geschärften Gewissens gefallen lassen.
Noch eines zuletzt. Auch im neuen Staat wird unsere Kirche keine triumphierende Kirche sein. Sie wird vielleicht leidenschaftlicher und freudiger als viele, die ihr solche Freude nicht glauben, teilnehmen an dem Triumph der jungen Generation unseres Volkes, die ihrer großen Opfer reiche Früchte ernten darf, sie wird dankbar sein, daß Gott sie durch diese Bewegung geschützt hat vor der Zerstörung ihres Leibes. Aber eben dann wird sie die hohe heilige Aufgabe nie vergessen, diese jubelnde Jugend, dieses in seinen Tiefen bewegte und erschütterte Volk zu dem Führer aller Führer, zu dem König aller Könige, zu dem heimlichen König des deutschen Volkes zu führen, zu unserem Herrn Jesus Christus. Die Kirche, die auch in einem triumphierenden Staat unter dem Kreuz ihres Herrn bleibt, sie schafft und schenkt dem Staat dann das ihre und darin das Beste, wenn sie Volk und Staat Christum verkündet. So wollen wir sagen:

> Es gilt mit Gott hinein zu fahren / mit Gott wird unten oben sein; /
> denk der Jahrtausende, die waren, / Jahrtausende, die werden sein!

267 Wilhelm Riegel: Das Gebot der Stunde an uns Pfarrer

KorrBl 58 (1933), 3. April, S. 146

Zu dem Aufruf des Herrn Koll. Fries seien einem, der seit Jahren mitten drinnen in der nationalen Bewegung steht, ein paar kurze, nachdenkliche Bemerkungen gestattet.
1. Eine vaterländische Wiedergeburt ist noch nicht zugleich eine religiöse Wiedergeburt.

2. Für eine religiöse Wiedergeburt wurde auch die Reform des Josia gehalten.
3. Unsere Aufgabe könnte auch der Dienst des – Jeremia sein.
Dazu gebe uns Gott Kraft und – Mut.
Riegel, Dörflis.

268 Niederschrift über die Besprechung mit den Dekanatsvorständen am 4. April 1933

LAELKB, LKR 3075

Anwesend: die
Herren Kollegialmitglieder des L. K.Rates,
Herren Mitglieder des L. S.Ausschusses,
Herren Dekanatsvorstände;
Herold-Schwabach ist wegen Krankheit am Erscheinen verhindert.

Nach Gesang des Liedes Nr. 3 eröffnet Kirchenpräsident D. Veit die Besprechung mit der Verlesung des 25. Psalm und mit einem Gebet.
Kirchenpräs. D. Veit: Ungewöhnlich ist die Form, in der wir Sie hieher eingeladen haben, ungewöhnlich ist auch der Anlaß, aus dem der Gedanke entsprungen ist, die Führer der Kirchenbezirke unserer Landeskirche zu vereinen, um hier in erster Linie der brüderlichen Gemeinschaft untereinander uns bewußt zu werden. Das sehe ich als den wichtigsten und den Hauptzweck unserer heutigen Zusammenkunft an. Wir wollen uns als eine Gemeinschaft fühlen, die zusammengehört und die den unerschütterlichen Entschluß in sich trägt, um jeden Preis nicht nur die Einheit unter einander, sondern auch die Einheit unserer ganzen Geistlichkeit, die Einheit unserer Gemeinden zu wahren und so den neuen Verhältnissen entgegenzugehen, die unser warten. Dabei ist es uns ein Bedürfnis gewesen, Rechenschaft geben zu dürfen, wie wir die Lage ansehen, was etwa geschehen ist oder geschehen kann, um daraus für Sie Richtung und Weisung zu schöpfen, wie Sie selbst in den Ihnen anvertrauten Gemeinden sich halten und ihr Amt der Leitung und Aufsicht pflegen sollen. Ich heiße Sie im Namen des Landeskirchenrates herzlich willkommen, es ist uns eine Freude, dass wir diese Besprechung nun im eigenen Hause, in diesem schönen und würdigen Raum, den uns die Landeskirche gebaut hat, halten können. Ich bitte zu Gott, dass er uns die wenigen Stunden des Zusammenseins segne, dass Sie nicht nur eine friedliche Erklärung mit nach Hause nehmen, sondern dass Sie auch etwas für Ihr Leben gewinnen. Ich begrüße den Landessynodalausschuß, dessen Mitglieder als freundliche Gäste in unserer Mitte weilen. Der L. S. A. hat sich in seinem Kreis schon über diese Fragen benommen, er nimmt warmem Anteil an dem, was auch heute in unserem Kreis geschieht.

Nun lassen Sie mich zwanglos durch die vielen Fragen, die die Landeskirche bewegen, hindurchführen. Obenan steht das politische Geschehen dieser Zeit. Es ist anders, als es 1918 gewesen ist, als auch unsere Kirche vor neue Verhältnisse gestellt wurde, damals war die Landeskirche in ihrem rechtlichen Bestand ganz unmittelbar von den politischen Ereignissen betroffen. Der oberste Bischof unserer Landeskirche war beseitigt, die Kirche war ohne Oberhaupt geworden, es war eine Lücke entstanden, die sich fühlbar machen mußte durch den ganzen Organismus unserer Landeskirche. Damals mußten wir uns besinnen, wie die Lücke ausgefüllt werden sollte, damit nicht Unordnung, Reibung in das Getriebe unserer Kirche kommt. Damals galt es einen neuen Aufbau. Mit Gottes Hilfe – das dürfen wir, nachdem 15 Jahre vorüber sind, sagen – ist es unserer Landeskirche gelungen, das, was zusammengebrochen war, nach ihrer Weise und ihrem Geist und nach ihrem Recht wieder aufzubauen. Diesmal war es anders. Unsere Landeskirche ist zunächst in ihrem rechtlichen Bestand, in ihren Ordnungen, von dem was geschehen ist, nicht berührt. Alle unsere organisatorischen Einrichtungen, unsere rechtlichen Verhältnisse bestehen, zunächst wenigstens, unberührt und unverändert weiter. Niemand hat bis heute uns irgendwelche Zumutungen gebracht, irgendwelche Forderungen an uns gestellt. Im Gegenteil, es ist in feierlicher Stunde ausdrücklich zugesichert und zugesagt worden, dass die rechtlichen Verhältnisse, wie sie für die Kirchen in den Ländern bestehe und verordnet sind, unangetastet bleiben sollen, dass sowohl die Verfassungen unserer Kirche, als auch die Ordnung ihrer Verhältnisse zum Staat in der Weise anerkannt wird, wie sie seit der Neuordnung der Verhältnisse ihre Gestalt gewonnen haben. Wir hatten daher keinen Anlass, mit der neuen Staatsregierung in Verhandlungen über diese Fragen einzutreten; im Gegenteil war zu befürchten, dass angenommen würde, dass wir selbst uns in einer gewissen Unsicherheit befänden. Wir sind der Meinung, dass wir auf dem Wege, den die Kirche eingeschlagen hat, weitergehen können. Dabei ist nicht ausgeschlossen, dass grundsätzliche Fragen hervortreten können, die zu Verhandlungen und Auseinandersetzungen Anlaß geben. Es wird eine ernste Aufgabe der Kirchenleitung sein, den Zeitpunkt nicht zu versäumen, und zwar nicht zu spät und nicht zu früh, in den wir in solche Verhandlungen werden eintreten müssen. Zurzeit sind nur leise Spuren zu sehen, in welcher Richtung sich diese Verhandlungen werden zu bewegen haben. Bisher war kein Anlaß dazu. In Einzelfragen sind wir schon wiederholt mit der Regierung in Fühlung getreten, und zwar wenn es sich darum handelte, bei diesem oder jenem Übergriff, der vorgekommen ist, uns zu unserem Recht zu verhelfen, oder dass wir Anlaß hatten, nach den Zielen zu fragen, die in einzelnen Richtungen eingeschlagen werden sollen. In allen diesen Fällen haben wir das bereitwilligste Entgegenkommen und die befriedigten Aufschlüsse erhalten. Es wurde uns wiederholt erklärt, dass solche Übergriffe nicht im Sinne der Regierung liegen, und dass dafür gesorgt werden soll, dass nach dem Recht gesehen wird. Aber wenn ich sage, dass die Kirche in ihrem rechtlichen Bestand zunächst von der Umgestaltung der polit. Verhältnisse nicht berührt wird, so soll das nicht heißen, dass die Kirche diesen Dingen unbeteiligt gegenübersteht. Wir haben einen starken Eindruck davon bekommen, dass eine innerliche tiefe Bewegung durch das Volk hindurchgeht. Man mag über die Formen und über die Methoden, die man angezeigt findet, seine verschiedene Meinung haben, man mag sich darüber seine Gedanken machen, was man mit dem Namen einer nationalen Erhebung bezeichnet. Aber man darf nicht bestreiten, dass in weiten Kreisen unseres Volkes wieder eine Erinnerung lebendig geworden ist, dass Ziele aufgetaucht sind, die vergessen gewesen sind. Wer hätte sich nicht darüber gefreut, dass unsere alte deutsche Fahne wieder zu Ehren gekommen ist. Dem Mann, der in den Tagen seiner Jugend mit Begeisterung die Aufrichtung des deutschen Reiches miterlebt hat, dürfen wir glauben, dass er Sinn und Verständnis hat für alles, was vaterländische Erhebung in unserem deutschen Volke bedeutet. Wenn unsere evangelische Kirche in ihrer 400 jährigen Geschichte mit den Geschicken des deutschen Volkes verbunden gewesen ist, so kann sie nicht unbeteiligt an dem vorübergehen, was jetzt geschieht, wenngleich manche es mißdeuten und mißverstehen, wenn wir darauf halten, dass die Kirche selbst unpolitisch sei. Die Kirche soll und will den rechtlichen Gestaltungen im Staate dienen. Aber dies kann sie nur auf dem Wege und mit dem Willen und mit der Zielrichtung, die ihr als Kirche gegeben sind. Wir freuen uns, wenn wir die Worte von Reinheit, Sauberkeit, Opferfreudigkeit hören, aber wir wissen wo die Kräfte liegen, die einem Volk dazu verhelfen. Wir wissen, dass das Volk verhaftet ist in der Sünde und dass aus einem Volkstum allein keine Erhebung und keine Änderung der Menschen gewonnen wird, sondern nur aus dem Volkstum, das sich beugt unter das Evangelium. Wir als die Diener der Kirche tragen das Evangelium in unserer Hand. Aus ihm gewinnen wir den Geist der Demut, Buße, Zucht, Kraft, Liebe des Opfersinns, der allein einem Volk, das tief gesunken ist, wieder zu neuem Leben verhelfen kann. So will sich unsere Kirche in den Dienst den Volkes, seines inneres Lebens und seiner äußeren Ordnung stellen, nicht als die, die berufen ist, diese Ordnung zu schaffen, sondern als die, die den Geist geben und vermitteln soll, die Ordnungen, die geschaffen werden, zur Kraft zu verhelfen. Wenn die Kirche diesen Dienst leisten soll, dann muß sie ihrer Selbständigkeit, ihres eigenen Rechts sicher sein.

Nur in innerer Entschlossenheit kann die Kirche an diese Aufgaben herantreten. Worin beruht die innere Geschlossenheit unserer Kirche. Sie beruht in dem Zusammenschluß um das Bekenntnis unserer Kirche. Mancherlei verlockende Stimmen werden laut, die versuchen, das christliche Zeugnis evangelischer Predigt da und dort zu erweichen und anderswo kommende Empfindungsmomente in den christlichen Glauben und in das christliche

Gefühl hineinzutragen; so z.B. wenn versucht wird, Paulinisches Christentum als eine Abirrung und als eine Abänderung des christlichen Lebens zu bezeichnen. Ein deutsches Christentum in dem Sinn, dass Momente, die deutscher Mythologie entnommen sind, konstitutiv das Verhalten des Christentums alterieren, ist ein Abfall von Christentum. Ein christliches Deutschtum kann ich mir denken. So wie jede von Gott gegebene Eigenart unter die Zucht des heiligen Geistes genommen werden muß, so hat Gott unser deutsches Volk in seine Schule genommen. Ich segne den Tag, an dem unser deutsches Volk in größerer Geschlossenheit wieder zu den Glauben seiner Väter zurückkehrt und die Geschlossenheit findet, die unsere Kirche haben muß. Zu dieser inneren Geschlossenheit muß die äußere hinzukommen. Wir werden nur dann auch dem Staat gegenüber etwas bedeuten, wenn wir als eine geschlossene Einheit unsere Sachen vertreten. Darum ist es mir keine erfreuliche Erscheinung, wenn ich wahrnehme, dass einzelne Geistliche aus vielleicht bester Meinung, aus vielleicht tatsächlicher Not heraus versuchen, Fühlung mit den neuen Herren zu gewinnen. Das sind Tatsachen. Der Eindruck, den das macht, ist nicht der, den man sich davon erwartet und verspricht. Man warnt in nationalsozialistischen Kreisen ernstlich vor Sonderaktionen; auch ich möchte bitten, dass die Herren dafür sorgen, dass diese einzelnen Geistlichen auf eigene Faust keine Sonderaktionen unternehmen, die von ihrem Gesichtspunkt aus vielleicht nützlich erscheinen, die aber eine andere Wirkung haben können. Wenn solche Wünsche bestehen, ist der L.K.Rat gerne bereit, sich solcher Wünsche anzunehmen. Wir sind nicht ganz so untätige und ungeschickte Leute, für die man uns manchmal halten mag. Aber wenn es sich um Organisationen handelt, so ist es immerhin erwünscht, dass, wenn eine Aktion übernommen wird, dies nicht ohne unser Wissen und Einvernehmen geschehen möge, damit nicht der Anschein erweckt wird, als ob wir eine mehr oder weniger undisziplinierte Menge wären, der gegenüber das „Divide et impera" eine nicht erfolglose Maßregel ist. Wir sollen als eine geschlossene Einheit durch diese Zeit hindurchgehen. Gespenster, wie sie aufgetaucht sind, als ob die äußere Einheit unserer Kirche gefährdet wäre, oder als ob ein Riß durch unsere Landeskirche hindurchginge, sind, soweit ich unterrichtet bin, Gespenster. Ich würde es für das größte Unglück halten, wenn unsere Landeskirche, die in ihrem gegenwärtigen Bestand in den deutschen Landen sich eines guten Ansehens erfreut, und um ihrer Geschlossenheit willen von anderen Kirchen beneidet wird, auch nur den leisesten Anschein erwecken würde, als ob wir je nach Landmannschaften getrennte Gruppen oder Gebiete nur äußerlich zusammenhielten. Was Gott geschaffen hat, das wird er auch erhalten, wenn wir als treue Söhne und Arbeiter das behalten, was unsere Väter uns überkommen haben und was wir unseren Kindern weitergeben sollen.

Wenn ich auf einzelne Punkte hinweisen darf, auf die sich unsere Gedanken zu begegnen haben, so möchte ich folgendes sagen:

Wir wollen uns über den Bestand unserer Landeskirche, sowie über die Gemeinschaft der deutschen Landeskirchen, die wir nach Verhandlungen gewonnen haben, als eines dankbaren Gottes Geschenkes erfreuen. Auch hier malen sich gewisse verschwommene Linien ab. Es ist nicht ausgeschlossen, dass der Gedanke einer Reichskirche für viele etwas Verlockendes hat. Der Gedanke einer Reichskirche ist, je nach dem man das Wort „Reichskirche" versteht, nichts anderes, als was aus dem Kirchenbund geworden ist, der die Reichskirche ablehnt. Es ist zweifellos, dass unsere evangelischen Kirchen früher den politischen Verhältnissen gegenüber, später dem Reich gegenüber machtlos gewesen sind. Wir haben gemeinsame Bedürfnisse, gemeinsame Anliegen, gemeinsame Interessen, die zu vertreten sind; soweit das geschehen kann, geschieht dies im Kirchenbund. Unsere bayer. Landeskirche hat sich daran gewöhnen müssen, sich in diesen Gedankengang hineinzufinden. Unserer Kirche war es schwer, sich der Eisenacher Konferenz anzuschließen, weil man um den eigenen Bekenntnisstand besorgt war. Wir sind zu einer klaren Linie gekommen, die den Bekenntnisstand in keiner Weise bedroht. Ich betone dies mit Nachdruck, weil auch immer noch die Stimmen nicht verstummt sind, die glauben, warnen zu müssen, dass man mit dem Kirchenausschuß nicht in zu nahe Fühlung tritt, weil dadurch eine Union auch für unsere Landeskirche in greifbare Nähe rücken könne. Wer die Verhältnisse kennt, weiß, dass diese Gefahr nicht von innen her besteht; etwas anders ist es, ob nicht äußere Gründe diesen Gedanken lebendig werden lassen. Der Bund unserer Kirchen tritt unter Wahrung der Selbständigkeit der Einzelkirchen, treu und ernst als Hüter und Wächter der gemeinsamen Anliegen unserer deutschen Kirchen der Öffentlichkeit gegenüber auf. Was wir brauchen, das haben wir in unserem Kirchenbund; aber Kirche will er und kann er nicht sein, denn Kirche ist etwas Inneres, das eine innere Gemeinschaft voraussetzt. In diesem Sinne lehnen wir nachdrücklich [die] Reichskirche nach wie vor ab. Das ist die Stellung aller deutschen Landeskirchen.

Keinesfalls können wir unserer Kirche das Gesetz ihres Handelns von irgendwelcher außerkirchlichen Seite vorschreiben lassen. Die Kirche muß aus sich heraus nach ihrem Wesen und nach ihren Zielen das Gesetz des Handelns selbst geben. Das wird vielleicht zu ernsten und schwerwiegenden Entscheidungen führen. Es liegt uns bereits ein Antrag aus einer Gemeinde vor, dass die sozialdemokratischen Mitglieder aus dem Kirchenvorstand ausgeschlossen werden sollen, weil deren Zugehörigkeit der neuen Zusammensetzung unserer Volksvertretung nicht mehr entspricht. Hier stehen wir vor einer ernsten Frage, ob politische Gründe ohne weiteres Folgerungen haben dürfen für unser kirchliches Leben. Zu den Qualitäten eines Kirchenvorstandes hat bisher dessen politische Überzeugung nicht gehört. Seine politische Überzeugung haben wir bisher nicht gekannt und wollen sie nicht wissen. Das ist eine persönliche Angelegenheit. Was wir von kirchlicher Seite aus an Qualitäten von einem Kirchenvorstand fordern müssen, müssen wir mit vollem Ernst tun. Wenn ein Kirchenvorstand, der bei seiner Wahl das Bekenntnis zu seiner Kirche abgelegt hat und vor dem Altar verpflichtet worden ist, das abgelegte Gelübde gehalten hat und treu zu seiner Kirche steht, bloß deswegen, weil er politisch diese oder jene Gesinnung hat, seines Amtes als Kirchenvorsteher verlustig gehen soll, dann ist dies ein Einbruch in das Leben und die Einrichtungen unserer Kirche, der für unsere Kirche untragbar wäre. Wir werden es in unserer Kirche nicht stillschweigend hinnehmen können, wenn Glieder unserer Kirche, die früher Juden waren, und Jahrzehnte lang treue Mitglieder unserer Kirche waren, vor der Öffentlichkeit wegen ihrer Rasseabstammung gebrandmarkt werden. Die Kirche wird sich fragen müssen ob im solchen Vorgehen nicht eine Herabwürdigung ihres Sakraments der Taufe liegt und ob sie zu diesem Vorgehen stillschweigend zusehen kann und darf. Ich nehme an, dass wir hier in den aufregenden Zeiten des Übergangs noch mancherlei zu befürchten haben. Aber ich mache darauf aufmerksam, worauf wir achten müssen.

Ein weiterer Punkt ist das Gebiet der Schule. Es sind freundliche Zusicherungen gegeben worden, dass die Konfessionsschulen nicht angetastet werden sollen. Jedenfalls gilt für uns das, was die sämtlichen deutschen Landeskirchen als ihre Richtlinien bis heute unentwegt festgehalten haben, dass für unsere Volkserziehung unsere evangelischen Bekenntnisschulen die Schulen sind, auf die wir zu halten haben und dass wir dem Irrtum begegnen müssen, als ob eine bekenntnismäßige Erziehung eine Gefährdung für die Volksgemeinschaft wäre. Nicht die festen und sicheren Leute gefährden die Volksgemeinschaft, sondern die Unsicheren und Schwankenden. Wenn diese Gründe wiederkehren sollen, so können wir nichts anderes entgegenhalten als wie bisher, dass evangelisch heißt, was aus dem Evangelium gewonnen ist, und dass der Evangelische auch den Bruder zu finden weiß auch über die Schranken der Konfession und der Klassengegensätze hinweg. Darum halten wir nachdrücklich an unserer evangelischen Bekenntnisschule fest.

Ein weiteres Gebiet, auf dem es zu Auseinandersetzungen kommen mag, ist das Gebiet unserer Jugendarbeit und Jugenderziehung. Wir freuen uns, wenn die ganze Jugend wieder im nationalen Geist erzogen wird; aber für unsere evangel. Jugendarbeit sind das keine neuen Dinge, da unsere Jugendarbeit schon bisher darauf eingerichtet war und da wir in dieser Arbeit den Geist des Evangeliums als die Kraft angesehen wissen wollen, aus der diese Arbeit geschieht. Ich kann mir denken, dass man in diesen Fragen mit dem Staat in einer Gemeinschaft steht, aber wir dürfen nicht darauf verzichten, dass uns die Freiheit unserer Arbeit nicht genommen wird, und dass wir nicht in eine Macht des Staates hineingedrängt werden. Was wir in dieser Frage bisher an Verhandlungen geführt haben, hat ein freudiges Echo gefunden; aber es war nur ein Gedankenaustausch möglich. Welche Anordnungen noch folgen werden, läßt sich noch nicht übersehen. Unsere Aufgabe wird sein, an dem Bisherigen festzuhalten. Wenn eine Teilung nach körperlicher und geistiger Pflege zwischen Staat und Kirche kommen sollte, so bringt das eine Zerreißung der Sache, die nicht begründet und förderlich ist. Ein Nebeneinander der Zugehörigkeit zu verschiedenen Organisationen ist denkbar, wird aber auf praktische Schwierigkeiten stoßen. Ich wünsche unseren evangel. Jugendverbänden, dass sie unter sich die Einheit und Geschlossenheit finden, und dass die Bestrebungen, die in dieser Richtung gepflogen sind, zu einem erfreulichen Erfolg führen. Je mehr wir eine geschlossene Einheit sind, desto mehr haben wir Aussicht, Erfolge zu erringen. Das sind die Aufgaben, auf die die Geistlichen ihr Augenmerk richten müssen.

Ich komme nun zu den Verhältnissen der Geistlichen. Herr Vicepräs. D. Gebhard ist am 1. Januar ds. Jrs. aus dem Dienst ausgeschieden; Herr Oberkirchenrat D. von Ammon ist leider abberufen worden. Ich darf mit Dank gegen Gott bezeugen und möchte dies aussprechen, dass wir innerhalb unseres Kollegiums die innere und äußere Einheit durch alle Verhandlungen hindurch bis zum heutigen Tage haben bewahren dürfen und dass wir miteinander bei aller Verschiedenheit der Arten einig sind in dem, was für das Wohl unserer Kirche dienlich ist. Ich bitte Gott, dass er unserer Kirche weiterhin diese Einheit erhält. Die Landessynode wird in diesem Jahr wieder zusammentreten, zu meiner großen Freude auf oberfränkischem Boden, den sie seit 1913 nicht mehr betreten hat.

Ich hoffe, dass der Zusammentritt der Synode sich ohne Schwierigkeiten, Reibungen und Machenschaften vollzieht. Wir haben keinen Anlaß, unsere kirchliche Organisation einer Revision zu unterziehen. Die Synode wird vor großen und ernsten Aufgaben stehen, die unter der Hand gewachsen sind. Ursprünglich war mit Rücksicht auf die finanzielle Lage der Kirche unsere Meinung, dass die Synode sich mit einer kurzen Dauer begnügen kann. Ich hoffe, dass dies doch möglich sein wird. Auf Bitten des L. S. A. sind wir daran gegangen, das heiße Eisen der K. G. O. wieder anzugreifen und ich hoffe, dass, wir uns nicht noch einmal die Finger daran verbrennen. Die Richtlinien sind fertig. Wir sind bereit, wenn es gewünscht wird, auch ein ausgeführtes Gesetz der Synode vorzulegen. Außerdem sind wir über der Arbeit für das Pfarrergesetz. Ob das Gesetz selbst an die Synode kommt, ist noch fraglich sind, da zwei große Gesetze für eine Synode zu viel sein werden.

Ernst und schwierig ist die Behandlung des Haushaltplanes, wir werden uns auf das Sparen einrichten müssen. Wenn wir auch gegenwärtig den Etat mit noch verhältnismäßig geringen Abstrichen durchführen können, so wird doch ernstlich geprüft werden müssen, wie man ohne Sorgen weiterkommen kann. Man weiß heute noch nicht, wie sich das ganze Steuerwesen in Zukunft gestalten wird und ob nicht Maßnahmen kommen, die unser kirchliches Steuerwesen beeinflussen werden.

Unseren Geistlichen wünsche ich, dass sie selbstlose, gewissenhafte Pfarrer ihrer Gemeinden sind. Nehmen Sie sich aller Ihrer Gemeinden – und geben Sie dies auch Ihren Kollegen weiter – mit aller aus dem Evangelium gewonnen Treue, Schlichtheit und Liebe an. Wie viele Menschen sind jetzt mit einem Schlag innerlich heimatlos geworden. Waren sie bisher durch Organisationen äußerlich noch gehalten, die nun zusammengebrochen sind, so stehen sie jetzt innerlich herrenlos da. Die Kirche muß die treue Mutter sein, die alle bei sich aufnimmt. In den Vorstadtgemeinden sind die Kirchen nie voller gewiesen als heute. Die Leute erwarten keine politischen Proklamationen, sondern sie erwarten das Evangelium, das Brot des Lebens, das viele sich haben nicht mehr zu hören trauen. Dass diese Leute jetzt wieder den Zugang zur Kirche finden, das ist der Dienst eines Pfarrers.
Eine andere Frage, in der wir Ihre Mitarbeit erbitten, das ist die Kandidatennot und zwar in einem anderen Sinne als bisher; nämlich eine Not, die aus der Überfülle kommt. Diese Not bereitet uns ernste Sorgen. Es ist damit zu rechnen, dass in diesem Jahr c. 30–40 Kandidaten zunächst unverwendet bleiben. Ich kann mich nicht entschließen, diese Leute ohne Verwendung zu lassen. Ich halte es aus äußeren und inneren Gründen für die Kirche bedenklich, wenn wir die jungen Leute in das Nichts hinausschicken und sich selbst überlassen. Für manche wird dies zu einer ernsten Gefahr werden. In irgendeiner Weise muß für sie gesorgt werden. Sie müssen zu irgendeiner Bedienstung herangezogen werden, entweder auf dem Wege des Lehrvikariates, oder in der Form eines Hilfsvikariates. Aber das geht nicht, wenn wir nicht bereitwilliges Entgegenkommen finden, bei denen, um die es sich handelt. Durch eine solche Verwendung steht eine große Ungleichheit unter den Kandidaten; aber das läßt sich nicht ändern. Wir müssen auf das Verständnis der Kandidaten rechnen, die bereit sind, die Not zu tragen. Wir müssen auch auf das Entgegenkommen der Geistlichen rechnen und hoffen, dass Geistliche bereit sind, Kandidaten aufzunehmen, entweder als Lehrvikar, oder bei Geistliche, die eine Doppelpfarrei zu versehen haben, als Hilfsvikar. Dazu sind bescheidene Mittel der Landeskirche erforderlich, um eine mäßige Entschädigung gewähren zu können. Wir bitten, dass Sie uns solche Geistliche benennen, die geeignet und willens sind, einen Lehrvikar aufzunehmen oder solche, die einen Hilfsvikar brauchen können. Es sind dies Wege, auf denen wir für unsere jungen Kollegen eine Beschäftigung finden können und auf denen sie auf dem Wege von der Universität in das geistliche Amt eine Brücke, die ihn einen ruhigen und sicheren Übergang in das geistliche Amt ermöglicht.
Ich schließe mit dem aufrichtigen Wunsche, dass Gott allen unseren Geistlichen, welcher Gesinnung und Richtung sie in äußeren und politischen Fragen sein mögen, den Geist der Treue zum Evangelium, die Willigkeit zum Dienst, die Freudigkeit zum Einsatz der ganzen Persönlichkeit schenken möge. Wir wollen tragen, was uns aufgelegt ist, wir wollen aber auch

nicht verzagen an dem, was unsere Kirche noch an Kraft und geistlichem Leben besitzt. So gehen wir getrosten Mutes mit heiliger Entschlossenheit den Weg weiter, den wir gegangen sind und der uns auch weiterführen wird. Ich bitte zu Gott, dass er die Gefahr der Nervosität von uns ferne hält, dass wir nicht meinen, dass, wenn nur jetzt möglichst rasch geredet wird, dass dann schon etwas getan ist. Wir haben mit klarem Bedacht einer gewissen Zurückhaltung in unserer Kirche uns befleißigt und wenn bisher in einzelnen Landeskirchen mehr geschehen ist, so weiß ich nicht, ob man auch heute noch alles so machen würde, wie man es im ersten Augenblick getan hat. Auch dadurch können wir die innere und äußere Freiheit bewahren, dass wir mit würdigem Ernst zur Arbeit gehen, den Dingen entgegensehen und entgegengehen. Das ist nicht Mangel an Mut, sondern klare pflichtbewußte Verantwortlichkeit. Ich bitte Sie nochmals, halten wir zusammen, die Gott zusammengeführt hat zu einem Dienst unter dem einen Herrn und der Geist unseres Gottes, der es dem Aufrichtigen gelingen läßt, gebe uns zu unserem Tun seine Kraft und erhalte uns der Kraft, Liebe und Zucht.
Ich bitte noch, das was ich gesagt habe, nur so weiter zu geben, dass keine Bedenken daran geknüpft werden können. Es wird das Beste sein, die Hauptsache vertraulich zu behandeln.
Dekan Wolfart, Bayreuth berichtet über den neuen Beschluß der Pfarrkonferenz Bayreuth und hält es für wünschenswert, dass die Kirchenbehörde ein Wort an die Öffentlichkeit richtet; nähere Anordnungen wegen des Kirchengebetes seien erwünscht.
Kirchenrat D. Baum-Erlangen dankt im Namen aller Anwesenden Herrn Kirchenpräsidenten für seine Worte und für die Festlegung der Grundlinien, auf welchen der Weiterbau zu geschehen hat. Der Aufruf zur Geschlossenheit und Einheit sei besonders dankenswert. Möge die Geistlichkeit endlich einmal lernen, der Öffentlichkeit gegenüber etwas vorsichtiger und zurückhaltender zu sein und einsehen, dass es notwendig ist, zur bestimmten Zeit zurückzutreten und eine geschlossene Haltung einzunehmen. Es sei anzunehmen, dass unserer Landeskirche nichts mehr schaden würde, als ein Hervorprellen in der jetzigen Zeit. Trotz aller Freude darüber, was die deutsche nationale Bewegung mit sich gebracht hat, sei es die Aufgabe und Pflicht der Geistlichen, vorsichtig und selbstbewußt zuzuwarten.
O.K.R. Dr. Meinzolt stellt folgende Fragen auf, zu denen eine Stellungnahme seitens der Geistlichkeit aus ihrer praktischen Erfahrung wünschenswert sei:
1.) Wie hat sich der Pfarrer zu verhalten gegenüber Ansinnen, die zur Mitwirkung einer gottesdienstlichen Handlung aus einem nichtkirchlichen Anlaß gestellt werden.
2.) Wie hat sich die Kirche gegenüber Wünschen auf Beflaggung kirchlicher Gebäude zu verhalten.

3.) Welche Stellung hat die Kirche einzunehmen, wenn der Gebrauch der Glocken verlangt wird.
Dekan Seiler-Feuchtwangen bittet um Äußerung, ob S. A.-Leute in Uniform zum Kirchgang zugelassen werden sollen, ferner wenn das Verlangen gestellt wird, dass die Hakenkreuzfahne auf einem Kirchturm gehißt wird.
Kirchenpräs. D. Veit berichtet über die Verhandlungen wegen der Fahnenweihe in Weißenburg; eine kirchliche Weihe von Fahnen findet nicht statt; dagegen kann man es nicht mehr verwehren, wenn S. A.Leute in Uniform an einem Gottesdienst teilnehmen. Der betreffende Gottesdienst hat aber immer als Gemeindegottesdienst zu gelten.
Was die Beflaggung anlangt, so gilt die Beflaggung nur für Reichs- und Landesgebäude, darunter fallen nicht die Kirchengebäude einschließlich der Pfarrhäuser. Die Kirchenbehörde wird bei bestimmten Gelegenheiten von der Staatsbehörde aufgefordert, an der Beflaggung teilzunehmen. Welche Anordnungen sie dann treffen will, ist ihre Sache. Bei der Frage der Beflaggung von Kirchengebäude ist davon auszugehen in welchem Zusammenhang das Ereignis, das die durch die Beflaggung gefeiert werden soll, zur Kirche steht. Bei Beflaggung der Kirchen ist möglichste Zurückhaltung geboten. Bei Beflaggung der Pfarrhäuser soll man sich bewußt sein, dessen, was die Bewohner dieser Häuser ihrer Gemeinde und ihrer Kirche schuldig sind. Jegliche Demonstration ist zu vermeiden.
O. K. R. D. Meiser berichtet über das Verhältnis der christlichen Jugend zur Hitlerjugend und über die diesbezüglichen Verhandlungen mit Kultusminister Schemm. Die ganze Frage sei noch sehr ungeklärt, sodass es nicht möglich sei, ein entscheidendes Wort in dieser Frage zu sprechen. Eine Änderung der Lage sei von Tag zu Tag möglich. Keinesfalls dürfe man die kirchlichen Organisationen ohne weiteres preisgeben; es müsse mit der Möglichkeit gerechnet werden, dass der Staat an den Lebensnerv der evangelischen Jugend herangreifen wird. Zunächst sei Mäßigung und Zurückhaltung erforderlich. Zum Besten unseres deutschen Volkes werde es dienen, wenn die reichen Kräfte der evangel. Jugendbewegung aufrecht erhalten bleiben. Die evangelische Jugend sei nationalverlässig [sic!].
Dekan Schober-Rothenburg wünscht die Herausgabe eines Flaggenerlasses, ferner einen Erlaß wegen der Feier des Volkstrauertages; außerdem bittet er um Aufklärung, ob es zulässig ist, dass Nationalsozialisten in Uniform zur Trauung kommen; ferner wie es gehalten werden soll mit Nationalsozialisten, die aus der Kirche ausgetreten waren und nun wieder eintreten wollen.
Kirchenrat D. Baum-Erlangen hält es für selbstverständlich angesichts der gegenwärtigen Lage, dass Pfarrhäuser mit der Fahne „Schwarz-weiß-rot" beflaggt werden, empfindet es aber als einen inneren Widerspruch, wenn Kirchen mit der Hakenkreuzfahne beflaggt werden. Die Kirchenfahne sollte nur bei rein kirchlichen Gelegenheiten Verwendung finden. Wünschenswert sei, dass auf diesem Gebiete eine klare Entscheidung herbei-

geführt wird. Dekan Bohrer-Selb wünscht eine genaue Weisung in diesen Fragen, da durch die Verschiedenheit der Handlungsweise in der letzten Zeit die Einheit untergraben worden sei.
Dekan Hanemann bekennt sich als nat.soz. Pfarrer, der seit Jahren der Partei angehört. Er habe sich gegen jede polit. Betätigung ablehnend verhalten. Von Leitern der nat.soz. Partei werde erwartet, dass in Bälde die kirchlichen Körperschaften neugewählt werden. Dekan Hanemann bittet, dass die Kirche gegenüber der neuer Bewegung nicht so abseits stehen möge, dass sie einstens den Zusammenhang mit der Volksgemeinschaft verliert, dagegen sei es wünschenwert, dass sie führend an der Spitze steht. Es sei kein Übergangsstadium, in dem man sich befindet.
Dekan Breit-Hof berichtet, dass ein starkes Bedürfnis nach einem autoritativen Wort der Landeskirche lebendig ist und bittet Herrn Kirchenpräsidenten, es möglich zu machen, den grundsätzlichen Teil der von ihm gemachten Ausführungen in irgendeiner Form zu veröffentlichen; und zwar sollen die Ausführungen Wort für Wort der Öffentlichkeit unterbreitet werden. Alle heute Anwesende stünden unter dem großen Eindruck, dass heute ein entscheidendes Wort darüber gesagt worden sei, wo die Kirche zu suchen sei.
Dekan Schiller Augsburg berichtet, dass in seinem Dekanatsbezirk keine besonderen Anforderungen seitens der nat.soz. Partei gestellt würden. In den Gemeinden bestünde ein starkes Bedürfnis nach einem erklärenden Wort seitens der Kirche.
Dekan Langenfaß-München erklärt, dass ernstliche Zweifel bestünden, ob es noch möglich sei, unsere bayer. Landeskirche zu einer einheitlichen Willensbildung zu führen und ob der Zusammenschluß möglich sei, den Herr Kirchenpräsident als Pflicht vor Augen gestellt hat. Wenn tatsächlich vom Staat neue Kirchenwahlen erzwungen würden, so müsse man dies als den Anfang des Grabgesangs unserer Kirche ansehen. Hier gehe es nicht mehr um den nationalen Aufbruch der Nation. Fraglich sei, ob es möglich sei, trotz aller Verschiedenheit des Empfindens und Denkens der bisherigen parteipolitischen Einstellung alle Geistlichen der bayer. Landeskirche zu der Einsicht zu bringen, was sie in erster Linie zu sein haben, nämlich Diener am Worte Gottes; die Kirche müsse unter allen Umständen ihre Geistlichen veranlassen, dass sie ihren Anordnungen Gehorsam leisten. Die Kirche, die diese Autorität nicht mehr besitzt, sei ein Verein. Dass der Staat unter den heutigen Verhältnissen nicht zusammenbricht, dazu brauche er die Kirche; aber die Kirche dürfe nicht den Staat fragen, was er von ihr erwarte, sondern die Kirche müsse dem Staat sagen, was sie ihm zu geben habe. Rom warte und hoffe zurzeit, dass die Todesstunde des Protestantismus schlagen werde. In römischen Zeitungen werde auf die Zerrissenheit des Protestantismus hingewiesen. Dekan Langenfaß bittet, dass jeder darauf dringt, dass die von Herrn Kirchenpräsidenten geforderte Geschlossenheit in unserer Geistlichkeit durchgeführt wird. In der gegenwärtigen großen

Bewegung kämpften zwei Gewalten miteinander: nämlich Rosenberg und Hitler. Wer siegen werde, sei fraglich. Die Kirche müsse den Mut haben, das zu sein, was sie sein soll. Der Christ müsse durch diese Möglichkeit hindurchgehen können. Gott möge der evangelischen Kirche die Kraft geben, dass sie der gegenwärtigen Stunde würdig sei.
Dekan Kern-Kempten berichtet über die einschlägigen Verhältnisse in seinem Dekanatsbezirk.
Dekan Schaudig-Weiden hält es für notwendig, dass die Kirchenleitung mit einem Wort an die Öffentlichkeit trete. Die evangelische Bevölkerung verlange Richtlinien für ihr Verhalten zu der neuen Bewegung. Ein freies Wort der Kirchenleitung werde großen Erfolg haben.
Dekan Reindel-Kronach hält es für wünschenswert, dass sich die Kirche in freundlichere Weise zu der neuen Bewegung einstellt.
O.K.R.D. Meiser berichtet über die von der neuen Regierung angeordneten Schulgebete. Hiezu sei die Kirchenbehörde überhaupt nicht gefragt worden. Fraglich sei nun, wer die Formulierung dieser Gebete vornehmen solle. Wünschenswert sei, dass alle diejenigen, die einen Einfluß bei der gegenwärtigen Regierung haben, den maßgebenden Persönlichkeiten zum Ausdruck bringen, die Dinge nicht zu überstürzen.
Dekan Sperl-Gunzenhausen berichtet über die Schwierigkeiten bei der praktischen Ausführung des Schulgebetes. Kirchenpräsident D. Veit gibt Antwort auf verschiedene Fragen. Die Frage des Volkstrauertages werde seit Jahren behandelt, trotzdem sei es bisher nicht gelungen, zu einer einheitlichen Festlegung des Trauertages zu kommen; vielleicht werde es jetzt möglich sein.
Das Erscheinen in Uniform bei Trauungen könne man heute nicht mehr verbieten, nur dürfe es nicht in demonstrativer Absicht geschehen.
Für den Rücktritt der Ausgetretenen gelten die bestehenden Bestimmungen. Der Pfarrer muß prüfen, aus welchen Gründen der Betreffende zurückkehrt.
Den Flaggen- und Glockenerlaß wird der L.K.R. seiner Würdigung unterstellen. Gegen eine allgemeine Schematisierung bestehen Bedenken.
Gegen eine öffentliche Kundgebung, die von der Kanzel zur Verlesung kommt, habe ich starke Bedenken. Ich begrüße die nationale Erweckung unseres Volkes und wünsche, dass der Aufbruch in den Formen, die er angenommen hat, bezw. anzunehmen in Gefahr steht, nicht mehr nationale Erhebung genannt werden kann. An diesem Wort möchte ich festgehalten wissen. Ich möchte nicht von einer Revolution sprechen; ich will gerne überlegen, was in irgendeiner Form in der Öffentlichkeit gesagt werden kann. Äußerungen anderer Landeskirchen sind bereits überholt; aber die Öffentlichkeit darf und soll wissen, wie die Kirche über diese Dinge denkt. Ich werde mich dem Vorschlag nicht entziehen.
Wir dürfen für das dankbar sein, was wir miteinander haben erleben dürfen. Ich bitte Gott, dass er uns schenken möge, dass wir in der Gemeinschaft des

Geistes, der sich auch unter uns über die Unterschiede hinweg gezeigt hat, uns zu einander bekennen können, wenn es dazu kommen sollte, dass wir zu kirchlichen Neuwahlen unter politischen Gesichtspunkten veranlaßt werden, dann wäre das nicht nur ein rechtlicher Einbruch in unsere heute noch verfassungsrechtlich garantierte Selbständigkeit, sondern es wäre eine Zumutung, die ganze Linie aufzugeben, auf der wir bisher gegangen sind und nicht zum Schaden unserer Kirche; es würde etwas in das kirchliche Leben eindringen, was im kirchlichen Leben keinen Raum und kein Recht hat. Das ist meine Stellung, von der ich nicht abgehen werde. Gott behüte uns, dass wir nicht vor Konflikte gestellt werden, von denen man nicht sagen kann, welchen Ausgang sie nehmen werden. Ich kehre zurück im Aufblick zu dem, der unser aller Meister ist, der uns bisher getragen hat wie auf Adlersflügeln, der seine Flügel über uns breiten kann und der auch heute noch unser Volk tragen [sic!] trotz der Tiefe der Schmach und Sünde, in die es gesunken ist. Wir begrüßen jeden, der sich von diesen Flügeln wird tragen lassen, nicht auf eigene Gefahr und nicht aus eigener Kraft, sondern im Glauben an die Gnade Gottes, die uns erhalten wird im Leben und im Sterben. Gott sei mit unserer Kirche, in deren Dienst wir stehen, solange es Gottes Wille ist. Ihm befehlen wir alle unsere Gemeinden, alle unsere Seelsorger, ihm befehle ich Sie alle, meine Brüder im Amt, die Sie vor schweren und verantwortungsvollen Aufgaben stehen. Lassen Sie sich von dem was Gott uns sagen will, weise führen und er wird sein Gedeihen dazu geben.
Kirchenpräsident

269 Erklärung des Pfarrervereins zur „Machtergreifung“
KorrBl 58 (1933), 10. April, S. 151

Unser Vorsitzender, Herr Pfarrer Klingler, hat nach eingehenden Verhandlungen mit maßgebenden Stellen und führenden Kreisen der Landeskirche über die Lage der evangelisch-lutherischen Kirche im neuen Staat die folgende Erklärung Herrn Kultusminister Schemm persönlich vorgetragen und mit ihm besprochen. Der Herr Kultusminister sprach seine ausdrückliche Zustimmung zu der Erklärung aus.
Der Pfarrerverein der Evang.-Luth. Kirche Bayerns r. d. Rhs., dem 1400 Geistliche, Seelsorger und Religionslehrer angehören, dankt Herrn Kultusminister Schemm ehrerbietigst für sein offenes und mannhaftes Bekenntnis zur nationalen und christlichen Erziehung. Er hat mit Befriedigung davon Kenntnis genommen, daß der Kampf gegen Schund und Schmutz in Wort und Bild allenthalben aufgenommen wird, daß künftig kein Kind evangelischer Eltern dem Religionsunterricht ferngehalten und daß dem Schulgebet besondere Aufmerksamkeit zugewendet werden soll.
Die evangelische Kirche hat es von jeher als ihre wesentliche Aufgabe an-

gesehen, unser Volk in vaterländischem Geist und Sinn zu erziehen und hat sich im Laufe ihrer 400jährigen Geschichte stets als treue Hüterin von deutscher Art und Sitte erwiesen. Wenn in der Gegenwart der Wille zum nationalen Staat und zur nationalen Erneuerung unseres Volkes in besonders kräftiger Weise sich geltend macht, so erklärt sich der bayerische Pfarrerverein mit Freuden bereit, an seinem Teil sich in den Dienst der nationalem Erziehung zu stellen, um durch Unterricht und Seelsorge, durch die Verkündigung des göttlichen Wortes und durch den Dienst der Liebe die Gewissen zu schärfen und mit allen Kräften mitzuarbeiten an der nationalen und religiösen Wiedergeburt unseres ganzen deutschen Volkes.
Um dieses Ziel zu erreichen, darf auch unter den veränderten Verhältnissen vom neuen autoritären Staat erwartet werden, daß unserer evangelischen Kirche Raum und Möglichkeit gegeben werde, ihres Amtes zu walten und ihre Aufgabe zu erfüllen. Dazu gehört die im Staatsvertrag garantierte ungestörte Kultübung, die Freiheit der Predigt des Evangeliums und des Unterrichts, Sicherung und Ausbau der evangelischen Schule auch unter den neuen Verhältnissen, Raum für christliche Liebesarbeit in eigener Verantwortung, Schutz der christlichen Kirche und Schule und nicht zuletzt Schutz der evangelischen Jugendorganisationen.
Wir evangelischen Geistlichen wollen gerne an unserm Teil dazu beitragen, daß in der neuen Volksgemeinschaft der Kleinkrieg unter den Konfessionen auf ein Mindestmaß beschränkt, die Liebe zu Volk und Vaterland vor allem in der Jugend geweckt und das neuerwachte Nationalbewußtsein in Deutschland weiter gestärkt und geheiligt werde, damit Volksstaat und Volkskirche sich des heißersehnten deutschen Frühlings mit gutem Gewissen bald erfreuen dürfen.

270 Kundgebung des Landeskirchenrats an sämtliche Pfarrämter und exponierten Vikariate. München, 13. April 1933

LAELKB, LKR XVII 1758

Nachstehend übersenden wir eine Kundgebung des Landeskirchenrates, die ihrem vollen Wortlaute nach im Hauptgottesdienste des Ostersonntages von den Kanzeln zu verlesen ist. Für die Gemeinden, in denen ein Hauptgottesdienst erst am zweiten Osterfeiertage stattfindet, gilt die Anordnung für diesen Gottesdienst.
I. V. Böhner

Kundgebung des Evang.-Luth. Landeskirchenrates.
Kirchenpräsident D. Veit, der seit dem Jahr 1917 an der Spitze unserer Kirche steht, hat aus Rücksicht auf seine Gesundheit und um die Leitung der Kirche jüngeren Händen anzuvertrauen, sein hohes Führeramt nieder-

gelegt. Nur mit aufrichtigem, herzlichstem Dank kann unsere Kirche diesen ehrwürdigen, hochverdienten Mann von seiner Stelle scheiden sehen. In schwerster Zeit hat er Großes für unsere Kirche geleistet.

In schwerer, bewegter Zeit steht unsere Kirche auch jetzt und viele erwarten von ihr ein klärendes Wort zu dem brausenden Geschehen um uns her. Sie sollen wissen: Ein Staat, der wieder anfängt, nach Gottes Gebot zu regieren, darf in diesem Tun nicht nur des Beifalls, sondern auch der freudigen und tätigen Mitarbeit der Kirche sicher sein. Mit Dank und Freude nimmt die Kirche wahr, wie der neue Staat der Gotteslästerung wehrt, der Unsittlichkeit zu Leibe geht, Zucht und Ordnung mit starker Hand aufrichtet, wie er zur Gottesfurcht ruft, die Ehe heilig gehalten und die Jugend geistlich erzogen wissen will, wie er der Väter Tat wieder zu Ehren bringt und heiße Liebe zu Volk und Vaterland nicht mehr verfehmt, sondern in tausend Herzen entzündet. Mit besonderem Dank begrüßen wir es, daß der neue Staat sein Werk durch Schaffung einer echten Volksgemeinschaft krönen will und daß vor allem die, für welche das Herz der Kirche von jeher besonders warm geschlagen hat, die Notleidenden und Bedrückten, die Geringen und Darbenden, der Sorge des ganzen Volkes befohlen sein sollen. Wir können unsere Gemeinden nur bitten, sich ernstlich und willig dafür einzusetzen, daß die starken aufbauenden Kräfte, welche die neue Bewegung in sich trägt, zum vollen, ungehinderten Siege kommen.

Ist so der Boden zu einer vertrauensvollen Zusammenarbeit zwischen Staat und Kirche geschaffen, so verliert die Kirche doch nicht aus dem Auge, daß sie selbst einer anderen Ordnung als der Staat entstammt. Der Staat ist eingebettet in die natürliche Schöpfungsordnung Gottes, die Kirche verdankt ihre Entstehung Gottes pfingstlichem Tun. Ordnet der Staat die Verhältnisse des natürlichen Lebens, übt er Macht und führt das Schwert: der Kirche Auftrag ist, die Botschaft von dem gekreuzigten und an Ostern siegreich erstandenen Herrn zum Heil der Welt zu verkündigen. Diese Botschaft wird von keiner politischen Wandlung berührt und kein Wechsel der Lage kann die Kirche hindern, unbeirrt und in eigener Verantwortung ihren Auftrag zu erfüllen. Der Kirche Evangelium ist ein ewiges Evangelium. Es gilt allen und ruft alle zur Gemeinschaft. Ist es uns ein Anliegen, daß unsere Gemeinden ihren Dienst an Volk und Vaterland redlich und treulich erfüllen, so liegt uns nicht minder am Herzen, daß sie über allem, was jetzt die Gemüter bewegt, nicht das Eine vergessen, was Not ist, daß sie ihrer Kirche die Treue halten und sich dessen bewußt bleiben: Das größte Geschenk für unser Volk bleibt das Evangelium. Unserem Volk mit dem Evangelium dienen, heißt es zu wahrer Auferstehung führen.

Der evang. Luth. Landeskirchenrat

271 Kundgebung des Landeskirchenrats an die Pfarrer. München, 13. April 1933
LAELKB, LKR XVII 1758

An die Herren Geistlichen unserer Landeskirche
Der hochwürdigste Herr Kirchenpräsident D. Veit ist aus dem Amte geschieden. Die Beweggründe, die ihn dazu bewogen, müssen wir achten; die Art und Weise, wie er seinen Entschluß fand und bekanntgab, kann uns nur aufs neue mit tiefster Verehrung für ihn erfüllen. Die bayerische Landeskirche verliert in ihm einen umsichtigen, tapferen Leiter, das ganze evangelische Deutschland einen Mann, dessen Wort und Tat weithin Gewicht hatten. In schwerer Zeit muß der Landeskirchenrat seines Führers entbehren: wir fühlen uns im Gewissen verpflichtet, bei diesem Anlasse den Herren Geistlichen ein ernstes Wort zu sagen.
Der Strom der Ereignisse brandet auch um Wesen und Gestalt unserer bayerischen evangelischen Landeskirche. Wir freuen uns der mächtigen Bewegung, die diesen Strom entfacht hat und rühmen den Zug der Größe und Kraft, der in der Bewegung zutage tritt. Wir fühlen, daß es Unrecht wäre, die mannigfaltigen guten Kräfte, die durch die Bewegung entbunden wurden, nicht auch im Leben der Kirche wirksam werden zu lassen; es bedürfte nicht des sinnfälligen Beweises der zahlreichen Wiedereintritte in unsere Kirche, um uns davon zu überzeugen, daß die nationale Bewegung wertvollen Dienst auch an der Kirche zu leisten geeignet ist.
Über der Anerkennung der guten Kräfte der Bewegung aber glauben wir unseren Geistlichen doch nicht verschweigen zu können, daß wir die ernste Sorge haben, es möchten diese Kräfte, von der richtigen Bahn ihrer Betätigung abgelenkt, der Kirche zum Schaden gereichen. So gewiß die Kirche mit dem Staate die Gebundenheit an das Leben des Volkes teilt, so gewiß ist ihr von Gott, eine besondere Sendung aufgetragen, die von der des Staates verschieden ist, so gewiß hat sie auch das Gesetz ihres Handelns ausschließlich ihrem Wesen und ihrer Zweckbestimmung zu entnehmen. Maßstäbe und Grundsätze, nach denen im staatlichen Leben verfahren wird, gelten nicht ohne weiteres auch für die Kirche; die Pflicht zur Verkündigung des Wortes und zur Übung der Liebe weist sie besondere Wege. – Gewiß macht es die straffere Zusammenfassung des Reiches auch den Kirchen zur Pflicht, zu prüfen, ob nicht auch sie ihrer Verbundenheit untereinander eine festere Form geben sollten; aber darüber darf doch nicht vergessen werden, daß gerade die evangelisch-lutherische Landeskirche Bayerns in Ordnung und Bekenntnis wesentliche Stücke zu hüten hat als Erbe der Reformation, als Frucht bodenständigen Kirchentums und als Vermächtnis geistesmächtiger Männer.
Die Rücksicht auf diese besondere Stellung der Landeskirche legt uns und unseren Geistlichen ernste Pflichten auf Amt und Gewissen. Es gilt, diese

Pflichten zu erfüllen, sei es auch gegen Widerstände aller Art. Wir glauben zu sehen, daß Kämpfe und Erschütterungen unserer Kirche nicht erspart bleiben werden; die Kirche kann nur bestehen, wenn alle, denen der Dienst an ihr anvertraut ist, zusammenstehen in Treue und Einmütigkeit. Wir rufen unsere Geistlichen auf, die Reihen zu schließen und sich unter Zurückstellung kleinlicher Bedenken die Hände zu reichen. Es geht um eine große und gute Sache, um die Zukunft unserer evang.luth. Landeskirche. Wir sind entschlossen, dieser Sache zu dienen mit unserer ganzen Kraft; wir können aber den Dienst mit Aussicht auf Erfolg nur leisten, wenn wir die gesamte Pfarrerschaft in Einigkeit mit uns und unter sich verbunden wissen. Darum richten wir die ernste Bitte und Mahnung an unsere Geistlichen, ohne Rücksicht auf Alter und politische Ansicht in der Entscheidungsstunde unserer Kirche in brüderlicher Besinnung zusammenzustehen und allen Bestrebungen, die Einheit der Kirche zu erschüttern, in fester Entschlossenheit entgegenzutreten. Wir sind der sicheren Hoffnung, daß der Herr unserer Kirche solcher Treue und Einmütigkeit den Lohn nicht versagen wird.
I. V. Böhner

272 Robert Schmidt: Das Gebot der Stunde an uns Pfarrer
KorrBl 58 (1933), 17. April, S. 164

Der warme Aufruf des Amtsbruders Fries im Nr. 12 des Korrespondenzblattes hat nur ein sehr zurückhaltendes Echo gefunden. Ich sehe mich daher veranlasst, meine herzliche Zustimmung zu diesem Aufruf auszusprechen und meine Verwunderung gegenüber der Anmerkung der Schriftleitung des Korrespondenzblattes zum Ausdruck zu bringen.
Niemand wird bestreiten, daß es wirklich „eine große Zeit ist, in der wir leben." Niemand wird sich dem verschließen können, daß Gott uns Pfarrern „eine große Aufgabe anvertraut hat". Ist es da wirklich so „außerordentlich zweifelhaft, ob man in der Weise einen Bindestrich zwischen der nationalen Freiheitsbewegung und dem ‚Durst nach der Ewigkeit' ziehen kann und soll, wie es Herr Kollege Fries tut", das heißt doch, ob man die nationale Freiheitsbewegung sub specie aeternitatis betrachten kann und soll? Daß das einem Pfarrer, der die letzten vierzehn Jahre mitdurchlebt hat, zweifelhaft sein kann, das erregt meine Verwunderung. Denn die Aufgabe, die uns Pfarrern in dieser Zeit gestellt ist, und von der Amtsbruder Fries spricht, kann nur die sein, daß wir unserem Volk in dem Kampf gegen den Mordgeist und die Christusfeindschaft des Bolschewismus und gegen den Lügen- und Korruptionsgeist des Marxismus in Mut und Tapferkeit vorangehen, und ebenso in Opferfreudigkeit und Demutsinn bei der Ueberbrückung der Klassen- und Standesgegensätze unter uns und bei der Heilung unseres armen, aus tausend Wunden blutenden Volkes. Sie besteht ferner darin, daß

wir unsere Gemeinden dahin führen, „ein Volk zu werden, das in Buße und Anbetung vor Gott stille steht". Und unsere Aufgabe besteht am allermeisten darin, daß wir Pfarrer unserem Volk „den Weg weiter zeigen", damit diese gewaltige, herrliche Bewegung nicht im Fleisch endet, sondern mit christlichem Geist erfüllt, und von christlicher Gesinnung getragen wird. Durch die Eröffnung des Reichstags am 21. März mit Gottesdiensten und an der geweihten Stätte der Potsdamer Garnisonskirche haben die Männer der Regierung kundgetan, daß sie ihr Werk im Aufblick zu Gott beginnen wollen; nun ist es Sache der Kirche, diese dargebotene Hand zu ergreifen, und Sache von uns Pfarrern, unsere Gemeinden zur Fürbitte für Volk und Regierung aufzurufen. Gott wolle verhüten, daß wir diesen Dienst, den das Kirchenvolk von uns erwartet, und den wir ihm schuldig sind, versäumen!
R. Schmidt, Busbach.

273 August Stählin: Von der weltüberwindenden Kraft des Glaubens. (Aus einer Predigt am Sonntag nach Ostern [22. April])

EGBl für München 42 (1933), 7. Mai, S. 215–217

|215| 1 Joh. 5, 4–6; „Alles, was von Gott geboren ist, überwindet die Welt; und unser Glaube ist der Sieg, der die Welt überwunden hat. Wer ist aber, der die Welt überwindet, wenn nicht der da glaubet, daß Jesus Gottes Sohn ist? Dieser ist's, der da kommt mit Wasser und Blut, Jesus Christus, nicht mit Wasser allein, sondern mit Wasser und Blut; und der Geist ist's, der da zeugt; denn der Geist ist die Wahrheit."
Die Osterbotschaft mit ihrem Siegesjubel, der uns aus dem Apostelwort so freudig entgegenklingt, passt heuer ganz besonders gut zu der Stimmung, die jetzt die weitesten Kreise unseres Volkes in Stadt und Land mit neuem Leben und neuer Hoffnung erfüllt. Und gerade das Wort, daß der Glaube den Sieg entscheidet, steht in besonderer Anschaulichkeit vor dem Geschlecht der Gegenwart. Es wurde in jüngster Zeit die Erinnerung an die verhängnisvolle Marneschlacht da und dort wieder wach gerufen. Was war es, was damals im entscheidensten Augenblick unmittelbar vor dem so gut wie sicheren Sieg die Niederlage verursachte? Es war der Umstand, daß bei der obersten Leitung der Glaube an den Sieg fehlte. Jetzt erlebten wir das anders in dem Sieg der nationalen Bewegung. Der wurde vor unseren staunenden Augen dadurch errungen, daß der Führer all die Zeit her unentwegt und unbeirrbar durch alle Schwierigkeiten und zeitwilligen Rückschlägen und alle Bedenken, die wir klugen Leute gegen ihn hegten, sich von seinem Glauben an den Endsieg nicht |216| abbringen ließ; und nun hat er damit recht behalten und den Sieg tatsächlich errungen.
Da haben wir's, so dünkt uns, an Beispiel und Gegenbeispiel fast handgreiflich vor uns: der Glaube ist der Sieg, der die Welt überwindet.

Aber wir wollen erst doch noch ein wenig einhalten, ehe wir das, was wir solchergestalt jetzt erlebt haben, mit dem, was unser Text sagt, in eins setzten. Was wurde jetzt vor unseren Augen zu unser aller Freude so überraschend schnell und siegreich überwunden? Das war ein böser fauler Zauber, der nur deshalb so lange sich halten konnte, weil seine Macht von den meisten von uns zum mindesten vorerst noch für unüberwindlich gehalten wurde, während er doch innerlich längst völlig zermorscht und kraftlos und zum Zusammenbruch reif war. Hier aber im Text ist von der Überwindung der Welt, der ganzen Welt die Rede; das ist doch noch etwas anderes als die Überwindung eines überlebten, in seiner Heillosigkeit offenkundig gewordenen Regierungssystems und es ist darum wohl auch noch etwas mehr und etwas anderes dazu nötig.

Darum wird es gut sein, wir reden heute einmal mitten in unsere siegesfrohe Zeit hinein mit Gottes Hilfe im biblischen Sinn von der weltüberwindenden Kraft des Glaubens.

Der Apostel sagt: alles, was von Gott geboren ist, überwindet die Welt und unser Glaube ist der Sieg, der die Welt überwunden hat. Der Sinn ist deutlich genug: der Glaube, von dem er spricht, ist aus Gott geboren und stellt im innersten Herzen des Menschen eine lebendige Gemeinschaft, eine Art „Tuchfühlung" des Glaubenden mit Gott her; darum hat es Gottes heilige allmächtige Kraft neben sich und hinter sich und in sich und darf sich von ihr getragen, geleitet und behütet wissen.

Nun schaue ich zwar nicht ganz hinein; aber es will mir doch ernstlich scheinen, als ob auch in Hitlers Kampf etwas aus Gott Geborenes, von Gott gewolltes und als Gottes Wille Gefühltes mit gewaltiger siegreicher Treibkraft am Werke gewesen wäre und will's Gott, noch am Werke sei. Und darum ist zweifellos Großes für uns und unser Volk mit Gottes Hilfe erreicht worden: eine fast unglaublich weitgehende Einigung nach aller bösen Zerrissenheit; Stände, die sich sonst bekämpften, Bauern und Arbeiter, Stadt und Land, Belehrte und Ungelehrte, die deutschen Stämme in Nord und Süd, Ost und West unseres Vaterlandes haben mit überwältigender Mehrheit einheitlich zusammengebunden in der Willigkeit für einander einzustehen, alle für einen und einer für alle. Wie aus einem langen bösen Traum ist das deutsche Volk erwacht und hat allerlei Unheilsmächte abgeschüttelt und freut sich der Befreiung von der Herrschaft einer verlogenen, tiefunehrlichen Parteienregierung, deren ganze Hoheit und innere Heuchelei und erst jetzt noch ihrer Niederlage recht klar wird.

Daß wir von dem allen mit Gottes Hilfe wie mit einem Schlage erlöst sind, das ist die Freude, die wie ein tiefes Ausatmen in diesen Frühlingstagen durch unser ganzes Volk weht, auf dem Lande, wo man noch unmittelbarer und naturverbundener lebt, wohl in noch stärkerer Reinheit und Deutlichkeit als in der Großstadt.

Aber man täusche sich nicht! „Die Welt" ist damit noch nicht überwunden.

Zu deren Überwindung genügt es nicht, den Grundsatz allen ins Ohr zu hämmern und auf so vieler Lippen zu bringen: Gemeinnutz geht vor Eigennutz. Sondern da muß dieser Grundsatz nun auch im ganz bestimmten Einzelfall, wo er deinen ganz persönlichen Interessenkreis berührt und du nun deinen persönlichen Nutzen und Vorteil hinter dem des großen Ganzen zurückstellen sollst, mit treuem, willigen selbstlosen Herzen bewährt und befolgt werden. Da muß nun wirklich die Selbstsucht des einzelnen bösen und begehrlichen Menschenherzens mit der Wurzel ausgerottet werden und noch verschiedenes anderes dazu. Und das ist dem Glauben verheißen, daß er das kann, daß er die ganze Welt mit ihrer Lüge, Heuchelei und Selbstsucht des eigenen Herzens, den ganzen Bann der Bösen, der dem Willen und Walten Gottes im eigenen Herzen entgegensteht, – daß er den überwindet. Dieser Sieg über die Welt ist es, der nach des Apostels Worten mit Gottes Hilfe aus dem Glauben heraus errungen werden soll und kann, ja schon errungen ist: unser Glaube ist der Sieg, der diese böse gegen Gott aufrührerische Welt überwunden hat.

Aber wie ist das möglich; wie soll das zugehen, daß wir einen solchen alles überwindenden siegreichen Glauben an Gott gewinnen? Das ist nur dadurch möglich, daß unser Glaube sich gründet auf Jesus Christus.

Der Apostel sagt es mit dem rätselhaft kurz und selbstverständlich sich gebenden Wort: wer ist es, der die Welt überwindet, wenn nicht, der da glaubet, daß Jesus Gottes Sohn ist. – Die Welt mit ihrem bösen unheiligen gottlosen Wesen ist wie ein gewaltiger durch alles Menschen- und Völkerleben sich hindurchziehender, alles in seiner Richtung mit fortreißender Strom. Hier herrscht er offenkundig, mit gen Himmel schreiender gräulicher Ausartung; dort herrscht er heimlich und halb verhüllt nur so leise im verborgenen. Aber überall herrscht er; denn es ist eben der Geist dieser Welt. Der Einzige, der wie ein unwandelbarer Fels mitten in diesem Strom sich hineinstellt und ihm standgehalten hat, das ist Jesus Christus; Er ist der einzige Sieger und Überwinder der Welt. Wer sich zu Ihm hält – und das tut der Glaube –, der steht fest auf unerschütterlichem Fels gegründet; wer sich von Ihm trennt oder von Ihm hält, der steht sozusagen auf fließendem Grund, sei er auch sonst so kühn und tapfer, wie er wolle, und zuletzt wird ihn doch der alles hinreißende Strom verschlingen.

Jesus Christus, sagt der Apostel, kommt mit Wasser und Blut. Dies Wort ist voll geheimnisvoller Beziehung, auf die Seitenwunde des Gekreuzigten Erlösers (Joh. 19/34) und auf die beiden Sakramente, Taufe und Abendmahl. Jesus kommt mit dem Wasser der Taufe zu einem neuen Gott geweihten Leben und mit dem Blute des heiligen Opfers am Kreuz zur Sühne und Tilgung unserer Schuld, nicht mit Wasser allein, nicht so einfach mit einem Aufschwung zu neuem Leben; denn hinter dem stünden doch immer noch drohend und unheimlich die Geister und Schatten der Vergangenheit, des früheren Lebens mit seiner Schuld und seinem heimlichen Fluch. Nein,

nicht mit Wasser allein kommt Er, sondern mit Wasser und Blut, dem Blut Jesu Christi am Kreuz, das allein Sünde und Schuld tilgen und wegwaschen kann.
Ohne das geht es nicht; das braucht auch der deutsche Mensch trotz der manchmal so überschwänglichen Verherrlichungen, als sei er schlechterdings ideal und vollkommen. Auch der ist nicht so, daß er Ostern allein feiern könnte und dürfte als ein liebliches hoffnungsfreudiges |217| Erwachen und Erblühen zu neuem Leben ohne vorausgehenden blutig ernsten dunklen Karfreitag, in dem der furchtbare Kampf und Streit mit allen Mächten der Finsternis und des Abgrundes ausgefochten werden muß; jener Kampf, von dem ein Mann, der wahrlich ein guter Deutscher war, gesungen hat: mit unserer Macht ist nicht getan, wir sind gar halb verloren; es streit für uns der rechte Mann, den Gott hat selbst erkoren. Darum nicht mit Wasser allein, sondern mit Wasser und Blut; nicht mit Erneuerung allein, nicht ohne Tilgung und Vergebung der alten Schuld; nicht mit Ostern allein, sondern mit Karfreitag und Ostern.
Mit beiden und zu beiden ist Christus gekommen und zu beiden sind wir an Ihn und Ihn allein gewiesen; anders wäre es doch wieder nichts, auch nicht mit unserer völkischen Erneuerung, sondern es wäre nur an die Stelle des alten üblen Spukes und Traumes ein neuer lieblicher Traum getreten und damit wäre wahrlich wenig geholfen.
Gottes Geist ist es, der auch uns davon Zeugnis gibt, daß dies wirklich und wahrhaftig die reine Wahrheit ist, eine Wahrheit, der wir nicht entrinnen werden, wenn wir ihr auch noch so gerne ausweichen wollten; aber eine Wahrheit, die und frei und friedvoll, lebendig und selig macht, wenn wir ihr willig im Glauben uns beugen und anvertrauen.
Das ist der letzte entscheidende Sieg des aus Gott und Seinem Geist geborenen Glaubens über diese ganze arge böse Welt. O daß doch Gott der Herr uns und unserem Volk in tiefster Seele neben dem schönen Sieg, der bisher so glücklich gelungen ist, auch zu diesem letzten entscheidenden Sieg Seines heiligen Geistes Kraft und Segen verleihen wolle.

274 [Friedrich] L[angenfaß]: Die evangelische Kirche im neuen Staat

EGBl für München 42 (1933), 23. April, S. 195f.

|195| Eine Anzahl von Vorgängen der letzten Zeit haben gezeigt, welche große Bedeutung der werdende deutsche Volksstaat seiner evangelischen Kirche beimißt. Das hat in den Herzen auch unserer Gemeindeglieder ein dankbares Echo gefunden. Und es ist in der Tat etwas Schönes und Großes, wenn unser Glaube zu dem, was heute unsere deutschen Herzen im Innersten bewegt und erhebt, ja sagen kann und darf; mehr noch: wenn die

Bewegung, die aus unserem Glauben hervorströmt, mit der Volksbewegung zusammenklingen darf.
Ich nenne nur etliches, was uns in den letzten Tagen tief berührt und hoch erfreut hat. Am einschneidendsten machte sich die Verordnung über die Karfrei|196|tagsruhe geltend. Weit über die evangelischen Kreise hinaus hat sie ein dankbares Echo gefunden. Nun ist endlich aus einem gesunden und unverbogenen christlichen Empfinden dem Karfreitag die Ehre geschenkt worden, die ihm in der Christenheit – nicht nur in der „protestantischen" – gebührt. Und es war wohltuend, daß in der halbamtlichen Kundgebung der Satz stand: „Die Staatsregierung möchte damit den besonderen Wert betonen, den sie einer christlichen Grundhaltung auch in der äußeren Lebensführung des Volkes beimißt." Unsere Gemeinde hatte ja besonders darunter geseufzt, daß sie eine halbe Karfreitagsfeier mit großen Zugeständnissen hatte erkaufen müssen. Wir wissen, wie schwer es dem damaligen Oberbürgermeister Dr. Scharnagl gemacht wurde, auch nur dieses Ziel zu erreichen, und denken heute dankbar seiner Bemühungen; wir freuen uns aber von Herzen, daß die halbe Karfreitagsfeier einer ganzen hat weichen dürfen und müssen. Die Freude unserer Gemeinde kam am Karfreitag auch darin zum Ausdruck, daß die Gottesdienste noch mehr als sonst überfüllt und die Abendmahle noch besser besucht waren.
Ich nenne noch einiges andere. Da ist die Kundgebung des Kultusministers Schemm, die das Motto enthalten hat: „Unsere Religion heißt Christus, unsere Politik Deutschland"; dazu kommen die mancherlei Beweise ernsten, christlichen Wollens, die der Herr Kultusminister schon gegeben hat. Ferner: im Theaterwesen und im Buchhandel wird Ernst damit gemacht, das Schädliche, Vergiftende, Verderbliche auszumerzen. Es mag sein, daß es dabei zunächst manche Härten gibt; aber was ist es doch wert, daß hier einmal gründlich und ehrlich angepackt wird – aus christlichem und deutschem Geist heraus! Wohltuend war es auch, daß gute Worte über die Aufgaben der Frau im neuen Staat gefallen sind; die Absichten, die zum Ausdruck kamen, zeigen, daß die deutsche Frau wieder dem deutschen Haus zurückgegeben werden soll, so wie es im christlichen und lutherischen Sinn ist. Sie soll dem politischen Getriebe und allen den Bestrebungen wieder entzogen werden, die zum weiblichen Wesen nicht passen. Und schließlich: wenn die bayerische Staatsregierung die sog. „Ernsten Bibelforscher" (Jehovas Zeugen) sich einmal genauer besehen und daraufhin ihr dunkles Treiben verboten hat, so hat sie damit unserem Volk einen Dienst getan. Unsere ernsten und lebendigen Gemeindeglieder waren ja durch diese merkwürdigen Fanatiker nicht gefährdet. Aber in anderen Volkskreisen haben sie schädlich gewirkt; im Grund war es eine kommunistische Propaganda unter biblischem Deckmantel, also unter Mißbrauch des Bibelwortes, die da getrieben wurde.
Auch wir Glieder der Münchner Gemeinde wollen mit unserem Dank und unserer Freude nicht zurückhalten. Wir danken zunächst der Gesamtstaats-

regierung und im besonderen dem Herrn Kultusminister für das Geschenk der Karfreitagsruhe; wir danken aber auch dem Herrn kommissarischen ersten Bürgermeister Fiehler, von dem wir wissen, wie entschlossen er sich für die volle Karfreitagsruhe eingesetzt hat. Wir wollen unser Bestes dazu beitragen, daß der Neubau, der in unserem Volk aufgerichtet wird, sich auf festen Fundamenten gründe. Eine evangelische Gemeinde kann wahrhaftig unersetzlich Wertvolles dazu geben. Sie wurzelt, wenn es recht mit ihr steht, im Evangelium und gründet sich auf die Offenbarung Gottes in Jesus Christus. Damit ist sie berufen in unser Volksleben die Kräfte hineinzutragen, ohne die ein Volk auch beim besten Willen nicht aufbauen kann. Es sind die Kräfte, aus denen die Reformation Dr. Martin Luthers hervorgegangen ist; sie haben der deutschen Geschichte das Gepräge gegeben. Sie können unser Volk innerlichst festigen und unlöslich zusammenschließen. Und es ist und bleibt Aufgabe des Staates diesem Werk der Kirche freie Entfaltung zu schaffen und Schutz zu geben.

Eines namentlich sei nicht vergessen! Was unser heiliges Recht und unsere ernste Pflicht ist im Blick auf die Führer unseres Volkes, das gilt ebenso gegenüber dem ganzen Staatsleben und Volkswerden: alle Sorgen und alle Hoffnungen, alle Freuden und alle Leiden wollen wir täglich im Gebet vor Gottes Angesicht bringen. Wir sind und bleiben arme Bettler, wie Dr. Martin Luther in den letzten, von seiner Hand verfaßten Zeilen gesagt hat; wir brauchen mit unserem Volk und seinen Führern die Barmherzigkeit und Kraft Gottes. Beten wir täglich darum!

Um das, was deutsche evangelische Christen heute empfinden und erkennen, öffentlich zu sagen, hat unsere Kirchenbehörde an Ostern eine Kundgebung von den Kanzeln verlesen lassen. Sie sei hier noch wiedergegeben:

„In schwerer, bewegter Zeit steht unsere Kirche auch jetzt und viele erwarten von ihr ein klärendes Wort zu dem brausenden Geschehen um uns her. Sie sollen wissen: ein Staat, der wieder anfängt nach Gottes Gebot zu regieren, darf in diesem Tun nicht nur des Beifalls, sondern auch der freudigen und tätigen Mitarbeit der Kirche sicher sein. Mit Dank und Freude nimmt die Kirche wahr, wie der neue Staat der Gotteslästerung wehrt, der Unsittlichkeit zu Leibe geht, Zucht und Ordnung mit starker Hand aufrichtet, wie er zur Gottesfurcht ruft, die Ehe heilig gehalten und die Jugend christlich erlogen wissen will, wie er der Väter Tat wieder zu Ehren bringt und heiße Liebe zu Volk und Vaterland nicht mehr verfehmt, sondern in tausend Herzen entzündet. Mit besonderem Dank begrüßen wir es, daß der neue Staat sein Werk durch Schaffung einer echten Volksgemeinschaft krönen will und daß vor allem die, für welche das Herz der Kirche von jeher besonders warm geschlagen hat, die Notleidenden und Bedrückten, die Geringen und Darbenden, der Sorge des ganzen Volkes empfohlen sein sollen. Wir können unsere Gemeinden nur bitten sich ernstlich und willig dafür einzusetzen,

daß die starken aufbauenden Kräfte, welche die neue Bewegung in sich trägt, zum vollen, ungehinderten Siege kommen.
Ist so der Boden zu einer vertrauensvollen Zusammenarbeit zwischen Staat und Kirche geschaffen, so verliert die Kirche doch nicht aus dem Auge, daß sie selbst einer anderen Ordnung als der Staat entstammt. Der Staat ist eingebettet in die natürliche Schöpfungsordnung Gottes; die Kirche verdankt ihre Entstehung Gottes pfingstlichem Tun. Ordnet der Staat die Verhältnisse des natürlichen Lebens, übt er Macht und führt das Schwert: der Kirche Auftrag ist es die Botschaft von dem gekreuzigten und an Ostern siegreich erstandenen Herrn zum Heil der Welt zu verkündigen. Diese Botschaft wird von keiner politischen Wandlung berührt und kein Wechsel der Lage kann die Kirche hindern unbeirrt und in eigener Verantwortung ihren Auftrag zu erfüllen. Der Kirche Evangelium ist ein ewiges Evangelium. Es gilt allen und ruft alle zur Gemeinschaft. Ist es uns ein Anliegen, daß unsere Gemeinden ihren Dienst an Volk und Vaterland redlich und treulich erfüllen, so liegt uns nicht minder am Herzen, daß sie über allem, was jetzt die Gemüter bewegt, nicht das Eine vergessen, was not ist, daß sie ihrer Kirche die Treue halten und sich dessen bewußt bleiben: das größte Geschenk für unser Volk bleibt das Evangelium. Unserem Volk mit dem Evangelium dienen heißt: es zu wahrer Auferstehung führen."

275 Kundgebung des Evangelischen Bundes zur „Machtergreifung"
Fränkische Wacht, Nr. 18, 27. April 1933, S. 137f.

Der Bayerische Hauptverein des Evangelischen Bundes hat in seiner Sitzung vom 25.4.33 folgende Kundgebung beschlossen:
Der Evangelische Bund bekennt sich seit seiner Gründung zum Evangelium als dem höchsten ewigen und zum deutschen Volk als dem höchsten zeitlichen Gut.
Mit aufrichtiger Freude begrüßt er daher die machtvolle nationale Erhebung. Der von ihr getragenen Regierung danken wir für ihre erfolgreiche Bekämpfung des Bolschewismus und ihren entschlossenen Willen zum Aufbau eines neuen starken Staates mit den gesammelten Kräften der Nation auf der bewährten Grundlage des Christentums.
Im Sinne seiner Sendung ist es dem Evangelischen Bunde selbstverständliche heilige Pflicht, an der Erneuerung des deutschen Volkes in Glaube und Sitte mit allen Kräften mitzuwirken. Er tut dies um so freudiger, als ihm die Zustimmung des Herrn Reichskanzlers, die Freiheit der Kirchen zu achten, die vorbehaltlose Mitarbeit ermöglicht.
Daß die bayerische Regierung unter anderen erfreulichen Maßnahmen den allen Christen heiligen Karfreitag zum staatlichen Feiertag erhoben hat, erfüllt uns mit größter Befriedigung.

Wir rufen unsere evangelischen Glaubensgenossen auf, unsere Reihen zu stärken und sich mit uns zu opferfreudiger Mitarbeit im neuen Staate zusammenzuschließen in der Erkenntnis, daß im Evangelium die zur Erneuerung des deutschen Volkslebens unentbehrlichen Kräfte beschlossen liegen.
Der Bayerische Hauptverein des Evangelischen Bundes
Konrad Hoefler, Studienprofessor, 1. Vorsitzender.

276 Rundschreiben Nr. 8752 des Landeskirchenrats an die Dekanate. München, 14. November 1933

LAELKB, BD München 3.7.0033 – 386

Betreff: Eintritt in die S. A.
Mehrfach uns zugegangene Anfragen veranlassen uns zu der Weisung, die Dekanate möchten umgehend ihre sämtlichen Geistlichen – bis zum 35. Lebensjahre – dahin verständigen, daß sie gegenüber allen an sie ergehenden Aufforderungen zum Eintritt in die S. A. oder einen anderen Wehrverband sich zunächst abwartend verhalten sollen.
Denn so wenig wir einen Anlaß haben, unsere Theologiestudierenden von der Teilnahme an dieser Volksbewegung zurückzuhalten, so sehr erscheint es uns geboten, hinsichtlich unserer ordinierten und im Amte stehenden Geistlichen erst Klarheit zu schaffen, inwieweit sich die Zugehörigkeit zu einem Wehrverband mit den allgemeinen und besonderen Pflichten des geistlichen Amtes vereinbaren lässt.
Wir beabsichtigen über diese Frage unverzüglich in Verhandlungen mit der obersten S. A.-Führung einzutreten und werden deren Ergebnis zur Kenntnis bringen; vorher aber wünschen wir, daß unsere Geistlichen keine Bindung in dieser Sache eingehen.
I. V. gez. Böhner.

4.1.2 Reichstagsbrand, Reichstagswahl und Reichstagseröffnung 1933

277 Ernst N[ae]g[els]b[ach]: Ihr gedachtet – Gott gedachte.

Monatsblatt der Rummelsberger Brüder 16 (1933), Nr. 4, S. 1

Ihr gedachtet's böse mit mir zu machen; aber Gott gedachte es gut zu machen, daß er täte, wie es jetzt am Tag ist, zu erhalten viel Volks. 1. Mos. 50, 20.
Die Brandfackel im Gebäude des Deutschen Reichstages hat wohl das Haus zerstört, aber darüber hinaus hat sie das Gegenteil erreicht von dem, was sie sollte. Sie wurde dem ganzen Volk zum Fanal zu mächtiger Erhebung und Einigung. Das Böse muß doch immer wieder Gutes schaffen! Gott versteht

wahrlich die Kunst, selbst Menschensünde seinen Zwecken dienstbar zu machen. Im höchsten Maße gilt das vom Kreuz Christi, um das wir uns in diesen Tagen von neuem in tiefer Beugung sammeln wollen.
Das Fluchholz haben sie aufgerichtet; zum Baum des Lebens ist es geworden. Ein Protest sollte die Kreuzigung Jesu sein gegen einen Messias in Niedrigkeit; aber gerade am Kreuz hat Jesus das Messiaswerk vollbracht als das Lamm Gottes, das der Welt Sünde trägt. Der Frevel, da der Heiland gekreuzigt wurde, ist die tiefste Schande der Menschheit; aber gerade auf diesem Tiefpunkt trifft das Handeln der Menschen zusammen mit der abgrundtiefen Liebestat Gottes. Wird das Kreuz nicht aus zwei Balken zusammengefügt gewesen sein? Sie können uns daran erinnern, daß im Kreuze Christi Abgrund und Ueberbrückung des Abgrundes zugleich gegeben ist. Menschenuntat und Gottes Heilstat sind hier vollendet. Schuldverfallenes Sterben trifft hier zusammen mit lebenspendendem Erbarmen. O Wunder ohne Maßen!
„Ihr gedachtet es böse zu machen", so sieht uns Gott! Das ist seine Anklage. Solcher Verworfenheit sind Menschen fähig; die Welt ist voll davon. Ist sie unserem Herzen fern? Und doch liegt in der Anklage schon der Gedanke an die Begnadigung. Wer die Begnadigung sucht, kann sie finden bei dem Kreuz. Denn Gott gedachte es gut zu machen, daß er täte wie es jetzt am Tage ist, zu erhalten viel Volks.
„Laß mich zu deinem heilgen Kreuze eilen / und laß mich deine herben Schmerzen teilen! /
Du bist für mich geopfert, heilges Wesen! / Laß mich genesen!"

278 Aufruf [des Evangelischen Bundes] zur Wahl
Fränkische Wacht, Nr. 10, 2. März 1933, S. 73f.

|73| Evangelische Glaubensgenossen!
Vierzehn Jahr lang haben schon internationale Parteien ihre Machtstellung in Deutschland zum Schaden des deutschen Volkes mißbraucht.
Nicht die Gerechtigkeit und die opferbereite, selbstlose Liebe zum eigenen Volke, sondern selbstsüchtiger Parteigeist und undeutsche Dienstbarkeit fremden Machtinteressen gegenüber bestimmten grundsätzlich und tatsächlich den Weg, den unser Volk 14 Jahre lang durch die herrschenden Parteien geleitet wurde.
Darum mußte dieser Weg zum Abgrund führen.
Die römischen Parteien aber im Reich benutzten ihre ausschlaggebende Stellung in der Regierung auch und vor allem dazu, um überall in Deutschland, vornehmlich aber in den führenden Beamtenstellen ihre Macht auf Kosten des Protestantismus so fest zu verankern, daß selbst der bekannte Sozialdemokrat Gustav Noske bereits im Januar 1922 auf einer Sozialistentagung

zu Harburg vor der zunehmenden Katholisierung unseres Staatslebens gewarnt hat.
Auch die Minderheitsregierung der Bayerischen Volkspartei in Bayern klagen wir an, daß sie das Frankenland und den Protestantismus zu Gunsten Altbayerns und des römischen Katholizismus aufs empfindlichste zurücksetzt:
Während die Protestanten im Lande Bayern, auf den Kopf ausgerechnet, 38,57 Mark Staatssteuern aufbringen, die Katholiken aber nur 19,36 Mark, wendet der bayerische Staat für die Protestanten pro Kopf nur 2,30 Mark, für die Katholiken 4,40 Mark auf.
So gibt der bayerische Staat beispielsweise auf Grund des Konkordats bzw. Staatsvertrages an die kath. Kirche 6050000 Mark, an die evang. Kirchen nur 1134520 Mark (statt wie es gerechterweise sein müßte, 2½ Millionen!).
An Staatsleistungen zahlt der bayerische Staat für die kath. Kirche 28468400 Mark, für die evang. Kirche nur 9168190 Mark (statt 13 Millionen!).
Wir Protestanten wollen in dem zu 2/3 protestantischen Deutschland keine Bevorzugung. Aber wir fordern Gerechtigkeit.
|74| Wir haben zur gegenwärtigen Reichsregierung das Vertrauen, daß sie nach dem Grundsatz der Gerechtigkeit regieren wird.
Darum stellt Euch am 5. März mit Eurer Stimme hinter sie!
Damit gebt Ihr auch den gegenwärtigen Machthabern in München die einzig richtige Antwort:

1. daß sie als die Vertreter der Bayerischen Volkspartei nicht das Recht haben, bei Ihren Quertreibereien gegen die Einheit des Reiches so zu tun, als ob ganz Bayern hinter ihnen stünde;
2. daß es für den Protestantismus keine Mainlinie gibt, sondern nur ein einiges, deutsches Vaterland, in dem alle Deutschen, ob evangelisch oder katholisch, zur Schicksalsgemeinschaft miteinander verbunden sind; und
3. daß wir uns durch das Kulturkampfgeschrei der Bayerischen Volksparteiler die Tatsache nicht verhüllen lassen, daß sie selbst es sind, die durch die erwiesene Beeinträchtigung der prot. Minderheit tatsächlich Kulturkampf treiben.

Also: Protestanten, tut am 5. März Eure Pflicht!
Konrad Hoefler, 1. Vorsitzender des bayer. Hauptvereins des Evang. Bundes.

279 Aus dem Leben unseres Volkes

Freimund 79 (1933), 81f.

|81| Am 5. März finden die Reichstagswahlen statt. Auch der „Freimund“ kann dem einzelnen Leser die ganz persönliche Entscheidung bezüglich der Stimmabgabe nicht abnehmen. Wahlenthaltung ist unseres Erachtens ein

großes Unrecht. Für alle ernsten Christen besteht die Wahlpflicht gerade in einer Zeit da es gilt alle Kraft anzuspannen, um der roten Kulturrevolution entgegenzutreten, die schon längst in Deutschland eingebrochen ist und auf dem Gebiet der Volkssittlichkeit, der Schule, der Kunst und Literatur u. verheerend gewirkt hat! Wahlenthaltung ist in unseren Augen Sünde! Wahlenthaltung würde Unterstützung der Gottlosenbewegung in Deutschland bedeuten! Darum geradeaus zu nationaler Tat und sozialer Versöhnung! An der Armut sterben die Völker nicht, sondern an geistiger Entartung und sittlich-religiöser Zersetzung! Willst Du durch Wahlenthaltung oder durch Wahl einer antichristlichen Partei am völkisch-politischen Selbstmord des deutschen Volkes mitschuldig werden?
Vor Redaktionsschluss traf noch die Nachricht ein, daß das Reichstagsgebäude durch kommunistische Bubenhände an 20 verschiedenen Stellen angezündet wurde. Der große Sitzungssaal ist vollständig ausgebrannt und auch sonst noch großer Schaden entstanden, der nur in monatelanger Arbeit und mit vielen Kosten wieder behoben werden kann. Wann wird endlich diesem unheimlichen Treiben ein Ziel gesteckt?
Im deutschen Volk geht noch allerlei vor sich, was die größte Beachtung von seiten der evang. luth. Bevölkerung erfordert. Die undeutschen Römlinge, d.h. das Zentrum und die Bayerische Volkspartei, die ja nichts anderes als die Vasallen des Papstes in Rom darstellen, spielen mit dem Gedanken, daß man einen katholischen, d.h. von Rom abhängigen Donaustaat natürlich unter Loslösung vom Deutschen Reich bilden könnte, zu dem dann auch Bayern gehören würde. Vor allem die evang. Franken werden gut daran tun, wenn sie die Augen recht weit aufmachen, um rechtzeitig die Machenschaften der „Jesuiten" zu durchschauen! Man spricht davon, daß 4 Bezirksämter, nämlich Neustadt a. d. Aisch, Scheinfeld, Uffenheim und Rothenburg zum katholischen Regierungsbezirk Unterfranken überführt werden sollten. Dann würde die Hauptstadt des Regierungsbezirkes Franken, nämlich Ansbach ganz am Rand des Regierungsbezirkes liegen und es würde dann ein Leichtes sein nachzuweisen, daß sich Ansbach nicht |82| als Kreishauptstadt eigne und daß es richtiger wäre, Bamberg, den Sitz des katholischen Erzbischofs, zur Kreishauptstadt von Franken zu wählen. Evangelische macht die Augen auf! Nicht nur die Sendlinge Moskaus, sondern auch die Sendlinge Roms sind am Werk, das Luthertum in Deutschland zu schwächen und, wenn möglich zu vernichten!
Es braucht wohl nicht besonders ausgesprochen werden, daß schon aus diesen Gründen ein wirklicher Lutheraner niemals „Zentrum" oder „Bayerische Volkspartei" wählen kann!
Bedeutsam auch fürs deutsche Volk ist, was sich zur Zeit noch abspielt in der Welt. Daß hunderte von Güterwagen aus der Tschechoslowakei durch Oesterreich und Serbien und Rumänien rollten, schwer beladen mit Kriegsmaterial, hat die österreichischen „Sozialdemokraten" nicht aufge-

regt. Es darf auch ruhig nach Ostasien und Südamerika Kriegsmaterial geliefert werden. Dieser Tage hat England alte Transportschiffe aus dem Weltkrieg mit 100000 Tonnen Laderaum nach Japan verkauft, angeblich als „Alteisen“ zum Verschrotten. Die Heuchler in Genf haben zwar gegen Japan Stellung genommen, freuen sich aber auf die zu erwartenden guten „Kriegsgeschäfte“. Dagegen hat die französische Regierung und in ihrem Schlepptau die englische, Oesterreich gezwungen, die Waffen, die angeblich nur zur Reparatur in Oesterreich waren, an Italien zurückzugeben. Die österreichische „Sozialdemokratie“ hat „das große Verdienst“, den bis an die Zähne bewaffneten Feinden ihres wehrlosen Vaterlandes durch Verrat geholfen zu haben, die famose Rolle von Verfechtern der „Abrüstung“ und der „Friedensliebe“ zu spielen.

280 Hermann Strathmann: Helfende Kritik!

Der Volkdienst. Organ des Christlichen Volksdienstes für Bayern 9 (1933), 4. März 1933

Die neue Regierung ist keine Improvisation. Sie stellt vielmehr ein sehr sorgfältig ausbalanciertes System dar, das bestimmt ist, den Schwung der nationalsozialistischen Bewegung so zu kanalisieren, daß auf wirtschaftlichem und außenpolitischem Gebiet keine halsbrecherischen Experimente gemacht werden können. Im übrigen ist den Nationalsozialisten das innenpolitische Gebiet überlassen, während Herr Hugenberg vor den Toren der Wirtschaft liegt.

Daß dieses Zusammenspiel sehr erheblichen Belastungsproben ausgesetzt ist und Gefahren in sich schließt, ist den Beteiligten natürlich am allerwenigsten verborgen. Die Sorgen hat dabei überwiegend Herr Hugenberg.

Schon die Reichstagswahl wollte er nicht. Denn durch sie wird seine Stellung jedenfalls nicht gestärkt werden. Sie wird vielmehr zweifellos Hitler die Möglichkeit geben, auch ohne Hugenberg allein mit dem Zentrum eine Mehrheit zu bilden, wie das bei dem zweitägigen Sommer-Reichstage bereits der Fall war.

Man erinnert sich wie Göring als Reichstagspräsident damals diese Mehrheit als nationale Mehrheit feierte; genau so, wie heute die Regierung Hitler-Hugenberg als nationale Regierung gekennzeichnet wird. Auch bei der Wahl des Reichstagspräsidiums im Dezember trat das Zusammenspiel von Zentrum und Nationalsozialisten in auffälliger Weise in Erscheinung. Ferner hat Hitler in dem Briefe, den er am 1. Februar an Kaas gerichtet hat, am Schlusse in einer ebenfalls sehr auffälligen Weise Brüning grüßen lassen. Endlich kann man auch nicht übersehen, daß beide Parteien im gegenwärtigen Wahlkampf einander mit geflissentlicher Schonung behandeln.

Daher ist es begreiflich, daß Herr Hugenberg der Entwickelung nach dem

5. März mit einiger Sorge entgegensieht und sich auf jede mögliche Weise gegen eine Änderung der Regierung nach der Wahl zu sichern trachtet.
In der Tat mag Hitler zur Zeit noch nicht mit dem Gedanken umgehen, es nach dem 5. März mit einer anderen Koalition, nämlich mit dem Zentrum zu versuchen. Wie sich auf länger hin die Entwickelung gestalten wird, ist damit jedoch natürlich in gar keiner Weise gesagt. Die im Kabinett selbst vorhandenen Spannungen in allen Fragen der Sozial- und Wirtschaftspolitik sind so groß, daß in kürzerer oder längerer Zeit heftige Auseinandersetzungen kaum ausbleiben können.
Vom Standpunkt des Volksdienstes aus hat diese Aussicht auf eine künftig etwa eintretende Verbindung zwischen Hitler und dem Zentrum jedoch durchaus nichts Verlockendes, und wir möchten davor warnen, mit einer solchen Entwicklung zu liebäugeln. Daß für uns gegenüber der heutigen Regierung sehr ernste Befürchtungen bestehen und Vorbehalte zu machen sind, ist selbstverständlich. Trotzdem hat der Volksdienst gar kein Interesse an ihrem baldigen Zerfall. Denn was könnte Besseres an die Stelle treten? Sollen wir aufs neue in die Haltlosigkeit des Mehrheitsspiels der Parlamentsparteien zurückgeworfen werden und die Unerquicklichkeiten des damit verbundenen politischen Schachers aufs neue erleben? Sollen wir einen Zustand herbeiwünschen, der dem Zentrum die Schlüsselstellung wiedergibt, die es seit v. Bülows innegehabt und die es die Jahre seit der Revolution hindurch wahrlich mit bewundernswürdigem Geschick zum Ausbau der Machtstellung des politischen Katholizismus auszunutzen verstanden hat? Oder sollen wir die reine Parteidiktatur Hitlers wünschen ohne die Hemmungen, welche die gegenwärtige Regierungsgestalt nach dieser Seite hin doch für ihn bedeutet? Keine dieser drei Möglichkeiten können wir wünschen. Dann bleibt aber nur die gegenwärtige Regierungsform als möglich übrig.
Daran mag uns manches nicht gefallen. Die Sorge, daß durch diese Regierung, durch die Art ihrer Agitation, durch welche sie z. B. die nationale Gesinnung für sich allein scheint reklamieren zu wollen, durch die Behandlung des sozialen Fragenkreises, durch ihre Art, die Kirche für sich in Anspruch zu nehmen, die Gegensätze in unserem Volk vertieft oder andere neue schwere Konflikte heraufgeführt werden, ist gewiß nur zu berechtigt. Besonders ist die Indienstnahme der Kirche für eine parteipolitische Demonstration ein höchst bedenklicher Vorgang, über dessen Tragweite die zunächst Verantwortlichen sich hoffentlich nicht klar gewesen sind. Auch mögen mancherlei hemmende Empfindungen aus peinlichen Erfahrungen der Vergangenheit nachwirken. Aber trotz alledem und manchem anderen müssen wir dabei bleiben, daß der Volksdienst kein Interesse an dem baldigen Zerfall dieser Regierung hat.

281 Rundschreiben Nr. 2293 des Landeskirchenrats an alle Dekanate. München, 17. März 1933

LAELKB, KKU 11/I

Betreff: Reichstagseröffnung.
Es ist nicht ausgeschlossen, daß aus Anlaß der Eröffnung des Reichstags am 21. ds. Mts. von öffentlichen Stellen oder örtlichen Verbänden die Abhaltung eines Gottesdienstes begehrt wird. Die Dekanate werden angewiesen, die Pfarrämter auf ergehende Anfrage dahin zu verständigen, daß der Abhaltung solcher Gottesdienste nichts im Wege steht. In Bezug auf die Durchführung gelten die Richtlinien, die wir unterm 13. ds. Mts. mit Nr. 2142[1] an sämtliche Pfarrämter und expon. Vikariate haben ergehen lassen. In der Predigt sind Ausführungen, die eine parteipolitische Deutung zulassen, zu vermeiden, es sind vielmehr die großen vaterländischen Gedanken in das Licht des Wortes Gottes zu stellen und die Gemeindeglieder dazu aufzurufen, an der inneren Erneuerung unseres Volkes im Geiste des Evangeliums mit Ernst und Eifer mitzuwirken.
I. V. Böhner.

282 Hermann Strathmann: Gut so!

Der Volksdienst. Organ des Christlichen Volksdienstes für Bayern 9 (1933), 18. März

Jedermann hat mit einem starken Auftrieb der NSDAP. gerechnet; mit einem Auftrieb dieses Ausmaßes aber wohl niemand. Der Reichstagsbrand hat seine Wirkung getan – mehr als alle Wahlreden Hitlers. – Die Deutschnationalen haben sich gerade behauptet. Von der stärkeren Wahlbeteiligung haben sie keinen Nutzen gezogen. Nicht einmal soviel wie das Zentrum. Daß sie nicht eine schwere Niederlage erlitten haben, verdanken sie nur den Außenseitern Papen und Seldte. – Alle Erwartungen auf Einbruch in die Reihen des Zentrums sind, wie stets, enttäuscht worden. Dagegen ist die Bayerische Volkspartei, wie wohl sie nur einen Sitz verliert, in ihren ober- und niederbayrischen Stimmsitzen schwer ins Hintertreffen geraten. – Die Sozialdemokraten haben sich etwa in gleicher Weise behauptet wie die Deutschnationalen. Das bedeutet viel, wenn man bedenkt, daß in der letzten Woche in ganz Preußen ihre Presse unterdrückt war. Noch viel stärker war das bei den Kommunisten der Fall. Dadurch verliert leider der Verlust von 19 Mandaten bei ihnen sozusagen an moralischem Gewicht. – Unter den kleinen Gruppen hat der Volksdienst bei weitem am besten abgeschnitten. Sein Verlust von rund 20000 Stimmen ist geradezu als geringfügig

---

1 Vgl. oben Dokument 262.

zu bezeichnen, wenn man bedenkt, daß Geld und Werbemittel so gut wie gar nicht, Redner nur in ganz geringer Zahl zur Verfügung standen. Welch ungeheurer Agitationsdruck auf der anderen Seite stand dem entgegen! Dagegen erreichte die Deutsche Volkspartei nicht einmal die Hälfte der Stimmen von der letzten Wahl. Auch Bauernbund und Hannoveraner haben schwerste Einbußen erlitten. Nur darum ist das Mandatsergebnis, d.h. die Auswertung der Stimmen in Mandaten, so unbefriedigend.
Sehen wir auf das Gesamtergebnis, so müssen wir sagen: Gut so. Es ist gut, daß vollkommen klare Verantwortungen geschaffen sind. Die Regierung hat keinerlei parlamentarische Hemmungen, sofern sie sich im Rahmen der Verfassung halten will. Sie braucht nicht mit anderen Gruppen zu verhandeln. Sie trägt die volle Verantwortung für alles Kommende allein. Wir wünschen, daß sie in sich den Ausgleich der widerstrebenden Kräfte findet, die sie in sich birgt. Leicht wird es nicht sein. Die Aufgabe Hugenbergs als Bremsklotz wird schwer genug sein. Würde dieser Bremsklotz sich lösen, oder gelöst werden, so könnte die Fahrt ein beängstigendes Tempo annehmen.
Was den Volksdienst betrifft, so haben wir auch da keinen Anlaß zu klagen. Bei den entstandenen Mehrheitsverhältnissen ist es fast gleichgültig, ob wir 4 oder 6 oder 8 Mandate haben. Der Reichstag wird ohnehin nur zusammenkommen, um auseinanderzugehen. Eine tatsächliche Möglichkeit der Einflussnahme besteht nicht einmal für die einzelnen Abgeordneten des Regierungsblocks. Sie haben nur die Aufgabe, das parlamentarische Feigenblatt für das Duumvirat (Zweimännerherrschaft) der Regierung darzustellen. Dagegen ist für die Zukunft von großer Bedeutung, daß der Rahmen des Volksdienstes erhalten geblieben ist. Für uns ist dies im Augenblick das Entscheidende. Die mörderische Bestimmung, wonach bei Wahlen in Zukunft Gruppen, die bisher im Reichstag nicht vertreten sind, nur auftreten können, wenn sie in einem Wahlkreis 60000 Unterschriften aufbringen, trifft ihn nicht. Daß dieser Rahmen erhalten geblieben ist, gibt uns die Möglichkeit und die Aufgabe der Weiterarbeit. Die Zeit war ja wohl bisher noch nicht reif für das Verständnis der Bedeutung der Aufgabe, die evangelische Grundhaltung politisch sich auswirken zu lassen. Aber sie wird hierfür in den kommenden Jahren reifer werden. Dafür zu wirken, ist unsere Aufgabe. Unser Fähnlein ist droben geblieben. Unser Volksdienst ist geblieben. Sein Fundament war fest genug, dieser Sintflut zu trotzen. Bleiben wir dabei. Tun wir das Unsere. Unsere Zeit wird kommen!

283 Adolf Daum: Korrespondenzblatt, Volkskirche und nationale Revolution.*)

KorrBl 58 (1933), 17. April, S. 161–163

|161| Es war mir interessant, in den Tagen vor und nach dem 5. März ins Berliner Tagblatt zu schauen und da in den Tagen größter deutscher Erregung Leitartikel zu finden über |162| südafrikanische Verhältnisse oder tibetanische Kultur. Es sollte in diesem Weltblatt nach außen hin der Eindruck erweckt werden, als gingen in Deutschland Dinge vor sich, die unmöglich die Welt interessieren könnten, kleine Sachen, Tageskämpfe, die große Geister nicht rühren dürften. Den gleichen Eindruck habe ich seit zwei Jahren vom Korrespondenzblatt. Kein Unrecht geschieht diesem Blatt mit der Behauptung, daß es an den gewaltigen Geschehnissen unserer Zeit keinen Anteil nimmt, als ginge uns wirklich nichts an, „was die da draußen hantieren“. Gewiß, ich weiß, zum wiederholten Male wurde den Vereinsmitgliedern gesagt, unser Blatt beschäftige sich nicht mit „Politik“, wie dieses unglückselige, umfassende und doch nichts sagende Wort heißt, noch weniger mit Parteipolitik. Es sei ein Pfarrerblatt und das heiße: rein weg von Politik.

Das war für uns nationalsozialistische Pfarrer niemals eine Begründung. Doch war es bisher sinnlos sich dagegen aufzulehnen. Ich glaube aber, daß nunmehr die Sachlage eine andere geworden ist, daß mancher einsah, daß er sich über die Wucht der n. s. Idee getäuscht hat. Ich glaube, daß es jetzt an der Zeit ist den Satz aufzustellen: Wir nationalsozialistische Pfarrer waren und sind uns bewußt, uns in keinem Augenblick „parteipolitisch“ zu betätigen. Es ist für uns geradezu eine erbitternde Kränkung, uns derartiges zu unterschieben, nur weil die Idee, für die wir kämpfen, eine Zeitlang in den einzig möglichen Rahmen einer Partei eingespannt wurde. Wir treiben überhaupt keine Politik, so sehr man über diesen Satz lächelt. Das ist es ja, was wir unseren Gemeindegliedern immer wieder zurufen: Unterscheidet zwischen Politik und Vaterland! Wir wollen einfach an unserem bescheidenen Teile daran mithelfen, daß wir Deutsche ein Volk werden, das durch nichts mehr auseinandergerissen werden kann, ein Millionenwille mit dem eigenen Ziele: deutsche Freiheit, deutsche Kraft, deutscher Glaube. Ist das Politik, ist das Parteipolitik?

Darum verstehen wir auch nicht die Haltung des Korrespondenzblattes. Gibt es wirklich keine Fragen, die mit der nationalen Wiedergeburt zusammenhängend, uns Pfarrer zutiefst bewegen? Sollen sie nicht vor das Forum gebracht werden? Soll sich jeder einzelne mit ihnen bei sich selbst abkämpfen? Sind wir denn noch eine Gemeinschaft von Brüdern, da einer des anderen Last und Freude trägt? Es kann nicht der Sinn eines „Korrespondenz“blattes sein, daß Fragen ausgeschaltet werden, nur weil es darüber noch zu keiner Einigung gekommen ist. Reden wir nicht von der

Verpflichtung, nach außen hin alles zu meiden, was unserem Stand schaden könnte. Seien wir ehrlich und täuschen wir uns nicht hinweg über die Unruhe in unseren Reihen. Die nationale Revolution greift auch auf die Kirche über, so wahr sie Volkskirche sein muß.

Und hier stehen wir an einem Punkte, wo wir nicht schweigen können. Wäre ich ein Parteimann, wäre meine Betätigung parteipolitisch, so könnte ich angesichts der gegenwärtigen Lage mich begnügen mit der Feststellung, daß aus dem verfemten „Hitlerrummel“ ein in der ganzen Welt unerhörte nationale Revolution geworden ist und daß sie gesiegt hat. Begnüge ich mich mit der Feststellung nicht, so geht daraus deutlich hervor, daß es mir und meinen Gesinnungsgenossen wie jeden Augenblick der Vergangenheit, so auch der Zukunft um weit mehr geht; indem ich sage: Der Kampf geht weiter, so müssen alle die beschämt sein, welche unsere Betätigung parteipolitisch nannten; es wäre ja kein Grund mehr vorhanden die Betätigung fortzusetzen. Wie aber müssen sie nun den Kopf schütteln, wenn sie lesen: Der Kampf geht weiter. Was für ein Kampf ist es denn? So fragend, liefern sie den besten Beweis, wie notwendig er ist. Wenn ich mich kurz mit dieser Frage beschäftige, weiß ich von der großen Gefahr, nun an allen Ecken und Enden anzustoßen, missverstanden zu werden usw. Wer nur im geringsten glaubt, ein Junger wollte überhebend sich zum Richter aufschwingen über alte Anschauungen, die doch von führenden Kirchenmännern geteilt werden, der möge bitte zu lesen aufhören; wer nicht glauben kann, daß mich nichts treibt als heißeste Liebe zur evangelischen Kirche und zum deutschen Volk, mit dem sie verwachsen ist, der versuche nicht, mich zu verstehen.

1. Wochen sind nun ins Land gegangen seit dem 5. März. Eindeutig hat jener Tag gezeigt, daß für absehbare Zeit die Gefahr des Bolschewismus gebannt ist, daß in Zukunft der Marxismus in Deutschland keine Unterstützung und Förderung mehr erhalten wird. Und die Wochen haben gezeigt, welchen Geist die neue Regierung der nationalen Revolution in sich trägt. Was aber geschieht in den evangelischen Kirchen Deutschlands, um der Freude darüber Ausdruck zu geben? Nichts.**) Dafür verbreitet man weithin die Kundgebung der 21 Altonaer Pastoren, die man in Norddeutschland eine verkappte Abwehr des Nationalsozialismus nennt, die Kundgebung, welche in trostlose Blindheit in immer neuen Wendungen nur offenbart, daß sie den Geist der Zeit nicht erkannt hat.

2. Nach dem 5. März haben verschiedene Pfarrer in überquellender Empfindung die Glocken läuten lassen. Darob großes Unverständnis. „Welch kirchlicher Anlaß lag vor?“ Diese Frage ist erschütternd. Die Ausschaltung des Marxismus und Ultramontanismus, die sichtbare Ueberwindung des Bolschewismus, die Einigung aller nationalen Kräfte ist kein Anlaß der Kirche sich zu freuen!! Und unwillkürlich muß man die Frage so formen: „Was muß das für eine Kirche sein, die darüber kühl hinweggeht, die ihrer Freude darüber keinen Ausdruck gibt? Ist das noch die Kirche Luthers, der

spricht: „Für meine Deutschen bin ich geboren"? – (Hier wurde ein sehr instruktives drittes Beispiel von der Schriftleitung gestrichen.)
Die angeführten Beispiele lassen sich mühelos vermehren. Was ihnen eigen ist, was sie verbindet, ist der Ausdruck der Volksfremdheit. Unser Kampf geht darum, unsere Kirche wieder zu einer Volkskirche zu machen.
Was hat mit alledem das Korrespondenzblatt zu tun? Das, daß hier ein arbeitsreiches Betätigungsfeld vorliegt. Und das, daß es ein Unrecht ist, den Einzelnen sich nun mit all den Fragen abquälen zu lassen, anstatt miteinander an diese Fragen heranzugehen. Keiner weiß, wie der andere darüber denkt: Wir sind wie Mönche in tausend Klöstern, die miteinander nicht in Verbindung stehen; wie Trappisten hält uns das Korrespondenzblatt, deren obersten Gebot ist: Schweigen. So nur konnte es kommen, daß ein „protestantischer Theologe" vor einem Jahre einen Artikel an den Bayer. Kurier sandte, der mit Wonne von allen katholischen Zeitungen abgedruckt wurde, einen Artikel, der mir heute noch, da ich ihn wieder durchlese, die Schamröte brennend ins Gesicht treibt, der die n. s. Arbeit „Volkszersetzung", „Vorstufe zum Kommunismus", „Modeerscheinung" nennt, die katholischen Parteien lobt und dem bayer. Protestantismus Mangel an politischer Einsicht und Selbstständigkeit vorwirft. Es ist mit Schuld des Korrespondenzblattes, daß solche Schmach uns angetan werden konnte.
Nein, wenn je, dann ist jetzt das Blatt berufen, ein Blatt der Korrespondenz, der Aussprache zu sein. Es ist uns wirklich darum zu tun uns auszusprechen. Ich liege oft des Nachts mit brennend offenen Augen. Stunde um Stunde höre ich schlagen. Und indes ich das ruhige Atmen meiner schlafenden Kinder höre, jagen die Gedanken durch den Kopf: „Was denken andere Amtsbrüder? Wie wird eine neue Reformation der Volkskirche sein? Was ist das Wesen der Volkskirche? Wie lange werden wir noch das „parteipolitisch" hören? Eine Frage löst die andere ab und ein Gedanke kehrt wieder zum vorherigen zurück. Und zehn und hundertmal das Gleiche.
Mit Sehnsucht wartet man dann auf das neueste Korrespondenzblatt. Einmal muß es doch auch anders werden? Aber dann lese ich die Ueberschrift des führenden Artikels: |163| „Der Grabstein in der modernen Friedhofsgestaltung". Das ist also die Art, wie das Blatt uns Geschichte, Weltgeschichte erleben läßt. Es wird ein grausames Urteil einmal über diese Art gefällt werden. Oder nicht? Dann müßte eine Wandlung geschehen. Und sie wird geschehen. Man braucht nur irgendwo in der Stadt zufällig einen Amtsbruder treffen, nie gesprochen, nie gesehen, völlig unbekannt; man braucht nur 5 Minuten mit ihm beisammen zu sein und schon bricht es los, ja wirklich bricht es los, mit Urgewalt drängt sich nach außen, was unter 1000 Mühen zurückgehalten wurde; sprudelnd, sich geradezu überstürzend macht sich Lust, was in der Brust, nicht schlummert, sondern brodelte. Das aber nicht nur bei jungen, sondern ebenso bei ergrauten Amtsbrüdern. Und wie bei dem Einzelnen, so wird das auch einmal im Ganzen geschehen. Wir wissen

ja gar nicht, welch eine Stimmung unter uns herrscht, vom jüngsten Hilfsgeistlichen bis zum alten Dekan. Die Friedhofsruhe des Korrespondenzblattes erweckt ja ein völlig falsches Bild. Es wird anders werden.
Nun bestehen jetzt zwei Möglichkeiten. Entweder ein kluger Führer, meinetwegen der Schriftleiter des Blattes, versteht es in radikaler Umstellung und konsequenter Einstellung auf die Zeichen der Zeit das Gedankengut nachdrängender Kräfte für das Wohl der Kirche nutzbar zu machen. Oder aber es werden Dinge geschehen, die keiner von uns will, die sich aber nicht werden aushalten lassen. Wir können es jedenfalls nicht mehr verantworten zu schweigen und sind darum dazu auch keinesfalls gewillt.

*) Wir bringen den vorliegenden temperamentvoll opponierender Artikel, obwohl wir gegen den Begriff der Volkskirche schwere Bedenken haben, von dem aus der Verfasser polemisiert. Was den Angriff auf das Korrespondenzblatt betrifft, so bitten wir die Herren Kollegen selber zu prüfen, ob der Artikel den Inhalt des Blattes während der letzten zwei Jahre zutreffend charakterisiert. Lediglich soweit unsere Herren Mitarbeiter betroffen sind, halten wir es für unsere Pflicht an dieser Stelle gegen die vorgetragene Beurteilung ihrer Beiträge Einspruch zu erheben. Die Schriftl.

**) Offenbar denkt hier der Verfasser, der seinen Artikel in den letzten Märztagen eingesandt hat, an offizielle, kirchenregimentliche Erklärungen; denn im Blick auf die Predigt, mit der wir Pfarrer vor die Gemeinden treten, entspricht seine Behauptung gewiß nicht den Tatsachen. Wir glauben das feststellen zu müssen, damit nicht unsere Kirche vor Außenstehenden in ein falsches Licht gerückt wird. Die Schriftltg.

4.1.3 Austritt aus dem Völkerbund 1933

284 Ausschnitt aus der Predigt Pfarrer Ludwig Kelbers am 5. November 1933

LAELKB, BD Bayreuth 3.7.0005 – 383b

Es ist mir gesagt worden, man erwarte von uns Pfarrern ein Wort über die Abstimmung und Wahl am 12. November. Diesem Wunsch will ich gerne stattgeben. Über die Volksabstimmung ist so Ausgezeichnetes gesagt worden, daß ich Neues und Eigenes nicht dazufügen kann. Ich kann nur sagen, daß ich mein Ja nicht nur pflichtgemäß, sondern aus vollem, freudigem Herzen spreche. Anders verhält es sich mit der Reichstagswahl. Sie ist ein Gegenstand der Verlegenheit für die, die darüber sprechen müssen. Von einer Wahl kann eigentlich nicht die Rede sein. Wenn für die aufgestellten Kandidaten nur eine Stimme abgegeben würde, so wäre der Reichstag gewählt, mit überwältigender Mehrheit, eins gegen null. Und wenn keine Stimme für ihn abgegeben würde, würde sich dadurch am weiteren Gang der Ereignisse etwas ändern? Nicht das Geringste. Ich selbst kann einem von den 10 Männern, die uns vorläufig genannt sind, meine Stimme nicht geben; auch Luther, wenn er heute unter uns lebte, würde ihn nicht wählen!

Die Reichstagswahl muß darum jedem anheim gegeben werden, hier besteht die evangelische Freiheit. Aber bei der Volksabstimmung handelt es sich nicht um Meinungen, sondern um Sein oder Nichtsein unseres Volkes. Da sind wir alle mit vollem Herzen dabei.

285 Das große Ja. Zur Entscheidung am 12. November

EGBl für München 42 (1933), Nr. 46, 12. November, S. 516

Das Volk ist gefragt: das Volk soll antworten. Und zwar wird die Antwort eine doppelte sein: an die Regierung und an die Welt. Denn die Regierung ist in dieser Frage die Sachwalterin des deutschen Volkes vor der Welt. Worum geht es aber am 12. November? Mit einem Worte: um die Ehre unseres Volkes.

Trotz allen gegenteiligen Versicherungen galt Deutschland in den sieben Jahren seiner Mitgliedschaft beim Völkerbund als eine zweitklassige Nation, der man immer wieder verweigerte, was man doch viel kleineren Völkern, wie den Polen oder Tschechen, ohne weiteres zugestand: das Recht auf Sicherheit und Verteidigung, die Gleichberechtigung in bezug auf Wehrmacht und Rüstungsstärke. Dabei hieß es in der ersten amtlichen Kundgebung des Völkerbundes an die deutsche Regierung (1924) ausdrücklich, daß der Grundsatz der Gleichberechtigung als allgemein anerkannte Voraussetzung für den Eintritt Deutschlands in den Völkerbund gelten solle. An der Abrüstungsfrage aber mußte es sich entscheiden, ob es den übrigen Völkerbundsmächten mit diesem Grundsatz ernst sein würde. Es zeigte sich aber bald, daß der Widerstand gegen die Durchführung einer allgemeinen Abrüstung nicht im Schwinden, sondern im Wachsen war. Deutschland warnte; immer wieder. Endlich, Anfang dieses Jahres, schien die Einsicht doch zu siegen: der englische Ministerpräsident Mac Donald legte einen Abrüstungsplan vor, der die allgemeine Abrüstung und damit die Verwirklichung der deutschen Gleichberechtigung sicherstellte, nicht ohne einige „Schönheitsfehler", um deren Beseitigung die deutsche Delegation bemüht war. Es kamen die Oktoberverhandlungen in Genf – und damit der völlige Bankerott des Mac-Donald-Planes. Ein neuer Plan trat an seine Stelle, der erstens die Abrüstung der hochgerüsteten Staaten um vier Jahre hinaus schob, deren endgültigen Beginn aber von dem Ergebnis einer Kontrolle abhängig machte, der sich natürlich zunächst einmal Deutschland unterwerfen sollte. Mit anderen Worten: die Abrüstung der anderen sollte auf ganz unbestimmte Zeit vertagt werden; Deutschland aber erhielt statt Gleichberechtigung – Kontrolle. Mit Recht hat der deutsche Außenminister von Neurath diesen Vorschlag als eine zweite Entwaffnung Deutschlands bezeichnet, deren Ergebnis an folgenden Zahlen klar wird: bei Durchführung dieses Planes würde Deutschland 200000 Gewehre in den Händen kurz ausgebildeter Leute, Frankreich aber 8 Millionen Gewehre bei einer hochausgebildeten Millionen-Armee haben. Ober noch ein Beispiel: Frankreich allein besitzt mehr Geschütze als Deutschland Maschinengewehre und mehr Maschinengewehre als Deutschland Gewehre. Bedenkt man ferner Frankreichs gewaltigen Bestand an Luftfahrzeugen (Bombengeschwadern!) und die gigantischen Befestigungsanlagen gegen Deutschland, dessen Grenzen so gut wie ungeschützt sind, so wird einem klar, was für Deutschland auf dem Spiele steht. Der Führer hat mit seiner Entscheidung, aus dem Völkerbund auszutreten und die Abrüstungskonferenz zu verlassen, das getan, was um der Ehre unseres Landes willen getan werden mußte. Oder haben wir nicht schon seit Jahren diesen Zustand des ständigen Feilschens und Verhandelns, der geschickten Unaufrichtigkeit, des Spieles mit Worten und Zahlen – wo es doch wahrhaftig um ernste Sache ging! – haben wir Deutsche dies alles nicht schon längst als unwürdig empfunden? Die Entscheidung mußte jetzt fallen – so oder so! Und Adolf Hitler darf der ungeteilten Zustimmung aller ehrlichen Deutschen sicher sein, wenn er sagt: „Die deutsche Reichsregierung und das deutsche Volk sind entschlossen, lieber jede Not, jede Verfolgung und jegliche Drangsal auf sich zu nehmen als künftighin Verträge zu unterzeichnen, die für jeden Ehrenmann und für jedes ehrliebende Volk unannehmbar sein müssen."

Hierbei geht es nicht um eine parteipolitische Angelegenheit wie in früheren Jahren, sondern um die Ehre des ganzen Volkes: also nicht um ein kleines Ja, mit dem wir uns früher für diese oder jene Einzelfrage entschieden, sondern um das große Ja, in dem das Volk sich selber, seine Vergangenheit, Gegenwart und Zukunft einsetzt. Und darum ein entschlossenes und kein zögerndes Ja!

Daß auch die Kirche sich für dieses Ja einsetzt, braucht nicht erst begründet zu werden. Wohl ist ihre Aufgabe, das Evangelium zu verkündigen, aber eben in dem Volke, dessen Schicksal ihr mit anvertraut ist. Wohl gehört sie Gott, aber auch dem Volke, an das sie von Gott gewiesen ist. Wohl weiß sie um das größte Ja – nämlich zu Gottes Frage an den Menschen: willst du Mein eigen sein? –; aber auch um das große Ja, das heute die geschichtliche Stunde fordert, soll von ihr gegeben werden: nämlich, indem sie ihren Gliedern Freudigkeit gibt sich einzusetzen in dem großen Kampfe unseres Volkes um Ehre und Freiheit.

Ein großes Ja ist gefordert; möchte die Stunde der Entscheidung uns nicht klein finden und die Erwartung des Führers erfüllt werden, „daß die ganze Nation geschlossen wie ein Mann hinter ein Bekenntnis und einen Entschluß tritt, die ebenso sehr der Liebe zu unserm Volk und der Achtung vor seiner Ehre entspringen, wie auch der Überzeugung, daß die für alle so notwendige endliche Weltbefriedung nur erreicht werden kann, wenn die Begriffe Sieger und Besiegte abgelöst werden von der edleren Auffassung der gleichen Lebensrechte aller."

286 Schreiben des Landeskirchenrats an das Kreisdekanat Bayreuth. München, 13. November 1933

LAELKB, BD Bayreuth 3.7.0005 – 383 b

Betreff: Pfarrer Kelber in Bayreuth-St. Georgen
Bericht vom 11. ds.
Wir müssen die Art und Weise, in der Herr Pfarrer Kelber sich in seiner Predigt am 5. ds. M. zu der bevorstehenden Reichstagswahl geäußert hat, als mit der Aufgabe eines Predigers und mit der Würde der Kanzel unvereinbar ansehen und beauftragen Euer Hochwürden, dem Genannten hierüber unsere Mißbilligung auszusprechen.
Dem Herrn Sonderkommissar der Gauleitung in Bayreuth ersuchen wir diese unsere Stellungnahme zur Kenntnis zu bringen.
D. Meiser.

4.1.4 Reichstagswahl 1936

287 Rundschreiben des Landesbischofs an die Pfarrer und Religionslehrer der Landeskirche. München, 20. März 1936

FKiZM. A 30. 1/1

Meine lieben Amtsbrüder!
Unser Volk ist aufgerufen, durch die Wahl vom 29. d. M. vor aller Welt kundzutun, daß in Deutschland Volk und Führer eins sind, und daß das ganze Volk entschlossen ist, den Führer in seinen Ringen um die Freiheit und Ehre unseres Volkes, um Deutschlands Gleichberechtigung und um einen wahrhaften Frieden unter den Völkern mit allen Kräften zu unterstützen.
Die Kirche und wir Pfarrer haben gerade in den zurückliegenden Jahren des Kampfes, als man unsere nationale Zuverlässigkeit oft in Zweifel ziehen wollte, mit stets neuem Nachdruck betont, daß wir unsere Pflicht gegen Volk und Führer kennen und daß die Stunde der Entscheidung uns auf dem Plan finden wird.
Ich habe das Vertrauen zu Pfarrern und Gemeinden, daß sie sich der Verantwortung voll bewußt sind, die die gegenwärtige ernste Lage unseres Volkes uns allen auferlegt und daß sie sich mit klarem Entschluß zu dem Befreiungs- und Friedenswillen des Mannes stellen, dem die Führung unseres Volkes anvertraut ist und der, wenn je, so jetzt unserer Fürbitte, unserer Hingabe und unserer Treue bedarf.
Aus mancherlei Anzeichen weiß ich, von welch schweren Gewissensbedenken viele Geistliche und Gemeindeglieder, die am 29. März gerne ein freudiges Ja gäben, bedrängt sind. Sie sehen die zahlreichen und starken Kräfte, die am Werk sind, um die christlichen Grundlagen unseres Volks-

und Staatslebens zu untergraben und den Einfluß der Kirche aus dem öffentlichen Leben, vor allem aus der Erziehung der Jugend immer bewußter auszuschalten. Sie fürchten, ihr Ja zu dem Ruf des Führers möchte nachträglich von diesen Kräften als Zustimmung zu ihren widerchristlichen und gegenkirchlichen Bestrebungen gedeutet werden, weil diese Bestrebungen ja vielfach unter Berufung auf den Führer und unter Ausnutzung der Autorität des Staates einhergehen.
Da die gleichen Gewissensbedenken auch anderwärts bestehen, bin ich mit anderen lutherischen Kirchenführern übereingekommen, dem Führer unseres Volkes in aller Ehrerbietung wie Offenheit die ernsten Sorgen und Nöte zur Kenntnis zu bringen, von denen heute in Deutschland so viele bewegt sind. Wir hoffen damit allen die Bahn frei zu machen, damit sie im Vertrauen darauf, daß der Führer ihre Nöte kennt, sich am 29. März so entscheiden können, wie es ihnen die Liebe zu unserem Volk und die gehorsame und treue Verbundenheit mit dem Führer unseres Volkes gebietet.
Von diesem Schreiben kann Gemeindegliedern gegenüber, die seelsorgerlichen Rat begehren, Gebrauch gemacht werden. Für Veröffentlichung im Druck oder zur Bekanntgabe auf der Kanzel ist es nicht bestimmt.
D. Meiser

4.1.5 „Anschluss" Österreichs

288 Schreiben des Reichspropagandaamtes Franken an die evangelische Presse. Nürnberg, 17. März 1938

LAELKB, KKE 9

Nur zur Information!
Der evangelischen Kirchenpresse wird mitgeteilt, daß unter keinen Umständen z. Zt. die konfessionellen Fragen in Österreich zur Debatte gestellt, Einrichtungen der katholischen Kirche in Österreich angegriffen oder gar Pläne, die auf eine Evangelisierung der österreichischen deutschen Bevölkerung hinauslaufen, propagiert werden dürfen.

289 Schreiben des bayerischen Landessynodalausschusses an den Landessynodalausschuß der Evangelischen Kirche Österreichs

ABlELKB 1938, S. 46

Liebe Glaubensbrüder!
Der Landessynodalausschuß als die ständige synodale Vertretung der Evang.-Luth. Kirche in Bayern r. ds. Rhs. entbietet der Evangelischen Kir-

che Österreichs und ihren Gemeinden nachbarlichen und brüderlichen Gruß. Die Wiedervereinigung Österreichs mit Deutschland, die der Führer und Reichskanzler Adolf Hitler mit Gottes Hilfe schaffen durfte und die alle deutschen Herzen tief und freudig bewegt, möge auch unsere beiden Landeskirchen in ein noch engeres nachbarliches Verhältnis bringen als es schon bisher bestand.
Gott der Herr wolle der Evangelischen Kirche in den österreichischen Landen, die einen jahrhundertelangen Leidensweg hinter sich hat, die Glaubenskräfte, die in der Reformation aufgebrochen sind und nie ganz unterdrückt werden konnten, weiterhin erhalten und mehren zum Segen unseres lieben deutschen Volkes und zu unser aller ewigem Heil.
Jesus Christus gestern und heute und derselbe auch in Ewigkeit.
Der Landessynodalausschuß der Evang.-Luth. Kirche in Bayern r. ds. Rhs.
Gez. Bogner Vorsitzender.

290 Bekanntmachung Nr. 3117 des Landeskirchenrats. München, 18. März 1938
ABlELKB 1938, S. 43

Betreff: Wiedervereinigung Österreichs mit dem Deutschen Reiche.
Wir freuen uns in diesen Tagen mit unserem ganzen Volke der Wiedervereinigung Österreichs mit dem Deutschen Reiche. Ein Volksteil, der dem Reich durch lange Zeit entfremdet war, ist durch die entschlossene Tat des Führers heimgeführt worden. Wie wir den Führer und unsere Söhne in der Wehrmacht im Geiste auf ihrem Zug in die alte Ostmark des Reiches begleitet haben, so haben auch unsere Gebete in Dank und Fürbitte den deutschen Bruderstamm und die ihm angehörenden evangelischen Gemeinden umfaßt. Volk und Kirche stehen jetzt vor neuen Aufgaben, die uns in Bayern als die unmittelbaren Nachbarn besonders in Anspruch nehmen werden. Wir erwarten, daß unsere Geistlichen in der Predigt des nächsten Sonntags in geeigneter Weise der großen geschichtlichen Stunde gedenken und ordnen an, daß das folgende Gebet in das allgemeine Kirchengebet eingefügt wird:
„Wir loben und preisen Dich, lieber himmlischer Vater, daß Du unsere deutschen Brüder in Österreich wieder zu uns zurückgeführt hast. Wir danken Dir, daß Du dem Führer und Reichskanzler gnädiges Gelingen zu seiner entschlossenen Tat gegeben und zur Freude unseres Volkes wieder zusammengefügt hast, was Menschen getrennt hatten. Wir bitten Dich, laß Deine Gnade auch weiterhin über unserem Volke walten. Erhalte es in der Dankbarkeit, die alles aus Deinen Händen nimmt. Schenke uns herzliche Liebe und freudige Hingabe zu allem guten Werk in der großen Gemeinschaft unseres Volkes! Schütze und erhalte den Führer auch weiterhin durch Deine starke Hand; verleihe ihm weise Gedanken und erleuchte ihn, daß

er in Deiner Furcht unser geeintes Land regiere. Wir bitten Dich auch für die Söhne unseres Volkes, die für das Vaterland die Waffen tragen. Erhalte unserem Volk den Frieden, laß es unter Deiner segnenden Hand erkennen, was zu seinem Heile dient, und führe es auf Deinen Wegen!"
München, den 18. März 1938.
Evang.-Luth. Landeskirchenrat.
D. Meiser.

291 Bekanntmachung Nr. 3713 des Landeskirchenrats. München, 4. April 1938

ABlELKB 1938, S. 51

Betreff: Glockengeläute am Vorabend des Wahltages.
Es wird uns mitgeteilt:
„Der 9. April 1938 wird als ‚Tag des großdeutschen Reiches' zu einem überwältigenden Bekenntnis der gesamten Nation für den Führer und sein Werk ausgestaltet werden. Um 20 Uhr beginnt die große Schlußkundgebung in Wien. Nach der Rede des Führers wird das Niederländische Dankgebet gesungen. Bei den Worten des dritten Verses: ‚Herr, mach uns frei!' sollen in ganz Deutschland einschließlich Österreich die Glocken aller Kirchen und Religionsgemeinschaften zu einem feierlichen Geläut einsetzen."
Wir ersuchen das Geläute zu veranlassen und dafür Sorge zu tragen, daß es rechtzeitig einsetzt.
München, den 4. April 1938.
Evang.-Luth. Landeskirchenrat.
D. Meiser.

4.1.6 Sudetenkrise 1938 und Angliederung des Sudetenlandes

292 Schreiben des Landeskirchenrats an alle Pfarrämter. München, 16. September 1938

FKiZM. A 30. 3/2

Nachstehende Fürbitte ist am Sonntag in das Kirchengebet einzufügen:
„Allmächtiger und barmherziger Gott, der Du das Licht machst und den Frieden gibst, der Du stillest das Brausen des Meeres und das Toben der Völker, wir bitten Dich: Bewahre unserem Vaterlande den Frieden, segne den Führer und seine Berater, lenke die Herzen der Völker und ihrer Regierungen, daß sie das werte Gut des Friedens erhalten und fördern, wende alle drohende Kriegsgefahr in Gnaden von uns ab und laß das Recht an den Tag kommen."
D. Meiser

293 Schreiben Nr. 10900 des Landeskirchenrats an alle Pfarrämter und Vikariate. München, 19. September 1938

FKiZM. A 30. 3/2

Betreff: Fürbittegebet.
Wir ordnen hiermit an: Falls nicht eine eindeutige Änderung der gegenwärtigen ernsten aussenpolitischen Lage eintritt, wolle am nächsten Sonntag das nachstehende Fürbittgebet in das allgemeine Kirchengebet eingeschoben und an dem folgenden Sonntagen solange wiederholt werden, als die Lage es erforderlich erscheinen lässt.
D. Meiser

„Allmächtiger und barmherziger Gott, der Du das Licht machst und den Frieden gibst, der Du stillest das Brausen des Meeres und das Toben der Völker, wir bitten Dich: Bewahre unserem Vaterlande den Frieden, segne den Führer und seine Berater, lenke die Herzen der Völker und ihrer Regierungen, daß sie das werte Gut des Friedens erhalten und fördern. Wende alle drohende Kriegsgefahr in Gnaden von uns ab, erbarme Dich unserer Brüder im Sudetenlande und hilf ihnen heraus aus aller Not und Bedrängnis."

294 Bekanntmachung Nr. 11603 des Landeskirchenrats. München, 30. September 1938

ABlELKB 1938, S. 123

Betreff: Dank und Gebet für die Erhaltung des Friedens.
In diesen Tagen geschichtlicher Entscheidung weiß sich unsere Kirche mit unserem Volke eins im Dank und Gebet für die Erhaltung des Friedens. Wir setzen als selbstverständlich voraus, daß die Prediger am Erntedankfest das Geschehen der letzten Tage in das Licht des Wortes Gottes stellen. Als Kirchengebet ist das nachfolgende Gebet zu gebrauchen. Am Schluß des Erntedankfestgottesdienstes singt die Gemeinde als Ausdruck ihres Dankes und ihres Gebetes für die Erhaltung des Friedens unter dem Geläute aller Glocken das Lied: „Nun danket alle Gott."
München, den 30. September 1938.
Evang.-Luth. Landeskirchenrat.
D. Meiser.

Kirchengebet.

Herr, unser Gott, Du König aller Könige und Herr aller Herren, der Du die Geschicke der Völker leitest und den Kriegen steuerst in aller Welt: wir danken Dir aus vollem Herzen, daß Du in diesen schweren und ernsten Tagen mit uns gewesen bist und in letzter Stunde eine gnädige Wendung herbeige-

führt hast. Wir danken Dir, daß Du unserem Führer und den verantwortlichen Männern der anderen Völker Gedanken des Friedens ins Herz gegeben und so unabsehbares Elend von der Welt abgewendet hast. Wir danken Dir auch, daß Du unsere Brüder im Sudetenland aus Ungewißheit und Qual erlöst hast, und bitten Dich, daß sie im Frieden mit uns vereinigt werden.
O Herr, halte Deine Hand über das ganze Werk des Friedens und laß alles zu einem guten Ende kommen! Deine Barmherzigkeit hat noch kein Ende, sondern ist alle Morgen neu über uns und Deine Treue ist groß!
O Herr, segne unser Volk und laß ihm das, was Du an ihm getan hast, zum Besten dienen. Laß uns dankbar bleiben für Deine Treue und laß uns Deine Güte zur Buße treiben. Hilf uns Deine Rede immer besser erkennen, daß wir Dir die Ehre geben, Deinen Willen über alles stellen und Dir gehorsam dienen unser Leben lang. Erhalte uns in der Demut, die alles aus Deinen Händen nimmt und lehre uns das eine suchen, was not ist. Wir bitten Dich auch: schütze, erhalte und segne unseren Führer. Rüste ihn aus mit Kraft aus der Höhe, daß er mit weisem Rat und heiligem Mut sein Amt verwalte zum Wohle unseres Volkes und zur Ehre Deines Namens. Wir bitten Dich für die Söhne unseres Volkes, die für das Vaterland die Waffen tragen und in diesen Tagen in das Land, das uns gehören soll, einrücken, daß Du sie behütest und schützest und segnest.
Wir danken Dir heute auch für die reiche Ernte, die Du uns beschert hast. Du hast zur rechten Zeit Regen und Sonnenschein verliehen und uns die Früchte des Feldes glücklich einführen lassen. Herr, wir sind zu gering aller Barmherzigkeit und Treue, die Du an uns getan hast. Vergib uns alle Undankbarkeit und alle Versäumnis und erhalte uns das Brot des Lebens, Dein heiliges Wort. Sei in Gnaden mit unserer Kirche. Erwecke in ihr lebendigen Glauben und tatkräftige Liebe und laß sie Dein heiliges Evangelium in Vollmacht verkünden. Lehre uns das, was Deine milde Hand gegeben hat, mit unserem bedürftigen Nächsten teilen. Vor allem aber laß es unseren Seelen nicht an der rechten Speise fehlen, bis wir dereinst zur Zeit der großen Ernte zu Dir in Dein Reich versammelt werden und mit allen Deinen Auserwählten bei Dir zu Tische sitzen und Dich preisen dürfen von Ewigkeit zu Ewigkeit. Amen.

295 Schreiben Landesbischof Meisers an Kirchenrat Held. München, 30. September 1938

LAELKB, LKR zu XIII 1561

Sehr verehrter Herr Kirchenrat!
In freudigem Dank gegen Gott, der in letzter Stunde den drohenden Weltbrand verhütet hat, grüße ich – zugleich auch im Namen der bayrischen Landeskirche – Sie und Ihre seit Jahrhunderten eng mit Gemeinden unse-

rer Kirche glaubensbrüderlich verbundene Gemeinde. Wir freuen uns mit Ihnen dankbar und von ganzem Herzen darüber, daß nun endlich die alten Grenzen, die bisher trennten, was nach Sprache und Glauben zusammengehörte, gefallen sind. Wir hoffen und wünschen aus ganzer Seele, daß diese Gnadentat unseres Gottes Ihrer Gemeinde, unserem Volke und unserer Kirche zu rechtem Segen gedeihen möge.
In treuer Verbundenheit
Ihr
D. Meiser

296 Vormerkung Landesbischof Meisers über ein Gespräch mit Kirchenrat Held. München, 10. Oktober 1938

LAELKB, LKR zu XIII 1561

Heute erhielt ich den Besuch des Kirchenrats Held aus Asch. Er wollte sich persönlich für die Begrüssungsworte bedanken, die ich aus Anlass der Heimkehr des Sudetenlandes ins Reich vor einiger Zeit an ihn gerichtet hatte und sich in verschiedenen kirchlichen Fragen Rats erholen. Ueber die Zukunft der „evang. Kirche in Böhmen, Mähren und Schlesien“ ist noch keine Entscheidung getroffen. Kirchenrat Held konnte nur für den von ihm geleiteten Kirchenkreis, der hauptsächlich die Gemeinden Asch, Rossbach, Neuberg und Fleissen umfasst, die Versicherung abgeben, dass diese Gemeinden am liebsten ihren Anschluss an die bayer. Landeskirche suchten, sich freilich ihrer gemeinsamen Verpflichtung nicht entzögen, wenn in irgendeiner Form die bisherige sudetendeutsche Kirche als selbständiger Kirchenkörper aufrecht erhalten werden sollte. Im einzelnen gab er zu erwägen, ob es im Falle eines Anschlusses an Bayern nicht zweckmässig wäre, die Tochterkirchengemeinde von Asch-Nassengrub mit der Tochterkirchengemeinde Haslau und der Predigersteile Liebenstein zu einer eigenen neuen Pfarrei zusammenzufassen. Die auf diese Weise entstehende selbständige Gemeinde würde 3000 Seelen zählen.
Auf diese Weise würden auch die Ascher Geistlichen spürbar entlastet werden. Auch über das Verhältnis der bayerischen Gemeinden, die von Asch aus pastoriert werden und die zusammen etwa 1000 Seelen zählen, müsste neu gehandelt werden. Insbesondere wären einige finanzielle Fragen neu zu regeln. Bisher hat Kirchenrat Held für den Dienst an diesen Gemeinden 250.– RM aus dem bayer. Diasporakollektenfonds erhalten. Weitere 250.– RM sind ihm zugeflossen als Ersatz für die Zinsen eines Kapitals von 11000.– RM, das zum Vermögen der genannten Gemeinden gehörte und das inzwischen der Geldentwertung anheimgefallen ist.
Kirchenrat Held wäre dankbar, wenn von der bayerischen Landeskirche für den Augenblick eine finanzielle Hilfe geleistet werden könnte, da die

Gemeinde durch die Umstellung der politischen Verhältnisse und das Ausbleiben der vom tschechischen Staat bisher gewährten Unterstützung in Bedrängnis geraten ist. Ich gab ihm anheim, sich mit einem ausführlich begründeten Gesuch an den Landeskirchenrat zu wenden und stellte in Aussicht, dass dem Gesuch von unserer Seite stattgegeben würde.
München, den 10. Oktober 1938
Meiser

297 Schreiben der Deutschen Evangelischen Kirchenleitung in Böhmen und Mähren-Schlesien an Landesbischof Meiser. Gablonz, 8. November 1938

LAELKB, LKR zu XIII 1561

Sehr geehrter Herr Landesbischof!
Nach einer Besprechung zwischen der Deutschen Kirchenkanzlei und des Centralvorstandes der Gustav Adolf-Stiftung – die mich hier in Gablonz besuchten – wurde uns nahegelegt, die Kirche – wenn irgend möglich – in ihrem bisherigen Umfang zu erhalten zu suchen, das heisst, die in Südmähren und in Südböhmen liegende Diaspora weiter zu betreuen.
Von Krummau weiss ich, dass man es sehr wünscht, bei unserer Kirche verbleiben zu können. – Wir haben am 10. November eine Sitzung der Kirchenleitung mit dem Ständigen Kirchenausschuss, der die Vollmachten eines Kirchentages trägt und werden dabei auch zu der von Herrn Landesbischof angeschnittenen Frage Stellung nehmen.
Ich danke Ihnen für das Interesse an der Ihnen benachbarten Diaspora und für die herzliche Begrüssung zum grossen Wandel der Dinge. Sie werden wieder von mir hören.
In aufrichtiger Ergebenheit
Kirchenpräsident Wehrenfennig

298 Bekanntmachung Nr. 936 des Landeskirchenrats. München, 23. Januar 1939

ABlELKB 1939, S. 29

Betreff: Landeskirchensammlung für deutsche evangelische Kirchengemeinden des Grenzlandes.
In vielen deutschen evangelischen Grenzlandgemeinden, besonders in den Kirchengemeinden des Sudetengebietes, herrscht große Not. Das Schicksal des deutschen Volkes im Sudetenland in den letzten Jahrzehnten hat sich an diesen Gemeinden ausgewirkt. Durch die schwere Zeit vor der Besetzung des Gebietes wurde die bereits vorhandene Not noch verstärkt. Die kleine

und leistungsschwache evangelische Kirche des Sudetenlandes ist nicht in der Lage, dem eingetretenen Notstand abzuhelfen. Es ist Pflicht und Aufgabe der evangelischen Kirchen des Altreiches, zur Steuerung dieses Notstandes mitzuhelfen. Zu diesem Zweck und zur Behebung der Not in anderen evangelischen Grenzlandgemeinden ordnen wir hiermit die Erhebung einer Landeskirchensammlung in allen Kirchen unserer Landeskirche am Sonntag Sexagesimä, den 12.2., oder Sonntag Estomihi, den 19.2., an und empfehlen diese Kollekte der besonderen Befürwortung durch die Pfarrämter und der reichen Beisteuer durch die Glaubensgenossen.
Die Sammelgelder sind durch die Dekanate bis längstens 1.3.1939 auf das Postscheckkonto der Landeskirchlichen Stiftungsverwaltung München Nr. 17442 München zu überweisen. Bis längstens 10.3.1939 sind die Sammelgelder durch die Dekanate der Landeskirchenstelle Ansbach anzuzeigen.
München, den 23. Januar 1939.
Evang.-Luth. Landeskirchenrat.
D. Meiser

299 Schreiben des Landeskirchenrats an die Dekanate Regensburg und Sulzbach. München, 30. Oktober 1940

LAELKB, LKR zu XIII 1561

Betreff: Eingliederung ehemaliger sudetendeutscher Gebiete in die bayer. Landeskirche.
1. Der Vertrag über die Eingliederung der sudetendeutschen Gebiete, die in den Landkreisen Prachatitz, Bergreichenstein, Markt Eisenstein und Waldmünchen an das Land Bayern fielen, in den Verband der bayerischen Landeskirche ist auf Grund des den Dekanaten seinerzeit übermittelten Entwurfes mit Wirkung vom 1. November 1940 abgeschlossen worden. Das Bayer. Staatsministerium für Unterricht und Kultus, die Kirchenkanzlei der Deutschen Evangelischen Kirche, der Landessynodalausschuss, die beteiligten Pfarrämter und die zuständigen Kirchenvorstände in Budweis, Pilsen, Passau, Zwiesel, Furth i. W. und Waldmünchen haben der Eingliederung zugestimmt. Von 1. November 1940 an sind daher alle in den genannten Gebieten wohnenden Evangelischen vollberechtigte Glieder der Evang.-Luth. Landeskirche in Bayern r. d. Rhs. Die Aufteilung des Gebietes für die kirchliche Versorgung an die einzelnen Pfarrkirchengemeinden ist dem Vertrage zu entnehmen. Der Vertrag selbst wird im Kirchlichen Amtsblatt veröffentlicht werden.
2. Zur Erleichterung der geistlichen Versorgung des neu hinzutretenden Gebietes wird vom 1. November 1940 an die charitative Betreuung der Tochterkirchengemeinde Waldmünchen der Pfarrei Cham abgenommen und dem expon. Vikariat Furth i. W. angewiesen.

Die Lösung der Tochterkirchengemeinde Waldmünchen von der Pfarrkirchengemeinde Cham und ihre Verbindung mit der Kirchengemeinde Furth i. W. wird eingeleitet. Falls besondere Verkehrsschwierigkeiten diese Regelung im kommenden Winter erschweren sollten, wäre vom Dekanat Sulzbach zu berichten.

3. Die in § 3 des Vertrags vorgesehene Kommission ist am 24. 10. 1940 in Prag zusammengetreten. Für die Kirchenkanzlei der DEK. nahm Präsident Dr. Werner und Vizepräsident Dr. Fürle teil; für die deutsche-evang. Kirche im Sudetenland und Böhmen und Mähren Kirchenpräsident D. Wehrenfennig, Konsistorialrat Jeschke, die Pfarrer von Prag, Pilsen und Budweis; für die oesterreichische Kirche Präsident Dr. Liptak; für die bayer. Landeskirche Vizepräsident Dr. Meinzolt und Kreisdekan Oberkirchenrat Daumiller. – Bei den Verhandlungen wurde von den Vertretern der bayer. Landeskirche die Zusage gemacht, das der Gemeinde in Budweis gehörende Haus in Prachatitz aus landeskirchlichen Mitteln für die Kirchengemeinde Passau käuflich zu erwerben. Das Pfarramt in Budweis wird die Schätzung des Hauses durch einen objektiven Sachverständigen vornehmen lassen. Außerdem wird es dem Pfarramt Passau einen Kirchenbaufonds für Winterberg in Höhe von 147 Mk. überweisen. Falls die dortige Aleschkapelle entsprechend dem Vorschlag des Vikars von Passau für evang. Gottesdienste eingerichtet werden kann, ist der Fonds, dessen Eingang uns anzuzeigen ist, für die Erhaltung der Kapelle zu verwenden. – In Albrechtsried ist ein Harmonium und eine Bücherei vorhanden; für den Gottesdienstraum ist eine jährliche Miete von 100.– Mk. zu bezahlen. – Sonstige Werte oder Verbindlichkeiten wurden nicht namhaft gemacht. Da die bayer. Landeskirche durch eine einmalige Abfindungssumme an das Kirchenamt in Gablonz alle etwaigen Forderungen abgleichen wird, treten die Kirchengemeinden in keinerlei finanzielle Verbindlichkeiten gegenüber einer kirchlichen Stelle in der Deutschen Evangelischen Kirche im Sudetenland und in Böhmen und Mähren ein.

4. Die kirchliche Versorgung ist durch die bisherige charitative Betreuung vorläufig sichergestellt. Mit einer endgültigen Regelung ist zuzuwarten, bis die Bevölkerungsverschiebungen anläßlich der politischen Eingliederung zum Abschluß gekommen sind. Soweit die Kriegsverhältnisse es zulassen, ist in der Übergangszeit folgende in die Dienstanweisungen aufzunehmende Ordnung durchzuführen:

a) Die Seelsorge im Landkreis Prachatitz mit Einschluß der Krankenhaus- und Wehrmachtsseelsorge in Prachatitz und Winterberg gehört zu den Dienstobliegenheiten des 2. Stadtvikars in Passau. In Prachatitz und Winterberg werden jährlich je 10 Gottesdienste gehalten, in Wallern finden jährlich 2 Abendmahlsfeiern statt. In Prachatitz, Unterberg und Wallern wird wöchentlich Religionsunterricht erteilt, in Sablat/Kratusin und Chrobold in größeren Abständen. Ob in Kuschwarda Unterricht gehalten werden muß, ist nachzuprüfen.

b) Vom Pfarramt Zwiesel werden die politischen Gemeinden des Landkreises Bergreichenstein und die laut Vertrag ihm zufallenden Orte des Landkreises Markt Eisenstein pastoriert. In Bergreichenstein und Albrechteried wird monatlich Gottesdienst und 14 tägig Religionsunterricht abgehalten. In Markt Eisenstein wird wegen der Nähe von Bayrisch-Eisenstein weder Gottesdienst noch Religionsunterricht eingerichtet. Ob in Seewiesen Religionsunterricht erteilt werden muß, ist nachzuprüfen.
c) Durch den expon. Vikar in Furth i. W. wird die Seelsorge in den nicht zum Pfarramt Zwiesel gehörigen Gemeinden des Landkreises Markt Eisenstein und im Gebiet des Landkreises Waldmünchen übernommen. Predigtstation ist Heuern, Unterrichtsstation sind Heuern und Neumark. Ob in Neumark eigener Gottesdienst gehalten werden muß, ist nachzuprüfen. (Im Übrigen vgl. Ziff. 2).
5) Wir geben den Geistlichen anheim, sich unter Berufung auf die neuen Verhältnisse wegen erhöhter Benzinzuteilung an die zuständigen Landräte zu wenden. Falls trotz größter Sparsamkeit mit der bewilligten Menge nicht auszureichen ist, wäre uns zu berichten.
Zuwahl von Kirchenvorstehern aus den neuen Gebieten ist in Anbetracht der weiten Entfernungen vorläufig nicht veranlaßt, über die Erhebung der Kirchensteuer und die Zuweisung vermehrter Umlageanteile ergeht eigene Entschließung.
Abdruck an das Pfarramt Passau bezw. an die Pfarrämter Zwiesel, Furth i. W. und Cham liegt bei.
I. V. Meinzolt

300 Bekanntmachung Nr. 12019 des Landeskirchenrats. München, 22. November 1940

ABlELKB 1940, S. 111 f.

|111| Betreff: Eingliederung ehemaliger sudetendeutscher Gebiete in die bayerische Landeskirche.
Nachstehend geben wir die Vereinbarung bekannt, die wir mit Zustimmung des Landessynodalausschusses mit der Deutschen Evangelischen Kirche im Sudetenland und in Böhmen und Mähren getroffen haben.
Durch § 3 Abschn. 4 des Reichsgesetzes vom 25. 3. 1839 [sic!] über die Gliederung der sudetendeutschen Gebiete (RGBl. I S. 745) wurden dem Lande Bayern Teile des Sudetenlandes eingegliedert. Diese Gebiete sind in den bayerischen Landkreisen Prachatitz, Bergreichenstein, Markt Eisenstein und Waldmünchen zusammengefaßt. Ein Teil dieses Gebietes wurde seit längerer Zeit bereits von Geistlichen der bayerischen Landeskirche charitativ betreut. Um das Gebiet in vollem Umfange, entsprechend der für die staatlichen Verhältnisse getroffenen Regelung, der Betreuung durch die

bayerische Landeskirche zuzuführen, schließen das Deutsche Evangelische Kirchenamt in Gablonz für die Deutsche Evangelische Kirche im Sudetenland und in Böhmen und Mähren und der Evang.-Luth. Landeskirchenrat in München für die Evang.-Luth. Kirche in Bayern r.d. Rhs. folgenden

Vertrag:

§1.

Das ehemals sudetendeutsche Gebiet der bayerischen Landkreise Prachatitz, Bergreichenstein, Markt Eisenstein und Waldmünchen wird aus der Deutschen Evangelischen Kirche im Sudetenland und in Böhmen und Mähren ausgegliedert und in die Evang.-Luth. Kirche in Bayern r.d. Rhs. eingegliedert.

§2.

1. Aus der Pfarrkirchengemeinde Böhmisch-Budweis werden die Bezirke folgender Gemeinden ausgepfarrt und der Pfarrkirchengemeinde Passau eingepfarrt:

Alt-Prachatitz,	Christelschlag,	Guthaufen,
Außergefild,	Chrobold,	Haberles,
Böhmisch-Röhren,	Frauenthal,	Hintring,
Brenntenberg,	Fürstenhut,	Humwald,
Buchwald,	Gansau	Kaltenbach,
Klösterle,	Obersablat,	Sablat,
Korkushütten,	Oberschlag,	Schreinertschlag,
Kratusin,	Oberschneedorf,	Schweinetschlag,
Kuschwarda,	Pfefferschlag,	Tusset,
Landstraßen,	Prachatitz,	Wallern,
Neugebäu,	Pumperle,	Winterberg,
Oberhaid,	Rabitz,	Wolletschlag,
Oberlichtbuchet,	Repeschin,	Wosek,
Obermoldau,	Rohn,	Zaborsch,
		Zuderschlag.

2. Aus der Pfarrkirchengemeinde Pilsen werden die Bezirke folgender Gemeinden ausgepfarrt und der Pfarrkirchengemeinde Zwiesel eingepfarrt:

a) Aus dem Landkreis Bergreichenstein:

Albrechtsried,	Kumpatitz,	Stubenbach,
Bergreichenstein,	Kundratitz,	Swina,
Duschowitz,	Langendorf,	Teschau,
Fillipshütte,	Nitzau,	Unterkörnsalz,
Großhaid,	Rehberg,	Unterreichenstein,
Hartmanitz,	Rothsaifen,	Wattetitz,
Innergefild,	Stadln,	Ziegenruck.
Kochet,	Stepanitz,	

b) aus dem Landkreis Markt Eisenstein:

Eisenstraß,	Gesen,
Dorfeisenstein,	Markt Eisenstein,
Haidl am Ahornberg,	Seewiesen.

3. Aus der Pfarrkirchengemeinde Pilsen werden die Bezirke folgender Gemeinden ausgepfarrt und der Kirchengemeinde Furth i. Wald eingepfarrt:

Babylon,	Hammern,	Neuern,
Bistritz,	Hadruwa,	Neumark,
Böhmisch Kubitzen,	Heuhof,	Olchowitz,
Chudiwa,	Hinterhäuser	Petrowitz
Depoltwitz,	bei St. Katharina	a. d. Angel,
Deschenitz,	Hirschau,	Plöß,
Diwischowitz,	Holletitz,	Prenet,
Donau,	Hoslau,	Schießnetitz,
Flecken,	Kaltenbrunn,	Schneiderhof,
Freihöls,	Kohlheim,	Silberberg,
Friedrichsthal,	Krotiw,	Springenberg,
Fuchsberg,	Maxberg,	Starlitz,
Fürthel,	Millik,	St. Katharina,
Glashütten,	Mottowitz,	Todlau,
Grün,	Nemtschitz,	Vollmau.

4. Aus der Pfarrkirchengemeinde Pilsen werden die Bezirke folgender Gemeinden ausgepfarrt und der Tochterkirchengemeinde Waldmünchen eingepfarrt:

Chodenschloß,	Hochofen,	Meigelshof (Chodow),
Grafenried,	Klentsch,	Possigkau,
Haselbach,	Mathaus,	Wassersuppen.

§ 3.

Die bayerische Landeskirche und ihre in § 2 bezeichneten Kirchengemeinden treten in die für die Deutsche Evangelische Kirche im Sudetenland und in Böhmen und Mähren oder für Teile dieser Kirche bestehenden Rechte und Verbindlichkeiten ein, die sich auf die kirchliche Versorgung des in § 1 bezeichneten Gebietes beziehen. Die nähere Regelung obliegt einer Kommission, zu der beide Kirchen je ein Mitglied entsenden werden.

§ 4.

Mit der Eingliederung in die bayerische Landeskirche gelten für die Angehörigen des evangelischen Bekenntnisses, die in den in § 1 bezeichneten Gebieten ihren Wohnsitz oder gewöhnlichen Aufenthalt haben, die Rechte und Ordnungen der bayerischen Landeskirche.

§ 5.

1. Der Vertrag tritt mit Wirkung vom 1. 11. 1940 in Kraft.
2. Für die Auslegung und Durchführung des Vertrages gelten die Grundsätze gütlichen Einvernehmens.
Gablonz, den 16. November 1940.
Der Kirchenausschuß und das Kirchenamt.
gez. D. E. Wehrenfennig, Vorsitzender.
München, den 22. November 1940.
Evang.-Luth. Landeskirchenrat.
gez. D. Meiser.

4.1.7 Kriegsbeginn 1939

301 Schreiben des Kreisdekans München an die Dekane des südbayerischen Kirchenkreises. München, 27. August 1939
LAELKB, BD Rosenheim 3.2.0011 – 23

Seit Freitag Nacht ist die Mobilmachung in vollem Gange. Zwar sind die Würfel noch nicht zur letzten Entscheidung gefallen, aber es besteht kein Zweifel, daß wir in höchster Bereitschaft zu sein haben. Es müssen also alle Dekane, auch wenn ihr Urlaub noch nicht zu Ende ist, an ihrem Amtssitz sein. Sollte einer der Dekane einberufen werden, so bitte ich um umgehende Nachricht. Wahrscheinlich wird der LKR in den nächsten Tagen Mitteilungen an alle Geistlichen ergehen lassen. Einstweilen bitte ich den Amtsbrüdern folgendes zur Kenntnis zu bringen.
1. Zur Aufrechterhaltung des Dienstes: Durch die Einberufung sind und werden weiterhin eine nicht geringe Zahl von Pfarreien und exponierten Vikariaten verwaist. Ich ersuche die Dekane, mich dauernd darüber auf dem Laufenden zu erhalten. Soweit nicht durch nebenamtliche Verwesung, die die Dekane selbst anordnen, geholfen werden kann, werde ich versuchen, durch Einsatz von noch dienstfähigen Emeriten und durch Umgruppierung von Geistlichen dem Notstand zu begegnen. Wenn in den nächsten Tagen die endgiltige Entscheidung gefallen ist, werden auch die noch im Urlaub befindlichen Geistlichen zurückgerufen werden müssen. Kein Amtsbruder darf sich einer über das Maß seines Amtes hinausgehenden notwendigen seelsorgerlichen Arbeit entziehen. Die Aushilfe wird in manchen Fällen schwierig durch die große Einschränkung des Zugverkehrs, die der am Sonntag nachts erscheinende militärische Fahrplan bringen wird und durch die Contingentierung der Benzinvorräte. Es müssen Mittel und Wege gefunden werden, trotzdem die Aushilfe zu leisten. Sollte es ganz unmöglich sein, für einen Gottesdienst einen Geistlichen zu bekommen, so können

Kirchenvorsteher oder Laienvertreter einen Lesegottesdienst halten. Ich bitte, sie mit Predigtliteratur zu versehen.
2. Veranstaltungen von Abendmahlsfeiern und Betstunden: Es ist wohl uns allen schmerzlich, daß wir dem größten Teil unserer zum Heeresdienst eingezogenen Männer vor ihrer Einberufung keine Stärkung durch Gottes [sic!] und Sakrament reichen konnten. Wo das aber noch möglich ist, sind Abendmahlsfeiern rechtzeitig bekannt zu geben und zu halten (auch wochentags!)
Über die Abhaltung von Betstunden wird der LKR den Pfarrämtern Mitteilung zugehen lassen. Eine dazu bestimmte Agende erscheint in der nächsten Woche. Wir wollen nichts unversucht sein lassen, unsere Gemeinden unter Gottes Wort zu versammeln. Vielleicht erleben wir jetzt eine Gnadenstunde Gottes, in der die Menschen seinen Ruf wieder hören. Gott gebe, daß diese Stunde uns bereit findet. Eph. 5, 16 und 6, 10.

302 Schreiben von Dekan Franz Schmid an die Pfarrer des Dekanats Rosenheim. Rosenheim, 2. September 1939

LAELKB, BD Rosenheim 3.2.0011 – 23

Liebe Amtsbrüder,
Im Hinblick auf die ernsten Tage, die nun über unser Volk heraufgeführt worden sind, wünsche ich jedem Amtsbruder Gottes Kraft und Segen zur Führung seines Amtes, auch hinsichtlich der besonderen Aufgaben und Schwierigkeit, die jetzt an uns herantreten mögen. Wir wollen mit Gottes Hilfe ein jeder an seinem Platz unsere ganze Kraft einsetzen für den Dienst an den Gemeinden, die uns anvertraut sind, in unerschütterlichem Vertrauen auf Gottes Macht und Gnade und unbedingten Gehorsam gegen sein Wort. Wir wollen auch zusammenstehen in brüderlicher Einigkeit und fürbittend in besonderem auch der Amtsbrüder gedenken, die zum Heeresdienst einberufen sind und noch einberufen werden.
Gott der Herr wende alles zum Guten nach seiner grossen Barmherzigkeit.
Mit amtsbrüderlichem Gruss!
Franz Schmid.

303 Grußwort des Landesbischofs an die Geistlichen der Evang.-Luth. Kirche in Bayern r. d. Rhs.

ABlELKB 1939, S. 153f.

|153| Meine lieben Amtsbrüder!
Nach langen diplomatischen Verhandlungen und dem Scheitern aller Friedensbemühungen haben die Waffen zu sprechen begonnen. In dieser ern-

sten Stunde wende ich mich an Euch, meine lieben Amtsbrüder, mit einem seelsorgerlichen Wort.
Es muß uns klar sein, daß es für unser Volk im gegenwärtigen Augenblick nach menschlichem Ermessen um eine Entscheidung auf Tod oder Leben geht. Da gibt es für uns nur einen Willen und nur eine Pflicht: uns ganz für unser Volk einzusetzen, ihm mit aller Hingabe und Treue zu dienen, mit ihm alle Lasten zu tragen und durch unsere ganze Haltung zu bekunden, daß wir in unzertrennlicher Schicksalsgemeinschaft mit ihm stehen.
In einer solchen Stunde gewinnt der uns befohlene Dienst eine besondere Bedeutung. Es ist der Dienst des heilsamen Wortes. Er wird nicht so stürmisch begehrt wie zu Beginn des Weltkrieges. Unsere Gemeinden heute sind stiller und verbergen ihre innere Bewegtheit. Aber doch wächst die Bereitschaft, auf das Wort zu hören, und Gott tut manche Türe auf, die bisher verschlossen war. Wer wollte da nicht in seiner Verkündigung sein Bestes geben, daß die Gemeinde nicht leer von uns geht? Was sollen wir predigen? Es kann nicht unsere Aufgabe sein, zu den politischen Tagesereignissen Stellung zu nehmen oder die Heeresberichte der Woche zu wiederholen. Gewiß wird das große und ernste Erleben dieser Zeit überall in unserer Predigt durchschlagen. Wir können nicht so predigen, „als wenn nichts geschehen wäre". Aber wir können uns nicht bei dem bloßen Zeitgeschehen verhalten, sondern immer muß unsere Predigt die Höhe weltüberlegener Ewigkeitsgedanken gewinnen. Darum schöpfen wir auch weder die Motive unserer Predigt aus reinen innerweltlichen Impulsen, noch die Quietive unserer Predigt aus landläufigen Trostgründen, sondern beides stets aus der reinen Quelle des Evangeliums. Der Ton der Buße darf nicht fehlen. Denn nur dem Demütigen gibt Gott Gnade. Nur aus der Buße kommt die Vergebung und nur aus der Vergebung die Kraft zu einem neuen Leben. Aber es werde nicht vergessen, daß liebloses Schelten auf die Sünde anderer und richtende Kritik noch keine Bußpredigt ist. Auch wäge man vorsichtig die Worte, daß kein Anlaß zu Missdeutungen entsteht. Im übrigen aber verschweige man nicht die Tatsache, daß wir gemessen an Gottes heiligen Geboten, vor Gott in mannigfacher Schuld stehen und daß wir uns seiner Hilfe keineswegs als einer Selbstverständlichkeit getrösten dürfen. Den Höhepunkt unserer Predigt aber bilde die Bezeugung des Gottes, der im Kreuz Jesu Christi seine Barmherzigkeit hat groß werden lassen über all unsere Fehlsamkeit und Sünde, der uns rettet, auch wenn er uns richtet, uns befestigt, auch wenn er uns betrübt, uns lebendig macht, auch wenn er uns tötet. Die Augen der Gemeinde auf diesen Gott zu richten, dessen Gnade und Barmherzigkeit triumphiert, auch da, wo unsere Augen nur Rätsel, Leid und Dunkel sehen, tut besonders Not in einer Zeit, in |154| der wir mit besonderer Eindringlichkeit vor die Frage nach den letzten Wirklichkeiten des Lebens gestellt sind, und wo so viele in Unruhe, Sorge, Angst, Verwirrung, Trauer und Leid versetzte Seelen sich nach Erhebung, Aufrichtung und Stärkung seh-

nen. Nicht daß wir ins Sentimentale abgleiten dürfen! Es ist jetzt so leicht, die Herzen zu rühren. Aber wehe dem Prediger, der auf Rührung abzielt! Nein, unsere Predigt sei auf den Ton der glaubensstarken Zuversicht, des trotzigen Dennoch, der sieghaften Gewissheit gestimmt: „Unser Glaube ist der Sieg, der die Welt überwunden hat“! Solcher Glaube macht innerlich frei und von selbst stark zu der Treue der Pflichterfüllung, zu der Bereitschaft zum Opfern, zur Standhaftigkeit im Entbehren, zur Geduld im Leid, zur Getrostheit im Tod, und schenkt uns damit die Tragkraft, ohne die wir die Belastungsprobe, die uns aufgelegt ist, nicht bestehen können.

Daß die besondere Aufgabe, welche die Predigt in unserer Zeit hat, alles unfruchtbare Theologisieren, alles Polemisieren wie auch die konfessionelle Kontroverse ausschließt, brauche ich nicht eigens zu betonen. Je einfacher, schlichter, positiver, biblischer unsere Predigt ist, je mehr der Geist Gottes in ihr waltet, desto besser erfüllt sie ihren Dienst.

Ich weiß, meine lieben Amtsbrüder, daß es in der Gegenwart nicht leicht ist, so zu predigen. Es gehört eine starke innere Sammlung und eine tiefe Versenkung in Gottes Wort dazu, und daran will es uns gerade jetzt so oft gebrechen. Aber steht es nicht als verlorene Zeit an, wenn Ihr Euch von den sonstigen Aufgaben des Tages ein gutes Stück abbrecht und Euch in die Stille vor Gottes Angesicht zurückzieht. Nur wer zuerst selbst beim Herrn gewesen ist, kann auch die Gemeinde zum Herrn führen.

Daß es auch sonst noch viel andere Dienste zu tun gibt, weiß ich wohl. Welche Aufgaben stellt heute die Einzelseelsorge, welche Anforderungen der Unterricht! Wie viele von Euch müssen für Amtsbrüder eintreten, die ins Feld gerufen sind, und oft 2 ja 3 Gemeinden zugleich versorgen. Und was gibt es sonst noch alles zu richten und zu schlichten! Laßt Euch der keines verdrießen. Denkt an den Herrn, der nicht müde wurde zu wirken bis zum letzten Atemzug. Wer weiß, wie lange Gottes Ruf noch an unser Volk ergeht. Laßt uns helfen, daß es zu einer neuen Begegnung zwischen unserem Volk und seinem Gott kommt, damit der verborgene Segen dieser Zeit unserm Volk nicht verloren gehe.

Es liegt mir noch vieles am Herzen; ich begnüge mich für heute mit diesem Wort. Ich bete mit Euch zu Gott, „auf daß er uns eine Tür des Wortes auftue, zu reden das Geheimnis Christi“ und getröste mich der Zuversicht, daß solches Beten nicht vergeblich sei.

In herzlicher Verbundenheit Euer D. Meiser

4.1.8 Deutsch-russischer Nichtangriffspakt 1939

304 Schreiben des Reichspropagandaamtes Franken an die fränkische Kirchenpresse. Nürnberg, 6. Oktober 1939

LAELKB, KKE 9

Nur zur Information!

1. Die Erörterungen über das Thema Bolschewismus und Gottlosenbewegung sind zur Zeit, unbeschadet der grundsätzlichen deutschen Einstellung, zu unterlassen.
2. Veröffentlichungen über Vorgänge kirchlicher und kirchenpolitischer Art aus Ländern, gegen die Deutschland im Abwehrkampf steht, sind zu unterlassen.

Heil Hitler
I. A. [Unterschrift unleserlich]

305 Schreiben des Reichspropagandaamtes Franken an die fränkische Kirchenpresse. Nürnberg, 9. Oktober 1939

LAELKB, KKE 9

Nur zur Information!
Betr.: Sprachregelung Sowjetrußland.

1.) Die kirchliche Presse wird angewiesen, alle Artikel, auch Abdrucke von Mitteilungen, die sich in irgendeiner Form mit Sowjetrußland beschäftigen, dem Hauptreferat Zeitschriften im Reichspropagandaministerium, Berlin, zur Genehmigung vorzulegen.
Verboten bis auf Widerruf sind darüber hinaus alle wehrwirtschaftlichen und wirtschaftspolitischen Abhandlungen, Nachrichten, Kommentare usw. aus Geschichte, Gegenwart und für die Zukunft.
Die Vorlagepflicht gilt auch für alle Artikel, die der Anregung Nr. 903 des „Zeitschriftendienstes“ (23. Ausgabe) entspringen.
2.) Die kirchliche Presse wird nochmals daran erinnert, ihre Zeitschriften laufend an das Reichsministerium für Volksaufklärung und Propaganda, Berlin W 8, Zeitschriftenreferat, Jägerstr. 5, zu überweisen.

4.1.9 Attentat im Bürgerbräukeller auf Hitler 1939

306 Das Gebet für den Führer
EGBl für München 48 (1939), S. 417

„Wir danken Dir, daß Du in einer Stunde ernster Gefahr Deine schützende Hand über den Führer unseres Volkes gehalten hast. Wir bitten Dich von Herzen, Du wollest ihn auch weiter in Deinen gnädigen Schutz nehmen und ihn täglich zu seinem schweren Werk ausrüsten mit Kraft aus der Höhe."
Sonntag für Sonntag betet die Gemeinde für den Führer. Gott, der Herr, hat unsere Bittgebete erhört: sie durften sich in wunderbarer Weise zum Dankgebet wandeln. Der ruchlose Anschlag auf das Leben des Führers ist mißlungen. Gottes Hand hat gnädig eingegriffen. So hat sich am vorigen Sonntag mit der Trauer um die sieben Toten, die der Anschlag forderte, der Dank der Gemeinde verbunden. In allen Gottesdiensten unserer Landeskirche wurde das obenstehende Dankgebet zum Himmel geschickt.
Laßt uns weiterhin treu sein in der herzlichen und unablässigen Fürbitte für Führer, Volk, Vaterland und Wehrmacht. Der Ernst der Fürbitte bewähre sich täglich durch die Tat einsatzbereiter Hingabe!
Gott halte Seine schützende Hand über unserem Führer!

4.1.10 Frankreichfeldzug 1940

307 [Hermann] Str[athmann]: Welch eine Wende durch Gottes Führung! (17./30. Mai 1940)
Theologische Blätter 19 (1940), S. 171f.

|171| Mit diesen Worten schloß das Telegramm, in dem Kaiser Wilhelm I., damals noch nur König von Preußen, seiner Gemahlin den entscheidenden Erfolg von Sedan meldete. In den Worten zittert die tiefe Bewegung nach, die sein Herz in seiner schlichten, aber ehrlichen Frömmigkeit erfüllte. Daß er dies erleben durfte, er, der die Schmach der napoleonischen Zeit und die Mühsal der folgenden Jahrzehnte durchkostet hatte, erschien ihm als eine schier unfaßliche gnädige göttliche Fügung.
Drängt sich nicht in diesen Tagen sich überstürzender gewaltiger Ereignisse uns, die wir todwund und mit brennender Scham die Tage von 1918/19 und was darauf folgte, erlebt haben, die gleiche Empfindung auf? Wir konnten es nicht fassen damals, daß dies das Ende sein sollte! Das Ende eines Kampfes, in den wir gewiß nicht ohne geschichtliche Schuld, aber doch mit bestem Gewissen hineingeraten waren! Wir fühlten uns als Opfer, gewiß auch einer unzulänglichen Führung, aber vor allem doch gemeiner Hinterlist und

betrügerischer Versprechen. Und nun wurden wir von einem sadistischen Gegner zertreten. Sollte dies das Ende sein?
Wir richteten uns auf daran, wie unser Volk nach der Nacht der Schwachheit und des Elends doch immer wieder aufgestanden war! Wir betrachteten die Türme Erwins von Steinbach nach wie vor als die unseren. Wir griffen zu den gläubigen Gedichten E.M. Arndts. Wir konnten und wollten es nicht glauben, daß dieses über uns ergangene Gericht des durch Geschichte schreitenden Gottes sein Schlussstrich unter die Geschichte unseres Volkes sein sollte. Aber wie das Blatt gewendet werden konnte, sahen wir nicht. Daß es so bald sich wenden sollte, ahnten wir nicht.
Und nun ist es im Vollzuge! Was ist das für ein Aufstieg, dessen atemberaubendes Tempo wir in diesen wenigen Jahren erleben! Die größten politischen Hoffnungen der Deutschen wollen sich erfüllen. Ein Deutschland! Die Unschädlichmachung der bestellten Wegelagerer! Die Sicherung des Nordens! Es tut uns leid um euch, ihr Norweger, daß wir mit euch kämpfen mussten. Eure verblendete Führung zwang uns dazu. Der notwendige Sprung an die niederländische Küste! Wir haben darum keine moralischen Skrupel. Der Grundsatz der Achtung der Neutralität ist nicht von uns über Bord geworfen! Aber mit den Sätzen der Moral des Alltags ist dem gewaltigen Geschehen überhaupt nicht beizukommen. Der Orkan der Ereignisse in Belgien! Wir sehen das Sturmzentrum sich seinem Ziele nähern! Wirklich, eine Wende der europäischen Geschichte von gewal|172|tigem Ausmaß zieht herauf! Jahrhunderte alte Rechnungen wollen beglichen werden! In der Woche bis zum 30.5. ist das alte Europa untergegangen. Es ist ein Geschehen von schier mythischer Größe, das sich vollzieht!
Wir Deutschen können nicht anders – wir sehen darin Gottes Finger wie E.M. Arndt Gottes Finger sah im Untergang des Korsen. Und wir sehen in dem Führer den Mann, den uns Gott geschenkt hat, dies Werk zu vollstrekken. Die Lage unserer Kirche war in diesen Jahren gewiß nicht leicht. Nicht ohne ihre und unsere eigene Schuld! Aber wenn man draußen voller Entrüstung schreibt, bei uns herrsche der Antichrist, so stellen wir dankbar fest, daß vielmehr noch immer das Evangelium bei uns ungehindert verkündet werden kann. Wir wollen uns nicht dem Kleinglauben verschreiben! Das Babel des Antichrist trägt übrigens in Offenb. Joh 18 durchaus „plutokratische" Züge! Wir aber sind auch als Christen Deutsche und darum bringen wir in den Kirchen Dank und Fürbitte dar für den Führer und alle, welche ihm in ehrlicher und treuer Hingabe helfen, und nach der Erniedrigung der Freiheit und nach der Unterdrückung unser Recht zu schaffen. Der Fluch von Versailles vollstreckt sich! Wir können nur mit dem frommen alten Kaiser sagen: Welch eine Wendung durch Gottes Führung!
Möchten wir, möchte unser ganzes Volk nur auch die verpflichtende Kraft solcher Führung recht erkennen!
Erlangen, d. 17./30.5.40

308 Kirchliche Chronik [19. Mai]
EGBl für München 49 (1940), S. 80

Der Entscheidungskampf um die Existenz unseres Volkes ist angebrochen! Während diese Zeilen gedruckt werden, sind sechs Tage seit seinem Beginn vergangen: Holland ist in deutscher Hand; Lüttich (welch große Erinnerung aus dem Weltkrieg!) ist gefallen, die Maaslinie ist bis über die Grenze Frankreichs hinein überschritten! Dem Führer und seinem Befehl willig und freudig gehorchend, ist unsere ruhmbedeckte, meisterhaft geschulte und glänzend ausgerüstete deutsche Wehrmacht zum Kampf an der Westfront angetreten und vorwärts gestürmt; sie ist fest entschlossen, im Vertrauen auf Gottes Beistand das Lebensrecht unseres Volkes mit letztem Einsatz zu verteidigen. Auch die Heimat muß als eiserne Front in diesem gewaltigen Kampf bereit stehen und unerschütterlich unserer Wehrmacht den Rücken decken, wie unsere Wehrmacht in der Luft, zur See und auf dem Land der Heimat feste und treue Macht ist. Mit allen Kräften des Leibes und der Seele wollen wir dem Führer und unseren Soldaten im Kampf und das Dasein unseres deutschen Volkes dienen und zur Verfügung stehen. Mit allen Kräften! Das heißt aber für die Gemeinde Jesu Christi: nicht nur alles tun, was jedem Volksgenossen heute selbstverständliche Pflicht sein muß, sondern besonders mit unablässigem und andringendem Gebet täglich vor Gottes Angesicht treten; dazu hat sie das heilige Recht, das ist aber auch ihr erster Auftrag. Wie dürfte sie sonst den Namen Jesu Christi tragen? Betet, betet, betet! Wir alle sind gerufen; du und ich!
[...]

309 Kirchliche Chronik [2. Juni]
EGBl für München 49 (1940), S. 90

Belgien hat kapituliert! Und dies kaum zweieinhalb Wochen nach dem Beginn des Feldzugs im Westen! Mit tiefster innerer Bewegung schauen wir auf unsere siegreiche Armee: unsere Väter, Männer, Brüder, Söhne! Mit demütigem Dank blicken wir empor zum Lenker der Schlachten. Unlöslich verbunden und auf immer verpflichtet wissen wir uns denen, die im Entscheidungskampf unseres Volkes ihr Lebensopfer bringen. Unsere Soldaten sollen wissen: wir sind stolz auf sie; wir wollen uns ihrer würdig erweisen. Die Feinde unseres Vaterlandes aber sollen wissen: hinter der siegreichen Armee steht ein kampfbereites Volk. Noch muß das heiße Ringen um den Sieg unseres Volkes und sein Recht in der Welt weitergehen. Wir dürfen nicht nachlassen im Gebet und Fürbitte für Führer und Volk. Wir dürfen nicht müde werden im Vertrauen auf Gottes Beistand. Um unsere Väter, Männer, Söhne bauen wir eine Mauer des Gebets. Mit ihnen zusammen

stehen wir in Demut vor Dem, der unserem Volk die Gnade gegeben hat, so Großes zu vollbringen. „Deutschland wirkt in Gottes Werkstatt, webt im Dienst der Ewigkeit."
[...]

310 Kirchliche Chronik [9. Juni]
EGBl für München 49 (1940), S. 101

Während diese Zeilen in den Druck gehen, wehen in ganz Großdeutschland die Fahnen. Drei Tage lang läuten um die Mittagszeit alle deutschen Glocken. „Ihr Klang möge sich mit den Gebeten vereinen, mit denen das deutsche Volk seine Söhne von jetzt ab wieder begleiten soll." So ruft uns der Führer auf. An den demütigen, heißen Dank für den geschenkten gewaltigen Sieg schließe sich die unablässige, andringende Fürbitte für unsere kämpfenden Väter, Männer, Brüder, Söhne! Jeden Tag muß tausend-, millionenfach Wirklichkeit werden: „Wir treten zum Beten vor Gott, den Gerechten."
[...]

311 [Friedrich] Langenfaß: Großer Gott, wir loben Dich
EGBl für München 49 (1940), S. 101f.

|101| Während diese Zeilen in den Druck geben, ereignen sich gewaltige Dinge, die uns wirklich den Atem rauben:
Die neue französische Regierung hat die Kapitulation angeboten; hat nach den Bedingungen gefragt, die das Deutsche Reich stellt! Was mag erst geschehen sein, wenn unser Blatt in die Hände der Leser kommt!
Wir schauen auf die letzte Woche zurück. Wieder haben die Glocken geläutet; wieder wehten die Fahnen im Wind: die deutschen Truppen sind in Paris einmarschiert! Dann ist die französische Front zwischen dem Ärmelkanal und Verdun zusammengebrochen. Verdun selbst – welch ein Name, |102| welch Erinnerung! – fiel mit allen seinen Forts in deutsche Hand. Weiter ging der Sturm: die Maginotlinie wurde im Norden und Süden durchbrochen; Besançon wurde von Reims her besetzt, Metz erobert! Die starke italienische Wehrmacht ist an der Seite des deutschen Bundesgenossen zum Kampf angetreten. Und im hohen Norden: die Helden von Narvik haben die Engländer und ihre starke Flotte verjagt; in der Geschichte wird man einmal der Gebirgsjäger und Marinesoldaten von Narvik gedenken wie einst der Helden von Thermopylä.
Worte können unseren Dank und unsere Bewunderung gar nicht ausdrücken. Die ganze französische Schützengrabenlinie von Belfort bis nach Ostende, an der wir vor einem Vierteljahrhundert so heiße, blutige und

verlustreiche Kämpfe miterlebten, ist durchbrochen. Die blutgetränkten Schlachtfelder, auf denen um jeden Fußbreit Bodens gerungen werden mußte, sind überschritten. Wer damals an jenen Fronten in diesem Ringen mitgestanden hat, kann es sich gar nicht vorstellen, daß der eiserne Ring jener Jahre zersprengt ist; übergewaltig, schier unmöglich will es uns erscheinen. Auch mitten im Dank und in der Bewunderung vergessen wir nicht die bitteren Opfer an edlem, wertvollem Leben, mit denen die Siege errungen sind: Es sind unsere Männer, Väter, Brüder, Söhne, die da ihr Leben eingesetzt haben. In tiefer Trauer verbinden wir uns mit den Angehörigen unserer Gefallenen. Ihnen, die ihr Liebstes für des Vaterlandes Rettung hergegeben haben, bleiben wir verpflichtet. Das sollen sie wissen und merken.
Und nun lasst uns weiter beten für den Führer, für unsere Soldaten, für unser Volk! Der Sieg soll unsere Herzen nur noch bereitwilliger machen, daß wir uns unter Gottes gewaltiger Hand beugen und daß wir Ihm die Ehre geben. Er soll uns nur noch eifriger im Opfer und noch ernster im Einsatz machen. Wir wollen die Stimme Gottes hören, die uns ruft.

312 [Friedrich] Langenfaß: In Demut danken wir

EGBl für München 49 (1940), S. 106

Waffenstillstand! Compiègne 1940! Wer das Gedicht an der Spitze unseres Blattes[2] mit wacher Seele liest, dem muß eine Welle heißen Dankes durchs Herz rauschen. Wie bitter haben vor 22 Jahren die deutschen Herzen gelitten; wie inbrünstig haben sie um einen Lichtschein im Dunkel der Zukunft gerungen! Alles schien damals zerschlagen. Unser Volk wurde durch die Brutalität der sogenannten Sieger, die überhaupt niemals deutschen Boden betreten hatten, kaltblütig dem Hunger und Elend ausgeliefert, deutsches Land zum Teil sogar von schwarzen Horden besetzt. Und nun ist der ganze Schandvertrag von Versailles zerschlagen! Wiederum in Compiègne! Zerschlagen durch die gewaltigen Hiebe unserer Wehrmacht, durch die heldenhaften Lebensopfer der Söhne unseres Volkes. Der Mann, der seit dem 11. November 1918, wo er kriegserblindet im Lazarett in Pasewalk lag, sich selber zur Befreiung seines Volkes einsetzte, hat nun dem wirklich völlig besiegten Gegner die Waffenstillstandsbedingungen gesetzt: harte und weitgreifende, aber gerechte, menschliche und ehrenvolle Bedingungen.
Am Dienstag, dem 25. Juni 1940, wo früh um 1 Uhr 35 „das Ganze halt!" an der Westfront geblasen worden war, haben sich abends unsere Münchner Gemeinden in allen ihren Gotteshäusern zu Dankgottesdiensten versammelt. Den Ton zu ihnen hat der Führer selbst in seiner Kundgebung von der Waffenstillstandsnacht angeschlagen: „In Demut danken wir dem Herr-

2 Hans Pförtner: Das ewige Deutschland (1918).

gott für Seinen Segen." Feierlich und ernst war die Gemeinde versammelt; in ihrer Mitte, von ihrer Liebe und Fürbitte getragen, auch die, die schon einen lieben Menschen in diesem schweren Ringen um Deutschlands Dasein verloren haben. Der Dank klang aus in das Gebet für Führer, Volk und Wehrmacht. Der Kampf im Westen gegen einen tapferen Feind ist beendet. Nicht der Krieg! Gott mache uns stark, weiter unsere Pflicht zu tun, damit wir unserer Soldaten würdig bleiben. In Demut wollen wir vor ihm stehen, dem Herrn Himmels und der Erden, der Seinen eigenen Sohn auch uns zugut in den Tod gegeben hat.

313 Bekanntmachung Nr. 6976 des Landeskirchenrats. München, 25. Juni 1940

ABlELKB 1940, S. 61

Betreff: Dankgottesdienst anläßlich des Waffenstillstandes mit Frankreich.
Das gesamte deutsche Volk begeht den Tag des Waffenstillstandes mit Frankreich mit freudigem Dank. Die evangelische Kirche, mit ihrem Volke aufs engste verbunden, dankt dem Führer des Reiches Adolf Hitler, dem Schöpfer und obersten Befehlshaber der sieggekrönten Wehrmacht, und seinen Heerführern, sie dankt den todesmutigen, treuen Männern unseres Volksheeres und gedenkt in tiefer Ehrfurcht der Opfer aller bisherigen Kämpfe. Vor allem aber gilt ihr Dank dem allmächtigen Gott, der große Dinge an uns getan und uns den Sieg geschenkt hat. Mit ihrem Dank vereint sie das Gebet um einen baldigen Endsieg zum Segen unseres geliebten Volkes.
Wir ordnen daher gemäß der telegraphisch erteilten Anweisung an sämtliche Dekanate an, daß in allen Gemeinden, wo es sich ermöglichen läßt, am 25. oder 26. Juni ein Dankgottesdienst abgehalten wird. Wo sich ein eigener Dankgottesdienst nicht durchführen lässt, ist der Hauptgottesdienst am nächsten Sonntag entsprechend auszugestalten.
Vom 25. Juni bis 1. Juli ist wie überall im deutschen Reich in der Zeit von 12–12.15 Uhr mit allen Glocken zu läuten. Ausgenommen sind diejenigen Gemeinden, für die eine örtliche Sonderregelung getroffen werden mußte.
München, den 25. Juni 1940.
Evang.-Luth. Landeskirchenrat
D. Meiser

4.2 Nationale Symbole, Feiertage und Persönlichkeiten

4.2.1 „Deutscher Gruß" und Volksgemeinschaft

314 Bekanntmachung Nr. 8534 des Landeskirchenrats. München, 16. September 1936
ABlELKB 1936, S. 141 f.

|141| Betreff: Regelung der Grußpflicht der Geistlichen.
Der Reichskirchenausschuß hat im Benehmen mit den Leitungen der Deutschen Evangelischen Landeskirchen für die Grußpflicht der Geistlichen Richtlinien aufgestellt, denen wir zustimmen und die wir hiemit als Anordnung für unsere Geistlichen herausgeben:

I. Der Gruß im Ornat

Der Geistliche erweist grundsätzlich auch im Ornat den deutschen Gruß. Es gelten jedoch folgende Einschränkungen.

1. Während der Dauer einer gottesdienstlichen Feier (Gemeindegottesdienst oder Amtshandlung) grüßt der Geistliche im Ornat nicht einzelne Personen oder Fahnen und dgl., sondern nur die gottesdienstliche Gemeinde in der agendarisch vorgeschriebenen Form („Der Herr sei mit Euch" u. a.) gegebenenfalls, wo |142| dies üblich ist, in Verbindung mit einem segnenden Erheben des rechten Armes oder beider Arme.
2. Die gottesdienstliche Feier in geschlossenen Räumen (Kirche, Trauerhaus usw.) beginnt mit dem Eintritt des Geistlichen in den Raum, außerhalb geschlossener Räume mit dem Betreten des Ortes der Feier (bei Beerdigungen z. B. der Grabstätte) und endet mit dem Verlassen des Raumes bzw. Ortes der Feier.
3. Die in Ziff. 1 und 2 getroffene Regelung findet auch Anwendung, wenn unter Beteiligung von Geistlichen im Ornat die Gemeinde im geschlossenen Zuge zu kirchlichen Handlungen zieht (Trauerzug, Kircheneinweihung und dergl.).

II. Der Gruß im Konfirmandenunterricht

Die Grußpflicht im Konfirmandenunterricht regelt sich nach den für den Schulunterricht bestehenden Vorschriften.
München, den 16. September 1936.
Evang.-Luth. Landeskirchenrat.
D. Meiser.

315 Adolf Schiller: Volksgemeinschaft und Glaubensgemeinschaft

EGBl für München 44 (1935), S. 59f.

|59| Matth. 22, 21: „Gebet dem Kaiser, was des Kaisers ist, und Gott, was Gottes ist!".

Der Wille zur Volksgemeinschaft hat in unserm Vaterland in den letzten beiden Jahren tiefe Wurzeln geschlagen und vielerlei gute Früchte gezeitigt. Nicht nur in Worten, sondern auch in der Tat zeigt es sich, daß sich bei den einzelnen Volksgenossen die Erkenntnis wieder durchgesetzt hat, die nach dem Krieg vielen verlorengegangen war: des deutschen Volkes Glück ist auch mein Glück, seine Not ist meine Not; seine Schande ist meine Schande und seine Ehre ist meine Ehre.

Auch uns Christen ist die Gemeinschaft unseres Volkes heilig, da wir uns von Gott durch gleiches Blut und gleichen Boden, durch gemeinsame Geschichte und gemeinsame Kultur zu einem Volk zusammengeschlossen wissen. Man hat in letzter Zeit manchmal an unserer Vaterlandsliebe gezweifelt und die bekennende Kirche verdächtigt, sie treibe Verrat an der deutschen Volksgemeinschaft. Diese Verdächtigung ist unberechtigt und unwahr! Wir bezeugen ihr gegenüber: wir lieben unser Vaterland und stellen uns alle in den Dienst der deutschen Volksgemeinschaft, für die wir uns als Glieder des deutschen Volkes auch vor Gott verantwortlich wissen; wir sind ehrerbietig, treu und gehorsam unserer Obrigkeit um des Gewissens willen und beten für unseren Kanzler und Führer. Denn wenn uns Christus den Nächsten lieben heißt, so wissen wir niemand, der uns näher stünde als unsere deutschen Volksgenossen; und wenn er uns dem Kaiser geben heißt, was des Kaisers ist, so ist uns damit Ehrerbietung, Treue, Gehorsam und Fürbitte für unsere Obrigkeit zur Pflicht gemacht. Man wird aus der Gegenwart und aus der Geschichte der evangelischen Kirche nicht beweisen können, daß sie in unserm Vaterland dem Volk und seiner Obrigkeit gegenüber je eine andere Stellung eingenommen hat. Und dies soll, so Gott will, auch in Zukunft so bleiben!

Aber schon die Tatsache, daß wir genötigt sind, von unserm Verhältnis zur deutschen Volksgemeinschaft und seiner Führung zu reden, erinnert uns und die ganze Öffentlichkeit daran, daß wir nicht nur Glieder des deutschen Volkes sind, sondern auch noch einer anderen Gemeinschaft angehören; nämlich der Gemeinschaft derer, die nicht nur dem Staat geben, was des Staates ist, sondern auch Gott geben, was Gottes ist. Und zwar ist uns Gott der Herr über alle Herren und der König über alle Könige, von dem auch alle Völker ihren Bestand und alle Regierungen ihre Aufgabe und ihre Macht haben.

Diese Glaubensgemeinschaft ist uns ebenso heilig, wie die Gemeinschaft unseres Volkes, weil auch sie von Gott ist. Ja, die Glaubensgemeinschaft unserer Kirche steht uns sogar noch viel höher als die Gemeinschaft, die sich

auf Blut und Boden gründet. Denn während diese irdisch und vergänglich ist, wird die Kirche Jesu Christi aus dem Irdischen und aus aller Vergänglichkeit gerettet werden zu himmlischem und ewigem Bestand.
Was wollten wir lieber, als daß diese beiden Gemeinschaften, denen anzugehören wir glücklich sind, die deutsche Volksgemeinschaft und die christliche Glaubensgemeinschaft in unserm Volk, in eins zusammenfielen; daß wir also Volkskirche im wahrsten Sinne des Wortes würden? Dann bliebe uns mancher Gewissenskonflikt erspart, der daraus entsteht, daß wir zweierlei Gemeinschaften angehören. Dann könnten wir Gott, unserm Herrn, über alle Dinge fürchten, lieben und vertrauen ohne jeden Eindruck zu erwecken, als blieben wir der weltlichen Obrigkeit etwas schuldig, was ihr von uns gebührt.
Aber nicht nur jeder nüchtern denkende, sondern auch jeder biblisch denkende Mensch weiß, daß dieser Wunsch nie in Erfüllung gehen wird. Denn während wir ins deutsche Volk hineingeboren sind und nie vor der Entscheidung standen: willst du ein Deutscher sein oder nicht? – wird jeder Volksgenosse (trotz seiner Taufe und aufgrund seiner Taufe) durch den Bußruf Jesu Christi vor die Entscheidung gestellt: willst du ein Christ sein oder nicht? Und leider ist es Tatsache, daß sehr viele Volksgenossen diese Frage verneinen, indem sie nicht an Christus glauben und darum auch Seinem Bußruf nicht gehorchen können. Zumal gegenwärtig, da der Unglaube eine verheerende Propaganda in allen Schichten unseres Volkes treibt, wird die christliche Glaubensgemeinschaft in unserem Volk durch die Wucht der Tatsachen mehr und mehr allen den Volksgenossen gegenüberstellt werden, die sich nicht zu Christus als ihrem Herrn bekennen.
Nein, Volksgemeinschaft und Glaubensgemeinschaft sind nicht ein und dasselbe! Und wollen wir als Glieder der christlichen Glaubensgemeinschaft Gott geben, was Gottes ist, so müssen wir sogar den Kampf des Glaubens mit dem Unglauben, der uns von Christus verordnet ist, innerhalb unserer eigenen Volksgemeinschaft kämpfen. Kennt doch der christliche Glaubenskampf nicht einmal Rücksicht auf Vater oder Mutter oder Sohn oder Tochter (Matth. 10, 35–37)! Wir müssen eine heilige Unruhe in unser Volk tragen, weil man ihm sein bestes Gut, seinen christlichen Glauben, nehmen will. Wir müssen mit aller Deutlichkeit vor der Propaganda warnen, die das neue Heidentum in unserm Volke treibt, und demgegenüber christliche Erziehung der heranwachsenden Jugend uns verbürgen lassen. Und, was das Wichtigste ist, und für alle Zeiten gilt: wir müssen alle, Mann und Mann, und unserm persönlichen Leben durch bedingungslosen Gehorsam dem „Totalitätsanspruche“ Gottes genügen. Denn |60| weil Gott unser Herr ist, darum verlangt und erlaubt Er, daß wir Ihn über alle Dinge fürchten, lieben und vertrauen.
Dem Staat zu geben, was des Staates ist, versäumen wir darüber nicht. Aber schädigen wir mit unserm Glaubenskampf nicht die Volksgemeinschaft, die

uns doch auch teuer, ja heilig ist? Wir haben es schon erfahren, und werden es auch noch erfahren, daß diejenigen Volksgenossen, die nicht an Christus glauben, uns nicht verstehen. Ja, ein Christ, der für seinen himmlischen Herrn kämpft, muß es sogar schmerzlich erfahren, daß er in seinem eigenen Vaterland ein Fremdling wird (1. Petri 1, 1). (Luther, der größte Glaubenskämpfer, wurde in den Bann getan und wie viele mußten schon um ihres Glaubens willen aus ihrer Heimat auswandern!) Und doch können wir als Streiter Christi uns auch vor unserm ganzen Volk und vor unserer weltlichen Obrigkeit ein gutes Gewissen bewahren. Denn das ist die Freude, die wir Christen auch in schmerzlichen Auseinandersetzungen erfahren dürfen: wer Gott bedingungslos gehorcht, der wird allen zum Segen, mit denen er zu tun hat. So werden wir gewisslich unserm Volk zum Segen, wenn wir offen und unerschrocken gegen diejenigen kämpfen, die ihm den Quell seiner besten Kräfte, seinen christlichen Glauben, verschütten wollen.

4.2.2 Beflaggung kirchlicher Gebäude

316 Bekanntmachung Nr. 7761 des Landeskirchenrats. München, 12. Oktober 1933
ABlELKB 1933, S. 151

Betreff: Geburtstag des Herrn Reichsstatthalters Ritter von Epp.
Aus Anlaß des 65. Geburtstages des Herrn Reichsstatthalters Ritter von Epp sind am Montag, dem 16. Oktober, die kirchlichen Gebäude zu beflaggen und zwar die Kirchen selbst mit der Kirchenfahne, die übrigen Gebäude je nach den vorhandenen Fahnen in den Reichsfarben (schwarz-weiß-rot und Hakenkreuz) und Landesfarben; wo Kirchenfahnen fehlen, hat eine Beflaggung der Kirchen zu unterbleiben.
München, den 12. Oktober 1933.
Evang.-Luth. Landeskirchenrat
I. V.: Böhner.

317 Bekanntmachung Nr. 1192 des Landeskirchenrats. München, 16. Februar 1934
ABlELKB 1934, S. 17f.

Betreff: Beflaggung kirchlicher Gebäude.
Für die Beflaggung von Kirchen und kirchlichen Gebäuden gelten bis auf weiteres folgende Anordnungen:
1. Bei Anlässen von allgemeiner Bedeutung behält sich der Landeskirchenrat die Anordnung der Beflaggung vor.

2. Bei Anlässen von örtlicher Bedeutung entscheidet darüber, ob beflaggt werden soll, das Herkommen, gegebenenfalls ein Beschluß des Kirchenvorstandes, der beim Landeskirchenrat zur Genehmigung vorzulegen ist.
3. Von der Beflaggung der Kirchen muß grundsätzlich sparsamer Gebrauch gemacht werden. Eine Beflaggung der Kirchen kann nur bei solchen Anlässen in Frage kommen, bei denen die Beteiligung der Kirche nicht ihrer Würde widerspricht.
4. Bei rein kirchlichen Anlässen sind Kirchen grundsätzlich mit der Kirchenfahne zu beflaggen. Bei sonstigen Anlässen können neben der Kirchenfahne auch die Fahnen in den Reichsfarben (schwarz-weiß-rot und Hakenkreuz) sowie in den Landesfarben gehißt werden; Anordnung darüber trifft der Kirchenvorstand.
5. Bei den sonstigen kirchlichen Gebäuden einschließlich der Pfarrhäuser ist in gleicher Weise zu verfahren, doch können bei ihnen auch bei rein kirchlichen Anlässen, wenn überhaupt beflaggt werden soll, neben oder anstelle der Kirchenfahne die Fahnen in den Reichs- oder Landesfarben gehißt werden.

München, den 16. Februar 1934.
Evang.-Luth. Landeskirchenrat.
I. V.: Böhner.

318 Rundschreiben Nr. 11201 des Landeskirchenrats an die Dekanate. München, 29. November 1935

LAELKB, KKU 11/III

Betreff: Beflaggung von Kirchengebäuden und kirchlichen Dienstgebäuden am 9. 11. 1935.
Fast in jedem Kapitel sind einzelne Pfarrer wegen Nichtbeflaggung von Kirchen am 9. 11. 1935 zur Anzeige gebracht worden. Da wohl in allen Fällen ein Verschulden nicht vorliegen dürfte, haben wir bei der Politischen Polizei um Anweisung gebeten, von einer Weiterverfolgung allgemein abzusehen. Ausserdem haben wir um Auskunft gebeten, wie es bei nicht benutzten Kirchengebäuden, Friedhofskirchen und Kapellen zu halten ist.
Die Politische Polizei hat nunmehr mitgeteilt: „Die gegen die verschiedenen evang. Pfarrer wegen Nichtbeflaggung am 9. 11. 35 erstatteten Strafanzeigen werden einzeln dahin geprüft, ob von Strafverfolgung abgesehen werden kann.
Bezüglich des Umfanges der Beflaggungspflicht wurde den Aussenstellen folgende Entschliessung erteilt: ‚Unter Kirchen im Sinne der Flaggbestimmungen sind sämtliche Gotteshäuser zu verstehen, in denen regelmässig Gottesdienste oder sonstige kirchliche Handlungen, wenn auch in grösseren Zeitabschnitten stattfinden.'"

Wir ersuchen hievon die Herren Geistlichen zu verständigen. Wo von der Strafverfolgung nicht abgesehen wird, ersuchen wir um Bericht. Wiederholt weisen wir auf genaueste Einhaltung der Beflaggbestimmungen hin.
I. V. Dr. Meinzolt.

319 Erklärung Karl Steinbauers zu Protokoll der Gendarmeriestation Penzberg/Obb. zur Anzeige wegen Nichtbeflaggung der Kirchen am 1. Mai 1936

EZA Berlin, 50/868 = Karl Steinbauer: Einander das Zeugnis gönnen, Bd. 2, Erlangen 1983, S. 13–19

Sowenig es mir als verantwortlichem Träger des heiligen Predigtamtes, zu dem ich feierlich ordiniert bin, möglich war, der Anordnung Dr. Goebbels' zum allgemeinen Glockenläuten am Wahlsamstag und Wahldienstag nachzukommen und meine Kirchen aus diesem Anlaß zu beflaggen, ebensowenig konnte ich auch am 1. Mai d.J. dem gleichen doppelten Ansinnen nachkommen. Im übrigen war ja auch für den 1. Mai das Läuten vom Kirchenregiment untersagt worden.
Obgleich ich nun meine grundsätzliche Einstellung schon in meinem Schreiben vom 5. April dargetan habe, will ich doch auch hier noch einmal die Beweggründe meines Handelns in verschiedener Richtung aufzeigen.

1. Glockenläuten
Daß es in jeder Beziehung ein für die Kirche Jesu Christi unerträgliches und beleidigendes Verlangen war, den 1. Mai unter dem Gesang „Freut euch des Lebens“ mit Glockengeläute zu eröffnen, mußte von vornherein nicht nur jedem verantwortlichen Prediger des Evangeliums feststehen, sondern jedem auch nur einigermaßen klarsehenden Laien deutlich sein. Daß es Herrn Dr. Ley offenbar nicht klar war, kann vielleicht manchem die Augen öffnen. Wofür muß man denn die Kirche Christi in diesen Kreisen halten, die meinen, der Kirche zumuten zu können, zu solchem Gesang „Freut euch des Lebens“ die gleichen Glocken läuten zu lassen, deren Beruf es ist, zum Wort Gottes und zum Gebet zu rufen? Das ist eine dringliche Frage zu ernster Besinnung für den Staat und wahrlich nicht minder für die Kirche.

2. Verweigerung der Beflaggung
a) Diese eben angedeuteten Gedankengänge waren auch mitbestimmend für die Verweigerung der Beflaggung meiner drei Kirchen. Dazu kommt zunächst noch dieses: lt. ausdrücklicher Mitteilung unserer obersten Kirchenbehörde bemühte sich die Kirche seit Wochen, am 1. Mai Raum zu bekommen, die Arbeit des deutschen Volkes unter das Wort Gottes zu stellen. Es ist ihr nicht gelungen. Damit hat man sich deutlich genug dahin

ausgedrückt, daß man vom Dienst der Kirche bei dieser Gelegenheit nichts wissen will. Es ist schon rein menschlich ein unbilliges Verlangen, daß die Kirche flaggen soll, wenn gleichzeitig der Predigtdienst der Kirche offensichtlich zurückgewiesen wird. Es sollte doch verstanden werden, daß einer solchen Forderung schon rein mit Rücksicht auf Ehre und Charakter nicht entsprochen werden kann. In diesem Zusammenhang drängt es mich, auf eine schwere seelische Not unserer Zeit hinzuweisen, unter der nicht wenige leiden.

Die seelische Not besteht darin, daß heute vielfach auch im alltäglichen Leben Anforderungen an das Gewissen, den Charakter und die Mannesehre des einzelnen gestellt werden, die nur unter schwerer seelischer Belastung geleistet werden können.

Wie oft werden vom Einzelnen Handlungen verlangt, welche mit seiner inneren Überzeugung nicht im Einklang stehen, die er aber nicht verweigern kann, ohne ernstliche Nachteile für seine Existenz befürchten zu müssen. Es liegt auf der Hand, daß hierdurch die innere Lauterkeit des einzelnen ernstlich gefährdet und damit weithin die Charakterwerte des Gesamtvolkes in erschreckendem und beängstigendem Ausmaße zerstört werden. Schon meine Auffassung von der äußeren Würde der Kirche hätte es mir aus solchen Gedankengängen heraus in diesem Falle schwer gemacht, zu beflaggen.

b) Nun kommt aber als bestärkend und entscheidend hinzu das offizielle Wort der Partei und des Staates – Partei und Staat sind ja eines – zum Geschehen am 1. Mai aus dem Munde des Reichsleiters Dr. Ley.

Er sagt („Völkischer Beobachter" Nr. 122/36) u.a.: „Da spricht der törichte Mensch vom Jammertal dieser Erde; von ewiger Sünde und Schuld, von zerknirschender Buße und knechtseliger Gnade."

Dieser Satz ist eine ganz unerhörte Verhöhnung der Kirche und erschreckende Lästerung Gottes und seiner heiligen Botschaft an die Welt, wie sie uns durch die Heilige Schrift aufgetragen ist.

Zum einzelnen:

a) „Jammertal" – der „törichte Mensch" Dr. Martin Luther hat den 84. Psalm aus der Heiligen Schrift Vers 6 u. 7 so übersetzt: Wohl den Menschen, die dich für ihre Stärke halten und von Herzen dir nachwandeln, die durch das Jammertal gehen und machen daselbst Brunnen. …

Der „törichte Mensch" Dr. Martin Luther hat im Kleinen Katechismus, einer der Bekenntnisschriften unserer Evang.-luth. Kirche, zur Auslegung der 7. Bitte „sondern erlöse uns von dem Übel …" gesagt: „Wir bitten in diesem Gebet als in der Summa, daß uns der Vater im Himmel von allerlei Übel Leibes und der Seele, Gutes und Ehre erlöse, und zuletzt, wenn unser Stündlein kommt, ein seliges Ende beschere, uns mit Gnaden aus diesem Jammertal zu sich nehme in den Himmel."

b) „Von ewiger Sünde und Schuld" – man sollte nicht imstande sein, so wie es hier geschieht, von Sünde und Schuld zu reden; von allem anderen abgesehen, schon deshalb nicht, weil die Wahl vom 29. März mit der Fälschung des Wahlergebnisses – die ja von der Reichskanzlei auf Anfrage förmlich zugegeben worden ist – und mit all den belastenden Begleiterscheinungen noch so kurz hinter uns liegt, daß wir sie noch nicht wieder vergessen haben sollten. Vielleicht müssen wir als Volk und Staat viel früher, als wir meinen, es uns vom lebendigen Gott, der sich nicht spotten läßt, praktisch wieder beibringen lassen, daß es auch heute noch gilt: „Gerechtigkeit erhöhet ein Volk, aber die Sünde ist der Leute Verderben." Dieses Wort steht in der Heiligen Schrift Spr. 14, 34 und ist Gottes heiliges Wort, und das ist wahr! Und abermals steht geschrieben: „Wer Sünde tut, der ist der Sünde Knecht." Andererseits spricht der Herr Christus Matth. 2, 17: „Ich bin gekommen, die Sünder zur Buße zu rufen", und so schreibt der Apostel Paulus 1. Tim. 1, 15: „Das ist gewißlich wahr und ein teuer wertes Wort, daß Jesus Christus gekommen ist in die Welt, die Sünder selig zu machen." Wer nicht an der Sünde zugrunde gehen will, der höre!

So bekennen unsere reformatorischen Väter 1530 in Augsburg (Augsburger Conf. II. Art.): „Weiter wird bei uns gelehrt, daß nach Adams Fall alle Menschen, so natürlich geboren werden, in Sünden empfangen und geboren werden, das ist, daß sie alle von Mutterleib voller böser Lust und Neigung sind und keine wahre Gottesfurcht, keinen wahren Glauben an Gott von Natur haben können: daß auch dieselbige angeborene Seuche und Erbsünde wahrhaftig Sünde sei und verdamme alle die unter ewigen Gotteszorn, die nicht durch die Taufe und Heiligen Geist wiederum neu geboren werden. – Hieneben werden verworfen die Pelagianer und andere, so die Erbsünde nicht für Sünde halten, damit sie die Natur fromm machen durch natürliche Kräfte zu Schmach dem Leiden und Verdienst Christi."

(Ich möchte hier nebenbei darauf hinweisen, daß durch die Verkündigung der Kirchenverfassung vom Juli 1933 und durch die Anerkenntnis des dort enthaltenen Vorspruchs die Bekenntnisschriften mit ihrem Inhalt als Grundlage kirchlichen Handelns auch vom Staat als Reichsgesetz anerkannt worden sind.)

c) „zerknirschende Buße" – Es hat noch nie Zweifel bestanden, daß der Ruf zur Buße ein unaufgebbares Stück der christlichen Verkündigung ist. Als die Zeit des Neuen Testamentes im Anbruch war, ruft der „törichte Mensch" Johannes der Täufer: „Tut Buße, das Himmelreich ist nahe herbeigekommen!" Und der Herr Christus selbst, der „törichte Mensch" – merkt man nun, was hier für eine ungeheure Lästerung getrieben wird –, nimmt diesen Ruf wieder auf und beginnt seine Predigt ebenfalls: „Tut Buße, das Himmelreich ist nahe herbeigekommen."

Die erste der 95 Thesen Luthers heißt: „Da unser Meister und Herr Jesus Christus spricht: Tut Buße ... usw., will er, daß das ganze Leben seiner Gläubigen auf Erden eine stete oder unaufhörliche Buße sein soll." Und so bekennen und lehren unsere reformatorischen Väter (Verteidigung der Confession Art. XII): „Hie berufen wir uns auf Erfahrung aller Gottesfürchtigen, auf alle redliche, verständige Leute, die auch gern die Wahrheit erkennten, die werden bekennen, daß die Widersacher in allen ihren Büchern nichts Rechtschaffenes gelehrt haben von der Buß, sondern eitel verworren unnütz Geschwätz; und ist doch dies ein Hauptartikel der christlichen Lehre, von der Buße, von der Vergebung der Sünde."

d) „Knechtselige Gnade" – So stehet geschrieben Eph. 2, 8+9: „Aus Gnade seid ihr selig geworden durch den Glauben – und das nicht aus euch: Gottes Gabe ist es – nicht aus den Werken, auf daß sich nicht jemand rühme." Römer 3, 23: „Denn es ist hier kein Unterschied, sie sind allzumal Sünder und mangeln des Ruhmes, den sie vor Gott haben sollten, und werden ohne Verdienst gerecht, aus seiner Gnade durch die Erlösung, so durch Christum Jesum geschehen ist." Davon zeugen unsere reformatorischen Väter mit Martin Luther (Schmalkald. Art. II, 1): „Von diesem Artikel kann man nichts weichen oder nachgeben, es falle Himmel und Erden oder was nicht bleiben will. Denn es ist kein anderer Name den Menschen gegeben, dadurch wir können selig werden ..."

Zusammenfassend sagen unsere Bekenntnisschriften über diese reformatorischen Zentraltatsachen von Sünde, Buße und Gnade (Augsb. Conf. Art. XII): „Und ist wahre, rechte Buße eigentlich Reu und Leid oder Schrekken haben über die Sünde und doch daneben glauben an das Evangelium und Absolution, daß die Sünde vergeben und durch Christus Gnade erworben sei, welcher Glaube wiederum das Herz tröstet und zufrieden macht."

Wer die Entstehungsgeschichte der Reformation auch nur einigermaßen kennt, weiß, daß sie daraus erwachsen ist, daß Luther die Tatsache der Sünde (vgl. b) und der Buße (vgl. c) wieder ganz ernst genommen hat und ihm damit die Botschaft Gottes in Christus wirklich als Frohbotschaft wieder geschenkt worden ist. Wer nun diese Hauptartikel reformatorischer Botschaft von Sünde, Buße und Gnade angreift oder glaubt lächerlich machen zu können, setzt sich damit auch in Widerspruch zu dem, was die Kirche Jesu Christi auftragsgemäß und deshalb positiv seit jeher verkündet hat. Damit sind die Ausführungen Dr. Leys als Mund der Partei klar als Lästerung gerade der reformatorischen Botschaft erwiesen.

Wenn aber ein Vertreter des Staates und der Partei glaubt, seine Machtstellung dazu zu haben, um in einer so offiziellen Kundgebung, wie die zum 1. Mai, die Sache des Evangeliums und der Botschaft Gottes in Jesus Christus lästern zu dürfen in solch unerhörter Weise, wie es hier tatsächlich geschieht, so möge er es tun, man kann und darf aber nicht erwarten, daß ein ev.-luth. Pfarrer und Prediger des Evangeliums dazu schweigt.

(Nebenbei sei gesagt: Wie man glaubt, solches Verhalten mit dem § 24 des Parteiprogramms vereinbaren zu können, bleibt freilich eine Frage der Wahrhaftigkeit und inneren Sauberkeit.)

Wenn darum der Kirche zugemutet wird, den Ort zu beflaggen, an dem die Christusbotschaft auftragsgemäß verkündet wird, angesichts der im amtlichen Aufruf zum 1. Mai ausgesprochenen Lästerungen, so würde sie sich selbst verächtlich und auch schuldig machen, wenn sie diesem Ansinnen entsprechen würde.
Ich meinerseits war wenigstens nicht in der Lage, meine Kirchen zu beflaggen. Hätte ich anders gehandelt, ich hätte mich geschämt vor unseren reformatorischen Vorvätern, deren Erbe wir zu verwalten haben, vor meiner Gemeinde, vor meinen Schulkindern und Konfirmanden, denen wir dieses Erbe zu vermitteln haben, vor meinem Volk, vor Ahnen und Nachkommen.
Mich treibt neben meinem Auftrag als Prediger des Evangeliums auch die Angst um die Zukunft unseres Vaterlandes und die Liebe zu meinem Volk, und auch die verbietet mir, zu schweigen. Ich glaube allerdings, daß ich damit auch meinem Volk einen besseren Dienst tue, als die, die schweigen. Warum sie schweigen, das frage sich jeder selbst. Wer noch immer glaubt, schweigen zu können, ohne Verletzung seines Gewissens, möge es tun. Wer den Mut hat zu schweigen, der schweige.
Penzberg/Obb., den 2. Mai 1936

320 Rundschreiben Nr. 2223 des Kreisdekanats Nürnberg an alle Pfarrämter. Nürnberg, 27. Juli 1936

FKiZM. A 30. 7

Betreff: Beflaggung während der Olympia. [sic!]
Eine Beflaggung der Kirchen während der Olympia kommt nicht in Frage.
gez. Schieder.

321 Schreiben Pfarrer Hans Bayers an Senior Johann Beckhaus. Hilpoltstein, 1. August 1936

LAELKB, KrD Nürnberg 5174, Bayer, Hans

Sehr geehrter Herr Senior!
Eben erhalte ich Ihren Brief, über dessen Inhalt ich nicht erfreut bin. Wenn vom Kreisdekan-Nürnberg als Mitglied der Kirchenleitung die Anordnung kommt:
„Eine Beflaggung der Kirchen während der Olympia kommt nicht in Frage“, so ist das eine so bündige und eindeutige Anweisung, dass man sie nicht unmittelbar darauf wieder zurücknehmen kann. Freilich ist eine Vorstellung bei den Staatsstellen zweck- und erfolglos – ich war aber immer noch des Glaubens, dass die Kirchenleitung von sich aus entscheiden könne,

besonders wenn es ihr, wie den Mitgliedern des lutherischen Rates, so sehr um bekenntnisgebundenes und das muss doch heissen: eigenständiges Kirchenregiment zu tun ist. Nur dann hat nämlich die Bekenntnisbindung bloss einen Wert! Also wieder einmal eine Enttäuschung!

Ich möchte Ihnen mitteilen, dass ich auf jeden Fall zunächst einmal nicht flaggen werde – es hat dies auch ausser der vorgesetzten kirchlichen Behörde diesmal noch niemand von mir verlangt!! – und zwar aus folgenden Gründen, die Sie bitte auch noch anhören wollen:

1. Ich kann eine grundsätzlich getroffene Entscheidung für meine Person nicht so schnell in eine andere entgegengesetzte verwandeln. Oder hat die Kirche auch ein automatisch sich regulierendes Kollektiv-Gewissen?

2. Ich denke an den Fall Steinbauer. Ich müsste mich vor ihm schämen. Wir haben alle ihm grundsätzlich rechtgegeben – es können nur Gesichtspunkte der Taktik gegen ihn geltend gemacht werden, die aber in der Kirche keine eigentliche Geltung haben dürfen. Wir sind in Stunden der Hochstimmung zu Solidaritätserklärungen bereit und können dann, wenn wir in dieselbe Lage versetzt werden, doch wieder anders, finden für unsere eigene Person und für die Gesamt-Kirche einen Kompromiss. – Eine merkwürdige Solidarität!

3. Es ist dieselbe Situation, nur dass sie diesmal ein internationales Ausmass hat. Das sollte die Kirche aber nicht zu einem Kompromiss, sondern erst recht zu einem Zeugnis verpflichten! – Die Olympiade überhaupt ist wenigstens in ihrer ganzen Aufmachung und vor allem in ihrer parteiamtlichen Interpretation bewusstes Heidentum: das Sakrament des heiligen Feuers, der Kultus des Leibes! Der Führer hat beim Empfang des Olympia-Kommitees von den Grundgedanken der Olympischen Spiele gesprochen, die ältesten Ursprungs sind. „Sie gehen aus von jener Kultstätte, wo mehr als ein Jahrtausend lang die Spiele als Ausdruck religiösen Empfindens ... gefeiert worden sind." Das soll erneuert werden und davon würde von Deutschland aus die Sportjugend der ganzen Welt infiziert. Auch die ersten Reden zu Beginn der Olympiade zeigten, bei aller gebotenen Zurückhaltung, doch wieder eine mehr oder weniger offene antichristliche Tendenz. Zum mindesten wurde versteckt Hellenentum gegen Christentum ausgespielt. Dr. Ley sagte wieder als Parteimann ohne alle Hemmungen, taktisch gewiss nicht klug: „Wir glauben auf dieser Erde allein an Adolf Hitler! Wir glauben, dass der Nationalsozialismus der alleinseligmachende Glaube für Deutschland ist! Wir glauben, dass uns der Herrgott Adolf Hitler gesandt hat, damit er Deutschland von den Heuchlern und Pharisäern befreie!" – Das ist doch eindeutig genug! Soll nun die Kirche sich selbst zum Kampf gegen die Kirche bekennen? – Dazu hat das „Frankfurter Volksblatt" amtl. Organ der NSDAP für den Gau Hessen-Nassau bereits angekündigt: „Wenn die Olympischen Spiele und der diesjährige Parteitag vorüber sein werden, wird die ganze Bewegung antreten zum Winterkampf 1936. Wir wollen es

uns dann zum Ziel machen, die nationalsozialistische Propaganda gerade in jene Kreise hineinzutragen, die die kirchliche Autorität so gern über die staatliche stellen."

4. Wie müssen nun solche Worte und Methoden auf das Urteil des Auslands wirken, um das man sich bei der Olympiade unter Aufgebot aller Kräfte trotz ja gerade wegen der Bestreitung durch Dr. Göbbels im propagandistischen Sinn für den neuen deutschen Staat so sehr bemüht. Die ausländischen aktiven Olympiabesucher sind zum auffallend grossen Teil Mitglieder des CVJM. Ich glaube, dass sich Deutschland vor den Augen des Auslands besser präsentiert, wenn seine Vertreter keine 3 Wochen lang beflaggte Kirchen zu Gesicht bekommen!

5. Der neutestamentliche Hinweis (Matth. 17, 27) kann mich nicht überzeugen, da zwischen Steuerzahlen und Kirchenbeflaggen doch wohl einiger Unterschied besteht. Sie brauchen sich ja nicht zu ärgern, wenn sie es nicht selbst wollen, wenn sie nämlich nur die Kirche das sein lassen, was sie von sich aus allein sein kann. Es handelt sich doch letzten Endes um das Ärgernis, das sie ihnen eben nun unter allen Umständen nicht ersparen darf und kann: das Ärgernis ihrer eigenen Existenz, die ihren Grund hat in dem Wort vom Kreuz, das bekanntlich einst wie heute ein Grundärgernis der Menschheit ohne Unterschied der Rassen ist – gerade auch für die um den Kultus des Leibes sich scharende Menschheit!

6. Es genügt mir schon so die Fahnen 3 Wochen lang Tag für Tag in den Strassen unserer Städte und Märkte und Dörfer zu sehen. Es geht mir auf die Nerven als Ausdruck einer romanischen Überfremdung, ich empfinde es auch als „Sünde" gegen das deutsche Wesen. Vollends würde ich es als Gipfelpunkt einer undeutschen Exaltiertheit empfinden, wenn sie auch noch während der ganzen Zeit von den Türmen unserer Kirchen wehen. Man lasse doch die Olympiade sein, was sie nur sein kann: nämlich ein internationaler sportlicher Wettkampf und mache daraus keine kultische Angelegenheit! Wenn das unsere Staatsminister tun, dann brauche ich doch kraft der verkündeten Gewissensfreiheit (s. Rudolf Hess-Erlass, der so gern bei allen möglichen Gelegenheiten angeführt und angewendet wird – warum nicht auch einmal von der Kirche aus, wenigstens in diesem Fall?!) nicht mit zu machen, ja wenn ich nun zufällig offizieller Vertreter der Kirche bin, dann darf ich nicht mit machen! – Ich glaube auch die Fahne als Hoheitszeichen des 3. Reiches höher zu achten, wenn ich ihre Hissung nicht als Bagatelle betrachte.

Die Kirche könnte auch in diesem Fall wohl dem Staat geben, was des Staates ist – aber es gehörte wohl auch gerade zum Auftrag und schuldigen Dienst der evangelischen Kirche am deutschen Volk, solcher romanischen Überfremdung zu wehren. Ich hätte dies in der Weise für möglich gehalten, dass die Kirchenleitung von sich aus – warum sollen ihre Anordnungen ausgerechnet vom Unverständnis der Staatsstellen diktiert sein?! – zu Beginn und

zum Schluss der Olympiade für einen Tag Beflaggung angeordnet hätte. Damit wäre die christliche und durch sie auch die deutsche Würde wenigstens von der Kirche gewahrt worden! Aber 3 Wochen lang Tag und Nacht, Sonntag und Werktag – das ist eine christliche und deutsche Unmöglichkeit! Ich könnte mir sehr gut denken, dass die zu Besuch kommenden Ausländer gerade unsere schönen alten Städte sehr gerne ohne diesen schreienden Anspruch der Politischen Totalität des Tages in ihrer im Lauf der Jahrhunderte gewachsenen Schönheit und Würde sehen würden und dass dieser Eindruck der bewährten Echtheit vom deutschen Wesen ein sehr viel überzeugenderer und nachhaltigerer sein würde als in dieser ständigen Dekoration.
Nun habe ich Ihnen meine Ressentiments ziemlich ausführlich ausgesprochen. Es könnte nun allerdings sein, dass ich mich in Ihren Augen durch die vorstehenden Ausführungen gegen das auch mir neulich neu eingeschärfte 4. Gebot vergangen habe. Aber was ist das für ein merkwürdiger Gehorsam, der einmal in dieser und dann in der gerade entgegengesetzten Richtung zu leisten ist. So können auch Eltern, wenn sie sich ihrer erzieherischen Verantwortung bewusst sind, nicht mit ihren Kindern umspringen. Und wenn ich gehorchen soll, dann muss der, der Gehorsam fordert, auch wirklich Herr sein wenigstens in seinem eigenen Haus!
Zum Schluss noch eine Sie, sehr geehrter Herr Senior, besonders angehende Mitteilung, woraus Sie ersehen wollen, dass mir Ehrerbietung und Besorgnis um Ihre Person nicht mangeln. In der „Jungen Kirche" vom 1. 8. lese ich heute (S. 740!): Der Gauwalter der Arbeitsfront Schleswig-Holstein gibt nach einer Mitteilung von „Auf der Warte" (27. 5. 7. 36 [sic!]) bekannt: Ich untersage hiemit erneut allen Dienststellen der Deutschen Arbeitsfront und D. A. F.-Waltern sowie K.d.F.-Warten jede Werbetätigkeit für den „Stürmer", ebenso jede Unterstützung des „Stürmer"-Verlages beim Vertrieb der Zeitung. Der „Stürmer" ist kein parteiamtliches Organ. Nochmals eine parteiamtliche Bestätigung Ihrer bereits bei Ihrer Vernehmung vertretenen Auffassung. Könnte diese Notiz nicht ebenso wie in der J. K. auch einmal im Kirchenboten gebracht werden?

322 Hans Bayer: Rechtfertigung vor der politischen Polizei wegen Nicht-Beflaggens der Kirche während der Olympiade. Hilpoltstein, 12. August 1936

LAELKB, KrD Nürnberg 5174, Bayer, Hans

Die evang. Kirche Hilpoltstein wurde während der Olympiade bisher nicht beflaggt. Über meine Gründe hiefür habe ich folgendes zu erklären:
1. Die Beflaggung wurde unterlassen, da das Kirchenregiment grundsätzlich einen Dispens von der Dauerbeflaggung für die Kirchen erreichen wollte u. diesen Versuch nur wegen seiner Aussichtslosigkeit nicht unter-

nommen hat. Das Kirchenregiment war in seiner Anordnung nicht frei, von sich aus die kirchlich richtige Entscheidung zu treffen.
2. Ich bestreite, dass die Kirche im Sinn des Erlasses des Innenministers ein öffentliches Gebäude wie alle andern ist und bestreite deshalb auch das Verfügungsrecht des Staates über die Kirchen. Die evang. luth. Kirche steht grundsätzlich auf dem Standpunkt: „Die im Bekenntnis der lutherischen Kirche der christlichen Obrigkeit zuerkannte Teilnahme am Kirchenregiment ist bekenntniswidrig, wenn der christliche Charakter der Obrigkeit aufgehoben ist. Für diesen Fall ist es kein politisches Urteil der lutherischen Kirche, wenn sie erklärt, dass ihr ausschliesslich das an das Bekenntnis gebundene Kirchenregiment zusteht". Ich bin der Meinung, dass dieser Satz nicht bloss theoretische, sondern auch praktische Bedeutung hat und zwar gerade auch in diesem Fall. Denn selbst eine grundsätzlich neutrale Regierung, die nun nicht bloss die verschiedenen christlichen Bekenntnisse toleriert, sondern auch das neue Heidentum ausgesprochenermassen unter staatlichen Schutz nimmt (s. Gotteslästerungs-§!), ist nicht mehr christliche Obrigkeit. Das ist kein politisches Urteil, sondern einfach die Feststellung eines Tatbestandes, die ehrlicherweise zu treffen ist und aus der ohne allen Fanatismus die notwendigen Konsequenzen in der Ordnung des Verhältnisses von Staat und Kirche zu ziehen sind. Es ist für beide unwürdig, noch länger den blossen Schein der Christlichkeit aufrecht zu erhalten.
3. Macht mir nun auch der besondere Anlass die geforderte Beflaggung der Kirche unmöglich. Die Olympischen Spiele haben in ihrer diesmaligen Aufmachung und besonders in ihrer parteiamtlichen Interpretation nicht bloss sportlichen, sondern kultischen Charakter. (s. die Eröffnungsreden!) Darüber hinaus zeigen einzelne offizielle Äusserungen wieder eine direkt antichristliche Tendenz wie die Schlussätze Dr. Leys (bei der Einweihung der K.d.F.-Olympiahalle nach dem Bericht des Völkischen Beobachters, Berlin 23.7.36.): „Wir glauben, dass der Nationalsozialismus der alleinseligmachende Glaube für Deutschland ist. Wir glauben, dass uns der Herrgott Adolf Hitler gesandt hat, damit er Deutschland von den Heuchlern und Pharisäern befreie." Wenn das der Sinn der Sendung Adolf Hitlers ist, so sehe ich immer mehr die drohende Gefahr ihrer Verfälschung, an der ich mich wenigstens nicht mitschuldig machen möchte. Ich möchte für meine Person ohne alle Heuchelei dem heutigen Pharisäismus im weltlichen Gewand gegenübertreten. Es wäre aber Heuchelei, ich täte es um des äusseren Scheines willen gegen mein Gewissen, wenn ich beflaggen würde. Denn zu einem Sportereignis selbst von internationalem Ausmass zu flaggen hat die Kirche keinen Anlass, bei einer religiös-kultischen Deutung desselben darf sie es nicht tun. Der besondere Dienst der Kirche besteht in der Wortverkündigung, der auch in diesem Fall geleistet worden ist (s. Predigt Dr. Zöllners im Berliner Dom!).

4. Ich müsste es also als eine Knechtung und Vergewaltigung meines Gewissens empfinden, wenn ich in diesem Fall zur Beflaggung der Kirche gezwungen würde. Ein solches Vorgehen steht aber im schroffsten Gegensatz zu der im 3. Reich verkündeten Gewissensfreiheit (s. Rudolf-Hess-Erlass!). Ich bin als Deutscher zu ganzem Einsatz für mein Volk bereit, wenn ich als Christ meinen Glauben offen bekennen und nach den sich daraus ergebenden Konsequenzen urteilen und handeln und also als Pfarrer mein Amt rein von der Kirche aus verwalten darf. Das würde keine Einschränkung, sondern eine letzte Steigerung bedeuten. Nimmt man mir aber die Freiheit des Gewissens als Christ, so muss auch meine Verantwortlichkeit für Deutschland verkümmern und ersterben.
5. Ich muss weiter einfach an die Ehre der Partei appellieren. Ich empfinde es als unehrlich, wenn man doch die Unkirchlichkeit zum zunächst geheimen, dann aber immer offener ausgesprochenen Prinzip erhebt (ich brauche bloss auf die Praxis der Sonntags-„Heiligung" hinzuweisen!) und sich dabei in der Frage der Beflaggung derart intensiv an der Kirche interessiert zeigt. Ich bin der Meinung, dass dem, der den Altar nicht kennt (d.h. die Kirche von innen), auch der Kirchturm gleichgültig sein müsste (d.h. die Kirche von aussen)! Ich kann nicht verstehen, dass ein Ortsgruppenleiter, der mein Grüssen mit dem deutschen Gruss vor anderen als Scheinheiligkeit bezeichnet hat, derart fanatisch auf die Beflaggung der Kirche versessen sein kann. Das wäre ja in seinen Augen eine neue Unehrlichkeit, die er also trotzdem erzwingen will. Das geht gegen die innere Ehre der Partei, wenn sie ihre äussere Macht auf die Kirche ausdehnt, der sie doch zum mindesten gleichgültig, wenn nicht feindlich gegenüber steht. Der Kampf gegen sie ist uns schon für die Zeit nach der Olympiade angekündigt, wenn der olymp. Friede dann zu Ende sein wird. So schreibt das „Frankfurter Volksblatt", amtliches Organ der NSDAP für den Gau Hessen-Nassau in einem Aufsatz anlässlich des Gautags in Frankfurt u. a. folgendes: „Wenn die Olympischen Spiele und der diesjährige Parteitag vorüber sein werden, wird die ganze Bewegung antreten zum Winterkampf 1936. Wir wollen es uns dann zum Ziel machen, die nationalsozialistische Propaganda gerade in jene Kreise hineinzutragen, die die kirchliche Autorität so gerne über die staatliche stellen. In diesen Auseinandersetzungen wird sich zeigen, wo jeder Parteigenosse steht. Wir brauchen jedenfalls keine Halben und Lauen ..." (Deutsche Zukunft, Berlin, 19.7.36.) – Von der Partei aus wird hier geradezu ein Gegensatz zwischen Nationalsozialismus und Christentum, Staat und Kirche aufgerissen. Man hat ja schon die eigenen Kultstätten – zu was braucht man da die Kirchen? – Bloss um die Fahne am Turm aufzuhängen?!
6. Ich empfinde es auch als eine Entehrung der Fahne selber, wenn ich gezwungen werde, ihre Hissung nicht mehr ernst zu nehmen, sondern nur als Bagatelle zu betrachten. Ein Heiligtum wird bekanntlich durch seine Profanisierung entweiht. Gehört die Fahne allmählig zum Strassenbild des

Alltags, so schwindet die Achtung vor ihr. Eben weil ich beobachten kann und muss, wie verheerend sich die dauernde, vielfach erzwungene Beflaggung auswirkt, möchte ich auch von meinem deutschen Empfinden und Gewissen aus mich nicht dieser „Sünde“ mitschuldig machen. Ich empfinde die dauernde Dekoration als im Gegensatz zum deutschen Wesen, dessen Merkmale Schlichtheit und Echtheit sind: als Ausdruck einer romanischen Überfremdung! – Die Kirche hilft darum die Würde deutschen Wesens und die Ehre der Fahne besser wahren, wenn sie sich an der Dauerbeflaggung nicht beteiligt!

7. Man wird vor allem noch als Gegengrund geltend machen, dass die Rücksicht auf die ausländischen Gäste die Mitbeteiligung an der Beflaggung in diesem Fall einfach zur nationalen Pflicht macht. Der Reichspropagandaminister hat sich veranlasst gesehen, zu Beginn der Spiele aufs nachdrücklichste in Abrede zu stellen, dass mit den XI. Olympischen Spielen eine propagandistische Tendenz für den neuen deutschen Staat verbunden sei. Die Ausländer sollen Deutschland kennen lernen, wie es ist – es liegt vor ihnen wie ein aufgeschlagenes Buch – es werden keine potemkinschen Dörfer gezeigt. Das muss doch heissen, man verzichtet auf alle Fassade um der echten deutschen Wirklichkeit willen, die für sich selber Zeugnis ablegt. Ich habe nun tatsächlich nach den Stimmen der Auslandspresse feststellen können, wie jede Übertreibung des nationalen Selbstbewusstseins Deutschland notwendig schaden muss – selbst „Popolo di Italia“, das Blatt des faschistischen Italiens beklagt sich über einen allzu starken Patriotismus! – wie dagegen die Schlichtheit des deutschen Alltags als wohltuende Überraschung empfunden wird. So äussert sich der Schatzmeister des holländischen olympischen Komitees, G. W. A. von Laer gegenüber dem Berliner Vertreter des „Hamburger Fremdenblatts“, über seine Eindrücke in Deutschland: „Nach meiner Auffassung haben sich die XI. Olympischen Spiele für das Verhältnis zwischen Deutschland und der übrigen Welt äusserst segensreich ausgewirkt. Es ist keine Frage, dass viele von den Ausländern, die sich anlässlich der Spiele in der Reichshauptstadt aufhalten, sehr irrige Vorstellungen über das nationalsozialistische Deutschland mitbrachten. Sie werden erwartet haben, dass jeder Deutsche eine Uniform trägt. ... Statt dessen haben sie ein ganz anderes Volk vorgefunden, als es sich in ihrer Phantasie ausnahm. Sie begegneten Menschen, die fleissig, ordnungsliebend und fröhlich ihren täglichen Geschäften nachgehen. Dieses Deutschland der Arbeit und des Friedens ist ihre grosse Überraschung.“ Also nicht im Fest-, sondern gerade im schlichten Arbeitsgewand imponiert ihnen Deutschland. – Die Fahne steht dabei in einer gewissen Analogie zur Uniform! – So verbietet mir gerade auch die recht verstandene Rücksicht auf das Ausland die angeordnete Dauerbeflaggung, das erst recht auch nicht die Ausdehnung der politischen Totalität auf die Kirche verstehen könnte. Daran müssten die ernsthaften Christen unter unseren Gästen Anstoss nehmen.

Um den Konfliktstoff zu beseitigen, der immer wieder aufs neue in dieser Frage sich ansammelt, habe ich der politischen Polizei in aller Offenheit und Ehrlichkeit meine Gründe vorgetragen. Ich hoffe, dass Offenheit und Ehrlichkeit noch nicht als undeutsch gelten und deshalb auch nicht als Vergehen gegen Staat und Partei, die etwa unter das Heimtücke-Gesetz fallen, betrachtet werden.
Hilpoltstein, den 12. August 1936.

323 Schreiben Pfarrer Hans Bayers an das Dekanat Nürnberg. Hilpoltstein, 24. August 1936

LAELKB, KrD Nürnberg 5174, Bayer, Hans

Sehr verehrter Herr Oberkirchenrat!
Mein Verhalten in der Frage der Beflaggung der Kirche während der Olympiade hat zu einer Anzeige bei der politischen Polizei geführt. Ich möchte Ihnen gerne, bevor ich in Urlaub fahre, eine Abschrift meiner Erklärung vor der hiesigen Polizei und eines Antwortbriefes an das hiesige Bezirksamt zusenden, weil ich nicht weiss, was daraus wird und damit Sie für alle Fälle im Bild sind. – Als eine Bestätigung der Berechtigung meiner Weigerung und Ablehnung betrachte ich es, dass nun auch ein Anspruch auf die Glocken geltend gemacht wird. Es zeigt sich, wie die Dinge nach dem ihnen immanenten Gesetz notwendig weitertreiben, wenn man sich nicht dagegen stemmt.
Welche Haltung wird nun die Landeskirche bei der nächsten Gelegenheit, dem Reichsparteitag, einnehmen, der, wie man hört, ganz und gar weltanschaulich aufgezogen werden soll? Wird sie nicht von vornherein von sich aus die notwendige Entscheidung treffen?
Ich halte mich für verpflichtet, Ihnen nochmals zu schreiben vor allem auch durch eine Aussprache mit dem hiesigen Bezirksamtsvorstand (im Anschluss an den persönlich überreichten Brief), der als Gemeindeglied grundsätzlich wohlgesinnt nach der Lage der Dinge zum Vorgehen gegen seinen eigenen Pfarrer gezwungen ist. Er wehrt sich darum entschieden dagegen, dass diese Fragen (Kirchenbeflaggung, Glockengeläute) an den Aussenstellen (Zwischen dem einzelnen staatlichen Vollzugsorgan und dem einzelnen Pfarramt) ausgetragen werden, statt zwischen den staatlichen und kirchlichen Zentralstellen. Und er hat darin wohl auch recht.
Ich möchte darum dringend bitten, eine grundsätzliche Entscheidung herbeizuführen, was nun wohl hoffentlich durch die von der V. K. L. angebahnte Aktion geschehen wird.
Mit ehrerbietigstem Gruß!
Ihr H. Bayer, Pfr.

324 Gerichtsurteil gegen Pfarrer Wolfgang Niederstraßer und Pfarrer Felix Seufert. Münnerstadt, 2. Juni 1939

BayHSta, MK 38247

Im Namen des Deutschen Volkes!

Urteil.

Das Amsgericht Münnerstadt erkennt in dem Strafverfahren gegen Niederstrasser Wolfgang, evangel. Pfarrerverweser in Thundorf u. 1 A.

wegen Vergehen gegen das Reichsflaggengesetz

in der öffentlichen Sitzung vom Freitag, den 2. Juni 1939, an der teilgenommen haben:

1. Oberamtsrichter Dr. Mayer als Amtsrichter,
2. Justizinspektor Herbst als Beamter der Staatsanwaltschaft,
3. Justizinspektoranwärter Wirth als st. Urk. Beamter der Geschäftsstelle

auf Grund der Hauptverhandlung zu Recht:

Niederstrasser Wolfgang, geb. am 11. Dez. 1907 in Emden, verh. Pfarrverweser und

Seufert Felix, geb. am 4. Juli 1893 in Steinfeld, Landkreis Lohr a.M. kath. Pfarrer, beide in Thundorf werden je wegen eines Vergehens gegen das Reichsflaggengesetz und zwar

Niederstrasser zur Geldstrafe von zwanzig Reichsmark, ersatzweise zwei Tage Gefängnis,

Seufert zur Geldstrafe von dreißig Reichsmark, ersatzweise drei Tage Gefängnis,

sowie beide zu den Kosten des Strafverfahrens und Strafvollzuges verurteilt.

Gründe:

Am 9. November 1938, für welchen durch Anordnung des Reichsministers des Innern vom 4. 11. 38, veröffentlicht in den Tageszeitungen und im Rundfunk bekannt gegeben, Beflaggung aller öffentlichen Gebäude angeordnet war, waren die katholische Pfarrkirche und das Pfarrwohnhaus des kath. Pfarrers in Thundorf, ferner die kath. Filialkirche in Rothhausen nicht beflaggt. Diese Gebäude stehen unter der Verwaltung des jeweiligen kath. Pfarrers in Thundorf.

Auch die evangel. Kirche und das dazugehörige Pfarrwohnhaus in Thundorf waren damals nicht beflaggt. Verantwortlich dafür ist der jeweilige Inhaber der evangelischen Pfarrpfründe dort.

Den Sachverhalt als solchen geben die Angeklagten zu, verteidigten sich aber damit, dass sie nicht vorsätzlich der Anordnung zuwider gehandelt hätten, sondern ihnen die Sache nur aus Unachtsamkeit entgangen sei.

Der Angeklagte Seufert führte hiezu noch aus, dass er am fraglichen Tag zuerst in Theinfeld Religionsunterricht erteilt habe und sodann auch in Thundorf selbst.

Im Laufe des Vormittag sei ihm einmal plötzlich der Gedanke durch den Kopf geschossen, dass beflaggt werden müsste; im Drange der Geschäfte aber sei ihm dies wieder entfallen; er habe es sehr eilig gehabt, weil er mittags nach Schweinfurt habe fahren müssen und zu diesem Zwecke noch seinen Kraftwagen in Ordnung zu bringen gehabt habe. Und dies sei der Grund gewesen, warum er auf die Beflaggung wieder vergessen habe.
Der Angeklagte Niederstrasser brachte vor, dass es ihm infolge der Erkrankung seines Kindes entgangen sei, dass der fragliche Tag der 9. November sei.
Dieses Verteidigungsvorbringen kann aber die Angeklagten nicht straffrei machen. Sie haben zum mindesten fahrlässig gehandelt, zumal in Thundorf die öffentlichen Gebäude (Schule u. Postanstalt) beflaggt gewesen waren und sie auch hiedurch auf die Beflaggungspflicht hätten aufmerksam werden können.
Nach §1 der V.O. v. 24.10.35 (RGBl. I S.1253) zur Durchführung des Reichsbeflaggungsgesetzes wird mit Gefängnis und Geldstrafe oder mit einer dieser Strafen bestraft, wer den Anordnungen d. Reichsmin. des Innern auf Grund des Art.4 des Reichbeflaggungsgesetzes vom 15.9.35 (RGBl. I S 1145) zuwider handelt. Die Verordnung vom 11.5.36 (GVBl. S.87) bestimmt, u.a. auch, für welche Behörden und sonstige öffentliche Stiftungen und für welche Gebäude die Beflaggungspflicht besteht. Zu den letzteren gehören auch die Kirchen- und Pfarrgebäude beider christlicher Bekenntnisse.
Was nun das Strafausmass anlangt, so kann zu Gunsten der beiden Angeklagten angeführt werden, dass sie noch nicht vorbestraft sind; andererseits hatte gegen Seufert bereits im November 1935 wegen Nichtbeflaggens schon einmal Anzeige erstattet werden müssen, welche allerdings nicht weiter verfolgt worden zu sein scheint.
In Berücksichtigung dieser Tatsache und der wirtschaftlichen Verhältnisse (§27c RStGB.) der Angeklagten hielt das Gericht gegen den Angeklagten Seufert eine Geldstrafe von 30.– RM, ersatzweise (§29 RStGB.) 3 Tage Gefängnis und gegen den Angeklagten Niederstrasser eine solche von 20.– RM, ersatzweise 2 Tage Gefängnis, als schuldangemessen und ausreichend.
Kostenpunkt: §§464, 465, 466 RStPO.
Gez. Dr. Mayer
Oberamtsrichter

4.2.3 Jahrestag der „Machtergreifung", 30. Januar

325 Bekanntmachung Nr. 600 des Landeskirchenrats. München, 25. Januar 1934
ABlELKB 1934, S. 7

Betreff: Gottesdienst am 30. Januar
Der Herr Reichsbischof hat angeregt, daß am Dienstag, dem 30. ds. Mts., als dem Jahrestag der Berufung unseres Führers zum Kanzler des Deutschen Reiches in den Kirchen Abendgottesdienste stattfinden, die der Bedeutung dieses Tages Rechnung tragen.
Auf Grund und im Sinn dieser Anregung ersuchen wir die Pfarrämter, wo es möglich ist, diese Gottesdienste zu veranstalten.
München, den 25. Januar 1934.
Evang.-Luth. Landeskirchenrat
I. V.: Böhner

326 Bekanntmachung Nr. 442 des Landeskirchenrats. München, 18. Januar 1935
ABlELKB 1935, S. 9

Betreff: Gebet für den Führer.
Aus Anlaß des 2. Jahrestages der Machtübernahme des Führers und Reichskanzlers am 30. Januar wird angeordnet, im Gottesdienst des vorhergehenden Sonntags fürbittend des Führers zu gedenken. Das Fürbittegebet kann folgendermaßen lauten: „Am heutigen Tag gedenken wir in besonderer Weise des Führers und Kanzlers unseres Reiches. Wir danken Dir, Herr für alles, was Du in Deiner Gnade ihm in diesen zwei Jahren zum Wohle unseres Volkes hast gelingen lassen. Wir bitten Dich, Du wollest ihn leiten durch Deinen heiligen Geist, ihm weise Gedanken, ein festes Herz und einen starken Arm verleihen, daß er in Deiner Furcht unser Volk regiere und daß in allem Dein heiliger Wille geschehe."
München, den 18. Januar 1935.
Evang.-Luth. Landeskirchenrat
D. Meiser.

327 Bekanntmachung Nr. 935 des Landeskirchenrats. München, 27. Januar 1936
ABlELKB 1936, S. 9

Am Sonntag, den 1. Februar, wolle im Anschluß an die Predigt nachstehendes Wort an die Gemeinden verlesen

Betreff: Tag der nationalen Erhebung

werden:

Wort an die Gemeinden zum 30. Januar 1936.

Am 30. Januar 1933 begann ein neuer Abschnitt der deutschen Geschichte. Die politische Gestaltung unseres Reiches und die Verantwortung für das Leben unseres Volkes ist in die Hände unseres Führers und Reichskanzlers gelegt.

Gott, der Herr der Geschichte, der Schöpfer und Erhalter unseres Volkes, hat uns mit dem neuen Abschnitt unserer Geschichte neue Aufgaben gestellt und neue Möglichkeiten erschlossen, damit unser Volk in einem neuen geeinten Reich stark und gesichert in Frieden leben kann.

Wir bitten Gott, daß er das Werk des Führers segne und unser Land weiter in Gnaden ansehe. Er bewahre uns in Gehorsam gegen Seinen göttlichen Willen und erhalte uns in Seiner Verantwortung! Vor allem aber lasse Er unserem Volk die Predigt des Evangeliums als die Quelle seiner innersten Kraft und seines tiefsten Trostes, damit auch in Zukunft der Herr Christus unter uns wohne und unser Volk und Land reichlich segne!

München, den 27. Januar 1936.
Evang.-Luth. Landeskirchenrat.
D. Meiser.

328 Zum 30. Januar.
EGBl für den Donaugau (Regensburg) 11 (1937), Nr. 5, S. 8

Zum vierten Mal jährt sich am 30. Januar der Tag, an dem Adolf Hitler die Führung des Staates übernahm. Dankerfüllten Herzens schart sich am Gründungstag des nationalsozialistischen Staates das Volk um den Führer. Mit dem Dank des Volkes verbindet sich im Rückblick auf die hinter uns liegenden Jahre der Dank der Kirche. Gerade an solchem Erinnerungstage wird sie sich dankbar dessen bewusst, daß der Nationalsozialismus unser Vaterland vom drohenden Untergang gerettet und mit dem Volk auch die Kirche vor dem Bolschewismus bewahrt hat. Aber nicht allein dies, nicht weniger dankbar gedenkt die Kirche der wunderbaren Wandlung, mit der unser gesplittertes Volk eine neue große Einheit geworden ist, mit der aus der Mutlosigkeit eine neue Hoffnung erwuchs, aus der Kraftlosigkeit ein starker wehrhafter Wille, aus dem Ichleben des einzelnen der eine große

Wille des Dienstes aller für alle erwachte. Indem die Kirche den Dank für diese große Wandlung vor Gott bringt, verpflichtet sie zugleich ihre Mitglieder erneut zum Gelöbnis der Treue und des Gehorsams gegen Führer und Volk.

Wir leugnen nicht die ungeheuren Spannungen, denen die deutsche Volksseele im religiösen Ringen der Gegenwart ausgesetzt ist. Sie durch Verordnungen völlig zu beseitigen, liegt nicht im Bereich des Staates, sie aber so zu verringern, daß darunter nicht das seelische Gleichgewicht des Volkes gestört werde, ist freilich ein Anliegen, welches man um der Volksgemeinschaft willen nicht ernst genug nehmen kann. Weithin ist es trotz aller Krisenerscheinungen so, daß das Volk des Dritten Reiches in seiner überwiegenden Mehrheit zur Kirche steht und Kirche haben will. Um so verantwortungsvoller ist allerdings der Dienst, den die Kirche dem Volk zu leisten hat. „Die Kirche", so hat D. Zoellner im Gedenkgottesdienst im vorigen Jahr gefragt, „steht in Verbundenheit mit ihrem Volk, sie ist zugleich gebunden an die ewige Offenbarung Gottes und hat, gehorsam diesem Auftrag, die Verkündigung des göttlichen Wortes mitten ins Volk hineinzustellen. Wird aber die Stimme der Kirche wirklich gehört? Wird sie nicht angesichts der großen Zersplitterung in ihren eigenen Reihen manchmal zu einem misstönenden Chor, der niemand anlockt? Wir werfen hier keine Schuldfrage auf, wir beugen uns jeder in seiner Verfehlung. Aber wir stehen in dem heiligen Gebet, in dem ernsten Wollen und in dem unablässigen Ringen um die Einigkeit des Geistes durch das Band des Friedens. Manch künstliche Schranke zwischen uns werden wir einreißen müssen. Aber entscheidend ist dies, daß die wieder zusammenfinden, denen es ernstlich darum geht, die Kirche unseres Herrn Jesus Christus wirklich hineinzustellen in unser Volk. Dann wird das, was heute schon trotz aller Hemmung und Wirrnis als Stimme der Kirche von der Gnade Gottes hindurchdringt, deutlicher und klarer werden und ins Volk hineinklingen." Das ist das Höchste, was die Kirche zum sittlichen Wiederaufstieg des deutschen Volkes beisteuern kann: die Gnade des Evangeliums, das die Gewissen schärft, und das Gebet für den Führer, daß er ihm sein großes und schweres Werk zum Segen von Volk und Reich geraten lasse.

4.2.4 Totengedenken: Volkstrauertag und Feldherrnhalle München

329 Bekanntmachung Nr. 8061 des Landeskirchenrats. München, 24. Oktober 1933

ABlELKB 1933, S. 155

Betreff: Volkstrauertag
Wir erwarten, daß der Herr Reichsbischof eine für alle Landeskirchen einheitliche Feier des Volkstrauertages anordnen wird. Die Tatsache des machtvoll geeinten deutschen Volkes und die Ehre der für ihr einziges Vaterland Gefallenen verträgt es nicht, daß Nord und Süd sich an diesem großen Gedächtnistag trennen.
Darum verfügen wir unter Aufhebung der Entschließung vom 6. Oktober 1926 (Kirchl. Amtsblatt 1926 S. 99), daß der nächste Volkstrauertag nach Anweisung der Deutschen Evangelischen Kirche gefeiert wird. Hiezu wird seinerzeit Entschließung ergehen.
München, den 24. Oktober 1933.
Evang.-Luth. Landeskirchenrat.
D. Meiser.

330 Bekanntmachung Nr. 1366 des Landeskirchenrats. München, 19. Februar 1934

ABlELKB 1934, S. 25

Betreff: Volkstrauertag
Auf Anregung der Reichskirchenregierung ordnen wir an, daß in diesem Jahr die kirchliche Feier des Volkstrauertages Sonntag Reminiscere, den 25. Februar, gehalten wird. Wir freuen uns, daß zum ersten Mal seit der Beendigung des großen Krieges, der das deutsche Volk in schwerem Opfergang geeint zu geschichtlicher Größe emporwachsen ließ, alle Stämme und alle Bekenntnisse zu heilig ernster Besinnung auf den frühen Tod der Treuen aufgerufen werden, die für ihr Volk und Vaterland das Leben gelassen haben.
Unsere Kirche hat schwer darunter gelitten, daß die Ehre ihrer tapfersten Söhne so lange geächtet werden durfte und daß der Dienst nicht mehr als die vornehmste Form des Lebens galt. Darum versteht es sich von selbst, daß unsere Geistlichen in aufrichtiger Dankbarkeit für die große Wendung durch Gottes Fügung mit den Gemeinden in würdig ausgestalteten Gottesdiensten vor Gott der Toten gedenken, die der schönste Schmuck unseres Volkes sind.
Die Kirchen und Pfarrhäuser sind zu beflaggen, nachmittags 1 Uhr bis 1 Uhr 15 Minuten in sämtlichen Kirchen die Glocken zu läuten.

Es empfiehlt sich, die örtlichen Verbände und Organisationen zum Kirchgang einzuladen und wegen der Ausgestaltung des Tages rechtzeitig mit den behördlichen und politischen Stellen in Verbindung zu treten.
München, den 19. Februar 1934.
Evang.-Luth. Landeskirchenrat.
D. Meiser.

331 Schreiben des bayerischen Staatsministeriums des Innern an die Staatskanzlei des Freistaates Bayern. München, 6. Juli 1935

BayHStA, StK 7292

Betreff: Evangelische Kirche.
Vorgang: Dort. Schreiben Nr. III 11009 v. 17.6.35.
Im Nachgange zum diess. Schreiben vom 25.6.1935 B. Nr. 26972/35 I 1 B wird berichtet, dass am 3.7.35 über den evang. Pfarrer Kirchenrat Sammetreuther Julius, 18.3.83 Schwabach, wohnhaft in München, Herzog Wilhelmstr. 22/3 für den Bereich des Landes Bayern ein Redeverbot verhängt worden ist. Das Redeverbot betrifft das Auftreten als Haupt- und Diskussionsredner in öffentlichen und nichtöffentlichen Versammlungen. Rein kirchliche Handlungen wie Gottesdienste, Taufen, Begräbnisse usw. werden davon nicht betroffen.
Pfarrer Sammetreuther hat bei einer Versammlung der Bekenntnisgemeinschaft in der Tonhalle in München am 17.6.35 eine Reihe von Ausführungen gemacht, die geeignet sind, den öffentlichen Frieden zu stören. In seiner Äusserung, „wenn auch bei uns in Bayern vorerst die Sache noch fest in Händen der dazu berufenen Pfarrer ist, so darf es keinesfalls soweit kommen, dass die Stufen der Feldherrnhalle als Altar betrachtet und verwendet werden; zu diesem Zweck heisst es auf der Hut sein"; ist ein gehässiger Angriff auf das Blutopfer der Toten des 9.11.23 zu erblicken.
i. A. [Unterschrift unleserlich]

4.2.5 1. Mai

332 Rundschreiben Nr. 3050 des Landeskirchenrats an sämtliche Pfarrämter und exponierten Vikariate der Landeskirche. München, 18. April 1933

FKiZM. A 30. 1/2

Betreff: Feier des 1. Mai.
In Übereinstimmung mit allen evang. Kirchen Deutschlands soll auch in unserer Landeskirche der 1. Mai, als der Feiertag der nationalen Arbeit,

durch einen Gottesdienst gefeiert werden. Wir ordnen daher an, daß am Montag, den 1. Mai d.J., in allen Pfarrkirchen ein Predigtgottesdienst gehalten wird, dessen Stunde unter Berücksichtigung etwaiger anderer Festveranstaltungen und der in Aussicht genommenen Rundfunkübertragung der in Berlin stattfindenden Feiern nach den örtlichen Verhältnissen festzusetzen ist. In Orten mit mehreren Pfarrkirchen ist es gestattet, nur in einer oder einigen besonders geeigneten Kirchen Gottesdienst zu halten, ebenso, wo ein Pfarrer mehrere Gemeinden zu bedienen hat, die Feier auf die Kirche des Pfarrsitzes zu beschränken. Auch kann, wo es nach den örtlichen Verhältnissen erwünscht erscheint, der Gottesdienst bereits am Sonntag, den 30. ds., nachmittags oder abends stattfinden und in Ausnahmefällen in kleinen Gemeinden auch mit dem Hauptgottesdienst dieses Sonntags vereinigt werden.

Den Gottesdienst mit voller Liturgie auszustatten, empfiehlt sich nicht. Als Predigttexte schlagen wir vor: Ps. 90, 13–17; Ps. 128; Spr. Sal. 28, 19.20; Nehem. 2, 17.18; Luc. 5, 1–11; Eph. 6, 5–9; [2.] Thess. 3, 10–13. Ein zu verwendendes Gebet fügen wir an. Sofern die Gebäude der Reichs- und Staatsbehörden am 1. Mai beflaggt werden, gilt unsere für den Geburtstag des Herrn Reichskanzlers gegebene Weisung entsprechend.

Glockengeläute ist außerhalb der gottesdienstlichen Feiern nicht in Aussicht genommen.

I. V. Böhner

Gebet für den Gottesdienst am 1. Mai.

Allmächtiger Gott, Herr des Himmels und der Erde, nach Deinem Willen leben wir in dieser Welt und nach Deinem Willen sollen wir in dieser Welt die Kräfte, die Du uns gegeben hast, zur Arbeit gebrauchen, durch Arbeit uns erwerben, was wir zur Erhaltung unseres Leibes bedürfen, und mit Mühe und Arbeit uns die Erde und ihre Güter dienstbar machen. Wir müssen bekennen, daß wir diese Deine Ordnung gar manchmal mißachtet, unsere Pflicht versäumt und Deine Gaben mißbraucht haben. Aber doch kommen wir zu Dir und bitten Dich um Deinen Beistand, daß wir und unser ganzes Volk wieder ein Volk der Arbeit werden. Hilf, daß alle, die heute das bittere Los der Arbeitslosigkeit tragen müssen, wieder eingereiht werden können in den Kreis derer, die durch ihre Arbeit ihr eigen Brot essen, gib, daß alle, die Arbeit haben, sich dessen freuen und, was ihnen aufgetragen ist, mit Fleiß ausrichten, segne uns, daß unsere Arbeit Frucht bringe und bewahre uns ebenso vor Gewinnsucht und Habgier, wie vor saumseligem Müßiggang und sündhafter Nachlässigkeit, Stärke uns in der Erkenntnis, daß wir nie für uns allein, sondern stets, mit unseren Nächsten und für sie arbeiten, damit unsere Arbeit uns nicht von einander trenne, sondern der feste Grund unserer Volksgemeinschaft sei und wir in Einigkeit alle Kraft anspannen, unser Volk vom Untergang zu erretten und ihm neuen Wohlstand und friedliche Sicherheit zu erwerben. Laß uns der großen Aufgabe unseres Lebens nicht vergessen, dem Rufe Deines Sohnes Jesu Christi zu folgen, und am ersten zu trachten nach dem Reiche Gottes und nach seiner Gerechtigkeit. Darum laß unsere Arbeit allezeit ein wahrer Gottesdienst sein, den wir ausrichten nach Deinem Willen und zu Deiner Ehre, als ein Stück des Dankes, den wir Dir schulden. Laß sie durchwaltet sein von Deinem heiligen Geiste, damit wir Deine Kinder seien und bleiben und unser Volk in Dir Heil und Friede finde durch Jesum Christum unseren Herrn. Amen.

333 Wilhelm Rüdel: Predigt am Tag der nationalen Arbeit. 1. Mai 1933

EGBl für den Dekanatsbezirk Ansbach 20 (1933), S. 66f.

|66| 2. Thess. 3, 6–13.
Einen Gottesdienst wie den heutigen haben wir noch nicht erlebt. Auf Anordnung unserer Regierung soll in ganz Deutschland der 1. Mai als Feiertag der nationalen Arbeit feierlich begangen werden. Dieser Aufruf hat allenthalben freudigen und begeisterten Widerhall gefunden. Vom kirchlichen Standpunkt aus gesehen ist dabei das besonders Erfreuliche dies, daß dieser Tag mit einer gottesdienstlichen Feierstunde eingeleitet und so von vornherein unter das Licht des göttlichen Wortes gestellt werden soll. Gottes Wort ist es ja, das alle zeitliche Dinge und alle irdischen Verhältnisse ins rechte Licht stellt. So erhält der heutige Tag seine besondere Weihe. Maifeiern sind an und für sich nichts Neues. Schon unsere Vorfahren, die alten Germanen, begingen den ersten Tag des Wonnemonats, da der Frühling seinen Einzug hält in die Lande, mit mancherlei Festlichkeiten und sinnigen Gebräuchen, die sich zum Teil bis in unsere Zeit erhalten haben. In dem hinter uns liegenden Zeitabschnitt war der 1. Mai der Feiertag des Weltproletariats. Aber eben damit, daß er zum Tag einer besonderen Klasse und einer bestimmten Partei gestempelt war, hat er nicht gewirkt im Sinn der Herstellung, Förderung und Festigung der Volksgemeinschaft, sondern er hat nur den Riß, der durch unser Volk hindurchging, noch mehr verbreitert und vertieft. Der heutige Feiertag der nationalen Arbeit – das ist die Idee, die ihm zugrunde liegt – soll dazu dienen, die wahre Volksgemeinschaft herzustellen und in die Erscheinung treten zu lassen, indem er allen Ständen und Klassen des Volkes ohne Unterschied der Parteien oder der Konfessionen ein Ruhe- und Feiertag sein soll. Ob einer auf dem Feld oder in der Werkstatt, ob er hinterm Schreibtisch oder in der Fabrik, ob er mit der Hand oder mit dem Kopf arbeitet, keiner soll ausgeschlossen sein oder sich selbst ausschließen von dieser Feier; wie es in einem Liede heißt:

> Wer den wuchtigen Hammer schwingt, / Wer im Felde mäht die Ähren, /
> Wer ins Mark der Erde dringt, / Weib und Kinder zu ernähren, /

Wer stroman den Nachen zieht, / wer bei Woll' und Werg und Flachse, /
Hinterm Webstuhl sich müht, / Daß sein blonder Junge wachse, /
Jedem Ehre, jedem Preis! / Ehre jeder Hand voll Schwielen! /
Ehre jedem Tropfen Schweiß, / Der in Hütten fällt und Mühlen! /
Ehre jeder nassen Stirn / Hinterm Pfluge doch auch dessen, /
Der mit Schädel und mit Hirn, / Hungernd pflügt, sei nicht vergessen!

Es mag vielleicht ein Widerspruch in sich selbst zu sein scheinen, daß wir die Arbeit feiern durch Einstellen der Arbeit. Aber tun wir nicht dasselbe auch, wenn wir jedes Mal nach sechs Arbeitstagen einen Feier- und Ruhetag einschieben? Eben durch die Gegenüberstellung von Ruhe und Arbeit, von Feiern und von Schaffen wird die Arbeit selbst in ihrem sittlichen Wert nur um so besser erkannt und gewürdigt. Du sollst den Feiertag heiligen! Heißt das nicht indirekt zugleich auch: Du sollst den Werktag durch Arbeit ehren und auszeichnen?

Bei aller Festfreude darf freilich eines nicht verschwiegen werden. Es liegt ein breiter und tiefer Schatten auf diesem Feiertag der nationalen Arbeit. Dieser dunkle Schatten ist die noch immer nicht behobene Arbeitslosigkeit, unter der Unzählige unserer Volksgenossen wie unter einem lastenden Druck leiden. Aber eben, indem wir die Arbeit feiern, bekunden wir damit öffentlich und bekundet damit auch die Kirche in nicht mißzuverstehender Weise, daß die Arbeitslosigkeit etwas Nichtseinsollendes ist, ein Übel, unter allen zeitlichen Übeln vielleicht das schlimmste, das mit allen zu Gebote stehenden Mitteln bekämpft werden muß. Ein Staat, der einen nationalen Feiertag der Arbeit anordnet, hat damit zugleich die heilige Pflicht übernommen, der Arbeitslosigkeit auf jede nur mögliche und denkbare Weise zu Leibe zu gehen. In diesem Sinn ist auch das Schriftwort zu verstehen, das ihr vorhin gehört habt: So jemand nicht will arbeiten, der soll auch nicht essen. Der Ton liegt dabei auf dem Wörtlein „will". Wer arbeiten will, der soll auch essen, wenn er keine Arbeit finden kann und solange er keine Arbeit finden kann, muß der Staat dafür sorgen, daß er das Notwendigste zum Lebensunterhalt hat. Aber besser als jede Arbeitslosenunterstützung ist Beschaffung von Arbeit; denn nur die Arbeit macht es, daß er sein Brot, selbst wenn es ein sauer verdientes Brot ist, nicht mit Gram und Verbitterung im Herzen, sondern froh und dankbar essen kann. Es ist und bleibt ein für allemal Gottes unaufhebbare Ordnung, daß die Arbeit das Mittel zur Erwerbung des Lebensunterhaltes ist.

Es sind überaus nüchterne Wort, die ich vorhin vorgelesen habe aus einem Brief des Apostels Paulus an die kleine Christengemeinde in Thessalonich, einer Stadt in Griechenland. Aber die Nüchternheit dieser Worte entspricht dem Wesen der Sache. Ist ja doch die Arbeit selbst, die täglich sich wiederholende, oft eintönige, manchmal fast geisttötende Arbeit etwas Nüchternes und Sachliches. Es wäre Unnatur, von ihr in hohem Schwung der Rede und mit großem Aufwand dichterischer Beredsamkeit zu sprechen. Aber bei al-

ler Nüchternheit dieser Schriftworte geben sie uns doch zum Nachdenken drei wichtige Gedanken mit für diesen nationalen Feiertag.
Der erste Gedanke: Die Arbeit ist Gottes Gebot und Wille. Darum kann auch der Apostel kraft seiner apostolischen Vollmacht sie gebieten, ja er kann sie, wie er tut, befehlen durch Jesus Christus. Es mögen zwischen Altem und Neuem Testament mancherlei tiefgehende Verschiedenheiten bestehen; in der Würdigung der Arbeit ist zwischen ihnen beiden kein Unterschied. Es ist falsch und bedeutet eine Entwürdigung der Arbeit, wenn es manchmal so dargestellt wird, als lehre die Bibel, die Arbeit sei eine Strafe für die Sünde. Wohl steht nach dem Sündenfall in der Bibel das Wort: Im Schweiße deines Angesichts sollst du dein Brot essen. Aber hat nicht Gott nach demselben Bericht der Bibel schon vor dem Sündenfall den Menschen in den Garten Eden gesetzt, daß er ihn bebauete und bewahrete und was ist dieses Bebauen und Bewahren anderes gewesen als Arbeit? Die fruchtlose, die erfolglose, die mühevolle, die dornenvolle Arbeit mag Strafe für die Sünde sein, die Arbeit selbst nimmermehr. Schafft und wirkt und arbeitet Gott nicht selbst bis auf den heutigen Tag, indem er seine Schöpfung, wie wir's gerade im Monat Mai erleben, erhält und wieder verneut. Schafft und wirkt nicht Gott selber immer in der Geschichte, indem er, wie wir gerade jetzt dessen Zeugen sind, die Schicksale der Völker neu gestaltet. Unser Heiland sagt von seinem himmlischen Vater: Mein Vater wirktet bisher und er fügt hinzu: Und ich wirke auch; er sagt: Ich muß wirken solange es Tag ist; es kommt die Nacht, da niemand wirken kann. Wahrlich höher kann die Arbeit nicht gewertet und geschichtwürdigt [sic!] werden, als es in der Bibel [sic!]: Die Arbeit nicht eine leidige Notwendigkeit; nicht ein notwendiges Übel, nicht ein bitterer und harter Zwang, nein die Arbeit, das Schaffen und Wirken und Tätigsein eine Wesenseigenschaft Gottes selbst und unseres Herrn Jesu Christi und darum für uns Menschen begründet in unserer Gottebenbildlichkeit, ein Zeichen unserer Ehre und Würde. Arbeit ist des Bürgers Zierde, Segen ist der Mühe Preis. Ehrt den König seine Würde, Ehret uns der Hände Preis.
Dazu ein zweiter Gedanke: Die Arbeit ein Schutz und Damm und Vorbeugungsmittel gegen alle Unordentlichkeit jeder Art. Der Apostel sagt: Wir hören, daß etliche unter euch wandeln unordentlich und arbeiten nichts, sondern treiben Vorwitz. Solchen aber gebieten wir, daß sie mit stillem Wesen arbeiten und ihr Brot essen. Es ist die alte Erfahrung: Müßiggang ist aller Laster Anfang. Der müßige Geist kommt auf allerhand müßige Gedanken und aus solchen müßigen Gedanken entstehen schlimme und schlechte Taten. Es gibt auch für den Staat gar kein besseres Vorbeugungsmittel gegen Unordentlichkeit aller Art als Arbeitsbeschaffung. Unsere Verhältnisse wären nie so verrottet und zerrüttet geworden, wenn jeder Mann und jede Frau ihr voll gerüttelt und geschüttelt Maß an Arbeit gehabt hätten. Ein Mensch, der vom frühen Morgen bis zum späten Abend sich abgeplagt

hat, sei es der Mann in seinem Geschäft, sei es die Frau in ihrem Haushalt, will am Abend seine Ruhe haben, und sie haben ein Recht und einen Anspruch auf solche Ruhe. Ich behaupte: Auch unser ganzes Volk sehnt sich nach all den Aufregungen und Erschütterungen und Umwälzungen der letzten Jahre nach Stille und nach Ruhe, nicht nach der genießerischen Ruhe satten Behagens oder nach der spießbürgerlichen Ruhe der Bequemlichkeit, sondern nach der durch ehrliche und redliche Arbeit wohl verdienten Ruhe, aus der dann wieder Kraft und Freudigkeit zu neuer Arbeit entspringt.

Und nun noch ein dritter Gedanke oder besser: nicht ein Gedanke bloß, sondern eine Aufforderung, ein Aufruf, ein Befehl: Ihr aber, liebe Brüder, werdet nicht verdrossen, Gutes zu tun. Es ist gewiß kein bloßer Zufall, daß dieser gewissensmäßige Appell eingeleitet wird mit der Anrede: Liebe Brüder. |67| Wir sollen auch als Arbeitende, ja gerade als Arbeitende wissen, daß wir untereinander Brüder sind. Wehe aller Arbeit, die die Brüderschaft zerstört, da einer dem andern in neidischer und feindseliger Konkurrenz das Brot vom Munde wegnimmt, da unausgleichbare Gegensätze aufgerissen werden zwischen Arbeitgeber und Arbeitnehmer, da die Arbeit das Volk zerklüftet in einander bekämpfende Klassen, Stände und Parteien. Nein: Die Arbeit soll Brüderschaft bildend sein, sie soll die Volksgemeinschaft bauen und nicht zerstören und das wird sie tun, wenn keiner unter uns sich verdrießen läßt, Gutes und immer nur Gutes zu tun.

Meine Lieben, der erste Feiertag der nationalen Arbeit. Wird er eine künstlich ins Leben gerufene Veranstaltung sein, wie so viele andere auch? Oder wird er auch weiterhin sich bei uns einbürgern und wird ein Segen von ihm ausgehen auf uns selbst und auf unser ganzes Volk? Das hängt ganz und gar ab von dem Geist, in dem wir unsere Arbeit tun. Laßt sie uns tun, heute und alle Zeit, in Gehorsam gegen Gott, der die Arbeit will; laßt sie uns tun und sie betrachten als eine Waffe gegen alle versuchlichen und bösen Mächte und gegen alle Unordentlichkeiten, die auch im eigenen Herzen ihren Sitz hat; laßt sie uns tun zum Wohl und Heil und Segen unserer Brüder und unseres ganzen Volkes. Er aber, der Herr unser Gott, sei uns freundlich und fördere das Werk unserer Hände bei uns, ja das Werk unserer Hände wolle er fördern.

334 [Friedrich] L[angenfaß]: Der Feiertag der nationalen Arbeit

EGBl für München (42) 1933, S. 207

Der 1. Mai war seit Jahrzehnten ein Tag, an dem die Klassengegensätze besonders scharf hervorgetreten sind. Auch in unserem Volk war er ein Tag der Zerrissenheit, ein Tag schärfster parteipolitischer Gegensätze. Heuer wird es anders sein. Heuer wird er ein Tag der Einigkeit und Geschlossenheit in

unserem Volk sein. Bisher hieß es an diesem Tag: „Proletarier aller Länder, vereinigt euch!"
Jetzt soll es heißen: „Deutsche Arbeiter und Arbeiterinnen, schließt die Reihen und gebt euch die Hände zu festem Bund!" Der Arbeit als großer heiliger Aufgabe unseres ganzen Volkes und jedes einzelnen Volksgenossen soll der 1. Mai geweiht sein. Die Arbeit soll gefeiert werden. Das ist ein schöner und guter Gedanke. Und sie soll gefeiert werden nicht nur als Sache des einzelnen: jeder soll in der Verantwortung hineingestellt werden, in der er mit seinen Kräften und Fähigkeiten, mit seinem Können und seiner Tüchtigkeit vor dem ganzen Volk steht; ganz einerlei, welcher Art die Arbeit ist, die er tut. Jeder soll wissen, daß er an einer wichtigen Stelle steht und daß es auf ihn auch ankommt bei der Wiederaufrichtung unseres Volkes. Jeder soll sich darüber freuen, daß es so ist. Auch und gerade die, die heute noch arbeitslos sind, sollen in diese Freude mithineingestellt werden. Sie sollen wieder Hoffnung schöpfen: will's Gott, werden auch sie bald in die deutsche Arbeitsgemeinschaft wieder eintreten können.
Es ist selbstverständlich, daß unsere evangelische Kirche diesen Feiertag in innerster Beteiligung mitgeht. Die Reformation unseres Vater Luther hat der Arbeit wieder ihre Ehrenstelle im Leben des Volkes geschenkt. Arbeit ist Gottesdienst; das hat er in seinem berühmten „Sermon von den guten Werken" schon im Jahr 1519 verkündigt. Diese Botschaft wirkte damals als Befreiung im deutschen Volk.
Am 1. Mai werden auch unsere Kirchen beflaggt sein. In einer Anzahl von Gotteshäusern wird Gottesdienst stattfinden; und zwar:

bei St. Matthäus um ¾9 Uhr,	in der Auferstehungskirche um ½9 Uhr,
bei St. Johannes um ½9 Uhr;	in Solln um 9 Uhr,
in der Erlöserkirche um ½9 Uhr,	in Schleißheim um 9 Uhr;
in der Christuskirche um ½9 Uhr,	in Dachau um ½9 Uhr.
in der Himmelfahrtskirche um ½9 Uhr,	

Die Gemeinde möge sich recht zahlreich an diesen Gottesdiensten beteiligen. Wir wollen Gott bitten, daß Er die Arbeit unserer Führer und Regierenden segne und daß Er das Werk unserer Hände fördere. Wir wollen all unser Tun in das Licht Seiner Gnade stellen.

335 Bekanntmachung Nr. 2680 des Landeskirchenrats. München, 17. April 1934

ABlELKB 1934, S. 57

Betreff: Tag der nationalen Arbeit.
Auf Ersuchen der Reichskirchenregierung wird folgende Entschließung bekanntgegeben.

Deutsche Evangelische Kirche
Kirchenkanzlei
R. R. IV 1170
Berlin – Charlottenburg, den 14. April 1934.
Marchstraße 2.

1. Am Tag der nationalen Arbeit oder am Vorabend sind, wo es irgend möglich ist, Gottesdienste zu halten, die die nationale Arbeit und ihren Festtag unter Gottes Wort stellen.
2. Die kirchlichen Gebäude sind am 1. Mai zu beflaggen; die Glocken sind zu geeigneter Zeit zu läuten.
3. Am Sonntag vor dem 1. Mai ist in den Gottesdiensten für den Tag der nationalen Arbeit Fürbitte zu tun. Bei den Abkündigungen sind die Gemeindeglieder zur Teilnahme an den Festtagsveranstaltungen herzlich aufzufordern.
4. Das Nähere zu 1 bis 4, insbesondere über Zeit und Art des Gottesdienstes und des Läutens, bestimmen die Kirchenleitungen in den Landeskirchen, in den altpreußischen Provinzen die Bischöfe.

gez. Jäger

In Übereinstimmung mit unserem unter dem 18. April 1933 an sämtliche Pfarrämter und expon. Vikariate ergangenen Schreiben ordnen wir an, daß am Dienstag, den 1. Mai l. Js., in allen Pfarrkirchen ein Predigtgottesdienst gehalten wird. Die Stunde ist unter Berücksichtigung anderer Festveranstaltungen nach den örtlichen Verhältnissen festzusetzen. Für Orte mit mehreren Pfarrkirchen bestimmt der Dekan, in welche Kirchen die gottesdienstliche Feier des Tages der nationalen Arbeit abgehalten wird. Bezüglich der Beflaggung der Kirchen und kircheneigenen Gebäude verweisen wir auf unsere Entschließung vom 16. Februar 1934, Kirchl. Amtsblatt 1934, S. 18. Am Vorabend des 1. Mai wird das Fest eingeläutet. Nach Schluß des Gottesdienstes ist 10 Minuten mit allen Glocken zu läuten.

Als Predigttexte schlagen wir vor: Ps. 90, 13–17; Ps. 128; Ps. 104, 23; Spr. Sal. 28, 19, 20; Nehem. 2, 17. 18; Luk. 5, 1–11; Eph. 6, 5–9; 2 Thess. 3, 10–13.

Wir ermächtigen die Dekanate, wo es notwendig ist, weitere Verfügungen zu treffen.

Die Arbeit ist der gute Weg, auf den Gott den Menschen gestellt, der dem ewigen Willen ausweichen und in der eigenen Brust das Gesetz seines Lebens suchen will.

Wer den Segen der Arbeit erfahren, wer in seinem Beruf Treue bewiesen und bewährt hat, kann nicht vorübergehen an dem Bruder, der in erzwungenem Müßiggang der Stärkungen entbehren muß, die aus der Arbeitsgemeinschaft, dem starken Ferment der Volksgemeinschaft strömen.

Feierabend und Sonntag verlieren Sinn und Schönheit für den, der nicht aus gewissenhafter und freudiger Erfüllung seiner Arbeitsaufgabe die Einsicht

in das Werk der Schöpfung Gottes und in die Mühen des Erlösers empfangen hat.
Darum rufen wir unsere Gemeinden auf, mit Ernst und Andacht Hände und Herzen aufzuheben zu dem gnädigen Gott, daß er den guten Willen und das große Werk unserer Regierung zum Wohle des ganzen Volkes segne.
München, den 17. April 1934.
Evang.-Luth. Landeskirchenrat.
D. Meiser.

336 Würzburg am Tage des ersten Mai. Die kirchliche Feier.
Würzburger General-Anzeiger, 2. Mai 1934

[...] In der Johanniskirche versammeln sich die evangelischen Gemeindeglieder zum Festgottesdienst. Die Klänge des Lob- und Dankliedes „O Gott, du frommer Gott" ziehen durch die weiten Räume. Dann besteigt Pfarrer Reissinger die Kanzel und in eindrucksvoller Weise predigt er über das Schriftwort: Prediger, Kapitel 3, Vers 22: „So sag ich denn, daß nichts Besseres ist, denn daß ein Mensch fröhlich sei in seiner Arbeit; denn das ist sein Teil." Einleitend erinnert der Geistliche an die Maifeiern früherer Zeit, da nur eine bestimmte Klasse feierte und demonstrierte gegen das Unternehmertum und für die internationale Verbrüderung der gesamten Lohnarbeiterschaft. Heute dagegen gibt es eine gemeinsame Arbeitsfront aller Schaffenden. Der heutige Feiertag muß uns noch mehr wie der vor einem Jahr zum Danke stimmen. Wir haben den Beweis dafür, daß Gott unser Volk nicht verlassen, daß er es zu Gnaden angenommen, als es sich selbst wiederfand. Der heutige Tag ist für uns alle ein Tag fruchtbarer Besinnung auf die Auffassung von der Arbeit, die im neuen Staat sich durchsetzen will. Die Arbeit ist für uns Christen und Glieder des Dritten Reiches ein Bedürfnis, eine segensreiche Ordnung unseres Gottes und der Mensch von ihm dazu bestimmt, fröhlich zu sein in seiner Arbeit. Damit er aber sein kann, muß die biblische Sozialforderung für ihn gelten: Der Arbeiter ist seines Lohnes wert. Diese Forderung in gerechter Weise zu erfüllen, ist der neue Staat bestrebt. Die Arbeit aber darf nicht bloß eine Gelegenheit zum Verdienen sein, sondern auch eine solche zum Dienen. Hindenburg und Hitler sind Diener ihres Volkes und diese Auffassung macht sie fröhlich zu verantwortungsvoller Arbeit. Jeder auf seinem Platz hat dem großen Ganzen zu dienen. Das bedeutet aber noch nicht, daß der Staat ein seelenloser Mechanismus sein muß. – Soll die Arbeit fröhlich getan werden, dann braucht der Mensch auch seine Feier- und Erholungsstunden. Diesem Zweck dient vor allem unser Sonntag. Er muß in der rechten Weise zu dieser Erholung verwendet werden, in erster Linie besonders zur seelischen Erholung, zur Stärkung innerhalb der religiösen Gemeinschaft, der ein Mensch angehört. Und darum ist es nicht unbillig zu verlangen, daß auch unsere Jugend wieder mehr an diesem gemeinschaftlichen kirchlichen Leben an unsern Sonntagvormittagen teil hat und teilnimmt. – Mit dem Wunsch und Gebet: „Gott segne unsere Arbeit an uns und dem ganzen Volke und schenke uns einen Aufstieg nach innen und außen“ schließt Pfarrer Reissinger seine Festtagsbetrachtung.

337 Bekanntmachung Nr. 3898 des Landeskirchenrats. München, 23. April 1936

ABlELKB 1936, S. 69

Betreff: Feier des 1. Mai
Unter Aufhebung unserer Verordnung vom 17.4.1934 Nr. 2680 ordnen wir hiermit an, daß der Arbeit unseres Volkes dort, wo es ratsam erscheint, und wo eine würdige Durchführung des Gottesdienstes bei genügender Beteiligung als gesichert gelten kann, in einer eigenen Feier am Abend des 30. April, sonst im Kirchengebet am Sonntag, den 3. Mai, in folgender Weise gedacht wird:
„Wir danken dir, Herr, allmächtiger Gott, daß Du die Bemühungen unseres Führers, der Arbeitslosigkeit zu steuern, mit Gelingen gesegnet hast. Hilf, daß auch die, die immer noch das bittere Los der Arbeitslosigkeit tragen müssen, bald wieder in die Reihe der Schaffenden eingereiht werden können und daß die, die Arbeit haben, dir dafür von Herzen dankbar sind und ihren Dank abtragen in Liebe zu den Brüdern. Segne unsere Arbeit, daß die Frucht bringt. Bewahre uns vor Gewinnsucht und Habgier, wie auch vor Nachlässigkeit, Saumseligkeit und Müßiggang. Stärke uns in der Erkenntnis, daß wir mit unserer Arbeit dir und unserem Nächsten zu dienen haben. Laß unser Volk und laß uns alle über den irdischen Aufgaben der Rechenschaft nicht vergessen, die wir dereinst zu geben haben von all unserem Haushalten. Mache uns willig, dem Ruf Deines Sohnes Jesu Christi zu folgen und laß uns am ersten trachten nach Deinem Reich und nach seiner Gerechtigkeit.“
München, den 23. April 1936.
Evang.-Luth. Landeskirchenrat.
D. Meiser

338 Rundschreiben Nr. 4127 des Landeskirchenrats an alle Pfarrämter und exponierten Vikariate. München, 29. April 1936

FKiZM. A 30. 1/1

Eilt sehr!
Eine Zeitungsnotiz meldet zum 1. Mai Folgendes:

> Der 1. Mai wird begonnen mit einem Morgengruß von KdF in Verbindung mit einem allgemeinen Glockenläuten im ganzen Reich. Bei dem Morgengruß und Wecken werden die Kapellen und Singgruppen immer wieder „Freut Euch des Lebens“ intonieren, und zwar nach dem neuunterlegten Text: „Freut Euch des Lebens, froh seid zu jeder Stund', hell Eure Augen, lachend der Mund! Das Leben bringt oft Kampf und Müh' – doch wär's nicht schöne [sic!] ohne sie; das Leben bringt uns Arbeit viel, dann freut uns Tanz und Spiel: Freut Euch des Lebens, froh seid zu jeder Stund' – hell Eure Augen, lachend der Mund!“

Es ist der Kirche nicht möglich, die Glocken, die zum Gottesdienst und zum Gebet zu rufen haben, in dieser Sache zu verwenden.
Wir müssen in diesem Zusammenhang auch darauf hinweisen: Die Kirche hat seit Wochen versucht, am 1. Mai Raum zu bekommen für Gottesdienste, die die Arbeit des deutschen Volkes unter das Wort Gottes stellen sollen. Es war nicht zu erreichen.
Der Landeskirchenrat hat beschlossen: Das in jener Zeitungsnotiz gemeinte Glockengeläute findet nicht statt. Dem Reichskirchenausschuß ist mitgeteilt, daß dieser Beschluß unwiderruflich ist. Geläutet wird nur, wo Gemeinden an diesem Tag Gottesdienste halten und zwar in der beim Gottesdienst üblichen Weise.

339 Bekanntmachung Nr. 4530 des Landeskirchenrats. München, 20. April 1937

ABlELKB 1937, S. 61

Betreff: Die Feier des 1. Mai.
Aus der im Jahre 1939 [!] von uns veranstalteten Umfrage über die am Nationalfeiertage gehaltenen Gottesdienste haben wir mit Freude festgestellt, daß in der überwiegenden Mehrzahl der Pfarreien die Gemeinde gerne daran teilgenommen hat. Auf Grund dieser Erfahrung erachten wir es für geboten, daß diese Gottesdienste dort, wo es möglich ist, auch künftig abgehalten werden, entweder als Hauptgottesdienste oder als Morgen- bzw. Abendfeiern. Davon sollte auch in diesem Jahre nicht abgegangen werden, wo der 1. Mai auf einen Samstag fällt. Doch wird nichts dagegen erinnert,

wenn angesichts der Nähe des Sonntags die kirchliche Feier mit dem sonntäglichen Gottesdienst verbunden wird. Einheitliche Regelung innerhalb der Dekanatsbezirke sollte angestrebt werden.
Für die Beflaggung gilt die Bekanntmachung der sämtlichen Staatsministerien vom 11.5.1936 (Kirchl. Amtsbl. 1936 S. 88). Im Vollzug dieser Anordnung und aus der Verbundenheit der Kirche mit dem Volke heraus beflaggen wir die Gotteshäuser. Dieser Sinn der Beflaggung schließt die Zustimmung zu einer etwa versuchten widerchristlichen Sinngebung des Tages aus.
München, den 19. April 1937.
Evang.-Luth. Landeskirchenrat.
D. Meiser.

4.2.6 Adolf Hitlers Geburtstag

340 [Friedrich] L[angenfaß]: Die evangelische Kirche und der Geburtstag des Herrn Reichkanzlers
EGBl für München 42 (1933), S. 197

Der Geburtstag des Reichskanzlers wurde heuer in ganz Deutschland gefeiert. Damit will das deutsche Volk den Dank zum Ausdruck bringen, den es dem Reichskanzler für sein nationales Werk schuldet: er hat einen zähen und unermüdlichen Kampf gegen die nationale Zersplitterung siegreich durchgeführt und ist nun an der Arbeit, die Kräfte unseres Volkes, die guten Willens sind, zu wecken und zu sammeln. Eine ungeheure Verantwortung liegt auf seinen Schultern. Das Volk ist ihm zur Mitarbeit und Treue verpflichtet.
Unsere evangelische Landeskirche hat in Einheit mit allen deutschen Landeskirchen angeordnet, daß des Reichskanzlers im Kirchengebet durch eine Fürbitte gedacht werde. Das ist am Ostermontag geschehen. Die Fürbitte, die in allen Gotteshäusern unserer Landeskirche gesprochen wurde, lautete:
„Herr allmächtiger Gott, der Du lenkest die Völker nach Deinem Rat, behüte in Gnaden das Deutsche Reich. Segne den Reichspräsidenten. Laß Deinem Schutz und Schirm den Kanzler des deutschen Reiches befohlen sein. Rüste ihn in seinem neuen Lebensjahr aus mit Kraft aus der Höhe. Hilf ihm die Bürde der Verantwortung im Regiment tragen und lege Deinen Segen auf das schwere Werk der Wiederaufrichtung unseres Vaterlandes zum Wohle des ganzen Volkes und zur Ehre Deines Namens."
Auf diese Weise ist unseren Gemeinden eindringlich und ernstlich zum Bewusstsein gebracht worden, was ihre große und heilige Aufgabe in dieser wichtigen Zeit sei und was sie namentlich den Führern des Reiches, unserem Reichspräsidenten und unserem Reichskanzler, schulde: treue, ernste und tägliche Fürbitte vor Gott. Es ist heute unendlich viel zu tun;

und jeder muß an seinem Platz das Letzte an Kraft, Freudigkeit und gutem Willen hergeben. Aber alles Tun wäre vergeblich, wenn sich unser Volk nicht vor Gottes Angesicht zusammenfände. Der Reichskanzler braucht ein betendes Volk hinter sich. Mag es auch noch unzählige Tausende in unserem Volk geben, die das nicht wissen und verstehen: unsere treuen evangelischen Gemeindeglieder wissen es und sollen darum handeln. Das verbindet sie so fest mit ihrem Volk und seinen Führern wie nichts anderes; denn es ist ein Band, das vor Gott geknüpft ist.

341 Dem Volkskanzler!

Fränkische Wacht, Nr. 18, 27. April 1933, S. 2

Die Dankbarkeit und Verehrung des deutschen Volkes für den Mann, der es wieder mit Glauben, Hoffnung, Selbstbewußtsein und dem Willen zur Selbstbehauptung erfüllt, der es dadurch auf den einzigen aussichtsvollen Weg zur Freiheit geführt hat, ist an Hitlers 44. Geburtstag zu überwältigendem Ausdruck gelangt. Wir an unserem Teile hatten dem Wunsche des Reichskanzlers entsprochen, daß von einer öffentlichen Feier seines Geburtstages Abstand genommen werden möge: wir stimmen seiner Auffassung zu, wonach es jetzt aufs Arbeiten ankommt, was ja auch durch das „Fest der Arbeit" am 1. Mai bekundet werden soll. Aber wir sind auch darüber nicht im Zweifel, daß die unerläßliche Voraussetzung für den deutschen Wiederaufbau die deutsche Wiedergeburt, die innere Aufrichtung des deutschen Volkstums ist. Diese große und dringliche Aufgabe, für deren Erfüllung wir zu allen Zeiten nach besten Kräften gewirkt haben, ist durch Hitler in erstaunlichem Maße durchgeführt worden. Jeder Tag bringt neue Beweise dafür, daß das Partei-Unwesen, die schwarz-rote Verderbnis, gegen die wir in der Fr. W. unausgesetzt gekämpft haben, durch Hitlers Sieg geradezu vernichtend getroffen worden ist. Wir freuen uns deshalb von ganzem Herzen darüber, daß uns in ihm der Mann beschert ist, wie wir ihn lange ersehnt haben, und hoffen zuversichtlich, daß es ihm mit Gottes Hilfe gelingen wird, sein Werk zu vollenden und dem deutschen Volke und Vaterlande wieder Gedeihen, Macht, Ehre und Ansehen zu erringen. Gott sei mit dem Führer! Gott sei mit Deutschland.

342 Ein Lied für Hitler

Fränkische Wacht, Nr. 22, 25. Mai 1933, S. 169

Folgendes Lied wurde Hitler zum Geburtstag gewidmet von der Missionsanstalt, Diakonissenanstalt und Gemeinde Neuendettelsau. In Musik gesetzt ist es von Professor Simon Breu-Würzburg, gedichtet von Missionsinspektor D.h.c. Christian Keysser, der fast ein Vierteljahrhundert in Neuguinea gearbeitet hat.

Ein Ruf erscholl, als wir in Not und Sorgen / am Boden lagen, dröhnend durch die Nacht:/

du deutsches Volk erwache endlich, es wird Morgen, / der Tag bricht an der Freiheit und der Macht! /

Es ist ein Führer uns von Gott gegeben; / er stürmt voran, wir folgen treugesinnt. /

Es geht durch Nacht und Tod hindurch zu Licht und Leben; / es wird nicht Ruhe, bis wir Sieger sind. /

Das Volk erwacht, die Ketten krachend brechen. / Der Jubel braust, er fegt die Gassen blank. /

O Deutschland, aller Herzen sollen einig sprechen: / Herr Gott im Himmel, dir sei ewig Dank!

343 Unserm Kanzler zum Geburtstag
Kirchenbote Gostenhof 2 (1934), Nr. 4, April

Selbstverständlich gilt auch heut noch ein Staatsmann in Deutschland etwas, der keine Redensarten macht, sondern sich bemüht, die hart im Raume liegenden Dinge zu meistern. Ist das etwas besonderes? Aber, was am 20. April Ost und West, Süd und Nord bewegt, was die Herzen auch der kleinsten Leute festlich und dankbar stimmen muß, das ist etwas anderes.

Nur selten wird einer, der sozusagen von der Pike auf gedient hat, der alle Kammern, auch die Rumpelkammer im Hause seines Volkes kennt, an die Spitze kommen. Mit diesen Geschenken ist die Vorsehung sparsam. Denn wie viele erreichen das Ziel nicht und bleiben unterwegs liegen! Um so bemerkenswerter ist es, wenn es der Tüchtigkeit und dem Glück eines Menschenkindes einmal gelungen ist, nicht Baugrund sein zu müssen, auf dem andere weiterbauen. Neidlos muß auch der verbohrteste Gegner unserm Kanzler dies lassen, daß es ihm nicht in die Wiege gelegt war, des Reiches erster Beamter und obendrein noch überragender Führer zu sein.

Unser Leben ist immer voll Gedankenlosigkeit. Wenn dies nicht wäre, müßte es uns doch jeden Tag nachdenklich machen, wie es möglich ist, daß ein so schlichter Mann in allem, was er anpackt, uns um Haupteslänge übertrifft. Wir würden nicht damit fertig werden zu ergründen, daß eine unter heißestem Ringen selbst erworbene Bildung große Teile deutscher Gelehrtenweisheit siegreich aus dem Felde schlägt. Nur ein wenig überlegsamer, und du müßtest dich doch einmal fragen, warum diesem prunklosen Manne die Herzen der Jungen entgegenfliegen.

Ich will nichts aufzählen. Wir leben mitten in allem Geschehen, und die Aufgaben, die es zu bewältigen gilt, rollen wie Bahnzüge heran.

Heute sehen wir das. Es ist kein Ruhm fürwahr, daß wir das so lange nicht gesehen haben.
Heil Dir, der Du uns die Augen geöffnet hast und uns mit unverdrossenem Mut voranschreitest! Die Hand des Allmächtigen sei ferner über Dir! Von unserm übervollen Herzen brauche ich Dir nichts zu sagen.

344 Schreiben Rudolf Maerz' an Oberleutnant Wilhelm Brückner, Adjutant des Führers. Nürnberg, 5. April 1934

EZA Berlin, 1/1807

Sehr geehrter Herr Oberleutnant!
Da die nationale Revolution die Fundamente aller Burgen des Geistes und des Glaubens auf ihre Stärke prüft, so ist es bei der Geistesverfassung großer Schichten unseres Volkes verständlich, daß Viele durch den Revolutionssturm erschreckt wurden. Die Echten d.h. die Revolutionäre sind aber dafür umso dankbarer und begeisterter, weil ihre lange gehegten Sehnsuchtsträume nun Wirklichkeit zu werden beginnen.
Viele Seelsorger beider Konfessionen können sich bekanntlich mit der jetzigen Zeit nicht abfinden, da sie von dem theologischen Gedankengebäude zu eng umschlossen sind. Es mag daher unserem geliebten Führer erwünscht sein, durch einen seiner ältesten Mitkämpfer auf einen Geistlichen aufmerksam gemacht zu werden, der sich durch wahres Verständnis für die innerlichen Notwendigkeiten unserer Zeit, besonders aber durch das innige Verstehen unseres Führers von vielen seiner theologischen Kollegen unterscheidet.
Ich erlaube mir, Nr. 4 des Evangelischen Kirchenboten zu überreichen; die darin abgedruckten Worte zum Geburtstag unseres Kanzlers mögen für sich selbst sprechen. Ich kenne Herrn Pfarrer Langenfaß, der die 2. Pfarrstelle im Pfarramt Gostenhof, Nürnberg W., Fürtherstraße 81/II bekleidet, persönlich und kann nur sagen, daß er schon zu seiner Zeit, als die meisten Theologen unserer Bewegung fremd und ablehnend gegenüberstanden, große innere Teilnahme für unseren Kampf zeigte, weil er eben ein kraftvoller überzeugter schlicht und tief empfindender einfacher bescheidener Mann ist, den außer unser Führer auch Herr Reichsbischof Müller kennen lernen sollte. Selbstverständlich schreibe ich diese Zeilen aus eigenem Antrieb, sodaß Herr Pfarrer Langenfaß ohne jede Kenntnis dieses Schreibens ist. Es würde mich aber freuen, wenn meiner Anregung nach irgendeiner Richtung stattgegeben werden wolle, da ich sicher zu sein glaube, daß mein persönlicher Eindruck seine volle Bestätigung finden wird.
Für Bestätigung dieses Schreibens wäre ich Ihnen dankbar.
Heil Hitler!
RudMaerz

345 Nach dem Hitler-Tag

Fränkische Wacht 1934, Nr. 17, 26. April, S. 129

Der 45. Geburtstag des Führers war ein Freudentag der Nation. Ueberall in Stadt und Land wurde er einmütig in allen Volkskreisen ohne Unterschied des Standes, des Bekenntnisses, des Lebensalters begangen. In vielen Tausenden von Festreden, Festaufsätzen, Festliedern klang immer wieder der sich jedem Deutschen aufdrängende Gedanke durch, daß am 20. April im Grunde genommen das deutsche Volk sich selbst dazu beglückwünschen muß, daß Gott in seiner Gnade uns an diesem Tage den Mann, den heißersehnten Führer geschenkt hat, der in sich die Kraft und den Willen trug, uns vom Abgrund, dem wir entgegentaumelten, zurückzureißen, unser Schicksal zu wenden. Aus der Reichshauptstadt wurde gemeldet, daß dort am Hitler-Tag wieder wie im unvergeßlichen August 1914 auch in den Arbeitervierteln, über denen sich noch vor einigen Jahren das rote Umsturzbanner blähte, Haus an Haus, ja fast durchweg Wohnung an Wohnung die schwarzweißrote und die Hakenkreuzfahne wehten. Das ist ein sprechendes Sinnbild des gewaltigen Sieges, den Adolf Hitler über Marxismus und Judentum und alles, was drum und dran hängt, erkämpft, der wundervoll einmütigen Volksgemeinschaft, die er geschaffen, der Dankbarkeit der Volksgenossen, die er sich erworben hat. Auf Hitler ist heute, entsprechend abgeändert, anzuwenden, was vor 62 Jahren Ignaz v. Döllinger, der größte katholische Gelehrte des 19. Jahrhunderts, über Luther geschrieben hat. Er hatte ihn früher heftig angegriffen; nachdem er sich aber Jahrzehnte lang eindringlich mit ihm und seinem Werk beschäftigt hatte, lautete Döllingers Urteil über den Reformator: „Sinn und Geist der Deutschen waren in seiner Hand wie die Leier in der Hand eines Künstlers. Hatte er ihnen doch mehr gegeben, als jemals in christlicher Zeit ein Mann seinem Volke gegeben hat: Sprache, Volkslehrbuch, Bibel, Kirchenlied usw.“ So wird der künftige Geschichtsschreiber nur feststellen können, daß Hitler dem deutschen Volke, das schon der Verzweiflung nahe war, zielbewußte Führung, völkisches Bewußtsein und freudige Zuversicht, Befreiung vom Klassenkampf-Wahnsinn, vom Parteitreiben und von der Kapitalsherrschaft, Arbeitsmöglichkeit, wirtschaftliche Festigung und Neubelebung, die grundsätzliche Anerkennung der Gleichberechtigung Deutschlands, die Achtung der fremden Völker gegeben und dadurch die Verehrung und Liebe der Volksgenossen in einem Maße gewonnen hat, wie sie bisher noch keinem zuteil geworden ist. Noch steht freilich ein Riesenwerk vor ihm, noch ist der innere Neuaufbau zu vollenden und eine Fülle schwierigster Aufgaben zu lösen, noch umlodert uns der unauslöschliche Haß und Neid der alten bösen Feinde, noch sind Sprache, Kultur und Volkstum der mehr als 30 Millionen von uns abgetrennten Deutschen aufs schwerste bedroht, aber die Zuversicht trägt uns, daß Gott, der uns durch den Führer neue Hoffnung und neuen Glauben, neuen Halt und neue Kraft geschenkt hat, auch weiterhin mit uns sein und Deutschland wieder zu der ihm gebührenden Stellung in der Welt gelangen lassen wird. Diese frohe Zuversicht, das Vertrauen aller zu dem Manne, in dessen Lager heute Alldeutschland steht, spricht aus dem freudigen Zuruf eines ganzen, großen Volkes: Heil Hitler!

346 Rundschreiben Nr. 3534 des Landeskirchenrats an alle Dekanate. München, 15. April 1935

FKiZM. A 30. 1/1

Betreff: Nationale Feiern am 20. April und 1. Mai.
Hiermit ordnen wir an: Am 1. Osterfeiertag, 21. April, ist in der Predigt und im Kirchengebet des Geburtstages des Führers und Kanzlers des Reiches zu gedenken. Besondere gottesdienstliche Feiern am 20. April können auf Wunsch gehalten werden. In diesem Fall werden sie dem Charakter des Tages zwischen Karfreitag und Ostern Rechnung tragen.
Am 20. April sind die gottesdienstlichen Gebäude und Pfarrhäuser zu beflaggen.
Bezüglich der Feier des 1. Mai 1935 verweisen wir auf die von uns gegebenen Anordnungen im Amtsblatt 1934 S. 57, die entsprechend anzuwenden sind. Die Beflaggung erfolgt in den Reichsfarben.
D. Meiser

347 B.: Der Führer

Die Wacht. Evangelische Wochenschrift für Christentum und Deutschtum im protestantischen Geist 1 (1935), 18. April, S. 123

Diesmal liegt sein Geburtstag auf Karsamstag. Das soll etwas bedeuten. Auch sein Weg geht durch Kämpfen und Glauben. Gott sendet seine „Wundermänner“ in die Nachfolge Christi. Seine Gesandten kommen aus der Not. Er stählt sie im Sturm; er erprobt sie im Wetter; er schmiedet ihren Charakter zu Kraft; er glüht ihre Seele im Glauben. Leiden und Lieben ist des Führers Los, und das Los ist ihm gefallen aufs lieblichste. Aus Gottes Geheiß ist er der Führer der Deutschen geworden. Die haben immer geharrt auf den „Herzog unser aller“. Der kommt nicht auf eines Menschen oder einer irdischen Macht Kommando. Er geht nicht hervor aus des Papstes Gnaden und ist nicht der Beauftragte eines Bundes der Völker. Er wächst aus dem Volk durch des Ewigen Schöpfermacht. Er ist Gottes Gesandter, und er ist unser. Die deutsche Seele hat ihn gerufen. Und als die Stunde war, setzte ihn Gott zu seinem Amtmann. Und er tut sein Amt vor Gott. Der Führer ward von Gottes Gnaden durch den Glauben. Der Führer weiß:

„Ich lasse dich nicht, du segnest mich denn!“ Der Führer wirkt, Gott und seinem Gewissen allein zur Verantwortung bereit. Der Führer ist der freie, fromme Deutsche.
Wir danken dem Schöpfer, daß er uns so den Führer werden ließ, und wir bitten den Vater der Welten, daß er uns so den Führer erhalte! Erhalte ihn, Herr, durch Kämpfen und durch Glauben und segne sein Leben durch Kraft von dir zu Deutschlands Heil!

348 Bekanntmachung Nr. 4300 des Landeskirchenrats. München, 14. April 1938

ABlELKB 1938, S. 55

Betreff: Gebet für den Führer.
Am 20. April wird unser Volk in großer Dankbarkeit den Geburtstag des Führers begehen. Wir ordnen an, daß in den Gottesdiensten am Ostermontag dieses Tages gedacht und im Kirchengebet folgende Fürbitte eingeschoben wird:
„Am heutigen Tag befehlen wir Deiner Treue ganz besonders den Führer und Kanzler unseres Reiches, der in dieser Woche sein 49. Lebensjahr vollenden darf. Wir danken Dir Herr für alles, was Du ihm zum Wohl unseres Volkes bisher Großes hast gelingen lassen. Wir freuen uns vor Dir, daß er durch sein gnädiges Zulassen den benachbarten Bruderstamm, der lange von uns getrennt war, zur Gemeinschaft des ganzen Volkes hat heimführen dürfen und daß dieses Geschehen einen so einmütigen Widerhall in den Herzen unseres Volkes gefunden hat. Wir bitten dich, schütze und erhalte unseren Führer auch fernerhin, rüste ihn aus mit Kraft aus der Höhe, daß er mit weisem Rat und heiligem Mut sein Amt zu unseres Volkes Wohl und Deines Namens Ehre löblich und glücklich verwalte. Wir bitten dich auch für die Söhne unseres Volkes, die für das Vaterland die Waffen tragen, dass Du sie segnest und behütest. Erhalte unserem Volk den Frieden, laß es allezeit trachten nach dem Einen, was not ist, und führe es gnädig auf Deinen Wegen.
München, den 14. April 1938.
Evang.-Luth. Landeskirchenrat
D. Meiser

349 Bekanntmachung Nr. 4409 des Landeskirchenrats. München, 15. April 1939
ABlELKB 1939, S. 67

Betreff: Geburtstag des Führers.
Mit dem ganzen deutschen Volk nimmt auch die evangelische Kirche am 50. Geburtstag des Führers freudigen Anteil. Wir haben in unserer Entschließung vom 4. März 1939 Nr. 2311 bereits angeordnet, daß im Gottesdienst und im Kirchengebet des Geburtstages des Führers in besonderer Weise gedacht wird. Darüber hinaus ordnen wird an, daß am 20. April 1939 in der Zeit von 10.15 bis 10.45 Uhr, wie in der gesamten Deutschen Evangelischen Kirche, mit allen Glocken geläutet wird.
München, den 15. April 1939.
Evang.-Luth. Landeskirchenrat
D. Meiser.

350 Zum 50. Geburtstag des Führers und Reichskanzlers
Blätter für Innere Mission in Bayern 54 (1939), Nr. 5, S. 33

Zum 50. Geburtstag des Führers und Reichskanzlers.
In der Philippus-Kirche des Landesvereins für Innere Mission in Rummelsberg gedachte am 20. April dieses Jahres die versammelte Anstaltsgemeinde des 50. Geburtstages unseres Führers Adolf Hitler. In der Ansprache, die über Tit 3, 1: „Erinnere sie, daß sie den Fürsten und der Obrigkeit untertan und gehorsam seien, zu allem guten Werk bereit seien", gehalten wurde, wurde folgendes ausgeführt: „Der Lobpreis gebührt Gott, dem Herrn der Geschichte, der uns den Führer erweckt und gesandt und durch sein Werkzeug der „langen Schande Nacht" beendet und die ‚tiefste bitt're Not und den Kummer' des deutschen Volkes gewandt hat. Unser Dank gebührt dem in seiner Verantwortung einsamen Mann an der Spitze Deutschlands, der sein Leben zu Dienst und Opfer stellt. Ihm gebührt auch unsere Fürbitte. Welche Verantwortung, welche Last liegt auf ihm! Aus Lobpreis und Dank und Fürbitte aber erwächst die Bereitschaft mitzuhelfen, daß das, was Gott unserem Volk bestimmt hat, zu einem guten Ende gebracht werde. Christen sollen ihrer himmlischen und irdischen Obrigkeit untertan und zu allem guten Werk bereit sein." Die Gemeinde nahm herzlichen Anteil an dem Gottesdienst, an Gesang und Gebet, und als von 10 ¼ bis 10 ¾ Uhr die Glokken der Philippuskirche ihre Klänge in das sonnenbeschienene Laub hinaussandten, da nahmen die Klänge auch unsere guten Wünsche mit hinaus: Gott der Herr erhalte unserem Volk seinen Führer und Kanzler, segne sein Wirken zum Besten seines Reiches und unseres deutschen Volkes und führe seine göttlichen Pläne zu einem guten, herrlichen Ziele!

351 [Zum Geburtstag 1939]

EGBl für Nürnberg 46 (1939), Nr. 17, 23. April, S. 179

Das ganze deutsche Volk umringt heute seinen Führer und grüßt ihn mit unauslöschlicher Dankbarkeit und Treue. In innerster Ergriffenheit schauen wir den Reichtum dieses 50. jährigen Lebens, über dem mit leuchtenden Lettern das Wort „Erfüllung" steht – Erfüllung dessen, was Jahrzehnte und Jahrhunderte als Bild ihrer Sehnsucht in sich trugen; Erfüllung des Klanges, mit dem unsere Väter und Brüder in den Krieg gezogen sind: O Deutschland, hoch in Ehren!
In unbeugsamen Glauben an die Macht seiner Idee und im unerschütterlichen Willen, sie zu verwirklichen, hat der Führer diese Erfüllung geschaffen und in einem Tempo ohnegleichen nicht nur dem deutschen Volk und Reich, sondern auch ganz Europa ein neues Antlitz gegeben.
Als evangelische Christen danken wir heute dem lebendigen Gott, daß er das Werk des Führers mit seinem Segen gekrönt hat: dunklen Mächten des Verfalls und der Zerstörung wurde gesteuert und verjährtes Anrecht wieder gutgemacht; über die schwerste Versündigung an der göttlichen Völkerordnung, die die Welt je sah, über den Vertrag von Versailles, hat der Führer das Gericht vollstreckt. Und als evangelische Christen lassen wir in den mächtigen Chor aller Wünsche, der heute das deutsche Volk durchbraust, aus treuem Herzen unser Gebet hineinklingen: Gott schütze und erhalte uns den Führer und segne ihn zu künftigem Weg und Werk!

352 Bekanntmachung Nr. 3786 des Landeskirchenrats. München, 15. April 1940

ABlELKB 1940, S. 33

Betreff: Geburtstag des Führers.
1. Am 20. April feiert der Führer und Reichskanzler in entscheidungsreicher Zeit seinen 51. Geburtstag. Das ganz deutsche Volk fühlt sich an diesem Tage in besonderer Weise mit dem Manne verbunden, der das Geschick des Großdeutschen Reiches mit starken Händen durch die Fährnisse des Krieges steuert. Die Gemeinden unserer Landeskirche gedenken seiner in freudigem Dank und ernster Fürbitte. Sie geloben aufs neue, den Dienst, zu dem sie der Herr der Kirche berufen hat, mit ganzer Treue auszurichten. Sie sehen darin ihren Beitrag zum Werke des Führers, daß sie durch die Botschaft von Jesus Christus den deutschen Menschen hinführen zu den Quellen aller Kraft, ihn stark machen für den Kampf, ihn freudig machen zu allem Opfer.
2. Wir ordnen daher an, daß am Sonntag Kantate, am 21. April, des Führers im allgemeinen Kirchengebet in besonderer Weise gedacht und daß hiefür

die in unserer Sammlung „Gebete der Kirche im Krieg“ für den Geburtstag des Führers vorgesehene Form verwendet wird. (1. Aufl. S. 66; 2. Aufl. S. 80).
3. Am Geburtstage selbst ist in der Zeit von 12–12.15 Uhr, wie überall in der Deutschen Evangelischen Kirche, dort, wo es die allgemeinen Bestimmungen zulassen, mit allen Glocken zu läuten.
München, den 15. April 1940.
Evang.-Luth. Kirchenrat.
D. Meiser

353 Zum 20. April.
EGBl für München 49 (1940), S. 63

Mitten im Krieg vollendete der Führer sein einundfünfzigstes Lebensjahr. Es ist gewaltige Zeit: gewaltige Mächte haben sich gegen unser deutsches Volk erhoben und wollen es wieder in die Fesseln des Versailler Schandvertrages schlagen oder ihm ein noch schlimmeres Los bereiten; gewaltig hat sich aber auch die gesammelte Kraft des deutschen Volks gegen diese Bedrohung erhoben, gewaltig sind die Schläge unserer Wehrmacht herniedergesaust. In den allerletzten Wochen haben sie unser Volk mit unerhörter Schnelligkeit von der Bedrohung aus dem Norden befreit.
Der Mann, der die Kraft unseres Volks so zusammengeballt hat und nun sein Schwert handhabt, ist der Führer. Ihn hat Gott dazu bestimmt, die Lebensgrundlagen unseres Volks zu schützen und den Kampf für sein Daseinsrecht in der Welt zu führen. Seinem Befehl gehorcht die Wehrmacht; seinen Kampf gegen die alten Erbfeinde kämpft mit ihm das ganze deutsche Volk. Wir wissen, was auf dem Spiel steht: in siebenjährigem heißem Ringen hat Adolf Hitler das deutsche Volk aus der Knechtschaft von Versailles befreit; nun wollen es die Feinde wieder in Fesseln legen. Innere Zerrissenheit, fruchtbare Arbeitslosigkeit hat er überwunden; nun soll Deutschland wieder in Stücke zerschlagen werden. Darum geht es in diesem Kampf. Es ist der Kampf um den Sieg des deutschen Lebensrechts, auf das wir von Gott her einen Anspruch haben, und um die Niederlage des Unterdrückergeists, mit dem unsere Feinde uns bedrohen. Das weiß jeder; darum tut auch jeder das Seine. Die Metallspende ist die Gabe des deutschen Volks zu diesem Geburtstag des Führers. Sie soll uns eine Mahnung sein. Das Spenden darf in einem Volk nicht aufhören, das um sein Dasein kämpft. So lasst uns auch das Edelste, was wir haben, aus vollem Herzen spenden: wir treten vor Gottes Thron und beten für den Führer unseres Volks, daß Er Seine schützende Hand über ihn halte und seinem Kampf, der auch unser aller Kampf ist, den Sieg verleihe zum Heil unseres Volkes. Jeder Einsatz ist heute notwendig. So lasst uns auch den Einsatz leisten, den wir haben: die Kraft unseres Glaubens und unserer Liebe.

354 Um den Führer geschart! Zum 20. April (Evangelischer Preßverband für Bayern, Gemeindeblätterdienst, Nr. 9. München, 15. April 1940)

FKiZM. A 30. 40

Derjenige christliche Deutsche, der in diesen Tagen nicht mit fürbittendem Herzen hinter dem Führer stünde, müßte bar jeder Ahnung sein von der ungeheuren Last der Verantwortung, die Adolf Hitler für Deutschland trägt. Er stand auf für sein Volk, als es am Boden lag, an Verarmung, Raumnot, Arbeits-, Wehr- und Ehrlosigkeit, an Klassenhass und Weltenwahn krank bis ins Mark. Er wurde ihm der große Herold seiner völkischen Freiheit und Ehre. Schritt um Schritt rangen wir uns mit ihm aus nationaler Verzweiflung und Knechtschaft empor. Der Wiedergewinnung der Wehrhoheit folgte die Lösung der brennenden Grenzmarkenfrage bis zur Vollendung des Werkes im Großdeutschen Reich, der Erfüllung der alten Sehnsucht aller deutschen Stämme und Herzen, in denen das Lied vom alten Barbarossa immer lebendig blieb. Aber als dann die letzte Wunde des Reiches an der polnischen Grenze sich schliessen wollte, und die Stunde schon sichtbar war, in der das Reich der Hort des Friedens und der Entfaltung aller Kräfte und Völker Europas werden sollte, da zwang der Hass der alten Ausbeuter Europas und Nutznießer der Zersplitterung seines Herzlandes Deutschland den Deutschen Baumeister zum Schwert. Wir wissen, daß keine Stunde seines letzten, 51., Lebensjahres dem Führer schwerer gewesen ist als die, in der er das erstrebte Werk friedlicher Neuordnung und Arbeitsgemeinschaft der Völker gestört sah durch England und Frankreich und, wie wir heute wissen, auch amerikanische Diplomaten, durch alle diejenigen, deren Mammonismus von jeher aus der Ohnmacht Deutschlands ihre Gewinne zog. Keine Stunde war für Adolf Hitler schwerer als die, in der er das aufblühende Werk einer neuen Lebens- und Arbeitsordnung unseres Volkes unterbrochen sah durch den Ruf: Zu den Waffen!

Der Herr der Heerscharen hat uns den schnellen Sieg über Polen gewinnen lassen, durch den die Wehrmacht des Führers den alten Waffenruhm des deutschen Soldaten in nur 18 Tagen in unvergleichlicher Weise erneuerte. Dieser Sieg und mit ihm die geschlossene Einsatzbereitschaft des ganzen Volkes und das Heldentum der deutschen Männer in allen Waffengattungen seitdem war das große Geschenk für Adolf Hitler in seinem nun zu Ende gehenden Lebensjahr, ein Geschenk voller Kraft der Zuversicht und des Vertrauens für die Zukunft. Uns allen ist es eine Mahnung zur Treue, daß wir in der noch anstehenden Entscheidung gegen den Westen geschlossen und opferbereit um den Führer geschart sind. Wir wissen, daß die Verantwortung für diesen Kampf eine Riesenlast ist, an der wir alle mittragen sollen um unserer Zukunft willen. Je größer sein Werk ist, an dem einer steht, desto ernster ist das Auge Gottes auf ihn gerichtet, und alle Verantwortung in

der Welt ist Verantwortung vor dem lebendigen Gott. Wer von uns könnte sich ausserhalb dieser Verantwortung stellen und wer zurückbleiben, wo es den Beweis der Treue in Tat und Opfer und persönlichem Einsatz gilt? Wer wollte abseits stehen, wenn wir das neue Lebensjahr des Führers beginnen mit dem Gebet:
Hilf, Herr, hilf, lass wohl gelingen! Herr, unser Gott, segne den Führer!

355 Betreff: Geburtstag des Führers
ABlELKB 1941, S. 29

Das Großdeutsche Reich feiert am 20. April 1941 den 52. Geburtstag seines Gründers und Führers. Unsere Gemeinden werden am Sonntag Quasimodogeniti im allgemeinen Kirchengebet seiner in Dank und Fürbitte gedenken und zu dem allmächtigen Gott flehen, daß er das große Werk des Führers mit seinem Segen kröne.
Am Geburtstag ist in der Zeit von 12–12.15 Uhr wie in der ganzen Deutschen Evangelischen Kirche, mit allen Glocken zu läuten, wo es die allgemeinen Bestimmungen zulassen.
München, den 16. April 1941.
Evang.-Luth. Landeskirchenrat
I. A. Breit.

356 Zum 20. April
EGBl für München 50 (1941), S. 71

Während diese Zeilen gedruckt werden, sind kaum mehr als zehn Tage vergangen, seitdem der Rundfunk der ganzen Welt die Kundgebungen mitteilte, welche der Führer Großdeutschlands an die jugoslawische und an die griechische Regierung erließ, und seitdem der Aufruf des Führers an die Soldaten der Südostarmee bekanntgemacht wurde. Heute gehört Jugoslawien der Vergangenheit an; auch dieses künstliche Gebilde des Versailler Lügenvertrags ist wie ein Kartenhaus zusammengebrochen. Griechenland aber, das sich durch englische Intrigen in den Kampf gegen die Achsenmächte hat hineinhetzen lassen, steht vor dem gleichen Geschick. Schon verlassen die englischen Truppen den griechischen Boden ebenso eilig, wie sie aus Norwegen, aus Belgien und aus Frankreich geflohen sind; nicht einmal auf einen Versuch zum Kampf mit der deutschen Wehrmacht wollen sie es ankommen lassen. Diese Wehrmacht aber hat in zehn Tagen wieder Wunder vollbracht: von der obersten Führung an bis herunter zum letzten Schützen! Gleichzeitig hat sie die Engländer in weniger Tagen aus dem italienischen Nordafrika vertrieben als diese Wochen zu seiner Erobe-

rung gebraucht hatten. Voll Dank und voll Stolz blickt unser Volk auf seine Soldaten und ihre Führung.
Mitten in diesem gewaltigen, atemberaubenden Geschehen vollendet unser Führer Adolf Hitler, der Führer Großdeutschlands, sein 52. Lebensjahr. Nicht nur das deutsche Volk, sondern die ganze Welt weiß: Diese Wehrmacht ist seine Schöpfung. Er hat sie geschaffen, damit niemand ihm sein Werk des Friedens stören könne: der Weg sollte gesichert sein, den er nach fünfzehnjährigem Kampf um die Seele seines Volkes dem deutschen Volk 1933 in die Zukunft bahnte. Haß und Furcht der Feinde wollten es anders; nun erleben sie, was deutsche Feldherrnkunst und deutscher Soldatengeist für Volk und Vaterland vermögen. Den Geist von Versailles wollten sie erhalten. Die Fesseln von Versailles sind nun gesprengt. Mehr noch: das ganze Lügengebäude ist in sich zusammengestürzt; mit Serbien, dem Brandstifter des Weltkriegs, ist seine letzte Mauer gefallen. Voll Staunen, blickt die Welt auf den Führer des Großdeutschen Reichs.
Wir aber bitten Gott, den Herrn, Er möge dem Mann, in dessen Händen das Schicksal Deutschlands liegt, Kraft, Weisheit von oben und Segen zu seinen Entschlüssen geben. Unsere Gedanken, unsere Liebe und Gebete sind – nach dem Wort und Wunsch des Führers – bei unseren Soldaten; am Geburtstag des Führers mehr noch als an jedem anderen Tag. Heimat und Heer aber sind eins in dem Gebet, daß Gott auch im neuen Lebensjahr Seine Hand über dem Führer halten möge.

So wolle Gott nun schauen / Auf Führer Volk und Land! /
Wir wollen weiterbauen / Und kämpfend fest vertrauen /
Auf seine starke Hand.

357 Bekanntmachung Nr. 2643 des Landeskirchenrats. München, 15. April 1943

ABlELKB 1943, S. 23

Betreff: Geburtstag des Führers.
Das Großdeutsche Reich feiert am 20. April den 54. Geburtstag seines Gründers und Führers. Unsere Gemeinden werden am Palmsonntag, den 18. April, im Allgemeinen Kirchengebet des Führers fürbittend gedenken und Gott bitten, daß er ihm mit seinem Geist und seiner Hilfe zur Seite stehe und sein Werk mit seinem Segen kröne.
München, den 15. April 1943.
Evang.-Luth. Landeskirchenrat
D. Meiser.

4.2.7 Zum Tod Paul von Hindenburgs (1934) und Erich Ludendorffs (1937)

358 Kundgebung des Landesbischofs und des Landeskirchenrats anlässlich des Heimgangs des Reichspräsidenten von Hindenburg
ABlELKB 1934, S. 113

Reichspräsident Generalfeldmarschall Paul von Hindenburg ist nach einem langen reichgesegneten Leben von Gott in die Ewigkeit abberufen worden. Mit dem ganzen deutschen Volk trauern wir über seinen Heimgang.
In den entscheidungsvollsten Stunden des Vaterlandes ist er in die Führung der deutschen Armee und hernach in die Führung des deutschen Volkes berufen worden. Er hat die Riesenlast einer ungeheuren Verantwortung aus Liebe zu seinem Volk übernommen und hat diesem Volk gedient bis zum letzten Atemzug; er hat ihm die Treue bis in den Tod gehalten.
Diese seine Treue wurzelt in der Treue gegen Gott. Wie der deutschen Eiche erwuchs ihm die Kraft aus der verborgenen Tiefe. Das Geheimnis seiner Größe war sein schlichter demütiger Glaube an den lebendigen Gott und an den Herrn Christus. Er wußte um den Reichtum, den Gott uns aus Seinem Worte schenkt und um die Gemeinschaft der Gläubigen, die um dieses Wort sich sammelt, er wußte um die Macht des Gebets.
Als ein treuer Diener seines Volkes und als ein lebendiges Glied unserer Kirche soll er unserem Geschlecht ein Mahnmal sein, das immer wieder hinweist auf den höchsten Herrn, in dessen Hand Menschen- und Völkerschicksale liegen, auf den ewigen Gott.
Wir wissen alle, was er für die deutsche evangelische Kirche bedeutete. Er war ihr wie unserem Volke ein getreuer Eckart. Sein Vorbild soll den Pfarrern und Gemeinden lebendig bleiben. Möge sein Vermächtnis: daß Christus dem deutschen Volk gepredigt werde! die Kirche allezeit an ihre erste und letzte Aufgabe verpflichtend gemahnen!

359 Rundschreiben Nr. 13171 des Landeskirchenrats an die H. H. Geistlichen. München, 20. Dezember 1937
LAELKB, KKU 11/V

Betreff: Ludendorff.
General Erich Ludendorff ist aus diesem Leben abgerufen worden. Wir befehlen den Entschlafenen wie alle Toten unseres Volkes der Gnade Gottes. Unsere Pfarrämter und unsere H. H. Geistlichen aber weisen wir an, dem Toten die Ehren zu erweisen, die etwa staatlicherseits angeordnet werden. Es ziemt auch unserer Kirche, dem großen Heerführer des Weltkriegs für seine Dienste an Heimat und Volk die gebührende Ehre zu erzeigen.
D. Meiser

360 Rundschreiben Nr. 13528/37 des Landeskirchenrats an die Dekanate. München, 16. Februar 1938
FKiZM. A 30. 3/2

Betreff: Ludendorff.
Mit Entschließung vom 20.12.1937 Nr. 13171 haben wir unsere Herren Geistlichen angewiesen, dem verstorbenen General Ludendorff die Ehren zu erweisen, die etwa staatlicherseits angeordnet würden. Dieser Anweisung haben 12 Geistliche unserer Landeskirche den Gehorsam verweigert. Die Gründe, die von den Betreffenden angeführt werden, sind nicht einheitlich. Meist wird auf den Kampf Ludendorffs gegen das Christentum, Bibel und Kirche oder auch auf seinen Austritt aus der evangelischen Kirche hingewiesen.
Man meinte, Ludendorff selbst würde auf eine solche Ehrung der Kirche, die er aufs schärfste bekämpft hat, verzichten. Man fragte, wann der Status confessionis überhaupt einmal eintrete, wenn nicht in diesem Fall oder führte aus, daß wir mit der Ehrung eines solchen Mannes selbst bei Würdigung seiner militärischen Verdienste die Gewissen unserer getreuesten Gemeindeglieder nur noch mehr verwirren würden, als sie ohnehin in unserer Zeit schon verwirrt sind. Auch so wurde argumentiert: Die Polizeibehörden hätten es in diesem Fall wohl stillschweigend geschehen lassen, wenn die Kirche nicht geflaggt hätte oder: eine Aufforderung zur Beflaggung ist kein Befehl. In einem Fall wurde die Zurückhaltung gegenüber der staatlichen Anordnung damit motiviert, daß am Ort ein früherer Katholik Propaganda für die Ludendorff'sche Weltanschauung treibe. In einem anderen Fall wurde erklärt: Ich getraue mich nicht vor Gottes Angesicht einmal Rede und Antwort zu stehen auf die Frage, warum und wieso ich an einem mir anvertrauten Gotteshaus zu Ehren eines der größten Christusfeinde unserer Zeit die Fahne gesetzt hätte. Ein Geistlicher sagte: „Über den Tod eines Mannes, der den Ausspruch getan hat: ‚Ich bin stolz, nicht nur ein Heide, sondern ein Antichrist zu sein', kann ich keine Trauer empfinden. Wenn ich in meinem Pfarrhaus eine Trauerfahne heraushängen würde, so wäre das eine Heuchelei, vor der ich meine Gemeinde immer wieder warnen muß. Ludendorff hat selbst eine Trennung zwischen dem Feldherrn und dem Antichristen in ihm unmöglich gemacht. Die Gemeinde würde in der Beflaggung ein Nachgeben gegenüber staatlichem Zwang und damit eine Charakterlosigkeit und Feigheit sehen. Sie würde das auch als einen Widerspruch zwischen meiner Verkündigung und meiner praktischen Haltung betrachten und in ihrem Vertrauen zu ihrem Pfarrer erschüttert werden".
Ein Pfarrer schreibt: Da der Pfarrer von der Gemeinde Treue und Bekenntnis fordern soll, wird er auch durch sein Beispiel die Gemeinde in der bekenntnistreuen Haltung bestärken und darf sie nicht durch Kompromisse und Halbheiten in ihrem Zutrauen zum Pfarramt erschüttern.

Uneinheitlich wie die Begründung war auch das Verhalten der Geistlichen: Während die Mehrzahl die Beflaggung in jedem Fall unterlassen zu haben scheint, teilt einer mit, er habe es nicht fertig gebracht, die Kirche beflaggen zu lassen, das Pfarrhaus aber konnte er mit gutem Gewissen beflaggen. Ein zweiter fand unsere Anweisung erst zu einer Zeit vor, als der Staatsakt für Ludendorff bereits vorüber war und gesteht, daß ihm dadurch ein schwerer Gewissenskonflikt erspart worden ist, „weil es doch außerordentlich unerfreulich gewesen wäre, durch einen erneuten Kirchenvorstandsbeschluß (er hatte in Unkenntnis der Zuständigkeit des Kirchenvorstands diesen beschließen lassen, daß beim Tode Ludendorffs nicht beflaggt werde) die Beflaggung dennoch durchzuführen". In einem dritten Fall erklärte ein Pfarramtsführer der Polizei, er werde nicht den Auftrag zur Beflaggung der Kirche geben. Wenn die Polizei angewiesen sei, die Beflaggung zu erzwingen, möge sie selbst den Auftrag dazu geben. Trotzdem fügte er klagend hinzu: „So mußten wir sehen, wie für einen Mann, der unserer Kirche so feindselig gegenüberstand, vom Turm unserer evangelischen Kirche die Flagge wehte, während die katholische Kirche nicht beflaggt war", wobei er auch noch übersieht, daß der Turm seiner Kirche im Besitz der politischen Gemeinde steht, die auf Grund ihres Besitztitels die Beflaggung in jedem Fall erzwungen hätte.
Wir haben volles Verständnis für den Ernst, der aus den uns zugeleiteten Erklärungen spricht. Wir würdigen auch die Gründe, die für das Verhalten der Geistlichen bestimmend waren, wenn auch bei näherer Prüfung deutlich wird, daß dahinter eine verschiedene, zum Teil sogar humane Haltung steht, weshalb wir uns nicht näher damit auseinandersetzen. Wir vermissen aber, daß das Verhalten der Protestierenden nicht aus dem letzten in unserer Kirche allein zulässigen Motiv hergeleitet wird. Denn keiner der Beteiligten hat uns nachgewiesen, daß in diesem Fall für die Kirche die Lage gegeben war, die allein nach dem Bekenntnis unserer Kirche (C. A. 16) es rechtfertigt, einer staatlichen Anordnung den Gehorsam zu versagen „cum jubent peccare". Daß hier der Status confessionis nicht bestand und daß auch Epitome X Aff. IV nicht vorlag, konnte den Beteiligten auch daraus klar werden, daß die Beflaggung nicht nur von der Kirchenleitung angeordnet, sondern auch von den Pfarrämtern fast restlos durchgeführt wurde, wie auch daraus, daß keiner von ihnen versucht hat, die Kirche zu dem einmütigen Protest aufzurufen, der in jedem Fall geboten gewesen wäre.
Wir können daher bei aller Würdigung der vorgebrachten Gründe das Verhalten der Geistlichen in vorliegendem Fall nicht billigen. Wir müssen ihnen vielmehr mit allem Ernst die Folgen vorhalten, die es notwendig für die Kirche haben muß, wenn einer klaren Anweisung des Landeskirchenrats der Gehorsam verweigert wird. Es tritt Mark 3, 24 ein und die Freude hat der Feind der Kirche. Unsere Kirche steht in einem Kampf, der von Tag zu Tag schwerer wird. In diesem Kampf wird die Kirchenleitung immer wie-

der einmal genötigt sein, von heute auf morgen bestimmte Anweisungen zu geben, ohne daß sie jedem ihrer Geistlichen im einzelnen sagen kann, was sie dazu bestimmt. Sie muß in dieser Lage darauf rechnen können, daß ihre Geistlichen ihr das Vertrauen schenken, sie werde ihre Anordnungen an Schrift und Bekenntnis prüfen und nichts anordnen, was nicht jeder ihrer Geistlichen vertreten kann. Im vorliegenden Fall war für uns entscheidend, daß der Tote vor Gott gerufen und damit dem Gericht der Menschen entnommen war. Jede Versagung der Ehren, die Menschen bedeutenden Toten ihres Volkes zu erweisen pflegen und die auch unsere Kirche bisher in ähnlichen Fällen erwiesen hat, würde eine posthume Verurteilung des Toten durch menschliche Instanzen gewesen sein. Diese haben aber nicht mehr zu sprechen, wenn Gott der Herr einen Menschen zum Gericht ruft. Daher haben wir in unserer Entschließung, bei der wir aus gewissen Gründen nicht alles aussprechen konnten und deshalb auf verständnisvolle Auslegung rechnen mußten, deutlich unterschieden zwischen dem Toten, den wir wie alle Toten unseres Volkes der Gnade Gottes befehlen und dem großen Heerführer, dem für seine Dienste an Volk und Heimat die gebührende Ehre zu erzeigen auch die Kirche für geziemend halten sollte. Wir sind überzeugt, daß das von unseren Gemeinden auch verstanden wurde, wo immer es ihnen durch ihre Geistlichen klar und entschieden gesagt wurde.
Wir begnügen uns damit, den Herren Geistlichen, die den Gehorsam verweigert haben, Vorstehendes zur Kenntnis zu bringen, denn so bedauerlich es auch ist, wenn gerade von solchen, die sich dem Worte Gottes ganz verpflichtet wissen, der Kirchenleitung entgegenhandeln zu sollen geglaubt wird, so möchten wir doch nicht verkennen, daß sie in diesem Fall – wie auch die Kirchenleitung selber – in einer schweren inneren Spannung standen. Wir versehen uns aber zu ihnen, daß sie uns in Zukunft grundsätzliche Bedenken rechtzeitig zu Gehör bringen, bevor sie selber handeln.
Zu dem einen Fall, wo der Kirchenvorstand veranlaßt wurde, einen Beschluß über die Beflaggung zu fassen, bemerken wir, daß die Regelung allgemeiner das Verhältnis von Staat und Kirche berührenden Fragen nicht zur Zuständigkeit des Kirchenvorstandes gehört. Der Wirkungskreis, des Kirchenvorstandes ist, in dem Kirchengesetz vom 15.12.1922 (Amtsblatt 206 ff.) genau umschrieben. Die Pfarrämter haben darüber zu wachen, daß dieser Wirkungskreis. des Kirchenvorstandes nicht unbefugt überschritten wird.
Die Bemerkung „die Kirchenleitung möge doch die auf gewiß nicht einfachen Außenposten stehenden Pfarrer durch eine klare und auch in solchen Dingen kompromißlose Haltung stärken und unterstützen", wird der Betreffende nach dem, was wir oben ausgeführt haben, wohl selbst als nicht gehörig empfinden.
gez. D. Meiser.

5. Antisemitismus, Rassismus und Maßnahmen dagegen

5.1 Zur Rassenfrage

5.1.1 Allgemein

361 Wie stellen wir uns als Deutsche und als Christen zur Judenfrage? (1933)
EGBl für den Dekanatsbezirk Ansbach 20 (1933), S. 98f. (16. Juli)

|98| Im 5. Buch Mose Kap. 28 wird den Kindern Israel für den Fall, daß sie ihren Bund mit Gott nicht halten, angedroht: „Der Herr wird dich alsdann unter alle Völker von einem Ende der Erde bis zum anderen zerstreuen. – Du wirst unter ihnen nicht zur Ruhe kommen und für deine Fußsohlen wird es keine Stätte der Rast geben, sondern der Herr wird dir dort ein immer zitterndes Herz und vor Sehnsucht verschmachtete Augen und eine geängstigte Seele geben."
Sie haben den Bund oft verachtet, am gröbsten, als sie den Messias an die heidnische Obrigkeit auslieferten mit der hartnäckigen Forderung seines Kreuzestodes und mit der Selbstverwünschung: „Sein Blut komme über uns und unsere Kinder!" Seitdem sind sie wie ein Zweig, der aus dem Baum des Heils ausgebrochen ist, der aber durch Gottes Gnade zu seiner Zeit wieder eingepfropft werden kann. (Röm. 11). Und seit der Zerstörung Jerusalems durch die Römer sind die Juden kein politisch geschlossenes Volk mehr, sondern leben in der Zerstreuung unter den anderen Nationen. Bis dahin, wenn sie erkennen werden, „in welchen sie gestochen haben", können sie nicht ein Segen sein für alle Geschlechter auf Erden, sondern |99| eine schwer erträgliche Last, ja ein verderblicher Schaden. Das bestätigt Theodor Mommsen, einer der berühmtesten Geschichtsforscher und dabei ein Mann des linken politischen Freisinns mit den Worten: „Das Judentum hat sich in allen Völkern erwiesen als ein Ferment der Dekomposition", d.h. als ein Gärungsmittel, das Zersetzung bewirkt. Wir wollen gerechterweise dies Urteil nicht im allgemeinen gelten lassen, indem wir bedenken, daß unter den orthodoxen Juden es manche gibt, deren aufrichtige Frömmigkeit uns Hochachtung abnötigt. Um so mehr aber bestätigen wir dies Urteil im Hinblick auf das glaubenslose und grundsatzlose Judentum, das die Völker, in deren Ländern es wohnt, ausbeuten, schwächen und unterjochen will und das in Finanz, Handel, Wirtschaft, Presse, Literatur, Film, Theater u.a. seine gottlosen Kräfte spielen läßt und auch in den internationalen Beziehungen nach der Herrschaft strebt. Dieses Judentum hat besonders seit der unglücklichen Novemberrevolution der Ehrlichkeit, Wahrhaftigkeit und Sittenreinheit in unserm Volk ungeheuren Schaden

zugefügt und gegen die christliche Kirche auf mancherlei Weise offen und heimlich gekämpft. Daß in Deutschland dies verderbliche Judentum in seine Schranken zurückgewiesen wird, dafür schulden wir nicht nur um unseres Volkes, sondern auch um unserer Kirche willen der nationalen Regierung herzlichen Dank.

Was verstehen wir aber unter diesen Schranken?

Nichts Geringeres als den Willen Gottes. Der Lenker der Weltgeschichte, der sein auserwähltes Volk zur Strafe in alle Welt zerstreut hat, will nicht, daß die Juden sich in der Zerstreuung die Herrschaft aneignen und eine internationale Großmacht bilden, wie sie es offenkundig in der Gegenwart anstreben. Pastor Dr. Walter Michaelis hat im Gnadauer Gemeinschaftsblatt (Mai) ausgeführt, daß er, noch bevor jemand von Faschismus oder Nationalsozialismus redete, überzeugt war, daß die Völker den Willen Gottes über das Volk Israel falsch verstanden haben, als sie ihnen in ihren Ländern volles bürgerliches Heimatrecht haben. Mit dieser Verleihung wurde in Europa erst vor etwa 125 Jahren begonnen. In Deutschland erhielten die Juden die bürgerlichen und staatsbürgerlichen Rechte sogar erst 1869. Aus Amerika, dem Land der Freiheit, kommt die Nachricht, daß in der Hauptstadt Washington noch jetzt Juden in bestimmten Straßen keine Häuser besitzen dürfen. Aus Gründen des Selbsterhaltungstriebes gewähren die Amerikaner dem Negertum, aus dem schon bedeutende Gelehrte hervorgegangen sind, die Gleichberechtigung [sic!] und verwehren Angehörigen des hochbegabten Japanervolkes die Einwanderung: darf es dem deutschen Volk verübelt werden, wenn es die Fremdherrschaft des Judentums in seinem Land nicht aufkommen läßt? Der aus Überzeugung Christ gewordene Jude Professor Dr. Karl Friedrich Hemann, der einst einen Lehrstuhl in Basel innehatte, hat schon vor 50 Jahren in zwei Schriften, die er den „Denkenden unter den Christen und Juden als Gabe zum Frieden" widmete, geschrieben: „Es gäbe keine Judenfrage, keine Erbitterung gegen die Juden, wenn sie sich auf das beschränken wollten, was die Polen, Dänen und Franzosen (so viele ihrer damals deutsche Reichsangehörige waren) forderten, nämlich daß man sie unangefochten leben lasse; aber die Juden haben sich in Deutschland bereits eine andere Stellung errungen, eine angreifende, erobernde, herrschende. Und nun gilt eben dies: die Juden auf sich selbst beschränken, wie die anderen Nationalitäten in Deutschland auf sich selbst beschränkt sind. Die Deutschen werden nicht mehr klagen können und die Juden nicht mehr klagen dürfen, wenn die Deutsche Nation den Juden das bewilligt, was sie den Dänen, Polen und Franzosen im Lande bewilligt, im übrigen aber darauf hält, daß sie nicht von den Juden verjudet wird. Jeder hat dann sein Recht nach dem schönen Grundsatz: Jedem das Seine. Jüdische Professoren aber für deutsche Studenten, jüdische Lehrer an deutschen Schulen, jüdische Richter an deutschen Gerichten, jüdische Offiziere in deutschen Regimentern: das ist ein Vergehen an der Deutschen Nation." Ein halbes Jahrhundert musste vergehen, bis die Deutsche Nation nach dieser Erkenntnis eines unparteiischen Judenchristen handeln konnte! Heman meint, der Zudrang der Juden zur Beamtenlaufbahn werde aufhören, sobald sie wissen, daß jüdische Beamte nur für Kreise jüdischer Bevölkerung Anstellung finden können. Er betont aber auch: Nur die christliche Kirche und der Staat gemeinsam können die Judenfrage zum Frommen der Christen und der Deutschen und ohne Unrecht und Gewaltakte gegen die Juden lösen. Freilich beeinträchtigt die Feindschaft gegen die Juden den Erfolg sehr! Es ist nicht zu leugnen, daß gewisse Eigenschaften der Juden diese Feindschaft verursachen oder vermehren. Schon vor der Zerstörung von Jerusalem galt es in den vornehmen Familien Roms als zum guten Ton gehörig judenfeindlich zu sein. Seitdem hat die Judenfeindschaft in ganz Europa und im vorderen Orient Untaten entsetzlicher Grausamkeit verursacht. Man hat den Juden die Schuld an allerlei Volksunglück, an Pest und Missernten zugeschoben, ihnen durch Folter Schuldbekenntnisse ausgepresst und sie dann scharenweise auf Scheiterhaufen verbrannt. Man zwang sie auch in Kirchen Bekehrungspredigten anzuhören, ja mitunter zur Taufe. Solche Verirrungen und Ausartungen einer begreiflichen Abneigung gegen die Juden mussten anderseits den von ihren Vätern überlieferten Haß gegen Christus und seine Gläubigen und ihren Unglauben wider das Evangelium bei den meisten Juden außerordentlich vertiefen. Jedoch trotz solcher Erschwerung kamen immer wieder Bekehrungen von Juden vor. Ja, in den letzten Jahren sind jüdische Übertritte auf Grund von wirklicher Glaubensentscheidung sehr zahlreich geworden. Der Heilige Geist hat Wege genug, aufrichtige Gottsucher auch unter den Juden zu Christus zu führen. So mußte auch die enge und längere Berührung von Juden mit wahren Christen in den Schützengräben des Weltkrieges zu Bekehrungen führen. In Amerika, Europa und Asien wird das Neue Testament stark unter den Juden verbreitet. In vielen Synagogen wird jetzt an Weihnachten von Jesus gesprochen, was noch vor einigen Jahren undenkbar war. Ja, man kann sagen: Was seit den Tagen des Apostels Paulus, seit der Entstehung der heidenchristlichen Kirche unerhört war, ist in den letzten Jahren Wirklichkeit geworden: Kirche und Synagoge stehen wieder in Berührung im Ringen um die Wahrheit Gottes.

362 Karl-Heinz Becker: [Judenchristliche Sondergemeinden?], 1934
LAELKB, 101/58–16

„Er ist unser Friede. Er hat aus beiden – Juden und Heiden – eins gemacht und den sie trennenden Zaun hinweggeräumt. Denn er hat durch sein Fleisch die Feindschaft, die das Gesetz mit seinen Geboten und Verordnungen zwischen ihnen erregte, für immer abgetan. So wollte er die beiden in sich selbst zu Einem neuen Menschen umschaffen. Ja er hat Frieden gestiftet

und beide, die in Einem Leibe vereinigt werden sollten, mit Gott versöhnt durch das Kreuz, an dem er ihre Feindschaft ertötet hat. Dann ist er gekommen und hat euch, die ihr ferne wart, und denen, die nahe standen, die frohe Botschaft des Friedens verkündigt. Denn durch ihn haben wir beide in einem Geiste Zugang zum Vater."
(Epheserbrief 2, 14–18 nach der Uebersetzung von Albrecht.)
Nicht nur bei evangelischen Glaubensgenossen, die (beziehungsweise deren Vorfahren) vom jüdischen Glauben zum evangelischen übergetreten sind, sondern auch im evangelischen Kirchenvolk selbst erregt zur Zeit die Tatsache Befremden, dass die bekannte Forderung der „Glaubensbewegung Deutsche Christen", die sogenannten „Judenchristen" in einer eigenen Kirche oder in besonderen Gemeinden zusammenzufassen, bisher noch von keiner amtlichen Stelle der evangelischen Kirche aus unzweideutig zurückgewiesen worden ist. Bekanntlich soll diese Frage bereits beim nächsten Zusammentritt der Nationalsynode entschieden werden. Der Reichsbischof hat in seiner Aeusserung zur Sportpalastkundgebung vom 13. 11. 33 eine „Verfassungsreform der Landeskirche" in dem von den „Deutschen Christen" geforderten Sinne bindend zugesichert. Die bayerische Landeskirche übernahm diese Zusicherung in ihr Kirchliches Amtsblatt (Nr. 31 vom 15. 11. 33 S. 167.)
Namhafte Theologen unserer bayerischen Landeskirche stimmen dieser Forderung der „Deutschen Christen" zu, – im Gegensatz zu dem weitaus grössten Teil des gesund empfindenden Kirchenvolkes, das alle derartigen Massnahmen innerlich ablehnt. Der Dozent für Praktische Theologie an der Universität Erlangen, Prof. Dr. theol. Dr. Ulmer, glaubt die Zulässigkeit der geforderten Massnahmen (wenigstens dort, wo sie praktisch durchführbar seien) durch den Hinweis auf die Französisch-Reformierte Gemeinde in Erlangen begründen zu können, die auch als eine Zusammenfassung von Angehörigen eines anderen „Volkstums" in einer besonderen Gemeinde anzusehen gewesen sei. (Dieser Hinweis dürfte schon deshalb nicht zur theologischen Begründung derartiger Massnahmen gegen die deutschen Judenchristen genügen, da ja die Sprachenfrage, die damals die Hauptrolle spielte, hier fortfällt. Ausserdem geschah diese Zusammenfassung mit dem Willen der Beteiligten, und nicht, wie heute, gegen ihn.) Die weitverbreitete Anschauung, die z. B. der bayr. Sonderbeauftragte für Volksmission Pfarrer Helmut Kern (in der Frage des Arierparagraphen für Pfarrer) vertritt, dass „die evangelische Kirche Deutschlands jetzt aus dem Stadium der Heidenmission in das Stadium der Volkskirche eingetreten sei", (– und dass daher jetzt „den Deutschen deutsch und von Deutschen gepredigt werden müsse" –), dürfte auch in der Frage der „judenchristlichen Gemeinden" in die gleiche Linie führen.
Es geht nicht an, derart brennende Fragen unserer Kirche weiterhin unter evangelischen Theologen als „theologisch ungeklärt" zu bezeichnen, wie es

z.B. von Seiten des Sonderbeauftragten für Volksmission in unserer Landeskirche (in der Frage des Arierparagraphen für Pfarrer) noch vor kurzem (18.11.33) geschehen ist. Wenn sie theologisch ungeklärt wären, so wäre dies angesichts der bereits in Aussicht genommenen praktischen Massnahmen absolut unverantwortlich. Zum mindesten liegt eine theologische Aeusserung vor, die diese Frage wirklich mit theologischen Mitteln zu klären versucht, nämlich die von Karl Barth in „Theologische Existenz heute". Sie darf nicht überhört werden: „wenn die deutsche" (bzw. die bayrische) „evangelische Kirche die Judenchristen ausschliessen oder als Christen zweiter Klasse behandeln würde, würde sie aufgehört haben christliche Kirche zu sein." (S. 25). – Hiernach sind alle gegen Judenchristen gerichteten kirchlichen Massnahmen (auch z.B. der Arierparagraph für Pfarrer) als bekenntniswidrig abzulehnen. Die theologische Begründung hiezu ist in Karl Barths Schriftenreihe „Theologische Existenz heute" gegeben. –
Dieser eindeutigen Stellungnahme Karl Barths werden nun heute im Allgemeinen folgende Gegengründe entgegengehalten:
1.) Es gehe nicht an, diese Frage zu einer Bekenntnisfrage zu machen, da es sich um eine Frage der äusseren Organisation der Kirche handle. – Dem steht aber entgegen, dass die Fragen der äusseren Organisation der ev. Kirche in der neuen Reichskirchenverfassung in einer Weise bereits geregelt sind, die unzweideutig die Anwendung eines Arierparagraphen in der Kirche ausschliesst; es wurde das auch bei ihrer Einführung ausdrücklich betont. Die Zugehörigkeit zur ev. Kirche und zu ihren Aemtern wird nur nach den Bekenntnisschriften bestimmt und begrenzt, diese enthalten aber nichts von einem „Arierparagraphen"! Wenn daher die Frage des Arierparagraphen in der Kirche trotzdem heute noch einmal von gewisser Seite aufgerollt wird, so kann es sich nicht um eine Frage der äusseren Organisation, sondern muss es sich um eine Bekenntnisfrage handeln.
Ausserdem ist zu sagen: Die äussere Organisation der Kirche kann nicht eine Angelegenheit des Zwanges sein, der gegen den Willen der Beteiligten durchgeführt wird. Die deutschen Judenchristen würden sich aber ihrer Ausschliessung aus den Gemeinden, denen sie angehören, mit Recht niemals fügen.
2.) wird eingewendet: die vom jüdischen Volk abstammenden Glaubensgenossen seien „Angehörige eines anderen Volkes", die nicht in die neue deutsche Volkskirche gehören.
Dazu ist zu sagen: Selbst wenn es so wäre –, so hätten sie sich durch ihren Uebertritt zum Christentum von ihrem Volk losgesagt, und könnten nicht mehr zurück. (In der Tat war ihr Uebertritt ja dann auch ein Bekenntnis zum deutschen Volkstum). Ihre Wiederausschliessung aus den christlichen Gemeinden, in die sie aufgenommen wurden, würde bedeuten, dass sie in ihrer Gesamtheit von der deutschen evangelischen Kirche ein in völkisches und religiöses Nichts, in eine seelische Heimatlosigkeit gestossen würden,

die über das Mass dessen hinausginge, was Menschenseelen ohne Schaden zu nehmen ertragen können.
Aber wir müssen zu dieser Frage des jüdischen „Volkes" auch das heutige Judentum selbst hören. Tun wir es, so erfahren wir unzweideutig: Die heutigen Juden sind kein Volk. Sie sind, und wollen nichts anderes sein, als eine Religionsgemeinschaft (wie das Christentum), die ihre Angehörigen auf die Zugehörigkeit und die Treuepflicht zu dem Volk verweist, zu dem sie gehören, – im Fall der deutschen Juden also zum deutschen Volk. Diese Tatsache ist durch keinerlei entgegengesetzte Behauptung aus der Welt zu schaffen. Der Zionismus, auf den in diesem Zusammenhang hingewiesen zu werden pflegt, kann durchaus nicht, jedenfalls heute noch nicht, als eine Volksgründung angesehen werden, – er ist eine Bewegung, die bisher nur den geringsten Teil der jüdischen Religionsgenossen in den verschiedenen Nationen erfasst hat. Nur in Deutschland ist heute durch die moralische und z. T. auch praktische Ausstossung der Juden und „Nichtarier" aus der deutschen Volksgemeinschaft die unhaltbare Lage eingetreten, dass die deutschen Juden (und Judenchristen!) als eine Art zweites deutsches Volk innerhalb der deutschen Staatsgrenzen leben müssen. (Sie werden ja auch im Fall einer Auswanderung von den Angehörigen anderer Nationen – gleich ob Juden oder Nichtjuden – stets nur als Deutsche angesehen.)
Es geht also schon aus diesem Grunde nicht an, die zum Christentum übergetretenen Juden und ihre Nachkommen gegen ihr eigenes Wollen und Empfinden als „Angehörige eines anderen Volkes" zu erklären. Das deutsche Volk und das deutsche Volkstum sind nicht erst 1933 entstanden; wir waren auch zu Luthers Zeiten, auch am 2. August 1914 ein Volk. Niemand forderte damals derartige Massnahmen der Kirche; niemand dachte daran, einen ganz bestimmten rasseideologisch radikalisierten Begriff von Volkstum, wie er heute die Gemüter beherrscht, für so einzigartig richtig zu erklären, wie es heute geschieht; – und noch weniger dachte man daran, einen solchen bestimmten und auch geschichtsphilosophisch ausgesprochen einseitig orientierten Volkstumsbegriff für derart fundamental zu halten, dass er sogar für das Bekenntnis und den äusseren und inneren Aufbau der ev. Kirche konstitutiv (= grundlegend) werden müsse. Welche göttlichen Offenbarungen sind inzwischen erfolgt, die die ev. Kirche heute zu Massnahmen veranlassen könnten, die man in mehr als einem Jahrtausend deutscher Kirchengeschichte ebenso gut hätte treffen können, – aber eben nicht getroffen hat, weil man sie mit Recht für unzulässig, unbiblisch angesehen hat? – Die Darstellung, dass die deutsche evangelische Kirche ausgerechnet 1933 (– im Jahre der Sportpalastkundgebung! –) aus einer „Heidenmissionskirche" zu einer „Volkskirche" geworden sein soll, dürfte sich im Blick auf die geschichtliche Wirklichkeit schwer beweisen lassen.
– Nein, es verhält sich hier wirklich so, wie Karl Barth es nicht müde wird zu betonen: Wer die völkischen Ereignisse des Jahres 1933 irgendwie als

konstitutiv für das Wesen der Kirche ansehen zu können glaubt, der stellt neben die für die Kirche allein gültige Offenbarung Gottes im Wort der Heiligen Schrift eine zweite Offenbarungsquelle im Volkstumsbegriff von 1933, – der stellt sich ausserhalb der evangelischen Kirche.

3.) Der wohl häufigste Einwurf gegen Karl Barth's These ist begreiflicherweise der Hinweis auf die staatlichen Massnahmen auf rassebiologischem und kulturellem Gebiet, die gegen die Abkömmlinge der semitischen Rasse in Deutschland getroffen worden sind. Diese Massnahmen stehen hier nicht zur Diskussion. Wer ähnliche oder gleiche Massnahmen von der Kirche deshalb fordert, weil der Staat sie auch getroffen habe, vermengt die Begriffe Staat und Kirche nach jeder Richtung, – ja er verweigert damit dem Staate geradezu, was des Staates ist. Das sollte heute keines weiteren Beweises mehr bedürfen. Welche Gründe sollten die evangelische Kirche ihrerseits über die bereits getroffenen Massnahmen des Staates hinaus zu gleichen oder ähnlichen Massnahmen veranlassen? Erbbiologische und kulturpolitische Gründe kommen für die Kirche nicht in Frage, sie hat nicht Eugenik und Kulturpolitik, sondern Wort Gottes zu treiben.

Die Kirche kann zu derartigen staatlichen Massnahmen, wie sie in Deutschland 1933 gegen die grösstenteils seit der Römerzeit dort ansässigen deutschen Staatsbürger jüdischer Abkunft getroffen worden sind, überhaupt nur dann schweigen, – nur dann ihnen zustimmen, wenn diese Massnahmen wirklich auf rein erbbiologische und kulturpolitische Gründe zurückzuführen sind und sich auch sachlich auf diese Gebiete beschränken. Wo aber diese Massnahmen aus einem Geiste getroffen werden, der eine fremde Rasse zugunsten der eigenen moralisch diffamiert, – und wer wagt das bei dem heutigen Vorgehen noch abzugrenzen? –, – wo diese Massnahmen dazu führen, dass auf die Angehörigen einer anderen Rasse, die seit über anderthalb Jahrtausenden an der deutschen Geschichte teilgenommen hat, nur um dieser Rassezugehörigkeit willen ein moralischer Makel gedrückt wird, – da darf die Kirche das nicht gutheissen. Man wird leider nicht sagen können, dass die evangelische Kirche Deutschlands in ihren öffentlichen Reden oder – Schweigen im letzten Jahre sich nach diesen Grundsätzen wirklich immer gerichtet hätte. Die Kirche hat aber die unbestreitbare Pflicht, jeder Verwechslung und Vermischung von Zoologie und Ethik, wie sie heute weitgehend geübt wird, mit Entschiedenheit entgegenzutreten.

Die Diffamierung der semitischen Rasse in Deutschland würde nun aber eine ganz offene, vollendete werden, wenn auch die ev. Kirche Deutschlands zu selbständigen rassischen Massnahmen gegen ihre eigenen Gemeindeglieder sich verleiten liesse. Denn sie, die derartige Massnahmen nicht aus den sachlichen Gründen ergreifen darf, die der Staat hier angeben kann, könnte zu solchen Massnahmen wirklich nur unsachliche, diffamierende Gründe haben, – auch wenn die Kirche, was anzunehmen ist, bei der Durchführung dieser Massnahmen eine diffamierende Absicht gegen die Judenchristen

(– eine Behandlung derselben als „Christen zweiter Klasse“ –) abstreiten würde. Angesichts der zur Zeit in den Kreisen, aus denen solche Forderungen erhoben werden, herrschenden rasseideologisch radikalisierten Einstellung wäre aber dieses Abstreiten einer diffamierenden Absicht gegen die Judenchristen einfach als eine Unwahrhaftigkeit zu bezeichnen.
Bemerkenswerterweise fordert heute kein Mensch von der katholischen Kirche ähnliche Massnahmen für ihre deutschen Bistümer. Wenn diese aber dazu auch gar nicht in der Lage ist, so kann es die ev. Kirche ebensowenig sein. Die ev. Kirche Deutschlands könnte keinen biblischen oder sonst bekenntnismässigen Grund dafür angeben, warum sie, nachdem sie es bisher nicht getan hat, sich plötzlich genötigt sähe, ihre nichtarischen Glieder von 1933 ab aus ihren Gemeinden auszuschliessen. Diese Glieder haben ihr nicht den geringsten Anlass gegeben, der es rechtfertigen würde, sie durch eine derartige Massnahme mit einem besonderen rassischen Makel zu versehen. Wenn die ev. Kirche sich in dieser Frage in Deutschland bisher mit Recht an das Apostelwort gehalten hat: „Nun erfahre ich mit der Wahrheit, dass Gott die Person nicht ansieht; sondern in allerlei Volk, wer ihn fürchtet und recht tut, der ist ihm angenehm“ (Apostelgeschichte 10, 34–35), – so muss sie es in diesem Fall, schon um der christlichen Bruderliebe zu den von ihr Getauften oder in Ausführung des Missionsbefehls Christi noch zu taufenden Nichtariern willen, auch in Zukunft tun.
Wenn es dennoch zu solchen Massnahmen gegen die Glaubensgenossen kommen sollte, die vom jüdischen Glauben zu Christus gestossen sind, so würde die ev. Kirche Deutschlands damit nicht nur diese Glaubensgenossen, sondern alle ihre Glieder, und ihren Herrn verraten. Sie würde damit anerkennen, dass andere Gesichtspunkte, als das Wort Gottes sie gibt, für sie massgeblicher sind als dieses, – sie würde aufhören, christliche Kirche zu sein; die Geistlichen, die einer derartigen Massnahme nicht offenen Widerstand entgegensetzen und ihre judenchristlichen Gemeindeglieder nicht zu gleichem Widerstand auffordern würden, würden ihr Ordinationsgelübde brechen. Auch der deutschen evangelischen Kirche ist gesagt: „Bedenke, – nicht du trägst die Wurzel, sondern die Wurzel trägt dich … sei nicht hochmütig, sondern fürchte dich! Denn hat Gott die natürlichen Zweige nicht verschont, so könnte er vielleicht auch dich nicht verschonen.“ (Römerbrief 11, 18–31 nach der Übersetzung von Albrecht.)

363 Hermann Steinlein: Luthers wirkliche Stellung zur Judenfrage

EGBl für Augsburg und Umgebung 22 (1935), S. 287f., 1. September. Nachdruck: Evangelischer Kirchen-Bote für den Dekanatsbezirk Roth bei Nürnberg 8 (1936), Nr. 1, S. 5

|287| Der „Stürmer" (Nr. 32) veröffentlichte einen „offenen Brief" mit ungeheuerlichen Angriffen auf unseren Herrn Landesbischof. Den Anlaß bot ein im Missionsjahrbuch von 1935 angeführter Ausspruch des letzteren aus einer Artikelserie im „Nürnberger Evang. Gemeindeblatt" vom Jahre 1926. Dabei wurde mit keiner Silbe angedeutet, daß jener Artikel auch sehr kritische Aeußerungen über die Juden als Rasse enthielt.

Bei jenen Angriffen wurde vor allem ein sehr schroffes Wort Luthers gegen die Juden in dessen schärfster antijüdischer Schrift „Von den Jüden und ihren Lügen" (1543; Weim. Ausg. 53, S. 530f.) in ziemlich ungenauer Wiedergabe benützt. Es tritt dadurch in ein ganz falsches Licht, daß ganz übersehen wird, was denn Luthers letzte Beweggründe und Gedanken bei seinen scharfen Angriffen gegen die Juden waren. Es sei darüber in Kürze folgendes festgestellt:

Gerade auch die beiden schärfsten antijüdischen Schriften Luthers schließen mit einem Gebetswunsch für die Bekehrung von Juden. Der Schlußsatz der Schrift „Von den Jüden ..." lautet: „Christus, unser lieber Herr, belehre sie (die Juden) barmherziglich und erhalte uns in seiner Erkenntnis, welche das ewige Leben ist, fest und unbeweglich. Amen." Zum Schluß der anderen dieser Schriften („Vom Schemhamphoras" aus dem gleichen Jahre) heißt es von den Juden: „Welche sich belehren wollen, dazu gebe Gott seine Gnade ..., daß sie (doch etliche) mit uns erkennen und loben Gott den Vater, unseren Schöpfer, samt unserem Herrn Jesu Christo und dem heiligen Geist in Ewigkeit. Amen" (Weim. 53, 648). Ganz besonders bedeutsam ist aber die als Kanzelabkündigung für Luthers letzten Predigtgottesdienst (wahrscheinlich am 15. Februar 1546, also unmittelbar vor seinem Tode) bestimmt gewesene „Vermahnung" Luthers „wider die Juden" (Weim. 51, Seite 195f.). Auch hier spricht sich Luther auf der einen Seite überaus scharf gegen die Juden aus. Aber daneben finden sich in diesem seinem Testament zur Judenfrage auch folgende Sätze: „Nun wollen wir christlich mit ihnen handeln und bieten ihnen ernstlich den christlichen Glauben an, daß sie den Messias wollen annehmen, der doch ihr Vetter ist und von ihrem Fleisch |288| und Blut geboren und rechter Abrahamssame ..." „Das sollt ihr ihnen ernstlich anbieten, daß sie sich zu dem Messias bekehren wollen und sich taufen lassen, daß man sehe, daß es ihnen ein Ernst sei." „Wo sie (die Juden) sich bekehren, ihren Wucher lassen und Christum annehmen, so wollen wir sie gerne als unsere Brüder halten." „Noch wollen wir die christliche Liebe an ihnen üben und für sie beten, daß sie sich bekehren, den Herrn annehmen, den sie vor uns billig ehren sollten." In dem Schlußsatz treten

nochmal die 2 Gedankenreihen, die uns in Luthers Stellung zur Judenfrage entgegentreten, deutlich zutage. Er lautet: „Wollen sich die Juden zu uns bekehren und von ihrer Lästerung u. was sie uns sonst getan haben, aufhören, so wollen wir es ihnen gerne vergeben; wo aber nicht, so sollen wir sie aber auch bei uns nicht dulden noch leiden." Im Mittelpunkt der Judenfrage stand für Luther das Problem ihrer Bekehrung zu Christus. Weit mehr als ihr Wucher usw. empörte ihn die Erfahrung, daß sie von einer solchen nichts wissen wollten. Gleichwohl ist er noch unmittelbar vor seinem Tode gewillt, ihnen in christlicher Liebe das Evangelium und die Taufe anzubieten und für ihre Bekehrung zu beten. Kommt es zu einer solchen, so will er alles vergessen und sie „gern" als „Brüder" behandeln.
Nur bei einem völligen Verkennen und Verschweigen von dem allen kann man auf den Einfall kommen, Luther in der Weise jenes offenen Briefes zum Kronzeugen gegen unseren Herrn Landesbischof machen zu wollen! Grundsätzlich stimmt die Stellungnahme des Herrn Landesbischofs, was den entscheidenden Punkt der Judenfrage anlangt, mit der Luthers überein.

364 Rundschreiben Nr. 511 des Landeskirchenrats an die Dekanate. München, 16. Januar 1937

FKiZM. A 30. 2

Da immer wieder unrichtige Angaben über den Artikel gemacht werden, den der Herr Landesbischof als Direktor des Nürnberger Predigerseminars im Jahr 1926 zur Judenfrage geschrieben hat, geben wir diesen Artikel im Wortlaut an die Dekanate hinaus. Es ist selbstverständlich, dass sich der Herr Landesbischof nicht auf jede Formulierung des Artikels auch jetzt noch festlegen würde. Es wird auch nicht erwartet, dass der Artikel seitens der Dekanate verbreitet wird. Wenn aber in der Agitation Anwürfe gegen den Herrn Landesbischof wegen des Artikels gemacht werden, sollen die Herren Dekane Einblick in den wahren Sachverhalt haben, damit falsche Behauptungen richtig gestellt werden können.
I. V. Dr. Meinzolt

365 Schreiben des Pfarramts Nürnberg-Reichelsdorf an das Dekanat Nürnberg. Nürnberg, 10. Februar 1937

LAELKB, KrD Nürnberg. 120

Betreff: Judenfrage im Unterricht.
In vergangener Woche wurde ein 32 seitiges bebildertes Heft mit dem Titel „Der Jude und der deutsche Mensch" (Schriften z. Deutschlands Erneuerung, Begründet v. Kreisgruppe Breslau des NSLB Nr. 54 a/b „Der Jude

u. d. Deutsche Mensch“ Was jedermann i. Deutschl. v. Judentum wissen müßte, von Curt Herrmann, Breslau – 5. Aufl. – Heinrich Handels Verlag, Breslau 1) offenbar nur an die Lehrkräfte der oberen Klassen ausgehändigt. Da es für jede Klasse in größerer Zahl ausgegeben worden ist, scheint es als Klassenlektüre bestimmt zu sein. Daraufhin deutet auch ein Satz des Vorwortes: „Da dieses Heft … auch als Handreichung für den Unterricht gedacht ist, sind manche Dinge nicht behandelt, die den Juden noch weiterhin als „Ferment der Dekomposition“ erweisen“.
Urteil: Wenn auch im Ganzen anständig geschrieben, so doch Tendenzschrift übelster Sorte. Neben viel Richtigem wird sehr viel Falsches gesagt. Im Abschnitt „Zur jüdischen Religion“ setzt sich der Verfasser bezeichnender Weise scheinbar für das Christentum ein. Es werden um „den himmelweiten Unterschied zwischen (jüdischer) Sittenlehre und christlicher Anschauung“ kund zu tun, Worte Christi zitiert. (S. 24) Leider werden sie fast alle nur in schwer verstümmelten Zustand wiedergegeben. Das Entscheidende ist meist weggelassen. S. 31 über Judentaufe u. Nbg. Gesetze: „Es ist vorauszusehen, daß diese 3 Gesetze noch ergänzt werden durch ein Verbot der Judentaufe“. S. 32: „Ein Priester, der einen Juden tauft, versündigt sich an seinem eigenen Volk“.
Der Unterzeichnete hat das Heft gelesen, leider konnte er es nicht als Beleg bekommen.
Was sollen sich unsere Kinder denken, wenn wir ihnen das „Gehet hin in alle Welt und taufet alle Völker …“ klar zu machen versuchen und durch eine derartige Druckschrift werden sie geradezu in der gegenteiligen Auffassung unterrichtet. Wer hat recht? Lehrer oder Pfarrer?
Arold, Pfr.

366 Schreiben des Reichspropagandaamts Franken an die kirchliche Presse. Nürnberg, 13. Mai 1938

LAELKB, KKE 9

Nur zur Information!
Betr.: „War Christus Jude?“
Über die Frage der arischen oder nichtarischen Abstammung Christi ist neuerdings wieder eine Debatte entstanden. Derartige Debatten sind politisch außerordentlich abträglich und tragen nur Beunruhigung und Zersetzung in das deutsche Volk. Außerdem läßt sich die Frage heute überhaupt nicht mehr einwandfrei entscheiden, wie ist auch für unsere heutige religiöse Haltung nicht entscheidend.
Die kirchliche Presse wird angewiesen, diese unfruchtbare Debatte sofort abzubrechen. Untersuchungen rein sachlicher Art über diese Frage sind höchstens hochwissenschaftlichen rassenkundlichen Zeitschriften vorbehalten.

5.1.2 Das Flugblatt „Kirche und Rasse“

367 Kurt Frör: Kirche und Rasse (Flugblatt), 1933

LAELKB, KKE 47; in veränderter Form nachgedruckt in: BIMB 48 (1933), S. 77–80

Evangelischer Christ!
Du hörst überall reden von Rasse und Blut, von Rassenverschlechterung und Rassenreinigung, von Rassenschande und Rassenehre, von Rassenzüchtung und Rassenerziehung.
Du hörst darüber die verschiedensten Urteile und fragst dich, was du dazu sagen sollst als Deutscher und als Christ. Was sagt deine Kirche zu diesen Fragen?

Die Kirche sagt ja zur Rasse als Schöpfung

Die Rasse gehört zu den angeborenen, von Gott geschaffenen Unterschieden unter den Menschen. Es gibt keinen Menschen, der keiner Rasse oder Rassenmischung zugehört. Kein Mensch kommt auf die Welt, der nicht von vornherein rassisch bestimmt ist. Ebenso wie kein Mensch geboren wird, der nicht zugleich bestimmt ist, als Mann oder Weib zu leben. Die Unterschiede der Rassen sind nicht von Menschen gemacht worden, sondern von Gott geschaffen. Wir freuen uns der besonderen Eigenart unserer Rasse und sehen in ihr ein heiliges Geschenk Gottes. Wir wissen, daß wir dieser Gottesgabe gegenüber eine ernste und heilige Verantwortung haben. Wir evangelischen Christen wissen, daß es die gleiche christentumsfeindliche Gedankenwelt ist, die den von Gott geschaffenen Unterschied zwischen Mann und Weib einebnen möchte, die die gottgegebene Verbundenheit mit dem Volk zerstört und nur noch Weltbürger züchtet, die den gottgeschenkten Ackerboden nicht mehr als Heimat, sondern nur noch als Ware betrachtet – und die gottgesetzte Eigenart der Rassen hinwegdeuten will. Unsere Rasseneigenart ist genau so wie Familie, Acker, Heimat, Volk, Sitte, Zucht, Staat die gute Schöpfungsordnung Gottes und damit Gottes Gabe und Aufgabe. Wir wissen, daß wir sie deshalb wie jede andere Schöpfungsordnung zu pflegen und zu schützen haben. Daraus ergibt sich unsere Stellung zum gegenwärtigen Rassenkampf in unserem Volke.

Als ev. Christen sind wir verpflichtet, an der Erhaltung, Reinigung u. Gesundung unserer Rasse mitzuarbeiten

Es ist dem Christen durchaus nicht freigestellt, ob hier er mit Hand anlegen oder untätig beiseite stehen will. Evangelischer Christ sein heißt nicht Weltbürger werden und seine Rasse verleugnen, sondern sein Volk lieben und sich zu seiner Rasse bekennen. Es ist nicht wahr, daß dem evangelischen Christen seine Religion verbiete, sich an dem Ringen um die rassische Reinheit seines Volkes zu beteiligen. Es ist nicht wahr, dass die evangelische Kirche von ihren Gliedern verlange, in diesem Kampfe abseits zu stehen. Es

ist evangelisch, dazu mitzuhelfen, daß der rassisch erkrankte Volkskörper wieder gesundet und erstarkt. Das fordert der Gehorsam gegen Gott.
Die rassische Gesundungsarbeit ist heute nicht ohne Kampf gegen andere Rassenangehörige möglich. Wir wissen, dass auf dieser Erde alles Leben im Kampf und durch den Kampf lebt, und lehnen die unchristliche Oberflächlichkeit und Sentimentalität ab, die die Rassengesundung deshalb von vornherein verwirft, weil sie nicht ohne Kampf und Härte und Not abgeht. Haben wir es doch alle erfahren, daß wir auch die anderen großen Güter der Schöpfung: Heimat, Muttersprache, Volkstum usw. nicht ohne härtesten Kampf besitzen und behalten können. Wir dürfen daher die Pflege und Reinigung der Rasse nicht deshalb ablehnen, weil sie nicht ohne Kampf möglich ist.
An einem Punkt sehen wir allerdings eine Grenze, die auch der entschlossenste Rassenkampf nicht überschreiten darf. Sie ist durch dasselbe Wort der Heiligen Schrift uns gezogen, das uns zum Ringen um die Rassengesundung unseres Volkes ermächtigt: „Gott schuf den Menschen ihm zum Bilde." Damit ist klar gesagt, daß es dem evangelischen Christen unmöglich ist, eine andere Rasse als untermenschlich und mehr oder weniger tierähnlich zu betrachten. Gewiß gibt es starke Unterschiede und Gegensätze, aber jede Rasse, auch die, gegen die wir einmal leidenschaftlich kämpfen müssen, ist für uns Christen immer noch Geschöpf Gottes. Der Kampf gegen eine fremde Rasse darf nicht dazu führen, daß das Bild Gottes in ihr geleugnet und beschmutzt wird. Der evangelische Christ, der im Ringen um die Reinheit und Gesundheit seines Volkes steht, kämpft nicht deshalb, weil die bekämpfte Rasse als solche untermenschlich, entartet und tierähnlich wäre, sondern deshalb, weil ihre Vermischung mit unserer andersartigen zur Entartung führt. Ein Rassenkampf, der die Ausrottung eines moralisch und religiös verpesteten Halbtieres betreibt, hat mit evangelischem Christentum nichts mehr gemein. Dieses Ja der Kirche zur Rasse als Schöpfung ist verankert im ersten Artikel des christlichen Glaubensbekenntnisses.

Das Nein der Kirche zur Rasse als Religion

Mit dem Bisherigen hat sich uns klar und deutlich gezeigt, wieso und wieweit wir evangelischen Christen die rassische Erneuerung und Gesundung unseres Volkes als Gehorsam gegen Gottes Schöpfertat verstehen und aufrichtig bejahen müssen. An einem Punkt hört nun aber unser Einverständnis sofort auf und verwandelt sich in unbedingte Absage: dort

wo man aus dem Rassegedanken eine offene oder
verkappte Religion macht

Wo das der Fall ist, gibt es für uns Protestanten nur eines: den schärfsten Protest vom Evangelium her. Nie kann die Rassenlehre teilweise oder ganz unsere Religion werden, denn unsere Religion ist einzig und allein gegründet auf die biblische Verkündigung von Jesus Christus, dem Heiland und Herrn der Welt. Es ist dringend notwendig, daß sich heute jeder evangelische Christ darüber klar ist, daß zwischen der heimlichen oder offenen Rassenreligion und dem evangelischen Christentum eine unüberbrückbare Kluft befestigt ist, die jeden zwingt, entweder ganz herüben oder ganz drüben zu stehen. Das ist deshalb besonders notwendig, weil die Rassenreligion bereits zum Angriff auf die wichtigsten Grundpfeiler des Christentums vorgeht und viele, die evangelische Christen sein wollen, überhaupt nicht merken, daß hier christentumsfeindliche Mächte im Christentum selbst um Einfluß ringen.

Einige der wichtigsten Forderungen der Rassenreligion sollen das verdeutlichen:

Hinaus mit den Fremdrassigen aus der Kirche!

ruft man und verstößt damit gegen die Grundlagen des christlichen Glaubens. Der Glaube ist ja nicht Menschensache, sondern Gottes Gabe. (Auslegung des dritten Glaubensartikels: „Ich glaube, daß ich nicht aus eigener Vernunft noch Kraft an Jesus Christus meinen Herrn glauben oder zu ihm kommen kann, sondern der Heilige Geist hat mich durchs Evangelium berufen ...) Christ wird man nicht durch seine Rasse, sondern durch den Heiligen Geist, und wer das Christsein von der Rasse abhängig macht, der glaubt nicht mehr an den Gott der Bibel. Ob einer in die Kirche hereingehört, darüber entscheidet nicht seine Rassenzugehörigkeit, sondern der Glaube, den Christi Geist in ihm wirkt.

Hinaus mit dem Alten Testament aus der Kirche!

lautet eine andere Forderung der verkappten Rassereligion. Man sagt, das Alte Testament sei das Erzeugnis eines rassefremden Volkes und es kann deshalb auf die Erziehung und Religion unseres Volkes nur zersetzend wirken. Man verweist dabei auf die sittlichen Mängel und gelegentlichen schweren Sünden einzelner Männer und des ganzen Volkes im Alten Testament und erklärt es für untragbar, daß solche Gestalten und Verhältnisse unserem Volk als sittliches Vorbild hingestellt werden.

Aber hier wird das Alte Testament bereits nicht mehr mit den Augen des Christentums, sondern mit denen der Rassereligion gesehen. Denn es ist in Wirklichkeit eben nicht das Erzeugnis eines bestimmten Volkes, sondern das Ergebnis des Kampfes, den Gott gegen das Volk und um dieses Volk gekämpft hat. Und die Menschen des Alten Testaments sind uns nicht geschildert, weil sie uns ein sittliches Vorbild sein sollen, sondern weil sie uns zeigen sollen, wie Gott gerade unvollkommene und sündige und durch und durch unzulängliche Menschen zu sich ruft. Also nicht auf die Menschen kommt es hier an, ob sie vorbildlich oder abschreckend waren, nicht auf die Rasse kommt es an, ob sie arisch oder nichtarisch war, sondern es kommt hier ganz allein auf Gott an und das Große, das er an diesen Menschen und über sie hinaus an allen Menschen getan hat. Uns Christen ist das Alte Testament kein Buch von den Taten einer Rasse, und darum lassen wir es uns von keiner verkappten Rassenanbetung aus der Hand schlagen.

Fort mit der jüdischen Opfertheologie des Juden Paulus!

heißt ein dritter Kampfruf.

Diese Forderung zeigt, daß die Rassenreligion bei der Verwerfung des Alten Testamentes nicht stehen bleibt. Wir müssen darüber klar sein, daß eine Religion, der die Rasse das höchste religiöse Gut ist, unerbittlich weitergetrieben wird zu dem Kampf gegen die Lehre vom Versöhnungstod Christi und dem Opfer auf Golgatha. Ist die Rasse das höchste religiöse Gut, dann muß nicht nur das Alte Testament verschwinden, nicht nur Paulus, sondern auch Petrus, Johannes, Jakobus, die Evangelisten, kurz das ganze Neue Testament.

Fort mit dem jüdischen Jesus Christus!

lautet die letzte und entscheidende Forderung derer, die die Rasse zur Religion machen wollen. Nicht einmal vor der Gestalt des Heilands macht die Vergötterung der Rasse Halt. Man versucht mit Jesus auf zwei verschiedenen Wegen fertig zu werden. Die einen versuchen nachzuweisen, daß Jesus Arier gewesen sei. Die anderen betrachten ihn als Nichtarier und lehnen ihn daher ebenso schroff ab wie die ganze übrige Bibel. Denn die Rassereligion lässt es nicht zu, daß ein Sproß einer nichtarischen Rasse der Heiland der Welt sein könne.

Die beiden Standpunkte sind aber im Grunde gar nicht so verschieden. Beide Male will man nur einen solchen Heiland anerkennen, der aus einer ganz bestimmten Rasse stammt. Und gerade von dieser Auffassung trennt uns Christen eine Welt. Denn Jesus ist eben nicht das Ergebnis und Erzeugnis einer Rasse, dann wäre er ein Mensch wie wir und könnte nie unser Helfer und Mittler sein. Heiland und Herr der Welt ist er nicht deshalb, weil er dieser oder jener Rasse angehört, sondern weil er von Gott gesandt ist, gleichviel in welcher Rasse er nun tatsächlich geboren wurde.

Wir glauben an Jesus, nicht weil er Arier war, sondern weil Gott ihn zum Mittler bestellt hat.

Wir vertrauen auf Christus in unserm letzten Stündlein, nicht weil er unserer Art und Rasse ist, sondern weil er uns mit Gott versöhnt hat.

Wir beten zu Christus, nicht weil wir den nordischen Menschen anbeten, sondern weil wir an den Sohn Gottes in ihm glauben. Und diesen Glauben wollen wir uns von keiner Rassenvergötterung der Welt rauben oder entleeren lassen.

Zwischen dieser Religion der Rasse und des Blutes und dem biblischen Christentum gibt es keinen Kompromiß, sondern nur ein hartes Entweder – Oder. Als evangelische Christen haben wir diesem Kult des Blutes und der Rasse gegenüber nur eine Antwort:

Das erste Gebot: Ich bin der Herr dein Gott; du sollst keine anderen Götter neben mir haben!

Mit dem ersten Glaubensartikel bekennen wir Christen uns zur Rasse als Schöpfung. Mit dem ersten Gebot lehnen wir jede Vergötzung der Rasse ab.

Das ist das Wort deiner Kirche zur Rassenfrage. Wenn du nach dem handelst, kannst du als Deutscher und als Christ, als Glied deines Volkes und deiner Kirche deine Pflicht tun, ohne dein Gewissen zu verletzen.

368 Schreiben des Kapitelsbeauftragten für Neustadt an der Aisch an den Evangelischen Presseverband für Bayern. Sugenheim, 31. Januar 1934

LAELKB, KKE 47

Betreff: Flugblatt „Rasse und Kirche".
bitte ich das geplante Flugblatt wie auch später erscheinende Flugblätter den Pfarrämtern unmittelbar in folgenden Mengen zuzusenden:

Pfarramt	Neustadt a. A.	1000	Stück	
"	Baudenbach P. Langenfeld	185	"	
"	Brunn P. Emskirchen	150	"	
"	Dachsbach	150	"	
"	Diespeck b. Neustadt a. A.	300	"	
"	Dettenheim	240	"	(für Dettenheim 200, für Altheim 40)
"	Emskirchen	500	"	
Pf.	Gerhardshofen P. Dachsbach	370	"	
"	Gutenstetten P. Neustadt a. A.	300	"	
"	Herrnneuses P. "	150	"	
	Langenfeld	200	"	(für Langenfeld 100, für Unternesselbach 100)
"	Münchsteinach	150	"	
"	Oberhöchstädt P. Dachsbach	150	"	
"	Schauerheim P. Neustadt a. A.	200	"	
"	Stübach P. "	150	"	
"	Sugenheim	150	"	
"	Ühlfeld	300	"	
"	Ullstadt P. Langenfeld	155	"	(für Ullstadt 75, für Oberlaimbach 80)
"	Unterlaimbach P. Langenfeld	70	"	
Exp. Vikariate	Wilhelmsdorf P. Emskirchen	140	"	
		4910	Stück	

369 Schreiben des Evangelischen Presseverbandes für Bayern an Pfarrer Albrecht Kelber. Nürnberg, 14. Februar 1934

LAELKB, KKE 47

Lieber Vetter!

Ich verstehe vollkommen, dass Euer Kapitel Bedenken wegen der Verteilung des Flugblattes hat. Wenn die Lage in Neustadt gerade besonders gespannt ist, würde ich auch empfehlen, die Verteilung des Flugblattes noch zurückzustellen. Doch muss ich andererseits sagen: Die Gegenseite, d.h. also die Deutsch-Gläubigen schweigen nicht, sondern ihre Propaganda wird immer stärker. Mit der Parteiverordnung, wonach zurzeit über Rassenfragen nur Prof. Fischer-Berlin schreiben und reden dürfe, hat die Verteilung unseres Flugblattes nichts zu tun, da die Kirche als solche nicht der Jurisdiktion der Partei untersteht. Diese Verordnung kann doch nur heissen, dass Parteimitglieder sich über Angelegenheiten der Rassenfrage Zurückhaltung auferlegen sollen und dass der offizielle Standpunkt der Partei von Fischer-Berlin vertreten wird. Mit der deutschgläubigen Propaganda hat das nichts zu tun und gegen diese richtet sich ja das Flugblatt. Wie aus dem ersten Teil des Flugblatts ja deutlich hervorgeht, lässt die Kirche für die biologische Rassenfrage dem Staat völlig freie Hand. Sie wehrt sich nur dagegen und sie muss sich dagegen wehren, dass aus der biologischen Frage nun plötzlich eine Religion gemacht wird. Nicht recht verstehen kann ich das, was Du als rechtliche Seite bezeichnest. „Haftet im Konfliktsfall der Presseverband oder der LKR?“ Was heisst hier haftet! Wer haftet dann, wenn ein Pfarrer entsprechend seinem Ordinationsgelübde gegen religiöse Neuformen, die mit Kirche und Christentum nicht zu vereinbaren sind, auf der Kanzel Stellung nimmt? Deine Frage, ob Ihr das Blatt ohne Bedenken verteilen könnt, glaube ich, ist eine Doktorfrage, die ich nicht lösen kann. Erstens kann ich die gegenwärtigen Verhältnisse in Euerem Bezirk nicht abschätzen. Zweitens halte ich es für eine merkwürdige Frage, wenn ein Pfarrer gleich danach fragt, ob er etwas ohne jedes Bedenken tun könne. Ich meine, dass dieser rein utilitaristische Gesichtspunkt für einen evangelischen Geistlichen schlecht passt. Was hätten denn die S.A.Männer der Kampfzeit getan, wenn diese Frage ihnen die Hauptfrage gewesen wäre? Vermutlich hätte es dann niemals so etwas wie eine nationale Erhebung gegeben, sondern es hätte sich jeder mit Recht hinter alle möglichen Bedenken verschanzen können. Im übrigen kann ich Dir mitteilen, dass von dem Flugblatt über 300000 gedruckt worden sind und dass sie in ganz Bayern verbreitet werden. Jedenfalls sind mir bis jetzt aus anderen Kapiteln keine Bedenken gemeldet worden. Das würde aber an und für sich noch nicht sagen, dass in besonderen Fällen – vielleicht ist es in Neustadt so – man besser jetzt diese Frage nicht aufgreift. Was Nürnberg anbelangt, so liegen auch hier die Verhältnisse nicht klar. Weniger deswegen, weil die Kollegen Sorge haben, es könnte

Schwierigkeiten geben, als vor allem deswegen, weil ein Teil der Nürnberger Kollegen die Verteilung sehr gern vornehmen will, ein anderer aber gegen die Verteilung ist. Mein Standpunkt ist aber der, dass das Nürnberger Kirchenwesen in dieser Frage einheitlich vorgehen muss, weil es sonst wieder dazu kommt, dass bei einer etwaigen Diskussion in der Öffentlichkeit ein Teil der Kollegen als Staatsfeinde diffamiert wird, während der andere Teil ein Lob ausgestellt bekommt. Vielleicht erinnerst Du Dich an die Angelegenheit über die Beflaggung der Kirchen am 30.1. Da haben alle Pfarrer Nürnbergs – bis auf einen – entsprechend den Vorschriften des Landeskirchenrats an Kirchen lediglich die Kirchenfahne gehisst, nicht aber die Fahne des Staates. Ein einziger hat sich diesem Vorgehen nicht angeschlossen. Die Folge war, dass alle die, die vorschriftsmässig geflaggt hatten, in den Geruch der Staatsfeindlichkeit kamen. Auf diese Weise wird dann immer die Linie des Grundsätzlichen verlassen und die Sache auf das persönliche Geleise geschoben, was weder für den einzelnen Betroffenen noch für die Kirche im ganzen wünschenswert ist. Ich kann mir auch vorstellen, dass bei Euch in Neustadt die deutschreligiöse Propaganda sich noch nicht so stark heraushebt, dass ein eigenes Flugblatt zur Klärung dieser Lage von Seiten der Kirchner angebracht erscheint. Ich nehme diesen Fall aber nicht an, denn es wird in Neustadt nicht anders sein wie in den andern nationalsozialistischen Gebieten Bayerns, dass nämlich die weltanschauliche Schulung in der NSDAP. stark im Sinn einer Rassereligion arbeitet. Ich erkenne aber an, dass es trotz dieser meiner Meinung sein kann, dass die weltanschauliche Schulung im Neustädter Bezirk einen anderen Charakter trägt. Es kommt hier sehr stark auf die Person des Schulungsleiters an.
Die Frage, ob man das Flugblatt verteilen soll oder nicht, ist zuletzt eine Gewissensfrage. Und nur wenn sie als solche aufgefasst wird, kann man den rechten Entschluss in Euerer Frage finden. Dass der Flugblattinhalt vollkommen hieb- und stichfest ist, habt Ihr schon selber anerkannt. Ich bin bei der Sache lediglich ein ausführender Arm der Volksmission, die die Verteilung dieses Flugblattes wünscht.
Dass Dein Ersuchen, den einzelnen Pfarrämtern die Flugblätter gesondert zuzustellen, von uns nicht berücksichtigt wurde, hat seinen Grund in einem Versehen meines Büros. Ich bitte deswegen um Entschuldigung. Wir haben die alte Liste als Versandliste zugrunde gelegt und übersehen, dass Du einen neuen Verteilungsmodus gewünscht hattest. Du wirst jetzt auch etwa 1000 Stück zuviel haben. Falls Du diese nach Deiner Aufstellung überzähligen 1000 Exemplare nicht los bekommst, bin ich gern bereit, diese 1000 zurückzunehmen, doch möchte ich sie in diesem Fall möglichst bald zurückhaben, damit ich sie anderweitig verwenden kann.
Mit herzlichem Gruss auch an Dein ganzes Haus bin ich
Dein R[ichard] Eckstein

370 Schreiben des Evangelischen Presseverbandes an die Kapitelsbeauftragten. Nürnberg, 19. Februar 1934

LAELKB, KKE 47

Sehr geehrter Herr College!
Soeben wird uns von der bayerischen politischen Polizei mitgeteilt, dass die Verbreitung des Flugblattes „Kirche und Rasse“ verboten ist. Ich bitte darum alle Kollegen dringend, das Flugblatt unter keinen Umständen und in keiner Weise zu verbreiten, sondern es umgehend bei der nächsten Polizeistation oder Gendarmeriestation abzuliefern.
Gründe für das Verbot sind mir nicht mitgeteilt worden. Mit amtsbrüderlichem Gruss!
sehr ergebener
R[ichard] Eckstein, Pfarrer.

5.2 Abstammungs- bzw. Ariernachweis

371 Schreiben des bayerischen Ministeriums für Kultus und Unterricht an die Erzbischöflichen Ordinariate München-Freising und Bamberg, an die Bischöflichen Ordinariate, an den Landeskirchenrat und an den Landeskirchenrat der Pfalz in Speyer. München, 5. Dezember 1933

BayHStA, München, MK 36957

Den alten Kirchenbüchern, die vielfach als einzige Quellen zuverlässige Angaben über unsere Vorfahren in den vergangenen Jahrhunderten enthalten, kommt für alle Maßnahmen auf bevölkerungs- und rassenpolitischem Gebiet größte Bedeutung zu. Der Herr Reichsminister des Innern hat daher in einem Schreiben vom 18. Juli ds. Js., das in Abschrift dem Evangelischen Kirchenbundesamt und den Herrn Vorsitzenden der Bischofskonferenzen von Fulda und Freising zugegangen ist, die Landesregierungen ersucht, Verhandlungen mit den kirchlichen Oberbehörden zu dem Zwecke einzuleiten, die Kirchenbücher, vor allem diejenigen Urkunden, die durch ihren Zustand oder durch die Art ihrer Aufbewahrung oder durch mangelndes Interesse der Verwahrer oder durch die Formen der Benützung unmittelbar gefährdet sind, für die rassenkundlichen Untersuchungen sicherzustellen.
Das Staatsministerium für Unterricht und Kultus erachtet nach gutachtlicher Äußerung der staatlichen Archivverwaltung zur Erhaltung der Kirchenbücher als wertvoller Schriftdenkmäler des deutschen Volkes und zu ihrer Nutzbarmachung für den völkischen Wiederaufbau folgende Maßnahmen für vordringlich:

1. Verwahrung der Kirchenbücher
Die Kirchenbücher, die grundsätzlich in der Verwahrung der Pfarrämter verbleiben sollen, sind in verschließbaren Amtszimmern oder wenigstens in festen Schränken unterzubringen, die Schutz gegen Zugriff bieten und die Bücher zugleich vor Beschädigungen durch Mäuse und sonstiges Ungeziefer schützen. In jedem Falle muß der Aufbewahrungsort trocken und so gelegen sein, daß die Bücher bei Feuergefahr leicht geborgen werden können. Wo solche Möglichkeiten nicht gegeben sind oder wo etwa die Bücher vielleicht durch mangelndes Verständnis der Verwahrer oder durch die Formen der Benützung unmittelbar gefährdet sind, wäre die Verwahrung in dem Archiv der kirchlichen Oberbehörde unter Vorbehalt als reine Verwaltungsmaßnahme anzuordnen; ändern sich die Verhältnisse, so steht einer Rückgabe nichts im Wege.

2. Verzeichnung der Kirchenbücher.
Von besonderer Wichtigkeit ist eine sorgfältige Verzeichnung der Bücher; sie sollen vor allem einzeln verzeichnet werden, also zum Beispiel „1. Taufbuch 1696–1752, 2. Taufbuch 1753–1812, 3. Taufbuch 1813–1888, 4. Taufbuch 1889 –“, nicht „4 Taufbücher 1696 –“.
Die Kirchenbücher werden durch das Pfarramt zweckmäßig nach dem anliegenden Muster verzeichnet, das alle vorderhand notwendigen Angaben enthält. Das Verzeichnis wäre in fünffacher Ausfertigung herzustellen (je eine Fertigung für das Pfarramt selbst, für die kirchliche Oberbehörde, das Dekanat, das Bezirksamt und das zuständige Staatsarchiv). Die in knappstem Rahmen gehaltene Verzeichnung wird von den einzelnen Pfarrämtern leicht und in kurzer Zeit durchgeführt werden können, zumal bei den meisten Pfarrämtern die Zahl der in Betracht kommenden Bücher nicht groß ist. Über diese Verzeichnung der Kirchenbücher hinaus ist es ein dringendes Erfordernis der wissenschaftlichen Auswertung, daß ähnlich wie dies bei den Kirchenbüchern der Pfalz bereits geschehen ist, ein eingehendes, nach wissenschaftlichen Grundsätzen bearbeitetes Verzeichnis hergestellt und veröffentlicht wird. Die Kommission für bayer. Landesgeschichte hat sich die wissenschaftliche Verzeichnung der Kirchenbücher in Bayern zur Aufgabe gemacht. Dieses Unternehmen bedarf in besonderem Maße auch der Unterstützung der Kirchlichen Oberbehörden.

3. Verbot der Ausleihung von Kirchenbüchern.
Mit der Verzeichnung der Kirchenbücher ist keineswegs das für ihre Sicherung Erforderliche getan. Trotz bester Verzeichnung ist es wiederholt vorgekommen, daß Kirchenbücher verloren gingen. Der Grund dafür ist hauptsächlich in der Ausleihung der Kirchenbücher zu suchen. Deshalb ist eine zunächst kirchlicherseits zu treffende Anordnung des Inhaltes unerläßlich, daß Kirchenbücher nur an staatliche oder kirchliche Behörden

ausgeliehen werden dürfen und zwar nur gegen ordnungsgemäße Empfangsbescheinigung und daß jede Ausleihung an andere Stellen, besonders an Privatpersonen, strengstens verboten wird. Kirchenbücher dürfen von Privatpersonen nur am Sitze des Pfarramtes als dem Orte der Verwahrung benützt werden.

4. Benützung der Kirchenbücher.
Die Kirchenbücher müssen sehr vorsichtig behandelt werden, wenn sie nicht in kurzer Zeit zugrundegehen sollen. Die älteren Bände sind trotz ihres guten Papiers nicht mehr besonders widerstandsfähig. Dazu kommt, daß sie im Laufe von vielen Jahrzehnten ständig im Gebrauch waren, daß sie nicht immer sehr schonend behandelt und mindestens so oft aufgeschlagen und umgeblättert wurden, als Einträge in sie gemacht werden mußten. Es ist weiter zu bedenken, daß bei weitem nicht jeder Benutzer beim Umblättern auf die Brüchigkeit des Papieres Rücksicht nimmt. Es ist daher unbedingt notwendig, daß jeder Benutzer eines Pfarrbuches zur schonendsten Behandlung der Bände ermahnt wird, daß ihm jede Anbringung von Strichen oder Schriftzeichen streng verboten wird und daß er nur unter Aufsicht arbeiten darf. Kann eine Aufsicht nicht jederzeit zur Stelle sein, so muß sich der Benutzer darnach einrichten.
Bei den selten eintretenden Fällen, daß ein Kirchenbuch an eine staatliche oder kirchliche Behörde verschickt werden muß, ist für gute, feste Verpakkung Sorge zu tragen. Die Sendung darf nur unter hoher Wertversicherung und gegen sofortige Empfangsbestätigung auf kurze Zeit erfolgen. Verzögert sich die Rücksendung, so ist sie in Erinnerung zu bringen.

5. Überwachung der Bestände an Kirchenbüchern.
Es ist ferner nötig, daß der Bestand an Kirchenbüchern sowohl hinsichtlich Vollzähligkeit als auch hinsichtlich des Erhaltungszustandes von Zeit zu Zeit nachgeprüft wird. Diese Überwachung ist in erster Linie Sache der kirchlichen Behörden. Bei dem hohen Werte der Kirchenbücher für die Allgemeinheit, insbesondere bei der ihnen bis zum 1. Januar 1876 zukommenden Eigenschaft als standesamtliche Register, wird jedoch auch ihre Überwachung durch staatliche Behörden zu erwägen sein. Dies könnte etwa so ausgeführt werden, daß gelegentlich der Gemeindebesichtigungen der Bezirksamtsvorstand und nötigenfalls bei sonstigen Dienstgeschäften der betreffende Staatsverwaltungsbeamte eine Prüfung des Bestandes der Kirchenbücher, die in der Regel örtliches Kirchenstiftungsvermögen sind, in den Pfarrämtern vornimmt. Über die Besichtigungen müßte seitens der Dekanatsvorstände an die kirchlichen Oberbehörden und an die für ihren Bezirk zuständigen Staatsarchive, seitens der staatlichen Behörden an die Staatsarchive Mitteilung gemacht werden. Eine solche doppelte Prüfung gewährleistet eine wirksame Überwachung.

Ferner empfiehlt es sich, daß die Pfarrämter auf die Möglichkeit einer Beratung durch die staatlichen Archive erneut hingewiesen werden, daß aber auch die staatlichen Archive im Einvernehmen mit den kirchlichen Oberbehörden ermächtigt werden, sich – gegen Ausweis über ihren dienstlichen Auftrag – etwa gelegentlich einer Dienstreise von dem Zustand dieser oder jener Kirchenbücher zu überzeugen.
Ich darf mich der Hoffnung hingeben, daß die Kirchlichen Oberbehörden die dargelegten Grundsätze als beachtenswert für die Erreichung des auch von ihnen angestrebten Zieles einer sorgsamen Aufbewahrung und Benützung der Pfarrbücher betrachten und demgemäß die Pfarrämter mit Weisungen versehen. Ich ersuche um gefällige Stellungnahme, insbesondere um Mitteilung der getroffenen Vorkehrungen.

372 Bekanntmachung Nr. 101 des Landeskirchenrats. München, 13. Februar 1934

ABlELKB 1934, S. 25f.

|25| Betreff: Sicherung und Auswertung alter Kirchenbücher für die rassenkundlichen Forschungen.
Mit der Stellung der in den Pfarregistraturen vorhandenen Kirchenbücher unter den staatlichen Denkmalschutz ist dem Staatsministerium für Unterricht und Kultus und der kirchlichen Oberbehörde in erhöhtem Maße die Aufgabe erwachsen, diese Kirchenbücher für die Zukunft hinreichend zu sichern und ihre Erhaltung für rassenkundliche Zwecke zu gewährleisten. Es wird deshalb auf folgendes zur genauesten Beachtung hingewiesen:

1. Verwahrung der Kirchenbücher.
Sämtliche Kirchenbücher verbleiben grundsätzlich in der Verwahrung der Pfarrämter. Sie sind in verschließbaren Amtszimmern oder Registraturräumen oder wenigstens in festen Schränken unterzubringen, die Schutz gegen Zugriff bieten und die Bücher zugleich vor Beschädigungen durch Mäuse und Ungeziefer sichern. In jedem Falle muß der Aufbewahrungsort trocken und so gelegen sein, daß die Bücher bei Feuergefahr leicht geborgen werden können.
Nur wo solche Möglichkeiten nicht geschaffen werden können oder wo die Bücher aus anderen Gründen gefährdet erscheinen, ist die Verwahrung im Landeskirchlichen Archiv (als bloße Verwaltungsmaßnahme unter Eigentumsvorbehalt) zu beantragen. Der Antrag erfolgt an das Landeskirchliche Archiv; die Genehmigung wird in jedem einzelnen Fall vom Landeskirchenrat erteilt.

2. Verzeichnis der Kirchenbücher.
Auf Veranlassung der Staatsbehörden soll unverzüglich eine Neuverzeichnung aller noch vorhandenen älteren Kirchenbücher im Sinne des nachstehend abgedruckten Musters[1] in Angriff genommen werden. Es wird deshalb angeordnet: Die Verzeichnung geschieht in den einzelnen Pfarrämtern auf kräftigen Folioblättern in vierfacher Ausfertigung, deren erste für das Pfarramt selbst bestimmt bleibt. Die anderen Ausfertigungen (bestimmt für das Bezirksamt, das Landeskirchliche Archiv und das zuständige Staatsarchiv) sind bis 1. Juni an die Dekanate einzusenden, die sie nach erreichter Vollzähligkeit an das Landeskirchliche Archiv weiterleiten. Sämtliche Verzeichnungen bedürfen amtlicher Fertigung; sie umfassen sämtliche Kirchenbücher, die vor 1810 begonnen worden sind, auch die Konfitentenregister.

3. Benützung der Kirchenbücher.
Was die Benützung der Kirchenbücher durch Privatpersonen anlangt, so wurde bereits in der Bekanntmachung vom 11. September 1930, Amtsblatt S. 27 [richtig: 79 f.], eingehende Anweisung gegeben, auf die neuerdings hingewiesen wird. Das Gleiche gilt vom Ausleiheverkehr an amtliche Stellen. Selbstverständlich ist, daß Gesuche von Familienforschern um Vorlage von Kirchenbüchern unter Angabe des Zwecks schriftlich eingereicht werden müssen, die mit dem Genehmigungsvermerk und der Gebührenberechnung zu den Akten zu nehmen sind.
Übrigens wird darauf hingewiesen, daß von allen bayerischen Kirchenbüchern 1804–1875 Zweitschriften vorhanden sind, die als Eigentum des Staates bei den |26| zuständigen Bezirksämtern, früheren Magistraten und Polizeidirektionen gesammelt wurden oder auch bei den einschlägigen Staats- und Stadtarchiven aufbewahrt werden. Es wurde von uns beim Ministerium angeregt, diese Zweitschriften in Zukunft zur Schonung der Originalmatrikeln nach Möglichkeit vollzählig in den Archiven für Familienforschungen und rassekundliche Zwecke zu sammeln und bereitzustellen, was nicht nur für die Pfarrämter, sondern auch für die Genealogen Erleichterung bedeuten wird. Wird diesem Ersuchen entsprochen, so können die Pfarrämter die an sie ergehenden Ersuche, Familienforschungen für das 19. Jahrhundert auszuführen oder zu ihrer Ausführung behilflich zu sein, mit Fug und Recht ablehnen. Wohl aber bleibt auch für die Zeit 1804 bis 1875 die Verpflichtung zur Zeugnisausstellung bestehen, da hierfür auf jeden Fall die Originalmatrikeln herangezogen werden müssen. Zur Klärung von Familienzusammenhängen in Städten mit eigenen Polizeidirektionen sind diese in erster Linie zuständig.

1 Nicht abgedruckt.

Aus seelsorgerlichen Erwägungen ist es unbedingt wünschenswert, daß gerade die jüngeren Kirchenbücher aus dem 19. Jahrhundert wieder zu dem werden, was sie auch zur Zeit ihrer Entstehung sein sollten: Handexemplare des Pfarramts.

4. Überwachung der Kirchenbücher.
Die Überwachung der Kirchenbücher hinsichtlich ihrer Vollzähligkeit und Unterbringung, sowie die Aufsicht auf die Benützungsdurchführung obliegt den Kirchenbehörden. Die Dekane haben bei den Kirchenvisitationen in dieser Richtung Erhebungen zu pflegen und gegebenenfalls Bericht zu erstatten. Beanstandungen werden vom Landeskirchenrat im Einvernehmen mit dem Landeskirchlichen Archiv untersucht und behoben. In allen technischen Fragen, so insbesondere bei Wiederherstellung beschädigter Kirchenbücher, wird unmittelbares Benehmen mit dem Landeskirchlichen Archiv empfohlen, das in all diesen Fragen die notwendige Fühlung mit der staatlichen Archivverwaltung aufrecht erhält.
München, den 13. Februar 1934.
Evang.-Luth. Landeskirchenrat.
I. V.: Böhner

373 Bekanntmachung Nr. 1653 des Landeskirchenrats. München, 7. März 1934
ABlELKB 1934, S. 33f.

|33| Betreff: Nachweis arischer Abstammung aus Kirchenbüchern
Über den Umfang der den Pfarrämtern obliegenden Verpflichtungen und über die Frage der Gebührenbehandlung besteht weithin Unsicherheit. Wir ersuchen vorbehaltlich der Erlassung neuer staatlicher Vorschriften nach folgenden Richtlinien zu verfahren:
|34| Sind die Angaben der Antragsteller so unbestimmt, daß die einschlägigen Einträge in den Kirchenbüchern nicht ohne besonderen Aufwand von Zeit und Mühe gefunden werden können, so ist der Antragsteller um Ergänzung seiner Angaben zu ersuchen; zweckmäßig ist dabei mitzuteilen, in welcher Beziehung solche erforderlich ist. (Vor- und Zuname der in Frage stehenden Person, Art, Ort, Jahr der Amtshandlung, ev. Name des Geistlichen, Paten, Befragung von Personen, die über die einschlägigen Verhältnisse etwa Auskunft geben können und deren Antwort und dergl.). Wenn es die Geistlichen als ihre vornehme Pflicht ansehen, ihren Volksgenossen bei Erforschung ihrer Abstammungsverhältnisse behilflich zu sein, so dürfen sie von diesen auch verlangen, in ihrer Mühewaltung in jeder möglichen Weise unterstützt zu werden. Wo Berufsfamilienforscher tätig sind, können die Antragsteller in geeigneten Fällen an diese verwiesen werden.

Die Gebührenfreiheit ist gesetzlich festgelegt:
1. für Kirchenbuchauszüge und Nachforschungen in den Kirchenbüchern auf Grund des §3 des Gesetzes zur Wiederherstellung des Berufsbeamtentums vom 7.4.33 (RGBl. S. 175) nach Ziff. 4 der D.VO a. a. O. S. 195. Die Frist für die Erbringung dieser Nachweise ist mit 30. September 1933 abgelaufen. Bei nachträglichen Gesuchen um gebührenfreie Zeugnisausstellung kann daher verlangt werden, daß der Antragsteller eine amtliche Bescheinigung vorlegt, daß der Abstammungsnachweis auf Grund des §3 des angeführten Gesetzes von ihm zu erbringen ist. Das Gesetz betrifft nur die zur Zeit seines Inkrafttretens vorhandenen Beamten, Angestellten und Arbeiter und ihre Ehegatten; solche, die erst neu angestellt werden sollen, können daher Gebührenfreiheit nicht beanspruchen, für sie ist die Erbringung der gebotenen Nachweise noch Privatangelegenheit;
2. für Kirchenbuchauszüge, welche von Bewerbern um Ehestandsdarlehen zum Zwecke der Erlangung von Ehestandsdarlehen angefordert werden (§3 der Verordnung vom 18.12.33 RGBl. S. 1069);
3. für Kirchenbuchauszüge, die zur Durchführung des Reichserbhofgesetzes benötigt werden (§4 der Verordnung vom 18.12.33 RGBl. S. 1069).
Für die Abstammungsnachweise der Amtswalter der N.S.D.A.P. ist seither Gebührenfreiheit noch nicht festgesetzt worden. Für Nachweise über die Großeltern hinaus kann abgesehen von den Fällen der vorstehenden Ziff. 3, in denen der 1. Januar 1800 Stichtag ist, (§13 des REHG. RGBl 1933 S. 686) u. E. Gebührenfreiheit in keinem Falle beansprucht werden.
München, den 7. März 1934
Evang.-Luth. Landeskirchenrat.
I. V.: Böhner

374 Jakob Sachs: Ariernachweis und kein Ende
KorrBl 59 (1934), S. 138f. (3. April)

|138| Was wir Pfarrer uns alles gefallen lassen! In dreistester Weise bin ich seit Wochen angegangen worden. Bis zum Urgroßvater zurück (so in meinen Akten) hat man zuletzt unentgeltliche Stammbäume von mir verlangt. Leicht hätte das Amt und die Gesundheit darunter gelitten. Aber jetzt, in der Woche vor dem Konfirmationssonntag habe ich mich gewehrt, und zwar mit ganz durchschlagendem Erfolg (taciturni obmutescunt plurimi) durch folgende drei Blitzableiter, denen ich, zu allenfalls gegebenem Gebrauch, einen vierten beifüge:

Merkblatt 1. Unterlagen für die Ausstellung von Urkunden zum Ariernachweis.

Der Erbringer des Nachweises der arischen Abstammung hat dem die Urkunden ausstellenden Pfarramte folgendes anzugeben:
1. seinen Namen, Geburtsort, Geburtszeit;
2. Namen, Beruf, Geburtsort, Geburtszeit seines Vaters;
3 Namen, Geburtsort, Geburtszeit seiner Mutter;
4. Jahr und Ort der Verheiratung seiner Eltern;
5. Namen, Beruf, Geburtsort, Geburtsjahr seiner beiden Großeltern väterlicherseits; ungefähres Jahr ihrer Trauung; ungefähres Jahr ihres Todes;
6. Namen, Beruf, Geburtsort, Geburtsjahr der beiden Großeltern mütterlicherseits; ungefähres Jahr ihrer Trauung; ungefähres Jahr ihres Todes;
7. den Zweck, zu welchem der Nachweis verlangt wird; Beigabe der betreffenden Aufforderung der vorgesetzten Stelle.

Zur gefl. Beachtung. Derartige, oft sehr umfangreiche Aufträge werden nur während der Tagesstunden 8–12 und 2–6 entgegengenommen, aber nicht am Samstag nachmittags, auch nicht an Sonntagen und Feiertagen.

Merkblatt 2. Gebührenpflicht und Gebührenfreiheit von Zeugnissen aus Kirchenbüchern
(KABL. von 1934, pag. 34).
Das bezügliche Gebührengesetz ist neuerdings (unterm 7. 3. 1934) angesichts der vielen unentgeltlich (manchmal zu Unrecht) verlangten Ariernachweise eingeschärft worden und muß von den Geistlichen nunmehr genau eingehalten werden:
1. Die Kirchenbuchauszüge für Wiederherstellung des Berufsbeamtentums waren bis 30. 9. 1934 gebührenfrei. Neu anzustellende Beamte haben die Erbringung der gebotenen Nachweise als Privatsache zu betrachten. Dann kostet jedes benötigte Geburtsattest oder Trauattest oder Sterbeattest 1.– Mark Gebühr (unmittelbar dem kirchlichen Hilfsarbeiter zufließend) und 1,20 Mark Staatsstempel.
2. Kirchenbuchauszüge zum Erhalt von Ehestandsdarlehen, desgleichen zur Durchführung des Reichserbhofgesetzes, letztere bis 1800 zurückgehend, sind gebührenfrei. Weiter zurückgehende Atteste sind es nicht mehr.
3. Für Abstammungsnachweise der Amtswalter der NSDAP. ist Gebührenfreiheit nicht festgesetzt. Es kostet also jedes benötigte Geburtsattest oder Trauattest oder Sterbeattest 1.– Mark Gebühr (unmittelbar dem kirchlichen Hilfsarbeiter zufließend) und 1,20 Mark Staatsstempel.

Bezugnehmend auf Ihr wertes Schreiben vom .... bitte ich Sie, mir mitteilen zu wollen, ob Sie für die Erledigung Ihres Auftrages die Gebührenfälligkeit nach Ziff. 1 bezw. 3 des Vorstehenden anerkennen und die betreffende Ausfertigung (zirka .... Atteste je 2,20 Mark) per Nachnahme zugesandt erhalten wollen. Oder aber Sie wollen mir die Bestätigung einer höheren Verwaltungsbehörde oder eines Finanzamtes erbringen, daß bei Ihnen ein Spezialfall vorliegt und Gebührenfreiheit waltet.

|139| Merkblatt 3. Ariernachweis gemäß Staatsanzeiger und Reichsgesetzblatt
Der tax- und gebührenfrei auszustellende Nachweis der arischen Abstammung für Staatsbeamte geht zurück bis zum dritten Glied (Großeltern); und es werden hiefür nach Staatsanzeiger 155 (vom Jahre 1933) erfordert nur Trauzeugnis und Geburtsschein der Eltern, in welchem Geburtsschein auch die Religion der Eltern angegeben ist; siehe auch Bayer. Jahrbuch für 1934, Seite 397. Für Reichsbeamte gehören nach Reichsgesetzblatt von 1933, Seite 253ff. zum Ariernachweis Geburtszeugnisse der Eltern, aber nicht der Urgroßeltern.
Militärpersonen verlangen zum Ariernachweis ausdrücklich die Geburtsscheine der Großeltern, aber nicht der Urgroßeltern.
Der Sturmbann X verlangt den Ariernachweis „zurück bis zum dritten Glied (Großeltern)".
Geburtsscheine der Urgroßeltern gehören sicher nicht zum Ariernachweis.

Merkblatt 4. Gebühren für Aufschlüsse an private Stammbaumforscher
Der von privaten Familienforschern erbetene Aufschluß aus den hiesigen Kirchenbüchern wird unter Aufsicht des Pfarramtes von einem besonderen Hilfsarbeiter elaboriert, der die nach Kirchlichem Amtsblatt von 1930, Seite 79/80 dafür zu zahlende Gebühr berechnet: 3.– RM bis 50 RM unter Zugrundelegung eines Satzes von 1 RM pro Stunde.
Wollen Sie mir bejahendenfalls mitteilen, daß der genannte Hilfsarbeiter zu diesen Bedingungen in der von Ihnen in Ihrem werten Briefe vom .... erwähnten Richtung für Sie tätig sein soll. Die genannten Gebühren gelten natürlich auch dann, wenn die Arbeit auf die Konstatierung hinausführen würde, daß nichts aufzufinden war.
Empfehlen kann ich Ihnen für die Beauftragung mit solcher Arbeit auch die „Gesellschaft für Familienforschung in Franken, Nürnberg, Johannisstraße 20 (Kreuzlein)", die unbeschränkten Zugang zu den Matrikeln aller Pfarrämter hat.

375 Eberhard Hommel: Ariernachweise
KorrBl 59 (1934), S. 174f. (23. April)

|174| Aus der eignen Erfahrung Winke zu geben, um den Herren Amtsbrüdern bei der Ausarbeitung der Ariernachweise, deren Bestellungen jetzt in Menge einlaufen, und die jede Stunde, die von den in der Osterzeit ohnedies gehäuften Amtsgeschäfte übrig bleibt, oft bis spät in die Nacht hinein in

Anspruch nehmen, möchte ich einige Vorteile für die Arbeit hier notieren, zumal ich höre, wie schwer besonders jüngere Kollegen sich hierbei tun, die noch nie solche Arbeiten machten, denen die Einrichtung und Ordnung der Pfarrbücher nicht so geläufig ist, und die häufig auch über die oft schwer zu entziffernde Schrift der alten Bücher klagen. Bei schwieriger Schrift wird nichts anderes übrig bleiben, als den Weg einzuschlagen, den man auch bei der Lesung alter Inschriften oder Handschriften einschlagen muß, nämlich ein gutes Vergrößerungsglas zur Hand zu nehmen und Buchstaben für Buchstaben zu vergleichen, etwa auch selbst auf einem Stück Papier nachzuschreiben versuchen, und zu sehen, wie die fraglichen Buchstaben in anderen leicht lesbaren Wörtern geschrieben werden, wozu freilich gegenwärtig kaum die Zeit ist.
Leicht tut man sich, wo frühere Amtsvorgänger für die alten schwer leserlichen Kirchenbücher vor 1830 etwa schöne alphabetische Register hergestellt haben, wie es für die hiesige Pfarrei Obermögersheim mein Vorgänger, Kirchenrat Winter (gest. 1919) getan hat, indem er all die vielen Namen, die oft wegen der gleichartig ohne Absätze fortlaufende Schrift kaum auf den ersten Blick herauszuerkennen waren, sich leise unterstrich und sie dann in die alphabetischen bis in die Zeit des dreißigjährigen Krieges zurückgehenden Register aufnahm.
Besonders in Landgemeinden, in denen immer wieder dieselben Namen bei den verschiedensten Familien oft drei-, vier-, fünf- und mehrfach auftreten, und die Familien immer wieder ineinander hineingeheiratet haben und so die Stammbäume und Vorfahren ganzer Familien ganz oder teilweise identisch sind, empfiehlt es sich dringend, von jedem zu fertigenden Stammbaum wenn nicht ein Konzept, so doch wenigstens einen Schreibmaschinendurchschlag oder eine Durchschrift mit harter Durchschreibfeder, wie man sie in den größeren Schreibwarengeschäften bekommt, oder sonst eine Copie anzulegen. Ich fertige jetzt von jedem Stammbaum, besonders von den bekanntesten und verbreiteten Familien mindestens drei Kopieen, die immer beim Pfarramt zum Nachsehen bleibt, eine für den Besteller und eine, die bei einem andern Fall, der die gleichen Vorfahren hat, sofort gebrauchsfertig verwendet, in manchen Fällen noch ergänzt und dann auch abgesandt werden kann. So habe ich bereits eine kleine Archivmappe von Stammbäumen, in die ich in vielen Fällen bloß zu greifen brauche und das nötige Material hervorholen kann, während es mir vorher mitunter vorkam, daß ich dieselben Vorfahren für verschiedene Besteller wiederholt mühsam aus den zahlreichen alten Pfarrbüchern aufschlagen und zusammentragen mußte. Ich tue das umsomehr, weil man nicht weiß, ob nicht eines schönen Tages ein neuer Erlaß für die Stammbäume sämtlicher Erbhofbauern herauskommt, wie es in der Presse verschiedentlich bei den Verordnungen und Mitteilungen über die Erbhofbauerngesetzgebung schon als wünschenswert und später erforderlich erwähnt wurde. So habe ich dann in meiner Archiv-

mappe von Stammbäumen schon sozusagen „einen Schatz von guten Werken" daliegen, in den ich bloß hineinzugreifen brauche und mir das Nötige herausholen kann, anstatt dieselbe Arbeit noch einmal oder zu wiederholten Malen machen zu müssen.

Für diejenigen Herren Kollegen, die diese Vorsichtsmaßregel nicht ergriffen haben, wäre es am besten, wenn die von ihnen schon mühsam ausgearbeiteten Stammbäume und Nachweise, die doch bloß der Kontrolle der arischen Abstammung dienen sollen, seinerzeit, wenn diese Abstammungsprüfung erfolgt ist, von den einzelnen Partei-, Amts-, Beamten- und Regierungsstellen den Pfarrämtern als Hilfsmittel wieder zurückgegeben werden möchten, falls eine Menge von einzelnen Nachweisen seinerzeit auch noch für die Erbhöfe verlangt werden würde, damit die äußerst mühevolle und zeitraubende Arbeit nicht zum großen Teil noch einmal von vorne wieder geleistet werden müsste. Wie ich höre, sollen die Nachweise z. T. nach Berlin gegangen sein. Vielleicht möchte der Pfarrerverein in diesem Sinn vorbeugend wirksam sein.

Wenn man übrigens die Vordrucke verwendet, die jetzt der Pf.-Verein für diesen Zweck herausgegeben hat, dann müsste man für die Kopieen natürlich auch Formularpapier verwenden, obwohl für diesen Zweck auch einfaches dünnes Durchschlagspapier geeignet und billiger wäre. Ich schreibe deshalb die Stammbäume jetzt immer auf gewöhnliches Conceptpapier, um mit den 3–4 Durchschlägen nicht allzu viel gutes Schreibpapier zu verbrauchen. Sind doch die Vordruckformulare, die man von verschiedenen Parteistellen zum Ausfüllen erhält, auch oft auf ganz geringem Papier vervielfältigt. Ferner fällt es auf, daß die uns zum Ausfüllen übergebenen Formulare nicht einheitlich sind, sondern neben ganz einfachen, die nur die Reihe der Vorfahren bis zum Großvater wünschen, auch solche übersandt werden, die für Vater und Mutter die ganze Reihe bis zu den Ur-Urgroßeltern verlangen, die dann natürlich häufig ein gutes Stück über 1800 hinausgehen u. die dann ein großes Stück Mehrarbeit veranlassen und auch in Ansehung der Gebühren nach dem neuen Gebühren-Erlaß des Landeskirchenrates (K. A.Bl. Nr. 8, S. 33 v. 7. 3. 1934) anders zu behandeln sind, als die einfachen Nachweise bis auf die Großeltern.

Endlich versäume ich nicht beim Aufschlagen der Geburts-, Tauf- und Trauregister, die für ältere Zeiten oft sehr dürftig und mangelhaft angelegt sind, sodaß man aus dem Trauregister nicht ersieht, wie alt Braut und Bräutigam waren, aus dem Geb.- und Sterberegister den Mädchennamen der Mutter bezw. Ehefrau oder Witwe nicht entnehmen kann, in solchen Fällen, wie es früher auch stets sorgfältige Vorgänger getan haben, beim Sterbe-Eintrag das genau Geburtsdatum und Namen, beim Geburtsdatum das Sterbedatum noch nachzutragen, ebenfalls im Trauregister, wo es möglich ist, die Geb. Daten der beiden Verlobten, wodurch beim wiederholten Nachschlagen sehr viel Mehrarbeit erspart wird. Sorgfältige Prüfung ist

freilich vielfach hierbei not, da bei dem konservativen Charakter der Bauern die in einer Familie immer wieder etwa die Namen Johann Georg oder Johann Leonhard oder Joh. Michael, bei Mädchen Eva Barbara, Eva Maria und Eva Marg. wiederholen, oft zwei Monate hintereinander ein Joh. Gg. Meyer oder ähnl. erscheint, die beide Bauern oder Halbbauerkinder waren, so daß es Fälle gibt, in den man in unseren Registern die Identität eines Vaters oder Vorfahren mitunter überhaupt nicht eindeutig streng nachweisen kann, wenn uns nicht die Sorgfalt früherer Kollegen zu Hilfe kommt, die im Geb.-Reg. etwa gleich beim Tode auch das Geburtsdatum notiert haben und umgekehrt oder etwa alte Leute, wie in der Ueberlieferung der altisländischen Bauern, oder bei den Wüstenarabern, die die Wissenschaft der Genealogie besonders ausgebildet haben, mit ihrem genealogischen Gedächtnis noch zu Hilfe kommen, wozu freilich bei der Massenausarbeitung von Stammbäumen auch gar keine Zeit ist.
|175| Es hat überhaupt den Anschein, daß man sich, wie bei den Bestellern, so mitunter auch bei den Amtsstellen über die Schwierigkeit solcher Nachweise besonders für ältere Zeiten bei dem früher oft recht mangelhaften Zustand der Register gar keine rechte Vorstellung macht, zumal wenn dieselben in kurzer Zeit in Mengen oft noch unter Stellung eines bestimmten Ablieferungstermins verlangt werden, dessen Einhaltung natürlich in der Zeit vor Ostern oder Konfirmation dann schlechterdings unmöglich war.
Obermögersheim, den 26.3.1934 Dr. E. Hommel, Pf.

376 Julius Steinmetz: Ariernachweise
KorrBl 59 (1934), S. 196 (7. Mai)

Um den Geburtseintrag einer gesuchten Person zu finden, wenn das Jahr unbekannt ist, empfiehlt es sich, die Konfirmandenverzeichnisse zu Rate zu ziehen. Diese reichen fast überall bis ins 18. Jahrhundert zurück. Sehr oft stehen sie als Katechumenverzeichnis am Ende der Taufbücher.
Es kam früher manchmal vor, daß ein Kind einen anderen Rufnamen führte, als bei der Taufe eingetragen wurde. Im Konfirmandenverzeichnis steht dann der wirkliche Rufname, der auch beim Heirats- und Sterbeeintrag als Vorname angegeben ist. Durch Vergleich ist die richtige Identifizierung möglich.
Die Anregung von Dr. Hommel in Nr. 17 sei warm empfohlen. Ich besitze aus früheren familiengeschichtlichen und ortsgeschichtlichen Studien ausführliche genaue Auszüge aus meinen Kirchenbüchern über alle Einträge, für alle Einträge, für jeden Familiennamen ein oder zwei Blätter mit allen Geburten, Heiraten, Todesfällen, nach Familien geordnet, dazu die Anmerkung, in welcher Pfarrei eventuell weiterzusuchen wäre. Diese Blätter, ein ziemlich dicker Akt, haben mir in den letzten Monaten außer-

ordentlich viel geholfen. Ich kann auf jede Anfrage in wenigen Minuten alle für meine Gemeinde einschlägigen Antworten geben und die Fragesteller an die rechte Adresse weiter weisen. Wenn der Abstammungsnachweis auch für die Erbhofbauern durchzuführen ist (vermutlich nicht allgemeine, sondern nur in Zweifelsfällen, bei einfachen Bauern sehr selten), wäre die Anlage solcher Familienblätter für die Pfarregistratur eine sehr wesentliche Erleichterung.

377 Vertrauliches Schreiben des Landeskirchenrats an die Dekanate. München, 4. Juni 1935

LAELKB, KKU 11/III

Betreff: Brüder in Not.
Das kirchliche Aussenamt der Deutschen Evangelischen Kirche teilt uns mit, dass die in Sowjet-Rußland noch amtierenden deutschen evangelischen Geistlichen in steigendem Umfange aus Deutschland Bitten um Urkunden zwecks Nachweis der arischen Abkunft der Antragsteller erhalten und macht darauf aufmerksam, dass zur Zeit der Empfang derartiger Briefe aus Deutschland für die Pfarrer die Gefahr sofortiger Verhaftung in sich schliesst. Ausserdem sind in den meisten deutschen evangelischen Gemeinden Rußlands die Kirchenbücher vernichtet worden. Etwaige Anfragen in Rußland in dieser Angelegenheit sind daher nur unter Beteiligung des Auswärtigen Amtes in Berlin möglich. Ein unmittelbarer Briefwechsel ist zu vermeiden.
I. V. Moegelin.

378 Karl Schornbaum: Zum Nachweis der arischen Abstammung

EGBl für München 45 (1936), S. 26f. (19. Januar) = KorrBl 61 (1936), S. 81f.

|26| In Nr. 1 des Gemeindeblattes ist in dankenswerter Weise darauf hingewiesen worden, daß die Pfarrämter und Behörden, welche zur Ausstellung von Zeugnissen verpflichtet sind, nur dann dem Ansuchen der Petenten entsprechen können, wenn die Daten nebst der in Betracht kommenden Pfarrei immer genau angegeben werden. Das scheint nun manchem auf den ersten Blick unmöglich zu sein. Er meint das Pfarramt sei allwissend; und doch gibt es eine Menge von Gelegenheiten sich kurz und schnell über das Nötige zu orientieren, wenn man daran denkt, daß auch vor 1876 die weltlichen Behörden bei allen in Betracht kommenden Fragen das entscheidende Wort zu reden hatten. Für das 19. Jahrhundert seien im folgenden verschiedene Hinweise angeführt.

Es war eine Einrichtung der bayerischen Regierung, daß über sämtliche Einwohner genaue Familienbögen geführt werden mußten. Sie enthielten nicht nur Geburtszeit und Geburtsort, sondern auch alle Daten aus dem Leben der betreffenden Person, z. B. Verheiratung, Gewerbelizenz, Wohnung, Bürgerrechtsverleihung und dergl. mehr bis zum Tod. Aus diesen Bögen also, die heutzutage bei den Einwohnerämtern der Städte und Gemeinden, in München und Nürnberg bei der Polizeidirektion verwahrt werden, sind in den meisten Fällen die Lebensdaten ohne große Mühe zu entnehmen.
Bis in die jüngste Zeit war die Eheschließung von der Erlaubnis der Distriktsverwaltung abhängig. Sie wurde bis zum Jahre 1869 nur dann erteilt, wenn die Ansässigmachung aller Voraussicht nach der Gemeinde keine finanzielle Belastung brachte. Infolgedessen gingen jeder Heiratslizenz, ohne die keine Trauung vorgenommen werden durfte, lange Verhandlungen voraus. Die Akten hierüber ruhen bei den Distriktsverwaltungsbehörden, d. h. den Landgerichten und den unmittelbaren Städten. Vielfach sind sie in die Staats- und Stadtarchive abgegeben worden. Aus diesen Akten kann oft der ganze Lebenslauf der in Betracht kommenden Persönlichkeiten entnommen werden.
|27| Viele Schwierigkeiten macht oft bei unehelichen Geburten die Feststellung des Vaters. Die Akten darüber liegen nicht bei den Pfarrämtern, sondern bei den Amtsgerichten als den Vormundschaftsgerichten. Bemerkt sei, daß immer das Vormundschaftsgericht der Heimat der in Betracht kommenden Mutter zuständig war. Es ist also in allen diesen Fällen ein Befragen der Pfarrer unnötig.
Vielfach handelt es sich um Leute, die ausgewandert sind. Hierüber geben die Akten über die Auswanderer, die bei den Distriktverwaltungsbehörden, d. h. also den Bezirksämtern und Stadtmagistraten ruhen, die erste und beste Auskunft.
In vielen Fällen geben die Akten über Heimatverleihung, Bürgerrechtsverleihung, sowie die Akten über die Erteilung der Erlaubnis eines Gewerbes oder eines Handelsbetriebes manche sonst nicht erreichbare Auskunft, da in allen diesen Fällen genaue Recherchen über die in Betracht kommende Persönlichkeit gepflogen wurden.
Viele Mühe macht oft die Feststellung des Todesdatums. Zunächst ist zu bemerken, daß dasselbe gar nicht nötig ist, wenn der Geburtstag der betreffenden Person feststeht. Sollte dies nicht der Fall sein, so kann in den bei den Amtsgerichten liegenden Sterbeanzeigen der Gemeinden Nachschau gehalten werden. Die Nachlassgerichte können auch aus ihren Akten die Heiratstage bestimmen, da ja vor der Einführung des Bürgerlichen Gesetzbuches das Recht, unter dem die Eheschließung erfolgte, eine große Rolle spielte und daher immer festgestellt wurde.
Die Lebensdaten der Beamten festzustellen, besonders ihre Eheschließung, scheint oft am schwierigsten zu sein. Da kann künftig aus den bei der ober-

sten Behörde liegenden Qualifikationslisten viel ersehen werden. So liegen z. B. die Qualifikationslisten der Lehrer bei jeder Kreisregierung, die entsprechenden Listen der Zollbeamten beim Finanzministerium.
Wenn jemand Lust hat die Kirchenbücher selbst durchzusehen, so braucht er sich nur an die Stadträte in unmittelbaren Gemeinden, bzw. die Staatsarchive der einzelnen Kreise zu wenden. Hier liegen ja die laut Verordnung vom Jahr 1803 gefertigten Zweitschriften der Matrikeln bis zum Jahre 1876. Es sind nur etliche Wege genannt, die beschritten werden können, um die in Betracht kommenden Daten zu erhalten. Oft ist es so, daß der nächste Weg übersehen wird; die Folge sind viele unnötigen Laufereien.
Zu raten ist, daß von jedem ausgestellten Zeugnis Abschriften genommen (jedes Pfarramt bestätigt dieselben unentgeltlich) und diese dann bei der Behörde, die den Nachweis erlangt, eingereicht werden, während das Original in den Händen der Familie verbleiben sollte; da in späterer Zeit immer wieder derartige Nachweise notwendig sein werden, kann auf diese Weise viel Geld und Mühe erspart werden.

379 Heinrich Gürsching: Zur Verkartung der Kirchenbücher in Bayern

KorrBl 62 (1937), S. 269–271

|269| Ueber die Notwendigkeit der Verkartung der Kirchenbücheroriginale durch die Kirche selbst braucht wohl kaum ein Wort verloren werden. Es ist klar, daß die Kirche nur dann in der Lage ist, die Kirchenbücher als Monumente der pfarramtlichen Seelsorge in ihrer Originalität sich zu erhalten, wenn sie alles Erdenkliche zu ihrem Schutz veranlaßt. Heute laufen die Kirchenbücher Gefahr, durch die tägliche Strapazierung zerrieben und zerschliffen zu werden. Nur die bedeutendsten können, wie etwa die älteste Erlanger Matrikel, abgedruckt werden. Photokopien, die selbst nur eine begrenzte Lebensdauer besitzen, sind sehr teuer. Man wird in der Regel auch nicht einwenden dürfen, daß meist ja gute Register zu den Matrikeln vorhanden sind, die den praktischen Wert der Verkartung zum Teil vorwegnehmen: gerade in älteren Matrikeln sind die meist eingebundenen Register besonders gefährdet und vielfach in einem Zustand, der zu besonderen Befürchtungen Anlaß gibt.
Nach dem Vorgang anderer Landeskirchen und Kirchenbezirke hat deshalb auch die bayerische Landeskirche am 22. Mai 1937 (Amtsblatt Seite 69) die Verkartung der Kirchenbücher verfügt. Die Verfügung sieht als pflichtmäßiges Mindestprogramm vor, daß von allen Matrikeleinträgen bis 1875 (Errichtung der Standesämter) auf je einer Karte Name der „Hauptperson" des Eintrages, Jahr und Seite des Kirchenbuches vorgetragen wird. Dies genügt, um mit der Kartei festzustellen, ob und wo über eine gesuchte Per-

son Matrikeleinträge vorhanden sind; da die Urkundenausstellung ohnehin auf jeden Fall aus der Originalmatrikel zu geschehen hat, ist mit diesem Mindestprogramm die Schonung der Kirchenbücher insoweit erreicht, als „Nachweise der arischen Abstammung“ in Frage stehen. Selbstverständlich ist es aus anderen Gesichtspunkten sehr erwünscht, über das Mindestprogramm hinauszugehen und von den Matrikeleinträgen soviel auf die Karten zu übertragen, daß die Originalmatrikeln auch für das große Gebiet der Sippenforschung entlastet bleiben. Eine ideale Kartei muß so beschaffen sein, daß die Originalmatrikeln nur noch zur Urkundenausstellung und in Zweifels- und Ausnahmefällen zum Zwecke der Sippenforschung benützt werden müssen.

Die vom Vordruckverein des bayer. Pfarrervereins Nürnberg, Tucherstraße 20, herausgegebenen Karteiformulare (1/3 Dinformat) in verschiedenen Papierstärken und Farben für Ehe, Taufe und Tod müssen unbedingt benützt werden; die Verwendung anderer Vordrucke und Systeme steht nicht frei. Diese Karten heben insoferne das pflichtmäßige Mindestprogramm hervor, als es in der Kopfgestaltung dem Auge dargeboten ist: links oben ist der Raum für die „Hauptperson“, rechts für das Jahr und die Seitenzahl des Kirchenbuches. Darunter gruppieren sich schematisch die Räume für die weiteren Ausschriften aus dem Matrikeleintrag. Sie vermeiden alles Unwesentliche, sodaß die Kartei grundsätzlich auf Normalfälle, nicht aber auf Sonderfälle zugeschnitten bleibt; insbesondere ist die Karte niemals bestimmt, das Urkundenformular zu ersetzen! Da die Kartei andererseits keine „Familienkartei“ sein und das beispielsweise in Württemberg existierende „Familienbuch“ ersetzen soll, ist im allgemeinen nicht mehr auf die Karte zu bringen, als der jeweilige Matrikeleintrag hergibt. Nur die Ehe- und Sterbekarte ist so gestaltet, daß urkundlich gesicherte Geburtsdaten eingesetzt werden können, auch wenn sie nicht im Matrikeleintrag stehen. Wenn späterhin gewisse weitere Ergänzungen der Karten zur „Familienkartei“ hin erwünscht erscheinen, so kann dazu die Rückseite der Karten zu entsprechenden Hinweisen und Notizen sehr wohl verwendet werden. Die für die bayerische Landeskirche verbindlichen Karten sind soweit als möglich den in anderen Landeskirchen erprobten Formularen angeglichen. Da in diesen (z. B. Hannover, Groß-Berlin, Königsberg) allgemein die „gebundene“ Aufbewahrung der Karten vorgeschrieben ist, |270| die sich sehr gut bewährt hat, haben auch unsere Karten auf der linken Seite Lochungen, sodaß sie jederzeit mit Hilfe von Ordnern handweise eingeheftet werden können. Auch diese Ordner sind durch Vermittelung des Vordruckverlages (wie die Karten selbst) zu beziehen. Andererseits hat die Kirchenleitung angesichts der besonderen bayerischen Verhältnisse Bedenken getragen, diese „gebundene“ Aufbewahrung der Karten zur Pflicht zu machen; die Karten können auch in Pappe- oder Holzkästen (evtl. Schränken mit genau abgepassten Schubfächern) aufbewahrt werden. In diesem Falle wären die

Lochungen nicht von Belang; die Anordnung des Kartenkopfes nimmt aber auf diesen Fall mehr Rücksicht als in anderen Landeskirchen. Der Vorzug der „gebundenen“ Kartei liegt darin, daß keine Karten böswillig entfernt werden oder sonst verloren gehen können u. daß die einzelnen vom Ordner umklammerten Bände (die etwa 3–400 Karten erfassen mögen) besser auf das Alphabet abgestimmt werden können. Dagegen kommt die „Stehkartei“ für den Augenblick wohl etwas billiger. Daß die „gebundene“ Kartei auch in Bayern möglichst allgemein erstrebt werden sollte, ist klar.
Eine Besonderheit der Karten bedarf eines erklärenden Wortes. Auf allen Karten erscheint rechts oben eine vorgedruckte Kurzzeile mit 4 senkrechten Abstrichen:
Hier sind als Behelf für die alphabetische Einordnung die 3 (oder 4) ersten Buchstaben des Hauptpersonennamens (Bräutigam, getauftes Kind, Verstorbener) einzusetzen. Diese „ersten Buchstaben“ sind umso wichtiger, als sie besonders bei der „gebundenen“ Kartei das rasche Aufsuchen der Karten erleichtern.
Die Verkartung selbst wird nicht bei den ältesten Kirchenbüchern begonnen, sondern sie wird durchgeführt vom 31. Dezember 1875 an nach rückwärts von Kirchenbuch zu Kirchenbuch (innerhalb des Kirchenbuches natürlich von vorn nach hinten!). Die Vorzüge der Rückwärtsverkartung sind folgende: die am meisten benötigten Matrikeln werden zuerst entlastet; die Möglichkeit irriger Lesungen in älteren Matrikeln verringert sich, je mehr man die jüngeren kennt. In größeren Verhältnissen wird man sich zunächst einen bestimmten Zeitraum, etwa 1875–1800, vornehmen können, innerhalb dessen man zuerst die Ehebücher, dann die Taufbücher und schließlich die Totenbücher verkartet. In kleineren Verhältnissen genügt es wohl, von Buch zu Buch fortzuschreiten, indem man auch hier zuerst für die Verkartung der Ehebücher sorgt, die genealogisch am wichtigsten sind. Eine vorbedachte, sozusagen horizontale (nach Zeiträumen) und vertikale (erst Ehe, dann Taufe etc.) Gliederung der Arbeit erleichtert sie aus psychologischen Gründen sehr. Hiezu gehört auch die ungefähre Feststellung, wieviel Einträge in der einzelnen Pfarrei überhaupt zu verkarten sind: man kann sich diese Zahlen in der Regel leicht verschaffen, indem man in der Pfarrbeschreibung 1910 die Endsummen der Jahresstatistiken aller Kasualien bis 1875 zusammenzählt. Man braucht diesen Ueberblick schon zur Bestellung der Karten, die sich im Großbezug erheblich verbilligen!
Folgende Ratschläge mögen für die Verkartung beherzigt werden. Man verkartet am besten und schnellsten handschriftlich; der Gebrauch der Schreibmaschine ist durchaus unratsam. Andererseits ist der Wert der Kartei, die für lange Zeit Hilfe schaffen soll, stark beeinträchtigt, wenn nicht sehr gut leserlich geschrieben wird, am besten mit schulmäßiger deutscher Schrift, da die lateinische Kursive die Flüchtigkeit begünstigt und an sich leicht zu Zweifeln Anlaß gibt (u und n!). Auch der Füllfederhalter verleitet zu

schlechter Schrift und wird für diese Arbeit am besten ganz beiseite gelegt. Es ist am besten, für die Verantwortungsarbeit einen bestimmten, nur hiefür gebrauchten Platz mit gutem Licht einzurichten (ein Tischchen wird häufig genügen); gute Dienste tut ein kleines schräges Aufsatzpult für die Matrikel. Verschrieben Karten zu radieren, ist aus naheliegenden Gründen unstatthaft; sie sind sogleich zu vernichten und neu zu schreiben. Der Gebrauch von Löschpapier ist zu vermeiden; die Tinte soll eintrocknen und damit die Lebensdauer der Karten verlängern. Selbstverständlich ist nur mit Tinte und zwar mit guter Tinte zu verkarten. Je pedantischer diese Ratschläge befolgt werden, desto rascher und besser wird das Ziel der Verkartung erreicht werden, selbst wenn der Anfang eine gewisse Umgewöhnung erheischt.

Wenn die Verkartung für einen Teilabschnitt oder ganz durchgeführt ist, erfolgt die alphabetische Einordnung der Karten, also die Herstellung der Kartei selbst. Auch hier ist mit Vorbedacht zu Werke zu gehen. In Städten mit mehreren älteren Pfarreien ist unter allen Umständen eine Stadtkartei herzustellen, die alle vor 1876 bestehenden Pfarreien einbegreift. Unter diesem Gesichts- [sic!] wird es auch einleuchten, daß grundsätzlich auf jeder Karte die Pfarrei vermerkt sein muß, die ja vorgedruckt sein kann. Andererseits zerfällt jede Kartei in die 3 Teilkarteien für Ehe, Taufe und Tod. Im übrigen können sehr wohl in größeren Verhältnissen auch zeitlich begrenzte Teilkarteien vorgesehen werden, denn auch gegen die schwerfällige Mammutkartei entstehen Bedenken. Die alphabetische Einordnung selbst will gleichfalls überlegt sein; man wird, besonders für die älteren Zeiträume, durch maßvollen Gebrauch des „Lautalphabets" (B und P, D und T etc. zusammen) vielleicht jenen Schwierigkeiten entrinnen, die durch die häufige Variierung ein und desselben Eigennamens entstehen, wobei man sich freilich auch durch einfache „Verweiskarten" (z. B. „Böhner siehe auch Pöhner", „Sebold siehe auch Zebold") helfen kann. Jedenfalls ist es gut, frühzeitig zu wissen, wie man sich zu verhalten gedenkt; Regeln zu geben, ist wegen der landschaftlichen Verschiedenheit solcher Eigentümlichkeiten nicht möglich. Endlich bedürfen die sogen. „Sammelnamen" besonderer Sorgfalt bei der alphabetischen Einordnung; es sind die ungezählten Mayer und Schmidt etc. Sie alle sind trotz verschiedenartiger Schreibung am besten in eigenen Kartenblocks zusammenzufassen und entweder alphabetisch nach Vornamen oder aber zeitlich anzuordnen. Das letztere ist deshalb fast vorzuziehen, weil wegen der Doppelnamen auch wieder Schwierigkeiten entstehen. Jedenfalls wäre es ein Unding, die früher ganz willkürlich geschriebenen Sammelnamen nach ihrer zufälligen Schreibung einzuordnen, wobei beispielsweise die Mayer, Meier, Mejer, Mair etc., über den ganzen Buchstaben M verteilt wären und oft genug nicht mehr aufgefunden werden könnten.

Die alphabetische Anordnung der „gebundenen" Kartei ist insoferne sehr erleichtert, als man die einzelnen Ordner sehr gut für bestimmte Buchstaben einrichten kann, die auf den Rücken des Ordners aufgemalt werden. Bei

der „Stehkartei" hilft man sich durch überstehende Kartons, die man wohl selbst anfertigen kann.
Zum Schluß noch eine Bemerkung allgemeiner Art. Wer die Verkartung im einzelnen Falle vorzunehmen hat, wird örtlich verschieden sein können und müssen; auf jeden Fall aber müssen, wenn notwendig, die zuverlässigsten Helfer gewählt werden. Daß die Herren Pfarramtsführer selbst die Verantwortung für die Aktion und ihre Leitung in der Hand behalten, ist nicht nur formale Dienstpflicht, sondern das wichtigste Erfordernis für die straffe und rasche Durchführung der Aktion, die sich bewußt als kirchliche darstellt. Daß in den (für Bayern normalen) kleineren Verhältnissen dem Pfarramtsführer persönlich dabei eine vorübergehende große Belastung erwächst, ist wohl wahr; das Werk ist aber wichtiger, als es den Anschein hat. Für diejenigen, die sich tiefer in die methodischen Grundlagen des Verkartungswesens einarbeiten wollen, mag endlich noch folgende Schrift empfohlen werden, die aus der großzügigen Verkartung der Berliner Kirchenbücher erwachsen ist: Themel Karl, Wie ver|271|karte ich Kirchenbücher? Der Aufbau einer alphabetischen Kirchenbuchkartei, Berlin 1936, 61 Seiten, Verlag für Standesamtswesen G. m. b. H. Berlin. – Es ist sehr leicht möglich, daß trotz theoretischer Vorbereitung noch mancherlei Fragen auftauchen, die geklärt sein wollen. In solchen Fällen wird das Landeskirchliche Archiv gerne beratend einspringen; gegebenenfalls wird sich später auch durch Vermittelung des Pfarrervereins eine allgemeine Erörterung bestimmter Erfahrungen ermöglichen lassen.

380 Schreiben der Gestapoleitstelle Würzburg an das Bezirksamt Lohr. Würzburg, 12. September 1938

BayStA Würzburg, Gestapo Würzburg 14350

Betreff: Konfessionelle Flugblattpropaganda bei Ausstellungen von Urkunden zum Nachweis der arischen Abstammung.
Bezug: Hies. Schreiben v. 23.5.38 B. Nr. 3025/38-II P-
Wie festgestellt werden konnte, versendet der evangelische Pfarrer von Partenstein, BA. Lohr, bei Ausstellung von Urkunden zum Nachweis der arischen Abstammung Flugblätter mit dem Titel „Kann ein Deutscher ein Christ sein?". Herausgeber dieser Flugblätter ist der evang. Pfarrer Helmut Kern, wohnhaft Nürnberg-S-, Hummelsteinerweg Nr. 100.
Da nach einem Erlaß des Geheimen Staatspolizeiamtes Berlin v. 19.5.38 B. Nr. II P 3 796/C dies verboten ist, ersuche ich bei dem evang. Pfarrer von Partenstein eine Durchsuchung vorzunehmen und sämtliche Exemplare der oben bezeichneten Schrift zu beschlagnahmen. Ferner wäre dem Pfarrer zu eröffnen, daß das Verschicken von Flugblättern in dieser Weise verboten ist und er im Wiederholungsfalle mit Strafanzeige zu rechnen hat.

Über das Veranlaßte bitte ich um Mitteilung, unter Anführung der vollständigen Personalien des in Frage kommenden Pfarrers.
[Unterschrift unleserlich]

381 Hans Siebert: Von der Herrlichkeit des Dienstes in der männlichen Diakonie
Evang. Volkskalender aus Bayern 54 (1939), S. 46f.

|46| [...] Ein anderer Bruder ist etwa in der Gemeindediakonie tätig. Seitdem man seinen Ariernachweis führen muß, muß er sich viel mit solchen Dingen beschäftigen. Manche Stunde am Tag sitzt er vor den alten Kirchenbüchern, um in ihnen Familienforschung zu treiben. Das ist sicherlich sehr interessant, gar manchmal wird aber auch eine gelinde Verzweiflung in ihm aufsteigen, wenn er trotz mühsamen und fleißigen Suchens nichts gefunden hat, oder wenn er nahezu unleserliche Namen und Worte entziffern soll, wobei es doch auf jeden Buchstaben ankommt. Daneben hat er sonst noch eine Menge Schriftlichkeiten zu erledigen, Briefe dahin und dorthin zu schicken, ganz zu schweigen von den Kassen, die es auf einem Pfarramt gibt und die er auf das Gewissenhafteste zu führen hat. [...]

5.3 Proteste und Aufforderungen zum Protest

382 Schreiben von Curt Peter Bender, Thekla Plesch und Wilhelm Plesch an den Deutschen Evangelischen Kirchenbund und an den Landeskirchenrat. Juni 1933
LAELKB, LKR XIV 1608a

Die Unterzeichneten sind Angehörige deutscher evangelischer Kirchen. Sie richten diese Zeilen für sich und viele gleichbetroffene deutsche evangelische Christen an die obersten Organe ihrer Kirche.
Die neue Gesetzgebung für die akademischen Berufe hat in ihrer an sich gewiss nicht unberechtigten Abwehr undeutscher Einflüsse im deutschen öffentlichen Leben auch nicht vor denen Halt gemacht, die allerdings einen Eltern- oder Grosselternteil nichtarischer Abstammung haben, die aber andrerseits von Geburt an der evangelisch-christlichen Gemeinschaft angehören und in ihrem und damit in deutschem, nationalen Geiste erzogen sind, die sich ihr Leben lang – bekräftigt durch den gemeinsamen Tag der Konfirmation – als deutsche evangelische Christen und damit als vollwertige Glieder der deutschen Volksgemeinschaft gefühlt haben.
Mit Trauer haben wir so Betroffenen und in Existenz und Beruf schwer Gefährdeten das Eintreten der deutschen evangelischen Kirche für diese

ihre Mitchristen in der Oeffentlichkeit und bei den massgeblichen Stellen vermisst.
Die Unterzeichneten appellieren daher an die hohen Vertreter ihrer Kirche und bitten sie darauf hinzuwirken, dass keinem, der sich als Christ und als nationaler Deutscher fühlt und so gelebt hat, wegen seiner nicht völlig arischen Abstammung der Aufbau seiner Existenz und damit die Mitarbeit am deutschen Neubau in keinem Beruf versagt wird!

Dr. Curt Peter Bender	Wilhelm Plesch	cand. phil. Thekla Plesch
Referendar	Assistenzarzt	

383 Konzept eines Briefs des Landeskirchenrats an Ministerpräsident Ludwig Siebert. München, 29. März 1934

LAELKB, LKR XIV 1608a

Betreff: Verfügung der Kreisleitung Ansbach der NSDAP. Mit 1 Anlage.
In der Anlage beehren wir uns die Abschrift eines Handzettels der Kreisleitung Ansbach-Feuchtwangen der NSDAP zu übersenden, der in Ansbach von Haus zu Haus getragen wird. Wir sind davon unterrichtet, dass die Aufforderung zur Unterzeichnung des Handzettels in weiten Kreisen ungeheuere Erregung hervorgerufen hat. Wir wollen darauf verzichten des näheren auszuführen, in welch krasser Weise die Aufforderung zu der gesellschaftlichen und wirtschaftlichen Schädigung der Juden den Gesetzen christlichen Handelns zuwiderläuft. Wir halten uns aber für verpflichtet, darauf hinzuweisen, dass das in der Aufforderung enthaltene Ansinnen gerade die besten Teile der Bevölkerung, die sich aus voller Überzeugung dem Nationalsozialismus und dem Dritten Reich erschlossen haben, in einen unerträglichen Gewissenskonflikt bringt und damit wohl vielfach in eine ablehnende Haltung gegenüber dem heutigen Staat. Wir bitten mit allem Ernst, dahin zu wirken, dass die Verbreitung der Aufforderung unverzüglich eingestellt wird, damit nicht unabsehbarer Schaden erwachse.
D. Meiser

An die NSDAP Kreisleitung Ansbach-Feuchtwangen
Ansbach.
Ich gebe hiermit die ehrenwörtliche Erklärung ab, dass ich von jetzt an und in alle Zukunft nie mit einem Juden oder einem Helfershelfer von Juden ein Handelsgeschäft irgendwelcher Art abschliessen werde oder durch einen Mittelsmann abschliessen lasse. Ich werde niemals ein jüdisches Geschäft betreten und ich werde auch jedem Juden, der mein Anwesen oder meine Wohnung betreten sollte, wegweisen.
Einen jüdischen Arzt oder einen jüdischen Rechtsanwalt werde ich ebenfalls nicht konsultieren.

Ich werde auch dafür sorgen, dass aus meiner Familie, meiner Verwandtschaft und meinem Bekanntenkreis niemand zu einem Juden geht. Ich bin davon unterrichtet, dass ich Gelegenheit habe, mich in meiner Ortschaft durch Einsicht in ein Verzeichnis davon zu überzeugen, welche Juden und welche jüdischen Geschäfte im Kreis Ansbach-Feuchtwangen existieren.
Ich bin weiter davon unterrichtet, dass ich, falls ich dieses [sic!] Versprechung nicht halten sollte, oder falls ich versuchen sollte, dasselbe zu umgehen, sofort aus der Partei – SA – aus dem Gemeinderat – aus der NS.Organisation- ausgeschlossen werde (Nichtzutreffende [sic!] ist zu durchstreichen) und dass ich öffentlich in Wort und Schrift als Ehrenwortbrecher und Lump bezeichnet werden kann.
(Ort) ...., den .... März 1934
(Unterschrift)

384 Schreiben Eugen Gerstenmaiers an Landesbischof Meiser. Berlin, 22. April 1943

LAELKB, 101/36–119

Hochverehrter Herr Landesbischof,
fast durch Zufall erhielt ich in diesen Tagen die Abschrift einer Eingabe einiger Laien, die, soweit ich höre, zur Judenfrage Ihnen vorgelegt worden ist. Obwohl ich die Art der Begründung im Allgemeinen nicht für glücklich halte und einige Argumentationen total ablehnen muss, möchte ich der an mich herangebrachten Bitte doch entsprechen und das Petitum des Schreibens warm unterstützen.
Schon längst habe ich nach einer Gelegenheit getrachtet, Ihnen wieder einmal zu begegnen, um Ihnen einige Eindrücke aus meiner Arbeit persönlich vermitteln zu können. Ich hoffe aber noch, dass dass ich Sie in absehbarer Zeit auch wirklich wieder einmal sehen und sprechen kann, möchte mir aber im wesentlichen ganz unabhängig von dem angezogenen Schreiben erlauben, Ihnen beiliegend 3 Unterlagen zu übermitteln, die alle mit einer, wie mir scheint, gebieterisch gestellten Aufgabe der Kirche im gegenwärtigen Augenblick zusammenhängen. Ich füge deshalb

1) die mir in diesen Tagen in die Hand gekommene Denkschrift der Fuldaer Bischofskonferenz vom 18. Dezember 1942 bei,
2.) das Schreiben des Erzbischofs von Breslau vom 2.3.43, und erlaube mir schliesslich,
3.) einen Entwurf beizufügen, den ich in gleicher Weise soeben Herrn Landesbischof D. Wurm vorgelegt habe und bei der ersten sich bietenden Gelegenheit in den nächsten Tagen auch Landesbischof D. Marahrens vorlegen werde.

Der Entwurf ist der Niederschlag einer langen reiflichen Ueberlegung, die sich aus dem zusammenfassenden Ergebnis zahlreicher in den letzten Monaten von mir immer wieder persönlich überprüfter Feststellungen in den Kirchen des kontinentalen Auslandes gebildet hat. Es ist nicht zu verkennen, dass die Deutsche Evangelische Kirche bezw. ihre Substanz vor der Welt mehr und mehr unglaubwürdig zu werden beginnen. Besonders in der letzten Zeit überholt nach meinem Eindruck, den ich aber zu belegen in der Lage bin, der deutsche Katholizismus, jedenfalls im Ausland, das Ansehen des deutschen Protestantismus, insbesondere des deutschen Luthertums weit. Die politischen Konsequenzen, die sich daraus ergeben und ganz ohne Zweifel eines Tages gezogen werden, möchte ich hier nicht erörtern. Ich glaube, dass in Anbetracht dieser Situation auch bei dem grössten Respekt, den ich insbesondere Ihren und Herrn Bischof Wurm's persönlichen Verlautbarungen, wie Sie wissen, immer entgegengebracht habe, der Versuch einer Aktion auf etwas breiterer Basis noch einmal und mit aller Anstrengung unternommen werden muss.

Was die Deutsche Evangelische Kirche für das deutsche Volk tun kann, jetzt und in kommenden Tagen, hängt wesentlich daran, ob es möglich ist, wenigstens einen kleinen Teil, gewissermassen die erste Linie der deutschen evangelischen Kirchenführer zu einem nicht nur in kirchlichen Kreisen eindeutig vernehmlichen Ton zu bewegen. Die Sache geht für mich weit über das Persönliche hinaus. Ich würde mein Amt verletzen, wenn ich nunmehr nicht mit der äussersten Dringlichkeit, die mir zu Gebote steht, mich an die wirklichen Repräsentanten des deutschen evangelischen Kirchentums wenden würde.

Vollkommen belanglos ist dabei der formale kirchliche Bürokratismus und seine Vertretung. Dazu muss jedenfalls bis auf weiteres auch der Vertrauensrat gezählt werden. Kein Mensch fragt draussen nach Herrn Hymmen, Werner, Fürle oder dergleichen. Dagegen sind „die 3 Bischöfe" noch immer ein fester Begriff, auf die man sieht und mit denen man rechnet.

Deshalb habe ich mich gleichzeitig an die beiden anderen Herren Landesbischöfe gewandt. Ich habe den Eindruck, dass die gewaltige Bedeutung einer entsprechenden tonreinen und profilklaren Verlautbarung in künftigen Tagen immer noch viel zu nieder angeschlagen wird. Man muss sehen, wie die Dinge draussen aussehen und wirken, um etwa ermessen zu können, was eine solche Sache schon jetzt, aber erst recht in der Zukunft bedeutet. Ganz abgesehen von den Argumenten dieser Art aber fordert schon die Verzweiflung in weiten Kreisen unseres Volkes über diese Dinge das unmissverständliche Wort der Kirche.

Ich wäre aufrichtig dankbar, wenn es Ihnen trotz der ausserordentlichen Beanspruchung Ihres hohen Amtes möglich wäre, sich noch einmal gründlich mit dieser Sache zu befassen. Ich schmeichle mir nicht, dass durch einen entsprechenden Schritt der Kirchenführer, die dafür überhaupt in Betracht

kommen, eine grundlegende Wandlung der Situation herbeigeführt wird. Es ist aber ganz unerlässlich, dass die Gesinnung und Haltung jetzt in immer gültiger Weise dokumentiert wird. Da es sich um die Glaubwürdigkeit unserer ganzen Kirche in einem ungewöhnlichen Masse dabei handelt, kann ich nicht davon absehen, noch einmal nachdrücklich und herzlich um freundliche Aufnahme zu bitten.
Mit den aufrichtigsten Empfehlungen und den herzlichsten Wünschen für ein gesegnetes Osterfest bin ich
Ihr ganz ergebener Gerstenmaier

385 Schreiben Hermann Sasses an Landesbischof Meiser. Erlangen, 28. August 1944

LAELKB, 101/36–108

Hochverehrter, hochwürdigster Herr Landesbischof!
Anbei sende ich Ihnen die mir freundlichst überlassenen Schriftstücke zurück. Ich vergaß sie, meinem in Eile abgesandten Manuskript beizufügen. Ich lege noch die Abschrift einiger theologischer Sätze aus dem erwähnten Brief bei. Sie sind deutliche Illustrationen der Wirkungen, die Barths Tauflehre ausübt. Sie hat schon manchem Lutheraner die Augen geöffnet. Entwickelt die BK sich weiter im Sinne Barths und der Jubiläumskundgebungen zur Confessio Barmenensis, dann wird sie zu einer kleinen Sekte. Die Gefahr besteht dann, daß die Gemäßigten mit den Liberalen und den Beamtenseelen der Pfarrvereine, um einmal mit O. Dibelius zu reden, zu einer bekenntnislosen und theologisch gleichgültigen Allerweltskirche unionistischer Haltung zusammenwachsen. Umso nötiger ist es, dass das Luthertum erwacht. Aus Westfalen habe ich sehr erfreuliche Nachrichten.
Darf ich bei dieser Gelegenheit ein Wort zu dem Vortrag von Kittel sagen, der neulich an die Pfarrämter als Berufshilfe herausgegangen ist? Der Anlaß dazu ist, daß ein mir befreundeter Pfarrer mich um mein Urteil darüber bat und mir gegenüber seiner tiefen Enttäuschung über den Inhalt des Vortrags Ausdruck gab. Kittel ist einer der gerissensten theologischen Geschäftsleute unserer Zeit, was ich aus jahrelanger Mitarbeit an seinem Wörterbuch weiß. Sein Paktieren mit den DC aller Richtungen ist uns schon immer eine schwere Anfechtung gewesen, z.B. daß er Herrn Grundmann, einen der Totengräber unserer Kirche in Thüringen, niemals ausgebootet hat. Dieser Vortrag ist ein Dokument seiner Tätigkeit in dem „Reichsinstitut für Geschichte des neuen Deutschlands", das die wissenschaftliche Grundlagen für die gegenwärtige Judenpolitik zu liefern hat. Kittel hat mit dazu geholfen, auch durch diesen Vortrag, die evangelische Theologie dafür mit haftbar zu machen. Mit dem, was das Neue Testament über das Wesen und das Schicksal Israels und des Judentums sagt, auch mit dem Evangelium

vom 10. Sonntag nach Trinitatis, zu dem dies Dokument erschien, ist Kittels Erklärung der Entstehung und des Schicksals des Judentums unvereinbar. Wenn unsere Pfarrer darüber nachdenken und predigen sollen, dann dürfen sie nicht so, wie es hier mit Eleganz geschieht, an dem Problem des Volkes Gottes vorübergehen. Der Apostel Paulus hätte sich auch seinen ganzen Kampf um die Frage des Gesetzes sparen können, wenn er das gelesen hätte, was S. 7 über das Gesetz sagt. Man kann es verstehen, wenn Kittel in der Wiener Universität vor einem politischen Gremium nicht sagen darf, was das Alte Testament ist und was darin steht, wenn er sich zu dem Rassedogma von heute als Schlüssel der Weltgeschichte bekennen muß, wenn er am Schluß verheimlicht, daß zwischen dem Begriff der Mischehe in der Kirche und in der Welt ein großer Unterschied besteht. Aber warum sollen unsere Pfarrer, die vor der Gemeinde das Evangelium zu predigen haben, diese Verbeugungen mitmachen? Ich fürchte das Maß von Mitschuld, das wir alle an gewissen Vorgängen haben, ist schon zu groß, als daß wir nun auch noch die Sünden des Herrn Kittel uns aufladen sollen. Er freut sich natürlich, wenn eine lutherische Kirchenregierung ihn auch nur zu legitimieren scheint. – Ich habe mir erlaubt, Ihnen, hochverehrter Herr Landesbischof, dies andeutungsweise zu sagen – zu näherer Begründung bin ich gern bereit –, weil ich die Atmosphäre, aus der der Vortrag stammt, aus den Erfahrungen an der Universität kenne und weil ich nicht möchte, daß das Vertrauen, das das Theol. Wörterbuch genießt, mißbraucht wird.
In aufrichtiger Verehrung bleibe ich
Ihr dankbar ergebener D. Sasse

Könnte ich wohl, wenn Sie mein Memorandum abschreiben lassen, ein Exemplar haben? S. 9 müssen in dem französischen Zitat die Akzente und der Apostroph noch eingefügt werden.

5.4 „Nichtarische" Pfarrer

386 Die Zahl der Pfarrer jüdischer Abkunft
EGBl für Augsburg und Umgebung 20 (1933), S. 394 (26. November)

Unter den Vorwürfen gegen die evangelische Kirche, die von extrem völkischer Seite erhoben werden, kehrt mit unbeirrbarer Regelmäßigkeit auch der von der „Verjudung" unseres Pfarrerstandes wieder. Der Tannenbergbund wollte von etwa 600 oder mehr evangelischen Pfarrern wissen, die jüdischer Abkunft seien. Endlich hat man zu dieser Frage und zur Richtigstellung dieses Vorwurfs auch Material in der Hand. Im „Deutschen Pfarrerblatt" (Nr. 44 vom 31. Oktober 1933) berichtet Pfarrer i. R. O. Fischer über seine Forschungen auf diesem Gebiete. Er hat die evangelischen Pfarrer seit der

Reformation auf ihre jüdische Abkunft hin untersucht und die Namen dort zusammengestellt. Berücksichtigt sind dabei die, bei denen unter den vier Großeltern mindestens eine Person jüdischer Abkunft urkundlich nachzuweisen ist. Nicht aufgenommen sind die, bei denen nur eine Vermutung besteht. Das Ergebnis besagt, daß seit der Reformation insgesamt 98 evangelische Pfarrer jüdischer Herkunft ermittelt worden sind. 63 von diesen sind bereits verstorben, 35 leben noch, davon sind 8 bereits emeritiert. Die Namen der Verstorbenen sind sämtlich angegeben, es finden sich einige darunter, die auch heute noch bekannt sind. Von den Lebenden wurden die Namen nicht veröffentlicht, der Verfasser stellt sie aber jedem zur Verfügung, der einen berechtigten Wunsch danach hat. Das Ergebnis besagt, dass unter etwa 18000 gegenwärtig im Amte stehenden evangelischen Pfarrern noch nicht 2 aufs Tausend jüdischer Abkunft sind, daß also die Rede von einer „Verjudung des Pfarrerstandes", auch wenn bei näherer Nachprüfung noch einige Namen ergänzt werden sollten, ins Reich der Fabel gehört.

387 Umschau.

EGBl für Schweinfurt und Dekanatsbezirk 14 (1937), Nr. 5, S. 4 (3. September)

Nach einer Zusammenstellung des Reichskirchenausschusses, die er auf Grund einer Umfrage bei den Landeskirchen über die Zahl sämtlicher nicht rein arischer Pfarrer angefertigt hat, ergibt sich: Rund 50 evangelische Geistliche sind im Sinne des Beamtengesetzes (also bis zu den Großeltern einschließlich) nicht rein arisch. Das bedeutet bei rund 17000 Geistlichen einen Hundertsatz von 0,3 Prozent, eine äußerst kleine Zahl, verglichen mit der in anderen akademischen Berufen. Der von deutschgläubiger Seite aus geschlagene Lärm wegen einer angeblichen „Verjudung des Pfarrerstandes" entbehrt also der Grundlage.

388 Schreiben des bayerischen Staatsministeriums für Unterricht und Kultus an den Landeskirchenrat. München, 6. Dezember 1938

LAELKB, LKR 51720, Steinmetz, Julius

Betreff: Abstammung der Geistlichen
In einer an mich gerichteten Zuschrift wird behauptet, daß „Mischlinge und jüdisch versippte Pfarrer" im Bereich der rechtsrheinischen evang.-luth. Landeskirche „ungeschmälert in Amt und Würden bleiben." Dabei ist auf den Pfarrer in Azendorf Julius Steinmetz hingewiesen, der vor 1934 „Julius Cohen" geheißen habe.

Ein Vergleich des „Personalstandes", Ausgabe 1930 mit dessen Neuauflage i. J. 1934 ergibt, daß die Behauptung über die Namensänderung des Pfarrers von Azendorf zutrifft.
Ich ersuche um Mitteilung über die Abstammung des genannten Pfarrers und um Darlegung des Standpunktes, den der Evang.-Luth. Landeskirchenrat bei Würdigung der durch die Mordtat in Paris geschaffenen Lage hinsichtlich der Fortverwendung von Geistlichen im aktiven Dienst der Landeskirche einnimmt, die den Nachweis der deutschblütigen Abstammung für sich oder für ihre Ehefrau nicht erbringen können.
Die Verhältnisse hinsichtlich des Pfarrers Lipffert-Himmelkron sind mir bekannt.
I. V. Dr. Boepple

389 Rundschreiben Nr. 14359 des Landeskirchenrats an die Dekanate. München, 8. Dezember 1938

FKiZM. A 30. 15

Betreff: Arischer Nachweis.
In unserer Bekanntmachung im Kirchl. Amtsblatt S. 133 ist angeordnet, daß die bis zum 1. 1. 1939 den Regierungspräsidenten vorzulegenden Nachweise über das Dekanat an das zuständige Schulamt einzureichen sind.
Wir ersuchen in allen Fällen, in denen unter den Eltern & Großeltern sowohl des Geistlichen wie seiner Ehefrau sich Nichtarier befinden, die Unterlagen umgehend an uns zu leiten. Die Weitergabe an das Schulamt in diesen Fällen wird von uns veranlaßt.
Sollten sich unter den bereits an das Schulamt abgegebenen Nachweisen Fälle i. S. des Abs. 2 befunden haben, so ist umgehend zu berichten.
Das Dekanat wolle dafür Sorge tragen, daß sämtliche Nachweise aller in seinem Kapitel in Frage kommenden Geistlichen, Kandidaten usw. (d. s. alle die, die am 26. April 1938 Volksschulunterricht erteilt haben & solchen auch künftig weiter erteilen sollen), möglichst noch vor Weihnachten dem zuständigen Schulamt zugeleitet werden. Sind alle Nachweise vom Dekanat weitergegeben, so wolle eine Liste mit den Namen aller Antragsteller vorgelegt werden.
Im nächsten Kirchl. Amtsblatt wird mitgeteilt, daß das Ministerium für Unterricht & Kultus auch die Vorlage der eigenen Heiratsurkunde des Geistlichen verlangt. Demnach müssen ledige Geistliche neben den Formblättern 8 Urkunden, verheiratete Geistliche 17 Urkunden einreichen.
Wir weisen darauf hin, daß eine verspätetet Einreichung der Nachweise möglicherweise den Entzug des Religionsunterrichts nach sich ziehen kann.
D. Meiser.
Eilt sehr!

5.5 Reichspogromnacht

390 Schreiben Pfarrer Köberlins an den Landeskirchenrat. Wunsiedel, 11. November 1938
LAELKB, KKE 92a

Betreff: Überfall auf die Pfarrhäuser am 9. 11. 38
Ich berichte folgendes:
1. Vorgänge vor dem Überfall.
Am Mittwoch, dem 9. November 38, fand abends 8 Uhr die Feierstunde der Partei für den 9. November statt.
Die Organisationen der Partei waren dazu erschienen. Ortsgruppenleiter W* wandte sich in seiner Rede gegen Juden und in diesem Zusammenhang auch gegen die „Pfaffen". Er redete dabei von „Pfaffengesindel und Pfaffengelichter". In dem Bericht der Ortspresse über seine Rede heißt es: „Es konnte nicht ausbleiben, daß im Anschluß an die Bekanntgabe dieser neuerlichen jüdischen Schandtat der Redner auf die notwendigen Folgen hinwies, die das deutsche Volk zu seinem Schutze und nach dem Worte ‚Auge um Auge' zu beachten haben wird ...". Nach Aussage von Zuhörern erklärte er, daß wir die Juden ausrotten werden und diejenigen, welche von der Kanzel aus Sonntag für Sonntag das Judenvolk zum auserwählten Volk machen. Die Feierstunde schloß etwa zwischen 21/30 und 21/45. Nach der Feierstunde hat die SA Wunsiedel, wie das Gerücht besagt, auftragsgemäß ihre Uniform mit Zivilkleidung getauscht um sich danach wieder zu sammeln. Daneben geht das Gerücht, daß nur 100 Mann der SA diesen Auftrag erhalten hätten. Fest steht, daß einige SA-Männer zum Uniformwechsel nach Hause kamen und gar nicht wußten, wozu sie sich wieder sammeln sollten. Neben Wunsiedlern haben sich bei den nachfolgenden Ereignissen eine größere Anzahl Fremder beteiligt.
Die Aktion begann ca. 22/10. Zuerst wurden die Wohnungen der beiden einzigen Wunsiedler Juden, Bamberger und Hermann, gestürmt; die beiden Juden sollen sich im hiesigen Gefängnis befinden.

II. Die Vorgänge in den Pfarrhäusern und auf der Straße.
Um 22/35 näherte sich eine laufende Menge von ca. 120 Männern und jungen Burschen, meist in Mänteln, mit Hüten und Mützen der Kirche und den danebenstehenden Pfarrhäusern. Bei der großen Mehrzahl sahen unter den Mänteln Schaftstiefel hervor. In der Nähe angekommen, erhoben sie ein lautes Gebrüll: Raus, Volksverräter, raus! Das Zweifamiliengebäude, Dekanat und 3. Pfarrhaus wurde sogleich von solchen Teilnehmern der Aktion umstellt. Zugleich flog ein Steinhagel gegen sämtliche Fenster des Erdgeschosses, die in Scherben gingen. Herr Dekan Jäger, aufgeschreckt durch das Schreien und die in sein Zimmer fliegenden Steine, trat in den Hausflur

und wurde sofort von den bereits durch die noch nicht versperrte Haustüre eingedrungenen Männern ergriffen und auf die Straße gezerrt. Sie schleppten ihn unter ständigen Schmährufen und unaufhörlichem Schlagen auf die Polizeiwache, die sich im Rathaus befindet. Mit Fäusten schlug man auf den Nacken, auf den Kopf, ins Gesicht. Die Brille hatten sie ihm aus der Hand gerissen, die Brillengläser wurden zertreten, das goldene Brillengestell blieb seitdem verschwunden. Ohne Kragen, ohne Jacke, in Strümpfen – denn die Hausschuhe waren noch im Haus verloren gegangen – zerrte man ihn durch die Straßen, Frau Dekan Jäger wich nicht von der Seite ihres Mannes und begleitete ihn bis in die Polizeiwache.
Unter den Männern, die Herrn Dekan Jäger anpackten und schlugen, wurde der städtische Angestellte B* erkannt.
Gleichzeitig wandte sich die schreiende Menge auch dem 3. Pfarrhaus zu, in dem Herr Pfarrer Jahreis wohnt. Während der ganzen Vorfälle wurden in dem allgemeinen Schreien auch laut vernehmliche Schmährufe ausgestoßen wie „Volksverräter", „Judenhund", „Judenknecht", „Lump" u.a. Da sie die Haustüre im Pfarrhaus Jahreis bereits verschlossen fanden, warfen sie sich in geschlossener Gruppe mit ihrem Körpergewicht unter dem Ruf „Ho ruck" gegen die Türe bis sie nach ca. 20 bis 30maligem Anrennen die Türe aufsprengten. Während dieser Versuche ertönten Rufe wie: „Das Schwein muß raus!", „Der Lump geht uns durch!" Als die Menge sich gegen das Haus wandte, hatte sich Herr und Frau Pfarrer Jahreis in den ersten Stock in das Zimmer von Herrn Vikar Hans Meisel geflüchtet. Herr Vikar Meisel war durch den Lärm aus dem Bett aufgeschreckt worden und an das Fenster getreten. Kaum sichtbar, flogen schon die Steine durch das Fenster. Auch die Fenster des 1. Stockes im Pfarrhaus Jahreis wurden durch Steinwürfe zertrümmert. Die durch die gesprengte Haustüre hereinströmende Menge durchsuchte die Zimmer des Erdgeschosses und dann auch die Zimmer des 1. Stockes nach Herrn Pfarrer Jahreis. Als sie zum Zimmer des Vikars kamen, trat dieser ihnen entgegen, wurde sofort auf die Seite gestoßen und dann Herr Pfarrer Jahreis aus dem Zimmer gezerrt, die Treppe hinuntergestoßen und auf die Straße geschleppt. Auch er wurde zum Rathaus gebracht, dabei geschlagen und gedrosselt. Mit dem Ruf: „Aufhängen sollte man dich!" drosselte man ihm am Kragen. Höhnisch rief man ihm zu: „Jetzt kannst du ja über das auserwählte Volk predigen!"
In beiden Pfarrhäusern wurden im Ganzen 46 Fensterscheiben zertrümmert, im Dekanat sogar ein Fensterrahmen eingeschlagen. Beim Pfarrhaus Jahreis war die Haustüre aufgesprengt worden; hier fanden sich in den Zimmern 15 hereingeworfene Steine, neben den Steinen, die vor dem Haus zurückgeprallt lagen.
Als Beteiligte an den Tumulten werden genannt:
Lehrling D*, ca. 17 Jahre, der die Aufforderung zum Erbrechen der verschlossenen Haustüre gab,

städtischer Angestellter B*, der unter anderen Herrn Dekan Jäger angriff, Lehrer W*, zugleich Schulungsleiter, der mit Zurufen Herrn Pfarrer Jahreis schmähte, außerdem beteiligt
Angestellter des Elektr. Werkes R*, zugleich Unterbannführer,
Elektromonteur P*, u. a., deren Namen noch beigebracht werden können.

III. Die Vorgänge auf der Polizeiwache
Als Herr Dekan Jäger in das Polizeiwachtmeisterzimmer hineingestoßen wurde, fand er folgende Personen anwesend:
1) ein städtischer Polizist (in Uniform),
2) Polizeisekretär G* (in Uniform)
3) Bürgermeister Zahnarzt Dr. D* (in Zivil),
4) Ortsgruppenleiter W* (in Uniform),
5) stellvertretender Ortsgruppenleiter P* (in Zivil),
6) Finanzbeamter A*, Polit. Leiter (in Zivil),
7) B*, Ratsherr (in Zivil).

Auf die sofort von Herrn Dekan Jäger an alle Anwesenden gerichtete Frage: was habe ich eigentlich getan? wurde mit vielen durcheinander vorgebrachten Vorwürfen geantwortet. Herr Dekan Jäger erwiderte jedesmal sofort und protestierte gegen sie als Verleumdungen. Zuerst führte vor allen der Bürgermeister das Gespräch und dann vor allen der Ortsgruppenleiter. Der Inhalt der in erregter Wechselrede vorgebrachten Vorwürfe ist folgender:
1) Mangelnde Volksgemeinschaft, denn während der Feierstunde am Abend sei Gottesdienst gehalten worden. Der Tatbestand: Dieser am Mittwoch Abend übliche Gottesdienst begann wie immer um 1/2 8 Uhr und war um 20/20 beendet. Herr Dekan Jäger hatte den Gottesdienst gehalten.
2) Es würde jeden Sonntag gepredigt, daß die Juden Gottes Volk seien.
3) Es würde jeden Sonntag für Niemöller gebetet.
4) Die Fahne würde im Friedhof durch die Pfarrer nicht gegrüßt.
5) OGL W* erklärt zu beiden Pfarrern (Jäger und Jahreis), daß sie bei der letzten Wahl mit Nein gewählt hatten, beide schwören, wir haben mit Ja gewählt. W* darauf: „Trotzdem, das kann nicht sein, wo kämen sonst die 52 Neinstimmen her!“

Gegenüber den Vorwürfen 2 bis 4 betont Herr Dekan Jäger, daß darin durch die Pfarrer nichts anderes getan würde, als daß den kirchlichen Verordnungen gehorcht würde.

Kurz vor 23 Uhr trafen ich, der Berichterstatter, und Vikar Meisel auf der Polizeiwache ein. Schon um 22/45 hatte ich bei der Gendarmeriehauptstation Wunsiedel und der städtischen Polizeiwache im Rathaus angerufen und sofortige Hilfe für die angegriffenen Pfarrhäuser angefordert. Bei der Gendarmerie wurde erklärt, daß alle Beamten von der Feierstunde noch nicht zurückgekehrt seien. Bei der Polizeiwache wurde erklärt, es sei jetzt unmöglich einzugreifen. Bei einem zweiten Anruf durch mich bei der Poli-

zei, doch über das weitere Verbleiben von Herrn und Frau Jahreis Auskunft zu geben, erklärte die Wache, es sei jetzt noch nicht möglich, darüber Auskunft zu geben; wenn es möglich würde, würden sie es mitteilen. Durch Leute erfuhren wir dann, daß sich die Verschleppten auf der Rathauswache befänden. Wir begaben uns sofort dorthin. Ich wandte mich sogleich an OGL W* und forderte von ihm als dem Verantwortlichen für Wunsiedel hier einzuschreiten, die Menge vor dem Rathaus zum Weggehen zu veranlassen. Er lehnte dies ab. Zugleich kam es zu einem erregten Wortwechsel zwischen stellvertretendem OGL P* und Vikar Meisel, der letzteren dabei einen „Verräter" nannte. Etwa um 23 Uhr wurde die Türe geöffnet und Herr Geistliche Rat Stuber von der kath. Gemeinde von zwei Männern in das Wachtzimmer hereingestoßen; die die beiden Männer verließen unbehelligt wieder den Wachtraum. Herr Geistliche Rat Stuber war auf gleiche Weise aus seinem Pfarrhaus geschleppt und stark geschlagen worden, obwohl er bereits 64 Jahre alt ist. Vikar Meisel und ich holten daraufhin unbehelligt von den umherstehenden Gruppen, begleitet von dem Polit. Leiter A* für Herrn Dekan Jäger und Herrn Pfarrer Jahreis die fehlenden Kleidungsstücke und Schuhe.
Gleich bei den ersten Gesprächen wurde erklärt, daß die eingelieferten Pfarrer in Schutzhaft genommen werden müßten, um sie vor dem Volk zu schützen. Als darauf Dekan Jäger entschieden ein Rechtsverfahren forderte und als letzter der Geistliche Rat Stuber gebracht worden war, trat Ortsgruppenleiter W* an das Fenster und forderte die Menge zum Heimgehen und zum Disziplinhalten auf.
Nach einer Wiederholung seiner Aufforderung zerstreute sich die Menge. Nun wurde den Pfarrern freigestellt unter SA oder Polizeischutz nach Hause gehen zu können. Etwa um 23/30 begleitete OGL W* selbst Pfarrer Jahreis nach Hause. Etwa um 24 Uhr kamen auch Herr und Frau Dekan Jäger zurück. Für die Nacht war den Pfarrern von OGL W* starker SA-Schutz angeboten worden, was jedoch abgelehnt wurde.
gez. A. Kö.

391 Schreiben des Dekanats Öttingen an den Kreisdekan in München. Öttingen, 14. November 1938. Am 17. November an den Landeskirchenrat weiter geleitet

LAELKB, LKR XIV 1608a

Betreff: Bericht über die Zerstörung der Synagoge in Öttingen
Am Donnerstag den 10. November fühlte der hiesige Propagandaleiter, Stadtkämmerer B* das Bedürfnis, das „Volksempfinden" gegen die hiesige Judenschaft zu entfachen. Als Grund für das Vorgehen gegen dieselben wurde angegeben, dass am Tag zuvor ein alter Jude vor der Wache und der

Fahne am Kriegerdenkmal ausgespuckt habe. Er befahl dem derzeitigen Schulleiter, dem katholischen Hauptlehrer S* – der eigentliche Schulleiter, Oberlehrer M* (evang.) ist z. Zt. krank – die Schulen für das geplante Zerstörungswerk zur Verfügung zu stellen. Es wurde dann auch die 8. und 7. Knabenklasse unter dem (kathol.) Hauptlehrer R* dafür eingesetzt; später scheint auch noch die 6. Mädchenklasse des Hauptl. S* beteiligt gewesen zu sein. Der evang. Lehrer Z* (früher in Arlesried) weigerte sich, mit seinen Schülern zu kommen. – Die Buben bewaffneten sich mit Beilen und Hämmern und Prügeln und fingen nun an, in der Synagoge alles kurz und klein zu schlagen und zu den Fenstern hinaus zu werfen: Die Gebetsmäntel, die Bücher, die Thorarollen, die Stücke des zerschlagenen Altars, des Kronleuchters, der Öfen usw.; die Fensterkreuze und Türen wurden zertrümmert und herabgeworfen und die Umstehenden fingen an, die herabgeworfenen Stücke – die Bücher, Thorarollen usw. anzuzünden. Um die Synagoge war, wie mir erzählt wurde, nur „Volk“ versammelt, dessen Qualität bekannt ist. Hauptlehrer R*, der sich gern als Spassmacher aufspielt, tanzte mit dem Hörnchen, dessen sich die Juden beim „langen Tag“ bedienen, vor seinen Schülern herum. Mittlerweile wurden viele der Juden verhaftet und zum Teil misshandelt. Als der Bürgermeister wie gewöhnlich um 10 Uhr auf dem Rathaus erschien und den Unfug sah, ist er sehr energisch dagegen aufgetreten und musste dafür aus der versammelten Menge zu hören bekommen: „Da seht ihr den Judenknecht!“ Er hat dann die Lehrer mit ihren Schülern in die Schule zurückgeschickt. Als ich um ½12 Uhr zu meinem Unterricht in die 8. Klasse kam, war natürlich gar nichts zu treiben; denn die Buben waren selbstverständlich voll Aufregung und Begeisterung über ihre Heldentaten und überboten sich in lautesten Schilderungen dieser Leistungen, sodass an einen Unterricht nicht zu denken war. Plünderungen von Judenhäusern wie sie anderwärts vorgekommen sind, sind hier nicht vorgekommen, weil sie z. T. durch verständige Leute verhindert wurden. In der Stadt ist einmütige Ablehnung solcher Methoden und besonders der Heranziehung der Jugend zu solchem Dienst. Der Kreisleiter S* von Nördlingen hat sich, wie ich aus guter Quelle weiss, am Freitag hier sehr stark gegen dieses Vorgehen ausgesprochen.

Evang. Luth. Dekanat Öttingen
Felsenstein.

5.6 *Verhalten gegenüber „Nichtarier"*

5.6.1 *Hilfsmaßnahmen*

392 Schreiben des Landeskirchenrats an das Dekanat Neustadt an der Aisch. München, 29. November 1938
LAELKB, LKR 1608a

Betreff: Ausweisung einer jüdischen Ehefrau.
Das Pfarramt Uehlfeld schreibt uns am 12. November 1938, daß durch die Gendarmerie Station Dachsbach die Ausweisung der jüdischen Ehefrau des evang.-luth. Gemischtwarenhändlers F* K* aus Uehlfeld durchgeführt wurde. K*, welcher seit 1913 mit seiner Ehefrau verheiratet ist und seine beiden Kinder der evangelischen Kirche zugeführt hat, hat sich suchend an das Pfarramt gewendet.
Dem Pfarramt wolle folgendes eröffnet werden:
Bei der „Ausweisung" handelt es sich um eine polizeiliche Maßnahme aus allgemeinen politischen Gründen. Hiegegen gibt es kein förmliches Rechtsmittel, sondern nur Gegenvorstellungen gegenüber der anordnenden Stelle (Bezirksamt). Die Kirche ist dazu nicht legitimiert. Allein dieser Tatbestand schließt nicht aus, daß das Pfarramt ein eventuelles Gesuch der Familie um Rückgängigmachung der Ausweisung mit Begründung befürwortet. Die seelsorgerliche Betreuung der Familie in ihren evangelischen Gliedern obliegt dem Pfarramt.
München, den 29. November 1938.
Evang.-luth. Landeskirchenrat
D. Meiser

393 Schreiben der Diakonissenanstalt Augsburg an den Landeskirchenrat. Augsburg, 17. Februar 1939
LAELKB, LKR 2595

Betreff: Unterbringung nichtarischer Evangelischer im Freizeitenheim Ortenburg.
Z. Schreiben vom 9.II.39, Nr. 445/11.
Eine Unterbringung nichtarischer Evangelischer im Freizeitenheim Ortenburg erscheint uns nicht möglich um der Schule und der Schülerinnen und um der Gäste willen; wir dürfen den Betrieb des Heimes nicht belasten, würden ihn aber wahrscheinlich ernstlich gefährden, wenn wir nichtarische Menschen zeitweilig in Ortenburg unterbrächten. Ueber die zeitweilige, nicht zulange andauernde Unterbringung eines nichtarischen Evangelischen im Mayenbad in Mindelheim könnten wir vielleicht verhandeln,

die Verhandlung müsste aber in jedem Fall über das Mutterhaus geführt werden.
Evang. Diakonissenanstalt: Kern Rektor.

394 Notiz von Landesbischof Meiser über sein Gespräch mit Pfarrer Hans-Werner Jordan am 28. März 1939

LAELKB, 101/36, 248

Betreff: Fürsorge für nichtarische Christen.
Pfarrer Jordan, Nürnberg, berichtet über seine bisherige Tätigkeit. Er stellt fest, dass sie verhältnismässig gering ist, offenbar weil sehr viele nichtarische Christen die Stadt Nürnberg bezw. Franken schon verlassen haben. Noch geringer als die Arbeit selbst sind die Hilfsmöglichkeiten. Er schildert dann die seelische Lage der nichtarischen Christen. Zum Teil sind es Leute, deren Familien seit Jahrhunderten mit Deutschland verwachsen sind und die von den Juden verachtet werden. Der jüdische Hilfsverein, an den die Reichsregierung die nichtarischen Christen verweisen will, will sie nur ausnützen. Die Zusammenarbeit mit ihm ist restlos abzulehnen. Besonders bedrückt es die nichtarischen Christen, dass die übrigen Christen sich nicht zu Ihnen zu halten getrauen. So stehen sie zwischen zwei Fronten. In kleineren Orten gibt es viele, wo die Pfarrer die Aengstlichen sind, wenn diese Christen zu gemeindlichen Veranstaltungen kommen [sic!]. Eine besondere Not bietet die Wohnungsfrage dann, wenn die Leute aus der Wohnung geworfen werden. Für sie gibt es nur das jüdische Wohnungsamt. Die Heime der Inneren Mission verschliessen sich in grosser Aengstlichkeit. In erster Linie wären Altersheime nötig.
Dass die Kirche als Gesamtheit sich der nichtarischen Christen nie öffentlich angenommen und sich nie öffentlich zu ihnen bekannt hat, das bedrückt diese Christen besonders schwer. Ein Bekenntnis zu ihnen, hat eigentlich nur die bekennende Kirche in Norddeutschland abgelegt. Es müsste auch bei uns etwas Aehnliches geschehen, um der Brüder willen, die durch die Taufe zu uns gekommen sind, um der Gemeinden willen und um des Staates willen. Letzterer muss wissen, dass die Kirche etwas Anderes ist als die Volksgemeinschaft. Auch im Ausland hat man noch nicht verstanden, dass es eine christliche Not der Nichtarier gibt, die viel schwerer zu tragen ist, als die der Juden, die im Ausland viel grössere Hilfsmöglichkeiten haben.
Pfarrer Jordan gibt an, dass er Besuche nur selten gemacht hat. In der Regel bittet er die Pfarrämter, die Besuche selbst zu machen.
Er habe keine Fühlung mit dem jüdischen Hilfsverein aufgenommen, dagegen mit der katholischen Caritas. In seinen Gesprächen weise er immer wieder darauf hin, dass gerade in der Lage dieser nichtarischen Christen klar werde, was die Taufe ist.

Auf seine persönliche Lage eingehend erklärte er: „Die Nürnberger Arbeit befriedigt mich nicht, weil sie mich nicht ausfüllt. Ich habe mir deshalb eine persönliche Arbeit vorgenommen und will eine Auslegung des Markus-Evangeliums schreiben. Am meisten bedrückt mich, dass so furchtbar wenig geholfen werden kann. Ich frage mich oft, ob die beiden von der Landeskirche eingerichteten Stellen für die Betreuung der nichtarischen Christen nicht nur Morphium für das Gewissen der Kirche ist. Ich trage auch schwer daran, dass meine Stelle der Kirche verhältnismässig viel kostet und im Vergleich zu den Kosten wenig geleistet werden kann. Endlich bedrückt es mich, dass ich mich vollkommen hinausgeschoben ansehe. Auch kann ich die für meine bisherige Gemeinde Steinheim gefundene Lösung nicht für ganz glücklich ansehen. Ich weiss nicht, ob ich nicht falsch gehandelt habe, dass ich meine Gemeinde verlassen habe. Die Gemeinde hat treu zu mir gehalten, auch der Lehrer, und würde mich wahrscheinlich auch weiterhin getragen haben.
Ich nahm die Mitteilungen von Pfr. Jordan zur Kenntnis und versuchte, so gut es möglich war, ihn seelsorgerlich zu stärken und aufzurichten.

395 Schreiben Pfarrer Hans Kerns an Landesbischof Meiser. Forchheim, 7. Mai 1940

LAELKB, 101/36–240

Sehr verehrter, Hochwürdiger Herr Landesbischof!
Darf ich mir erlauben, da ich nicht Gelegenheit hatte, Ihre wiederholt angebotenen Sprechstunden in Nürnberg einmal zu besuchen, eine seelsorgerliche Frage mit der Bitte um Beratung Ihnen vorzulegen. In meiner Gemeinde wohnt eine getaufte Jüdin, die vor ca. 30 Jahren durch Küffner getauft wurde als Gattin eines kleinen längst gestorbenen evang. Geschäftsmannes. Seit Oktober 1938 hat sich ihre Zugehörigkeit zur Gemeinde zu einem Problem gestaltet. Ich habe sie damals beraten, daß ich es für das beste hielte, wenn sie Forchheim verlassen würde und in die Großstadt zöge. Sie sagte mir damals: Durch meinen Übertritt zum Christentum bin ich aus der jüdischen Gemeinde ausgeschlossen. Ich könnte auch innerlich nicht mehr zurückkehren. Aber wenn die christliche Gemeinde mich auch ausschließt, dann bin ich ganz verlassen. Sie meinte: Wenn es für unsereinen ein Altersheim gäbe! Ich habe mich daraufhin bemüht, mich mit Herrn Oberkirchenrat Schieder in Verbindung gesetzt. Herr Kirchenrat Heller schrieb nach Neuendettelsau, woher ein: Nein! kam. Es geschah nichts. Nun habe ich sie seit zwei Jahren gebeten, die Abendmahlsgemeinschaft in einer auswärtigen Gemeinde zu suchen, da es einmal zu einem unlieben Sturm einiger Gemeindeglieder gekommen war. Aber ich konnte mich nicht entschließen, ihr den Besuch der Gottesdienste zu verbieten, obwohl mir von

Einzelnen immer wieder gesagt wird, daß sie solange die Jüdin dasei, nicht mehr in die Kirche gehen. Ich konnte bei vereinzelten Aussprachen nur sagen, eine Kirche kann nicht den Besuch der einzelnen Gottesdienstbesucher kontrollieren. Sie kann die Türen nur weit aufmachen. Und wer im Evangelium Erbauung und Stärkung sucht, wer zum Beten in die Kirche kommen will, dem kann es nicht verwehrt werden, sonst würde die Kirche sich selbst aufgeben. Nun sehe ich, daß gegenwärtig scheints wieder an jungen Herzen gearbeitet wird, um in dieser Frage radikal vorzugehen. Soviel ich weiß, sind doch Stellen da, die sich der geistlichen Not der judenchristlichen Frage annehmen. Könnten Sie nicht, hochwürdiger Herr Landesbischof, mir hiebei einen Rat geben? Ich halte die Angelegenheit für dringlich.

Wenn ich noch ein Problem anführen darf, so wäre es das der Betreuung der jungen Theologen im Feld. Ich habe in meiner Gemeinde den jungen P*, der ja bei seinem ersten Versuch das Examen zu machen, einen Repuls erlitten hat. Ich habe ihm seinerzeit, als er sich mit dem Latinum und Gräcum abkämpfte, geraten, doch einen technischen Beruf zu wählen, zu dem er mir mehr Eignung zu haben schien. Aber er hat mit Zähigkeit an seinem Weg festgehalten und, wie ich den Eindruck habe, nun im Kriegsgeschehen innerlich das Eine, was not tut, auch gefunden. Bei seinem letzten Urlaub riet ich ihm, er solle sich doch einmal an Professor Sasse wenden, der ihn kennt. Ich habe das Gefühl, daß die Fakultät, die ja jetzt doch nur einen verschwindend kleinen Kreis zu betreuen hat, irgendwie auch den jungen Theologen durch fortlaufende Unterrichtsbriefe dienen müßte. Wie sie das macht, darüber kann ich als Nichtfachmann keine Ausführungen geben. Aber es müßte doch möglich sein kleine Überblicke u. Streifzüge, die den Zusammenhang mit der Wissenschaft in populärer Weise fördern, fortlaufend den Studenten zu schicken. Ich glaube, daß das nicht nur bei P* auf dankbaren Boden fiele. Ich habe es selbst wiederholt erlebt an Weihnachten und Ostern, daß der Gruß der Kirche von den meisten in herzlicher Dankbarkeit aufgenommen wird und bei meinem letzten Brief als nettestes Echo von einem einfachen Soldaten gehört, daß mein Brief zweimal der Bunkerbesatzung vorgelesen werden mußte, die sich dann vollzählig im Dankesschreiben unterschrieben hat. Sperl erzählte mir auch bei seinem letzten Urlaub, daß die Kirche gar nicht genug tun könne gerade den jungen Theologen gegenüber, da die Gegenwirkung und das Gegenwerben vielfach sehr stark sei. Vielleicht darf ich deshalb doch auch die oben genannte Anregung unmaßgeblich aussprechen. Daß allerlei auch in dem genanntem Sinn fortlaufend geschieht, ist mir nicht unbekannt. Aber vielleicht könnte sich doch auch die Fakultät in irgendwelcher Weise bei diesem Dienst einschalten. Falls in dieser Richtung schon etwas geschehen ist, bitte ich, mir diese Anregung nicht übel nehmen zu wollen.

In schuldiger Ehrerbietung! Euer Hochwürden

Ergebener HKern, Pfarrer.

396 Schreiben Landesbischof Meisers an Pfarrer Johannes Zwanzger. München, 9. Mai 1940
LAELKB, 101/36–240

Sehr geehrter Herr Kollege!
Ein bayerischer Amtsbruder, der Schwierigkeiten in seiner Gemeinde mit einem nichtarischen Gemeindeglied hat, wendet sich an mich um einen seelsorgerlichen Rat. Ich würde den Fall gerne mit Ihnen besprechen und ersuche sie deshalb, sich in den nächsten Tagen bei mir einzufinden, empfehle aber vorherige telefonische Anfrage.
Mit amtsbrüderlichen Grüßen

397 Schreiben Landesbischof Meisers an Pfarrer Hans Kern. München, 18. Mai 1940
LAELKB, 101/36–240

Sehr verehrter Herr Kollege!
Was Sie in Ihrem Brief vom 7. d. M. schreiben mußten, betrübt mich sehr, weil es mir ein neuer Beweis dafür ist, wie wenig unsere Gemeinden für den Gedanken echter christlicher Gemeinschaft reif sind. Ich habe die Angelegenheit mit Pfarrer Zwanzger, München, besprochen, der von uns für die Betreuung nichtarischer Christen aufgestellt ist. Er wird Ihnen in den nächsten Tagen praktische Vorschläge machen. Im allgemeinen kommt er gleichfalls darauf hinaus, das betreffende Gemeindeglied womöglich in einem Altersheim unterzubringen. Ob das freilich möglich sein wird, lasse ich dahingestellt; doch glaubt Pfarrer Zwanzger, daß es nicht ganz aussichtslos ist. An seelsorgerlichem Zuspruch dem betreffenden Gemeindeglied gegenüber werden Sie es ja schon bisher nicht haben fehlen lassen.
Die Abendmahlsnot könnte durch Spendung der Privatkommunion behoben werden. Die Teilnahme am öffentlichen Gottesdienst kann natürlich durch nichts anderem ersetzt werden. Sollte auch sie nicht mehr möglich sein, so bliebe nur der Ausweg übrig, daß Sie Ihre seelsorgerlichen Besuche durch Schrift-, Liedlesung und Gebet zu einer Art gottesdienstlichen Stunde zu gestalten versuchten. Wie mächtig muß Gottes Geist in unseren Gemeinden noch werden, um Vorkommnisse wie die von Ihnen mitgeteilten auszuschließen!
Ihre Anregung betreffend Betreuung der jungen Theologen habe ich mit unserem Kandidatenreferenten und Professor D. Althaus, der gerade im Landeskirchenrat zu tun hatte, besprochen. Letzterer hält die Herausgabe von Unterrichtsbriefen im gegenwärtigem Augenblick nicht für tunlich, doch könnten den jungen Theologiestudenten von Zeit zu Zeit leichte theo-

logische Schriften zum Selbststudium ausschickt werden. Unser Kandidatenreferent wird Entsprechendes in die Wege leiten.
In amtsbrüderlicher Verbundenheit
Ihr gez. Meiser

398 Brief Rudolf Alexander Schröders an Dekan Friedrich Langenfaß. Bergen, 13. September 1941

LAELKB, 101/41–17

Hochverehrter, lieber Herr Dekan,
Eine gute Freundin von uns, Frau Lina Borchardt, fällt unter die neue Judenverordnung, die wohl wieder manchem von den Betroffenen das Scheiden aus dem Leben nahelegen wird. – Sie ist heute bei uns und sagt, sie begehre – als die gute lutherische Christin, die sie ist – sehr des geistlichen Beistands, werde ihn aber bei ihrem Geistlichen – ich glaube einem Pfarrer [Theodor] Krafft – nicht finden. – Mir kam der Gedanke an Sie, auch in demselben Augenblick sprach sie von Ihnen und dem Vertrauen, das Ihre Predigt ihr eingeflösst habe. – Nun sind Sie, wie ich weiss, sehr überlastet; aber wenn Sie der armen – hochbegabten Frau (Malerin von Beruf und frühere Gattin des Dichters Rudolf Borchardt) ein Stündchen schenken könnten, wäre es in diesem Fall bestimmt kein verlorenes.
Ich mache mir die ernstesten Sorgen um sie, trotzdem sie in Unglücken grossen, vorbildlichen Mut gezeigt hatte. Sie werden in Ihr einem wertvollen Menschen begegnen und vielleicht doch mit allem, was unser Glaube an Trost über diese Welt hinaus bietet, ihr das Gefühl der Bruderschaft im Herrn Christus stärken können, das unser aller letzter und teuerster Besitz ist.
Ich möchte nicht mehr schreiben. Die Dame wohnt Pension Neuroth, Seestrasse 9 E Tel. 94196. – In herzlichem Gedenken an unser Zusammensein u. den besten Grüßen an Sie u. Ihre Angehörigen
Ihr aufrichtig ergebener Schröder

399 Schreiben Dekan Friedrich Langenfaß' an Rudolf Alexander Schröder. München, 26. September 1941

LAELKB, 101/41–17

Sehr verehrter Herr Doktor,
zunächst danke ich herzlich für die Übersendung der drei Shakespeare-Stücke. Brauchen Sie sie sehr bald wieder oder darf ich sie ein Weilchen behalten? Ich muß immer erst um eine ruhige Stunde ringen, um so etwas zu lesen. Und dazu gehört unter allen Umständen eben eine ruhige Stunde.

Das kann man nicht so zerzipfelt lesen wie etwa die Römische Geschichte von Kornemann, über der ich gelegentlich mit Staunen sitze.
Ihr Schützling war gestern bei mir. Wir haben uns eingehend ausgesprochen. Vielleicht war es doch möglich, ihr ein wenig zu helfen. Ich habe sie jedenfalls dringend gebeten, wieder zu mir zu kommen und nicht zu verzagen. Es muß Leute ihrer Art doch auch stärken, daß sie jetzt erleben dürfen, wie offensichtlich sie von allen Seiten in der Öffentlichkeit mit einer dezenten Hochachtung behandelt werden.
An den Nachmittag auf der Herreninsel denke ich mit großer Freude und Dankbarkeit zurück. Bald mehr!
Meine Frau und ich grüßen Sie und Ihre Fräulein Schwester aufs herzlichste

400 Brief Rudolf Alexander Schröders an Dekan Friedrich Langenfaß. Bergen, 2. November 1941

LAELKB, 101/41–17 = Briefe aus dem 20. Jahrhundert, S. 132–135

Lieber, verehrter Herr Dekan,
Von Frau Borchardt kam gestern die tel. Nachricht – abends spät –, dass der Termin ihrer Aussiedlung auf den 15. d. Mts. festgesetzt sei. Die Hoffnungen, die man ihr gemacht, haben sich also als sanguine Täuschung erwiesen.
Ich habe nun gleich versucht, indirekt Fühlhörner auszustrecken, ob und wie man auf irgend eine Weise ihr Los unter den Verbannten etwas erleichtern könne. – Da sind ja vielleicht Möglichkeiten, die man ausnutzen könnte. Es geht eine jüdische Ärztin officiell zwischen den Lagern hin und her, vielleicht kann die mal Nachrichten oder eine kleine Hilfe vermitteln. Jeder nicht ganz unscheinbare Versuch solcher Hülfsleistung würde freilich wohl ihr Los eher erschweren als erleichtern.
Kleine 14 Tage sind noch – wären noch – auszunutzen. Ich denke an die auch von Ihnen und Ihren Herrn Amtsbrüdern in Erwägung gezogene Aktion. Eine Freundin von mir sagte dieser Tage: „Ich würde sie in den Kirchen und Sakristeien schlafen lassen." Das geht nun wohl nicht ohne Weiteres. Aber das Wort zeugt doch von gesundem Empfinden und würde, einmal ausgesprochen, überall Widerhall finden.
Im Gespräch mit Pfarrer Hofmann in der Mathildenstr. fand ich nun von einer „grundsätzlichen" Einstellung solcher Art nicht eigentlich viel. Er brachte nur die Schwierigkeiten zur Sprache, die die etwaige sofortige Unterbringung in einem Altersheim oder dergleichen nach sich ziehen würde, und die sie s. E. – und auch wohl de facto – unmöglich machen würden. Als Beamter hat er da freilich Recht. Es fragt sich, ob für uns Christen in so vitaler Entscheidungsstunde der Begriff des Unmöglichen nicht doch einer Revision unterzogen werden sollte. Ich frage mich sehr ernst – mit dem

Ernst dessen, der sich selber der Gedankenlosigkeit und Herzensträgheit auf diesem, seit vorigem Winter doch urgent gewordenen Punkte bitter anklagt, ob nicht der Schade, den unsre Kirchen leiden, wenn sie der Vergewaltigung ihrer Glieder ohne den Versuch der Hilfe oder wenigstens des deutlichen Protestes zusehen, grösser sein wird als Alles, was ihrer an Repressalien warten könnte. Es handelt sich doch hier um eine in den administrativen Formen sich vollziehende stufenweise Entfernung auch der nicht-„arischen" Christen aus den Reihen nicht nur der ehemaligen deutschen bürgerlichen Gemeinschaft, sondern auch aus denen der „Mit-Esser"; die letzte Stufe wird dann wohl auch hier in München mit nicht ferner Voraussicht die in Berlin, Wien und anderwärts schon in die Wege geleitete Abschiebung in die Hunger- und Frosthöllen des Ostens sein. Welche Kirche kann von ihren Mitgliedern verlangen, dass sie ihr in einer solchen Lage treu verbleiben, wenn sie keinen Finger zur Hilfeleistung gerührt und nicht einmal öffentlich Einspruch erhoben hat – soweit wenigstens öffentlicher Einspruch von Korporationen des ehemaligen bürgerlichen Rechts innerhalb der neuen Gewalten noch möglich ist.

Es müsste doch möglich sein hier in rascher Frist Beschlüsse herbeizuführen, die der Kirche Luthers die Schmach vor allen Menschen und – weit ernster – die schreckliche Verantwortung vor dem lebendigen Gott des Hebräerbriefs ersparen würden, dass sie für die Ärmsten und Elendesten ihrer ihr von Gott dem Herrn anvertrauten Glieder nicht einmal das Wort des Schutzes und der Verteidigung gefunden habe. – Es wird sich ja in Bayern kaum um eine überwältigende Anzahl Seelen handeln, die man nicht durch Stillschweigen dem Satan verkaufen helfen will. Neue Übertritte sind, soweit ich weiss, ohnehin verboten.

Auch wenn Raummangel zwänge, die armen Mitbrüder und Mitschwestern in noch so drangvolle Enge zu pferchen, sie wären da doch wenigstens in geistlicher Geborgenheit und Obhut. – Geschieht nichts, geschieht nicht alsbald wenigstens irgend Etwas, so lädt m. E. unsre Kirche eine Schuld auf sich, die sie bei Christen und Nichtchristen um alle Ansprüche und Rechte ihres Hirtenamtes bringen muss mit Folgen, die auch hier wieder einmal den „Tod" als der „Sünde Sold" nach sich ziehen werden.

Ich sollte auch meinen, es müsste angesichts einer solchen gesamtchristlichen Angelegenheit in diesen furchtbar ernsten Tagen des Gerichts ein Leichtes sein, sich mit den katholischen Zentralbehörden über einen gemeinsamen Schritt und seine Formen zu verständigen, muss mich da natürlich als nicht zuständig bekennen. Die Gemeinsamkeit des Credo und der Ur-Sakramente ist – man mag urteilen wie man will – doch auf alle Fälle zugleich eine Bindung gemeinsamer Verantwortung vor dem gekreuzigten und auferstandenen Gott, zu dem beide Kirchen sich bekennen.

Könnte doch dem Volk, dem wir angehören, die Schmach erspart bleiben, dass in dieser Angelegenheit auf Tod und Leben kein Versuch seitens seiner

Kirchen gemacht wäre, ein Alleräusserstes abzuwehren, ein Minimum von Verantwortung vor Gott und seiner Christenheit auf sich zu nehmen. – Ich weiss, wie schwerwiegend die Bedenken in so extremer Bedrängnis sind – oder doch wenigstens scheinen müssen. Aber wenn das genau ein hundert Mal in der Bibel wiederholte Wort „Fürchte dich nicht“ kein grausamer Hohn, sondern Gebot und Verheissung ist, so ist damit auch der Weg gewiesen, der beschritten werden muss, wenn die Kirche Christi in unserm Vaterlande sich nicht selbst zu dem machen will, als was ihre Feinde sie seit langem bezeichnen, nämlich eine der vielen Anstalten bürgerlichen Un-Rechts, über denen das Schreckenswort steht: Lasset die Toten ihre Toten begraben.

Lieber, verehrter Herr und Freund, ich bin selbst ein alter und ruhiger Mann und stehe allen Übertreibungen kirchlicher Rechtsansprüche auch meiner christlichen Überzeugung nach fern, die allen modischen Interpretationen zutrotz Luthers Deutung von Luk. 17, 21 festhält. Aber wenn Christus und nicht die tausendfältige Larve des Säkulum ihr wahres Haupt ist, so hat sie von ihm ohne Frage den Auftrag, hier nach seinem Beispiel das Wort der Mahnung – in Form der Bitte – und der Verwerfung – in Form des, wenn auch noch so bescheidenen Protestes auszusprechen.

Ich denke, Frau Borchardt würde gern noch ein Wort geistlichen Trostes hören. Würden Sie sie anrufen? Die Nummer steht unter Frau Suse Neuroth, Seestrasse.

Verzeihen Sie den langen Schrieb. Aber es ist ja nur ein Weniges von dem, das uns Beide – und wieviele Millionen tiefbetrübter Mitmenschen angesichts der neuen Schrecknis erfüllt und nicht zur Ruhe kommen lässt. Gott der Herr stärke uns alle und zeige uns den richtigen Weg in Christo Jesu. – Im Lauf der Woche denke ich nach München zu kommen, um zu sehen, was sich tun lässt. Ich rufe vorher bei Ihnen an, in der Hoffnung auf Ihr Gespräch und Ihren Zuspruch.

Herzlich grüssend auch von meiner Schwester Ihr

5.6.2 Kasualien für „Nichtarier“

401 Schreiben des Landeskirchenrats an das Dekanat Schweinfurt. München, 19. Februar 1938

LAELKB, KrDAnsbach 190

Betreff: Übertritt einer Jüdin.

Auf den Bericht des Pfarramts Schweinfurt-Oberndorf vom 14.2.38 Nr. 157 erklären wir:

Die Aufnahme in die Evang.-Luth. Kirche geschieht nach Maßgabe der hiefür geltenden staatlichen and kirchlichen Bestimmungen (siehe Kirchl.

Amtsbl. 1922 S. 21, A. H. B. Bd. I S. 47[2], Seeberger S. 10[3]). Wenn in dem vom Pfarramt Schweinfurt-Oberndorf gemeldeten Fall die gewissenhafte seelsorgerliche Prüfung der Beweggründe, welche die Bitte um Aufnahme in unsere Glaubensgemeinschaft veranlassen, zu der Feststellung führt, daß der Taufunterricht aus dem aufrichtigen Verlangen nach den Gütern, Kräften, und Verheißungen der evang. Kirche begehrt wird, dann gehorcht die Kirche mit der Gewährung des Taufunterrichts lediglich der Weisung ihres Herrn. Bedenken politischer Art sind hier nicht am Platze. Dies auch deshalb, weil von der kirchlichen Zugehörigkeit weder die rassenmäßigen noch die staatsbürgerlichen Bindungen der in der Gemeinschaft des gleichen Glaubens Verbundenen berührt werden, wovon die Übertretende zu verständigen ist. Wir empfehlen, ähnlich wie beim alt-kirchlichen Katechumenat, die Vorbereitungszeit zum Übertritt ziemlich lang zu bemessen.
gez. D. Meiser

402 Schreiben des Landeskirchenrats an das Dekanat Nürnberg, den Kreisdekanen zur Kenntnis. München, 5. August 1942

LAELKB, KrD Ansbach 184

Betreff: Taufe von Nichtariern.
Auf die Anfrage des Pfarramtes Hl. Geist in Nürnberg vom 30. Juli 1942 Nr. 838 erklären wir, daß in dieser Frage unter den heutigen Verhältnissen immer auch äußere Bedenken bestehen, wenn diese auch für den Fall, daß der Ernst des Begehrens feststellbar ist, die Kirche nicht davon abhalten dürfen, die Taufe zu gewähren. Gerade um den Ernst des Begehrens zu prüfen, wie auch aus inneren Gründen, wird es sich aber als notwendig erweisen, einen gründlichen und lange dauernden Taufunterricht zu geben. Hier könnte die Taufpraxis der alten Kirche richtunggebend sein, wenn nicht die Taufe im Angesicht des Todes begehrt wird. Wir verweisen auch auf unser Rundschreiben vom 19. 2. 1938 Nr. 1767.
Anzeige an das Standesamt ist nicht erforderlich. Die in § 5 der Bekanntmachung vom 10. Februar 1922 Nr. 2169 (Amtsbl. S. 21) vorgeschriebene Anzeige an das Finanzamt dürfte überholt sein, nachdem die Kirchensteuern nicht mehr von den Finanzämtern eingehoben werden. Dagegen wäre Anzeige an das Kirchensteueramt zu richten.
I. V. gez. Moegelin

---

2 Amtshandbuch für die protestantischen Geistlichen.
3 G. Seeberger, Handbuch.

403 Schreiben des Pfarramtes München-Bogenhausen an das Dekanat München. München, 15. Februar 1939

LAELKB, BD München 3.7.0033 – 18

Betreff: Beerdigungen nicht arischer Christen.

Am 8. Februar verstarb in der Gemeinde Bogenhausen die Notarswitwe W* F* geb. L* im Alter von 74 ¾ Jahren. Die Aussegnung fand am gleichen Tag abends um 7 Uhr statt. Da die Eltern der Verstorbenen Juden gewesen waren, verweigerte das Krematorium München die Einäscherung. Die Leiche wurde nach Augsburg überführt, weil das Augsburger Krematorium die Einäscherung zugesagt hatte. Unter der Angabe jedoch, daß die Unterschrift eines Arztes fehle, verweigerte das Krematorium Augsburg auch die Einäscherung. Die Leiche mußte wieder nach München überführt werden und kam auf den israelitischen Friedhof (Freimann). Auf den Wunsch der Angehörigen hin (der einzige Sohn der Verstorbenen ist in Haft und durfte nicht die sterbende Mutter besuchen, noch zu ihrer Beerdigung kommen) und nach Rücksprache mit dem Dekanat ging ich mit auf den Friedhof, obwohl mir von Angehörigen gesagt worden war, daß die israelitische Kultusgemeinde nur das Verlesen eines Psalmes gestatte.

Ein Vertreter der israelitischen Kultusgemeinde gab an, es sei nur gestattet, den 23. Psalm zu sagen, später erschien ein Herr Wertheimer, der mir zubilligte, daß auch ein anderer Psalm gesprochen werden könne. Die Leiche wurde in einer Holzkiste in die Trauerhalle gebracht und mit einem dunklen Tuch bedeckt auf den Wagen gehoben. Dann fuhr man ziemlich rasch zu dem Grab hinaus, senkte die Kiste in die Erde. Ich trat ans Grab und sprach den 90. Psalm. Jeder der Angehörigen warf drei Schaufeln Erde ins Grab, dann schaufelte der Friedhofsdiener das Grab zu; erst als das geschehen war, entfernten sich die Israeliten, nur einer bleib in einiger Entfernung beobachtend stehen. Die Leidtragenden traten noch einmal ans Grab heran: nach einigen kurzen Worten sprach ich das Vater Unser, dann das Wort Christi über die Auferstehung und das Leben und zuletzt den Segen. Es fehlte selbstverständlich jedes kirchliche Zeichen, wie Kreuzträger, Talar oder Agende.

Die nüchterne Art der Beisetzung hinterläßt einen traurigen Eindruck; doch konnten die Angehörigen nicht genug ihren Dank aussprechen, daß der Pfarrer das letzte Geleite gegeben und ein paar Worte am Grabe gesprochen habe.

gez.: Pfarrer Bauer

404 Schreiben des Dekanats München an das Kreisdekanat. München, 16. Februar 1939

LAELKB, BD München 3.7.0033 – 18

Herrn Evang.-Luth. Kreisdekan
bringe ich den vorstehenden Bericht des Pfarramts Bogenhausen hiemit in Vorlage. Die gleiche Erfahrung hat auch Pfarrer Bomhard von St. Paulus in Perlach bei der Bestattung eines nichtarischen Gemeindegliedes gemacht.
Es ist offenbar der jüdischen Kultusgemeinde von den Behörden freigegeben, daß sie auf ihrem Friedhof für alle zu Bestattenden bestimmen kann, in welchem Ritus sich die Bestattung zu vollziehen hat. Ein Vertreter der jüdischen Kultusgemeinde (es war bei einer Beerdigung auch der Oberrabbiner Dr. Baerwald anwesend) haben sich in jeder Beziehung korrekt benommen; aber sie haben durch ihr Verhalten auch unmißverständlich ihr Hausrecht auf dem jüdischen Friedhof betont. Die ganze Nüchternheit und das Tempo der Beerdigungshandlung hängt mit den jüdischen Gebräuchen zusammen, zu denen es u. a. auch gehört, daß auf den Weg zum Grab kein Aufenthalt genommen wird.
Es könnte die Frage erhoben werden, ob es nicht unter der Würde des evangelischen Geistlichen liegt, daß er sich zu einer derartig verzerrten Amtshandlung hergibt, zumal ihm ja auch nicht gestattet ist, einen Talar zu tragen. Es könnte aber auch die andere Frage erhoben werden, ob es nicht angezeigt ist, daß von den Staatsbehörden freie Ausübung unseres Kultus für derartige Fälle verlangt wird, nachdem die Beerdigung auf einem städtischen Friedhof wie Feuerbestattung im städtischen Krematorium den nichtarischen Christen grundsätzlich verweigert wird. Ich vermute, daß die katholische Kirche in den gleichen Fällen auf dem jüdischen Friedhof keiner anderen Lage gegenüber steht als wir, sodaß sich vielleicht hier eine Verbindung mit der katholischen Kirche empfehlen würde.
Bis zum Eintreffen weiterer Weisungen durch die Kirchenbehörde habe ich das Folgende angeordnet:
1.) Die Aussegnungsfeier im Haus ist bei nichtarischen Christen liturgisch reicher auszugestalten als in den gewöhnlichen Fällen, damit sie weithin die Bestattungsfeier selber ersetzen kann;
2.) der Geistliche soll, wenn er von den Angehörigen darum gebeten wird, sie in Zivilkleidung bei der Bestattung begleiten und am Grab ein Bibelwort verlesen, sowie nach Weggang der jüdischen Teilnehmer ein Vaterunser und den Segen sprechen.
Zu der Anordnung unter Ziffer II habe ich mich entschlossen, weil sowohl Pfarrer Bauer wie Pfarrer Bomhard mir davon berichtet haben, wie außerordentlich dankbar die Angehörigen für die Stärkung und Tröstung waren, die ihnen durch die Beteiligung des Seelsorgers an der Bestattung gegeben wurde.